Lebensbeendende Handlungen

Lebensbeendende Handlungen

Ethik, Medizin und Recht zur Grenze von
'Töten' und 'Sterbenlassen'

Herausgegeben von
Franz-Josef Bormann

DE GRUYTER

ISBN 978-3-11-063678-9
e-ISBN (PDF) 978-3-11-048853-1
e-ISBN (EPUB) 978-3-11-048750-3

Library of Congress Cataloging-in-Publication Data
A CIP catalog record for this book has been applied for at the Library of Congress.

Bibliografische Information der Deutschen Nationalbibliothek
Die Deutsche Nationalbibliothek verzeichnet diese Publikation in der Deutschen Nationalbibliografie; detaillierte bibliografische Daten sind im Internet über http://dnb.dnb.de abrufbar.

© 2018 Walter de Gruyter GmbH, Berlin/Boston
Dieser Band ist text- und seitenidentisch mit der 2017 erschienenen gebundenen Ausgabe.
Druck und Bindung: Hubert & Co. GmbH & Co. KG, Göttingen

♾ Gedruckt auf säurefreiem Papier
Printed in Germany

www.degruyter.com

Inhalt

Vorwort —— XI

I. Teil: Grundlagen traditioneller Handlungstheorie

Sebastian Odzuck
Töten und Sterbenlassen bei Platon —— 3

Philipp Brüllmann
Tun und Unterlassen in der Handlungstheorie des Aristoteles —— 21

Markus Held
Die Stoa über lebensbeendende Handlungen —— 43

Karl-Heinz Leven
„Nie werde ich ein tödliches Mittel verabreichen ..."
Hippokratische Medizin im Umgang mit Sterben und Tod —— 67

Friedo Ricken
Thomas von Aquin über Töten und Sterbenlassen —— 87

Ralf Lutz
Die klassische Lehre von den Umständen einer Handlung
Ein Beitrag zur Handlungstheorie Thomas von Aquins —— 95

Norbert Brieskorn
Francisco Suárez über den Suizid —— 123

Elke Elisabeth Schmidt / Dieter Schönecker
Kant über Tun, Lassen und lebensbeendende Handlungen —— 135

II. Teil: Die neuere handlungstheoretische Diskussion

Christoph Horn
Zwischen Kausalismus und Teleologie
Das Problem der Handlungserklärung in der analytischen Philosophie —— 171

Wolfgang Schild
Strafrechtliche Wortfeldanalyse —— 191

Stephan Ernst
Töten und Sterbenlassen
Handlungstheoretische Grundlagen der Aussagen des Lehramts der katholischen Kirche zur Euthanasie —— 231

Franz-Josef Bormann
Zur kausalen Differenz von Töten und Sterbenlassen —— 249

Jan C. Joerden
Zum Kausalitätsargument bei Töten und Sterbenlassen —— 275

Eberhard Schockenhoff
Lebensbeendende Handlungen: Grauzone mit verfließenden Grenzen oder kategorial unterschiedene Handlungstypen?
Zur Bedeutung des Intentionalitätsarguments —— 297

Frank Saliger
Sterbehilfe und Intentionalität —— 313

Guido Löhrer
Handlungstypen und Umstände
Normative Gründe für Therapiezieländerungen am Ende des Lebens —— 325

Ulfrid Neumann
Die Bedeutung singulärer Umstände im (Straf)Recht
Problemaufriss im Kontext lebensbeendender Handlungen und Unterlassungen —— 347

Carl Bottek
Ausführungen und Unterlassungen als die beiden Handlungsmodi —— 367

Michael Kahlo
Tun oder Unterlassen?
Zur Bedeutung der Handlungsmodalität für die strafrechtliche Beurteilung der Praxis der sog. Sterbehilfe —— 385

III. Teil: Medizinethische Perspektive

Walter Schaupp
Orientierungswert traditioneller medizinethischer Unterscheidungen im Umfeld von Töten und Sterbenlassen —— 403

Matthias Beck
Zur Frage der Indikation im Kontext von Töten und Sterben zulassen
Ethische Reflexionen —— 423

Volker Lipp
Behandlungsziel und Indikation am Lebensende —— 437

Arne Manzeschke / Dörte Anderson
Ökonomische Anreize und ihre Bedeutung für Lebensbeendende Maßnahmen
Eine ethische Perspektive —— 451

Stephan Sahm
Begrenzung lebenserhaltender Behandlung vor der Sterbephase —— 469

Reimer Riessen / Michael Haap
Entscheidungskonflikte beim Abbruch lebenserhaltender Maßnahmen aus intensivmedizinischer Sicht —— 483

Fuat S. Oduncu
Abbruch lebenserhaltender Maßnahmen vor der Sterbephase aus onkologischer Perspektive —— 489

Katja Goudinoudis
„Dem Henker ein Gehilfe sein"
Abbruch lebenserhaltender Maßnahmen aus Sicht der Pflege —— 497

Steffen Eychmüller
Zu den Grenzen von Töten und Sterbenlassen: Die medizinisch-klinische Perspektive —— 519

Hans Christof Müller-Busch
Freiwilliger Nahrungs- und Flüssigkeitsverzicht am Lebensende
Überlegungen zum Sterbefasten —— 531

Bernd Alt-Epping
Palliative Sedierung —— 543

Reinhard Dettmeyer
Verdeckte Tötungshandlungen in der Klinik durch missbräuchliche Handlungsformen
Rechtsmedizinische Einschätzung —— 549

IV. Teil: Rechtliche Entwicklungen

Gunnar Duttge
Zur Reichweite von Lebensschutz und Selbstbestimmung im geltenden Sterbehilferecht —— 569

Christian Jäger
Zur (In-)Konsistenz des Strafrechts bei Entscheidungen am Lebensende —— 595

Torsten Verrel
Die jüngere Rechtsentwicklung – Patientenverfügungsgesetz (2009) —— 617

Elmar Biermann
Patientenverfügung in Österreich: Skizze eines Vergleichs Österreich – Deutschland —— 635

Ruth Rissing-van Saan
Das BGH-Urteil 2010 —— 645

Michael Pawlik
Gut gemeint, aber nicht ungefährlich begründet: Das BGH-Urteil im Fuldaer Fall —— 667

Stephan Rixen
Euthanasie oder Behandlungsabbruch?
Die „Lambert"-Entscheidung des Europäischen Gerichtshofs für
Menschenrechte vom 5. Juni 2015 —— 683

Eric Hilgendorf
Sterben im Schatten des Strafrechts
Neue Probleme der Sterbehilfe in Hospizen und Palliativstationen durch die
Reform des assistierten Suizids in § 217 StGB —— 701

Steffen Augsberg / Simone Szczerbak
**Die Verfassungsmäßigkeit des Verbots der geschäftsmäßigen Suizidassistenz
(§ 217 StGB)** —— 725

Lukas Radbruch / Christoph Ostgathe
**Semantische Verschiebungen im Recht und ihre Beurteilung aus
palliativmedizinischer Sicht** —— 741

Roland Kipke / Markus Rothhaar
**Begriffliche Verschiebungen in der Sterbehilfe-Debatte und ihre ethische
Bewertung** —— 753

Abkürzungsverzeichnis —— 765

Literaturverzeichnis —— 771

Namenregister —— 825

Autorenverzeichnis —— 841

Vorwort

Das Sterben eines Menschen hat zumindest in den Wohlstandsregionen der Welt durch die Errungenschaften der modernen Medizin immer öfter seine naturale Unverfügbarkeit als schicksalhaftes Ereignis verloren. Der genaue Todeszeitpunkt und die Art des Sterbens sind – in gewissen Grenzen – längst zu einer Variable menschlicher Entscheidungen geworden. Die sprunghaft gestiegenen Möglichkeiten der medizinischen Lebenserhaltung und -verlängerung gehen dabei nicht nur mit neuen Hoffnungen und Ängsten auf Seiten der Patienten und ihrer Angehörigen, sondern auch mit einer wachsenden *Handlungsunsicherheit* vieler professioneller Akteure des Gesundheitssystems einher, die ihren Grund nicht zuletzt in der mangelnden Präzision bestimmter für dieses Handlungsfeld einschlägiger normativer Orientierungen hat. Vor allem Ärzte und Pflegekräfte stehen im Umgang mit hochaltrigen multimorbiden Personen tagtäglich vor der Herausforderung, ihre jeweiligen Entscheidungen hinsichtlich der konkreten Ausgestaltung von Behandlung und Pflege darauf hin zu befragen, ob und inwiefern sie bestimmten moralischen und rechtlichen Vorgaben entsprechen, deren genaue Grenzen jedoch notorisch umstritten sind. Dies gilt vor allem für solche Handlungen, die in näher zu bestimmender Art und Weise mit dem Eintritt des Todes des Patienten verbunden sind und deswegen zu den sog. *lebensbeendenden Handlungen* gehören: Das Spektrum dieses weiten und in sich extrem heterogenen Handlungsfeldes reicht von unstreitigen Tötungsdelikten bis hin zu verschiedenen Formen der Behandlungsbegrenzung bzw. -beendigung, deren angemessene handlungstheoretische Interpretation allerdings noch weithin aussteht.

Genau hier setzen nun die Beiträge des vorliegenden interdisziplinären Sammelbandes an, die den Versuch unternehmen, die beteiligten Einzelperspektiven von Ethik, Medizin und Recht miteinander ins Gespräch zu bringen, um die handlungstheoretischen Voraussetzungen und normativen Implikationen der hier einschlägigen Grenzziehungen kritisch zu reflektieren. Jenseits besonders umstrittener Einzelfragen soll es dabei vor allem um die Tragfähigkeit der für die gesamte neuere Sterbehilfedebatte basalen begrifflichen Unterscheidung zwischen dem Handlungstyp des *Tötens* und demjenigen des *Sterbenlassens* gehen, die zwar intuitiv plausibel erscheint, hinsichtlich ihrer genauen Grenzen aber offenbar der weiteren Präzisierung bedarf. Solange kein Einvernehmen darüber besteht, welche menschlichen Handlungen überhaupt als *Tötungshandlungen* zu beschreiben sind, dürfte ein Konsens über die jeweilige moralische und rechtliche Bewertung solcher Handlungen kaum zu erreichen sein.

Um der Komplexität dieser nicht nur akademisch brisanten, sondern auch alltagspraktisch bedeutsamen Thematik einigermaßen gerecht zu werden, scheint es erforderlich, sich nicht nur mit grundlegenden Fragen der Handlungstheorie auseinanderzusetzen, sondern auch die unterschiedlichen Perspektivierungen von Medizinethik und Rechtswissenschaft kritisch zu rekonstruieren. In diesem Sinne sind die Beiträge der ersten beiden Teile des Bandes handlungstheoretischen Reflexionen gewidmet. Nach einem einleitenden Rückblick auf die traditionellen Grundlagen der philosophischen Handlungstheorie, die exemplarisch an einigen wirkungsgeschichtlich besonders einflussreichen Positionen erarbeitet werden, geht es im zweiten Teil des Bandes vor allem darum, die für die Abgrenzung distinkter Handlungstypen wichtigsten Hauptargumente – in Gestalt des Kausalitäts-, des Intentionalitäts-, des Umstände- und des Modalitätsargumentes – aus moral- und rechtsphilosophischer Perspektive auf der Grundlage der zeitgenössischen Handlungstheorie zu erschließen. Im dritten Hauptteil steht dann die medizinethische Diskussion zur Entscheidungsfindung am Lebensende im Vordergrund, wobei zunächst nach dem Orientierungswert verschiedener traditioneller begrifflicher Unterscheidungen ärztlichen und pflegerischen Handelns gefragt wird, bevor dann auch mögliche Konflikte in den verschiedenen statistisch relevanten Handlungskontexten zur Sprache kommen. Der abschließende vierte Teil ist einer problemorientierten Rekonstruktion der jüngeren deutschen Rechtsentwicklung gewidmet, wobei neben einschlägigen gesetzgeberischen Initiativen auch die höchstrichterliche Rechtsprechung und die dadurch initiierten semantischen Verschiebungen auf dem Gebiet des Sterbehilferechtes einer kritischen Reflexion unterzogen werden.

Obwohl die hier versammelten Abhandlungen zur typologischen Strukturierung des weiten Feldes lebensbeendender Handlungen sicher noch um weitere Facetten ergänzt werden könnten, leisten sie doch hoffentlich einen kleinen Beitrag dazu, die wichtige Grenze zwischen *Töten* und *Sterbenlassen* präziser zu bestimmen und damit die Handlungsunsicherheit vieler Akteure im Alltag ein wenig zu verringern.

Der Dank des Herausgebers gilt zunächst allen Kolleginnen und Kollegen der beteiligten Disziplinen, ohne deren großes Engagement und fachliche Expertise dieses interdisziplinäre Projekt nicht hätte realisiert werden können. Der Fritz Thyssen Stiftung gebührt ein besonderer Dank für die großzügige finanzielle Unterstützung eines Symposiums, auf dem erste Beiträge dieses Projektes diskutiert werden konnten. Für die redaktionelle Bearbeitung der Texte bin ich Anna-Maria Braun, Christina Reich, Nicolas Conrads und Andreas Ruiner sowie den Assistenten Markus Held und Dr. Ralf Lutz sehr zu Dank verpflichtet. Schließlich danke ich auch dem Verlag Walter de Gruyter für die bewährte gute Zusammenarbeit.

Tübingen, im Dezember 2016
Franz-Josef Bormann

I. Teil: **Grundlagen traditioneller Handlungstheorie**

Sebastian Odzuck
Töten und Sterbenlassen bei Platon

1 Überblick

In diesem Beitrag[1] gehe ich der Frage nach, inwiefern es uns die Handlungstheorie Platons ermöglicht, zwischen unterschiedlichen Arten lebensbeendender Handlungen, genauer gesagt zwischen *Töten* und *Sterbenlassen*, zu unterscheiden.

Wie sich mit Blick auf die Literatur zeigen lässt, muss zu Platons Zeit grundsätzlich das Bewusstsein dafür vorhanden gewesen sein, dass das Leben eines Menschen auf ganz unterschiedliche Weisen beendet werden kann. So lässt beispielsweise Kreon Antigone in der gleichnamigen Tragödie des Sophokles einmauern, um auf diese Weise Antigone für ihre Taten mit dem Tod zu bestrafen, gleichzeitig aber, wie er sagt, die Stadt vor der Befleckung (*miasma*) zu bewahren, die mit der eigenhändigen Tötung eines Menschen einhergeht.[2] Ebenso wurde im Kontext der antiken Medizin die Frage diskutiert, ob ein Arzt von der weiteren Behandlung eines Patienten absehen und ihn also sterben lassen sollte, wenn dieser an einer tödlichen Krankheit leidet.[3]

Vor diesem Hintergrund ist es nicht unwahrscheinlich, dass auch Platon mit der Vorstellung, es gäbe verschiedene Typen lebensbeendender Handlungen, mindestens im Ansatz vertraut gewesen ist. Um zu klären, inwiefern sein Werk selbst derartige Unterscheidungen – v. a. zwischen den für diesen Beitrag relevanten Typen des Tötens und Sterbenlassens – ermöglicht, gehe ich folgendermaßen vor: In einem ersten Schritt gebe ich einen kurzen Überblick über die Grundzüge der platonischen Handlungstheorie (2). Im Anschluss daran, zeige ich zunächst anhand einiger Beispiele, dass Platon die für die Frage dieses Beitrags relevante Handlungsform des Unterlassens zumindest implizit als Teil des menschlichen Handlungsspektrums betrachtet, wenngleich er sie nicht selbst zum Gegenstand seiner Diskussion macht (3). Im nächsten Schritt stelle ich anhand einiger Passagen aus dem Werk Platons dar, dass sich bei Platon sowohl Tötungshandlungen finden, die als Tun aufzufassen sind, als auch solche, die als ein

---

1 Für wichtige Hinweise zu diesem Beitrag danke ich Friedemann Buddensiek und Marcel Rose.
2 Vgl. Sophokles, *Antigone*, V. 773–776. Zu der Vorstellung der Befleckung durch eigenhändige und blutige Tat siehe J. W. Jones, *The Law and Legal Theory of the Greeks*, Oxford 1956, 264, der sich direkt auf das Beispiel der Antigone bezieht.
3 Vgl. D.W. Amundsen, *The Physician's Obligation to Prolong Life: A Medical Duty without Classical Roots*, in: *The Hastings Center Report* 8 (1978), 23–25.

Unterlassen zu bestimmen sind, und er einen Unterschied zwischen beiden Tötungsformen prinzipiell vorauszusetzen scheint, diesen selbst jedoch nicht diskutiert (4). Vor dem Hintergrund der bis dahin erzielten Ergebnisse meiner Untersuchung argumentiere ich abschließend, dass sich in Platons Werk mindestens ein Beispiel findet, das als ein Sterbenlassen zu bezeichnen ist, und Platon einen Unterschied zwischen den lebensbeendenden Handlungen des Tötens und Sterbenlassens klar anzunehmen scheint, wenngleich auch an dieser Stelle gilt, dass er diese Unterscheidung und die ihr zugrundeliegenden Kriterien nicht expliziert und weitergehend diskutiert (5).

2 Grundzüge der platonischen Handlungstheorie

Der Versuch, eine platonische Handlungstheorie in ihren Grundzügen zu skizzieren, sieht sich mit gewissen Problemen konfrontiert. Zu der Tatsache, dass Platons philosophische Position nicht ohne Weiteres seinen in Dialogform verfassten Werken entnommen werden kann, gesellt sich bei der Auseinandersetzung mit systematischen Fragen zur Philosophie Platons die Schwierigkeit, dass eine größere Theorie nur aus dafür relevanten Passagen aus den teils ganz unterschiedlichen Kontexten der einzelnen Dialoge rekonstruiert werden kann. Dies gilt insbesondere für das Thema der Handlungstheorie bei Platon.[4] So scheint Platons Diskussion des Phänomens der Handlung, wo sie auftritt, nicht primär von einem Interesse an der Handlung als solcher oder gar an dem einer generellen Handlungstheorie geleitet zu werden. Es findet sich kein Dialog, der sich explizit dem Thema der Handlung widmet, vielmehr betrachtet Platon Handlungen bzw. Akteure als Urheber von Handlungen meist vor dem Hintergrund gänzlich anderer Fragestellungen, wie beispielsweise der nach dem guten Leben. Trotzdem erörtert Platon an zahlreichen Stellen Themenfelder und Probleme, die wir heute der philosophischen Disziplin der Handlungstheorie zuordnen würden.[5] Auf einige davon werde ich mich beziehen, wenn ich im Folgenden Überlegungen darstelle,

---

[4] Diese Einschätzung teilt auch C. Kauffmann, *Ontologie und Handlung. Untersuchungen zu Platons Handlungstheorie*, Freiburg i. Br. 1993, 78–80. Es ist deshalb kein Zufall, dass die Literatur, die sich dezidiert mit handlungstheoretischen Fragen zur Philosophie Platons auseinandersetzt, als eher überschaubar zu bezeichnen ist, während die Lage bei Aristoteles, auf den sich gerade auch die moderne Handlungstheorie als einen Anfangspunkt bezieht – man denke beispielsweise an Anscombe oder Davidson –, eine gänzlich andere ist.
[5] Darauf weist zurecht C. J. Thomas, *Plato*, in: T. O'Connor / C. Sandis (Hg.), *A Companion to the Philosophy of Action*, Oxford 2010, 429, hin.

die als grundlegend für ein Verständnis von Platons Handlungstheorie zu betrachten sind.

Eine der wenigen Stellen, in denen Platon sich mit der Frage nach einer allgemeinen Charakterisierung von Handlungen beschäftigt, findet sich in seinem Dialog *Kratylos*, wo er seinen Sokrates explizit von Handlungen (*praxeis*) als einer Klasse des Seienden (*hen ti eidos tōn ontōn*) sprechen lässt.[6] Sokrates argumentiert, dass jede Handlung bzw. jeder Handlungstyp über eine Natur (*physis*) verfüge, der gemäß die jeweilige Handlung ausgeführt werden muss, soll sie richtig vollzogen werden. Nur wenn mein Tun die für die von mir beabsichtigte Handlung – sagen wir beispielsweise die des Schneidens – geltenden Kriterien aufweist, ist diese konkrete Handlung auch als Instanziierung dieses Handlungstyps zu betrachten.[7] Auch wenn diese Diskussion nicht weiter vertieft wird und in der Passage der enge Zusammenhang deutlich wird, der zwischen Akteur und Handlung besteht, war sich Platon also durchaus dessen bewusst, dass Handlungen zumindest in bestimmter Hinsicht als solche betrachtet und auf diese Weise auch verschiedene Handlungstypen unterschieden werden können.[8] Daneben findet sich beispielsweise im *Gorgias* zumindest im Ansatz der Gedanke, dass alles, was wir tun, all unser Handeln, etwas verändert und in der Welt bewirkt, sowie im *Sophistes* weiterführend der Versuch, diese Überlegung auch auf mentale Tätigkeiten wie zum Beispiel die des Erkennens auszudehnen.[9]

Folgt man einer im *Gorgias* formulierten Annahme, so ist es grundlegend für unser Handeln, dass es für jede Handlung immer etwas gibt, um dessentwillen ein Akteur diese vollzieht und das das eigentliche Ziel seines Wollens ist, jede Handlung also jeweils über ein Ziel verfügt, das sie zu verwirklichen sucht[10] und es – anders als in neuerer Zeit zum Teil angenommen – keine Handlungen gibt, die wir ohne irgendeine Art von Ziel oder Zweck grundlos tun würden.[11]

---

6 Vgl. *Krat.* 386e.
7 Vgl. *Krat.* 387a–b sowie 387d1–2.
8 Auch in Bezug auf diese Ausführungen gilt es allerdings zu beachten, dass sie nicht primär als Teil einer allgemeinen Auseinandersetzung mit dem Begriff der Handlung zu betrachten sind, sondern vor allem Sokrates' im Rahmen des *Kratylos* wichtigem Ziel dienen zu zeigen, dass es richtige und falsche Formen des Benennens von Dingen gibt. Für diesen größeren Zusammenhang siehe *Krat.* 385e–390a.
9 So mit C. J. Thomas, *Plato*, 430–431, in *Gorg.* 476b–d und *Soph.* 248b–e.
10 Vgl. *Gorg.* 467c–468c.
11 Vgl. beispielsweise G. H. von Wright, *Explanation and Understanding of Actions*, in: *Revue Internationale de Philosophie* 35 (1981), 132, sowie J. Doyle, *Desire, Power and the Good in Plato's Gorgias*, in: S. Tenenbaum (Hg.), *Moral Psychology*, Amsterdam 2007, 30, der sich explizit auf die von mir genannte Passage im Gorgias bezieht.

An diesen Gedanken knüpft Platon in gewisser Weise im Dialog *Phaidon* an, wenn er seinen Sokrates die angemessene Erklärung von Sachverhalten diskutieren und in diesem Zusammenhang auch ein teleologisches Modell der Handlungserklärung entwickeln lässt, das für die Diskussion des Themas Handlung im Werk Platons grundlegend zu sein scheint.[12] Diesen Überlegungen zufolge muss die Antwort auf die Frage, was Ursache (*aitia*) einer jeden meiner Handlungen ist, stets Bezug auf meine Vorstellung davon, was gut ist, nehmen, da ein Akteur mit seinem Handeln stets ein von ihm irgendwie als gut aufgefasstes Ziel zu erreichen sucht und unter verschiedenen Handlungsoptionen diejenige wählt, die ihm die beste zu sein scheint.[13] Sokrates macht damit deutlich, dass eine Handlung – anders als das vorsokratische Denken nahezulegen scheint – also nicht durch die bloße Bezugnahme auf materielle Begleitumstände einer Handlung erklärt werden kann, die lediglich als notwendige Bedingung für das Zustandekommen einer Handlung aufzufassen sind. So verzichtete Sokrates beispielsweise darauf, sich seiner Strafe durch Flucht zu entziehen und blieb stattdessen in Athen, weil er diese Handlungsoption für besser und gerechter hielt als die der Flucht (*emoi beltion hau dedoktai [...] kai dikaioteron*) und eben nicht etwa, weil seine Glieder auf bestimmte Weise verfasst waren.[14] Ebenso erklärt Sokrates auch die Tatsache, dass seine Athener Mitbürger ihn zum Tode verurteilten, damit, dass ihnen dies die beste Handlungsoption zu sein schien (*Athēnaiois edoxe beltion einai*).[15] Wie Sokrates ausführt, tun wir, was wir tun, aufgrund unserer Vorstellung davon, was das Beste ist (*hypo doxēs tou beltistou*), und wählen geleitet von dieser Vorstellung dementsprechend Handlungen, die uns diesem Maßstab zu entsprechen scheinen.[16] Ganz ähnlich lässt Platon seinen Sokrates zum Beispiel auch im *Gorgias* darlegen, dass wir dem Guten nachjagend (*to agathon [...] diōkontes*) von verschiedenen Handlungsoptionen stets diejenige wählen, von der wir glauben, sie sei die bessere (*oiomenoi beltion einai*), und wir all das, was wir tun, um des Guten willen tun.[17] Handle ich, so entscheide ich mich – sei es aus richtigen oder falschen Gründen – zunächst für diejenige Handlung, die ich für die bessere, d. h. die für die Erreichung meines als gut aufgefassten Zieles zweckdienlichere halte.

Folgt man den Ausführungen des *Symposiums*, so identifizieren alle Menschen letztendlich die Glückseligkeit, die *eudaimonia*, als höchstes aller Güter und erstreben diese als letztes und nur um seiner selbst willen zu wählendes Ziel, das

---

12 Die gesamte Passage findet sich in *Phd.* 97c–99d.
13 Vgl. *Phd.* 98c–99a.
14 *Phd.* 98e3–4. Siehe dazu insgesamt *Phd.* 98d–99a.
15 *Phd.* 98e2–3.
16 *Phd.* 99a2.
17 Vgl. *Gorg.* 468b1–4 sowie *Gorg.* 468b6–7.

keiner weiteren Begründung bedarf.[18] Wenngleich im Dialog *Lysis* nicht explizit von der *eudaimonia* die Rede ist, so findet sich dort eine der Struktur nach identische Vorstellung, wenn Sokrates auf das erste und höchste Ziel unseres Strebens, das *prōton philon*, verweist, das über hierarchisch untergeordnete Zwischenschritte letztlich Ziel- und Endpunkt all unseres Strebens ist.[19]

Demnach ist Platon zufolge all unser Handeln seiner Struktur nach mindestens in diesem formalen Sinne stets auf Gutes, und zwar auf das Gut der *eudaimonia*, gerichtet und nur im Rekurs auf ein derartiges Ziel angemessen zu erklären.[20] Der Bezug auf das höchste Ziel der *eudaimonia* allein liefert jedoch noch keine angemessene Erklärung einer jeden Handlung. Um dies zu leisten, muss eine Handlung innerhalb ihres jeweiligen Rahmens betrachtet werden. Dabei ist zu beachten, dass jeder Typ von Handlung an sich betrachtet – alle Handlungen, die als ein Gehen aufzufassen sind zum Beispiel – für Platon zunächst immer indifferent hinsichtlich seines Wertes zu sein scheint und zum Teil auch als bloßes Mittel zum Erreichen eines Zweckes oder Zieles dargestellt wird, kraft dessen die Handlungen erst ihren jeweiligen Wert erlangen.[21] Die Überlegungen aus dem *Lysis* aufgreifend, sind unsere Handlungen also in der Regel als Teile längerer Handlungsketten aufzufassen, die über das Erreichen hierarchisch unterschiedlich zu verortender Ziele oder Güter letztendlich auf das höchste Gut zielen, das dem *Symposium* zufolge in der Glückseligkeit besteht.

Für Platon scheint der Ausgangspunkt all unseres Handelns demnach zunächst in der Vorstellung des Akteurs von etwas irgendwie als gut Aufgefasstem zu liegen, das wir mit Hilfe von uns geeignet erscheinenden Handlungen zu erreichen oder zu verwirklichen suchen und das dem *Phaidon* zufolge als Ursache (*aitia*) eben dieser Handlungen zu betrachten wäre. Für eine angemessene Erklärung einer Handlung wäre deshalb in jedem Fall zu erklären, was vom Akteur jeweils als handlungsleitendes Gut aufgefasst wird, auf das sein Tun zielt.

Wie in Bezug auf den *Kratylos* deutlich wurde, ist es Platons Überlegungen zufolge möglich, zwischen verschiedenen Handlungstypen zu unterscheiden, da jeder Handlungstyp über eine *Natur* und damit über eine Menge von Eigenschaften verfügt, die jede Instanziierung dieses Typs erfüllen muss. Um mit Platon also zwischen verschiedenen Typen lebensbeendender Handlungen zu unterscheiden, müssten die Charakteristika des jeweiligen Typs bestimmt werden.

---

18 Vgl. *Symp.* 204e–205a.
19 Vgl. *Lys.* 219c–220b.
20 Bei der These, all unser Handeln ziele auf Gutes, handelt es sich um ein Grundprinzip der platonischen Handlungstheorie, das seinen Ausdruck beispielsweise in *Men.* 77c–78b, *Gorg.* 467c–468d, *Resp.* 505d–e oder *Phlb.* 20d findet.
21 Vgl. *Gorg.* 467e–468a.

Bevor ich der Frage nachgehe, ob sich mit Hilfe Platons derartig bestimmende Charakteristika finden lassen, ist allerdings zunächst die Frage zu klären, inwiefern sich bei Platon die für die Diskussion lebensbeendender Handlungen zentrale Unterscheidung zwischen Handlungen des Tuns und solchen des Unterlassens findet.

3 Die Unterscheidung von Tun und Unterlassen bei Platon

In meinen Überlegungen lege ich das folgende von F.-J. Bormann in seinem Beitrag dargestellte Verständnis von einer Unterlassungshandlung zugrunde. Wir reden dann von einer derartigen Handlung, (1) wenn ein Akteur eine Handlung *F* prinzipiell tun kann, (2) sich im Klaren darüber ist, dass dies der Fall ist, (3) die Entscheidung trifft, *F* nicht zu tun oder keine derartige Entscheidung trifft und (4) auf diese Weise „willentlich eine Veränderung bewirkt"[22].

Im Folgenden werde ich zunächst auf einige Passagen aus dem Werk Platons verweisen, die zeigen sollen, dass Platon Handlungen, die wir als Unterlassungen bezeichnen würden, zwar kennt und sich der kausalen Rolle, die diese in der Welt spielen, bewusst ist, diese Klasse von Handlungen als solche jedoch weder weiter diskutiert, noch terminologisch abzugrenzen und in ihren bestimmenden Merkmalen zu explizieren sucht.

Dass Platon sich im Klaren darüber war, dass es Handlungen gibt, die wir als Unterlassungen bezeichnen würden, zeigen Überlegungen, die zum Beispiel in Buch IX und X der *Nomoi* angestellt werden. Im Rahmen der dort diskutierten zu erlassenden Gesetze wird nicht nur bestimmtes verbrecherisches Tun strafrechtlich verfolgt, sondern ebenso das Unterlassen der Anzeige zwar nicht aller, aber doch einiger besonders schwerer Vergehen. So wird beispielsweise nicht nur derjenige bestraft, der versucht, einen Umsturz im Staat herbeizuführen, sondern ebenso der, der es unterlässt, ein solches geplantes Vergehen zur Anzeige zu

---

[22] Siehe den Beitrag von F.-J. Bormann in diesem Band, 254 f. Zwar bedarf eine solche Festlegung prinzipiell natürlich weiterer Rechtfertigung – so wäre beispielsweise zu klären, inwiefern das Vorliegen einer Unterlassungshandlung nicht immer auch eine vom Akteur nicht erfüllte Erwartungshaltung, in einer bestimmten Situation sei es geboten auf eine bestimmte Weise zu handeln, voraussetzt (vgl. zum Beispiel R. Clarke, *Omissions. Agency, Metaphysics, and Responsibility*, New York 2014, 28–33). Allerdings geht es mir im Rahmen meines Beitrags nicht um Unterlassungshandlungen bei Platon generell, sondern nur insoweit dies für die eigentliche Fragestellung der Unterscheidung von Töten und Sterbenlassen relevant ist, wofür das dargelegte Verständnis vollkommen angemessen ist.

bringen.²³ Gleiches gilt für das Unterlassen der Anzeige von Mord oder des Frevels an den Göttern, da auch dies in beiden Fällen strafrechtliche Konsequenzen nach sich zieht.²⁴ Auffällig ist dabei, dass hier jeweils nicht ein bestimmter Terminus für den Sachverhalt der Unterlassung gebraucht wird, sondern die Verwendung der Negation anzeigt, dass die zu erwartende Handlung nicht vollzogen wird: So soll bestraft werden, wer aus Feigheit gegen den Umstürzler „nicht als Rächer seiner Vaterstadt auftritt" (*hyper patridos hautou mē timōroumenon*)²⁵ und ihn anzeigt, den Mörder „nicht gerichtlich verfolgt" (*ho de mē epexiōn*)²⁶ oder den Frevler an Gott vor Gericht bringen müsste, aber „dies nicht tut" (*mē dra*).²⁷ Dass diese Unterlassungen als Arten des Handelns aufgefasst werden, wird allein daraus klar, dass sie geahndet werden sollen wie jedes andere verbrecherische Tun, weshalb die Gesprächspartner zustimmen würden, dass die hier genannten Beispiele den vier weiter oben genannten Kriterien gerecht werden.

Auch in der für Platons handlungstheoretische Überlegungen zentralen Stelle im *Phaidon*, auf die ich bereits weiter oben verwiesen habe und in der er seinen Sokrates das maßgebliche teleologische Handlungsmodell entwerfen lässt, geht es offenkundig um ein als Unterlassungshandlung zu beschreibendes Phänomen. In Bezug auf die ihm offenstehende Option der Flucht aus dem Gefängnis spricht Sokrates von den Überlegungen, die ihn dazu bewogen haben, nicht dem natürlichen Impuls zu folgen und zu fliehen. Ihm schien es besser, schöner und gerechter, die vom Staat verhängte Strafe auszustehen anstatt „zu fliehen oder davon zu gehen"²⁸.

Wenngleich Sokrates sein Tun, das Verbleiben im Athener Gefängnis, mit den eher als passiv zu bezeichnenden Tätigkeiten des „Sitzenbleibens" und „Verbüßens" seiner Strafe im Gefängnis charakterisiert²⁹, beschreibt er es doch zugleich als Handeln mit Vernunft, als bewusste „Wahl des Besten" (*tou beltistou hairesis*) gegen und damit als ein Unterlassen seiner Flucht³⁰: „Denn, beim Hunde, schon lange, glaube ich wenigstens, wären diese Sehnen und Knochen in Megara oder bei den Böotiern durch die Vorstellung des Besseren in Bewegung gesetzt, hätte

---

23 Vgl. *Lg.* 856b5–c2
24 Für den ersten Fall siehe *Lg.* 907e, für den zweiten 871a–c.
25 *Lg.* 856c1.
26 *Lg.* 871c1.
27 *Lg.* 907e4–5.
28 *Phd.* 99a3; für größeren Zusammenhang vgl. *Phd.* 98e–99a.
29 *Phd.* 98e4–5.
30 Vgl. *Phd.* 98d–99a.

ich es nicht für gerechter und schöner gehalten, lieber, als daß ich fliehen und davongehen sollte, dem Staate die Strafe zu büßen, die er anordnet."[31]

Auch in diesem Fall sind alle vier Kriterien unseres Verständnisses von Unterlassungshandlung erfüllt: Sokrates entscheidet sich bewusst gegen die real vorhandene Möglichkeit der Flucht, von der er weiß, dass sie ihm auch tatsächlich offensteht. Dass er damit zugleich eine folgenreiche Entscheidung trifft und sich, indem er die Flucht unterlässt, sehenden Auges für seinen eigenen Tod entscheidet und damit auf denkbar schwerwiegende Weise in den Lauf der Dinge eingreift, ist offenkundig. Für unseren Zusammenhang ist der Fall des Sokrates im *Phaidon* auch insofern relevant, als dieser mit seiner Unterlassungshandlung erst seinen eigenen Tod ermöglicht. Wie der Dialog deutlich macht, ist sich Sokrates vollkommen im Klaren darüber, dass er mit seinem von der Vorstellung des Guten als der entscheidenden Ursache (*aitia*) geleitetem Handeln, d. h. mit seinem Verweilen im Gefängnis und dem Unterlassen der Flucht, das spätere Trinken des Schierlingsbechers und seinen Tod erst ermöglicht, er selbst also mit seinem Handeln mitverantwortlich für diesen Lauf der Dinge ist. Die Frage, welche kausale Rolle Sokrates in Bezug auf seinen späteren Tod spielt, steht allerdings nicht im Fokus von Platons Überlegungen an dieser Stelle und wird deshalb auch nicht weiter diskutiert.

Auch wenn in dieser Passage im *Phaidon*, wie in den Beispielen aus den *Nomoi*, kein spezieller Terminus verwendet wird, der unserem des *Unterlassens* entspräche, macht gerade diese Passage aufs Äußerste deutlich, dass Platon sich vollkommen im Klaren darüber gewesen sein muss, dass eine Handlung, die wir als Unterlassung verstehen würden – hier das Unterlassen der Flucht – zwar von einem Tun abzugrenzen ist, genauso wie dieses aber zum Spektrum unserer Möglichkeiten, willentlich handelnd in die Welt einzugreifen, zu zählen ist. Wie weitere Beispiele für derartige Handlungen, die ich weiter unten diskutieren werde, zeigen, gilt dieser Befund meines Erachtens für das gesamte Werk Platons, das dieses Phänomen offenkundig kennt, es aber nicht begrifflich zu explizieren oder zum Gegenstand weiterer Reflexion zu machen scheint.

4 Töten

Wie ich nun zeigen werde, finden sich im Werk Platons zahlreiche Beispiele für unterschiedliche Formen lebensbeendender Handlungen. Im verbleibenden Teil

---

[31] *Phd.* 98e5–99a3, Übersetzung F. Schleiermacher, in: G. Eigler et al. (Hg.), *Platon. Werke in acht Bänden. Griechisch und Deutsch*, Darmstadt ⁴2005.

meines Beitrags werde ich zunächst Passagen diskutieren, die nahelegen, dass Platon zumindest in gewisser Hinsicht als ein Tun aufzufassende Tötungshandlungen (4.1) von solchen unterscheidet, die als Unterlassen zu bestimmen sind (4.2), und zu explizieren suchen, worin der Unterschied zwischen beiden Arten von Handlung liegt. Im Anschluss daran werde ich zeigen, dass Platon von diesen Tötungshandlungen solche Handlungen abzugrenzen scheint, die als das Sterbenlassen eines Menschen zu beschreiben wären (5).

4.1 Töten als Tun

In Buch IX der *Nomoi* lässt Platon die Gesprächspartner über eine längere Passage hinweg eine Vielzahl unterschiedlicher Fälle der gewaltsamen Tötung eines Menschen (*phonos*) diskutieren.[32] In diesem Zusammenhang wird zunächst zwischen unbeabsichtigten Tötungen (*phonos akousios*), absichtlichen Tötungen (*phonos hekousios*) und solchen Tötungshandlungen, die im Zorn geschehen (*thymō*), unterschieden und in diesem Zusammenhang Beispiele der unterschiedlichen Kategorien diskutiert.[33] So wird beispielsweise die unbeabsichtigte Tötung eines Menschen im Rahmen eines sportlichen Wettkampfes oder der ärztlichen Behandlung vom vorsätzlichen Mord abgegrenzt.[34] In allen in der Passage diskutierten Fällen haben wir es mit Tötungen, also Formen lebensbeendender Handlungen zu tun. All diese Fälle haben es gemein, dass es sich hierbei jeweils um eine *gewaltsame* Tötung (*biaios phonos*) handelt, worauf im Laufe der Passage und auch darüber hinaus immer wieder verwiesen wird.[35] Wenngleich all dies nicht explizit ausgeführt wird, so scheint ein derartiger Fall also dadurch gekennzeichnet zu sein, dass die betroffene Person allein oder zumindest primär aufgrund von Gewalteinwirkung, d. h. durch ein Ereignis oder einen Prozess, das bzw. der seine Ursache im jeweiligen Akteur und nicht in der zu Tode kommenden Person hat, umkommt. Die tödliche Gewalt wird dabei zwar zunächst als vom Akteur eigenhändig (*autocheir*) verübt gedacht, allerdings gilt der Akteur auch

---

32 Vgl. *Lg.* 865a–874d .
33 Zu dieser grundlegenden Unterscheidung, in der Platon sich – abgesehen von der Tötung aus Zorn – stark am attischen Recht seiner Zeit orientiert und die noch weitere Differenzierung erfährt siehe K. Schöpsdau, *Platon. Nomoi (Gesetze). Buch VIII-XII*, Göttingen 2011, 307–308.
34 Für diese Beispiele siehe *Lg.* 865a–b und in Abgrenzung dazu die Diskussion vorsätzlicher Tötung in *Lg.* 869e–873c.
35 So zum Beispiel in *Lg.* 865a1–3, 865d6–7 und 868c5–7; siehe auch *Lg.* 874d4–7, wo auf die von mir hier untersuchte Passage mit dem Hinweis verwiesen wird, darin ginge es um die Bestrafungen, die in Bezug auf den gewaltsamen Tod zu verhängen seien.

dann als Ursache der zum Tode führenden Gewalteinwirkung, wenn er den Mord nicht eigenhändig ausführt, sondern ihn plant und jemanden zur eigentlichen Tat anstiftet, der dann an seiner statt den Mord verübt.[36] Die hier zugrundeliegende, wenngleich nicht explizit ausbuchstabierte Idee scheint also zu sein, dass der Akteur, entweder selbst oder indirekt über Dritte ein Ereignis bzw. einen Prozess verursacht und dies letztlich zum Tode eines Menschen führt. Die von Platon in den *Nomoi* und aus dem attischen Recht stammende Formulierung des eigenhändigen Mordes legt nahe, dass bei derartigen Tötungshandlungen *zunächst* an ein Tun und nicht an ein Unterlassen zu denken ist, da eine wortwörtlich mit eigener Hand vollzogene Tötungshandlung in diesem Sinne nicht als eine den Tod bewirkende Unterlassungshandlung aufgefasst werden kann. Auch die Rede von der Gewaltsamkeit, kraft derer die Tötung erfolgt, lässt es plausibel erscheinen, davon auszugehen, dass hierbei an einen Akteur zu denken ist, der aktiv Gewalt auf die dann zu Tode kommende Person ausübt und damit eine Tötung im Sinne eines Tuns vollzieht. Wie ich im Folgenden zeige, heißt dies aber nicht, dass Platon sich nicht im Klaren darüber wäre, dass Tötungen ebenso durch Unterlassungshandlungen bewirkt werden können.

4.2 Töten als Unterlassen

Von uns als Töten durch Unterlassen betrachtete Fälle – beispielsweise die unterlassene Rettung eines in schwerer Seenot befindlichen Menschen – werden in den *Nomoi* nicht explizit diskutiert. Das ist insofern überraschend, als in Buch IX, aber auch an anderen Stellen in den *Nomoi*, wie wir bereits gesehen haben, darauf hingewiesen wird, dass bestimmte Formen des Unterlassens strafrechtlich zu verfolgen sind. Ebenso wurde weiter oben mit Blick auf die *Phaidon*-Passage deutlich, dass Platon sich im Klaren darüber war, dass das Unterlassen bestimmter Handlungen den Lauf der Dinge radikal beeinflussen und beispielsweise auch den Tod eines Menschen herbeiführen kann. Auch der besonders prominente, wenngleich politisch instrumentalisierte, hier aber dennoch relevante Fall des

---

[36] Für das Merkmal der Eigenhändigkeit siehe *Lg.* 865b4, 866d5, 867c5, 871a3 und 872d1. Wobei die Rede von der eigenhändigen Gewalteinwirkung auch nicht zu wörtlich genommen werden darf, weil ein Täter beispielsweise auch dann wie ein eigenhändig Tötender (*hōs autocheir*) behandelt werden soll, wenn er genau genommen gar nicht eigenhändig tötet, sondern dazu weitere Mittel verwendet und den Tod beispielsweise nicht mit seinem eigenen Körper, sondern mit Hilfe anderer Körper bewirkt hat (*di' heterōn sōmatōn*) (*Lg.* 865b7–c1). Dafür, dass (erfolgreiche) Planung und Anstiftung zu einer Tötung weitgehend so betrachtet werden muss wie die eigenhändige absichtliche Tötung, siehe *Lg.* 872a und 872d.

sogenannten Arginusenprozesses, in dem im Jahr 406 die aufgrund von Unwetter unterlassene Bergung von Toten und Schiffbrüchigen verhandelt und die verantwortlichen Strategen von den Athenern zum Tode verurteilt wurden (und an dem auch Platons Lehrer Sokrates beteiligt war), muss Platon bekannt gewesen sein.[37]

Die Gesprächsrunde in den *Nomoi* äußert sich nicht explizit dazu, weshalb Fälle des Tötens durch Unterlassen nicht diskutiert werden. Wie wir gesehen haben wird allerdings darauf hingewiesen, dass ein Akteur, der den Tod eines Menschen zwar nicht eigenhändig (*autocheir*) herbeiführt, diesen jedoch plant, als für den Tod dieses Menschen verantwortlich (*aitios*) zu betrachten ist und rechtlich – abgesehen von leichten Modifikationen – auch dementsprechend zu behandeln ist.[38] Das legt nahe, dass an dieser Stelle als entscheidend erachtet wird, dass der Akteur mit der Absicht handelt, den Tod eines Menschen mit Gewalt herbeizuführen[39], und mit der Initiierung dieses Prozesses bereits als in einer allerdings nicht näher spezifizierten Weise verantwortlich für die Tötung des Menschen betrachtet wird, auch wenn er nicht eigenhändig die tödliche Gewalt ausübte – eine Vorstellung, die sich auch in Überlegungen zu konkreten juristischen Fällen dieser Zeit findet.[40] Denkt man diesen Gedanken konsequent weiter, so ließe sich in Bezug auf die *Nomoi* sagen, dass jede Handlung, die absichtlich (*hekon*) den Tod eines Menschen initiiert und dies auch erfolgreich tut, als eine Menschentötung (*phonos*) zu betrachten ist, und zwar ganz unabhängig davon, ob diese nun durch Tun oder Unterlassen bewirkt wird. Dies war Grund genug für Platon, so könnte man argumentieren, in den *Nomoi* keine Unterscheidung zwischen Töten als Tun in Abgrenzung zum Töten als Unterlassen zu diskutieren, da die für ihn wichtigen und strafrechtlich relevanten Fälle beabsichtigter Menschentötung sich im entscheidenden Punkt nicht unterscheiden. Ist diese Lesart korrekt, dann war Platon klarerweise mit dem Gedanken vertraut, dass ein Mensch nicht nur durch ein Tun, sondern auch durch ein Unterlassen getötet werden kann. Tatsächlich finden sich im Werk Platons, wie ich nun noch anhand zweier Passagen zeigen werde, Beispiele für derartige Handlungen.

---

37 Vgl. S. Hornblower, *The Greek World. 479–323 BC*, London ⁴2011, 188–189.
38 Vgl. *Lg.* 871e8–872a2.
39 Ich folge damit J. W. Jones, *The Law and Legal Theory of the Greeks*, 271. Das wird auch später nochmals deutlich, wenn in *Lg.* 876e–877a davon die Rede ist, dass bereits die Absicht jemanden zu töten – selbst wenn der Versuch misslingt – wie eine erfolgreiche Menschentötung (*phonos*) zu ahnden sei.
40 So argumentiert J. W. Jones, *The Law and Legal Theory of the Greeks*, 265, dass „intentionally contriving death" als „the essence of the crime of murder" aufgefasst wurde, ohne dass der Mörder in diesem Fall in irgendeiner Weise selbst Hand an den Getöteten gelegt haben muss.

Die erste stammt aus Platons Dialog *Euthyphron*. Darin lässt Platon den Priester Euthyphron vor dem folgenden Hintergrund eine Klage wegen der Tötung eines Menschen (*phonos*) gegen seinen eigenen Vater einreichen[41]: Nachdem ein Tagelöhner Euthyphrons einen Haussklaven der Familie im Zustand von Trunkenheit und Wut getötet hat, fesselt Euthyphrons Vater diesen an Füßen und Händen, wirft ihn, ohne sich dann weiter um ihn zu kümmern, in eine Grube und schickt nach Athen, um zu klären, wie mit dem Mörder zu verfahren sei.[42] Der in der Grube seinem Schicksal überlassene Tagelöhner stirbt dort „vor Hunger nämlich und Kälte und der Fesseln wegen" (*hypo gar limou kai rhigous kai tōn desmōn*) bevor Nachricht aus Athen eintrifft.[43] Wenngleich sich der Fall im Dialog noch wesentlich komplexer darstellt, ist in unserem Zusammenhang wichtig, dass es sich bei dem Vorkommnis den Ausführungen im Dialog zufolge um eine durch eine Unterlassungshandlung verursachte Tötung eines Menschen handelt.[44] Jeder halbwegs vernünftige Mensch muss sich im Klaren darüber gewesen sein, dass der mehrtägige Aufenthalt in einer Grube ohne Nahrung und Schutz vor Kälte zum Tod eines Menschen führen kann. Alle der unter Punkt 3 meines Beitrags dargelegten Kriterien für eine Unterlassungshandlung, so würde auch Platon zustimmen, sind erfüllt: Euthyphrons Vater stand es vollkommen offen, sich angemessen um den Tagelöhner zu kümmern, und muss es auch klar gewesen sein, dass ihm diese Handlungsoption zur Auswahl stand. Er hat sich aber mit der Begründung, hier ginge es um einen Totschläger, und wohl wissend, dass dieser durch sein Handeln zu Tode kommen könnte, dagegen entschieden, dies zu tun und damit letztlich den Tod des Tagelöhners bewirkt.[45] Anders als in den oben unter 4.1 diskutierten Fällen, kommt der Arbeiter nicht aufgrund der eigenhändigen Einwirkung von Gewalt durch Euthyphrons Vater zu Tode, sondern deshalb, weil dieser es unterlässt, für den an Händen und Füßen gefesselten Arbeiter zu sorgen. Der Tagelöhner wird durch vorsätzliches Unterlassen der lebensnotwendigen Hilfe getötet. Ob der Vater Euthyphrons tatsächlich die Absicht hatte, den Tagelöhner zu töten[46], und es sich damit vor dem Hintergrund der *Nomoi* definitiv um eine

---

41 *Euthyph.* 4a9–10.
42 Vgl. *Euthyph.* 4c3–d2.
43 *Euthyph.* 4d3–5, Übersetzung M. Forschner, in: *Platon. Euthyphron*, Göttingen 2013.
44 So die Einschätzung von S. Panagiotou, *Plato's Euthyphro and the Attic Code on Homicide*, in: *Hermes* 102 (1974), 121, sowie von Forschner, *Euthyphron*, 62. Dafür, dass der Fall davon abgesehen zahlreiche weitere Schwierigkeiten z. B. in rechtlicher und moralisch-sittlicher Hinsicht aufwirft, siehe M. Forschner, *Euthyphron*, 62–69.
45 Siehe hierzu auch S. Panagiotou, *Plato's Euthyphro and the Attic Code on Homicide*, 421.
46 So argumentiert S. Panagiotou, ebd. Siehe auch M. Forschner, *Euthyphron*, 62.

strafrechtlich zu verfolgende Menschentötung (*phonos*) handeln würde[47] oder er den Tagelöhner nur schlecht behandelte und dessen Tod lediglich in Kauf nahm, was im attischen Recht ebenfalls strafrechtliche Konsequenzen nach sich zöge[48], ist für unseren Zusammenhang unerheblich und – soweit ich sehe – aus dem Text nicht eindeutig zu entscheiden. Wenngleich Platon an dieser Stelle keine weiteren Überlegungen zu diesem Sachverhalt anstellt, so scheint mir hier entscheidend zu sein, dass, wie in den anderen Fällen gewaltsamer Menschentötung, mit der Unterlassungshandlung des Vaters von Euthyphron ein Prozess initiiert wird, der zum Tode des Tagelöhners – sei es nun durch Verhungern oder Erfrieren – führt, wofür der Vater damit ursächlich verantwortlich ist.

Bemerkenswert an dieser Textpassage ist, dass Platon darin im Unterschied zu den unter Punkt 3 dargestellten Beispielen aus den *Nomoi* und dem *Phaidon* nicht nur Negation und Verb verwendet, um zu vermitteln, dass etwas *nicht* getan und damit unterlassen wurde, sondern solche Verben gebraucht, die auch ohne Negation signalisieren, dass Euthyphrons Vater eine Unterlassungshandlung begeht, indem er den Gefesselten vernachlässigt (*tou dedemenou ōligōrei te kai ēmelei*).[49]

Ein weiteres Beispiel eines Tötens durch Unterlassung findet sich in Platons *Politeia* im Kontext der Diskussion der Frage, wie die gerechte Polis, die Kallipolis, einzurichten sei. An dieser Stelle sei allerdings darauf hingewiesen, dass – anders als teilweise dargestellt[50] – umstritten ist, inwiefern die Kallipolis von Sokrates als tatsächlich zu realisierender oder gar als ein ernstgemeinter Entwurf von Platons Idealstaat zu verstehen ist und die in diesem Zusammenhang getätigten Aussagen dementsprechend behandelt werden sollten.[51]

Im Rahmen der Frage, wie die Fortpflanzung der Führungsschicht der Kallipolis zu regeln ist, spricht Sokrates davon, dass Kinder, die aus unerlaubten, da die

---

47 Folgt man *Lg.* 865b–c, so ist jemand, der den Tod eines Menschen zwar nicht eigenhändig, aber unter „Anwendung von Kälte" (*cheimōnos prosbolē*) bewirkt, zu behandeln wie ein eigenhändig Tötender (*ōs autocheir*).
48 Vgl. S. Panagiotou, *Plato's Euthyphro and the Attic Code on Homicide*, 422.
49 *Euthyph.* 4d1–2. Das Verb *oligorein* kann für „geringschätzen", „vernachlässigen" und „nicht beachten" stehen, *amelein* ganz ähnlich für „nachlässig sein", „vernachlässigen" und in Verbindung mit einem Infinitiv für „unterlassen". Schleiermacher übersetzt die Passage dann auch mit „vernachlässigte er den Gebundenen".
50 So beispielsweise bei U. Benzenhöfer, *Der gute Tod?*, Göttingen 2009, 24.
51 Vgl. dazu beispielsweise den Überblick zu dieser Frage in M. Erler, *Platon. Die Philosophie der Antike*, hg.v. H. Flashar, Bd. 2,2, Basel 2007, 205–206. Bereits die These, Platon ginge es in seiner *Politeia* primär um die Darstellung eines Idealstaates, ist nicht ohne Weiteres selbstverständlich, da der Ausgangspunkt der Diskussion der Kallipolis, wie in Buch I und II dargestellt, die Frage danach ist, was Gerechtigkeit ist, und die Kallipolis und ihre Vorstufen erst zu einem späteren Zeitpunkt diskutiert werden, um eine Antwort auf diese Frage zu entwickeln.

Ordnung der Polis gefährdenden Verbindungen hervorgehen und deren Geburt nicht durch Abtreibung verhindert wurde, so zu behandeln seien, „als ob für solche keine Nahrung vorhanden wäre" (*hōs ouk ousēs trophēs tō toioutō*).[52] Sokrates scheint an dieser Stelle also prinzipiell für die Tötung gesunder Neugeborener durch vorsätzliche Unterlassung der notwendigen Fürsorge zu plädieren.[53]

Ob Sokrates, wie vermutet wurde, hierbei daran denkt, dass diese Kinder auszusetzen sind, bleibt offen.[54] Dies wäre durchaus in Übereinstimmung mit der in der Antike bekannten und belegten Praxis des Kinderaussetzens[55] – man denke an den prominenten Fall des Ödipus. Zwar spielt es für die moralische Beurteilung des Umgangs mit den Kindern eine Rolle, ob diese ausgesetzt werden oder nicht, da die damals gebräuchliche Praxis des Aussetzens zumindest die Möglichkeit offenlässt, dass die Kinder aufgefunden werden und überleben, der Tod der Kinder also zwar in Kauf genommen, aber nicht primär beabsichtigt wird;[56] allerdings ist diese Frage für unseren Zusammenhang letztlich unerheblich, da wir es – wie im Falle des *Euthyphron* – zunächst mit einer vorsätzlichen Unterlassungshandlung zu tun haben, die den Tod des ausgesetzten Kindes mindestens in Kauf nimmt, und dann im Falle des Todes des Kindes mit einer Tötung durch diese Unterlassungshandlung.[57]

---

[52] *Resp.* 461b5. Wenngleich der Text an dieser Stelle nicht explizit von der Abtreibung der Kinder spricht, sondern nur davon, dass man verhindern müsse, dass der Nachwuchs das Licht der Welt erblickt (vgl. *Resp.* 461c2–c5), liegt es doch, wie beispielsweise Jowett argumentiert, nahe, davon auszugehen, dass Sokrates hier diese Möglichkeit im Sinn hatte (B. Jowett/L. Campbell, *Plato's Republic. Notes*, Bd. 3, Oxford 1894, 232).

[53] Dass diese Passage, wie M. Huys, *The Spartan Practice of Selective Infanticide and its Parallels in Ancient Utopian Tradition*, in: AncSoc 27 (1997), 60, behauptet, lediglich sagen soll, „that they [i. e. die Kinder, S.O.] may not be raised as guardians" und anderweitig aufgezogen werden, hierbei also beispielsweise nicht einmal an eine Aussetzung, geschweige denn den Tod der Kinder zu denken sei, erscheint vor dem Hintergrund, dass diese Maßnahme erst erfolgt, wenn die Geburt der Kinder nicht bereits durch Abtreibung verhindert wurde, nicht plausibel.

[54] Vgl. U. Benzenhöfer, *Der gute Tod?*, 27, der davon spricht, dass diese Kinder Sokrates zufolge „also auszusetzen" seien, wenngleich der Text selbst dazu nichts sagt.

[55] Vgl. P. Carrick, *Medical Ethics in Antiquity. Philosophical Perspectives on Abortion and Euthanasia*, Dordrecht 1985, 107–108.

[56] Vgl. P. Carrick, *Medical Ethics in Antiquity*, 108.

[57] Hinzu kommt, dass die Maßnahme, das Kind auf derartige Weise zu behandeln, wie weiter oben dargestellt, nur dann zum Zuge kommt, wenn es versäumt wurde, durch Abtreibung zu verhindern, dass es überhaupt das Licht der Welt erblickt (siehe Fn. 52), so dass sich zumindest vermuten ließe, dass das vorsätzliche Unterlassen jeglicher Fürsorge tatsächlich auch auf dessen Tötung zielt.

Dass sich Platon im Klaren darüber gewesen zu sein scheint, dass Tötungshandlungen sowohl in Form eines Tuns als auch eines Unterlassens vollzogen werden können, ist also klar. Entscheidendes Kriterium der Tötungshandlung scheint zu sein, dass der Akteur ein Ereignis oder einen Prozess bewirkt, der zum Tode des jeweiligen Menschen führt, er also als Ursache dieses Todes zu betrachten ist. Allerdings wurde auch deutlich, dass Platon dieses Kriterium selbst nicht explizit benennt oder weiter diskutiert, was nicht zuletzt damit zu erklären ist, dass zumindest die letzten beiden Passagen jeweils aus einem Zusammenhang stammen, der eine vollkommen andere Fragestellung verfolgt.

5 Sterbenlassen

Wie wir gesehen haben, finden sich im Werk Platons, zahlreiche Hinweise, die nahelegen, dass er sich prinzipiell des Unterschieds bewusst war, der zwischen Tötungshandlungen besteht, die als ein Tun aufzufassen sind, und solchen, die als ein Unterlassen betrachtet werden müssen. Wie sähe es aber im Falle des Arztes aus, der es bewusst unterlässt, das Leben eines Patienten, der an einer schweren und tödlich verlaufenden Krankheit leidet, durch medizinische Maßnahmen zu verlängern? Bestünde für Platon ein Unterschied zwischen dieser Handlung und der weiter oben diskutierten des Tötens eines Neugeborenen durch Unterlassung? Anders gefragt: Lassen sich mit Platon lebensbeendende Handlungen des Sterbenlassens von denen des Tötens abgrenzen? Falls ja, worin bestünde dieser gerade auch für die Beurteilung menschlichen Tuns wichtige Unterschied?

So könnte man in Bezug auf die beiden Beispiele zunächst darauf verweisen, dass wir es in keinem der Fälle mit der eigenhändig vorgenommenen Gewalteinwirkung eines Akteurs zu tun haben, beide aber als absichtlich vollzogene Unterlassungshandlungen aufzufassen sind, die letztlich in irgendeiner Weise bewirken, dass ein Mensch zu einem bestimmten Zeitpunkt stirbt. Wie ich nun zeigen werde, findet sich ebenfalls in Platons *Politeia* eine Passage, die Aufschluss darüber zu geben scheint, wie eine derartige Unterscheidung möglich sein könnte, und auf die ich mich deshalb im Folgenden konzentrieren werde. Entscheidend ist für uns, dass Platon an dieser Stelle prinzipiell der Frage nachgeht, ob ein Arzt einen Patienten, der aufgrund eines tödlichen Leidens dem Ende entgegengeht, weiterer Behandlung unterziehen oder ihn sterben lassen soll.[58]

---

[58] Darauf, dass derartige Fragen im medizinischen Kontext bereits zur Zeit Platons diskutiert wurden, habe ich mit Verweis auf D. W. Amundsen, *The Physician's Obligation to Prolong Life*, 23 – 25, bereits weiter oben hingewiesen.

Die für uns relevante Textpassage findet sich in Buch III der *Politeia* und damit im größeren Kontext des Erziehungsprogramms der zukünftigen Wächter- und Herrscherschicht der bereits weiter oben erwähnten Kallipolis, Teil dessen neben Ausführungen über die musische Bildung auch solche zu verschiedenen Aspekten der Lebensweise der Auszubildenden sind.[59] In diesem Zusammenhang stellt Platon auch Überlegungen zur Angemessenheit der ärztlichen Versorgung in unterschiedlichen Fällen an. Dabei führt Sokrates in Berufung auf den legendären Arzt Asklepios und dessen Söhne aus, dass Ärzte in der Kallipolis auf eine weitere Behandlung des Patienten verzichten und ihn sterben lassen sollten, wenn bestimmte Kriterien erfüllt sind. So habe sich Asklepios darauf beschränkt, diejenigen zu behandeln, „die von Natur (*physei*) und infolge ihrer Lebensweise eigentlich gesund sind, jedoch nur an irgendeiner bestimmten Krankheit leiden"[60]. Ärztliche Behandlung scheint also zum Beispiel dann geboten, wenn sich ein ansonsten gesunder Mensch verletzt hat.[61] Asklepios habe hingegen nicht versucht, „die von innen her durch und durch kranken Leiber" (*ta de eisō dia pantos nenosēkota sōmata*) zu behandeln und diesen Patienten damit ein „langes und schlechtes Leben" zu bereiten (*makron kai kakon bion anthrōpō poiein*), sondern vielmehr geglaubt, dass er den, der „nicht fähig sei, die ihm gesetzte Lebensbahn zu durchlaufen, nicht behandeln müsse" (*mē oiesthai dein therapeuein*), da dies weder für den Patienten noch für die politische Gemeinschaft von Vorteil sei.[62] Aus dem gleichen Grund hätten auch die Söhne des Asklepios die Auffassung vertreten, ein Patient dürfe nicht weiter behandelt werden (*oude therapeuteon*), wenn er „von Natur kränklich und zügellos" (*nosōdē de physei te kai akolaston*) sei.[63]

Für unsere Fragestellung ist entscheidend, dass Platon hier Fälle betrachtet, in denen ein Arzt einen Patienten unter bestimmten Umständen nicht weiter behandelt und ihn sterben lässt.[64] Dass es sich hierbei um eine Unterlassungs-

---

59 Vgl. *Resp.* III. Die für uns relevante Textpassage ist 405c–408c.
60 *Resp.* 407c8-d1, Übersetzung Rufener, in: *Platon. Der Staat*, München 1991.
61 Vgl. *Resp.* 407e–408a.
62 *Resp.* 407d4–e2, geänderte Übersetzung Rufener.
63 *Resp.* 408b2–4.
64 Wobei zu beachten ist, dass die Beschäftigung mit diesem Thema dadurch motiviert ist, dass schwere Krankheit, ebenso aber unnötige medizinische Behandlung, es einem Menschen unmöglich machen, seine ihm spezifische Aufgabe (*ergon*) angemessen zu erfüllen (vgl. *Resp.* 406c–407c), womit eine Grundvoraussetzung der *Kallipolis* gefährdet wird. Dass es sich in den in der Passage diskutierten Beispielen meist – aber nicht nur – um den für uns relevanten Fall einer letztlich tödlich verlaufenden Krankheit handelt, macht das Beispiel des Herodikos deutlich, der gegen das angebliche Gebot des Asklepios verstieß, indem er seine unheilbare und tödliche Krankheit (*nosēma thanasimos*) behandelte und sich auf diese Weise „seinen Tod lang machte" (*makron ton thanaton hautō poiēsas*) und ein hohes Alter erreichte (*Resp.* 406b4–8).

handlung im Sinne des unter Punkt 3 dargelegten Verständnisses handeln muss und alle der vier genannten Kriterien dafür erfüllt sind, ist an dieser Stelle klar: Die Frage, ob ein Arzt die weitere Behandlung unterlassen soll oder nicht, ergibt nur dann Sinn, wenn beide Möglichkeiten prinzipiell offenstehen und sich der Arzt dessen bewusst ist. Die Diskussion der Frage soll ja gerade eine Grundlage für die Entscheidung zu einer der beiden Optionen liefern, da der Arzt natürlich weiß, dass sein Handeln Konsequenzen nach sich zieht, er also mit seinem Handeln bewusst in die Welt eingreift.

Die Ausführungen machen nämlich auch deutlich, dass der Arzt zwar nicht in der Lage ist, das tödliche Leiden zu heilen, aber zumindest in einigen dieser Fälle den Tod des Patienten zumindest etwas hinauszögern, teils sogar erheblich verlängern könnte.[65] Platon muss deshalb klar gewesen sein, dass der Arzt zwar nicht allein, aber in gewisser Hinsicht doch mit für den früheren Tod des Patienten verantwortlich ist – wird er als Arzt der Kallipolis ja gerade mit dieser Handlung seiner Aufgabe gerecht. Um in den Worten des *Phaidon* zu sprechen – was Platon selbst allerdings nicht tut –, könnte man sagen, dass der Arzt, geleitet von seiner Vorstellung des Guten, die weitere Behandlung des Patienten bewusst unterlässt, wenngleich sie ihm offen stünde, und so – ähnlich wie Sokrates dort in Bezug auf seinen eigenen Tod – in einer nicht spezifizierten Weise den früheren Tod des Patienten mindestens mitbewirkt.

Auch wenn Platon diesen Sachverhalt nicht weiter diskutiert – wahrscheinlich, weil ihm dies mehr oder weniger auf der Hand zu liegen scheint – so sind diese Fälle eines Sterbenlassens durch Unterlassen durch zwei Kriterien von solchen Unterlassungshandlungen zu unterscheiden, die als ein Töten aufgefasst werden müssen: Erstens muss der jeweilige Patient an einer Krankheit leiden, die ihre Ursache entweder in der natürlichen Konstitution des Patienten, seiner Lebensweise oder beidem hat.[66] Zweitens muss es sich dabei um ein tödlich verlaufendes Leiden handeln, das vom Arzt nicht geheilt werden kann und aufgrund dessen der Patient auch tatsächlich verstirbt.[67] Die unterlassene Behandlung ändert zwar den Todeszeitpunkt des Patienten, nicht aber die prinzipielle Tatsache, dass der Patient aufgrund seiner Krankheit verstirbt. Vollkommen anders sieht es dagegen im Fall des vernachlässigten Neugeborenen aus, das, um So-

---

65 Vgl. die bereits erwähnte Aussage, Asklepios habe nicht versucht, seinen Patienten ein „langes und schlechtes Leben" zu bereiten (*makron kai kakon bion anthrōpō poiein*, *Resp.* d6–7), sowie das Beispiel des Herodikos, der „seinen Tod lang machte" (*makron ton thanaton hautō poiēsas*) und ein hohes Alter erreichte (*Resp.* 406b4–8).
66 Vgl. beispielsweise die oben zitierte in *Resp.* 408b2–4 getätigte Aussage, es ginge hierbei um Patienten, die „von Natur kränklich und zügellos" (*nosōdē de physei te kai akolaston*) seien.
67 Siehe Fn. 64

krates' implizit vorausgesetzte Ausschlusskriterien aufzugreifen, in keiner Weise als krank und deshalb *a fortiori* erst recht nicht als unheilbar krank zu betrachten ist und dessen Tod demnach auch nicht auf ein derartiges Leiden zurückgeführt werden kann. Alles was ihm fehlt, ist die Pflege, von der ein Neugeborenes abhängig ist.

Um zu versuchen, die hier zugrundeliegenden Überlegungen etwas abstrakter zu fassen, könnte man sagen, dass der Prozess, der letztlich zum Tode des Kindes führt, vom Akteur durch dessen Unterlassungshandlung erst initiiert oder zumindest mitinitiiert wurde, während der Prozess, der letztlich zum Tode des tödlich erkrankten Patienten führt, seine Ursache zuallererst in der Konstitution des Patienten selbst hat – ganz unabhängig davon, ob der Arzt nun irgendetwas tut oder unterlässt.

Um die Frage, welche kausale Rolle der Arzt in Bezug auf das Sterben des Patienten spielt – schon gar nicht in Abgrenzung zum Fall des Tötens –, geht es Platon allerdings an dieser Stelle nicht, wenngleich er, wie wir gesehen haben, bestimmte Unterschiede zwischen beiden Arten lebensbeendender Handlungen vorauszusetzen scheint. Dennoch müsste ihm, wie in der Passage aus dem *Phaidon*, prinzipiell klar sein, dass der Arzt mit seiner Unterlassungshandlung in irgendeiner Weise mitverantwortlich für den früheren Tod des Patienten ist.

Für Fälle eines Sterbenlassens im Sinne eines Tuns finden sich meines Wissens keine Beispiele in den Schriften Platons, wenngleich Platon durch Modifikation der soeben diskutierten Beispiele aus der *Politeia* zum Beispiel in Form eines Gedankenexperiments einen derartigen Fall wohl hätte konstruieren können, da er prinzipiell über den dafür nötigen theoretischen Rahmen verfügt. Abschließend sei deshalb noch einmal darauf hingewiesen, dass sich Platon mit der Frage nach der Unterscheidung verschiedener Formen lebensbeendender Handlungen – abgesehen von einigen Passagen aus den *Nomoi* – nicht explizit beschäftigt und die in meinem Beitrag untersuchten Passagen weitgehend aus Kontexten stammen, die eine vollkommen andere Fragestellung verfolgen. Dennoch sollte deutlich geworden sein, dass Platon in der dargestellten Weise prinzipiell zwischen Töten und Sterbenlassen unterscheiden könnte und die Existenz dieser Handlungstypen mindestens vorauszusetzen scheint, wenngleich gilt, dass er die dafür nötigen Kriterien als solche – eben wegen der thematisch anderen Schwerpunktsetzung – nicht weiter diskutiert und nur im Ansatz explizit macht.

Philipp Brüllmann
Tun und Unterlassen in der Handlungstheorie des Aristoteles

Auch wenn Aristoteles in seinen Schriften immer wieder auf Beispiele aus der Medizin zurückgreift und über die Fähigkeiten, die Ziele sowie die Vorgehensweise von Ärzten spricht, finden wir dort nichts, was mit der gegenwärtigen medizinethischen Debatte um Töten und Sterbenlassen, um aktive und passive Sterbehilfe oder den assistierten Suizid vergleichbar wäre.[1] Es ist daher auch nicht das Ziel dieses Beitrags, über die „Aristotelische Position" zu diesen Themen nachzudenken. Vielmehr soll Aristoteles hier als einer der Väter der philosophischen Handlungstheorie vorgestellt werden, wobei sich unser Fokus auf die Abgrenzung von Tun und Unterlassen richten wird, die für die genannte Debatte sicher eine zentrale Rolle spielt.[2]

Wenn ich im Folgenden über den Kontrast zwischen Tun und Unterlassen spreche, dann meine ich so einfache Beispiele wie „A ersticht B vorsätzlich" *versus* „C lässt zu, dass B erstochen wird, obwohl sie es verhindern könnte". Und ich meine so einfache Fragen wie: „Inwiefern kann C für den Tod von B verantwortlich gemacht werden, obwohl sie B nicht selbst erstochen hat?" Oder: „Weshalb würden wir das Verhalten von C anders beurteilen als das von A, obwohl die Folgen (B ist tot) in beiden Fällen die gleichen sind?". Ich werde Unterlassungen

---

[1] Wie Markus Held in seinem Beitrag zum vorliegenden Band herausstellt, gilt dies für die antike Philosophie insgesamt. Was die Aristotelischen Bemerkungen zur Medizin betrifft, könnten folgende Thesen für die genannte Debatte von Interesse sein (ohne ihre Relevanz überzubewerten): Die spezifische Fähigkeit (*dynamis*) eines Arztes ermöglicht ihm, sowohl zu heilen als auch krank zu machen (*Metaphysik* [Metaph.] IX 2, 1046b6f.). Der Arzt als solcher überlegt aber nicht, ob er heilen soll. Dieses Ziel ist ihm gewissermaßen vorgegeben (*Nikomachische Ethik* [NE] III 5, 1112b13). Dies heißt jedoch nicht, dass zu heilen die einzige Aufgabe des Arztes wäre. Denn „es ist möglich, auch diejenigen, die die Gesundheit nicht wiedererlangen können, dennoch gut zu pflegen" (*Rhetorik* I 1, 1355b13f.). Einige der medizinischen Beispiele des Aristoteles werden uns im Folgenden noch begegnen.

[2] Was nicht so zu verstehen ist, dass Unterlassungen generell darin bestünden, dass man *nichts tut*. Wir können es unterlassen, jemanden zu grüßen, indem wir uns wegdrehen, und wir können jemanden sterben lassen, indem wir lebenserhaltende Maßnahmen aktiv beenden (vgl. dazu die Ausführungen von Franz-Josef Bormann im vorliegenden Band). Trotzdem scheint zu gelten, dass das Unterlassene stets etwas ist, das man *nicht getan* hat. Es ist in diesem Sinn, dass der Kontrast von Tun und Unterlassen für die Debatten wichtig erscheint. Ob Handlungen für Aristoteles immer Körperbewegungen, und damit ein Tun im engeren Sinn, implizieren, wird noch zu diskutieren sein.

also, grob gesagt, als Fälle eines (bewussten, absichtlichen) Nichthandelns auffassen, das mit Blick auf seine intendierten oder in Kauf genommenen Konsequenzen beurteilt wird.

Fälle dieser Art sind in antiken Texten durchaus präsent. Man denke etwa, um ein bekanntes Beispiel herauszugreifen, an den „zornigen Achill". Dessen Weigerung, weiter am Krieg gegen Troja teilzunehmen, wird in der *Ilias* als eine Ursache dafür beschrieben, dass die Griechen den Trojanern unterlegen sind und „unendliche Leiden" zu erdulden haben (I 2; vgl. IX 225 ff.). Als die Verbündeten Achill dazu auffordern, den Kampf wieder aufzunehmen, machen sie ihn zumindest implizit verantwortlich für ihre Niederlagen. Sie weisen ihn darauf hin, dass er es später bereuen könnte, wenn er ihnen jetzt nicht hilft (IX 247–251). Aber auch die Frage nach der Bewertung des Nichthandelns wird in antiken Texten durchaus aufgeworfen. So möchte der Seher Euthyphron in Platons gleichnamigem Dialog seinen Vater des Mordes (*phonos*) anklagen, weil dieser einen Tagelöhner verhungern ließ. Der Fall wird als sehr komplex geschildert; und ein Aspekt, der seine Beurteilung so schwierig macht, ist, dass manche sagen, der Vater habe den Tagelöhner ja nicht wirklich „umgebracht" (*oute apokteinanti*) (4a–e).

Das Phänomen der Unterlassung ist Aristoteles also sicher bekannt. Und da Aristoteles sich ausführlich zu Fragen der Verantwortung äußert und bemüht ist, hier möglichst genaue Differenzierungen vorzunehmen (s.u. 1.2.1), hätte es für ihn durchaus nahe gelegen, zu überlegen, inwiefern jemand wie Achill Tadel verdient und worauf die ihm zugeschriebene Verantwortung eigentlich beruht. Außerdem hätte es nahe gelegen, zu erörtern, welche Rolle es für die Beurteilung von Euthyphrons Vater spielt, dass der Tagelöhner durch dessen „Nichthandeln" gestorben ist. Umso überraschender scheint es, dass diese und ähnliche Fragen in den erhaltenen Schriften des Aristoteles nicht gestellt werden. Auch wenn Aristoteles manchmal Fälle erwähnt, die als Unterlassungen gelten können,[3] sind diese kein eigenes Thema seiner Handlungstheorie.[4]

---

[3] Das bekannteste Beispiel ist wahrscheinlich das des „abwesenden Steuermanns", der in Metaph. V 2 als „Ursache" (*aition*) des Schiffbruches bezeichnet wird, so wie der anwesende Steuermann die Ursache der Erhaltung des Schiffes ist (1013b11–16). Aber auch viele der Verhaltensweisen, die Aristoteles mit den Tugenden in Verbindung bringt, lassen sich als Fälle eines bewussten Nichthandelns begreifen: Der Tapfere ist jemand, der in der Schlacht *nicht* davonläuft, der Besonnene jemand, der *nicht* mit der Frau eines anderen schläft.

[4] Dies beobachtet z. B. auch John Ackrill: „Tatsächlich läßt Aristoteles' ganze Darstellung des Freiwilligen und Unfreiwilligen Unterlassungen – das Unterlassen einer Handlung – völlig beiseite" (J. L. Ackrill, *Aristoteles. Eine Einführung in sein Philosophieren*, übers. v. E. R. Miller, Berlin/New York 1985, 224).

Es dürfte dennoch legitim sein, darüber nachzudenken, ob und wie sich Unterlassungen mithilfe des von Aristoteles entwickelten begrifflichen Werkzeugs beschreiben und erklären lassen. Besitzt Aristoteles die theoretischen Mittel, um Tun und Unterlassen klar voneinander abzugrenzen? Um diese Frage zu beantworten, werde ich im Folgenden zunächst die Grundlinien der Aristotelischen Handlungstheorie nachzeichnen und dabei insbesondere hervorheben, auf welche Aufgaben sich diese Theorie bezieht: Was will Aristoteles erklären? Wie versucht er es zu erklären? Welche Voraussetzungen macht er dabei? (Abschnitt 1) Vor diesem Hintergrund werde ich dann überlegen, inwiefern sich Fälle des Unterlassens in das von Aristoteles entwickelte Modell integrieren lassen (Abschnitt 2).

1 Grundlinien der Aristotelischen Handlungstheorie

Beginnen wir mit einer begrifflichen Vorbemerkung. Der griechische Ausdruck für „Handlung" ist *praxis*. Aristoteles verwendet diesen Ausdruck alles andere als einheitlich.[5] An manchen Stellen meint *praxis* eine Handlung, die kein externes Ziel hat, die wir also nicht deshalb ausüben, weil wir etwas „herstellen" wollen – was Aristoteles als *poiêsis* bezeichnen würde –, sondern weil der Vollzug der Handlung selbst das Ziel ist (vgl. *Nikomachische Ethik* [NE] VI 1, 1139b1–4; VI 5, 1140b6 f.). Als typische Beispiele einer solchen *praxis* könnten das Musizieren, das Spazierengehen oder das Nachdenken um seiner selbst willen gelten;[6] zu den *poiêseis* würde dagegen das Bauen eines Hauses, das Nähen eines Kleides, aber auch das Heilen eines Patienten gehören, schließlich ist die Herstellung der Gesundheit das Ziel der Medizin. An anderen Stellen bringt Aristoteles den Ausdruck *praxis* eng mit dem der *prohairesis* („Entschluss", s. u. 1.2.2) in Verbindung, so dass als *praxeis* im eigentlichen Sinn nur „überlegte" Handlungen in Frage kämen, wie sie weder Tieren noch Kindern möglich sind (NE VI 2, 1139a20). Oft verwendet Aristoteles *praxis* aber auch in einem weiten und unspezifischen Sinn, der auch Fälle des Herstellens umfasst und sich auf absichtliches, zielgerichtetes Verhalten

---

5 Für eine kurze Übersicht vgl. F. Buddensiek, *Was sind Aristoteles zufolge Handlungen?*, in: K. Corcilius/C. Rapp (Hg.), *Beiträge zur Aristotelischen Handlungstheorie*, Stuttgart 2008, 30 f. (mit Anm. 4).
6 Vgl. zu diesen Beispielen und zu den Schwierigkeiten der Abgrenzung von *poiêsis* und *praxis*: T. Ebert, *Praxis und Poiesis. Zu einer handlungstheoretischen Unterscheidung des Aristoteles*, in: *ZphF* 30 (1976), 12–30.

im Allgemeinen bezieht (zum Beispiel NE I 6, 1097b26 f.). Für unsere Zwecke ist es sinnvoll, zunächst von diesem weiten Verständnis auszugehen.

Obwohl Handlungen in diesem weiten Sinn eine wichtige Rolle in der Philosophie des Aristoteles spielen, sind sie kein Gegenstand, den er in einer eigenen Schrift behandeln würde. Das *Corpus Aristotelicum* enthält kein Werk „Über Handlungen". Um einen Eindruck von der Aristotelischen Konzeption menschlichen Handelns zu bekommen, müssen wir daher auf Theoriestücke aus unterschiedlichen Kontexten zurückgreifen.[7] Zwei dieser Kontexte erweisen sich dabei als besonders wichtig: erstens die Bemerkungen zur Selbstbewegung von Lebewesen aus dem dritten Buch der Schrift *Über die Seele* (*De anima*) (1.1), zweitens die Überlegungen zu den Themen Verantwortung, Entschluss (*prohairesis*) und Unbeherrschtheit (*akrasia*) aus den ethischen Schriften (1.2).

Betrachten wir diese Kontexte nun etwas näher.

1.1 Die Selbstbewegung der Lebewesen

Steine fallen, Bäume wachsen. Menschen und Tiere fallen und wachsen ebenfalls, sie können aber noch eine andere Art der Bewegung ausführen, die Steinen und Bäumen nicht möglich ist. Hier sind einige Beispiele: Die Schildkröte sieht ein Salatblatt und *kriecht* darauf zu, um es zu fressen. Achill bemerkt Hektor und *läuft* ihm entgegen, um mit ihm zu kämpfen. Die Athletin denkt an die Medaille und *schwimmt* los, um als erste ins Ziel zu kommen. Keiner von ihnen wird von jemand anderem zu seinem Ziel (dem Salatblatt, Hektor, dem anderen Ufer) gezogen, geschoben oder getragen. Vielmehr setzen sich alle drei, nachdem sie ihr Ziel auf die eine oder andere Weise erfasst haben, *von selbst* in Bewegung.

In *De anima* (DA) III 9–11, sowie in der kleinen Schrift *De motu animalium* (MA), befasst sich Aristoteles mit der Frage, wie diese von Menschen und Tieren geteilte Fähigkeit zur Bewegung auf ein wahrgenommenes oder vorgestelltes Ziel hin möglich ist. Er bestimmt das für die Selbstbewegung zuständige Seelenvermögen und äußert sich über den Prozess, der vom Erfassen des Gegenstands zur eigentlichen Körperbewegung führt. Im Rahmen dieser Untersuchung formuliert Aristoteles einige Thesen, die für seine Auffassung menschlicher Handlungen einschlägig sind. Bevor wir diese Thesen einführen, lohnt es sich jedoch, kurz den naturphilosophischen Kontext zu betrachten, in dem Aristoteles seine Erklärung der Selbstbewegung von Lebewesen entwickelt.

---

[7] Vgl. zur Einführung: K Corcilius/C. Rapp, *Einleitung*, in: dies. (Hg.), *Beiträge zur Aristotelischen Handlungstheorie*, 9–27.

1.1.1 Der naturphilosophische Kontext

Die Aristotelische Naturphilosophie beschäftigt sich mit Gegenständen, die, Aristotelisch gesprochen, ein Prinzip beziehungsweise einen „Anfang" (*archê*) von Bewegung oder Veränderung (*kinêsis*) und Stillstand (*stasis*) in sich haben (*Physik* [Phys.] II 1, 192b13–15). Was damit gemeint ist, lässt sich wieder am einfachsten an einem Beispiel verdeutlichen. Wenn eine Eichel auf die Erde fällt, dann durchläuft sie – sofern sie nicht beschädigt ist und die äußeren Bedingungen günstig sind – von selbst einen bestimmten Entwicklungsprozess. Dieser Entwicklungsprozess ist zielgerichtet: Er durchmisst bestimmte Stadien in einer bestimmten Reihenfolge und vollendet sich schließlich in der ausgewachsenen Eiche. Dass dieser Prozess auf diese Weise abläuft, erklärt Aristoteles unter Bezug auf die Natur (*physis*) der Eiche, die sowohl als „Formursache" (*causa formalis*) als auch als „Bewegungsursache" (*causa efficiens*) bereits in der Eichel vorhanden ist. Der Ursprung der Veränderung, der „Anfang der Bewegung", ist also *in* der Eichel, und genau deshalb gehören Eichen zu den natürlichen Gegenständen (vgl. Phys. II 1).

Ganz anders sieht es bei Artefakten aus, zum Beispiel bei einem Bett. Zwar lässt sich die Herstellung eines Bettes ebenfalls als zielgerichteter Prozess beschreiben, der bestimmte Phasen in einer bestimmten Reihenfolge durchläuft und sich im fertigen Bett vollendet. Dieser Prozess geschieht aber nicht von selbst, sondern muss von außen bewirkt und gesteuert werden. Auch wenn das Holz potentiell ein Bett ist – andernfalls könnte man keines daraus herstellen –, ist es nicht die Natur des Holzes, ein Bett zu sein; vielmehr muss die Form des Bettes von dem, der es herstellt, erst in das Holz „gebracht" werden. Der Anfang der Veränderung liegt somit außerhalb des Gegenstands, nämlich im Schreiner, und deshalb gehören Betten nicht zu den natürlichen Gegenständen (Phys. II 1, 192b16–32).[8]

Für die Naturphilosophie des Aristoteles ist es charakteristisch, dass sie ihre Aufmerksamkeit auf die Bewegungen und Veränderungen richtet, die natürliche Gegenstände als solche ausüben oder durchlaufen. Ihr Ziel ist, solche Prozesse wissenschaftlich zu erklären. Unter dem Begriff der *kinêsis* (beziehungsweise der *metabolê*) sind dabei ganz unterschiedliche Bewegungen und Veränderungen zusammengefasst. Neben dem bereits erwähnten Prozess der Entstehung (*genesis*) gehören dazu auch Wachstum (*auxêsis*), qualitative Veränderung (*alloiôsis*) sowie Ortsbewegung (*phora*) (Phys. III 1, 201a9–15). Und ein Fall einer solchen natür-

---

[8] Zur Illustration führt Aristoteles ein auf Antiphon zurückgehendes Gedankenexperiment an: Wenn man ein Bett vergraben würde, so würde daraus niemals ein Bett, sondern – wenn überhaupt – ein Baum wachsen (Phys. II 1, 193a12–17).

lichen Ortsbewegung ist für Aristoteles eben die für Tiere und Menschen charakteristische Selbstbewegung, die wir gerade skizziert haben: das Kriechen der Schildkröte, das Fliegen der Vögel, das Gehen eines Menschen.

Das heißt, auch wenn sich diese Art der Selbstbewegung erheblich von Prozessen des Wachstums oder des Entstehens und Vergehens unterscheidet, muss es Merkmale geben, die einen gemeinsamen naturphilosophischen Rahmen schaffen. Nach Aristoteles sind vor allem zwei dieser Merkmale von Bedeutung, ein teleologisches und ein kausales. Erstens sind alle diese Bewegungen zielgerichtet und werden unter Bezugnahme auf das Ziel erklärt: Die Schildkröte kriecht los, *um* an das Salatblatt zu kommen, sie hört auf zu kriechen, wenn sie das Blatt erreicht hat (DA III 9, 432b15f.; MA 6, 700b15f.). Zweitens lassen sich alle diese Bewegungen anhand der Frage charakterisieren, wo sich ihre *archê* befindet. So wie der Anfang der Entstehung einer Eiche *in* der Eichel liegt, so liegt der Anfang der Selbstbewegung einer Schildkröte *in* der Schildkröte (genauer: in deren Seele). Das Lebewesen ist, wie Aristoteles betont, selbst die *archê* dieser Bewegung (DA II 2, 413a20–b10). Die Erklärung von Kriechen, Fliegen und Gehen gehört in den Bereich der Naturphilosophie.

1.1.2 Streben

Wie aber unterscheidet sich die Bewegung einer kriechenden Schildkröte von der eines fallenden Steins? Auch die Bewegung des Steins scheint nämlich insofern natürlich zu sein, als sie von selbst geschieht. Man muss den Stein nicht nach unten drücken oder schieben. Vielmehr wird er sich, wenn die Bedingungen günstig sind und nichts seinen Fall hindert, von selbst abwärts bewegen, und dies so lange, bis er sich an seinem „spezifischen" Ort befindet (im Fall des Elements Erde wäre dies der Mittelpunkt des Kosmos). Die *archê* von Bewegung und Stillstand liegt also auch hier nicht außerhalb, sondern im Gegenstand.[9]

Allerdings kann die Schildkröte, im Gegensatz zum Stein, von Natur aus unterschiedliche Richtungen einschlagen (Phys. VIII 4, 255a2–11). Wenn sie das Salatblatt rechts vermutet, wird sie nach rechts kriechen, wenn links, nach links. Und wenn sie merkt, dass ihr jemand das Blatt weggeschnappt hat, wird sie wohl einfach stehenbleiben. (Dies sollte nicht so verstanden werden, dass sich eine Schildkröte, die hungrig ist und ein Salatblatt wahrnimmt, noch entscheiden könnte, darauf zuzukriechen oder nicht. Es geht hier nicht um das Thema der

---

[9] Vgl. zur natürlichen Bewegung der Elemente bei Aristoteles: B. Morison, *On Location. Aristotle's Concept of Place*, Oxford 2002, 25–35.

Willensfreiheit, sondern um die für Lebewesen spezifische Weise, eine *archê* von Bewegung und Stillstand zu sein.) Der Stein kennt dagegen nur eine Richtung. Selbst wenn man ihn „zehntausend Mal" nach oben werfen würde, könnte man ihm, wie Aristoteles betont, nicht abgewöhnen, nach unten zu fallen (NE II 1, 1103a20–23). Dieser Unterschied hat offenbar damit zu tun, dass die Schildkröte ihr Ziel „erfassen" kann und sich erst dann darauf zubewegt; hier kommt also das Moment der Intentionalität ins Spiel. Schließlich: Auch wenn sich beide Bewegungen als zielgerichtet beschreiben lassen, scheint nur die Selbstbewegung der Schildkröte für eine Erklärung „durch das Gute" offen zu sein. Wenn wir verstehen wollen, warum die Schildkröte auf das Salatblatt zukriecht, können wir darauf Bezug nehmen, dass es für ein Lebewesen *gut* ist, sich zu ernähren. Das Fallen des Steins scheint für diese Erklärung dagegen nicht zugänglich.[10]

Wie lassen sich diese offensichtlichen Unterschiede erklären? Nach Aristoteles lassen sie sich dadurch erklären, dass die Schildkröte ein Lebewesen, genauer: ein Tier, ist und somit ein Vermögen (*dynamis*) besitzt, das dem Stein als etwas Nicht-Lebendigem fehlt. Dieses Vermögen, das die „unmittelbare Ursache" (*eschatê aitia*) der Selbstbewegung eines Tieres darstellt (MA 7, 701a34f.), ist die so genannte *orexis*, das Streben, mit dem Aristoteles sich in DA III 9–11 befasst.

Bedauerlicherweise sind die Ausführungen zum Vorgang der Selbstbewegung bei Tieren knapp und nicht leicht nachzuvollziehen.[11] Sie können hier nicht angemessen behandelt werden. Klar ist, dass Aristoteles von einem kausalen Prozess ausgeht, in dem die Wahrnehmung oder Vorstellung eines bestimmten Gegenstands als *prakton agathon* (als durch Handeln oder Bewegung erreichbares Gut: DA III 10, 433b16) ein Streben auslöst, welches dann die Bewegung des Körpers verursacht (433b13–27; MA 6, 700b17–701a5); das Strebevermögen (*orektikon*) spielt somit die Rolle eines „bewegten Bewegers" (DA III 10, 433b16f.).[12] Klar ist ebenfalls, dass ein Lebewesen nach dieser Erklärung auch dann als *archê* der Bewegung anzusprechen ist, wenn es – wie die Schildkröte, die das Salatblatt vor

---

10 Vgl. N. Strobach, *Was heißt es, eine APXH in sich zu haben?*, in: K. Corcilius/C. Rapp (Hg.), *Beiträge zur Aristotelischen Handlungstheorie*, 67.
11 Vgl. zu diesem Thema die umfassende Studie von Klaus Corcilius: *Streben und Bewegen. Aristoteles' Theorie der animalischen Ortsbewegung*, Berlin/New York 2008.
12 Die physiologische Seite dieses Vorgangs wird in *De motu animalium* diskutiert. Sehr vereinfacht geht Aristoteles hier davon aus, dass Vorstellungen (*phantasiai*) Veränderungen sind, die andere Veränderungen auslösen und damit eine kausale Rolle spielen können. Für den entsprechenden Prozess ist folgender Zusammenhang entscheidend: Die Vorstellung eines erstrebten oder zu meidenden Gegenstands ist mit Lust bzw. Leid verbunden, Lust und Leid gehen mit Erhitzen bzw. Abkühlen einher, Erhitzen und Abkühlen bedeuten ein Ausdehnen und Zusammenziehen. Vgl. dazu K. Corcilius, *Streben und Bewegen*, 326–371.

sich sieht – auf einen äußeren Gegenstand *reagiert*.¹³ Um diese auf den ersten Blick merkwürdige These zu verstehen, ist es hilfreich, sich noch einmal vor Augen zu führen, dass es Aristoteles nicht darum geht, dem Lebewesen einen irgendwie freien Willen zuzuschreiben. Sein Interesse richtet sich auf Bewegungen, und sein Projekt ist das einer Abgrenzung: von Fällen, in denen die Schildkröte zum Salatblatt getragen wird (hier liegt die *archê* außerhalb), von Fällen, in denen die Schildkröte zum Beispiel in ein Loch fällt (hier beruht die Bewegung allein auf den materiellen Eigenschaften der Schildkröte), und von Fällen unwillkürlicher Bewegungen wie der des Herzschlags (hier wird die Bewegung nicht durch die *orexis* kontrolliert; vgl. MA 11).

Für unser Anliegen wichtiger ist vermutlich die folgende Frage. Aristoteles liefert in *De anima* eine allgemeine Erklärung der von Menschen und Tieren geteilten Fähigkeit zur Selbstbewegung. Was den Menschen jedoch vor den Tieren auszeichnet, und was für das Thema menschlichen Handelns von besonderem Interesse sein dürfte, ist dessen Fähigkeit zur Selbstbewegung unter Beteiligung der Vernunft. Worin aber besteht diese Beteiligung? Sie besteht nicht – und das ist entscheidend – in einem veränderten kausalen Rahmen. Auch genuin menschliche Selbstbewegungen werden nach Aristoteles stets durch eine *orexis* verursacht. Weder kann das Denken also für sich genommen eine Bewegung auslösen; es muss sich vielmehr auf einen erstrebten Gegenstand beziehen (DA III 9, 432b25 – III 10, 433a26). Noch kann die Vernunft darüber entscheiden, ob wir einem gegebenen Streben folgen sollen oder nicht; ein solches „Dezisionsvermögen" ist von Aristoteles auch für Menschen nicht vorgesehen.¹⁴

Die menschliche Vernunft kommt vielmehr auf zwei andere Weisen ins Spiel. Zum einen geht Aristoteles davon aus, dass es ein „vernünftiges Streben" gibt, welches er als *boulêsis* („Wunsch") bezeichnet. Dabei handelt es sich um ein Streben, das sich im Gegensatz zur Begierde (*epithymia*) nicht auf körperliche Lüste richtet und im Gegensatz zum Eifer oder Mut (*thymos*) nicht auf die Ehre, sondern auf das, was unter rationalen Gesichtspunkten als gut erscheint.¹⁵ Die

---

13 Dieser Gegenstand (das *orekton*) spielt die Rolle des „unbewegten Bewegers" (III 10, 433b11f.). Eine aufschlussreiche Diskussion der Frage, wie man von einer *archê* sprechen kann, wenn das Lebewesen auf einen äußeren Gegenstand reagiert, bietet Niko Strobach (mit Einblick in die Literatur). Er argumentiert, dass mit der *archê* zwar die *causa efficiens* gemeint ist, diese aber nicht im Sinn eines einfachen Impulsgebers zu verstehen sei (*Was heißt es, eine APXH in sich zu haben?*, 69–76).
14 Zu diesem Aspekt, der vor allem für die Frage, ob Aristoteles über einen modernen Willensbegriff verfügte, von Interesse ist, vgl. M. Frede, *A Free Will. Origins of the Notion in Ancient Thought*, Berkeley/Los Angeles 2012, Kap. 2.
15 Zur Einteilung der *orexis* in *boulêsis*, *epithymia* und *thymos*, vgl. MA 6, 700b22; 7, 701a36–b1 u. ö. Zur Zuordnung der *boulêsis* zum vernünftigen Seelenteil, vgl. DA III 9, 432b4–7. Eine ausführliche

Vernunft spielt hier eine Rolle beim Erfassen des Ziels.[16] Zum anderen sind Menschen *qua* vernünftig in der Lage zu deliberieren, also zu überlegen, wie sie die Ziele ihres Strebens erreichen können (DA III 11, 434a5–10). So kann die Überlegung des Arztes ihn dazu veranlassen, die Gliedmaßen seines Patienten zu reiben – vorausgesetzt, sie bezieht sich auf ein vorhandenes Streben, diesen Patienten zu heilen (DA III 10, 433a17–20; wir werden weiter unten noch einmal auf diesen Fall zurückkommen).

Fassen wir kurz zusammen. Weiter oben haben wir behauptet, dass Aristoteles im Rahmen seiner Untersuchung zur Selbstbewegung von Lebewesen einige Thesen formuliert, die für seine Konzeption menschlichen Handelns einschlägig sind. Diese Thesen sind folgende:

(T 1) Laufen, Fliegen, Schwimmen usw. sind natürliche Ortsbewegungen, das heißt, es sind zielgerichtete Bewegungen, deren „Anfang" (*archê*) im bewegten Gegenstand liegt.

(T 2) Im Gegensatz zu anderen natürlichen Ortsbewegungen, wie der eines fallenden Steins, zeichnen sich Laufen, Fliegen, Schwimmen usw. dadurch aus, dass sie durch ein Streben (*orexis*) verursacht werden. Das Streben liefert die kausale Verbindung zwischen dem Erfassen des Ziels und der Bewegung des Körpers.

(T 3) Dieses Modell gilt auch für Selbstbewegungen, die unter Beteiligung der Vernunft zustandekommen. Die Vernunft ändert nichts am kausalen Rahmen der Erklärung, sondern kommt (a) als vernünftiges Streben und (b) als Fähigkeit zur Deliberation ins Spiel.

1.2 Handlungen und Charaktereigenschaften

Der zweite Kontext, aus dem sich unser Bild der Aristotelischen Konzeption menschlichen Handelns speist, ist der der Ethik. Anders als in der Seelenlehre

---

Diskussion des Themas bieten Klaus Corcilius, *Streben und Bewegen*, 128–207, sowie Giles Pearson, *Aristotle on Desire*, Cambridge 2012, Kap. 2–3.

16 Da das Ziel erfasst werden muss, kann Aristoteles behaupten, dass für die Selbstbewegung der Lebewesen nicht nur das Streben, sondern auch die diskriminatorischen Vermögen Denken (*nous*) und Wahrnehmung (*aisthêsis*) sowie, insbesondere, das Vermögen, Vorstellungen (*phantasiai*) auszubilden, eine Rolle spielen (MA 6, 700b17–23): „Es gibt [...] gute Gründe, davon auszugehen, dass φαντασία, so wie Aristoteles sie begreift, es dem zu ihr fähigen Subjekt ermöglicht, prospektive Situationen kognitiv zu erfassen, so dass die Fortbewegung von Tieren und Menschen von mittels φαντασία erfassten Aussichten ihre Richtung und Zielgerichtetheit erhalten kann" (H. Lorenz, *Zur Bewegung der Lebewesen bei Aristoteles*, in: K. Corcilius/C. Rapp (Hg.), *Beiträge zur Aristotelischen Handlungstheorie*, 58).

spricht Aristoteles hier nicht über bloße Ortsbewegungen, sondern über komplexere Tätigkeiten wie in einer Schlacht zu kämpfen, Güter zu verteilen, Patienten zu heilen oder die Ehe zu brechen. Außerdem richtet sich seine Aufmerksamkeit jetzt nicht auf Lebewesen insgesamt, sondern auf das, was erwachsene Menschen tun. Es geht hier um Handlungen im landläufigen Sinn. Trotzdem werden wir sehen, dass zwischen den beiden Kontexten wichtige Gemeinsamkeiten bestehen. Auf die eine oder andere Weise sind die gerade genannten Thesen T 1 – T 3 auch in den ethischen Untersuchungen präsent.

Im Zentrum der Ethik des Aristoteles stehen, streng genommen, nicht einzelne Handlungen, sondern Tugenden (*aretai*) und Laster (*kakiai*), also positive und negative Eigenschaften eines Menschen. Diese Eigenschaften haben allerdings einen engen Bezug zu Handlungen; denn ein großer Teil von ihnen, die so genannten Tugenden des Charakters (*aretai êthikai*), wird durch Handlungen erworben und kommt in Handlungen zum Ausdruck (vgl. NE II 1).[17] Wer zum Beispiel die Tugend der Tapferkeit (*andreia*) besitzt, der ist nach Aristoteles dazu disponiert, sich in bestimmten Situationen auf bestimmte Weise zu *verhalten* (er oder sie wird bei Gefahr nicht einfach davonlaufen).[18] Und dieses Verhalten muss gewissermaßen eingeübt werden:

> Die Tugenden dagegen erwerben wir, indem wir sie zuvor ausüben, wie dies auch für die Fertigkeiten (*technai*) gilt. Denn was wir durch Lernen zu tun fähig werden sollen, das lernen wir eben, indem wir es tun: durch Bauen werden wir Baumeister und durch Kitharaspielen Kitharisten. Ebenso werden wir gerecht, indem wir gerecht handeln (*ta dikaia prattontes*), besonnen durch besonnenes, tapfer durch tapferes Handeln. (NE II 1, 1103a31–b2, übers. nach Gigon)

Aus dieser einfachen Grundannahme ergeben sich zwei wesentliche Aufgaben für die Aristotelische Ethik. Sie sollte zum einen erläutern, wie wir handeln müssen, um die Tugenden des Charakters zu erwerben (vgl. dazu NE II 2); zum anderen sollte sie etwas zu den Bedingungen sagen, unter denen Handlungen als Ausdruck

---

[17] Neben den Tugenden des Charakters kennt Aristoteles noch die Verstandestugenden (*aretai dianoêtikai*), die nicht durch Übung, sondern durch Lernen erworben werden (NE II 1, 1103a14–17) und die, grob vereinfacht, darin bestehen, dass man im Bereich des theoretischen wie praktischen Denkens besonders gut ist (NE VI).

[18] Streng genommen bringt Aristoteles die Tugenden des Charakters nicht nur mit Handlungen, sondern auch mit emotionalen Reaktionen in Verbindung, wie z. B. mit einem der Situation angemessenen Maß an Furcht (*phobos*) und Zuversicht (*tharrê*) im Fall des Tapferen (NE II 7, 1107a33–b1). Es ist alles andere als leicht zu sagen, in welchem Verhältnis Handlungen und emotionale Reaktion stehen. Im vorliegenden Kontext können wir diese Schwierigkeiten aber getrost beiseite lassen. Uns geht es allein um die handlungstheoretischen Aspekte.

von Charaktereigenschaften gelten können. Es ist vor allem die zweite Aufgabe, die Aristoteles dazu veranlasst, Überlegungen auf dem Gebiet der Handlungstheorie anzustellen. Im Folgenden möchte ich versuchen, diese Überlegungen anhand zweier Stichworte zu skizzieren. Dass dabei kein vollständiges Bild der Aristotelischen Tugendkonzeption gezeichnet wird, dürfte offensichtlich sein.

1.2.1 Verantwortung[19]

Aristoteles geht davon aus, dass nicht alles, was Menschen tun, nicht jedes „Verhalten" eines Menschen, Rückschlüsse auf dessen Charakter zulässt. Dies gilt insbesondere für die so genannten „unfreiwilligen" oder „unbeabsichtigten" (akousion) Handlungen, also Handlungen, für die wir aus bestimmten Gründen nicht verantwortlich gemacht werden können und bei denen Lob oder Tadel daher unangebracht erscheinen (NE III 1, 1109b30–35). Wann aber sind Handlungen unfreiwillig? Aristoteles unterscheidet zwei Fälle. Handlungen sind unfreiwillig, wenn sie entweder (a) auf Zwang beziehungsweise „Gewalt" (bia) beruhen oder (b) aus „Unwissenheit" (agnoia) geschehen (1109b35–1110a1).

Ein typisches Beispiel für eine Handlung aufgrund von Zwang wäre, wenn jemand (A) unsere Hand ergreift, um jemand anderen (B) damit zu schlagen (NE V 10, 1135a27f.; vgl. III 1, 1110a3f.). Es scheint offensichtlich, dass wir in diesem Fall der Gewalt für die Schmerzen von B nicht verantwortlich sind und auch nicht dafür getadelt werden können. Niemand würde uns wegen einer solchen „Handlung" – wenn man es so nennen möchte – als grob oder brutal bezeichnen. Außerdem scheint offensichtlich, dass diese Handlung keinen Rückschluss auf unseren Charakter erlaubt. Sie sagt vor allem nichts darüber, ob wir selbst dazu neigen, andere zu schlagen.

Um Fälle wie diesen zu kennzeichnen, greift Aristoteles auf ein Kriterium zurück, das uns bereits bekannt ist: Erzwungene Handlungen zeichnen sich dadurch aus, dass ihr „Anfang" (archê) außerhalb des Handelnden liegt (NE III 1, 1110a1), so wie im obigen Beispiel der Schlag gegen B nicht von uns ausgeht, sondern letztlich von A (in 1110a15 spricht Aristoteles präziser vom „Anfang der Bewegung der werkzeughaften Teile [des Körpers]": hê archê tou kinein ta organika merê). Wir sehen hier also eine wichtige Verbindung: Das kausale Kriterium, das im Kontext der Seelenlehre die Selbstbewegung von Lebewesen auszeichnet (die

---

19 Eine ausgezeichnete Einführung in das Thema bietet S. Bobzien, *Choice and Moral Responsibility in* Nicomachean Ethics *iii 1–5*, in: R. Polansky (Hg.), *The Cambridge Companion to Aristotle's* Nicomachean Ethics, Cambridge 2014, 81–109.

archê ist im Gegenstand; vgl. T 1), wird im Kontext der Ethik als Bedingung der Freiwilligkeit eingeführt. Erzwungene Handlungen sind unfreiwillig, weil sie nicht durch uns verursacht sind.

Die Bedeutung dieses kausalen Kriteriums zeigt sich vor allem dort, wo Aristoteles eine Abgrenzung zu *prima facie* ähnlichen Fällen vornimmt, wie etwa Fällen der Erpressung und andere Notsituationen. Die hier vorliegende Form des Zwangs scheint sich von der gerade skizzierten zu unterscheiden. Ein Seemann, der seine Ladung bei Sturm über Bord wirft, um das Schiff zu retten, würde eine solche Handlung zwar nie „schlechthin" (*haplôs:* NE III 1, 1110a9) wählen, sondern eben nur in Seenot. Er ist aber nicht in dem Sinn dazu gezwungen, dass es nicht „bei ihm" gelegen hätte, dies nicht zu tun (a15–19);[20] während es im oben genannten Beispiel eben nicht „bei uns" liegt, ob B geschlagen wird oder nicht, sondern allein bei A. Dementsprechend bezeichnet Aristoteles die Handlung des Seemanns auch nicht als unfreiwillig, sondern als „gemischt" (*miktê*) (1110a11).[21] Ein anderer möglicher Fall wäre, dass sich jemand durch die Lust oder das Schöne gezwungen sieht, bestimmte Dinge zu tun. Diese Annahme hält Aristoteles jedoch für absurd; denn dann wären alle menschlichen Handlungen, als zielgerichtet, erzwungen (1110b9–15). (Hier zeigt sich noch einmal, dass die *archê* der Handlung auch dann im Handelnden liegt, wenn sich das Streben auf einen wahrgenommenen Gegenstand richtet; vgl. 1.1.2.)

Kommen wir nun zu (b), den unfreiwilligen Handlungen aufgrund von Unwissenheit. Ein Beispiel wäre, dass wir etwas erzählen, von dem wir nicht wissen (können), dass es ein Geheimnis ist (NE III 2, 1111a8–10). Diese Handlung sagt offenbar nichts darüber aus, ob wir jemand sind, der Geheimnisse generell nicht für sich behalten kann. Es wäre nicht angemessen, uns für unsere Unzuverlässigkeit zu tadeln.

Das Kriterium für diesen Typ unfreiwilliger Handlungen lautet, dass der Handelnde sich über die konkreten Umstände der Handlung getäuscht hat (1110b33–1111a2). Diese Umstände werden von Aristoteles auffallend differenziert beschrieben und mit Beispielen, wohl aus der Rechtspraxis, erläutert (1111a8–21): Man hält den eigenen Sohn für einen Feind, man wusste nicht, dass der verwendete Speer angespitzt war, man möchte jemanden retten, indem man ihm etwas zu trinken gibt, tötet ihn aber dadurch, usw.[22] Und wieder gilt, dass Ari-

---

20 Vgl. zu dieser These (in einer Abgrenzung zu libertarischen Deutungen): S. S. Meyer, *Aristotle on Moral Responsibility. Character and Cause*, Oxford ²2011, xix–xxi und 185–189.
21 Vgl. zu dieser Unterscheidung: S. S. Meyer, *Aristotle on Moral Responsibility*, Kap. 4.
22 Vgl. zu den Schwierigkeiten dieser Beispiele: C. Rapp, *Freiwilligkeit, Entscheidung und Verantwortlichkeit (III 1–7)*, in: O. Höffe (Hg.), *Aristoteles. Die Nikomachische Ethik* (Klassiker Auslegen 2), Berlin 1995, 114–121.

stoteles eine Reihe von Abgrenzungen vornimmt, um die Handlungen aus Unwissenheit genauer zu fassen. So macht es für ihn erstens einen Unterschied, ob der Handelnde das, was er getan hat, hinterher bedauert. Falls nicht, scheint die Handlung zu seinem Charakter zu passen, und er würde keineswegs unfreiwillig (*akôn*), sondern allenfalls „nicht freiwillig" (*ouch hekôn*) handeln (NE III 2, 1110b18–24). Zweitens macht es einen Unterschied, ob der Handelnde sich tatsächlich über die Umstände der Handlung täuscht oder ob er sich, zum Beispiel durch Alkohol, in einen Zustand versetzt hat, in dem sein Wissen über diese Umstände gewissermaßen ausgeschaltet ist (b24–27). Diesen Unterschied versucht Aristoteles durch die Differenzierung zwischen „aus Unwissenheit" (*di' agnoian*) und „unwissend" (*agnoôn*) wiederzugeben. Drittens macht es einen Unterschied, ob sich unsere Unwissenheit auf die einzelnen Umstände bezieht, so dass die Handlung unfreiwillig ist, oder auf das Allgemeine, so dass sie als Ausdruck eines schlechten Charakters gelten kann (1110b28–1111a2).

Als handlungstheoretischer Ertrag ergeben sich zwei Bedingungen freiwilliger (*hekôn, hekousion*) Handlungen als Handlungen, die Gegenstand von Lob und Tadel sein können und für die wir verantwortlich sind. Erstens dürfen sie nicht auf Zwang beruhen, das heißt der Anfang der Bewegung muss im Handelnden liegen. Zweitens dürfen sie nicht auf Unwissenheit beruhen, das heißt der Handelnde darf sich nicht über die Umstände der Handlung täuschen (NE III 3, 1111a22–24).

1.2.2 Der Entschluss (*prohairesis*)

Freiwilligkeit ist zwar eine notwendige, aber keine hinreichende Bedingung dafür, dass eine Handlung Aufschluss über den Charakter des Handelnden gibt. Denn zum einen können auch Handlungen, die wir aus einer momentanen Laune, und nicht einer längerfristigen Disposition, heraus tun, freiwillig und somit Gegenstand von Lob oder Tadel sein. Zum anderen können auch Kinder, und sogar Tiere, freiwillig, also ohne Zwang und ohne sich über die Umstände zu täuschen, handeln; wir würden ihnen aber nicht ohne Weiteres bestimmte Charaktereigenschaften zusprechen (NE III 4, 1111b4–10).

Um besser auf den Charakter eines Menschen schließen zu können, müssen wir uns daher Handlungen ansehen, die auf den Wünschen und Überlegungen des Handelnden beruhen. Wir müssen uns, Aristotelisch gesprochen, auf die *prohairesis*, den Entschluss oder Vorsatz, eines Handelnden konzentrieren.

Aristoteles definiert die *prohairesis* als eine Verbindung von Streben (*orexis*) und Denken (*dianoia*), wobei die folgende Aufgabenteilung vorliegen soll: Das Streben (als *boulêsis*) richtet sich auf das Ziel, das Denken (als Überlegung, *bouleusis*) richtet sich auf das, was „auf das Ziel bezogen ist" (*ta pros to telos*), das heißt, es bestimmt im einfachsten Fall, durch welche Mittel das Ziel erreicht werden kann (NE III 4–5).[23] Die Grundlage dieser Aufgabenteilung ist uns wiederum bereits aus *De anima* bekannt (vgl. T 3). Das Denken kann nur dann Einfluss auf das Handeln nehmen, wenn es sich auf einen erstrebten Gegenstand bezieht. Auf der Basis der Ethik ist nun eine zweifache Präzisierung dieses Grundgedankens möglich.

Zum einen bestimmt Aristoteles genauer, was als Gegenstand des Strebens und Bezug für die Überlegung in Frage kommt. Dies muss etwas sein, das „bei uns" (*eph' hêmin*) liegt und das wir durch unser Handeln erreichen können (*prakton*) (NE III 5, 1112a30 f.). Ausgeschlossen wären damit: Ewiges und Unveränderliches (zum Beispiel mathematische Wahrheiten), Veränderliches, das immer auf die gleiche Weise geschieht (zum Beispiel, dass morgens die Sonne aufgeht), Veränderliches, das nicht vorhersehbar ist (zum Beispiel das Wetter), Zufälliges (zum Beispiel einen Schatz zu finden), menschliche Dinge, die wir nicht beeinflussen können (zum Beispiel die Verfassung einer fremden Stadt), einzelne Tatsachen (zum Beispiel, dass dies Brot ist), Vergangenes sowie unsere Ziele (diese haben wir oder setzen sie uns) (1112a18–30; b8–15).

Zum anderen äußert Aristoteles sich genauer zum Vorgang der Überlegung und zu dessen Abschluss:

> Denn der Arzt überlegt nicht, ob er heilen soll, noch der Redner, ob er überzeugen soll, noch der Politiker, ob er eine gute Staatsordnung schaffen soll, noch überhaupt jemand hinsichtlich des Zieles. Sondern wir setzen das Ziel an und erwägen dann, wie (*pôs*) und durch welche Mittel (*dia tinôn*) wir es erreichen, und wenn sich mehrere Wege zeigen, so wird geprüft, welches der einfachste und beste sei; wenn es sich aber nur durch einen Weg erreichen lässt, so fragt man, wie das Ziel durch diesen Weg erreicht wird, und dann wieder, wie man auf jenen Weg gelangt, bis man zur ersten Ursache (*prôton aition*) kommt, die im Fragen das Letzte (*eschaton*) ist [...] und das Letzte in der Analyse (also der Überlegung, Ph.B.) ist das Erste im Werden. Und wenn man auf etwas Unmögliches stößt, so verzichtet man, etwa wenn man Geld benötigt und dies nicht zu verschaffen vermag. Wenn es sich aber als möglich erweist, dann beginnt man zu handeln. [...] Jeder hört nämlich auf zu untersuchen, wie er handeln soll, wenn er den Ursprung (*archê*) des Handelns auf sich selbst zurückgeführt hat und in sich selbst auf das Regierende [...]. Denn aus der Überlegung entsteht eine Entscheidung (*krisis*) und dann streben wir gemäß der Überlegung. (NE III 5, 1112b12–1113a12; übers. nach Gigon).

---

23 Die Forschung legt allerdings großen Wert auf die Feststellung, dass sich der Ausdruck *ta pros to telos* auch auf Bestandteile des Ziels beziehen kann und sich die Aristotelische Deliberation nicht auf bloße Zweckrationalität reduzieren lässt. Vgl. dazu den mittlerweile klassischen Aufsatz von David Wiggins: *Deliberation and Practical Reason*, in: ders., Needs, Values, Truth. Essays in the Philosophy of Value, Oxford ³1998, 215–237.

Der Vorgang der Überlegung stellt sich hier als eine Kette von Zweck-Mittel-Erwägungen dar, die bei einer Maßnahme endet, die der Handelnde unmittelbar ausführen kann. Drei Aspekte erscheinen daran für uns besonders interessant. Erstens hält Aristoteles prinzipiell an dem durch die Thesen T 1 – T 3 abgesteckten Rahmen fest. Die Überlegung dient dazu herauszufinden, auf welche Weise der Handelnde zur *archê* eines Prozesses werden kann, der beim erstrebten Ziel endet. Zweitens wird jedoch klar, dass dieser Prozess wesentlich komplexer sein kann als eine einfache Ortsbewegung. Insgesamt geht es hier nicht darum, sich auf ein Ziel zuzubewegen, sondern darum, ein Ziel hervorzubringen. Und wenn man sich ansieht, was alles erwogen werden kann, wird deutlich, wie weit der Begriff der Handlung hier gefasst ist. Die Ausdrücke „wie" (*pôs*) und „wodurch" (*dia tinos*) stellen jedenfalls eine relativ vage Formulierung dar (vgl. 1112b30 f.); und im Extremfall kann sogar das, was Freunde für uns tun, Teil unserer Handlung sein, solange nur die *archê* in uns liegt (b27 f.). (Schwieriger zu beantworten ist die Frage, ob die entsprechende Handlung dann überhaupt noch eine Körperbewegung des Handelnden erfordert oder ob es nicht ausreicht, wenn dieser auf andere Weise „Herr" [*kyrios*] seiner Handlung ist [NE III 8, 1114b31 f.].)[24]. Drittens bestätigt sich die bereits angedeutete Rolle der Vernunft für das Handeln (vgl. T 3). Diese Rolle besteht nicht darin, dass der Abschluss einer Überlegung gewissermaßen ein Streben in die Welt setzt, sondern darin, dass ein im vorliegenden Kontext bereits vorhandenes Streben durch unsere Überlegungen informiert und konkretisiert wird. Da das Streben die ganze Zeit präsent ist, handeln wir automatisch, sobald die Überlegung abgeschlossen ist.[25]

---

24 Dagegen spricht die These vom Strebevermögen als „bewegtem Beweger", was das Vorliegen einer genuinen Bewegungsübertragung nahe legt (s. o., 1.1.2). Vgl. dagegen Giles Pearson, der in *Aristotle on Desire* dafür argumentiert, dass die Befriedigung einer *orexis* nicht unbedingt eine (Orts-) Bewegung auf Seiten des Handelnden erfordert (29 – 31). Friedemann Buddensiek vertritt die These, dass die Aristotelische Gleichsetzung von *praxis* und *kinêsis* so zu verstehen sei, dass es hierbei um eine durch den Handelnden verursachte Veränderung *in der Welt* (und nicht im Handelnden) gehe. Eine solche Veränderung könne zwar Körperbewegungen des Handelnden voraussetzen oder beinhalten, für die Handlung selbst sei dies aber nicht wesentlich. Es spiele keine Rolle, ob ein Kapitän die Ladung selbst über Bord wirft oder es seinen Matrosen nur befiehlt; er ist in jedem Fall dafür verantwortlich (F. Buddensiek, *Was sind Aristoteles zufolge Handlungen?*, 31 – 33). Auch wenn die Argumente Buddensieks durchaus plausibel sind, trennt er m. E. nicht ausreichend zwischen den Fragen, (a) ob Handlungen Veränderungen im Handelnden sind (eher nicht) oder (b) ob *archê* einer Handlung (einer Veränderung in der Welt) zu sein eine Selbstbewegung des Handelnden erfordert (vielleicht schon; der Kapitän muss den Befehl schließlich irgendwie „geben"). Zur These, dass der Handelnde Herr (*kyrios*) über das Geschehen sein muss, vgl. F. Buddensiek, *Was sind Aristoteles zufolge Handlungen?*, 43 – 45.
25 Vgl. auch die These des Aristoteles, dass die „Konklusion" eines praktischen Syllogismus die Handlung selbst sei (z. B. MA 7, 701a8 – 20).

Bedeutet dies, dass Menschen stets ihren Überlegungen gemäß handeln? Nein. Nach Aristoteles kann es durchaus vorkommen, dass jemand einen bestimmten Entschluss gefasst hat und trotzdem nicht danach handelt. Dies ist der Fall der „Unbeherrschtheit" oder „Willensschwäche" (akrasia), den Aristoteles in NE VII 1–11 behandelt.

Im vorliegenden Kontext ist kein Raum, um das komplexe und vieldiskutierte Thema der akrasia bei Aristoteles genauer zu beleuchten.[26] Ich möchte mich daher auf eine Skizze beschränken, die die für unser Anliegen wichtigsten Aspekte benennt. Der Ausdruck akrasia wird auf Situationen angewandt, in denen ein Handelnder weiß, was zu tun gut oder richtig ist (zum Beispiel nur leichtes Fleisch zu essen), es aber dennoch nicht tut, weil er von der Lust oder den Begierden (zum Beispiel nach einer Schweinshaxe) „überwunden" wird. In Platons Dialog Protagoras formuliert Sokrates eine berühmt gewordene Leugnung der akrasia, nach der echtes Wissen gar nicht überwunden werden kann: Wer meint, dass sein Wissen von der Lust besiegt wurde, hat streng genommen nicht wirklich *gewusst*, was gut oder richtig ist (351b–358d). Aristoteles geht davon aus, dass die Sokratische Leugnung der akrasia den Phänomenen widerspricht (NE VII 3, 1145b27 f.), und versucht daher, die entsprechenden Fälle im Rahmen seiner eigenen Konzeption zu erklären. Grob vereinfacht ist der Akratiker für ihn jemand, dessen vorhandenes Wissen aufgrund eines körperlichen Zustands gewissermaßen ausgeschaltet ist und nicht zur Anwendung kommt. Er ähnelt darin einem Betrunkenen, der Verse des Empedokles rezitieren kann, sie dabei aber nicht versteht (NE VII 5, 1147a10–24).

Wichtig für uns ist zum einen, dass auch die Behandlung der akrasia sich auf die Frage beziehen lässt, unter welchen Bedingungen unsere Handlungen Aufschluss über unseren Charakter geben. Denn auch wenn die Disposition zur Unbeherrschtheit durchaus tadelnswert ist, darf sie nicht mit dem Laster der Zügellosigkeit (akolasia) verwechselt werden. Der Zügellose hält es für richtig, seinen Begierden zu folgen; er handelt aufgrund eines Entschlusses. Der Unbeherrschte tut dies dagegen nicht und empfindet daher auch Reue (NE VII 7, 1148a4–17). Zum anderen ist wichtig, dass die Fälle der akrasia nichts am handlungstheoretischen Rahmen ändern. Aristoteles spricht zwar in sokratischer Tradition von der Frage, ob Wissen sich immer durchsetzt. Seine Erklärung der akrasia geht aber davon aus, dass hier eine Form des Strebens (die *epithymia*) eine andere Form des Strebens (die *boulêsis*) überwunden hat.[27]

---

[26] Vgl. für eine umfassende Untersuchung: D. Charles, *Aristotle's Philosophy of Action*, London 1984, Kap. 3–4.
[27] Vgl. dazu konzise: M. Frede, *A Free Will*, Kap. 2.

2 Tun und Unterlassen

In Abschnitt 1 haben wir einige Passagen betrachtet, die üblicherweise als Quelle für die Aristotelische Handlungstheorie herangezogen werden. Dabei haben wir gesehen, dass sich die Überlegungen des Aristoteles auf zwei wesentliche Aufgaben beziehen lassen. Im Kontext der Seelenlehre geht es darum, zu erklären, wie Lebewesen dazu fähig sind, sich von selbst auf ein wahrgenommenes oder vorgestelltes Ziel zuzubewegen. Im Kontext der Ethik sollen Bedingungen formuliert werden, unter denen das, was wir tun, als Ausdruck unseres Charakters gelten kann. Um diese Aufgaben zu lösen, entwirft Aristoteles ein Bild von Handlungen, das sich an der Teleologie natürlicher Prozesse orientiert und den Menschen (das Tier) als Anfang einer zielgerichteten Bewegung oder Veränderung begreift. Gerade dieser Gedanke einer *archê* „im Handelnden" spielt für beide Aufgaben eine wichtige Rolle: Er benennt das Kriterium der Selbstbewegung und die kausale Bedingung der Verantwortung.

Dass Unterlassungen, verstanden als Fälle des „Nichthandelns mit Konsequenzen" (s. o., Einleitung), in diesem Bild nicht ohne Weiteres Platz finden, dürfte nun leicht zu sehen sein. Wenn C zulässt, dass A den B ersticht (wenn sie es nicht verhindert, obwohl sie es könnte), dann ist eben nicht C, sondern A die *archê* der Bewegung, die zu Bs Tod führt. Im Extremfall gibt es hier gar keine Bewegung, die C ausführt, so dass *a fortiori* auch keine Selbstbewegung vorliegen kann. Trotzdem scheint es, wie eingangs erwähnt, legitim, darüber nachzudenken, ob und wie sich Unterlassungen in das Aristotelische Bild einfügen ließen; denn das Phänomen – um es noch einmal zu wiederholen – ist Aristoteles sicher bekannt.[28] Er selber nennt immer wieder Beispiele, die als Fälle bewussten Nichthandelns aufzufassen sind. Eignet sich das begriffliche Werkzeug seiner Handlungstheorie, um dieses Phänomen einzufangen? Wie ich im Folgenden zeigen werde, fällt die Antwort auf diese Frage zwiespältig aus.

Betrachten wir zum Einstieg zwei Fälle, in denen ein Heilen durch Tun (a) einem Heilen durch Unterlassen (b) gegenübergestellt wird:

(a) Arzt A hat das Ziel, den Patienten B gesund zu machen. Er stellt fest, dass dazu eine gewisse Veränderung im Körper von B notwendig ist: Dieser muss in ein „Gleichmaß" kommen. Außerdem stellt A fest, dass sich diese Veränderung durch die Zufuhr von Wärme bewerkstelligen lässt und dass die einfachste Weise, B Wärme zuzuführen, hier und jetzt darin besteht, Bs Gliedmaßen zu reiben. Bs Gliedmaßen zu reiben ist etwas, das A unmittelbar tun kann. Also reibt er sie.

---

[28] Vgl. dazu die knappen und eher aporetischen Überlegungen von Friedemann Buddensiek: *Was sind Aristoteles zufolge Handlungen?*, 41 f.

(b) Ärztin C hat das Ziel, die Patientin D gesund zu machen. Sie stellt fest, dass dazu eine gewisse Veränderung im Körper von D notwendig ist: Dieser muss in ein „Gleichmaß" kommen. Außerdem stellt C fest, dass sich diese Veränderung durch die Zufuhr von Wärme bewerkstelligen lässt. Nun hat sich D (im Gegensatz zu B) kurz vor der Ankunft der Ärztin mit einer Wärmflasche ins Bett gelegt. C stellt daher fest, dass die einfachste Weise, der Patientin hier und jetzt Wärme zuzuführen, darin besteht, sie einfach liegen zu lassen. C tut also – nichts.[29]

(a) kann als typischer Fall einer *prohairesis* beschrieben werden (vgl. Metaph. VII 7, woher das Beispiel entlehnt ist). Das vorhandene Streben von A wird durch dessen Überlegung informiert. Am Ende der Überlegung steht eine erste, konkrete Maßnahme (das Reiben der Gliedmaßen), durch die ein Prozess in Gang gesetzt wird, an dessen Ende wiederum – wenn die Bedingungen günstig sind und A keinen Fehler gemacht hat – das Ziel steht, das A von Anfang an verfolgt hat: die Gesundheit von B.

Wie aber sieht es mit (b) aus? Auch wenn Aristoteles Fälle wie diesen nicht explizit diskutiert, scheint auf den ersten Blick nichts dagegen zu sprechen, auch hier von einer *prohairesis* auszugehen: Das Nichtstun von C ist Ergebnis einer Überlegung und stellt eine erste, konkrete Maßnahme dar, durch die die Gesundheit von D erreicht werden soll. C wärmt D zwar nicht selbst, lässt deren Erwärmung aber bewusst geschehen.

Drei Gründe stützen diese Übertragung. Erstens enthält bereits (a) einen Aspekt des bewussten Geschehenlassens. Während ein Schreiner die Entstehung eines Bettes vom Anfang bis zum Ende aktiv „steuert", stellen im Fall des Arztes natürliche, von selbst ablaufende Prozesse einen wichtigen Teil der angestrebten Veränderung dar, wie in unserem Beispiel die Herstellung eines Gleichmaßes durch die Zuführung von Wärme.[30] Wie wir außerdem in 1.2.2 gesehen haben, können in einer Deliberation nach Aristoteles alle möglichen Maßnahmen in Betracht gezogen werden. Wieso sollte dazu nicht auch bewusstes Nichthandeln gehören? Zweitens geht Aristoteles, wie erläutert, von einer Symmetrie von Handeln und Nichthandeln aus. Es gehört zum Konzept der Selbstbewegung, dass das Lebewesen die *archê* von Bewegung und *Stillstand* ist (wir erinnern uns an die Schildkröte, die einfach stehenbleibt, wenn das Salatblatt nicht mehr da ist). Und es gehört zum Konzept der Verantwortung, dass sowohl das Handeln als auch das *Nichthandeln* „bei uns" liegt (wir erinnern uns an den Seemann, bei dem es ge-

---

[29] Genauer: Sie tut nichts, das die Erwärmung behindert. Wie in Anm. 2 erwähnt, können Unterlassungen durchaus darin bestehen, dass man etwas anderes tut.
[30] Dieser Unterschied beruht zweifellos darauf, dass die Entstehung eines Bettes, im Gegensatz zum Gesundwerden eines Lebewesens, kein natürlicher Prozess ist (vgl. Phys. II 1, 192b23–27).

legen hätte, die Ladung nicht über Bord zu werfen).[31] Daran anknüpfend können wir drittens festhalten, dass die *archê* des Nichtstuns von C tatsächlich nicht außerhalb ihrer liegt (sie ist zum Beispiel nicht gefesselt) und dass sie sich – so nehmen wir an – auch nicht über die Umstände der Situation täuscht (es ist zum Beispiel tatsächlich heißes Wasser in der Wärmflasche). Auch die Bedingungen der Freiwilligkeit lassen sich also offenbar auf (b) anwenden.

Auf den zweiten Blick stellt sich die Sache allerdings etwas komplizierter dar. Auch wenn wir C in der beschriebenen Weise die Verantwortung für ihr Nichthandeln zusprechen, fragt sich immer noch, ob wir sie auch für die Genesung der Patientin verantwortlich machen und dementsprechend loben oder tadeln können. Für Aristoteles wäre dafür offenbar nötig, dass C die *archê* der Veränderung ist, die zu Ds Genesung führt. Dies scheint hier aber gar nicht der Fall zu sein. Die *archê* der Erwärmung liegt vielmehr in Ds Entschluss, sich mit einer Wärmflasche ins Bett zu legen. In diesem Sinn scheint C die kausale Bedingung der Verantwortung nicht zu erfüllen.

Das Problem, auf das wir hier stoßen, ist nun keineswegs Aristoteles-spezifisch. Es stellt sich vielmehr bei jedem Versuch, Verantwortung an Kausalität zu binden. Da nämlich Unterlassungen als „Nicht-Ereignisse" *prima facie* auch nichts verursachen können, scheint es ausgeschlossen, uns für die vermeintlichen „Folgen" von Unterlassungen verantwortlich zu machen. Wie ich abschließend zeigen möchte, erweist sich dieses „Dilemma der Unterlassungskausalität"[32] für den Ansatz des Aristoteles allerdings als besonders fatal.

Wie lässt sich das Dilemma der Unterlassungskausalität angehen? Wenn wir an der kausalen Bedingung der Verantwortung festhalten möchten, was wir für Aristoteles einmal annehmen wollen, dann besteht die naheliegende Strategie in dem Nachweis, dass Unterlassungen doch irgendwie kausal relevant sind.[33] Einen entsprechenden Vorschlag macht zum Beispiel Dieter Birnbacher, der Unterlassungen als negative Randbedingungen und damit als „Kausalfaktoren" begreift:

---

31 Ein weiteres Beispiel findet sich in MA 7, 701a13–16: Wer denkt, (i) dass alle Menschen spazieren gehen sollten und (ii) dass er selber ein Mensch ist, geht „sofort" spazieren. Wer denkt, (i) dass kein Mensch spazieren gehen sollte und (ii) dass er ein Mensch ist, bleibt „sofort" stehen.
32 „Wenn die Zuschreibung von Folgenverantwortung, wie üblicherweise vorausgesetzt, daran gebunden ist, daß zwischen Verhalten und zu verantwortenden Folgen eine wie immer geartete kausale Verknüpfung besteht, [...] ergibt sich ein offenkundiges Dilemma: Entweder werden Unterlassungen als kausal unwirksam aufgefasst [...], dann folgt – solange an der Kopplung von Verantwortung und Kausalität festgehalten wird –, daß niemand für die Folgen seines Unterlassens verantwortlich ist. Oder man schreibt auch dem Unterlassenden Folgenverantwortung zu; dann muß man auch dazu bereit sein, einem Nicht-Handeln Kausalität zuzuschreiben" (D. Birnbacher, *Tun und Unterlassen*, Stuttgart 1995, 66).
33 Vgl. zu diesem Thema auch den Beitrag von Franz-Josef Bormann im vorliegenden Band.

Kausalfaktoren sind Komponenten von kausal hinreichenden Gesamtursachen, die für sich genommen für das Wirkungsereignis w nicht kausal hinreichend sind, aber in dem Sinne *nicht-redundant* sind, als sie aus der Gesamtursache nicht herausgekürzt werden können, ohne ihr den kausal hinreichenden Charakter zu nehmen.[34]

Übertragen auf unseren Fall (b) würde dies in etwa Folgendes bedeuten: So wie das Beispiel formuliert ist, können wir davon ausgehen, dass mit der Erwärmung von D hinreichende Bedingungen für Ds Genesung vorgelegen haben. Hätte C diese Erwärmung nicht geschehen lassen, sondern durch ihr Handeln verhindert, dann hätten diese Bedingungen nicht vorgelegen. Das Nichthandeln von C ist also notwendiger Bestandteil der Gesamtursache von Ds Genesung. Wie auch immer man diesen Vorschlag und das ihm zugrundeliegende Konzept der Kausalität einschätzen mag – es ist klar, dass Aristoteles ein solcher Weg aus dem Dilemma der Unterlassungskausalität nicht offen steht. Der Grund liegt in seiner völlig anderen Auffassung naturwissenschaftlicher Erklärungen.

Erinnern wir uns noch einmal daran, was wir weiter oben (1.1.1) über die Aristotelische Naturphilosophie gesagt haben. In ihr geht es primär um die Erklärung der Bewegungen und Veränderungen, die natürliche Gegenstände als solche ausüben oder durchlaufen. Der Fokus richtet sich auf die kausalen Prozesse, die an solchen Gegenständen stattfinden (die Entstehung der Eiche aus der Eichel, das Kriechen der Schildkröte zum Salatblatt usw.). Dies hat drei wichtige Konsequenzen: Erstens scheint sich Aristoteles nicht für die Erklärung von Ereignissen aus vorhergehenden Ereignissen oder Zuständen zu interessieren. Es geht ihm nicht darum, zu erklären, warum dieser Ast jetzt zerbrochen ist, sondern warum ein Baum wachsen, aber nicht sehen kann oder warum aus Eicheln immer Eichen werden, aber keine Buchen. Zweitens zeigt Aristoteles wenig Interesse an einer übergeordneten Perspektive auf die Natur. Dass natürliche Gegenstände in einem größeren Zusammenhang stehen, der seinerseits einer naturphilosophischen Erklärung zugänglich sein könnte (im Sinne der „Gesamtnatur"), gerät bei ihm kaum in den Blick. Drittens werden zufällige oder außergewöhnliche Vorkommnisse aus der Aristotelischen Naturphilosophie ausgeblendet. Zwar ist Aristoteles sich durchaus bewusst, dass Eicheln unter widrigen Bedingungen nicht zu Eichen werden. Solche Vorkommnisse haben für ihn aber nichts mit der

---

[34] D. Birnbacher, *Tun und Unterlassen*, 77 f. (Hervorhebung im Original). Zum Verhältnis dieser Kausalfaktoren zu John Mackies INUS-Bedingungen, vgl. ebd., 78, Anm. 11.

Natur der Eiche zu tun. Sie geschehen weder notwendig noch „meistens" und sind daher keiner wissenschaftlichen Erklärung zugänglich.[35]

Gerade das Aristotelische Verhältnis zum Phänomen des Zufalls (vgl. Phys. II 4–6) ist für unsere Zwecke aufschlussreich. Nehmen wir, ein letztes Mal, an, dass eine Schildkröte ein Salatblatt sieht und darauf zukriecht, um es zu fressen. Bevor sie dort ankommt, wird sie jedoch von einem herabfallenden Stein erschlagen. Würde Aristoteles ein Konzept der Ereigniskausalität vertreten, könnte er den Tod der Schildkröte aus den vorhergehenden Bedingungen erklären und zum Beispiel eine Reihe von Faktoren benennen, die zusammen hinreichend für das Eintreten dieses Todes sind. Da er dieses Konzept aber nicht zur Verfügung hat, stellt sich der Tod der Schildkröte für ihn als *zufällige* raumzeitliche Kreuzung zweier kausaler Prozesse dar: der natürlichen Selbstbewegung der hungrigen Schildkröte und dem natürlichen Fallen des losgelassenen Steins. Und da sich der Tod der Schildkröte weder als Ziel des einen noch des anderen Prozesses begreifen lässt, ist er nach Aristoteles auch keiner wissenschaftlichen Erklärung zugänglich (und letztlich uninteressant); denn es ist weder notwendig noch meistens der Fall, dass hungrige Schildkröten, die ein Salatblatt sehen, von einem Stein erschlagen werden.[36]

Natürlich ist die Genesung der Patientin in unserem Fall (b) kein zufälliges Ereignis, sondern eines, das wissenschaftlich erklärt werden kann (auf der Basis des Zusammenhangs zwischen Erwärmung, Gleichmaß und Gesundheit). Entscheidend ist aber, dass Aristoteles bei der Erklärung dieser Genesung nicht (wie Birnbacher) nach vorliegenden Bedingungen, sondern letztlich nach der *archê* des Prozesses fragen würde. „Kausalfaktoren", wie dass C nicht in den Prozess eingegriffen hat, werden bei dieser Perspektive tendenziell ausgeblendet.

Der Versuch, Unterlassungen kausal aufzuwerten, steht bei Aristoteles also vor prinzipiellen Schwierigkeiten. Das heißt, auch wenn Aristoteles uns für die Folgen bestimmter Fälle des Nichthandelns verantwortlich machen würde (auch wenn er uns dafür loben würde, dass wir es in bestimmten Situationen unterlassen haben, etwas Bestimmtes zu tun), scheint es vor dem Hintergrund seiner eigenen Handlungstheorie alles andere als einfach, diese Verantwortung angemessen zu erklären. Es ist daher nicht ohne Weiteres möglich, Unterlassungen in diese Theorie zu integrieren.

---

35 Diese Merkmale werden besonders deutlich, wenn man die Stoische Naturkonzeption zum Vergleich heranzieht. Siehe dazu: D. Frede, *Stoic Determinism*, in: B. Inwood (Hg.), *The Cambridge Companion to the Stoics*, Cambridge 2003, 179–205.
36 Vgl. zum Phänomen der „akzidentellen Verursachung": C. Freeland, *Accidental Causes and Real Explanations*, in: L. Judson (Hg.), *Aristotle's Physics. A Collection of Essays*, Oxford 1991, 49–72.

Markus Held
Die Stoa über lebensbeendende Handlungen

Will man die Ansichten und handlungstheoretischen Unterscheidungen der Stoiker hinsichtlich lebensbeendender Handlungen verstehen, muss man zunächst die Phänomene betrachten, welchen die Philosophen im antiken Griechenland und später im alten Rom begegnet sind, sowie die Begrifflichkeiten untersuchen, mit welchen sie versuchten, diese Phänomene zu beschreiben und zu analysieren. Welche Arten von Handlungen werden als Tötungshandlungen bestimmt? Welche Handlungstypen fallen unter den Begriff des ‚Sterbenlassens'? Welche unter den des ‚Sterbens'? Welche dieser Phänomene scheinen den Stoikern darüber hinaus hinreichend interessant oder problematisch zu sein, um kommentiert und analysiert zu werden? Welche Gruppierungen und Typisierungen nahmen sie vor, um den Phänomenen Herr zu werden? Antworten auf diese Fragen werden uns nicht nur ein besseres Verständnis der Ansichten stoischer Philosophen hinsichtlich lebensbeendender Handlungen ermöglichen, sondern uns auch einiges über ihre Moral- und Handlungstheorie verraten.

1 Phänomene und Begrifflichkeiten

Betrachten wir zunächst das Phänomen, welches wir heute unter dem Begriff der ‚Euthanasie' zu verstehen suchen. Dabei ist zunächst festzuhalten, dass *euthanasia* im Griechischen eine andere Bedeutung hat als das, was wir unter ‚Euthanasie' verstehen – *euthanasia* bedeutet einfach, einen ‚guten Tod' zu haben, d. h. einen leichten, schmerzlosen, glücklichen – und vielleicht auch ehrenhaften[1] – Tod.[2] Weder das Lateinische noch das Griechische kennen ein einzelnes Wort, welches – zumindest ungefähr – die Bedeutung dessen besitzt, was wir unter Euthanasie verstehen – nämlich jemandes Tod verursachen, um ihn von einer unheilbaren, extrem schmerzvollen oder permanent einschränkenden Erkrankung zu befreien. Überhaupt scheinen weder die Stoiker noch die anderen Philosophenschulen der Antike ausführliche Reflexionen über dieses Phänomen und den damit verbundenen Handlungstyp angestellt zu haben. Unsere erhaltenen

---

[1] Vgl. dazu Cicero, *Epistulae ad Atticum* 16.7.3.
[2] Vgl. J. M. Cooper, *Greek Philosophers on Euthanasia and Suicide*, in: ders., *Reason and Emotion. Essays on Ancient Moral Psychology and Ethical Theory*, Princeton 1999, 515.

philosophischen Quellen³ bieten dafür zumindest keinerlei Anhalt. Ein ähnliches Schweigen der antiken philosophischen Quellen lässt sich auch in Bezug auf das Phänomen des ‚Sterbenlassens' im modernen Sinne einer Therapiebegrenzung feststellen. Eine – zumindest teilweise – Erklärung für dieses Schweigen könnte darin liegen, dass sich die Menschen in der Antike aufgrund ihrer eingeschränkten medizinischen Kenntnisse der Unsicherheit ihrer Urteile über die Heilbarkeit bzw. Unheilbarkeit einer Krankheit oder den unmittelbar bevorstehenden Tod sehr bewusst waren, so dass Fälle, in denen Euthanasie oder eine Therapiebegrenzung als vernünftige Handlungsoptionen erscheinen konnten, recht selten gewesen sein dürften und entsprechende Handlungen entweder nicht oft vorkamen, oder aber, wenn sie vorkamen, nicht als hinreichend problematisch angesehen wurden, um besondere philosophische Aufmerksamkeit zu verdienen.⁴ Weder die Stoiker noch irgendein anderer griechischer Philosoph diskutierten die Phänomene der ‚Euthanasie' und des ‚Sterbenlassens' in der heutigen Bedeutung dieser Worte.⁵

Anders verhält sich die Lage in Bezug auf das Phänomen der ‚Selbsttötung'. Wir finden bereits sehr frühe Belege für die philosophische Diskussion über den Suizid, und insbesondere die Stoiker widmeten diesem Thema große Aufmerksamkeit. Unser Begriff ‚Suizid' ist eine auf lateinischen Wurzeln beruhende Wortbildung des 17. Jh. Das klassische Latein kannte kein solches Wort. Die antiken Autoren mussten auf Nominal- und Verbalausdrücke zurückgreifen, die relativ standardisiert waren, um die Handlung der intentionalen Selbsttötung zu bezeichnen.⁶ Sowohl im nicht-philosophischen Sprachgebrauch als auch in der philosophischen Bearbeitung des Suizids gilt als Suizid ein Tod, der von einer Person sowohl intendiert war, als auch durch eine bestimmte Handlung von ihr verursacht worden ist, welche zumindest mittelbar den Tod zum Ziel hatte. Handlungen des (altruistischen) ‚Selbstopfers', bei welchen der Handelnde wissentlich seinen Tod um eines höheren Zieles willen in Kauf nimmt und die Wahrscheinlichkeit seines Todes nahezu sicher ist, werden weder im lateinischen und griechischen Sprachgebrauch noch in der philosophischen Diskussion in einer Gruppe mit intentionalen Selbsttötungen zusammengefasst, sondern stellen

---

3 Zu den medizinischen Quellen siehe: K.-H. Leven, „Nie werde ich ein tödliches Mittel verabreichen..." – *Hippokratische Medizin im Umgang mit Sterben und Tod*, in diesem Band, 67–85.
4 Es scheint diesbezüglich nur eine Ausnahme zu geben: Platon, *Politeia* 405a-410a; Platon äußert sich hier über die Verweigerung der medizinischen Behandlung bei unheilbar kranken Patienten; siehe dazu auch: S. Odzuck, *Töten und Sterbenlassen bei Platon*, in diesem Band, 17–20.
5 Vgl. J. M. Cooper, *Greek Philosophers on Euthanasia and Suicide*, 516f.
6 Vgl. D. Daube, *The Linguistics of Suicide*, in: *Philosophy and Public Affairs* 1 (1972), 387–437.

einen eigenen Handlungstyp dar.⁷ Sie sollten daher nicht als Suizidhandlungen verstanden werden.⁸ Dieser Handlungstyp wird folglich in der weiteren Diskussion keine Rolle spielen.

Die griechischen und lateinischen Ausdrücke zur Bezeichnung des Suizids sind i. d. R. neutrale Ausdrücke, die frei sind von jeder Wertung – sowohl positiv als auch negativ. Stets werden zur Bezeichnung des Suizids andere Termini, meist des ‚Tötens' oder ‚Sterbens' näher qualifiziert – der Suizid ist also eine besondere Art des Tötens bzw. Sterbens.⁹ Demnach kann man grob zwei Gruppen von Ausdrücken unterscheiden: Zum einen Bezeichnungen, die vom Begriff des Tötens ausgehen; zum anderen die, die vom Begriff des Sterbens ausgehen. Sprachhistorisch lässt sich hinsichtlich der Terminologie der Suizidhandlungen allgemein festhalten, dass die Ausdrücke des Tötens zeitlich früher sind als die des Sterbens. Die Bezeichnung des Suizids als Tötungshandlung ist älter als seine Beschreibung als eine Art zu sterben.¹⁰ Der Grund dafür dürfte darin liegen, dass das Vorrangige des Phänomens, das ein Beobachter wahrnimmt, darin besteht, dass ein Mensch sich tötet. Dass er auf bestimmte Weise stirbt, ist ein subjektiveres Merkmal der Handlung, welches allein den Handelnden betrifft und welchem erst später auf einer höheren Reflexionsebene Aufmerksamkeit geschenkt wurde. Erst in der griechischen Kultur des 5. und 4. Jh. v. Chr. – einer Kultur, in der die Philosophie florierte – wurde der Suizid als eine besondere Art des Sterbens verstanden.¹¹ Dazu dürfte sicher auch die Tatsache beigetragen haben, dass eine neue Methode des Suizids perfektioniert wurde und weite Verbreitung fand. Der Einsatz von Schierling als tödlichem Gift wurde in solcher Weise vervollkommnet, dass er einem ein relativ friedliches Ende ermöglichte.¹² Phänotypisch besteht hier ein großer Unterschied etwa zum gewaltsamen Suizid durch das Schwert.¹³ Diese unterschiedliche Gestalt des Suizids könnte die linguistische Wende zu einem

---

7 Vgl. A. J. L. van Hooff, *From Autothanasia to Suicide. Self-killing in Classical Antiquity*, London 1990, 54–57; in der Regel wird in diesen Fällen beschrieben, wie der Handelnde sich hinter die Linien der Feinde begibt oder sich ihnen entgegenstellt, und anschließend sein Tod berichtet.
8 Vgl. J. M. Cooper, *Greek Philosophers on Euthanasia and Suicide*, 516.
9 Die Ausdrücke werden aufgeführt und diskutiert in: D. Daube, *The Linguistics of Suicide*, 399–413.
10 Vgl. D. Daube, *The Linguistics of Suicide*, 391.
11 Vgl. D. Daube, *The Linguistics of Suicide*, 391f.
12 Vgl. Theophrast, *Historia plantarum* 9.16.8; siehe auch: D. Daube, *The Linguistics of Suicide*, 393.
13 Der Suizid durch das Schwert scheint in der Antike – zumindest für Männer – die gebräuchlichste Technik zur Selbsttötung gewesen zu sein; zu den verschiedenen Methoden der Selbsttötung und ihrer Häufigkeit siehe: A. J. L. van Hooff, *From Autothanasia to Suicide*, 40–78.

passiveren Suizidverständnis – Suizid als eine Art zu sterben – erklären. Freilich gab es auch früher bereits sanftere Formen der Lebensbeendigung wie das Todesfasten, doch erforderten diese meist einen starken Willen und v. a. Zeit. Der Zugang zu einem sanften Suizid wurde durch den Einsatz von Schierling als tödlichem Gift sicher erleichtert, was seine häufige Erwähnung als Suizidwerkzeug in der Literatur dieser Zeit belegt.[14] Die Beschreibung des Suizids als einer Art zu sterben ist demnach das Ergebnis zweier Entwicklungen: dem Erreichen eines höheren Reflexionsniveaus des menschlichen Geistes sowie einer verbesserten Technik der Lebensbeendigung.

Wie hat sich die Stoa, die in diesem Kontext in Griechenland entstanden ist, zu diesen Phänomenen und Entwicklungen verhalten? Welche Arten von Suizidhandlungen haben die Stoiker diskutiert und kommentiert? Welche Kategorisierungen haben sie vorgenommen? Und wie haben sie die unterschiedlichen Handlungen typisiert – als Tötungshandlungen oder als bestimmte Arten des ‚Sterbens'? Bevor wir uns jedoch diesen Fragen widmen können, müssen wir einen kurzen Blick auf die stoische Handlungstheorie werfen und untersuchen, welche Rolle darin die klassischerweise zur Handlungstypisierung herangezogenen Kategorien der Kausalität, Intentionalität und Modalität sowie die Handlungsumstände spielen.

2 Die stoische Handlungstheorie

Die traditionelle rationalistische stoische Handlungstheorie[15] analysiert menschliches Handeln (*prattein*)[16] mithilfe der vier Vermögen des leitenden

---

14 Vgl. z. B. Platon, *Lysis* 219E; Aristophanes, *Ranae* 124; Xenophon, *Hellenica* 2.3.56; Aristoteles, *Ethica Eudemia* 1225b5; Theophrast, *Historia plantarum* 9.16.8; 9.20.1; siehe auch: R. Hirzel, *Der Selbstmord*, in: *Archiv für Religionswissenschaft* 11 (1908), 243 f.
15 Eine umfassende Darstellung der stoischen Handlungstheorie findet sich in: B. Inwood, *Ethics and Human Action in Early Stoicism*, Oxford 1985, 42 – 101; für eine kürzere Behandlung desselben Stoffes mit einigen Innovationen siehe: T. Brennan, *Stoic Moral Psychology*, in: B. Inwood (Hg.), *The Cambridge Companion to the Stoics*, Cambridge 2003, 257– 294; hilfreich sind außerdem: J. Annas, *Hellenistic Philosophy of Mind*, Berkeley 1992, 89 – 102 (obschon sie ihrer Interpretation eine Art Humeanisches Wunsch-Überzeugungs-Modell der Handlungsanalyse zugrunde legt, welches mir für die Stoiker irreführend erscheint); T. Brennan, *The Stoic Life. Emotions, Duties, and Fate*, Oxford 2005, 82 – 114; F. Ildefonse, *La psychologie de l'action: représentation, impulsion et assentiment*, in: M.-O. Goutlet-Cazé (Hg.), *Études sur la théorie stoïcienne de l'action* (Textes et Tradition 22), Paris 2011, 1 – 71.
16 Die Stoiker gestanden zielgerichtete Bewegungen (*energein*) auch nicht-rationalen Lebewesen – d. h. Tieren – zu. Doch behielten sie Handlungen (*prattein*) allein rationalen Wesen vor (vgl.

Seelenvermögens (*hēgemonikon*) des Menschen: Vorstellung (*phantasia*), Zustimmung (*synkatathesis*), Impuls (*hormē*) und Vernunft (*logos*).[17] Die Vernunft (*logos*) stellt nun allerdings nicht einfach ein Vermögen auf derselben Ebene wie die anderen dar. Sie ist vielmehr der alles bestimmende Faktor innerhalb der menschlichen Seele. Die Vernunft modifiziert die übrigen Seelenvermögen, so dass sie aufhören, nicht-rational zu sein, und nur noch in rationaler Form zu finden sind. Der Impuls wird zu einem ‚rationalen Impuls' (*hormē logikē*)[18], einem von der Vernunft gestalteten Impuls.[19] Ebenso bewirkt die Vernunft, dass jede menschliche Vorstellung eine rationale Vorstellung (*phantasia logikē*)[20] ist – ein Gedanke –, indem sie von Propositionen begleitet wird.[21] Die Funktion des Zustimmungsvermögens besteht bei rationalen Wesen darin, die in der Vorstellung enthaltenen Propositionen zu akzeptieren bzw. zurückzuweisen, wozu die Vernunft notwendig ist, da die sprachliche Form der Propositionen entschlüsselt und verstanden werden muss.[22] Somit könnte man hinsichtlich der stoischen Seelenlehre auch sagen, dass das leitende Seelenvermögen drei Vermögen besitzt: das rationale Vorstellungsvermögen (*phantasia logikē*), den rationalen Impuls (*hormē logikē*) sowie die rationale Zustimmung (*synkatathesis logikē*). Die Vernunft (*logos*) steht über diesen und macht sie zu dem, was sie sind, indem sie die Seele als Ganze modifiziert und ihr Wesen bestimmt.

Nimmt ein Handelnder nun eine bestimmte Situation wahr, hinterlässt eine Vorstellung (*phantasia*) einen Abdruck in seiner Seele, indem sie die Spannung des Seelenpneumas verändert,[23] und verlangt nach einer Zustimmung (*synkata-*

Alexander von Aphrodisias, *De fato* 205.28 = LS 62I = SVF 2.1002; 206.5). Ich beschränke mich hier auf die Diskussion von menschlichen Handlungen (*prattein*); zu ‚Handlungen' von Tieren siehe: B. Inwood, *Ethics and Human Action in Early Stoicism*, 66–91.

17 Vgl. Stobaios, *Eclogae* 1.369.5 = SVF 2.831.
18 Vgl. Stobaios, *Eclogae* 2.86.17–87.6 = LS 53Q = SVF 3.169.
19 Vgl. Diogenes Laertios, *Vitae philosophorum* 7.86 = LS 57 A = SVF 3.178.
20 Vgl. Diogenes Laertios, *Vitae philosophorum* 7.49–51 = LS 39 A = SVF 2.52.55.61.
21 Vgl. Diogenes Laertios, *Vitae philosophorum* 7.51 = LS 39 A = SVF 2.61.
22 Vgl. Stobaios, *Eclogae* 2.88.2–6 = LS 33I = SVF 3.171.
23 Vgl. Aëtios 4.21.1–2 = LS 53H = SVF 2.836; Sextus Empiricus, *Adversus Mathematicos* 7.162 = LS 70A = SVF 2.63; 8.70 = LS 33C = SVF 2.187; Zenon, der Gründer der Stoa, bezeichnete diesen Abdruck als *typōsis*: Sextus Empiricus, *Adversus Mathematicos* 7.236 = SVF 1.58; siehe dazu auch: Cicero, *Academica* 2.58. Wie genau diese Veränderung zu verstehen sei, war in der alten Stoa zwischen Kleanthes und Chrysipp umstritten: Sextus Empiricus, *Adversus Mathematicos* 7.228–230.373 = SVF 2.56; siehe dazu auch: M. Pohlenz, *Die Stoa. Geschichte einer geistigen Bewegung*, Bd. 1, Göttingen 1959, 61; D. N. Sedley, *Chrysippus on Psychophysical Causality*, in: J. Brunschwig/ M. C. Nussbaum (Hg.), *Passions and Perceptions. Studies in Hellenistic Philosophy of Mind*, Cambridge 1993, 329–331; T. Brennan, *The Stoic Life*, 53f.; M. R. Graver, *Stoicism and Emotion*, Chicago 2007, 24f.

thesis) vonseiten des Handelnden.²⁴ Im Falle des Handelns ist die Vorstellung eine ‚praktische bzw. impulsive Vorstellung' (*phantasia hormetikē*), die sich hinsichtlich der Form der sprachlichen Proposition (*lekton*), welche die Vorstellung begleitet, von anderen z. B. rein theoretischen Vorstellungen unterscheidet, so dass sie einen Handlungsimpuls (*hormē*) verursachen kann,²⁵ der sich im Falle rationaler Wesen auch als Wollen (*boulēsis*) bestimmen lässt.²⁶ *Lekta* sind immaterielle Entitäten, welche in Form intelligenter Wortfolgen als die Bedeutung der phonetischen Gebilde die Vorstellungen des Handelnden begleiten und mithilfe des Vernunftvermögens (*logos*) entschlüsselt und verständlich gemacht werden.²⁷ Diese *lekta* ermöglichen es den Menschen, ihre Handlungen zu versprachlichen und so selbstbewusst und reflexiv zu handeln. Im Falle einer ‚impulsiven Vorstellung' enthält das *lekton* ein evaluatives Element, welches auf die Angemessenheit (*kathēkon*) der Handlung aufmerksam macht und dem Handelnden anzeigt, dass das Objekt der Handlung in seinem Interesse liegt („impulsive Propostition').²⁸ Die ‚impulsive Vorstellung' präsentiert somit mittels einer ‚im-

---

24 Vgl. Diogenes Laertios, *Vitae philosophorum* 7.49 = LS 39 A = SVF 2.52; Papyrus Herculanensis 1020 col. 4, frg. 1, col. 1 = LS 41D = SVF 2.131; siehe dazu auch: T. Brennan, *Stoic Moral Psychology*, 260 – 262; M.-O. Goulet-Cazé, *A propos de l'assentiment stoïcien*, in: dies. (Hg.), *Études sur la théorie stoïcienne de l'action*, 73 – 236.
25 Vgl. Stobaios, *Eclogae* 2.86.17 – 87.6 = LS 53Q = SVF 3.169; zur *phantasia hormetikē* und zur *hormē* siehe auch: T. Brennan, *Stoic Moral Psychology*, 265 – 269; ders., *The Stoic Life*, 82 – 88.
26 Vgl. Stobaios, *Eclogae* 2.97.15 – 98.6 = LS 33J = SVF 3.91.
27 Vgl. Diogenes Laertios, *Vitae philosophorum* 7.49 = LS 33D = SVF 2.52; Cicero, *Academica* 2.21 = LS 39C; Sextus Empiricus, *Adversus Mathematicos* 8.70 = LS 33C = SVF 2.187; siehe dazu auch: A. A. Long, *Language and Thought in Stoicism*, in: ders. (Hg.), *Problems in Stoicism*, London 1971, 82 – 84.104 – 106; C. Shields, *The Stoic Lekton*, in: K. J. Boudouris (Hg.), *Hellenistic Philosophy*, Bd. 2, Athen 1994, 137 – 148; A. Schubert, *Untersuchungen zur stoischen Bedeutungslehre* (Hypomnemata 103), Göttingen 1994, 15 – 148; M. Forschner, *Die stoische Ethik. Über den Zusammenhang von Natur-, Sprach- und Moralphilosophie im altstoischen System*, Darmstadt ²1995, 67 – 84; A. Drozdek, Λεκτόν. *Stoic Logic and Ontology*, in: *Acta Antiqua Academiae Scientiarum Hungaricae* 42 (2002), 93 – 104; der Vernunftgebrauch, welcher hinter den intelligenten Wortfolgen steht und Inferenz sowie Denken ermöglicht, heißt *endiathetos logos* (innere Rede) und unterscheidet den Menschen vom Tier (vgl. Sextus Empiricus, *Adversus Mathematicos* 8.275 = LS 53T = SVF 2.135.223).
28 Vgl. Stobaios, *Eclogae* 2.86.17 f = LS 53Q = SVF 3.169; Epiktet, *Dissertationes* 1.18.1; *Encheiridion* 42; siehe dazu auch: B. Inwood, *Ethics and Human Action in Early Stoicism*, 56; T. Brennan, *Stoic Moral Psychology*, 268 f.; J. Annas, *Hellenistic Philosophy of Mind*, 96 f.; K. M. Vogt, *Law Reason, and the Cosmic City. Political Philosophy in the Early Stoa*, Oxford 2008, 171 f.; A. C. Lloyd, *Emotion and Decision in Stoic Psychology*, in: R. M. Rist (Hg.), *The Stoics*, Berkeley 1978, 236 war der Ansicht, dass sog. ‚praktische Prädikate' wie ‚lustvoll', ‚schmerzhaft', ‚gut' oder ‚schlecht' dazu dienen, ‚impulsive Vorstellungen' von ‚nicht-impulsiven' zu unterscheiden. Zur Diskussion, ob die Vorstellung einer Handlung als *kathēkon* unsere Handlungen motiviert oder ob in der Stoa auch eine Motivation *sub specie boni* denkbar ist, wie M. Frede, *On the Stoic Conception of the Good*, in: K.

pulsiven Proposition' die Handlung als für den Handelnden in seiner Situation angemessen und von daher als auszuführen bzw. gesollt. Auch für die Stoa ist demnach all unser Handeln zielgerichtet und zweckhaft, insofern es unternommen wird, um etwas zu sichern, was im Interesse des Handelnden liegt.

Die Zustimmung zu der Vorstellung hängt nun davon ab, ob der Handelnde die Vorstellung für wahr oder falsch hält – d. h. ob er hinreichende Evidenzen hat und tatsächlich glaubt, dass die Ausführung der Handlung für ihn angemessen (*kathēkon*) ist.[29] Gibt der Handelnde nun dem *lekton* einer bestimmten Vorstellung seine Zustimmung, verursacht diese einen Handlungsimpuls, und eine Handlung folgt notwendigerweise.[30] Die Zustimmung zu einer Vorstellung und damit die Verursachung eines Impulses und einer Handlung stehen dabei vollkommen in unserer Macht (*eph' hēmin*).[31] Daher sind wir auch für alle unsere Handlungen

---

Ierodiakonou (Hg.), *Topics in Stoic Philosophy*, Oxford 1999, 71–94 nahezulegen scheint, siehe: T. Brennan, *Stoic Moral Psychology*, 283–290. Ich schließe mich hier den überzeugenden Ausführungen Brennans an und vertrete die These, dass uns allein die Vorstellung einer Handlung als *kathēkon* zum Handeln motivieren kann. Zu demselben Ergebnis kommen auch: C. Brittain, *Rationality, Rules, and Rights*, in: *Apeiron* 34 (2001), 247–253; K. M. Vogt, *Law Reason, and the Cosmic City*, 171f.179f.

[29] Zur Verlässlichkeit und den unterschiedlichen Gewissheitsgraden unserer Vorstellungen siehe: G. Watson, *The Stoic Theory of Knowledge*, Belfast 1966; M. Frede, *Stoic Epistemology*, in: K. Algra et al. (Hg.), *The Cambridge History of Hellenistic Philosophy*, Cambridge 1999, 295–322; R. J. Hankinson, *Stoic Epistemology*, in: B. Inwood (Hg.), *The Cambridge Companion to the Stoics*, 59–84; T. Brennan, *The Stoic Life*, 62–81.89f.; K. M. Vogt, *Belief and Truth. A Skeptic Reading of Plato*, Oxford 2012, 158.182.

[30] Vgl. Plutarch, *De Stoicorum repugnantiis* 1057A = LS 53S = SVF 3.177. Ich gehe hier mit T. Brennan, *Stoic Moral Psychology*, 261 Anm. 8 sowie ders., *The Stoic Life*, 57 f.90 davon aus, dass jede *phantasia* mit nur einem einzigen *lekton* einhergeht, welches die *phantasia* zu der *phantasia* macht, die sie ist; für die gegensätzliche Position, dass ein und dieselbe *phantasia* von mehreren *lekta* begleitet werden kann, siehe: B. Inwood, *Ethics and Human Action in Early Stoicism*, 61. Ich denke auch nicht, dass der von B. Inwood, *Ethics and Human Action in Early Stoicism*, 62–65 postulierte selbstadressierte Imperativ notwendig ist, um der Zustimmung normative Kraft zu verleihen (zum selbstadressierten Imperativ siehe auch: A. W. Price, *Mental Conflict*, London 1995, 146; K. M. Vogt, *Law, Reason, and the Cosmic City*, 171f). Vielmehr dürfte die Vernunft des Handelnden ihn selbst zum Handeln auffordern, wenn er der Proposition zustimmt, dass eine bestimmte Handlung angemessen (*kathēkon*), d. h. zu tun ist (vgl. dazu Plutarch, *De Stoicorum repugnantiis* 1037D-F). Ein Imperativ fügt diesem Bild nichts hinzu. Allein die Zustimmung zur evaluativen Proposition „Es ist angemessen (*kathēkon*), zu φ-en." ist ausreichend, um eine *hormē* zu verursachen, welche den Handelnden zur Ausführung der Handlung veranlasst; für diese Position siehe auch: G. Striker, *Critical Notice of Brad Inwood: „Ethics and Human Action in Early Stoicism"*, in: *Canadian Journal of Philosophy* 19 (1989), 97f.; T. Brennan, *Stoic Moral Psychology*, 266–269 sowie ders., *The Stoic Life*, 86–90.

[31] Vgl. Alexander von Aphrodisias, *De fato* 181.13–182.20 = LS 62G = SVF 2.979; Cicero, *De fato* 43 = LS 62C = SVF 2.974; Epiktet, *Dissertationes* 1.1.7–12 = LS 62K; zum Problem von Freiheit und

verantwortlich. Wir können uns dazu entscheiden, einer Vorstellung unsere Zustimmung zu geben oder zu verweigern.[32] Genau genommen wird die Zustimmung nicht der Vorstellung selbst, sondern dem *lekton* bzw. genauer der im *lekton* enthaltenen Proposition (*axiōma*) gegeben, welche die Handlung in sprachlicher Form repräsentiert.[33] Der Impuls wiederum ist auf das Prädikat (*katēgorēma*) gerichtet, das in der Proposition, der wir unsere Zustimmung geben, enthalten ist und die Handlung repräsentiert.[34] Demnach ist Chrysipp zufolge der Impuls auch

---

Determinismus in der Stoa siehe: J. M. Rist, *Stoic Philosophy*, Cambridge 1969, 112–132; M. Forschner, *Die stoische Ethik*, 98–113; S. Bobzien, *Determinism and Freedom in Stoic Philosophy*, Oxford 1998; dies., *The Inadvertent Conception and Late Birth of the Free-Will Problem*, in: *Phronesis* 43 (1998), 133–175; T. Brennan, *Fate and Free Will in Stoicism*, in: *OSAP* 21 (2001), 259–286; ders., *Stoic Moral Psychology*, 292–294; ders., *The Stoic Life*, 233–305; D. Frede, *Stoic Determinism*, in: B. Inwood (Hg.), *The Cambridge Companion to the Stoics*, 179–205; zur Frage der moralischen Verantwortung für unser Handeln in der antiken Stoa siehe insbesondere: I. Koch, *Le destin et „ce qui depend de nous": sur les causes de l'impulsion*, in: M.-O. Goutlet-Cazé (Hg.), *Études sur la théorie stoïcienne de l'action*, 367–449; T. H. Irwin, *Stoics, Epicureans, and Aristotelians*, in: T. O'Connor/C. Sandis (Hg.), *A Companion to the Philosophy of Action*, Oxford 2013, 447–458; K. M. Vogt, *I Shall Do What I Did: Stoic Views on Action*, in: P. Destrée et al. (Hg.), *What is Up to Us? Studies on Agency and Responsibility in Ancient Philosophy* (Studies in Ancient Moral and Political Philosophy 1), Sankt Augustin 2014, 107–120; L. L. Gómez, *Chrysippean Compatibilitstic Theory of Fate, What is Up to Us, and Moral Responsibility*, in: P. Destrée et al. (Hg.), *What is Up to Us? Studies on Agency and Responsibility in Ancient Philosophy*, 121–140; J.-B. Gourinat, *Adsensio in nostra potestate: 'from us' and 'up to us' in Ancient Stoicism – A Plea for Reassessment*, in: P. Destrée et al. (Hg.), *What is Up to Us? Studies on Agency and Responsibility in Ancient Philosophy*, 141–150; R. Salles, *Epictetus and the Causal Conception of Moral Responsibility and what is eph' hemin*, in: P. Destrée et al. (Hg.), *What is Up to Us? Studies on Agency and Responsibility in Ancient Philosophy*, 169–182.

32 Im Gegensatz zu Aristoteles kennen die Stoiker also eine Art Dezisionsvermögen in ihrer Handlungserklärung; vgl. P. Brüllmann, *Tun und Unterlassen in der Handlungstheorie des Aristoteles*, in diesem Band, 21–41; M. Frede, *A Free Will. Origins of the Notion in Ancient Thought*, Berkeley 2011, 19–30.

33 Vgl. Stobaios, *Eclogae* 2.88.2–6 = LS 33I = SVF 3.171; Sextus Empiricus, *Adversus Mathematicos* 7.154 = LS 41C; Dieser Punkt wird in der Stoa-Forschung kontrovers diskutiert. Ich folge hier den Ausführungen von B. Inwood, *Ethics and Human Action*, 56 f und T. Brennan, *The Stoic Life*, 54–58. Für die abweichende Position, welche der Ansicht ist, dass die Zustimmung den Vorstellungen selbst, nicht den sie begleitenden *lekta* gegeben wird, siehe: M. Frede, *The Stoic Doctrine of the Affections of the Soul*, in: M. Schofield/G. Striker (Hg.), *The Norms of Nature. Studies in Hellenistic Ethics*, Cambridge 1986, 103–107.

34 Vgl. Stobaios, *Eclogae* 2.88.2–6 = LS 33I = SVF 3.171; 2.97.15–98.6 = LS 33 J = SVF 3.91; Cicero, *Tusculanae disputationes* 4.21 = SVF 3.398.

als die Vernunft des Handelnden zu bestimmen, insofern sie ihm zu handeln befiehlt.³⁵

Zusammenfassend lässt sich also sagen: Die ‚impulsive Vorstellung' (*phantasia hormetikē*) präsentiert mittels des sie begleitenden *lekton* eine bestimmte Handlungsoption als für uns angemessen (*kathēkon*) und daher gesollt, und durch die Zustimmung zu dem die Vorstellung begleitenden *lekton* auferlegen wir uns die Ausführung der Handlung. Dies veranlasst uns durch einen entsprechenden Handlungsimpuls auch dazu, die Ausführung der Handlung zu wollen (*boulēsis*). Sofern keine äußeren Hindernisse dazwischentreten, wird die Handlung dann auch erfolgen. Graphisch lässt sich die stoische Handlungstheorie auf folgende Weise veranschaulichen:

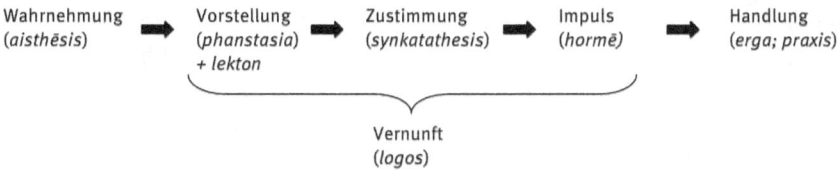

Eine spätere Entwicklung innerhalb der stoischen Handlungstheorie stellt die Aufwertung des Begriffs der Entscheidung (*prohairesis*) dar. Diese finden wir am deutlichsten in den Diatriben des römischen Stoikers Epiktet.³⁶ Bei ihm bestimmt unsere *prohairesis*, welche Art Mensch wir sind und wie wir uns verhalten.³⁷ Wir haben bereits gesehen, dass unsere Zustimmung zu einer ‚impulsiven Vorstellung' bzw. zu dem sie begleitenden *lekton* eine Entscheidung für bzw. gegen eine bestimmte Handlungsweise ist. Die *prohairesis* ist nun eine bestimmte Disposition

---

35 Vgl. Plutarch, *De Stoicorum repugnantiis* 1037F = LS 53R = SVF 1.375, part.: *kai mēn hē hormē, kata g' auton, tou anthrōpou logos esti prostaktikos autōi tou poiein, [...]. oukoun kai hē aphormē logos apagoreutikos [...]*.
36 Vgl. Epiktet, *Dissertationes* 1.4.18–21; 1.17.21–28; 2.2.1–7; 3.5.3; 3.6.4; 3.9.11; zum Begriff der *prohairesis* bei Epiktet siehe auch: A. Bonhöffer, *Epictet und die Stoa*, Stuttgart 1890, 260; J. M. Rist, *Stoic Philosophy*, 228–232; R. Dobbin, Προαίρεσις *in Epictetus*, in: *Ancient Philosophy* 11 (1991), 111–135; M. Frede, *A Free Will*, 44–48; C. H. Kahn, *Discovering the Will: From Aristotle to Augustine*, in: J. M. Dillon/A. A. Long (Hg.), *The Question of „Eclecticism"*. *Studies in Later Greek Philosophy*, Berkeley 1988, 234–259. 251–255; A. A. Long, *Epictetus. A Stoic and Socratic Guide to Life*, Oxford 2002, 207–230; T. Brennan, *The Stoic Life*, 288–304; R. Sorabji, *Self. Ancient and Modern Insights about Individuality, Life, and Death*, Oxford 2006, 181–200; ders., *Epictetus on prohairesis and Self*, in: T. Scaltsas/A. S. Mason (Hg.), *The Philosophy of Epictetus*, Oxford 2007, 87–98.
37 Vgl. M. Frede, *A Free Will*, 44 f.; siehe auch: A. A. Long, *Greek Ethics after MacIntyre and the Stoic Community of Reason*, in: ders., *Stoic Studies*, Berkeley 1996, 162; ders., *Representation and the Self in Stoicism*, in: ders., *Stoic Studies*, 275–277.281–283; T. Brennan, *The Stoic Life*, 107.

unserer Vernunft, Entscheidungen hinsichtlich unseres Handelns zu treffen – ein Dezisionsvermögen mit Blick auf unser Handeln. Wir können uns dazu entscheiden, einer bestimmten ‚impulsiven Vorstellung' zuzustimmen, und dadurch den Impuls zu einem entsprechenden Handeln freisetzen, so dass man von einem Wollen (*boulēsis*) der Handlung selbst sprechen kann.[38] Wir handeln somit willentlich. Die Zustimmung zu einer ‚impulsiven Vorstellung' konstituiert also ein Wollen, welches im Handlungsimpuls realisiert ist, der uns zu einem bestimmten Handeln veranlasst. Daher kann das Vermögen bzw. die Disposition, insofern sie für unser Wollen verantwortlich ist, auch ‚Wille' genannt werden. Der ‚Wille' wird jedoch *prohairesis* – nicht *boulēsis* – genannt, um deutlich zu machen, dass er ein Dezisionsvermögen ist, welches durch seine Entscheidungen unser Wollen (*boulēsis*) erst hervorbringt. Unsere Entscheidungen erklären somit unser Wollen. Mit der *prohairesis* als Dezisionsvermögen und Quelle unseres Wollens begegnen wir somit erstmals in der Geistesgeschichte so etwas wie einem ‚Willen'.[39] Diese Vorstellung eines ‚Willens' wurde dazu entwickelt, um die Quelle unserer Verantwortung festzumachen und den Grund der Zurechenbarkeit unserer Handlungen zu identifizieren. Ein ganz bestimmtes Vermögen in uns – die Disposition, bestimmte Handlungsentscheidungen zu treffen – macht uns für unsere Handlungen verantwortlich.

Nachdem nun die Grundzüge und Begrifflichkeiten der stoischen Handlungstheorie entfaltet sind und das Problem der Verantwortlichkeit des Handelnden für seine Handlungen – zumindest ansatzweise – geklärt ist, muss eine weitere Frage adressiert werden, die für die handlungstheoretische Unterscheidung von ‚Töten', ‚Sterben' und ‚Sterbenlassen' von entscheidender Bedeutung ist:

---

38 Vgl. Epiktet, *Dissertationes* 1.17.21–28; 2.2.1–7; Stobaios, *Eclogae* 2.97.15–98.6 = LS 33J = SVF 3.91. zu einer ähnlichen Theorie hinsichtlich des Zusammenhangs von Entscheidung und Intention in der gegenwärtigen philosophischen Psychologie siehe: R. Holton, *Willing, Wanting, Waiting*, Oxford 2009, bes. 53–69.

39 Vgl. M. Frede, *A Free Will*, 44–48; es ist daher nicht so, dass mit Augustinus eine radikal neue Theorie des Willens in die Welt kommt (vgl. zu dieser These: A. Dihle, *Die Vorstellung vom Willen in der Antike*, Göttingen 1985; C. Horn, *Augustinus und die Entstehung des philosophischen Willensbegriffs*, in: *ZphF* 50 [1996], 113–132). Augustinus knüpft vielmehr an die stoische Theorie der *prohairesis* an, welche innerhalb des Christentums bereits von Justin dem Märtyrer und Origenes aufgegriffen worden war, und entwickelt diese weiter (vgl. M. Frede, *A Free Will*, 153–174; ähnlich bereits: R. A. Gauthier, *Aristote. L'Éthique à Nicomaque*, Bd. 1, Louvain ²1970, 259; A. J. Voelke, *L'idée de volonté dans le Stoïcisme*, Paris 1973; C. H. Kahn, *Discovering the Will*, 234–259, bes. 251–255; J. Mansfeld, *The Idea of the Will in Chrysippus, Posidonius and Galen*, in: *Proceedings of the Boston Area Colloquium in Ancient Philosophy* 7 [1991], 107–145); Eine Übersicht über die verschiedenen Vorschläge zum antiken Ursprung des Willensbegriffs findet sich in: R. Sorabji, *Emotion and Peace of Mind. From Stoic Agitation to Christian Temptation*, Oxford 2000, 319–340.

Wie ging die antike Stoa mit den verschiedenen Aspekten unserer Handlungen um, welche heute meist zu ihrer Typisierung herangezogen werden: der Kausalität (2.1), der Intentionalität (2.2), der Modalität (2.3) sowie den Handlungsumständen (2.4)?

2.1 Kausalität

Das entscheidende Vermögen für die Verursachung einer Handlung stellt im Rahmen der stoischen Handlungstheorie das Zustimmungsvermögen (*synkatathesis*) dar, welches unsere Handlungen kontrolliert. Der Handelnde kann einer Vorstellung seine Zustimmung geben oder verweigern, so dass er die Kontrolle darüber hat, ob seine Zustimmung einen Impuls auslöst und eine Handlung erfolgt. Freilich muss die Zustimmung nicht in jedem einzelnen Falle auch bewusst erfolgen. Es ist vielmehr durchaus möglich, dass der Handelnde einer Vorstellung implizit zustimmt und dadurch einen Impuls und somit eine Handlung verursacht. Er ist jedoch auch für diese Handlung verantwortlich, da er ihr zugestimmt hat. Hinsichtlich der stoischen Ursachenlehre[40] kommt der Zustimmung die Rolle der Hauptursache (*kyrion aition/causa principalis*) zu. Die Stoiker unterschieden verschiedene Arten von Ursachen,[41] wobei sie unter Ursachen – gemäß unserem

---

[40] Unsere wichtigsten Quellen zur Rekonstruktion der stoischen Ursachenlehre sind: Stobaios, *Eclogae* 1.138.23–139.4 = LS 55A = SVF 2.336; Cicero, *De fato* 39–45 = LS 62C part. = SVF 2.974, part.; Plutarch, *De Stoicorum repugnantiis* 1055F–1056D; Sextus Empiricus, *Adversus Mathematicos* 9.211 = LS 55B = SVF 2.341; Clemens von Alexandrien, *Stromata* 8.9.
[41] Ich folge im Folgenden der Interpretation der stoischen Ursachenlehre bei S. Bobzien, *Chrysippus' Theory of Causes*, in: K. Ierodiakonou (Hg.), *Topics in Stoic Philosophy*, 241f. Diese Interpretation ist differenzierter als die meist zu findende Standardinterpretation der stoischen Ursachenlehre und wird dem Quellenbefund besser gerecht; zur Standardinterpretation siehe: S. Botros, *Freedom, Causality, Fatalism and Early Stoic Philosophy*, in: *Phronesis* 30 (1985), 274–304, bes. 283–285; A. Dihle, *Zur Schicksalslehre des Bardesanes*, in: A. M. Ritter (Hg.), *Kerygma und Logos. Beiträge zu den geistesgeschichtlichen Beziehungen zwischen Antike und Christentum* (Festschrift für C. Andresen), Göttingen 1979, 123–135; ders., *Die Vorstellung vom Willen in der Antike*, 73f.; J. M. Dillon, *The Middle Platonists. A Study of Platonism 80 B.C. to A.D. 220*, London 1977, 86; R. Dobbin, Προαίρεσις *in Epictetus*, 119; P. L. Donini, *Fato e volunta umana in Crisippo*, in: *Atti dell' Academia delle Scienze di Torino* 109 (1974/1975), 1–44; ders., *Plutarco e il determinismo di Crisippo*, in: I. Gallo (Hg.), *Aspetti dello stoicismo e dell' epicureismo in Plutarco*, Ferrara 1988, 31; J. J. Duhot, *La Conception stoicienne de la causalité*, Paris 1989, 174f. 179f.; M. Forschner, *Die stoische Ethik*, 96f.; M. Frede, *The Original Notion of Cause*, in: J. Barnes et al. (Hg.), *Doubt and Dogmatism. Studies in Hellenistic Epistemology*, Oxford 1980, 234–236; R. J. Hankinson, *Evidence, Externality and Antecedence: Inquiries into Later Greek Causal Concepts*, in: *Phronesis* 32 (1987), 85; B. Inwood, *Ethics and Human Action in Early Stoicism*, 46; A. J. Kleywegt, *Fate, Free Will and the Text of Cicero*,

heutigen Verständnis von ‚Ursache'[42] – stets nur Wirkursachen verstehen[43]: Die basalste Unterscheidung bestand dabei zwischen Ursachen von Zuständen (*synechēs bzw. synektikon aition/causa continens*) und Ursachen von Veränderungen.[44] Da wir uns hier mit Handlungen beschäftigen – also mit Veränderungen in der Welt –, brauchen uns an dieser Stelle die Ursachen von Zuständen nicht weiter zu interessieren.

---

in: *Mnemosyne* 26 (1973), 342 f.; A. A. Long, *The Stoic Concept of Evil*, in: *Philosophical Quarterly* 18 (1986), 340; ders., *Stoic Determinism and Alexander of Aphrodisias' De Fato i-xiv*, in: *Archiv für Geschichte der Philosophie* 52 (1970), 261 f.; ders., *Freedom and Determinism in the Stoic Theory of Action*, in: ders. (Hg.), *Problems in Stoicism*, London 1971, 173–199, 182; ders., *The Early Stoic Concept of Moral Choice*, in: F. Bossier et al. (Hg.), *Images of Man in Ancient and Medieval Thought* (Festschrift für G. Verbeke), Leuven 1976, 84; S. S. Meyer, *Self-Movement and External Causation*, in: M. L. Gill/L. G. Lennox (Hg.), *Self-Motion. From Aristotle to Newton*, Princeton 1994, 76; M. Pohlenz, *Die Stoa*, 105; M. E. Reesor, *Fate and Possibility in Early Stoic Philosophy*, in: *Phoenix* 19 (1965), 285–297; S. Sambursky, *Physics of the Stoics*, London 1959, 62; D. N. Sedley, *Chrysippus on Psychophysical Causality*, 322 f.; R. W. Sharples, *Necessity in the Stoic Doctrine of Fate*, in: *Symbolae Osloensis* 56 (1981), 81–97; ders., *Soft Determinism and Freedom in Early Stoicism*, in: *Phronesis* 31 (1986), 272 f.; ders., *Cicero: On Fate & Boethius: The Consolation of Philosophy IV.5–7, V*, Warminster 1991, 199 f.; R. Sorabji, *Causation, Laws and Necessity*, in: J. Barnes et al. (Hg.), *Doubt and Dogmatism*, 273; P. Steinmetz, *Die Stoa*, in: H. Flashar (Hg.), *Die Philosophie der Antike*, Bd. 4,2: *Die hellenistische Philosophie*, Basel 1994, 611; M. von Straaten, *Menschliche Freiheit in der stoischen Philosophie*, in: *Gymnasium* 84 (1977), 510–512; J. Talanga, *Zukunftsurteile und Fatum*, Bonn 1986, 132–137; eine der hier vertretenen Interpretation der stoischen Ursachenlehre ähnliche Position findet sich bei: W. Görler, *Hauptursachen bei Chrysipp und Cicero? Philologische Marginalien zu einem vieldiskutierten Gleichnis (De fato 41–44)*, in: *RhM* 130 (1987), 254–274; A. M. Ioppolo, *Il concetto di causa nella philosophia ellenistica e romana*, in: *ANRW* 36,7 (1994), 4492–4545; S. Schröder, *Philosophische und Medizinische Ursachensystematik und der stoische Determinismus*, in: *Prometheus* 16 (1990), 5–26.

42 Vgl. M. Frede, *The Original Notion of Cause*, 217–221.

43 Vgl. Seneca, *Epistulae morales ad Lucilium* 65.4 = SVF 2.346a: *Stoicis placet unam causam esse, id quod facit*; Sextus Empiricus, *Pyrrhoniae hypotyposes* 3.14: *doxai d' an aition einai koinoteron kat' autous di' ho energoun ginetai to apotelesma*.

44 Vgl. Plutarch, *De Stoicorum repugnantiis* 1050C–D = LS 54T = SVF 2.937; 1056C = LS 55R = SVF 2.937.997; *De communibus notitiis* 1076E = SVF 2.937; zum *synektikon aition* siehe: Galen, *De causis continentibus* 1.1–5 = LS 55F; *De plenitudine* 3 = SVF 2.439 f.; Alexander von Aphrodisias, *De mixtione* 223 f. = LS 47I part. = SVF 2.442; 47 L part. = SVF 2.441; Plutarch, *De Stoicorum repugnantiis* 1053F = LS 47M = SVF 2.449; siehe dazu auch: M. Forschner, *Die stoische Ethik*, 91–96; zur stoischen Unterscheidung von Bewegungen (*kinēseis*) und Zuständen (*scheseis*) siehe: Stobaios, *Eclogae* 1.166.24–167.14; 2.73.1–13 = LS 60 J = SVF 3.111; 2.82.11–17 = SVF 3.141; 2.95.6–8 = SVF 3.94; Diogenes Laertios, *Vitae philosophorum* 7.104 = SVF 3.117; Origenes, *De oratione* 2.368 = SVF 2.318; Plotin, *Enneaden* 3.1.7 = SVF 2.986; Cicero, *De finibus bonorum et malorum* 3.33 = SVF 3 Diog. 40; Simplikios, *in Aristotelis Categorias commentarium* 212 f. = LS 28N = SVF 2.390; siehe dazu auch: S. Bobzien, *Determinism and Freedom in Stoic Philosophy*, 18–27.

Eine weitere zentrale Unterscheidung in der stoischen Ursachenlehre betrifft die Differenzierung von vollständigen bzw. hinreichenden Ursachen (*autotelēs aition/causa perfecta*) und vorhergehenden und mitwirkenden Ursachen (*prohēgoumenon* bzw. *prokatarktikon kai synergon aition/causa antecendens* bzw. *proxima et adiuvans*).[45] Während die vollständigen Ursachen für sich alleine notwendig ihre Wirkungen hervorbringen,[46] liegen die vorhergehenden Ursachen zwar ihren Wirkungen ebenfalls voraus und wirken an ihrer Erzeugung mit, sind jedoch für sich alleine noch nicht hinreichend, um die jeweiligen Wirkungen hervorzubringen.[47] Wirken mehrere Ursachen in einem Geschehen zusammen, so wird der kausale Faktor, der für die Wirkung hauptverantwortlich ist, als Hauptursache (*kyrion aition/causa principalis*) bezeichnet.[48] Im Falle der Verursachung von Veränderungen und damit auch von Handlungen sind den Stoikern zufolge stets mindestens zwei Kausalfaktoren notwendig, so dass die vollständige Ursache für unsere Fragestellung keine Rolle spielt, da sie immer aus sich heraus notwendig ihre Wirkungen hervorbringt. In den von den Stoikern diskutierten Fällen von Veränderungen trägt der zweite Kausalfaktor in der Reihe immer die Hauptverantwortung für die Wirkung, während der erste Kausalfaktor nie die Hauptursache ist und stets nur an der Hervorbringung der Wirkung mitwirkt.[49]

Angewandt auf unsere oben vorgenommene handlungstheoretische Analyse heißt das, dass die Vorstellung (*phantasia*) die vorhergehende und mitwirkende Ursache der Handlung darstellt, während die Zustimmung (*synkatathesis*) die Hauptursache der Handlung ist.[50] Eine Vorstellung ist zwar immer notwendig, um ein Handeln hervorzubringen,[51] doch vermag sie dies für sich alleine nicht, da sie immer noch auf die Zustimmung vonseiten des Handelnden angewiesen ist. Sie ist entscheidend für das Zustandekommen einer Handlung, insofern sie den Handlungsimpuls freisetzt. Daher trägt sie auch die Hauptverantwortung dafür. Aufgrund dessen

---

45 Vgl. Cicero, *De fato* 41 f. = LS 62C = SVF 2.974; Plutarch, *De Stoicorum repugnantiis* 1056B–D = LS 55R = SVF 2.997.
46 Vgl. Plutarch, *De Stoicorum repugnantiis* 1056B–C = LS 55R = SVF 2.997.
47 Vgl. ebd.
48 Vgl. Cicero, *De fato* 41 f. = LS 62C = SVF 2.974; siehe auch: R. J. Hankinson, *Explanation and Causation*, in: K. Algra et al. (Hg.), *The Cambridge History of Hellenistic Philosophy*, 494.
49 Vgl. S. Bobzien, *Chrysippus' Theory of Causes*, 236–239.
50 Vgl. Cicero, *De fato* 42 f. = LS 62C = SVF 2.974; siehe auch: M. Forschner, *Die stoische Ethik*, 96 f.; A. W. Price, *Mental Conflict*, 146.
51 Vgl. Cicero, *Academica* 2.24 f. = SVF 2.116; 2.30 = LS 40N; *Topica* 59; siehe auch: M. Forschner, *Die stoische Ethik*, 109.

können Personen auch für ihr Handeln verantwortlich gemacht werden, da sie einer Vorstellung ihre Zustimmung geben oder verweigern können.[52]

Gibt der Handelnde einer Vorstellung seine Zustimmung und setzt damit einen Impuls zu einer Handlung frei, wird er selbst zu einem Kausalfaktor in der Welt, insofern er eine Veränderung in der Welt und damit eine Handlung verursacht. Auch der Handelnde selbst kann nun niemals vollständige Ursache (*autotelēs aition/causa perfecta*) seines Handelns sein, da er in seinem Handeln in der Situation, in der er sich befindet, auf die Begebenheiten der Welt, welche vorhergehende und mitwirkende Ursachen seines Handelns sind, angewiesen ist. Er kann jedoch sowohl vorhergehende und mitwirkende Ursache als auch Hauptursache einer Veränderung bzw. Handlung sein. Wirkt er an einer Handlung nur mit, ohne die Veränderung in der Welt alleine hervorzubringen und hauptsächlich dafür zu sein, so ist er lediglich die vorhergehende und mitwirkende Ursache der Handlung. Ist er aber der entscheidende kausale Faktor der Veränderung, so trägt er die Hauptverantwortung dafür und stellt ihre Hauptursache dar.[53] Innerhalb der stoischen Kausaltheorie war es folglich möglich, verschiedene Akteursrollen (Anstiftung, Beihilfe, Haupttäter etc.) zu differenzieren, obschon dies nie explizit diskutiert wird. Diese Differenzierung der unterschiedlichen Kausalfaktoren einer Handlung ist für die Unterscheidung von ‚Töten' und ‚Sterbenlassen' von entscheidender Bedeutung.

2.2 Intentionalität

Die bereits diskutierte Lehre von den unsere Vorstellungen begleitenden immateriellen *lekta* ermöglichte es den Stoikern auch, so etwas wie Intentionalität zu denken.[54] Im Falle intentionaler Handlungen formuliert der Handelnde für sich selbst, was er tun bzw. unterlassen wird. Dies ist die Funktion der ‚impulsiven Proposition'. Die Zustimmung zu einer ‚impulsiven Proposition' ist, insofern sie, wie wir oben gesehen haben, notwendig zum Handeln führt, keine bloß intellektuelle Entscheidung, sondern auch zugleich die Ausbildung der Intention, der

---

52 Vgl. Sextus Empiricus, *Adversus Mathematicos* 8.397 = SVF 2.91; siehe dazu auch: A. A. Long, *Freedom and Determinism in the Stoic Theory of Action*, 181 f.; R. Sorabji, *Causation, Laws and Necessity*, 275.
53 Vgl. J. Annas, *Hellenistic Philosophy of Mind*, 95 f.
54 Vgl. dazu V. Caston, *Intentionality in Ancient Philosophy*, in: E. N. Zalta (Hg.), *The Stanford Encyclopedia of Philosophy*, Herbst 2008: http://plato.stanford.edu/entries/intentionality-ancient/ (Zugriff am 14.09.2016).

Entscheidung entsprechend zu handeln.⁵⁵ Wenn man nun etwas über die Intentionen eines Handelnden wissen möchte, muss man nur betrachten, welchen ‚impulsiven Propositionen' er seine Zustimmung gegeben hat – ihr Inhalt gibt uns Aufschluss über seine Intentionen. Da jedoch die Zustimmung zu einer ‚impulsiven Proposition' eine private mentale Handlung ist, ist diese Methode zur Ermittlung der Intentionen eines Handelnden freilich von geringem praktischem Nutzen. Dennoch ändert dies nichts an der Tatsache, dass die Stoiker in ihrer Handlungstheorie Intentionen und ihrer prinzipiellen Formulierbarkeit Raum gaben.⁵⁶ Insofern das Vorhandensein einer Intention an die Präsenz eines *lekton* gebunden ist, können nur vernünftige Wesen Intentionen haben, da sie allein aufgrund des *logos* dazu in der Lage sind, *lekta* zu verstehen und zu formulieren. Zwar mag auch das Verhalten anderer Lebewesen zweckhaft sein, doch können sie ihr Handeln nicht in Worte fassen. Explizit vermögen dies nur rationale Wesen, auch wenn dies in ihrem Handeln meist nur implizit geschieht.

Die ‚impulsiven Propositionen', welchen wir unsere Zustimmung geben, können unterschiedliche Form annehmen, so dass ein und dieselbe Handlung auf unterschiedliche Weise beschrieben werden kann. Es ist allerdings nicht ganz klar, wie eine Handlung unter verschiedenen Beschreibungen gesehen werden kann, da die *lekta* und die in ihnen enthaltenen Propositionen doch an die Vorstellungen gebunden sind, mit denen sie einhergehen. Wie kann hier ein und dieselbe Handlung unter verschiedenen Beschreibungen gesehen werden? Möglicherweise dachten die Stoiker, dass unser Charakter, welcher ein materialer Zustand unserer Seele ist und damit den Umgang mit einer Vorstellung, die ja einen Abdruck in dieser Seele hinterlässt, beeinflusst, darüber entscheidet, welche Vorstellungen und *lekta* in der jeweiligen Situation ins Bewusstsein treten.⁵⁷ So wird der nichttugendhafte Mensch der ‚impulsiven Proposition' „Es ist für mich angemessen (*kathēkon*), aus diesem Schierlingsbecher zu trinken." zustimmen, während der Tugendhafte der Proposition „Es ist für mich angemessen (*kathēkon*), tapfer zu sterben." seine Zustimmung geben wird. Beide Propositionen beschreiben dieselbe Handlung, doch legt die Beschaffenheit der Seele der beiden Akteure – d. h.

---

55 Vgl. J. M. Rist, *Stoic Philosophy*, 220.
56 Vgl. B. Inwood, *Ethics and Human Action in Early Stoicism*, 95 f.
57 Vgl. B. Inwood, *Ethics and Human Action in Early Stoicism*, 98; zur Manipulation und Selektion von Vorstellungen siehe auch: Diogenes Laertios, *Vitae philosophorum* 7.51 = LS 39A = SVF 2.61; Epiktet, *Dissertationes* 1.6.10; Aëtios 4.11.1–4 = LS 39E = SVF 2.83; Seneca, *Epistulae morales ad Lucilium* 120.4 = LS 60E; Sextus Empiricus, *Adversus Mathematicos* 8.276 = LS 53T = SVF 2.223; Cicero, *De finibus bonorum et malorum* 3.33 = LS 60D = SVF 3.72. Zur Rolle des Charakters siehe die vagen Anspielungen bei: Gellius, *Noctes Atticae* 7.2.6–13 = LS 62D = SVF 2.1000; vgl. dazu auch: A. A. Long, *Representation and the Self in Stoicism*, 274 f. 284 f.; M. Frede, *A Free Will*, 38.

ihr Charakter – fest, welcher Proposition sie ihre Zustimmung geben können. Letztlich unterscheidet folglich die Intention den guten vom schlechten Menschen. Ihre Handlung mag nach außen hin dieselbe sein; dennoch besteht aufgrund ihrer Intention ein fundamentaler Unterschied zwischen ihnen.[58]

2.3 Modalität

Die differenzierte Handlungspsychologie der Stoiker ermöglichte es ihnen auch, nicht nur die Intention des Handelnden in ihrer Handlungstheorie zu berücksichtigen, sondern auch eine Unterscheidung von Tun und Unterlassen vorzunehmen. Ein Tun wird den Stoikern zufolge nämlich immer durch einen ‚Impuls' (*hormē*) hervorgebracht, während im Fall der Unterlassung eine ‚Abwehr' (*aphormē*) für sie verantwortlich ist.[59] Mittels dieser terminologischen Unterscheidung hinsichtlich des die Handlung verursachenden Impulses sind die Stoiker dazu in der Lage, die verschiedenen Handlungsmodalitäten von Tun und Unterlassen zu differenzieren.[60] Auch für die Stoiker fallen demnach Unterlassungen unter das Genus von Handlungen. Es besteht nämlich ein wichtiger Unterschied zwischen einer Unterlassung und einer weiteren Art der Untätigkeit, welche all das umfasst, was jemand einfach so nicht macht (sog. Nichthandeln). Diese Untätigkeiten sind keine Handlungen, da man nicht in irgendeiner Art und Weise aktiv ist, sich von der Ausführung der Tätigkeiten zu enthalten. Eine *aphormē* führt daher in N. Reschers Terminologie zu ‚doing not-X' anstatt zu ‚not doing X' – also zu einer Unterlassung.[61] Eine *aphormē* wird daher als ein selbstadressierter Befehl verstanden, etwas nicht zu tun – ein *logos apagoreutikos* (verbietende Vernunft) –, während eine *hormē* einen selbstadressierten Befehl darstellt, etwas zu tun – ein *logos prostaktikos* (vorschreibende Vernunft).[62] Beide verursachen jedoch eine Handlung: die *hormē* ein Tun, die *aphormē* ein Unterlassen.

---

58 Vgl. M. R. Graver, *Stoicism and Emotion*, 27 f.
59 Vgl. Plutarch, *De Stoicorum repugnantiis* 1037D – F; Stobaios, *Eclogae* 2.79.1 = SVF 3.118; 2.82.5 = SVF 3.121; Diogenes Laertios, *Vitae philosophorum* 7.104 = LS 58B = SVF 3.119; Sextus Empiricus, *Adversus Mathematicos* 11.59 = SVF 3.122.
60 Vgl. B. Inwood, *Ethics and Human Action in Early Stoicism*, 227.
61 Vgl. N. Rescher, *On the Characterization of Actions*, in: M. Brand (Hg.), *The Nature of Human Action*, Glenview/Ill. 1970, 248.
62 Vgl. Plutarch, *De Stoicorum repugnantiis* 1037F = LS 53R = SVF 1.375, part.: *kai mēn hē hormē, kata g' auton, tou anthrōpou logos esti prostaktikos autōi tou poiein, [...]. oukoun kai hē aphormē logos apagoreutikos [...]*.

2.4 Umstände

Neben der oben betrachteten Kausalität stellte die stoische Ursachenlehre auch ein weiteres Werkzeug bereit, welches heute immer wieder dazu herangezogen wird, um Handlungen zu typisieren: Die Unterscheidung der Handlungsumstände. Die Umstände einer Handlung werden von den Stoikern als vorhergehende und mitwirkende Ursachen einer Handlung betrachtet. Sie umfassen alle zum Zeitpunkt unseres Handelns relevanten Umstände und stellen eine notwendige Bedingung für unser Handeln dar, ohne jedoch allein hinreichend dafür zu sein.[63] Clemens von Alexandrien illustriert dies im Rahmen seiner Diskussion der stoischen Ursachenlehre am Beispiel Medeas:

> Und wenn etwas die Ursache und das Machende ist, ist dies stets auch das Wodurch (*di' ho*); wenn aber etwas das Wodurch ist, ist es nicht immer auch die Ursache. Denn viele Dinge laufen zu einer Wirkung zusammen, durch die das Ziel entsteht, aber nicht alle sind Ursachen. Denn Medea hätte ihre Kinder nicht getötet, wenn sie nicht zornig gewesen wäre; noch wäre sie zornig gewesen, wenn sie nicht eifersüchtig gewesen wäre; noch dies, wenn sie nicht geliebt hätte; noch dies, wenn Iason nicht nach Kolchis gesegelt wäre; noch dies, wenn die Argo nicht gebaut worden wäre; noch dies, wenn das Holz auf dem Pelion nicht gefällt worden wäre. Denn in all diesem begegnet man dem Wodurch, aber nicht allem begegnet man als Ursachen der Kindstötung, sondern allein Medea.[64]

Sämtliche Begebenheiten bis zum Fällen der Bäume auf dem Pelion sind vorhergehende Bedingungen für Medeas Kindermord, von denen wir manche – wie Medeas Zorn oder ihre Eifersucht – durchaus als die Umstände von Medeas Handeln bezeichnen können. Die vorhergehenden Ursachen stellen somit die Umstände dar, in denen jemand handelt. Wenn wir allerdings erklären möchten, warum Medea ihre Kinder getötet hat, genügt es nicht zu sagen, dass ihr Ehemann sie verlassen hat und sie deswegen eifersüchtig und zornig war. Viele andere Mütter würden unter diesen Umständen ihre Kinder nicht töten. Wir haben daher die Tötungshandlung durch die Aufzählung dieser Umstände noch nicht erklärt. Allein Medeas Charakter und ihre Zustimmung zu der die Tötungshandlung als angemessen erscheinen lassenden Vorstellung können die Handlung erklären. Ihr Charakter ist es, der ihr die Vorstellung der Kindstötung als angemessen erscheinen und sie der Vorstellung zustimmen lässt. Hier liegt die Hauptursache für ihr Handeln, welche wir zu seiner Erklärung heranziehen müssen. Die Umstände bzw. vorhergehenden Ursachen reichen alleine nicht aus.[65] Diese untergeordnete

---

63 Vgl. M. Forschner, *Die stoische Ethik*, 91.
64 Clemens von Alexandrien, *Stromata* 8.9.
65 Vgl. T. H. Irwin, *Stoics, Epicureans, and Aristotelians*, 455 f.

Rolle der Umstände zeigt allerdings bereits, dass sie nur schwerlich dazu geeignet sein dürften, den jeweiligen Handlungstyp zu modifizieren. Untersuchen wir diese Handlungstypisierung nun anhand von Schilderungen lebensbeendender Handlungen in der antiken Stoa.

3 Medizinethische Applikation

Der Suizid war ein beliebtes Thema innerhalb der stoischen Schule, wie die zahlreichen Textstellen belegen, welche sich mit der Frage der Legitimität des Suizids beschäftigen.[66] Diese wurden in der Forschung ausführlich diskutiert,[67] so dass sich die Analyse im Folgenden auf die für die Typisierung lebensbeendender Handlungen relevanten Passagen beschränken kann. Dabei sind insbesondere die von den Stoikern diskutierten Fälle von Todesfasten der Untersuchung wert, da es hinsichtlich der Handlungsmodalität eine Unterlassung darstellt, von den Stoikern aber als Tötungshandlung bestimmt wird, so dass zumindest im Rahmen einer stoischen Handlungstheorie die verbreitete Gleichsetzung von ‚Töten' mit ‚Tun' und ‚Sterbenlassen' mit ‚Unterlassen'[68] als irrig zurückgewiesen werden muss.

Betrachten wir zunächst die Schilderung des Todes des zweiten Schulhauptes der Stoa, Kleanthes:

> Sein [sc. Kleanthes'] Ende sah folgendermaßen aus: Er hatte eine Zahnfleischentzündung. Auf Rat seiner Ärzte nahm er zwei Tage lang keine Nahrung zu sich. Es trat Besserung ein, so dass ihm seine Ärzte all seine Gewohnheiten wieder erlaubten. Er wollte dies jedoch nicht,

---

[66] Für Äußerungen der Stoa zum Suizid siehe: Cicero, *De finibus* 3.60 – 64 = LS 66G part. = SVF 3.763, part.; *Tusculanae disputations* 1.74; 1.84; 3.4; *De officiis* 1.112; 1.153; Seneca, *Epistulae morales ad Lucilium* 4.4; 24.24; 58.35 – 37; 69.6; 70; 71.16; 74.21; 78.2; 98.16; 104.3; *De providentia* 6.9; *De brevitate vitae* 6.2; *De consolatione ad Helviam matrem* 10.9; *Quaestiones naturales* 4.pr. 17; Plutarch, *De communibus notitiis* 1069D – E = SVF 3.167; 1076B; *De Stoicorum repugnantiis* 1042D = SVF 3.759; Epiktet, *Dissertationes* 1.2.3; 1.2.25; 1.9.11; 1.9.16 f.; 1.24.20; 3.8.6; 3.24.97; 3.24.101; 4.1.71; Marc Aurel, *Ad se ipsum* 3.1; 5.29; 8.47; 10.8.5.

[67] Zur Diskussion der Suizidfrage in der jüngeren Stoa-Forschung siehe: J. M. Cooper, *Greek Philosophers on Euthanasia and Suicide*, 531– 536; W. Englert, *Stoics and Epicureans on the Nature of Suicide*, in: *Proceedings of the Boston Area Colloquium in Ancient Philosophy* 10 (1994), 67– 98; W. Evenepoel, *The Philosopher Seneca on Suicide*, in: *AncSoc* 34 (2004), 217– 243; M. Griffin, *Philosophy, Cato, and Roman Suicide I*, in: *Greece & Rome* 33 (1986), 64 – 77; dies., *Philosophy, Cato, and Roman Suicide II*, in: *Greece & Rome* 33 (1986), 192– 202; A. J. L. van Hooff, *From Autothanasia to Suicide*, 181– 197, bes. 188 – 191; J. M. Rist, *Stoic Philosophy*, 233 – 255; R. Wyllie, *Views on Suicide and Freedom in Stoic Philosophy and Some Related Contemporary Points of View*, in: *Prudentia* 5 (1973), 15 – 32.

[68] Vgl. D. Birnbacher, *Tun und Unterlassen*, Stuttgart 1995, bes. 337– 374.

sondern sagte, dass er schon zu weit gegangen sei, und beendete sein Leben, indem er den Rest seiner Tage fastete, im gleichen Alter wie Zenon, wie manche sagen, den er 19 Jahre gehört hat.⁶⁹

Kleanthes setzte diesem Bericht zufolge seinem Leben dadurch ein Ende (*teleutēsai*), dass er über mehrere Tage hinweg auf Nahrung verzichtete. Er folgte darin vermutlich seinem Lehrer Zenon, der zumindest einer Überlieferung zufolge, auf dieselbe Weise aus dem Leben schied.⁷⁰ Der Verzicht auf Nahrung wird hier klar als lebensbeendende Handlung bestimmt, wobei Kleanthes selbst kausal für seinen Tod verantwortlich ist. Er ist es, der seinem Leben ein Ende setzt (*teleutēsai*) – sich tötet. Das Todesfasten (*apokarterēsis*) scheint in der Antike ein beliebtes Mittel der Lebensbeendigung gewesen zu sein,⁷¹ welches auch innerhalb der Stoa immer wieder diskutiert wurde. So schildert uns Seneca den Tod des Tullius Marcellinus, der aufgrund einer zwar nicht unheilbaren, aber langwierigen und beschwerlichen Krankheit⁷² entschieden hat, aus dem Leben zu scheiden:

> Für ihn war weder Eisen nötig, noch Blut: Er nahm drei Tage keine Nahrung zu sich und ließ im Schlafzimmer selbst ein Zelt aufstellen. Dann wurde eine Badewanne hinein getragen, in welcher er lange lag und unter wiederholtem Nachfüllen von warmem Wasser allmählich starb – wie er sagte, nicht ohne eine gewisse Lust, welche uns, die uns der Geist einmal verlässt, die nicht unbekannte sanfte Auflösung zu bereiten pflegt. [...] Obschon er nämlich Selbstmord begangen hat, ist er dennoch äußerst sanft dahingeschieden und dem Leben entronnen.⁷³

Marcellinus hat seinem Leben also durch Todesfasten ein Ende gesetzt, um den mit seiner Krankheit verbundenen Leiden zu entgehen. Diese Form der Lebensbeendigung wurde, wie uns Senecas abschließendes Urteil zeigt, als eine sehr sanfte Todesart verstanden. Dennoch ist die Klassifizierung der Handlung als eine

---

69 Diogenes Laertios, *Vitae philosophorum* 7.176 = SVF 1.474.
70 Vgl. Diogenes Laertios, *Vitae philosophorum* 7.31; Der anderen Überlieferung zufolge soll er nach einem Sturz, bei dem er sich den Zeh gebrochen hat, solange die Luft angehalten haben, bis er tot war (vgl. Diogenes Laertios, *Vitae philosophorum* 7.28 = SVF 1.288).
71 Dies legt ein Fragment des berühmten Arztes Erasistratos (frg. 139, in: I. Garofalo (Hg.), *Erasistrati Fragmenta*, Pisa 1988) nahe; es existierte sogar eine Abhandlung des Kyrenaikers Hegesias mit dem Titel „Apokarterōn' (Der Todesfaster), welche eine Einladung zum Hungersuizid darstellte (vgl. Cicero, *Tusculanae disputationes* 1.84); zur *apokarterēsis* siehe auch: D. Daube, *The Linguistics of Suicide*, 404; A. J. L. van Hooff, *From Autothanasia to Suicide*, 41–47.
72 Vgl. Seneca, *Epistulae morales ad Lucilium* 77.5: *morbo et non insanabili correptus sed longo et molesto et multa imperante*.
73 Seneca, *Epistulae morales ad Lucilium* 77.9 f.; weitere Aussagen zum Todesfasten finden sich in Seneca, *Epistulae morales ad Lucilium* 70.6; 70.9.

Tötungshandlung eindeutig: „er hat Selbstmord begangen" (*mortem sibi consciverit*).[74] Er ist nicht einfach an Nahrungsmangel gestorben, sondern hat seinem Leben bewusst ein Ende gesetzt; er ist das Subjekt seines Handelns: „er nahm drei Tage keine Nahrung zu sich" (*triduo abstinuit*).[75] Die Verantwortung für sein Handeln liegt eindeutig bei ihm. Den Grund hierfür gibt uns Epiktet:

> Was zerstört den ganzen Menschen bald durch Hunger, bald durch einen Strick, bald durch Sturz von einem Kliff? Die Entscheidung [*prohairesis*].[76]

Unsere Entscheidung (*prohairesis*) als Dezisionsvermögen mit Blick auf unser Handeln bestimmt, welchen Vorstellungen und *lekta* wir unsere Zustimmung geben und macht uns daher zur Ursache unserer Handlungen, so dass wir für sie verantwortlich gemacht werden können. Marcellinus kann für seine Handlung verantwortlich gemacht werden, da er die Entscheidung getroffen hat, seinem Leben durch Todesfasten ein Ende zu setzen, und der entsprechenden Vorstellung seine Zustimmung gegeben hat. Er ist die Ursache der Tötungshandlung und daher kausal für sie verantwortlich. Über seine Intention erfahren wir bei Seneca explizit nichts,[77] doch dürfte sie auf Grundlage der Schilderung Senecas dieselbe gewesen sein, wie diejenige des Kleanthes in der oben zitierten Passage: nämlich sich zu töten. Da wir jedoch bei Seneca nichts Explizites dazu hören, scheint sie von eher untergeordneter Rolle für die Typisierung der Handlung als Tötungshandlung zu sein, da diese offensichtlich auch ohne ihre eindeutige Feststellung erfolgen kann. Dies ist auch nur vernünftig, da wir, wie oben bemerkt, von außen keinen Zugang zu den Intentionen des Handelnden haben. Möglicherweise tragen jedoch die Handlungsumstände zur Qualifizierung der Handlung des Marcellinus als einer Tötungshandlung bei, da er sich ja das Leben nimmt, obwohl seine Erkrankung nicht unheilbar ist. Um die Rolle der Umstände für die Handlungstypisierung zu klären, müssen wir eine weitere Passage aus dem uns überlieferten stoischen Textkorpus betrachten:

> Ich will der Krankheit nicht durch den Tod entfliehen, solange sie heilbar ist und dem Geist nicht im Weg steht. Ich will nicht Hand an mich legen des Schmerzes wegen: So zu sterben,

---

74 Eine ähnliche Qualifikation des Todesfastens als Mord (*phonos*) und damit als Tötungshandlung findet sich bei Epiktet, *Dissertationes* 2.15.11.
75 Eine abweichende Dauer bis zum Todeseintritt beim Todesfasten findet sich bei Gellius, *Noctes Atticae* 3.10.15, der Varro die Ansicht zuschreibt, dass es sieben Tage dauere, bis man ohne Nahrung sterbe: *[...] quibus inedia mori consilium est, septimo demum die mortem oppetunt.*
76 Epiktet, *Dissertationes* 2.23.17.
77 Lediglich die kurze Bemerkung in Seneca, *Epistulae morales ad Lucilium* 77.5: *coepit deliberare de morte* enthält einen Hinweis auf Marcellinus' Intention.

heißt, besiegt zu werden. Wenn ich jedoch wissen werde, dass ich ihn ununterbrochen erdulden muss, werde ich aus dem Leben scheiden, nicht um seinetwillen, sondern weil er mir bei allem, weswegen man lebt, hinderlich sein wird; Schwach und feig ist, wer des Schmerzes wegen stirbt, töricht, wer um des Schmerzes willen lebt.[78]

Im ersten Teil der Passage beschreibt Seneca einen Fall parallel zu dem des Marcellinus: Wenn man seinem Leben ein Ende setzt, obwohl die Krankheit, die einen befallen hat, heilbar ist, gilt dies als Tötung (*afferam mihi manus*), deren Subjekt und damit Kausalursache man selbst ist, so dass man auch für sie verantwortlich ist. Der zweite Fall ist für die Klärung der Frage, ob der Umstand einer heilbaren bzw. unheilbaren Erkrankung den Handlungstyp modifiziert, interessanter. Bei ununterbrochenen Schmerzen, also bei unheilbarer Krankheit, werde er, sagt Seneca, aus dem Leben scheiden (*exibo*). Zwar ist Seneca auch hier das aktive Subjekt der Handlung, doch gibt uns das Verbum ‚exire' noch nicht unbedingt Aufschluss über den vorliegenden Handlungstyp. Allerdings verweist uns das Verbum ‚exire' auf die stoische Lehre vom ‚wohlüberlegten Ausgang' (*eulogos exagogē*)[79], wie die Stoiker den Suizid des Weisen zu bezeichnen pflegten. Dass auch dieser als Tötungshandlung aufgefasst wurde, zeigt uns eine weitere Passage aus Seneca und der Kontext, in den sie eingebettet ist. Seneca schildert uns, wie Marcus Scribonius Libo Drusus erwägt, ob er Selbstmord begehen oder lieber auf sein Ende warten solle (*habere coepit consilium utrum conscisceret mortem an exspectaret*), und wie er schließlich tatsächlich Selbstmord begeht (*manus sibi attulit*).[80] An diese Schilderung schließen sich Überlegungen darüber an, ob und wann es legitim sei, sich das Leben zu nehmen. In diesen Überlegungen findet sich die für uns relevante Passage, welche deutlich werden lässt, dass auch der ‚wohlüberlegte Ausgang' als Tötungshandlung angesehen wurde:

> In keiner Angelegenheit müssen wir uns mehr nach dem Geist richten als beim Tod. Er wähle den Ausgang, wie er den Anstoß dazu bekommen hat: hat er das Schwert ergriffen oder den Strick oder irgendeinen Trank, der die Adern durchströmt, er fahre fort und zerreiße die Fesseln der Knechtschaft.[81]

---

78 Seneca, *Epistulae morales ad Lucilium* 58.36.
79 Zur Lehre von der *eulogos exagogē* siehe: Diogenes Laertios, *Vitae philosophorum* 7.130 = LS 66H = SVF 3.757; Cicero, *De finibus bonorum et malorum* 3.60 f. = LS 66G = SVF 3.763; Seneca, *Epistulae morales ad Lucilium* 70.5–7; Plutarch, *De Stoicorum repugnantiis* 1042D = SVF 3.759; Epiktet, *Dissertationes* 3.8.6; 3.24.101; Marc Aurel, *Ad se ipsum* 5.29; 8.47; 10.8.5; siehe dazu auch: D. Daube, *The Linguistics of Suicide*, 405–408.
80 Vgl. Seneca, *Epistulae morales ad Lucilium* 70.10.
81 Seneca, *Epistulae morales ad Lucilium* 70.12.

Insbesondere der Kontext, in den dieser Passus eingebettet ist, verstärkt den Eindruck, dass hier von einer Tötungshandlung die Rede ist. Dort finden sich Beschreibungen der Herbeiführung des Lebensendes, welche klar für eine Tötungshandlung sprechen: *consciceret mortem; manus sibi attulit; [morti] inicienda sit manus; vim adferendam vitae suae; ipsum interemptorem sui fieri.*[82] Vor allem die letzten beiden Formulierungen qualifizieren die Handlungen, von denen in diesem Kontext die Rede ist, eindeutig als Tötungshandlungen, so dass vieles dafür spricht, dass die Stoiker auch den ‚wohlüberlegten Ausgang' und damit auch die Lebensbeendigung bei unheilbarer Krankheit, welche in der oben zitierten Passage Erwähnung fand, als Tötungshandlungen angesehen haben. Die Umstände können demnach den Handlungstyp nicht modifizieren. Dies ist auch nicht verwunderlich, da sie, wie wir oben gesehen haben, lediglich die vorhergehenden und mitwirkenden Ursachen einer Handlung darstellen und daher eine untergeordnete Rolle spielen.

Einen weiteren, auch aus heutiger Sicht im Kontext der Diskussion um die ärztliche Suizidbeihilfe interessanten Fall stellt der Tod durch Gift dar. Wir hören, dass Antipater, das fünfte Schulhaupt der Stoa, seinem Leben durch Gift ein Ende gesetzt hat.[83] Auch Seneca berichtet uns von durch Gift induzierten Todesfällen.[84] Neben dem in der vorhergehenden Passage erwähnten „Trank, der die Adern durchströmt"[85] und dem Leben ein Ende setzt, ist insbesondere die folgende Textpassage zu untersuchen:

> Sein [sc. Apicius'] Ende zu kennen, ist der Mühe wert. Als er hundert Millionen Sesterzen an die Küche aufgewandt hatte, als er so viele Geschenke der Kaiser und die gewaltige Steuer des Kapitols durch einzelne Gelage aufgezehrt hatte, schaute er, von Schulden überwältigt, damals zum ersten Mal gezwungenermaßen in seine Bücher: Er berechnete, dass ihm zehn Millionen Sesterzen übrig bleiben werden, und beendete, als ob er im schlimmsten Hunger leben würde, wenn er mit zehn Millionen leben würde, sein Leben mit Gift.[86]

An den Berichten, die sich im stoischen Textkorpus zum Tod durch Gift finden, lassen sich einige Auffälligkeiten ausmachen. Zum einen vergiftet sich in diesen Texten niemals ein kranker Mensch, so dass allein aufgrund dieser Tatsache eine Parallelisierung der Fälle mit der heutigen Frage des ärztlich assistierten Suizids problematisch erscheint. Zum anderen erfahren wir auch in keinem der Fälle,

---

82 Vgl. Seneca, *Epistulae morales ad Lucilium* 70.10 – 14.
83 Vgl. Diogenes Laertios, *Vitae philosophorum* 4.64: *[...] Antipatron pharmakon pionta apothanein [...]*.
84 Vgl. Seneca, *Epistulae morales ad Lucilium* 70.9; 70.12; *De consolatione ad Helviam matrem* 10.9.
85 Seneca, *Epistulae morales ad Lucilium* 70.12.
86 Seneca, *De consolatione ad Helviam matrem* 10.9.

woher das Gift kommt – ob es ein Arzt bereitgestellt hat oder ob es auf andere Weise beschafft wurde. Offenbar waren die Stoiker an dieser Frage nicht interessiert. Vor allem zwei Gründe dürften für dieses Desinteresse infrage kommen: Zum einen waren die Stoiker wesentlich an der Verantwortungszuschreibung für unser Handeln interessiert. Die Frage war mit der Zustimmung des Handelnden in dem Moment, als er das Gift nimmt, geklärt, so dass sich weitere Untersuchungen erübrigen. Zum anderen dürfte der ärztlich assistierte Suizid – sei es durch eine Tötungshandlung oder durch ein ‚Sterbenlassen' im Zuge einer Therapiebegrenzung – in der Antike aufgrund des eingeschränkten medizinischen Wissens kein verbreitetes oder zumindest kein klar identifizierbares Phänomen gewesen sein, da man weder mit großer Zuverlässigkeit die Heilbarkeit bzw. Unheilbarkeit einer Erkrankung diagnostizieren, noch ihren letalen Verlauf prognostizieren oder ein finales Krankheitsstadium identifizieren konnte. Darüber hinaus ließen die begrenzten medizinischen Möglichkeiten die Gefahr der Übertherapie oder künstlichen Lebensverlängerung, welche heute zunehmend als Probleme empfunden werden, gar nicht erst aufkommen. Fälle, in denen der ärztlich assistierte Suizid daher als vernünftige Handlungsoption erscheinen konnte, dürften daher recht selten gewesen sein, so dass entsprechende Handlungen entweder nicht oder nur sehr selten vorkamen; wenn sie jedoch vorkamen, dürften sie nicht als hinreichend problematisch angesehen worden sein, um besondere philosophische Aufmerksamkeit zu verdienen. Obschon die Stoiker mit ihrer komplexen Handlungstheorie durchaus dazu in der Lage gewesen wären, dieses Phänomen hinreichend differenziert zu analysieren, scheinen sie keine Notwendigkeit dafür gesehen zu haben.

Abschließend lässt sich somit festhalten, dass die Stoiker mit ihren umfangreichen Überlegungen zur Handlungstheorie sowie zur Kausalitätstheorie und zur Philosophie des Geistes die nötigen Werkzeuge besaßen, um Handlungstypisierungen vorzunehmen und die heutige Unterscheidung von ‚Töten', ‚Sterben' und ‚Sterbenlassen' nachzuvollziehen. Allerdings wandten sie diese Instrumente – soweit uns die Quellenlage dieses Urteil erlaubt – nur bedingt in einem medizinethischen Kontext an, der ihnen wohl nicht hinreichend problematisch erschienen sein dürfte, um der ausführlicheren Kommentierung wert zu sein.

Karl-Heinz Leven
„Nie werde ich ein tödliches Mittel verabreichen ..."

Hippokratische Medizin im Umgang mit Sterben und Tod

1 Vorbemerkung: Eine überzeitliche Verpflichtung?

Im Vorfeld der Bundestagsentscheidung vom 6. November 2015 über das „Gesetz zur Strafbarkeit der geschäftsmäßigen Förderung der Selbsttötung" (§ 217 StGB) wurde in der medialen Öffentlichkeit kontrovers diskutiert, ob und in welchem Maß ÄrztInnen Beihilfe zum Suizid leisten dürften oder sollten. Hierbei wurde – wie häufig in medizinethischen Debatten – der Hippokratische Eid als Argument eingebracht. Ein Kommentar in der Frankfurter Allgemeinen Zeitung warnte: „In der Eidesformel, die dem griechischen Arzt Hippokrates zugeschrieben wird, heißt es: ‚Auch werde ich niemandem ein tödliches Gift geben, auch nicht, wenn ich darum gebeten werde, und ich werde auch niemanden dabei beraten.' Deutsche Ärzte müssen diesen Schwur nicht leisten. Doch der Gesetzgeber wäre gut beraten, sich daran zu orientieren."[1]

Der Zeitungsartikel zitierte wörtlich aus dem historischen Text, d.h. der Hippokratische Eid wurde hier nicht, wie dies oft und mit gelegentlich kuriosen Folgen geschieht, lediglich emblematisch angeführt, sondern tatsächlich als inhaltliches Argument verwendet.[2] Dass der Hippokratische Eid in aktuellen (fach-) öffentlichen medizinethischen Debatten häufiger begegnet, zeigt, dass der Name

---
[1] FAZ vom 29. September 2014, 8, unter der wortspielerischen Überschrift „Ärztliche Aufgabe"; unter derselben Überschrift hatte die FAZ am 18. Februar 2011, ebenfalls im Kontext der Sterbehilfe-Debatte, getadelt: „Die Bundesärztekammer kehrt der ärztlichen Ethik des Hippokrates den Rücken."
[2] Nach einem Vergewaltigungsdelikt in Köln Mitte 2013 (nicht zu verwechseln mit den Vorgängen zu Silvester 2015) wurde dem Opfer, so das wesentliche Geschehen, von zwei katholischen Kliniken ein Nidationshemmer („Pille danach") verweigert. Daraufhin brandete ein medialer Sturm los; der „Katholikenausschuss in der Stadt Köln", ein Laiengremium, zeigte sich „entsetzt", da die Haltung der Kliniken dem Hippokratischen Eid widerspreche – ohne zu bedenken (oder zu wissen), dass im Hippokratischen Eid die Gabe von Abtreibungsmitteln untersagt wird.

DOI 10.1515/9783110488531-004

„Hippokrates", noch verstärkt durch den halbmythischen Begriff „Eid", seinen autoritativen Klang bis heute behalten hat.[3]

Im Mittelpunkt der folgenden Ausführungen steht jedoch nicht die moderne Verwendung des Hippokratischen Eids, sondern die Frage, ob und wie das Problem des Umgangs mit Sterben und Tod, inklusive lebensbeendender Maßnahmen, in der antiken griechischen Medizin thematisiert wurde. Hierzu werden nach einem kurzen Blick auf das zur Verfügung stehende antike Textcorpus einige zentrale Fragen quellennah erörtert. Wie stellt sich ärztliches Denken und Handeln im unmittelbaren Kontext von Sterben und Tod dar? Hierzu gehören die Probleme von Unheilbarkeit und Behandlungsverweigerung. Welche Bedeutung hat der apodiktische Satz aus dem Hippokratischen Eid, das vielzitierte „Euthanasie-Verbot"? Gibt es Hinweise bzw. Verschwörungsvorstellungen, dass Ärzte individuell oder systematisch in Tötungshandlungen verstrickt waren? Das abschließende Fazit bindet die aus den antiken Texten gewonnenen Einsichten an die grundsätzliche Problematik lebensbeendender Maßnahmen zurück.

2 Hippokrates und Corpus Hippocraticum

Unter dem Namen des Hippokrates (zweite Hälfte 5. bis erste Hälfte 4. Jh. v. Chr.) ist eine Schriftengruppe überliefert, die modern *Corpus Hippocraticum* genannt wird.[4] Die aus ca. 60 Schriften bestehende Sammlung handelt eine Vielzahl von Themenbereichen der Heilkunde ab, so einzelne „Fächer" (nach modernem Verständnis) wie die Frauenheilkunde oder Chirurgie, weiterhin grundlegende Konzepte, Semiotik (Zeichenlehre) und Prognostik. Eine Reihe von Texten ist der Deontologie/Pflichtenlehre gewidmet. Wie bereits in der Antike erkannt wurde, können keineswegs alle Texte von einem Autor verfasst worden sein. Nicht nur die Spannweite der Thematik, sondern offensichtliche Widersprüche und Gegensätze

---

[3] Vgl. V. Nutton, *Hippocratic Morality and Modern Medicine*, in: H. Flashar/J. Jouanna (Hg.), *Médicine et morale dans l'Antiquité*, Genf 1997, 31–56; K.-H. Leven, *Die Erfindung des Hippokrates – Eid, Roman und Corpus Hippocraticum*, in: U. Tröhler/S. Reiter-Theil (Hg.), *Ethik und Medizin 1947–1997. Was leistet die Kodifizierung von Ethik?*, Göttingen 1997, 19–39; T. Rütten, *Medizinethische Themen in den deontologischen Schriften. Zur Präfigurierung des historischen Feldes durch die zeitgenössische Medizinethik*, in: H. Flashar/J. Jouanna (Hg.), *Médicine et morale dans l'Antiquité*, 65–120; K.-H. Leven, *Der Hippokratische Eid. Tradition, Mythos, Fiktion*, in: *Imago Hominis* 18 (2011), 307–316.

[4] Vgl. J. Jouanna, *Hippocrates*, Baltimore/London 1999 (frz. Originalausgabe: *Hippocrate*, Paris 1992); W. Golder, *Hippokrates und das Corpus Hippocraticum. Eine Einführung für Philologen und Mediziner*, Würzburg 2007; E. M. Craik, *The ‚Hippocratic Corpus'. Content and Context*, London/New York 2015; H. Flashar, *Hippokrates. Meister der Heilkunst*, München 2016.

grundsätzlicher Art machen deutlich, dass verschiedene Autoren am Werk waren. Hinzu kommen „Qualitätsunterschiede" der Schriften, die in verschiedenen Epochen unterschiedlich wahrgenommen wurden. Die Entstehungszeit des Corpus reicht vom späten 5. Jh. v. Chr. bis in die späthellenistische Zeit. Das Schriftencorpus ist offensichtlich erstmals im hellenistischen Alexandria unter dem Autornamen des von Platon sehr gelobten, allerdings kaum näher charakterisierten koischen Arztes Hippokrates zusammengestellt worden. In hellenistischer Zeit berufen sich Ärzte auf Hippokrates als Qualitätsausweis eigener Anschauungen. In einer Medizin, die ihre Autorität aus der Tradition bezog, war das Adjektiv „hippokratisch" eine Art Markenzeichen. Im Streit verschiedener antiker Ärzteschulen galt es, die eigenen Ansichten als „hippokratisch" und diejenigen des Gegners als „un-hippokratisch" zu erweisen. Hierbei erschien es wichtig, sich auf den „echten" Hippokrates zu berufen bzw. denjenigen, den man dafür hielt. Der kaiserzeitliche griechische Arzt Galen aus Pergamon (129 – ca. 210 n. Chr.) verstand es, das Hippokrates-Bild entscheidend zu prägen und sich selbst als den vollkommenen „Hippokratiker" zu stilisieren. Er erfand damit gleichsam Hippokrates, und sein Bild des Meisters von Kos wirkt seit der Spätantike über das Mittelalter in Orient und Okzident bis heute nach.[5] Die komplexe Frage der „Echtheit" einzelner hippokratischer Schriften, die gerade bezüglich des Hippokratischen Eids immer wieder missverstanden wird, ist eng verknüpft mit der hier ebenfalls nur zu erwähnenden Frage, wie das Corpus Hippocraticum insgesamt entstanden ist.[6] Fest steht, dass außerhalb dieser umfangreichen Textsammlung keine medizinische Literatur aus dem 5./4. Jh. v. Chr. überliefert ist.[7]

---

[5] Vgl. M. Stamatu, Art. *Hippokratismus*, in: K.-H. Leven (Hg.), *Antike Medizin*, München 2005, 423–425; zu Galen vgl. V. Boudon-Millot, *Galien de Pergame. Un médecin grec à Rome*, Paris 2012; S. P. Mattern, *The Prince of Medicine. Galen in the Roman Empire*, Oxford 2013.
[6] Vgl. K.-H. Leven, Art. *Echtheitskritik*, in: ders. (Hg.), *Antike Medizin*, 238–241; das erwähnte Missverständnis besteht darin, dass dem historischen Hippokrates die Autorschaft des Hippokratischen Eids abgesprochen wird, ohne zu erkennen, dass es nicht eine einzige hippokratische Schrift gibt, die als „echt" zu bezeichnen wäre.
[7] Vgl. R. Wittern, *Gattungen im Corpus Hippocraticum*, in: W. Kullmann/J. Althoff/M. Asper (Hg.), *Gattungen wissenschaftlicher Literatur in der Antike*, Tübingen 1998, 17.

3 Hippokratische Deontologie und moderne Medizinethik

3.1 Begriffsklärungen

Versuche, das heterogene Corpus Hippocraticum sinnvoll zu gliedern, gibt es seit der Antike – so Einteilungen nach „Echtheit", Inhalt, literarischer Gattung, Zweck oder Adressatenkreis. Die Gliederung nach inhaltlichen Gesichtspunkten ist praktisch und zugleich die älteste überlieferte.[8] Sie findet sich bei Erotian (1. Jh. n. Chr.), der in seinem Hippokrates-Glossar 31 Titel in fünf Gruppen einteilte. Neben die „semiotischen", die „ätiologischen", die „therapeutischen" und die „vermischten" Schriften stellte er als vierte Gruppe diejenigen, die sich „auf die Medizin als Kunst beziehen" (τῶν δ'εἰς τὸν περὶ τέχνης τεινόντων λόγον).[9] Zu konstatieren ist freilich, dass sich zahlreiche Stellen im Corpus Hippocraticum finden, in denen Haltung und Verhalten des Arztes in kritischen Situationen angesprochen werden, diese Bemerkungen jedoch in den älteren Schriften (5./4. Jh. v. Chr.) unsystematisch und verstreut vorkommen, während eine zusammenhängende Darstellung derartiger Fragen in den deontologischen Schriften späterer Zeit (hellenistisch und römisch) erfolgte.[10] Erotian rechnete zu den „auf die Medizin als Kunst" bezüglichen Schriften den Hippokratischen Eid, die Schriften „Gesetz", „Über die Kunst" und einige andere.[11] Die Einteilung Erotians wurde von Anuce Foës (1528–1595) aufgenommen und in acht „sectiones" weiter entwickelt.[12] An die erste Stelle rückte bei Foës die von Erotian als vierte Gruppe

---

8 Vgl. P. Potter, *Short Handbook of Hippocratic Medicine*, Quebec 1988.
9 *Erotiani vocum Hippocraticorum collectio*, hg. E. Nachmanson, Göteborg 1918, 9; vgl. U. Fleischer, *Untersuchungen zu den pseudohippokratischen Schriften ΠΑΡΑΓΓΕΛΙΑΙ, ΠΕΡΙ ΙΗΤΡΟΥ und ΠΕΡΙ ΕΥΣΧΗΜΟΣΥΝΗΣ*, Berlin 1939.
10 Vgl. T. Rütten, *Medizinethische Themen in den deontologischen Schriften*, 102–108.
11 *Erotiani vocum Hippocraticorum collectio*, hg. E. Nachmanson (1918) 9, 1–23; in dieser Gruppe erscheinen folgende Schriften: *Eid/Jusjurandum/ὅρκος (horkos)*, hg. Littré 4 (1844), 628–633, Übers. Diller (1994), 8–10; *Lex/νόμος (nomos)*, hg. Littré 4 (1844), 638–642, Übers. Diller (1994), 120–122; *Die ärztliche Kunst/De arte/περὶ τέχνης (peri technes)*, hg. Littré 6 (1849), 2–26, Übers. Diller (1994), 225–240; *Der Arzt/De medico/περὶ ἰητροῦ (peri ietrou)*, hg. Littré 9 (1861), 204–220, Übers. Diller (1994), 110–118; *Vorschriften/Praeceptiones/παραγγελίαι (parangeliai)*, hg. Littré 9 (1861), 250–272, Übers. Jones 1 (1923), 312–333; *Über den Anstand/De habitu decenti/Decorum/περὶ εὐσχημοσύνης (peri euschemosynes)*, hg. Littré 9 (1861), 226–244, Übers. Jones 2 (1923), 278–301.
12 *Hippocratis Opera Omnia*, hg./lat. Übers. Anutius Foesius, Frankfurt a. M. 1595; vgl. G. Maloney/R. Savoie, *Cinq cents ans de bibliographie hippocratique, 1473–1982*, Québec 1982, 86, Nr. 595.

genannte Serie der „auf die Medizin als Kunst" bezüglichen Texte. Foës führte dort über die von Erotian genannten Titel drei weitere Schriften auf, nämlich „Der Arzt", „Über den Anstand" und „Vorschriften."[13] Indem Renaissance-Gelehrte wie Foës in den gedruckten Ausgaben den Hippokratischen Eid an die erste Stelle setzten, wurde dessen Rang als vermeintliche Essenz und Programmschrift des gesamten Corpus auch drucktechnisch zum Ausdruck gebracht und für die Folgezeit festgeschrieben.[14]

Abhandlungen zur Geschichte der medizinischen Ethik in abendländischer Perspektive beginnen typischerweise und wie selbstverständlich mit der hippokratischen Medizin, insbesondere mit dem Hippokratischen Eid.[15] Die Herausgeber der *Cambridge World History of Medical Ethics* (2009) bemerkten selbstkritisch, dass ihr monumentales Werk zutreffender „A History of the Discourses at the Intersection of (Bio) Medicine and Morality" heißen müsste.[16] Dieser Hinweis ist auch für das Thema „Sterben und Tod" relevant. In der Antike gab es – der Sache nach – Überlegungen, Konzepte und Texte, in denen Handeln und Haltung von Ärzten in Grenzsituationen reflektiert und normiert wurden; nach modernem Verständnis träten dort also „medizinethische" Themen zutage.[17] Allerdings gilt es, zwischen Skylla, Charybdis und einer noch zusätzlichen Hydra einen Mittelkurs zu steuern: zu vermeiden ist zunächst ein „Traditionalismus", also der Versuch, im Sinne einer überkommenen Traditionspflege vermeintlich überzeitliche hippokratische Tugenden und ethische Maximen freilegen zu wollen. Ebenso anachronistisch ist es, in präsentistischer Weise gegenwärtige Konzepte in die Geschichte zu projizieren („Präsentismus"). Die dritte Gefahr lauert, wenn durch

---

13 Mit dieser Umstellung der *sectiones* orientierte sich Foës auch an den Inhaltsverzeichnisssen (*pinakes*) der mittelalterlichen handschriftlichen Überlieferung des Corpus Hippocraticum (Heidelberg, CMG I 1, 11 f.) und an der Reihenfolge der Schriften in den ältesten Textzeugen (Cod. Marc. Venetus gr. 269 [M], 10./11. Jh.; Cod.Vat. Graec. 276 [V], 12. Jh.); vgl. J. Irigoin, *Tradition manuscrite et histoire du texte. Quelques problèmes relatifs à la collection hippocratique*, in: L. Bourgey/J. Jouanna (Hg.), *La collection hippocratique et son rôle dans l'histoire de la médecine*, Leiden 1975, 3–18; L. R. Angeletti, *The Origin of the Corpus Hippocraticum from Ancestors to Codices Antiqui. The Codex Vaticanus Graecus 276*, in: *Medicina nei Secoli* 3 (1991), 99–151.
14 Vgl. T. Rütten, *Hippokrates im Gespräch*, Münster 1993, 51–54.
15 J. N. Norman (Ed.), *Morton's Medical Bibliography. An Annotated Check-List of Texts Illustrating the History of Medicine (Garrison and Morton)*, Cambridge ⁵1991, 271 f., führt ohne jede Erläuterung unter der Überschrift „Medical Ethics" als ersten maßgeblichen Text den Renaissance-Erstdruck des Hippokratischen Eids 1475/83 auf.
16 R. B. Baker/L. B. McCullough (Hg.), *The Cambridge World History of Medical Ethics*, Cambridge/New York 2009, 15.
17 Pragmatisch aufgefasst bei H. Flashar, Art. *Ethik*, in: K.-H. Leven (Hg.), *Antike Medizin*, 275–277; vgl. V. Nutton, *Medizinische Ethik*, in: H. Cancik (Hg.), *Der Neue Pauly*, Bd. 7, Stuttgart/Weimar 1999, 1117–1120.

die Epochen hindurch vermeintlich konstante Phänomene ausgemacht werden, was als „Essentialismus" zu bezeichnen ist. Ein derartiger „Essentialismus" (die erwähnte Hydra) führt zu dem vermutlich häufigsten und durch die Diskurse der modernen Bioethik geförderten Missverständnis, eine „hippokratische Medizinethik" als Auseinandersetzung antiker Ärzte mit (modernen) Dilemmasituationen (z. B. Lebensbeginn, Lebensende, Therapieabruch, Euthanasie) aufzufassen.

3.2 Hippokratische Medizin als Beruf

Das Berufsethos des griechischen Arztes umfasste wesentlich andere Inhalte bzw. hatte andere Schwerpunkte als die gegenwärtige Medizinethik. Welche Voraussetzungen muss ein guter Arzt mitbringen, welche Kenntnisse und Fähigkeiten sind zu erwerben? Gibt es eine spezifisch ärztliche Grundhaltung, die sich in seiner beruflichen Tätigkeit ausprägt? Und spielt diese Grundhaltung auch in sein (Privat-)Leben hinein? Wie soll sich der Arzt verhalten – am Krankenbett, im Umgang mit Sterben und Tod, im Kontakt mit Patienten, Angehörigen, der Öffentlichkeit, im Umgang mit Kollegen, in öffentlichen „Auftritten"? Wann und in welcher Form sollte er über das Honorar sprechen? Aus diesem in den deontologischen Schriften erörterten weiten Themenfeld sollen im folgenden Nachrichten über Verhalten und Haltung hippokratischer Ärzte angesichts von Sterben und Tod betrachtet werden.

Die Grenzen der Medizin, ihre beschränkten Möglichkeiten, lagen für die hippokratische Heilkunde viel näher, als dies in der Moderne auch nur vorstellbar ist.[18] In naturkundlichen aristotelischen und hippokratischen Texten wurden Sterben und Tod als Folge der Affektion lebenswichtiger Teile wie des Gehirns, der Leber, des Herzens u. a. erklärt. Phänomenologisch war der Todesvorgang mit dem Stillstand des Atems und des Herzens verbunden.[19] Konzeptuell galt der Verlust der natürlichen Wärme und das Aufhören der Blutbewegung (nicht als Kreislauf gedacht) als Ursache bzw. unmittelbare Begleiterscheinung des Todes. Derartige Vorstellungen, nach moderner Ausdrucksweise die „Pathophysiologie", bildeten für den hippokratischen Arzt den naturkundlichen Hintergrund, vor dem sich sein Wirken am Krankenbett, seine Interaktion mit dem Patienten und dessen Ange-

---

18 Pointiert ausgedrückt von V. Nutton, *Murders and Miracles. Lay Attitudes to Medicine in Classical Antiquity [1985]*, in: ders., *From Democedes to Harvey. Studies in the History of Medicine*, London 1988, 41: „Hippocratic medicine [...] was little more than good nursing"; gemeint ist hier allerdings als Vergleichspunkt die moderne Krankenpflege.
19 Einzelbelege bei P. Potter, Art. *Sterben*, in: K.-H. Leven (Hg.), *Antike Medizin*, 829 f.

hörigen vollzog.²⁰ Einerseits waren die diagnostischen und therapeutischen Mittel bescheiden, andererseits befanden sich Ärzte als beruflich tätige Heilkundige, als Anbieter auf einem „medical market place" (Gesundheitsmarkt), in einer prekären sozialen Stellung. Als „skilled workmen" (τεχνίται/*technitai*), die ihre „Kunst" und den Unterricht darin gegen Bezahlung ausübten, beruhte ihr Prestige/Ansehen (δόξα/*doxa*) ausschließlich auf einer erfolgreichen und öffentlich sichtbaren medizinischen „performance", angesichts des Fehlens einer curricular geregelten medizinischen Ausbildung, (staatlicher) Examina oder vorzeigbarer Urkunden.²¹ Neben der Diagnose und Therapie kam der Prognose entscheidende Bedeutung zu; sie war nützlich und notwendig für die Behandlung des Patienten und konnte sein Schicksal sein, zugleich entschied sie über den beruflichen Erfolg und damit die δόξα/*doxa* des Arztes.

4 Kernthemen der hippokratischen Deontologie

4.1 Diener der *techne*

Die Krankenbehandlung des hippokratischen Arztes war von dem Leitsatz geprägt, „zu nützen oder wenigstens nicht zu schaden (ὠφελεῖν ἢ μὴ βλάπτειν)"²². Alle weiteren Erwägungen knüpften sich hieran: das Abwägen von Therapiemaßnahmen, die Zusammenarbeit von Arzt, Patient und Umgebung. Erkennbar war der Blickwinkel des professionellen Nutzens für den Arzt. Das Einfühlen in den Kranken und seine Bedürfnisse wurde mit dem Begriff χάριτες („Annehmlichkeiten") umschrieben; hierzu gehörten Sauberkeit in der Zubereitung von Essen und Trinken, Besuche, Gespräch, Haltung, Haare, Nägel und Gerüche, d. h. die Parfümierung des Arztes.²³ Wichtigster Ort des ärztlichen Auftretens war das Krankenbett in der häuslichen Umgebung. Indem sich der Arzt dem Patienten zuwandte, gewann er Kenntnisse, die ihn in den Stand versetzten, seine Kunst auszuüben. Zugleich hatten die Kranken zum Arzt „recht enge Beziehungen" (οὐ

---

20 Vgl. H. F. J. Horstmanshoff, *The Ancient Physician. Craftsman or Scientist?*, in: *J Hist Med Allied Sci* 45 (1990), 176–197; zu den Todesvorstellungen in Medizin und Literatur vgl. A. J. L. van Hooff, *Thanatos und Asklepios. Wie antike Ärzte zum Tod standen*, in: T. Schlich/C. Wiesemann (Hg.), *Hirntod. Zur Kulturgeschichte der Todesfeststellung*, Frankfurt a. M. 2001, 85–101.
21 Vgl. F. Kudlien, *Der ärztliche Beruf in Staat und Gesellschaft der Antike*, in: *Jahrbuch des Instituts für Geschichte der Medizin der Robert-Bosch-Stiftung* 7 (1988), 41–73.
22 Hippokrates, *Epidemien* I 11, hg. Littré 2 (1840), 634; Übers. Diller (1994), 25.
23 Hippokrates, *Epidemien* 6, 4, 7, hg. Littré 5 (1846), 308; engl. Übers. Smith 7 (1994), 236 f.; vgl. K. Deichgräber, *Medicus gratiosus. Untersuchungen zu einem griechischen Arztbild*, Mainz 1970.

μικρὰ συναλλάγματα).²⁴ Niemals verlor der Arzt aus dem Blick, dass seine Heilkunde eine Profession war. Alles im Kontakt mit dem Patienten war auf Nützlichkeit und Zweck abgestellt; die Würde des Arztes galt es zu wahren. Nicht immer ist das so deutlich gesagt wie in der späten Schrift „Über den Anstand" (lat. *Decorum*), wonach der Arzt eine gewisse εὐτραπελίη („Umgänglichkeit") zeigen solle, aber ermahnt wird, dass er „mit den Laien nicht viel, sondern nur was notwendig ist, schwatzt" (μηδὲ πολλὰ λεσχημονευόμενον τοῖσιν ἰδιώτῃσιν ἀλλὰ τἀναγκαῖα)"²⁵.

Der Ausgang des individuellen Krankheitsfalls, von höchstem Interesse für den Kranken und seine Umgebung, war in der Rechnung des hippokratischen Arztes nur ein, allerdings wichtiger Faktor. Unmittelbar anschließend an die oben zitierte „Nicht-Schaden"-Regel findet sich die Feststellung:

„Unsere Kunst (τέχνη) umfaßt dreierlei: die Krankheit, den Kranken und den Arzt. Der Arzt ist der Diener der Kunst (ὁ ἰητρὸς ὑπηρέτης τῆς τέχνης). Der Kranke muß gemeinsam mit dem Arzt der Krankheit widerstehen."²⁶

Die Heilkunst konstituierte sich durch die Dreiheit von Krankheit, Krankem und Arzt. Der Arzt sollte „Diener der *techne*" sein, nicht Diener des Patienten – sein Denken und Handeln in der therapeutischen Beziehung stellte primär auf den Beruf ab.

4.2 Prognose, Unheilbarkeit und „Behandlungsverzicht"

Die Beziehung des hippokratischen Arztes zur Medizin war enger als diejenige zum Patienten. Dies erweist sich auch in der Bewertung der Prognose, wie sie in der programmatischen Schrift „Prognostikon" dargestellt wird:

> Für den Arzt ist es nach meiner Ansicht sehr wichtig, daß er die Kunst der Voraussicht (πρόνοια) übt. Denn wenn er im Beisein der Kranken von sich aus das Gegenwärtige, das Vergangene und das Zukünftige (τά τε παρεόντα καὶ τὰ προγεγονότα τε καὶ τὰ μέλλοντα) vorauserkennt und vorhersagt […], dann wird man um so mehr darauf vertrauen (πιστεύοιτ'), daß er den Zustand der Kranken erkennt, und so werden die Menschen wagen, sich dem Arzt anzuvertrauen (ἐπιτρέπειν).²⁷

---

24 Hippokrates, *Der Arzt* 1, hg./Übers. Jones 2 (1923), 312f.; Übers. Diller (1994), 111.
25 Hippokrates, *Decorum* 7, hg./Übers. Jones 2 (1923), 291f..
26 Hippokrates, *Epidemien* I 11, hg. Littré 2 (1840), 634; Übers. Diller (1994), 25.
27 Hippokrates, *Prognostikon* 1, hg. Littré 2 (1840), 110; hg. Jouanna (1999), 1f.; Übers. Diller (1994), 80.

Die (zutreffende) Prognose diente als vertrauensbildende Maßnahme; die „Kunst" des Arztes erwies sich insbesondere darin, dass er – ohne Fragen zu stellen – auch vergangene und gegenwärtige körperlicher Zustände des Kranken benennen konnte. Dass richtige Prognose und Heilung nicht unmittelbar miteinander zusammenhingen, macht das „Prognostikon" sehr klar:

> „[...] alle Kranken gesund zu machen, ist unmöglich (ἀδύνατον). Das wäre natürlich noch besser, als das Zukünftige vorher zu erkennen. Aber die Menschen sterben nun einmal oft genug [...] und man wird, wenn man vorher erkennt und voraussagt, wer sterben und wer am Leben bleiben wird, von der Verantwortung frei (ἀναίτιος)".[28]

Eine korrekt geäußerte ungünstige Prognose sprach für das professionelle Können des Arztes und enthob ihn einer Verantwortung bzw. Schuld am Tod des Patienten. Doch lag es für den Hippokratiker nahe, bei absehbar ungünstiger Prognose, die Behandlung abzulehnen? Fragen des Umgangs mit „unheilbaren" Fällen und des „Behandlungsverzichts" spielten tatsächlich in der hippokratischen Medizin eine Rolle, sind jedoch nicht als Vorwegnahme eines modernen Dilemmas zu sehen, sondern im Kontext der zeitgenössischen Medizin und Gesellschaft, weiterhin auch im spezifischen Diskurs des jeweiligen Textes zu interpretieren.[29]

Hierfür bietet die Schrift „Die ärztliche Kunst" (Περὶ τέχνης), ein gutes Beispiel. Dem hippokratischen Autor geht es darin um die Medizin als ganze und ihre Reputation. Als konkreter Ausgangspunkt dient ihm der (in der modernen Rezeption vieldiskutierte) „Behandlungsverzicht" der hippokratischen Ärzte bei unheilbaren Krankheiten.[30] Die ärztliche Kunst, so der antike Autor, bestehe darin „die Kranken gänzlich von ihren Leiden zu befreien, die Heftigkeit der Krankheiten abzustumpfen und bewußt keine Behandlung zu versuchen bei denen, die von

---

28 Ebd.; vgl. K.-H. Leven, *Reputation and Liability of the Physician in Ancient and Byzantine Times*, in: Y. Otsuka/S. Sakai (Ed.), *Medicine and the Law. Proceedings of the 19th International Symposium on the Comparative History of Medicine – East and West, September 4–10, 1994, Susono-shi, Shizuoka, Japan*, Komagome/Toshima-ku (Japan) 1998, 1–34.
29 Vgl. H. von Staden, *Incurability and Hopelessness. The 'Hippocratic Corpus'*, in: P. Potter/G. Maloney/J. Desautels (Hg.), *La maladie et les maladies dans la collection hippocratique. Actes du VIe Colloque International Hippocratique (Quebec 1987)*, Québec 1990, 75–112; vgl. R. Wittern, *Die Unterlassung ärztlicher Hilfeleistung in der griechischen Medizin der klassischen Zeit*, in: Münch Med Wschr 121 (1979), 731–734.
30 Vgl. R. M. Rosen/M. Horstmanshoff, *The Andreia of the Hippocratic Physician and the Problem of Incurables*, in: R. M. Rosen/I. Sluiter (Eds.), *Andreia. Studies in Manliness and Courage in Classical Antiquity*, Leiden 2003, 95–114.; H. von Staden, *Character and Competence. Personal and Professional Conduct in Greek Medicine*, in: H. Flashar/J. Jouanna (Hg.), *Médicine et morale dans l'Antiquité*, Genf 1997, 157–210.

den Krankheiten überwältigt sind (τὸ μὴ ἐγχειρέειν τοῖσι κεκρατημένοισιν ὑπὸ τῶν νοσημάτων)."[31]

Denn wenn die Krankheit „stärker ist als die Werkzeuge der ärztlichen Kunst (κρέσσον ἐστὶ τῶν ἐν ἰητρικῇ), so darf man auch nicht erwarten, daß es von der ärztlichen Kunst überwunden werden könnte."[32]

Daraus aber, so der Autor weiter, machten Gegner der Medizin einen prinzipiellen Vorwurf: die Medizin verweigere ausgerechnet in verzweifelten Fällen, d. h. „bei den von der Krankheit überwältigten Kranken" (τοῖσι κεκρατημένοις ὑπὸ τῶν νοσημάτων) ein „Eingreifen" (ἐγχειρεῖν). Anstatt ihren Status als *techne* an solchen schweren Fällen zu beweisen, beschränke sie sich auf leichtere Fälle, die auch durch „Zufall" (τύχη) gesund würden.[33] Diesen heftigen Vorwurf pariert der hippokratische Autor in rhetorisch ausgefeilter Wendung: von einer Kunst etwas zu verlangen, „wofür sie nicht ersonnen ist," grenze an „Wahnsinn" (μανίη). Und er fügt erklärend hinzu: „Die Menschen aber, die die Ärzte tadeln, welche die unheilbar Kranken nicht behandeln, verlangen von ihnen, daß sie sich ebensosehr mit dem befassen, was sie nichts angeht (ὧν μὴ προσήκει), wie mit dem, was sie angeht."[34]

Die Heilbarkeit von Krankheiten bemesse sich an der Stärke der verfügbaren Heilmittel: versage das stärkste, sei das Leiden unheilbar und Mediziner – aber ebenso die Laien – hätten dies nüchtern anzuerkennen. Der Autor versteht es, die massiven Vorwürfe in eine Apologie der Medizin als *techne* zu wenden, einen Schluss den er mehrfach triumphierend ausführt. Es fragt sich nun, ob die „Behandlungsverweigerung" in unheilbaren Fällen, die man in diesen Ausführungen sehen mag, in der hippokratischen Medizin auch andernorts zu finden ist.

Unheilbarkeit und damit zusammenhängender Behandlungsverzicht werden in mehreren hippokratischen Texten angesprochen.[35] Der letzte hippokratische *Aphorismus* (Merkspruch) zählt die Eskalationsstufen der Behandlung auf – von den Pharmaka über das „Eisen" (Messer) bis hin zum „Feuer" (Brenneisen) und erklärt, dass Krankheiten, die dem äußersten Mittel (Feuer) widerstehen, „für

---

31 Hippokrates, *Die ärztliche Kunst* 3, hg./Übers. Jones 2 (1923), 192 f.; Übers. Diller (1994), 229.
32 Hippokrates, *Die ärztliche Kunst* 8, hg./Übers. Jones 2 (1923), 202–204; Übers. Diller (1994), 234.
33 Hippokrates, *Die ärztliche Kunst* 7, hg./Übers. Jones 2 (1923), 200 f.; Übers. Diller (1994), 232.
34 Hippokrates, *Die ärztliche Kunst* 8, hg./Übers. Jones 2 (1923), 204 f.; Übers. Diller (1994), 234.
35 Vgl. R. Wittern, *Die Unterlassung ärztlicher Hilfeleistung in der griechischen Medizin der klassischen Zeit*; H. von Staden, *Incurability and Hopelessness*; M. Stamatu, Art. *Behandlungsverzicht*, in: K.-H. Leven (Hg.), *Antike Medizin*, 140 f.; dies., Art. *Unheilbarkeit*, in: K.-H. Leven (Hg.), *Antike Medizin*, 885 f.

unheilbar zu gelten haben" (ταῦτα χρὴ νομίζειν ἀνίατα).³⁶ Ursächlich für Unheilbarkeit konnten äußerlich wirkende Faktoren sein wie falsche oder versäumte Behandlung, mangelnde Mitarbeit der Patienten oder nicht rechtzeitig erfolgtes Eingreifen des Arztes.³⁷ Anders als das ruppig wirkende Selbstbewusstsein der oben zitierten Passagen aus „Die ärztliche Kunst" vermuten lässt, beschäftigten sich hippokratische Ärzte auch mit unheilbaren Fällen, wobei Unheilbarkeit nicht gleichgesetzt wurde mit einem tödlichen Verlauf, sondern auch den Status einer chronischen Behinderung haben konnte. Aus solchen Fällen, so die hippokratische Schrift „Über Gelenke", könne man viel lernen: „Man muss unheilbare Fälle (τὰ ἀνήκεστα) studieren, um zu vermeiden, dass man Schaden zufügt, indem man nutzlos handelt (ὡς μὴ μάτην λυμαίνηται)."³⁸

Unheilbarkeit und eventueller Tod des Patienten konnten den Misserfolg ärztlichen Eingreifens vor Augen führen und damit der *doxa* des Arztes schaden. Da aber nicht nur Ärzten die Begrenztheit der medizinischen Mittel bewusst war, ließ sich ein Schaden für die *doxa* des Arztes und der Medizin vermeiden, indem er, wie dies im bereits zitierten „Prognostikon" vorgeschlagen wird, die infauste Prognose deutlich äußerte.

Im Corpus Hippocraticum finden sich vielfach Stellen, aus denen hervorgeht, dass Ärzte im Angesicht von Sterben und Tod keineswegs den Patienten im Stich ließen; vielmehr waren die Hippokratiker sehr häufig Zeugen von Sterben und Tod, d.h. am Krankenbett zugegen, beobachteten und zeichneten, so in der Schriftengruppe *Epidemien* mit ihren detaillierten klinischen Fallschilderungen, die Symptomatik minutiös auf, taten jedoch (fast) nichts – denn die Mittel der Therapie waren ausgeschöpft, und die Krankheit verlief tödlich. Der von der Schrift „Über die ärztliche Kunst" volltönend geforderte bzw. als kunstgerecht verteidigte gleichsam „aktive" Behandlungsverzicht bei unheilbaren Krankheiten spielte demnach in der praktischen Medizin keine große Rolle. Dies bestätigt auch Aristoteles eher beiläufig, wodurch die Selbstverständlichkeit seiner Aussage bestärkt wird: „ [...] es ist ja auch nicht Sache der Medizin, gesund zu machen, sondern, so weit wie möglich, dazu hinzuführen; denn es ist möglich, auch solche,

---

36 Hippokrates, *Aphorismen* 7, 87, hg./Übers. Jones 4 (1931), 216 f.
37 Vgl. Hippokrates, *Über die Diät bei akuten Erkrankungen (Acut.)* 5, hg. Littré 2 (1840), 258; *Über die Fisteln (Fist.)* 3, hg. Littré 6 (1849), 448; *Vorhersagungen II (Prorrh. 2)* 6, hg. Littré 9 (1861), 24; *Über die unfruchtbaren Frauen (Mul. 3)*, 213, hg. Littré 8 (1853), 412.
38 Hippokrates, *Über die Gelenke (Artic.)* 58, hg./Übers. Withington 3 (1928), 338 f.; vgl. *Über die Krankheiten I (Morb. 1)*, 6, hg./Übers. Potter 5 (1988), 112 f.

die nicht gesund werden können (τοὺς ἀδυνάτους μεταλαβεῖν ὑγιείας), gleichwohl gut zu therapieren (θεραπεῦσαι καλῶς)."³⁹

Dass aber auch das Mitteilen einer ungünstigen Prognose in der Praxis nicht so reibungslos funktionierte wie im Handbuch *Prognostikon* geschildert, zeigt eine vereinzelte Stelle in „Über den Anstand", wonach der Arzt Patienten gegenübertreten solle, „ohne den Kranken das Bevorstehende oder Gegenwärtige zu verraten. Denn viele werden darum zu Schlimmen getrieben (ἐφ' ἕτερα ἀπεώσθησαν), weil der Arzt den gegenwärtigen Zustand nicht verschweigt oder den Ausgang voraussagt."⁴⁰

5 „Kein Gift geben!" – Der Hippokratische Eid

5.1 Überlieferung und Inhalt

Entgegen einer verbreiteten Neigung, die „Medizinethik" der hippokratischen Medizin ausgehend vom *Eid* zu erörtern, wurden hier andere deontologische Schriften und einschlägige im Corpus Hippocraticum verstreute Angaben vorangestellt. Nunmehr soll der Text des Hippokratischen Eids für sich stehend betrachtet werden.⁴¹ Einige Vorbemerkungen mögen diese Quelle charakterisieren.⁴² Wie bereits erwähnt, nimmt der Eid in der Überlieferung des Corpus Hippocraticum eine hervorgehobene Rolle ein, da er seit dem byzantinischen Mittelalter die

---

39 Aristoteles, *Rhetorik* 1355 b 13 f., Übers. G. Krapinger, Stuttgart 1999, 11; Platon (*Staat*, 409 e – 410 a) hingegen favorisierte für seinen Idealstaat eine Art Behandlungsverbot bei unheilbar und chronisch Kranken, das in der Vormoderne niemals auch nur ansatzweise ernst genommen, allerdings im 20. Jahrhundert, in der NS-Zeit, als fatale Belegstelle heran gezogen wurde, vgl. V. Losemann, *Nationalsozialismus. NS-Ideologie und die Altertumswissenschaften*, in: H. Cancik (Hg.), *Der Neue Pauly*, Bd. 15, Stuttgart/Weimar 2001, 728.
40 Hippokrates, *Decorum* 16, hg./Übers. Müri (1986), 28 f.
41 Text und Übersetzung des Eids bei H. von Staden, *„In a pure and holy way". Personal and Professional Conduct in the Hippocratic Oath?*, in: *J Hist Med Allied Sci* 51 (1996), 404–437; H. Diller (Hg.), *Hippokrates. Ausgewählte Schriften*, Stuttgart 1994, 8–10; C. Lichtenthaeler, *Der Eid des Hippokrates. Ursprung und Bedeutung*, Köln 1984.
42 Vgl. H. von Staden, *„In a pure and holy way"*; ders., *'The Oath', the Oaths, and the Hippocratic Corpus*, in: V. Boudon-Millot/A. Guardasole/C. Magdelaine (Hg.), *La science médicale antique. Nouveaux regards. Études réunies en l'honneur de Jacques Jouanna*, Paris 2007, 425–466; K. Deichgräber, *Der Hippokratische Eid*, Stuttgart 1955; L. Edelstein, *Der hippokratische Eid [1943]. Mit einem forschungsgeschichtlichen Nachwort von Hans Diller*, Zürich/Stuttgart 1969; C. Lichtenthaeler, *Der Eid des Hippokrates*, weiterhin die Beiträge in H. Flashar/J. Jouanna (Hg.), *Médicine et morale dans l'Antiquité* und V. Nutton, *Hippokratischer Eid*, in: H. Cancik (Hg.), *Der Neue Pauly*, Bd. 14, Stuttgart/Weimar 2000, 418 f.

Eingangsseite von Sammelhandschriften bildete, was sich seit der Renaissance in den Druckausgaben fortgesetzt hat. Der Eid ist inhaltlich mit (verstreuten) Aussagen des Corpus Hippocraticum kompatibel, allerdings ist die zeitliche Einordnung unklar: bezieht sich der Eid auf bereits vorliegende hippokratische Texte, oder ist er als „Programmschrift" zeitlich früher anzusetzen? Die vermeintlich einfache Frage nach der Datierung des Eids ist recht kompliziert und kaum zu beantworten. Tatsache ist, dass der Eid weder im Corpus Hippocraticum noch in den ersten Jahrhunderten der griechischen Medizin jemals erwähnt wird. Er scheint bis in das 1. Jh. n. Chr., in dem er erstmals zitiert wird, unbekannt gewesen zu sein. Von der „hippokratischen" Zeit, dem späten 5. Jahrhundert v. Chr., trennen ihn damit 500 Jahre. Seine eigentliche Bedeutung gewann er seit der Spätantike und in der Rezeption im byzantinischen, arabisch-islamischen und lateinischen Mittelalter.

Inhaltlich beginnt der Eid mit einer Götteranrufung (Apollon, Asklepios), die den Schwörenden an die göttliche Sphäre bindet. Es folgt eine Art „Lehrvertrag", durch den der Schüler in eine Art familiäre Beziehung zu seinem Lehrer tritt. Dem Anschein nach handelt es sich historisch um den Übergang des medizinischen Unterrichts aus einem reinen Familienverbund und der Vater-Sohn-Folge in eine erweiterte Clan-Struktur, die nicht-verwandte Schüler gegen Bezahlung aufnahm. Auf den „Lehrvertrag" des Eids folgen sieben Paragraphen, bei denen es sich weder um einen „Sittenkodex" noch um Verbote oder Gebote handelt, sondern um eidlich zugesagte Versicherungen bzw. Versprechungen, die sämtlich in der ersten Person Singular formuliert sind. Abwechselnd verspricht der Schwörende, etwas zu tun bzw. zu unterlassen.

5.2 „Euthanasie-Verbot"

Die in der Moderne als „Euthanasie-Verbot" und „Abtreibungs-Verbot" bezeichneten Aussagen sind Gegenstand des vierten Paragraphen:

οὐ δώσω δὲ οὐδὲ φάρμακον οὐδενὶ αἰτηθεὶς θανάσιμον, οὐδὲ ὑφηγήσομαι ξυμβουλίην τοιήνδε. ὁμοίως δὲ οὐδὲ γυναικὶ πεσσὸν φθόριον δώσω.
ἁγνῶς δὲ καὶ ὁσίως διατηρήρω βίον ἐμὸν καὶ τέχνην ἐμήν.[43]

Es folgen drei Übersetzungen dieser Passage:

---

43 Text nach C. Lichtenthaeler, *Der Eid des Hippokrates.*

Ich will weder irgend jemandem ein tödliches Medikament geben, wenn ich darum gebeten werde, noch will ich in dieser Hinsicht einen Rat erteilen. Ebenso will ich keiner Frau ein abtreibendes Mittel geben. In Reinheit und Heiligkeit will ich mein Leben und meine Kunst bewahren.[44]

Auch werde ich niemandem ein tödliches Mittel geben, auch nicht, wenn ich darum gebeten werde, und werde auch niemanden dabei beraten; auch werde ich keiner Frau ein Abtreibungsmittel geben.
Rein und fromm werde ich mein Leben und meine Kunst bewahren.[45]

And I will not give a drug that is deadly to anyone if asked [for it], nor will I suggest the way to such a counsel. And likewise I will not give a woman a destructive pessary.
And in a pure and holy way I will guard my life and my techne.[46]

Der griechische Originaltext und die drei auswahlweise beigegebenen Übersetzungen bieten eine Fülle von Problemen, die hier anzureißen sind. Unstrittig ist, dass es sich in Paragraph 4 um zwei sprachlich eng miteinander verknüpfte Tötungsdelikte handelt, die der Schwörende verspricht *nicht* auszuführen. Um welche Handlungen genau es sich handelt, ist angesichts der vagen Ausdrucksweise vom Standpunkt des jeweiligen Interpreten abhängig und bis heute umstritten.[47] Der Lebensschutz durch das doppelte Tötungsverbot des Eids war für Ludwig Edelstein (1943/1969) der Grundpfeiler seiner pythagoreischen These, wonach der Hippokratische Eid in einer esoterischen pythagoreischen Ärztegemeinschaft zu verorten wäre. Diese These Edelsteins, die er in seiner spezifischen Situation (1943) entwarf, vermag – als einzige von allen angebotenen – einige rätselhafte Passagen des Eids zu erklären. Allerdings ist sie hochspekulativ, da insbesondere die von Edelstein postulierten pythagoreischen Ärztegemeinschaften in den antiken Quellen nicht erwähnt werden, sondern gleichsam von Edelstein miterfunden wurden.[48] Die pythagoreische These gehört damit untrennbar zur Rezeptionsgeschichte des Hippokratischen Eids, ist jedoch im Kern nicht haltbar.

Wenden wir uns dem Wortlaut des Eides zu: Der Schwörende wird niemandem ein tödliches Mittel geben, *auch nicht* [so die Verstärkung bei Diller], wenn er darum gebeten wird. Handelt es sich hierbei – modern ausgedrückt – um Tötung auf Verlangen bzw. ärztliche Beihilfe zum Suizid? Angenommen der Eid bezöge sich auf reale medizinische Verhältnisse, müssten aus der Antike Fälle von Suizid

---

44 L. Edelstein, *Der hippokratische Eid [1943]*, 7.
45 H. Diller (Hg.), *Hippokrates*, 9.
46 H. von Staden, „*In a pure and holy way*", 407.
47 Vgl. T. Rütten, *Medizinethische Themen in den deontologischen Schriften*.
48 Vgl. T. Rütten, *Ludwig Edelstein at the Crossroads of 1933. On the Inseparability of Life, Work, and their Reverberations*, in: Early Science and Medicine 11 (2006), 50–99.

mit Gift bekannt sein, bei denen Ärzte angefragt und beteiligt gewesen wären oder eine Mitwirkung verweigert hätten. Entgegen landläufigen Vorstellungen sind aus der Antike jedoch kaum Fälle von Suizid mit Gift bei unheilbarer Krankheit überliefert, und in nur äußerst geringer Zahl ist in derartigen Fällen von ärztlicher Beihilfe die Rede.[49]

Erwähnenswert ist auch, dass der moderne Euthanasie-Begriff, wie er sich seit der Renaissance entwickelt hat, mit der antiken Vorstellung einer εὐθανασία wenig gemein und auch keinen Bezug zur Medizin hatte.[50] Der früheste Beleg für εὐθανατέω („in guter Weise sterben") findet sich mit Bezug auf den nach Ägypten exilierten Spartanerkönig Kleomenes III. (254–219 v. Chr); als er in Alexandria mit einigen Gefährten in eine ausweglose Lage geriet, entschied er „das Äußerste versuchen zu müssen, [...] um mit Ehren zu sterben (εὐθανατῆσαι σπουδάζων) und nichts zu erdulden, was seiner früheren Kühnheit unwürdig (ἀνάξιον) wäre"[51]. Um nicht in schimpfliche Gefangenschaft zu geraten, wählten Kleomenes und seine Gefährten „sehr mutig nach spartanischer Art (εὐψύχως πάνυ καὶ Λακωνικῶς)" den Freitod. In römischer Zeit begegnet der Begriff εὐθανασία erstmals bei Sueton (ca. 70 – ca. 150 n. Chr.) und zwar mit Bezug auf Augustus (63 v. Chr. – 14 n. Chr.): dieser hatte im hohen Alter „einen leichten Tod (exitum facilem), so wie er es sich immer gewünscht hatte. Denn fast stets, wenn er hörte, daß jemand schnell und ohne Qualen verstorben sei, bat er die Götter für sich und die Seinen um eine ähnliche 'Euthanasie' (εὐθανασίαν similem) – denn dieses griechische Wort verwendete er gewöhnlich."[52]

Das vermeintliche „Euthanasie-Verbot" des Hippokratischen Eids scheint eine Handlungsweise betroffen zu haben, die in der antiken Medizin kaum vorkam. Die zitierte Passage des Hippokratischen Eids konnte gleichwohl, ungeachtet des seltenen Vorkommens, die Situation der abzulehnenden ärztlichen Beihilfe zum Suizid thematisieren. Allerdings bietet der Paragraph 4 des Eids noch weitere Interpretationsmöglichkeiten.

---

49 Zusammenfassend A. J. L. Hooff/O. Wenskus, Art. *Selbstmord*, in: K.-H. Leven (Hg.), *Antike Medizin*, 794 f. mit Quellen und Literatur.
50 Vgl. T. Potthoff, *Euthanasie in der Antike*, Münster 1982.
51 Polybios 5, 38, 9, hg. I. Bekker, Berlin 1844, 424; Übers. L. Möller/A.F. Haakh/K. Kraz, Wiesbaden 2010, 313.
52 Sueton, *Augustus* 99, 1 f., hg./Übers. D. Schmitz, Stuttgart 1988, 158 f.

5.3 Giftmord

Wer ist derjenige, der einen Arzt bitten könnte, einem Menschen ein Gift zu geben? Außer dem Kranken selbst könnten dies Verwandte, Freunde, Feinde, Mächtige oder staatliche Stellen sein. Sollte also auch (Gift-)Mord ein Delikt sein, das der Schwörende im Eid feierlich verneint? Gibt es entsprechende Belege in antiken Quellen, wonach Ärzte in Giftmorde verstrickt wurden bzw. dessen verdächtigt wurden? Hier ist ein wenig weiter auszuholen und ein Exkurs in die römische Republik und Kaiserzeit notwendig. Ärzte waren dafür bekannt, dass ihnen Heilmittel und Gifte, beide im Griechischen als φάρμακα bezeichnet, von allen Menschen am besten vertraut waren.

In der Zeit, als die Römische Republik sich anschickte, Griechenland zu erobern und mit zunehmender römischer Herrschaft Roms über Griechenland die griechische Kultur in Rom immer weiter ausgriff, kultivierte eine konservative Elite, zu der Cato der Ältere (234–149 v. Chr.) gehörte, eine Art Verschwörungstheorie, die noch bei Plinius dem Älteren (23–79 n. Chr.) zustimmend zitiert wird:

> „Sobald jenes Volk [Griechen] uns seine Wissenschaften gibt, wird es alles verderben, noch um so mehr, wenn es seine Ärzte hierher schickt. Diese haben sich untereinander verschworen (*iurarent inter se*), alle Barbaren durch ihre Medizin zu töten; sie tun selbst aber dies um Bezahlung, damit man ihnen Glauben schenke [...] Auch uns nennen sie Barbaren."[53]

Cato und Plinius äußerten „nationalrömische" Ressentiments, indem sie vermeintliche altrömische Tugend gegen griechische Weichlichkeit und Sittenverderbnis (*lues morum*), Landleben gegen Stadtleben, Hausmittel gegen aufwendige Arzneien polemisch ausspielten. Diese Medizinkritik setzte sich aus Überfremdungsangst, Zeit- und Zivilisationskritik zusammen.[54] Für unseren Zusammenhang interessant ist hier nur, dass römische Autoren offensichtlich (Gift-)Morde durch griechische Ärzte als Gefahr an die Wand malten. Umso bemerkenswerter erscheint, dass ein Zeitgenosse des Plinius, der römische Arzt Scribonius Largus (Mitte 1. Jh. n. Chr.), tätig im Umfeld des Kaisers Claudius (41–54 n. Chr.), ein von der stoischen Philosophie beeinflusstes Humanitätsideal ausdrückte. Scribonius betonte, erfüllt von „Erbarmen (*misericordia*) und Menschlichkeit (*humanitas*)" werde „nicht einmal Feinden ein schädliches Mittel (*malum medicamentum*) verabreichen, wer durch den Eid der Medizin (*sacramentum medicinae*) gesetzlich

---

[53] Plinius, *Naturalis Historia* 29, 14, hg./Übers. R. König/J. Hopp, *C. Plinius Secundus d. Ä. Naturkunde*, lat.-dt., Bücher 29–30, München/Zürich 1991, 24 f.
[54] Vgl. J. Hahn, *Plinius und die griechischen Ärzte in Rom. Naturkonzeption und Medizinkritik in der Historia Naturalis*, in: *Sudhoffs Arch* 75 (1991), 209–239.

gebunden ist – aber er wird sie, wenn die Sache es erfordert, als Soldat und guter Bürger auf jede Weise verfolgen – weil die Medizin die Menschen nicht nach ihren Verhältnissen und ihrer Person einschätzt, sondern in gleicher Weise allen, die ihre Hilfsmittel erbitten, beizustehen verspricht und bekennt, niemandem jemals zu schaden."[55]

Im folgenden bezieht sich Scribonius ausdrücklich auf Hippokrates, den „Begründer unseres Berufs" (*conditor nostrae professionis*), der die Grundsätze des Fachs in einem „Eid" (*iusiurandum*) überliefert habe, wonach ein Arzt keinesfalls ein Abtreibungsmittel geben oder zeigen werde. Inhaltlich verbindet Scribonius dieses kategorische Abtreibungsverbot, das er im Eid sieht, mit dem Verbot, irgendjemandem ein schädliches Mittel zu geben. Letzteres betrifft auch die Gabe von Gift zum Zwecke des Mordes. Durch Scribonius ist damit erwiesen, dass zumindest im Rom der frühen Kaiserzeit der Hippokratische Eid auch als Manifest gegen den ärztlicherseits ins Werk gesetzten Giftmord verstanden wurde. Es ist sicher kein Zufall, dass gerade am römischen Kaiserhof Giftanschläge an der Tafel, gelegentlich auch unter Mitwirkung von Hofärzten, vorkamen. Auf das allgemeine Misstrauen der Herrschenden gegenüber ihren Ärzten, die gleichwohl unverzichtbar seien, weist Aristoteles hin.[56] (Griechische) Hofärzte, die bereits am Hof der persischen Achämeniden wirkten, waren bei Alexander dem Großen und an den hellenistischen Königshöfen üblich; ihre tatsächliche, vermutete oder behauptete Verwicklung in Giftanschläge, als Medikamentengabe getarnt, ist in der antiken Literatur außerordentlich häufig erwähnt.[57]

Als Experten für Pharmaka kamen Ärzte weiterhin in Frage für versuchte Massenvergiftungen, wobei es sich um Vorformen einer „biologisch-chemischen Kriegführung" handelte.[58] Hierbei ging es um Brunnenvergiftung, Vergiftung von Nahrungsmitteln, den Einsatz von Giftschlangen u. ä.; bezeichnenderweise waren Ärzte nach Ausweis der antiken Quellen an solchen Aktivitäten jedoch nicht beteiligt; Galen nannte derartige Praktiken eine „Schurkerei" (πανουργία).[59]

---

[55] Scribonius Largus, *Rezeptzusammenstellungen (Vorwort)*, Übers. J. Kollesch/ D. Nickel, *Antike Heilkunst. Ausgewählte Texte aus den medizinischen Schriften der Griechen und Römer*, Stuttgart 1994, 59.
[56] Vgl. Aristoteles, *Politik* 1287 a 37–41.
[57] Vgl. G. Marasco, Art. *Hofarzt*, in: K.-H. Leven, *Antike Medizin*, 428–430; M. Stamatu, Art. *Giftmord*, in: K.-H. Leven (Hg.), *Antike Medizin*, 360 f. mit Einzelbelegen.
[58] Vgl. K.-H. Leven, Art. *Kriegführung, biologisch-chemische*, in: ders. (Hg.), *Antike Medizin*, 540 f. mit Einzelbelegen.
[59] Galen, *De theriaca ad Pisonem* 5, hg. C. G. Kühn, *Claudii Galeni Opera omnia*, Bd. 14, Leipzig 1827, 231.

Überblickt man nunmehr die Interpretationsmöglichkeiten zum Paragraphen 4 des Hippokratischen Eids, so ergibt sich der Eindruck, dass die ärztliche Beihilfe zum Suizid eine, aber nicht die einzige Handlung war, die der Schwörende negierte. Es mag befremden, in einem feierlichen Eid den Gedanken an einen Mord auch nur erwähnt zu finden; ausgeschlossen ist es aber nicht, und das Zeugnis des Scribonius Largus, die erste Erwähnung des Hippokratischen Eides in der Antike, stützt gerade diese These.[60]

6 Fazit: Hippokratische Ärzte im Umgang mit Sterben und Tod

Für hippokratische Ärzte gehörten Sterben und Tod ihrer Patienten zu den häufigsten Erfahrungen; angesichts begrenzter therapeutischer Mittel erwiesen sich viele Krankheiten als „unheilbar". Die zutreffende Prognose als kunstvolle Vorhersage des Krankheitsausgangs, ob günstig oder ungünstig, erwies den ärztlichen Fachmann. Insofern hat der Blick in die Texte des Corpus Hippocraticum erwiesen, dass neuzeitliche Vorstellungen eines hippokratischen „Behandlungsverzichts" bei unheilbaren Krankheiten nicht zutreffen.

Ein indirektes Tötungsverbot findet sich positiv, elegant und eindeutig formuliert in der „Nicht-Schaden-Regel" des Corpus Hippocraticum; der Grundsatz „nützen, oder wenigstens nicht schaden" ist implizit in zahlreichen Fachtexten enthalten. An keiner Stelle ist ein Tötungsverbot scheinbar so deutlich ausgedrückt wie im Hippokratischen Eid, wenn der Schwörende die Gabe von Gift feierlich ablehnt.

Das „Euthanasie-Verbot" im Hippokratischen Eid erweist sich allerdings als modernes Konstrukt, das in den autoritativen Text hinein gelesen wurde und wird, um jeweils zeitgenössische eigene Positionen zu begründen bzw. abzustützen. Über den Sitz im Leben des originalen Textes ist damit nichts gesagt; wir kennen den Entstehungszusammenhang des Hippokratischen Eides nämlich nicht, und der Text wird während der ersten 500 Jahre seiner vermeintlichen Existenz gar nicht erwähnt; es hat ihn also, vereinfacht ausgedrückt, gar nicht gegeben. Zitate und Anspielungen auf den Eid seit dem 1. Jh. n. Chr. lassen es aber wahrscheinlich

---

60 In diesem Sinne auch F. Kudlien, *Medical Ethics and Popular Ethics in Greece and Rome*, in: *Clio Medica* 5 (1970), 118; ebenso O. Temkin, *What Does the Hippocratic Oath Say? Translation and Interpretation*, in: ders., *„On Second Thought" and Other Essays in the History of Medicine and Science*, Baltimore/London 2002, 23: „This would include murder, legal execution (preparing the hemlock?), as well as euthanasia."

werden, dass man ihn in der späteren Antike mehrdeutig verstanden hat. Das „Euthanasie-Verbot" im Sinne eines dezidierten Verbots des ärztlich assistierten Suizids dürfte nur eine, wenn auch eine wichtige Interpretationsmöglichkeit sein, die andere ist das Verbot des Giftmords, so seltsam das heute klingen mag. Damit ist jede aktuelle Bezugnahme auf den Hippokratischen Eid innerhalb der gegenwärtigen Sterbehilfe-Debatte zumindest problematisch. Im Sinne der eingangs erwähnten Gefahren einer anachronistischen Interpretation ist davor zu warnen, aktuelle Krisensituationen und Entscheidungskonflikte aufgrund oberflächlicher Analogien in die Vergangenheit zu projizieren oder „Hippokrates" unbesehen als Zeugen für diese oder jene Haltung zu bemühen.

Friedo Ricken
Thomas von Aquin über Töten und Sterbenlassen

Bei Thomas von Aquin finden sich keine moralphilosophischen Überlegungen zum Handeln des Arztes. Er entwickelt jedoch in anderen Zusammenhängen handlungstheoretische Unterscheidungen, die helfen können, den Unterschied zwischen Töten und Sterbenlassen und dessen Bedeutung für die moralische Bewertung lebensbeendender Handlungen zu klären. In der Literatur über die Moralphilosophie und die Handlungstheorie des Thomas von Aquin[1] sind die für diese Thematik relevanten Unterscheidungen nicht herausgearbeitet.

1 Was ist eine menschliche Handlung?

Nur die Handlungen sind im eigentlichen Sinn menschliche Handlungen (*actiones humanae*), die Handlungen des Menschen sind, insofern er Mensch ist. Der Mensch unterscheidet sich von den nicht vernünftigen Geschöpfen darin, dass er „Herr seiner Akte" (*suorum actuum dominus*) ist, und das ist er durch Vernunft (*ratio*) und Wille (*voluntas*). „Folglich werden diejenigen Handlungen im eigentlichen Sinn menschliche Handlungen genannt, die aus dem überlegten Willen (*ex voluntate deliberata*) hervorgehen." Andere Handlungen können „Handlungen des Menschen" (*actiones hominis*) genannt werden, aber nicht im eigentlichen Sinn menschliche Handlungen, weil sie nicht Handlungen des Menschen sind, insofern er Mensch ist. (S.th.1–2 q.1 a.1c.).

Thomas unterscheidet zwischen Handlung (*actio*) und Tun (*facere*). Ein Tun, das aus dem überlegten Willen hervorgeht, ist eine Handlung; aber ebenso ist es eine Handlung, wenn wir aufgrund der Überlegung entscheiden, etwas nicht zu tun. Das Nicht-Tun unterliegt ebenso der moralischen Bewertung wie das Tun. „Das Gute zu tun und das Böse zu meiden gehört zu jeder Tugend" (S.th.2–2 q.79 a.1c); das Böse nicht zu tun ist ebenso eine Handlung wie das Gute zu tun.

---

[1] R. McInerny, *Aquinas on Human Action*, Washington D.C. 1992; ders., *Vernunftgemäßes Leben. Die Moralphilosophie des Thomas von Aquin*, übers. v. M. Hellenthal, Münster 2000; M. Rhonheimer, *Praktische Vernunft und Vernünftigkeit der Praxis. Handlungstheorie bei Thomas von Aquin in ihrer Entstehung aus dem Problemkontext der aristotelischen Ethik*, Berlin 1994; A. Zimmermann, *Thomas lesen*, Stuttgart-Bad Cannstatt 2000, 214–270.

DOI 10.1515/9783110488531-005

2 Die Handlung des Tötens

Fragen wir nun nach dem Begriff der Handlung, die wir als Töten bezeichnen. Wodurch erhält eine Handlung ihr spezifisches Wesen? Wo es um diese Frage geht, wechselt Thomas die Terminologie; er spricht nicht mehr von menschlichen Handlungen (*actiones*), sondern von menschlichen Akten (*actus*). Die eine Handlung, so lässt dieser Wechsel sich interpretieren, umfasst mehrere Akte. Die menschlichen Akte, so Thomas' These, erhalten ihr spezifisches Wesen (*species*) durch ihr Ziel (*finis*). Ein Akt ist ein menschlicher Akt, insofern er aus dem überlegten Willen hervorgeht. „Das Objekt (*obiectum*) des Willens aber ist das Gute (*bonum*) und das Ziel (*finis*)." Folglich ist „das Prinzip (*principium*) der menschlichen Akte, insofern sie menschlich sind, das Ziel. Und ebenso ist es ihr Ende (*terminus*): denn das, wodurch der menschliche Akt begrenzt wird, ist das, was der Wille als Ziel intendiert; so wie in der Natur die Form des Gezeugten der Form des Zeugenden konform ist" (q.1 a.3c.).

2.1 Natürliches und moralisches Wesen

Ein Einwand dagegen lautet: Etwas kann nur zu *einer* Spezies gehören; aber ein numerisch ein und derselbe Akt kann mehrere Ziele verfolgen. Thomas antwortet mit einer Unterscheidung. Ein und derselbe Akt „ist ausschließlich auf *ein* nächstes Ziel (*finis proximus*) ausgerichtet, und von ihm hat er sein spezifisches Wesen; er kann aber auf mehrere entferntere Ziele (*finis remotus*) ausgerichtet werden, von denen eines Ziel eines anderen ist" (q.1 a.3 ad 3). Thomas unterscheidet zwischen der *species naturae* und der *species moris*, dem natürlichen und dem moralischen spezifischen Wesen des Aktes. Es ist möglich, dass ein hinsichtlich der *species naturae* spezifisch identischer Akt auf verschiedene Ziele des Willens ausgerichtet wird. So kann der spezifisch identische Akt der Tötung (*occidere*) eines Menschen den Erhalt der Gerechtigkeit und die Befriedigung des Zorns zum Ziel haben. Dadurch werden sie zu moralisch spezifischen (*species moris*) Akten; der eine ist ein Akt der Tugend, der andere ein Akt des Lasters. Zwischen dem *finis naturalis* (der Tötung eines Menschen) und dem *finis moralis* (Erhalt der Gerechtigkeit bzw. Befriedigung des Zorns) besteht lediglich ein akzidenteller Zusammenhang. Akte, die hinsichtlich der *species naturae* identisch sind, können hinsichtlich der *species moris* verschieden sein.

Der Akt des Tötens erhält seine moralische Qualität durch das entferntere Ziel, auf das er bezogen ist. Aber hat er unabhängig von dieser Beziehung an sich eine moralische Qualität? Können wir seine *species naturae* als solche moralisch bewerten? Thomas fragt: „Hat die menschliche Handlung ihr Gutsein oder ihr Schlechtsein aus dem Objekt?" (S.th.1–2 q.18 a.2). Das Gutsein bzw. Schlechtsein einer Handlung hat seinen Ursprung in der Fülle bzw. im Mangel an Sein. Das erste, was zur Seinsfülle gehört, ist das, was einer Sache ihr spezifisches Wesen gibt. „Wie aber ein natürliches Ding sein spezifisches Wesen aus seiner Form hat, so hat die Handlung ihr spezifisches Wesen aus dem Objekt." Der Unterschied des spezifischen Wesens wird also durch einen Unterschied im Objekt bewirkt. Aber welcher Unterschied im Objekt ist es, der bewirkt, dass die Handlung sittlich gut bzw. schlecht ist? Für jede Sache ist gut, was ihr entsprechend ihrer Form zukommt, und schlecht, was ihr gegen die Ordnung ihrer Form zukommt. Daraus folgt, dass „der Unterschied zwischen Gut und Schlecht, was das Objekt betrifft, sich wesentlich auf die Vernunft bezieht: d. h. sich daraus ergibt, dass das Objekt mit ihr übereinstimmt oder nicht übereinstimmt" (q.18 a.5c).

2.2 Ein ausnahmsloses Tötungsverbot?

Stimmt der Akt des Tötens (*occidere*) als solcher mit der Vernunft überein? Thomas stellt diese Frage in der *Secunda Secundae* (q.64), und er geht von der negativen Antwort aus: „Es scheint, dass es nicht erlaubt ist, irgendwelche Lebewesen zu töten" (a.1). Das erste der von Thomas für dieses ausnahmslos geltende Verbot angeführten Argumente beruft sich auf Röm 13,2 und Ps 147,8 f.; es lautet: „Wer der Anordnung Gottes widersteht, zieht sich selbst das Urteil zu; durch die Ordnung der göttlichen Vorsehung wird aber alles Lebende erhalten." Dagegen lehrt Augustinus: Das Gebot ‚Du sollst nicht töten' bezieht sich nicht auf die Pflanzen, die keine Empfindung haben, und auch nicht auf die Tiere, die keine Vernunft haben; also kann es sich nur auf den Menschen beziehen. Niemand sündigt, so argumentiert Thomas, wenn er etwas zu dem Zweck gebraucht, für den es da ist; in der Ordnung des Seienden ist aber das Unvollkommenere um des Vollkommeneren willen; die Pflanzen sind um der Tiere und die Tiere um des Menschen willen. Dafür beruft er sich auf die *Politik* des Aristoteles (vgl. I 8, 1256 b15–17) und auf Gen 1,29 f.

Gilt das Verbot, einen Menschen zu töten, ohne Ausnahme, oder bedarf der Akt des Tötens einer weiteren Spezifizierung? Was in sich schlecht ist, so das Argument für das ausnahmslose Verbot (q.64 a.2 ob.3), kann durch kein gutes Ziel erlaubt werden. Einen Menschen zu töten ist aber in sich schlecht, denn wir müssen alle Menschen lieben und folglich wollen, dass sie leben. Dagegen schränkt Thomas unter Berufung auf Ex 22,18 und Ps 101,8 das Tötungsverbot ein: Es ist erlaubt, Sünder zu töten. Er führt das Argument des vorhergehenden Artikels weiter. Es ist erlaubt, Tiere zu töten, weil sie von Natur aus auf den Gebrauch des

Menschen hingeordnet sind, „wie das Unvollkommene auf das Vollkommene hingeordnet ist" (q.64a.2). So ist auch jeder Teil als das Unvollkommene auf das Ganze als das Vollkommene hingeordnet; er ist von Natur aus um des Ganzen willen. Jede Einzelperson steht zur ganzen Gemeinschaft im Verhältnis des Teils zum Ganzen. „Wenn daher ein Mensch aufgrund einer Sünde der Gemeinschaft zur Gefahr und zum Verderben wird, ist es lobenswert und heilsam, ihn zu töten, um das gemeinsame Gut (*bonum commune*) zu retten" (q.64 a.2c). Es ist in sich schlecht, einen Menschen zu töten, der seine Würde bewahrt; wer aber durch die Sünde die Ordnung der Vernunft verlässt, gibt seine Würde auf, die darin besteht, dass er frei ist und um seiner selbst willen existiert, „und stürzt gewissermaßen in die Sklaverei der Tiere, so dass über ihn bestimmt wird nach dem, was für andere nützlich ist" (q.64 a.2 ad 3).

Damit ist jedoch der sittlich erlaubte Akt des Tötens noch nicht hinreichend spezifiziert. Wer darf den Sünder töten? In q.64 a.3 wendet Thomas sich gegen die These, dass eine Privatperson den Sünder töten darf. Der Mensch sinkt durch die Sünde, so lässt sich für diese These argumentieren, auf die Stufe des Tieres, und jede Privatperson darf ein wildes Tier töten, das großen Schaden anrichtet. Einen Verbrecher zu töten, so Thomas, ist erlaubt, insofern es auf das Heil (*salus*) der ganzen Gemeinschaft hin geordnet ist; deshalb steht es ausschließlich dem zu, dem die Sorge für den Erhalt der Gemeinschaft anvertraut ist. Ein Tier ist durch seine Natur von einem Menschen unterschieden; deshalb bedarf es, falls es sich um ein wildes Tier handelt, keines Urteils. Der Verbrecher ist dagegen nicht durch seine Natur von einem gerechten Menschen unterschieden. Deshalb braucht es ein öffentliches Urteil, das entscheidet, ob er um des Heils der Gemeinschaft willen zu töten ist.

Kann es einen Fall geben, in dem es erlaubt ist, einen Unschuldigen zu töten (q.64 a.6)? Thomas antwortet mit einer Unterscheidung. Ein Mensch kann unter zweifacher Rücksicht betrachtet werden: an sich (*secundum se*) und mit Rücksicht auf etwas anderes (*per comparationem ad aliud*). „Wenn wir den Menschen an sich betrachten, darf man keinen töten, denn in jedem, auch im Sünder, müssen wir die Natur lieben, die Gott geschaffen hat und die durch die Tötung zerstört wird. Aber [...] die Tötung des Sünders wird erlaubt mit Rücksicht auf das gemeinsame Gut (*bonum commune*), das durch die Sünde zerstört wird" (a.6c). Dagegen wird durch das Leben der Gerechten das gemeinsame Gut bewahrt und gefördert.

2.3 Selbsttötung

Ist es erlaubt, sich selbst zu töten? Mord (*homicidium*) ist Sünde, „insofern er der Gerechtigkeit widerstreitet. Aber keiner kann sich selbst eine Ungerechtigkeit zufügen" (q.64 a.5). Auch ist es erlaubt, freiwillig ein kleineres Übel auf sich zu nehmen, um einem größeren zu entgehen; man darf sich ein Glied amputieren lassen, um das Leben zu retten. Es gibt aber Situationen, in denen jemand dadurch, dass er sich selbst tötet, ein größeres Übel, z. B. ein beklagenswertes Leben, vermeidet. Thomas antwortet, sich selbst zu töten sei „in höchstem Grad" (omnino) unerlaubt, und er nennt dafür drei Gründe (q.64 a.5c).

Er verweist erstens auf die Lehre von den natürlichen Neigungen. Jedes Seiende liebt von Natur aus sich selbst. Deshalb erhält es sich von Natur aus in seinem Sein und widersteht nach Kräften allem, was es verderben kann. „Und deshalb ist, dass einer sich selbst tötet, gegen die natürliche Neigung und gegen die Liebe (caritas), mit der jeder sich selbst lieben soll", und insofern ist es eine Sünde gegen sich selbst. Der zweite Grund: „Jeder Teil gehört mit allem, was er ist, dem Ganzen. Jeder Mensch ist aber Teil einer Gemeinschaft; deshalb gehört er mit dem, was er ist, der Gemeinschaft. Folglich fügt er, wenn er sich selbst tötet, der Gemeinschaft ein Unrecht zu." Thomas verweist dafür auf das fünfte Buch der *Nikomachischen Ethik* (V 15,1138a7–15). Drittens ist das Leben ein Geschenk, das dem Menschen von dem gegeben ist, „der tötet und der lebendig macht" (Dt 32,39). Wer sich selbst tötet, sündigt deshalb gegen Gott, so wie der, welcher einen Sklaven tötet, der ihm nicht gehört, gegen dessen Herrn sündigt. Damit ist auch das Argument widerlegt, der Mensch dürfe sich töten, um einem größeren Übel zu entgehen. Der Mensch ist Herr seiner selbst durch das Vermögen der freien Entscheidung (*liberum arbitrium*). „Deshalb kann der Mensch erlaubterweise über sich selbst verfügen, soweit es die Dinge betrifft, die zu diesem Leben gehören, das durch die freie Entscheidung des Menschen gelenkt wird. Aber der Übergang von diesem zum anderen glücklicheren Leben unterliegt nicht der freien Entscheidung des Menschen, sondern der Macht Gottes" (q.64 a.5 ad 3). Das eigene Leben kann nicht Gegenstand einer Güterabwägung sein, weil es etwas ist, über das der Mensch nicht verfügen darf.

2.4 Notwehr

Darf man einen Menschen töten, um das eigene Leben zu verteidigen (vgl. q.64 a.7)? Das scheint nicht der Fall zu sein, denn die Tötung eines Menschen ist nur gerechtfertigt, wenn sie um des gemeinsamen Gutes willen notwendig ist und von der entsprechenden Autorität vollzogen wird. In der Selbstverteidigung geht es aber nicht um das gemeinsame Gut, sondern um das eigene Leben, und es ist eine private Person, die tötet. Ein und derselbe Akt, so antwortet Thomas, kann zwei Wirkungen haben, von denen jedoch nur eine beabsichtigt ist. Ein sittlicher Akt erhält sein spezifisches Wesen durch die Absicht und nicht durch nicht beabsichtige Wirkungen. Der Akt der Selbstverteidigung beabsichtigt die Erhaltung des eigenen Lebens, und das ist ein sittlich erlaubtes Objekt, denn es entspricht der natürlichen Neigung eines jeden Wesens, sich soweit es kann in seinem Sein zu erhalten. Aber trotz der guten Absicht kann der Akt unerlaubt werden, wenn er seinem Ziel nicht angemessen ist, d. h. wenn jemand zur Verteidigung des eigenen Lebens größere Gewalt anwendet als notwendig ist. Es ist nicht erlaubt, dass ein Mensch beabsichtigt, einen Menschen zu töten, um sich selbst zu verteidigen, es sei denn, seine Selbstverteidigung habe aufgrund seiner Aufgabe eine Beziehung zum gemeinsamen Gut, was z. B. beim Soldaten, der gegen die Feinde kämpft, der Fall ist.

3 Töten und Sterbenlassen

Wie bestimmt Thomas den Begriff der Handlung, die wir als Töten bezeichnen? Wie ein Organismus sein spezifisches Wesen aus seiner Form hat, so hat die Handlung ihr spezifisches Wesen aus dem intendierten Objekt. Thomas unterscheidet zwischen der *species naturae* und der *species moris*, dem natürlichen und dem spezifischen moralischen Wesen des Aktes. Der Unterschied zwischen Gut und Schlecht, was das Objekt betrifft, ergibt sich daraus, dass das Objekt mit der Vernunft übereinstimmt oder nicht. Um zu entscheiden, ob das Objekt mit der Vernunft übereinstimmt oder nicht, müssen wir das Objekt genauer bestimmen; für das Töten (*occidere*) als solches lässt diese Frage sich nicht entscheiden. Sich selbst zu töten ist „in höchstem Grad" unerlaubt; das eigene Leben kann nicht Gegenstand einer Güterabwägung sein, weil es etwas ist, über das der Mensch nicht verfügen darf. Wenn wir den Menschen an sich (und nicht in Beziehung auf die Gemeinschaft) betrachten, darf man keinen Menschen töten, denn in jedem müssen wir die Natur lieben, die Gott geschaffen hat und die durch die Tötung zerstört wird. Ein und derselbe Akt kann zwei Wirkungen haben, von denen jedoch nur eine beabsichtigt ist, z. B. die Rettung des eigenen Lebens und der Tod des Angreifers. Ein sittlicher Akt erhält sein spezifisches Wesen durch die Absicht und nicht durch nicht beabsichtigte Wirkungen.

Der Unterschied zwischen Töten und Sterbenlassen lässt sich klären mit Hilfe der Unterscheidung des Thomas zwischen Übertretung (*transgressio*) und Unterlassung (*omissio*). „Der Ausdruck ‚Übertretung' ist von den körperlichen Bewegungen auf die sittlichen Akte übertragen. Bei der körperlichen Bewegung spricht man aber von Übertretung, wenn einer *über* die ihm bestimmte Grenze hinaus *tritt*. Eine Grenze, die er nicht überschreiten darf, wird dem Menschen in der Moral aber durch ein negatives Gebot gesetzt. Folglich ist von Übertretung im eigentlichen Sinn dann die Rede, wenn einer etwas gegen ein negatives Gebot tut" (S.th. 2–2 q.79 a.2c). Die Unterlassung ist „ein Weglassen (*praetermissio*) des Guten, nicht aber irgendeines, sondern des geschuldeten Guten. Das Gute unter der Rücksicht des Geschuldeten gehört aber im eigentlichen Sinn zur Gerechtigkeit" (q.79 a.3c). Die Übertretung „ist den negativen Geboten entgegengesetzt", die Unterlassung „den positiven" (q.79 a.4 ad 3). Wer ein Gebot übertritt, tut das Gegenteil (*contrarium*) von dem, was das Gebot fordert; wer etwas unterlässt, tut nicht, was das Gebot fordert. Das Gegenteil „ist aber weiter von seinem Gegenteil entfernt als dessen einfache Verneinung". Folglich ist „schlechthin und absolut gesprochen die Übertretung eine schwerere Sünde als die Unterlassung" (q.79 a.4c).

Ist Sterbenlassen eine Unterlassung und als solche eine Sünde? Der Tatbestand der Unterlassung liegt nach Thomas nur dann vor, wenn die Person, welche die Handlung unterlässt, zu dieser Handlung verpflichtet ist. Es handelt sich um eine Pflicht der Gerechtigkeit, denn der andere hat einen Anspruch auf das Gut, das ihm durch die Unterlassung vorenthalten wird (q.79 a.3).

Wie ist dieses Gut im Fall des Sterbenlassens zu bestimmen? Worauf hat der Sterbende gegenüber den Ärzten und dem Pflegepersonal einen Rechtsanspruch? Thomas nennt eine notwendige Bedingung: Es muss sich um ein mögliches Gut handeln, denn niemand kann zu etwas Unmöglichem verpflichtet sein. So ist z. B. jemand nur dann dazu verpflichtet, einen von ihm verursachten Schaden wiedergutzumachen, wenn er über die dazu notwendigen Mittel verfügt; ist das nicht der Fall, „so begeht er keine Unterlassungssünde, wenn er nur tut, was er kann" (q.79 a.3 ad 2). Ist das, was für den Sterbenden gut ist, möglich, und ist das, was möglich ist, für den Sterbenden gut?

Ralf Lutz
Die klassische Lehre von den Umständen einer Handlung

Ein Beitrag zur Handlungstheorie Thomas von Aquins

1 Hinführung

Menschliches Handeln ist in komplexe situative Kontexte eingebunden. Auch und gerade wenn einem Bedürfnis nach ordnender Unterscheidung von Handlungstypen und Handlungsmodi nachgekommen werden soll, muss diese Situativität des Handelns angemessen berücksichtigt werden. Wenn menschliche Handlungswirklichkeit umfassend verstanden werden will, müssen die Umstände, in die das Handeln eingebettet ist, systematisch Beachtung finden. Die Lehre von den Umständen der menschlichen Handlung gehört daher zu den notwendigen, aber in ihrer strukturellen Bedeutung wenig rezipierten Lehrstücken klassischer Handlungstheorie. Ihre Geschichte reicht bis tief in die antike Rhetorik und Ethik zurück und zugleich ist ihr spätestens seit der Hochscholastik ein angestammter Platz in der moraltheologischen Handlungstheorie zu eigen. Nicht nur, dass keine Handlung jenseits konkreter Umstände vollzogen wird, ohne Beachtung der je spezifischen Umstände kann auch eine Norm zur Handlungsbewertung überhaupt nicht sinnvoll herangezogen werden. Moderne kausalistische Handlungstheorien können das nicht ersetzen, da die Lehre von den Umständen Handlungen nicht nur beschreiben, sondern zugleich Kriterien für eine normative Bewertung bereitstellen will. Systematisch dient die Lehre von den Handlungsumständen damit sehr grundsätzlich der Vermittlung von Handlungs-Norm bzw. Handlungs-Prinzip und dem je konkreten Einzelfall des Handelns, stellt mithin so etwas wie ein Scharnier zwischen allgemeiner Norm und je spezieller Handlungssituation dar. Jede angemessene Handlungsbewertung setzt in diesem Sinne eine hinreichend klare Kriteriologie zur *Verhältnisbestimmung von Norm und Einzelfall* voraus, quasi zur notwendigen Kontextualisierung allgemeiner Handlungsprinzipien.

Und so erhebt das Lehrstück von den Handlungsumständen auch den Anspruch, einerseits die Möglichkeit der Systematisierung von Handlungs- bzw. Deliktarten zu eröffnen und andererseits zugleich (!) die relevanten Kategorien zur Beschreibung und Bewertung ihrer je spezifischen situativen Verortung im Rahmen eines konkreten Handlungsvollzugs bereitzustellen. Handlungsregeln und ihre Konkretionen – genauso wie Ausnahmen davon – sollen kohärent und widerspruchsfrei gedacht werden können. Und so liegt es für ein Verständnis des erwähnten Anspruches nahe, sich die Grundbegriffe einer ausgesprochen differenzierten Theorie von den Handlungsumständen, derjenigen des Thomas von Aquin, genauer vor Augen zu führen, um ihre Anwendbarkeit auch für verschiedene Handlungstypen, etwa die des Tötens respektive des Sterbenlassens, prüfen zu können.

Immer wieder wurde darauf hingewiesen, dass die Lehre von den Handlungsumständen im Allgemeinen einen basalen Realitätsbezug für die Ethik gewährleisten soll und damit sehr grundsätzlich zum Verständnis wirklichkeitsgerechten Tuns beitragen will.[1] Diese Aufgabe soll nun im Besonderen durch eine Reihe von Funktionen expliziert werden, die die Lehre von den Handlungsumständen in klassischer Lesart zu erfüllen hat. Johannes Gründel fasst diese wie folgt zusammen: „Die Umstände (circumstantiae) sind für die sittliche Qualität und Zurechenbarkeit (Imputabilität) der Handlung, ihre Zielentsprechung, Zweckdienlichkeit, für die Motivation und für die Wahl der rechten Mittel bedeutsam."[2] Wir werden sehen, inwieweit sich die Bestimmungen Gründels anhand der thomanischen Begrifflichkeit zu den circumstantiae wiederfinden lassen. Der vorliegende Beitrag vermag keine umfassende Bewertung dieses Lehrstücks zu leisten, erst recht nicht mit Blick auf die Frage nach der Kompatibilität mit modernen Handlungstheorien, möchte aber durch eine systematische Rekonstruktion des entscheidenden begrifflichen Repertoires die Voraussetzungen dafür schaffen, ihre Anwendbarkeit zur Unterscheidung der Handlungstypen des Tötens und des Sterbenlassens prüfen zu können. Dabei scheint es, dass aus der thomanischen Umständelehre keine eindeutige Kriteriologie zur Unterscheidung von Töten und Sterbenlassen zu entnehmen ist. Zunächst werden aber eine Reihe wichtiger Grundzüge der Handlungstheorie des Thomas erläutert (2). Im Anschluss soll die Lehre von den Handlungsumständen in der gebotenen Kürze im Überblick rekonstruiert werden (3), wobei eine historische Vergewisserung den Anfang macht (3.1), gefolgt von einer Erörterung der eigentlichen Grundstrukturen der Umständelehre (3.2). Dazu gehört zunächst eine Analyse der zentralen Umstandslisten, die sich im Werk des Thomas finden lassen (3.2.1), woran sich eine Erhebung der darin vorfindlichen systematischen Funktionen von Handlungsumständen anschließt (3.2.2), gefolgt von einem ersten Versuch, die gewonnenen Differenzierungen auf die Frage der Unterscheidung der Handlungstypen des Tötens und Sterbenlassens anzuwenden (3.3). Ein wirkungsgeschichtlicher Ausblick bildet den Abschluss (4).

---

[1] Vgl. J. Gründel, Art. Handlungsumstände, in: LThK³, Bd. 4, Freiburg i. Br. 2006, 1181, ebenso G. Bien, Art. Circumstantia, in: HWP, Bd. I, Basel 1971, 1019–1022 und K. Demmer, Art. Akt, II. Theologisch-ethisch, in: LThK³, Bd. 1, Freiburg i. Br. 2006, 299–303

[2] J. Gründel, Art. Handlungsumstände, 1181.

2 Grundzüge thomanischer Handlungstheorie

Die komplexe Handlungstheorie des Thomas von Aquin kann im Folgenden nur in ihren leitenden Kategorien vorgestellt werden. Dennoch soll damit zumindest der weitere Kontext seiner Lehre von den Umständen einer Handlung ausreichend angedeutet werden.[3] Die Beschreibung von Handlungen im engeren Sinne[4] kann nach Thomas aus unterschiedlichen Perspektiven vorgenommen werden, er unterscheidet eine Perspektive *secundum speciem moris* von einer lediglich *secundum speciem naturae*. Während erstere Handlungen auf dem Hintergrund ihrer moralischen Bewertung beschreibt, möchte die zweite insbesondere die kausale und materiale Bestimmtheit erheben. Die beiden Perspektiven sind für Thomas grundlegend, müssen aber unterschieden werden, da Handlungen bezüglich ihrer Naturbestimmung zwar identisch, bezüglich ihrer moralischen Relevanz aber durchaus verschieden sein können – und umgekehrt ein und dieselbe moralbezogene Bestimmung sich in verschiedenen materialen Bestimmungen verwirklichen kann.[5] Das Verhältnis der zwei Beschreibungsformen ist dabei akzidentiell, d. h. wo bzgl. der *species naturae* eine Identität zweier Akte besteht, kann bzgl. der *species moris* eine Differenz bestehen.[6] Der sittliche Charakter einer Handlung qualifiziert sich bei Thomas anhand von vier grundlegenden Elementen: a) zu-

---

[3] Vgl. für einen ausführlichen Überblick aus jüngerer Zeit K. F. Keiser, *The Moral Act in St. Thomas: A Fresh Look*, in: *The Thomist* 74 (2010), 237–282 und J. A. Selling, *Object, End and Moral Species in S.T., I-II, 1–21*, in: *Ephemerides Theologicae Lovanienses* 84, 4 (2008), 363–407, ebenso M. Wittmann, *Die Ethik des Hl. Thomas von Aquin, in ihrem systematischen Aufbau dargestellt und in ihren geschichtlichen, besonders in den antiken Quellen erforscht*, München 1933, insbesondere 162–195.
[4] Vgl. *STh* I-II, 1, 1. Thomas unterscheidet bekanntlich zwischen zwei Formen menschlichen Tuns: einmal nennt er spezifisch menschliche Akte (*actus humanus*), die durch Willentlichkeit und Vernunft (*per rationem et voluntatem*) gekennzeichnet sind und das eigentlich und spezifisch menschliche *Handeln* bezeichnen. Nur auf diese Weise kann der Mensch „Herr" (*dominus*) seiner Akte sein und dafür dann auch verantwortlich gemacht werden. Und in Abgrenzung dazu nennt er das bloße *Verhalten* (*actus hominis*), das zwar auch zu den Akten des Menschen zu zählen ist, aber reflex- oder triebhaft, auf jeden Fall unwillkürlich, vollzogen wird, es sei denn es erfährt eine individuelle und kulturelle Überformung.
[5] Vgl. *STh* I-II, 1, 3, ad 3. „Et ideo nihil prohibet actus, qui sunt iidem secundum speciem naturae, esse diversos secundum speciem moris, et e converso." Einen Menschen „töten" (*hominem occidere*) kann daher zunächst für sich genommen nur als eine Beschreibung *secundum speciem naturae* bezeichnet werden, da das Prinzip, das das Tun als Handlung qualifizieren würde, die Absicht bzw. der Zweck, noch nicht explizit erkennbar ist. Erst damit wird aber etwa ein Mord allererst als solcher bestimmbar.
[6] Vgl. dazu C. Kanzian, *„Species Actus Dupliciter Considerari Potest". Thomas von Aquins These und ihre Relevanz für die moderne Handlungstheorie*, in: *ZKTh* 119 (1997), 51–63.

nächst über die schon bekannte Bestimmung als Handlung (*actus humanus*) und nicht als bloßes Verhalten (*actus hominis*); b) über den Inhalt (*ex obiecto*), den sie von sich selbst her hat, mithin (Ziel-) Merkmale der Handlung selbst, die sich aus der Struktur der Handlung ablesen lassen sollen; c) über die Absicht (*ex intentione*), mithin den vom Willen gesetzten Inhalt, der durch sie realisiert werden soll; und d) über die Umstände der Handlung (*ex circumstantiis*).[7] Die vier Merkmale sollen kurz erläutert werden:

Ad a) Das entscheidende Kriterium zur Qualifizierung einer Handlung gegenüber einem bloßen Verhalten hatten wir schon kennengelernt: *vernunftbasierte Willentlichkeit*. Ein Handeln ist Ausdruck eines freiheitlichen Wollens (Intentionalität), das mit rationalen Kriterien bedacht werden kann.

Ad b) Für Thomas macht das Objekt (*obiectum*) einer Handlung diese auf der einen Seite *identifizierbar* und auf der anderen Seite *klassifizier-* bzw. *typisierbar*. Aber was ist das Objekt einer Handlung? Damit ist nicht einfach die Handlung selbst in ihren zentralen Charakteristika bezeichnet, sondern der Gegenstand, auf den die Handlung wesentlich gerichtet ist – im Falle eines Diebstahls etwa die Entwendung einer Sache aus Fremdbesitz. Das Spektrum möglicher *Gegenstände* reicht dabei von inneren Akten, wie etwa der Reue, bis hin zur Hervorbringung von Produkten, etwa ein wissenschaftliches oder künstlerisches Werk. Im Kontext sittlichen Handelns ist insbesondere zweierlei wichtig: (1) vom Objekt her bestimmt sich in der Regel die *Form* und die *Art* der Handlung (artgebende Form), mithin der Handlungstyp; und (2) das Objekt wird nicht isoliert, sondern immer im Kontext einer sittlichen Ordnung betrachtet, die die eigentlichen Wertsetzungen enthält. Die Gutheit ergibt sich damit aus der Verknüpfung einer Handlung mit einer je spezifischen – angemessenen oder unangemessenen – Vollzugsmaterie, ihrem Objekt. „Gut sind Handlungen dann, wenn sie am richtigen Objekt bzw. der richtigen Materie ausgeführt werden; üble Handlungen ergeben sich dadurch, dass die Handlung am unpassenden Objekt vollzogen wird. [...] Gutes Handeln ist Funktion einer – wenigstens – zweistelligen Relation."[8] Grundlegend ist nun, dass mit dem Objekt dasjenige Handlungsmerkmal gedacht wird, das der (Bewegung einer) Handlung ihre je spezifische *Richtung* gibt. Dabei können zwei *Richtungsgeber* unterschieden werden: zum einen ein der Handlung immanenter Zweck (*finis operis*), der auch anhand des Handlungsgeschehens selbst rekonstruierbar ist – quasi ihr äußeres Objekt, der „Inhalt" der Handlung; und zum anderen der

---

[7] Vgl. *STh* I-II, 18, 4. Vgl. für die neuscholastische Deutung als *fontes moralitatis* G. Stanke, *Die Lehre von den „Quellen der Moralität". Darstellung und Diskussion der neuscholastischen Aussagen und neuerer Ansätze*, Regensburg 1984.
[8] T. Nisters, *Akzidentien der Praxis. Thomas von Aquins Lehre von den Umständen menschlichen Handelns*, Freiburg i. Br. 1992, 41.

von einem Willen gesetzte Zweck – quasi ihr inneres Objekt, die mit der Handlung verknüpfte Intention.[9] Anders formuliert: Die spezifisch menschlichen Akte, Handlungen, konstituieren ihr spezifisches Wesen (*species*) durch ihr spezifisches – zielhaftes – Ausgerichtetsein (*finis*). Dieses zeigt sich auf zweierlei Weisen, einmal über das Ziel, das der Handlung eo ipso innewohnt (*finis operis*), und zum anderen über das Ziel, das der Wille des Handelnden als Intention setzt (*finis operantis*).[10] Ersteres Ziel ist (äußeres) Objekt der Handlung, aber nicht mit der Handlung selbst zu verwechseln, letzteres ist (inneres) Objekt des Willens, mithin die Absicht.

Ad c) Die sprachliche Nähe von äußerem und innerem Objekt ist auch historisch insofern gut begründet, als die *Intention* als wesentlicher und eigener Gesichtspunkt zur Handlungsrekonstruktion und Handlungsbewertung sich aus dem *Objekt* (und partiell den *Umständen*) herausentwickelt und zur Absicht, zum vom Willen gesetzten Zweck verselbständigt hat. Damit ist jedes zukünftige Zielgut gemeint, um dessen willen die Handlung – intentional – vollzogen wird (*finis operantis*). Zwecke können dabei auf den unterschiedlichsten Konkretions- und Abstraktionsebenen übereinander, nebeneinander und ineinander liegen, sodass Haupt- und Nebenzwecke (*finis primarius/secundarius*), aber auch Partial- und Totalzwecke (*finis partialis/totalis*) bestimmbar sind – bis dahin, dass ein letzter Zweck (*finis ultimus*) denkbar wird.[11]

Ad d) Die ausführliche Analyse der Handlungsumstände (*circumstantiae*) bringt zum Ausdruck, dass Handeln für Thomas immer konkret ist. Eine entsprechende Handlungstheorie muss diese Konkretheit in ihrem Wirklichkeitsbezug abbilden und für die Handlungsbeurteilung fruchtbar machen können. Was sind aber nun Handlungsumstände? Thomas bedient sich einer metaphorischen Begrifflichkeit, *circumstare* – umstehen, mit der ursprünglich *räumliche Verhältnisse* artikuliert wurden. Die Umstände einer Handlung stehen damit in gewisser Weise um den eigentlichen substantiellen Akt als Akzidentien herum, beeinflussen diesen aber auf spezifische Weise und tragen damit auch zu seiner moralischen Bewertung bei. Thomas bedient sich zur Beschreibung der Handlungsumstände einer aristotelischen Substanzontologie, wonach Umstände *Akzidentien der spezifisch menschlichen Akte* sind – und damit nicht zu ihrer Substanz gerechnet werden dürfen.[12] Das erlaubt Thomas aber, den Umständen

---

9 Vgl. *STh* I-II, 18, 7.
10 Vgl. *STh* I-II, 18, 2, ad 3: „Actio habet speciem ex obiecto, sicut et motus ex termino".
11 Durch den Rekurs auf das Streben und Wollen des Handlungssubjekts ist hier die Person mit ihren Setzungen als Beweggrund in besonderer Weise hervorgehoben.
12 Vgl. *STh* I-II, 7, 1.

systematisch quasi eine mittlere Position zuzuweisen. „Auch wenn situative Merkmale einer Handlung nicht substanziell zukommen, so sind sie ihr doch nicht völlig äußerlich. Situative Bestimmtheiten der Handlung betreffen diese vielmehr als deren Akzidenzien [...]."[13] Damit wird eine *systematisch tragende, aber nachgeordnete Bedeutung der Umstände* gegenüber der Handlung selbst und ihrem Träger, dem Handlungssubjekt, zum Ausdruck gebracht. Umgekehrt bedeutet diese Verhältnisbestimmung freilich auch, dass bei der moralischen Beurteilung einer Handlung situative Kontexte, mithin die Handlungsumstände, zwingend mit zu berücksichtigen sind.[14] Dabei ist die entscheidende Frage bei der Thematisierung der Umstände: Was liegt in der Verantwortung des Handelnden? Denn es stellt sich das *Problem der Zurechenbarkeit* (*imputatio*). Thomas zählt aber zunächst folgende Umstände auf: *Quis, quid, ubi, quibus, auxiliis, cur, quomodo* und *quando*.[15] *Quis* bezieht sich auf die Person des Handelnden, *quid* fragt nach den Charakteristika des von der Handlung betroffenen Objektes und ihrer Folgen, *ubi* nach denen des Ortes der Handlung. *Quibus auxiliis* zielt auf die verwendeten Mittel, während *cur* auf den Zweck des Handelnden bezogen ist und aufgrund seiner Bedeutung eine eigene Quelle zur Rekonstruktion und Bewertung von Handlungen werden wird. *Quomodo* fragt schließlich nach der inneren und äußeren Beschaffenheit der Handlung (heimlich, gewaltsam, fahrlässig etc.), *quando* nach Zeit und Dauer.

Es gibt nun aus der Menge der potentiell in Betracht kommenden Handlungsumstände *irrelevante Umstände* und *relevante Umstände*. Während erstere prinzipiell für die Handlungsbewertung tatsächlich nicht von Belang sind, können wir für die relevanten Umstände und ihre Auswirkungen verantwortlich gemacht werden, da sie prinzipiell in unserer (mindestens partiellen) willentlich-rationalen Verfügung liegen und damit eine sittliche Bedeutung haben; aber nicht alle einer vernünftigen Steuerung zugänglichen Umstände sind (immer) sittlich relevant. Thomas unterscheidet zwei Klassen relevanter Umstände.[16] Zum einen relevante Umstände, die moralische Verfehlungen mildern oder erschweren können, im engeren Sinne aber keine neuen Handlungstypen generieren können (*circumstantiae speciem non mutantes*), sondern eher zur *Graduierung* (*circumstantia*

---

13 K. Mertens, *Handlungslehre und Grundlagen der Ethik*, in: Speer, A. (Hg.), *Thomas von Aquin: Die Summa theologiae. Werkinterpretationen*, Berlin 2005, 186.
14 Vgl. *STh* I-II, 7, 2, c oder *STh* I-II, 18, 3.10 und 11.
15 Vgl. *STh* I-II, 7, 3.
16 Eine mögliche dritte Klasse kann durch Multiplikation situativer Verfehlungen entstehen, vgl. *STh* I-II, 73, 7.

aggravans) der Schwere von entsprechenden Verfehlungen beitragen.[17] Mildernde Umstände sind insbesondere dann in Anschlag zu bringen, wenn die Fähigkeit zur willentlich-rationalen Kontrolle in der jeweiligen Situation als unterminiert gelten oder gänzlich ausgeschlossen werden kann, etwa aus Unkenntnis. Für unrechtserhöhende Umstände sind mehrere Erklärungen vorgesehen, da auch mehrere Ausprägungen denkbar sind: Umstände können neue Normverletzungen schlicht importieren, damit dienen sie der erschwerenden Qualifizierung einer Handlung, sie können aber auch neue Unrechtstatbestände bilden, dann dienen sie der (Neu-) Typisierung derselben. Diejenigen, die zur Artbildung und *Typisierung* von Handlungen beizutragen vermögen, quasi spezifische Handlungen bzw. Handlungstypen konstituieren, tun das, indem sie die *species* der Handlung verändern (*circumstantiae speciem mutantes*). So wird etwa ein Diebstahl an einem geheiligten Ort zu einem Sakrileg. Einmal ist der *Schweregrad des Unrechts* betroffen, einmal darüber hinaus sogar die *Art des Unrechts*. Für beide Formen wird ein *Verstoß gegen die sittliche Ordnung* (*ordo rationis*) zugrunde gelegt.[18] Die Folgen einer Handlung werden von Thomas auch zu den Handlungsumständen gerechnet – eine für folgenorientiertes ethisches Denken auf den ersten Blick möglicherweise erstaunliche Bestimmung –, da die mit der Zielerreichung gezeitigten Wirkungen bzw. Folgen schon beim Objekt selbst verortet werden. Entscheidend zur moralischen Qualifizierung einer Handlung ist aber, dass eine Handlung nur dann umfassend gut ist, wenn – ganz im Sinne der Privationslehre des Guten – zugleich das Objekt, das Ziel bzw. die Absicht und die Umstände gut sind. Wenn auch nur eines dieser Bestimmungstücke aufgrund einer Vernunftwidrigkeit nicht oder nicht vollständig gut ist, kann die Handlung nicht mehr in einem umfassenden Sinne gut sein.[19] Die Gutheit einer Handlung bemisst sich mithin auch an ihrer Einbettung in je spezifische, angemessene Kontexte. Dem akzidentellen Charakter der Umstände in Verbindung mit der Privationstheorie des Guten ist daher auch folgende *Asymmetrie* geschuldet, wonach eine gute Handlung durch entsprechende Umstände zu einer schlechten werden kann, eine moralisch schlecht bewertete Handlung aber aufgrund bestimmter Umstände nicht zu einer guten.

---

17 Vgl. *STh* I-II, 7, 4c. Aufschlussreich ist die Nennung eines *Hauptumstandes* (*circumstantia principalis*), dem ein dominierender Einfluss auf die moralische Bewertung der Handlung zugestanden wird.
18 Vgl. *STh* I-II, 18, 3.10.11.
19 Vgl. *STh* I-II, 18, 4, 3: „Quilibet singularis defectus causat malum, bonum autem causatur ex integra causa". Thomas spricht daher auch von einer *circumstantia debita*, vgl. *In Sent* IV, 31, 2, 1a.

3 Thomas von Aquins Lehre von den *circumstantiae*

3.1 Historische Vergewisserung

In seiner Bestimmung der Umstände einer Handlung greift Thomas auf antike und frühchristliche Bestände zurück, die für ein besseres Verständnis des eigentlich thomanischen Beitrags in der gebotenen Kürze erläutert werden sollen.[20] Die Lehre von den Handlungsumständen (*circumstantiae, peristaseis*) gehört seit der Antike zum Gegenstand genuin praktischer Disziplinen: der Rhetorik, der Rechtswissenschaft und der Ethik, wobei die eigentlichen Ursprünge in der Rhetorik zu finden sind, näherhin in der Lehre von der Topik, d. h. der Suche nach denjenigen Aspekten, die für Argumentation und Beweisführung hilfreich sind. Auch lassen sich systematische Parallelen zum antiken und biblischen Begriff des *kairos* ziehen, wobei hier wie dort Kriterien für den richtigen *kairos* notwendig sind.

Erstmals zur expliziten Anwendung kommt der Begriff der Umstände bei *Hermagoras von Temnos* (ca. 150 v. Chr.), der allerdings inhaltliche Anleihen aus der stoischen Philosophie genommen zu haben scheint. Von *Hermagoras* werden folgende sieben Teile überliefert: *quis, quid, quando, ubi, cur, quemadmodum, quibus adminiculis* (wer, was, wann, wo, warum, wie, mit welchen Mitteln).[21] Demnach werden sieben gleichgeordnete Teile der *einen* (!) Peristase unterschieden – ohne Über- oder Unterordnung –, die im Sinne von spezifischen Eigentümlichkeiten einer einzelnen Tat in praktisch jeder gerichtlichen Auseinandersetzung von Relevanz sein sollen.[22] Bei Aristoteles sind die Erörterungen der konkreten Umstände einer Handlung eingeordnet in seine Ausführungen zur Willensfreiheit. Der nähere Kontext sind Entschuldigungen bei Tatbestandsirrtümern. Er schreibt in der Nikomachischen Ethik: „Es ist zu fragen, wer handelt, was er tut, mit Bezug auf welche Person oder Sache, womit einer handelt, zu welchem Zweck und auf welche Weise."[23] Quintilian hat schließlich den grie-

---

[20] Die zentralen Reflexionen bei Thomas finden sich in *STh* I-II, 7; *STh* I-II, 18, 3.10 und 11; *STh* I-II, 73, 7; ebenso *De Malo* 2, 4 und 6–8; daneben im Sentenzenkommentar *In Sent* IV, 16, 3.

[21] Die Überlieferung geht auf eine pseudo-augustinische Schrift aus dem 4. Jh. zurück, die *Principia Rhetorices*. Vgl. etwa Augustinus, *Principia Rhetorices*, in: J. P. Migne, *Patrologia Latina*, Bd. 32, Paris 1841, 1442 ff. und C. Halm (Hg.), *Rhetores Latini Minors*, Leipzig 1862, 141, 7.

[22] Vgl. J. Gründel, *Die Lehre von den Umständen der menschlichen Handlung im Mittelalter*, Münster 1963, 15–20.

[23] Aristoteles, *EN* III, 2, 1111a3–6, ebenso 1109a28, wo Aristoteles im Kontext des Geldverleihens aufzählt: *wem, wieviel, wann, wozu* und *wie*. Vgl. auch T. Nisters, *Akzidentien der Praxis*, 162–163.

chischen Terminus *peristasis* und die daran anknüpfende antike Zirkumstanzenlehre an das Mittelalter im Kontext der römischen Rhetorik übergeben.

Eine weitere zentrale Quelle für die mittelalterlichen Erwägungen zu den Handlungsumständen sind neben der antiken Rhetorik und der aristotelischen Ethik die Auswirkungen altkirchlicher Bußpraxis, insbesondere die Bußbücher. Gerade die altkirchliche Bußpraxis leitete aus den Umständen Schuldbewertungs- und Strafzumessungsgründe ab. Im Hintergrund können ausgesprochen enge Verbindungen von Thomas' Lehre von den Handlungsumständen und der stark juridisch gedeuteten Beichtpraxis festgehalten werden.[24] Die sogenannten *mildernden Umstände* sind genau in diesem Sinne auch rechtsdogmatisch einflussreich geworden,[25] wobei auch Reflexionen auf die Handlungsumstände in ichrem potentiell *erschwerenden* Einfluss auf die Handlungsbewertung bzw. die Schuldhaftigkeit einer Tat in strafrechtsdogmatische Kodifikationen Eingang gefunden haben.[26]

Thomas nennt selbst als Quellen seiner Ausführungen zu den Umständen die Rhetorik Ciceros und die Nikomachische Ethik des Aristoteles. Thomas führt auch bereits das für die Tradition verbindlich gewordene Siebenerschema in Form eines klassischen Merksatzes als Hexameter an: *Quis, quid, ubi, quibus auxiliis, cur, quomodo, quando* – *wer* hat *was wo* getan, mit *wem* und *mit welchen Mitteln* ist er vorgegangen, *warum* hat er das getan, *auf welche Weise* geschah es und *wann*?[27]

---

24 Nicht umsonst lassen sich eine Reihe von Reflexionen zu den Bedingungen, unter denen Handlungsumstände eine Sünde erschweren können, im Kontext des Sündentraktates der Summa Theologiae des Thomas finden (vgl. *STh* I-II, 72, 9; *STh* I-II, 73, 7 und *STh* I-II, 88, 5, aber auch *De Malo* 2, 6–8) und werden bestimmte Umstände nach wie vor auch als Gegenstand der Beichtpflicht erachtet.
25 Manche Gehalte können bis heute im kodifizierten Strafrecht gefunden werden. Vgl. auch StGB § 228, 234a und 249; StGB § 46 II lässt etwa *mildernde Umstände* für alle Deliktarten zu und verpflichtet zur Erhebung bei der Strafzumessung, wenn diese nicht schon bei der Tatbestandserhebung Berücksichtigung gefunden haben. Gegeneinander abgewogen werden Umstände, die für oder gegen den Täter sprechen. Darunter fallen: „die Beweggründe und die Ziele des Täters […], die Gesinnung, die aus der Tat spricht, und der bei der Tat aufgewendete Wille, das Maß der Pflichtwidrigkeit, die Art der Ausführung und die verschuldeten Auswirkungen der Tat, das Vorleben des Täters, seine persönlichen und wirtschaftlichen Verhältnisse sowie sein Verhalten nach der Tat, besonders sein Bemühen, den Schaden wiedergutzumachen, sowie das Bemühen des Täters, einen Ausgleich mit dem Verletzten zu erreichen" (ebd.).
26 Vgl. zu den *erschwerenden Umständen* E. Dreher, *Die erschwerenden Umstände im Strafrecht*, in: *ZStW* 77, 2 (1965), 220–239.
27 Vgl. *STh* I-II, 7, 3. Die Siebenzahl der Elemente wird zwar der antiken Rhetorik zugeschrieben, wobei immer wieder der Name Cicero fällt. Der erwähnte Hexameter findet sich aber in den erhaltenen Schriften des Cicero gar nicht, sondern ist weit eher der schon erwähnten Peristasenlehre des Hermagoras von Temnos (ca. 150 v. Chr.) zuzuordnen. Cicero rezipiert diese hermagoräische

Thomas folgt letztlich Aristoteles in der Aufzählung der Handlungsumstände, auch wenn er die eigentlich versprengten aristotelischen Ausführungen im Rahmen einer scholastischen Lesart, die zunächst stark an einer Lösung von Bewertungsproblemen der damaligen Beichtpraxis interessiert war, auf ein Siebenerschema systematisiert und sprachlich dem vermeintlich von Cicero stammenden Hexameter angleicht. Thomas zählt folgende Umstände bei Aristoteles auf: wer (*quis*), was (*quid*), in Bezug auf was (*circa quid*), worin (*in quo*), womit (*quo, quibus auxiliis*), wozu (*cur, gratia cuius*), wie (*qualiter*), wobei das worin (*in quo*) sich in wann (*quando*) und wo (*ubi*) gliedert.[28] Thomas von Aquin bestimmt dann die *circumstantiae* selbst systematisch als „*accidens actus humani attingens eum extrinsecum*", als eine menschliches Handeln nur von außen tangierende und damit nicht ihrem Wesen zukommende Bestimmung.[29] Letztlich verdanken wir das Lehrstück der *circumstantiae* antiker Rhetorik und Ethik, dem Einfluss altkirchlicher Bußpraxis – und der systematisierenden Leistung des Thomas von Aquin.

3.2 Grundstruktur

Entgegen dem aristotelischen Diktum, wonach Handlungsumstände als Akzidentien einer wissenschaftlichen Analyse letztlich nicht zugänglich seien[30], fordert Thomas, dass sich die Moraltheologie aus mindestens drei Gründen mit den Handlungsumständen zu beschäftigen habe, schließlich vollzieht sich menschliches Handeln immer in konkreten Situationen, was alle praktischen Disziplinen systematisch zu berücksichtigen haben: 1) weil menschliches Handeln immer auf Ziele hingeordnet ist und diese Hinordnung (*commensuratus*) angemessen sein muss, soll die Zielerreichung nicht gefährdet sein. „Handlungen sind ihrem Ziel durch gebührende Umstände angemessen. Also müssen Umstände, sofern sie zielerreichungsrelevant sind, beachtet werden."[31] Demnach dürfen Handlungen

---

Lehre zwar, führt aber weder die Siebenzahl, noch die Termini *peristaseis* oder *circumstantiae* auf. Er unterscheidet die für die Beweisführung entscheidenden Gesichtspunkte rhetorisch-rechtlicher Art 1) nach Eigenschaften, die der Person angehören, von 2) solchen, welche die Handlungen selbst charakterisieren. Der Hexameter scheint von Boethius Cicero zugeschrieben worden zu sein, und vermutlich hat Thomas den Kommentar von Boethius konsultiert, vgl. J. Gründel, *Die Lehre von den Umständen der menschlichen Handlung im Mittelalter*, 38.
28 Vgl. *In Eth* III, 1, III, 414–415.
29 Vgl. *STh* I-II, 7, 3.
30 Vgl. *Met* VI, 2, 1026b4–5.
31 T. Nisters, *Akzidentien der Praxis*, 34 mit Verweis auf *STh* I-II, 7, 2c: „Omne autem quod ordinatur ad finem, oportet esse proportunatum fini. Actus autem proportionantur fini secundum

nicht allein „absolute et in universale"[32] betrachtet werden, sondern eben auch mit Blick auf die konkreten Umstände, in die sie eingebettet sind (*secundum particulares circumstantias*); 2) weil Umstände in die moralische Bewertung von Handlungen eingehen; und 3) weil allererst Reflexionen auf die Umstände Kriterien für die Graduierung der Schwere eines Unrechts bereithalten.[33] Daher können auch, Thomas zufolge, Umstände nicht ausschließlich akzidentell sein (*omnino per accidens*).[34] „Im Gegensatz zu völlig unwichtigen Randbedingungen des Handelns berühren sie menschliches Handeln, stehen in einem Ordnungsverhältnis zu ihm. Es handelt sich nicht um *per accidens* zukommende Akzidentien, sondern um *accidentia per se*."[35]

3.2.1 Umstandslisten

Es gehört zu den schon erwähnten genuin thomanischen Leistungen, aus mehreren vorliegenden Listen von relevanten Handlungsumständen eine Liste systematisiert zu haben, die wirkungsgeschichtlich Verbindlichkeit erlangt hat. Zugleich sind allerdings unterschiedliche Gliederungen von Umstandslisten im Werk des Thomas zu finden. Die einzelnen Schritte der jeweiligen Genese nachzuzeichnen und die Unterschiede systematisch zu interpretieren, kann hier nicht der Ort sein, aber es sollen zumindest einige Schlussfolgerungen aus der Beobachtung gezogen werden, dass Thomas auf der Basis der aristotelischen Reflexionen zu den Umständen und der Cicero zugeschriebenen Liste *fünf verschiedene Gliederungsbzw. Ordnungsmodelle* im Sentenzenkommentar (*In Sent*), im Kommentar zur Nikomachischen Ethik (*In Eth*), in der Summa Theologiae (*STh*) und in den Quaestiones Disputatae De Malo formuliert hat:[36]

Im Sentenzenkommentar als einem frühen Werk des Aquinaten werden Handlungsumstände im Verhältnis der Handlung zum (Handlungs-) Ziel diskutiert. Dabei scheint es, dass Thomas in einer ersten, sehr allgemein gehaltenen

---

commensurationem quandam, quae fit per debitas circumstantias. Unde consideratio circumstantiarum ad theologum pertinent."
32 *In Eth* III, 1, I, 9.
33 Vgl. J. Gründel, *Die Lehre von den Umständen der menschlichen Handlung im Mittelalter*, 3–6.
34 Vgl. *STh* I-II, 7, 2, ad 2.
35 T. Nisters, *Akzidentien der Praxis*, 38 (Hervorhebung R.L.) mit Verweis auf *STh* I-II, 18, 3, ad 2.
36 Vgl. J. Gründel, *Die Lehre von den Umständen der menschlichen Handlung im Mittelalter*, 580–646, ebenso andeutungsweise J. Mausbach, *Katholische Moraltheologie*. Bd. 1, zehnte, neubearbeitete Auflage von G. Ermecke, Münster 1961, 240, wobei insbesondere das Verhältnis der Modelle zueinander für eine eingehendere Analyse vielversprechend erscheint.

Bestimmung, der er aber treu bleiben wird, „unter *circumstantiae* alles das verstanden wissen will, was sich nicht aus jener Energie, die Wesen und Substanz der Handlung ausmacht, herleiten lässt"[37]. Wir haben es mit einem sehr weit gefassten Umstandsbegriff zu tun, der artgebende genauso wie akzidentelle Faktoren umfasst und dem vor allem eine Auffälligkeit eigen ist: Das Handlungs-Objekt und die Absicht werden bisweilen zu den Umständen gerechnet, dann nämlich, wenn eine Handlung ihre moralische Qualifizierung nicht allein aus Objekt und Absicht, sondern auch aufgrund *anderer Umstände (alias circumstantias)* erhält.[38] Umstände dienen hier grundlegend der *Ausrichtung der Handlung auf das Ziel (proportio actus ad finem)*. Dieses Ins-rechte-Verhältnis-setzen *(commensuratio)*[39] von Handlung und jeweiliger Zielbestimmung ist die entscheidende Leistung der Umstände, die dann genau in diesem Sinne angemessen oder unangemessen sein können. Dabei unterscheidet Thomas Umstände, die in der Handlung liegen *(secundum id, quod est in ipso actu – quid, quomodo)*, von solchen, die außerhalb liegen *(secundum id, quod est extra – cur, quibus auxiliis, quis, ubi, quando)*. Der Sentenzenkommentar umfasst allerdings zwei Gliederungen, eine für den Gebrauch in rhetorischen Kontexten[40] und eine für den Bereich der Moral[41]. Erstere unterscheidet Umstände *ex eo quod est attributum personae (quis)* von solchen *ex eo quod est attributum negotio de quo agitur (quid, cur, quomodo, ubi, quando* und *quibus auxiliis)*; letztere differenziert – wie besehen – nach Umständen, die in der Handlung liegen und solchen, die außerhalb liegen.

Im Kommentar des Thomas zur Nikomachischen Ethik des Aristoteles gliedert Thomas die Umstände einer Handlung entlang *ex parte causarum actus (quis, quo, gratia cuius)*, *ex parte mensurae actus (ubi, quando)* und *ex parte ipsius actus (quid, circa quid, qualiter)*. Er deutet die Vorlage des Aristoteles zunächst so, dass dieser unter Umständen in einem sehr weiten Sinne „nichts anderes als gewisse Eigenschaften der menschlichen Handlungen"[42] verstanden habe, führt dann aber

---

37 J. Gründel, *Die Lehre von den Umständen der menschlichen Handlung im Mittelalter*, 589.
38 Vgl. *In Sent* II, 21, 2, 2. Vgl. auch J. Gründel, *Die Lehre von den Umständen der menschlichen Handlung im Mittelalter*, 587: „Wenngleich der Aquinate bereits zwischen der sich vom Objekt herleitenden Güte oder Schlechtigkeit des Tuns und der *bonitas* oder *malitia ex circumstantiis* bzw. *ex fine* zu unterscheiden pflegt, so werden diese Elemente der sittlichen Handlung doch noch nicht streng gegeneinander abgegrenzt, sondern zählen mit zu den Umstandsfaktoren."
39 Vgl. *In Sent* IV, 16, 3, 1.
40 Vgl. *In Sent* IV, 16, 3, 1–2c.
41 Vgl. *In Sent* IV, 16, 3, 1 resp. II.
42 *In Eth* III, 3, 414: „Circumstantiae nihil aliud, quam quaedam singulares conditiones humani actus."

weiter aus, dass Unkenntnis der entsprechenden Bedingungen dazu führe, dass eine Handlung nicht (mehr) als freiwillig gelten könne.[43]

Gemäß dem Ordnungsmodell der *Summa Theologiae*, insbesondere nach STh I-II, 7, 3c, kann nun ein Umstand eine Handlung auf drei Weisen berühren (*attingere*), woraus sich drei sogenannte *Attingenzmodi*[44] ergeben: „Erstens wird die Handlung selbst berührt (attingit ipsum actum), zweitens deren Ursache (attingit causam actus), drittens deren Effekt (attingit effectum). Im ersten Fall gibt es wieder zwei Möglichkeiten: Die Handlung wird berührt in Form der äußeren Maße (per modum mensurae) Zeit und Ort (tempus et locus) oder in Form der Qualitätszuweisung (per modum qualitatis actus) der Art und Weise der Handlung (modus agendi). Im zweiten Fall, der Berührung der Ursache, sind gemäß der vier Antworttypen auf Warum-Fragen folgende Möglichkeiten zu unterscheiden: Der Umstand betrifft die causa finalis der Handlung, das Umwillen der Handlung (propter quid), oder er betrifft die causa materialis der Handlung, den Bereich oder das Objekt der Handlung (circa quid), oder aber die causa efficiens der Handlung." Dabei „differenziert Thomas noch innerhalb der causa efficiens. Einmal kann der Umstand den agens principalis berühren, und es ergibt sich die Umstandskategorie ‚quis'; ein anderesmal betrifft er nur die causa adiuvans als causa agentis instrumentalis, so dass sich der Umstand ‚quibus auxiliis' ergäbe".[45] Ich fasse noch einmal mit anderen Worten zusammen: *circumstantia attingit ipsum actum* (*quando, ubi, qualiter*); *circumstantia attingit causam actus* (*gratia cuius, circa quid, quis, quo*) und *circumstantia attingit effectum* (*quid*).

In den vergleichsweise spät entstandenen Quaestiones Disputatae De Malo gliedert Thomas, insbesondere nach De Malo 2, 6c, schließlich wie folgt: *ex parte causa* (*cur, quis, quibus auxiliis*), *ex parte mensurae* (*ubi, quando*) und *ex parte ipsius actus* (*quomodo, circa quid* mit Bezug auf das *obiectum*, und *quod* mit Bezug auf das *effectum*). Demnach liegt hier eine Gliederung vor, die inhaltlich derjenigen aus dem Kommentar zur Nikomachischen Ethik des Aristoteles sehr nahekommt, aber im Vorverständnis und in der Einbettung in den jeweiligen thematischen Kontext durchaus bedeutsame Akzentverschiebungen aufweist.[46]

Auffällig an den unterschiedlichen Gliederungsmodellen ist zunächst, dass Thomas die Herkunft aus der Rhetorik durchblicken lässt, indem er im Sentenzenkommentar auch eine Liste für entsprechende Kontexte bereithält. Für den Bereich der Moral verändert er aber die Grundgliederung von Umstandsmerk-

---

43 Vgl. *In Eth* III, 3, 423f.
44 Vgl. *STh* I-II, 7, 3 c, wo Thomas wörtlich von *attingere* spricht.
45 T. Nisters, *Akzidentien der Praxis*, 167.
46 Vgl. J. Gründel, *Die Lehre von den Umständen der menschlichen Handlung im Mittelalter*, 581–611.

malen, die ursprünglich zweigliedrig gedacht wurden – einerseits aus der Person, andererseits aus der Handlung selbst stammend –, zunächst hin zu solchen, die wiederum zweigliedrig strukturiert werden, einerseits in der Handlung und andererseits außerhalb der Handlung liegend, um schließlich ein dreigliedriges Modell zu formulieren, dass Handlungsumstände danach sortiert, ob sie die Handlung selbst, deren Ursachen und deren Folgen betreffen. Die Veränderungen deuten nun an, dass auf der einen Seite die kausalen und die intentionalen Anteile in der Bestimmung der Handlungsumstände eine eindeutigere Hervorhebung gewinnen. Es ist erkennbar, dass hier klarer anhand der zentralen Handlungselemente sortiert werden soll.[47] Auf der anderen Seite scheinen aber nicht unerhebliche Spannungen des zugrunde gelegten Substanzdenkens für das Bemühen um Gliederung der Handlungsumstände zu entstehen – und zwar aus mehreren Gründen. Erstens, weil das *Wesen* der Handlung und insbesondere seines (formgebenden) Objektes im Rahmen substanzontologischen Denkens nicht hinreichend klar in seiner Intension und Extension bestimmbar zu sein scheint. Thomas rückt zwar selbst tendenziell von den (latent statischen) Denkschemata von Substanz und Akzidens ab, aber freilich ohne sie zu verlassen, und erweitert die Betrachtung um ein Gattung-Art-Schema, das ihm systematisch ertragreicher erscheint. Dennoch zeigt sich die Schwierigkeit, die mit dem akzidentellen Charakter der Umstände bereits präjudizierten gestuften kausalen und intentionalen Handlungsmerkmale für die Handlungsrekonstruktion und Handlungsbewertung zu erheben. Zweitens führt das Substanz-Akzidens-Denken dazu, den Handlungsfolgen, die ja als Umstände bestimmt werden, immer nur eine nachgeordnete und abgeleitete Bedeutung zuzugestehen. Und drittens deutet sich mit dem bisherigen begrifflichen Repertoire nicht wirklich an, wie intersubjektive Relationen von Handlungssubjekten gedacht werden sollen, sodass nicht allein gestufte, sondern darüber hinaus auch ineinander verschränkte kausale und intentionale Felder mehrerer Handlungssubjekte denkbar werden würden. Entgegen einem möglicherweise *prima facie* gewonnenen Eindruck zeigt sich an diesen Gliederungsmodellen aber eine werkgenetische Entwicklung bei Thomas, die handlungstheoretisch durchaus wichtige Weichen gestellt hat.

---

47 Es kann von einer herausgehobenen Bedeutung der Umstände *quid* und *cur* ausgegangen werden, da sie im Rahmen der Bildung eines neuen Handlungstyps die formgebende Funktion des Objekts übernehmen können. Aber wann haben *quid* und *cur* als Umstände substanziellen und wann akzidentellen Charakter – insbesondere im Unterschied zum *finis operis* und zum *finis operantis*? Gibt es entgegen bisheriger Annahmen doch Umstände, die prinzipiell wichtiger sind als andere? Woran bemisst sich aber dann der Unterschied?

3.2.2 Graduierung und Typisierung als zentrale Funktionen von Handlungsumständen

Bevor auf die *Graduierung*, mithin die Milderung oder Erschwerung der Schuld einer Verfehlung, und die *Typisierung*, mithin die Konstituierung neuer Verfehlungstatbestände, anhand von (relevanten) Handlungsumständen genauer eingegangen werden kann, ist zunächst die entscheidende systematische Frage zu stellen, wie relevante von irrelevanten Umständen unterschieden werden können? Welche Kriteriologie bietet Thomas hierzu an? Eine erste, freilich vorläufige, Antwort kann mit den Umstandslisten selber gegeben werden, also einer deskriptiven Klassifizierung relevanter Umstände, die mehr oder weniger Anspruch auf Vollständigkeit erheben.[48] Aber unter welchen Bedingungen sind welche Umstände zurechenbar?

Das Lehrstück von den Handlungsumständen dient wesentlich der Klärung des *Grads der Zuschreibbarkeit* (Imputation) einer Handlung. Daher „sind auch nur die Umstände wichtig, welche eine Handlung insofern berühren, als diese Handlung als *actio proprie humana* willentlich und wissentlich in eben dieser Situation in dieser Art ausgeführt wird"[49]. Der Mensch ist dabei Träger und erste Substanz seiner Handlungen, die dann mitsamt ihren Umständen ihrerseits wieder Akzidentien sind.[50] Dem Menschen wird eine grundsätzliche Freiheit zugesprochen, zu bestimmen, was er tut und unter welchen Umständen er es tut. Erst unter der Annahme verminderter Verantwortlichkeit, wenn also die Zurechenbarkeit nicht mehr einfach vorausgesetzt werden kann, gewinnt die Frage nach der Zurechnung Bedeutung. Dann nämlich wird gefragt, ob im Kontext von Verfehlungen bestimmte Handlungsfolgen, die mit dem Handlungsobjekt im Sinne der Zielerreichung quasi mitgedacht, grundsätzlich aber zu den Handlungsumständen gerechnet werden – vorrangig über das *quid* im Sinne des Taterfolges –, intendiert oder zumindest vorhergesehen wurden bzw. hätten werden können. Auch wenn sich die Frage nach der Verantwortlichkeit für Handlungsumstände, näherhin also die Explikation, ob entsprechende Situationsmerkmale gewusst und

---

48 Zu fragen wäre hier, woran sich die Vollständigkeit bemessen lassen könnte – *quis, quid, ubi, quibus auxiliis, cur, quomodo, quando?*
49 T. Nisters, *Akzidentien menschlicher Praxis*, 21–22.
50 Thomas geht von einer phänomenerschließenden Kraft des Substanz-Akzidens-Paradigmas aus: Handlungen sind Akzidentien, denen wiederum Akzidentien zukommen können. Das ursprünglich von Aristoteles übernommene und zugrunde gelegte Form-Materie-Schema (Hylemorphismus) wird in den späteren Schriften überlagert durch ein Gattung-Art-Schema. Vgl. S. Herzberg, *Was ist Aristotelischer Hylemorphismus?*, in: P. Wallusch/H. Watzka (Hg.), *Verkörpert existieren. Ein Beitrag zur Metaphysik menschlicher Personen aus dualistischer Perspektive*, Münster 2015, 91–107.

gewollt wurden, nicht für alle Umstandsarten gleichermaßen wird beantworten lassen können, so differenziert Thomas entlang der Fragen, ob ein Handelnder einen Schaden vorhergesehen (*nocumentum praevisum*) und beabsichtigt (*nocumentum intentum*) hat, die zentralen Aspekte des *Wissens* und *Wollens*.[51] Damit ist zwar nach wie vor nicht befriedigend bestimmt, welche Umstände unter welchen Bedingungen relevant sind, aber zumindest ist *ex negativo* bestimmt, welche es prinzipiell nicht sind, nämlich solche, die „der Sphäre freier Tatgestaltung entzogen sind; Umstände, die prinzipiell jenseits der Verfügung des Handelnden stehen, seiner Freiheit und Verantwortung entzogen sind"[52]. Auch wenn diese Bestimmung den Folgen einer Handlung bei ihrer Bewertung nur eine relativ schwache Position zukommen lässt, hat Thomas ein begriffliches Instrumentarium bereitgestellt, Graduierungen der subjektiven Zurechenbarkeit von Handlungsfolgen im Sinne von Handlungsumständen zu qualifizieren.[53]

Die Umstände einer Handlung können nun, nach Thomas, ihre Bewertung auf mehrfache Weise beeinflussen: (1) durch Erweiterung ihrer Substanz, sodass ein neues Handlungsgenus entsteht (*species moralis*); (2) wenn eine eigentlich als moralisch gut bewertete Handlung durch Missachtung ihrer situativen Bedingungen moralisch schlecht wird; und (3) wenn eine als Sünde qualifizierte Handlung aufgrund des Umstands schwerer wiegt, dass sie mehrfach begangen wurde (*species theologica*). Auch vermag die Quantität des Objekts als Umstand ihre Sündhaftigkeit zu erhöhen.[54] Die Bestimmung der Schwere einer Sünde bzw. des Grads der Tugendhaftigkeit einer moralisch guten Handlung setzt allerdings ihre grundsätzliche Qualifizierung als gut bzw. schlecht bereits voraus. Die systematisch entscheidenden ersten beiden Denkfiguren sollen nachfolgend noch etwas genauer expliziert werden:

---

51 Vgl. *STh* I-II, 73, 8. Hier wird das berührt, was in moderner Strafrechtssystematik als *Dolus- bzw. Vorsatzlehre* gefasst wird und auf die Erhebung von „Wissen und Wollen der Tatbestandsverwirklichung" (BGHSt 19, 295, 298) zielt und zusammen mit der Lehre von der *Fahrlässigkeit*, die ihrerseits Sorgfaltspflichten markiert, die subjektive Einstellung und das subjektive Verhältnis zum Tatbestand zu erheben sucht.
52 T. Nisters, *Akzidentien der Praxis*, 32. In FN 23 heißt es weiter: „Nicht zugerechnet wird solches, was dem Handelnden insgesamt natural, d.i. per se und ut in pluribus zukommt. Zugerechnet wird ihm, was er aus eigener Verhaltensherrschaft wählt, was ihm also nicht natural, per se und ut in pluribus zukommt. Das aber hindert nicht, dass er etwas frei wählt, dem dann wiederum vieles per se und ut in pluribus zukommt."
53 Trotz und gerade auf dem Hintergrund der erwähnten Differenzierungen möchte Thomas an der *Einheit der Handlung* festhalten. Vgl. dazu C. Schröer, *Quid Agitur. Zum Begriff der Handlung bei Thomas von Aquin und in der modernen Handlungstheorie*, in: Thurner, M. (Hg.), *Die Einheit der Person*, Stuttgart 1998, 254–262.
54 Vgl. *STh* I-II, 18, 11.

Handlungstypisierung und Handlungsspezifikation durch Umstände
Entgegen bestimmter Vorstellungen, wonach Handlungsumstände als Akzidentien vermeintlich keine Spezifikation zu leisten vermögen und daher *eo ipso* untauglich wären, Handlungstypen zu unterscheiden[55] – hier erwähnt Thomas zunächst ontologische und wissenschaftstheoretische Bedenken, wonach eine wissenschaftliche Begrifflichkeit Handlungen eindeutig subsumieren können müsse –, ist er dennoch der klaren Überzeugung, dass Umstände sehr wohl die Art der Handlung festlegen können. Ein klassisches, von Thomas selbst verwendetes Beispiel ist der an einem heiligen Ort vollzogene Diebstahl, der aufgrund des besonderen Ortes das Genus des Sakrilegs zu begründen vermag.[56] Die handlungstypisierende Kraft der Umstände deutet Thomas als spezifischen Widerspruch (*repugnantia specialis*) gegen die Vernunftordnung (*ordo rationis*).[57] Wird aber von artändernden bzw. artbildenden Umständen gesprochen, dann steht zunächst eine sittlich qualifizierte *actio* immer schon vor Augen, sie wird quasi vorausgesetzt. Eine Reflexion auf Handlungsumstände versucht dann, das Verhältnis einer je konkreten Situation dazu zu bestimmen.

Welche Umstände spezifizieren aber? Derjenige Umstand, durch den eine *repugnatio specialis* vorliegt. „Jeder Umstand – gleich welcher Gruppe zugehörig – kann artbildend wirken, sobald er der Ordnung der Vernunft insofern widerstreitet, als er in Konflikt mit einer besonderen Anordnung oder Regelung der praktischen Vernunft tritt. [...] Eine *repugnatio specialis* liegt dann vor, wenn ein Handlungsmerkmal aus sich heraus gegen eine Norm verstößt. Es liegt ein absoluter Widerspruch zu einem sittlichen Gebot vor. Auch dann, wenn kein weiteres verwerfliches Merkmal hinzutritt, ist die Handlung aufgrund des zur Diskussion stehenden Umstandes zu missbilligen."[58] In Fällen der Spezialrepugnanz kann daher die Art (Sakrileg) widerspruchsfrei zur (eigenständigen, neuen) Gattung (Diebstahl) werden. So gehört das Sakrileg sicher als Art zur Gattung Diebstahl, aber kann unter bestimmten Umständen eben womöglich auch als Gattung selbst verstanden werden.[59] Hier ist es quasi die – im Rahmen der Handlungsumstände – erfasste Art und Weise der Tatausübung, die spezifiziert. „Wenn ein Umstand eine Spezialrepugnanz importiert und somit spezifiziert, dann kann er als zentrale

---

55 Vgl. etwa *STh* I-II, 18, 10, 3 oder *STh* I-II, 7, 2, 2.
56 Vgl. *STh* II-II, 66, 3 und *STh* II-II, 99, 1c.
57 Vgl. *STh* I-II, 73, 7 und T. Nisters, *Akzidentien der Praxis*, 39 ff.
58 T. Nisters, *Akzidentien der Praxis*, 46–47 mit Verweis auf *STh* I-II, 18, 10c und I-II, 73, 10c.
59 Auf diese Weise können daher – unter Rekurs auf die gesonderten Anforderungen an die Begriffsbildung praktischer Vernunft (vgl. *STh* II-II, 154, 1) – Merkmale unterschiedlichster Lasterkreise in einer Handlungsbeschreibung zusammenkommen, ohne begrifflich inkonsistent zu werden.

Bedingung des Objekts interpretiert werden."[60] Allerdings spezifiziert ein Umstand nur dann, wenn er *eo ipso* eine Normverletzung darstellt.[61] Das kann auf verschiedene Weise geschehen. Thomas erwähnt – im Sinne einer Differenzierung der Repugnanzlehre – zwei Arten, die sich jeweils in zwei Unterarten differenzieren:[62]

(1) kann ein *echtes Art-Gattungsverhältnis* bestehen, das einmal a) *materialiter* vorliegen kann, wenn der relevante Umstand als Merkmal des Handlungsobjekts selbst verstanden wird. „Hier richtet sich das Analyseverfahren ganz auf das obiectum actionis. Bisweilen nämlich weist das Handlungsobjekt Eigenschaften auf, welche dann zu einem speziellen Normverstoß führen, wenn am Objekt eine bestimmte Handlungsart ausgeführt wird."[63] Das echte Art-Gattungsverhältnis kann aber auch b) *formaliter* zur Spezifikation führen, wenn Merkmale Objekten auf andere Weise als materialiter anhängen.

(2) kann *kein echtes Art-Gattungs-Verhältnis* bestehen, nämlich genau dann, wenn Objekt und Gesamthandlung nicht im Vordergrund stehen und Akzidentien denkbar sind, die Objekt anderer Handlungen sein können: so kann einmal a) ein neuer Handlungstyp gebildet werden, wenn eine Normverletzung wegen einer anderen Normverletzung ausgeführt wird.[64] Auf diese Weise können dann unterschiedliche Normverstöße und Verletzungen von Rechtsgütern in Deliktgruppen zusammengefasst werden (gegen das Leben, körperliche Unversehrtheit, etc.), die dann wiederum Taten unterschiedlichster Schweregrade umfassen können.[65] Ferner ist b) denkbar, „dass ein Akzidens des Ursprungsdelikts zum Objekt des abgeleiteten Objekts wird, ohne dass das Ziel als *obiectum actus interioris* ins Spiel käme"[66]. Gemeint ist hier die Frage, inwieweit ein Normverstoß als eine Art eines Mutterdelikts interpretiert werden kann, oder eigenständiger als eine Art Tochterdelikt. Entscheidend ist aber, dass lediglich unter (1a) und (1b) spezifizierende Umstände als Bedingung des Objekts gedacht sind. Thomas

---

60 T. Nisters, *Akzidentien der Praxis*, 49 mit Verweis auf De Malo 2, 7.
61 Vgl. *De Malo* 2, 7, c: „[...] importat aliquid repugnans rationi primo et per se".
62 Vgl. *STh* I-II, 18, 10 und *STh* I-II, 73, 7; eine Ausdifferenzierung der Repugnanzlehre findet sich in *De Malo* 2, 6 und 7 im Kontext der Frage, wie ein Umstand die Wesensart einer Sünde bestimmen kann.
63 T. Nisters, *Akzidentien der Praxis*, 50.
64 So kann ein Diebstahl im Kontext einer Entführung stattfinden. Die Entführung ist dann Akzidens des Diebstahls, aber als Objekt der eigentlichen Intention (*actus interior*) gibt sie den Gesamtcharakter der Handlung vor. Der Charakter der relevanten Tat ist dann primär aus dem Ziel der Basishandlung ablesbar.
65 Es steht zu vermuten, dass das für Thomas selbst einschlägige Vorbild für solche Rechtsgüterordnungen der *Dekalog* war. Vgl. zur Debatte T. Nisters, *Akzidentien der Praxis*, 51, FN 89.
66 T. Nisters, *Akzidentien der Praxis*, 53 mit Verweis auf *De Malo* 2, 6, ad 2.

scheint hier keine strikte Trennung von Objekt und Umständen vorzunehmen und den Umständen zudem eine spezifizierende, artbildende Potenz zuzuerkennen. Umstände können zwar mitunter zum Objekt einer Handlung gerechnet werden, können aber auch, etwa bei *cur*, selbständig im Zweck erscheinen. „Umstände führen dann zur Bildung neuer Handlungsarten, wenn diese Umstände aus sich und für sich in selbstständigem Widerspruch zu dem stehen, was praktische Vernunft gebietet, wenn durch sie eine Spezialrepugnanz importiert wird. Die Frage, ob eine Handlung etwas birgt, was der Vernunftordnung widerstreitet [...], ist nicht nur an das Objekt selbst, nicht nur an das Ziel, sondern auch an die Umstände zu stellen [...]."[67]

Graduierung und Privilegierung durch Umstände

Neben der Qualifikation neuer Handlungstypen durch artändernde Umstände im Rahmen einer Spezialrepugnanz geht es hier nun nicht um die Generierung neuer Unrechtstatbestände durch Rekurs auf Umstände, sondern um deren Gewichtung bei bereits vorliegender Repugnanz. Es geht um die schon mehrfach erwähnten erschwerenden und mildernden Handlungsumstände: „Ein Umstand erschwert dann, wenn er nicht aus sich und für sich einem sittlichen Gebot widerstreitet, sondern dies nur unter Voraussetzung bereits vorliegender Repugnanz tut."[68] Es könnte von einer *konditionalen Repugnanz* gesprochen werden.[69] Die Beachtung der Umstände zur Gewichtung von Normverstößen ist Kern des Anliegens: „Um zu verstehen, wieso zwei Normverstöße unterschiedlich schwer wiegen, reicht es offenbar nicht hin, die böse Handlung allein als Normverstoß zu bestimmen."[70] Aus der Gewichtung von Normverstößen anhand von Umständen soll sich daher, so die Idee, eine Graduierung der Höhe bzw. Schwere des Unrechts bzw. vorsichtiger des Normverstoßes ableiten lassen. Systematisch wird hier auf die Relation von (Einzel-) Handlung und Norm respektive (konkretem) Normverstoß und subjektiver Schuld abgehoben.[71] So wird zwar ein Gelegenheitsdieb genauso wie ein professioneller Hehler den Unrechtstatbestand des Diebstahls erfüllen, aber erst die Berücksichtigung der konkreten Umstände (wiederholte Ausführung, Wert des Diebesgutes etc.) erlaubt eine Bestimmung der jeweiligen Schwere. Zentral ist hier allerdings, zusätzlich einen Begriff desjenigen *Schutzgutes* in die Abwägung

---

67 T. Nisters, *Akzidentien der Praxis*, 55.
68 T. Nisters, *Akzidentien der Praxis*, 56.
69 Der Ausdruck *repugnantia conditionalis* stammt allerdings nicht von Thomas von Aquin selbst, sondern ist von Thomas Nisters in Analogie zur *repugnantia specialis* gebildet worden.
70 T. Nisters, *Akzidentien der Praxis*, 57.
71 Vgl. etwa *STh* I-II, 73, 2, *STh* I-II, 72, 9 und *STh* I-II, 73, 7.

aufzunehmen, das die betroffenen Normen jeweils schützen sollen.⁷² Im Rahmen einer Deliktgewichtung über die Ranghöhe desjenigen Gutes, welches von der verletzten Norm geschützt werden soll, können dann Umstände das Schutzgut der Norm zusätzlich malifizieren. Daher sind auch im Sinne einer umfassenden Bewertungsgrundlage immer mindestens drei Glieder im Blick zu behalten: erstens die *Handlung*, zweitens die *Norm* und drittens das *Schutzgut* (Wert). Dabei wurde bereits entfaltet, dass nach Thomas eine moralisch als gut erachtete Handlung durch entsprechende Umstände zwar zu einer schlechten bzw. schlechteren zu werden vermag – im Sinne von als fehlend, aber erforderlich gedachten Umständen (*circumstantiae debitae*) –, eine moralisch schlecht bewertete Handlung aber aufgrund bestimmter Umstände nicht zu einer guten werden kann.⁷³ Mildernde Umstände sind dann im Unterschied zu den erschwerenden Umständen solche, die berechtigte Zweifel an der jeweils konkreten Fähigkeit zur grundsätzlich unterstellten willentlich-rationalen Handlungskontrolle erkennen lassen – sei es aus Unkenntnis, Fahrlässigkeit, Zwang oder die Entscheidungs- und Steuerungsfähigkeit anderweitig einschränkenden Bedingungen, etwa starke Affekte oder bestimmte Notlagen.

Fassen wir den bisherigen Stand der Argumentation zusammen: Es können drei Möglichkeiten benannt werden, wie Umstände das moralische Gewicht der Verfehlung erschweren können: erstens durch Spezialrepugnanz, zweitens durch bedingte Repugnanz und drittens durch Multiplikation des entsprechenden Verfehlungsgehaltes.⁷⁴ Dabei sind nicht alle erschwerenden bzw. mildernden Umstände allein über die Repugnanzlehre zu erklären. Bei Thomas gibt es darüber hinaus Hinweise dafür, Handlungsumständen noch einen weiteren argumentationslogischen Stellenwert zuzuerkennen, nämlich den Status als *Zeichen (signum) für subjektive Schuld*, als äußere Hinweise über subjektive Schuld im Kontext objektiver Vergehen. Objektives Unrecht bzw. mehrdimensionale Normverstöße können demnach über die Repugnanztheorie erklärt werden, darüber hinaus können Umstände aber auch als Zeichen verstanden werden im Sinne von

---

72 Im konkreten Fall des Diebstahls wäre daher eine hinreichend klare Bestimmung des Rechtsgutes des Eigentums zentral.
73 Vgl. etwa *STh* I-II, 18, 4, ad 3.
74 Vgl. dazu *STh* I-II, 18, 11, *De Malo* 2, 6 und *STh* I-II, 73, 7c, ebenso T. Nisters, *Akzidentien der Praxis*, 136: „Ein Handlungsumstand erschwert dann, wenn er dazu angetan ist, das von der Norm geschützte Gut tatsächlich oder in Form konkreter oder abstrakter Gefährdung nachhaltiger zu verletzen, als dies die einfache Missachtung der Norm getan haben würde. Ein Handlungsumstand spezifiziert dann, wenn er aus sich heraus einen Normverstoß impliziert, schutzgutmäßig eine zusätzliche Angriffsrichtung einschlägt, und zwar in Form gleichartiger oder ungleichartiger Spezialrepugnanz." Und als einen der wenigen jüngeren Beiträge zum Thema S. J. Jensen, *Do Circumstances Give Species?*, in: *The Thomist* 70 (2006), 1–26.

Indizien für subjektive Schuld. Damit werden äußere Umstände (*signa exteriora*) zu anzeigenden Indizien subjektiver Willens-Schuld.[75] Thomas diskutiert das etwa anhand des Verhältnisses von Vernunftvermögen, Wille und dem Zustand der sogenannten *passiones animae*, der Leidenschaften der Seele, im Rahmen seiner Affektenlehre.[76] Ein weiteres zentrales Moment der thomanischen Ethik, das mit der Lehre von den Handlungsumständen zusammen gedacht werden muss, ist der ganz grundlegende Glücksbezug allen Handelns, eine (normative) *Teleologie menschlicher Existenz*, die nicht selten in diesem Zusammenhang übersehen wird. „Indem Umstände verursachen, dass ein Gut besonders heftig korrumpiert wird (*repugnantia conditionalis*), oder gar einen mehrdimensionalen Einbruch in den Bereich schutzwürdiger Werte bewirken (*repugnantia specialis*), zerschlagen sie die Pfeiler einer insgesamt geglückten Lebensgestaltung."[77] Das heißt, eine Reflexion auf die Handlungsumstände ist auch aufgrund des grundlegenden Glücksbezugs alles menschlichen Handelns von Relevanz.

3.3 Handlungsumstände und Töten versus Sterbenlassen

Der Versuch einer Anwendung der thomanischen Lehre von den Handlungsumständen auf die Unterscheidung der Handlungstypen des Tötens und Sterbenlassens hat zunächst einige Voraussetzungen zu benennen. Dass Handlungsumstände zur moralischen Bewertung einer Handlung für Thomas von Relevanz sind, steht außer Frage, sie bleiben aber vom Grundsatz her akzidentell, denn eine Handlung gewinnt nach Thomas vom *obiectum* der Handlung – und der *intentio* des/der Handelnden – seine zentrale moralische Bestimmung (*species*) und nur mit Ausnahme der (potentiell artbildenden) Spezialrepugnanz, das heißt einer Normverletzung durch einen Umstand selbst, über die Handlungsumstände. Dabei ist die Figur der Spezialrepugnanz vollständig von den vorausgesetzten Normbildungen abhängig, vermag also handlungstheoretisch – mithin vorgängig

---

[75] Vgl. dazu J. Gründel, *Die Lehre von den Umständen der menschlichen Handlung im Mittelalter*, 216 ff.
[76] Er unterscheidet demnach *passiones*, die dem vernünftigen Wollen vorausgehen von solchen, die ihm nachfolgen; nur erstere vermögen nun eine geringere Verantwortung zu begründen, letztere dagegen eher noch den Schuldspruch zu verschärfen – und zwar auf zwei Weisen: 1) über den vorausgesetzten Einfluss rationalen Strebens auf den Affekt, sodass sich am Zustand der *passiones* zeigt, wie stark das Wollen bereits einem (rationalen) Ziel zugewandt ist; und 2) weil die *passio* ihrerseits gewollt wird. Vgl. *STh* I-II, 22–48.
[77] T. Nisters, *Akzidentien der Praxis*, 61.

zu den Bewertungsfragen – von sich aus kaum etwas zur Differenzierung von Handlungstypen beizutragen.

Wenn nun exemplarisch etwa an einen Arzt gedacht wird, der vor der Frage steht, ob ein potentieller Behandlungsabbruch gegenüber einem schwerkranken Patienten als Töten oder als Sterbenlassen zu qualifizieren wäre, dann müsste im Sinne der thomanischen Umständelehre zunächst gefragt werden, wie überhaupt die artgebende Substanz zu bestimmen ist, wie also das *Objekt* und dann aber auch die *Intention* aller an der Handlung Beteiligten zu qualifizieren sind, insbesondere unter der Voraussetzung, dass die Handlungsfolgen zu den Umständen gerechnet werden müssten.

Bei der *Intention* könnten noch *gestufte Intentionalitäten* helfen, wonach die Intention(en) des/der unmittelbar Betroffenen, so sie ermittelbar ist, im Sinne der Patientenautonomie natürlich vorrangig, die des Arztes und weiterer (handlungstheoretisch) Betroffener nachrangig zu behandeln wäre. Bei der Bestimmung des mutmaßlichen Willens werden darüber hinaus auch nicht selten anderweitige (verdeckte oder nur latent greifbare) Intentionalitäten zur Abwägung beitragen. Bei einer Tötungshandlung wäre dann der Tod intendiert, entweder durch aktives Tun oder durch passives Unterlassen; beim Sterbenlassen dagegen wäre, wiederum entweder durch aktives Tun oder durch passives Unterlassen, der Tod nicht direkt intendiert, sondern im Rahmen eines Sterbeprozesses eine in Kauf zu nehmende Wirkung einer primär als palliativ intendierten Behandlung, also zunächst als ein Umstand zu deuten. Schwieriger wird es beim *Objekt*, da hier unter anderem die schon erwähnte teleologische Substanzontologie stark zum Tragen kommt, die *idealiter* zwar jede Handlung bestimmt, die auch alle Handlungen miteinander auf ein Letztziel hin verbindet, die aber zur Rekonstruktion von Einzelhandlungen nicht wenige Fragen aufwirft, insbesondere, weil sie aus sich heraus kaum zur Analyse der Kausalgeschichte einer Handlung beizutragen vermag. Wie und anhand welcher Kriterien bestimmt sich das Objekt, gerade wenn von den normativen und teleologischen Gehalten zunächst abgesehen wird? Und vor allem müsste dann auch eine genaue Verhältnisbestimmung der Umstände zum *finis operis* und *finis operantis* gedacht werden können. Inwiefern sind nämlich *quid* und *cur* nur als Umstände zu fassen und unter welchen Voraussetzungen werden sie artbildend? Insgesamt scheint es, so könnte zumindest ein Blick auf das begriffliche Repertoire der Umständelehre des Thomas lehren, gar nicht so klar zu sein, wie anhand der Handlungsumstände distinkte Handlungstypen rekonstruierbar sein sollen, auch wenn einzelne kausale und intentionale Stränge durchaus phänomengerecht abgebildet werden können. Ein weiterer limitierender Faktor dürfte auch darin zu suchen sein, dass Thomas Unterlassungshandlungen noch ontologisch in die Privationslehre einkleidet und ihm daher, so scheint es, noch keine distinkte Unterscheidung der Handlungmodi des Tuns und des Unterlassens zur kausalen und intentionalen Handlungsanalyse zur Verfügung stand, auch wenn er die Phänomene selbst sicher kannte.

Wenn also eine Handlung der *species* nach als Tötungshandlung bestimmt werden kann, und diese (vorgängig) als moralisch schlecht qualifiziert wird, dann können spezifische Umstände, die diese Handlung berühren – ursächlich, in der Folge oder als spezifische Qualität –, daraus nicht eine moralisch besser qualifizierte Handlung machen, sondern zunächst nur klären helfen, ob und inwieweit sie zurechenbar ist. Tötungshandlungen sind für Thomas, von Ausnahmen abgesehen, moralisch schlecht. So gesehen sind auch keine Umstände denkbar, die eine entsprechende Handlung moralisch gut machen könnten. Die entscheidende Frage ist in diesem Zusammenhang aber, anhand welcher Merkmale diese *species* bestimmt wird.

Auch wenn sich Thomas von Aquin *expressis verbis* nicht über die Differenzierung von Töten und Sterbenlassen ausgelassen hat, könnte zwar noch von einer Spezialrepugnanz gesprochen werden, wenn eine Normverletzung gegenüber der ärztlichen Indikation angezeigt wäre, da hier ein Umstand *eo ipso* artbildend wirkt. Weiter könnte gefragt werden, ob sich der Umstand (*quis*), dass es ein Arzt ist, der sich seine Handlungsoptionen vor Augen führt, aufgrund seiner Garantenstellung gegenüber dem Schutzgut des Lebens schwerer wiegt. Aber die normativen Fragen, wie eine Tötung moralisch zu qualifizieren ist und wie sie als solche bestimmt werden kann, werden von Thomas für seine Umständelehre quasi immer schon vorausgesetzt – Einzelhandlungen werden dann dazu allererst ins Verhältnis gesetzt, um prüfen zu können, ob Normverletzungen vorliegen oder nicht.

4 Zusammenfassung und wirkungsgeschichtlicher Ausblick

Thomas geht es in einem übergeordneten Sinne mit seiner Lehre von den Handlungsumständen um eine umfassende „Zielerreichungs- und Bewertungsrelevanz von Umständen"[78], nicht allein um Entschuldigungsgründe im engeren Sinne, wiewohl diese dennoch von herausgehobener Bedeutung sind. Er legt dabei großen Wert auf die innere Systematik der sieben Umstände, die insgesamt als *extra actum* bestimmt werden, wonach sie in der Regel nicht zur Definition der Handlung notwendig sind (Umstände im engeren Sinne). Es gibt aber auch artändernde Umstände, die eine qualitative (sittliche) Veränderung der Handlung bewirken (Umstände im weiteren Sinne). Handlungsumstände beziehen sich

---

[78] T. Nisters, *Akzidentien der Praxis*, 171, FN 238.

ferner auf alles, was die Handlung irgendwie berührt: erstens die Ursache (*causa*), zweitens die Wirkung (*effectus*) und drittens die spezifische Qualität (*qualitas*) der Handlung selbst.

Charakteristisch für die thomanische Ethik im Rahmen seiner Lehre von den Handlungsumständen sind dabei zwei Aspekte: (1) die „Ausrichtung am Sein als der sachgemäßen Wirklichkeit" und (2) ihre „Orientierung an der Person mit all ihren subjektiven Faktoren"[79]. Damit wird nun – als eine der ganz wesentlichen Voraussetzungen – nicht die abstrakte, sondern die konkrete (!) Natur des Menschen in ihren körperlichen, seelischen und geschichtlichen Umständen betrachtet und für die Handlungsbeurteilung fruchtbar gemacht.[80] Auf diese Weise vermag das Lehrstück von den Handlungsumständen eine Verzahnung des objektiven Tatbestands mit Fragen subjektiver Schuldhaftigkeit zu leisten. Dies wird insbesondere über drei Theorieelemente möglich: 1) die Repugnanztheorie, der es um die möglichen Verhältnisse der Handlungsumstände zur Handlung selbst geht – im Kontext von Verletzungen der Vernunftordnung, mithin Normverletzungen, durch Umstände aus sich heraus, 2) die Umstandslisten, die zur Wahrnehmung der Komplexität phänomenadäquater Handlungsrekonstruktion anleiten wollen, und 3) die Indiztheorie subjektiver Schuld, wonach die Handlungsumstände vorsichtig als Zeichen (*signa*) individueller Schuld zu deuten sind. „Dabei konkretisiert Thomas bewertungsrelevante Umstände nicht primär materialiter; er stellt formaliter eine Theorie mittlerer Allgemeinheit auf, welche solche Konkretion zu führen vermag, ohne sie zu gängeln."[81] Diese Allgemeinheit in der Form und eine inhaltliche Abstinenz, was Kriterien der konkreten Anwendbarkeit der erwähnten Umstandslisten anbelangt, dürfte daher nicht zufällig gewählt sein, sondern eine bestimmte Funktion erfüllen. Statt inhaltlich bestimmen zu wollen, welche Umstände eine Normverletzung erschweren oder erleichtern und welche Umstände wann neue Deliktarten konstituieren, scheint Thomas ein Modell zur Handlungsrekonstruktion und Handlungsbewertung anbieten zu wollen, welches in der Lage ist, veränderte normative Qualifizierungen zu integrieren. Damit versucht er zwei Übel zu vermeiden: 1) eine schematische Anwendung abstrakter Normen auf den Einzelfall. Stattdessen fordert er, alle konkreten Handlungsumstände zu beachten; und 2) eine latent irrationale und willkürliche, weil nicht nach klaren Kriterien typisierte Situationsbewertung. „Thomas' Theorie der Handlungsumstände meidet diese Extreme, indem sie

---

[79] Jeweils J. Gründel, *Die Lehre von den Umständen der menschlichen Handlung im Mittelalter*, 641.
[80] Vgl. E. Grunert, *Objektive Norm, Situation und Entscheidung. Ein Vergleich zwischen Thomas von Aquino und Karl Jaspers*, Bonn 1953, 29 f.
[81] T. Nisters, *Akzidentien der Praxis*, 186.

Kategorien bereitstellt, mit deren Hilfe konkret-gerechte Einzelfallbewertung argumentativ vertretbar und an vertretbare rationale Sachgründe gebunden bleibt."[82] Damit kann es als *locus classicus* der Lehre von den Handlungsumständen gelten, entlang ihrer Systematik und begrifflichen Kriteriologie *schuldindizierende Tatumstände auf rational nachvollziehbare Weise abwägen zu können*. Im Zuge dieser Abwägungen können dann Handlungsumstände durchaus auch *zurechnungsausschließende Kriterien* liefern, wenn die subjektiven Fähigkeiten der Kontrolle und Steuerung (von normrelevanten Umständen) nachvollziehbar vermindert oder im je konkreten Fall auch überhaupt nicht vorhanden waren. Ein interessantes Detail dürfte es dabei sein, dass eine über die Lehre von den Handlungsumständen geleitete Situationsabwägung und Handlungsevaluation vorwiegend *ex post* stattfindet, kaum aber für eine Bewertung *ex ante* herzuhalten vermag.[83]

Darüber hinaus ist der Bezug der Lehre von den Handlungsumständen auf eine *normative Teleologie*, die den Zielhorizont und den letzten Sinn und Zusammenhang der vielen Einzelnormen markiert, für Thomas ausgesprochen wichtig und systematisch unverzichtbar. „So dient die Repugnanzlehre nicht bloß deskriptiv-analytisch dazu, tatbestandskonstitutive Merkmale von qualifizierenden Umständen zu sondern. Vielmehr muss die Repugnanzlehre eingebettet bleiben in und bezogen werden auf eine normative Theorie über das Ziel der Normen, in denen peccata specialia verboten werden."[84] Inhaltlich dürfte hier neben den je neu zu konkretisierenden Bestimmungen der *lex humana* auch an Vorstellungen von der Vollendung der menschlichen Wesensnatur zu denken sein.

So zeigt sich die klassische Lehre von den Handlungsumständen bei Thomas als durchaus leistungsfähig zur Beschreibung und Bewertung von Handlungen, kennt aber auch einseitige Lesarten, von denen zumindest drei noch kurz benannt werden sollen: der Gefahr einer *Inflationierung neuer Unrechtsarten*, die die von

---

82 T. Nisters *Akzidentien der Praxis*, 187.
83 Thomas nennt als Ausnahme die „brüderliche Zurechtweisung" (*correctio fraterna*), vgl. STh II-II, 33, 1c.
84 T. Nisters, *Akzidentien der Praxis*, 188. Dieses Denken ist auch der Systematik modernen Strafrechts nicht gänzlich fremd, das bekanntlich ein dreistufiges Beurteilungsverfahren für Delikte kennt: 1) Tatbestandsprüfung, 2) Prüfung der Strafbarkeit und 3) Festlegung der Schuld. Das *Objekt* und die *Intention* der klassischen Lehre von den *Quellen der Moralität* können als Teil der Tatbestandserhebung verstanden werden, während die *Umstände* dagegen in der Regel als Teil der Prüfung auf Strafbarkeit aufgefasst werden können und damit auch der Quantifizierung von Schuld dienen. So kann etwa der Tatbestand des Totschlags zwar erfüllt, aber aufgrund des Umstands der Notwehr oder des rechtfertigenden Notstands nicht strafbar sein. Erst nach der Prüfung auf Tatbestandsmäßigkeit und Strafbarkeit erfolgt auf deren Hintergrund die Schuldbemessung.

Thomas eröffnete Typisierung quasi auf die Spitze treiben könnte und nicht abschließbare Konkretisierungen verlangen und damit auch eine „leerlaufende Kasuistik"[85] begünstigen könnte, kann mit dem Gegenmittel der Zusammenfassung von Deliktarten angemessen begegnet werden. Die kritische Anfrage der *Uneindeutigkeit* dagegen, wonach durchaus gegenläufige Wertungen der Umstände denkbar sind, sollte positiv gewendet werden. Demnach eröffnet die inhaltliche Nichtfestgelegtheit der Repugnanzlehre, wie bereits erwähnt, in ihrer formalen Struktur die Möglichkeit der flexiblen Anwendbarkeit mit Blick auf unterschiedliche normative Hintergrundannahmen. Dennoch muss eine Abhängigkeit von einem unter scholastischen Voraussetzungen stehenden *ordo rationis*, einer bestimmten Vernunftordnung, festgehalten werden, die sich einerseits auf Vorstellungen über die Funktion praktischer Vernunft bezieht, andererseits aber auch normative Gehalte über das Gelingen und die Vollendung menschlicher Existenz transportiert, die durchaus einer modernen Relektüre bedürfen.[86]

Einer (neuscholastischen) Versuchung zur Überbetonung der Handlungsbeurteilung allein über das Objekt der äußeren Handlung unabhängig von den willentlichen Zwecksetzungen (der inneren Objekte) und ohne angemessene Beachtung der Handlungsumstände kann allerdings, wie hoffentlich gezeigt werden konnte, zurückgewiesen werden. Eine Wiederaneignung der thomanischen Position könnte hier korrigieren. Denn: „Eine Theologische Ethik, die in ihrer Handlungslehre im Anruf der jeweiligen Situation Gottes Willen vernimmt, richtet das Handeln an der Wirklichkeit aus. Alle sittlich bedeutsamen Umstände sind zu berücksichtigen."[87] Eine angemessene Berücksichtigung sittlich relevanter Umstände muss dabei auch überhaupt nicht, wie ein immer wieder geäußerter Verdacht insinuiert, in eine Situationsethik abgleiten, die sich nicht mehr offen zeigt für objektive (und universale) Bestimmungen von Gut und Böse. Auch dürfte damit der Einfluss einer neuscholastischen oder thomistischen Aktmoral begrenzt werden, die den Möglichkeiten spekulativ-deduktiver Ableitungen mitunter zu viel zugetraut hat und die Wirkmächtigkeit der realen Umstände eines konkreten (situativen und biographischen) Handlungskontextes in ihrer Komplexität und ihrer Bedeutung für die Handlungsbewertung unterschätzt hat.

---

85 Vgl. T. Nisters, *Akzidentien der Praxis*, 121–135, hier 121 und 135, wo er ganz im Sinne des Arguments schreibt: „Normen dürfen nicht Gängelband sklavischer Vollstreckungsmentalität sein. Sie sollen Richtmaß kluger Situationsabwägung werden."
86 Vgl. dazu grundlegend R. McInerny, *Vernunftgemäßes Leben. Die Moralphilosophie des Thomas von Aquin*, Münster 2000, C. Schröer, *Praktische Vernunft bei Thomas von Aquin*, Stuttgart 1995 und M. Rhonheimer, *Praktische Vernunft und Vernünftigkeit der Praxis. Handlungstheorie bei Thomas von Aquin in ihrer Entstehung aus dem Problemkontext der aristotelischen Ethik*, Berlin 1994.
87 J. Gründel, Art. *Handlungsumstände*, 1181.

Umgekehrt aber mahnt der akzidentelle und nur in spezifischen Konstellationen die Substanz der Handlung bestimmende Charakter der Umstände, ihnen argumentationslogisch nicht zu viel Gewicht zu geben und darüber die Prüfung der normativen Bestände, die ihre Anwendbarkeit voraussetzen muss, nicht zu vergessen. Ihr akzidenteller Charakter gibt Ihnen einen vergleichsweise schwachen, nachgeordneten, aber freilich unverzichtbaren Status bei der Handlungsbewertung, auch und gerade wenn ihnen unter bestimmten Bedingungen eine artändernde Bedeutung zugesprochen wird.[88]

So scheint es auf dem Hintergrund der bisherigen Ausführungen ausgesprochen lohnend, die thomanischen Reflexionen zu den *Umständen* einer Handlung mit denjenigen Aspekten systematisch zusammen zu denken, denen Thomas auf der einen Seite einen *kausal-ursächlichen Einfluss* auf die Handlung zuerkennt und denjenigen, die für ihn als Wirkung und Effekt der Handlung zu denken sind und dieser allererst nachfolgen. Damit wäre auch eine Prüfung der thomanischen Handlungslehre auf Anschlussfähigkeit mit modernen (kausalanalytischen) Handlungstheorien möglich, was insgesamt einer vielversprechenden Wiederaneignung der Lehre von den *actiones humanae* dienen könnte.[89]

---

[88] In diesem Zusammenhang wäre auch zu prüfen, ob die Rede von den *„mildernden Umständen"* im Rahmen der klassischen Lehre von den Handlungsumständen insbesondere mit *Strafmilderungsgründen* verbunden war, aber nicht mit *Schuldmilderungsgründen*, wovon Johannes Gründel auch mit Blick auf historische Reminiszenzen an die damalige Beichtpraxis ausgeht (vgl. J. Gründel, *Die Lehre von den Umständen der menschlichen Handlung im Mittelalter*, 84). Die erheblichen Konsequenzen lassen eine genaue Prüfung angezeigt sein. Wo eine willentlich-rationale Steuerung relevanter Handlungsumstände tatsächlich unterminiert ist, muss allerdings auch von Schuldminderungsgründen ausgegangen werden.
[89] Vgl. etwa C. Kanzian, *„Species Actus Dupliciter Considerari Potest"*, 60 und insgesamt C. Schröer, *Quid Agitur*, 245–262.

Norbert Brieskorn
Francisco Suárez über den Suizid

Einleitung

Francisco Suárez lebte vom 5. Januar 1548, geboren in Granada, bis zum 25. September 1617, gestorben in Lissabon. Er sucht mit Hilfe des philosophischen und theologischen Denkens Antworten auf die Fragen seiner Zeit, die zunehmend geistig unruhiger wird. Er vollzieht diese Aufgabe sehr gründlich, ausgiebig und nachvollziehbar. Auch darf man ihn einen der wirkungsgeschichtlich einflussreichsten jesuitischen Wissenschaftler nennen.[1] Sehen wir dies genauer an.

Es geht ihm vorrangig um den Menschen und seine grundsätzliche Lebensgestaltung vor Gott. Wer sie denkerisch genau durchprüft, stellt sich auch der Frage, ob und wann und wie der Mensch zum Ende seines biologischen Lebens Stellung gewinnen und beziehen soll. Seine Antworten unterteile ich thematisch in die Fragen und gebe auf sie kurz Antwort:

Frage 1. Welches ist der Rang des menschlichen Lebens im Schöpfer- und Erlöserplan Gottes? Antwort: Das Leben steht im Eigentum Gottes und nicht des Menschen; er ist also grundsätzlich nicht zum Suizid ermächtigt. – Exkurs zu Nr. 166 der Exerzitien des Ignatius von Loyola: Er betont zu Recht, dass alles Tun und Unterlassen dem Lob auf Gott und seinem Lob dienen soll.

Frage 2. Ist es dem Christen erlaubt oder geboten, sein natürliches Leben für einen anderen Menschen zu opfern?

Antwort: Nur um dessen ewigen Lebens willen darf der Helfer sein körperliches Leben opfern. Tut er dies und begeht er auch – aus welchem Grund auch immer – Suizid, so begeht er ihn als dem Helfen klar untergeordnete Handlung; er beeinträchtigt und schmälert dadurch also nicht die vorrangige Handlung, das Opfer für den Nächsten.

Frage 3. Ist die Selbsttötung dem Menschen vor der Tötung durch staatliche Gewalt erlaubt? Antwort: Zu unterscheiden sind drei Vollzüge:

---

[1] Zu den wichtigsten und den uns hier interessierenden Werken zählen: *Disputationes metaphysicae* (*Op. om. XXV/XXVI*, Paris 1866; Erstveröffentlichung Coimbra 1597); *De virtute et statu religionis*, auch genannt *De Religione* (*Op. om. XIII–XVI*, Paris 1859–1860; Erstveröffentlichung Coimbra 1608–1609); *Defensio fidei catholicae et apostolicae adversus Anglicanae sectae errores* (*Op. om. XXIV*, Paris 1859; Erstveröffentlichung Coimbra 1613); *De triplici virtute theologica, fide, spe et charitate* (*Op. om. XII*, Paris 1858; Erstveröffentlichung Coimbra 1621).

- Der Suizid erfolgt allein durch die Furcht, welche durch die Bedrohungen entstand, die diese Flucht erzeugte: Den Täter als Märtyrer anzuerkennen, ist problemlos, so Suárez.
- Der Suizid erfolgt zwar während der Flucht, jedoch aus bloßen Naturursachen wie Überschwemmung oder Waldbrand: Den Täter als Märtyrer anzuerkennen, ist ebenfalls problemlos, so Suárez.
- Die Selbsttötung erfolgt aus einem allein vom Täter gewählten Grund: Wenn solche Tat begleitet ist vom tiefen, ehrlichen Ja zu Gott, Christus und Kirche, darf man den Täter als Märtyrer bezeichnen, so Suárez.

Er lenkt zugleich den Blick auf das Formale, das Beweisrecht: Menschen gelangen gewöhnlich nicht dazu, hierüber die Wahrheit zu erkennen, wohl aber Gott.

1 Zum Rang des menschlichen Lebens im Anblick Gottes des Schöpfers und Erlösers

Erstens schreibt Suárez deutlich, wenn auch knapp, in *De Religione*, 8. Buch, 4. Kap., Nr. 2: „Selbstverständlich ist der Mensch keineswegs im eigentlichen und tiefsten Sinne Herr seines Lebens; der Mensch besitzt jedoch ein ihm eigenes Recht, dieses Leben in Eigenverantwortung zu führen und es zu bewahren."[2]

Zweitens ist wahrer Herr der „principalis dominus", also Gott, der Schöpfer des Lebens.[3] Dieses Recht begründet Pflichten des Menschen zum Lebenserhalt und das dem Menschen auferlegte Verbot, sein Lebensende zu bestimmen.[4]

Gott behält als Schöpfer sein Recht an dieser Schöpfung. In ihr leben sein Wille und seine Vernunft weiter und sind als gestaltende Kräfte überhaupt nie vom Geschöpf aus der Schöpfung zu entfernen. Das menschliche Leben gehört dem obersten Herrn und untersteht seinem Recht und seiner Macht.

---

2 *De Religione*. Tract. VIII. *De Paupertate*. cap. IV, Nr. 2: „[...] Homo non [...] (est) proprie dominus vitae suae [...] habet tamen jus proprium habendi et conservandi illam [vitam]" (*Op. om. XV*, Paris 1859, 557 b).
3 Ebd., cap. V, Nr. 5: „Deus [...], ut Deus habet supremum et principalissimum dominium; sub illo vero Christus, ut homo, habet dominium excellentiae [...] Respublica etiam dicitur habere dominium altum, etiam eorum bonorum quae sub particulari dominio alicujus hominis continentur" (*Op. om. XV*, Paris 1859, 563 a).
4 Ebd., cap. IV, Nr. 2: „Vitam nemo potest vendere, nec jus quod in illa habet, a se alienare [...] quod non solum per paupertatem non abdicat, verum nec abdicare potest, aut a se separare, quia est contra jus et potestatem principalis domini" (557 b).

Dies zeigt sich deutlich daran, dass er und wie er dem freien Menschen Verantwortung überträgt; denn trotzdem behält Gott selbst mit dieser seiner Übertragung Letztverantwortung inne.[5] Dieses Seinsverhältnis begründet das Verbot, sich als Mensch seines Lebens zu entsagen; tut der Mensch es trotzdem – grundsätzlich bewertet –, so verletzt er also ein Seinsverhältnis; er verstößt also nicht bloß gegen einen göttlichen Willensakt: Das Sein begründet das Recht, das Recht begründet die Pflicht, die Pflicht begründet das Verbot.

Drittens ist es ebenso völlig unsachgemäß zu unterstellen, dass Gott je aus eigenem Willensentschluss von sich dieses Recht voll, uneingeschränkt und endgültig auf den Menschen übertrug oder je übertragen will, um es in dessen volle, eigene Verfügungskraft zu überstellen. Folglich darf und kann der Mensch nur im Einzelfall und nur mit Gottes Zustimmung voll über sein irdisches, biologisches Leben verfügen! Wer gerechterweise Suizid begehen will, müsste dafür Gottes Einwilligung erhalten haben.

Wenn nicht, so verletzt der, der sein Leben löscht, Recht und Macht des hauptsächlichen Herrn des Lebens, unerheblich, ob er vor solchem Zu- und Eingriff ein Gelübde auf Lebensverzicht abgelegt hat.

Viertens ist von Gott als dem bleibenden Eigentümer allen Lebens dem Menschen jedoch das Recht gegeben, dieses von Gott erhaltene Leben wirklich zu „haben" und es aufgrund seiner Überlegungen, in seinen Absichten zu erhalten, d. h., das Leben zu pflegen und dessen Ansprüche zu erfüllen.[6] Auch eine solche Ermächtigung schließt grundsätzlich den Suizid aus.

Und auch – siehe zweitens – wenn es dem Menschen nicht nur erlaubt, sondern aufgegeben ist, sein irdisches Leben zur Sicherung und Reife des geistigen überirdischen Lebens des Anderen zu „opfern", muss es dem Suizidanten auch auf die Bewahrung des überirdischen Lebens und das Reifen auf dieses Leben hin ankommen; der zum Suizid Entschlossene darf diese beiden Ziele also nicht einem von ihm gewählten und zu verantwortenden Ziel unterordnen.

---

5 *Defensio fidei*. Lib. III. cap. I, Nr. 7: „[…] Omnia quae sunt, de iure naturae, sunt a Deo ut auctore naturae; sed principatus politicus est de iure naturae; ergo est Deo ut auctore naturae" (*Corpus Hispanorum de Pace* Vol. II, Madrid 1965, 11); *De Legibus*. Lib. III. cap. IV, Nr. 8: „Constat posse hanc potestatem esse immediate a hominibus, et mediate a Deo, immo ordinarie ita esse, loquendo de potestate naturali" (O. Bach/N. Brieskorn/G. Stiening I., Stuttgart 2014, 62); und ebenso deutlich in Bezug auf die Weiterdauer der göttlichen Herrschaft; siehe FN 3, 1. Zeile.
6 Siehe FN 4.

Exkurs: Der Lobpreis Gottes ist Hauptaufgabe, Hauptziel menschlichen Lebens, nicht langes, ungekürztes Leben

Zu diesem ersten Abschnitt, gleichsam der Grundlage des Hauptthemas, ziehen wir noch eine Diskussion hinzu, die entstehen kann, wenn man sich mit den Exerzitien auseinandersetzt. Als Ignatius auf die Stufen der Demut zu sprechen kommt, betont er, dass der nach radikaler Demut Strebende selbst nicht auf langem Leben bestehen müsse und aus Demut das Leben abkürzen dürfe.[7] Wären somit der Verzicht auf langes Leben und die Wahl der Lebensverkürzung nicht hohe Werte? Befreit sich damit nicht der Verzichtende rascher vom Irdischen und bereitet sich gründlicher auf das überirdische Leben vor?

Dazu der Blick in den Kurzkommentar des Francisco Suárez zum Exerzitienbuch des Hl. Ignatius.[8] Auf obiges Problem antwortet Suárez: Hauptziel des gesamten Lebens in all seinen Situationen ist es, den Lobpreis Gottes zu erhöhen, dauerhaft und bestimmend für das Leben werden zu lassen und Gott die größere Ehre in allen Vollzügen zu schenken. Christus gleich werden zu wollen, ist wahrer Grund dafür, den Verzicht und die Erniedrigung vorzunehmen und zu lieben.[9]

So dass der Mensch, „wenn er Lebensformen wählt, die ihn niedriger und verächtlicher erscheinen lassen, er solche Wahl nur dann richtig vornimmt, wenn er zwar auf Nutzen jeder Art verzichtet, jedoch völlig in Übereinstimmung mit Christus, auf den hin die je größere Erniedrigung zu leben ist." Zu tun ist das, was größere Liebe und Ehrfurcht gegenüber Gott miteinschließt.[10] Dem Verzichten allein kommt nicht der erste Wert zu, und unrichtig ist es, dem Lebensverzicht selbst einen vom Lobpreis isolierten Rang zuzugestehen. Erster und höchster Wert

---

[7] I. von Loyola, *Die Exerzitien*, übers. v. H. U. von Balthasar, Einsiedeln 1965, Nr. 166: „Die zweite ist die vollkommenere Demütigung als die erste: wenn ich mich nämlich in dem Zustand befinde, dass ich nicht mehr wünsche und ersehne [...] langes Leben als kurzes zu begehren, wo es für den Dienst Gottes Unseres Herrn gleich bleibt..." (44); anders ausgedrückt: „dass ich keinen stärkeren Wunsch habe, immer ein längeres Leben innezuhaben"; siehe Monumenta Historica Societatis Jesu. Monumenta Ignatiana. Series Secunda, *Exercitia Spiritualia*, Madrid 1919: Segunda Semana. De tres maneras de humildad: „La 2. es más perfecta humildad que la primera, [...] que no quiero a desear vida larga que corta [...]" (370); „Nec desiderem magis vitam longam quam vitam brevem [...]" (371).
[8] *De Religione*. Tract. IX. cap. V (*Op. om. XVI*, Paris 1860, 1017 a–1035 a, besonders 1025–1027).
[9] Ebd., cap. V. Nr. 26: „Conformitatem ad Christum [...] esse sufficientem rationem amandi omnem abjectionem et humilitatis modum" (1027 ab).
[10] Nr. 26: „Recte proponitur ille perfectus gradus humilitatis, quo homo humiliora et abjectiora magis appetit, etiamsi praescindatur omnis alia utilitas, praeter conformitatem ad Christum in profunda humilitate [...] includitur major amor et major reverentia ad Christum Dominum" (1027 b).

steht nur dem Lobpreis zu, Lobpreis sowohl auf Gott wie auch auf Gottes Geschöpfe, auf nahe und ferne, unter denen sich auch der Verzichtende befindet.[11]

Keineswegs darf sich somit der Mensch die Verkürzung des eigenen Lebens vornehmen und vor und während der Wahl den Lobpreis Gottes ausklammern; vielmehr hat sich der Mensch ununterbrochen der Grundfrage zu stellen, ob er mit der Lebensverkürzung Gott zu verehren und zu lobpreisen vermag: Gott wird nicht und nie allein dadurch verehrt, dass man das eigene Leben so kurz wie nur möglich verlaufen lässt. Erst im Genießen des Lobes auf Gott wird die menschliche Vernunft sich eines möglichen, gerechten und wahren Verzichtes bewusst, der sich auf die Lebenszeit und auf das Leben selbst bezieht.

Zudem zeigt sich in der Erfahrung, dass wir den Lobpreis Gottes auch während eines langdauernden Lebens anstimmen, vertiefen und wachsen lassen können. Jede Demutshaltung ist mit einem finanziell starken und irdisch langen Leben vereinbar; sie soll jedoch in allen Phasen und Verwirklichungen sich vorrangig dem Lobpreis auf Gott zuwenden.

Selbstverständlich bleibt das irdische, das körperlich-seelisch-geistige Leben ein höchst wichtiges Mittel, an das sich der Wille Gottes adressiert; eine solche Voraussetzung verlangt jeder Lobpreis, der aus dem Herzen und aus dem Mund, um es mit Psalmworten auszudrücken, Gott entgegenschallen soll.[12] Sogar wer sich tötet, kann es tun, indem er Gott den Herrn des Lebens zutiefst achtet; wenn er z. B. den Suizid aus Reue über ein als misslungen angesehenes, aus Trauer und Abscheu über eine Tat oder Unterlassung oder aus Schmerz über ein als unerträglich eingestuftes Leben begeht.

2 Handeln gegenüber dem Nächsten

In *De charitate*, dem dritten Teil des Werks *De triplici virtute*, geht Suárez intensiv auf das Problem ein, ob einer sein Leben für das Leben des Anderen opfern darf und soll. Er fragt: „Soll er dem Nächsten eher in dessen geistlichen Nöten zu Hilfe

---

11 Nr. 26: „Magis satisfaciendum coram Deo, vel pro nobis, vel pro proximis" (1027 b).
12 Siehe FN 7; I. von Loyola, *Die Exerzitien*, Nr. 23: „Der Mensch ist geschaffen dazu hin, Gott Unseren Herrn zu loben, Ihn zu verehren und Ihm zu dienen, und so seine Seele zu retten." (15); Monumenta Historica Societatis Jesu. Monumenta Ignatiana. Series Secunda, *Exercitia Spiritualia*: „Principio y Fundamento. El hombre es criado para alabar, hazer reverencia y servir a Dios nuestro Senor, y mediante esto salbar su ánima" (250); „Homo est creatus ad laudandum Deum et ei exhibendum obsequium et reverentiam et ad salvandum his mediis animam suam" (251).

kommen statt seine eigenen körperlichen Belange zu besorgen?"[13] Und Suárez bejaht dies: Auf Grund der Pflicht des Menschen, den Nächsten zu lieben, ist die Pflicht des Menschen mit eingeschlossen, anlässlich höchster geistiger Not dieses Nächsten das eigene körperliche Leben der höchsten Gefahr auszusetzen, selbst wenn der Einsatz zu der konkret drohenden Lebensgefahr führen würde.[14]

Die folgenden Nummern 3 bis 5 gehen auch nur auf den „casus spiritualis extremae necessitatis", also auf den Fall höchster Not im geistlichen Bereich ein.[15]

Es spiele, so Suárez, keine Rolle, welches die Ursachen dieser Notlage sind, sondern entscheidend sei, dass es sich um eine „extreme Notlage" handele.[16] Nur bei ihr darf der Helfer sich selbst gefährden.[17]

Suárez betont auch, dass es um die sittlich-geistige extreme Not des einzelnen Menschen gehe; und dass es anders zu bewerten ist, wenn die politische Gemeinschaft bedroht ist. In diesem Fall reichen bereits eine schwere Bedrohung des politischen Lebens und Bestandes oder der inneren politischen Freiheit aus, um das einzelne Mitglied zu verpflichten, für diese Werte sein Leben einzusetzen.[18] „Andere urteilen über eine solche sittliche Verpflichtung genau entgegengesetzt".[19] Deren Ansicht zufolge ist nämlich für den Nächsten bereits bei schwerer Notlage einzutreten, der politischen Gemeinschaft jedoch erst in extremer Not bis hin zum eigenen Lebensopfer zu helfen.

Grund dafür, dass Suárez deren Ansicht ablehnt, ist zum einen, dass sich eine solche Notlage, also die extreme, sittlich gesehen in der Gemeinschaft selbst nur schwer im gewöhnlichen Meinungsbildungsprozess ausmachen lässt, während

---

13 *De Charitate*. Disp. IX. Sectio II: „An homo debeat proximo potius in spiritualibus subvenire quam sibi in corporalibus?" (*Op. om. XII*, 710 a–711 b).
14 Sectio II, Nr. 2: „Dico secundo: ratione hujus praecepti, tenetur homo subvenire proximo existenti in extrema necessitate spirituali, etiam cum evidenti periculo mortis." Und Suárez verweist auf 1 Joh 3, 16–18: „Nos debemus pro fratribus animas ponere"; Joh 16, 12–15: „hoc est praeceptum meum, ut diligatis invicem, sicut dilexi vos" u. a. (710 b).
15 Sectio 2 (710 b–711 b).
16 Nr. 3: „Hoc tamen parum refert, quia Charitati impertinens est unde oriatur necessitas, solumque refert an sit necessitas: quia potius illa necessitas est per se ex natura hominis et fragilitate, periculum autem perdendi vitam propriam est per accidens ex malitia tyranni" (710 b).
17 Nr. 4: „Extra casum extremae necessitatis, non obligat charitas per se ad subveniendum privato proximo cum periculo morali mortis corporis" (711 a). „Ratio est quia extra casum extremae necessitatis spiritualis non est maxima necessitas. [...] Neque obligamur ad perdendum summum corporale bonum, ut illi subveniamus" (711 a).
18 Nr. 4: „Egi in conclusione de privatae personae necessitate, quia si loquamur de bono communi, probabile est sufficere gravem necessitatem spiritualem et communem, ut homo teneatur illi subvenire, etiam cum periculo vitae, quamvis alii etiam oppositum judicent" (711 a).
19 Nr. 4: „Quamvis alii etiam oppositum judicent" (711 a).

bei Privatpersonen sich dies einwandfreier feststellen lasse.[20] Sehr richtig, wie Suárez dies sieht und beurteilt, denn wir würden die politische Gemeinschaft sehr gefährden, wenn vor aller Hilfe immer erst die „extreme Gefährdung" – zumindest – mehrheitlich bejaht sein müsste.

Zudem befindet sich in vielen Staaten die christliche Religion und ihr Ansehen in schwerer Gefahr; um sie zu hemmen und zu schwächen, soll jeder christliche Staatsbewohner doch bereits während solcher Gefährdung gegen gefährliche Häresien antreten müssen, selbst wenn er dabei sein Leben gefährdet.[21] Folglich sind Bischof und Pfarrer nicht erst bei „extremer Not", sondern bereits bei schwerer Belastung zur Verteidigung ihrer Gläubigen verpflichtet.[22]

Die Schlussnummer 5 leitet Suárez mit der klaren, kurzen Feststellung ohne eigene Begründung ein, dass die Liebe letztlich zur Haltung, die unter dem angesprochenen Risiko steht, bis hin zum körperlichen Tod verpflichtet, denn die „körperliche Beeinträchtigung bis hin zum körperlichen Tod" ist von geringerem Gewicht als der geistige Tod.[23]

Auch hier schließt Suárez nicht aus, wie er im nächsten Kapitel zeigen wird, dass der bedrohte Mensch eine solche echte Gefahrenquelle benutzen könnte, um – gleichsam in sie eingebettet – aus persönlichem Grund Suizid zu begehen: Wer sogar die hohe sittliche Einstellung dazu benutzt, seine eigene, sittlich geringere Tat zu verheimlichen, nimmt dadurch weder der hohen Einstellung etwas von ihrem Wert noch ändert er den wichtigen äußeren Eindruck.

Die Schlussantworten lauten also:
- Jeder soll andere unter geistlicher Rücksicht mehr lieben als sich selbst in körperlicher Rücksicht.

---

20 Nr. 4: „Ratio est, quia moraliter non est necessitas talis in communitate, quin respectu personarum privatarum sit extrema, ut revera in illis habeat effectum" (711 a).
21 Nr. 4: „Item, quia in tali necessitate fere est semper in gravi periculo religio christiana et honor ejus, ut si sciam haeresim praedicandam esse in hoc populo ab haereticis, teneor illis me opponere, etiam cum periculo [...]" (711 ab).
22 Nr. 4: „Dixi etiam per se, seu vi solius charitatis nam si interveniat obligatio justitiae, et ex officio, ut in episcopo et parocho, non solum in extrema, sed etiam in gravi obligabit." (mit Verweis auf STh II–II. q. 26. a. 5 und II–II. q. 185. a. 5) [...] „Ratio est quia ratione officii et stipendii ad hoc obligabitur, et intervenit quasi pactum inter oves et pastores, ut illae alant pastorem, hic vero subveniat illis, quando maxime indigent [...]" (711 b). Und Suárez zieht den Bogen der Betrachtung weiter: „sicut etiam dux maxime tenetur adesse exercitui in periculo et conflictu, et magistratus saecularis tenetur defendere civem innocentem in gravi necessitate, cum suo periculo, ratione officii" (711 b).
23 Nr. 5: „In gravi necessitate proximi, obligat charitas, etiam postposita aliqua necessitate corporali propria, seu cum aliquo damno temporali proprio" (711 b).

- Niemand darf andere so lieben, dass er dadurch in seinem *geistlichen* Leben Schaden nimmt.
- Jeder darf nur aus Liebe des geistlichen Lebens des Anderen auf sein eigenes *körperliches* Leben verzichten.

3 Wie ist die Selbsttötung des Menschen zu beurteilen, die vor der Tötung durch staatliche Gewalt stattfindet?

Suárez untersucht 1613 in der *Defensio fidei*, 6. Buch, 10. Kap. die Lage der Katholiken in Schottland und England in der aktuellen Regierungszeit des James I. Die Todesstrafe droht dem, der Priester ist oder auch dem, der Priester beherbergt, der hl. Messen feiert etc. Suárez erklärt nach eingehender Untersuchung, dass die Quälerei, welche Katholiken in England erleiden, eine echte Verfolgung der christlichen Religion darstellt.[24]

Im 11. Kapitel spitzt Suárez die Frage zu: „Sind jene, welche wegen ihres römisch-katholischen Glaubens und des Papstgehorsams mit dem Tode bestraft wurden, unter die echten Märtyrer aufzunehmen?" und er bejaht sie.[25]

Suárez geht sodann eingehend der Frage nach, wie ein solcher tödlich Bedrohter zu beurteilen ist, wenn er vor der staatlichen Strafe flieht und auf anderem Wege zu Tode kommt.[26] Suárez stellt dem durch den Staat drohenden Strafverfahren und den mit Sicherheit drohenden Strafen die verschiedenen Fluchtformen sowie das auf der Flucht eintretende Scheiden aus dem Leben gleich:

> Gleichstehen die tiefgehende erschütternde Betrübnis über die Drohung, die körperlich kaum zu ertragenden Fluchten durch die Schluchten der Berge etwa, auch der kaum erträgliche Gefängnisaufenthalt selbst, der zum vorzeitigen Tode führt, die freiwillig eingegangene oder erzwungene Exilierung an fremdem Orte, die seelischen Schmerzen durch erzwungene Tätigkeit in Spelunken und Bordellen.[27]

---

24 *Defensio fidei*. Lib. VI. De forma Juramenti fidelitatis. cap. X.: „An vexatio, quam in Anglia Catholici patiuntur, sit vera religionis christianae persecutio?" (*Op. Om. XXIV*, 714 b–722). Er bejaht die das cap. X. eröffnende Frage ab cap. X. Nr. 8 deutlichst (717 b).
25 Cap. XI: „An qui propter romanam religionem et oboedientiam in anglia morte mulctati sunt, inter vero martyres sind annumerandi?" (722 a–730 a). Auch diese Frage beantwortet er.
26 Nr. 19: „Qui varie pro Christi fide vexantur, martyrii gloria non carebunt" (729 ab).
27 Nr. 19: „Licet non sint violenter pro fide interfecti, si in ea tribulatione constanter usquam ad mortem perseverent, sive in montibus et solitudinibus fugiendo errantes, sive in vinculis et carceribus afflicti, sive voluntariis vel coactis exiliis peregrinantes, sive speluncis et cavernis terrae

In Kapitel 11, Nr. 20 teilt Suárez diese Fälle in zwei Typen ein und bewertet sie:[28]

Einmal in jene, die zwar nicht direkt das drohende staatliche Martyrium in den Tod führt, sondern eine oder mehrere der tödlichen Gefahren, welche der Fliehende auf dem Fluchtweg erleidet; wobei der Sterbende keine weiteren Gründe hinzufügt, sondern völlig unter einer oder mehreren der aufgezählten Gefahren stirbt. Ohne einen weiteren oder anderen Willensakt also, außer dem, fliehen zu wollen, ereilt den christusgetreuen Fliehenden der Tod: So führt der erste Typus unanfechtbar ins Martyrium.[29]

Der zweite von Suárez angesprochene Fall richtet den Blick darauf, dass der Fliehende eines natürlichen Todes oder an völlig anderen Ursachen stirbt: Es kann den Flüchtenden also erstens eine im erreichten Landstrich tobende Epidemie oder ein Krieg zwischen zwei Mächten oder ein Kampf der Adelsmächte in den Tod, ein eigenes, vielleicht eine eigene Todeskrankheit oder eine momentane Schwächung geführt haben, Ursachen also, welche in keinerlei Verbindung mit dem häretischen König stehen und die nicht durch den Willen des Sterbenden veranlasst sind. Auch wenn in diesem Fall die höchst ungerechte staatliche Maßnahme nicht die stärkste, letzte Ursache für den Tod ausübt, sondern eine natürliche Ursache, so ist – so Suárez – doch auch dieser Tod als Märtyrertod anzusehen. Natürlich, wenn äußerlich gesehen, diese Person standhaft blieb, nicht zur Häresie übertrat, den Glauben nicht verriet und die Kirche nicht verließ; dann gilt doch die gestorbene Person als Märtyrer.

Suárez verweist auf das Wort aus Matthäus: „Wer sich vor den Menschen zu mir bekennt, zu dem werde auch ich mich vor meinem Vater im Himmel bekennen".[30] Somit spricht sich in allen diesen Haltungen die der offiziellen Treue zur Kirche aus.

Aus meiner Kenntnis suárezianischen Denkens will er den Suizid miteinbeziehen, doch aus Rücksicht auf die Leserschaft und manchen Beurteiler des suárezianischen Textes nicht ausgiebig ansprechen, und so darf und muss ich um der Vollständigkeit willen hier auf den Suizid eingehen:

---

delitescentes, sive aliis modis, et egestate multa incommoda patienter sustinentes, usque ad finem vitae pervenerint, non fore privandos gloria vel mercede Martyrii" (729 a).
28 „Duplex modus praedictas afflictiones tolerandi" (729 b). Es geht um die „tolerantia afflictionum et poenarum usque ad mortem duobus modis potest accidere".
29 „[...] Usque ad finem vitae pervenerint, non fore privandos gloria vel mercede Martyrii" (729 ab). Das Martyrium ist nicht in Frage gestellt und voll zu bejahen.
30 Nr. 20: „Nam qui sic perseveravit, revera implevit conditionem a Christo postulatam: ‚Qui me confessus fuerit coram hominibus'" und „‚Confiteor et ego eum coram Patre meo'" (729 b). Suárez verweist auf Mt 10,32f.

Er fällt weder unter die von dritter Hand zugefügten Ursachen noch unter eine aus Naturvorgängen eintretende Ursache des Todes. In Bezug auf die akute schwere Flucht vermag sich der Suizid sehr zu empfehlen und sogar aufzudrängen. Auch in diesem Fall der politischen Verfolgung träte er hinter der gewichtigen „Ausstrahlung" des Märtyrertodes zurück.

Auch kommt es meist dem Täter nicht darauf an, als Selbstmörder öffentliche Aufmerksamkeit zu erregen und zu finden, sondern viel eher darauf, das ihn aus anderen Gründen belastende Leben zu beenden: Er antwortet beispielsweise durch den Suizid auf eine überwältigende seit langem bestehende Krankheit, oder auf eine lang vor der Verfolgung entstandene fast unerträgliche Beziehung mit einer Person, oder um sein Würdeverständnis nicht noch tiefer zu verletzen, oder aus beruflichem oder persönlichem Scheitern, objektiv oder nur seinem Verständnis nach; etc.

Selbst indem der Täter durch den an sich selbst vollzogenen Tod der staatlichen gewaltsamen Tötung zuvorkommen will, verwirft er das staatliche Vorgehen nicht gänzlich, sondern erkennt es zumindest als vom Gegner gewollt an.

Der inhaltlichen Bewertung darf man noch den Blick auf das Beweisrecht folgen lassen.[31] Menschliches und göttliches „Gerichtsverfahren" sind zu unterscheiden; Gott vermag das, was im Suizidierten vorging, genau zu erfassen, nicht der Mensch. So schreibt Cyprianus: „Gott ist Kenner und Erforscher unseres Innersten, er blickt genau und tief in die Geheimnisse des Herzens und durchforscht selbst die dunkelsten Bereiche in uns. Um die Krone, die Gott dem Märtyrer verleiht, zu erhalten, genügt das Zeugnis dessen, der im wahrsten Sinne richten wird."[32]

Der Suizid ist außerdem ein Akt, der sich nicht auf der Ebene der Hauptentscheidung vollzieht, sondern lediglich auf der Vollzugsebene; denn der Suizidant nimmt seine übergeordnete und bestimmende Treue zu Gott nicht zurück. Sein Glaubenskenntnis verleugnet er nicht. Es findet also der Suizid statt, ohne die Treue zu Gott aufzukündigen, ja er kann sogar völlig in Treue zu Gott erfolgen.

---

31 In den Abschnitten 1 und 2 bezogen wir diese Sicht, die formalrechtliche, bereits ein.
32 Ebd., Nr. 21 (730 a): Cyprianus, *Epistola* 10, 5. Kap: „Dominus scrutator est renum [Offb 2, 23], et cordis arcana perspicit, et intuetur occulta. Ad coronam Dei promerendam sufficit ipsius solum testimonium, qui judicaturus est" (in: *Bibliothek der Kirchenväter*, hg. von J. Kösel/F. Pustet, München 1928, 33).

Schluss

- Suárez spricht in allgemeiner Weise zuerst aus, dass der Suizid einseitig gegen Gott als Eigentümer des menschlichen Lebens verstößt.
- Jede menschliche Handlung, somit auch der Suizid, soll grundsätzlich und vorrangig Gott zur Ehre gereichen wollen; so betonen es die Exerzitien des Ignatius, so betont dies Suárez.
- Die je andere Person ist zu lieben und ihr ist zu helfen. Nur bei extremer geistlicher Gefährdung dieser Person darf der, der sie retten und bewahren will, auch sein Leben riskieren.
- Was den Suizid des zum Martyrium Verurteilten oder vor dem Martyrium Fliehenden betrifft, so ist der Nachweis inhaltlicher Art vom Nachweis formaler, verfahrensrechtlicher Art zu unterscheiden. Kein Problem in diesem Fall also, wenn der Suizidant die inhaltliche Stellungnahme für Gott und Kirche und den Menschen nicht in Frage stellt und seine Treue zu Gott vorrangig blieb.

Gott ist zudem der einzige, der in vollkommener Weise den Menschen durchleuchtet, nie der Mensch, nie ein menschliches Gericht; und der Mensch sollte nur das, was er in unübertreffbar wahrer Weise feststellt, gegen den „Durchleuchteten" benutzen.

Elke Elisabeth Schmidt / Dieter Schönecker
Kant über Tun, Lassen und lebensbeendende Handlungen

Kant hat sich immer wieder mit der Ethik des Selbstmordes beschäftigt. Für das Thema der lebensbeendenden Handlungen ist in Kantischer Perspektive fast ausschließlich der Selbstmord relevant, weil die Tötung auf Verlangen (die sogenannte aktive Sterbehilfe) nur in Bezug auf die Selbstmordthematik diskutiert werden kann. Sowohl in seinen veröffentlichten Werken wie auch in Vorlesungsmitschriften und vereinzelt im Nachlass wird der Selbstmord von Kant thematisiert. Es ist ausgeschlossen, für die Zwecke des vorliegenden Bandes ein vollständiges Bild von Kants Position zu zeichnen; wir können nur einige Grundlinien skizzieren und gelegentlich auf Probleme verweisen. Unser Hauptaugenmerk gilt dabei den §§ 5–6 von Kants *Tugendlehre* (TL). Denn diese späte Schrift ist die einzige aus den veröffentlichten, genuin ethischen Abhandlungen, in denen Kant den Selbstmord *systematisch* behandelt. In der *Grundlegung zur Metaphysik der Sitten* (GMS) und in der *Kritik der praktischen Vernunft* (KpV) taucht der Selbstmord dagegen nur im Kontext von Beispielen auf, wenn auch in der GMS an zwei prominenten Stellen. Die Vorlesungsmitschriften sind zwar interessant und erhellend, und zwar besonders für Fragen der Kasuistik, die Kant in der TL (423 f.) systematisch stellt, wenn auch nie beantwortet; aber wir dürfen nicht vergessen, dass es nur Mitschriften sind, keine Texte aus Kants Feder.

Schwierig ist das Thema aber auch, weil die allgemeine Ethik und mit ihr die Handlungstheorie, die Kant seiner spezifischen Bewertung des Selbstmordes zugrundelegt, nicht nur, generell gesprochen, sehr komplex und umstritten sind, sondern auch, weil Kant den Selbstmord aus zwei, wie es scheint, verschiedenen Gründen ablehnt: Einerseits deshalb, weil die dem Selbstmord zugrundeliegende Maxime kein allgemeines Naturgesetz sein könnte; andererseits aber deshalb, weil der Selbstmord die Würde des Menschen verletzt.[1] In der GMS kommen beide Gründe vor, in der KpV nur der erste (im Sinne der Universalisierung), in der TL dagegen wiederum nur der zweitgenannte, also das *Würde-Argument*. Die Frage, ob und wenn ja: wie denn nun die beiden Argumente zusammenhängen, oder anders gefragt: wie denn eigentlich die diversen Formeln des kategorischen Im-

---

1 H. Wittwer, *Über Kants Verbot der Selbsttötung*, in: *Kant-Studien* 92 (2001), 182, meint insgesamt sieben Argumente bei Kant gegen den Selbstmord zu finden. Drei davon sind allerdings den Vorlesungsmitschriften entnommen; drei weitere hängen mit dem Würde-Argument zusammen bzw. sind mit ihm identisch.

perativs aufeinander bezogen sind, ist wichtig und schwierig zugleich; sie muss, wie viele andere Fragen auch, unbeantwortet bleiben.

Wir gehen folgendermaßen vor: Im ersten Teil skizzieren wir Kants Handlungstheorie, sofern sie für unsere zentrale Frage – wie bewertet Kant lebensbeendende Handlungen? – relevant ist; aber auch Kants Unterscheidung zwischen Tun und Lassen werden wir kurz darlegen, obgleich sie bei seinen Überlegungen zum Selbstmord keine Rolle spielt. Im zweiten Teil geht es primär um Selbsttötung bzw. Selbstmord (also nicht um die Fragen, wie Kant Mord im allgemeinen oder Tötung im Krieg und im Akt der Selbstverteidigung versteht). Im dritten Teil schließlich geht es darum, wie Kant selbst schwierige Fälle im Rahmen einer Kasuistik behandelt und wie man mit Kantischen Voraussetzungen Antworten auf Fragen der Debatte um die sogenannte Sterbehilfe geben könnte, auf Fragen also, auf die Kant tatsächlich keine Antwort geben konnte oder wollte.

1 Kants Handlungstheorie als Theorie der Tat

Kants Begriff der Handlung hat starke ontologisch-transzendentalphilosophische Voraussetzungen und Implikationen, und er ist außerdem sehr weit: Sogar leblose Dinge oder Vermögen können Kant zufolge ‚handeln', wenn man etwa an bestimmte Leistungen von Verstand und Vernunft denkt, die Kant als ‚Handlungen' in einem weiteren Sinne versteht. Dabei bindet Kant den Begriff der Handlung nicht nur an Begriffe wie ‚Kausalität', ‚Ursache' und ‚Wirkung', sondern auch an Begriffe wie ‚Substanz' und ‚Kraft', die letztlich nur vor dem Hintergrund seiner erkenntniskritischen Überlegungen interpretiert werden können.[2] Zu diesem Komplex gehört auch Kants Unterscheidung von ‚Ding an sich' und ‚Erscheinung', die wiederum auf seinen Handlungsbegriff, sofern er im engeren Kontext der praktischen Philosophie thematisch ist, großen Einfluss hat. Denn der Mensch

---

[2] Vgl. zum Beispiel ML2, 564 f.; KrV, A204 f./B249 f. Vgl. dazu kurz zusammenfassend E. Watkins, *Kant*, in: C. Hitchcock/H. Beebee/P. Menzies (Hg.), *Oxford Handbook of Causation*, New York 2010, 521–527. Seiten- und Zeilenangaben in Klammern beziehen sich auf die sogenannte *Akademie-Ausgabe* (AA) der Schriften Kants (*Kant's gesammelte Schriften*, herausgegeben von der Königlich Preußischen Akademie der Wissenschaften, Berlin 1900 ff.). Folgende Siglen wurden verwendet: Anthro = *Anthropologie in pragmatischer Hinsicht*; GMS = *Grundlegung zur Metaphysik der Sitten*; KpV = *Kritik der praktischen Vernunft*; MC = *Moralphilosophie Collins*; Menzer = *Eine Vorlesung Kants über Ethik*; ML2 = *Metaphysik L2*; MM = *Moral Mrongovius*; MS = *Metaphysik der Sitten (Einleitung)*; MSV = *Metaphysik der Sitten Vigilantius*; NG = *Negative Größen*; PPH = *Praktische Philosophie Herder*; PPP = *Praktische Philosophie Powalski*; R = *Reflexionen*; Rel = *Religionsschrift*; RL = *Metaphysische Anfangsgründe der Rechtslehre*; TL = *Metaphysische Anfangsgründe der Tugendlehre*; Vor = *Vorarbeiten zur Tugendlehre*.

wird ja auch und gerade als handelndes Wesen zugleich als *homo noumenon* und *homo phaenomenon* betrachtet.

Für unsere Zwecke ist all dies ein zu weites Feld. Wir werden die eher ontologischen Hintergründe weitgehend ausklammern und uns auch nicht weiter beschäftigen mit Kants Vermögenslehre und deren Einteilung in das Erkenntnisvermögen, dem Gefühl der Lust und Unlust und dem Begehrungsvermögen, obwohl besonders das letztere relevant ist; es wird uns aber insofern beschäftigen, als das obere Begehrungsvermögen als Wille verstanden werden kann.[3] Wir konzentrieren uns hier auf diejenigen Elemente in Kants Handlungstheorie, die für die Moral, oder, Kantisch gesprochen: für die Metaphysik der Sitten unmittelbar relevant sind. Genauer sollten wir daher von Kants ‚Tattheorie' oder eben Kants ‚Theorie der Tat' sprechen. Denn freie und daher zurechenbare Handlungen, die moralischer Regelung unterliegen, nennt Kant *Taten*.[4] Um solche Taten soll es also zunächst gehen, und zwar insofern, als sie für das Thema dieses Bandes – lebensbeendende Handlungen – relevant sind. Abhängig von dieser Relevanz behandeln wir dabei manches recht kurz (etwa den berühmten Unterschied zwischen Pflicht und Neigung), anderes etwas ausführlicher (etwa den Zweckbegriff); insgesamt aber jedenfalls muss und wird unsere Darstellung sehr sparsam sein.

1.1 Wer handelt?

Subjekt einer Handlung kann Kant zufolge nur eine *Person* sein. Nun unterscheidet Kant in der *Religionsschrift* zwischen der Anlage zur Tierheit, der zur Menschheit und eben der Anlage zur Persönlichkeit, wobei „die e r s t e keine Vernunft, die z w e i t e zwar praktische [...], die d r i t t e aber allein für sich selbst praktische, d. i. unbedingt gesetzgebende Vernunft zur Wurzel habe" (Rel: 28). Was demnach die Persönlichkeit des Menschen ausmacht, ist nicht schon die *praktische* Vernunft als die Fähigkeit, Klugheitserwägungen anzustellen (Zweck-Mittel-Rationalität), sondern die *reine* praktische Vernunft, d. h. eine Vernunft, die sich selbst, weder unmittelbar noch mittelbar durch Neigungen bedingt, ein Antrieb ist. Erst als Person mit reiner praktische Vernunft ist der Mensch ein moralisches und autonomes Wesen, das sich selbst das moralische Gesetz gibt und das ihm

---

[3] Kant unterscheidet außerdem zwischen Tierheit, Menschheit und Persönlichkeit als ursprünglichen Anlagen (Rel: 26) und weiteren handlungs- und moralrelevanten Vermögen, wie etwa auch den moralischen Gemütsanlagen des moralischen Gefühls, des Gewissens, der Menschenliebe und der Selbstachtung (TL: 399–403); auch der Begriff des Charakters spielt hier eine Rolle. All dies können wir nicht oder nur am Rande behandeln.
[4] Vgl. MS: 223.

entsprechend motiviert werden und auch entsprechend handeln kann. Als ein solches Wesen ist der Mensch eine „Persönlichkeit", also ein „mit innerer Freiheit begabtes" und „der Verpflichtung fähiges Wesen" (TL: 418), das sich sowohl als *Subjekt* das moralische Gesetz gibt als auch sich als *Objekt* unter die Gültigkeit dieses Gesetzes stellen lässt (wir kommen darauf zurück). Erst als ein solches moralisches Wesen ist der Mensch ein *freies* Wesen, da freies Handeln Kant zufolge nie gesetzloses Handeln sein kann, sondern immer Handeln unter den moralischen Gesetzen der Freiheit ist. Als ein so verstandenes moralisches Wesen, von Kant auch *homo noumenon* genannt, gehört der Mensch nicht bloß zur Sinnen-, sondern auch zur Verstandeswelt, und als solches verfügt er über einen noumenal-guten Willen. Dieser noumenal-gute Wille, der jedem Menschen zukommt, kann als Ursprung des moralischen Gesetzes verstanden werden; er ist es, der nicht anders kann, als immerfort das moralisch Gute zu wollen. Sofern der Mensch nun allerdings kein rein vernünftiges (und das heißt: *heiliges*) Wesen ist (wie etwa Gott), wird dieser noumenal-gute Wille nicht immer handlungswirksam: Nur wenn der Mensch auch einen *praktisch*-guten Willen hat, also tatsächlich gemäß dem Sittengesetz handelt und sich auch durch dieses motivieren lässt, handelt der Mensch *de facto* moralisch; handelt er nicht moralisch, wird der noumenal-gute Wille, obgleich er weiterhin das Gute will, von Neigungen bestimmt, und das Subjekt entscheidet sich gegen die moralisch gebotene Handlung. Insofern der Mensch vermittelst des noumenal-guten Willen das moralisch Gute immer schon will (gleichwohl er *de facto* anders handeln mag), ist das moralische Sollen „eigentlich ein Wollen" (GMS: 449,17), das sich allerdings den Neigungen gegenüber behaupten muss. Manifestiert sich der noumenal-gute Wille *de facto* im praktisch-guten Willen, heißt dies, dass der Mensch nicht aufgrund seiner Neigungen zu Handlungen motiviert wird, sondern aufgrund der Achtung vor dem moralischen Gesetz: Er erkennt, was in einer konkreten Situation moralisch geboten ist, und handelt entsprechend, *weil* es geboten ist.

All dies nun – reine praktische Vernunft zu haben und mit ihr die Fähigkeit zur autonomen Gesetzgebung – sowie die Fähigkeit, diesem Gesetz entsprechend (und das heißt frei) zu handeln, macht aus, dass vernünftige Wesen *Zwecke an sich selbst* sind. Diese Zweckansichselbsthaftigkeit ist der Grund der Würde vernünftiger Wesen und damit auch der Grund der Würde des Menschen. Nur solche freien Wesen, d.h. Personen, handeln also (in einem engen Sinn). Doch was ist Kant zufolge eine Handlung?

1.2 Ein Abriss der Kantischen (moralischen) Handlungstheorie

Wollte man Kant in die Kategorien „Universalismus" oder „Partikularismus" einordnen, dürfte die Entscheidung nicht allzu schwer fallen: Kants Metaphysik der Sitten sucht ein apriorisches und universal gültiges System der Moral zu begründen, das sich vor allem durch allgemeine *Prinzipien* (kategorische Imperative) auszeichnet, die unbedingt, d. h. unabhängig von persönlichen Präferenzen und unter allen Umständen, gelten und die daher auch keine Ausnahmen zulassen. Will man dieses prinzipiengemäße Handeln des Menschen begreifen, bedarf es zunächst allerdings der Klärung des Begriffs der Handlung selbst. Nun ist, wie bereits angedeutet, der zentrale handlungstheoretische Begriff für Kant nicht „Handlung", sondern „Tat" (gleichwohl es so ist, dass Kant diese begriffliche Trennung selbst nicht durchhält, und auch wir werden in diesem Text primär von Handlungen, nicht von Taten reden). Was unterscheidet eine Handlung von einer Tat? „Tat", so Kant, „heißt eine Handlung, sofern sie unter Gesetzen der Verbindlichkeit steht, folglich auch sofern das Subjekt in derselben nach der Freiheit seiner Willkür betrachtet wird. Der Handelnde wird durch einen solchen Akt als Urheber der Wirkung betrachtet [...]" (MS: 223). Zweierlei wird hier deutlich: Zum einen liegt eine Tat nur dann vor, wenn die betreffende Handlung ‚unter Gesetzen der Verbindlichkeit steht', also eine solche ist, in Bezug auf welche bestimmte moralische Gesetze gelten. „Adiaphora" (TL: 458), also Handlungen, die sich durch keine moralische Relevanz auszeichnen (wenn es etwa darum geht, den roten oder den grünen Apfel zu essen), sind demnach keine ‚Taten' in diesem speziellen Sinn.[5] Zum anderen liegt eine Tat nur dann vor, wenn das handelnde

---

5 So verstanden sind Adiaphora also solche Handlungen, die durch *keinen* der sechs deontischen Begriffe aus dem traditionellen ‚deontologischen Sechseck' (mit dem auch Kant vertraut war) beschreibbar sind; so verstandene Adiaphora sind also weder geboten noch verboten, noch ist es von ihnen nicht geboten, sie zu unterlassen oder zu tun (sie sind also in dieser Deutung nicht einmal erlaubt). Für diese nicht-deontische Interpretation der Adiaphora spricht, dass Kant in der Religionsschrift schreibt, dass „in Ansehung ihrer [der Adiaphora, ES/DS] weder G e b o t, noch V e r b o t, noch auch E r l a u b n i ß (gesetzliche Befugniß) statt findet, oder nötig ist" (Rel. 23, Anm.). In der *Einleitung in die Metaphysik der Sitten* schreibt Kant aber, die Adiaphora seien „erlaubt" (MS: 223,6). Eine alternative Lesart des deontologischen Sechsecks und damit auch ein anderes Verständnis der Adiaphora lautet entsprechend: Es gibt zwei Klassen von Handlungen, nämlich die regulierten und die nicht-regulierten. Eine Handlung ist reguliert, wenn sie entweder geboten oder verboten ist; sie ist nicht-reguliert, wenn sie weder geboten noch verboten ist. Weiter gibt es Handlungen, die geboten und daher auch erlaubt sind (von dem, was geboten ist, gilt auch, dass es nicht geboten ist, es zu unterlassen); und Handlungen (das wären dann die Adiaphora), die nicht geboten (nicht reguliert), aber erlaubt sind. Im Sinne des deontologischen Sechsecks wären dieser Lesart zufolge also alle nicht-regulierten Handlungen (alle Handlungen, die weder geboten noch verboten sind) Adiaphora. (Entsprechend ist die Untereinteilung bei den verbotenen und

Subjekt ein freies, d. h. ein der aktiven und passiven moralischen Verpflichtung fähiges Wesen ist; erst dann kann das Subjekt als ‚Urheber' der Handlung und die Handlung als ‚Tat' betrachtet werden. Folglich sind nur diejenigen Handlungen von Personen Taten, die keine unfreien, unwillkürlichen Reflexe oder moralirrelevanten Handlungen sind. Handelt eine autonome Person, „wenn [sie] vorher das [moralische] Gesetz kennt" (MS: 223) – und jeder Mensch kennt es, so Kant, unweigerlich – im Kontext einer moralrelevanten Situation, kann die entsprechende Tat „zugerechnet werden" (MS: 223). Nur einer Person können demnach Taten ‚zugerechnet werden'; nur als freies Wesen ist der Mensch für seine Taten verantwortlich und kann für sie zur Rechenschaft gezogen werden.[6]

So weit zum Zusammenhang von ‚Handlung', ‚Tat' und ‚Zurechnung'. Nun können Handlungen, die einem Subjekt als Taten zugerechnet werden, vielfältiger Gestalt sein: Eine Handlung ist *pflichtwidrig*, wenn sie schon äußerlich mit dem kategorischen Imperativ (KI) nicht vereinbart werden kann und somit gegen moralische Gesetze verstößt (wie etwa auch gegen das Selbstmordverbot). Eine *pflichtmäßige* Handlung entspricht dem moralischen Gesetz insofern, als sie äußerlich gesetzeskonform ist, unabhängig davon, warum man diese Handlung vollzieht. Eine äußerlich pflichtmäßige Handlung ist dann, und nur dann, eine Handlung *aus Pflicht*, wenn ihre Triebfeder das moralische Gefühl der Achtung vor dem moralischen Gesetz ist. Ist die Triebfeder eine andere, etwa langfristiger Eigennutz, liegt keine Handlung aus Pflicht, sondern lediglich eine pflichtmäßige Handlung vor.

---

nicht gebotenen Handlungen.) ‚Erlaubt' bedeutet dabei stets das gleiche, sc. ‚nicht geboten zu unterlassen'. Das Prädikat ‚erlaubt' in der Bedeutung von ‚nicht geboten zu unterlassen' wird nur verknüpft, entweder mit ‚geboten' oder mit ‚nicht-geboten'. – All diesen Schwierigkeiten können wir hier nicht nachgehen.

6 Dementsprechend heißt es bei Kant: „P e r s o n ist dasjenige Subjekt, dessen Handlungen einer Z u r e c h n u n g fähig sind." (MS: 223) Und: „Z u r e c h n u n g (*imputatio*) in moralischer Bedeutung ist das U r t e i l, wodurch jemand als Urheber (*causa libera*) einer Handlung, die alsdann T a t (*factum*) heißt und unter Gesetzen steht, angesehen wird" (MS: 227). – Spätestens an dieser Stelle ergibt sich ein gravierendes interpretatorisches Problem, das allerdings in Kants Philosophie selbst verwurzelt ist: Ein Subjekt handelt Kant zufolge in einem positiven Sinne frei nicht nur dann, wenn es frei von Naturbestimmungen handelt, sondern wenn es darüber hinaus selbst Ursache einer Handlung nach Gesetzen der Freiheit, also moralischen Gesetzen, ist. Wirklich frei handelt der Mensch also nur dann, wenn er moralisch handelt, und diese Handlungen können ihm zugerechnet werden. Wie aber verhält es sich mit bösen Handlungen? Handelt der Mensch böse, also etwa absichtlich pflichtwidrig, handelt er nicht nach moralischen Gesetzen und dementsprechend eigentlich nicht frei. Handelt er aber nicht als freies Wesen, sondern als Wesen, das durch Neigungen und somit letztlich durch die Natur bestimmt wird, können ihm seine Taten nicht zugerechnet werden: er wäre dementsprechend nicht für sie verantwortlich, da er keine ‚*causa libera*' ist.

Kant unterscheidet außerdem zwischen inneren und äußeren Handlungen, und in gewisser Hinsicht ist diese Unterscheidung von inneren und äußeren Handlungen bereits bei der Unterscheidung von pflichtmäßigen Handlungen und Handlungen aus Pflicht relevant: Als *äußere Handlung* versteht Kant eine solche, die ein vom Akteur verschiedenes Subjekt äußerlich beobachten kann, also etwa die grundlose Tötung einer anderen Person oder eine wohltätige Spende. Äußere Handlungen sind demnach diejenigen, die pflichtmäßig (oder pflichtwidrig) sein können, und die grundsätzlich insofern erzwingbar sind, als der Akteur sanktioniert und zu ihrer Unterlassung oder Vollziehung angeregt werden kann. *Innere Handlungen* hingegen sind solche, die ein von der handelnden Person verschiedenes Subjekt nicht (direkt) wahrnehmen können und die die Wahl der Maximen betreffen bzw. die Motivation des Subjekts: Eine innere Handlung kann also etwa darin bestehen, eine andere Person nicht zu töten, *weil ich es für moralisch falsch halte*, oder *weil ich mir einen Vorteil davon verspreche*; es geht hier, kurz gesagt, um die Motiv- oder Zweckwahl. Diese inneren Handlungen, also die subjektiven Zwecksetzungen, sind nicht erzwingbar; man kann eine Person in einem bestimmten Sinn zwar dazu zwingen, Andere nicht zu betrügen, aber man kann sie nicht dazu zwingen, dies aus Pflicht zu tun. Man kann, anders gesagt, eine Person nur dazu zwingen, *dass* sie etwas tut oder nicht tut (was der äußeren Handlung entspricht), aber nicht, *warum* sie etwas tut oder nicht tut (dies ist die innere Handlung). Kant formuliert dies wie folgt: „Nun kann ich zwar zu Handlungen, die als Mittel auf einen Zweck gerichtet sind, nie aber e i n e n Z w e c k z u h a b e n von anderen gezwungen werden, sondern ich kann nur selbst m i r etwas zum Zweck m a c h e n" (TL: 381).

Nun muss allerdings beachtet werden, dass innere und äußere Handlungen nicht unabhängig voneinander bestehen: Innere Handlungen führen in der Regel zu äußeren Handlungen und äußere Handlungen setzen innere Handlungen voraus. Letzteres ist der Fall, weil eine äußere Handlung, so Kant, nur dann eine Handlung im eigentlichen Sinn ist, wenn ihr ein gesetzter Zweck vorausgeht. So schreibt Kant: „Da nun keine freie Handlung möglich ist, ohne daß der Handelnde hierbei zugleich einen Zweck (als Materie der Willkür) beabsichtigte [...]" (TL: 389), oder etwa: „Eine jede Handlung hat also ihren Zweck [...]" (TL: 385). Es gilt also: Keine Handlung ohne Zweck. Wird ein Subjekt zu einer Handlung gezwungen, wird es demnach dazu gezwungen, sich *irgendeinen* Zweck zu setzen; es muss sich einen Zweck setzen, da es andernfalls ja nicht handeln könnte. *Welchen* Zweck es sich aber setzt, kann nicht erzwungen werden; das Subjekt kann sich trotz Zwang frei entscheiden, welchen Zweck es sich setzt.

Nun gibt es Kant zufolge subjektive und objektive Zwecke; beide kann das Subjekt sich setzen. *Subjektive Zwecke* sind nur kontingent und haben nur einen relativen Wert; man *kann* sie wählen, *muss* es aber nicht (wie etwa einen Obstkuchen zu backen), und ob man sie wählt, hängt von den persönlichen Präferenzen und Bedürfnissen ab. Ausgehend von subjektiven Zwecken lassen sich *hypothetische Imperative* formulieren: Sie treffen eine Aussage über eine Zweck-Mittel-Relation und schreiben dem Handelnden vor, bestimmte Dinge zu tun, *wenn* er einen Zweck erreichen will. Das Wollen der Mittel ergibt sich dabei, so jedenfalls Kants Anspruch, analytisch aus dem Wollen des Zwecks.[7]

Im Gegensatz zu subjektiven Zwecken sind *objektive Zwecke* solche, die sich jedes vernünftige und das heißt moralische Wesen setzen *muss*; Kant nennt diese Zwecke auch „Zweck[e] an sich selbst" (GMS: 428). Jedes autonome Wesen ist ein solcher Zweck an sich selbst und hat daher „Würde, d.i. unbedingten, unvergleichbaren Wert" (GMS: 436).[8] Dies macht den Zweck-an-sich-Charakter von Personen aus, demgemäß man sie „jederzeit zugleich als Zweck, niemals bloß als Mittel" (GMS: 429) gebrauchen darf. In der TL ist von weiteren objektiven Zwecken die Rede, die jedes vernünftige Subjekt haben soll, nämlich von fremder Glückseligkeit und eigener Vollkommenheit. Diese Konzeptionen von Zwecken an sich selbst und Zwecken, „die zugleich Pflicht sind" (TL: 385), widersprechen sich aber nicht, da sich die letztgenannten Zwecke immer auf Personen beziehen: Fremde Glückseligkeit und eigene Vollkommenheit sind ja auch darum Zwecke, die zugleich Pflicht sind, weil es sich um Vollkommenheit und Glückseligkeit *von Personen* handelt, die Würde besitzen.[9] Während subjektiven Zwecken ausschließlich hypothetische Imperative korrespondieren können, ermöglicht die Existenz objektiver Zwecke *kategorische Imperative*. Ein kategorischer Imperativ ist dabei ein solcher, „welcher eine Handlung als für sich selbst, ohne Beziehung auf einen anderen Zweck, als objektiv-notwendig vorstellte" (GMS: 414), der das Subjekt also unabhängig von seinen gegenwärtigen oder zukünftigen subjektiven Zwecksetzungen nötigt: Der KI gilt für mich, unabhängig davon, was ich in nicht-moralischer Hinsicht will. Da nun der KI die völlige Abstrahierung von allen subjektiven Zwecken fordert, setzt er die Möglichkeit voraus, unabhängig von *allen* Neigungen, und das heißt aus Freiheit zu handeln. Und insofern von allen subjektiven Zwecken abstrahiert wird, muss der KI auf einem objektiven Zweck gründen (denn wieder gilt: keine Handlung ohne Zweck), der für alle unter allen Umständen zu allen Zeiten normative Kraft besitzt: Nur etwas, dass ich immer unter allen Umständen wollen soll, liefert einen Grund kategorischer Handlungsgebote.

---

7 Vgl. GMS: 417.
8 Vgl. GMS: 436: „*Autonomie* ist also der Grund der Würde der menschlichen und jeder vernünftigen Natur." Siehe auch KpV: 87 und 131 sowie TL: §§ 11, 37, 38.
9 Gegen Tiere oder leblose Dinge hat der Mensch demgemäß keine Pflichten, vgl. dazu §§ 16–18 der TL sowie E. E. Schmidt/D. Schönecker, *Kant on Moral Necessitation by Another Subject's Will (‚Tugendlehre', § 16)*, in: *Studi Kantiani* XXIX (2016), 91–108.

Im Kern verlangt der KI, dass „ich [...] niemals anders verfahren [soll] als so, *daß ich auch wollen könne, meine Maxime solle ein allgemeines Gesetz werden*" (GMS: 402). Damit sind wir nun beim schwierigen Begriff der *Maxime*. Zunächst kann eine Maxime als „das subjektive Prinzip des Wollens" (GMS: 400, Fn.) verstanden werden, demgemäß ein Subjekt tatsächlich handelt. Diese Maxime kann, muss aber natürlich nicht mit dem KI in Einklang stehen; sie ist aber in jedem Fall insofern subjektiv, als sie das Prinzip des Willens eines Subjekts ist, sein Bestimmungsgrund. Mindestens vier Fragen sind allerdings in der Literatur notorisch umstritten: Erstens ist unklar, ob eine Maxime, um tatsächlich die Maxime eines Subjekts zu sein, diesem bewusst sein muss. Zweitens ist strittig, ob Maximen deskriptiv oder normativ zu verstehen sind: Setzt sich das Subjekt durch eine Maxime selbst eine Norm, von der es selbst abweichen kann, oder beschreibt eine Maxime, wie eine Person *tatsächlich* handelt? Drittens ist unklar, wie allgemein oder partikular Maximen sind oder sein können: Gibt es Maximen, die sich auf einzelne konkrete Handlungssituationen beziehen, oder sind sie vielmehr als allgemeine Prinzipien zu verstehen, die ein Subjekt in Bezug auf eine Klasse von Handlungsweisen hat? Viertens ist keineswegs klar, welche Elemente überhaupt Teil einer Maxime sind: Gehört zu einer Maxime auch das Motiv oder der Zweck („Ich lüge nicht, *weil es moralisch falsch ist*"), oder enthält sie lediglich die deskriptive Beschreibung einer äußeren Handlung („Ich lüge nicht")?

Vor allem diese letzte Frage nach den Bestandteilen der Maxime ist für unseren Kontext von Bedeutung: Gemeinhin wird behauptet, in der *Rechtslehre* (RL) ginge es ausschließlich um (äußere) Handlungen, wohingegen es in der TL, wo Kant den Selbstmord thematisiert, allein um innere Handlungen, d. h. um die Maximenwahl gehe. Dies, so das Argument, läge daran, dass es die TL nur mit weiten Pflichten zu tun habe, also mit solchen Pflichten, die einen Spielraum zulassen: Ich muss wohltätig sein; ob ich nun aber in einer konkreten Situation einem Obdachlosen etwas gebe oder nicht, kann nicht prinzipiell festgelegt werden; ausschlaggebend ist aber, dass ich die korrekte Maxime (,Ich will mich gegenüber Hilfsbedürftigen wohltätig verhalten') habe und – situationsabhängig – ihr entsprechend handle. Blickt man in die RL, sieht man allerdings, dass die These, ausschließlich die TL befasse sich mit Maximen, so nicht stimmen kann; denn auch in der RL taucht der Begriff der Maxime an sehr vielen und prominenten Stellen auf.[10] Umgekehrt behandelt die TL entgegen aller wiederholten Ankündigung auch enge Pflichten, das heißt Unterlassungspflichten wie etwa das

---

10 So lautet das „Allgemeine[.] Prinzip des Rechts" etwa folgendermaßen: „Eine jede Handlung ist r e c h t, die oder *nach deren Maxime* die Freiheit der Willkür eines jeden mit jedermanns Freiheit nach einem allgemeinen Gesetze zusammen bestehen kann." (RL: 230, Kursivierung hinzugefügt).

Selbstmordverbot. Da es nun allerdings tatsächlich so ist, dass die RL von Motiven und Triebfedern abstrahiert, da es hier nur darum geht, das Gesetz zu befolgen, unabhängig davon, *warum* man es befolgt, muss es einen Begriff von Maxime geben, der unabhängig von Motiven ist. Wir nehmen also zwei verschiedene Bedeutungen des Begriffs „Maxime" an: Einerseits muss Kant an vielen Stellen mit „Maxime" die bloße Beschreibung des äußeren Handlungstyps meinen, die sich auch aus der Perspektive einer dritten Person formulieren lässt („Immer dann, wenn er in Geldnot ist, borgt er sich Geld mit dem Versprechen, es zurückzugeben, tut es aber dann nicht"); es ist anzunehmen, dass der Begriff der Maxime auch in der GMS in diesem Sinne gebraucht wird, wenn es um die Universalisierbarkeit geht, die demgemäß lediglich ein Kriterium für die Pflichtmäßig- oder Pflichtwidrigkeit von Handlungen liefern kann. Anderseits versteht Kant unter „Maxime" *auch* das Motiv zur äußeren Handlung, d. h. die Triebfeder bzw. warum (oder mit welchem Zweck) etwas getan wird.[11] So oder so: Für die wie auch immer genau zu verstehenden Maximen gilt jedenfalls, dass sie universalisierbar sein müssen (wir kommen darauf zurück).

Fassen wir zusammen: Wir haben bisher gesehen, dass ausschließlich Personen im Sinne Kants handeln bzw. Taten vollziehen; solche Taten können ihnen zugerechnet werden, sofern sie das moralische Gesetz kennen und es sich nicht um Adiaphora handelt. Will man pflichtwidrige Handlungen von pflichtmäßigen Handlungen unterscheiden (und so auch lebensbeendende Handlungen klassifizieren), muss man ferner zwischen der jeweiligen äußeren und der entsprechenden inneren Handlung, also der konkreten Zwecksetzung, differenzieren: Allein anhand der äußeren Handlung und der entsprechenden deskriptiven Maxime lässt sich bestimmen, ob die Handlung pflichtmäßig oder pflichtwidrig ist. Will man darüber hinaus bestimmen, ob die konkrete Handlung nur pflichtmäßig ist oder aus Pflicht vollzogen worden ist, muss man die innere Handlung, d. h. die Zwecksetzung betrachten und sich fragen, in wie weit die konkrete (weit verstandene) Maxime des Akteurs objektive oder subjektive Zwecke verfolgt.

1.3 Tun und Lassen

Kants Begriff der Verbindlichkeit bezieht sich klarerweise auf Gebote und Verbote (gebotene Unterlassungen): „Weil aber Verbindlichkeit nicht bloß praktische Notwendigkeit (dergleichen ein Gesetz überhaupt aussagt), sondern auch Nötigung enthält, so ist der gedachte Imperativ entweder ein Gebot- oder Verbot-Ge-

---

11 Vgl. etwa die Überschrift von Abschnitt VI aus der *Einleitung* in die TL (388).

setz, nachdem die Begehung oder Unterlassung als Pflicht vorgestellt wird" (MS: 223); und bei den Tugendpflichten unterscheidet Kant auch *expressis verbis* zwischen „Unterlassungspflichten (*sustine et abstine*)" (TL: 419,23) und „Begehungspflichten (*viribus concessis utere*)" (TL: 419,24). Es kann aber nun kein Zweifel daran bestehen, dass für Kant der Begriff der Pflicht unauflöslich mit dem Begriff der Handlung verbunden ist; denn „Pflicht ist diejenige *Handlung*, zu welcher jemand verbunden ist" (MS: 222,31, u.H.). Daraus ergibt sich zwingend, dass alle Unterlassungen, zumindest sofern sie Reaktionen auf Unterlassungspflichten sind, ebenfalls Handlungen sind. Wer diejenige Handlung, die verboten ist, unterlässt, der handelt. Denn Unterlassungspflichten (negative Pflichten) gebieten, etwas zu unterlassen; da aber alle Pflichten Handlungen gebieten, muss die bei einer Unterlassungspflicht gebotene Unterlassung eine Handlung sein.[12]

In den ethischen Hauptschriften Kants findet sich keine systematische Diskussion der Unterscheidung von Unterlassung und Tun.[13] Allerdings gibt es im Hauptwerk und auch in verschiedenen Reflexionen und Vorlesungsmitschriften hier und da klare Belege dafür, dass Kant sich nicht nur des damit zusammenhängenden Problems bewusst war, sondern es explizit und ganz im Sinne des skizzierten sachlichen Argumentes thematisiert hat. So heißt es in der *Praktischen Philosophie Herder* (PPH): „Alle Moralischen Unterlassungen sind negative Handlungen und *also kein Mangel von Handlungen:* sondern wirkliche Handlungen realiter entgegen gesetzt den positiven Handlungen" (PPH: 9, u.H.). Der systematische Grund, auch die Unterlassung als Handlung zu verstehen, ist intern wie extern gut nachvollziehbar: Kantisch betrachtet müssen wir, wie gezeigt, zwischen dem noumenalen Willen als einer noumenalen Kraft, die zum Guten drängt, und der Selbstliebe als einer Kraft, die zum Bösen drängt, unterscheiden; am Ende der Willensbestimmung steht der praktische gute oder praktische böse Wille (und vielleicht Schattierungen dazwischen). Für Unterlassungen heißt dies: Ein Wille, der die verbotene Handlung unterlässt, tut nicht einfach nichts, sondern er bestimmt sich durch seine moralische Kraft als Gegenkraft zur sinnlichen (unmoralischen) Kraft; diese Selbstbestimmung ist eine Kraft, die sich zwar nicht in einer äußerlichen Bewegung zeigt (oder jedenfalls nicht zeigen muss), aber

---

[12] Vgl. auch den Brief Kants an Beck vom 9. Mai 1791 (AA 11: 255,22).
[13] Es lohnt sich aber der Hinweis, dass Kant sehr oft vom ‚Tun und Lassen' spricht als von dem Gebiet, mit dem sich die Moralphilosophie beschäftigt. Damit findet er sich im Einklang mit der philosophischen Redeweise seiner Zeit; vgl. etwa Wolffs *Vernünfftige Gedancken von der Menschen Thun und Lassen, zu Beförderung ihrer Glückseligkeit*. Prof. Dr. Andreas Eckl macht uns aufmerksam auf eine entsprechende Stelle in Moses Mendelssohn, *Abhandlung über die Evidenz in metaphysischen Wissenschaften*, Hamburg 2008, 77: „Eine Verbindlichkeit ist nichts anders, als eine moralische Notwendigkeit zu handeln, d. i. etwas zu tun oder zu unterlassen."

nichtsdestoweniger ist sie wirksam. So heißt es schon in den *Negativen Größen* (NG): „Setzet dagegen einen Menschen, der demjenigen, dessen Noth er sieht und dem er leicht helfen kann, nicht hilft. Hier ist, wie in dem Herzen eines jeden Menschen, so auch bei ihm ein positives Gesetz der Nächstenliebe. Dieses muß überwogen werden. *Es gehört hiezu eine wirkliche innere Handlung aus Bewegungsursachen, damit die Unterlassung möglich sei.* Dieses Zero ist die Folge einer realen Entgegensetzung. Es kostet auch wirklich einigen Menschen im Anfange merkliche Mühe einiges Gute zu unterlassen, wozu sie die positive Antriebe in sich bemerken; die Gewohnheit erleichtert alles, und diese Handlung wird zuletzt wenig mehr wahrgenommen" (NG: 183, u. H.).

Allerdings fällt auf, dass Kant hier, in der Terminologie seiner Zeit, von einer *Unterlassungssünde* spricht, also von der Unterlassung einer positiven, gebotenen Handlung (der Hilfeleistung). Im zeitgenössischen *Grammatisch-Kritischen Wörterbuch der Hochdeutschen Mundart* von Johann C. Adelung wird der Begriff der „Unterlassungssünde" verstanden als die „strafbare Unterlassung einer befohlenen Handlung, die Übertretung eines Forderungsgesetzes; im Gegensatze der Begehungssünde, die Übertretung eines Verbothes". Erneut in Bezug auf eine so verstandene ‚Unterlassungssünde', aber genau in Übereinstimmung mit der Theorie der Realpugnanz (Realentgegensetzung)[14] heißt es in der Vorlesungsmitschrift *Moral Mrongovius:* „Wenn eine Handlung wozu ein Grund ist nicht geschieht, so müssen hinlängliche Gegengründe vorhanden seyn. Wenn demnach obiective Verbindlichkeit da ist; so beweißt das, daß in unserm Willen reactiones dasein müssen. Wenn ein Körper da ist der einen andern Körper in Bewegung bringen kann und dessen Bewegung doch nicht erfolgt; so schließt man, daß etwas dasein muß, das entgegenwirkt. Die Vernunft ist die Kraft, die den Willen bestimmt. Wird die Handlung unterlassen, so geschieht eine Gegenwirkung. Physisch kann ich niemals eine Unterlassung einer Handlung nennen; *hingegen ist die moralische Unterlassung eine Handlung.* Demnach sind alle Unterlassungen moralischer Handlungen wirkliche Handlungen." (MM II: 614 f., u. H.). Und in der schon erwähnten Mitschrift *Praktische Philosophie Herder* heißt es: „Beyde so wohl Unterlaßung als Begehung sind actus der Freyheit. Im moralischen Verstande *heißen sie beyde Handlungen*, obgleich die Unterlaßung im psychologischen Verstande keine Handlung ist. Alles ist im moralischen Verstande Handlung, was einen Bewegungs-Grund hat. *Etwas unterlaßen aus einem moralischen Bewegungs-Grunde ist eben solche Handlung als etwas thun* zE. sich nicht an jemand rächen der

---

[14] Vgl. R 6647: „Moralische Unterlassungen sind thätigkeiten, die den regungen zu gewißen Handlungen *realiter* entgegengesetzet seyn."

uns beleidiget hat, ist wirklich schwerer als sich rächen (PPH: 128, u. H.).[15] Hier sieht man, dass Kant von der Unterlassung einer Handlung spricht, die eine Begehungssünde wäre (sich zu rächen).

Ein systematisches Problem wollen wir nicht unerwähnt lassen. Muss nicht, wenn Unterlassungen Handlungen sind, ein Bild vom Menschen als einem Akteur gezeichnet werden, der, wenn er sich an die Gebote hält, dies und das zu unterlassen, *ununterbrochen handelt?* Zwei Antworten scheinen denkbar: Zunächst erscheint doch die These, der Mensch handele ununterbrochen (außer im Schlaf oder bei Bewusstlosigkeit), nur deshalb abwegig, weil der Begriff der Handlung an die Bedingung gebunden wird, dass alle Handlungen äußerlich sind. Nun ist aber unbestritten, dass wir tatsächlich so reden, dass zumindest manche Unterlassungen Handlungen sind, obwohl sie nicht äußerlich sind; so würde man zum Beispiel sagen, jemand habe weise *gehandelt*, als er sich *nicht* im Zorn zur Rache hat hinreißen lassen. Dass wir dies tun, liegt im Wesen der Handlung. Wer handelt, setzt sich Zwecke und verhält sich zur Welt. Da wir nun aber doch ununterbrochen in der Welt sind und uns zu ihr verhalten müssen, ist es überhaupt nicht überraschend, dass wir ununterbrochen handeln, und sei es auch durch Unterlassungen. Es ist zwar wahr, dass Unterlassungen in manchen Situationen einer besonderen Kraftanstrengung bedürfen; wenn es etwa zu meinen Zwecksetzungen (Maximen) gehört, kein fremdes Eigentum zu stehlen, dann ist die Kraftanstrengung, dieser Maxime zu folgen, gewiss größer, wenn ich zum Beispiel einen herrenlosen Koffer voller Geld finde, den ich ohne Risiko behalten könnte. Aber die inneren Handlungen, mich so-und-so zu bestimmen, meinen Charakter zu bilden, mich nicht in Situationen zu bringen, in denen die Unterlassung besonderer Kraftanstrengung bedarf usw. – all dies gehört zu einer vollständigen Beschreibung dessen, wie ich mich zur Welt verhalte.

Andererseits ließe sich an dieser Stelle erwidern, dass man den Menschen, auch wenn Unterlassungen Handlungen sind, durchaus *nicht* als ununterbrochen Handelnden verstehen muss. Dies anzunehmen wäre kontraintuitiv: Wir handeln nicht permanent in zahllosen verschiedenen Hinsichten (von denen einige moralisch relevant sind, andere neutral). Schreibe ich gerade einen philosophischen Text, führe ich zum Beispiel nicht die Handlung aus, einen Bankraub zu unter-

---

15 An mehreren Stellen (vgl. MC: 290; Menzer: 72; MM: 1439) betont Kant zwar, dass Folgen der *ethischen* Unterlassung nicht zugerechnet werden können, weil solche Unterlassungen keine Handlungen seien. Aber Kant spricht hier ausdrücklich von der Unterlassung einer *weiten* Pflicht. Da weite Pflichten Spielraum lassen, kann ich nicht zu einer spezifischen Handlung gezwungen werden; und da es keine spezifische Handlung gibt, zu der ich verpflichtet bin, ist das Nicht-Tun einer möglichen, aber eben nicht gebotenen Handlung selbst keine Handlung (so wohl die Überlegung Kants).

lassen, oder die Handlung, jemanden nicht zu überfallen, oder die Handlung, kein Eis zu essen usw. usf. Es stimmt zwar, dass ich diese Dinge *de facto* nicht tue. Aber wir können zwischen dem Nicht-Tun, das *keine* Handlung ist, und dem Unterlassen *als* Handlung unterscheiden: Ich spaziere gerade nicht über den Mond, ich schwimme nicht im Ozean und auch nicht in einem See, aber deswegen führe ich nicht alle entsprechenden Unterlassungshandlungen (nicht auf dem Mond zu gehen usw.) permanent und gleichzeitig aus. Alles andere würde zu einer myriadischen Multiplikation von Handlungen führen. Ich tue zwar tatsächlich all dies (spazieren gehen, schwimmen, eine Bank ausrauben) *nicht*, wenn ich schreibe, aber es handelt sich hier nicht um Unterlassungs*handlungen*. Eine Unterlassung im Sinne einer Handlung liegt nur dann vor, wenn ich mich in einer *relevanten* Situation befinde und eine entsprechende Kraft für die Unterlassung aufwende. Dies ist dann der Fall, wenn ich ernsthaft überlege, ob ich jetzt schreiben soll oder doch lieber an den See gehen soll; wenn ich in einer konkreten Situation überlege, eine Bank auszurauben oder nicht, und mich dann jeweils gegen die Ausführung der einen oder anderen Tat entscheide. Wenn ich seit zwei Stunden konzentriert schreibe, ohne je einen Gedanken darauf verwendet zu haben, doch lieber an den See zu gehen oder eine Bank auszurauben, habe ich nicht die Unterlassungshandlung, nicht an den See zu gehen bzw. nicht die Bank auszurauben, ausgeführt. Nochmals: Nur wenn ich mich in einer konkreten Situation aktiv, unter Aufwendung einer Kraft, gegen eine Handlung entscheide, liegt eine Unterlassung im Sinne einer Handlung vor; andernfalls liegt Nicht-Tun als Nicht-Handlung vor. Somit kann man Unterlassungen als Handlungen verstehen, ohne gleichzeitig anzunehmen, jeder führe immerzu und in vielfältigen Hinsichten Unterlassungshandlungen aus. (Man mag an dieser Stelle allenfalls einräumen, dass die Bildung einer Maxime, wie etwa grundsätzlich keine Banken zu überfallen, auch eine Kraftaufwendung bedeute, und sofern Maximen mir nicht immer bewusst sein müssten, hätte ich diese Maxime eben auch, wenn ich konzentriert schreibe, ohne an einen Bankraub zu denken. Sofern ich mir diese Maxime irgendwann gesetzt habe, liegt in der Tat eine Kraftaufwendung und eine innere Handlung vor; aber nur die Aktualisierung oder Realisierung der Maxime in einer konkreten Situation bedeutet wieder eine erneute Kraftaufwendung im Falle einer Unterlassung.)

2 Was sagt Kant über lebensbeendende Handlungen?

Das Wesen des Selbstmordes sieht Kant in der „Intention[,] sich selbst zu destruiren" (MC: 371); in der TL heißt es entsprechend, der Selbstmord sei die „willkürliche" (TL: 421,13; 422,5) Selbstentleibung, die in Kants Ethik eindeutig verboten ist.[16] Wann eine „Absicht[,] sich selbst zu ermorden" (MC, 372) vorliegt, ist nicht ohne weiteres klar und gehört, wie wir noch genauer sehen werden, zur Kasuistik. So fragt Kant in der TL: „*Ist* es Selbstmord, sich (wie Curtius) in den gewissen Tod zu stürzen, um das Vaterland zu retten?" (TL: 423, u. H.). Die Frage ist, wohlgemerkt, nicht, ob eine solche Handlung erlaubt ist, sondern, ob sie überhaupt als Selbst*mord* zu klassifizieren ist. Diese Unterscheidung ist wichtig, weil es immerhin den Anschein gibt, dass es vielleicht bestimmte Handlungen geben könnte, die zweifellos Selbsttötungen sind, die aber dennoch zunächst die offene Frage zulassen, ob sie erlaubt sind. Der Selbstmord ist jedenfalls, so Kant, ein „Verbrechen" (TL: 422). Was sind seine Argumente für diese These?

2.1 Das Naturgesetz-Argument und das Würde-Argument: Ein kurzer Überblick

Kant hat (erstmals ausführlich in der GMS) in einer Reihe von Formulierungen den Grundgedanken des KI zum Ausdruck gebracht. In seiner allgemeinsten Form und damit als sogenannte *Universalisierungsformel* lässt sich der KI so formulieren: Handle nur nach Maximen, von denen Du ohne Widerspruch zugleich wollen und denken kannst, dass sie allgemeine Gesetze werden. Über den Begriff der Allgemeinheit wird der KI aber auch in der sogenannten *Naturgesetzformel* zum Ausdruck gebracht; auch diese gibt es in verschiedenen Versionen, die so zusammengefasst werden können: Handle so, dass Du Deine Maximen als allgemeine Naturgesetze denken und wollen kannst. Kants ethische Bewertung des Selbstmords beruht auch auf dieser Naturgesetzformel. Das ethische Procedere lässt sich so beschreiben: Die zu überprüfende Maxime lautet: Wenn das Leben bei seiner längeren Frist mehr Übel droht, als es Annehmlichkeit verspricht, mache ich es mir aus Selbstliebe zum Prinzip, es abzukürzen. Die Frage ist dann, ob diese Maxime „ein allgemeines Naturgesetz werden könne" (GMS: 422,3; 422,7; vgl. 422,29), d. h. ob eine Natur denkbar ist, in der Wesen nach dieser Maxime na-

---

16 Vgl. KpV: 44,10 und MSV: 603,2.

turkausal determiniert handeln. Als allgemeines Naturgesetz formuliert lautet die Maxime so: ‚Es ist ein allgemeines Naturgesetz, dass es sich alle Wesen aus Selbstliebe zum Prinzip machen, ihr Leben abzukürzen, wenn bei seiner längeren Frist mehr Übel droht, als Annehmlichkeit in Aussicht steht' (NG). NG enthält in sich noch keinen Widerspruch, sondern erst im Verhältnis zu folgendem naturteleologischen Prinzip: Die Selbstliebe ist eine Empfindung, deren natürlicher Zweck darin besteht, das Leben aufrecht zu erhalten und zu befördern. Dieses Prinzip vorausgesetzt, wäre es widersprüchlich, eine Natur anzunehmen, deren eines Gesetz (NG) darin bestünde, dass Selbstliebe unter bestimmten Umständen immer eine ihrem Zweck entgegengesetzte Wirkung hervorbringt.

Dieses Argument werden wir hier nicht weiter verfolgen. Denn erstens taucht es in der GMS nur in Beispielen auf, und Kant bemerkt ausdrücklich, dass er sich die damit verbundene „Einteilung der Pflichten für eine künftige Metaphysik der Sitten" (421,31) vorbehalte. In dieser ‚Metaphysik der Sitten', genauer: in deren zweiten Teil, also in den *Metaphysischen Anfangsgründen der Tugendlehre*, macht Kant aber von der Naturgesetzformel gar keinen und auch von der Universalisierungsformel nur einen sehr sparsamen Gebrauch. Tatsächlich Verwendung findet vor allem die sogenannte *Menschheitsformel*. Zweitens setzt Kant mit diesem Naturgesetz-Argument eine naturteleologische Zweckmäßigkeit voraus, die, selbst wenn man sie generell akzeptierte, in diesem speziellen Fall nicht überzeugend ist.

Auch die sogenannte Menschheitsformel entwickelt Kant in der GMS in mehreren Varianten. Im Kern besagt sie dieses: Respektiere sowohl in deiner wie in jeder anderen Person den absoluten Wert autonomer Wesen als Zwecke an sich selbst, und behandele sie deshalb auch nie bloß als Mittel, sondern zugleich immer auch als Zwecke an sich selbst. In den damit verbundenen Beispielen (GMS: 429 f.) ist das Argument ganz einfach: Vorausgesetzt wird jeweils die Menschheitsformel. Vom Selbstmord stellt Kant dann fest, dass in einer solchen Handlung der absolute Wert autonomer Wesen in der eigenen Person nicht respektiert werde; alle Handlungen, die den absoluten Wert autonomer Wesen in der eigenen Person nicht respektieren, sind verboten; daraus folgt, dass Selbstmord verboten ist. Dieses Argument taucht in sehr ähnlicher Form in der TL (§ 6) wieder auf. Da Kant, wie gesagt, nur in der TL den Selbstmord wirklich systematisch einordnet und ausführlich behandelt, werden wir uns bei der genaueren Analyse auf die TL beschränken.

2.2 Kant über Selbstmord in der *Tugendlehre*

Kants Ausführungen über den Selbstmord in der TL sind nicht sehr ausführlich. Sie sind aber ohne Frage diejenigen und sogar die einzigen, die dem systematischen Anspruch Kants gerecht werden. Leider sind sie auch, wie wir jetzt sehen werden, außerordentlich schwierig.

2.2.1 Zur systematischen Einordung des Selbstmordverbots

Das Selbstmordverbot als Pflicht gegen sich selbst
Im Unterschied vermutlich zu den meisten zeitgenössischen Ethikern ist Kant der Auffassung, dass es nicht nur ethische Pflichten gegen Andere, sondern auch gegen sich selbst gibt.[17] Kant selbst beginnt den *Ersten Teil* der TL („Von den Pflichten des Menschen gegen sich selbst") mit einer ausdrücklichen Replik (§§ 1–3) auf den Einwand, der Begriff der Pflicht gegen sich selbst enthalte einen „Widerspruch" (TL: 417), der darin bestehe, dass das verbindende Subjekt das verbundene Subjekt, also *sich selbst*, immer auch von der Pflicht entbinden könne. Kants Antwort scheint zunächst nahezulegen, die Pflichten gegen sich selbst seien eine notwendige Bedingung für Pflichten gegen Andere.[18] Tatsächlich besagt sein Argument aber nur, dass der grundsätzliche Gedanke der Autonomie als *Selbstverpflichtung* widerspruchsfrei ist. Auch Pflichten gegen Andere sind Pflichten, die meiner eigenen reinen praktischen Vernunft entspringen; wäre an diesem Gedanken der Selbstverpflichtung etwas problematisch, dann gäbe es nicht nur keine Pflichten gegen sich selbst, sondern auch keine Pflichten gegen Andere. Denn alle Pflichten sind Pflichten der Autonomie.[19]

Der klassische Einwand, demnach Pflichten eines Subjekts gegen sich selbst implizieren, dass dieses Subjekt gegen sich selbst auch *Rechte* hat, und dass dies ein unsinniger Gedanke sei, wird von Kant nicht thematisiert. Aber so wenig, wie Kant Schwierigkeiten damit hat, dass es Selbstverpflichtung gibt (Autonomie), ohne dass diese Selbstverpflichtung dazu führte, dass der Verpflichtende den Verpflichteten jederzeit von seiner Verpflichtung entbinden könnte,[20] so wenig

---

[17] Vgl. die Debatte im Anschluss an M. Singer, *On Duties to Oneself*, in: *Ethics* 69 (1959), 202–205.
[18] „Denn setzet: es gebe keine solche Pflichten [gegen sich selbst, ES/DS], so würde es überall gar keine, auch keine äußeren Pflichten geben." (TL: 417).
[19] Vgl. dazu D. Schönecker, *Kant über die Möglichkeit von Pflichten gegen sich selbst (Tugendlehre §§ 1–3)*, in: H. Busche/A. Schmitt (Hg.), *Kant als Bezugspunkt philosophischen Denkens*, Würzburg 2010, 235–260.
[20] Wie wir sehen werden, taucht dieser Gedanke in § 6 noch einmal auf.

wird oder sollte es ihm jedenfalls Kopfschmerzen bereiten, dass ein Subjekt Rechte gegen sich selbst hat. Klarerweise kennt Kant nicht nur Rechte im Sinne seiner *Rechtslehre* als Zwangsbefugnisse; in der TL spricht Kant, ohne das Wort *expressis verbis* zu gebrauchen, mehrmals von einem ethischen Recht. So schreibt er: „Alle moralischen Verhältnisse vernünftiger Wesen, welche ein Prinzip der Übereinstimmung des Willens des Einen mit dem des Anderen enthalten, lassen sich auf L i e b e und A c h t u n g zurückführen und, sofern dieses Prinzip praktisch ist, der Bestimmungsgrund des Willens in Ansehung der ersteren auf den Z w e c k, in Ansehung des zweiten auf das *R e c h t des Anderen*." (TL: 488, u. H., ‚Recht' im Original gesperrt). Es überrascht daher nicht, dass Kant auch schreibt, dass jeder Mensch „*rechtmäßigen Anspruch* auf Achtung von seinen Nebenmenschen" habe (TL: 462, u. H.). Durch die Verletzung der weiten Liebespflichten, so schreibt er weiter, werde kein Mensch geschädigt; durch die Unterlassung der engen Achtungspflicht dagegen „geschieht dem Menschen Abbruch in Ansehung seines *gesetzmäßigen Anspruchs*" (TL: 464, u. H.).[21] Der Begriff eines Rechtes, das man gegen sich selbst hat, ist zugegebenermaßen eigenartig; aber er ist nicht viel eigentümlicher als der Begriff der Pflicht gegen sich selbst, vor allem dann, wenn man in Betracht zieht, dass Kant in § 3 der TL den Begriff der Pflicht gegen sich selbst ausdrücklich an die Unterscheidung zwischen dem *homo noumenon* und dem *homo phaenomenon* knüpft. Der „Mensch (in zweierlei Bedeutung betrachtet)" (TL: 418) kann also durchaus Rechte gegen sich selbst haben. Wie wir gleich sehen werden, taucht genau dieser Gedanke auch in § 6 der TL auf, wo Kant den Selbstmord thematisiert.[22]

Das Selbstmordverbot als enge Pflicht
Kant behandelt den Selbstmord im Ersten Hauptstück („Die Pflicht des Menschen gegen sich selbst als ein animalisches Wesen") des Ersten Buchs bzw. der Ersten

---

[21] In den sogenannten *Vorarbeiten* zur TL schreibt Kant allerdings an einer Stelle: „Pflichten gegen sich selbst beziehen sich nicht auf Rechte, sondern auf Zwecke, die zugleich Pflichten sind" (Vor: 405,29–30).

[22] In § 6 schreibt Kant: „Daß der Mensch sich selbst beleidigen könne, scheint ungereimt zu sein *(volenti non fit iniuria)*" (TL: 422). Und genau so, wie es ungereimt scheinen mag, sich selbst zu beleidigen, schien es den Stoikern ungereimt, dass es eine Pflicht gegen sich selbst geben könne, sich nicht zu töten. Und Kants Punkt ist eben: Es gibt sowohl das eine (die Möglichkeit, sich selbst zu beleidigen, und die Pflicht, es nicht zu tun) wie das andere (die Möglichkeit, sich selbst zu töten, und die Pflicht, es nicht zu tun). Kants Diskussion der Stoischen Position im dritten Absatz des § 6 werden wir hier nicht verfolgen, wenn sie auch ein (vorläufiges) Argument gegen den Selbstmord enthält; vgl. dazu etwa D. N. James, *Suicide and Stoic Ethics in the Doctrine of Virtue*, in: *Kant-Studien* 90 (1999), bes. 44.

Abteilung[23] („Von den vollkommenen Pflichten gegen sich selbst"). Dass in der TL überhaupt von ‚vollkommenen', d. h. von „negativen Pflichten, folglich nur von Unterlassungen" (TL: 421), gehandelt wird, ist, so scheint es jedenfalls, sehr erstaunlich und kaum kompatibel mit Kants wiederholt und ausführlich dargelegter These, die *Rechtslehre* handele von engen, die *Tugendlehre* dagegen von weiten Pflichten. So schreibt er in Kap. XVIII der *Einleitung* zur TL („Vorbegriffe zur Einteilung der Tugendlehre"), dass „die ethische Pflicht als *weite*, nicht als enge Pflicht gedacht werden müsse" (TL: 410). Auch die Tatsache, dass Kant in der TL eine Kasuistik einbaut, wird mit eben dieser Weite der Pflichten begründet (wir kommen darauf zurück). Wir können hier unmöglich der Frage nachgehen, ob sich diese augenscheinliche Spannung – in den *Einleitungen* und auch an anderen Stellen ordnet Kant der TL ausschließlich die weiten Pflichten zu, tatsächlich werden dann aber in großen Teilen der TL enge Pflichten behandelt – auflösen lässt, oder ob sie schlussendlich als Widerspruch zu bewerten ist, der die Kohärenz des ganzen Systems bedroht. Es handelt sich um ein nach wie vor großes und ungelöstes Rätsel der Kant-Forschung.

Selbstmord als Laster
Im Ersten Hauptstück geht es also um die engen Pflichten (Unterlassungspflichten) des Menschen gegen sich selbst als ein „animalisches (physisches) und zugleich moralisches Wesen" (TL: 420; dazu gleich mehr). Die entsprechenden „Pflichtartikel" (TL: 421) behandeln Selbstmord und Verstümmelung (§ 6), Masturbation (§ 7) sowie Versoffenheit und Gefräßigkeit (§ 8). Kant sagt ausdrücklich, dass die „Pflichtartikel wider die L a s t e r gerichtet sein müssen, welche der Pflicht gegen sich selbst entgegengesetzt sind." (TL: 421); und noch deutlicher im § 4: „Die Laster, welche hier der Pflicht des Menschen gegen sich selbst widerstreiten, sind: der S e l b s t m o r d [usw.]" (TL: 420). Die ‚Pflicht gegen sich selbst', die hier relevant ist, ist die „S e l b s t e r h a l t u n g in seiner animalischen Natur" (TL: 421); auch dazu gleich mehr. Auf den ersten Blick und vor dem Hintergrund des derzeitigen Sprachgebrauchs wird es verwirrend sein, dass Kant den Selbstmord offenkundig für ein ‚Laster' hält. Bei Masturbation sowie bei Versoffenheit und Gefräßigkeit mag dies sofort einleuchten, beim Selbstmord zunächst nicht, ver-

---

[23] Es gibt Widersprüche zwischen den diversen Überschriften und Inhaltsverzeichnissen innerhalb der ersten Auflage der TL (1797) sowie außerdem zwischen der ersten und zweiten Auflage (1803). Diese Schwierigkeiten müssen wir hier außer Acht lassen; bei der Analyse des eigentlichen Textes der §§ 5–6 werden wir die Unterschiede zwischen den Auflagen A und B allerdings berücksichtigen. Wir zitieren überwiegend nach Auflage B, ohne dies genauer kenntlich zu machen; die Rechtschreibung wird angepasst. Eine Neuedition der TL ist in Arbeit und wird in absehbarer Zeit im Rahmen der Neuedition der Werke Kants (sogenannte Akademie-Ausgabe) erscheinen.

stehen wir doch unter einem Laster eine mit Neigung und Leidenschaft verbundene, mehr oder weniger feste Disposition, die über eine bestimmte Zeitspanne hinweg wirkt. Zum Laster gehört demnach die Dauer und Wiederholung.

Aber wie kann Selbstmord dann ein Laster sein? Eine Antwort lautet, dass Kant eben auch eine einzelne, einmalige Handlung als Laster versteht, sofern eine jede pflichtwidrige Handlung moralisch falsch und damit ein Laster ist. Diese Antwort scheint sich auf Kants Begriff des Lasters berufen zu können: „Eine jede pflichtwidrige Handlung heißt Übertretung (*peccatum*). Die vorsätzliche Übertretung aber, die zum Grundsatz geworden ist, macht eigentlich das aus, was man Laster (*vitium*) nennt." (TL: 390) Nun ist der Selbstmord gewiss eine ‚pflichtwidrige Handlung', und er ist (von möglichen Fällen aus der Kasuistik einmal abgesehen) überdies vorsätzlich; also ist der Selbstmord ein Laster. – Aber diese Antwort ist zu einfach. Auch für die anderen Laster (Masturbation, Völlerei, und im Zweiten Hauptstück: Lüge, Geiz, Kriecherei) gilt, dass sie *prinzipielle* Übertretungen sind, also Übertretungen, die auf Maximen beruhen. Anders als der Selbstmord führt das Innehaben dieser Maximen aber *regelmäßig* zur Pflichtverletzung oder kann zumindest regelmäßig dazu führen; es gehört ja zum Begriff der Maxime, dass, wer sie innehat, auch regelmäßig nach ihr handelt. Nach der Selbstmord-Maxime (‚Wenn das Leben bei seiner längeren Frist mehr Übel droht, als es Annehmlichkeit verspricht, mache ich es mir aus Selbstliebe zum Prinzip, es abzukürzen') handelt man aber natürlich nicht regelmäßig; wie also soll der Selbstmord ‚eine vorsätzliche Übertretung' sein, die ‚zum *Grundsatz* geworden' ist (wie es in der Definition von TL: 390 heißt)? Vom Selbstmord als Laster kann man daher nur dann sinnvoll reden, wenn das Subjekt über einen längeren Zeitraum hinweg eine entsprechende Maxime hat, und nicht erst kurz vor der entsprechenden Tat diese Maxime annimmt. Dies setzt voraus, dass schon *das bloße Innehaben der Maxime pflichtwidrig ist*, nicht erst der tatsächliche Selbstmord, und dies ist eine durchaus plausible Annahme: Auch für den guten Willen gilt ja, dass er gut ist unabhängig von der konkreten Handlungsausführung und deren Konsequenzen; er ist allein durch das Wollen gut. Und dementsprechend kann man annehmen, dass auch das Wollen des Bösen schon durch das Wollen und das heißt durch das Haben der entsprechenden Maxime schlecht ist; besteht diese Maxime über einen längeren Zeitraum als Grundsatz, kann man von einem Laster sprechen – auch dann, wenn die Maxime erst in einer konkreten Situation umgesetzt wird. Kurzentschlossene Selbstmorde wären demzufolge kein Laster im eigentlichen Sinn; über längere Zeit geplante Selbsttötungen aber durchaus: Tritt man bei voller Gesundheit Organisationen wie dem schweizerischen *Exit* bei, macht man es sich zur festen Maxime, das Leben dann zu beenden, wenn ihm mehr Übel als Annehmlichkeit droht. Im Sinne Kants läge hier wegen der langfristigen und ‚zum Grundsatz gewordenen' Einstellung ein Laster vor.

2.2.2 Kants Würde-Argument gegen den Selbstmord

Es gibt in den §§ 5 und 6 einige terminologische Schwierigkeiten, denen wir nicht nachgehen können; dazu gehört auch Kants Rede vom „partialen Selbstmorde" (TL: 423). Es fällt auf, dass Kant im Unterschied zu den eindeutigen negativ besetzten Begriffen von der „wollüstigen Selbstschändung" (TL: 424) und der „V e r s o f f e n h e i t und G e f r ä ß i g k e i t " (427) in § 6 (sogar in der Überschrift) zunächst recht neutral von der „Selbstentleibung" (422) spricht. ‚Selbstmord', so schreibt er dann, könne diese ‚Selbstentleibung' aber nur dann genannt werden, wenn feststeht, dass „sie überhaupt ein Verbrechen ist" (TL: 422). Dann stellt er sofort fest, dass es sich genau so verhält: „Die Selbstentleibung ist ein Verbrechen (Mord)" (422). Was ist Kants Argument?

Das Erste Hauptstück des Ersten Buches handelt, wie schon bemerkt, von der ‚Pflicht des Menschen gegen sich selbst' als einem ‚animalischen (physischen) und zugleich moralischen Wesen', und die „erste" (TL: 421, 10) Pflicht ist dabei die *Pflicht der ‚Selbsterhaltung in seiner animalischen Natur'*. Man könnte den Eindruck gewinnen, als würde Kant es sich hier zur Aufgabe machen, einen allgemeinen, direkten Beweis für eine solche Pflicht zur ‚Selbsterhaltung' zu führen. Von einem solchen Beweis kann aber dann im Fortgang des Textes keine Rede sein, und tatsächlich schreibt Kant am Ende des einleitenden § 5, dass in den folgenden Paragraphen „nur von negativen Pflichten, folglich von Unterlassungen nur die Rede ist" (TL: 421,22). Nicht minder falsch wäre es aber, aus dem Fehlen eines allgemeinen, direkten Beweises für die Pflicht zur ‚Selbsterhaltung' den Schluss zu ziehen, Kant würde umgekehrt überhaupt keinen Beweis für diese Pflicht führen. Kant fragt zu Beginn des § 6 ausdrücklich, *ob die vorsätzliche Selbstentleibung eine Verletzung der Pflicht gegen sich selbst sei*, und *ob* […] der Mensch doch zur Erhaltung seines Lebens, bloß durch seine Qualität als Person verbunden sei, und hierin eine (und zwar strenge) Pflicht gegen sich selbst anerkennen müsse" (TL: 422, u.H.). Das heißt: Obwohl es keinen allgemeinen, direkten Beweis für die Pflicht zur ‚Selbsterhaltung' gibt, gibt es den Beweis, dass bestimmte Handlungen (im § 6: der Selbstmord) verboten sind und insofern gibt es auch einen Beweis der Pflicht zur ‚Selbsterhaltung'. (Analog dazu gibt es dann auch jeweils einen Beweis dafür, dass Masturbation und Völlerei verboten sind – und insofern zwei weitere Beweise der Pflicht zur ‚Selbsterhaltung'.) Die §§ 6–8 sind also „wider die Laster gerichtet […], welche der Pflicht gegen sich selbst [zur Selbsterhaltung] entgegen gesetzt sind" (TL: 241,23), und indem Kant *gegen* diese Laster argumentiert, argumentiert er zugleich *für* die Pflicht zur ‚Selbsterhaltung'.

Überlegen wir nun noch kurz, wie Kants Argument, warum die ‚Selbsterhaltung in seiner animalischen Natur' eine Pflicht ist, *nicht* verstanden werden darf. In § 4 geht Kant auf „Antriebe der Natur" (TL: 420) ein, zu denen (neben dem der

Fortpflanzung und dem zum Lebensgenuss) auch der Antrieb gehört, „durch welchen die Natur zur Erhaltung seiner selbst" (TL: 420) bewegt; später (in § 7) formuliert Kant entsprechend, dass die „Liebe zum Leben von der Natur zur Erhaltung der P e r s o n [...] bestimmt" (TL: 424) sei. Diese ‚Liebe zum Leben', sagt Kant, sei ein „N a t u r z w e c k" (TL: 424), und zwar so, dass die Ursache (die ‚Liebe zum Leben') in „Analogie" (TL: 424) mit einem Verstand, der absichtlich etwas tue, eine Wirkung hervorbringt (die ‚Erhaltung der Person'). Aber das Selbstmordverbot ergibt sich *nicht* aus dem Gebot, diesem ‚Antriebe der Natur' und dem ‚Naturzweck' um seiner selbst willen Folge zu leisten; so nahe Kants Position im Kontext des Naturgesetz-Argumentes an naturteleologischen, ja im engeren Sinne naturrechtlichen (Aristotelischen) Überlegungen zu sein scheint, so weit ist doch das Würde-Argument des § 6 davon entfernt.[24] Selbsterhaltung ist nicht deshalb Pflicht (bzw. Selbstmord nicht deswegen verboten), *weil* sie ein Naturzweck ist; sondern sie ist Pflicht *um der Wirkung willen*, die damit verbunden ist. Die Unterlassungspflichten der §§ 6 – 8 sind „jene, welche dem Menschen in Ansehung des Z w e c k e s seiner Natur v e r b i e t e n, demselben zuwider zu handeln, mithin bloß auf die moralische S e l b s t e r h a l t u n g [...] gehen" (TL: 419). Die physische Selbsterhaltung ist also zum Zwecke der ‚*moralischen* Selbsterhaltung' geboten; das ist, wie wir sehen werden, der Kern von Kants Würde-Argument. Betrachten wir dies nun genauer.[25]

Zitieren wir zunächst die entscheidende Textstelle:

---

[24] Vgl. ähnlich auch M. Forkl, *Kants System der Tugendpflichten. Eine Begleitschrift zu den „Metaphysischen Anfangsgründen der Tugendlehre"*, Frankfurt a. M. 2001, 142, und K. Steigleder, *Kants Moralphilosophie. Die Selbstbezüglichkeit reiner praktischer Vernunft*, Stuttgart/Weimar 2002, 265.

[25] Besonders bei der ‚wollüstigen Selbstschändung' in § 7 gewinnt man schnell den Eindruck, als bestünde das Problem in der „Unnatürlichkeit" (TL: 425); Kant scheint ausschließlich teleologisch zu argumentieren (im Sinne des Naturgesetz-Argumentes). Nun leuchtet beim Gebrauch der Geschlechtsorgane zur Masturbation unmittelbar ein, dass – unter naturteleologischen Prämissen – ein solcher Gebrauch ‚naturwidrig' ist (die ‚Liebe zum Leben' dient der Arterhaltung und entsprechend ist der Zweck der Geschlechtsorgane eben diese Fortpflanzung). Aber inwiefern ist Selbstmord ‚zweckwidrig'? Im Selbstmord, so scheint es, wird die ‚Liebe zum Leben' *negiert*, so wie bei sexueller Enthaltsamkeit die ‚Liebe zum Geschlecht' negiert wird; aber in beiden Fällen scheint es bloße Negation zu sein, nicht *Missbrauch*. (Es sei denn, man knüpft in gewisser Hinsicht an Kants teleologisches Argument aus der GMS an: Selbstmord wäre demzufolge ‚naturwidrig', insofern die Selbstliebe, die das Leben befördern soll, eben dieses im Selbstmord negierte.) Der eigentliche „B e w e i s g r u n d liegt freilich darin, dass der Mensch seine Persönlichkeit dadurch [durch die Masturbation, ES/DS] (wegwerfend) aufgibt, indem er sich bloß zum Mittel der Befriedigung tierischer Triebe braucht" (TL: 425).

[S1] [S1.1] Der Persönlichkeit kann der Mensch sich nicht entäußern, so lange von Pflichten die Rede ist, folglich so lange er lebt, [S1.2] und es ist ein Widerspruch, dass er die Befugnis haben solle, sich aller Verbindlichkeit zu entziehen, [S1.3] d. i. frei so zu handeln, als ob es zu dieser Handlung gar keiner Befugnis bedürfte. [S2] [S2.1] Das Subjekt der Sittlichkeit in seiner eigenen Person zernichten, ist eben so viel, als die Sittlichkeit selbst ihrer Existenz nach, *so viel an ihm ist*, aus der Welt vertilgen, [S2.2] welche doch Zweck an sich selbst ist; [S2.3] mithin über sich als bloßes Mittel zu einem beliebigen Zweck zu disponieren, heißt die Menschheit in seiner Person (*homo noumenon*) abwürdigen, [S2.4] der doch der Mensch (*homo phaenomenon*) zur Erhaltung anvertrauet war. (TL: 422f.)

Satz [S1] haben wir zwar wiedergegeben, aber wir werden ihn nicht analysieren. Wir müssten mehrere Lesarten unterscheiden, ohne dass (vielleicht) am Ende klar würde, welche dieser Lesarten zu bevorzugen ist und wie sich [S1] zu [S2] verhält; diese Analysen werden an anderer Stelle geliefert. Jedenfalls scheint uns erst [S2] das eigentliche Argument zu liefern, wie man es schon aus der GMS kennt. Es beruht auf der Zweck-an-sich-selbst-haftigkeit der sittlichen Person, also auf seiner Würde,[26] und daher nennen wir es ja auch Kants Würde-Argument.

[S2] hat deutlich zwei Teile, die durch das ‚mithin' am Anfang von [S2.3] verbunden werden; betrachten wir den ersten Teil:

[S2.1] Das Subjekt der Sittlichkeit in seiner eigenen Person zernichten, ist eben so viel, als die Sittlichkeit selbst ihrer Existenz nach, so viel an ihm ist, aus der Welt vertilgen, [S2.2] welche doch Zweck an sich selbst ist.

Der Ausdruck ‚Subjekt der Sittlichkeit' taucht in Kants Werk erstaunlicherweise nur an dieser einen Stelle auf. Dennoch ist klar, was gemeint ist: Der *homo noumenon*, der als autonomes Wesen sich selbst die Gesetze gibt. Wer sich als Mensch selbst tötet, tötet (‚zernichtet') damit auch dieses ‚Subjekt der Sittlichkeit', den *homo noumenon*. Nun sind zwar für Kant moralische Gesetze keineswegs bloße Konstruktionen (in einem wie auch immer genau zu bestimmenden anti-realistischen Sinne); vielmehr vertritt Kant (mindestens) einen moderaten Realismus, der besagt, dass moralische Gesetze durchaus in der Welt sind und kategoriale Geltung haben, wenn auch nicht im Sinne von *universalia ante res*, sondern im Sinne *von universalia in rebus*.[27] Sittlichkeit ist real; aber sie ist real nur *in* Menschen. Wer sich tötet, ‚zernichtet' damit nicht die Sittlichkeit selbst; denn diese ist ja auch real

---

[26] Der Zusammenhang zwischen den Termini ‚Zweck an sich selbst' und ‚Würde' ist unbestreitbar; vgl. GMS: 436, KpV: 87 und 131 sowie TL: §§ 11, 37, 38.
[27] Vgl. dazu E. E. Schmidt/D. Schönecker, *Kant's Moral Realism. On Dignity and Value in Kant's ‚Tugendlehre'*, in: R. dos Santos/E. E. Schmidt (Hg.), *Moral Realism or Anti-Realism in Kant's Moral Philosophy*, Berlin/New York 2017 (im Erscheinen).

in anderen Menschen. Aber insofern sich ‚Sittlichkeit' in Menschen realisiert, ‚vertilgt' der Selbstmörder die moralischen Gesetze ‚so viel an ihm ist' – sofern sie eben in ihm realisiert werden – ‚aus der Welt'.[28]

Der Bezug des ‚welche' zu Beginn von [S2.2] ist mehrdeutig. Es könnte grammatisch durchaus auf die ‚Sittlichkeit' als solche bezogen sein (dann wäre die Aussage: ‚Die Sittlichkeit ist Zweck an sich selbst'). Da Kant aber, wie oben gezeigt, in der Regel vernünftige Wesen bzw. den Menschen als ‚Zweck an sich selbst' beschreibt, sollten wir das ‚welche' auf ‚die Sittlichkeit, *so viel an ihm*' – d. h. am Menschen – ist, beziehen. Es geht hier aber nicht um den ‚Menschen' ([S1.1]), der im Sinne von § 3 der TL sowohl ein Sinnenwesen wie ein Vernunftwesen ist, und es ist daher auch nicht einfach das einzelne Individuum, das im Selbstmord ‚zernichtet' wird, sondern um die ‚Persönlichkeit' ([S1.1]) bzw. ‚Menschheit in seiner Person' ([S2.3]). Man muss also lesen: ‚Die Persönlichkeit in seiner eigenen Person, d. h. in sich selbst als einzelnes Individuum, das aber die allgemeine Eigenschaft der Persönlichkeit besitzt, zernichten [...]' usw. Bemerkenswert ist hier außerdem das ‚selbst' in [S2.1: ‚als die Sittlichkeit *selbst* ihrer Existenz nach']. Dieses ‚selbst' ist kein Attribut von ‚ihrer Existenz nach', sondern auf ‚Sittlichkeit' bezogen; die ‚Sittlichkeit *selbst*' wird also im Selbstmord ‚ihrer Existenz nach in einem Menschen' zerstört. Kant stellt hier offenkundig eine Opposition her zwischen dem *‚Subjekt* der Sittlichkeit' (zu Beginn von [S2.1]) und der ‚Sittlichkeit *selbst*', deren Aufhebung (‚ist eben so viel') das Hauptthema des ganzen Satzes ist: Die Zernichtung der ‚Persönlichkeit' ist gleichbedeutend mit der Zernichtung der ‚Sittlichkeit selbst'. Aber es ist nicht die Zernichtung der Sittlichkeit insgesamt, sondern der Sittlichkeit ‚ihrer Existenz nach, so viel an ihm ist'. Da nun das ‚Subjekt der Sittlichkeit' nichts anderes ist als die Persönlichkeit im jeweiligen Individuum und die ‚Sittlichkeit ihrer Existenz nach, *so viel an ihm ist*' nichts anderes ist als die Persönlichkeit in eben diesem jeweiligen Individuum, zeigt sich, dass Kants These, die Zernichtung des einen sei ‚ebenso viel' wie die Zernichtung des anderen, in der Tat streng zu lesen ist: Es ist *ein und dasselbe*; es ist also *nicht* die Zernichtung der Sittlichkeit selbst ihrer Existenz nach, so viel an ihm ist, eine *Folge* der Zernichtung der Persönlichkeit, sondern eben diese. Die adäquate Rekonstruktion sieht daher so aus:

[S2.2]* Die Existenz der Sittlichkeit selbst, sofern sie in einem Menschen und seiner Persönlichkeit realisiert ist, ist Zweck an sich selbst.

---

28 Das ‚ihm' in [S2.1] (‚so viel an ihm ist') hat keinen direkten Bezug in Satz [S2], sondern bezieht sich auf den ‚Menschen' in [S1.1].

Auch das nächste Textstück (S2.3–S2.4) birgt in sich große Schwierigkeiten. Beginnen wir mit dem Bezug des ‚der' ganz zu Beginn von [2.4]. Hier ist sprachlich nicht unmittelbar klar, wem wer ‚zur Erhaltung anvertraut' ist; dennoch gibt es nur eine einzige Rekonstruktion, die der grammatischen Struktur gerecht wird:

> [S2.4]* Der Mensch als *homo phaenomenon* ist der Menschheit in seiner Person (*homo noumenon*) zur Erhaltung anvertraut.

Der Mensch als *homo phaenomenon* ist also dem Menschen als *homo noumenon* anvertraut; der *homo noumenon* hat die Pflicht, den *homo phaenomenon* zu erhalten. Auf den ersten Blick erscheint dies widersinnig: Ist es nicht Kants These, dass das ‚Subjekt der Sittlichkeit' erhalten werden muss, also der *homo noumenon*, und müsste daher nicht dieser *homo noumenon* dem *homo phaenomenon* anvertraut sein?[29] Nun geht es im Ersten Hauptstück ja aber gerade um die ‚Selbsterhaltung in seiner animalischen Natur'; das ‚Widerspiel' dazu ist die ‚Selbstentleibung'. Die Erhaltung des Leibes ist eine Pflicht für den Menschen, sofern er *homo noumenon* ist; und in der Tat ist ja auch nur der *homo noumenon* ein der aktiven und passiven ‚Verpflichtung fähiges Wesen' (wie es in § 3 der TL heißt). Diese Pflicht zur Erhaltung des Leibes (und umgekehrt das Verbot der Entleibung) hat seinen Grund aber darin, dass der *homo noumenon* in diesem Leib residiert und er also *mit* der Erhaltung des Leibes *sich selbst* erhält.[30] Das ‚Selbst' in der

---

[29] So liest es zum Beispiel auch D. N. James, *Suicide and Stoic Ethics in the Doctrine of Virtue*, 46. H. Wittwer, *Über Kants Verbot der Selbsttötung*, in: *Kant-Studien* 92 (2001), 190–192, erwähnt zwar die grundsätzliche Problematik der *homo noumenon/phaenomenon*-Unterscheidung, bezieht sie aber nicht auf § 6 der TL; M. Forkl, *Kants System der Tugendpflichten*, 142, und F. Ricken, *Homo noumenon und homo phaenomenon. Ableitung, Begründung und Anwendbarkeit der Formel von der Menschheit als Zweck an sich selbst*, in: O. Höffe (Hg.), *Grundlegung zur Metaphysik der Sitten. Ein kooperativer Kommentar*, Frankfurt a. M. 1989, 242, lesen im Kern richtig, gehen aber nicht auf Details ein.

[30] So auch L. Denis, *Moral Self-regard. Duties to Oneself in Kant's Moral Theory*, New York 2001, 102. Vgl. MM: 1502: „Hier kommt die Befugnis, die wir haben, über unser Leben zu disponieren, und ob wir diese Befugnis haben? Auf der anderen Seite die Befugnis für unser Leben Sorge zu tragen. Vorläufig bemerken wir: Wenn der Körper zufälligerweise zum Leben gehörte, nicht als eine Bedingung, sondern zum Zustand des Lebens, so daß wir den Körper ablegen könnten, wenn wir wollten, wenn wir so aus dem Körper uns ausschlüpfen könnten und in einen anderen eingehen, so wie in ein Land, dann könnten wir über den Körper disponieren, dann würde er unserer freien Willkür unterworfen sein; allein dann würden wir nicht disponieren über unser Leben, sondern nur über unseren Zustand, über die beweglichen Güter, über die Mobilien, die zum Leben gehörten. Nun ist aber der Körper die gänzliche Bedingung des Lebens, so daß wir keinen Begriff von einem anderen Leben haben als vermittelst unseres Körpers, und der Gebrauch unserer Freiheit ist nur durch den Körper möglich; so sehen wir, daß der Körper einen Teil unser selbst ausmacht."

,*Selbst*erhaltung in seiner animalischen Natur' ist also letztlich *nicht* der Leib (der *homo phaenomenon*), sondern das noumenale Selbst, das sich in seinem phänomenalen Leib erhält. Im Zweiten Hauptstück erörtert Kant die „Pflicht des Menschen gegen sich selbst, *bloss* als einem moralischen Wesen" (TL: 428, u. H.). Die im Ersten Hauptstück behandelte ‚Pflicht des Menschen gegen sich selbst als einem *animalischen* Wesen' ist daher nicht so zu lesen, als hätte der Mensch eine solche Pflicht zur Selbsterhaltung, insofern er *bloß* ein animalisches Wesen ist. Vielmehr hat er eine solche Pflicht gegen sich selbst, die sich zwar auf die animalische Natur bezieht, aber nur deshalb, weil in dieser animalischen Natur der *homo noumenon* residiert. Und daher ist, wie Kant schreibt, „der Mensch doch zur Erhaltung seines Lebens, *bloß durch seine Qualität als Person*, verbunden" (TL: 422, u. H.); nur in Bezug auf diese seine ‚Qualität als Person' ist die Leiberhaltung geboten. Entsprechend heißt es in den sogenannten *Vorarbeiten* Kants zur TL: „Es ist eine Pflicht gegen den *homo noumenon* immer blos negativ sich nicht wegzuwerfen" (AA 23: 405).

Wenden wir uns jetzt noch Kants These zu, dass der Mensch nicht ‚über sich als bloßes Mittel zu einem beliebigen Zweck disponieren' darf ([S2.3]). Es ist unklar, ob die schon aus der GMS bekannte (oben zitierte) Formel, dass jeder Mensch jeden Menschen „jederzeit zugleich als Zweck, niemals bloß als Mittel" (GMS: 429) behandeln müsse, nicht eigentlich redundant ist bzw. zumindest eine logische Äquivalenz zum Ausdruck bringt: Behandele ich jemanden bloß als Mittel, dann heißt dies (oder impliziert dies), dass ich ihn nicht als Zweck an sich selbst behandele; behandele ich jemanden nicht bloß als Mittel, dann heißt dies (oder impliziert dies), dass ich ihn als Zweck an sich selbst behandele. Wie dem auch sei, im Falle des Selbstmordes ist Folgendes zu beachten: Zwar ist der Selbstmord *ein* physischer Akt, der den Tod des Körpers zur Folge hat. Aber dieser Akt hat, so möchten wir vorschlagen, zwei verschiedene Hinsichten, in denen er moralisch falsch ist. Man könnte auch sagen, dass in diesem einen physischen Akt zwei moralische Handlungen vollzogen werden; denn der in [S2.3] als ‚Abwürdigung' des *homo noumenon* qualifizierte moralische Akt, ‚über sich als bloßes Mittel zu einem beliebigen Zweck zu disponieren', ist *nicht* identisch mit dem moralischen Akt, die ‚Sittlichkeit ihrer Existenz nach in seiner eignen Person zu zernichten'.[31] Wir schlagen vielmehr vor, Kants Argument als zweistufig zu verstehen: Der Akt der Selbsttötung ist erstens falsch, weil in diesem Akt als einem Akt, der mit dem Tode endet, der Selbstmörder über seinen Leib und dessen Empfänglichkeit für Verletzung und Zerstörung bloß als Mittel für einen Zweck ‚disponiert', nämlich

---

31 Eine Vermischung beider Aspekte findet man zum Beispiel bei B. Malibabo, *Kants Konzept einer kritischen Metaphysik der Sitten*, Würzburg 2000, 194.

sein Leben zu beenden. Und Selbsttötung ist, zweitens, verboten, weil dieser Akt im Resultat die ‚Sittlichkeit ihrer Existenz nach in seiner eignen Person zernichtet'.

3 Zur Kasuistik des Selbstmordes

Wir werden jetzt skizzieren, was Kant überhaupt mit der Kasuistik in der TL leisten will (3.1).[32] Da alle „Kasuistischen Fragen" (TL: 423f.) in der TL unbeantwortet bleiben, geht es danach darum, was Kant über die schwierigen Fälle in seinen Vorlesungen sagt (3.2), um dann abschließend kurz zu erwägen, was Kant über Tötungen auf Verlangen sagen würde (3.3).

3.1 Die Kasuistik der *Tugendlehre*

Kant macht in § 6 der TL sehr deutlich, dass Selbsttötung pflichtwidrig ist und somit Selbstmord. Dennoch schließt sich daran eine Kasuistik an (wie auch bei allen anderen engen Pflichten gegen sich selbst), das heißt ein Abschnitt („Kasuistische Fragen", TL: 423f.), der den Blick auf konkrete Einzelfälle lenkt: Ist, erstens, ein Märtyrertod (etwa der des Curtius zur Rettung des Vaterlandes) Selbstmord? Darf man sich, zweitens, (wie Seneca) töten, wenn die Vollstreckung eines (ungerechten) Todesurteils unausbleiblich ist? Darf, drittens, ein Monarch (wie Friedrich II.) sich töten, um sich einer Gefangenschaft zu entziehen, die für sein Land nachteilig wäre? Ist es, viertens, recht, sich selbst zu töten, um die Ansteckung anderer Menschen mit einer tödlichen und unheilbaren Krankheit zu vermeiden? Und ist, schließlich und fünftens, die Pockenimpfung zwecks eigener Lebenserhaltung erlaubt, obgleich ihr Erfolg ungewiss ist und Lebensgefahr besteht? Es fällt nicht schwer, sich hier weitere Beispiele auszudenken, die im aktuellen Diskurs umstritten sind, zum Beispiel: Ist es erlaubt, einen todkranken Menschen, der nicht mehr palliativ versorgt werden kann, auf Verlagen zu töten? (Wie wir gleich sehen werden, gibt Kant auf diese Frage in einer Vorlesungsmitschrift eine Antwort.)[33]

Es ist klar, dass es Kant in der Kasuistik *nicht* um die Gewinnung von Prinzipien aus Einzelfällen geht. Doch selbst wenn man dies berücksichtigt, könnte

---

[32] Eine Auswertung der Literatur zu Kants Kasuistik kann hier aus Raumgründen nicht stattfinden; vgl. aber Y. Unna, *Kant's Answer to the Casuistical Questions Concerning Self-Disembodiment*, in: Kant-Studien 94 (2003), 454–473, und R. Schüssler, *Kant und die Kasuistik: Fragen zur Tugendlehre*, in: Kant-Studien 103 (2012), 70–95.
[33] Vgl. MSV: 628.

auf den ersten Blick – und vor allem vor dem Hintergrund von Kants Vorlesungsmitschriften – der Eindruck entstehen, als handele es sich bei Kants ‚Kasuistischen Fragen' gar nicht um eine echte Kasuistik. Kant ist in seiner Ablehnung der Selbsttötung und noch viel stärker in seiner Verurteilung der Masturbation sehr strikt. Da man – auch mit Blick auf Kants sonstigen Rigorismus – guten Grund hat zu denken, dass Kant alle in der Kasuistik angeführten Fälle von Selbsttötung als unerlaubt klassifizieren würde, könnte man die Offenheit der ‚Kasuistischen Fragen' nur für eine scheinbare halten.

Gegen die These, dass die Kasuistik hier nur eine scheinbare ist und also für die These, dass es sich um eine genuine, echte Kasuistik handelt, sprechen allerdings folgende Gründe: Erstens ist es nun einmal *de facto* so, dass sich im Text die Kasuistik findet, und zwar bei allen engen Pflichten gegen sich selbst (und auch bei den weiten Pflichten gegen Andere). Zweitens wird bei der „Zweite[n] Einteilung der Ethik nach Prinzipien eines Systems der reinen praktischen Vernunft" (TL: 413) neben der „Dogmatik" (ebd.) die „Kasuistik" (ebd.) sogar als zweites Glied der „Elementarlehre" (ebd.) aufgeführt. Dazu passt, drittens, dass Kant in der *Einleitung* zur TL sogar ausdrücklich begründet, warum es in der TL eine Kasuistik gibt: „Die Ethik hingegen führt, wegen des Spielraums, den sie ihren unvollkommenen Pflichten verstattet, unvermeidlich zu Fragen, welche die Urteilskraft auffordern auszumachen, wie eine Maxime in besonderen Fällen anzuwenden sei [...] und so gerät sie in eine K a s u i s t i k, von welcher die Rechtslehre nichts weiß" (TL: 411).[34]

Alles in allem sollten wir also davon ausgehen, dass wir es in der TL mit einer genuinen Kasuistik zu tun haben. Die Beantwortung der Fragen ist *offen*, und zwar entweder (i) in dem starken Sinne, dass eine abschließende Bewertung der angeführten Fälle prinzipiell nicht möglich ist, und dies vielleicht sogar im Sinne einer Pflichtenkollision, die Kant in den sogenannten *Vorarbeiten* zur TL ausdrücklich erwähnt: „Da aber ethische Pflichten nicht so wie die des Rechts einer präcisen Bestimmung fähig sondern weite Pflichten sind wo es der Urtheilskraft oft schweer wird zu unterscheiden was in vorkommenden Fällen der Collision der Verbindlichkeitsgründe Pflicht sey so wird die Ethik noch eine Casuistik hinzuthun welche den Verstand in Beurtheilung der Pflichten schärft" (Vor: 419). So steht im ersten Fall der Kasuistik der legendäre Curtius vielleicht zwischen der Pflicht der Selbsterhaltung und der Pflicht der Rettung der Gemeinschaft, deren Mitglied er ist. Und im Zusammenhang mit der ‚wollüstigen Selbstschändung' (§ 7) thematisiert Kant, ob es hier nicht zuweilen „ein Erlaubnisgesetz der moralisch-praktischen Vernunft [gibt], welches in der Kollision ihrer Bestimmungsgründe

---

34 Vgl. dazu auch TL: 389.

etwas, an sich zwar Unerlaubtes, doch zur Verhütung einer noch größeren Übertretung (gleichsam nachsichtlich) erlaubt macht?" (TL: 426). Die Kasuistik könnte aber auch insofern (in einem schwächeren Sinne) offen sein, als (ii) die Bewertung der angeführten Fälle nicht so evident und einfach ist wie eben in den meisten Fällen – aber dennoch prinzipiell möglich.[35] So sehr Kant in den Vorlesungsmitschriften die Selbsttötung auch in den schwierigen (kasuistischen) Fällen an diversen Stellen ablehnt, so sehr ringt er doch oft über viele Seiten hinweg mit den Antworten. Kant erweckt hier zweifelsohne den Eindruck, als seien die kasuistischen Fälle in dem Sinne echte Fragen, dass ihre Beantwortung angestrengten Nachdenkens bedürfte, ohne dass eindeutige und alle befriedigende Antworten zwingend zu erwarten wären. Die unbestreitbare Tatsache, dass Kant in der TL die ‚kasuistischen Fragen' nur formuliert, ohne sie zu beantworten oder auch nur beantworten zu wollen, ist dieser Lesart zufolge der Natur der TL geschuldet: „Die Kasuistik ist also weder eine Wissenschaft, noch ein Teil derselben; denn das wäre Dogmatik, und ist nicht so wohl Lehre, wie etwas gefunden, sondern Übung, wie die Wahrheit solle gesucht werden. Sie ist also fragmentarisch, nicht systematisch (wie die Ethik sein mußte) in sie verwebt, nur, gleich den Scholien, zum System hinzu getan." (TL: 411)[36] Die Kasuistik gehört also nicht im strengen Sinne zu den *Metaphysischen Anfangsgründen der Tugendlehre*, da diese eine Wissenschaft bilden, ein System, die ‚kasuistischen Fragen' aber, gerade weil sie immer und immer neue Einzelfälle betreffen, in einem solchen System keinen Platz haben.[37]

Noch ein weiterer, selten bemerkter Befund ist hier bedeutsam: Kant spricht im Zweiten Hauptstück des Teils über die Tugendpflichten gegen Andere über die „ethischen Pflichten der Menschen gegeneinander in Ansehung ihres Zustandes" (TL: 468).[38] Dieses Hauptstück fällt sehr kurz aus. Das liegt daran, dass Kant der Auffassung ist, solche Pflichten gehörten, genau wie die Kasuistik, gar nicht zu den „metaphysischen Anfangsgründen der Tugendlehre" (TL: 468), die nur von den „Prinzipien der Verpflichtung der Menschen *als solcher*" (TL: 468, u. H.) handelt. Die eigentliche *Tugendlehre* achtet nicht auf die „Verschiedenheit der

---

35 So hat Kants Zeitgenosse F. E. Reichsgraf zu Dohna es offenkundig verstanden: In einem Brief an Kant von August 1999 bittet er Kant um eine Mitteilung, „was das Gesetz spricht" (AA 12: 284) bezüglich der Frage, ob die Pockenimpfung erlaubt sei (die er de facto bereits vorgenommen hatte).
36 Vgl. Vor: 389.
37 Dazu passt allerdings nicht die oben erwähnte ‚Zweite Einteilung' der Ethik.
38 „Man versteht unter Zustand die Verknüpfung der zufälligen Bestimmungen eines Wesens mit den nothwendigen" (MSV: 760 f.). In der Relationsgruppe der „Kategorien der Freiheit" (KpV: 66) bezieht sich das zweite Moment auf den „Zustand der Person" (ebd.).

Subjekte" (468,23); das geschieht erst in der „Anwendung des Tugendprinzips (dem Formalen nach) auf in der Erfahrung vorkommende Fälle (das Materiale)" (TL: 468). Abhängig vom jeweiligen ‚Zustand' des Menschen gibt es verschiedene „Arten der Anwendung (Porismen)" (TL: 469) der ethischen Pflichten.[39] Wie sich dieses Gebiet einer ‚Angewandten Ethik' zur Kasuistik verhält, ist eine der vielen Fragen, die wir hier nicht beantworten können.

Kants Kasuistik verdient es also, ernst genommen zu werden. Nun scheint es aber, wie bereits kurz bemerkt, ganz grundsätzlich unklar, warum es bei den engen Pflichten überhaupt kasuistische Fragen geben *kann* – da wir doch schon Kants These aus der *Einleitung* zur TL (411) zur Kenntnis genommen haben, dass sich die Notwendigkeit der Kasuistik nur dadurch ergibt, dass hier (in der TL) von *weiten* Pflichten, also von solchen Pflichten die Rede ist, die einen Spielraum zulassen. Wenn aber das Selbstmordverbot unter die engen Pflichten fällt, wie kann es dann hier eine Kasuistik geben?[40] Eine mögliche Lösung dieses Problem besteht darin, die Kasuistik in § 6 als eine solche zu verstehen, die sich an die (möglicherweise) *weite* Pflicht der Selbsterhaltung anschließt, die den §§ 6–8 zu Grunde liegt, und *nicht* an die Verbote der entgegengesetzten Laster. Das Problem, dem eine so verstandene Kasuistik begegnen soll, bestünde dann darin, dass Tugendpflichten zwar grundsätzlich eine Maxime vorschreiben, dennoch aber in „besonderen Fällen" (TL: 411,13) gefragt werden muss, ob eine entsprechende Handlung tatsächlich zu vollziehen ist, ob also die Maxime hier Anwendung finden muss. Bezogen auf den Selbstmord hieße dies, dass die ‚Kasuistischen Fragen' sich darauf beziehen, in welchen konkreten Fällen ein Akteur die Maxime der Selbsterhaltung (in all ihren Arten) in die Tat umsetzen muss (oder nicht), das heißt unter welchen Umständen er seinen Körper (und dessen Teile sowie Fähigkeiten) erhalten muss. Problematisch an dieser Lesart ist freilich, dass Kant nicht an die Beschreibung aller weiten Pflichten eine Kasuistik anknüpft; auf diese Problematik können wir hier allerdings nicht weiter eingehen.

3.2 Was sagt Kant über die konkreten Fälle der Kasuistik?

In der TL wird, wie schon bemerkt, nicht ein einziger Fall aus der Kasuistik beantwortet; letztlich sind alle Ausführungen fragender Natur. Der entscheidende Punkt in

---

39 Ein ‚Porisma' ist eine Folgerung. Daher schreibt Kant in MSV: 538: „Corollaria practica aus moralischen Principien sind porismata."
40 Und wieso gibt es umgekehrt bei den weiten Pflichten gegen sich selbst (§§ 19–22) ausgerechnet *keine* Kasuistik? Bei den weiten Pflichten gegen Andere werden wieder ‚Kasuistische Fragen' formuliert (§§ 29–35), bei den Achtungspflichten dann wieder nicht.

der Kasuistik ist dabei nicht die Frage, ob es Ausnahmen von der Regel gibt, ob also Selbstmord ‚in besonderen Fällen' erlaubt sein kann, sondern, ob in konkreten Fällen von Selbst*entleibung* überhaupt Selbst*mord* vorliegt. So fragt Kant angesichts des Märtyrertods: „Ist es Selbstmord" (TL: 423)? Und in Bezug auf Friedrich II fragt er, ob man es ihm „zum *verbrecherischen* Vorhaben anrechnen" (TL: 423, u. H.) müsse, sich unter Umständen der Gefangenschaft durch Selbsttötung zu entziehen.[41] Wer sich in den Tod stürzt, tötet sich zweifelsohne, entleibt sich. Aber ist eine solche „Selbst*tötung*" (TL: 423, u. H.) auch „erlaubt" (TL: 423) oder doch Selbstmord? Um Kants Antworten auf solche Fragen näher zu kommen, werfen wir nun einen kurzen Blick in die Vorlesungsmitschriften sowie in die *Anthropologie*.

In Bezug auf Selbstmord und Selbsttötung formuliert Kant an diversen Stellen ganz allgemein: „Sich selbst also zu destruiren, nämlich durch eine vom Sinnenwesen willkürlich unternommene Handlung, kann *nie* erlaubt seyn, daher ein Selbstmord (autocheiria) *niemals und unter keiner Bedingung* als erlaubt angesehen werden kann." (MSV: 603, u. H.) Oder auch: „[...] so ist auf der anderen Seite der Selbstmord unter *keiner* Bedingung erlaubt" (MC: 372 ff., u. H.).[42] Auch die konkreten Fälle der Kasuistik tauchen in den Vorlesungsmitschriften (und in der *Anthropologie*) auf: In Bezug auf den spezifischen Fall des Märtyrertodes etwa sagt Kant (das exakt gleiche Beispiel der TL, nämlich Curtius' fiktiven Selbstmord, aufgreifend): „dagegen kann mir *nie* erlaubt sein, mein Leben vorsätzlich hinzugeben, oder mich selbst zu töten, um mich anderen zu verpflichten, z. E. wenn Curtius sich in die Höhle stürzt, um das römische Volk zu erhalten, so handelt er pflichtwidrig" (MSV: 629, u. H.). Auch die Selbsttötung angesichts eines ungerechten Todesurteils wird explizit thematisiert und abgelehnt: „Die Moralität aber hiervon [Selbsttötung angesichts eines ungerechten Todesurteils] verlange ich nicht zu verteidigen" (Anthro: 258); und beim Beispiel der Tollwut wird deutlich,

---

[41] Das Beispiel Friedrichs taucht in der *Anthropologie* nur in Bezug auf die „psychologische Frage auf, ob die Selbsttötung Mut oder Verzagtheit voraussetze" (Anthro: 258).

[42] Vgl. MM: 505. M. Timmons, *The Perfect Duty to Oneself as an Animal Being (TL 6: 421–428)*, in: A. Trampota/O. Sensen/J. Timmermann (Hg.), *Kant's 'Tugendlehre'. A Comprehensive Commentary*, Berlin/Boston 2013, 226–234, legt großes Gewicht auf den Satz [S2.3] und der darin enthaltenen Formulierung ‚über sich als bloßes Mittel zu einem beliebigen Zweck disponirt'. Timmons versteht dies so, als würde Kant hier nur gegen diejenigen Fälle von Selbstmord argumentieren, bei denen ‚*beliebige* Zwecke' verfolgt werden, ohne sich generell gegen den Selbstmord auszusprechen. Aber das widerspricht nicht nur dem allgemeinen Tenor des § 6 und auch den eben zitierten Ausführungen aus den Vorlesungsmitschriften; verwirrend ist überdies, dass Timmons gleichzeitig den in [S2.3] Ausdruck findenden Gedanken, dass der Selbstmörder sich als ‚bloßes Mittel' behandelt, ausdrücklich aus seiner Rekonstruktion des Kantischen Argumentes *ausschließt* (229).

dass Kant auch hier die Selbstentleibung ablehnt.⁴³ In Bezug auf die Pockenimpfung allerdings muss angenommen werden, dass Kant diese erlauben würde, da hier die Selbsttötung nicht *intendiert*, sondern lediglich eine Gefahr ist, und diese darf man grundsätzlich auf sich nehmen; der Selbstmord verlangt, wie oben bemerkt, die Absicht zur Selbsttötung.⁴⁴

Man könnte also durchaus den Eindruck gewinnen, dass Kant in den Vorlesungsmitschriften ein recht eindeutiges Bild vom moralischen Status der Selbsttötung zeichnet. Es gibt allerdings auch andere Stellen, die weniger eindeutig, wenn nicht sogar widersprüchlich scheinen. Erstens merkt Kant (in den Vorlesungen) an mehreren Stellen an, dass man sein Leben durchaus *opfern* darf (wobei unklar bleibt, warum nicht Curtius' Tat als ein solches Opfer verstanden werden kann): „Denn sein Leben gegen seine Feinde zu wagen, und die Pflicht gegen sich selbst zu beobachten, und auch sein Leben aufzuopfern, ist kein Selbstmord" (MC: 371, vgl. MM: 504). Das legt aber nahe, auch den Märtyrertod für erlaubt zu halten, bei dem ja vielleicht keine direkte Intention vorliegt, sich selbst zu töten (und dies war ja Kants entscheidendes Kriterium hinsichtlich der Frage, ob Selbstmord vorliegt oder nicht). Zweitens scheinen die Vorlesungsmitschriften an mehreren Stellen nahezulegen, dass man sein Leben dann beenden darf (oder gar soll), wenn eine Pflichtenkollision vorliegt oder kein moralisch wertvolles Leben mehr möglich ist: „Da das Leben unter vielen Bedingungen aufzuopfern ist, (wenn ich mein Leben nicht anders erhalten kann, als durch Verletzung der Pflichten gegen mich selbst, so bin ich verbunden, dasselbe eher aufzuopfern, als daß ich die Pflicht gegen mich selbst verletzen soll) [...]" (MC: 372).⁴⁵

---

43 Vgl. MSV: 603: „Dem ohnerachtet vereiteln beide [ein Sklave und ein Tollwütiger] alle Versuche [durch die Selbsttötung], wodurch sie von ihrer unglücklichen Lage befreit werden und dem Schaden vorgebeugt werden könne."
44 Vgl. MC: 371 f.: „Denn sein Leben gegen seine Feinde zu wagen, und die Pflicht gegen sich selbst zu beobachten, und auch sein Leben aufzuopfern, ist kein Selbstmord. [...] Es muß ein Unterschied gemacht werden zwischen einem Selbstmörder und zwischen einem, der sein Leben durch das Schicksal verlohren hat. Wer sein Leben durch Unmäßigkeit verkürzt, der ist zwar durch seine Unvorsichtigkeit Schuld daran, sein Tod kann ihm also indirecte imputirt werden, aber nicht directe. Er intendirte doch nicht sich zu töten. Es ist kein vorsetzlicher Tod. Denn alle unsere Vergehungen sind entweder culpa oder dolus. Obgleich nun hier kein dolus ist, so ist doch culpa. Zu dem kann man sagen: du bist selbst Schuld an deinem Tode, aber nicht: du bist ein Selbstmörder. Die Intention sich selbst zu destruiren macht den Selbstmord aus. [...] Es ist also ein Unterschied zwischen der Unvorsichtigkeit, wobey noch ein Wunsch zum Leben übrig bleibt, und der Absicht sich selbst zu ermorden"; vgl. auch MM: 504.
45 Das Zitat endet allerdings wie folgt: „[...] so ist auf der andern Seite der Selbstmord unter keiner Bedingung erlaubt." Vgl. auch: „Er muß daher sein Leben aufgeben, wenn er es nur unter der Bedingung erhalten kann, daß er etwas Schändliches thue, daß er wahre Ehre und Tugend verlieren soll; er muß in dieser Richtung Schmerzen und Tod geringer achten: denn schätzt er ein Leben, was ihn unwürdig der Menschheit macht, höher als einen schmerzlichen Tod und entgeht

Und weiter: „Es ist besser das Leben aufzuopfern als die Moralität zu verlieren. Es ist nicht nöthig zu leben, aber das ist nöthig, daß man so lange als man lebet, ehrenwerth lebe; wer aber nicht mehr ehrenwerth leben kann, der ist gar nicht mehr werth zu leben" (MC: 373; vgl. MM: 506).

Wir sehen also: Kants Deutung der Kasuistik bleibt in den Vorlesungsmitschriften recht verschwommen.

3.3 Was würde Kant heute über bestimmte lebensbeendende Handlungen sagen?

Die entscheidende Frage in der Debatte um die sogenannte Sterbehilfe ist ganz gewiss die nach der Tötung auf Verlangen. Kants Antwort darauf ist über jeden Zweifel erhaben: Da jede Tötung auf Verlangen auf der Seite desjenigen, der sie wünscht, als Wunsch zum eigenen Tode zu verstehen ist (im Kern als Wunsch zur Selbsttötung, wenn er denn in Selbstausführung physisch und psychisch möglich wäre), und weil unerträgliche Schmerzen oder Lebensmüdigkeit die Selbsttötung nicht legitimieren, so wird man kaum umhin kommen, Kant als scharfen Kritiker jeder Form des Tötens auf Verlangen zu verstehen. Bestätigung dafür findet man wieder in einer Vorlesungsmitschrift: „Das Elend berechtigt keinen Menschen, sich das Leben zu nehmen" (MC: 373). Und in einer anderen heißt es entsprechend: „Es können also nicht [...] die peinlichsten Schmerzen und körperlichen, selbst untilgbaren, Leiden dem Menschen die Befugniß geben, sich selbst das Leben zu nehmen, um dem Schmerz zu entgehen [...]. Es ist eine strenge Pflicht die Erhaltung seines Lebens, sie beruht auf der Achtung für seine Persönlichkeit, die ihm als Vernunftwesen zugetheilt ist, und der er sich als Sinnenwesen nicht entziehen darf." (MSV: 628). Als ganz besonders perfide würde Kant gewiss den kommerzialisierten oder auch nur den organisierten Selbstmord begreifen; denn in solchen Formen des Tötens auf Verlangen ist die Instrumentalisierung extrem.

Soweit wir sehen, hat Kant sich nicht über Menschen geäußert, die sich im Sterbeprozess befinden, ihren Willen aber nicht mehr kundtun können (hirntote Menschen oder solche im Koma). Die Frage, ob man Kant den Vorwurf des ‚Per-

---

dadurch dem letzteren, so ist er niederträchtig. Er ist schon moralisch tot, wenn er nur für Laster lebt und sich durch Ausübung derselben nur sein Leben erhalten kann. Aber wie folgt hieraus der Schluß, daß er befugt sei unter solchen Umständen, sich selbst das Leben zu nehmen? Keine unverschuldete Not kann ihn zur Übertretung seiner Pflicht zwingen, und ist sie verschuldet, so bleibt sein Verbrechen dennoch Verbrechen und er kann es nicht durch den Selbstmord rechtfertigen. Es ist kein physisches Übel, was dieser Verletzung gleich käme" (MSV: 629).

sonismus' machen könne (wie etwa D. Oderberg[46] ihn gegen P. Singer vorgebracht hat), beschäftigt die Kant-Forschung seit längerem.[47] Allerdings gibt es eine Stelle im § 28 der *Rechtslehre*, aus der u. E. eindeutig hervorgeht, dass Kant auch neugeborene Kinder für „Personen" (RL: 280) hält. Es sei zwar, so schreibt er, „unmöglich [...], sich von der Erzeugung eines mit Freiheit begabten Wesens durch eine physische Operation [er meint den Zeugungsakt] einen Begriff zu machen" (RL: 280), aber dennoch sei es richtig, den „Akt der Zeugung als einen solchen anzusehen, wodurch wir eine Person ohne ihre Einwilligung" (RL: 281) in die Welt setzen. Da neugeborene Kinder ohne Frage nur sehr wenige personale Eigenschaften haben und ganz gewiss nicht aktual frei sind, ist ihr Status als Person daran gebunden, dass sie Menschen sind. Überträgt man dies auf demente, komatöse oder hirntote Menschen, so scheint der Schluss lauten zu müssen, dass auch diese Menschen Personen sind, die sich weder töten (lassen) dürfen noch nicht-freiwillig getötet werden dürfen.[48] Allerdings findet man an einer Stelle der Vorlesungsmitschrift *Praktische Philosophie Powalski* folgende Überlegung: „Das Lebens Ende kann [...] entweder moralisch oder physicalisch bestimmt werden. Moralisch wird es bestimmt, wenn ich zu den moralischen Handlungen unfähig bin, oder wenn ich nicht als ein ehrlicher Mann mein Leben führen kann" (PPP: 209 f.). Dass ein Mensch ‚zu den moralischen Handlungen unfähig' ist, scheint aber nun genau auf demente, komatöse oder hirntote Menschen zu passen. In den ethischen (veröffentlichten) Hauptschriften ist dieser Gedanke jedoch nicht präsent.

---

46 Vgl. D. S. Oderberg, *Moral Theory. A Non-Consequentialist Approach*, Oxford 2000, 175.
47 Vgl. dazu den überblickenden Aufsatz von T. Gutmann, *Würde und Autonomie. Überlegungen zur Kantischen Tradition*, in: JWE 15,1 (2010), 3–34, mit zahlreichen Literaturhinweisen, der, anders als wir, zu dem Ergebnis kommt, dass nach Kant Komatöse, Neugeborene usw. keine Personen sind.
48 Interessanterweise ist eines der Merkmale, die gemäß § 45 der TL den ‚Zustand' des Menschen ausmachen – und eben entsprechend auch die Tugendpflicht in ihrer ‚Anwendung' auf den Menschen in eben diesem ‚Zustande' – der „Gesundheitszustand[.]" (TL: 469,4). Da Kant die ‚ethischen Pflichten des Menschen gegeneinander in Ansehung ihres Zustandes' aus der TL aber gerade ausschließt, bleibt im Dunkeln, was hier gemeint sein könnte.

II. Teil: **Die neuere handlungstheoretische Diskussion**

Christoph Horn
Zwischen Kausalismus und Teleologie

Das Problem der Handlungserklärung
in der analytischen Philosophie

Wie sollen wir mit der Situation des menschlichen Lebensendes so umgehen, dass dabei die Ansprüche der Moral, der Humanität, der individuellen Autonomie und der gelingenden Lebensführung angemessen berücksichtigt werden? Seit etwa drei Jahrzehnten hat man von philosophischer Seite wichtige theoretische Beiträge zu dieser Kernfrage der biomedizinischen Ethik geleistet. Davor jedoch standen Fragen der ‚Angewandten Ethik' nicht einmal am Rande auf der Agenda von Philosophinnen und Philosophen, insbesondere nicht bei jenen, die sich in der Tradition des Wiener Kreises und in der Nachfolge Wittgensteins der analytischen Philosophie zurechneten. Das mag erstaunlich wirken, weil es doch gerade in die Kompetenz einer begrifflich subtil und sorgfältig verfahrenden Philosophie zu fallen scheint, beispielsweise über die Plausibilität der intuitiv einleuchtenden Unterscheidung zwischen aktiv-direkter Sterbehilfe (z. B. Tötung von moribunden Patienten durch gezielte Medikation), aktiv-indirekter Sterbehilfe (insbesondere durch Schmerzbehandlung mit tödlicher Nebenwirkung) und passiver Sterbehilfe (‚natürliches' Sterbenlassen) nachzudenken. Indes, anstelle von anwendungsnahen Problemen diskutierte man in der analytischen Philosophie seit den 1950er Jahren besonders die allgemeinen Grundfragen der Handlungstheorie, also (i) das Problem der Handlungsbeschreibung mit seinen Teilaspekten (a) Handlungsindividuation, (b) Selbstwahrnehmung des Handelnden, (c) Kontrolle des Handlungsverlaufs sowie (d) der Intention des Handelnden.

Von noch größerer Bedeutung war aber (ii) das Problem der Handlungserklärung: nämlich die Frage nach einem Kausalismus, der die Alltagspsychologie (*folk psychology*) entweder ersetzt oder aber in sich aufnimmt und integriert. Hinter (ii) verbirgt sich die Vorstellung einer möglichen Naturalisierbarkeit der Handlungserklärung; dieser steht die Idee einer Irreduzibilität alltagspsychologischer Deutungen gegenüber. Aufgrund ihrer Nähe zu den Naturwissenschaften schien vielen analytischen Philosophen die Frage vordringlich, ob man sich menschliches Handeln vollständig in den naturalen Kausalnexus bzw. in eine nomologische Weltbeschreibung aufgelöst denken kann oder ob man ihm eine Sonderstellung einräumen muss.

Hierin liegt die grundlegendste und folgenreichste Problemstellung der analytischen Tradition in der Handlungstheorie: in der Frage einer möglichen Naturalisierung menschlichen Handelns. Im Folgenden werde ich daher zunächst einige Grundzüge der älteren Diskussion um Kausalismus vs. *folk psychology* in der analytischen Handlungstheorie nachzeichnen (1.). Danach wende ich mich dem Modell Donald Davidsons zu, mit dem ein plausibler Ausgleich zwischen einem moderaten Kausalismus und dem alltagspsychologischen Standpunkt der Handlungserklärung aus Gründen erreicht zu sein schien (2.). Schließlich werde ich eine neuere teleologische Diskussion diskutieren, deren Teilnehmer gegen Davidson die These verteidigen, dass Handlungsbeschreibungen nicht ohne die Inanspruchnahme des Ziel- oder Zweckbegriffs auskommen können (3.).

1 Kausalismus in der Diskussion nach Wittgenstein

Unter Handeln verstehen wir gewöhnlich, dass eine Person gezielte, absichtliche Körperbewegungen unternimmt (wobei dieses ‚Unternehmen' auch eine vorsätzliche Unterlassung meinen kann), um auf diese Weise von ihr gewünschte Tatsachen in der Welt herbeizuführen. Dabei müssen die betreffenden Körperbewegungen in geeigneter Form durch mentale Einstellungen der Person verursacht sein. Wenn sich Sandra in der Küche einen Kaffee zubereitet, muss sie zuvor den Wunsch nach Kaffee verspürt, dessen Vorzüge und Nachteile abgewogen und die Ausführungsumstände überlegt haben, bevor sie diejenige Reihe von Handgriffen ausführt, die für eine Kaffeezubereitung notwendig sind. Der Wunsch nach Kaffee, die Hoffnung auf einen nachmittäglichen Arbeitsimpuls sowie die Überlegung, dass drei Tassen pro Tag nicht gesundheitsschädlich sind, gehören in diesem Fall vielleicht zu den Beschreibungselementen, die die Handlungsgründe fundieren. Alle bewegen sich auf der Ebene der Alltagspsychologie. Rationale Akteure (zu denen Sandra mit ihrer Kaffeezubereitung beispielshalber gehören soll) handeln auf der Basis solcher Handlungsgründe, und zwar handeln sie *aus* diesen Gründen. Handlungen sind entsprechend Vorkommnisse, die durch derartige Gründe erklärt werden, nämlich durch die Angabe der Wünsche, Überzeugungen, Gefühle, Absichten, Zwecke, Ziele und Charaktereigenschaften der Akteurin. Handlungserklärungen machen sichtbar, was einer handelnden Person in einer Situation wichtig war und was sie für angemessen und wertvoll hielt, so dass es ihr einen Grund gab, entsprechend zu agieren.

Naturalistische Handlungstheorien stellen demgegenüber Kausalerklärungen ins Zentrum der Aufmerksamkeit; Handeln wird in ihnen u. a. aus biochemischen oder neurologischen Ursachen erklärt, also im Sinn eines Kausalismus. Behielte der Kausalismus recht, so wäre das, was wir in unserer Alltagspsychologie für *Akteurskausalität* halten, letztlich nichts anderes als *Ereignis-* oder *Naturkausa-*

lität. Nimmt man den Kausalismus in einer stark naturalistischen Variante, etwa in derjenigen Carl Gustav Hempels, so müsste sich alles Handeln nach einem deduktiv-nomologischen Erklärungsmodell interpretieren lassen. Menschliches Handeln wäre dann vollständig auf der Basis von wissenschaftlichen Gesetzesaussagen sowie empirischen Antezedensbedingungen zu rekonstruieren.

Doch bereits Wittgenstein macht in seinem *Blauen Buch* darauf aufmerksam, dass wir von Gründen auf markant andere Weise sprechen als von Ursachen.[1] Die Frage nach den Ursachen einer Handlung zielt auf (wissenschaftliche) Vermutungen oder Hypothesen; die Frage nach Gründen oder Motiven für sie dagegen wird (im Alltagsleben) durch etwas beantwortet, was Akteure sicher wissen. Dieser Unterschied, so Wittgenstein, wird dadurch leicht übersehen, dass Ursachen und Gründe als Antworten auf die Warum-Frage auftreten; es handelt sich jedoch in Wahrheit um grundverschiedene Antworten.

Tatsächlich wäre es für unser alltägliches Weltbild hochgradig irritierend und revisionär, wollten wir menschliches Handeln erklären, indem wir auf etwas zurückgreifen, was wir gewöhnlich für nicht-intentionale, nicht-gesteuerte Körpervorgänge halten. Üblicherweise glauben wir, dass Veränderungsprozesse, die an Menschen auftreten, in mindestens zwei verschiedene Klassen zerfallen: in naturale, die wir als fremdverursacht deuten, und in intentionale, die wir als selbstverursacht interpretieren. Zu den ersteren gehören Prozesse des Wachsens, Alterns, Verdauens, Niesens oder Gähnens sowie Körperreflexe. Zur zweiten Gruppe zählt etwa, dass jemand spazieren geht, ein Buch liest, einen Vertrag schließt, eine Partei wählt, einen Bus zu erreichen sucht usw.; hier ist der Akteur, um mit Aristoteles zu sprechen, ‚Ursprung der Bewegung' (*archê tês kinêseôs*). Entsprechend scheint es plausibel, markant zwischen zwei Personengruppen oder Aktivitätstypen zu differenzieren: Einerseits gibt es Aktivitäten von Kleinkindern, mental stark behinderten Personen, Volltrunkenen, Drogenabhängigen, Willensschwachen usw., deren Körperbewegungen man ganz oder teilweise das Etikett ‚Handlungen' verweigern muss. Andererseits existieren vernünftige, überlegte, beabsichtigte, gezielt ausgeführte Aktivitäten von Erwachsenen, denen man das Etikett zugestehen sollte. Wir glauben gewöhnlich, dass sich ein rationaler Akteur in seinen Überzeugungen, Urteilen und Ansichten nicht als determiniert verstehen kann. Denn er muss ja stets über zureichende (oder zumindest ihm als zureichend erscheinende) Gründe für eine von ihm vollzogene Handlung verfügen. Diese kann er nie als Ursachen interpretieren, welche sein Verhalten gleichsam nezessitiert hätten. Sie müssen ihm vielmehr als *rechtfertigende* Gründe erscheinen, während man Ursachen allenfalls zur *Entschuldigung* anführen kann.

---

[1] Vgl. L. Wittgenstein, *Das Blaue Buch*, Werkausgabe, Bd. 5, Frankfurt a. M. 1984, 34 f.

Die Eigenart von Handlungen und der sie stützenden Gründe und Absichten richtig zu beschreiben, war das übergreifende Anliegen der analytischen Handlungstheorie in der Zeit nach Wittgenstein.

Elizabeth Anscombe entwickelt in ihrem Werk *Intention* (1957) eine facettenreiche Theorie des Intendierens als des zentralen Merkmals von Handlungen. Einen wichtigen Ausgangspunkt bildet dabei Anscombes Anlehnung an Wittgensteins Sprachspiel-Konzeption, nach welcher Handlungsabsichten nicht als mentale, volitionale Prozesse zu interpretieren sind, sondern als sozial kontextualisierte Antworten auf die Frage „Warum tust du das?". Bei der Klärung der verschiedenen Redeweisen von ‚Absicht', ‚absichtlich', ‚beabsichtigen' weist Anscombe etwa auf den Unterschied zwischen einer Vorhersage (‚Morgen wird es kräftig schneien') und einer Absicht hin (‚Morgen werde ich zum Skifahren gehen'). Zwar sind beide Äußerungen zukunftsgerichtet, aber die erste stützt sich auf empirische Fakten, während die zweite auf Handlungsgründe zurückgeht. Gibt es keine solchen Gründe (wie wenn man vor Schreck ein Glas vom Tisch stößt, weil man durch die Fensterscheibe ein Gesicht wahrgenommen zu haben glaubt), dann liegt überhaupt keine Handlung vor. Ein und dieselbe Aktivität (etwa Sandras Kaffeezubereitung) kann so gesehen einerseits eine Handlung sein (nämlich unter der Beschreibung von Sandras Wunsch, eine Tasse Kaffee zu trinken), während sie andererseits auch nicht als Handlung zählen kann (z. B. unter der Beschreibung, dass die Duftentwicklung bei Sandras Kaffeezubereitung ihre Mitbewohnerin in die Küche lockt). Anscombe weist zudem die ältere philosophiehistorische These zurück, wonach Absichten auf ein letztes, umfassendes Ziel (nämlich das Glück) gerichtet seien: „Antike und mittelalterliche Philosophen – oder doch einige von ihnen – betrachteten es als evident, als beweisbar, dass menschliche Wesen immer zielgerichtet, und sogar auf ein *einziges* Ziel ausgerichtet handeln müssen. Uns mutet die diesbezügliche Argumentation eher seltsam an. Kann ein Mensch etwa nicht ein Großteil der Zeit einfach das tun, was er tut?"[2] Nach Anscombe verläuft unser Handeln diskontinuierlich; ein übergreifendes Ziel bestehe nicht. Vielleicht sogar für die Mehrzahl unserer Handlungen gelte, dass sie weder einen Grund noch eine Absicht benötigten; und selbst wenn Gründe und Absichten im Spiel seien, bräuchten diese keine Bestandteile von Zielketten zu bilden, die in ein einziges Ziel einmünden.

Georg Henrik von Wright, Wittgensteins Nachfolger auf dem Lehrstuhl für Philosophie in Cambridge, geht in seinem Werk *Explanation and Understanding* (1971) noch wesentlich weiter als Anscombe. Er wendet sich gegen das *covering law*-Modell des strengen Kausalismus und betont stattdessen – auch unter

---

2 Zitiert nach G. E. M. Anscombe, *Absicht*, Freiburg i. Br./München 1986, 54 f.

Rückgriff auf die kontinentale Tradition – die Irreduzibilität des *Verstehens* bei der Handlungserklärung. Intentionalismus und Teleologie erscheinen ihm als unvermeidliche Elemente dieses Verstehens. Methodisch gesehen bleibt sein Vorgehen aber sprachanalytisch. Die Richtigkeit teleologischer Handlungserklärungen ergibt sich für von Wright bereits aus dem *logical connection argument:* Danach ist es unabdingbar, jede Intention logisch oder begrifflich mit einer intendierten Handlung verbunden zu sehen, während nicht jede Ursache begrifflich mit ihrem Effekt verbunden gedacht werden muss. Ein weiterer zentraler Punkt neben der teleologischen Erklärung erscheint dabei die Restitution des aristotelischen praktischen Syllogismus. Von Wright attackiert den Kausalismus sogar bis zu dem Punkt hin, den Kausalitätsbegriff als abhängig von der Idee der Handlungskausalität zu beschreiben. Die Vorstellung von Ereigniskausalität hängt selbst von derjenigen einer kausalen Einflussnahme von Akteuren ab, die in die äußere Welt intervenieren können.

Der vielleicht prominenteste Beitrag von Arthur C. Danto zur Handlungstheorie in *Analytic Philosophy of Action* (1973) besteht im Begriff einer ‚Basishandlung': Basishandlungen sind nach Danto solche Aktivitäten, die nicht durch den Vollzug einer anderen Handlung ausgeführt werden. Beispielsweise könnte man jemanden grüßen, indem man ihm zuwinkt; die Handlung des Grüßens ist dann nicht-basal, weil sie erst durch die Basishandlung der Bewegung der rechten Hand zustande kommt. Allgemein gesprochen vollziehen wir nicht-basale Handlungen gemäß der Struktur „A φ-t, um zu ψ-en" (A bewegt die rechte Hand hin und her, um zu grüßen), basale Handlungen kommen dagegen ohne diese Um-zu-Struktur aus. Für unseren Zusammenhang ist aber ein anderer Punkt von Bedeutung: Danto behauptet die Irreduzibilität narrativer Erklärungen von Handlungen sowie von historischen Ereignissen, ohne dem nomologischen Modell eine Absage zu erteilen. Dantos Beispiel ist das des Hissens der US-amerikanischen Flagge in Monaco (in den 1960er Jahren) am Nationalfeiertag. Die zu erklärende Tatsache, dass neben der monegassischen Fahne auch die US-Flagge gehisst worden sei, finde ihre Lösung darin, dass der Fürst die Amerikanerin Grace Kelly geheiratet habe. In diesem Fall sei also das Explanandum nur durch die Betrachtung eines historischen Verlaufs zu erklären. Dantos These ist nun, dass man neben dem Explanandum und dem Explanans den Begriff eines ‚Explanatum' einführen muss, das sich auf die Ehrung angeheirateter Monarchen fremder nationaler Herkunft durch Flaggenhissen bezieht – und damit doch wieder einen gesetzesförmigen Charakter zeigt. Auf diese Weise scheint eine Kompromissposition zwischen einem streng nomologisch-deduktiven Wissenschaftsmodell (das die Kultur- und Geisteswissenschaften nicht zu erfüllen scheinen) und ihrer idiographisch-narrativen Methode erreicht. Für die Handlungstheorie würde dies bedeuten, dass der Kausalismus nicht schon deswegen zurückzuweisen wäre, weil Handlungserklärungen narrativ und biographisch fundiert sind (dazu unten 3. [iv]).

Alvin I. Goldman vertritt in *Theory of Human Action* (1970) eine sozial-epistemologische Handlungstheorie. Ein relevanter Punkt dabei ist die Beschreibung von Handlungen gemäß einer Ebenen- oder Baumstruktur: Anknüpfend an die u. a. von Danto untersuchte Struktur „A φ-t, um zu ψ-en" konstatiert Goldman, Handlungen seien häufig durch eine Vielzahl von Ebenen oder Schichten charakterisiert. Sandra kocht Kaffee, indem sie Wasser in den Filter gießt; dabei lockt sie einerseits ihre Mitbewohnerin durch den Duft an, zieht sich andererseits aber Ärger zu, weil sie den letzten Rest Kaffeebohnen verbraucht hat, ohne rechtzeitig neue zu besorgen. Wegen der möglichen Verzweigung einer Handlung spricht Goldman auch von einer Baumstruktur. Seine Handlungstheorie steht zudem in enger Verbindung mit seiner kausalen Analyse von Wissen. Den bekannten Beispielen, mit denen sich Gettier gegen die Definition von Wissen als ‚gerechtfertigte wahre Meinung' gewandt hat, hält Goldman entgegen, dass empirisches Wissen stets auf eine rekonstruierbare Kausalkette zurückgehe, weswegen das bloß ‚zufällige' Wissen der Gettier-Beispiele die klassische Wissensdefinition nicht außer Kraft setze. Allerdings musste Goldman in späteren Äußerungen zugeben, dass sich eine solche kausale Epistemologie nicht durchhalten lässt.

2 Davidsons Herausforderung

Zweifellos kann man Kausalist sein, ohne den Unterschied zwischen Gründen und Ursachen zu negieren oder zu bagatellisieren. Aber wie kann man Gründe – nachdem man sie nicht-reduktionistisch beschrieben hat – angemessen in eine kausalistische Handlungserklärung einbauen? Gegenwärtige Kausalisten wie Alfred Mele, Abraham Roth oder Christopher Peacocke jedenfalls folgen dem nicht-reduktionistischen Erklärungsmodell Donald Davidsons, bei dem die Differenzierung von Gründen, wie sie uns aus der Akteursperspektive erscheinen, und Ursachen, die in wissenschaftlichen Kausalerklärungen herangezogen werden, in klarer Form vorgenommen wird und dennoch ein Kausalismus verteidigt wird. Demgegenüber gibt es auch eine Reihe von analytischen Handlungstheoretikern, die sich gegen Davidsons Modell wenden und teleologische Intuitionen stark machen, indem sie – wenn auch mit ganz unterschiedlichen Motiven und Hintergründen – behaupten, dass sich Handlungen erst dann hinreichend erklären lassen, wenn man sie auf eine Ziel- oder Zweckperspektive bezieht: nämlich u. a. Harry Frankfurt, George F. Schueler, Scott Sehon und George Wilson.[3]

---

[3] Vgl. zu dieser neueren Tendenz den nützlichen Überblick bei G. Löhrer, *Abweichende Kausalketten, abwegige Handlungsverläufe und die Rückkehr teleologischer Handlungserklärungen*, in:

In Donald Davidsons *Actions, Reasons, and Causes* (1963) findet sich die grundlegende Idee einer Deutung von Gründen als Ursachen sowie das *belief-desire*-Modell in Anlehnung an die Theorie des praktischen Syllogismus bei Aristoteles. Für Davidson fungieren exakt diejenigen ‚primären Handlungsgründe', die für einen Akteur bei seiner Handlungswahl ausschlaggebend sind, zugleich als effiziente Ursachen der Handlung. Unter primären Handlungsgründen sind hierbei jeweils Paare, zugesammengesetzt aus einer Pro-Einstellung (einem Wunsch, einem Interesse, einer Präferenz usw.) und einer tatsachenbezogenen Überzeugung, zu verstehen. Solche Paare erfüllen im praktischen Syllogismus die Funktionen von generellem Obersatz bzw. partikularem Untersatz, so dass sich die Handlung direkt aus dem Zusammenspiel von Wünschen, Interessen, Präferenzen usw. einerseits und den situativ vorhandenen Faktenüberzeugungen des Akteurs andererseits ergibt. Kausalisten in der Nachfolge Davidsons behaupten daher, es reiche aus, in einem gegebenen Fall die als Ursachen wirksamen primären Handlungsgründe anzugeben.

In diesem Punkt scheinen nun Davidson und seine aktuellen Verteidiger über eine starke Trumpfkarte zu verfügen, die sie denn auch als ‚Davidsons Herausforderung' an ihre teleologischen Gegner bezeichnen. Wie Davidson in dem klassischen Aufsatz von (1963) plausibel gemacht hat, kann ein Akteur durchaus einen Grund *G* haben, die Handlung *H* auszuführen, und *H* tatsächlich tun, und dennoch kann es sein, dass *G* nicht der Grund ist, *aus dem* der Akteur *H* ausführte. Handlungserklärungen sind also nur dann als erfolgreich anzusehen, wenn sie den tatsächlich auslösenden, handlungswirksamen Grund als Explanans benennen. Dass Sandra *genau deshalb* in die Küche ging, weil sie eine Tasse Kaffee trinken wollte, macht den Kaffeewunsch im vorliegenden Fall zum handlungswirksamen Grund. Die Tatsache, dass Sandra gleichzeitig auch ihre Brille suchte, was für sie ebenfalls ein Grund hätte sein können (weil die Brille zufällig in der Küche lag), erklärt ihr Betreten der Küche hingegen nicht. Denn dies war nicht der Grund, *aus dem* Sandra tatsächlich handelte. Damit scheint klar, dass man Handeln auf der Basis eines praktischen Syllogismus erklären muss und dass die kausale Vorgeschichte einer Handlung ihr zentrales Moment darstellt. Eine Handlungserklärung ist immer nur dann als erfolgreich anzusehen, wenn man mit ihr den Grund benennt, der die jeweilige Körperbewegung faktisch hervorgerufen hat.

Ein grundlegender Einwand gegen Davidsons Position ergibt sich nun jedoch aus dem ‚Argument der abweichenden Kausalketten'. Angenommen, ein Partygast wollte seinen im Hintergrund wartenden Komplizen ein Zeichen zum Beginn eines

---

DZPh 54,6 (2006), 785–800 sowie den Sammelband C. Horn/G. Löhrer, *Gründe und Zwecke. Texte zur aktuellen Handlungstheorie*, Frankfurt a. M. 2010.

zuvor abgesprochenen Raubüberfalls geben; nun würde ihn der Gedanke, dass er sein Glas auf der Party in der verabredeten Weise verschütten soll, so nervös machen, dass er den Glasinhalt aus Aufgeregtheit über die bevorstehende kriminelle Aktion unabsichtlich verschütten würde. Offenkundig entspräche die kausale Vorgeschichte dieses Vorgangs genau Davidsons Bedingung: Der Handlungsgrund, nämlich die Absicht des Partygasts, das verabredete Startsignal zu geben, bildet hier präzise die Ursache für das Verschütten des Glases. Doch obwohl es in diesem Fall zutrifft, dass der Grund für die Handlung zugleich ihre Ursache darstellt, würde uns im vorliegenden Fall etwas Fundamentales fehlen; wir wären kaum dazu bereit, überhaupt von einer Handlung zu sprechen, dem Geben eines Signals, weil das vermeintliche Signalgeben zufällig war und auf einem anderen als dem intendierten Weg zustande gekommen ist. Lässt sich Davidsons Position durch dieses Gedankenexperiment *ad absurdum* führen?

Grundsätzlich ist das Phänomen abweichender Kausalketten dadurch charakterisiert, dass der Wunsch oder die Pro-Einstellung eines Akteurs durch den faktischen Lauf der Ereignisse (die der Akteur tatsächlich angestoßen hat) zwar erfüllt wird; aber dies geschieht in ungeplanter und unvorhergesehener Weise. Die Absicht des Handelnden erfüllt sich anders, als er sie herbeiführen wollte. Nun würden wir aber sicherlich urteilen, dass eine Handlung nur vorliegt, wenn sich nicht allein das Ergebnis mit der Absicht des Handelnden deckt, sondern auch der Weg, auf dem es erreicht wurde, vom Handelnden beabsichtigt war.

Die Diskussion um abweichende Kausalketten geht ursprünglich auf Daniel Bennett und auf Davidson selbst zurück, der in einem Aufsatz von (1973) folgendes Beispiel verwendet: Ein Bergsteiger könnte sich von der Last, die von einem mit ihm verbundenen Kameraden ausgeht, durch das Lösen einer Seilhalterung befreien. Der Gedanke und der Wunsch, dies zu tun, machen ihn so nervös, dass er dies tatsächlich tut.[4] Davidson interpretiert diesen Einwand natürlich nicht als unüberwindlich; seine Strategien, ihn aus der Welt zu schaffen, können jedoch kaum als gelungen angesehen werden.[5] Das Problem der abweichenden Kausalketten bildet tatsächlich ein gravierendes Bedenken gegen die Richtigkeit der Davidsonschen Position. Umso weniger erstaunt es, dass Kausalisten verschiedene weitere Rettungsversuche unternommen haben. So versucht etwa Alfred Mele (1992) der anti-kausalistischen Folgerung zu entgehen, indem er behauptet, dass die Absicht des Partygastes, das Glas zu verschütten, das tatsächliche Verschütten nicht direkt, sondern nur indirekt

---

[4] Vgl. D. Davidson, *Freedom to Act*, in: T. Honderich/K. Paul (Hg.), *Essays on Freedom of Action*, London 1973, 153 (dt. *Handlungsfreiheit*, in: D. Davidson, *Handlung und Ereignis*, Frankfurt a. M. 1985, 121 f.).
[5] Vgl. die ausführliche Diskussion des Problems bei G. Keil, *Handeln und Verursachen*, Frankfurt a. M. 2000, 72–111, zu Davidson besonders 98 ff.

verursacht; vielmehr werde die Körperbewegung des Verschüttens mittelbar durch physiologische Ereignisse hervorgebracht, die der Partygast nicht intendiert habe. Mele möchte also nur das als die jeweilige Handlung gelten lassen, was unmittelbar als Wirkung intendiert ist.

Ähnlich argumentierte bereits zuvor Christopher Peacocke (1979), indem er auf ein Modell sogenannter ‚differentieller Erklärungen' zurückgriff. Peacocke hat – gestützt auf eine Hintergrundtheorie von John Bishop – eine solche differentielle Erklärung für die Ereignisse bei abweichenden Kausalketten zu geben versucht und dabei eine ‚Sensitivitätsstrategie' entwickelt, mit welcher sich die anti-kausalistischen Konsequenzen des Arguments entkräften lassen sollen. Nach Peacocke impliziert die Sensitivitätsstrategie, dass ein Akteur nur dann Sensitivität für eine Intention besitzt, wenn diese auch für die Handlung ursächlich ist; in abweichenden Fällen soll dagegen keine solche Sensitivität bestehen. Unter differentiellen Erklärungen sind bestimmte holistische Erklärungsmuster zu verstehen, bei denen jedem Element einer Ausgangsmenge – nach einer festen Regel – genau ein Element einer Zielmenge zugeordnet wird. Beispielsweise bilden traditionelle Personenwaagen das Gewicht eines Menschen – auf einer Skala zwischen 0 kg und vielleicht 200 kg – so ab, dass die Drehung der geeichten Scheibe präzise dem Gewicht der zu wiegenden Person entspricht. Im vorliegenden Fall kommen differentielle Erklärungen so ins Spiel, dass das nervositätsbedingte Verschütten des Glases seitens des Partygastes durch seine Intention, den Beginn eines Raubüberfalls zu signalisieren, zumindest nicht im starken Sinn differentiell erklärt wird, da Intention und nervositätsbedingte Folge einander nicht gemäß einer Eins-zu-eins-Funktion zugeordnet sind und die Sensitivitätsrelation folglich nicht besteht.

Aber intendieren wir tatsächlich in direkter Form alle Zwischenschritte, die zum Verschütten eines Glases notwendig sind? Wohl kaum; Mele und Peacocke scheinen hier falsch zu liegen. Denn die unplausible Konsequenz hiervon wäre, dass wir dann auch alle physiologischen Vorgänge, die in das Verschütten eines Glases involviert sind, im Einzelnen mitintendieren müssten. Gewöhnlich intendieren wir jedoch keineswegs alle einzelnen Handbewegungen, Muskelanspannungen oder Fingerkrümmungen. Zudem kann man mit Harry Frankfurt (1978) und mit Scott Sehon (1997) darauf hinweisen, dass ‚Kontrolle' und ‚Lenkung' teleologische und nicht bloß kausale Begriffe sind. Mele scheint somit implizit auf teleologische Vorstellungen zurückgreifen zu müssen, um einen anti-kausalistischen Einwand abwehren zu können, was seine Gesamtstrategie offenbar inkonsistent macht.

Weitere anti-kausalistische Bemerkungen zum Problem der abweichenden Kausalketten finden sich bei Geert Keil (2000). Keil differenziert zunächst zwischen ‚primären' und ‚sekundären' Fällen von Abweichung: Hiermit meint er einerseits Abweichungen im Handlungsverlauf, die sich *vor* der Basishandlung ereignen, und andererseits Abweichungen, die *während* oder *nach* der Basishandlung geschehen. Für keinen der beiden Typen hält er es jedoch für möglich, Abweichungs- oder Entartungsfälle präzise von intendierten Handlungsverläufen zu unterscheiden. Keil sieht daher den Versuch als aussichtslos an, eine Liste von Kriterien anzugeben, mit denen wir *vorab* bestimmen könnten, wann eine Handlung in ihrem weiteren Verlauf schiefgegangen oder intentionsgemäß sein mag. Dem zufolge gibt es potentiell unendlich viele Möglichkeiten, wie eine Basishandlung entarten kann, so dass die richtige, intentionsgemäße Verursachungsweise unspezifizierbar bleibt. Für Keil bleibt daher nur der Weg offen, dass der Akteur jeweils *ex post* darüber befindet, ob er den Handlungsverlauf – in der mehr oder minder vorhergesehenen Verlaufsform – als seine Handlung anerkennen kann oder nicht.

In der Summe scheint es schwer bestreitbar, dass die Diskussion um die abweichenden Kausalketten zulasten des Davidsonschen Kausalismus und zugunsten einer teleologischen Position ausgeht.

3 Neuere teleologische Tendenzen

Im Folgenden werde ich nun in Kurzform weitere vier Argumente diskutieren, die sich gegen Davidsons Kausalismus und zugunsten einer teleologischen Perspektive geltend machen lassen: [i] das Argument aus der Steuerung und den Sinnmustern, [ii] das Argument aus der unterbrochenen Zielverfolgung, [iii] das Argument aus der normativen Bewertbarkeit eigener und fremder Handlungen und [iv] Überlegungen, die ich als Argument aus der teleologischen Narrativität oder als Argument aus den narrativen Zusammenhängen der menschlichen Biographie bezeichnen möchte.

[i] Damit zunächst zum ‚Argument aus der Steuerung und den Sinnmustern', das ursprünglich einfach einen anti-kausalistischen Einwand bildete, doch bei näherem Hinsehen auf weitere wichtige Punkte aufmerksam macht. Es geht zurück auf Harry Frankfurt (1978); seine Überlegungen bilden überhaupt einen wichtigen Ausgangspunkt für neuere Ansätze, die sich gegen Davidsons Kausalismus richten. Frankfurt wendet sich zunächst dagegen, sich mit Davidson lediglich auf die kausale *Vorgeschichte* einer Handlung zu fokussieren. Es sei unangemessen, das entscheidende Merkmal einer Handlung in etwas zu sehen, das zum Zeitpunkt des Handelns bereits abgeschlossen ist und zurückliegt. Handlungen, so Frankfurt, ließen sich von Ereignissen, die keine Handlungen sind, nicht (oder nicht primär) durch die unterschiedlichen Kausalgeschichten unterscheiden. Zentral für Handlungen sei vielmehr, dass sie während ihres Verlaufs

einer Steuerung oder Lenkung (*guidance*) unterlägen. Für Frankfurt kommt noch hinzu, dass Handlungen durch ein besonderes Merkmal charakterisiert sind: sie folgen komplexen sinnhaften Mustern. Danach unterscheiden sie sich – so etwa das geübte Klavierspiel eines Pianisten – grundlegend von komplizierten anderen Bewegungen – z. B. einem epileptischen Anfall –, nämlich genau durch ihre teleologischen Muster. Andere Akteure erkennen Handlungen denn auch als Verhaltensweisen, welche einer Zielorientierung entspringen, und unterscheiden sie von nicht-gesteuerten Prozessen, die für eine Akteurin unverfügbar sind.

Frankfurts Überlegungen setzen sich aus zwei Teilargumenten zusammen. Erstens wendet er sich gegen die Idee, man könne zwischen Handlungen und rein naturkausal erklärbaren Körperbewegungen allein aufgrund des auslösenden Impulses unterscheiden, welcher den Handlungen vorhergeht. Vielmehr muss für Frankfurt ein kontrollierendes oder steuerndes Moment hinzukommen, durch das eine Akteurin die Ausführung einer Handlung während ihres Ablaufs ständig begleitet. Hierbei muss er jedoch keineswegs unterstellen, die betreffende Akteurin sei permanent aktiv; behauptet werden muss aber immerhin, dass sie den Verlauf der von ihr initiierten Aktion beaufsichtigt und erforderlichenfalls ins Geschehen eingreift. Wer beispielsweise eine gewohnte Strecke mit dem Auto zurücklegt und dabei über einen hohen Routinegrad verfügt, steuert seinen Wagen mit einem extrem geringen Kontrollaufwand. Gleichwohl wird auch dieser Autofahrer mit der Gefahr rechnen, die sich durch ein plötzliches Hindernis auf der Strecke ergeben mag. Liegt etwa ein größerer Stein auf der Straße, dann wird er seine ursprüngliche Fahrtrichtung durch ein kurzfristiges Lenkmanöver so modifizieren, dass er dem Hindernis ausweichen kann. Dies zeigt, dass der Autofahrer mit einem ständigen Blick auf das Ziel, nämlich mit Blick auf die erfolgreiche Ausführung der Handlung agiert. Der Charakter von Handlungen ist ungenügend beschrieben, solange man nur auf den handlungswirksamen Grund blickt.

Der zweite Teil von Frankfurts Überlegungen gilt den Sinnmustern. Vergleicht man, so Frankfurt, die Aktivitäten einer Spinne, die ihr Netz spinnt, oder auch den Ablauf der Körperbewegungen, die ein Pianist auf dem Klavier vollzieht, mit einem Naturvorgang wie einem epileptischen Anfall, so fällt ein fundamentaler Unterschied ins Auge: In den beiden ersten Fällen existiert ein nachvollziehbares Sinnmuster, im dritten Fall nicht. Natürlich muss Frankfurt damit nicht behaupten, dass sich die Zuckungen und Spasmen eines Epileptikers als zufällig beschreiben ließen; aber ihre Regularität ist eine fundamental andere als die aufgrund von Steuerungsphänomenen, welche eine zielorientierte Aktivität begleiten und daher in der Form eines Sinnmusters erscheinen.

[ii] Ein zusätzlicher Einwand ergibt sich aus dem ‚Argument der unterbrochenen Zielverfolgung'. Dieses wurde von George Wilson (1997) vertreten, der zu den zentralen Verfechtern einer teleologischen, anti-kausalistischen Handlungs-

theorie gehört. Wilson wendet sich dagegen, die Art und Weise, in der Gründe Ursachen bilden, ausschließlich nach dem Muster von Wirkursächlichkeit zu verstehen. Zwar konzediert er durchaus ein Wahrheitsmoment in Davidsons Ansatz – wir interpretieren auch nach Wilson Handlungsgründe in dem Sinn, dass wir sie zugleich als Wirkursache für jemandes Handeln auffassen –, bezeichnet diesen Punkt aber lediglich als ‚minimalen Kausalismus'. In dieser Form ist der Kausalismus für ihn zwar akzeptabel, aber nicht entscheidend. Für alle zusätzlichen Merkmale von Handeln soll hingegen eine teleologische Strategie die vorziehenswerte Alternative darstellen: Nach Wilson ist es erst das Haben eines Ziels, das das Handeln eines Akteurs im Vollsinn erklärbar macht.

Wilson illustriert seinen Standpunkt anhand von zwei Beispielen. Gemäß Beispiel *A* ist ein gewisser Norbert innerlich gespalten, ob er seine Geliebte anrufen oder dies – wie er seiner Frau versprochen hat – unterlassen soll; als er sich in seinem Zimmer bereits auf dem Weg zum Telefon befindet, um mit der Geliebten zu telefonieren, entscheidet er sich anders und ruft stattdessen seine Psychiaterin an. Nach Beispiel *B* hat eine gewisse Nancy, die sich auf einem Flughafen befindet, die Wahl zwischen einem früheren und einem späteren Flug nach Boston; der frühere wäre für sie grundsätzlich vorziehenswert, sie will aber zunächst noch eine Zeitschrift kaufen; doch sie muss damit rechnen, dass der zeitraubende Gang zum Kiosk sie möglicherweise den früheren Flug kostet. Auch Nancy befindet sich bereits auf dem Weg zum Kiosk, entscheidet sich aber ebenfalls um, weil ihr einfällt, dass die Zeitschrift auch im Flugzeug erhältlich ist, so dass sie den früheren Flug nehmen kann. Beide Fälle, *A* und *B*, führen auf eine gemeinsame Pointe hin: Die beiden beschriebenen Akteure handeln letztlich nicht, um ihre ursprüngliche Intention zu erfüllen – Norbert geht zum Telefon, um statt der Geliebten seine Therapeutin anzurufen, Nancy fliegt früher nach Boston, weil sie auch so die Zeitschrift bekommen kann. Der Handlungsgrund, der die Aktivität in Gang brachte, wird im weiteren Verlauf durch einen anderen ersetzt, der den Akteuren von einem gewissen Zeitpunkt an als vorziehenswert erscheint.

Diese beiden Beispiele sollen zeigen, dass die Gründe, weswegen jemand eine bestimmte Handlung begann, nicht in allen Fällen mit denen deckungsgleich sind, um derentwillen der Akteur letztlich handelt. Während der Impuls, die Geliebte anzurufen, in *A* Norberts Gang zum Telefon nach kausalistischer Auffassung einen Teil der Handlungserklärung bilden müsste, findet nach teleologischer Auffassung eine ‚Umwidmung' statt: Der Gang zum Telefon in der Absicht, bei der Geliebten anzurufen, wird von Nobert in den Gang zu einem Telefon mit der Psychotherapeutin umgewidmet. Die kausalistische Sichtweise erscheint hier geradezu als absurd, weil sie verlangen müsste, dass der initiale Handlungsgrund Norberts Gang zum Telefon weiterhin bestimmt. Ebenso absurd scheint es im Fall von *B* zu behaupten, dass die ursprüngliche Absicht, die Zeitschrift zu bekommen, einen Teil der Kausalgeschichte spielt, die Nancys Entscheidung für den früheren Flug erklärt. In solchen Fällen, in denen eine einmal begonnene Handlung gleichsam umfinalisiert wird, spielt der ursprünglich handlungswirksame Grund keine Rolle mehr für eine adäquate Handlungsbeschreibung.

Auch dieses Argument nimmt darauf Bezug, dass es irrig ist, allein die Vorgeschichte einer Handlung als maßgeblich anzusehen. Wie sich erneut zeigt, lassen sich Unterbrechungen im Handlungsverlauf eher von der teleologischen als von der kausalistischen Position auffangen. Auch darin scheint der Vorteil auf teleologischer Seite zu liegen.

[iii] Noch wichtiger ist vielleicht das teleologische ‚Argument aus der normativen Bewertbarkeit eigener und fremder Handlungen'. George Frederick Schueler (2001) führt es ein, indem er zunächst ein grundlegendes Dilemma formuliert: Wenn es zutrifft, dass sowohl naturalistische Handlungserklärungen (die sich in Begriffen von Muskeln, Nerven, Synapsen usw. artikulieren) sinnvoll sind als auch gründebasierte Erklärungen (in Begriffen von Überzeugungen, Wünschen, Hoffnungen usw.), dann steht man vor dem Problem, sich zwischen den beiden denkbar unattraktiven Alternativen Überdeterminiertheit (für jede Handlung werden ja zwei grundverschiedene Erklärungen angeboten) und Epiphänomenalismus (die Ebene der Gründe erscheint als bloßes Epiphänomen der Ursachenerklärung) entscheiden zu müssen. Der Kausalismus führt uns nach Schueler mithin in eine so fundamentale Schwierigkeit, dass wir ihn besser vermeiden sollten.

Schuelers anschließender Angriff auf Davidsons Position knüpft sich an das Beispiel von der Absicht eines Akteurs, den Bus um 5:15 Uhr zu erreichen; der betreffende Handelnde glaubt, dies sei jetzt nur noch durch schnelles Laufen möglich. In welcher Weise, so Schueler, kann sich der Akteur über die genauen Gründe für seine Absicht täuschen? Entscheidend ist für ihn diejenige Täuschung, bei der sich der Akteur über seinen Wunsch irrt, weil näher besehen nichts dafür spricht, gerade diesen Bus zu erreichen. In diesem Fall bildet zwar der vom Akteur angegebene Grund tatsächlich die Erklärung für sein φ-en, aber der Grund beruht auf falschen Wertungen. Schueler interessiert sich für diese Art von Täuschung und verweist darauf, dass wir unsere Gründe zu φ-en häufig einem normativen Test unterziehen. Dabei überlegen wir – und zwar sowohl bezogen auf uns selbst als auch mit Blick auf fremdes Handeln –, ob es sich bei irgendwelchen angenommenen Handlungsgründen, die dafür zu sprechen scheinen zu φ-en, tatsächlich um gute Gründe handelt. Es ist nach Schueler diese normative Komponente unserer Praxis der Handlungserklärung, welche Davidsons Kausalismus am meisten unter Druck setzt.

Um dies zu plausibilisieren, unterscheidet Schueler zwischen Funktionen und Zwecken. Während etwa das Herz im menschlichen Organismus die *Funktion* erfüllt, Blut zu pumpen, setzen menschliche Akteure *Zwecke* in dem Sinn, dass sie Absichten und Ziele festlegen und dabei einer bestimmten Normativität unterliegen. Was ein Akteur plant oder im Sinn hat, kann von ihm selbst und allen anderen stets daraufhin beurteilt werden, ob es mehr oder minder wert ist, getan zu werden. Aus diesem Grund ist die Beschreibung menschlichen Handelns allein auf der Basis eines praktischen Syllogismus unzulänglich; Pro-Einstellungen und Glaubensüberzeugungen ergeben nach Schueler nur dann hinreichende Handlungsgründe, wenn man die implizite Annahme hinzufügt, dass die Gründe wertvoll, lohnend, sinnvoll usw. sind. An dieser Stelle kommt das *principle of charity* ins Spiel, wonach das Verhalten einer Person am besten so zu verstehen ist, dass man ihr bei ihrem Vorgehen größtmögliche Rationalität unterstellt. Angewandt auf die implizite Normativität unserer Handlungen bedeutet dies, dass wir Handlungen erst dann erklären können, wenn wir ihren guten Sinn bezogen auf eine umfassende Zielorientierung verstehen, die sich über ganze Phasen eines menschlichen Lebens (oder sogar über das ganze Leben) erstreckt.

Auf Schuelers Argumente stützt sich auch Scott Sehon (2007). Sehon vertieft diese Überlegungen, indem er das *principle of charity*, wie wir es zur Handlungserklärung verwenden, genauer aufschlüsselt. Zunächst stellt er fest: Ebenso wie man in den Naturwissenschaften das Prinzip der Einfachheit oder Erklärungsökonomie befolgen müsse („Vertraue von zwei Theorien stets derjenigen, die weniger ungelöste Rätsel übriglässt"), empfehle sich im Kontext von Handlungen das *principle of charity* („Wähle von zwei Deutungen von jemandes Verhalten stets diejenige, die den Betreffenden rationaler erscheinen lässt"). Näherhin unterstellen wir nach Sehon mit dem *principle of charity* zwei verschiedene Elemente: die Eignung einer gewählten Handlung für die jeweilige Zielerreichung und die Wertorientierung bei der Wahl des Handlungsziels. Diese beiden Punkte lassen sich anhand eines Verfahrens erläutern, das der Soziobiologe Richard Dawkins in der Auseinandersetzung mit *intelligent design*-Argumenten verwendet hat: Angenommen, jemand würde im Fall eines ihm unbekannten Objekts (z. B. einer Baseball-Gesichtsmaske) eine Art ‚rekonstruktive Ingenieurskunst' (*reverse engineering*) betreiben, um die Nutzenfunktion des Objekts aus seinen Eigenschaften zu ermitteln. Im Fall der Baseball-Gesichtsmaske würde das Verfahren des *reverse engineering* plausiblerweise dazu führen, dass man z. B. annehmen könnte, der Gegenstand sei optimal dazu geeignet, das Gesicht eines Spielers gegen hart auftreffende Bälle zu schützen; hinzu käme, dass man zu der Auffassung gelangen könnte, mit dem betreffenden Ballspiel habe sich für seine Mitspieler und Zuschauer ein besonderer Wert verbunden. Beide Annahmen verleihen dem Objekt Baseball-Gesichtsmaske einen einleuchtenden Sinn. Anders verhält es sich in folgendem Fall: Würde jemand einen Gebärdensprachler auf einer Bühne mimische und gestische Bewegungen ausführen sehen, so wäre es gemäß den beiden

Teilmomenten des *principle of charity* unplausibel, zu unterstellen, dem Gebärdensprachler gehe es einfach um ein Körpertraining zum optimalen Kalorienverbrauch. Zwar ist Gebärdensprache physisch aufwändig; aber andere Bewegungen leisten eine effizientere Kalorienverbrennung und fügen sich zudem besser zu der Tatsache, dass Hunderte von Zuschauern im Raum anwesend sind, welche in der Alternativerklärung – wonach es hier um optimalen Kalorienverbrauch geht – keine Rolle spielen.

Sehon erschließt hieraus zwei teleologische Erklärungsprinzipien I_1 und I_2 einer Handlung. Nach I_1 gilt, dass man zu jedem φ-en ein ψ-en suchen soll, für das das φ-en die optimal angemessene Strategie ist. Nach I_2 gilt, dass man zu jedem φ-en ein ψ-en suchen soll, das den wertvollsten durch φ-en erreichbaren Zustand bezeichnet. Eine Handlung ist dann überzeugend erklärt, wenn dabei beiden teleologischen Prinzipien hinreichend Rechnung getragen wird. Schuelers Argument basiert somit auf dem Gedanken, dass Akteure stets aus normativen Gründen handeln: so etwa, weil etwas moralisch geboten ist, weil ihnen etwas wichtig scheint, weil ihnen an etwas liegt usw. In kausalen Erklärungen geht dieses Moment verloren; denn neuronale Ursachen besitzen sowohl Handlungen mit wertvollen Zielen wie solche, die ungenügenden Zwecken dienen. Anders als in naturkausalen Abfolgen kann eine Reihe praktischer Überlegungen oder Schlüsse als richtig oder falsch, vernünftig oder unvernünftig bewertet werden. Die Zuschreibung mentaler Zustände (Wünsche, Überzeugungen, Hoffnungen, Befürchtungen etc.) erfolgt im Licht des *principle of charity*, d.h im Licht einer Konsistenz-, Wahrheits- und Rationalitätsunterstellung.[6]

Damit bleibt das Wahrheitsmoment von Davidsons Herausforderung gewahrt: Handeln ist grundsätzlich dadurch charakterisiert, dass eine Akteurin diejenigen Gründe wirksam werden lässt und in Aktivitäten umsetzt, welche ihr vor dem Hintergrund ihrer Pro-Einstellungen und der situativen äußeren Gegebenheiten als die jeweils relevantesten oder besten erscheinen. Handlungsrationalität weist jedoch zugleich eine irreduzible normative, teleologisch zu interpretierende Komponente auf. Bei dieser handelt es sich nicht um ein privates Phänomen, sondern um ein sozial geteiltes. Es existiert immer eine erhebliche Normativität in Bezug auf das, was einen Grund relevant oder gut macht (oder irrelevant und schlecht). Wir unterstellen also einerseits bei jeder Akteurin faktisch einen hohen Grad von Handlungsrationalität oder erwarten und fordern dies zumindest. Diese Forderung richten wir nicht allein an uns selbst, sondern ebenso an andere. Beispielsweise kann jemand, der meine Persönlichkeit gut einschätzen kann und

---

6 Vgl. S. R. Sehon, *Teleological Realism. Mind, Agency, and Explanation*, Cambridge/Mass. 2005, 59–62.

mein suboptimales Handeln in einem gegebenen Fall miterlebt, mich ohne Weiteres mit seinem Unverständnis und seiner Kritik meinem Verhalten gegenüber konfrontieren. Interessant ist, dass eine solche Kritikpraxis nicht allein in Bezug auf moralische oder auf irgendwie allgemeinmenschliche Verhaltensstandards möglich ist („Kein vernünftiger Mensch geht während eines Gewitters spazieren."), sondern auch mit Blick auf sehr persönliche Vorlieben („Wie konntest du dir diesen einmaligen Konzertauftritt entgehen lassen?"). Unterstellt man, dass sich die Tendenzen einer Akteurin grob einteilen lassen in allgemein-menschliche, kulturdependente, epochenrelative, genderspezifische usw. (nach den verschiedenen Zugehörigkeiten einer Person) und in einen eher individuellen Teil, so ergibt sich daraus, dass das *principle of charity* aus verschiedenen über-individuellen und individuellen Elementen bestehen muss, welche aber in jedem Fall zugleich normativ gehaltvoll sind. Es handelt sich um ein normatives Prinzip, dessen Wirkungsweise im kausalistischen Modell sehr unzureichend beschrieben wird.

[iv] Abschließend sei noch eine Überlegung skizziert, die man als ‚Argument aus der teleologischen Narrativität der menschlichen Biographie' bezeichnen kann. Wie bereits bei Sehon kommt hier die Idee einer zeitlich übergreifenden Zielperspektive ins Spiel. Das Argument beruht darauf, dass Menschen ihre Biographie notwendig als ein teleologisch angelegtes Ganzes verstehen müssen. Entscheidend hierbei ist, dass wir – so die These – gar nicht umhin können, es in Form einer Geschichte zu erzählen. Worauf es ankommt, ist also, dass es sich keineswegs nur um die Weise handelt, in der wir *gewöhnlich* über unser Leben sprechen (etwa im Stil einer retrospektiven Autobiographie), sondern um die Weise, in der wir unsere Biographie unvermeidlich interpretieren müssen.

Handeln scheint grundsätzlich dadurch charakterisiert zu sein, dass ein Akteur diejenigen Gründe wirksam werden lässt und in Aktivitäten umsetzt, welche ihm vor dem Hintergrund seiner Pro-Einstellungen und der faktischen äußeren Gegebenheiten als die jeweils normativ relevantesten oder besten erscheinen. Wie sich ergab, besteht eine erhebliche Normativität in Bezug auf das, was den jeweiligen Grund eines Akteurs relevant oder gut macht (oder auch irrelevant und schlecht). Handlungen sind mithin durch eine normativ gehaltvolle Akteursrationalität gekennzeichnet. Um die gemeinte Normativität genauer charakterisieren zu können, muss man nun neben den kurzfristigen Wünschen eines Akteurs, seinen Bedürfnissen, Impulsen und Neigungen auch längerfristige Bindungen, Einstellungen, Loyalitäten, Ideale, Neigungen, Zugehörigkeiten, *second-order volitions* usw. ins Kalkül ziehen. Solche längerfristigen Tendenzen lassen sich erneut einteilen in allgemein-menschliche, kulturdependente, epochenrelative, genderspezifische usw. – d.h. nach den verschiedenen Zugehörigkeiten einer Person –, und zu einem weiteren Teil dürften sie auch individuell ausfallen. Doch wie über-individuell oder persönlich auch immer diese Tendenzen im Einzelnen sein mögen, sie bleiben, das ist hier entscheidend, ständig bezogen auf die Idee einer insgesamt gelingenden menschlichen Biographie.

Gegen die Idee einer Einheit der Lebensführung lässt sich nun naheliegenderweise einwenden, dass es gerade Brüche, Diskontinuitäten und Umorientierungen sein mögen, in denen sich die Mehrzahl von modernitätstypischen Biographien bewegen. Doch in gewisser Weise bilden gerade diese Phänomene das Zentrum von teleologischer Narrativität. Die Abfolge von narrativem Ausgangspunkt, der Schilderung diverser Verwicklungen, in die ein Held gerät, und einem glücklichen (oder unglücklichen) Endpunkt sind konstitutiv für alle Erzählungen des gemeinten Typs. Begriffe des Scheiterns, also des unglücklichen diachronen Lebensverlaufs, sind klarerweise selbst teleologisch gehaltvoll; nur beziehen sie sich auf die vorübergehenden Verwicklungen oder auf das mögliche endgültige Misslingen der Biographie, nicht auf einen geglückten Idealverlauf. Nicht-ideale Verläufe sind also um nichts weniger teleologisch zu beschreiben als geglückte. Dasselbe gilt für die synchrone Fragmenthaftigkeit oder Pluralität einer Biographie, so wie wenn jemand grundlegend divergierende Wünsche, Neigungen und Tendenzen in sich vorfindet, ohne dass sich diese klar nach einer Seite auflösen ließen. Auch für diesen Fall scheint narrative Teleologie passend und sogar unvermeidlich; andernfalls könnte man einen (mehr oder minder chaotischen) Widerstreit der Momente nicht einmal konstatieren.

Nun scheint die Vorstellung einer Einheit der Lebensführung durch die Überlegungen von Derek Parfit unter Druck geraten zu sein. Parfit weist in *Reasons and Persons* (1984) die starke Annahme personaler Identität zurück und ersetzt sie durch eine schwächere These, die vom Bestehen der sogenannten ‚R-Relation'. Damit ist die zeitübergreifende psychologische Verbundenheit (*connectedness*) und Kontinuität (*continuity*) von Erinnerungen, Intentionen, Wünschen, Emotionen usw. gemeint. Nach Parfit bin ich nicht schlechterdings identisch mit der Person, die ich vor zehn Jahren war; ich stehe zu ihr lediglich durch geteilte Erinnerungen, Intentionen usw. in mehr oder minder enger Verbindung. Demnach habe ich keinen Grund, mehr für die zu mir „in Kontinuität" stehende Person zu sorgen als für andere; das utilitaristische Sozialprinzip wird somit gegen Ethiken verteidigbar, die auf strategischer Rationalität beruhen, und ebenso gegen den Standpunkt irreduzibler Individualrechte. Daneben scheint Parfit ein Mittel in der Hand zu haben, das exklusive biographische Grundentscheidungen überflüssig macht. Jemand könnte, so Parfits Beispiel, eine gleichstarke Neigung haben, Romanschriftsteller und Philosoph zu werden; hört man nun auf, sich als cartesianisches Ich vorzustellen, so ist eine Selbstaufspaltung zugunsten zweier voneinander unabhängiger Karrieren möglich.[7]

Kann Parfits Beispiel von der Zweiteilung der Biographie in die Identität eines Schriftstellers und die eines Philosophen überzeugen? Folgende Gegenargumentation scheint plausibel: Es ist falsch zu sagen, dass sich der beschriebene Konflikt durch eine Zweiteilung überhaupt sinngemäß lösen ließe; er besteht ja gerade darin, dass beide Tätigkeiten so anspruchsvoll und so zeitaufwändig sind, dass für den Überlegenden eine Entscheidung zwischen den Optionen unumgänglich ist. Zudem wirkt es bizarr zu behaupten, dass der, der sich für eine Doppelidentität als Schriftsteller und Philosoph entscheidet, deswegen zwei voneinander getrennte Biographien aufweisen würde. Angenommen, die Redaktion eines philosophischen Lexikons riefe die betreffende Person an, um einen ausstehenden Artikel anzumahnen; angenommen weiter, der Schriftsteller wäre gerade am Telefon: Würde er jegliche Verantwortung für den Artikel seines *alter ego* zurückweisen? Allgemeiner gefragt: Kann eine Lebensführung atomisiert und auf der übergreifenden Ebene richtungslos sein?

Neben der prudentiellen und der moralischen Rationalität, die dagegen spricht, kann man vielmehr geltend machen, dass sich eine *vernünftige* Lebensführung stets als teleologische Geschichte erzählen lassen muss: Als gelungenes Leben erscheint eine erzählbare Biographie, in der die Anlagen, Neigungen, Wünsche und Überzeugungen einer Person sich an bestimmten äußeren Umständen nach nachvollziehbaren Grundsätzen erfüllen, enttäuscht werden, einer Modifikation, einer Vertiefung oder einer Revolution unterliegen usw. Unsere biographische Selbstinterpretation scheint stets die des narrativen Perfektionismus zu sein. Anders ausgedrückt, auch die Vielfalt biographischer Entwicklungsschritte, die Möglichkeit kleinerer oder tiefgreifender Konversionen sowie die Pluralität wünschenswerter Identitäten sprechen nicht für Parfits Modell. Der Gedanke eines biographischen Fortschritts oder Verlusts beruht auf der Voraussetzung, dass verschiedene Situationen im Hinblick auf ein einziges Ziel miteinander vergleichbar sind. Ebenso besteht die Pointe einer als umstürzend erlebten neuen Sichtweise im Leben eines Individuums darin, dass die Innovation eine zieladäquatere Lebensführung zu ermöglichen scheint. Wären biographische Umwälzungen Zeichen von Diskontinuität, so könnte kein Vergleich und keine Bewertung vorgenommen werden; Umschwünge wären dann bloße Naturereignisse. Sogar das Pluralitätserlebnis und die Wertschätzung einer diskontinuierlichen Lebensführung setzen so betrachtet eine einheitliche Handlungsbasis voraus. Wenn die Unterscheidung eines gelingenden von einem misslungenen

---

[7] Vgl. D. Parfit, *Reasons and Persons*, Oxford 1984, 264.

Leben einen Sinn haben soll – und sie scheint als Handlungsprämisse unabdingbar – dann muss eine einheitliche Lebensführung grundsätzlich möglich sein. Vor allem aber: *Ich* muss jede Veränderung wollen, und ich muss die Gründe für sie erwogen und für angemessen gehalten haben. Zwar kann ich Handlungsgründe jetzt für gut halten, die mir später schlecht scheinen; aber ich kann diese Veränderung nicht bereits jetzt antizipieren: Entweder halte ich die Gründe jetzt für gut, in der Erwartung, sie würden mir auch künftig gut scheinen, oder ich habe bereits jetzt Zweifel an ihnen. Zusammenfassend gesagt: Bereits der erste Einsatz, insbesondere aber die Einbettung jeder Handlung in den Kontext aller anderen Handlungen, ist vor dem Hintergrund einer Einheit der Lebensführung zu verstehen.

Die Antithese von insgesamt gelingenden und insgesamt gescheiterten Lebensformen (mit jeweils höchst unterschiedlichen inhaltlichen Füllungen und zudem mit zahllosen Zwischenstufen) scheint aus dieser Perspektive ganz unverzichtbar zu sein. Vor dem Hintergrund der normativen Handlungsrationalität und ihrer längerfristigen Implikationen dürfte es keinen Weg geben, folgenden Fragen auszuweichen: Was bedeutet es, ein gutes menschliches Leben zu führen? Welche Inhalte und Güter lassen ein menschliches Leben als wertvoll erscheinen? Kann man ein Leben unter den so-und-so gegebenen existenziellen Bedingungen überhaupt sinnvoll führen? Was für ein Mensch will ich sein, gegeben die besonderen Zugehörigkeiten, Fähigkeiten und Limits, Bedingungen und Voraussetzungen meiner Person? Vielleicht noch einleuchtender dürfte es sein, die Frage nach dem gelingenden Leben in negativer Form zu stellen: Unter welchen Bedingungen würde ich mein Leben als misslungen, gescheitert, fehlkonzipiert, eindimensional, verkürzt, armselig, menschenunwürdig, entfremdet, traurig oder inhaltsleer betrachten? Sowohl prospektiv als auch retrospektiv scheint es unumgänglich, sein eigenes Leben als ein narrativ fassbares Kontinuum zu verstehen, von dem wir irgendeine vom Akteur geplante Sinnganzheit erwarten, auch wenn es durch kontingente Umstände oder durch Neuorientierungen des Akteurs alles andere als bruchlos verlaufen mag.

Die skizzierte Idee einer teleologisch-narrativen Einheit des menschlichen Lebensverlaufs findet sich etwa bereits in Hannah Arendts *The Human Condition* (1958). Arendt spricht davon, dass die Biographie eines Menschen stets ein narrativ wiederzugebendes Gewebe von Bezügen darstelle und erinnert dabei an die aristotelische Dramentheorie.[8] Einigermaßen feinkörnig entwickelt wird der Ge-

---

8 Vgl. H. Arendt, *Vita activa oder Vom tätigen Leben*, München/Zürich 1972, 222–234.

danke in Alasdair MacIntyres *After Virtue*.[9] MacIntyre verteidigt die These, dass es zu jeder punktuellen Basishandlung stets eines ‚Rahmens' bedarf, der sich aus einem biographischen Kontext ergibt, in welchem die Handlung stattfindet. MacInytres Beispiel ist das einer Kant-Vorlesung, in der der Dozent ganz unvermittelt die Anweisungen eines Kochbuchs befolgt: „Wenn ich mitten in meiner Vorlesung über Kants Ethik plötzlich sechs Eier in eine Schüssel schlage und Mehl und Zucker hinzufüge, dabei aber mit meiner Exegese Kants fortfahre, habe ich [...] *keine* verständliche Handlung ausgeführt". Handlungen, so MacIntyre, werden erst verständlich als „ein-mögliches-Element-in-einer-Abfolge".[10]

Von hier aus ergibt sich auch ein plausibler Weg von der analytischen Handlungstheorie zum Problem der lebensbeendenden Handlungen. Die entscheidende Frage wäre dann: Wie können das Sterben und der Tod zum echten Bestandteil der Biographie einer Person werden?

Resümierend lässt sich festhalten: Wenn es zutrifft, dass Handeln als zweck- oder zielorientiert interpretiert werden muss, wie die Argumente [i], [ii] und [iii] zeigen sollten, dann ergibt sich von dort aus zugleich ein überzeugender Übergang zum Argument [iv]. Dies bedeutet, dass Argumente zugunsten des Intentionalismus letztlich auch dazu angetan sind, einen Finalismus plausibel zu machen. Es wäre zu diskutieren, wie viel vom antiken Strebens- und Gütermodell sich dann zu neuem Leben erwecken lässt. Natürlich nicht, insofern dieses auf extreme metaphysische Voraussetzungen zurückgreift. Zumindest scheint es aber nicht ganz ausgeschlossen, es wieder verstärkt als ernstzunehmenden Kandidaten in der Praktischen Philosophie der Gegenwart anzusehen.

---

9 Vgl. A. MacInytre, *Der Verlust der Tugend. Zur moralischen Krise der Gegenwart*, Frankfurt a. M. 1995, 273–300.
10 A. MacInytre, *Der Verlust der Tugend*, 279.

Wolfgang Schild
Strafrechtliche Wortfeldanalyse

Das Thema, das mir vorgegeben wurde, ist eine strafrechtliche Wortanalyse. Es geht damit um die Worte „lebensbeendende Handlungen" (ausführlich unter 2.), „Töten" (kürzer unter 3.) und „Sterbenlassen" (kurz unter 4.). Beginnen möchte ich mit einigen Anmerkungen zu dem notwendigen Scheitern dieses Vorhabens und der Bitte um Nachsicht für das deshalb unzureichende Bemühen (als 1.)

1 Die Schwierigkeiten einer Darstellung „des" Strafrechts

Meinen Beitrag verstehe ich auch als Grundlage einer Diskussion, nicht nur mit den Vertretern der anderen Disziplinen, sondern auch mit den Vertretern der Strafrechtswissenschaft. Primär soll aber eine Information für die Nicht-Juristen versucht werden. Deshalb ist es notwendig, einige Schwierigkeiten eines solchen Vorhabens anzumerken.

Zunächst stellt sich „das" Strafrecht als ein Zusammenhang von Strafgesetzen, einer Strafrechtswissenschaft und der Strafgerichtsbarkeit (vor allem in den Entscheidungen des Bundesgerichtshofs [BGH] als des Höchstgerichts in Strafsachen), die sich ebenfalls als wissenschaftlich argumentierende Praxis versteht, dar. Darüber hinaus muss stets die Verfassung (also das Grundgesetz) beachtet werden, die die grundlegenden Wertungen auch für das Strafrecht als „öffentliches", d.h. die staatliche Zwangsmaßnahme der „Strafe" ermöglichendes und zugleich begrenzendes Recht enthält (auf welches Problem im Folgenden aber nicht näher eingegangen zu werden braucht).

Strafrecht als „Wissenschaft" (d.h. als Theorie und als sich wissenschaftlich argumentierend verstehende Praxis der Gerichte) kann selbstverständlich nicht an den Methoden der Naturwissenschaft gemessen werden; es geht um eine geisteswissenschaftlich-hermeneutische Disziplin, die sich mit den Phänomenen befasst, die der Strafgesetzgeber im Rahmen der Verfassung als „Straftaten" bestimmt. Diese „Straftaten" sind einerseits normative Setzungen, also Inhalt der Strafgesetze, dann auch die Grundlage der Gesetzesanwendung durch die Gerichte in dem Strafverfahren (bis zu dem Urteilsspruch, der dann im ebenfalls geregelten Strafvollzug durchgesetzt wird), andererseits davon betroffene und erfasste reale Gegebenheiten des sozialen Lebens (z.B. als das Zusammenleben beeinträchtigende „Handlung"). Dabei geht es nicht nur um eine Interpretation der Gesetze, sondern um eine sowohl tiefer- als auch höhergreifende Sicht, nämlich zunächst tiefergreifend: Einerseits werden diese Straftaten von der gerichtlichen Praxis (als Anwendung der Gesetze) abgeschieden und im Rahmen einer theoretischen Disziplin untersucht. Es hat sich im deutschsprachigen Raum (im Unterschied zum anglo-amerikanischen Rechtskreis, der eher pragmatisch orientiert ist) eine Strafrechtswissenschaft[1] herausgebildet, die ein *materielles* Strafrecht untersucht (im Unterschied zu dem formellen Strafprozessrecht und dem Strafvollzugsrecht und ebenso im Unterschied zu einer empirisch forschenden Kriminologie), sich also nur mit den gesetzlich geregelten Bestimmungen der Straftaten in den Strafgesetzen (vor allem dem Strafgesetzbuch [StGB]) beschäftigt. Höhepunkt dieser theoretischen Beschäftigung mit dem Strafrecht ist die Erarbeitung eines „Allgemeinen Teils", der die Merkmale angibt, die für alle Straftaten erheblich („wesentlich") sind und die daher den „Begriff" der Straftat überhaupt darstellen. Auf die Schwierigkeiten, die damit verbunden sind, ist sogleich einzugehen. Zunächst ist aber bezüglich der anderen, höhergreifenden Sicht anzumerken, dass die Wissenschaft sich nicht nur an die Gesetze gebunden betrachtet, sondern darüber hinaus auf „ontologische oder sachlogische Strukturen", auf die „Natur der Sache" oder allgemein auf philosophische Inhalte zurückgreift, an die sie auch den Gesetzgeber gebunden sieht. Zuletzt wird sogar der Rechtsbegriff überhaupt zwar in einer notwendigen Verbindung zum Gesetz zugrunde gelegt, aber auch die Möglichkeit eines „gesetzlichen Unrechts" eingeräumt, wie es vor allem in Anwendung der sogenannten „Radbruch-Formel" im Zusammenhang mit nationalsozialistischen Vorschriften oder mit dem Schussbefehl an der innerdeutschen Grenze (im Rahmen der „Mauerschützenprozesse") entwickelt (und auch vom Bundesverfassungsgericht anerkannt) wurde.[2] Von daher ist verständlich, dass die Strafrechtswissenschaft sich auch als kritische Instanz gegenüber der Strafgesetzgebung versteht, auch wenn die Politik sich nicht sehr von ihren Einwänden beeindrucken lässt. Als eine Konsequenz sei angemerkt, dass aus dieser Haltung

---

[1] Vgl. W. Perron, *Hat die deutsche Straftatsystematik eine europäische Zukunft?*, in: A. Eser (Hg.), *Festschrift für Theodor Lenckner zum 70. Geburtstag*, München 1998, 227–247; B. Schünemann, *Einführung in das strafrechtliche Systemdenken*, in: ders. (Hg.), *Grundfragen des modernen Strafrechtssystems*, Berlin 1984, 1–68; ders., *Strafrechtsdogmatik als Wissenschaft*, in: ders. et al. (Hg), *Festschrift für Claus Roxin zum 70. Geburtstag*, Berlin 2001, 1–32; R. Zaczyk, *Was ist Strafrechtsdogmatik?* in: M. Hettinger/T. Hillenkamp et al. (Hg.), *Festschrift für Wilfried Küper zum 70. Geburtstag*, Heidelberg 2007, 723–732.

[2] Vgl. G. Radbruch, *Gesetzliches Unrecht und übergesetzliches Recht*, in: SJZ 1946, 105–108. Dazu H. Adachi, *Die Radbruchsche Formel. Eine Untersuchung der Rechtsphilosophie Gustav Radbruchs*, Baden-Baden 2006; S. Forschner, *Die Radbruchsche Formel in den höchstrichterlichen „Mauerschützenurteilen"*, Tübingen 2003; H. Vest, *Gerechtigkeit für Humanitätsverbrechen? Nationale Strafverfolgung von staatlichen Systemverbrechen mit Hilfe der Radbruchschen Formel*, Tübingen 2006.

gegenüber dem Gesetz verständlich wird, dass auch Handlungsbegriffe oder – lehren aus der Zeit vor Inkrafttreten des derzeit geltenden Allgemeinen Teils des StGB (§§ 1–37) – nämlich: 01.01.1975 – vertreten werden (können).

Die Schwierigkeiten, die sich aus diesem Selbstverständnis der Strafrechtswissenschaft ergeben, wurden schon erwähnt; sie sind darin begründet, dass es eben kein einheitliches methodisches Konzept der Strafrechtswissenschaft gibt (was durchaus vor die Frage stellt, ob damit nicht das verfassungsrechtlich aufgegebene Postulat der inhaltlichen Bestimmtheit des Strafrechts [Art. 103 Abs. 2 GG] verletzt wird). Manche Strafrechtler streben (immer noch) nach einem philosophisch begründeten „materiellen" Straftatbegriff, was freilich zu einem höchst verwirrenden Nebeneinander unterschiedlicher, weil sich auf unterschiedliche Philosophien berufender Theorien führt. Dies betrifft auch die Frage nach einem Handlungs*begriff*. Seinen Höhepunkt hatte ein solcher materieller Handlungsbegriff in der Hegelschule des 19. Jahrhunderts[3], die dann durch den Siegeszug des Gesetzespositivismus und des Neukantianismus (und seiner Trennung von Sein und Sollen) ihre Bedeutung verlor. Es kam zu spezifisch strafrechtlichen, auf philosophische Begründung verzichtenden Handlungsbegriffen (vielleicht daher besser: Handlungs*lehren*[4]), die sich auf die gesetzlichen Regelungen konzentrierten und sich funktional verstanden, also nur nach einem Merkmal im Rahmen der Definition der Straftat innerhalb des Systems suchten: im Sinne von „Straftat als Handlung, die tatbestandsmäßig, rechtswidrig und schuldhaft ist"[5]. Dadurch wurde diese „Handlung" als Oberbegriff inhaltlich entleert und nur mehr zu einem Formalbe-

---

3 Dazu E. von Bubnoff, *Die Entwicklung des strafrechtlichen Handlungsbegriffs von Feuerbach bis Liszt unter besonderer Berücksichtigung der Hegel-Schule*, Heidelberg 1966; W. Schild, *Die systematische Strafrechtslehre von Albert Friedrich Berner. Nachwort*, in: A. F. Berner, *Lehrbuch des Deutschen Strafrechts*, Aalen [18]1987 (1898), 753–900. Zur heutigen Bewertung des Hegelschen Ansatzes vgl. R. Hohmann, *Personalität und strafrechtliche Zurechnung. Die Konstitution des strafrechtlichen Handlungsbegriffes auf der Grundlage der Hegelschen Rechtsphilosophie*, Frankfurt a. M. 1993; H. H. Lesch, *Der Verbrechensbegriff. Grundlinien einer funktionalen Revision*, Köln 1999; S. Stübinger, *Das „idealisierte" Strafrecht. Über Freiheit und Wahrheit in der Straftheorie und Strafprozessrechtslehre*, Frankfurt a. M. 2008.
4 Zu diesem Unterschied vgl. W. Schild, *Die Vielfalt der Handlungslehren und die Einheit des Handlungsbegriffs*, in: V. Zsifkovits (Hg.), *Erfahrungsbezogene Ethik* (Festschrift für J. Messner), Berlin 1981, 241–292; ders., *Strafrechtsdogmatik als Handlungslehre ohne Handlungsbegriff*, in: *GA* 142 (1995), 101–120.
5 Dazu vgl. J. Berkemann, *„Handlung" in der Rechtswissenschaft*, in: H. Lenk (Hg.), *Handlungstheorien interdisziplinär*, Bd. 3,2, München 1984, 806–847; H.-H. Jescheck, *Der strafrechtliche Handlungsbegriff in dogmengeschichtlicher Entwicklung*, in: P. Bockelmann/W. Gallas (Hg.), *Festschrift für Eberhard Schmidt zum 70. Geburtstag*, Göttingen 1961, 151; H. Mayer, *Vorbemerkungen zur Lehre vom Handlungsbegriff*, in: H. Welzel et al. (Hg.), *Festschrift für Hellmuth von Weber zum 70. Geburtstag*, Bonn 1963, 137–161; P. Noll, *Der strafrechtliche Handlungsbegriff*, Zürich 1971.

griff (Handlung als „willkürliche Körperbewegung"), der vor allem dazu diente, bestimmte Geschehnisse (wie Reflexe oder Bewegungen im Schlaf, aber auch tierische Bewegungen) aus der strafrechtlichen Untersuchung auszuscheiden. Darauf wird noch näher unter 2.4 einzugehen sein. Dagegen knüpfte die finale Handlungslehre von Hans Welzel seit 1930 wieder an philosophische Grundlagen (als die bereits angesprochenen „sachlogischen, den Gesetzgeber bindenden Strukturen") an, wobei maßgebend die Lehre vom Stufenbau der Wirklichkeit im Sinne von Nicolai Hartmann war. Wegen des Scheiterns dieser Lehre an der strafrechtswissenschaftlichen Systematik – sie konnte wegen ihres Abstellens auf das willentlich-instrumentelle Steuern des Kausalgeschehens (im Sinne der höheren Stufe der durch die Kategorie der Finalität bestimmten Seele über die Stufe der durch die Kategorie der Kausalität bestimmten Natur[6]) weder die Unterlassungsstraftat (weil keine Steuerung) noch die Fahrlässigkeitsstraftat (weil kein willentliche Steuerung) erfassen – wurde meist das Kind mit dem Bad ausgeschüttet, d. h. auf eine andere philosophische Begründung überhaupt verzichtet (abgesehen von einigen Strafrechtlern, die wieder an die Philosophie des Deutschen Idealismus anzuknüpfen oder Einsichten der Moralphilosophie – da Strafe immer noch als „sozialethischer Vorwurf" verstanden wird – fruchtbar zu machen versuchen[7], und einigen jüngeren Vertretern, die versuchen, die analytische Philosophie für das Strafrecht fruchtbar zu machen, auf die unter 2.3 kurz eingegangen wird). Stattdessen verabschiede(te)n sich viele Strafrechtler von einem Handlungsbegriff bzw. einer Handlungslehre und stell(t)en im Sinne einer neukantianischen (oder gar gesetzespositivistischen) Position auf das Strafgesetz als Regelung eines Sollens ab, für das daher Argumente aus der Dimension des Seins (eben: einer Handlung oder der Verantwortung im sozialen Alltagsleben) unzulässig sind. Sie setzen – auch unabhängig von philosophischen Grundlagen – an der Formulierung des „Tatbestandes" der Straftat im Strafgesetz (das als Sanktionsnorm verstanden wird) an, verzichten daher auf jede dieser normativen Betrachtung vorausgehende oder gar zugrunde liegende Fragestellung nach einer Handlung (wobei dann auch konsequent eine inhaltlich überaus weite Lehre, die als „Handlung" ein sozial sinnhaftes Ereignis verstehen will, abgelehnt wird, weil darin eine unhaltbare Vermischung von ontologischen /

---

[6] Auf die höchste Stufe des durch freie Wertentscheidungen bestimmten Geistes griff Welzel für seinen Handlungsbegriff nicht zurück, entwickelte die finale Handlung deshalb ohne Rückgriff auf menschliche Freiheit.

[7] Vgl. F. H. Hoßfeld, *Tun und Unterlassen. Zur normativen Unterscheidung auf der Grundlage einer rechtebasierten Ethik,* Frankfurt a. M. 2007; K. Michaelowa, *Der Begriff der strafrechtswidrigen Handlung,* Berlin 1968; E. Schmidhäuser, *Über Unterlassungsdelikte – Terminologie und Begriffe,* in: G. Britz et al. (Hg.), *Grundfragen staatlichen Strafens* (Festschrift für H. Müller-Dietz), München 2001, 776 f.

naturalistischen und normativen Kriterien gesehen wird). Manche verknüpfen die gesetzliche Regelung mit dem hinter dem Strafgesetz stehenden Zweck einer Verhaltenssteuerung (durch eine aus dem Gesetz abgeleitete imperative Verhaltensnorm) und einer Zuordnung von Verantwortung für schwere Beeinträchtigungen (Schädigungen) von rechtlich geschützten Objekten (Zurechnung). Auch für eine solche Straftatlehre als ein System von näher zu differenzierenden und aufeinander bezogenen Zurechnungsregeln bedarf es keines Handlungsbegriffes mehr.

Freilich stellt sich dabei die Frage, ob nicht hinter diesen Zurechnungsregeln ein bestimmtes Verständnis von „Handeln" (auch im Rahmen einer Verantwortung im sozialen Alltagsleben, die mit ihren unterschiedlichen Strategien eines Vorwurfs, einer Rechtfertigung oder einer Entschuldigung die Grundlagen für die Merkmale der Straftat als Tatbestandsmäßigkeit, Rechtswidrigkeit und Schuldhaftigkeit bildet) steht, das aber nicht explizit gemacht wird. In diesem Sinne ist es etwa bezeichnend, dass überwiegend von einem „Handlungsunrecht" gesprochen wird, ohne dass ausdrücklich die darin doch wesentliche „Handlung" thematisiert würde.

Die folgenden Ausführungen versuchen, für Nicht-Strafrechtler einige Wege durch diese Vielfalt zu eröffnen. 1962 meint der Strafrechtler Armin Kaufmann, dass „eine geradezu verwirrende Fülle verschiedener Handlungslehren" anzutreffen sei, die selbst der Kenner nur schwerlich überblicken könne[8]. Dies hat sich heute verändert[9]: einerseits im Sinne des bereits angesprochenen Verlusts der Bedeutung der Handlungsproblematik – die im Übrigen auch in der wichtigen neuen Entscheidung des BGH ihren Ausdruck findet, die die Lösung des Problems jenseits der Handlungsfrage (genauer der Unterscheidung von Tun und Unterlassen) finden will[10] –,

---

8 A. Kaufmann, *Die Funktion des Handlungsbegriffs im Strafrecht* (1962), in: ders., *Strafrechtsdogmatik zwischen Sein und Wert*, hg. von G. Dornseifer et al., Köln 1982, 21–34, 21.
9 Vgl. W. Perron, *Hat die deutsche Straftatsystematik eine europäische Zukunft?*: „weitgehend erloschen ist derzeit der Streit um den strafrechtlichen Handlungsbegriff" (231).
10 Vgl. BGHSt 55, 191. Auf die vielfältige Diskussion dieser Entscheidung ist hier nicht gesondert einzugehen, da dazu andere Autoren ausdrücklich Bezug nehmen. Zu nennen ist neben der (weiterführenden, auch [selbst]kritischen) Darstellung der Vorsitzenden des entscheidenden Senats: R. Rissing-van Saan, *Strafrechtliche Aspekte der aktiven Sterbehilfe. Nach dem Urteil des 2. Strafsenats des BGH v. 25.6.2010 – 2 StR 454/09*, in: ZIS 6,6 (2011), 544–551, als Beispiele aus der Diskussion: S. Ast, *Begehung und Unterlassung – Abgrenzung und Erfolgszurechnung. Am Beispiel der BGH-Urteile zum Behandlungsabbruch und zum Eissporthallenfall*, in: ZStW 124,3 (2012), 612–659; M. Bartsch, *Sterbehilfe und Strafrecht – eine Bestandsaufnahme*, in: U. Hellmann et al. (Hg.), *Festschrift für Hans Achenbach*, Heidelberg 2011, 13–28; N. Bosch, *Rechtfertigung von Sterbehilfe*, in: JA 42 (2010), 908–911; B. Brunhöber, *Sterbehilfe aus strafrechtlicher und rechtsphilosophischer Sicht*, in: JuS 51,5 (2011), 401–406; F. Czerner, *Das Abstellen des Respirators an der Schnittstelle zwischen Tun und Unterlassen bei der Sterbehilfe*, in: JR 81 (2005), 94–98; D. Dölling, *Gerecht-*

andererseits in der dadurch erhöhten Verwirrung, weil nun auch „das" Strafrecht Konzeptionen kennt, die von vornherein auf die Handlungsproblematik nicht eingehen. Wer einen kenntnisreichen Überblick über die in der Strafrechtswissenschaft

fertigter Behandlungsabbruch und Abgrenzung von Tun und Unterlassen. Zu BGH, Urt. v. 25.6. 2010 – 2 StR 454/09, in: ZIS 6,5 (2011), 345 – 348; A. Engländer, *Von der passiven Sterbehilfe zum Behandlungsabbruch*, in: JZ 66,10 (2011), 513 – 520; B. Fateh-Moghadam/M. Kohake, *Übungsfall: Selbstjustiz auf der Intensivstation*, in: ZJS 5,1 (2012), 98 – 105; T. Fischer, *Direkte Sterbehilfe. Anmerkung zur Privatisierung des Lebensschutzes*, in: M. Heinrich/C. Jäger/H. Achenbach et al. (Hg.), *Strafrecht als Scientia Universalis* (Festschrift für C. Roxin), Bd.1, Berlin 2011, 557– 576; K. Gaede, *Durchbruch ohne Dammbruch. Rechtssichere Neuvermessung der Grenzen strafloser Sterbehilfe*, in: NJW 63,40 (2010), 2925 – 2928; W. Gropp, *Das Abschalten des Respirators – ein Unterlassen durch Tun?*, in: G. Duttge et al. (Hg.), *Gedächtnisschrift für Ellen Schlüchter*, Köln 2002, 173 – 188; R. D. Herzberg/J. Scheinfeld, *Der praktische Fall – Strafrecht: Aktive Sterbehilfe*, in: JuS 43,9 (2003), 880 – 887; F. Herzog, *Leidensmindernde Therapie am Lebensende und „indirekte Sterbehilfe"*, in: P.-A. Albrecht et al. (Hg.), *Festschrift für Walter Kargl zum 70. Geburtstag*, Berlin 2015, 201 – 212; T. Hillenkamp, *Sterbehilfe im Recht*, in: M. Anderheiden/W. U. Eckart (Hg.), *Handbuch Sterben und Menschenwürde*, Berlin 2012, 349 – 374; J. C. Joerden, *Die neue Rechtsprechung des Bundesgerichtshofs zur Sterbehilfe und der Knobe-Effekt*, in: M. Heinrich/C. Jäger/H. Achenbach et al. (Hg.), *Strafrecht als Scientia Universalis*, Bd. 1, 593 – 607; K. Kutzer, *Maximale Schmerztherapie und ihre Abgrenzung vom Tötungsdelikt*, in: G. Duttge et al. (Hg.), *Gedächtnisschrift für Ellen Schlüchter*, 347– 359; ders., *Vorausverfügter Verzicht auf lebenserhaltende Maßnahmen und das Verbot der Tötung auf Verlangen*, in: K. Bernsmann/T. Fischer (Hg.), *Festschrift für Ruth Rissing-van Saan zum 65. Geburtstag*, Berlin 2011, 337– 356; R. Merkel, *Aktive Sterbehilfe. Anmerkungen zum Stand der Diskussion und zum Gesetzgebungsvorschlag des „Alternativ-Entwurfs Sterbebegleitung"*, in: A. Hoyer et al. (Hg.), *Festschrift für Friedrich-Christian Schroeder zum 70. Geburtstag*, Heidelberg 2006, 297 – 321; ders., *Tödlicher Behandlungsabbruch und mutmaßliche Einwilligung bei Patienten im apallischen Syndrom*, in: ZStW 107,3 (1995), 545 – 575; U. Murmann, *Der praktische Fall – Strafrecht: Eine folgenreiche Entscheidung*, in: JuS 38,7 (1998), 630 – 635; U. Neumann/F. Saliger, *Sterbehilfe zwischen Selbstbestimmung und Fremdbestimmung. Kritische Anmerkungen zur aktuellen Sterbehilfedebatte*, in: HRRS 7,8 – 9 (2006), 280 – 288; M. A. Nunez Paz, *Zur Straferheblichkeit des Abbruchs der ärztlichen Behandlung in irreversiblen vegetativen Stadien*, in: M. Heinrich/C. Jäger/H. Achenbach et al. (Hg.), *Strafrecht als Scientia Universalis*, 609 – 625; H. Otto, *Die strafrechtliche Problematik der Sterbehilfe*, in: JURA 21,8 (1999), 434 – 441; M. Pawlik, *Das Recht der Älteren im Strafrecht – Bedeutung und Reichweite des Grundsatzes der Patientenautonomie*, in: U. Becker/M. Roth (Hg.), *Recht der Älteren*, Berlin 2013, 127 – 163; H. Rosenau, *Aktive Sterbehilfe*, in: M. Heinrich/C. Jäger/H. Achenbach et al. (Hg.), *Strafrecht als Scientia Universalis*, Bd. 1, 577– 591; ders., *Die Neuausrichtung der passiven Sterbehilfe. Der Fall Putz im Urteil des BGH vom 25.6. 2010 – 2 StR 454/09*, in: K. Bernsmann/T. Fischer (Hg.), *Festschrift für Ruth Rissing-van Saan zum 65. Geburtstag*, 547– 565; C. Roxin, *Die Sterbehilfe im Spannungsfeld von Suizidteilnahme, erlaubtem Behandlungsabbruch und Tötung auf Verlangen. Zugleich eine Besprechung von BGH, NStZ 1987, 365 und LG Ravensburg NStZ 1987, 229*, in: NStZ 7,8 (1987), 345 – 350; ders., *Zur strafrechtlichen Beurteilung der Sterbehilfe*, in: ders./U. Schroth (Hg.), *Handbuch des Medizinstrafrechts*, Stuttgart ⁴2010, 75 – 121; C. Schneider, *Tun und Unterlassen beim Abbruch lebenserhaltender medizinischer*

(einst und auch jetzt noch) vertretenen Handlungsbegriffe (oder Handlungslehren) erhalten will, kann sich an die Ausführungen in dem führenden System des Strafrechts von Claus Roxin[11] halten.

2 „Lebensbeendende Handlungen"

Ich beginne mit der Wortanalyse für „lebensbeendende Handlungen". Für das Strafrecht bzw. die Strafrechtswissenschaft – in Theorie und Praxis (denn auch die Rechtsprechung versteht sich als wissenschaftliche Begründung ihrer Ergebnisse) – ist diese Wortzusammenstellung als solche nicht relevant. Strafrechtler fragen (zunächst) nur nach den Worten, die in den Strafgesetzen als „Tatbestandsmerkmale" vorgesehen sind, die also in der Formulierung einer mit Strafe bedrohten Handlung im Strafgesetz verwendet werden. Die Strafrechtswissenschaft nennt diese Umschreibung der strafbewehrten Handlung „gesetzlicher Tatbestand", auf welchen Begriff ich noch später eingehen werde.

2.1. Sprachspiele

Es gibt keinen solchen Tatbestand für eine „lebensbeendende Handlung", sondern nur den Tatbestand des § 212 I StGB, der das „Töten eines Menschen" vorsieht („wer einen Menschen tötet"), und den Tatbestand des § 222 StGB, der das „Verursachen des Todes eines Menschen durch Fahrlässigkeit" unter Strafdrohung stellt (wobei die Auslegung / Interpretation dieser beiden Bestimmungen ergibt, dass nur das Töten eines *anderen* Menschen [und nicht die Selbsttötung] bzw. nur das Verursachen des Todes eines *anderen* Menschen gemeint sind). Da § 15 StGB festhält, dass „strafbar nur vorsätzliches Handeln [ist], wenn nicht das Gesetz

---

Behandlung, Berlin 1998; B. Schöne-Seifert, *Die Grenzen zwischen Töten und Sterbenlassen*, in: *JWE* 2 (1997), 205–226; K. H. Schumann, *Telefonische Sterbehilfe? Zu der Beteiligung im „Sterbehilfe-Urteil" des BGH*, in: *JR* 87 (2011), 142–146; K. F. Stoffers, *Sterbehilfe: Rechtsentwicklungen bei der Reanimator-Problematik*, in: *MDR* 46,7 (1992), 621–629; T. Verrel, *Ein Grundsatzurteil – Jedenfalls bitter nötig! Besprechung der Sterbehilfeentscheidung des BGH vom 25.6.2010 – 2 StR 454/09 (Fall Fulda)*, in: *NStZ* 30,12 (2010), 671–676; M. Vormbaum, *Krankenschwester*, in: *JURA* 34,8 (2012), 652–657; T. Zoglauer, *Tödliche Konflikte. Moralisches Handeln zwischen Leben und Tod*, Stuttgart 2007.
11 Vgl. C. Roxin, *Strafrecht. Allgemeiner Teil*, Bd. 1, München ⁴2006, 236ff. Zudem ist auf die vielen Lehrbücher über den Allgemeinen Teil und auf die Kommentare zum StGB (meist im Abschnitt „Vor § 13") hinzuweisen, die im Regelfall eine Übersicht über den Meinungsstand enthalten. Vgl. auch J. Brammsen, *Inhalt und Elemente des Eventualvorsatzes – Neue Wege in der Vorsatzdogmatik?* in: *JZ* 44,2 (1989), 71–82; H. Koriath, *Grundlagen strafrechtlicher Zurechnung*, Berlin 1994, 330ff.

fahrlässiges Handeln ausdrücklich mit Strafe bedroht", umfasst § 212 I StGB erstens in Anlehnung an den Wortlaut des § 222 nur das „Töten eines anderen Menschen durch Vorsatz", man könnte durchaus auch sagen: „Verursachen des Todes eines anderen Menschen durch Vorsatz". Es ergibt sich dann aber auch zweitens, dass nicht Vorsatz und Fahrlässigkeit die Mittel zur Todesverursachung sein können, sondern dass vorsätzliches und fahrlässiges Handeln gemeint ist: also „Verursachen des Todes eines anderen Menschen durch vorsätzliches oder fahrlässiges Handeln". Greift man auf die Formulierung des § 212 I StGB („Töten eines Menschen") zurück, dann kann man die „Verursachung des Todes" auch als „Töten" umschreiben und damit von „vorsätzlicher Tötung eines [anderen] Menschen" (§ 212 I) und „fahrlässiger Tötung [eines anderen Menschen]" (§ 222) sprechen (wie auch die Überschrift des § 222 aussagt: „Fahrlässige Tötung").

Schon hier sei ein Hinweis erlaubt: Der in einem strafgesetzlichen Tatbestand verwendete Begriff (z. B. „Töten") erhält seinen näheren Inhalt, seine genauere Bedeutung nur durch Verarbeitung des *normativen* Charakters dieses Tatbestandes, der im Folgenden als „Strafunrechtstypus" verstanden und begründet wird; trotzdem muss das strafrechtlich erarbeitete Ergebnis – also das *„tatbestandliche* Töten" – mit dem *alltagssprachlichen* „Töten" im Wesentlichen zusammenfallen, wie es auch dem verfassungsrechtlich gebotenen Gesetzlichkeitsprinzip des Art.103 II GG entspricht[12]. Das „tatbestandsmäßige Töten" muss im Kern dem alltagssprachlichen „Töten" entsprechen. Deshalb beginne ich hier auch mit einigen (sicherlich kursorischen) Bemerkungen zum Sprachgebrauch („Sprachspiel"); die Fragen des „tatbestandlichen Tötens" werden unter 3. behandelt, tauchen aber auch bereits zumindest am Rande in den folgenden Ausführungen auf.

2.1.1 Vorsätzliches und fahrlässiges Handeln

Das Strafgesetz bezeichnet somit beide Möglichkeiten, einen Menschen strafrechtlich relevant zu töten (als Straftat „Totschlag" oder „fahrlässige Tötung"), als „Handlung", deutlich in der Überschrift des schon genannten § 15 („Vorsätzliches und fahrlässiges Handeln"). Wie sich aus §§ 8, 9 StGB ergibt, die Zeit und Ort der Tat bestimmen[13], wird eine solche Handlung unabhängig vom „Erfolg" (also dem

---

12 Art. 103 Abs. 2 GG: „Eine Tat kann nur bestraft werden, wenn die Strafbarkeit gesetzlich bestimmt war, bevor die Tat begangen wurde". Gleichlautend auch § 1 StGB.
13 § 8 StGB: „Zeit der Tat. Eine Tat ist zu der Zeit begangen, zu welcher der Täter oder der Teilnehmer gehandelt hat oder im Falle des Unterlassens hätte handeln müssen. Wann der Erfolg eintritt, ist nicht maßgebend." § 9 Abs. 1 StGB: „Ort der Tat. Eine Tat ist an jedem Ort begangen, an dem der Täter gehandelt hat oder im Falle des Unterlassens hätte handeln müssen oder an dem der

sozial erheblichen Schaden [z. B. dem Tod eines anderen Menschen]) verstanden, was bedeutet, dass auch eine bloß versuchte Tat eine „Handlung" ist. Für das tatbestandliche Töten in §§ 212 I, 222 StGB folgt daraus, dass es nicht nur einer (vorsätzlichen oder fahrlässigen) Handlung (im Sinne des § 15 StGB) bedarf, sondern auch der Zurechnung des Todes zu dieser Handlung, die dadurch überhaupt erst zu dem „Töten" wird. „Handlung" (in Differenz zum Erfolg) und „tatbestandsmäßige Handlung" der §§ 212 I, 222 StGB (in Einheit mit dem Erfolg) sind daher zu unterscheiden, allerdings auch aufeinander bezogen (wie auch in der Alltagssprache und damit im sozialen Leben: „würgen" und „erwürgen", „einstechen" und „erstechen", „schlagen" und „erschlagen"). Die tatbestandsmäßige Handlung der vollendeten Straftat schließt deshalb immer schon die Zurechnung des tatbestandsmäßigen Erfolges ein (was sich in der Formulierung des § 222 StGB – Verursachung des Todes durch Fahrlässigkeit – zum Ausdruck bringt).

Jedenfalls (und unabhängig von dieser Frage des Verhältnisses zum Erfolg) wird in § 15 StGB für „Handlung" ein Wort verwendet, das ohne Bezug auf den Willen oder auf die Absicht, also auf die „Intention", aber selbst ohne Bezug auf das Bewusstsein des Betreffenden gebraucht sein muss. Denn auch derjenige, der sich nicht die Möglichkeit einer Verursachung des Todes eines anderen Menschen vorstellt, weil er z. B. rücksichtslos nur an sich denkt und keinerlei Sorgfaltsregeln gegenüber den Mitmenschen akzeptiert und durch diese Sorgfaltswidrigkeit einen anderen Menschen tötet, „handelt" nach diesem Sprachgebrauch des Gesetzes (eben: „handelt fahrlässig"). Handelt der Betreffende in diesem Sinne sorgfaltswidrig, kommt es aber nicht zu dem Todeserfolg, dann könnte er z. B. wegen der Lebensgefährdung eines anderen belangt werden, falls diese gegeben ist[14]; wird ein anderer nicht einmal gefährdet, könnte man nur auf das sorgfaltswidrige, weil an sich gefährliche Handeln abstellen[15]. Will der Betreffende mit seinem Handeln einen anderen töten, scheitert aber an diesem Bemühen, dann kommt nach §§ 22– 24 StGB eine versuchte Straftat in Betracht.

Trotzdem ist an dieser Bestimmung des § 15 interessant, dass damit offensichtlich vorausgesetzt wird, dass im Normalfall – also in den Fällen, wo nicht

---

zum Tatbestand gehörende Erfolg eingetreten ist oder nach der Vorstellung des Täters eintreten sollte."
14 Als Tatbestand einer Straftat kommt z. B. § 315c III StGB (Gefährdung des Straßenverkehrs) in Betracht. Man spricht dann von einer „konkreten Gefährdungsstraftat".
15 Als Tatbestand einer Straftat kommt z. B. § 316 StGB (Trunkenheit im Verkehr) in Betracht. Man spricht dann von einer „abstrakten Gefährdungsstraftat". In den meisten Fällen liegt nur eine Ordnungswidrigkeit vor, die von den Verwaltungsbehörden mit einer Geldbuße geahndet wird, die im Unterschied zur gerichtlich verhängten „Strafe" mit keinem sozialethischen Vorwurf verbunden ist.

ausdrücklich „Fahrlässigkeit" im Tatbestand verlangt wird – ein vorsätzliches Handeln gemeint ist, also ein Handeln, in dem der Betreffende sich den Erfolg (zumindest) als mögliche Folge seines Handelns (bewusst) vorstellt und ihn (trotzdem) herbeiführen will, zumindest mit seinem Eintritt einverstanden ist, ihn „billigend in Kauf nimmt". Man könnte dem Strafgesetz daher ein differenzierendes Handlungsverständnis unterschieben: Eigentlich ist mit „Handeln" das vorsätzlich-willentliche Handeln gemeint, nur ausnahmsweise kommt ein fahrlässiges Handeln in Betracht.

2.1.2 Handeln (Tun) und Unterlassen

Ungeklärt bleibt bei einem Blick in das Strafgesetz, ob eine solche (vorsätzliche oder fahrlässige) Handlung auch in einem Unterlassen bestehen kann. Ein Blick in die allgemeinen Bestimmungen (§§ 13 ff. StGB) lässt eindeutig eine bejahende Antwort zu. So betrifft das „Handeln für einen anderen" (§ 14) selbstverständlich auch das Unterlassen; § 16 schließt das „vorsätzliche Handeln" in gleicher Weise wie das vorsätzliche Unterlassen aus, Vergleichbares gilt für das „Handeln ohne Schuld" (§§ 17, 35 I) oder das „nicht rechtswidrige Handeln" (§§ 32, 34), das immer auch das Unterlassen umfasst. Vor der Reform des Allgemeinen Teils des Strafgesetzes (also vor dem 01.01.1975) wurde diese Frage auch allgemein bejaht, wobei die Alltagssprache ein wichtiges Indiz gibt. Ohne Schwierigkeit können wir von der Mutter, die ihr neugeborenes Kind liegen lässt, ohne es zu versorgen, was dann zum Tod des Kindes führt, sagen, dass sie ihr Kind „getötet" hat.

Doch wieder stellen §§ 8, 9 StGB vor terminologische Schwierigkeiten. Denn hier geht es um die „Tat", von der im Übrigen die vorherigen Bestimmungen des StGB alleine sprechen, die nun in einem „Handeln" oder „Unterlassen" bestehen soll. Dabei fällt die unterschiedliche Formulierung auf: wann oder wo der Täter „gehandelt hat oder im Falle des Unterlassens hätte handeln müssen". Das „Handeln" ist ein reales Geschehen in Raum und Zeit, das Unterlassen ist nur von einer nicht real geschehenen Handlung zu denken, die hätte (hypothetisch) geschehen können und sogar müssen (gemeint sicherlich: „sollen"). Deutlich ist, dass das Handeln für sich stehen kann, während das Unterlassen den Bezug zu einem (unterlassenen) Handeln benötigt. Es wird immer eine *bestimmte* Handlung unterlassen. Manche strafrechtlichen Autoren des 18. Jahrhunderts unterschieden in diesem Sinne eine „positive" und eine „negative" Handlung.

Nur hingewiesen werden soll (zunächst) auf die sprachliche Unterscheidung in §§ 8, 9 StGB. Dem „Handeln" und dem „Fall des Unterlassens" wird die „Begehung der Tat" gegenübergestellt, aber auch in Verbindung dazu gesetzt. Eine (Straf-) Tat kann „begangen" werden durch „Handeln" oder durch „Unterlassen (einer Handlung)". Auch § 25 StGB – die Regelung der Täterschaft – spricht von drei Formen von „Begehung" der Tat („selbst", „durch einen anderen", „gemeinschaftlich").

§ 13 StGB spricht in der Überschrift von einem solchen „Begehen [der Straftat, WS] durch Unterlassen" und umschreibt diese Unterlassung in Verbindung mit der „Abwendung eines Erfolges, der zum Tatbestand eines Strafgesetzes gehört". „Unterlassung" ist also die „Unterlassung einer Erfolgsabwendungshandlung", einer Handlung, die den Erfolg abgewendet hätte. Eine „lebensbeendende Handlung" kommt danach z. B. nur als „Unterlassung einer lebensrettenden Handlung" in Betracht. Offensichtlich geht das Strafgesetz in diesem § 13 von einem Unterschied aus, weil ausdrücklich verlangt wird, dass „das Unterlassen der Verwirklichung des gesetzlichen Tatbestandes durch ein Tun entspricht". Dem Unterlassen wird damit nicht ein „Handeln" gegenübergestellt, sondern ein „Tun".

Damit entsteht ein Problem innerhalb des Sprachgebrauchs des StGB. Aus §§ 8, 9 StGB kann man die „Unterlassung einer bestimmten Handlung", aus § 13 die „Unterlassung eines bestimmten Tuns" ableiten.

Zur Lösung dieses Problems kann man zunächst fragen, ob „Tun" und „Unterlassen (eines bestimmten Tuns)" in gleicher (oder doch vergleichbarer [„entsprechender"]) Weise als „Handlung" (nämlich: als vorsätzliches oder fahrlässiges Handeln im Sinn des § 15 und der weiteren oben genannten allgemeinen Bestimmungen) sprachlich aufgefasst werden können. Am Beispiel der Mutter, die ihr Kind nicht versorgt, das deshalb den Tod findet, wurde bereits die alltagssprachliche Möglichkeit gezeigt. Dann gäbe es ein „Handeln als Tun" und ein „Handeln als Unterlassen", nämlich: ein „Handeln als Unterlassung eines Tuns" (ein „Handeln als Unterlassen eines Handelns" scheint widersprüchlich, selbst wenn dieses unterlassene Handeln ein anderes Handeln wäre). Damit würde deutlich(er), dass das Gesamte des Geschehensablaufs – das dann als „Handlung" aufgefasst wird – auf zweierlei Weise zustande kommen kann: durch das Mittel des „Tuns" oder durch das Mittel des „Unterlassens" (das eigentlich umschrieben werden müsste mit: des „Unterlassens einer Erfolgsabwendungshandlung"). Nur wenn man zu sehr am Wort klebt und für eine Handlung die Verwendung der Hand verlangt, wäre ein Handeln als oder durch Unterlassen undenkbar, aber dann auch jede Verwendung eines Werkzeugs.

Im Weiteren kann sogar gefragt werden, ob es möglich ist, das Unterlassen als „Tun" zu bezeichnen (und in beiden Fällen in gleicher Weise von einem „Handeln" zu sprechen). Der Strafrechtler Urs (Konrad) Kindhäuser brachte sprachlich unter Heranziehung der Theorie von Georg Henrik von Wright die Differenzierung zwischen „Unterlassen" und „Zulassen" ein (auf die unter 4. noch näher einzugehen ist). Für die Mutter in unserem Beispiel – die unterlassen hat, ihr Kind zu retten, obwohl ihr dies erfolgreich möglich war – könne man danach auch durchaus sagen, dass sie „zugelassen" hat, dass ihr Kind stirbt. Man kann nach Kindhäuser darin sogar ein Tun sehen[16], was sich zeigt, wenn eine zweite Person – etwa der Vater des Kindes – ebenfalls dabei ist und nicht rettend eingreift (obwohl ihm dies möglich war). Denn sprachlich sei es möglich zu sagen: „Die Mutter lässt ihr Kind sterben; dies *tut* der Vater auch". Zulassen ist somit (zumindest auch) ein Tun. Kindhäuser verwies auf von Wright, der vier Handlungstypen unterschieden habe: Herstellen, Verhindern, Zerstören, Zulassen. Kann man aber auch sagen: „Die Mutter unterlässt das Kind zu retten; dies *tut* der Vater auch"? Kindhäuser meinte, dass im Unterschied zum Zulassen die Unterlassung voraussetzt, dass von dem Betreffenden *erwartet* wird zu retten (was hier sowohl für die Mutter als auch für den Vater zutrifft, die zur Rettung sogar rechtlich verpflichtet sind). Nehmen wir also an, die zweite Person neben der Mutter ist ein Spaziergänger, der die Mutter beim Verlassen des neugeborenen Kindes – das im Wald zur Welt gebracht wurde – bemerkt und ebenfalls nicht eingreift (was auch nicht [sozial oder rechtlich] erwartet werden kann [im Unterschied zu einer bloßen Hilfeleistung], ihm aber durchaus erfolgreich möglich ist). Kann man sagen: „Die Mutter unterlässt das Kind zu retten; dies *tut* der Spaziergänger auch"? Ich bin mir nicht sicher, ob man dies kann, ob man also sprachlich in einem Unterlassen ein Tun sehen kann, sofern nur die unterlassene Handlung eine Rettungshandlung ist. Mehr spricht dagegen. „Zulassen" kann man jeden Geschehensverlauf, etwa ein Sterben, das man ohnehin nicht mehr verändern kann; „Unterlassen" kann man aber sprachlich nur eine (mögliche, d. h. eine möglicherweise erfolgreiche) Rettungshandlung (ohne dass es auf eine Erwartung oder gar eine rechtliche Verpflichtung ankommt). Dieses Unterlassen kann aber wohl nur schwerlich als „Tun" bezeichnet werden (sondern als „unterlassenes Tun"); es sei denn, dass man darauf abstellt, dass der Betreffende einen Rettungsimpuls unterdrücken muss[17] (was vielleicht mit der von Kindhäuser behaupteten „Erwartung" zusammenhängt). Denn dieses „Unterdrücken" ist eindeutig ein Tun.

Jedenfalls ist erinnernd festzuhalten, dass das Unterlassen als solches keinen Inhalt hat, sondern stets den Bezug zu einem Tun hat, das unterlassen wird. Dieser Bezug kann sich in der bloßen Möglichkeit des Eingreifens (und wahrscheinlichen Rettung) erschöpfen, was sprachlich ausreicht (weshalb entgegen Kindhäuser eine diesbezügliche Erwartung nicht erforderlich ist). Bedenkt man §§ 8, 9 StGB, die sogar auf die Unterlassung einer Handlung (besser wohl: eines Tuns), die bzw. das der Täter hätte vornehmen „müssen" (gemeint wohl: „sollen"), abstellen, so

---

[16] U. Kindhäuser, *Intentionale Handlung. Sprachphilosophische Untersuchung zum Verständnis von Handlung im Strafrecht*, Berlin 1980, 176.
[17] Vgl. K. Engisch, *Tun und Unterlassen*, in: K. Lackner et al. (Hg.), *Festschrift für Wilhelm Gallas zum 70. Geburtstag*, Berlin 1973, 163–196.

wird deutlich, dass damit die „tatbestandsmäßige Unterlassung (eines rechtlich geforderten Tuns)" (im Sinne des § 13 StGB) gemeint sein muss. Von einer solchen „Unterlassung (eines bestimmten möglichen [oder erwarteten oder rechtlich geforderten] Tuns)" ist das „Untätigbleiben" (also ein „Nichtstun") sprachlich zu unterscheiden, das von vornherein für eine strafrechtliche Betrachtung ausscheiden muss. Ein Untätigsein kann keine „Tat" begründen. Sprachlich ist es sogar schwierig, eine „Tat" in einem Unterlassen (eines bestimmten Tuns) zu sehen, da das Wort sicherlich von „tun" kommt. Wegen der Möglichkeit, in diesem Unterlassen (einer bestimmten Handlung) eine „Handlung" zu sehen, kann man aber wohl die Zuordnung zu einer „Tat" vertreten.

Das Problem stellt sich auch und vor allem für den „negativen Handlungsbegriff" von Rolf Dietrich Herzberg, den dieser 1972 entwickelt und 1996 leicht verändert hat[18]. Denn eigentlich geht es nach dieser Handlungslehre um einen Unterlassungsbegriff, also um das Unterlassen eines zu Leistenden, das Verfehlen der rechten Leistung, die vom Recht erwartet wird (was zeigt, dass Herzberg einen strafrechtlichen, weil tatbestandlichen, § 13 einbeziehenden Begriff verwendet). „Die Handlung des Strafrechts ist das vermeidbare Nichtvermeiden [nämlich: des Eintritts des tatbestandsmäßigen Erfolges, WS] in Garantenstellung", nämlich entweder in der Weise, dass in den zum Erfolg führenden Geschehensablauf nicht eingegriffen wird (obwohl es möglich war [und der Betreffende dazu auch rechtlich verpflichtet war als Garant]), oder dergestalt, dass der Betreffende sich nicht zurückgehalten hat (obwohl es möglich und er dazu auch als Garant bezüglich seines einen möglichen Gefahrenherd bildenden Körpers rechtlich verpflichtet war). Dabei scheint Herzberg aber 1972 eine doppelte Verneinung, die logisch eine Bejahung bedeutet, zu verwenden: Die aktive Herbeiführung des Erfolges wird in Parallele zum „Nichtabwenden" des § 13 als „Nicht-Nicht-Herbeiführung" umschrieben. Herzberg veränderte seine Argumentation 1996 dahingehend, dass es trotzdem in beiden Fällen bei einer Unterlassung bleibt: „Der Aktivtäter *unterlässt* es, seine Handlung und damit den Erfolg zu *vermeiden*. [...] [Der untätige Garant, WS] *unterlässt* es, ein bedrohliches Geschehen und den

---

18 Vgl. R. D. Herzberg, *Die Unterlassung im Strafrecht und das Garantenprinzip*, Berlin 1972; ders., *Gedanken zum strafrechtlichen Handlungsbegriff und zur „vortatbestandlichen" Deliktsverneinung*, in: GA 143 (1996), 1–18; ders., *„Die Vermeidbarkeit einer Erfolgsdifferenz"* – Überlegungen zu Günther Jakobs' strafrechtlichem Handlungs- und Verhaltensbegriff, in: M. Pawlik et al. (Hg.) *Festschrift für Günther Jakobs zum 70. Geburtstag*, Köln 2007, 147–173 („strafrechtliches Verhalten ist jedes rechtswidrige Versäumnis, das den Tatbestand eines Strafgesetzes verwirklicht. Besonders oft geschieht das in der Weise, dass jemand es versäumt, sich selbst zurückzuhalten" [173]). Ebenso vertritt einen „negativen Handlungsbegriff" H. J. Behrendt, *Die Unterlassung im Strafrecht. Entwurf eines negativen Handlungsbegriffs auf psychoanalytischer Grundlage*, Baden-Baden 1979.

daraus erwachsenden Erfolg zu *vermeiden*". Doch kann dies nicht überzeugen: Denn der Garant unterlässt es, seine den Erfolg abwendende Handlung zu begehen, also tätig zu werden; er lässt das bedrohliche Geschehen nur zu. Darüber hinaus könnte man in beiden Fällen sagen, dass der Täter diese Garantenpflicht *verletzt* hat, wobei „Verletzung" sprachlich sicherlich als Tun aufzufassen ist. Es wäre aber auch möglich, statt von „Verletzung" auch von dem *„Unterlassen* der Einhaltung der Garantenpflicht" zu sprechen[19].

2.1.3. Ergebnis

Als mögliches Ergebnis der strafgesetzlichen Terminologie könnte festgehalten werden: Das Gesetz unterscheidet zwei Formen der „Handlung", nämlich durch oder als „Tun" und durch oder als „Unterlassung (eines bestimmten möglichen Tuns)"; man kann auch von einer „aktiven" Handlung und einer „passiven" Handlung sprechen. Dabei kann dieses Handeln von einem Willen („Vorsatz") getragen, also ein willentliches Tun oder ein willentliches Unterlassen (eines bestimmten möglichen Tuns), aber auch ein nicht von einem Willen getragenes (fahrlässiges) Tun oder Unterlassen (eines bestimmten möglichen Tuns) sein.

Die Alltagssprache scheint unter „Handeln" in einem *eigentlichen* Sinne nur das willentliche Tun zu meinen; philosophisch und/oder anthropologisch spricht manches auch für einen derart eingeengten Handlungsbegriff. Die Regelung des § 15 StGB könnte man ebenso in diese Richtung interpretieren. Dann könnte man die strafgesetzliche Terminologie dadurch verändern, dass man von der „Handlung in einem weiteren Sinne" (nämlich: als Oberbegriff im Sinne des § 15 StGB) eine „Handlung im engeren/eigentlichen/begrifflichen Sinne" unterscheidet und diese nur für das willentliche Tun heranzieht. Will man diese Doppeldeutigkeit von „Handlung" nicht, dann kann man für den Oberbegriff das Wort „Verhalten" heranziehen. Als mögliche Formen dieses „Verhaltens" kämen dann die „Handlung" als willentliches Tun, dann die „Unterlassung (eines bestimmten Tuns)" als willentliches Unterlassen dieses Tuns und das fahrlässige „Verhalten" (nun ebenfalls in einem engeren/eigentlichen/begrifflichen Sinne) in Betracht.

---

[19] Vgl. K. Volk, *Zur Abgrenzung von Tun und Unterlassen. Dogmatische Probleme und kriminalpolitische Probleme*, in: H.-H. Jeschek/T. Vogler (Hg.), *Festschrift für Herbert Tröndle zum 70. Geburtstag*, Berlin 1989, 219–237: „Die Unterscheidung zwischen Tun und Unterlassen ist ebenso einfach wie belanglos. Es ist eine Sache der Zweckmäßigkeit, im Grenzfall sogar des reinen Beliebens, wie das System organisiert wird" (225).

2.1.4 Handeln und Begehen

Nur erinnernd sei angemerkt, dass das Strafgesetz zwischen „Handeln" (als Tun und Unterlassen [eines bestimmten Tuns]) und dem „Begehen" der Tat (Straftat) unterscheidet. Mit dem letzteren ist deutlich die normative Dimension angesprochen, also die *„tatbestandsmäßige* Handlung". Im Hintergrund dieser „Tat" steht sicherlich das „Tun", doch wird man – wie erwähnt – auch wegen einer gemeinsamen Einbindung in die „Handlung" auch für die Unterlassung (eines bestimmten Tuns) von „Tat" sprechen können, sofern die tatbestandsmäßigen Voraussetzungen gegeben sind. Deshalb kann man auch von einem Unterlassungs*täter* sprechen.

In diesem Sinn kennt das Strafgesetz – wie die Überschrift des § 13 klarstellt – eine ausdrückliche „Begehung durch Unterlassen (eines erfolgsabwendenden Tuns)" (sofern der Täter rechtlich dafür einzustehen hat, dass dieser Erfolg nicht eintritt [also eine „Garantenstellung" hat bzw. wegen dieser Stellung zur möglichen Erfolgsabwendung durch Tun verpflichtet ist, also eine „Garantenpflicht" hat]), der dann konsequent eine „Begehung durch Tun" gegenübergestellt werden kann und muss. Nimmt man die Differenzierung der §§ 8, 9 StGB (zwischen „Handlung" und „Erfolg") dazu, dann muss im Fall der versuchten Unterlassungsstraftat eine „Begehung durch Unterlassen eines vorgestellten erfolgsabwendenden Tuns (in dem Wissen und Wollen, dass dann der tatbestandsmäßige Erfolg eintreten wird und soll)" vorliegen.

Es ist von daher nicht angemessen (jedenfalls schlampig), wenn die Strafrechtswissenschaft gerne von einem „Begehungsdelikt" spricht und damit nur das Begehen durch Tun (meist sogar: durch willentlich-vorsätzliches Tun) meint. Eigentlich müsste man sagen: Es gibt ein „Begehen durch oder als Handeln" (im Sinne des willentlich-vorsätzlichen Tuns), ein „Begehen durch oder als Unterlassen (eines bestimmten rechtlich geforderten Tuns)" (im Sinne des willentlich-vorsätzlichen Unterlassens des möglichen, erfolgsabwendenden pflichtgemäßen Tuns) und ein „Begehen durch oder als fahrlässiges Verhalten".

2.1.5 Begehen und pflichtwidriges Handeln

Betrachtet man die einzelnen Tatbestandsformulierungen der Strafgesetze, dann wird zunächst ein solcher Tun und Unterlassen (eines bestimmten Tuns) umfassender Handlungsbegriff (im weiteren Sinne) durchaus plausibel. So verlangt § 266 StGB z. B., dass der Täter einem anderen einen (Vermögens-) Nachteil zufügt, was – wie wir aus § 15 wissen – vorsätzlich verursacht werden muss. Nun ist unbestritten, dass dies durch oder als Tun (der Täter schließt ein schädigendes

Rechtsgeschäft ab) ebenso geschehen kann wie durch oder als Unterlassen eines bestimmten Tuns (der Täter schließt kein vorteilhaftes Rechtsgeschäft ab); was aber den Grund darin hat, dass der Täter durch seine besondere Stellung charakterisiert wird: Er muss nämlich eine rechtliche Vermögensbetreuungspflicht gegenüber dem Geschädigten haben. Maßgebend ist daher nicht Tun oder Unterlassen (des bestimmten Tuns), sondern die Verletzung dieser Rechtspflicht durch irgendein Handeln (in diesem weiten Sinne).

Sodann bewährt sich die Unterscheidung von „Handlung" (in diesem weiteren Sinne) und „Begehung" der Straftat. Denn ohne diesen normativen Bezug zur Vermögensbetreuungspflicht kann strafrechtlich zwar ein „Handeln" (durchaus auch in der Differenzierung von Tun oder Unterlassen [eines bestimmten Tuns]) gedacht werden, doch kann die „Begehung" der Straftat nur in dem normativen Merkmal der Pflichtverletzung (die dann zusätzlich zu einem Vermögensschaden bei dem Betreuten führt) liegen. Das Tun und Unterlassen (des bestimmten Tuns) zusammenbindende „Handlungs"-Merkmal liegt in der Pflichtverletzung, die im Vordergrund dieser daher auch „Pflichtdelikt" genannten Straftat steht.

Nähere Betrachtung zeigt allgemein (und über die „Pflichtdelikte" hinaus), dass tatbestandsmäßig (und dies bedeutet: von der „Begehung" aus betrachtet) nur ein Handeln (unabhängig von der Differenzierung in Tun oder Unterlassen [eines bestimmten Tuns]) sein kann, das die Verletzung einer rechtlichen Pflicht darstellt. § 13 sagt dies ausdrücklich im Hinblick auf die „Begehung durch Unterlassen", weil diese Bestimmung verlangt, dass der die (mögliche [oder zumindest als möglich vorgestellte]) Erfolgsabwendung (durch Tun) Unterlassende „rechtlich dafür einzustehen hat, dass dieser Erfolg nicht eintritt", dieser (als „Garant") also rechtlich verpflichtet ist, die Erfolgsabwendung zu tätigen. Tatbestandsmäßig ist daher nicht die Unterlassung dieser Erfolgsabwendung (als Tun), auch nicht nur des (sozial oder moralisch) erwarteten Tuns, sondern die rechtspflichtwidrige Unterlassung dieses (dem Betreffenden möglichen) Tuns oder die Unterlassung eines (dem Betreffenden möglichen) rechtlich geforderten Tuns.

Eine „lebensbeendende Handlung" kann daher nach dem Gesagten zwar eine Unterlassung einer (möglichen erfolgreichen) Lebensrettung oder -erhaltung sein (nicht aber die bloße Zulassung des Sterbens), die tatbestandsmäßige „Tötungshandlung" (im Sinn der Begehung der Tat des § 212 I oder des § 222 in Verbindung mit § 13 StGB) aber nur eine Unterlassung einer rechtlich geforderten/gebotenen Lebenserhaltung oder Lebensrettung, die dem Betreffenden möglich ist, sein. Darauf wird unter 3. noch näher eingegangen.

Aber auch eine das Leben durch Tun beendende Handlung ist im Rahmen des Tatbestandes des § 212 I oder des § 222 nur von der Rechtspflicht her zu denken, das Leben eines anderen Menschen nicht zu verletzen, also nicht zu töten. Verletzt wird vom Betreffenden eine Verhaltensnorm, die ein *Verbot* ausspricht (im Unterschied zu der Begehung durch Unterlassung eines Tuns, das durch eine Verhaltensnorm als *Gebot* gefordert wird) (weshalb man die Unterscheidung von der Seite der Normen aus aufbauen kann). Dies ist für § 212 I (als vorsätzliches Töten) leicht plausibel zu machen, gilt aber auch für die fahrlässige Tötung, da hier der Täter die rechtliche Sorgfalt verletzen muss, die wegen der rechtlich geforderten Achtung fremden Lebensrechtes zu besonderer Rücksicht und Vorsicht verpflichtet (wobei man freilich durchaus auch sagen kann, dass die Ausführung einer willentlichen Tötungshandlung die intensivste Form der Verletzung der Sorgfalt ist, es deshalb immer um eine Sorgfaltspflichtverletzung geht). Dadurch vertieft sich das Problem, wenn man bedenkt, dass diese rechtliche Sorgfaltspflicht auch aus der Garantenstellung des § 13 erwächst und daher das fahrlässige Unterlassungsdelikt betrifft.

Die terminologischen Schwierigkeiten vertiefen sich durch diese Einsicht, weshalb die verwirrende Vielfalt der theoretischen Konzepte in der Strafrechtswissenschaft verständlich(er) wird. Denn nach dem Gesagten kann die tatbestandsmäßige Unterlassung (eines bestimmten, rechtlich gesollten Tuns) umschrieben werden als Tun: nämlich als *Verletzung* dieser zugrunde liegenden Rechtspflicht. Aber selbst dieses Verletzungs-Tun kann umschrieben werden als Unterlassung: nämlich als *Unterlassung* der Einhaltung der Pflicht.

2.2 Kausales Tun und quasi-kausales Unterlassen

Nun kann man versuchen, einen Unterschied zwischen einem Tun und einem Unterlassen[20] (eines bestimmten Tuns) zu setzen, selbst wenn man beide als

---

20 Zu den vielfältigen Versuchen einer Abgrenzung vgl. neben den in den Fußnoten genannten Arbeiten auch: N. K. Androulakis, *Studien zur Problematik der unechten Unterlassungsdelikte*, München 1963 (der den Unterschied als „Handeln und Lassen" auffasst); G. Freund, *Tatbestandsverwirklichung durch Tun und Unterlassung*, in: H. Putzke et al. (Hg.), Strafrecht zwischen System und Telos (Festschrift für R. D. Herzberg), Tübingen 2008, 225–245; E. Gimbernat Ordeig, *Handlung, Unterlassung und Verhalten*, in: G. Dornseifer et al. (Hg.), Gedächtnisschrift für Armin Kaufmann, Köln 1989, 159–179; K. Kühl, *Die Unterlassungsdelikte als Problemfall für Rechtsphilosophie, Strafrechtsdogmatik und Verfassungsrecht*, in: H. Putzke et al. (Hg.), Strafrecht zwischen System und Telos, 177–191; L. Kuhlen, *Zur Unterscheidung von Tun und Unterlassen*, in: H.-U. Paeffgen et al. (Hg.), Strafrechtswissenschaft als Analyse und Konstruktion (Festschrift für I. Puppe), Berlin 2011, 669–683; E.-J. Lampe, *Das Problem der Gleichstellung von Handeln und Unterlassen im Strafrecht*, in: ZStW 79,3 (1967), 476–514; M. Maiwald, *Grundlagenprobleme der Unterlassungsdelikte*, in: JuS 21,7 (1981), 473–483; R. Merkel, *Die Abgrenzung von Handlungs- und Unterlassungsdelikt. Altes, Neues, Ungelöstes*, in: H. Putzke et al. (Hg.), Strafrecht zwischen System

„Handeln" (eventuell in einem weiteren Sinne) fassen möchte (wobei allerdings auch die Möglichkeit besteht, eine Verbindung zu einem einheitlichen „Handeln" abzulehnen, zwischen Tun und Unterlassen [eines bestimmten Tuns] eine unüberwindliche Trennung anzusetzen und damit auf einen in gleicher Weise zugrunde liegenden Handlungsbegriff zu verzichten). Dabei kann man an die Formulierung des § 222 StGB (fahrlässige Tötung) anknüpfen: Der Täter muss „durch Fahrlässigkeit den Tod eines (anderen) Menschen verursachen". Man kann fragen, ob eine solche *Verursachung* nur durch ein Tun möglich ist. Dazu ist im Hinblick auf die zitierte Begrifflichkeit der §§ 8, 9 StGB anzumerken, dass damit auf eine den (tatbestandsmäßigen) Erfolg einbeziehende Handlung abgestellt wird, also eine Handlung, die zu diesem Erfolg geführt hat, der dieser Erfolg zugerechnet wird. Nicht um ein „Würgen", „Einstechen", „Schlagen" geht es, sondern um ein „Erwürgen", „Erstechen", „Erschlagen", also um ein „Töten" (wie es der Tatbestand des § 212 I vorsieht und der Tatbestand des § 222 in seiner Überschrift festhält).

Die Strafrechtswissenschaft (in Theorie und Praxis) hat dies bis heute in überwiegendem Maße auch so gesehen. Ohne auf die ebenso vielgestaltige Diskussion dieses Kausalitäts- und/oder Zurechnungsproblems eingehen zu können[21]: „Verursachen" wurde als Kausalität gedeutet und diese mit der Naturwis-

---

und Telos, 193–223; C. Roxin, *An der Grenze von Begehung und Unterlassung*, in: P. Bockelmann et al. (Hg.), *Festschrift für Karl Engisch zum 70. Geburtstag*, Frankfurt a. M. 1969, 380–405; A. Ransiek, *Das unechte Unterlassungsdelikt*, in: JuS 50,6 (2010), 490–497, 678–681; E. Samson, *Begehung und Unterlassung*, in: G. Stratenwerth et al. (Hg.), *Festschrift für Hans Welzel zum 70. Geburtstag*, Berlin 1974, 579–603; E. Schmidhäuser, *Begehung, Handlung und Unterlassung im Strafrecht*, in: G. Dornseifer et al. (Hg.), *Gedächtnisschrift für Armin Kaufmann*, 131–157; ders., *Über Unterlassungsdelikte – Terminologie und Begriffe*, in: G. Britz et al. (Hg.), *Grundfragen staatlichen Strafens* (Festschrift für H. Müller-Dietz), München 2001, 761–781; W. Schöne, *Unterlassene Erfolgsabwendungen und Strafgesetz*, Köln 1974; B. Schünemann, *Grund und Grenzen der unechten Unterlassungsdelikte*, Göttingen 1971; G. Spendel, *Zur Unterscheidung von Tun und Unterlassen*, in: P. Bockelmann/W. Gallas (Hg.), *Festschrift für Eberhard Schmidt zum 70. Geburtstag*, 183–199; ders., *Kausalität und Unterlassung*, in: H. Putzke et al. (Hg.), *Strafrecht zwischen System und Telos*, 247–253; K. F. Stoffers, *Die Abgrenzung von Tun und Unterlassen in der neueren Rechtsprechung. Eine Anmerkung zu BGHSt 40, 257*, in: JURA 20,11 (1998), 580–583; E. Struensee, *Handeln und Unterlassen, Begehungs- und Unterlassungsdelikte*, in: W. Küper et al. (Hg.), *Beiträge zur Rechtswissenschaft* (Festschrift für W. Stree und J. Wessels), Heidelberg 1993, 133–157; K. Volk, *Zur Abgrenzung von Tun und Unterlassen. Dogmatische Probleme und kriminalpolitische Probleme*, in: H.-H. Jescheck et al. (Hg.), *Festschrift für Herbert Tröndle zum 70. Geburtstag*, Berlin 1989, 219–237; T. Walter, *Positive und negative Erfolgsdelikte – Handeln und Unterlassen*, in: ZStW 116,3 (2004), 555–584; J. Welp, *Vorangegangenes Tun als Grundlage einer Handlungsäquivalenz der Unterlassung*, Berlin 1968.

21 Dazu vgl. mit weiteren Nachweisen C. Roxin, *Strafrecht. Allgemeiner Teil*, Bd. 1, 350 ff., die Lehrbücher und die Kommentare (zu § 13 StGB). Allgemein auch W. Hardwig, *Die Zurechnung. Ein Zentralproblem des Strafrechts*, Hamburg 1957; M. Maiwald, *Kausalität und Strafrecht. Studien zum*

senschaft und ihren Naturgesetzen in Verbindung gebracht. Den Tatbestand erfüllen könne nur eine Handlung, die als Bedingung (und schärfer und inhaltlich konkreter: als „naturgesetzliche Bedingung") den tatbestandsmäßigen Erfolg (hier also: den Tod eines anderen Menschen) herbeigeführt hat. Eine solche (gesetzliche) Bedingung konnte aber dann nur ein Energieeinsatz oder eine Kraftentfaltung sein, also ein Tun, ein Tätigwerden, das in die äußere Welt eingreift (als Bedingung) und diese hin zu dem tatbestandlichen Erfolg verändert (als Folge). Methodisch griff man entweder zu einer „Eliminationsformel", dahingehend, dass man danach fragte, ob man das Tun hinwegdenken könne, ohne auch den tatbestandsmäßigen Erfolg hinwegdenken zu müssen („condicio-sine-qua-non") (was selbstverständlich – was man gerne übersieht – methodisch voraussetzt, dass man hypothetisch einen Geschehensablauf nun ohne diesen tätigen Eingriff dazu denken muss). Oder man griff (in dem Verständnis der „naturgesetzlichen Bedingung") auf ein (an)erkanntes Naturgesetz zurück, das sich in diesem Geschehensablauf von Tun bis Erfolg auswirkt (was vor Probleme stellen muss, wenn ein solches Naturgesetz [noch] nicht gefunden ist oder zumindest im zu prüfenden Fall nicht erkannt werden kann). Für die Unterlassung einer (rechtlich geforderten) Erfolgsabwendung konnte dies nicht gelten. Hier finden kein Energieeinsatz und keine Kraftentfaltung in Richtung auf den tatbestandsmäßigen Erfolg statt, hier kann keine (naturgesetzliche) Bedingung gefunden und hinweggedacht werden. Man muss diese Erfolgsabwendung (als Tun) hypothetisch dazu denken (etwa in Anwendung eines Naturgesetzes [als Prognose]) und fragen, ob sie denn auch als solche (d.h. als ein Tun, das den Erfolg hätte abwenden können) aufgefasst werden kann. Hier geht es also deutlich nicht um eine reale/wirkliche Kausalität, sondern um eine gedachte Beziehung, um eine wahrscheinlich mögliche Erfolgsabwendung, die man als „Quasi-Kausalität" bezeichnen konnte und kann, die aber in der Sache mit „Kausalität" (also mit naturgesetzlicher Bedingung) nichts zu tun hatte. Die Frage der Kausalität stellt sich nur in Bezug auf dieses unterlassene Tun, das als Rettung (Erfolgsabwendung) nur dann aufgefasst werden kann, wenn es auch erfolgreich gewesen wäre, d.h. den Eintritt des tatbestandsmäßigen Erfolges angewendet hätte (meistens dahingehend formuliert, dass der Erfolg mit an Sicherheit grenzender Wahrscheinlichkeit hätte abgewendet werden können). Dies ist aber eine hypothetische Fragestellung eines möglichen, zum tatsächlichen Geschehensablauf dazu gedachten, prognostizierten Tuns. Eigentlich geht es um eine Zurechnung des tat-

---

Verhältnis von Naturwissenschaft und Jurisprudenz, Göttingen 1980; H. Otto, *Kausalität und Zurechnung*, in: R. Zaczyk et al. (Hg.), *Festschrift für Ernst Amadeus Wolff zum 70. Geburtstag*, Berlin 1998, 395–416; F. Toepel, *Kausalität und Pflichtwidrigkeitszusammenhang beim fahrlässigen Erfolgsdelikt*, Berlin 1992, 52 ff.

bestandsmäßigen Erfolges zu einer Unterlassung, die von daher als Unterlassung dieser möglichen, wahrscheinlich erfolgreichen (und rechtlich geforderten) Rettung umschrieben werden kann. Es ist nicht ersichtlich, warum diese Zurechnung Quasi-„Kausalität" genannt wurde; jedenfalls ist mehr als fraglich, ob diese Quasi-Feststellung das Tatbestandsmerkmal „Verursachen" (des Todes eines anderen Menschen) in § 222 erfüllen konnte. Es ist doch nur als „Quasi-Verursachen" denkbar. Vergleichbar muss(te) man bei dem Eingreifen (also einem Tun) in eine Rettungsaktivität eines anderen (vielleicht sogar bei dem Abbrechen einer eigenen Rettungsaktivität) vorgehen. Denn auch dann muss(te) gefragt werden, ob dieses Tun – in das durch Tun eingegriffen oder das abgebrochen wird – „wirklich" eine solche Rettung herbeigeführt hätte, was man aber nicht „wirklich", sondern nur hypothetisch klären kann.

Durch diese Kausalitätstheorie konnte und kann man allerdings einfach zwischen Tun und Unterlassen (eines bestimmten Tuns) unterscheiden: Ersteres ist kausal, letzteres „quasi-kausal"; ersteres kann durch tatsächliches Hinwegdenken begründet werden, letzteres nur durch ein hypothetisches Hinzudenken; ersteres kann sich im Rang des naturwissenschaftlich erarbeiteten Naturgesetzes sonnen, letzteres ist eine hypothetische Feststellung. Damit war und ist das Tun das herausgehobene, wichtigere und leichter zu begründende Handeln – weshalb es den Normalfall des „Begehungsdeliktes" darstellt, sozusagen die „Zentralgestalt" der Straftat bildet und im Mittelpunkt der Dogmatik steht (und deshalb im Zweifel auch bei der Fallprüfung angestrebt wird) –, während das Unterlassen eine „Randfigur" darstellt(e), nur nebensächlich behandelt und nur im Notfall (wenn kein Tun in Betracht kam) herangezogen wird (obwohl § 13 ausdrücklich von einem „Begehen durch Unterlassen" spricht, aber auch einen fakultativen Strafmilderungsgrund vorsieht, was auf eine minder strafwürdige Form von Begehungsunwert hindeutet).

Aber noch mehr: Dieser Unterschied macht(e) es eigentlich unmöglich, Tun und Unterlassen (eines bestimmten Tuns) in dem Oberbegriff des (erfolgreichen) „Handelns" zu vereinen. Aus der Unterscheidung wurde und wird so die Trennung der Straftaten in „Begehung durch Tun" und „Begehung durch Unterlassen", die durch keinen Handlungsbegriff mehr zu einer Einheit verbunden werden können. Gustav Radbruch hat diese Verabschiedung eines systematisch begründenden Handlungsbegriffs bereits 1904 vollzogen[22]. Von daher ist dann auch verständlich, warum nicht bei einem Handlungsbegriff (oder einer Handlungslehre) angesetzt

---

22 Vgl. G. Radbruch, *Der Handlungsbegriff in seiner Bedeutung für das Strafrechtssystem*, Berlin 1904. Dazu E. Schmidhäuser, *Zur Systematik der Verbrechenslehre*, in: A. Kaufmann (Hg.), *Gedächtnisschrift für Gustav Radbruch. 21.11.1878 – 23.11.1949*, Göttingen 1968, 268 – 280.

wurde und wird, sondern bei der Begehung (und damit bei dem „tatbestandsmäßigen" Verhalten, das zerfällt in ein „pflichtwidriges Tun" und ein „pflichtwidriges Unterlassen" [im Sinne des § 13 StGB]).

Allerdings hat sich die Kausalitätstheorie und mit ihr die mögliche Unterscheidung von Tun und Unterlassen (eines bestimmten Tuns) geändert. Grund dafür ist zunächst das Scheitern des naturwissenschaftlichen (weil naturgesetzlichen) Ansatzes bei den Problembereichen „psychische Kausalität", „Einbeziehung des Verhaltens Dritter", „statistische Wahrscheinlichkeit", „alternative Kausalität". Man versucht(e) sich durch Modifizierung der Eliminationsformel oder des Verständnisses von „Naturgesetz" (zugunsten einer bloßen Erfahrungsregel oder einer Motivationsgesetzlichkeit) zu helfen. Sodann und grundsätzlich wird zunehmend ein Verständnis von „Kausalität" als Ursache-Wirkung-Zusammenhang (vielleicht sogar verstanden als „Kraftwirkung") in Frage gestellt, wobei der Einfluss der Theorien von David Hume oder John L. Mackie bestimmend wurde. Man stellt dann nur mehr auf Kausalgesetze als sprachliche Erklärungen oder gar Deutungen von Geschehensabläufen ab und sieht das Wesentliche nicht mehr in einer notwendigen, sondern in der „hinreichenden Bedingung", als deren (notwendiger) Teil das in Betracht stehende Verhalten aufgefasst wird[23]. Von daher ist kein Unterschied zwischen Tun und Unterlassen (eines bestimmten Tuns) zu begründen. Auch das Unterlassen (eines bestimmten Tuns) ist (Teil einer) hinreichende(n) Bedingung – als „negative" Bedingung – und deshalb wie das Tun kausal, nämlich Inhalt der Kausalerklärung/-beschreibung des Geschehensablaufs (bis hin zum tatbestandsmäßigen Erfolg). Von daher stehen Tun und Unterlassen gleich, können nicht durch Kausalität und Quasi-Kausalität unterschieden oder gar gewichtet werden. Allerdings ist anzumerken, dass mit dieser neuen Kausalitätstheorie das von § 222 aufgegebene Problem nicht (vollständig) gelöst ist. Denn der Tod muss nach der Formulierung dieses Tatbestandes „verursacht" sein. Es reicht dafür nicht aus, dass das fahrlässige Handeln eine hinreichende „Bedingung" ist. Die herrschende Auffassung stellt deshalb über die

---

23 Vgl. U. Kindhäuser, *Zur Kausalität im Strafrecht*, in: P.-A. Albrecht et al. (Hg.), *Festschrift für Walter Kargl zum 70. Geburtstag*, 253–272; H. Koriath, *Grundlagen strafrechtlicher Zurechnung*, Berlin 1994; I. Puppe, *Strafrechtsdogmatische Analysen*, Göttingen 2006; dies., *Strafrecht Allgemeiner Teil im Spiegel der Rechtsprechung*, Baden-Baden ³2016. Dazu vgl. M. Binns, *Inus-Bedingung und strafrechtlicher Kausalbegriff*, Baden-Baden 2001; R. Merkel, *Über einige vernachlässigte Probleme des Kausalitätsbegriffs im Strafrecht und Ingeborg Puppes Lehren dazu*, in: H.-U. Paeffgen et al. (Hg.), *Strafrechtswissenschaft als Analyse und Konstruktion*, 151–169; E. Samson, *Inus-Bedingung und strafrechtlicher Kausalbegriff*, in: K. Rogall et al. (Hg.), *Festschrift für Hans-Joachim Rudolphi zum 70. Geburtstag*, Neuwied 2004, 259–266; F. Toepel, *Hinreichende Mindestbedingung*, in: H.-U. Paeffgen et al. (Hg.), *Strafrechtswissenschaft als Analyse und Konstruktion*, 289–304.

Kausalitätsprüfung hinaus auf die Zurechnung des Todes zu diesem Handeln ab, worauf aber hier nicht näher eingegangen werden kann.

Darüber hinaus ist auf einige Versuche hinzuweisen, die von vornherein einen anderen Zugang zum Kausalitätsproblem gesucht haben und suchen[24]. Es wurde und wird versucht, das philosophische („metaphysische") Prinzip des zureichenden Grundes im Rahmen eines Verständnisses von autonomer Freiheit fruchtbar zu machen. Die Frage der „Bewirkung einer Veränderung" (verstanden als Verschlechterung des Zustandes eines von den rechtlichen Normen – die die Wirklichkeit des Zusammenlebens konstituieren [welche daher über die Differenz von Sein und Sollen hinaus zu begreifen ist] – geschützten Objekts oder personalen Subjekts) wird im Rahmen eines personal-autonomen Handlungsbegriffs (als „Kausalität der Freiheit") thematisiert. In diesem Konzept einer personalen Handlung als „besondere Form einer die Wirklichkeit determinierenden Grund-Folge-Beziehung" erweisen sich aktives Tun und Unterlassen (eines rechtlich-normativ verstandenen Tuns) als zwei gleichwertige Handlungsformen. Auf die Konzeption eines derart philosophisch begründeten, „materiellen" Handlungsbegriffes ist unter 2.3 noch hinzuweisen. Im Übrigen braucht dieses Problem nicht vertieft dargestellt zu werden, da ihm eigene Beiträge gewidmet sind.

2.3 Straftat als Handlung

In dem Allgemeinen Teil ihrer Dogmatik versucht die Strafrechtswissenschaft, von den einzelnen Straftatbeständen (wie § 212 I oder § 222 StGB) absehend (abstrahierend), Begriffe zu entwickeln, die für alle Tatbestände relevant sein können. Als einer dieser Begriffe kommt auch der Begriff der „Handlung" in Betracht.

Dies zeigt sich in der gängigen Definition der Straftat als einer „Handlung, die tatbestandsmäßig, rechtswidrig und schuldhaft [und strafbar] ist". Das Handeln muss deshalb – wenn eine Straftat vorliegen soll – den Tatbestand eines Strafgesetzes erfüllen, also unter die dort gebrauchten Worte (wie z. B. „einen [anderen]

---

[24] Vgl. M. Kahlo, *Das Problem des Pflichtwidrigkeitszusammenhanges bei den unechten Unterlassungsdelikten. Eine strafrechtlich-rechtsphilosophische Untersuchung zur Kausalität menschlichen Handelns und deren strafrechtlichem Begriff*, Berlin 1990; ders., *Die Handlungsform der Unterlassung als Kriminaldelikt. Eine strafrechtlich-rechtsphilosophische Untersuchung zur Theorie des personalen Handelns*, Frankfurt a. M. 2001; M. Köhler, *Die bewusste Fahrlässigkeit. Eine strafrechtlich-rechtsphilosophische Untersuchung*, Heidelberg 1982; ders., *Strafrecht. Allgemeiner Teil*, Berlin 1997; E. A. Wolff, *Der Handlungsbegriff in der Lehre vom Verbrechen*, Heidelberg 1964; ders., *Die Kausalität von Tun und Unterlassen*, Heidelberg 1965; ders., *Das Problem der Handlung im Strafrecht*, in: A. Kaufmann (Hg.), *Gedächtnisschrift für Gustav Radbruch*, 291–301.

Menschen [vorsätzlich] töten", „den Tod eines anderen Menschen durch Fahrlässigkeit verursachen") subsumiert werden können. Dabei ist selbstverständlich zunächst zu fordern, dass ein solches Handeln – das auf Tatbestandsmäßigkeit hin geprüft wird – überhaupt vorliegt (was bedeutet: dass man wissen und klären muss, was ein solches „Handeln" ist, wobei zu berücksichtigen ist, dass diese „Handlung" im Rahmen einer Definition der Straftat überhaupt – also auch z. B. der Fahrlässigkeitsstraftat – untersucht wird, daher ein „Handeln im weiteren Sinne" meinen kann, vielleicht muss).

Bei dieser Prüfung auf Tatbestandsmäßigkeit ist davon auszugehen, dass der Strafgesetzgeber solche Handlungen mit Strafe bedroht, die für rechtlich verboten (also Unrecht) angesehen werden, in einem solchem Maße von Unerträglichkeit für die rechtlich verfasste Gesellschaft, dass sie (im Gegensatz zu Ordnungswidrigkeiten oder zu zivilrechtlichen Schadenersatz auslösenden Handlungen) strafwürdig (also einen sozialethischen Tadel verdienend) und strafbedürftig sind. Die strafgesetzlichen Tatbestände sind daher als Typen eines Strafunrechts (d. h. als Typen der Straftat) zu verstehen, deshalb Typen, weil sie nur den Regelfall bestimmen und durchaus Situationen anerkennen, in denen trotz Tatbestandsmäßigkeit kein wirkliches Strafunrecht (als Straftat) anzunehmen ist. Es gibt rechtliche Gründe (z. B. die Notwehr des § 32), ein tatbestandsmäßiges Handeln für erlaubt anzusehen, selbst wenn es ein vorsätzliches oder fahrlässiges Töten eines anderen Menschen darstellt (und daher den Tatbestand des § 212 I bzw. den des § 222 StGB erfüllt). Dieses Regel-Ausnahmeregel-Verhältnis führt dazu, dass das tatbestandsmäßige Handeln immer rechtswidrig (Unrecht) ist, es sei denn, dass ein Rechtfertigungsgrund (wie Notwehr) vorliegt. Dies führt zugleich zu einer Reihenfolge von zwei Prüfungsschritten: Zuerst wird die Tatbestandsmäßigkeit geprüft und erörtert, die positiv gegeben sein muss; dann wird in einem zweiten Schritt gefragt, ob ein Rechtfertigungsgrund vorliegt. Bei Bejahung dieser Frage kann keine Straftat mehr vorliegen, weshalb die Prüfung eingestellt wird; bei Verneinung ist klargestellt, dass das tatbestandsmäßige Verhalten nicht nur als Typus, sondern auch in diesem Einzelfall (und damit sozusagen „endgültig" als „unbestreitbar") rechtswidrig ist. Danach schließt sich der dritte Prüfungsschritt an, in dem gefragt wird, ob diese tatbestandsmäßig-rechtswidrige Handlung auch schuldhaft ist und so die Strafbarkeit begründet, ob dieses Handeln eben eine Straftat ist. Auch hier bietet sich dieses Regel-Ausnahmeregel-Verhältnis an, da doch der Tatbestand nicht nur Unrechts-, sondern Strafunrechtstypus ist, also der Typus der Straftat selbst. Es braucht dann ebenfalls nur mehr (negativ) erörtert zu werden, ob in diesem Einzelfall Gründe vorliegen, die die Unrechtshandlung so verständlich machen, dass sie entschuldigt werden kann, oder die sie so erklären können (durch Krankheit oder unvermeidbaren Verbotsirrtum), dass ein schuldhaftes (und damit strafwürdiges) Handeln ausgeschlossen ist. Es muss aber darauf hingewiesen werden, dass dieses Verständnis des Straftatbegriffs nicht herrschend ist, weil man den Tatbestand oft nur als *Unrechts*typus versteht und daher der Schuldhaftigkeit (meist substantiiert zu „Schuld" [im Unterschied zu „Tatbestandsmäßig*keit*" und „Rechtswidrig*keit*"]) einen anderen Anwendungsbereich zuerkennen muss oder weil man das Regel-Ausnahmeregel-Verhältnis nicht anerkennt, sondern Tatbestandsmäßigkeit und Rechtfertigungsgründe zu einem einheitlichen Prüfungsschritt zusammenzieht, durch den das vollständige (gesamte) Unrecht festgestellt wird (dem dann die Prüfung der Schuld[haftigkeit] folgt). Man kann auch dieses Unrecht nur als vorläufiges Merkmal der Straftat ansehen, das seinen eigentlichen Gehalt erst von der Schuldhaftigkeit erhält. Auf diese unterschiedlichen Konzepte ist hier nicht einzugehen, da es um den Handlungsbegriff gehen soll, der allerdings ebenfalls unterschiedlich gedacht wird und werden muss.

Die Straftat als „Handlung, die tatbestandsmäßig, rechtswidrig, schuldhaft ist" (genauer und eigentlich nach dem oben Gesagten: „die tatbestandsmäßig-rechtswidrig-schuldhaft" ist), ermöglicht nun einen Handlungsbegriff, der in diesen drei Merkmalen (die immer zugleich Prüfungsschritte in einem Schema sind) die wesentlichen Bestimmungen sieht. Dies bedeutet vor allem, dass eine „wirkliche"/eigentliche (d.h.: eine ihrem Begriff entsprechende) strafbare (und damit auch schuldhafte) Handlung nur vorliegen kann, wenn die Fähigkeit zur Einsicht in das Unrecht der Tat und zum Handeln nach dieser Einsicht gegeben ist. Denn in dieser Weise formuliert – negativ gefasst – § 20 die Schuldunfähigkeit, die also die strafbare Handlung ausschließt. Will man einen entsprechenden Handlungsbegriff als solchen (der also zunächst von der konkreten Tatbestandsmäßigkeit, also der Straftat als solcher absieht), dann kann man diese Fähigkeit zum wirklichen/eigentlichen/begrifflichen Handeln umschreiben zu der Fähigkeit, die Bedeutung seines Handelns einzusehen und nach dieser Einsicht auch zu handeln, und darin eine wesentliche Bestimmung einer Handlung sehen. Dies bedeutet, dass im eigentlichen (wirklichen, begrifflichen) Sinne ein Geisteskranker („seelisch Gestörter" im Sinne des § 20) nicht handeln kann.

In dieser Richtung kann man wohl – nur als vereinzelte Beispiele gebracht – die Versuche in der Strafrechtswissenschaft verstehen, auf einen „freiheitlich-autonomen, personalen Handlungsbegriff" abzustellen, wie von den oben bereits zum Problem der Kausalität genannten Autoren, also: Ernst Amadeus Wolff, für den die individuelle „Handlung" das „freie, sinnbezogene Ergreifen einer dem Einzelnen offen stehenden Möglichkeit" ist (ähnlich auch Michael Kahlo, Michael Köhler, ferner Diethelm Klesczewski[25], Benno Zabel[26]), oder einen „personalen

---

[25] Vgl. D. Klesczewski, *Selbständigkeit und Akzessorietät der Beteiligung an einer Straftat.*

Handlungsbegriff" zu entwickeln (wie etwa Arthur Kaufmann[27] oder Claus Roxin, wonach „Handlung" eine „verantwortliche, sinnhafte Gestaltung der Wirklichkeit mit vom Willen beherrschbaren kausalen Folgen" bzw. eine „Äußerung der geistig-seelischen Kontrollinstanz der Persönlichkeit" ist[28]) oder einen „intentionalen Handlungsbegriff" zugrunde zu legen (wie Urs [Konrad] Kindhäuser, nach dem „Handlung" „ein entscheidbares Tun, durch das der Handelnde in der Lage ist, ein Ereignis herbeizuführen", ist[29]) oder ähnlich einen „kognitiven Handlungsbegriff" zu erarbeiten (wie Walter Kargl, nach dem „Handlung ein Entscheidungsverhalten ist, das zustandsdeterminiert und dennoch verantwortlich ist")[30] oder „Handlung" als angenommene (gedeutete) Anwendung einer Regel in einem Vorgang durch ein Subjekt (im Sinne von Joachim Hruschka)[31] zu bestimmen. „Handlung" setzt nach diesen Konzepten eine Verantwortung begründende Selbstbestimmung, Denken, Motivierung nach eingesehenen und verstandenen Gründen,

---

Grundlegung zu einer strafrechtlichen Lehre von Täterschaft und Teilnahme, Hamburg 1998, online unter: https://strafrecht.jura.uni-leipzig.de/download/0/0/1483454379/d40ff41e38386c7721cf0a8 3a0d3ccab4d31cd1a/fileadmin/strafrecht.jura.uni-leipzig.de/uploads/dokumente/Forschung/Ha bilitationKlesczewski.pdf (Zugriff am 07.11.2016).
26 Vgl. B. Zabel, *Schuldtypisierung als Begriffsanalyse. Tiefenstrukturen moderner Praxisformen und deren strafrechtliche Transformationen*, Berlin 2007.
27 Vgl. A. Kaufmann, *Die ontologische Struktur der Handlung. Skizze einer personalen Handlungslehre*, in: W. Naucke/F. Geerds et al. (Hg.), *Beiträge zur gesamten Strafrechtswissenschaft* (Festschrift für H. Mayer), Berlin 1966, 79–117.
28 Vgl. C. Roxin, *Strafrecht. Allgemeiner Teil*, Bd. 1, 256 ff. Dazu vgl. A. Bunster, *Zum strafrechtlichen Handlungsbegriff von Claus Roxin*, in: B. Schünemann et al. (Hg.). *Festschrift für Claus Roxin zum 70. Geburtstag*, 173–185; C. Dedes, *Die Sinndeutung der Handlung*, in: B. Schünemann et al. (Hg.), *Festschrift für Claus Roxin zum 70. Geburtstag*, 187–197; K. H. Gössel, *Über Normativismus und Handlungslehre im Lehrbuch von Claus Roxin zum Allgemeinen Teil des Strafrechts*, in: GA 153 (2006), 279–284. – Ebenso einen „personalen Handlungsbegriff" vertritt M. Maiwald, *Abschied vom strafrechtlichen Handlungsbegriff?* in: ZStW 86,3 (1974), 626–655.
29 U. Kindhäuser, *Intentionale Handlung. Sprachphilosophische Untersuchung zum Verständnis von Handlung im Strafrecht*, Berlin 1980, 157; ders., *Basis-Handlungen*, in: *Rechtstheorie* 11 (1980), 479–495; ders., *Kausalanalyse und Handlungszuschreibung*, in: GA 129 (1982), 477–498; ders., *Zum strafrechtlichen Handlungsbegriff*, in: H.-U. Paeffgen et al. (Hg.), *Strafrechtswissenschaft als Analyse und Konstruktion*, 39–63; ders., Art. *Handlung*, in: IVR/Deutsche Gesellschaft für Philosophie (Hg.), *Enzyklopädie zur Rechtsphilosophie 2011*, online unter: http://www.enzyklopaedie-rechtsphilosophie.net/component/content/article/19-beitraege/106-handlung (Zugriff am 07.11. 2016).
30 Vgl. W. Kargl, *Handlung und Ordnung im Strafrecht. Grundlagen einer kognitiven Handlungs- und Straftheorie*, Berlin 1991, 526; ders., *Zur kognitiven Differenz zwischen Tun und Unterlassen*, in: GA 146 (1999), 459–481.
31 Vgl. J. Hruschka, *Strukturen der Zurechnung*, Berlin 1976.

„Intention", eben sich selbst bestimmende Freiheit voraus. Ein solcher Handlungsbegriff macht die Straftat als strafbare Handlung begreiflich.

Diese Konzepte haben oder können zumindest Konsequenzen haben für das dogmatische Verständnis der Straftat und ihres Begriffs, also für die Merkmale Tatbestandsmäßigkeit, Rechtswidrigkeit, Schuldhaftigkeit. Sie sind in gleicher Weise eingebunden in die Handlung (den Handlungsbegriff), entfalten ihn nur auf unterschiedliche Bewertungsdimensionen hin, stehen miteinander durch diesen gleichen Bezug in einer Verbindung (weshalb man von einer „Verbindungsfunktion" dieses Handlungsbegriffs sprechen kann). Zwar treten sie in dem Fallprüfungsschema als drei nacheinander und selbständig zu erörternde Merkmale auf. Doch dürfen sie nicht zu Elementen oder Bausteinen eines Straftatbegriffs werden, der sich dann aus ihnen zusammensetzt wie eine Pyramide bzw. der in sie analytisch als Teile zerlegt werden kann. Begrifflich sind sie unterschiedliche Bewertungsaspekte (so Roxin, wohl auch Kindhäuser) oder nur „Quasi-Bestandteile" (so Arthur Kaufmann) oder „Momente" eines unteilbaren Ganzen (so Michael Pawlik[32] [darin ausdrücklich meinem eigenen Konzept[33] folgend]) oder Heiko Lesch[34], nämlich: der zugrundeliegenden „Handlung", die in jedem dieser Aspekte in unterschiedlicher Weise thematisiert und dadurch zugleich konkretisiert wird; bis zum Ende der Prüfung, wo die Bejahung aller Bewertungsaspekte die Straftat als Handlung begründet. Methodisch kann man von einem „konkret-allgemeinen Straftatbegriff" sprechen[35].

Deshalb gehen die Differenzierungen der (strafbaren) Handlung (in vorsätzliche und fahrlässige Straftaten, in Begehungsdelikte durch Tun und durch Unterlassen [eines bestimmten Tuns]) in dem Handlungsbegriff selbst auf, der sich dadurch in sich differenziert, sich aufgliedert in unterschiedliche Formen, in ein willentliches und ein unsorgfältiges (sorgfaltswidriges), leichtfertiges Handeln ebenso wie in ein Handeln als Tun und Handlung als Unterlassen (eines bestimmten Tuns), wobei auch hier wieder die Differenz von willentlichem und unsorgfältigem Handeln zutrifft. Es besteht dann auch die unter 1. bereits angesprochene Möglichkeit, innerhalb eines weiten Handlungsbegriffs – der dann vielleicht besser als „Verhalten" zu bezeichnen wäre – zwischen einem „Handeln" als willentliche Veränderung der Welt durch Tun, einem „Unterlassen einer die Welt verändernden Handlung" als willentlichem Unterlassen eines bestimmten

---

32 Vgl. M. Pawlik, *Das Unrecht des Bürgers*, Tübingen 2012.
33 Vgl. W. Schild, *Die „Merkmale" der Straftat und ihres Begriffs*, Ebelsbach 1979. Zu dem ersten Versuch einer Systematisierung vgl. W. Schild, *Der freiheitliche Straftatbegriff*, in: Alternativ-Kommentar StGB, Baden-Baden 1990, Vor § 13.
34 Vgl. H. H. Lesch, *Der Verbrechensbegriff. Grundlinien einer funktionalen Revision*, Köln 1999.
35 Vgl. W. Schild, *Die „Merkmale" der Straftat und ihres Begriffs*, Ebelsbach 1979.

Tuns und dem unvorsichtigen, sorgfaltswidrigen „Verhalten" (ohne willentliche Verwirklichung des Erfolges) zu unterscheiden. Von daher wäre eine Dogmatik der strafbaren Handlung (der Straftat) in ihren unterschiedlichen Formen als vorsätzliches Begehungsdelikt durch Tun (orientiert an der „Handlung"), als vorsätzliches Begehungsdelikt durch Unterlassen (orientiert an der „Unterlassung einer möglichen und rechtlich geforderten Erfolgsabwendung") und als Fahrlässigkeitsdelikt (orientiert an bloßem „Verhalten") möglich, die sich dann auch in der konkreten Ausgestaltung der Kriterien für objektive, subjektive und individuelle Zurechnung niederschlagen könnte. Denn auch wenn man ein solches methodisches Konzept eines „konkret-allgemeinen" Straftatbegriffs nicht vertritt: Diese unterschiedlichen Zurechnungskriterien orientieren sich in der Sache ohnehin an dem Handlungsbegriff, der der Straftatlehre zugrunde liegen muss, auch wenn man die ausdrückliche Kennzeichnung als „Handlung" vermeidet. Denn die drei Merkmale der Straftat müssen zu der Form der Straftat, die dann als Ergebnis der Zurechnung angenommen wird, verbunden werden (etwa als Zurechnung zu einem vorsätzlichen Begehungsdelikt durch Tun), was implizit den entsprechenden Handlungstyp voraussetzt.

Freilich kann man auch – wie unter 1. angesprochen – methodisch einen völlig anderen Weg gehen, indem man aus der Lehre von der „strafbaren Handlung" (der Straftat als Handlung) keinen Rückschluss auf einen allgemeinen „Handlungsbegriff" zieht, sondern die normative Dimension betont, die in den Merkmalen Tatbestandsmäßigkeit, Rechtswidrigkeit, Schuldhaftigkeit liegt und somit entweder zu einem spezifisch „strafrechtlichen Handlungsbegriff" zwingt oder überhaupt dazu führt, dass man auf einen solchen Handlungsbegriff verzichtet (auch z. B. aus unter 2.2 genannter Unmöglichkeit, kausales Tun und quasi-kausales Unterlassen in einem einheitlichen Handlungsbegriff zu fassen) zugunsten der Ausarbeitung von Zurechnungskriterien. So kann man z. B. mit Günther Jakobs zwar auf eine „Handlung" (oder „Verhalten") abstellen, die aber als „Sich-schuldig-zuständig-Machen für einen Normgeltungsschaden" bestimmt wird (wodurch in das Zentrum diese normative „Zuständigkeit" für den jeweiligen Organisationskreis rückt)[36]; oder mit dem schon genannten Michael Pawlik (ähnlich auch Heiko Lesch) überhaupt die Straftat als „Missachtung der von der Rechtsgemeinschaft erhobenen Forderung, sich an der Aufrechterhaltung des bestehenden Zustandes der Freiheitlichkeit zu beteiligen", auffassen, weshalb

---

36 Vgl. G. Jakobs, *Vermeidbares Verhalten und Strafrechtssystem*, in: G. Stratenwerth et al. (Hg.), *Festschrift für Hans Welzel zum 70. Geburtstag*, 307–325; ders., *Der strafrechtliche Handlungsbegriff*, München 1992; ders., *System der strafrechtlichen Zurechnung*, Frankfurt a. M. 2012. Dazu R. D. Herzberg, *„Die Vermeidbarkeit einer Erfolgsdifferenz"*; R. Merkel, *Die Abgrenzung von Handlungs- und Unterlassungsdelikt*, 206 ff.

dann der allgemeine Verbrechensbegriff die nötigen Korrekturen durch seinen Bezug auf jeweils konkrete Verkörperungen fremder Freiheit, deren Wahrung dem Verpflichteten in gewissem Umfang obliegt, gewinnt. Maßgebend ist dann nur ein System der Zuständigkeiten, in zwei Formen (Pflicht zur Respektierung anderer Personen und Pflicht zur Gewährleistung grundlegender Realbedingungen personaler Existenz). Ein Handlungsbegriff ist entbehrlich[37], eine etwaige Unterscheidung als Tun und Unterlassen (eines bestimmten Tuns) nur sekundär, weil nur Frage der Technik, wie der Verpflichtete seiner Pflicht nachkommen kann. Ausgearbeitet wird eine „reine Rechtslehre", die nur Zurechnung, aber keine Handlung kennt.

2.4 Die strafrechtlichen Handlungslehren

Die Strafrechtswissenschaft folgte überwiegend (und dies bei vielen bis heute) freilich nicht diesem Grundverständnis eines „konkret-allgemeinen" Straftatbegriffs, aber auch nicht einer so strengen Trennung von rechtlicher Zurechnung und daher irrelevanter Handlung, sondern versteht die Definition der Straftat als „Handlung, die tatbestandsmäßig, rechtswidrig, schuldhaft ist" im Sinne der klassischen Definitionslehre im Sinne des „genus proximum" und der „differentia specifica"[38]. Konsequenz ist, dass die Handlung – als Gattungsbegriff – nicht von den Artbegriffen Tatbestandsmäßigkeit, Rechtswidrigkeit, Schuldhaftigkeit her gedacht werden kann, sondern diesen nur als Ansatz und Oberbegriff dient[39]. Dies bedeutet folgendes Ergebnis.

Zunächst muss diese „Handlung" unabhängig von der Schuldhaftigkeit bzw. dieser Dimension der Fähigkeit zur Einsicht in die Bedeutung des Handelns (des Unrechts der Tat) und zum Handeln nach dieser Fähigkeit gedacht werden. Die Konsequenz ist, dass auch Geisteskranke „handeln", was deshalb für wichtig und daher auch für begrüßenswert gehalten wird, weil dann auch ein Geisteskranker

---

[37] Trotzdem setzt für diese Konzeptionen von G. Jakobs, M. Pawlik und H. Lesch die Fähigkeit zum Verhalten (im Rahmen der Zuständigkeit für die Organisationskreise des Subjekts) die Zuschreibung von Freiheit voraus, weil sonst kein gesellschaftlich relevanter Sinn (nämlich: die Geltung der Norm in Frage zu stellen) konstituiert werden könne.

[38] Dazu K. Engisch, *Logische Überlegung zur Verbrechensdefinition*, in: G. Stratenwerth et al. (Hg.), *Festschrift für Hans Welzel zum 70. Geburtstag*, 343–378.

[39] Anzumerken ist, dass zahlreiche neue Strafbestimmungen weder auf ein Tun noch auf ein Unterlassen (eines bestimmten Tuns) abstellen, sondern auf den Zustand des Besitzens einer Sache. Diese „Besitzstraftaten" sind daher systematisch nicht (oder nur als nicht zu begründende Ausnahmen) zu begreifen.

rechtswidrig handeln (nämlich z. B. angreifen) kann und daher gegen ihn rechtfertigende Notwehr (§ 32 StGB) geübt werden darf[40]. Das Problem, dass diese Rechtswidrigkeit des Angriffs eigentlich voraussetzen müsste, dass die Verhaltensnormen sich auch an Geisteskranke richten (obwohl diesen die Fähigkeit zur Einsicht, sie zu verletzen und dadurch Unrecht zu begehen, bzw. die Fähigkeit, nach dieser Einsicht zu handeln, fehlt), wird durch eine Unterscheidung von Bestimmungs- und Bewertungsnorm umgangen, wobei nur schwer zu begründen ist, warum letztere maßgebend sein soll und kann.

Dieses gewünschte Ergebnis des möglichen Handelns von Geisteskranken war vielleicht auch der Grund für das Scheitern der finalen Handlungslehre, die Hans Welzel als philosophische, daher „richtige" und „wesentliche", weil sachlogisch vorgegebene Bestimmung erarbeiten wollte. Er[41] setzte – nach einem kurzen Versuch einer „Sinnintentionalität" – bei der Schichtenlehre der Wirklichkeit der Welt im Sinne Nicolai Hartmanns an und sah die Welt in eine Schicht der Kausaldetermination, eine der diese lenkenden bewusst-seelischen Finaldetermination und eine der die Entscheidungen begründende geistig-werthafte Determination der Freiheit aufgeteilt. Entgegen der damals herrschenden „kausalen Handlungslehre", die sich allerdings in keiner Weise philosophisch zu begründen suchte, sondern aus noch anzumerkenden Gründen der zweckmäßigen Prüfung die Handlung auf kausale Veränderung reduzierte, siedelte er die „Handlung" auf der höheren Schicht an und umschrieb sie als finale Steuerung kausaler Abläufe im Sinne einer bewussten Mittel-Zweck-Relation (also im Sinne bloßer Instrumentalität). Ein diesbezügliches Bewusstsein (auch als Steuerungswille) und die Herrschaft über das Geschehen wurden so zu den maßgebenden Bestimmungen der (finalen) „Handlung". Dogmatisch bedeutete dies ein neues System, weil nun dieser Steuerungswille als „Handlungsvorsatz" zum Tatbestand gezogen wurde, im Gegensatz zum klassischen System der (noch zu besprechenden) von ihm als „kausal" bezeichneten Handlungslehre, in der der Tatbestand nur auf einen äußeren Sachverhalt bezogen war (und zudem wertfrei gedacht wurde), weshalb das Bewusstsein und der Wille in der Schuld(haftigkeit) eingeordnet wurden. Für

---

40 Für manche war bzw. ist auch entscheidend, dass an einer solchen tatbestandsmäßig-rechtswidrigen Handlung eine Beteiligung durch einen Anstifter oder einen Gehilfen rechtlich möglich ist (sog. Limitierte Akzessorietät der Teilnahme an der Haupttat).
41 Vgl. H. Welzel, *Abhandlungen zum Strafrecht und zur Rechtsphilosophie*, Berlin 1975. Zum methodischen Ansatz vgl. O. Sticht, *Sachlogik als Naturrecht? Zur Rechtsphilosophie Hans Welzels (1904–1977)*, Paderborn 2000; dazu W. Hassemer, *„Sachlogische Strukturen" – noch zeitgemäß?*, in: K. Rogall et al. (Hg.), *Festschrift für Hans-Joachim Rudolphi zum 70. Geburtstag*, 61–73; G. Stratenwerth, *Sachlogische Strukturen?* in: M. Pawlik et al. (Hg.) *Festschrift für Günther Jakobs zum 70. Geburtstag*, 663–674.

Welzel wurde diese Schuldhaftigkeit von dem Steuerungswillen entleert. Dieses dritte Merkmal wurde auf die dritte Schicht des geistig-werthaften Entscheidens, also auf die Freiheit bezogen: also auf die Schuldfähigkeit und auf den unvermeidbaren Verbotsirrtum. Nicht bezog sich die Freiheit auf die Handlung selbst, die nur in dieser Mittel-Zweck-Steuerung (die auch einem Geisteskranken möglich war) gesehen wurde. Auf den ersten Blick liegt die Vermutung nahe, dass diese Dreiheit der Schichten offenbar zu dem Dreischritt des strafrechtlichen Prüfungsschemas passte.

Die finale Handlungslehre setzte sich nicht durch, auch wenn die Konsequenzen für die Dogmatik (etwa die Tatbestandslehre) übernommen wurde[42]. Grund war nicht die Abtrennung der Handlung von der Freiheit, sondern ihr Ungenügen für die Funktionen[43], die die Strafrechtswissenschaft ihrem Handlungsbegriff auferlegte. Man spricht von (der schon erwähnten) *Verbindungsfunktion* und der *Grund-* und *Abgrenzungsfunktion*. Der Handlungsbegriff für eine Strafrechtswissenschaft muss danach insofern Grund (Basis, Oberbegriff) sein, weil er alle unterschiedlichen Straftatformen umfassen muss. Dies erfüllt der finale Handlungsbegriff nicht, weil er nicht für das fahrlässige Handeln und auch nicht für das Unterlassen (einer [finalen] Handlung, nämlich eines Tuns) zugrunde gelegt werden kann[44]. Die Verbindung der drei Merkmale (Tatbestandsmäßigkeit,

---

[42] Dazu H.-J. Hirsch, *Der Streit um Handlungs- und Unrechtslehre*, in: ZStW 93,3 (1981), 831–863; 94,1 (1982), 239–278; ders., *Die Entwicklung der Strafrechtsdogmatik nach Welzel*, in: *Festschrift der Rechtswissenschaftlichen Fakultät zur 600-Jahr-Feier der Universität Köln*, Köln 1988, 399–427.

[43] Dazu vgl. J. Baumann, *Hat oder hatte der Handlungsbegriff eine Funktion?* in: G. Dornseifer et al. (Hg.), *Gedächtnisschrift für Armin Kaufmann*, 181–188; A. Kaufmann, *Die Funktion des Handlungsbegriffs im Strafrecht* (1962), 21–34; W. Maihofer, *Der Handlungsbegriff im Verbrechensystem*, Tübingen 1953 (Grundelement [logische Bedeutung], Verbindungselement [systematische Bedeutung], Grenzelement [praktische Bedeutung]); K. Otter, *Funktionen des Handlungsbegriffs im Verbrechensaufbau*, Bonn 1973 (wie Maihofer). Nach H.-H. Jescheck, *Der strafrechtliche Handlungsbegriff in dogmengeschichtlicher Entwicklung*, 151, 140 f. gibt es vier Funktionen: Klassifikationsfunktion, Definitionsfunktion, Abgrenzungsfunktion, Sachhaltigkeit. Grünwald kennt drei Funktionen des Unterlassungsbegriffs: analytisch, praktisch, terminologisch (G. Grünwald, *Das unechte Unterlassungsdelikt. Seine Abweichungen vom Handlungsdelikt*, Diss. Göttingen 1956, unveröffentlicht).

[44] Dazu R. Bloy, *Finaler und sozialer Handlungsbegriff*, in: ZStW 90,3 (1978), 609–657; K. Engisch, *Der finale Handlungsbegriff*, in: P. Bockelmann et al. (Hg.), *Probleme der Strafrechtserneuerung* (Festschrift für E. Kohlrausch), Berlin 1944, 141–179; K.-H. Gössel, *Wertungsprobleme des Begriffs der finalen Handlung unter besonderer Berücksichtigung der Struktur des menschlichen Verhaltens*, Berlin 1966; A. Kaufmann, *Die Dogmatik der Unterlassungsdelikte*, Göttingen 1959; A. Kaufmann, *Die finale Handlungslehre und die Fahrlässigkeit*, in: JuS 7,4 (1967), 145–152; U. Klug, *Der Handlungsbegriff des Finalismus als methodologisches Problem. Prolegomena zu einem axiomatischen Handlungsbegriff*, in: U. Klug (Hg.), *Philosophie und Recht* (Festschrift für C. A. Emge), Wiesbaden

Rechtswidrigkeit, Schuldhaftigkeit) kann er nur für das vorsätzliche Begehungsdelikt durch Tun leisten, nicht aber für die anderen Straftatformen. Deshalb kann er auch nicht die Abgrenzungsfunktion erfüllen, weil er alles – was nicht bewusste Mittel-Zweck-Steuerung ist – als Nichthandlung bezeichnen muss, was eine Dogmatik des Fahrlässigkeits- und Unterlassungsdelikts ausschließt.

Die Definitionslehre von *genus proximum* und *differentia specifica* bringt konsequent aber noch weitere Ausscheidungen aus dem Handlungsbegriff. Nicht nur die Inhalte der Schuldhaftigkeit, sondern auch die der Rechtswidrigkeit und der Tatbestandsmäßigkeit dürfen nicht zur Kennzeichnung des Handlungsbegriffs (als des *genus proximum*) verwendet werden. Von daher ist z. B. der rechtsgutsbezogene Handlungsbegriff von Walter Gropp[45] nicht konsequent, weil die Dimension der rechtlichen Wertung (in Rechtswidrigkeit oder Tatbestandsmäßigkeit als Unrechtstypus) einbezogen bleibt. Gropp sieht die Handlung als Äußerung der Nichtbeachtung rechtlich geschützter Werte, als Kundgabe der Nichtbeachtung des Geltungsanspruchs eines rechtlich geschützten Wertes. Aber auch jeder kausale Handlungsbegriff muss(te) verändert werden, ist doch die Kausalität ein Inhalt der Tatbestandsprüfung, von der aber im *genus*-Inhalt abgesehen werden muss; zudem muss im Sinne der unter 1. genannten §§ 8, 9 StGB von einer „Handlung" oder „Tat" ausgegangen werden, die unabhängig vom Erfolg und dessen Zurechnung gedacht wird. Zwar kann man nach der unter 2.2 genannten neueren Theorie auch ein Unterlassen (eines bestimmten Tuns) als kausal ansehen. Doch scheidet die Erfüllung der Grundfunktion aus, weil die versuchte Straftat nicht erfasst werden kann. Deshalb hat der kausale Handlungsbegriff sich historisch auch verändert. Hieß es ursprünglich bei Franz von Liszt noch: „Handlung ist die auf menschliches Wollen zurückführbare Bewirkung einer Veränderung in der Außenwelt", meinte er später: „Handlung ist willkürliches

---

1960, 34–50; M. Maiwald, *Abschied vom strafrechtlichen Handlungsbegriff?*; C. Roxin, *Zur Kritik der finalen Handlungslehre*, in: ZStW 74,4 (1962), 515–561; E. Schmidhäuser, *Was ist aus der finalen Handlungslehre geworden?*, in: JZ 41,3 (1986), 109–116; J. Weidemann, *Die finale Handlungslehre und das fahrlässige Delikt*, in: GA 131 (1984), 408–426; O. Weinberger, *Die formal-finalistische Handlungstheorie und das Strafrecht*, in: G. Kohlmann (Hg.), *Festschrift für Ulrich Klug zum 70. Geburtstag*, Bd. I, Köln 1983, 199–213. Zum Versuch einer Umformulierung zu einer „kybernetischen" Handlungslehre (in: H. Welzel, *Zur Dogmatik im Strafrecht*, in: F.-C. Schroeder et al. (Hg.), *Festschrift für Reinhart Maurach zum 70. Geburtstag*, Karlsruhe 1972, 3–8) vgl. G. Jakobs, *Handlungssteuerung und Antriebssteuerung. Zu Hans Welzels Verbrechensbegriff*, in: K. Amelung et al. (Hg.), *Strafrecht, Biorecht, Rechtsphilosophie* (Festschrift für H.-L. Schreiber), Heidelberg 2003, 949–958; W. Niese, *Finalität, Vorsatz und Fahrlässigkeit*, Tübingen 1951; G. Stratenwerth, *Unbewußte Finalität?*, in: G. Stratenwerth et al. (Hg.), *Festschrift für Hans Welzel zum 70. Geburtstag*, 289–305.

45 Vgl. W. Gropp, *Strafrecht. Allgemeiner Teil*, Berlin ⁴2015.

Verhalten zur Außenwelt"⁴⁶. In ebendiesem Sinne stellte Ernst Beling darauf ab, dass „ein vom Willen getragenes menschliches Verhalten vorliegt"⁴⁷. Dabei kommt es nicht auf den Inhalt des Willens an (weil dies eine Frage des subjektiven Tatbestandes wäre), sondern nur dass überhaupt etwas gewollt wird. „Handlung" schrumpft hier auf die Kennzeichnung eines Geschehens als „willkürlich" zusammen (womit er seine Kennzeichnung als „kausaler" Handlungsbegriff verloren hat), worunter aber nicht „willensgesteuert", „willensgetragen" oder „willensbeherrscht", sondern nur „von einem Willen beherrsch*bar*" oder „vermeid*bar*" verstanden wird. In diesen Formulierungen wird deutlich, dass die Kennzeichnung dieser Handlungsbestimmung als „kausal" oder „naturalistisch" unhaltbar ist: deutet doch dieser Willensbezug auf die geistige Dimension hin⁴⁸. In dieser Abstraktheit kommt dieser „auf Willkürlichkeit bezogene" Handlungsbegriff als Grundbegriff in Betracht, ist aber so nichtssagend, dass er belanglos wird. Vergleichbares gilt für die Verbindungsfunktion. Er taugt aber immerhin für die Abgrenzungsfunktion, weil er alles, was nicht in diesem Sinne „willkürlich" geschieht, von vornherein von jeder strafrechtlichen Prüfung ausscheidet (wie etwa Bewegungen im Schlaf und in Bewusstlosigkeit, Reaktionen auf *vis absoluta*, Reflexbewegungen). Hier zeigt sich die Bedeutung dieses Prüfungsschemas, das der Straftatbegriff auch ist: Die „Handlung" kommt als erster Schritt in Betracht, sozusagen als Vorprüfung, die nur bei den genannten Sondersituationen durchzuführen ist; es folgen dann die drei Schritte. Dass diese eigentlich die *differentia specifica* darstellen, ist belanglos, weil das genus so inhaltlos formuliert ist, dass man es auch weglassen kann. Und sich etwa einem bloßen System der Zurechnungskriterien zuwenden kann; wie es Rolf Dietrich Herzberg unternimmt: „Schlägt jemand im Alptraum seiner neben ihm schlafenden Frau die Nase blutig, dann liegt es [...] nahe, das ‚Verursachen' einer ‚Körperverletzung', also das Handlungsmerkmal des § 230 StGB, zu bejahen und erst die Wertung entscheiden zu lassen, daß die Fahrlässigkeit, d.h. die Pflichtverletzung fehle" (wobei nicht begründet wird, warum das „Verursachen" – offensichtlich verstanden als Kausalzusammenhang und damit aber nur als „Bedingung" – ein Handeln ist, wobei ein solches Handeln auch den Tieren zugeschrieben wird) bzw. für den Fall, dass jemand im Schlaf eine fremde Kristallschale zu Boden wirft und sie zerstört,

---

46 Vgl. F. von Liszt, *Lehrbuch des deutschen Strafrechts*, Berlin ⁴1891, ²¹1919.
47 Vgl. E. Beling, *Die Lehre vom Verbrechen*, Tübingen 1906. Dazu vgl. W. Schild, *Die Aktualität Ernst Belings*, in: JBl 97 (1975), 281–303.
48 Vgl. J. Bung, *Sichtbare und unsichtbare Handlungen. Moralphilosophische und strafrechtliche Überlegungen zum Problem des Unterlassens*, in: ZStW 120,3 (2008), 526–544. Konsequent verzichtete daher Nowakowski auf die Willkürlichkeit und stellte bloß auf die Körperbewegung ab (vgl. F. Nowakowski, *Das österreichische Strafrecht in seinen Grundzügen*, Graz 1955).

vorschlägt, dass darin nämlich kein „Zerstören" im Sinn des § 303 StGB – und dies heißt: keine Tatbestandshandlung – gesehen werden kann, weil der Schaden nicht objektiv zuzurechnen ist[49] (wobei Tiere den Tatbestand nicht erfüllen und insofern die Tatbestandshandlung nicht setzen können).

Im Übrigen kann man auch andere Handlungsbegriffe in dieser Abstraktheit (weil Absehen von den Merkmalen Tatbestandsmäßigkeit, Rechtswidrigkeit, Schuldhaftigkeit) vertreten. So kann man z. B. statt „Willkürlichkeit" auch „Äußerung der Persönlichkeit" sagen und den personalen Handlungsbegriff entleeren. Man kann auch – wie bereits angemerkt – von einer „Beherrschbarkeit" oder „Vermeidbarkeit" oder „Entscheidbarkeit" sprechen, also von potentiellen Kriterien einer Handlungsfähigkeit. Vor allem kann man im Sinne des sozialen Handlungsbegriffs das Maßgebende der Handlung darin sehen, dass sie das „willkürliche Verhalten zur sozialen Außenwelt" darstellt (so Eberhard Schmidt) oder dass sie als „das willkürliche Bewirken berechenbarer sozial erheblicher ‚Folgen'" zu bestimmen ist (so Karl Engisch) oder als „potentiell finales" (weil intellektuell voraussehbares und voluntativ beherrschbares) „Geschehen zwischen Menschen zur sozialrelevanten Leistung oder Fehlleistung" (so Werner Maihofer) oder einfach als „sozialerhebliches menschliches Verhalten" (so Hans-Heinrich Jescheck) umschrieben wird[50]. Die Grundfunktion ist damit leicht erfüllt, weil alles darunter passt, was den Strafrechtler interessiert, allerdings nur deshalb, weil es keine inhaltlichen Vorgaben gibt; Vergleichbares gilt für die Verbindungsfunktion. Allerdings leidet die Abgrenzungsfunktion unter dieser Abstraktheit: Denn warum soll eine Bewegung im Schlaf, wodurch eine Kerze umgestoßen wird und zu einem Zimmerbrand führt, sozial nicht relevant sein?

So bleibt vielleicht als Ergebnis, dass die Strafrechtswissenschaft einen Handlungsbegriff hat, der keiner mehr ist (weshalb man auch besser von Hand-

---

49 So R. D. Herzberg, *Gedanken zum strafrechtlichen Handlungsbegriff und zur „vortatbestandlichen" Deliktsverneinung*, in: *GA* 143 (1996), 6, 8 Fn. 14, 8.
50 Vgl. H.-H. Jescheck, *Der strafrechtliche Handlungsbegriff in dogmengeschichtlicher Entwicklung*, 151; W. Maihofer, *Der soziale Handlungsbegriff*, in: P. Bockelmann/W. Gallas (Hg.), *Festschrift für Eberhard Schmidt zum 70. Geburtstag*, 170, 173; E. Mezger, *Die Handlung im Strafrecht*, in: S. Hohenleitner (Hg.), *Festschrift für Theodor Rittler zu seinem 80. Geburtstag*, Innsbruck 1957, 119 – 124; E. Schmidhäuser, *Gedanken zum strafrechtlichen Handlungsbegriff*, in: *GA* 143 (1996), 303 – 306; E. Schmidt, *Soziale Handlungslehre*, in: P. Bockelmann et al. (Hg.), *Festschrift für Karl Engisch zum 70. Geburtstag*, 339 – 352; H. von Weber, *Bemerkungen zur Lehre vom Handlungsbegriff*, in: P. Bockelmann et al. (Hg.), *Festschrift für Karl Engisch zum 70. Geburtstag*, 328 – 338. Dazu R. Bloy, *Finaler und sozialer Handlungsbegriff*; I. Voßgätter genannt Niermann, *Die sozialen Handlungslehren und ihre Beziehung zur Lehre von der objektiven Zurechnung*, Frankfurt a. M. 2004.

lungs*lehren* sprechen sollte[51]). Wenn überhaupt, könnte man von einem „Verhalten" sprechen. Dies zeigt sich in der Beantwortung der zweiten Aufgabe, der es sich nun unter 3. zuzuwenden gilt.

Doch soll zuvor noch die oben gestellte Frage nach dem Tun und Unterlassen (eines bestimmten Tuns) (als vielleicht mögliche Formen des „Handelns") von den unterschiedlichen strafrechtswissenschaftlichen Handlungsbegriffen her beantwortet werden. Wie gezeigt, kann eine finale Handlungslehre das Unterlassen (eines finalen Tuns) nicht umfassen, auch nicht eine kausale, sofern auf eine naturgesetzliche Bedingung abgestellt wird; möglich ist, das Unterlassen eines dem Betreffenden möglichen Tuns) von der Willkürlichkeit oder der Vermeidbarkeit oder der Beherrschbarkeit („potentielle Finalität", auch „kybernetischer" Handlungsbegriff) her zu fassen. Am besten eignet sich zu einer Erfassung von Tun und Unterlassen (eines bestimmten Tuns) in gleicher Weise zu einer „Handlung" der abstrakte soziale Handlungsbegriff, der von einem „sozialen Sinn", einer „sozialen Deutung" eines Geschehens als Tun oder Unterlassen (eines sozial erwarteten Tuns) oder von dem „Schwerpunkt der sozialen Vorwerfbarkeit"[52] ausgehen kann, ohne näher angeben zu können, worin diese Kriterien eigentlich liegen. Zudem liegt der Verdacht nahe, dass zu schnell von der sozialen Dimension (z. B. des „erwarteten" Tuns) auf die rechtliche Bewertung (z. B. des „rechtlich geforderten" Tuns) geschlossen wird oder umgekehrt, dass eigentlich die rechtlichen Kriterien (etwa der „Vorwerfbarkeit") in den Handlungsbegriff gelegt werden, also vom gewünschten Ergebnis her gedacht wird. Insgesamt ist der Hinweis auf die Sozialerheblichkeit viel zu unbestimmt.

3 „Töten"

Die vorherigen Ausführungen sollen nun näher für das Wort „Töten" konkretisiert werden, wobei an manch Gesagtes anzuknüpfen ist. Vor allem ist das bereits angesprochene Verhältnis von alltagssprachlichem „Töten" und dem „tatbestandlichen/tatbestandsmäßigen Töten", das ausdrücklich in § 212 I StGB verwendet wird, aber auch dem § 222 (als fahrlässiges Töten) zugrunde liegt (formuliert als „den Tod durch Fahrlässigkeit verursachen"), näher zu untersuchen. Zudem liegt auf der Hand, dass ein solches (tatbestandsmäßiges) „Töten" stets die

---

[51] Dazu W. Schild, *Strafrechtsdogmatik als Handlungslehre ohne Handlungsbegriff*, in: GA 142 (1995), 101–120.
[52] Dazu K. F. Stoffers, *Die Formel „Schwerpunkt der Vorwerfbarkeit" bei der Abgrenzung von Tun und Unterlassung?*, Berlin 1992.

Zurechnung des (tatbestandsmäßigen) Erfolges – also gegen §§ 8, 9 StGB – in sich aufgehoben hat und enthält.

3.1. Töten als Tun und Unterlassen (der Lebensrettung)

Von daher meint „Töten" im Sprachgebrauch des Strafgesetzbuchs – zunächst unabhängig von den jeweiligen Tatbeständen – ein vorsätzliches (willentliches, intentionales) (in Bezug auf den Tod) erfolgreiches Handeln und ein fahrlässiges, also sorgfaltswidriges und erfolgreiches Handeln (bzw. Verhalten). Dabei ist anzumerken, dass unter „vorsätzlich" nicht nur ein den Tod absichtlich anstrebender Wille gemeint ist (was wohl dem Sprachgebrauch des Alltags entsprechen dürfte), sondern auch einen „Eventualvorsatz" erfasst, bei dem der Betreffende den Tod nur als mögliche Folge seiner Handlung einschätzt und trotzdem (weiter) handelt.

„Töten" als Unterlassen scheint nach dem unter 2. Gesagten sprachlich möglich, wenn man das Beispiel der Mutter bedenkt, die ihr Kind nicht versorgt, weshalb dieses stirbt. Dabei geht es aber von vornherein nicht um irgendein Unterlassen (oder gar um ein Untätigsein), sondern um das „Unterlassen eines möglichen (wahrscheinlich erfolgreichen) Tuns", nämlich einer Erfolgsabwendung oder Rettung aus einer Lebensgefahr (auch als Lebenserhaltung). Daher umfasst das Unterlassen immer auch dieses (unterlassene) Tun, was sich in den §§ 8, 9 StGB zeigt, die Zeit und Ort der Straftat darauf beziehen, wann und wo der Täter „gehandelt hat oder im Falle des Unterlassens hätte handeln müssen". „Töten" als Unterlassen (oder „durch Unterlassen") kann deshalb nur im Sinne von „Unterlassen einer wahrscheinlich erfolgreichen Todesabwendung" verstanden werden (wobei ausreichend ist, dass der Todeseintritt für eine wesentliche Zeitspanne verzögert, dass dadurch also das Leben wesentlich verlängert oder erhalten werden kann). Fraglich ist, ob von „Töten" (als oder durch Unterlassen) nur gesprochen werden kann, wenn von dem Unterlassenden (sozial oder rechtlich) erwartet wird, dass er den Tod verhindert. Oben wurde gezeigt, dass dies alltagssprachlich nicht zutrifft: Auch der Spaziergänger unterlässt die Rettung, wenn sie ihm möglich ist, auch wenn man von ihm nicht erwartet, dass er das Kind rettet (sondern nur dass er *hilft*: was freilich im Ergebnis bedeuten würde, dass er diese von ihm erwartete Hilfeleistung unterlässt, aber dadurch nur nicht hilft [im Sinne des Tatbestandes des § 323c StGB[53]] und nicht tötet). Betrachtet man diese

---

[53] § 323c StGB: „Unterlassene Hilfeleistung. Wer bei Unglücksfällen oder gemeiner Gefahr oder Not nicht Hilfe leistet, obwohl dies erforderlich und ihm den Umständen nach zuzumuten, insbesondere ohne erhebliche eigene Gefahr und ohne Verletzung anderer wichtiger Pflichten möglich ist, wird mit Freiheitsstrafe bis zu einem Jahr oder mit Geldstrafe bestraft."

Erwartung für nicht relevant, kann man also sagen: „Die Mutter unterlässt die Rettung; dies *tut* auch der Spaziergänger", daher tötet auch er (als oder durch Unterlassen), wenn er das Kind retten konnte. Nur wenn man auf ein erwartetes Tun abstellt, kann man sagen: „Die Mutter unterlässt die Rettung; der Spaziergänger unterlässt die Hilfeleistung". Sprachlich ist es dann nicht möglich zu sagen, dass beide „dasselbe tun".

3.2. „Töten" und „tatbestandliches Töten"

Doch ist der Spaziergänger strafrechtlich für diese „Tötung" (als oder durch Unterlassen) nicht verantwortlich, weil er im Sinne des § 13 StGB nicht „rechtlich dafür einzustehen hat, dass [der Tod des Kindes, WS] nicht eintritt", weil er also nicht Garant ist und daher keine Garantenpflicht verletzt. Das tatbestandsmäßige Handeln (als Unterlassen der Lebensrettung) ist nur die pflichtwidrige Unterlassung der rechtlich gebotenen Handlung (für den Spaziergänger: der Hilfeleistung [§ 323c StGB], aber nicht der Lebensrettung [§§ 212 I, 13 StGB]).

Dies gilt aber auch für das tatbestandsmäßige Handeln als oder durch Tun: Denn auch dieses kann als Inhalt des strafgesetzlichen Tatbestandes als des Strafunrechtstypus nur angenommen werden, wenn es eine Rechtspflicht verletzt, jedenfalls die Pflicht, die im Verkehr erforderliche Sorgfalt einzuhalten (§ 276 II BGB für Fahrlässigkeit) oder – in der Konkretisierung in § 1 StVO – ständige Vorsicht und gegenseitige Rücksicht zu leisten und keine andere Person mehr, als nach den Umständen unvermeidbar ist, zu gefährden oder zu schädigen (welche Pflicht in intensivster Form durch die Ausführung eines Willens, einen anderen zu töten, verletzt wird)[54]. Diese Sorgfaltspflicht kann sich auch aus der Garantenstellung ergeben, wobei auch der eigene Körper als möglicher Gefahrenherd anzusehen ist, der daher rechtlich eingegrenzt und gesichert werden muss. Von daher kann auch das Tun als Unterlassen (nämlich der Verletzung der Sorgfaltspflicht eines Garanten) aufgefasst werden; wie umgekehrt diese Verletzung ein Tun darstellt, es sei denn, man formuliert sie um in das Unterlassen der Einhaltung der Pflicht.

„Töten" als tatbestandliche Handlung (im Sinne der §§ 212 I, 222 StGB) ist deshalb immer schon ein Tun oder Unterlassen, in dem der Betreffende diese Sorgfaltspflicht (im allgemeinen Verkehr oder als Garant) verletzt, wodurch ein anderer in Lebensgefahr gebracht oder aus ihr nicht gerettet wird, die sich dann im

---

[54] Dazu vgl. W. Schild, *Zurechnung zum Verhaltensunrecht*, in: M. Pawlik et al. (Hg.) *Festschrift für Günther Jakobs zum 70. Geburtstag*, 601–613.

weiteren Fortgang in dessen Tod realisiert (weshalb dieser Tod zugerechnet wird). Man kann dann das willentliche Töten im Sinne des Totschlags (als vorsätzliches Handeln [das vielleicht sogar als eigentliche/begriffliche „Handlung" zu begreifen wäre]) herausheben, das fahrlässige Töten im Sinne des § 222 als „Verhalten" kennzeichnen.

Diese Differenzierung von „Töten" als Wort der Alltagssprache, die auch der Gesetzgeber bei der Formulierung des Tatbestandes des § 212 I verwendet hat (und die man mit dem „den Tod verursachen" des § 222 gleichsetzen kann), und dem „Töten" als tatbestandliche Handlung im Sinne eines pflichtwidrigen Tötens ist wichtig, ändert aber nichts daran, dass auch die Tatbestandshandlung ein Handeln im Alltagssprachgebrauch sein muss. Die spezifisch juristische Zurechnung des Todeserfolgs kann daher nur ein Ergebnis bringen, das dem Wortverständnis von „Töten" entspricht. Zurechnung ist nicht eine Bewertung einer Handlung, sondern stellt die Handlung als den Tatbestand (einer vollendeten Straftat) erfüllend dar. Auch im Alltag kommt oft die Handlung nur als Zurechnung (oder Zuschreibung) in Betracht, was sicherlich einen Grund für die Schaffung der sozialen Handlungslehre darstellt.

Die sogenannte „aktive Sterbehilfe" (durch Tun) ist rechtlich, aber auch schon dem Wortsinn nach ein solches „Töten", sogar ein willentlich-vorsätzliches Töten. Man sollte daher die Bezeichnung (als missverständlich [„Hilfe"]) nicht verwenden, sondern von „Töten" (und von eigentlicher „Tötungshandlung") sprechen. Im Normal- als Regelfall ist ein solches Töten pflichtwidrig; und als solches erfüllt es den Tatbestand des § 212 I. Das tatbestandliche Töten kann nur wegfallen, wenn es einen Grund gibt, der ausnahmsweise die Pflichtwidrigkeit dieses Tötens entfallen lässt. Wegen des Regel-Ausnahmeregel-Verhältnisses von Tatbestandsmäßigkeit und Rechtswidrigkeit (als Frage einer Rechtfertigung) kommt für diesen Entfall der Pflichtwidrigkeit der zweite Prüfungsschritt in Betracht, wodurch die tatbestandsmäßige Handlung bleibt, aber als Unrechtshandlung aufgehoben wird. Man kann aber auch im Sinne der Lehre von der objektiven Zurechnung des Todes zum Handeln des Täters (das dadurch zu einem erfolgreichen Handeln und damit zu dem im Tatbestand geforderten „Töten" wird) im Tatbestand eine pflichtwidrige Schaffung oder Nichtabwendung einer Lebensgefahr, die sich dann im Tod realisiert, verlangen. Dann schließt das Wegfallen der Pflichtwidrigkeit bereits im ersten Prüfungsschritt die Tatbestandsmäßigkeit und damit das „tatbestandliche Töten" aus, was im Ergebnis bedeutet, dass die ersten beiden Prüfungsschritte zusammenfallen: also eine Rechtfertigung bereits die tatbestandsmäßig erforderliche Pflichtverletzung aufhebt. Möglich ist es aber auch, diese pflichtwidrige Schaffung bzw. Nichtabwendung der Lebensgefahr im Rahmen des Tatbestandes als Regelfall und daher die ausnahmsweise wegfallende Pflichtwidrigkeit (erst) als Rechtfertigungsgrund aufzufassen. Im Ergebnis ändert sich nichts: Ohne Pflichtverletzung kann kein Tötungsunrecht angenommen werden.

Das Verlangen des Opfers, getötet zu werden, kann einen die Pflichtwidrigkeit aufhebenden oder ausschließenden Grund wegen § 216 StGB nicht herstellen, mildert aber den Totschlag (§ 212 I) ab zu diesem Privilegierungstatbestand. Durch Größenschluss scheidet auch eine solche Aufhebung durch Einwilligung in die Tötungshandlung aus. Kommt zum Verlangen oder zur Einwilligung noch der Zweck des Tötens dazu, unerträgliche Schmerzen oder Leidenszustände zu mildern, um ein würdevolles Sterben zu ermöglichen, muss die Pflichtwidrigkeit der dazu erforderlichen Maßnahmen verneint werden, wobei § 34 StGB unmittelbar oder – wenn dieser auf unterschiedliche Betroffene reduziert wird – nach dem allgemeinen Prinzip der Interessensabwägung die rechtliche Grundlage bietet. Die Lösung, die der soziale Handlungsbegriff anbietet, in einer solchen Handlung dem „sozialen Handlungssinn" nach keine wirkliche „Tötungshandlung" anzusehen, kann wegen der oben kritisierten Unbestimmtheit der Kriterien dieser Theorie nicht überzeugen. Ebenso kann die Lösung „Behandlungsabbruch", die BGHSt 55, 191 angeboten hat (auf die in anderen Beiträgen ausführlich eingegangen wird), für diesen Falltypus nicht herangezogen werden[55].

Eine Aufhebung oder Ausschließung der Pflichtwidrigkeit kommt auch dann in Betracht, wenn der Betreffende rechtlich verpflichtet ist, eine das Leben rettende oder erhaltende Maßnahme einzustellen oder abzubrechen, weil sie dem Willen des Behandelten widerspricht und deshalb eine rechtswidrige Körperverletzung oder Nötigung darstellt. Man denke an den Fall, dass ein Arzt die Patienten vertauscht und jemanden an eine Reanimationsmaschine anschließt, der dies ausdrücklich wirksam ausgeschlossen hat, in der irrigen Meinung, es sei ein anderer Patient, der die Behandlung gewünscht habe. Hier bedeutet die Abschaltung der Maschine, wodurch der Betroffene zum Sterben gebracht wird, ein „Töten" im Alltagssprachsinn, auch ein „tatbestandliches Töten" (sofern man nicht die oben angesprochene Lösung über die objektive Zurechnung heranziehen will), aber jedenfalls ein wegen der Erfüllung der Pflicht zum Abbruch gerechtfertigtes und damit kein pflichtwidriges und rechtswidriges Töten. Vergleichbares gilt, wenn eine Behandlung, die rechtmäßig begonnen wurde, dadurch rechtswidrig wird, weil der Patient seine Meinung rechtswirksam geändert hat und nun die weitere Durchführung der Behandlung ablehnt, ihre Einstellung verlangt. Dies ist keine pflichtwidrige „Tötung auf Verlangen", sondern ebenso die Erfüllung der rechtlichen Pflicht, die rechtswidrige Behandlung einzustellen, sie abzubrechen oder nicht mehr weiterzuführen.

---

55 Denn es wird keine Behandlung abgebrochen.

Die bereits genannte Entscheidung BGHSt 55, 191 hat zu Recht darauf hingewiesen, dass für diese Argumentation eine Zuordnung des Handelns zu einem Tun oder einem Unterlassen (eines bestimmten Tuns) nicht relevant ist; was freilich nicht ausschließt, dass man eine solche Unterscheidung zugrunde legt, pragmatisch also als ersten Prüfungs- oder Vorprüfungsschritt in einer einfachen, „natürlichen" Weise (also im Sinne des „natürlichen Handlungsbegriffs" von Tonio Walter[56]) vorgeht und es zunächst mit dem Tun als Tätigwerden, Energieeinsatz oder Kraftentfaltung versucht. Das Abstellen auf einen anderen Handlungsbegriff (wie etwa den sozialen, der hier auf den „Schwerpunkt der sozialen Vorwerfbarkeit" abstellen, ja vielleicht von dem sozialen Sinn eines „Behandlungsabbruchs" und deshalb nicht von einem „Töten" sprechen könnte) ist für diese Vorprüfung einerseits inhaltlich zu beladen, andererseits in den anzulegenden Kriterien zu unbestimmt. Frau Rissing-van Saan hat diese Sicht mit der von ihr wesentlich als Vorsitzende getragenen Entscheidung vereinbar erklärt. Sie hat auch darauf hingewiesen, dass der vielzitierte „Behandlungsabbruch" nur eine Klammerdefinition ist und eigentlich „Sterbehilfe durch Unterlassen, Begrenzen oder Beenden einer begonnenen medizinischen Behandlung" meint. Dies macht die Relevanz für Tun und Unterlassen (eines bestimmten Tuns) in gleicher Weise möglich, wobei sie nachträglich die in der Entscheidung zugrunde gelegte Einwilligungslösung zu Recht ablehnt und für die Einordnung in die Lehre von der objektiven Zurechnung eintritt[57]. Fraglich bleibt aber dieser behauptete Bezug zu dem „ohne Behandlung zum Tode führenden Krankheitsprozess". Zwar ging es in dieser Entscheidung um den ausdrücklich hervorgehobenen Zusammenhang mit dem Problembereich „Sterbehilfe". Doch es ist auch eine Behandlung in diesem weiten Sinne dann abzubrechen (weil sonst rechtswidrig), wenn etwa ein Zeuge Jehovas eine (vielleicht irrtümlich begonnene) Bluttransfusion ablehnt. Noch mehr: Diese neue „Rechtsfigur" des Behandlungsabbruchs gilt über den Bereich der Tötungsdelikte hinaus für jede ärztliche Behandlung. Allerdings müssen die Kriterien dafür schärfer gefasst werden. So ist fraglich, ob man das Abschalten eines Kunstherzens – das der Betreffende nicht mehr „arbeiten" lassen will – unter diesen „Behandlungsabbruch" einordnen will oder ob man nicht zusätzlich fordert, dass die entscheidende Tötungshandlung vom Betroffenen nicht selbst vorgenommen werden kann, weshalb der Abbruch durch fremde Hand erforderlich sein muss. Auch die personelle Reichweite muss noch geklärt werden: Gilt diese Rechtsfigur nur für Ärzte, Betreuer, deren Hilfspersonen oder für jedermann?

---

56 Vgl. T. Walter, *Sterbehilfe: Teleologische Reduktion des § 216 StGB statt Einwilligung! Oder: Vom Nutzen der Dogmatik. Zugleich Besprechung von BGH, Urt. v. 25.6.2010 – 2 StR 454/09*, in: ZIS 6,2 (2011), 76–82.
57 R. Rissing-van Saan, *Strafrechtliche Aspekte der aktiven Sterbehilfe*, 545, 549 f.

4 „Sterbenlassen"

Kurz ist noch auf das Wort „Sterbenlassen" einzugehen, wobei erneut auf manches bereits Ausgeführte angeknüpft werden kann.

Gemeint ist sicherlich das „Zulassen des Sterbevorgangs". Auch hier fehlt wie bei „lebensbeendende Handlung" der unmittelbare Tatbestandsbezug. Es ist strafrechtlich zu fragen, ob darin ein „Töten" im Sinne der §§ 212 I, 222 StGB und näher hin ein Handeln als oder durch Tun oder Unterlassen (einer Lebensrettung) gesehen werden kann.

Wie schon ausgeführt, ist eine eindeutige Zuordnung des „Zulassens" zu Tun oder Unterlassen (eines Tuns) nicht möglich. Denn „Zulassen" bedeutet nicht notwendig Unterlassen (eines Tuns), sondern bezieht sich auf das Geschehenlassen eines bereits begonnenen und sich weiter entwickelnden Ablaufs (sei es als Natur, sei es als fremde Handlung, sei es vielleicht sogar als eigene Tätigkeit). Sprachlich kann man es als Tun ausdrücken. In Anknüpfung an Kindhäuser (und von Wright) lässt sich nämlich widerspruchsfrei und verständlich sagen: „A lässt dies zu, B *tut* dies auch". Darüber hinaus ist Zulassen eindeutig als Tun denkbar, wenn störende Eingriffe auf den Geschehensablauf verhindert, abgewehrt oder beendet werden oder Veränderungsprozesse beseitigt werden[58]. Franz Streng nennt dies in seiner Aufstellung von fünf Handlungstypen „aktives Unterlassen" und näher hin als „erfolgsförderliches Nicht-Intervenieren in gegebenen Schädigungsverlauf mittels Tun (Unterlassen durch Tun)"[59]. Auch sonst kann ein Tun vorliegen, das selbst in den Sterbevorgang eingreift, sofern es nicht diesen verändert, also nicht verkürzt oder verlängert; man denke an die palliative Grundversorgung, die trotzdem das Sterben zulässt. Aber ebenso kann „Zulassen" in einem Untätigsein bestehen, das dann zu einer „Unterlassung" wird, wenn auf ein dem Betreffenden mögliches, den Geschehensablauf veränderndes, nämlich den Tod verhinderndes und daher erfolgreiches Tun abgestellt wird, bzw. dann zu einer tatbestandlichen Unterlassung wird, wenn diese Lebensrettung rechtlich geboten ist.

Daher bleibt es bei dem oben Gesagten. Ein „Sterbenlassen" ist darüber hinaus strafrechtlich nicht relevant.

---

58 Vgl. F. Czerner, *Das Abstellen des Respirators an der Schnittstelle zwischen Tun und Unterlassen bei der Sterbehilfe*, 96: „Geschehenlassen durch Handeln".
59 F. Streng, *Straflose „aktive Sterbehilfe" und die Reichweite des § 216 StGB. Zugleich ein Beitrag zum System der Handlungsformen*, in: G. Freund et al. (Hg.), *Grundlagen und Dogmatik des gesamten Strafrechtssystems* (Festschrift für W. Frisch), Berlin 2013, 749.

Stephan Ernst
Töten und Sterbenlassen

Handlungstheoretische Grundlagen der Aussagen des Lehramts der katholischen Kirche zur Euthanasie

Die Position des Lehramts der katholischen Kirche zur Euthanasie liegt in grundlegender und repräsentativer Weise in der Erklärung der Kongregation für die Glaubenslehre zur Euthanasie *Iura et bona* (20. Mai 1980) vor.[1] Nachdem bereits seit den 1940er Jahren die Päpste Pius XII., Paul VI. und Johannes Paul II. bei verschiedenen Anlässen die Euthanasie verurteilt[2] und zu einigen konkreten Anfragen zur Sterbehilfe Stellung bezogen[3] hatten, nachdem auch das Zweite Vatikanum in der Pastoralen Konstitution über die Kirche in der Welt von heute *Gaudium et spes*, Nr. 27 die Euthanasie unter denjenigen Handlungen aufgezählt hatte, die gegen das Leben und die Würde des Menschen verstoßen und an sich schon eine Schande sind, hat die Kongregation für die Glaubenslehre mit ihrer Erklärung erstmals eine systematische Darstellung und differenzierte moralische Bewertung der verschiedenen Aspekte und Formen der Sterbehilfe vorgelegt.

Als Anlass für diese Bündelung wird in der Erklärung nicht nur auf die Fortschritte der modernen Medizin verwiesen, durch die die durchschnittliche Lebensdauer der Menschen deutlich verlängert wurde, sich aber auch neue moralische Fragen gestellt haben, sondern vor allem auch auf die Veränderungen in der Bewertung des Todes in unserer heutigen Gesellschaft, in der die grundlegenden Werte des menschlichen Lebens oft in Frage gestellt werden. Dadurch habe sich eine Situation ergeben, die es erforderlich mache, die entsprechenden ethischen Normen noch einmal zu verdeutlichen.

---

1 Vgl. Kongregation für die Glaubenslehre, *Iura et bona* (20. Mai 1980), in: *AAS* 72 (1980), 542–552; deutscher Text in: *VApS* 20, hg. vom Sekretariat der Deutschen Bischofskonferenz, Bonn 1980.
2 Vgl. Pius XII., *Ansprache an die Delegierten der Internationalen Vereinigung katholischer Frauen* (11. September 1947), in: *AAS* 39 (1947), 483; Pius XII., *Ansprache an die Mitglieder des Internationalen Forschungsrates für Militärmedizin* (19. Oktober 1953), in: *AAS* 45 (1953), 744–754, bes. 748; Paul VI., *Ansprache an die Mitglieder der Sonderkommission der Vereinten Nationen zur Frage der Rassentrennung* (22. Mai 1974), in: *AAS* 66 (1974), 342–346, bes. 346; Johannes Paul II., *Ansprache an die Bischöfe der Vereinigten Staaten von Nordamerika* (5. Oktober 1979), in: *AAS* 71 (1979), 1218–1229, bes. 1225.
3 Vgl. Pius XII., *Ansprache an die Teilnehmer des IX. Kongresses der italienischen Gesellschaft für Anästhesiologie* (24. Februar 1957), in: *AAS* 49 (1957), 129–147, bes. 146 f.; Pius XII., *Ansprache zur Frage der „Wiederbelebung"* (24. November 1957), in: *AAS* 49 (1957), 1027–1033, bes. 1031 f.

Mit dieser Zusammenführung und Verdeutlichung hat die Erklärung aber nicht nur die Position des Lehramts zur Euthanasie normativ entfaltet und konkretisiert, sie wurde zugleich zur Grundlage für die Stellungnahmen zur Euthanasie im *Katechismus der Katholischen Kirche* von 1993 sowie vor allem in den entsprechenden Passagen der Enzyklika *Evangelium vitae* von Johannes Paul II. (25. März 1995).

Ausgehend von der Erklärung *Iura et bona* und unter Einbeziehung der weiteren genannten Stellungnahmen sollen im Folgenden die normativen Aussagen des Lehramts zur Frage der Euthanasie daraufhin untersucht werden, welche handlungstheoretischen Aspekte und Prinzipien in ihnen enthalten und vorausgesetzt sind. Dabei folgen wir den drei Argumentationsschritten, in denen die Erklärung *Iura et bona* – ähnlich auch der *Katechismus der Katholischen Kirche* – die Position des Lehramts mit ihren Differenzierungen entfalten.

1 Definition der Euthanasie und Begründung ihrer ethischen Unerlaubtheit

In einem ersten Schritt der Argumentation erläutert die Erklärung *Iura et bona* zunächst, was unter „Euthanasie" verstanden werden soll.

Klar ist dabei – auch auf der Grundlage früherer päpstlicher Aussagen –, dass Euthanasie stets als ethisch verwerflich gilt. Bereits Pius XII. sprach von „thèses monstrueuses", zu denen er auch „cette fausse pitié qui prétend justifier l'euthanasie et soustraire l'homme à la souffrance purificatrice et méritoire" rechnete.[4] Paul VI. sprach von einer massiven Verirrung, „which is the destruction of innocent human life, at whatever stage it may be, through the heinous crimes of abortion or euthanasia".[5] Und Johannes Paul II. formuliert: „Euthanasia or mercy killing [...] is a grave moral evil [...]. Such killing is incompatible with respect for human dignity and reverence for life."[6] Bei der Rede von „Euthanasie" handelt es sich im Sprachgebrauch der päpstlichen Äußerungen also um ein ethisches Wertungswort, das stets die ethisch nicht zu rechtfertigende, unerlaubte und verwerfliche Art der Sterbehilfe bezeichnet.

Damit aber stellt sich die Frage, welche physischen Handlungen denn unter die moralische Artbestimmung als „Euthanasie" fallen. Genau diese Frage aber

---

4 Pius XII., *Ansprache an die Delegierten der Internationalen Vereinigung katholischer Frauen*, 483.
5 Paul VI., *Ansprache an die Mitglieder der Sonderkommission der Vereinten Nationen zur Frage der Rassentrennung*, 346.
6 Johannes Paul II., *Ansprache an die Bischöfe der Vereinigten Staaten von Nordamerika*, 1225.

soll in der Erklärung der Glaubenskongregation die Definition der Euthanasie leisten. Dies scheint vor allem auch deshalb unverzichtbar, weil – wie es in der Erklärung selbst heißt – das Wort „Euthanasie" eine Bandbreite von Bedeutungen haben kann. So kann es etwa als „sanfter Tod" verstanden werden, aber auch als ärztlicher Eingriff zur Schmerzbehandlung, bei dem die Gefahr der vorzeitigen Lebensbeendigung besteht, oder schließlich auch als „Töten aus Barmherzigkeit".

Die Definition, die die Erklärung dann gibt und die auch Johannes Paul II. in seiner Enzyklika *Evangelium vitae* übernommen hat, lautet: „Unter Euthanasie wird hier eine Handlung oder Unterlassung verstanden, die ihrer Natur nach oder aus bewusster Absicht den Tod herbeiführt, um so jeden Schmerz zu beenden."[7]

Von dieser so beschriebenen Handlung wird dann erklärt, dass sie – als Verletzung des göttlichen Gesetzes, als Beleidigung der menschlichen Personwürde, als Verbrechen gegen das Leben und als Anschlag gegen das Menschengeschlecht – objektiv immer und unter allen Umständen ethisch unerlaubt und verboten ist. Nichts und niemand könne das Recht verleihen, ein unschuldiges menschliches Lebewesen zu töten. Deshalb sei es auch niemandem erlaubt, eine solche Tod bringende Handlung für sich oder einen anderen zu erbitten, man dürfe einer solchen Handlung auch nicht zustimmen, weder explizit, noch implizit. Keine Autorität könne sie anordnen oder zulassen.

Zwar könne es Situationen geben, in denen jemand meint, eine entsprechende Tötung berechtigterweise vornehmen zu dürfen. Doch aufgrund eines solchen Irrtums im Urteil könne lediglich die Schuld des Betreffenden gemindert sein oder auch gänzlich fehlen. Die Handlung selbst dagegen bleibe objektiv schlecht und sei in sich selbst immer abzulehnen.

Ähnlich lautet auch die Bestimmung im *Katechismus der Katholischen Kirche*. Hier heißt es zunächst, dass die direkte Euthanasie darin bestehe, dass man, aus welchen Gründen und mit welchen Mitteln auch immer, dem Leben behinderter, kranker oder sterbende Menschen ein Ende setzt. Dann heißt es weiter:

> Eine Handlung oder eine Unterlassung, die von sich aus oder der Absicht nach den Tod herbeiführt, um dem Schmerz ein Ende zu machen, ist ein Mord, ein schweres Vergehen gegen die Menschenwürde und gegen die Achtung, die man dem lebendigen Gott, dem Schöpfer, schuldet. Das Fehlurteil, dem man gutgläubig zum Opfer fallen kann, ändert die Natur dieser mörderischen Tat nicht, die stets zu verbieten und auszuschließen ist.[8]

---

[7] Johannes Paul II., *Enzyklika Evangelium vitae*, in: *AAS* 87 (1995), Nr. 65. „Nomine euthanasiae significatur actio vel omissio quae suapte natura vel consilio mentis mortem affert, ut hoc modo omnis dolor removeatur."
[8] *KKK*, Nr. 2277.

Welche wesentlichen handlungstheoretischen Elemente und Aspekte sind in dieser Definition der Euthanasie enthalten? Welche Handlungen fallen unter „Euthanasie"?

Eine erste, grundlegende Bestimmung der Definition besteht darin, dass durch die Handlung der Tod herbeigeführt wird, um dadurch dem Schmerz ein Ende zu machen. Die Handlung hat also ein zweifaches Ziel. Das erste, unmittelbare und näherliegende Ziel besteht darin, den Tod herbeizuführen. Das Erreichen dieses Ziels ist dann aber weiterhin als Mittel auf das Erreichen eines zweiten, entfernteren Zieles hingeordnet, nämlich auf die Beendigung der Schmerzen. Vom zweiten Ziel her ist die Erreichung des ersten Ziels motiviert.

Genau dieser so beschriebene Zusammenhang der beiden Ziele aber ist es, der das Lehramt dazu veranlasst, eine solche Handlung für ethisch unerlaubt zu erklären. Zwar ist das letzte, also das zweite Ziel der Handlung gut, weil damit das Übel der Schmerzen beendet wird. Andererseits ist das unmittelbare, erste Ziel, durch dessen Verwirklichung das zweite Ziel erreicht werden soll, ethisch schlecht. Es handelt sich um die Tötung eines unschuldigen Menschen, die – als erstes Ziel – unmittelbar und damit direkt angezielt wird. Genau dies aber ist als ethisch unerlaubte Tötung bzw. als Mord zu bezeichnen. Von daher spricht der Katechismus auch von „direkter Euthanasie". Ein solches ethisch bereits als schlecht zu wertendes Mittel kann aber nicht durch ein noch so gutes Ziel gerechtfertigt werden. Hier greift der Grundsatz, dass der gute Zweck nicht das schlechte Mittel heiligt. Zwar kann aufgrund der Hinordnung auf das zweite, gute Ziel der Schmerzlinderung *subjektiv* der Eindruck entstehen, dass von diesem Ziel her die Herbeiführung des Todes gerechtfertigt und zulässig sei (Töten aus Barmherzigkeit). *Objektiv* aber ist aus lehramtlicher Sicht eine solche Rechtfertigung nicht möglich. Die direkte Tötung eines unschuldigen Menschen ist Mord bzw. Totschlag, der nicht durch ein weiteres noch so gutes Ziel gerechtfertigt werden kann.

Eine weitere, zweite Bestimmung der Definition besteht darin, dass von einer Handlung die Rede ist, die entweder *ihrer Natur nach* oder *aus bewusster Absicht* den Tod herbeiführt. In der Sicht des Lehramts ist es offensichtlich gleichbedeutend, ob die Herbeiführung des Todes vom Handelnden selbst durch bewussten Entschluss (*consilio mentis*) erfolgt, also beabsichtigt ist, oder ob – auch wenn die Herbeiführung des Todes subjektiv nicht ausdrücklich beabsichtigt ist – die Handlung selbst bereits aufgrund ihrer Natur (*suapte natura*) darauf hingeordnet ist, den Tod herbeizuführen.

Dass eine Handlung bereits „aufgrund ihrer Natur" auf das Ziel der Herbeiführung des Todes hingeordnet ist, bedeutet dabei, dass die Handlung die tödliche Wirkung nicht nur – neben vielen anderen möglichen Wirkungen – bloß zufällig hat, sondern dass die Handlung von ihrer Art her bereits eindeutig tödliche

Wirkung hat und auf die Herbeiführung des Todes angelegt ist.⁹ Von daher ist diese Handlung dann auch nicht mehr ethisch neutral, sondern steht in wesentlicher Hinordnung auf die Tötung.

Eine dritte und letzte Bestimmung der Definition sieht schließlich vor, dass der Tatbestand der Euthanasie sowohl durch ein Tun (*actio*) als auch durch eine Unterlassung (*omissio*) erfüllt sein kann. Nicht nur das Bewirken des Todes durch ein bestimmtes Tun, sondern auch durch das Unterlassen einer für den Handelnden noch möglichen lebenserhaltenden Maßnahme wird als unerlaubte Euthanasie bzw. als Mord gewertet. Die Unterscheidung von Tun und Unterlassen gilt offensichtlich nicht als Kriterium, das die Herbeiführung des Todes entweder unerlaubt oder erlaubt sein lässt. Auch durch Unterlassen von möglicher Hilfe kann man schuldig werden, kann man einer unerlaubten Tötung und eines Mordes schuldig werden. Auch die Unterlassung einer möglichen lebenserhaltenden oder lebensrettenden Maßnahme kann dabei entweder bewusst gewollt oder von sich selbst her, also nicht nur zufällig, sondern von ihrem Wesen her eindeutig auf die Herbeiführung des Todes hingeordnet sein.

Mit dieser so verstandenen Definition betrachtet die Erklärung *Iura et bona* – wie es unmittelbar im Anschluss an diese Begriffsbestimmung heißt – die Euthanasie also sowohl auf der Ebene der Intention (*voluntatis propositio*) als auch der angewandten Mittel (*in procedendi rationibus*). Hinsichtlich dieser beiden Aspekte aber ergeben sich dann im Folgenden Differenzierungen in der Beschreibung der Handlung, die auch eine andere ethische Bewertung – nämlich als ethisch zulässig, gerechtfertigt und deshalb erlaubt – begründen können.

2 Verwendung schmerzstillender Mittel

Eine erste handlungstheoretische Differenzierung ergibt sich aus dem Fall der Verwendung von schmerzstillenden Mitteln bzw. von Narkotika, um den Schmerz

---

9 Eine ähnliche Bestimmung ist in der Tradition der Moraltheologie im Blick auf die Frage der Mitwirkung gegeben worden. Auch hier liegt eine formelle und so mitschuldig machende Mitwirkung dann vor, wenn der Beitrag zur Sünde des anderen entweder „seiner eigenen Wesensart oder inneren Zielbestimmung nach (*finis operis*) oder auch nach der willentlichen Zweckbestimmung des Mitwirkenden (*finis operantis*) als Beitrag zur Sünde des anderen gekennzeichnet ist. Der formell Mitwirkende stellt sich also selbst entweder durch innerste Bejahung der sündhaften Tat des anderen oder durch einen Beitrag, der als solcher schon auf Grund seiner Wesensart eine Bejahung der Tat des Haupthandelnden ist, direkt in den Dienst des Bösen. Bloß materiell und damit nicht mitschuldig machend wirkt dagegen derjenige mit, der einen von sich selbst her ethisch neutralen Beitrag zur Handlung des anderen leistet.

bei schweren Krankheiten am Ende des Lebens zu lindern, auch wenn dadurch möglicherweise die Gefahr des vorzeitigen Todeseintritts gegeben ist. Welche Bestimmungen werden hier in den lehramtlichen Dokumenten gegeben und welche handlungstheoretischen Elemente und Aspekte werden darin angesprochen bzw. vorausgesetzt?

Die Erklärung *Iura et bona* macht zunächst deutlich, dass das Ertragen der Schmerzen, zumal beim Sterben, Anteil am Leiden Christi geben kann, dass es aber der Klugheit widerspricht, eine solche heroische Haltung als allgemeine Norm zu fordern. Die Klugheit rät vielmehr, schmerzstillende Medikamente anzuwenden, auch wenn sie die Nebenwirkungen der Schläfrigkeit oder der Bewusstseinstrübung haben. Im Blick auf die intensive Anwendung von Schmerzmitteln, die auch wegen der Gewöhnung eine Steigerung der Dosen verlangen, wird dann aber auf eine Erklärung von Papst Pius XII. verwiesen, die weiterhin voll gültig bleibe. Auf die Frage nämlich, ob es auch dann erlaubt sei, mit Hilfe narkotischer Mittel den Schmerz und das Bewusstsein auszuschalten, wenn vorauszusehen ist, dass die Anwendung dieser Mittel das Leben verkürze, hatte Pius XII. geantwortet, dass die Anwendung dieser Mittel dann erlaubt sei, wenn andere Mittel fehlen und die Erfüllung der übrigen religiösen und moralischen Pflichten nicht beeinträchtigt wird. Und die Erklärung *Iura et bona* fährt fort:

> In diesem Fall ist es klar, dass der Tod keineswegs gewollt oder gesucht wird, auch wenn man aus einem vernünftigen Grund die Todesgefahr in Kauf nimmt; man beabsichtigt nur, die Schmerzen wirksam zu lindern und verwendet dazu jene schmerzstillenden Mittel, die der ärztlichen Kunst zur Verfügung stehen.[10]

Im Unterschied zur direkten Euthanasie wird in diesem Fall die Herbeiführung des Todes nicht als erstes Ziel unmittelbar intendiert, um dadurch als zweites Ziel die Schmerzstillung zu erreichen, vielmehr wird als erstes und unmittelbares Ziel die Schmerzstillung intendiert. Dass dabei Medikamente eingesetzt werden, die neben der schmerzstillenden Wirkung auch als Nebenfolge das Risiko der Lebensverkürzung beinhalten, ist selbst nicht intendiert, sondern wird in Kauf genommen und kann, wenn es einen vernünftigen Grund (*rationabilis causa*) für die Inkaufnahme dieses Risikos gibt, etwa dass die Schmerzen bei einer sicher zum Tod führenden schweren Krankheit sonst unerträglich sind und nicht anders

---

10 Kongregation für die Glaubenslehre, *Iura et bona*, 10. „Quo in casu, uti patet, mors nullo modo est animo intenta aut quaesita, etsi rationabili de causa in eius periculum incurritur; id tantummodo in propositis fuit, ut dolores efficaciter lenirentur, adhibitis ad id analgeticis remediis, quae medicae arti praesto sunt."

gemildert werden können, gerechtfertigt sein. Präziser noch heißt es im *Katechismus der Katholischen Kirche*:

> Schmerzlindernde Mittel zu verwenden, um das Leiden des Sterbenden zu erleichtern selbst auf die Gefahr hin, sein Leben abzukürzen, kann sittlich der Menschenwürde entsprechen, falls der Tod weder als Ziel noch als Mittel gewollt, sondern bloß als unvermeidbar vorausgesehen und in Kauf genommen wird.[11]

Hiernach ist die Gabe von Schmerzmitteln sogar dann ethisch erlaubt, wenn nicht nur das mögliche Risiko der Lebensverkürzung besteht, sondern auch dann, wenn die lebensverkürzende Wirkung der Medikamente vorausgesehen wird. Auch hier gilt, dass das direkt Intendierte die Schmerzlinderung ist, die lebensverkürzende Wirkung, also der Tod, nur in Kauf genommen wird, nicht aber selbst direkt intendiert ist.

Als handlungstheoretische Grundlage dieser Differenzierung lässt sich auf das in der Tradition der Moraltheologie entwickelte Prinzip der Handlung mit Doppelwirkung verweisen. Sie liegt hier zu Grunde, auch wenn sie nicht ausdrücklich erwähnt wird. Ausdrückliche Erwähnung findet dieses Prinzip allerdings in der Ansprache von Pius XII. an die Teilnehmer des IX. Kongresses der italienischen Gesellschaft für Anästhesiologie (24. Februar 1957)[12], aus der auch das Zitat in *Iura et bona* stammte. Diese Ansprache antwortete u. a. auf die Frage:

> «Est-il permis même en certains cas (porteurs de cancers inopérables, de maladies inguérissables), où l'atténuation de la douleur intolérable s'effectue probablement aux dépens de la durée de la vie, qui en est abrégée?»[13]

Im Blick auf diese Frage führt der Papst zunächst noch einmal aus, dass jede direkte Euthanasie, also die Gabe von Narkotika, um den Tod hervorzurufen oder zu beschleunigen, unerlaubt sei, weil man in diesem Fall über das Leben verfügen will. Der Mensch aber sei nicht Herr und Besitzer des Lebens, sondern nur sein Nutznießer.

Dann aber heißt es, dass es sich in dem fraglichen Fall allein darum handelt, unerträgliche Schmerzen zu vermeiden. Wenn aber zwischen den Narkotika und der Verkürzung des Lebens *kein direkter kausaler Zusammenhang* bestehe, der durch einen interessierten Willen oder durch die Natur der Sache gesetzt ist, wenn

---

11 *KKK*, Nr. 2279.
12 Pius XII., *Ansprache an die Teilnehmer des IX. Kongresses der italienischen Gesellschaft für Anästhesiologie*, 146.
13 Pius XII., *Ansprache an die Teilnehmer des IX. Kongresses der italienischen Gesellschaft für Anästhesiologie*, 143.

demgegenüber die Gabe der Narkotika *zwei getrennte Wirkungen* („deux effets distincts") hervorruft, zum einen die Milderung der Schmerzen, zum andern die Verkürzung des Lebens, dann sei die Gabe dieser Narkotika erlaubt. Dabei solle aber darauf geachtet werden, dass zwischen den beiden Wirkungen ein *vernünftiges Verhältnis* („une proportion raisonnable") besteht, und darauf, ob die Vorteile des einen die Nachteile des anderen ausgleichen.[14]

Damit werden drei Bedingungen genannt, unter denen die Gabe der Schmerzmittel mit lebensverkürzender Wirkung erlaubt sein können.

Zunächst wird gesagt, dass zwischen der Gabe der Schmerzmittel und der Lebensverkürzung kein direkter kausaler Zusammenhang bestehen darf. Andernfalls würde es sich um direkte Euthanasie handeln. Ein solcher kausaler Zusammenhang kann aber durch den Willen, den Tod herbeizuführen, gesetzt, also intendiert oder in der Natur der Sache selbst begründet sein. Man darf also weder willentlich den Tod intendieren noch Mittel verwenden, die von sich her bereits eindeutig tödliche Wirkung haben.

Als zweites wird gesagt, dass die Schmerzlinderung und die Lebensverkürzung zwei getrennte Wirkungen der Gabe der Narkotika darstellen. Damit ist deutlich auf das Prinzip der Handlung mit Doppelwirkung[15] angespielt. Nach diesem Prinzip ist es ethisch erlaubt, eine Handlung, die eine positive (Schmerzlinderung) und eine negative Wirkung (Lebensverkürzung) hat, dann auszuführen, wenn die negative Wirkung weder unmittelbar als Zweck noch als Mittel zum Zweck intendiert und gewollt wird. Nicht erlaubt ist es also zum einen, die negative Wirkung (Lebensverkürzung) direkt als Ziel zu intendieren, zum anderen aber auch, die negative Wirkung zu wollen, um dadurch die positive Wirkung zu erreichen (Töten, um den Schmerz zu stillen). Im letzteren Fall gilt,

---

14 Vgl. Pius XII., *Ansprache an die Teilnehmer des IX. Kongresses der italienischen Gesellschaft für Anästhesiologie*, 146: „Si entre la narcose et l'abrègement de la vie n'existe aucun lien causal direct, posé par la volonté des intéressés ou par la nature des choses (ce qui serait le cas, si la suppression de la douleur ne pouvait être obtenue que par l'abrègement de la vie), et si au contraire l'administration de narcotiques entraîne par elle-même deux effets dictincts, d'une part le soulagement des douleurs, et d'autre part l'abrègement de la vie, elle est licite; encore faut-il voir s'il y a entre ces deux effets une proportion raisonnable, et si les avantages de l'un compensent les inconvénients de l'autre."

15 Das Prinzip der Handlung mit Doppelwirkung geht davon aus, dass eine Handlung zugleich eine gute und eine unerwünschte, schlechte Wirkung hat. In seiner traditionellen Fassung sieht das Prinzip dann vor, dass die Verursachung oder Zulassung der unerwünschten Wirkung, also eines Schadens, nur dann erlaubt ist, wenn a. die Handlung nicht bereits „in sich" schlecht ist, b. der Schaden nicht als Zweck beabsichtigt wird, c. der Schaden auch nicht als Mittel zum Zweck beabsichtigt wird und d. für die Verursachung oder Zulassung des Schadens ein entsprechender Grund vorliegt.

dass der gute Zweck nicht das schlechte Mittel heiligt, hier handelt es sich vielmehr – wie bereits dargestellt – um direkte Euthanasie. Erlaubt ist jedoch, die positive Wirkung (Schmerzlinderung) direkt zu intendieren, auch wenn dabei – jedoch ohne direkten kausalen Zusammenhang – die negative Wirkung (Lebensverkürzung) als Nebenfolge eintritt. Nur dann ist diese negative Nebenwirkung nicht direkt intendiert, sondern nur indirekt in Kauf genommen.

Als dritte Bedingung wird dann noch hinzugefügt, es müsse eine „proportion raisonable" – man könnte auch sagen eine Verhältnismäßigkeit – zwischen den beiden Wirkungen bestehen. Man solle also darauf sehen, ob die Vorteile des einen die Nachteile des anderen ausgleichen. Damit dürfte etwa gemeint sein, dass die Gabe der Schmerzmittel nicht höher sein darf, als es für die Stillung der Schmerzen erforderlich ist. So heißt es in der Ansprache von Pius XII. auch: „[...] si l'on ne dépasse pas dans la fixation des doses la quantité permise, si l'on a mesuré soigneusement l'intensité et la durée de celle-ci [...]"[16].

3 Begrenzung therapeutischer Mittel

Eine zweite handlungstheoretische Differenzierung des Verbots der Euthanasie betrifft die Ebene der gewählten Mittel. Sie hat ihre Relevanz in der Frage, wann es ethisch berechtigt sein kann, auf noch mögliche medizinische Maßnahmen zu verzichten oder bereits begonnene Behandlungsmaßnahmen abzubrechen.

Grundlegend ist hierbei in der lehramtlichen Argumentation die Unterscheidung von ordentlichen und außerordentlichen bzw. gewöhnlichen und außergewöhnlichen Maßnahmen. Während die ordentlichen und gewöhnlichen Maßnahmen angewendet werden müssen, können außerordentliche bzw. außergewöhnliche Maßnahmen unterlassen oder auch abgebrochen werden. Diese Unterscheidung deutet sich etwa in der Ansprache von Papst Pius XII. zur Frage der „Wiederbelebung" (24. November 1957) an. Der Papst führt hier aus, dass man nur zur Anwendung der gewöhnlichen Mittel verpflichtet sei. Dagegen sei es etwa im Fall von Wiederbelebungsversuchen, wenn man vom Gewissen her der Familie eine solche Belastung nicht zumuten könne, zulässig, dass diese entscheiden kann, dass der Arzt seine Versuche abbricht. Dies bedeute weder ein direktes Verfügen über das Leben des Patienten noch Euthanasie, die nie erlaubt sei, vielmehr verursache der Abbruch der Wiederbelebungsversuche, auch wenn er den Kreislaufstillstand mit sich bringt, nur indirekt die Lebensbeendigung. Und

---

16 Pius XII., *Ansprache an die Teilnehmer des IX. Kongresses der italienischen Gesellschaft für Anästhesiologie*, 146.

der Papst fügt hinzu, dass auch in diesem Fall das Prinzip der Handlung mit Doppelwirkung und das Prinzip des „voluntarium in causa"[17] anzuwenden sei.[18]

In dieser Argumentation wird also davon ausgegangen, dass auch im Fall der Unterlassung von außergewöhnlichen Maßnahmen keine direkte Tötung und Euthanasie vorliegt, sondern dass der Tod lediglich indirekt in Kauf genommen wird. In diesem Fall wird durch das Unterlassen außergewöhnlicher Maßnahmen nicht der Tod intendiert, sondern lediglich das Sterben zugelassen, das Eintreten des Todes wird lediglich hingenommen.

Allerdings wurde bald auch die Unterscheidung von ordentlichen und außerordentlichen Mitteln als tragfähiges Kriterium für die Unterscheidung von direkter, unerlaubter Tötung und indirektem Sterbenlassen in Frage gestellt.

So kritisierte bereits Peter Singer[19], es sei nicht einzusehen, warum etwa ein Beatmungsgerät ein außergewöhnliches Mittel ist, während künstliche Ernährung noch zu den gewöhnlichen Mitteln zählt, noch wird ein Kriterium dafür genannt, warum es ethisch gerechtfertigt ist, auf außergewöhnliche Maßnahmen zu verzichten, nicht aber auf gewöhnliche.

In eine ähnliche Richtung weist die Kritik von Dieter Birnbacher.[20] Auch er hält die auf Pius XII. zurückgehende Auffassung der katholischen Moraltheologie, „dass ein Einsatz ‚außergewöhnlicher' Maßnahmen zur Lebensverlängerung nicht in jedem Fall erforderlich ist, eine aktive Tötung unter denselben Umständen aber streng verboten ist"[21], für wenig überzeugend.

Aber auch auf Seiten der Moraltheologie wurde nach dem Zweiten Vatikanischen Konzil die traditionelle Unterscheidung von gewöhnlichen und außerge-

---

17 Mit dem „voluntarium in causa" ist in der Tradition nichts anderes als das direkt Gewollte und durch den Willen unmittelbar Verursachte gemeint.
18 Vgl. Pius XII., *Ansprache an die Teilnehmer des IX. Kongresses der italienischen Gesellschaft für Anästhesiologie*, 132: „Quant au devoir propre et indépendant de la famille, il n'oblige habituellement qu'à l'emploi des moyens ordinaires. Par conséquent, s'il apparaît que la tentative de réanimation constitue en réalité pour la famille une telle charge qu'on ne puisse pas en conscience la lui imposer, elle peut licitement insister pour que le médecin interrompe ses tentatives, et le médecin peut licitement lui obtempérer. Il n'y a en ce cas aucune disposition directe de la vie du patient, ni euthanasie, ce qui ne serait jamais licite; même quand elle entraîne la cessation de la circulation sanguine, l'interruption des tentatives de réanimation n'est jamais qu'indirectement cause de la cessation de la vie, et il faut appliquer dans ce cas le principe du double effet et celui du ‚voluntarium in causa'."
19 Vgl. P. Singer, *Leben und Tod. Der Zusammenbruch der traditionellen Ethik*, Erlangen 1998, 73–75.
20 Vgl. D. Birnbacher, *Ethische Aspekte der aktiven und passiven Sterbehilfe*, in: H. Hepp (Hg.), *Hilfe zum Sterben? Hilfe beim Sterben!*, Düsseldorf 1992, 55–57. Vgl. dazu auch: ders., *Tun und Unterlassen*, Stuttgart 1995, 349–351.
21 D. Birnbacher, *Ethische Aspekte der aktiven und passiven Sterbehilfe*, 55.

wöhnlichen Maßnahmen der Lebenserhaltung mehr und mehr fallen gelassen. Bereits 1965 sprach der damalige Würzburger Pastoraltheologe Heinz Fleckenstein der Unterscheidung zwischen den „ordentlichen und außerordentlichen Mitteln" der Abwehr von Gesundheitsschäden nur noch historischen Wert zu.[22] Alfons Auer hielt demgegenüber zwar noch als ethische Regel fest, dass niemand verpflichtet sei, zur Erhaltung von Leben außergewöhnliche Mittel einzusetzen, wenn auch die Frage, was ein gewöhnliches und was ein außergewöhnliches Mittel ist, nicht ein für alle Mal beantwortet werden könne, sondern sich mit dem medizinisch-technischen Fortschritt wandle, vom Maß der finanziellen Aufwendungen oder anderen Umständen wie Ort, Zeit und Kultur abhängig sei und auch von den Auswirkungen auf den Gesamtzustand des Patienten her beurteilt werden müsse.[23] Doch auch Eberhard Schockenhoff[24] bescheinigt dieser Unterscheidung, sie habe an Bedeutung verloren, da sie gegenüber anderen Kriterien wie Hirntod, unabwendbarem Tod etc. zu unbestimmt und zudem stark vom jeweiligen Stand der medizinischen Entwicklung abhängig sei.

Dazu kommt die Frage, wann genau das Unterlassen von außergewöhnlichen Maßnahmen, obwohl sie zur Verfügung stünden und man sie anwenden könnte, ethisch gerechtfertigt ist. In welchen Fällen etwa wäre es unterlassene Hilfeleistung, die künstliche Beatmung abzubrechen oder gar nicht erst anzulegen? Für diese Unterscheidung sind offenbar noch weitere Kriterien erforderlich.

In den neueren Aussagen des Lehramts wird deshalb neben der Unterscheidung von gewöhnlichen und außergewöhnlichen Maßnahmen auch die Unterscheidung von verhältnismäßigen und unverhältnismäßigen Maßnahmen angeführt. So heißt es erstmals in der Erklärung der Glaubenskongregation *Iura et bona* folgendermaßen:

> Muss man nun unter allen Umständen alle verfügbaren Mittel anwenden? Bis vor kurzem antworteten die Moraltheologen, die Anwendung ‚außerordentlicher' Mittel könne man keinesfalls verpflichtend vorschreiben. Diese Antwort, die als Grundsatz weiter gilt, erscheint heute vielleicht weniger einsichtig, sei es wegen der Unbestimmtheit des Ausdrucks oder wegen der schnellen Fortschritte der Heilkunst. Daher ziehen es manche vor, von ‚verhältnismäßigen' und ‚unverhältnismäßigen' Mitteln zu sprechen. Auf jeden Fall kann eine richtige Abwägung der Mittel nur gelingen, wenn die Art der Therapie, der Grad ihrer Schwierigkeiten und Gefahren, der benötigte Aufwand sowie die Möglichkeiten ihrer An-

---

[22] Vgl. H. Fleckenstein, *Christliche Bewältigung ärztlicher Ausweglosigkeit*, in: *Arzt und Christ* 11 (1965), 239 f.
[23] Vgl. A. Auer, Art. *Behandlungsabbruch/Behandlungsverzicht*, 2. Ethik, in: A. Eser (Hg.), *Lexikon Medizin – Ethik – Recht*, Freiburg i. Br. 1989, 179 f.
[24] Vgl. E. Schockenhoff, *Ethik des Lebens. Ein theologischer Grundriss*, Mainz 1993, 251.

wendung mit den Resultaten verglichen werden, die man unter Berücksichtigung des Zustandes des Kranken sowie seiner körperlichen und seelischen Kräfte erwarten kann.[25]

Im Blick auf neu entwickelte Heilmittel, die aber noch nicht ausreichend erprobt und deshalb nicht ungefährlich sind, führt die Erklärung aus:
- Sie dürfen verwendet werden, wenn keine anderen Mittel zur Verfügung stehen.
- Sie dürfen abgebrochen werden, wenn sie nicht das erhoffte Ergebnis bringen. Es ist eine Frage der Abwägung, ob die angewendete Therapie nicht zu unverhältnismäßigen Schmerzen und Beschwerden führt.
- Man darf sich mit den allgemein von der Medizin zur Verfügung gestellten Mitteln begnügen. Niemand kann zu einer neuen, aber riskanten Therapie verpflichtet sein. Der Verzicht ist kein Selbstmord, sondern das Hinnehmen menschlicher Gegebenheiten.
- Wenn der Tod nahe ist und nicht mehr verhindert werden kann, darf man auf weitere Heilversuche verzichten, die nur eine schwache oder schmerzvolle Verlängerung des Lebens bewirken.

In der Enzyklika *Evangelium vitae* von Johannes Paul II. hat sich dann die Rede von den verhältnismäßigen und unverhältnismäßigen Mitteln bereits so etabliert, dass sie gleichrangig mit der Unterscheidung von gewöhnlichen und außergewöhnlichen Mitteln angeführt wird. So heißt es hier in Nr. 65, der Verzicht auf *außergewöhnliche* oder *unverhältnismäßige* Heilmittel sei nicht mit Selbstmord oder Euthanasie gleichzusetzen, sondern Ausdruck dafür, dass die menschliche Situation angesichts des Todes akzeptiert werde. Die Euthanasie sei zu unterscheiden vom Verzicht auf einen „therapeutischen Übereifer"[26], auf ärztliche Eingriffe also, die

---

25 Vgl. Kongregation für die Glaubenslehre, Iura et bona, 11f.
26 In diesem Zusammenhang ist auch auf die Verwendung der Kategorie des „natürlichen Todes" in einschlägigen Äußerungen von Papst Johannes Paul II. zu verweisen. Mit dieser Formulierung wendet sich der Papst zum einen gegen eine Einstellung, in der man glaubt, den Todeszeitpunkt selbst und eigenmächtig – durch Euthanasie, Suizid oder Suizidbeihilfe – festlegen und herbeiführen zu können, zum anderen aber auch gegen jenen „therapeutischen Übereifer", in dem man glaubt, durch Anwendung aller Möglichkeiten der Medizin den Todeszeitpunkt möglichst lange hinauszögern zu sollen – auch über das Maß des Sinnvollen hinaus. In der Rede von der „Natürlichkeit des Todes" geht es Johannes Paul II. also keineswegs – wie in einer ideologischen Verwendung dieses Begriffs unterstellt wird – um eine Ablehnung aller medizinischen Maßnahmen überhaupt, sondern lediglich um eine Ablehnung derjenigen Eingriffe, die eine eigenmächtige Verfügung des Menschen über den Todeszeitpunkt darstellen, indem sie diesen willentlich entweder beschleunigen oder hinauszögern. Vgl. dazu auch die instruktive Darstellung bei F.-J. Bormann, Ist die Vorstellung eines ‚natürlichen Todes' noch zeitgemäß? Moraltheologische

der Situation des Kranken nicht angemessen seien, weil sie in keinem Verhältnis zu den erhofften Ergebnissen stehen oder für die Familien zu beschwerlich sind. In solchen Situationen könne man aus Gewissensgründen auf weitere Heilversuche verzichten, die nur eine ungewisse und schmerzvolle Verlängerung des Lebens bewirken. Es gelte abzuschätzen, ob die zur Verfügung stehenden therapeutischen Maßnahmen objektiv in einem angemessenen Verhältnis zur Aussicht auf Besserung stehen.

Und der *Katechismus der Katholischen Kirche* fasst zusammen:

> Die Moral verlangt keine Therapie um jeden Preis. Außerordentliche oder zum erhofften Ergebnis in keinem Verhältnis stehende aufwendige und gefährliche Verfahren einzustellen, kann berechtigt sein. Man will dadurch den Tod nicht herbeiführen, sondern nimmt nur hin, ihn nicht verhindern zu können.[27]

Doch was ist damit gewonnen, dass die Rede von verhältnismäßigen und unverhältnismäßigen Maßnahmen neben die traditionelle Unterscheidung von gewöhnlichen und außergewöhnlichen Maßnahmen getreten ist? Gibt es wirklich einen bedeutsamen Unterschied der beiden Begriffspaare?

Auf den ersten Blick lässt sich folgende Differenz festhalten: Die Unterscheidung von ordentlichen und außerordentlichen Mitteln hat ihr Kriterium ausschließlich in Umständen, die der therapeutischen Handlung selbst *äußerlich* sind. So können etwa in Ländern oder Regionen, die medizinisch-technisch auf dem neuesten Stand sind, Behandlungsmaßnahmen als ordentlich bzw. gewöhnlich und üblich gelten, die in weniger entwickelten Gegenden noch als außerordentlich und ungewöhnlich gelten. Die Unterscheidung zwischen verhält-

---

Überlegungen zu einem umstrittenen Begriff, in: ders./G. D. Borasio (Hg.), *Sterben. Dimensionen eines anthropologischen Grundphänomens*, Berlin 2012, 336–341.

F.-J. Bormann macht aber auch auf die Grenzen dieser Kategorie aufmerksam, wenn er schreibt: „Obwohl sich das Lehramt meines Erachtens zu Recht von den anthropologisch gleichermaßen fragwürdigen Übersteigerungen eines eindimensionalen Selbstbestimmungsdenkens einerseits und einer leerlaufenden Technisierung andererseits abzugrenzen versucht, stellt sich die Frage, ob die neuere lehramtliche Vorliebe für die Kategorie des ‚natürlichen Todes' zur Absicherung von Lebensschutz und Fürsorge tatsächlich geeignet ist, die möglichen Spannungen zwischen dem personalen Grundansatz und den latent naturalistischen Implikationen in der Vorstellung einer rein biologischen ‚Einheit' des menschlichen Lebens überzeugend auszuräumen." (F.-J. Bormann, *Ist die Vorstellung eines ‚natürlichen Todes' noch zeitgemäß?*, 341).

In der Tat scheinen mir die recht verstandenen Kategorien der direkten und indirekten Sterbehilfe sowie das Kriterium der Verhältnismäßigkeit und Unverhältnismäßigkeit geeigneter zu sein, die ethische Unterscheidung zwischen einem unerlaubten Töten und einem erlaubten Sterbenlassen zu begründen.

27 *KKK*, Nr. 2278.

nismäßigen und unverhältnismäßigen Mitteln hat demgegenüber ihr Kriterium in dem Verhältnis, das zwischen dem therapeutischen Ziel einer Behandlungsmaßnahme und den bei dieser Behandlungsmaßnahme eingesetzten und verwendeten therapeutischen Mitteln besteht. Es geht also um eine Unterscheidung, die die *innere Struktur der Handlung selbst* betrifft und nicht den zufälligen äußerlichen kulturellen, geographischen oder gesellschaftlichen Kontext der Handlung. Zwar spielt es auch hier eine Rolle, welche Mittel überhaupt verfügbar und zugänglich sind. Ob aber die eingesetzten Mittel im Blick auf das angestrebte therapeutische Ziel verhältnismäßig oder unverhältnismäßig sind, ist dann eine vom kulturellen und technischen Entwicklungsstand *unterschiedene* Frage. Es ist durchaus möglich, dass Behandlungsmaßnahmen, die leicht verfügbar sind und als gewöhnliche Maßnahmen gelten, sich dennoch als unverhältnismäßig erweisen.

Was mit verhältnismäßig und unverhältnismäßig genau gemeint ist, wird freilich in den Aussagen des Lehramts nicht genauer bestimmt. Dass die angewendeten Mittel in keinem Verhältnis zu dem erwarteten Erfolg stehen, ist zwar eine erste Erläuterung, es werden aber keine weiteren Kriterien genannt, wann dies der Fall ist.

4 Fazit und Ausblick

Was lässt sich nach diesem Durchgang durch die verschiedenen lehramtlichen Aussagen zur Frage der Euthanasie als Fazit festhalten? Wie wird hier die Unterscheidung zwischen Töten und Sterbenlassen begrifflich und kriteriologisch gefasst?

1. Zunächst ist auffällig, dass die naheliegende terminologische Unterscheidung zwischen aktiver und passiver Sterbehilfe – wie auch zwischen Töten und Sterbenlassen – in den lehramtlichen Texten keinerlei Rolle spielt. Zwar ist in der Definition der Euthanasie von Tun oder Unterlassen die Rede, davon also, dass man etwas tut bzw. etwas nicht tut, obwohl man es tun könnte. Diese Unterscheidung ist jedoch keineswegs mit der zwischen aktiver und passiver Sterbehilfe identisch. Denn auch die passive Sterbehilfe, in der man die tödliche Krankheit nicht mehr daran hindert, den Tod herbeizuführen, kann entweder durch ein Tun – etwa das Abstellen eines lebenserhaltenden Geräts – oder durch ein Unterlassen – nämlich durch Verzicht auf eine noch mögliche medizinische Intervention – realisiert werden. Und umgekehrt kann auch die aktive Sterbehilfe, in der jemand – ohne dass eine tödliche Krankheit vorliegt – den Tod ursächlich herbeiführt, entweder durch ein Tun – etwa das Setzen einer Spritze – oder durch ein Unterlassen – durch Vorenthalten lebenserhaltender Maßnahmen – erfolgen.

In den lehramtlichen Texten kommt demgegenüber der Unterscheidung zwischen direkter Euthanasie und indirekter Inkaufnahme des Todes zentrale Bedeutung zu. Sie stellt das eigentliche Kriterium für die Unterscheidung zwischen ethisch erlaubter und unerlaubter Sterbehilfe dar. Während die direkte Tötung eines unschuldigen Menschen als Mord bzw. als immer unerlaubte „Euthanasie" bezeichnet wird, wird die indirekte Inkaufnahme des Todes als Nebenfolge der direkt intendierten Schmerzlinderung als ethisch erlaubt angesehen. Auch die Unterscheidung zwischen gewöhnlichen und außergewöhnlichen bzw. verhältnismäßigen und unverhältnismäßigen therapeutischen Mitteln wird auf diese Unterscheidung zwischen direkt und indirekt zurückgeführt. Denn auch vom Verzicht auf außergewöhnliche oder unverhältnismäßige therapeutische Mittel bzw. vom Abbruch solcher Maßnahmen wird gesagt, dass dies kein direktes Verfügen über das Leben eines unschuldigen Menschen, also keine direkte Euthanasie, sondern bloß ein Hinnehmen des Sterbens darstelle. Die handlungstheoretische Grundlage für diese Unterscheidung zwischen dem direkt Intendierten und dem nur indirekt Inkaufgenommenen aber bildet – wie die Aussagen von Pius XII. mehrfach zeigen – das Prinzip der Handlung mit Doppelwirkung.

2. Nun ist freilich auch diese Unterscheidung von direkt Intendiertem und indirekt Inkaufgenommenem sowie das Prinzip der Doppelwirkung vielfach kritisiert worden. Entscheidend ist dabei jeweils die Weise, wie die Intention verstanden wird.

In der Tradition wurde die Unterscheidung von direkt und indirekt oft so verstanden, dass das direkt Intendierte das ist, was *physisch* zuerst und unmittelbar *kausal* verursacht wird.[28] So dürfe man nicht *zuerst* etwas Schlechtes tun, um dadurch *als zweites* etwas Gutes zu erreichen. Ausgehend von dem Grundprinzip, dass die direkte Tötung eines Unschuldigen immer unerlaubt und sittlich schlecht ist, wurde deshalb das klassische Dilemma aus dem Bereich der Geburtshilfe dahingehend beantwortet, dass es nicht erlaubt sei, den Fötus – etwa durch Kraniotomie – zu töten, um dadurch wenigstens das Leben der Mutter retten zu können, sondern dass man beide sterben lassen müsse.[29] Ebenso gilt es nach

---

28 Vgl. oben in Abschnitt 2.2.
29 Vgl. etwa Pius XII., *Ansprache an die Mitglieder des katholischen Hebammenverbandes Italiens* (29. Oktober 1951), in: *AAS* 43 (1951), 838: „Inoltro ogni essere umano, anche il bambino nel seno materno, ha il diritto alla vita *immediatamente* da Dio, non dai genitori, nè da qualsiasi società o autorità umana. Quindi non vi è nessun uomo, nessuna autorità umana, nessuna scienza, nessuna ‚indicazione' medica, eugenica, sociale, economica, morale, che possa exibire o dare un valido titolo giuridico per una *diretta* deliberata disposizione, che miri alla sua distruzione, sia come scopo, sia come a mezzo per un altro scopo, per sè forse in nessun modo illecito. Cosi, per esempio,

Auffassung des Lehramts der katholischen Kirche als unerlaubt, bei einer Zwillings- oder Mehrlingsschwangerschaft das Leben wenigstens eines der Kinder dadurch zu retten, dass ein anderes getötet wird. Andererseits galt und gilt es als erlaubt, eine Totaloperation zur Entfernung eines Gebärmutterkrebses auch dann durchzuführen, wenn dies bei bestehender Schwangerschaft dazu führt, dass dadurch der Fötus stirbt. In diesem Fall sei der Tod des Fötus nur indirekt in Kauf genommen. Die unterschiedliche Bewertung dieser Fälle aufgrund physischer Kausalität ist heute freilich innerhalb der Moraltheologie obsolet geworden. Nach diesem Verständnis von direkt und indirekt nämlich müsste man auch sagen, dass jemand, der im 10. Stockwerk eines Hochhauses von einem Brand eingeschlossen ist und in den nächsten Minuten zu verbrennen droht, sich zwar nicht zuerst das Leben nehmen darf, um dadurch einem qualvollen Tod zu entgehen, wohl aber sich zuerst durch einen Sprung aus dem Fenster dem Verbrennen entziehen darf, um dann auf dem Boden zu zerschellen.

Doch nicht nur ein solches *physisches* Verständnis der Unterscheidung zwischen dem direkt Intendierten und dem indirekt Inkaufgenommenen ist problematisch. Nicht einsichtig ist auch ein rein *psychologisches* Verständnis der Intention, die sie mit dem vom Handelnden jeweils gerade subjektiv-bewusstseinsmäßig Beabsichtigten identifiziert. Ein solches Verständnis setzen etwa Befürworter der aktiven Sterbehilfe voraus, wenn sie die – auch von Seiten der katholischen Kirche, aber auch in der Gesetzgebung und im Standesrecht der Ärzte vertretene – Unterscheidung zwischen der unerlaubten direkten und der erlaubten indirekten Sterbehilfe ablehnen. Wenn etwa bei krebskranken Patienten im Endstadium mit extremen Schmerzen Opiate zur Schmerzlinderung verabreicht werden, die zugleich zu einem vorzeitigen Todeseintritt führen können, so sei es ein scheinheiliger Selbstbetrug zu sagen, dass der Arzt, der um die lebensverkürzende Wirkung sehr wohl weiß, diese bei seinem Handeln – neben der Schmerzlinderung – nicht auch beabsichtige. Es sei nicht einsichtig, dass die bloße – subjektiv-bewusstseinsmäßige – Absicht für die ethische und rechtliche Beurteilung einen so radikalen Unterschied mache, dass nämlich die gezielte Tötung zur Leidensminderung mit der Mindeststrafe von einem halben Jahr Gefängnis bedroht ist, während der Arzt zu einer indirekten Sterbehilfe, wenn anders eine ausreichende Leidensminderung nicht zu erreichen ist, rechtlich sogar verpflichtet ist.[30] Nach dem, was sonst im Strafrecht gilt, sei die indirekte wie die

---

salvare la vita della madre è un nobilissimo fine; ma l'uccisione diretta del bambino come mezzo a tal fine, non è lecita."

30 Vgl. etwa D. Birnbacher, *Tun und Unterlassen*, 346.

aktive Sterbehilfe in gleicher Weise *vorsätzlich* und deshalb auch grundsätzlich gleich zu beurteilen.[31]

Weder durch ein physisches noch durch ein psychologisches Verständnis der Intention des Handelnden lässt sich also die Unterscheidung zwischen dem direkt Intendierten und dem indirekt Inkaufgenommenen als ethisch relevante Unterscheidung plausibel machen. Doch ist damit bereits jede Möglichkeit eines angemessenen Verständnisses dieser Unterscheidung ausgeschlossen?

3. Weiterführend kann es sein, einen Blick auf die Anwendung des Prinzips der Handlung mit Doppelwirkung bei Thomas von Aquin auf die Frage der Selbstverteidigung zu werfen.[32] In diesem Zusammenhang macht Thomas klar, dass die Tötung eines Angreifers nur dann außerhalb der Intention (*praeter intentionem*) bleibt und damit nicht selbst intendiert, sondern – in späterer Terminologie – nur indirekt in Kauf genommen ist, wenn zur Erreichung des angestrebten Gutes der Lebenserhaltung bzw. Lebensrettung das Übel der zur Abwehr angewendeten Gewalt *verhältnismäßig* (*proportionatus*) bleibt. Nur wenn diese Verhältnismäßigkeit gewahrt wird, handelt es sich der moralischen Art der Handlung nach um eine ethisch vertretbare und gerechtfertigte „Notwehr" bzw. um die „Erhaltung des eigenen Lebens", bei der die Gewaltanwendung oder – im Extremfall (als *ultima ratio*) – auch Tötung nur indirekt in Kauf genommen ist. Wird dagegen die Verhältnismäßigkeit nicht gewahrt, wird die Gewaltanwendung nicht möglichst gering gehalten, sondern der Angreifer getötet, obwohl man das eigene oder fremde bedrohte Leben auch auf andere Weise hätte retten können, ist die Tötung direkt intendiert und die Handlung ist als „Mord" zu spezifizieren.

Mit diesem Ansatz ist die Frage, ob die Tötung direkt intendiert oder nur indirekt in Kauf genommen ist, weder in einem psychologischen noch in einem physisch-kausalen Verständnis beantwortet. Es handelt sich vielmehr um ein ethisches Verständnis von „direkt" und „indirekt". Von diesem Verständnis her wäre nun die Frage, wann Sterbehilfe unerlaubt ist und wann sie erlaubt sein kann, zu beantworten. In den folgenden Thesen kann dies hier nur skizzenhaft angedeutet werden.[33]

– Es scheint verhältnismäßiger zu sein, den von einem schwerkranken und leidenden Patienten geäußerten Wunsch zu sterben auf andere Weise zum Verschwinden zu bringen (etwa durch palliativmedizinische Maßnahmen), als dadurch, dass man ihn sofort erfüllt.

---

31 Vgl. ebd.
32 Vgl. Thomas von Aquin, *Summa theologiae* II–II, q. 67, a. 7.
33 Vgl. dazu ausführlicher S. Ernst, Verhältnismäßige und unverhältnismäßige Mittel. Eine bedenkenswerte Unterscheidung in der lehramtlichen Bewertung der Sterbehilfe, in: MThZ 58 (2007), 43–57.

- Die Begründung erlaubter Formen der Sterbehilfe setzt voraus, dass das Ziel der Medizin nicht mehr einfach als Lebenserhaltung bestimmt werden kann, sondern – in einer versuchsweisen Formulierung, bei der nicht mit „Lebensqualität" argumentiert wird – eher darin besteht, *dem Patienten im Rahmen des noch Möglichen optimale Bedingungen für seinen Lebensvollzug zu schaffen und zu erhalten.*
- Ausgehend von diesem Ziel ließe sich zunächst sagen, dass mögliche Behandlungsmaßnahmen, die im Blick auf die Optimierung des Lebensvollzugs keine Verbesserung darstellen oder die Möglichkeit des Lebensvollzugs eher einschränken – etwa schwere Operationen am bevorstehenden Lebensende – unterbleiben oder auch abgebrochen werden können. Auch dann ist der vorzeitig eintretende Tod nicht direkt beabsichtigt, sondern nur indirekt in Kauf genommen. Was eine Optimierung des Lebensvollzugs konkret für einen Patienten bedeutet, ist dabei nicht nur eine Frage der medizinischen Fakten, Möglichkeiten und Risiken, sondern hängt auch von psychologischen, sozialen und sinnbezogenen Faktoren ab. Es ist deshalb nur in einem einfühlsamen Dialog mit dem Patienten zu klären und kann von Fall zu Fall sehr unterschiedlich ausfallen.
- Weiterhin lässt sich sagen, dass Behandlungsmaßnahmen wie starke Schmerzmittel etwa bei Krebspatienten die Möglichkeit des Lebensvollzugs verbessern können, auch wenn die Gefahr besteht, dass das Leben verkürzt wird. Allerdings ist im Sinne der Verhältnismäßigkeit darauf zu achten, dass die gewählte Dosierung wirklich erforderlich ist. Nur dann kann davon die Rede sein, dass die Intention direkt auf die Schmerzlinderung gerichtet ist und die Lebensverkürzung nur indirekt in Kauf genommen wird. Sie bleibt dann außerhalb der Intention.
- Schließlich ist auch zu sagen, dass es extreme Fälle geben kann, in denen das Leben nur noch Leid und Schmerz bedeutet und definitiv keine Perspektive für die Erfahrung von Gutem bietet. Es ist die Frage, ob in solchen Fällen den Sterbewunsch des Patienten zu erfüllen nicht direkt auf die Abkürzung aussichtslosen Leidens zielt, während die Beendigung des Lebens ethisch gesehen außerhalb der Intention bleibt, auch wenn sie kausal und psychologisch vielleicht direkt verursacht werden. Eine davon zu unterscheidende Frage ist allerdings, wie eine rechtliche Regelung aussehen sollte.

Franz-Josef Bormann
Zur kausalen Differenz von Töten und Sterbenlassen

Seth MacFarlanes Westernparodie „A Million Ways to Die in the West" führt den Zuschauer nicht nur in die überaus gefährliche Welt der amerikanischen Kleinstadt Old Stump, in der der Tod – durch aberwitzige Unfälle, schießwütige Mitbürger, wilde Tiere und einen dilettierenden Arzt – buchstäblich an jeder Straßenecke lauert. Sie konfrontiert ihn auch mit grundlegenden handlungstheoretischen Fragen, die sich zumindest immer dann stellen, wenn man aus normwissenschaftlicher Perspektive versucht, jene spezifischen Verantwortlichkeiten zu bestimmen, die einzelnen Akteuren aus der besonderen Art ihrer jeweiligen Verstrickung in das Sterben eines Menschen erwachsen. Sollen derartige Verantwortungszuschreibungen nicht auf rein intuitiver und damit äußerst fehleranfälliger Basis erfolgen, dann bedarf es eines mehrstufigen Reflexionsprozesses, der wenigstens die folgenden drei Schritte umfasst: Erstens ist angesichts der zahllosen Möglichkeiten des Versterbens einer Person zu prüfen, ob der eingetretene Tod überhaupt ein bestimmtes menschliches *Handeln* involviert oder ausschließlich auf den Einfluss rein naturaler Faktoren (wie z. B. Krankheit, Behinderung, altersbedingte Lebensschwäche) zurückzuführen ist und sich damit einer normativen Betrachtung entzieht, was zwangsläufig eine Verständigung über die Grundkoordinaten des Handlungsbegriffes erforderlich macht. Zweitens wäre im Falle einer handlungsmäßigen Beteiligung eines oder mehrerer menschlicher Akteure am Todeseintritt einer Person nicht nur zu ermitteln, welche typologischen Unterscheidungen zur Strukturierung des weiten und heterogenen Bereiches sog. lebensbeendender Handlungen überhaupt grundsätzlich sinnvoll erscheinen, sondern auch zu klären, welchem der hier einschlägigen hinreichend spezifizierten *Handlungstypen* eine bestimmte Praxis aufgrund ihrer charakteristischen deskriptiven Eigenschaften zuzuordnen ist. Schließlich sind drittens über die rein typologische Zuordnung hinaus jene weiteren situativen Merkmale genau zu erfassen, die für die angemessene Interpretation eines konkreten einmaligen *Handlungsindividuums* von Bedeutung sind.

Die folgenden Überlegungen konzentrieren sich im Wesentlichen auf die ersten beiden Reflexionsschritte. Im Anschluss an einige eher grundsätzliche Ausführungen zum Handlungsbegriff soll mit der Kausalität ein zentrales Element der für die gesamte Sterbehilfe-Diskussion fundamentalen Unterscheidung zwischen den beiden Handlungstypen des ‚Tötens' und des ‚Sterbenlassens' analysiert werden, um zu überprüfen, ob sich hier eine deskriptive Differenz zwischen beiden Handlungsformen nachweisen lässt, die auch normativ von Bedeutung sein könnte. Dabei wird im Sinne der sog. *Signifikanzthese* dafür argumentiert, dass ein solcher Unterschied tatsächlich besteht und der kausalen Differenz sogar eine besonders wichtige praktische Orientierungsfunktion für konkrete klinische und pflegerische Entscheidungen am Lebensende zukommt, die in medizinethischen Debatten bislang nur unzureichend beachtet wird.

1 Handlungstheoretische Vorüberlegungen

Soll das Nachdenken über die moralische (und rechtliche) Verantwortung einzelner Akteure im Umkreis der beiden Handlungstypen des ‚Tötens' und ‚Sterbenlassens' nicht bereits vom handlungstheoretischen Grundansatz her in die Irre gehen, dann müssen zwei fundamentale Missverständnisse vermieden werden.

Das erste Missverständnis besteht darin, die moraltheoretisch grundlegende Differenz zwischen ‚Handeln' und ‚Nicht-Handeln' mit dem Begriffspaar ‚Tun' und ‚Unterlassen' zu identifizieren und das Vorliegen einer Handlung damit von der äußerlich sichtbaren Ausführung bestimmter Körperbewegungen abhängig zu machen[1]. Vor allem Vertreter empiristischer Denkmodelle haben – etwa im Sinne von Arthur C. Dantos Konzept sog. *basic actions*[2] – immer wieder versucht, komplexe Handlungsphänomene in eine naturalisierte Ereignisontologie einzupassen, um die in der nachkantischen und wittgensteinianischen Tradition verbreitete Gegenüberstellung von hermeneutisch-verstehenswissenschaftlichen und natur- bzw. erklärungswissenschaftlichen Zugängen zur Welt der menschlichen Praxis zu überwinden und alle Wirklichkeitsbereiche in ein einheitlich naturalistisches Weltbild zu integrieren. Angesichts der Gewaltsamkeit solcher Reduktionismen, die nicht zuletzt mit dem pauschalen Ausschluss sämtlicher Unterlassungsphänomene aus dem Handlungsbegriff zu einer erheblichen Amputation des menschlichen Verantwortungsbereiches führen[3], ist es kaum überraschend, dass sich erheblicher Widerstand gegen die Be-

---

[1] Vgl. J. Bennett, *Whatever the Consequences*, in: *Analysis* 26 (1965/66), 83–102; R. Trammel, *Saving Life and Taking Life*, in: *The Journal of Philosophy* 72,5 (1975), 131 ff.; R. C. Morillo, *Doing, Refraining and the Strenuousness of Morality*, in: *APQ* 14 (1977), 32; D. Dinello, *On Killing and Letting Die*, in: B. Steinbock (ed.), *Killing and Letting Die*, Englewood Cliffs/New York 1980, 128–131 sowie C. Bottek, *Unterlassungen und ihre Folgen. Handlungs- und kausalitätstheoretische Überlegungen*, Tübingen 2014, 6 f. und 344.

[2] Vgl. A. C. Danto, *Basic Actions*, in: *APQ* 2 (1965), 141–148 (dt. *Basis-Handlungen*, in: G. Meggle (Hg.), *Analytische Handlungstheorie. Handlungsbeschreibungen*, Bd. 1, Frankfurt a.M. 1985, 89–110).

[3] Vgl. F.-J. Bormann, *Von der ‚Freiheit' und der ‚Verantwortung' zur ‚verantworteten Freiheit'*, in: J. Boomgaarden/M. Leiner (Hg.), *Kein Mensch, der der Verantwortung entgehen könnte. Verantwortungsethik in theologischer, philosophischer und religionswissenschaftlicher Perspektive*, Freiburg i. Br. 2014, 136.

schränkung des zurechenbaren Handelns auf den Bereich des äußerlich sichtbaren Tuns und dessen ereignisontologische Atomisierung geregt hat⁴.

Jedoch gibt es neben der Gefahr einer *zu engen* auch die gegenläufige Problematik einer *zu weiten* Umfangsbestimmung des Handlungsbegriffes. Wenn etwa Thomas Fuchs in berechtigter Kritik an einem aktivistisch verengten Verständnis menschlicher Praxis erklärt, der Handlungsbegriff bezeichne „nicht nur die Ebene physischer Aktion, sondern jede Form der inneren und äußeren Stellungnahme eines Menschen zu einer ihn konfrontierenden Situation, so dass es ein ‚Nicht-Handeln' in ihr gar nicht gibt"⁵, dann dürfte diese Bestimmung insofern erheblich zu weit ausgreifen, als sich durchaus verschiedene emotionale und reflexhafte Reaktionen auf bestimmte Situationen vorstellen lassen, die wir aus guten Gründen nicht als Handeln bezeichnen würden. Zwar gibt es bestimmte innere mentale Prozesse, die Dispositionen für äußeres Handeln schaffen, dieses vorbereiten oder zumindest beeinflussen können und daher von der Tradition zu Recht als ‚innere Handlungen' bezeichnet und einer moralischen Beurteilung unterworfen wurden⁶. Doch folgt daraus nicht, dass jeder Form einer spontanen Reaktion eines Menschen auf eine bestimmte Situation auch schon der Rang einer Handlung zukommt.

Diese komplementären Ungereimtheiten hinsichtlich der genauen Extensionsbestimmung des Handlungsbegriffs verweisen letztlich auf eine zweite Quelle von Missverständnissen, die dessen Intension betrifft. Welche Spannbreite an Positionen dabei auch heute noch vertreten wird, zeigt ein Blick auf die zeitgenössische Debatte zwischen dem in der zweiten Hälfte des 20. Jahrhunderts vorherrschenden *Kausalismus* und der in jüngerer Zeit wiedererstarkten *Teleologie,* die zwei handlungstheoretische Grundoptionen repräsentieren und jeweils unterschiedliche Sinngehalte des Handlungsbegriffs in den Mittelpunkt ihrer Analysen stellen⁷. Während Anhänger einer teleologischen Handlungserklärung auf die irreduzibel intentionale Struktur menschlichen Handelns verweisen und daraus den Schluss ziehen, dass ein wirkliches Verständnis menschlicher Praxis nur durch einen Rückgriff auf die besonderen Überzeugungen, Absichten, Ziele und Zwecke des jeweiligen Akteurs zu erreichen ist, versuchen die Verfechter kausalistischer Ansätze, solche alltagspsychologischen Denkmodelle dadurch zu

---

4 Vgl. E. Runggaldier, *Was sind Handlungen? Eine philosophische Auseinandersetzung mit dem Naturalismus,* Stuttgart 1996 sowie ders., Art. *Handlung,* in: P. Kolmer/A. G. Wildfeuer (Hg.), *Neues Handbuch philosophischer Grundbegriffe,* Bd. 2, Freiburg i. Br./München 2011, 1145–1159.
5 T. Fuchs, *Was heißt „töten"? Die Sinnstruktur ärztlichen Handelns bei passiver und aktiver Euthanasie,* in: *Ethik Med* 9 (1997), 83.
6 Vgl. F. Ricken, *Allgemeine Ethik,* Stuttgart 2013, 101.
7 Vgl. dazu C. Horn/G. Löhrer (Hg.), *Gründe und Zwecke. Texte zur aktuellen Handlungstheorie,* Berlin 2010.

überwinden, dass sie nach den kausalen Antezedenzbedingungen und dem wirkursächlichen Ursprung – etwa i. S. von Donald Davidsons Konzept des kausal zu deutenden ‚primären Grundes'[8] – einer Handlung fragen, um aus der Menge möglicher rechtfertigender Gründe denjenigen Grund zu identifizieren, aus dem die Handlung tatsächlich ausgeführt worden ist. Obwohl sich die unterschiedlichen Perspektiven beider Denkströmungen keineswegs grundsätzlich gegenseitig ausschließen müssten, wird die Diskussionslage durch eine Reihe problematischer Zusatzannahmen verkompliziert, die in die jeweiligen Ansätze hineinverwoben sind. So bedienen sich Kausalisten häufig nicht nur eines starken deduktiv-nomologischen Denkmodells zur Interpretation des Begriffs der Wirkursächlichkeit, sondern setzen auch ein reduktionistisches, humeanisch inspiriertes *desire-belief*-Konzept der Handlungserklärung voraus, ohne dessen rationalitäts-, motivations- und freiheitstheoretischen Voraussetzungen einer kritischen Prüfung zu unterziehen. Umgekehrt neigen Teleologen dazu, die wirkursächlichen Hintergründe ihrer intentionalen Handlungserklärung entweder gänzlich auszublenden oder doch zumindest die nähere Analyse der ereignisontologischen Implikationen des von ihnen favorisierten Konzeptes der sog. ‚Handlungskausalität' (*agent causality*)[9] zu vernachlässigen, da diese zwangsläufig in schwierige und weithin ungelöste Fragen der Philosophie des Geistes hineinführt. Denn selbst wenn man aus guten Gründen der Überzeugung ist, dass eine zureichende Handlungserklärung das handelnde Subjekt mit seinen handlungsleitenden Absichten als Ursprung der Handlung in den Blick zu nehmen hat, da es für die Lösung des Individuationsproblem von Handlungen wenig hilfreich ist, diese in immer kleinteiligere bloße Ereignisabfolgen aufzuspalten, bleibt es eine wichtige Aufgabe, näher zu analysieren, wie solche Intentionen (i. S. einer *mental causation*) konkret handlungswirksam werden können.

Da Handlungen neben ihrer intentionalen Struktur immer auch eine kausale Dimension besitzen[10], bedarf es offenbar eines handlungstheoretischen Ansatzes, der beide Aspekte des Sinngehalts des Handlungsbegriffs nicht gegeneinander ausspielt, sondern vielmehr zu integrieren vermag. Ein in dieser Hinsicht nach wie

---

8 Vgl. D. Davidson, *Actions, Reasons, and Causes*, in: *The Journal of Philosophy* 60 (1963), 693 (dt. *Handlungen, Gründe und Ursachen*, in: ders., *Handlung und Ereignis*, Frankfurt a. M., 31).
9 Vgl. R. Chisholm, *The Agent as Cause*, in: M. Brand/D. Walton (eds.), *Action Theory*, Dordrecht/Boston 1976, 199–213; E. Runggaldier, *Was sind Handlungen?*, 144–153 sowie kritisch dazu G. Keil, *Handeln und Verursachen*, Frankfurt a. M. 2000, 358–373.
10 Der Umstand, dass diese kausale Dimension einmal mit Blick auf die von der Handlung bewirkte Zustandsänderung bzw. Zustandserhaltung der Welt und einmal mit Blick auf die der Handlungsentscheidung selbst zugrundeliegenden Einflussfaktoren analysiert werden kann, ändert nichts daran, dass Kausalität ein notwendiges Element des Handlungsbegriffs darstellt.

vor wegweisendes Denkmodell stammt von Georg Henrik von Wright[11], das sich durch drei wichtige Vorzüge auszeichnet:

Erstens entwickelt von Wright den Handlungsbegriff von seiner inneren Beziehung zur phänomenologisch umfassenderen Kategorie der ‚Veränderung' her, die den Übergang von einem Zustand der Welt in einen anderen bezeichnet[12], wobei er näherhin vier Typen elementarer Handlungen voneinander unterscheidet[13]. Zwar ist nicht jede Veränderung eine Handlung, da Veränderungen z. B. auch von nichthandlungsfähigen Entitäten ausgehen können, aber jede Handlung bewirkt eine Veränderung, die im Blick auf den vorausgehenden Weltzustand rein phänomenologisch entweder als zustandserhaltend oder als zustandsmodifizierend in Erscheinung treten kann, und impliziert damit zwangsläufig ein kausales Element. Die *kausale Wirksamkeit* ist folglich als erste notwendige Eigenschaft des Handlungsbegriffs zu bestimmen, die als solche freilich noch nicht hinreichend für das Vorliegen einer Handlung ist, sondern der Ergänzung durch weitere Elemente bedarf.

Zweitens ist die basale Annahme, Handlungen seien von einer Person verursachte Veränderungen, durchaus offen für die Berücksichtigung eines weiteren unverzichtbaren Elementes des Handlungsbegriffs, das in der *Intentionalität* der jeweils herbeigeführten Veränderung besteht. Anders als reine Ereignisabfolgen, für die eine vergangenheitsorientierte kausale Erklärung hinreichend erscheint, bedarf es im Falle der Deutung menschlicher Handlungen einer zukunftsbezogenen teleologischen Interpretation[14]. Eine Handlung – im Unterschied zum bloß reflexhaften Verhalten – liegt nämlich nur dort vor, wo die Relation zwischen der Person und der Veränderung nicht nur kausaler, sondern zugleich auch intentionaler Natur ist. Über die Intentionalität lässt sich die Einheit der Handlung und die Identifikation dessen sicherstellen, was jeweils als *Handlungserfolg* in Abgrenzung zu weiteren bloßen *Hand-*

---

11 Vgl. G. H. von Wright, *Norm and Action. A Logical Enquiry*, London 1963 sowie ders., *Explanation and Understanding*, Ithaca 1971.
12 G. H. von Wright stellt in diesem Sinne fest: „An act *is* not a change in the world. But many acts may quite appropriately be described as the bringing about or *effecting* ('at will') of a change. To act is, in a sense, to *interfere* with 'the course of nature'." (*Norm and Action*, 36). „This correspondence between act and change is an *intrinsic* or logical tie. The act is, as it were 'defined' as the act of effecting such and such a change." (*Norm and Action*, 39).
13 G. H. von Wright erklärt dazu: „We shall use the symbol *d* for acting: The schematic descriptions of the four types of elementary act shall be $d(pTp)$, $d(pT{\sim}p)$, $d({\sim}Tp)$, and $d({\sim}pT{\sim}p)$. It should be observed that $d(pTp)$, etc., are schematic representations of *sentences* which describe acts, just as pTp, etc., are schematic representations of sentences which describe changes, and p, etc., are schematic representations of sentences which describe (generic) states of affairs." (*Norm and Action*, 42).
14 Vgl. G. H. von Wright, *Explanation and Understanding*, 83f.

lungsfolgen zu bestimmen ist[15]. Dies ist insofern bedeutsam, als die Lösung des Individuationsproblems i. S. der angemessenen Aussonderung von Handlungen als raum-zeitlichen Einheiten im unendlichen Strom der Ereignisse aufgrund der Transitivität wirkursächlicher Faktoren auf der Ebene bloßer Ereigniskausalität allein gerade nicht gelingen kann. Soll überhaupt die Möglichkeit der Verantwortung für eine Handlung bestehen, dann bedarf es eines personalen Ursprungs der Handlung, der über seine rein wirkursächliche Potenz hinaus auch durch die Freiwilligkeit der zugrundeliegenden Absicht gekennzeichnet ist[16].

Schließlich ist dieser Ansatz drittens auch dazu in der Lage, unterschiedliche Handlungsmodalitäten dadurch zu integrieren, dass er ‚Handeln' nicht als Gegenbegriff zu ‚Unterlassen' verwendet, sondern als Oberbegriff, unter den ‚Tun' und ‚Unterlassen' als zwei verschiedene Handlungsmodi subsumiert werden. Da ein und derselbe Handlungstyp rein technisch oftmals sowohl durch ein Tun als auch durch ein Unterlassen verwirklicht werden kann[17], ist zur Vermeidung von sprachlichen Missverständnissen strikt zwischen der Ebene des *Handlungstyps* und derjenigen seines technischen *Ausführungsmodus* zu unterscheiden[18]. Eine

---

15 G. H. von Wrights unterscheidet zwischen der intrinsischen Beziehung zwischen act und result und der davon abzugrenzenden Beziehung der Handlung zu ihren *consequences*: vgl. *Norm and Action*, 39.
16 Im Blick auf diese Regress-Problematik stellt J. C. Joerden zu Recht fest: „Denn eine Konsequenz der Transitivität der Kausalrelation und der Abweisung von Reflexivität und Symmetrie der Kausalrelation ist natürlich, dass man hinter jedem, der als verantwortlicher Verursacher erkannt wird, eine weitere (entferntere) Ursache annehmen kann, usw. bis ins Unendliche. Dadurch wird die Möglichkeit der Zuschreibung von Verantwortlichkeit jedoch insgesamt in Frage gestellt. Denn wenn für jedes Ereignis letztlich eine unendliche Kausalkette ‚verantwortlich' ist, ist gar keiner mehr verantwortlich […]. Ein ‚Ausstieg' aus diesem Problem ist nur dann möglich, wenn man Bedingungen definiert, unter denen man das Wirken einer ‚freien Ursache' (causa libera) annimmt, die einen ihrerseits nicht verursachten Anfang einer Kausalkette darstellt. […] Dieser freien Ursache, die immer eine Person (Kant: ‚Urheber') ist, lässt sich das von ihr verursachte Geschehen zurechnen. Jenseits dieser freien Ursache (‚davor') gibt es keinen mehr, der auf dieselbe Weise für den Eintritt des Ereignisses […] verantwortlich ist, wie eben die hier handelnde Person […]." (*Vier Arten von Ursache und vier Arten der Beteiligung an einem Verbrechen*, in: H. Schröder/U. Bock (Hg.), *Semiotische Weltmodelle. Mediendiskurse in den Kulturwissenschaften* (Festschrift für E. Höfner), Münster 2010, 285 f.).
17 Man kann einen Menschen ‚töten', indem man etwas tut (ihn z. B. erschießt oder vergiftet) oder indem man etwas unterlässt (ihm z. B. die gebotene Hilfeleistung in einer lebensgefährlichen Situation verweigert). Ebenso kann man einen Menschen ‚sterben lassen', indem man etwas tut (z. B. ein Beatmungsgerät abschaltet) oder indem man etwas unterlässt (z. B. eine zwar mögliche aber sinnlose Maßnahme zur Lebensverlängerung gar nicht erst einleitet).
18 So wird aus der moralischen Gleichwertigkeit von ‚Tun' und ‚Unterlassen' i. S. der bloß technisch unterschiedlichen Realisationsform ein und desselben Handlungstyps fälschlicherweise immer wieder auf eine Gleichwertigkeit der beiden unterschiedlichen Handlungstypen des

Unterlassungshandlung liegt immer dann vor, wenn eine Person a) etwas Bestimmtes tun kann, b) weiß, dass sie es tun kann, c) sich entscheidet, es nicht zu tun oder sich nicht entscheidet, es zu tun, und damit d) willentlich eine Veränderung bewirkt[19]. Auch bei Unterlassungen findet sich also jene kausale und intentionale Relation zwischen einer Person und einem bestimmten Ereignis, die für den Handlungsbegriff generell konstitutiv ist.

Der hier im Weiteren vorausgesetzte Handlungsbegriff lässt sich schematisch folgendermaßen darstellen:

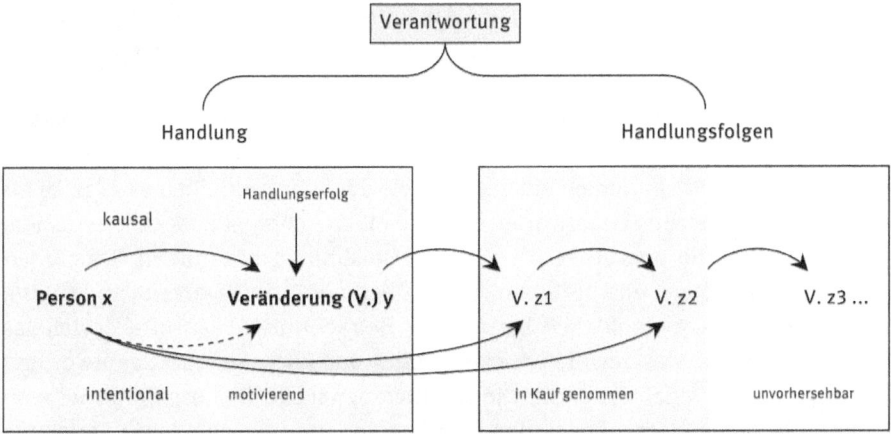

‚Tötens' und des ‚Sterbenlassens' geschlossen: Dieser Fehler findet sich auch bei C. Bottek, der ansonsten zu Recht dafür plädiert, „Ausführungs- und Unterlassungshandlungen als die beiden gleichwertigen Formen von Handlungen" (*Unterlassungen und ihre Folgen*, 4) anzusehen, wenn er erklärt: „Es wird argumentiert, dass Eingriffe wie das Ausschalten eines Beatmungsgerätes oder das Entfernen einer Magensonde (entgegen verbreiteter Auffassung) Ausführungshandlungen darstellen und *daher* nicht als Fälle passiver Sterbehilfe angesehen werden können." (*Unterlassungen und ihre Folgen*, 6. Kursivierung F.-J. B.).

19 Im Blick auf das von D. Birnbacher (*Tun und Unterlassen*, Stuttgart 1995, 65f.) herausgearbeitete sog. *Dilemma der Unterlassungskausalität* plädiere ich also nicht nur dafür, dem Unterlassenden Folgenverantwortung zuzuschreiben, sondern auch dafür, das bewusste Unterlassen als Handlungsmodus zu begreifen, dem – wie jedem anderen Handeln auch – kausale Wirksamkeit zukommt, so dass die von Birnbacher diagnostizierte terminologische Schwierigkeit entfällt, „einem Nicht-Handeln Kausalität zuzuschreiben" (*Tun und Unterlassen*, 65). Zur generellen Problematik der Deutung von Unterlassungshandlungen vgl. auch R. Clarke, *Omissions. Agency, Metaphysiccs, and Responsibility*, New York 2014 und zur strafrechtlichen Problematik der kausalen Wirksamkeit eines tatbestandlichen Unterlassungshandelns in diesem Band die Ausführungen von W. Schild: *Strafrechtliche Wortfeldanalyse*, Abschnitt 2.2 Kausales Tun und quasi-kausales Unterlassen (207–212).

2 Das Kausalitätsargument und seine verschiedenen Deutungen

Obwohl die deutschsprachige medizinethische Debatte um die verschiedenen Formen der Sterbehilfe an ihrer Oberfläche durchaus eine gewisse terminologische Uneinheitlichkeit erkennen lässt[20], gibt es mit der Gegenüberstellung der beiden generellen Handlungstypen des ‚Tötens' und des ‚Sterbenlassens' eine basale semantische Grundunterscheidung, die sich auch im internationalen Vergleich weithin durchgesetzt hat. Allerdings bedürfen beide Begriffe zur Kennzeichnung alternativer Handlungsformen nicht nur einer weiteren Spezifizierung (z. B. hinsichtlich der jeweiligen Willensbestimmung des betroffenen Patienten oder besonderer Handlungsumstände), um die in der Debatte besonders umstrittenen Fragen der konkreten Reichweite des Selbstbestimmungsrechtes eines sterbewilligen Patienten einerseits sowie der Schutzpflichten des Arztes für das Leben andererseits beantworten zu können. Vielmehr ist zunächst einmal zu überprüfen, ob die unstrittige *prima facie*-Plausibilität der strikten Gegenüberstellung von ‚Töten' und ‚Sterbenlassen' überhaupt einer kritischen Prüfung standhält oder sich womöglich bei näherer Betrachtung als vorurteilsgeleitetes Dogma entpuppt, das revidiert werden sollte. Im Blick auf die Beantwortung dieser grundsätzlichen Frage sind in der umfangreichen Diskussion im Wesentlichen drei verschiedene Positionen voneinander zu unterscheiden[21]: Verfechter einer sog. *Signifikanzthese* behaupten gewöhnlich, dass zwischen beiden Handlungstypen ein deskriptiv fassbarer intrinsischer Unterschied besteht, der als solcher auch immer moralisch relevant ist[22]. Anhänger einer sog. *Äquivalenzthese* bestreiten dagegen die Existenz eines moralisch bedeutsamen Unterschieds, da

---

20 So findet sich neben dem in der angelsächsischen Welt üblichen Begriff der ‚Euthanasie' auch der international wenig gebräuchliche Begriff der ‚Sterbehilfe', dessen weites Bedeutungsspektrum durch verschiedene Binnendifferenzierungen (wie z. B. die Gegenüberstellung von ‚Hilfe *im* Sterben' und ‚Hilfe *zum* Sterben' oder die verschiedenen adjektivischen Attribute direkt/indirekt, aktiv/passiv, freiwillig/unfreiwillig/nicht freiwillig) näher strukturiert wird. Eine besonders eigenwillige Terminologie findet sich bei C. Bottek, der den Begriff der ‚Sterbehilfe' auf solche „Handlungen (im weiteren Sinne)" einschränken möchte, „die darauf zielen, den Wunsch einer Person nach dem eigenen Tod zu erfüllen" (*Unterlassungen und ihre Folgen*, 342).
21 Vgl. J. C. Wolf, *Aktive und passive Euthanasie*, in: ARSP 79 (1993), 409.
22 Vgl. die Positionen von P. Ramsey, *The Patient as Person*, London 1970, 151; O. H. Green, *Killing and Letting Die*, in: APQ 17 (1980), 201; A. van den Beld, *Töten oder Sterbenlassen – Gibt es einen Unterschied?*, in: ZEE 35 (1991), 69.

die Folgen beider Handlungstypen dieselben sein könnten[23]. Eine vermittelnde Position beziehen die Vertreter einer sog. *Kompromissthese* bzw. *modifizierten Signifikanzthese*, der zufolge der Unterschied zwischen beiden Handlungstypen entweder nicht in allen Fällen[24] oder aber nicht aufgrund intrinsischer, sondern lediglich extrinsischer Merkmale (wie z. B. der jeweiligen sozialen Handlungsfolgen) moralisch relevant ist[25].

Im Folgenden soll mit dem Kausalitätsargument ein zentraler Baustein zur Begründung der Signifikanzthese näher analysiert werden. Dabei ist jedoch zu berücksichtigen, dass es zwar innerhalb der philosophischen Tradition eine sehr lange und äußerst lebhafte Diskussion um den Begriff der ‚Kausalität' als solchen gegeben hat[26], die verschiedenen theoretischen Deutungsmodelle aber zumeist auf einer sehr abstrakten Ebene entwickelt und nur relativ selten explizit auf den Bereich menschlicher Handlungen – geschweige denn auf die Interpretation einzelner Handlungstypen – angewandt worden sind[27]. Aus diesem Grund sollen mit den *interventionistischen, probabilistischen* und *konditionalen* Theoriemodellen zunächst exemplarisch einige besonders einflussreiche Interpretationsansätze skizziert werden, bevor im Anschluss daran nach ihrer Relevanz für die genaue Verhältnisbestimmung von ‚Töten' und ‚Sterbenlassen' gefragt wird.

2.1 Interventionismus und Probabilismus

Eine erste für unsere Thematik einschlägige Interpretation des Kausalitätsbegriffs findet sich im Umkreis sog. *interventionistischer* Theoriemodelle, denen zufolge

---

23 Vgl. C. R. Morillo, *Doing, Refraining and the Strenuousness of Morality*, 32; J. Rachels, *Aktive und passive Sterbehilfe*, in: H.-M. Sass (Hg.), *Medizin und Ethik*, Stuttgart 1989, 259 f.; ders., *The End of Life: Euthanasia and Morality*, Oxford 1986; P. Singer, *Praktische Ethik*, Stuttgart ²1994, 204 f.; H. Kuhse, *Die „Heiligkeit des Lebens" in der Medizin*, Erlangen 1994, 62–68.
24 Vgl. P. Foot, *Euthanasie*, in: A. Leist (Hg.), *Um Leben und Tod. Moralische Probleme bei Abtreibung, künstlicher Befruchtung, Euthanasie und Selbstmord*, Frankfurt a. M. 1990, 285–317 sowie T. Beauchamp, *Intending Death. The Ethics of Assisted Suicide and Euthanasia*, Upper Saddle River 1996.
25 Vgl. D. Birnbacher, *Tun und Unterlassen*, 127 f. sowie M. Zimmermann-Acklin, *Euthanasie. Eine theologisch-ethische Untersuchung*, Freiburg i. Br. 1997, 234 und 275.
26 Vgl. B. von Brandenstein, Art. *Kausalität I*, in: H. M. Baumgartner/C. Wild (Hg.), *Handbuch philosophischer Grundbegriffe*, Studienausgabe Bd. 3, München 1973, 779–791; A. Schöpf, Art. *Kausalität II*, in: H. M. Baumgartner/C. Wild (Hg.), *Handbuch philosophischer Grundbegriffe*, 791–798; E. Scheibe, Art. *Kausalität*, in: *HWP*, Bd. 4, Darmstadt 1976, 798–801 sowie H. Beebee/C. Hitchcock/P. Menzies (eds.), *The Oxford Handbook of Causation*, Oxford 2012.
27 Eine verdienstliche Ausnahme stellt die Studie von C. Bottek, *Unterlassungen und ihre Folgen* dar, auch wenn einige ihrer terminologischen Entscheidungen problematisch erscheinen.

eine kausale Beziehung zwischen zwei Phänomenen dann vorliegt, wenn die Herbeiführung des einen Phänomens regelmäßig das andere Phänomen hervorzurufen vermag. Wenigstens zwei Umstände lassen diese Deutung auf den ersten Blick besonders attraktiv erscheinen. Zum einen ist diese Konzeption ohne Probleme auf die Welt des Handelns anwendbar. So verwundert es nicht, dass Georg Henrik von Wright mit seiner Deutung des Handlungsbegriffs als einer intendierten Veränderung des Weltzustandes, durch die der Akteur zumeist in den Lauf der Dinge eingreift, zugleich als einer der Pioniere des Interventionismus innerhalb der Kausalitätstheorie gilt[28]. Und auch moderne Vertreter dieses Theorietyps wie James F. Woodward scheuen sich nicht, den Kausalitätsbegriff mittels handlungstheoretischer Kategorien zu interpretieren, so dass man von einer regelrechten ‚Agency Theory' der Kausalität gesprochen hat[29]. Zum anderen ist der Begriff der ‚Intervention' gerade für die uns interessierenden Handlungstypen des ‚Tötens' und ‚Sterbenlassens' insofern gut anschlussfähig, als er die völlig unterschiedlichen biologischen Hintergrundbedingungen beider Handlungsformen zu berücksichtigen vermag. So hat Thomas Fuchs den Begriff des ‚Tötens' als eine „den Organismus als Ganzheit, in seinen zentralen Funktionen unmittelbar zerstörende[n] äußere[n] Einwirkung"[30] bestimmt, wohingegen ‚Sterbenlassen' lediglich bedeute, „einem bereits begonnenen, innerorganismischen Desintegrationsprozeß seinen Lauf zu lassen, ohne die zentralen Lebensfunktionen zu stützen bzw. zu substituieren"[31].

Trotz seiner intuitiven Plausibilität sieht sich der Interventionismus allerdings auch verschiedenen Einwänden ausgesetzt. Während das Argument der anthropologischen Engführung des Kausalitätsbegriffs relativ leicht durch den Hinweis entkräftet werden kann, dass ein interventionistisches Kausalitätsverständnis im experimentellen Design vieler empirischer Wissenschaften zumindest implizit vorausgesetzt wird[32], sind der Zirkularitäts- und der Unbestimmtheitseinwand wesentlich ernster zu nehmen. Ersterer weist darauf hin, „dass der Begriff der Intervention selbst eine kausale Vokabel ist, so dass ein Zirkel vorliegt, wenn dieser Begriff benutzt werden soll, um Kausalität zu definieren"[33]. Letzterer führt ins Feld, dass es oft nicht nur mehrere einander ausschließende Deutungen empirischer Befunde gibt, die alle mit dem interventionistischen Kausalitätskri-

---

[28] Vgl. G. H. von Wright, *Explanation and Understanding*, 74.
[29] Vgl. J. F. Woodward, *Agency and Interventionist Theories*, in: H. Beebee/C. Hitchcock/P. Menzies (eds.), *The Oxford Handbook of Causation*, 234–262.
[30] T. Fuchs, *Was heißt „töten"?*, 89.
[31] T. Fuchs, *Was heißt „töten"?*, 84.
[32] Vgl. J. F. Woodward, *Making Things Happen*, Oxford 2003, 25 ff.
[33] C. Bottek, *Unterlassungen und ihre Folgen*, 305.

terium vereinbar sind[34], sondern selbst im Falle eines tatsächlichen kausalen Einflusses eines Wirkfaktors nichts Bestimmtes über sein Verhältnis zu anderen ebenfalls kausal bedeutsamen Faktoren gesagt werden kann.

Ähnlich ambivalent stellt sich die Situation im Bereich der *probabilistischen* Theoriemodelle dar, die das Vorliegen kausaler Bezüge in Abhängigkeit von der Wahrscheinlichkeit bestimmen, mit der bestimmte Ereignisse aufeinanderfolgen[35]. Einerseits scheinen solche Konzeptionen insofern durchaus vielversprechend, als sie vor allem an der Aufdeckung kausaler Zusammenhänge zwischen Ereignistypen interessiert sind und daher keinen strengen Determinismus auf der Ebene der Einzelereignisse voraussetzen, der sich strikt nomologisch deuten ließe. Andererseits bleibt selbst dann, wenn man die grundsätzliche Anwendbarkeit des Probabilismus auf die Welt des Handelns konzediert, die Schwierigkeit bestehen, dass die generelle Vorstellung der probabilistischen Abhängigkeit noch viel zu unspezifisch ist, um verschiedene Formen kausaler Bezüge zwischen mehreren Faktoren präzise gegeneinander abzugrenzen.

2.2 Konditionalität

Genau an diesem aus normwissenschaftlicher Perspektive entscheidenden Punkt setzt nun das sog. *konditionale* Kausalitätsmodell an, dessen Wurzeln auf John Stuart Mill zurückgehen und das bereits im späten 19. Jahrhundert von Johannes von Kries in die rechtswissenschaftliche Diskussion eingeführt worden ist[36]. Schon Mill hatte erkannt, dass es für „jedes Ereignis [...] irgendeine Combination von Gegenständen oder Ereignissen, ein gewisses Zusammentreffen von Umständen, positiven sowohl als negativen, [gibt], auf deren Auftreten immer jene Erscheinung folgt"[37], so dass ein monokausales Erklärungsmodell zugunsten eines multikausalen und pluralistischen Ansatzes aufzugeben sei. Statt aus der Vielzahl der jeweiligen Bedingungen einen einzigen Faktor zu *der* Ursache eines Ereignisses zu stilisieren, komme es entscheidend darauf an, die Vielfalt der jeweils vorliegenden Bedingungsgefüge wahrzunehmen und die unterschiedlichen Grade kausaler Relevanz der daran beteiligten Einzelfaktoren genau zu analysieren. Ein

---

34 Vgl. M. Baumgartner, *Interdefining Causation and Intervention*, in: *dialectica* 63 (2009), 189 ff.
35 Vgl. P. Suppes, *A Probabilistic Theory of Causality*, Amsterdam 1970 sowie J. Pearl, *Causality. Models, Reasoning, and Inference*, Cambridge 2000.
36 Vgl. W. Lübbe, *Die Theorie der adäquaten Verursachung. Zum Verhältnis von philosophischem und juristischem Kausalitätsbegriff*, in: *JGPSE* 24 (1993), 87–102.
37 J. S. Mill, *System der deduktiven und induktiven Logik*, Gesammelte Werke Bd. 3/2, Aalen 1968 (Neudr. d. Ausgabe Leipzig 1885), 15.

in diesem Sinne besonders einflussreiches Konzept hat später John Leslie Mackie[38] mit seinem Theorem der sog. *INUS-conditions*[39] vorgelegt, mit dessen Hilfe sich s. E. wichtige Aspekte der Kausalität präziser als bisher rekonstruieren lassen. Da viele Ereignisse nicht nur durch ein einziges Set von Bedingungen, sondern durch verschiedene Kombinationen von Antezedentien hervorgerufen werden könnten, folge daraus, dass sich die jeweiligen kausal wirksamen Einzelfaktoren als *INUS*-Bedingung, d. h. als *notwendiger*, aber *nicht hinreichender* Teil eines komplexeren Bedingungsgefüges interpretieren lassen, das selbst zwar *nicht notwendig*, aber durchaus *hinreichend* für die Herbeiführung der jeweiligen Folge ist.

Die Vorzüge dieses Ansatzes bestehen zum einen in der Möglichkeit, die unterschiedlichen kausalen Rollen mehrerer an der Hervorbringung eines bestimmten Ereignisses beteiligter Akteure differenziert zur Geltung zu bringen, und zum anderen darin, bislang vernachlässigte oder übersehene Faktoren in die Kausalanalyse zu integrieren, um dadurch eine differenzierte und somit auch gerechtere Verantwortungszuschreibung zu ermöglichen.

Allerdings sind mit diesen gewichtigen Vorzügen insofern auch eine Reihe neuer Gefahren verbunden, als nach Auffassung mehrerer Kritiker fraglich sei, ob sich die Kategorie der *INUS-condition* tatsächlich dafür eigne, den Umfang der kausal relevanten Faktoren angemessen zu bestimmen. Zwar habe jede wirkliche (Teil-)Ursache eines komplexen Ereignisses mindestens den Rang einer *INUS-condition*, doch folge daraus noch nicht, dass auch jede *INUS-condition* als echte Ursache zu deuten sei. Da Mackie offenbar über kein plausibles Kriterium zur Unterscheidung bloßer Rand- bzw. Hintergrundbedingungen von echten kausal wirksamen Faktoren verfüge, führe sein konditionaler Ansatz tendenziell zu einer Inflation von Ursachen[40], die weitere einschränkende Überlegungen – z. B. im Sinne der von David Lewis im Rahmen seiner Theorie möglicher Welten entwickelten Idee *kontrafaktischer Konditionale*[41] – erforderlich mache. Mackie selbst hat zur Entschärfung dieser Inflationsproblematik auf den – vermutlich von David Humes skeptisch antirealistischem Kausalitätsverständnis[42] inspirierten und von

---

38 Vgl. J. L. Mackie, *Causes and Conditions*, in: *APQ* 2 (1965), 245–264 sowie ders., *The Cement of the Universe. A Study of Causation*, Oxford 1974.
39 Den ursprünglich auf D. C. Stove zurückgehenden Begriff der *INUS-condition* erläutert Mackie wie folgt: „The so-called cause is, and is known to be, an *insufficient* but *necessary* part of a condition which is itself *unnecessary* but *sufficient* for the result. [...] let us call such a condition (from the initial letters of the words italicized above), an INUS condition." (*Causes and Conditions*, 245).
40 Vgl. C. Bottek, *Unterlassungen und ihre Folgen*, 202–210.
41 Vgl. D. Lewis, *Causation*, in: ders., *Philosophical Papers*, Vol. II, New York/Oxford 1986, 159–213 sowie ders., *Kausalität*, in: G. Posch (Hg.), *Kausalität. Neue Texte*, Stuttgart 1981, 102–123.
42 Vgl. D. Hume, *An Enquiry concerning Human Understanding*, Oxford 1999 (Orig. 1748), VII, 48 sowie ders., *A Treatise of Human Nature*, Oxford 2009 (Orig. 1739–1740), XIV, 122.

John Anderson[43] eingeführten – Begriff des ‚Kausalfeldes' zurückgegriffen, um damit die Anzahl der kontextrelevanten Kausalfaktoren zu begrenzen und die Konturen eines pragmatischen Ursachen-Verständnisses bestimmen zu können, das sich im Alltag durchaus zu bewähren vermöge.

Der Umstand, dass jedes der hier genannten Kausalitätsmodelle neben wichtigen Einsichten auch noch eine Reihe ungelöster Probleme enthält, muss zwar nicht zu der resignativen Schlussfolgerung führen, dass der Kausalitätsbegriff eine hoffnungslos mehrdeutige Kategorie darstellt, deren unterschiedliche Sinngehalte keiner kohärenten Theoriebildung zugänglich sind, sondern im Sinne eines kausalen Pluralismus immer nur für einzelne Phänomenbereiche passend erscheinen[44]. Wohl aber sollte man sich der Tatsache bewusst sein, dass die vollständige Analyse der Gesamtursache komplexer Phänomene eine regulative Idee i. S. eines nur näherungsweise zu erreichenden Ideals darstellt und folglich auch der medizinethische Diskurs nicht einfach auf ein fertig ausformuliertes Kausalitätsverständnis zurückgreifen kann, das man nur noch auf ein bestimmtes Praxisgebiet anzuwenden hat.

2.3 Problematische Varianten der kausalen Unterscheidung von ‚Töten' und ‚Sterbenlassen'

Angesichts der ebenso vitalen wie unabgeschlossenen philosophischen Debatte um die Konturen einer überzeugenden Kausalitätstheorie wird es niemanden überraschen, dass auch die im Raum der Medizinethik entwickelten Rekonstruktionsversuche zur kausalen Differenz von ‚Töten' und ‚Sterbenlassen' noch immer erhebliche Diskrepanzen aufweisen. Während die Anhänger der Äquivalenzthese daraus den m. E. vorschnellen Schluss ziehen, dass sich ein belastbarer kausaler Unterschied zwischen beiden Handlungsformen nicht nachweisen lasse[45], erliegen Verfechter der Signifikanzthese umgekehrt nicht selten der Versuchung, diese Differenz in allzu

---

43 Vgl. J. Anderson, *The Problem of Causality*, in: *Australasian Journal of Psychology and Philosophy* 16,2 (1938), 127–142.
44 Vgl. G. E. M. Anscombe, *Causality and Determination*, in: E. Sosa/M. Tooley (eds.), *Causation*, Oxford 1993, 88–104; E. J. Hall, *Two Concepts of Causation*, in: ders./J. D. Collins/L. A. Paul (eds.), *Causation and Counterfactuals*, Cambridge 2004, 225–276 sowie P. Godfrey-Smith, *Causal Pluralism*, in: H. Beebee/C. Hitchcock/P. Menzies (eds.), *The Oxford Handbook of Causation*, 326–337.
45 Vgl. C. Sartorio, *Causation and Ethics*, in: H. Beebee/C. Hitchcock/P. Menzies (eds.), *The Oxford Handbook of Causation*, 583.

undifferenzierter und übersteigerter Form in Anschlag zu bringen⁴⁶. Die häufigsten Fehler bestehen darin, entweder in ein unterkomplexes monokausales Denkschema zurückzufallen oder aber solche vermeintlichen Differenzmerkmale zu benennen, die einer empirischen Überprüfung nicht standhalten. Das erste Problem findet sich z. B. bei Barry F. Brown, der behauptet:

> Beim Töten ist der menschliche Akteur die Ursache – die notwendige und hinreichende Bedingung des Todes. Beim Sterbenlassen, wenn das Sterben auf ein Ende gerichtet, also nicht aufhaltbar ist, ist der menschliche Akteur in keiner Weise die Ursache; weder eine notwendige Bedingung, weil der Tod ohne ihn eintreten wird, noch eine hinreichende, weil die Krankheit die hinreichende Bedingung ist.⁴⁷

In eine ähnliche Richtung weist auch Anselm Winfried Müller, der erklärt:

> Das Sterbenlassen besteht darin, dass jemand in einem von ihm unabhängigen Wirkungsablauf, der auf den Tod zuführt, nicht eingreift. Dagegen besteht die Tötung darin, dass jemand selbst, z. B. durch Gift, für die Ursache des Todes sorgt.⁴⁸

Abgesehen von der auffallenden singularen Verwendung des Ursache-Begriffs dürfte vor allem die weitreichende Behauptung, bei Akten des Sterbenlassens sei das Handlungssubjekt ‚in keiner Weise' (Brown) Ursache des Todes, so dass seitens des Akteurs auch von einem ‚Eingreifen' in den Sterbeprozess keine Rede sein könne (Müller), insofern auf Widerspruch stoßen, als alle klinisch relevanten Formen des Sterbenlassens zweifellos ebenso gezielte wie kausal wirksame Interventionen darstellen, die den Verlauf des Sterbeprozesses in einer für den Patienten wohltuenden Art und Weise zu beeinflussen versuchen. Da sich die kausale Differenz zwischen ‚Töten' und ‚Sterbenlassen' auch dann noch ungeschmälert zur Geltung bringen lässt, wenn man zugibt, dass auch im letzteren Fall ein ärztliches Eingreifen in den Sterbeprozess vorliegt, hat Osborne Harvey Green in seiner Argumentation zugunsten der Signifikanzthese zwar zu Recht auf die fragwürdige Forderung der ‚Nichtintervention' verzichtet⁴⁹, sich dafür aber an

---

46 Vgl. für die nachfolgenden Ausführungen auch F.-J. Bormann, *Töten oder Sterbenlassen? Zur bleibenden Bedeutung der Aktiv-Passiv-Unterscheidung in der Euthanasiediskussion*, in: ThPh 76 (2001), 63–99, bes. 73–80.
47 B. F. Brown, *On Killing and Letting Die*, in: Proceedings of the American Catholic Philosophical Association 53 (1979), 162.
48 A. W. Müller, *Tötung auf Verlangen – Wohltat oder Untat?*, Stuttgart 1997, 103.
49 O. H. Green erklärt in diesem Sinne: „Whether A kills B or lets B die, A causally contributes to B's death. The causal role which A has with respect to B's death is different in the two cases, however, and this is what distinguishes them." (*Killing and Letting Die*, 201). Wie Green nimmt auch A. van den Beld, dessen Argumentation weitgehend derjenigen Greens folgt, einen kausalen Beitrag des Sterbenlassens

anderer Stelle ein neues Problem eingehandelt. Green unterscheidet folgende drei Konstellationen:

(I) P tötet Q, wenn

    (a) es einen kausalen Prozess c gibt, der zu Q's Tod führt,
    (b) P c in Bewegung setzt; und
    (c) Q als Folge von c stirbt.

(II) P tötet Q, wenn P darauf verzichtet, Q's Tod zu verhüten, wenn

    (a) es einen kausalen Prozess c gibt, der zu Q's Tod führt, es sei denn P oder ein anderer Akteur interveniert und schafft eine Sachlage s, durch die der Prozess zum Stillstand gebracht wird;
    (b) P c in Bewegung setzte;
    (c) P darauf verzichtet s zu schaffen; und
    (d) Q als Folge von c stirbt.

(III) P lässt Q sterben, wenn P darauf verzichtet, Q's Tod zu verhüten, wenn

    (a) es einen kausalen Prozess c gibt, der zu Q's Tod führt, es sei denn P oder ein anderer Akteur interveniert und schafft eine Sachlage s, durch die der Prozess zum Stillstand gebracht wird;
    (b) P c nicht in Bewegung setzte;
    (c) P darauf verzichtet s zu schaffen; und
    (d) Q als Folge von c stirbt.[50]

Problematisch an dieser Rekonstruktion dürfte vor allem die starke und in kausalitätstheoretischer Hinsicht unpräzise Forderung sein, das Subjekt der Tötungshandlung müsse den zum Tode führenden kausalen Prozess ‚in Bewegung setzen‘, ‚in Gang setzen‘[51], ‚anstoßen‘[52] bzw. ‚initiieren‘[53].

---

für den Todeseintritt an, hält aber im Unterschied zu Green an der Forderung der Nichtintervention in den Sterbeprozess fest, ohne dass deutlich würde, wie beide Aspekte zugleich realisiert werden können: „Ich habe bereits vorgebracht, dass sowohl derjenige, der tötet, wie derjenige, der sterben lässt, kausal zum Eintritt des Todes beiträgt. Es ist darum nicht möglich, demjenigen, der sterben lässt, eine kausale Rolle abzusprechen. Das bedeutet aber nicht, dass die kausalen Rollen gleich sind. Wer tötet, der beginnt den Prozess; wer sterben lässt, verzichtet darauf, in den Prozess zu intervenieren." (*Töten oder Sterbenlassen – gibt es einen Unterschied?*, 68).
50 O. H. Green, *Killing and Letting Die*, 198 (dt. Übers. zitiert nach A. van den Beld, *Töten oder Sterbenlassen – gibt es einen Unterschied?*, 65).
51 So erklärt M. Zimmermann-Acklin im Anschluss an O. H. Green und A. van den Beld: „Im Vergleich mit den Situationen des Sterbenlassens kommt hier entscheidend hinzu, dass durch die jeweilige Handlung ein Prozess in Bewegung gesetzt wurde, der schließlich zum Tod der Betroffenen geführt hat. Darum kann mit Recht von einer Tötung gesprochen werden. Auch der Unterschied zwischen

Von der ‚Initiierung' eines zum Tode führenden Kausalprozesses durch eine Tötungshandlung kann im strengen Sinne nur dann gesprochen werden, wenn die Ausführung dieser Handlung in dem Sinne einen echten Anfang dieses Prozesses markiert, dass sie sich nicht ihrerseits noch einmal auf Faktoren zurückführen lässt, denen bereits *von sich aus* eine mittelbare oder unmittelbare kausale Wirksamkeit hinsichtlich des Todeseintritts zukommt. Das mag auf den Normalfall bestimmter Tötungsdelikte wie ‚Mord', ‚Totschlag' oder die ‚fahrlässige Tötung' tatsächlich genau zutreffen, entspricht aber gerade nicht der Standardsituation ‚ärztlicher Tötung auf Verlangen', die dadurch gekennzeichnet ist, dass die Tötungshandlung des Arztes an zwei entscheidende Bedingungen geknüpft ist. Es ist dies erstens eine entsprechende Tötungsbitte von Seiten des lebensmüden Patienten und zweitens die Existenz einer diese Tötungsbitte auslösenden unheilbaren Erkrankung. Zwischen beiden Bedingungen besteht jedoch ein wichtiger kausaler Unterschied. Während die unheilbare körperliche Erkrankung selbst unmittelbar auf der Ebene der physischen Ursachen situiert ist, also prinzipiell von sich aus in der Lage ist, zu einem bestimmten Zeitpunkt den Tod des Patienten herbeizuführen, kommt der Tötungsbitte des Patienten selbst keine unmittelbare physische Wirksamkeit hinsichtlich des Todeseintritts zu. Aber auch dann, wenn der behandelnde Arzt noch einmal entscheiden muss, ob er der Tötungsbitte des lebensmüden Patienten nachkommen will oder nicht – die Bitte des Patienten also nicht *unmittelbar*, sondern nur *mittelbar* über die Entscheidung des Arztes ihr physisches Ziel erreichen kann –, ändert dies nichts daran, dass zumindest im Fall der freiwilligen Euthanasie nicht die Entscheidung des Arztes, sondern die ihr zwingend vorausgehende Bitte des Patienten den entscheidenden Faktor für die Initiierung des komplexen, schlussendlich den Tod des Patienten verursachenden Prozesses darstellt. Da wir es hier mit zwei – kausal eng miteinander verknüpften – Handlungen zweier verschiedener Personen zu tun haben, die beide auf dasselbe Ziel ausgerichtet sind, wobei sich diejenige des Patienten näherhin als ‚Anstiftung' zur Tötung und diejenige des Arztes als ‚Ausführung' der Tötungsbitte beschreiben lässt, darf das Handeln des Patienten insofern nicht aus einer umfassenden Kausalanalyse

---

Sterbenlassen und Töten, wie er im allgemeinen vorliegt, lässt sich anhand dieser Kriterien erläutern: Diejenige, die tötet, bringt einen oft sehr kurzen Prozess des Sterbens in Gang, diejenige hingegen, die sterben lässt, initiiert keinen Sterbeprozess, trägt jedoch einen gewissen kausalen Beitrag dazu bei." (*Euthanasie*, 238). Vgl. ähnlich auch F. Ricken, Art. *Handeln und Unterlassen*, in: W. Korff/L. Beck/P. Mikat (Hg.), *Lexikon der Bioethik*, Bd. 2, Gütersloh 1998, 200.

52 Vgl. H. Kuhse, *Die „Heiligkeit des Lebens" in der Medizin*, 65.

53 A. van den Beld meint: „Derjenige, der tötet, initiiert einen meistens sehr kurzen Prozess des Sterbens. Wer sterben lässt, initiiert keinen Sterbeprozess, aber er liefert dazu bewusst einen kausalen Beitrag." (*Töten oder Sterbenlassen – gibt es einen Unterschied?*, 65). Ähnlich argumentiert J. C. Wolf: „Unterlassungen unterscheiden sich von Handlungen dadurch, dass sie den Prozess, in den sie nicht eingreifen, auch nicht eingeleitet haben." (*Aktive und passive Euthanasie*, 408).

ausgeblendet werden, als es eine zwar nur vermittelt wirksame, aber gleichwohl notwendige Bedingung für den Eintritt des Todes-Ereignisses darstellt[54].

Analoges gilt für die Berücksichtigung der zugrundeliegenden Krankheit des Patienten, durch die sich Tötungshandlungen im Kontext der Sterbehilfe von anderen Tötungsszenarien signifikant unterscheiden. Obwohl nicht auszuschließen ist, dass es auch Grenzfälle schwerer Leidenszustände gibt, die nicht zwingend an das Vorliegen einer tödlich verlaufenden somatischen Grunderkrankung gebunden sind (z. B. schwere Depressionen)[55], sollte sich die kausaltheoretische Rekonstruktion der ärztlichen Tötung auf Verlangen zunächst einmal an jenen statistisch weitaus häufigeren Konstellationen orientieren, in denen eine letztlich letale Erkrankung wohl schon ausgebrochen ist, aber noch lange nicht ihren Zielpunkt erreicht hat, dieser Zwischenzustand jedoch für den Patienten bereits so belastend ist, dass dieser um eine schnelle Tötung nachsucht. Da sowohl das unheilbare Grundleiden als auch die entsprechende Tötungsbitte des Patienten notwendige Bedingungen für den Vollzug der freiwilligen Euthanasie darstellen, kann von einer allein verantwortlichen Initiierung[56] des schließlich

---

54 Der naheliegende Einwand, die Tötungsbitte des Patienten sei zwar insofern *moralisch bedeutsam*, als sie die notwendige (wenn auch keineswegs hinreichende) Bedingung dafür bilde, dass die Handlung des Arztes erlaubt sei, doch sei sie deswegen noch kein *Teil des Kausalprozesses*, bleibt letztlich einem monokausalen Denkmodell verhaftet, das den verschiedenen kausalen Rollen der Anstiftung, der Beihilfe und der Ausführung einer Handlung nicht gerecht wird.
55 So operiert N. Hoerster, der in der zusätzlichen Forderung des Vorliegens „unerträglicher körperlicher Leiden oder Schmerzen" seitens des Patienten „eine grobe Verkürzung dieser Problemlage" erblickt (*Sterbehilfe im säkularen Staat*, Frankfurt a. M. 1998, 46), neben dem Schmerzensargument auch mit den ungleich weiteren Begriffen des ‚Leidens' bzw. der ‚Sinnlosigkeit des Lebens' und erklärt: „Auch ein Leben, das nicht von Schmerzen heimgesucht ist oder dessen Schmerzen sich weitgehend beheben lassen, kann für einen Menschen, der in irgendeiner Form einem schweren, unheilbaren Leiden unterliegt, in seiner Gesamtheit als nicht mehr lebenswert empfunden und betrachtet werden." (ebd.). Und: „Darf man einfach ignorieren, was in der anderen Schale der Waage liegt: das gewaltige physische und psychische Leiden zahlreicher Menschen, die aus unschwer nachvollziehbaren Gründen ihrem Leben keinen Sinn mehr abgewinnen können?" (40 f.). Eine derartige Entkopplung der Tötungsbitte von somatischen Erkrankungen scheint mir insbesondere immer dann höchst problematisch, wenn von ‚schweren psychischen Leiden' die Rede ist, da völlig unklar ist, wie unter solchen Bedingungen noch für die Freiwilligkeit der Tötungsbitte schlechthin unverzichtbare volle Urteils- und Entscheidungsfreiheit der betreffenden Person vorausgesetzt werden kann.
56 Die Rede von einer ‚*allein verantwortlichen* Initiierung' meint keine ‚*unmotivierte* Initiierung'. Natürlich ist jede Handlung – nicht nur die des behandelnden Arztes – motiviert und in diesem Sinne nicht voraussetzungslos. Es soll lediglich betont werden, dass wir es bei der ‚Tötung auf Verlangen' mit einer Handlungskette zu tun haben, durch die die Handlungen zweier Akteure engstens miteinander verbunden sind. Das Handeln des Arztes ist deshalb keine ‚allein verantwortliche' Initiierung des zum Tode des Patienten führenden Kausalprozesses, weil ihm – anders als im Falle der nicht-freiwilligen

zum Tode führenden physischen Kausalprozesses durch das die Tötung ausführende Handlungssubjekt keine Rede sein.

Eine genauere Analyse des in der Standardsituation der freiwilligen Euthanasie tatsächlich vorliegenden Bedingungsgefüges wird daher neben der ärztlichen Tötungshandlung und ihrer spezifischen kausalen Wirksamkeit noch weitere Faktoren zu berücksichtigen haben, die regelhafte Bestandteile der hier einschlägigen Handlungskonstellation darstellen. Bezieht man diese Faktoren konsequent in die kausale Rekonstruktion ein, dann zeigt sich, dass es ebenso unzulässig ist, im Fall der ‚Tötung auf Verlangen' das ärztliche Tötungssubjekt zum einzigen kausalen Wirkfaktor zu stilisieren und folglich dem Arzt die alleinige moralische Verantwortung für den Tod des Patienten aufzubürden, wie es unangemessen erscheint, im Fall des Sterbenlassens der ärztlichen Handlung jegliche kausale Wirksamkeit hinsichtlich des Todeseintritts abzusprechen. Beide Behauptungen stellen unzulässige Simplifizierungen dar und beruhen letztlich auf dem strategischen Interesse, die kausale Differenz zwischen beiden Handlungstypen möglichst drastisch zur Geltung zu bringen.

2.4 Ein eigener Vorschlag zur Bestimmung der kausalen Differenz

Wenn wir es also zumindest in der Standardsituation der Sterbehilfe sowohl beim ‚Töten' wie auch beim ‚Sterbenlassen' in der Regel mit einer Mehrzahl kausal wirksamer Faktoren zu tun haben[57] und dennoch i. S. der Signifikanzthese an der Behauptung eines deskriptiven kausalen Unterschieds zwischen beiden Handlungstypen festgehalten werden soll, stellt sich umso drängender die Frage, wie die kausale Differenz dann genauer zu bestimmen ist.

Einigkeit scheint in der umfangreichen Literatur zu dieser Thematik lediglich in dem – allerdings der weiteren Präzisierung bedürftigen – Punkt zu bestehen, dass das Handeln des Arztes im Fall des Tötens unter den gegebenen Umständen nicht nur eine notwendige, sondern sogar eine hinreichende Bedingung für den

---

oder sogar unfreiwilligen Euthanasie – zwingend ein bestimmtes Handeln des Patienten vorausgeht, das eine notwendige Bedingung für das ärztliche Handeln darstellt.

57 Selbst im Falle sog. Mitleidstötungen i. S. unfreiwilliger bzw. nicht freiwilliger Euthanasie sind die Handlungen des ärztlichen oder pflegerischen Akteurs in der Regel durch einen tatsächlichen oder unterstellten Leidenszustand des betroffenen Patienten mitbedingt und unterscheiden sich damit von monokausal zu erklärenden anderen Formen von Tötungshandlungen.

Tod des Patienten ist[58]. Ungeachtet der Existenz weiterer kausal wirksamer Faktoren gilt, dass der Patient ohne die Tötungshandlung zum gegebenen Zeitpunkt mit hoher Wahrscheinlichkeit (noch) nicht verstorben wäre[59]. Demgegenüber wird die kausale Wirksamkeit des Sterbenlassens hinsichtlich des Todeseintritts in der Literatur höchst unterschiedlich beurteilt. Die Spannbreite der vertretenen Positionen reicht – wie wir bereits sahen – von der Leugnung jeder kausalen Wirksamkeit[60] über ihre Qualifizierung als *INUS-condition*[61] bzw. notwendige, aber nicht hinreichende Bedingung für den Todeseintritt[62] bis hin zur Behauptung der völligen kausalen Gleichrangigkeit mit Tötungshandlungen i. S. der Äquivalenzthese. Während die erste Annahme bereits aus begriffsanalytischen Gründen inkonsistent ist[63], stellt sich bezüglich der Interpretation des Sterbenlassens als *INUS-condition* bzw. als notwendige, aber nicht hinreichende Bedingung des Todeseintritts die Frage, ob diese Qualifikation der kausalen Wirksamkeit tatsächlich allen für diesen Handlungstyp einschlägigen Konstellationen gerecht wird. Dies scheint zumindest im Blick auf den immer wieder zu Missverständnissen führenden Fall eines Arztes fraglich, der einen schwerstkranken Patienten dadurch sterben lässt, dass er die künstliche Beatmung abstellt[64]. Meines Er-

---

58 So stellt z. B. F. Ricken fest: „sein Verhalten [sc.: das des tötenden Arztes] ist die hinreichende Bedingung für das Eintreten der Folgen." (*Handeln und Unterlassen*, 200). Ebenso betont O. H. Green: „Where A kills B, he does something which is sufficient to bring about B's death" (*Killing and Letting Die*, 201). Vgl. auch B. F. Brown, *On Killing and Letting Die*, 162.
59 Diese Beschreibung des Sachverhalts muss nicht i. S. eines kontrafaktischen Konditionals verstanden werden, zumal sich gegen Lewis' Deutung der Kausalität auch verschiedene Einwände vorbringen lassen. Vgl. dazu C. Bottek, *Unterlassungen und ihre Folgen*, 224–246.
60 Vgl. B. F. Brown, *On Killing and Letting Die*, 162.
61 So behauptet J. C. Wolf: „die Unterlassung ist ein nicht-hinreichender, aber nicht-überflüssiger Teil einer nicht-notwendigen, aber hinreichenden Bedingung für das Eintreten des voraussehbaren Endzustandes." (*Aktive und passive Euthanasie*, 408).
62 So meint F. Ricken: „wer etwas unterlässt, greift in einen Prozess, den nicht *er* ausgelöst hat, nicht ein, obwohl *er* eingreifen könnte; sein Verhalten ist unter den gegebenen Umständen notwendige, aber nicht hinreichende Bedingung für das Eintreten der Folgen." (*Handeln und Unterlassen*, 200).
63 Aus dem Begriff der ‚Handlung' folgt analytisch, dass sie eine Veränderung hervorruft, also kausal wirksam sein muss. Die Behauptung der völligen kausalen Wirkungslosigkeit des Handlungstyps der passiven Euthanasie stellt daher eine selbstwidersprüchliche Aussage dar. Vgl. dazu auch G. H. von Wright, *Norm and Action*, § III, 7.
64 Abgesehen von dem trivialen Umstand, dass zwischen der Abschaltung und der Nicht-Einschaltung eines Beatmungsgerätes unter sonst gleichen Bedingungen kein moralischer Unterschied besteht und folglich beide Handlungsformen dem Handlungstyp des Sterbenlassens zuzurechnen sind, besteht für den ärztlichen Akteur die psychologische Schwierigkeit beim Abstellen der künstlichen Beatmung darin, dass der allein im Blick auf seine Ateminsuffizienz beatmungspflichtige – im Blick auf seine Grunderkrankung jedoch terminale – Patient direkt im

achtens ist es gar nicht erforderlich, zur Verteidigung der kausalen Differenz zwischen ‚Töten' und ‚Sterbenlassen' die strenge Forderung zu erheben, das Ausführungs- oder Unterlassungshandeln des Arztes dürfe im Fall des Sterbenlassens keinesfalls die kausale Wirksamkeit einer *hinreichenden* Bedingung des Todeseintritts besitzen. Selbst wenn man zugibt, dass bestimmte für das Sterbenlassen typische Therapiebegrenzungsmaßnahmen (wie z. B. der Verzicht auf eine antibiotische Bekämpfung interkurrenter Infektionserkrankungen oder die Nicht-Aufnahme bzw. die Beendigung der künstlichen Beatmung) nicht nur als *notwendige*, sondern durchaus als *hinreichende* Bedingungen für den Tod des Patienten zu qualifizieren sind[65], folgt daraus noch nicht, dass beide Handlungstypen in kausaler Hinsicht ununterscheidbar sind. Gerade bei schwerstkranken, multimorbiden Patienten kann es nämlich durch das gleichzeitige Vorhandensein *mehrerer* hinreichender Bedingungen des Todeseintritts zur sog. *kausalen Überdeterminierung* des Todes kommen[66]. Ein Arzt, der in einer solchen Situation darauf verzichtet, bestimmte Mittel zur Lebensverlängerung zu ergreifen, tötet den Patienten auch dann nicht, wenn seine Handlung zwar *eine* hinreichende Bedingung für den Todeseintritt darstellt, daneben aber *weitere* Wirkfaktoren (wie z. B. ein irreversibles, weit fortgeschrittenes Tumorleiden, eine schwere Herzinsuffizienz oder die irreparable Beeinträchtigung einer anderen Vitalfunktion) existieren, die zum gegebenen Zeitpunkt ebenfalls als hinreichend für das Ableben des Patienten zu qualifizieren sind. Die nicht zu überschreitende Obergrenze der kausalen Wirksamkeit von Handlungen i. S. des Sterbenlassens besteht also darin, dass es nicht die *einzige hinreichende* Bedingung des Todeseintritts sein darf, sondern daneben noch ein anderes krankheits- oder altersbedingtes Leiden vorhanden sein muss, das ebenfalls eine hinreichende Bedingung für den Todeseintritt zum gegebenen Zeitpunkt darstellt[67]. Während in den

---

Anschluss an die Ausführung der Handlung verstirbt, so dass auf der subjektiven Erlebnisebene der falsche Eindruck einer Tötungshandlung entstehen kann.
65 Diese Annahme dürfte auf Grund der Tatsache schwer zu bestreiten sein, dass selbst Patienten, die sich z. B. infolge einer schweren Lungenentzündung oder bestimmter Atembeschwerden in einem akuten, aber kurativ gut behandelbaren (also nur vorübergehenden) gesundheitlichen Krisenzustand befinden, sich aber ansonsten eines guten organischen Gesamtzustandes erfreuen, regelmäßig versterben, wenn es zu den genannten Unterlassungshandlungen kommt.
66 Zum Phänomen der kausalen Überdetermination bestimmter Wirkereignisse vgl. J. L. Mackie, *Causes and Conditions*, 251; H. L. A. Hart/A. M. Honoré, *Causation in the law*, Oxford 1985, XLIII sowie D. Birnbacher, *Tun und Unterlassen*, 78.
67 Damit ist auch der naheliegende Einwand ausgeschlossen, die Realisierung der ‚Tötung auf Verlangen' durch zwei jeweils für sich hinreichende Bedingungen für den Todeseintritt (wie z. B. die Verabreichung eines tödlichen Gifts und das Erschießen der betroffenen Person) könne die Handlung in einen Akt des ‚Sterbenlassens' verwandeln.

beiden für den klinischen und pflegerischen Kontext relevanten Fallgruppen des ‚Tötens' – nämlich der ärztlichen ‚Tötung auf Verlangen' i.S. der freiwilligen Euthanasie einerseits und der unerbetenen eigenmächtigen Tötung i.S. der unfreiwilligen bzw. nicht-freiwilligen Euthanasie andererseits – das jeweilige Handeln des Akteurs trotz Vorliegens einer schweren Krankheit des Patienten tatsächlich die einzige hinreichende Bedingung für den Todeseintritt darstellt[68], ist das bei den verschiedenen Realisierungsformen des Handlungstyps des ‚Sterbenlassens' gerade nicht der Fall.

Damit lässt sich die kausale Differenz zwischen dem Handlungstyp des ‚Tötens' und demjenigen des ‚Sterbenlassens' folgendermaßen bestimmen: Beim ‚Töten auf Verlangen' ist das Handeln des Arztes zwar nicht der einzige kausal wirksame Faktor, wohl aber die *alleinige hinreichende* Bedingung für den Tod des Patienten, während beim ‚Sterbenlassen' das Handeln des Arztes unter den gegebenen Umständen entweder die zwar *notwendige*, aber *nicht hinreichende* Bedingung oder zumindest *nicht die einzige hinreichende* Bedingung für den Tod des Patienten ist[69].

---

[68] So dass der Patient noch nicht gestorben wäre, wenn es dieses Handeln nicht gegeben hätte.
[69] Die fragwürdige Entscheidung, die Bestimmung des jeweiligen Handlungstyps vom technischen Ausführungsmodus der Handlung abhängig zu machen, führt C. Bottek nicht nur zum Problem der abweichenden Subsumtion klassischer Handlungsformen der sog. passiven Sterbehilfe unter die Rubrik der sog. aktiven Sterbehilfe (vgl. *Unterlassungen und ihre Folgen*, 346), sondern auch zu einer m. E. fragwürdigen Gewichtung dreier von ihm selbst unterschiedener Optionen, die sich aus seiner zutreffenden handlungstheoretischen These ergeben, „dass Ausführungen und Unterlassungen gleichermaßen Handlungen sind, die sich in den wesentlichen Aspekten der Intentionen und der Folgen prinzipiell gleichen können" (ebd.): Die erste Option besteht darin, „die normative Differenz zwischen den beiden Formen der [sc. aktiven und passiven] Sterbehilfe einzuebnen" (ebd.). Die zweite Option besteht in der Möglichkeit, „mit Birnbacher den Grund dafür, dass beide normativ unterschiedlich behandelt werden sollten, in weiteren normativ relevanten Parametern [zu] sehen, die weder mit Unterschieden bezüglich Handlungscharakter oder kausaler Relevanz zusammenhängen, sondern als Begleitfolgen anzusehen sind" (348). Aufgrund dieser impliziten – aber keineswegs zureichend begründeten – Vorentscheidung für eine konsequentialistische Handlungstheorie erwähnt er lediglich en passant eine dritte Option, die darin besteht, im Rückgriff auf seine eigenen kausalitätstheoretischen Ausführungen insofern „eine gewisse Differenz bei der Bewertung von aktiver und passiver Sterbehilfe zu bewahren" (349), als sich das „Bedürfnis, diese Formen der Sterbehilfe voneinander zu unterscheiden und normativ unterschiedlich sanktionieren zu können, [...] dann – statt an der Ausführung oder Unterlassung einer Körperbewegung – an dem Aspekt festmachen [lässt], ob der Faktor allein als kausal hinreichend angesehen werden kann, oder ob er das Vorliegen besonderer kausaler Faktoren voraussetzt" (350). Während Bottek offenbar die ersten beiden Optionen präferiert, halte ich allein die dritte Option für plausibel.

Obwohl gegenüber extremen Formen der Signifikanzthese also ausdrücklich zu betonen ist, dass zwischen ‚Töten' und ‚Sterbenlassen' in kausaler Hinsicht keine *prinzipielle* Differenz (i. S. der fragwürdigen monokausalen Annahme einer *alleinigen kausalen Wirksamkeit* des Arztes im Fall der Tötung auf Verlangen gegenüber einer *totalen kausalen Wirkungslosigkeit* des ärztlichen Handelns im Fall des Sterbenlassens), sondern nur eine *graduelle* Differenz besteht, dürfte sie genug Trennschärfe besitzen, um den Handlungstyp des ‚Tötens' kausalitätstheoretisch eindeutig von demjenigen des ‚Sterbenlassens' abzugrenzen und damit die für bestimmte Versionen der Äquivalenzthese zentrale Behauptung zu widerlegen, derjenige, der in der Standardsituation der Sterbehilfe darauf verzichte, den Tod eines Patienten zu verhindern, sei in derselben Weise ursächlich am Tod dieses Menschen beteiligt, wie derjenige, der diesen Patienten töte[70].

Diese Überlegungen lassen sich im Blick auf die drei für die sog. Sterbehilfe wichtigsten Handlungsformen, nämlich erstens des Tötens i. S. der freiwilligen Euthanasie, zweitens des Tötens i. S. der unfreiwilligen bzw. nicht freiwilligen Euthanasie sowie drittens des Sterbenlassens in folgender schematischen Darstellung zusammenfassen:

(I) P ***tötet*** Q i. S. der *freiwilligen Euthanasie* genau dann, wenn
   (a) es einen kausalen Prozess c gibt, der zum Zeitpunkt t zu Q's Tod führt;
   (b) Q P bittet, c in Bewegung zu setzen;
   (c) Q's Bitte durch die Existenz eines anderen, bereits begonnenen kausalen Prozesses d motiviert ist, der zum Zeitpunkt t + n zu Q's Tod führen würde;
   (d) P c auf Grund der Bedingungen (b) und (c) in Bewegung setzt; und
   (e) Q als Folge von c zum Zeitpunkt t stirbt.

(II) P ***tötet*** Q i. S. der *unfreiwilligen* bzw. *nicht freiwilligen Euthanasie* genau dann, wenn
   (a) es einen kausalen Prozess c gibt, der zum Zeitpunkt t zu Q's Tod führt;
   (b) es einen anderen, bereits begonnenen Prozess d gibt, der zum Zeitpunkt t+n zu Q's Tod führen würde;
   (c) P c aufgrund der Bedingung (b) eigenmächtig in Bewegung setzt; und
   (d) Q als Folge von c zum Zeitpunkt t stirbt.

---

70 Vgl. H. Kuhse, *Die „Heiligkeit des Lebens" in der Medizin*, 92; D. Birnbacher, *Tun und Unterlassen*, 117 sowie ders., *Ist die Unterscheidung zwischen aktiver und passiver Sterbehilfe ethisch bedeutsam?*, in: H. H. Atrott/H. Pohlmeier (Hg.), *Sterbehilfe in der Diskussion*, Regensburg 1990, 30.

(III) P *lässt* Q *sterben* genau dann, wenn

   (a) es einen kausalen Prozess c gibt, der zum Zeitpunkt t zu Q's Tod führt, es sei denn P interveniert und schafft eine Sachlage s, durch die der Prozess c zum Stillstand gebracht wird, und P erst zum Zeitpunkt t + n stirbt;
   (b) P c nicht in Bewegung setzte;
   (c) P darauf verzichtet, s zu schaffen; und
   (d) Q als Folge von c zum Zeitpunkt t stirbt.

3 Ausblick

Die hier vorgenommene Rekonstruktion der kausalen Differenz zwischen den beiden Handlungstypen des ‚Tötens' und des ‚Sterbenlassens' beruht auf zwei wichtigen Überlegungen, die m. E. ein hohes Maß an intuitiver Plausibilität besitzen: Erstens auf der grundlegenden Annahme, dass *normative* Verantwortung zwingend auch *kausale* Verantwortung voraussetzt, so dass niemand für ein Handeln moralisch oder rechtlich haftbar gemacht werden darf, an dessen Verwirklichung er nicht kausal zumindest beteiligt war. Und zweitens auf der Annahme, dass das der zeitgenössischen konditionalen Analyse des Kausalitätsbegriffs inhärente Begrenzungs- bzw. Inflationierungsproblem, das der Komplexität der Verursachung vieler Phänomene dadurch gerecht zu werden versucht, dass es eine Vielzahl von Bedingungen i. S. einander ergänzender Teilursachen von einander unterscheidet, die Ethik keineswegs vor eine unlösbare Herausforderung stellen muss. Vielmehr scheint es prinzipiell möglich, in der Nachfolge des kritischen Kausalitätsansatzes David Humes ein Set pragmatisch wohlbegründeter Kriterien (wie z. B. die raum-zeitliche Nähe relevanter Ereignisse, die Anzahl sowie die Art und Weise der an der Planung und Ausführung einer Handlung beteiligten Personen etc.) zu erarbeiten, mit dessen Hilfe sich die für einen bestimmten Handlungstyp tatsächlich charakteristischen und daher berücksichtigungsrelevanten Kausalfaktoren von den unspezifischen und daher kausal zu vernachlässigenden Nebenbedingungen abgrenzen lassen[71]. Auch wenn die konkrete Be-

---

[71] Die These von H. L. A. Hart und T. Honoré, der zufolge die Unterscheidung von Ursachen und Rand- bzw. Normalbedingungen insofern in doppelter Hinsicht kontextrelativ ist, als sie nicht nur vom Kontext des jeweiligen Ereignisses, sondern auch vom Kontext seines jeweiligen Interpreten abhängt (vgl. *Causation in the law*, 108 und 116 ff.), darf nicht dahingehend missverstanden werden, dass das Kausalitätsargument letztlich vom Umständeargument verschluckt würde. Zwar ist es richtig, dass sich die kausale Wirkkraft einer Handlung immer nur bezogen auf ein bestimmtes Handlungsumfeld bestimmen lässt und auch der notwendige oder hinreichende Charakter einer Praxis für die Lebensbeendigung eines Menschen immer nur relativ zu verschiedenen anderen Faktoren (wie dem Gesundheitszustand des Betroffenen sowie dem Einfluss anderer

wertung und Zuweisung einzelner Elemente umstritten sein mag und daher der ständigen kritischen Überprüfung bedarf, schmälert dies insofern nicht die Plausibilität dieser grundsätzlichen Unterscheidung, als deren prinzipielle Bestreitung letztlich darauf hinausläuft, eine typologische Handlungsinterpretation grundsätzlich zu verunmöglichen, was aus normwissenschaftlicher Perspektive sicher keine attraktive Position darstellt.

Die große praktische Bedeutung einer möglichst präzisen Bestimmung der kausalen Wirksamkeit eines bestimmten Handlungstyps besteht darin, dass die Kausalität zwar nicht das einzige in diesem Zusammenhang relevante intrinsische Handlungsmerkmal darstellt, wohl aber wegen ihrer direkten äußerlichen Zugänglichkeit am besten aus der 3. Person-Perspektive zu überprüfen sein dürfte. Anders als die nur aus der Perspektive des Handlungssubjektes selbst unmittelbar zugängliche Intentionalität handelt es sich bei der jeweiligen kausalen Wirksamkeit einer Handlung um ein Phänomen, das der empirischen Überprüfung durch Dritte grundsätzlich offensteht. Vor allem auf dem Gebiet klinischer Entscheidungen am Lebensende dürfte dieser Umstand aus wenigstens zwei Gründen von großer Relevanz sein: Zum einen kann er die Handlungssicherheit der Akteure dadurch erhöhen, dass er die klinischen Entscheider insbesondere bei Therapiebegrenzungsmaßnahmen davor bewahrt, bestimmte psychologisch verständliche Fehlurteile über die eigene Verantwortlichkeit für die Herbeiführung des Todes eines Patienten zu fällen, die allein auf dem zeitlichen Zusammenhang bestimmter Ereignisse (wie z. B. der Einstellung der künstlichen Beatmung und dem Eintritt des Todes) beruhen, den wirklichen kausalen Verhältnissen aber nicht angemessen sind. Zum andern stellt die Rekonstruktion der jeweiligen kausalen Bedingungen des Todeseintritts einer Person aber auch ein wichtiges Korrektiv gegenüber interessegeleiteten Handlungsbeschreibungen – etwa zur Verschleierung suizidalen Handelns – dar, das sich zwar möglicherweise altruistischen Motiven (z. B. der Schonung und Rücksichtnahme gegenüber Angehörigen) verdankt, dabei aber weder den tatsächlichen kausalen Abläufen noch den besonderen moralischen Belastungen derjenigen professionellen Akteure gerecht wird, die in die Begleitung derartiger Szenarien verstrickt werden[72].

Einflussfaktoren) bestimmt werden kann, doch ist unter ethischer Rücksicht zu bedenken, dass für die Verantwortungszuschreibung ohnehin nur das Handeln menschlicher Akteure ausschlaggebend sein kann und variable Einschätzungen eines Sachverhalts verschiedener Betrachter keineswegs gleich gut begründet sein müssen.

72 Zur Relevanz dieser Überlegungen für den Abbruch lebenserhaltender Maßnahmen bei Wachkoma-Patienten vgl. F.-J. Bormann, *Gewissensentscheidungen im Umgang mit Wachkoma-Patienten*, in: ders./V. Wetzstein (Hg.), *Gewissen. Dimensionen eines Grundbegriffs medizinischer Ethik*, Berlin/Boston 2014, 455–474.

Bei alledem ist freilich zu berücksichtigen, dass streng zwischen der *deskriptiven* und der *normativen* Ebene zu unterscheiden ist. Die möglichst präzise Aufhellung des kausalen Bedingungsgefüges stellt als unverzichtbarer Teil der Beschreibung der charakteristischen Merkmale eines bestimmten Handlungstyps zwar eine wichtige Voraussetzung für dessen moralische Bewertung dar, doch bedarf es der Einführung weiterer normativer Kategorien[73] sowie der angemessenen Berücksichtigung weiterer situativer Faktoren, um zu einer überzeugenden moralischen Qualifizierung konkreter Einzelhandlungen zu gelangen. Von daher bildet das Kausalitätsargument zwar einen wichtigen Baustein für einen solchen normativen Reflexionsprozess, doch kann es allein ein moralisches Urteil noch nicht präjudizieren.

---

[73] Besonders wichtige Kategorien dürften in diesem Zusammenhang die ‚Menschenwürde' und die ‚Natürlichkeit' des Todes sein. Zu letzterer vgl. F.-J. Bormann, *Ist die Vorstellung eines ‚natürlichen Todes' noch zeitgemäß? Moraltheologische Überlegungen zu einem umstrittenen Begriff*, in: ders./G. D. Borasio (Hg.), *Sterben. Dimensionen eines anthropologischen Grundphänomens*, Berlin/Boston 2012, 325–350.

Jan C. Joerden
Zum Kausalitätsargument bei Töten und Sterbenlassen

1 Kausalität und Verantwortlichkeit

In seinem Buch *Erklären und Verstehen* macht Georg Henrik von Wright auf den engen inhaltlichen und sprachgeschichtlichen Zusammenhang von Kausalität und Verantwortlichkeit aufmerksam.[1] Schon das griechische Wort *aitia* für Ursache hatte zugleich die Bedeutung von Schuld. Vergleichbares lässt sich über das lateinische Wort *causa* sagen, das nicht nur Ursache, sondern auch Schuld bedeuten kann (etwa in dem Wort *excusare* = entschuldigen). Es lohnt sich deshalb auch für die Problematik einer Abgrenzung von „Töten" und „Sterbenlassen" noch einmal zu versuchen, diese Abgrenzung auf Kategorien der Kausalität zu gründen. Das erfordert allerdings eine Explikation des Verhältnisses von Kausalität einerseits und Zuschreibung von Verantwortlichkeit andererseits, die hier zunächst im Abschnitt 1 skizziert werden soll,[2] um offen zu legen, von welchen Voraussetzungen die späteren Anmerkungen insbesondere zur Abgrenzung von „Töten" und „Sterbenlassen" (Abschnitte 2 und 3) ausgehen.[3]

1.1 Zur Zuschreibung von direkter Verantwortlichkeit

Die Zuschreibung direkter[4] Verantwortlichkeit für einen strafrechtlich relevanten „Erfolg" erfordert das Auffinden einer „freien Ursache" (= *causa libera*) im Rahmen eines von diesem Erfolg ausgehenden Regresses. Findet man nämlich einen möglicherweise strafrechtlich relevanten Erfolg vor – etwa den Tod eines Menschen –, zielt die Suche nach der eventuellen Verantwortlichkeit für diesen Erfolg auf denjenigen, der diesen Erfolg verursacht haben könnte. Dazu wird die dem Tod des betreffenden

---
[1] Vgl. G. H. von Wright, *Erklären und Verstehen*, Frankfurt a. M. 1974, 67–71.
[2] Näher zu der Thematik J. C. Joerden, *Strukturen des strafrechtlichen Verantwortlichkeitsbegriffs*, Berlin 1988; zusammenfassend ders., *Logik im Recht*, Heidelberg ²2010, 253–279.
[3] Für wertvolle Hinweise zu diesem Text danke ich meinen wissenschaftlichen Mitarbeitern Carola Uhlig und Robert Brockhaus.
[4] Zur Zuschreibung „indirekter Verantwortlichkeit" vgl. den nachfolgenden Abschnitt 1.2.

Menschen zeitlich vorgelagerte nächste Ursache[5] daraufhin untersucht, ob sie eine *freie* Ursache ist, d.h. ein von einer Person *frei gesetzter Anfang einer Ursachenkette*. Dabei wird nicht zuletzt davon ausgegangen, dass Menschen Ursachenreihen überhaupt *frei* in Gang setzen können, also bei ihrem Verhalten, soweit es das Ingangsetzen von Ursachenreihen betrifft, Entscheidungsfreiheit haben können. Diese Voraussetzung wird neuerdings in Stellungnahmen aus dem Bereich der Gehirnforschung einmal mehr bestritten.[6] Ohne sie wäre indes die Annahme von Pflichten und deren Verletzung, aber auch die von Verantwortung und Schuld nicht mehr sinnvoll (oder bekäme einen völlig anderen Sinn).[7]

Die Entscheidung einer Person im Sinne einer *causa libera* ist im strafrechtlichen Kontext nur dann frei, wenn die Person eine Alternative zu ihrem Verhalten hatte, es objektiv vorhersehbar war, dass der Erfolg als Wirkung der in Gang gesetzten Ursachenkette eintreten könnte, die Person diese Ursachen-Wirkungskette, insbesondere den Erfolg, vorausgesehen hat und im Übrigen auch schuldhaft gehandelt hat. Das Strafrecht legt dabei fest, in welchen Situationen es das Verhalten der betreffenden Person als nicht mehr frei, d.h. als nicht mehr (ordentlich) zurechenbar, ansieht. Ist das Verhalten der betreffenden Person danach als unfrei anzusehen, ist es möglich, im Regress auch jenseits dieser unfreien Ursache fortzufahren und ggf. eine andere (zeitlich vorangehende) Ursache als *causa libera* des Geschehens zu identifizieren (strafrechtlich: mittelbare Täterschaft).

Im Unterschied zu Handlungen, bei denen es um das Auffinden einer *causa libera* geht, *fehlt* es bei Unterlassungen an einer *causa libera*, d.h. hier: an der freien Entscheidung einer Person, einen Erfolgseintritt (rechtzeitig) *abzuwenden*.[8]

---

[5] Unter der Ursache eines Ereignisses werden dabei alle diejenigen (physischen und psychischen) Umstände verstanden, ohne die man den Eintritt besagten Ereignisses nicht mithilfe von naturwissenschaftlichen Gesetzen erklären könnte. Inwieweit bei einer solchen Erklärung auch psychologische oder soziale Gesetzmäßigkeiten eine Rolle spielen, kann hier nicht weiter erörtert werden.

[6] Näher zu dieser Diskussion vgl. etwa die Beiträge in: C. Geyer (Hg.), *Hirnforschung und Willensfreiheit. Zur Deutung der neuesten Experimente*, Frankfurt a. M. 2004. – Zu den Konsequenzen, die eine reduktionistische Sichtweise hätte, welche die Entscheidungsfreiheit von Menschen prinzipiell bestreitet, vgl. J. C. Joerden, *Menschenwürdeschutz und Sinnstiftung*, in: A. Brockmöller/ S. Kirste/U. Neumann (Hg.), *Wert und Wahrheit in der Rechtswissenschaft. Im Gedenken an Gerhard Sprenger*, Stuttgart 2015, 75–84.

[7] Die Verwendung der Worte „Verantwortung", „Pflicht", „Schuld" etc. setzt daher (auch) die Verwendung einer präskriptiven bzw. einer askriptiven Sprache voraus, während die Thesen einiger Hirnforscher über die fehlende Entscheidungsfreiheit von Personen nur eine deskriptive Sprache verwenden, in der die genannten Begriffe schon deswegen bedeutungslos sind.

[8] Nicht aber geht es darum, dass der Pflichtadressat sich dazu entschlossen hat, nichts zu tun. Denn dazu bedarf es keines Entschlusses. Vielmehr wird ihm ggf. vorgeworfen, dass er sich *nicht entschlossen* hat, den Erfolgseintritt abzuwenden.

Unterlassen besteht demnach darin, eine Ursachenkette zur Erfolgsvermeidung nicht in Gang zu setzen, obwohl dies der betreffenden Person möglich war und durch diese (virtuelle) Rettungshandlung der Erfolgseintritt mit an Sicherheit grenzender Wahrscheinlichkeit vermieden worden wäre.

Sowohl die Zurechnung von Handlungen, die durch ihren Erfolg gekennzeichnet sind (z. B. Tötungshandlungen), als auch die Zurechnung von Unterlassungen, die durch die Nicht-Vermeidung eines Erfolges durch eine der betreffenden Person mögliche Rettungshandlung charakterisiert sind (z. B. Tötungen durch Unterlassen), sind dabei unabhängig davon denkbar, ob das betreffende Verhalten nun verboten ist oder nicht. Ob Letzteres der Fall ist, ist eine von der Zurechnung der Handlung bzw. der Unterlassung zu unterscheidende Fragestellung, weshalb man auch zwischen Zurechnungsregeln einerseits und Verhaltens- bzw. Bewertungsregeln andererseits unterscheiden sollte.[9]

1.2 Zur Zuschreibung von indirekter Verantwortlichkeit

In einem von einem strafrechtlich relevanten Erfolg ausgehenden Regress kann jenseits einer bereits aufgefundenen *causa libera* keine „direkte Verantwortlichkeit" mehr für den Erfolgseintritt zugeschrieben werden, sondern allenfalls noch eine „indirekte Verantwortlichkeit", die sich ihrerseits weiter ausdifferenzieren lässt. Denn ist man im Regress entlang der Ursachenkette eines Erfolges bei einer *freien Ursache* (*causa libera*) angekommen, hat man den direkt Verantwortlichen für den Erfolgseintritt gefunden. Zugleich ist damit das *Verbot eines weiteren Regresses* verbunden, um jenseits dieser *causa libera* noch nach weiteren freien Ursachen zu suchen, die man *direkt* für den Erfolgseintritt verantwortlich machen könnte. Denn der Gedanke einer *„freien* Ursache" besagt gerade, dass sie nicht ihrerseits von irgendeiner vorangehenden Ursache verursacht wurde; wäre sie dies, wäre sie *nicht frei*.

Gleichwohl kann es zeitlich vor einer *causa libera* liegende weitere freie Ursachen geben, die zwar zum Erfolgseintritt beigetragen haben, jedoch allenfalls im Modus der *indirekten* Verursachung des Erfolges, und die dementsprechend auch nur auf indirekte Weise für den Erfolgseintritt verantwortlich gemacht werden können. Beispiele dafür bilden im heutigen Strafrecht die Verhaltensweisen des Anstifters gem. § 26 StGB und des Gehilfen gem. § 27 StGB. Nur indirekt verantwortlich für den Erfolgseintritt sind diese Personen deshalb, weil der Kausalzu-

---

[9] Vgl. ausführlich dazu J. Hruschka, *Verhaltensregeln und Zurechnungsregeln*, in: *Rechtstheorie* 22 (1991), 449–460.

sammenhang ihres Verhaltens mit dem Erfolgseintritt von der letzten *causa libera*, also der letzten freien Entscheidung einer Person in der Kausalkette vor dem Erfolgseintritt (dem *direkt* Verantwortlichen), kausal *vermittelt* wird: Gäbe es diese letzte *causa libera* nicht, wäre zwischen allen zeitlich vorangehenden Ursachen (seien sie nun freie oder unfreie Ursachen) und dem Erfolgseintritt kein Kausalzusammenhang gegeben.

So wie die Begriffe „freie Entscheidung" bzw. „freie Ursache" (*causa libera*) schon in der von Aristoteles beeinflussten Scholastik eine wichtige Rolle für die Zuschreibung von Verantwortung gespielt haben,[10] lässt sich auch für die *indirekte* Verantwortlichkeit und die Ausdifferenzierung ihrer Erscheinungsformen eine von Aristoteles entwickelte, aus der Scholastik überkommene Unterscheidung von verschiedenen Ursachenarten fruchtbar machen.[11] Aristoteles unterscheidet bekanntlich im Hinblick auf die Herbeiführung eines Erfolges (etwa der Herstellung einer Statue) zwischen vier verschiedenen Arten von Ursachen: *causa finalis, causa formalis, causa materialis* und *causa efficiens*.[12] Sie sind hier gleichsam chronologisch geordnet: Im Hinblick auf das von Aristoteles verwendete Beispiel der Herstellung einer Statue kennzeichnen sie die Notwendigkeit für den Hersteller, (1) ein Ziel (einen Zweck) zu verfolgen (z. B. den, ein Kunstwerk zu erschaffen); (2) einen Plan zu entwerfen, wie die Statue aussehen und gestaltet sein soll; (3) ein Material zu verwenden, aus dem die Statue hergestellt wird; und (4) die Herstellung der Statue auch tatsächlich herbeizuführen. Aristoteles versteht diese vier Elemente der Entscheidung für die Herstellung eines Werkes zugleich als Ursachen dieses Werkes. Dabei ist die Entscheidung (1) über das „Warum" (bzw. das „Wozu") des Werkes die *causa finalis*; die Entscheidung (2) über das „Wie" des Werkes die *causa formalis*; die Entscheidung (3) über das „Womit" des Werkes die *causa materialis*; und die (letzte) Entscheidung (4) über das „Ob" (bzw. „Dass") des Werkes die *causa efficiens*.[13]

---

10 Vgl. etwa Thomas von Aquin, *Summa Theologiae*, q. 79, art. 3; ders., *Quaestiones Disputatae De malo*, q. 3, art. 3. – Später, in der Zeit der Aufklärung, heißt es dann bei I. Kant, *Die Metaphysik der Sitten* (1797), Akad.-Ausg., Bd. 6, 227: „Zurechnung (*imputatio*) in moralischer Bedeutung ist das Urtheil, wodurch jemand als Urheber (*causa libera*) einer Handlung, die alsdann That (*factum*) heißt und unter Gesetzen steht, angesehen wird."
11 Näher dazu J. C. Joerden, *Logik im Recht*, 271–275. – Zur Bedeutung der Vier-Ursachen-Lehre von Aristoteles für die juristische Hermeneutik vgl. unlängst auch V. Klappstein, *How much of Aristotle's Four Causes can be Found in the German Legal Method to Interpret Laws?*, in: *ARSP* 102,3 (2016), 405–440.
12 Vgl. Aristoteles, *Metaphysik, Schriften zur Ersten Philosophie*, hg. v. F. F. Schwarz, Stuttgart 1981, 5. Buch, 2.
13 Es mag sein, dass man sich zusätzliche Differenzierungen der Ursachen vorstellen kann, die aber wohl keinen völlig neuen Aspekt betreffen, sondern nur eine weitere Unterteilung von

Bezogen auf strafrechtlich relevantes Verhalten lässt sich diese Differenzierung des Aristoteles zwischen vier Arten von Ursachen nun auch für die Beteiligung verschiedener Personen an einem Delikt (bzw. Deliktserfolg) nutzbar machen. In vielen Fällen spielt dies zwar keine besondere Rolle, wenn nämlich nur ein einzelner Täter agiert, der alle vier Arten der Kausalität in eigener Person realisiert, indem er selbst den Grund dafür liefert, weshalb das Delikt begangen wird (*causa finalis*), er selbst den Plan zur Deliktsdurchführung entwickelt (*causa formalis*), er selbst das Tatwerkzeug und weitere Bedingungen der Tatdurchführung bereitstellt, um das Delikt verwirklichen zu können (*causa materialis*)[14], und er allein dann auch letztlich über das „Ob" der Tat entscheidet, indem er die Tat durchführt (*causa efficiens*).

So wenig wie bei der Herstellung einer Statue müssen aber nun alle vier Arten der Ursachen stets in ein und derselben Person zusammenfallen; vielmehr ist Arbeitsteilung zwischen vier verschiedenen Personen möglich, die jeweils nur eine der vier *causae* repräsentieren. Dabei ist der direkt verantwortliche *Täter*[15] die (zeitlich und kausallogisch) letzte *causa (libera) efficiens* des Erfolgseintritts. Die anderen drei Ursachen können nur von zeitlich vor dem Täter agierenden Personen repräsentiert werden, denn das Tatziel (*causa finalis*) muss vor der Tat feststehen, ebenso muss der Tatplan (*causa formalis*) vor der Tat vorhanden sein und schließlich müssen auch die Tatmittel (*causa materialis*) vor der Tat zur Verfügung stehen. Diese Personen sind deshalb auch allenfalls indirekt für den Deliktserfolg verantwortlich, weil sie nur durch die Entscheidung des Täters (also qua *causa efficiens*) kausallogisch mit dem Deliktserfolg in Verbindung stehen.[16]

---

einzelnen der vier Ursachen darstellen können. So etwa die Unterscheidung zwischen „Wann" und „Wo" der Herstellung des Werkes, die aber nur spezielle Fragen des „Wie" im Sinne der *causa formalis* explizieren. Der Beweis dazu, dass die von Aristoteles genannten vier Ursachenarten wirklich die einzigen sind, die sich auch ihrerseits nicht wiederum wechselseitig aufeinander zurückführen lassen, ist allerdings wohl noch nicht endgültig geführt.

14 Es sollte nicht übersehen werden, dass hier eine Weiterentwicklung der Begriffsbildung von Aristoteles erfolgt. Aristoteles verstand unter *causa materialis* immer nur das tatsächlich eingesetzte Material (Ton oder Metall etc.) z. B. für die Anfertigung einer Statue etc., während der Begriff hier auf die *Bereitstellung* der eingesetzten Materialien erweitert wird.

15 Das gilt nicht nur für den sog. unmittelbaren Täter gem. § 25 Abs. 1 1. Alt. StGB, sondern auch für den sog. mittelbaren Täter gem. § 25 Abs. 1 2. Alt. StGB, da beide die jeweils letzte *causa libera* eines Deliktserfolges setzen. Für den unmittelbaren Täter ist das offensichtlich, für den mittelbaren Täter ergibt sich dies daraus, dass die zeitlich nach ihm agierende, als menschliches „Werkzeug" eingesetzte Person keine *causa libera* mehr ist, weil sie gerade nicht voll zurechenbar handelt (zur Kritik abweichender Konzeptionen eines „Täters hinter dem Täter" vgl. J. C. Joerden, *Strukturen des strafrechtlichen Verantwortlichkeitsbegriffs*, 78).

16 Dabei gilt auch für diese Personen, dass sie nur dann (indirekt) verantwortlich sind, wenn sie als eine *causa libera* des Erfolgseintritts angesehen werden können. Dies setzt etwa voraus, dass

Wer nun dem Täter den notwendigen Grund für seine Tatbegehung (das Tatziel) liefert, ist qua *causa finalis* als *Anstifter* (vgl. § 26 StGB) für die Begehung dieses Delikts (indirekt) verantwortlich. Wer für den Täter einen Plan (oder dessen Teile) ausarbeitet, wie der Deliktserfolg erreicht werden kann, und der Täter auch gerade diesen Plan umsetzt, ist qua *causa formalis* als Gehilfe (vgl. § 27 StGB) für den Deliktserfolg (indirekt) verantwortlich (sog. *intellektuelle Beihilfe*). Wer schließlich das Tatwerkzeug beschafft (und/oder sonstige Bedingungen für die Tatbegehung erfüllt und dadurch dem Täter die Deliktsdurchführung ermöglicht oder auch nur erleichtert) ist qua Bereitstellung der *causa materialis*[17] auch als Gehilfe (vgl. § 27 StGB) für den Deliktserfolg (indirekt) verantwortlich (sog. *physische Beihilfe*).

1.3 Zur Unterscheidung von Handeln und Unterlassen

Handeln und Unterlassen müssen *begrifflich* voneinander unterschieden werden, nicht zuletzt deshalb, weil die Voraussetzungen ihrer Bestrafung unterschiedlich ausgestaltet sind (vgl. § 13 StGB): Jedenfalls die Strafbarkeit eines („unechten") Unterlassungsdelikts, z. B. eines „Totschlags durch Unterlassen" gemäß §§ 212, 13 StGB, bedarf einer besonderen Pflichtenstellung des Unterlassenden, einer sog. *Garantenstellung*; fehlt sie, ist keine Strafbarkeit z. B. wegen „Totschlags durch Unterlassen" gegeben (sondern allenfalls wegen „unterlassener Hilfeleistung" gem. § 323c StGB).[18] Demgegenüber ist bei einem „Totschlag durch Begehen" (bzw.

---

sie auch anders hätten handeln können, den Deliktserfolg (auf dem Wege über das Agieren des Täters als der letzten *causa libera* des Erfolgseintritts) als Folge ihres eigenen Verhaltens vorhergesehen haben (oder zumindest vorhersehen konnten) etc. Weiterhin ist denkbar, dass zeitlich vor diesen Personen weitere Personen agiert haben, die ihrerseits nur durch die indirekt Verantwortlichen mit dem Deliktserfolg kausal in Verbindung stehen, wie etwa der „Gehilfe des Gehilfen" oder der „Anstifter des Anstifters" etc.; näher dazu J. C. Joerden, *Strukturen des strafrechtlichen Verantwortlichkeitsbegriffs*, 137–143.

17 Vgl. oben Fn. 14.

18 Wer etwa bei einem Spaziergang sein eigenes Kind ertrinken sieht, aber trotz möglicher und ihm zumutbarer Rettungshandlung nichts zur Rettung des Kindes unternimmt, ist wegen seiner *Garantenstellung* für das Leben seines Kindes wegen Totschlags durch Unterlassen gem. §§ 212, 13 StGB wesentlich härter zu bestrafen (und zwar mit einer „Freiheitsstrafe nicht unter 5 Jahren", allenfalls mit einer gewissen Strafmilderung über § 13 Abs. 2 StGB) als jemand, der bei einem Spaziergang ein ihm völlig fremdes Kind ertrinken sieht und nicht das ihm Mögliche und Zumutbare zu dessen Rettung unternimmt. Letzterer wird allenfalls gem. § 323c StGB wegen unterlassener Hilfeleistung bestraft („mit Freiheitsstrafe bis zu einem Jahr oder mit Geldstrafe").

„durch Handeln") eine solche Garantenstellung für die Strafbarkeit des Täters nicht erforderlich.[19]

Es gibt allerdings im juristischen Schrifttum eine verbreitete Auffassung, wonach Handeln und Unterlassen zwar unterschiedlich zu bestrafen seien (bzw. ihre Bestrafung unterschiedliche Voraussetzungen hat, z. B. für die Bestrafung von Handeln keine Garantenstellung erforderlich ist, für die Bestrafung von sog. unechtem Unterlassen aber schon), dieser Unterschied aber je nach Fallkonstellation *normativ* anders zu bestimmen sei. Dabei sollen aus normativer Sicht verschiedene Gesichtspunkte relevant sein; wie allerdings die *Norm* lautet, nach der „normativ" zu entscheiden ist, wird dabei nicht explizit angegeben.

Demgegenüber macht die vorstehend (vor allem im Abschnitt 1.1) skizzierte Zurechnungstheorie deutlich, dass es einen prinzipiellen *begrifflichen* Unterschied zwischen Handeln und Unterlassen gibt: Während das zurechenbare Handeln mit einer *causa libera*, d.h. der freien Entscheidung einer Person, beginnt und dann über grundsätzlich beliebig viele (unfreie) Zwischenursachen zu einem strafrechtlich relevanten Erfolg führt, *fehlt* es bei der Zurechnung eines Unterlassens gerade an einer *causa libera*, d.h. an der freien Entscheidung einer Person, durch eine ihr mögliche Rettungshandlung den strafrechtlich relevanten Erfolg abzuwenden.[20] Die verbreitete, aber ungenaue Redeweise von der „Kausalität des Unterlassens" ändert gerade nichts daran, dass diese Kausalität allenfalls eine *hypothetische* Kausalität ist, bei der eine mögliche Rettungshandlung „hinzugedacht" werden muss, um zeigen zu können, dass für den Pflichtadressaten der Eintritt des strafrechtlichen Erfolges (z. B. der Tod eines Menschen) vermeidbar war.[21]

Dass es sinnvoll ist, an einer *begrifflichen* Differenzierung von Handeln und Unterlassen festzuhalten, zeigt sich insbesondere dann, wenn eine auf die Vermeidung von Handeln gerichtete *Unterlassungspflicht* mit einer auf die Vermeidung von Unterlassen bezogenen *Handlungspflicht* in Kollision tritt. So etwa in folgendem Fall: Herzchirurg H kann seinen Sohn S, der dringend ein neues Herz benötigt, nur dadurch retten, dass er der Person P deren Herz entnimmt und es

---

[19] Wer etwa ein ihm völlig fremdes Kind tötet, ist daher ebenso wegen Totschlags durch Begehen gem. § 212 StGB zu bestrafen wie derjenige, der sein eigenes Kind tötet.

[20] Zu Vorschlägen der Rekonstruktion dieser Differenz zwischen Handeln und Unterlassen im Anschluss an Überlegungen von G. H. von Wright in seinem Werk *Norm und Handlung. Eine logische Untersuchung*, übers. v. G. Meggle/M. Ulkan, Königstein/Ts. 1979, 56–60 vgl. für das Strafrecht J. C. Joerden, *Logik im Recht*, 293–301 und für Philosophie und Ethik F.-J. Bormann, *Zur kausalen Differenz von Töten und Sterbenlassen*, im vorliegenden Band, 249–273.

[21] Zutreffend etwa V. Haas, *Das (nicht mehr ganz) neue Institut des Behandlungsabbruchs*, in: *JZ* 71 (2016), 722: „Der Täter des unechten Unterlassungsdelikts wird nicht dafür bestraft, den Erfolg verursacht zu haben, sondern dafür, keine Ursache für die Abwendung des Erfolges gesetzt zu haben."

dem S transplantiert. Zumindest nach deutschem Strafrecht dürfte Einigkeit darüber bestehen, dass H den P nicht aktiv handelnd töten darf, um S zu retten. Zwar liegt eine Pflichtenkollision vor, da H seine Handlungspflicht[22] aus §§ 212, 13 StGB gegenüber S (Garant aufgrund elterlicher Sorgepflicht) nur erfüllen kann, wenn er seine Unterlassungspflicht aus § 212 StGB gegenüber P verletzt, und umgekehrt, er seine Unterlassungspflicht gegenüber P nur erfüllen kann, wenn er seine Handlungspflicht gegenüber S verletzt. Doch führt diese Pflichtenkollision nicht etwa zu einem Recht des H, zwischen den beiden alternativ möglichen Pflichterfüllungen zu *wählen*.

Dies wäre dann anders, wenn nicht eine Handlungs- mit einer Unterlassungspflicht, sondern zwei Handlungspflichten miteinander kollidieren würden. So etwa dann, wenn H ein Herz nach einer Explantation in einem anderen Krankenhaus zur Verfügung gestellt bekommt, das er in seiner Klinik dem Patienten P1 oder dem Patienten P2, die auf der Warteliste gleichrangig platziert sind, transplantieren kann. Hier kollidieren zwei Handlungspflichten aus §§ 212, 13 StGB[23] miteinander, hinsichtlich deren Erfüllung der H *wählen* kann, weil der Satz *ultra posse nemo obligatur*[24] gilt und die beiden hier als gleich wichtig anzusehenden Pflichten sich zudem nicht wechselseitig verdrängen.

Kollidieren dagegen Handlungs- und Unterlassungspflicht im Hinblick auf *gleichwertige*[25] Rechtsgüter (wie im oben zuerst genannten Beispiel jeweils ein menschliches Leben), tritt immer die Handlungspflicht als die weniger wichtige gegenüber der Unterlassungspflicht zurück. Und dies nicht etwa aufgrund einer Bewertung von Fall zu Fall, sondern *generell*, weil in einer Gefahrensituation derjenige vom Recht besser geschützt wird, der eine günstige Lage bereits innehat,

---

22 Wer darauf hinweist, diese Handlungspflicht bestehe gar nicht, weil es (z. B.) an der Zumutbarkeit normgemäßen Verhaltens fehle, wenn durch die Vornahme der Rettungshandlung eine gleichwertige Rechtsgüter betreffende Unterlassungspflicht verletzt werden müsste, hat die Kollisionslage schon (gleichsam vorauseilend) bewertet, sie aber nicht etwa beseitigt.
23 Die Garantenstellung ergibt sich hier aus dem Behandlungsvertrag.
24 Dig. 50, 17, 185.
25 Sind die betroffenen Rechtsgüter ungleich wichtig, tritt die Unterlassungspflicht nur dann zurück, wenn der Eingriff in das von ihr geschützte Rechtsgut (etwa im Rahmen von § 34 StGB) ausnahmsweise erlaubt ist. *Beispiel:* Vater V darf, um sein Kind K vor dem Verhungern zu retten, dem B dessen Brot stehlen (sofern dieser das Brot nicht selbst braucht, um nicht zu verhungern). Ausnahmsweise tritt hier die Unterlassungspflicht des V aus § 242 StGB (Diebstahl) gegenüber B hinter die Handlungspflicht des V aus §§ 212, 13 StGB gegenüber seinem Kind zurück, weil der V durch sein Handeln ein wesentlich wichtigeres Rechtsgut (Leben seines Kindes) auf Kosten eines wesentlich weniger wichtigen Rechtsgutes des B (Eigentum an dem Brot) rettet. Handelt der V daher nicht wie hier geschildert, sondern lässt sein Kind verhungern, ist er aus §§ 212, 13 StGB wegen Totschlags durch Unterlassen zu bestrafen.

als derjenige, der seine Lage erst noch verbessern möchte. Dies ist offenbar im weitesten Sinne eine Überlegung, die sich aus dem Gedanken einer Garantie von Rechtssicherheit ableitet. Man mag das kritisieren; so könnte etwa ein strenger Utilitarist die Lösung des Falles anders sehen und für ein Wahlrecht des H plädieren, demzufolge dieser frei entscheiden könnte, die Handlungs- oder die Unterlassungspflicht zu erfüllen. Dann ließe sich auch gleich ganz auf die Differenz zwischen Handlungs- und Unterlassungspflicht verzichten; denn es käme nur noch auf die Erfüllung einer der beiden kollidierenden Pflichten an. Allerdings wäre dieser Verzicht zugleich die Änderung einer der bisher basalen Voraussetzungen des (deutschen) Strafrechts, die man konsequenterweise dann auch für den gesamten strafrechtlichen Kontext übernehmen müsste.

Kein triftiger Einwand gegen die Argumentation zu dem obigen Beispiel einer Kollision von Handlungs- und Unterlassungspflicht ist es im Übrigen, zu behaupten, die Entscheidung müsse ja schon deshalb so fallen, weil die eine Person, nämlich P, ganz gesund sei, die andere Person S dagegen (herz-)krank. Denn selbst dann, wenn P ebenso sterbenskrank wäre wie S, aber P's Herz noch transplantiert werden könnte, dürfte H ihn nicht (vorzeitig) aktiv handelnd töten, um S zu retten, weil auch eine kurze Spanne eines vor dem Verlöschen stehenden Lebens ebenso schutzwürdig ist wie eine voraussichtlich noch erheblich länger dauernde Lebensphase.

Weiterhin ist es im zuletzt genannten Fall kein durchgreifender Einwand, in der Tötung von P läge ja eine Verwendung des P als eines bloßen Mittels zu dem Zweck, den S zu heilen, und dies verstoße wegen des sog. Instrumentalisierungsverbots gegen die Menschenwürde des P und sei schon *deshalb* verboten. Dieses Argument verfängt indes nicht, weil es auch eine Instrumentalisierung des S durch Unterlassen wäre, ihn sterben zu lassen, um den P am Leben zu erhalten. Damit wäre wieder eine Patt-Situation gegeben, bei der der H ein Wahlrecht haben müsste, welche der beiden Pflichten er erfüllt. Anders formuliert: Der übliche Instrumentalisierungs-Einwand beruht hier bereits auf der begrifflichen *Unterscheidung* von Handeln und Unterlassen und der Annahme ihrer normativen Relevanz, weil er nur die Instrumentalisierung durch Handeln, nicht aber die durch Unterlassen für problematisch erklärt. Damit setzt dieses Argument bereits voraus, was hier doch erst gezeigt werden sollte.

Eine Fallkonstellation, bei der die („normative") Bewertung eines aktiven Tuns als ein Unterlassen allerdings weitgehende Anerkennung gefunden hat, ist der bekannte Fall des LG Ravensburg.[26] Hier ging es insbesondere um die Frage, ob

---

26 LG Ravensburg *MedR* 5 (1987), 196. Näher zur Diskussion über diesen Fall vgl. etwa U. Scheffler, *Sterbehilfe mit System?*, in: J. C. Joerden (Hg.), *Der Mensch und seine Behandlung in der Medizin*, Heidelberg 1999, 271–272 mit weiteren Nachweisen auch zu Gegenstimmen zur Entscheidung des LG Ravensburg.

man eine Komapatientin von einer lebenserhaltenden Herz-Lungen-Maschine abkoppeln darf, wenn absehbar ist, dass sie nie wieder ein bewusstes Leben führen könnte, sondern auf Dauer zum (physischen) Überleben an die Herz-Lungen-Maschine angeschlossen bleiben müsste. In diesem Fall hat das Gericht die aktive Abschaltung der Maschine als Tötung durch Unterlassen der weiteren Behandlung eingestuft und war dann über die Verneinung einer Weiterbehandlungspflicht bei Komatösen, die aller medizinischen Voraussicht nach nie wieder zu Bewusstsein kommen, zur Straflosigkeit des Arztes[27] gelangt.

Ich verkenne hier nicht die prekäre Situation des Gerichts. Ein Gericht muss im Einzelfall entscheiden, und zumindest rechtspolitisch und wohl auch rechtsethisch war es ja durchaus vertretbar, in solchen Fällen ein Abschalten nicht als Totschlag gem. § 212 StGB zu werten. Gleichwohl war die Konzeption der wertenden „Umdeutung eines Handelns in ein Unterlassen", also die Umdeutung eines (aktiven) Abschaltens in ein „Unterlassen der Weiterbehandlung", von Anfang an dogmatisch fragwürdig. Das zeigte sich schon bald an den möglichen Konsequenzen dieser These für parallele Fallgestaltungen. War es nämlich so, dass nicht der Arzt, sondern die Reinemachekraft – und sei es auch aus Mitleid – die Maschine abschaltete, sollte dies plötzlich – „wertend betrachtet" – ein Handeln sein, weshalb sich die Reinemachekraft sehr wohl nach § 212 StGB strafbar machen sollte. Auch dann, wenn der Arzt in einem anderen Fall die Maschine, an der sich die Komapatientin befand, abschaltete und dabei – wie er wusste – zugleich die Schwangerschaft der Patientin abbrach, sollte das Abschalten im Hinblick auf die Patientin ein Unterlassen (der Weiterbehandlung), das Abschalten in Bezug auf die Leibesfrucht dagegen ein Schwangerschaftsabbruch durch Handeln sein.

Eine solche Argumentation lässt sich nur noch dann plausibel machen, wenn man die Dichotomie zwischen Handeln und Unterlassen der nahezu beliebigen Bewertung durch den Rechtsanwender überantwortet. Dann aber kann man auf diese Dichotomie auch gleich verzichten und lieber die angeblich tragenden „wertenden" Argumente ohne dogmatische Verbrämung verwenden, wobei auf diese Weise allerdings § 13 StGB mit seiner Forderung nach einer Garantenstellung bei Unterlassungsstrafbarkeit weitgehend in der Luft hängen bliebe. Erfreulicherweise hat sich der BGH in seiner Entscheidung im „Fall Putz" von der Ansicht, eine solche „Umwertung eines Tuns in ein Unterlassen" sei überzeugend, distanziert (siehe dazu näher Abschnitt 3).

Schließlich überzeugt auch das „wertende" Argument nicht, der äußere Vorgang des Abschaltens einer Herz-Lungen-Maschine (an der sich ein Komapatient befindet) könne doch ethisch/strafrechtlich schon deshalb nicht von Be-

---

27 Bzw. in dem konkreten Fall zur Straflosigkeit des die Maschine abschaltenden Ehemannes.

deutung sein, weil man auch leicht den Betrieb dieser Maschine so hätte konstruieren bzw. programmieren können, dass sie jede Stunde wieder durch einen Knopfdruck in Gang gesetzt werden könnte bzw. müsste, um weiterzulaufen. Es könne doch nicht angehen, dass das Abschalten ein strafbarer Totschlag gem. § 212 StGB sei, während das Nicht-wieder-in-Betrieb-Setzen der Maschine als (strafloses) Unterlassen der Weiterbehandlung des Patienten zu bewerten sei. Entgegen dieser Argumentation besteht der ethisch/strafrechtlich relevante Unterschied gerade darin, dass beim Abschalten ein freier Entschluss (*causa libera*) des Abschaltenden zum Tod des Patienten geführt hat. Dies mag ja ein gerechtfertigtes (oder auch nur entschuldigtes) Tötungshandeln sein, aber es ist *prima facie* ethisch/strafrechtlich klar unterschieden von dem Fehlen eines Entschlusses des Arztes, die durch die Programmierung der Maschine automatisch zu Ende gehende Behandlung fortzusetzen. Insoweit müsste man zudem fragen, ob das Programmieren eines automatischen Abschaltens der Maschine nicht seinerseits der Rechtfertigung bedarf, um nicht ein strafbares Tötungshandeln zu sein.

1.4 Volenti non fit iniuria

Eine weitere Voraussetzung der Thesen in den Abschnitten 2 und 3 dieses Beitrages ist die Geltung des Satzes, wonach demjenigen kein Unrecht geschieht, der in die betreffende Handlung (oder Unterlassung) wirksam eingewilligt hat (*volenti non fit iniuria*)[28]. Wirksam ist die Einwilligung dann, wenn sie auf die *freie* Entscheidung (*causa libera*) einer über das betreffende Rechtsgut verfügungsbefugten Person zurückgeführt werden kann. Frei ist diese Entscheidung dann nicht, wenn der betreffende Rechtsgutsinhaber zu der Einwilligungserklärung durch Zwang oder Täuschung[29] gebracht wurde, oder von vornherein nicht einwilligungsfähig war, etwa wegen mangelnder Reife oder Geistesstörung. Die Einwilligungserklärung, die auch konkludent erfolgen kann, muss mit anderen Worten ihrerseits ihrem Urheber zurechenbar sein, um wirksam sein zu können.

Dabei reicht eine insofern wirksame Einwilligung allerdings nur so weit, wie dem Einwilligenden das Rechtsgut, in das eingegriffen werden soll, auch tatsächlich „gehört". Gibt es einen weiteren „Eigentümer" (bzw. „Inhaber") des betreffenden Rechtsgutes, ist die Einwilligung nur dann vollständig wirksam,

---

28 Dig. 47, 10, 1 § 5 a. E. (*Ulpian*): „[...]quia nulla iniuria est, quae in volentem fiat."
29 Dabei muss hier offen bleiben, wie man relevante Irrtümer des Rechtsgutsinhabers (insbesondere hinsichtlich von Art und Ausmaß des Eingriffs) von irrelevanten bloßen Motivirrtümern abgrenzen kann und wie sich sozialadäquater psychischer Druck von zurechnungsausschließendem Zwang genau unterscheiden lässt.

wenn auch dieser in den Rechtsguteingriff einwilligt. Deshalb genügt es beispielsweise zur Rechtfertigung des Zerschlagens einer Vase, die zwei Personen (zu ideellen Teilen) gehört, nicht, wenn nur einer der beiden Rechtsgutsinhaber in die Zerschlagung einwilligt. Entsprechendes gilt bei vielen Gefährdungsdelikten, weil dort das geschützte Rechtsgut, etwa die Sicherheit des Straßenverkehrs, nicht nur z. B. dem Beifahrer eines rasenden Autofahrers „gehört", sondern auch vielen anderen ggf. gefährdeten Personen. Wenn demnach in diesem Beispiel der Beifahrer auch in seine eigene Gefährdung einwilligen mag, wirkt dies für die Erfüllung des Tatbestandes einer Straßenverkehrsgefährdung nicht rechtfertigend, weil die weiteren Gefährdeten dem nicht zugestimmt haben. (Besonderheiten mögen allerdings gelten, wenn der Beifahrer neben dem Fahrer der erkennbar *einzige* Gefährdete gewesen sein sollte.)

Kann allerdings kein anderer „Eigentümer/Inhaber" des betreffenden Rechtsguts ausgemacht werden als nur der Verfügende, ist seine Einwilligung wirksam und lässt den an sich zu seinen Gunsten bestehenden Rechtsgüterschutz entfallen. Es liegt auf der Hand, dass vor allem diese Voraussetzung erhebliche Konsequenzen nicht zuletzt für die Deutung von § 216 StGB (und auch von § 228 StGB) hat, deren Berechtigung im folgenden Abschnitt 2 näher erläutert wird. Denn unter Berücksichtigung der in den Abschnitten 1.1 bis 1.4 erläuterten Voraussetzungen (und weiterer im Strafrecht üblicher, hier nicht ausdrücklich thematisierter Voraussetzungen)[30] lassen sich im Hinblick auf die Grenze zwischen „Töten" und „Sterbenlassen" bei lebensbeendendem Verhalten im Rahmen des Medizinstrafrechts m. E. die folgenden Überlegungen verteidigen.

2 Konsequenzen für die Auslegung von § 216 StGB[31]

Herkömmlich wird die Regelung des § 216 StGB (Tötung auf Verlangen) bekanntlich als eine „Einwilligungssperre" interpretiert, weil die Vorschrift offenbar die Wirksamkeit der Einwilligung in die eigene Tötung durch einen anderen verbietet. So mache gerade die Strafbarkeit der (Fremd-)Tötung auf Verlangen deutlich, dass nicht einmal die in der Vorschrift genannte intensive Form eines ernsthaften (Tötungs-)

---

30 Z. B. das *ultima ratio*-Prinzip oder der Satz *nullum crimen sine lege* etc.
31 Dieser Abschnitt beruht in einigen Formulierungen auf meinem Beitrag *Zur Einwilligung, insbesondere im Medizinstrafrecht*, in: E. Hilgendorf (Hg.), *Rechtswidrigkeit als juristische Kategorie. Beiträge der dritten Tagung des Chinesisch-Deutschen Strafrechtslehrerverbandes in Würzburg vom 2. bis 3. September 2015*, Tübingen 2017 (im Erscheinen).

Verlangens, die erkennbar noch über eine einfache Einwilligung hinausgeht, ausreicht, um das Unrecht der betreffenden Tötungshandlung (vollständig) zu verneinen. Der deutsche Gesetzgeber erkenne allenfalls das Vorhandensein einer Unrechtsminderung an, wenn er mit § 216 StGB den Täter relativ zur Grundnorm der Tötungsdelikte (§ 212 StGB) durch eine mildere Strafe privilegiere.[32]

Wenn man § 216 StGB indes als „Einwilligungssperre" interpretiert, ist dies mit dem oben in Abschnitt 1.4 erläuterten Prinzip *volenti non fit iniuria* nicht mehr vereinbar. Denn es wäre nicht begründet, weshalb allein in diesem Falle der Verzicht auf Rechtsgüterschutz (hier: in Bezug auf das Leben) in seiner Wirksamkeit eingeschränkt sein sollte, obwohl nach allgemein herrschender Ansicht die (versuchte) Selbsttötung vom deutschen Strafrecht tatbestandlich nicht erfasst wird und damit auch nicht mit Strafe bedroht ist.[33] Diese Diskrepanz könnte man nicht einmal dann zufriedenstellend erklären, wenn sich plausibel machen ließe, dass das Rechtsgut Leben nicht nur dem Einzelnen „gehört", sondern auch noch andere Rechtsgutsinhaber hat. Wäre letzteres der Fall, könnte nicht ohne Einwilligung auch dieses weiteren Rechtsgutsträgers wirksam über das Leben disponiert werden. Aber selbst dann, wenn man einmal die keineswegs besonders einleuchtende These vertritt, wonach das Rechtsgut Leben des Einzelnen nicht nur diesem, sondern etwa auch der Gesellschaft oder dem Staat oder Gott gehört, bliebe ungeklärt, weshalb dann der Suizid im Hinblick auf § 212 StGB tatbestandslos sein sollte.[34] Denn obwohl man die Zerstörung einer eigenen Sache nicht

---

[32] Vgl. etwa T. Rönnau, *Willensmängel bei der Einwilligung im Strafrecht*, 163–165; A. Eser/D. Sternberg-Lieben, in: A. Schönke/H. Schröder (Hg.), *Strafgesetzbuch. Kommentar*, München [29]2014, § 216 Rn. 15.

[33] Eine dem entgegengesetzte Ansicht, die in Bezug auf die Formulierung des § 212 StGB, in der ein Hinweis auf die Tötung einer *anderen* Person fehlt, im Falle eines Suizids den Tatbestand eines Tötungsdeliktes bejaht und erst im Wege einer Entschuldigung zur Straflosigkeit des (Versuchs-)Täters kommt, so dass eine Strafbarkeit wegen Anstiftung und Beihilfe angesichts der limitierten Akzessorietät der Teilnahme (vgl. § 28 Abs. 2 StGB) möglich wäre (vgl. insbesondere E. Schmidhäuser, *Selbstmord und Beteiligung am Selbstmord in strafrechtlicher Sicht*, in: G. Stratenwerth et al. (Hg.), *Festschrift für Hans Welzel*, Berlin 1974, 801–822), hat sich zu Recht nicht durchsetzen können, weil eine historische, systematische und teleologische Auslegung von § 212 StGB ergibt, dass hier nicht der (versuchte) Suizid (mit-)erfasst sein soll, sondern nur die Fremdtötung gemeint ist.

[34] Vgl. kritisch zu ähnlichen Versuchen der Begründung einer strafrechtlichen Verfügungseinschränkung hinsichtlich des eigenen Lebens von „einer bestimmten religiösen oder metaphysischen Position" aus jüngst im Kontext des (neuen) § 217 StGB G. Duttge, *Strafrechtlich reguliertes Sterben. Der neue Straftatbestand einer geschäftsmäßigen Förderung der Selbsttötung*, in: NJW 69,3 (2016), 120–125. Zu § 217 StGB siehe auch E. Hilgendorf, *Sterben im Schatten des Strafrechts. Neue Probleme der Sterbehilfe in Hospizen und Palliativstationen durch die Reform des assistierten Suizids in § 217*, im vorliegenden Band, 701–723.

nur selbst durchführen darf, sondern auch einen Anderen damit beauftragen dürfte, ist Entsprechendes bei der Disposition über das eigene Leben anscheinend nach § 216 StGB deshalb nicht zulässig, weil man dabei eine andere Person darum ersucht, die Tötung vorzunehmen.

Auch die „schwach paternalistische" These von der Funktion des § 216 StGB als eines „Übereilungsschutzes" zugunsten des Opfers hilft hier nicht wirklich weiter. Denn einerseits bleibt das konsequent anti-paternalistische Argument, dass ein Mensch auch eilig in seine Tötung sollte einwilligen dürfen, wenn er dies denn so will. Zum anderen würde eine solche These lediglich dazu führen, dass man die Absicht einer übereilt entscheidenden Person zur eigenen Tötung durch einen Anderen vorübergehend vereiteln dürfte, nicht aber deren wohlerwogenen Plan mit demselben Ziel.[35]

Ein Weg zur Lösung der systematischen Schwierigkeiten des § 216 StGB im erläuterten Zusammenhang lässt sich daher wohl nur dann plausibel bahnen, wenn man akzeptiert, dass der Satz *volenti non fit iniuria* auch im Kontext von § 216 StGB insoweit gilt, als jedenfalls dem „Opfer" der (von ihm verlangten) Tötungshandlung *kein Unrecht* geschieht. Wenn gleichwohl ein strafwürdiger „Rest" eines solchen Handelns verbleibt, dann muss dessen Strafbarkeit damit begründet werden, das Leben *anderer Personen* zu schützen (die ihrerseits nicht auf ihren Lebensschutz verzichtet haben).[36] § 216 StGB wird bei einer solchen Interpretation allerdings zu einem Delikt nur noch *abstrakter (Lebens-) Gefährdung*, die ihrerseits plausibel gemacht werden muss. Anhaltspunkte für eine solche abstrakte Gefährdung anderer Personen können sein: Etwa die Gefahr, dass unter dem Deckmantel angeblichen Tötungsverlangens auch Personen getötet werden, die dem nicht zugestimmt haben (wobei von dem behaupteten Verlangen ja ggf. auch noch *in dubio pro reo* ausgegangen werden müsste); die Gefahr, dass Personen getötet werden, die sich über die Konsequenzen ihres Verlangens nicht hinreichend klar geworden sind;[37] die Gefahr einer Abschwächung des allgemeinen Tötungstabus mit der Konsequenz der Lebensgefährdung anderer Personen etc.

Legt man diese Struktur des § 216 StGB als eines abstrakten Gefährdungsdeliktes zugrunde, dürfte es in bestimmten Fällen zudem einfacher zu begründen

---

35 Vgl. etwa G. Jakobs, *Zum Unrecht der Selbsttötung und der Tötung auf Verlangen*, in: F. Haft (Hg.), *Strafgerechtigkeit* (Festschrift für A. Kaufmann), Heidelberg 1993, 470.
36 Vgl. etwa A. Eser/D. Sternberg-Lieben, § 216, Rn. 1a mit weiteren Nachweisen.
37 An dieser Stelle wird daher der oben schon einmal erwähnte „Übereilungsschutz" wieder aufgegriffen, allerdings an einem systematisch überzeugenderen Ort. „Andere" Personen sind hier die Gefährdeten insofern, als sie bei (vertretbarem) Außerkraftsetzen ihrer übereilt erteilten Einwilligung bei Tötungen eben nicht mehr Personen sind, die wirksam in ihre Tötung eingewilligt haben.

sein, die Tatbestände der §§ 212, 216 StGB teleologisch zu reduzieren[38] und sie dann nicht anzuwenden, wenn die bezeichneten (externen) Gefahren weitgehend ausgeschlossen sind, etwa bei einem Sterbewilligen an seinem Lebensende, sofern sein Sterbewunsch auf Grund der realen Umstände (wie insbesondere schwere, unerträgliche Krankheit) freiverantwortlich gefasst, gut nachvollziehbar und zugleich ordentlich dokumentiert ist.

Demnach liefert § 216 StGB nur eine *scheinbare* Einschränkung des Satzes *volenti non fit iniura*. Der Satz gilt vielmehr weiterhin, so dass dem freiverantwortlich von einem Anderen Sterbehilfe Verlangenden kein Unrecht geschieht, wenn der (gemeinsame) Tötungsplan von dem Anderen[39] durchgeführt wird. Gleichwohl bleiben §§ 212, 216 StGB für diese Fälle als abstraktes Gefährdungsdelikt anwendbar und führen damit grundsätzlich zu einem Verbot (auch) der Tötung auf Verlangen, wenn nicht ausnahmsweise die abstrakte Gefahr für Dritte entfällt, weil eine aktive (oder passive) Sterbehilfe in einem besonderen Fall vorliegt, der selbst die abstrakte Gefährdung Dritter ausschließt, bzw. der so gravierend ist, dass das Selbstbestimmungsrecht des Sterbewilligen dem Schutz Anderer vor einer (abstrakten) Gefährdung vorgeht.

Allerdings muss das Vorliegen der Voraussetzungen für das Eingreifen des Satzes *volenti non fit iniuria* im Falle der Tötung durch einen Anderen sehr sorgfältig geprüft werden. Denn nur dann, wenn der Patient tatsächlich *causa libera* seiner Einwilligungserklärung ist, kann von einem freiverantwortlichen Geschehen seitens des Patienten ausgegangen werden. Dazu dürfte es notwendig sein, ein entsprechendes staatliches Verfahren zu etablieren, wie es vergleichbar, wenngleich natürlich in anderer Situation, bei der Tötung von Embryonen und Föten im Kontext eines Schwangerschaftsabbruchs angewendet wird;[40] gedacht ist hier etwa an ein Beratungsverfahren, in dem zunächst eine Prüfung der (näher zu definierenden) Voraussetzungen für eine Ausnahme von § 216 StGB zu erfolgen hätte. Dieses Verfahren könnte – sofern die genannten Voraussetzungen erfüllt sind – auch von staatlicher Seite durchaus als Beratung des Sterbewilligen *pro vita* ausgestaltet sein, müsste dann aber nach Abschluss der Beratung dem Sterbewilligen die freie Letztentscheidung überlassen (ähnlich wie die Schwangere im Rahmen von § 219 StGB nicht an ein etwaiges Votum der Beratungskommission

---

38 Vgl. dazu auch noch den folgenden Abschnitt 3.
39 In einem geordneten Verfahren wäre dies der Arzt.
40 In einem solchen Verfahren wäre auch der Ort für eine Überprüfung, ob die Freiverantwortlichkeit etwa durch Pressionen der Angehörigen oder anderer Personen in Richtung auf ein Sterbeverlangen des Patienten beeinträchtigt ist. Zu einem ähnlichen Vorschlag im Hinblick auf die ausnahmsweise Zulassung bisher verbotener Formen des Organhandels nach Beratung vgl. unlängst J. Scheinfeld, *Organtransplantation und Strafrechtspaternalismus*, Tübingen 2016, 552–553.

gebunden ist). Entstehen im Verfahren ernsthafte Zweifel an der Freiverantwortlichkeit der Entscheidung des Sterbewilligen, könnte das Verfahren mit der Konsequenz der Nichtzulassung der Tötung auf Verlangen abgebrochen werden. Die Durchführung der Tötung auf Verlangen in demgegenüber erfolgreich „geprüften" Ausnahmefällen müsste dann durch einen dazu bereiten Arzt erfolgen.[41]

3 Zur neueren Rechtsprechung des BGH zur Sterbehilfe[42]

In seinem viel beachteten Urteil zur Sterbehilfe im „Fall Putz"[43] vertritt der BGH die Ansicht, dass „eine Differenzierung nach aktivem und passivem Handeln nach äußerlichen Kriterien nicht geeignet ist, sachgerecht und mit dem Anspruch auf Einzelfallgerechtigkeit die Grenzen zu bestimmen, innerhalb derer eine Rechtfertigung des Handelns durch den auf das Unterlassen oder den Abbruch der medizinischen Behandlung gerichteten Willen des Patienten anzuerkennen ist". Deshalb „müssen andere Kriterien gelten, anhand derer diese Unterscheidung vorgenommen werden kann". „Diese ergeben sich aus den Begriffen der ,Sterbehilfe' und des ,Behandlungsabbruchs' selbst und aus der Abwägung der betroffenen Rechtsgüter vor dem Hintergrund der verfassungsrechtlichen Ordnung".[44]

Offenbar will der BGH hier u. a. dem Willen des (sterbenskranken) Patienten Geltung verschaffen, und zwar auch dann, wenn sein Leben durch aktives Verhalten eines Anderen beendet wird. Nach §§ 212, 216 StGB war dies bisher rechtlich nicht möglich, weil es nach diesen Vorschriften stets rechtswidrig und strafbar war, einen Menschen aktiv zu töten, selbst wenn er dies ausdrücklich und ernstlich verlangt hat. §§ 212, 216 StGB sehen hierzu weder eine Einschränkung ihres tatbestandlich bestimmten Anwendungsbereiches noch eine explizite Ausnahme vor. Nach überwiegender Ansicht ist zudem eine Anwendung der Rechtfertigungsgründe Einwilligung[45] und Notstand gem. § 34 StGB auf ein nach §§ 212,

---

41 Natürlich darf ein Arzt nicht gegen seine Überzeugung dazu gezwungen werden (entsprechend wie bei einem Schwangerschaftsabbruch); aber ihm dürften auch keine strafrechtlichen oder standesrechtlichen Hürden entgegengestellt werden, wenn er dazu bereit ist.
42 Dieser Abschnitt beruht in Teilen auf meinem Beitrag *Die neue Rechtsprechung des Bundesgerichtshofs zur Sterbehilfe und der Knobe-Effekt*, in: M. Heinrich et al. (Hg.), *Strafrecht als Scientia Universalis* (Festschrift für C. Roxin), Berlin 2011, 593–607.
43 Vgl. *BGH HRRS* 2010 Nr. 704 = BGH NJW 2010, 2963–2968.
44 *BGH HRRS* 2010 Nr. 704, Rn. 32.
45 Einwilligung schon deshalb nicht, weil diese in ihren Anforderungen noch unterhalb der Schwelle ausdrücklichen und ernstlichen Verlangens liegt.

216 StGB verbotenes Verhalten von vornherein nicht möglich. Die Rechtfertigung einer Tat nach §§ 212, 216 StGB durch Notwehr (§ 32 StGB) wäre zwar grundsätzlich denkbar, ist aber für die Problematik der Sterbehilfe nicht relevant. Es gibt daher keine für die (aktive) Sterbehilfe in Betracht kommende gesetzliche Ausnahme zu §§ 212, 216 StGB.

Auch die im Jahre 2009 neu ins Gesetz aufgenommene Regelung zur Patientenverfügung gem. §§ 1901a ff. BGB taugt nicht als strafrechtlicher Rechtfertigungsgrund, mit dessen Hilfe eine Ausnahme von §§ 212, 216 StGB gemacht werden könnte. Der BGH stellt dazu fest, es ergebe sich aus „§ 1901a BGB selbst, dass die Frage einer strafrechtlichen Rechtfertigung von Tötungshandlungen nicht nur als zivilrechtsakzessorisches Problem behandelt werden kann. Wo die Grenze einer rechtfertigenden Einwilligung verläuft und der Bereich strafbarer Tötung auf Verlangen beginnt, ist [...] eine strafrechtsspezifische Frage, über die im Lichte der Verfassungsordnung und mit Blick auf die Regelungen anderer Rechtsbereiche, jedoch im Grundsatz autonom nach materiell strafrechtlichen Kriterien zu entscheiden ist."[46] Daher kann auch § 1901a BGB die nach herrschender Meinung bestehende „Einwilligungssperre" des § 216 StGB nicht öffnen.[47]

Um gleichwohl zur Straflosigkeit eines dem Willen des Patienten entsprechenden Behandlungsabbruchs zu kommen, musste der BGH die Vorschriften der §§ 212, 216 StGB für die Fälle des Behandlungsabbruchs als nicht anwendbar deklarieren. Deshalb versuchte er unter Verwendung der Begriffe „Sterbehilfe" und „Behandlungsabbruch" (beides keine gesetzlich definierten Begriffe) die §§ 212, 216 StGB tatbestandlich einzuschränken. Nach Ansicht des BGH setzt dabei „der Begriff der Sterbehilfe durch Behandlungsunterlassung, -begrenzung oder -abbruch voraus, dass die betroffene Person lebensbedrohlich erkrankt ist und die betreffende Maßnahme medizinisch zur Erhaltung oder Verlängerung des Lebens geeignet ist". „Nur in diesem engen Zusammenhang" habe „der Begriff der ‚Sterbehilfe' einen systematischen und strafrechtlich legitimierenden Sinn". „Vorsätzliche lebensbeendende Handlungen, die außerhalb eines solchen Zusammenhangs mit einer medizinischen Behandlung einer Erkrankung vorgenommen werden", seien „einer Rechtfertigung durch Einwilligung dagegen von vornherein nicht zugänglich". Dies ergebe sich „ohne Weiteres aus § 216 StGB und § 228 StGB und den diesen Vorschriften zugrundeliegenden Wertungen unserer Rechtsordnung".[48]

---

[46] *BGH HRRS* 2010 Nr. 704, Rn. 25.
[47] Ich lege hier nicht die oben im Abschnitt 2 diskutierte Deutung des § 216 StGB als ein abstraktes Gefährdungsdelikt zugrunde, sondern, da ich mich auf das BGH-Urteil beziehe, die herrschende Meinung zu dieser Problematik.
[48] *BGH HRRS* 2010 Nr. 704, Rn. 33.

Man wird die Argumentation des BGH wohl als eine teleologische Reduktion des Anwendungsbereichs von §§ 212, 216 StGB im Lichte von § 1901a BGB deuten müssen, mit der Konsequenz, dass ein aktiver Behandlungsabbruch mit Einwilligung des Patienten auch bei tödlicher Folge nicht mehr als strafbare Sterbehilfe anzusehen ist. Jedoch bleibt die Frage, ob ein solches Vorgehen rechtsdogmatisch akzeptabel ist, selbst wenn es ethisch verständlich, ja sogar gefordert sein mag. Denn eine teleologische Reduktion der §§ 212, 216 StGB ist im Hinblick auf das Rechtsgut Leben, das zumindest nach herkömmlichem Verständnis Schutzgut (nicht nur des Grundtatbestandes des § 212 StGB, sondern auch) der (privilegierenden) Vorschrift des § 216 StGB ist,[49] durchaus problematisch. Die Grenzen dessen, was strafrechtlich geschützt ist, legt zunächst einmal der Gesetzgeber und nicht der Richter fest. Der Gesetzgeber hatte mit § 216 StGB aber eine Norm eingeführt, die erkennbar und bisher auch vom BGH so gesehen, jedenfalls die aktive Tötung auf Verlangen, auch wenn sie zugleich einen Behandlungsabbruch bedeutet, für strafbar erklärt.

Wenn der BGH seit dem „Fall Putz" diese Interpretation des § 216 StGB im Lichte der Neuregelung über die Patientenverfügung aufgibt, ohne zugleich §§ 1901a ff. BGB als (auch) strafrechtlichen Rechtfertigungsgrund zu interpretieren, sondern sich letztlich für die Straflosigkeit des aktiven Behandlungsabbruchs auf die Einwilligung des Patienten als Rechtfertigungsgrund stützt, führt das in folgende problematische Argumentationslage: Einerseits wird an dem Grundsatz der Rechtswidrigkeit und Strafbarkeit der Tötung auf Verlangen festgehalten („Die tatbestandlichen Grenzen des § 216 StGB bleiben hierdurch unberührt")[50], andererseits aber wird die aktive Tötung im Rahmen eines Behandlungsabbruchs davon ausgenommen. Denn dass es sich bei einem solchen Behandlungsabbruch, wie er der Entscheidung im „Fall Putz" zugrunde lag, um eine *aktive Tötung* handelte, wird auch vom BGH nicht in Abrede gestellt. Der BGH kritisiert sogar ausdrücklich die in Rechtsprechung und Lehre zum Teil vertretene (oben im Abschnitt 1.3 abgelehnte) These, wonach man den Behandlungsabbruch (mit Einwilligung des Patienten) in ein normativ verstandenes „Unterlassen" (etwa als „Unterlassen der Weiterbehandlung") umdeuten könne. Der BGH bezeichnet das zutreffend als einen „dogmatisch unzulässige(n) Kunstgriff"[51].

---

[49] Die oben im Abschnitt 2 näher erläuterte Ansicht, wonach § 216 StGB nur als abstraktes Gefährdungsdelikt (im Hinblick auf Lebensgefahren für *andere* Personen, als die, die im betreffenden Fall ihren Tod verlangt hat) begründbar erscheint, kann ja keinesfalls als herrschende Meinung bezeichnet werden.
[50] *BGH HRRS* 2010 Nr. 704, Rn. 37.
[51] *BGH HRRS* 2010 Nr. 704, Rn. 30 mit weiteren Nachweisen.

Die Ansicht des BGH zu der Bedeutung der Differenz von Handeln und Unterlassen im Rahmen von § 216 StGB lässt sich daher wie folgt zusammenfassen: Obwohl an sich die Unterscheidung zwischen aktivem Handeln und Unterlassen nicht nur allgemein im Strafrecht, sondern auch für § 216 StGB weiterhin eine wesentliche Rolle spielen soll,[52] wird diese Differenz dann irrelevant, wenn „die betroffene Person lebensbedrohlich erkrankt ist und die betreffende Maßnahme medizinisch zur Erhaltung oder Verlängerung des Lebens geeignet ist". In einem solchen Kontext umfasse ein „Behandlungsabbruch" nicht nur „Untätigkeit", sondern „fast regelmäßig eine Vielzahl von aktiven und passiven Handlungen [...], deren Einordnung nach Maßgabe der in Dogmatik und von der Rechtsprechung zu den Unterlassungstaten des § 13 StGB entwickelten Kriterien problematisch ist und teilweise von bloßen Zufällen abhängen kann"[53]. Der BGH bildet deshalb einen „normativ-wertenden Oberbegriff des *Behandlungsabbruchs*", der „neben objektiven Handlungselementen auch die subjektive Zielsetzung des Handelnden umfasst, eine bereits begonnene medizinische Behandlungsmaßnahme gemäß dem Willen des Patienten insgesamt zu beenden [...]"[54].

Es kann hier nicht ausführlich auf Einzelfälle eingegangen werden. Wie es scheint, hat der BGH aber hier einen erheblichen „Freiraum" für aktive Lebensbeendigungen geschaffen, der gar nicht so einfach zu begrenzen sein dürfte. Wenn etwa ein Patient P sich einen Herzschrittmacher hat einsetzen lassen, dessen Funktionsfähigkeit in regelmäßigen Abständen von Arzt A kontrolliert wird, und P nunmehr von A verlangt, die „Behandlung" mit dem Herzschrittmacher abzubrechen und den Herzschrittmacher abzustellen,[55] stellt sich die Frage, ob das auch ein „Behandlungsabbruch" im Sinne des BGH-Urteils ist.[56] Mit der Konse-

---

52 Zwar weist der BGH in diesem Zusammenhang auf die Möglichkeit einer Strafbarkeit aus §§ 216, 13 StGB zumindest nach seiner Auffassung hin; aber es bleibt natürlich dabei, dass eine (eventuelle) Strafbarkeit wegen „Tötung auf Verlangen durch Unterlassen" eine Garantenstellung des Unterlassungstäters erfordert, eine Tötung auf Verlangen durch aktives Tun dagegen nicht.
53 *BGH HRRS* 2010 Nr. 704, Rn. 31.
54 Ebd.
55 Um der Argumentation willen sei hier vorausgesetzt, dass mit dem Abstellen des Herzschrittmachers auf absehbare Weise innerhalb kurzer Zeit der Tod von P eintreten wird.
56 Eine interessante Konzeption hat kürzlich V. Haas, *Das (nicht mehr ganz) neue Institut des Behandlungsabbruchs*, 714–723, für den vorliegenden Kontext auf der Basis einer Unterscheidung von Bedingung und Ursache vorgeschlagen (720 ff.). Danach soll es u. a. einen Unterschied (gegenüber dem Abschalten eines Respirators) bedeuten, dass im Herzschrittmacher-Fall der Herzschrittmacher durch die Einpflanzung in den Körper des Patienten seine Sachqualität verliere und damit „keine eigene Eigentumssphäre seines Trägers" mehr bilde (722). § 216 StGB sei hier anwendbar, da der Arzt, der den Herzschrittmacher nunmehr abschalte, „unmittelbar in die körperliche Integrität des Patienten" eingreife (ebd.) und deshalb nicht auf die Figur des Abbruchs

quenz, dass ggf. auch jeder Dritte zur Vornahme dieses Behandlungsabbruchs berechtigt wäre, soweit er „als vom Arzt, dem Betreuer oder dem Bevollmächtigten für die Behandlung und Betreuung hinzugezogene Hilfsperson tätig"[57] wird. Wäre dann in einem solchen Fall nicht doch die überkommene Differenzierung zwischen aktivem Töten und passivem Sterbenlassen auch für den Bereich des Behandlungsabbruchs vorzugswürdig – selbst um den Preis, dass die Entscheidung von „bloßen Zufällen" abhängig bliebe, wie dem der Laufzeit der Batterie des Herzschrittmachers (Abbruch vor Ablauf der „Lebensdauer" der Batterie auf Verlangen des Patienten: strafbar gem. § 216 StGB – Nicht-Aufladen der Batterie auf Verlangen des Patienten: straflos[58])?

Auch in anderen medizinstrafrechtlichen Zusammenhängen könnte die bisher durch § 216 StGB gezogene Grenze wirkungslos werden. So etwa dann, wenn Patient P, der auf eine andauernde apparative Versorgung (z. B. eine angebrachte Magensonde) lebensnotwendig angewiesen ist, nunmehr von dem behandelnden Arzt verlangt, diese Versorgung abzustellen, damit er – wie A weiß – seine noch funktionsfähigen (lebensnotwendigen) Organe spenden kann. Oder wenn der mittlerweile bewusstlose P ein solches Vorgehen früher in seiner Patientenverfügung niedergelegt hatte. Soll und darf hier der Weg zu einer Spende lebensnotwendiger Organe eröffnet werden?

Die Beispiele weisen darauf hin, dass es methodisch sehr problematisch ist, die Differenzierung zwischen Handeln und Unterlassen im Hinblick auf bestimmte strafrechtliche Entscheidungen (hier im Rahmen von § 216 StGB) für unerheblich zu erklären, im Übrigen aber an ihr festzuhalten. Überzeugender dürfte es sein, entweder eine einheitliche durchgängige Differenzierung zwischen Handeln und Unterlassen im Strafrecht beizubehalten (wie oben im Abschnitt 1.3 vorgeschla-

---

eines rettenden Kausalverlaufs (wie im Respirator-Fall) und auch nicht auf die Unterscheidung von Ursache und Bedingung zurückgegriffen werden müsse. Ich habe allerdings Zweifel, ob sich diese Position so durchhalten lässt, weil mir scheint, dass es keinen wesentlichen rechtlichen Unterschied ausmachen kann, ob der Herzschrittmacher nun im Inneren des Patienten untergebracht oder von außen mit diesem verknüpft wird (und damit einem Respirator vergleichbar wäre; auch das Abschalten eines lebensnotwendigen Respirators ist ein unmittelbarer Eingriff in die Körperintegrität desjenigen, der von ihm am Leben gehalten wird, so wie das Herauspumpen des Sauerstoffs aus der Luft eines Raumes, in dem sich eine Person befindet, ein unmittelbares – und kein bloß mittelbares – Tötungshandeln wäre). Es sei allerdings eingeräumt, dass man der Konzeption von Haas wohl nur gerecht werden kann, wenn man sich auch mit seiner Auffassung zur rechtlichen Funktion des Abbruchs eines rettenden Kausalverlaufs näher auseinandersetzt, was hier aber nicht möglich ist.

57 *BGH HRRS* 2010 Nr. 704, Rn. 39.
58 Bzw. dann, wenn man § 216 StGB grundsätzlich auch als Unterlassungsdelikt für möglich hält (vgl. BGHSt 13, 162, 166; 32, 367, 371), in bestimmten Fällen für den Arzt strafbar aus §§ 216, 13 StGB.

gen) oder diese Differenzierung ganz aufzugeben. Demgegenüber definiert der BGH um eines bestimmten Bewertungsergebnisses willen bei der Auslegung von § 216 StGB einen Kontext (den der Sterbehilfe), innerhalb dessen die Differenz zwischen (aktivem) Handeln und Unterlassen gar keine (normative) Rolle mehr spielen soll, obwohl diese Differenz doch sonst (außerhalb des Kontextes der Sterbehilfe) durchaus weiterhin – auch nach Auffassung des BGH – wesentlich bleibt.

Man mag dazu neigen, *im Ergebnis* Handeln und Unterlassen im Spannungsfeld von „Selbstbestimmung" und „Lebensschutz" durchaus in bestimmten Fallkonstellationen gleich zu bewerten, wenn die entsprechenden Voraussetzungen (vgl. oben Abschnitt 2) für eine Lebensbeendigung (ausnahmsweise) vorliegen. Hinsichtlich der *Wege* zu einem eventuellen Strafbarkeitsausschluss sollte jedoch weiter nach Handeln und Unterlassen unterschieden werden, um deren auch sonst stets vorausgesetzter Differenz gerecht zu werden. Weil bei einem Totschlag durch Unterlassen die zugrundeliegende Handlungspflicht zumindest von der Einwilligung desjenigen abhängig ist, dem geholfen werden soll, lässt sich hier ein Ausschluss der Behandlungspflicht durchaus im Wege einer Auslegung von § 216 StGB herbeiführen: Ist die lebensverlängernde Therapie gegen den Willen des Patienten, darf sie nicht eingeleitet werden; das gilt selbst dann, wenn sie objektiv für den Patienten sinnvoll und zumutbar erscheint (keine zwangsweise Behandlung).

Beim aktiven Handeln mit lebensbeendender Folge sollte demgegenüber nicht eine bloße Auslegung von § 216 StGB (und sei es durch „Umdeutung" in ein angebliches Unterlassen) in bestimmten Fällen zur Straffreiheit führen können. Vielmehr bedarf es dazu einer expliziten strafrechtlichen Rechtfertigungsnorm (die von §§ 1901a ff. BGB zwar angedeutet, aber nicht – wie auch der BGH hervorhebt – mit Wirksamkeit für das Strafrecht zur Verfügung gestellt wird). Diese Rechtfertigungsnorm, die sich auf §§ 212, 216 StGB beziehen muss, sollte klarstellen, in welchen Fällen (und ggf. unter welchen Rahmenbedingungen) ein aktives Töten (auf Verlangen) ausnahmsweise zulässig ist. Der BGH hat im „Fall Putz" versucht, dieses Ergebnis in Ermangelung einer entsprechenden Rechtfertigungsnorm durch Auslegung von § 216 StGB zu erzielen; das vermag aber nicht zu überzeugen.

Dabei muss man einräumen, dass der BGH die betreffende Rechtfertigungsnorm natürlich nicht selbst einführen konnte; das zu tun, ist Sache der Legislative. Der BGH hat aber wohl auch nicht „falsch" entschieden, weil er als Gericht primär einzelne Fälle zu beurteilen hat und zumindest zugunsten des betreffenden Angeklagten das Eingreifen von §§ 212, 216 StGB in dem ihm vorliegenden Fall in Frage stellen durfte. Dogmatisch überzeugend ist das letztlich allerdings nicht; die Legislative müsste eigentlich §§ 212, 216 StGB bei (aktivem) Handeln explizit einschränken, und zwar durch eine Norm, in der die Möglichkeiten und Bedingungen einer rechtfertigend wirkenden Einwilligung in die Tötung durch einen Anderen (einschließlich des aktiven Behandlungsabbruchs) im Einzelnen geregelt werden (vgl. oben Abschnitt 2 am Ende); es ist dabei keineswegs klar, dass dies (insbesondere auch hinsichtlich des Prozederes ihrer Feststellung) in jeder Hinsicht unter denselben Voraussetzungen zu normieren wäre, die bei einem Unterlassen der medizinischen (Weiter-)Behandlung die Tatbestandsmäßigkeit ausschließen.

Eberhard Schockenhoff
Lebensbeendende Handlungen: Grauzone mit verfließenden Grenzen oder kategorial unterschiedene Handlungstypen?
Zur Bedeutung des Intentionalitätsarguments

In der öffentlichen wie auch in der fachwissenschaftlichen Debatte um lebensbeendende Handlungen wird häufig der Eindruck erweckt, diese spielten sich in einer Grauzone ab, in der eindeutige moralische Bewertungen unmöglich sind. Insbesondere bestehe zwischen einvernehmlichen Tötungshandlungen und dem Sterbenlassen unter Verzicht auf die Weiterführung lebensverlängernder Maßnahmen keine kategoriale Differenz, die eine Zuordnung beider Konstellationen zu verschiedenen Handlungstypen erlaube. Allenfalls ließen sich derartige Vorgehensweisen am Lebensende als gegenüberliegende Eckpunkte eines Kontinuums ansehen, auf dem es nur graduelle Unterschiede und fließende Übergänge, aber keine eindeutigen ethischen Grenzziehungen gebe. Diese suggestive Ansicht wird häufig durch die implizite Vorentscheidung noch verstärkt, die Frage nach der ethischen Bewertung lebensbeendender Handlungen innerhalb eines utilitaristischen Theorierahmens zu erörtern. Dieser Annahme liegt die Vorstellung zugrunde, es sei allenfalls von psychologischer Bedeutung, aber in moralischer Hinsicht unerheblich, auf welche Weise der Tod am Ende eintrete, wenn nur mit hinreichender Sicherheit feststeht, dass der Sterbende sich in der letzten Phase des Sterbeprozesses befindet und ein baldiger Todeseintritt für ihn kein Übel, sondern ein Segen sei. Wenn wir nach Abwägung aller relevanten Umstände zu der Einschätzung gelangen, dass es gut für den Sterbenden sei, wenn er bald sterben dürfe, dann sei es moralisch unerheblich, wie der Tod eintritt.

1 Die Entpersonalisierung der Tötungshandlung

In einem solchen Theoriedesign wird nicht nur die mögliche moralische Relevanz der Tötungshandlung auch in diesem letzten Zeitfenster vergleichgültigt, sondern häufig auch ihr Handlungscharakter selbst infrage gestellt. Statt von lebensbeendenden Handlungen ist dann nur noch von lebensbeendenden medizinischen Maßnahmen die Rede. Durch diese Versachlichung und Entpersonalisierung der Tötungshandlung wird suggeriert, es handle sich am Ende nur noch um die Frage, welches Mittel innerhalb unterschiedlicher medizinischer Alternativen am besten geeignet ist, den im Interesse des Patienten erhofften Tod herbeizuführen. Der Tod ist dann, auch wenn er durch eine gezielte lebensbeendende Handlung des Arztes eintritt, keinem menschlichen Akteur in der Weise verantwortlicher Urheberschaft mehr zuzurechnen, da es in der gegebenen Konstellation nur darum ging, die für den Sterbenden günstigere Alternative zu wählen. Häufig wird der Eindruck, zwischen der Tötung auf Verlangen, der ärztlichen Suizidbeihilfe und dem Sterbenlassen bestehe eine moralische Grauzone, auch durch den Hinweis untermauert, angesichts der Vielzahl und Intensität medizinischer Begleitmaßnahmen, die auf den Sterbeverlauf zurückwirken, habe die Rede von einem natürlichen Tod jede Sinnhaftigkeit eingebüßt. Die eigentliche Alternative, die sich stelle, laute daher nicht: *Entweder* die intentionale Herbeiführung des Todes durch den Arzt *oder* das Sterbenlassen und das Warten auf einen natürlichen Tod. Vielmehr gelte es nur innerhalb des Spektrums medizinischer Maßnahmen am Lebensende zu wählen, wie der Todeseintritt medizinisch manipuliert werde. Erfolgt die aus meiner Sicht vorschnelle Verabschiedung der Rede vom natürlichen Tod zurecht, so ergibt sich daraus auch die Konsequenz, dass zwischen den genannten Handlungsweisen nur graduelle Übergänge, aber keine kategorialen Unterscheidungen mehr möglich sind.

Dies hat insbesondere für die moralische Bewertung der Tötung auf Verlangen und des ärztlich assistierten Suizids weitreichende Folgen.

2 Die sogenannte Äquivalenzthese: Töten und Sterbenlassen als Varianten eines Handlungstypus?

Die moralische Zulässigkeit der Tötung auf Verlangen soll in der moralphilosophischen Debatte um die Euthanasie nämlich durch den Vergleich zweier Handlungsweisen aufgezeigt werden, zwischen denen es angeblich keinen moralisch relevanten Unterschied gibt. Die so genannte Äquivalenz-These sieht im Töten und im Sterbenlassen (also in dem, was früher als aktive und passive Sterbehilfe bezeichnet wurde) nicht zwei unterschiedliche Handlungstypen, die moralisch jeweils anders zu bewerten sind, sondern nur zwei verschiedene Ausführungsmodalitäten ein und derselben Handlung, die als willentliche Herbeiführung des Todes beschrieben werden soll. Der einzige Unterschied zwischen Töten und Sterbenlassen liegt dieser Annahme zufolge darin, dass der beabsichtigte Tod im einen Fall durch Handeln, im anderen Fall durch Unterlassen herbeigeführt wird.[1]

Zwei Beispiele aus der alltagspraktischen Lebenswelt sollen diese Annahme unterstützen: Wir machen eine Mutter, die ihr Kind verhungern lässt – oder in geschlechtsneutraler Redeweise: einen Vater, der dasselbe tut – für den Tod des Kindes in gleicher Weise verantwortlich, als wenn die Eltern ihr Kind durch aktives Tun, etwa durch Erwürgen oder indem sie ihr Kind die Treppe hinabstürzen, zu Tode gebracht hätten. Ebenso werden wir mitschuldig an der Selbstschädigung eines Freundes, die dieser aufgrund irrtümlicher Annahmen über einen bestimmten für ihn höchst bedeutsamen Sachverhalt ins Werk setzte, wenn wir es unterlassen, ihn von seinem Irrtum zu befreien. Wie immer bei moralischen Argumentationsgängen, in denen Fallbeispiele suggestive Einsicht herbeiführen sollen, ist die entscheidende Frage, ob die Situationen – in diesem Fall die genannten Alltagsszenarien und die dem Arzt offenstehenden Handlungsalternativen im Angesicht des nahenden Todes – tatsächlich vergleichbar sind, ob also die behauptete Übertragbarkeit zurecht besteht oder nicht.

3 Die Analyse der intentionalen Struktur des ärztlichen Handelns

Die Äquivalenz-These übersieht jedoch einen wichtigen Unterschied in der *intentionalen* Struktur des ärztlichen Handelns. Direktes Handlungsziel des Sterbenlassens ist die Erleichterung des Sterbens und der Abbruch einer Behandlung, die nicht mehr durch das palliative Behandlungsziel angeraten ist, sondern das Sterben nur hinauszögern würde; dagegen wird der Tod des Patienten in keiner Weise gewollt. Insbesondere will der Arzt, der einen Patienten sterben lässt, weil er seinen Tod nicht mehr mit verhältnismäßigen Mitteln verhindern kann, diesen Tod nicht herbeiführen. Dagegen wird der Tod des Patienten bei der Tötung auf Verlangen vom Arzt willentlich bejaht, zwar nicht als solcher, sondern nur als geringeres Übel oder als Mittel zu dem Zweck, dem Patienten weiteres Leiden zu ersparen.[2] Aber die Intention des Arztes ist darauf gerichtet, den Tod des Patienten herbeizuführen, während dieser beim Sterbenlassen weder das direkte noch ein indirektes Handlungsziel ist.

---

1 Eine ausführliche Erörterung der Äquivalenz-These findet sich bei M. Zimmermann-Acklin, *Euthanasie. Eine theologisch-ethische Untersuchung*, Freiburg i. Ue. 1997, 227–281.
2 Vgl. D. Birnbacher, *Tun und Unterlassen*, Stuttgart 1995, 107; zur Kritik dieser Position vgl. E. Schockenhoff, *Grundlegung der Ethik. Ein theologischer Entwurf*, Freiburg i. Br. 2007, 493–498.

In dieser handlungtheoretischen Beurteilung der Rolle der *intentio* ist allerdings vorausgesetzt, dass sich die Intention allein auf das Endziel der Handlung richtet, während nichtgewollte Effekte, die mit ihr im konkreten Zusammenhang der Handlung verbunden sein können, als nicht-intendierte Nebenfolgen dem Handelnden nicht zugerechnet werden. Eine solche Auslegung bestimmt in der katholischen Moraltheologie die übliche Auffassung vom nur indirekt Gewollten (*voluntarium indirectum*), die dem sogenannten Prinzip der Handlung mit Doppelwirkung (= PDW) zugrunde liegt. Gemäß einer schwächeren Variante dieses Prinzips, wie sie bei Thomas von Aquin (der es noch nicht reflex formulierte) zur sittlichen Beurteilung der Notwehrtötung herangezogen wurde[3], können nur solche Übel als nicht-intendierte Nebenfolgen gelten, die nicht mit Sicherheit eintreten. Nach dieser Variante darf das Prinzip des indirekten Wollens oder der Handlung mit Doppelwirkung nur dann zur Anwendung gelangen, wenn es bei gewissenhafter Prüfung der Umstände weniger als gewiss ist, dass die üble Nebenwirkung aus der Handlung folgt.[4] Dies wäre beim Sterbenlassen unter Inkaufnahme einer möglichen Lebensverkürzung dann der Fall, wenn ein früherer Todeseintritt zwar nicht sicher ausgeschlossen werden kann, dieser aber auch nicht als Handlungsfolge vorhersehbar ist.

Nach einer stärkeren Variante des Prinzips der Handlung mit Doppelwirkung dürfen allerdings auch vorhersehbare Übel, die sicher eintreten werden, als nicht-intendierte Nebenfolgen einer Handlung in Kauf genommen werden, wenn diese im Verhältnis zum eigentlichen Handlungsziel als verhältnismäßig und angemessen (*proportionatus fini*) gelten können.[5] Für die voraussehbaren üblen Folgen einer Handlung trägt der Handelnde nach dieser weiteren Fassung des PDW keine moralische Verantwortung, sofern er (a) diese Handlung nicht um dieser Wirkung willen wählte, der Grund, die Handlung zu vollziehen (b) auch im Verhältnis zu ihrer üblen Wirkung als angemessen erscheint, und der Handelnde (c) das Eintreten der üblen Wirkung durch das Unterlassen der Handlung verhindern könnte. Eine solche Konstellation würde dann vorliegen, wenn der Arzt sicher vorhersieht oder es als sehr wahrscheinlich einstuft, dass der Tod infolge einer mit der pri-

---

3 Vgl. Thomas von Aquin, *Summa theologiae* II-II 64,7 und dazu D. F. Sullivan, *The Doctrine of Double Effect and the Domains of Moral Responsibility*, in: The Thomist 64 (2000), 423–448, bes. 433 ff.
4 Vgl. D. F. Sullivan, *The Doctrine of Double Effect and the Domains of Moral Responsibility*, 448.
5 Diese starke Version des PDW wird in der katholischen Moraltheologie von J. Boyle, *Praeter intentionem in Aquinas*, in: The Thomist 42 (1978), 649–665; ders., *Who is Entitled to Double-Effect?*, in: J Med Philos 16 (1991), 475–494 und T. Cavanaugh, *Aquinas's Account of Double-Effect*, in: The Thomist 61 (1997), 107–121 vertreten. Vgl. zu einer genaueren Analyse der jeweiligen Argumente: E. Schockenhoff, *Grundlegung der Ethik. Ein theologischer Entwurf*, 462 ff.

mären Intention der Schmerzbekämpfung gewählten Medikamentengabe früher eintritt als es ohne die palliative Versorgungsmaßnahme zu erwarten wäre.[6]

In diesem Fall müsste man davon ausgehen, dass sich die Intention nicht allein auf das Ziel der Handlung (also die Schmerzfreiheit des Patienten), sondern auf den gesamten Komplex von Mitteln und Zielen richtet, zu dem auch intermediäre Ziele gehören können, die nicht wie das Endziel der Handlung um ihrer selbst willen, sondern nur als Mittel zu diesem Ziel gewollt werden.[7] Unter dieser Voraussetzung könnte auch ein vorhersehbar früher eintretender Tod des Patienten vom Arzt mitgewollt werden, solange er nur nicht das um seiner selbst willen intendierte Hauptziel der Maßnahme ist. Umstritten bleibt auch in der moraltheologischen Debatte, inwieweit dann noch von einem indirekt Gewollten oder einer nur in Kauf genommenen, nicht-intendierten Nebenfolge die Rede sein kann.[8]

Konsequentialistische Handlungstheorien lehnen die Unterscheidung zwischen einem direkten und indirekten Handlungsziel ohnehin als sinnlos ab, weil sich unter den Prämissen einer teleologischen Betrachtungsweise die moralische Richtigkeit einer Handlung allein durch ihre tatsächliche Eignung bestimmt, unter den gegebenen Umständen die optimale Bilanz aller voraussichtlichen Folgen zu bewirken. Das Kriterium für die Inkaufnahme einer üblen Handlungsfolge liegt dann allein in der Frage, ob sie durch einen im Gesamtkomplex der Situation angemessenen Grund (*ratio proportionata*) gerechtfertigt ist und somit als das geringere Übel intendiert werden darf.[9]

Die Unterschiede zwischen den verschiedenen Interpretationen des *voluntarium indirectum* und des PDW lassen sich durch einen Vergleich mit der juristischen Analyse von Vorsatz und Fahrlässigkeit näher erläutern, die zur straf-

---

[6] Zu beachten ist allerdings, dass nach der Einschätzung von Palliativmedizinern diese in der handlungstheoretischen Diskussion von Moraltheologen und Ethikern vorausgesetzte Konstellation aufgrund der Fortschritte der modernen Palliativmedizin, wenn überhaupt, nur noch höchst selten gegeben ist, da sich die Wirkungen einer *lege artis* durchgeführten palliativmedizinischen Behandlung in aller Regel sicher vorhersehen lassen.

[7] Auch bei Thomas finden sich Texte, in denen sich die *intentio* nicht allein auf das Endziel der Handlung zu richten scheint, sondern auch den Gesamtkomplex unter Einschluss intermediärer Ziele zu umfassen scheint. Zu einer Analyse dieser Texte vgl. J. T. Mangan, *An Historical Analysis of the Principle of Double-Effect*, in: *Theological Studies* 10 (1949), 41–61, bes. 45 ff.

[8] M. Rhonheimer, *Die Perspektive der Moral. Philosophische Grundlagen der Tugendethik*, Berlin 2001, 334 möchte daher die Rede vom *voluntarium indirectum* und die Anwendung des PDW auf solche Fälle einschränken, in denen der Handelnde alles in seiner Macht stehende getan hat, um das Eintreten der üblen Handlungsfolge zu verhindern, und dies ihm trotz bestem Bemühen nicht gelang.

[9] Vgl. B. Schüller, *Die Begründung sittlicher Urteile*, Düsseldorf ²1980, 290.

rechtlichen Beurteilung von Handlungen herangezogen wird. Dabei werden üblicherweise fünf Handlungskonstellationen unterschieden: 1. die unbewusste Fahrlässigkeit, bei der der Handlungserfolg (in moraltheologischer Terminologie: das Eintreten des Zieles einer Handlung) für den Handelnden zwar voraussehbar ist, dieser aber von ihm weder gewollt noch in irgendeiner Weise gebilligt wird. 2. die bewusste Fahrlässigkeit, bei der der Handlungserfolg zwar als möglich vorausgesehen wird, der Handelnde aber dennoch auf das Ausbleiben des Erfolgs hofft. Auch dabei geht man davon aus, dass der Erfolg selbst weder gewollt noch gebilligt wird. 3. der bedingte Vorsatz (*dolus eventualis*). Hier tritt zur Voraussicht des Erfolgs seine bedingte Billigung hinzu. Der Handlungserfolg wird zwar nicht gewollt, aber für den Fall seines Eintretens in Kauf genommen. Diese Konstellation des *dolus eventualis* entspricht der schwachen Variante des *voluntarium indirectum* in der moraltheologischen Analyse. In der angelsächsischen Strafrechtswissenschaft werden die Konstellationen 2 und 3 als ein bewusstes Inkaufnehmen von Risiken (*conscious risk-taking*) zusammengefasst. 4. der indirekte Vorsatz (*dolus directus* zweiten Grades), der bei sicherer Voraussicht des Erfolges diesen zwar nicht gezielt will, wohl aber als Mittel zu einem anderen Ziel billigt. Dies entspräche einer starken Version des Prinzips der Handlung mit Doppelwirkung, wie sie von einigen Moraltheologen vertreten, in der herkömmlichen Fassung dieses Prinzips aber abgelehnt wird. Insbesondere widerspricht die juristische Annahme eines indirekten Vorsatzes der in den Handbüchern bis zur Mitte des 20. Jahrhunderts allgemein vertretenen Annahme, dass die Anwendung des PDW nur zulässig ist, sofern die schlechte Wirkung nicht als Mittel zur Erreichung des guten Zweckes erforderlich ist, sondern zumindest gleich unmittelbar (*aequae immediatae*) aus der Handlung hervorgeht.[10] Schließlich 5. eine Absicht im vollen Sinn, die der *intentio* des Zieles entspricht und in juristischer Terminologie auch direkter Vorsatz (*dolus directus* ersten Grades) genannt wird. Dieser ist immer dann gegeben, wenn der Handlungserfolg vorausgesehen und zugleich als Handlungsziel gewollt wird.[11] Beide Bedingungen sind bei der Tötung auf Verlangen erfüllt, beim Sterbenlassen und dem leidmindernden Einsatz der Palliativmedizin dagegen nicht gegeben, da der Tod auch dann nicht als Handlungsziel gewollt würde, wenn er sicher oder sehr wahrscheinlich vorauszusehen wäre. In der angelsächsischen Strafrechtswissenschaft werden die Konstellationen 4 und 5 unter dem Stichwort des *intent* zusammengefasst.

---

10 Vgl. J. T. Mangan, *An Historical Analysis of the Principle of Double-Effect*, 59.
11 Vgl. zur Unterscheidung der verschiedenen Fahrlässigkeitsgrade und Vorsatzformen R. Rengier, *Strafrecht Allgemeiner Teil*, München ²2010, 94–104.

Zwischen der juristischen Vorsatzlehre mit ihren unterschiedlichen Fahrlässigkeitsgraden und der moraltheologischen Analyse des nur indirekt Gewollten, das als nicht-intendierte Nebenwirkung in Kauf genommen werden darf, bestehen, wie diese Gegenüberstellung zeigt, zahlreiche Überschneidungen. Nicht übersehen werden darf allerdings, dass in der juristischen Vorsatzlehre die tatsächlich eintretende Wirkung (also möglicherweise der frühere Tod des Patienten) und nicht ihr intendiertes Handlungsziel (die Schmerzfreiheit des Patienten oder ein ungehinderter Verlauf des Sterbeprozesses, der nicht durch unverhältnismäßige medizinische Maßnahmen aufgehalten wird) als Handlungserfolg bezeichnet wird. In juristischer Perspektive ist vor allem relevant, welche tatsächlich eingetretenen Wirkungen dem Handelnden strafrechtlich zuzurechnen sind, während die Analyse seiner moralischen Verantwortung an der intentionalen Struktur der Handlung ansetzt.[12] Wird das Eintreten einer nicht-intendierten Nebenfolge als Handlungserfolg bezeichnet, erscheint dies aus der Perspektive des ärztlichen Ethos als ähnlich befremdlich wie die Qualifizierung des ärztlichen Heileingriffs als Körperverletzung.

An dieser Stelle ist nochmals auf die Behauptung zurückzukommen, zwischen der Tötung auf Verlangen und dem Sterbenlassen bestünde in moralischer Hinsicht keine relevante Differenz, da beide nur verschiedene Ausführungsmodalitäten ein und derselben Handlung seien, deren Ziel vom Akteur in gleicher Weise gewollt würde. Wie ist dieser zentrale handlungstheoretische Einwand der Äquivalenzthese aus der Sicht der erwähnten Analysen zur intentionalen Struktur des ärztlichen Handelns zu beurteilen? Das Sterbenlassen wäre von seiner intentionalen Struktur her nur dann einer Tötungshandlung gleichzusetzen, wenn der Arzt über eine geeignete, angemessene und verhältnismäßige Maßnahme zur weiteren Lebenserhaltung verfügen würde, die er absichtlich unterlässt, um den Tod des Patienten schneller herbeizuführen. Dies darf jedoch beim Sterbenlassen keineswegs als Regelfall unterstellt werden. Der Abbruch einer lebenserhaltenden Behandlung kann vielmehr moralisch vertretbar oder sogar geboten sein, wenn das ursprünglich intendierte Ziel der Heilung nicht mehr erreichbar ist, weil keine aussichtsreiche Therapie zur Verfügung steht oder wenn das Hinausschieben des Todes nur um den Preis unzumutbarer Belastungen für den Patienten erkauft würde. In diesem Fall nimmt der Arzt auch keine Beurteilung des Zustandes seines Patienten vor, um ihn als nicht mehr lebenswert zu klassifizieren. Er überprüft vielmehr die Eignung einer medizinischen Maßnahme, das Behandlungsziel zu

---

12 Für die Erläuterung der juristischen Vorsatzlehre danke ich meinem Freiburger Kollegen, dem Strafrechtler und ehemaligen Direktor des Max-Planck-Instituts für Internationale Rechtsvergleichung, Albin Eser, für wertvolle Hinweise.

erreichen und gelangt dabei zu dem Schluss, dass sie im Blick auf das zusätzliche Leiden, das sie beim Sterbenden verursacht, nicht mehr verhältnismäßig ist. Deshalb kann er sie unterlassen, ohne den Tod des Patienten zu wollen, den zu verhindern nicht mehr in seiner Macht steht.

Spätestens an dieser Stelle wird nun auch deutlich, warum die Beispiele vom absichtlichen Verhungernlassen des Kindes durch die Eltern und der bewussten Nicht-Aufklärung des irrenden Freundes im entscheidenden Punkt nicht auf die Situation eines Arztes zutreffen, der vor der Entscheidung zum Abbruch lebensverlängernder Maßnahmen steht. In den beiden ersten Fällen verfügen die jeweiligen Akteure nicht nur über die physische Möglichkeit, das drohende Unheil abzuwenden, das sie willentlich und wissentlich in Kauf nehmen; sie wären darüber hinaus auch moralisch verpflichtet, dies zu tun. Nur das absichtliche Unterlassen einer Handlung, zu der eine positive moralische Verpflichtung besteht, ist mit der aktiven Herbeiführung des gleichen Handlungsergebnisses moralisch vergleichbar, da der Erfolg des Unterlassens und der Erfolg des Handelns in moralischer Hinsicht beide moralisch falsch sind. Die Folgen moralisch gebotener Unterlassungen sind dagegen keinem menschlichen Akteur zuzurechnen; für die Folgen dieses Unterlassens trägt niemand Verantwortung, weil keine positive Hilfsverpflichtung zu der unterlassenen Handlungsweise besteht. Die Redeweise von der Tötung durch Unterlassen setzt dagegen voraus, dass in der gegebenen Situation eine moralische Verpflichtung zum Lebenserhalt besteht und der Handelnde dieser Verpflichtung auch mit angemessenen Mitteln und zumutbarem Aufwand nachkommen kann. Ist dies dagegen nicht mehr der Fall, was für den Abbruch lebenserhaltender Maßnahmen in der letzten Phase des Sterbeverlaufes häufig zutreffen dürfte, versagen die Analogien, die zur Plausibilität der Äquivalenz-These aufgeboten werden.

Bei näherem Hinsehen erweist sich auch die früher oft in der wissenschaftlichen (juristischen oder moralphilosophischen) Literatur gebrauchte Rede von einer „indirekten aktiven Sterbehilfe" als unangemessen.[13] Sie soll eine Handlungsweise bezeichnen, bei der eine medizinisch nicht mehr indizierte lebenserhaltende Maßnahme abgebrochen bzw. unterlassen und das Therapieziel auf die Schmerzbekämpfung und die Linderung der Symptome des Sterbens umgestellt wird, wobei man den möglichen früheren Tod des Betroffenen als unerwünschte Nebenwirkung in Kauf nimmt. Wie kürzlich S. Sahm aufzeigte, gibt es keinen vernünftigen Grund, derartige medizinische Handlungen am Lebensende hinsichtlich ihrer normativen Bewertung in die Nähe einer (indirekt) aktiven Sterbehilfe zu bringen. Der Umstand, dass medizinische Handlungen ungewollte

---

13 Vgl. dazu M. Zimmermann-Acklin, *Euthanasie*, 284 ff.

Nebenwirkungen zeigen, die mit hohen Risiken für den Patienten bis hin zu letalen Folgen einhergehen können, ist nämlich kein Spezifikum einer palliativmedizinischen Behandlungskonstellation am Lebensende, sondern er gehört zur therapeutischen Normalsituation zahlreicher Behandlungsoptionen und prägt insofern die Grundstruktur ärztlichen Handelns. Ein signifikant hohes Risiko ungewollter Nebenwirkungen mit Todesfolge ist etwa bei Gallenblasenoperationen oder bei der medikamentösen Behandlung von Herzrhythmusstörungen gegeben; für diese und ähnliche medizinische Maßnahmen werden in der Literatur Todesraten berichtet, die deutlich über letalen Komplikationen im Zusammenhang mit einer palliativmedizinischen Standardbehandlung liegen.[14] Niemand wollte behaupten, die tödliche Folge eines medizinisch indizierten Eingriffes sei der normativen Kategorie einer indirekt intendierten Tötungshandlung zuzuordnen, weil dabei das vorher bekannte Risiko eines möglichen letalen Verlaufs in Kauf genommen wurde. Ebenso unangemessen erscheint es jedoch, Ärzten eine indirekte Tötungsintention zu unterstellen, wenn sie im Endstadium eines Sterbeprozesses das Therapieziel auf die Schmerzbekämpfung und Symptomkontrolle umstellen und weitere nicht mehr indizierte lebenserhaltende Maßnahmen unterlassen. „Die unerwünschte tödliche Folge sachgerecht indizierter medizinischer Maßnahmen als Sterbehilfe zu bezeichnen, wird ihnen ethisch und juristisch nicht gerecht."[15]

4 Die Analyse der kausalen Wirksamkeit des ärztlichen Handelns

Auch die *kausale* Rolle des Arztes – dies sei in einem kurzen Seitenblick nur angemerkt – ist beim Verzicht auf eine Weiterbehandlung zum Schaden des Patienten eine andere als im Fall der Tötung auf Verlangen. Der Behandlungsabbruch und die Beschränkung auf palliative Maßnahmen räumen ein Hindernis hinweg, das den Eintritt des Todes bislang hinauszögerte; ohne dieses Hindernis kann der Krankheitsverlauf schneller zum Tod führen, als es bei einer Fortführung lebenserhaltender Maßnahmen voraussichtlich der Fall wäre. Das Unterlassen des Arztes ist daher eine notwendige, aber nicht die hinreichende Bedingung für den Eintritt des Todes, dessen eigentliche Ursache die Krankheit selbst ist. Der Patient stirbt an seiner Krankheit, nicht durch das Handeln oder Unterlassen des Arztes.

---

14 Vgl. S. Sahm, *Keine Kriminalisierung der Palliativmedizin – ein Nachtrag zur Entscheidung des Bundestages, geschäftsmäßige Suizidassistenz zu verbieten*, in: *ZfmE* 62 (2016), 219–233, bes. 227.
15 Ebd.

Bei der Tötung auf Verlangen wird der Tod jedoch durch den Arzt willentlich herbeigeführt. In der Reihe der Antezedenzbedingungen, die erfüllt sein müssen, damit der Tod eintreten kann, ist sein Handeln die letzte, ausreichende und auslösende Ursache des Todes.[16] Das Voranschreiten der Krankheit ist zwar eine entferntere Mitursache des Todes, da der Arzt diesen nur als Mittel zur Erreichung eines leidfreien Zustandes für den Patienten will. Dennoch stirbt der Patient nicht an seiner Krankheit, sondern weil er vom Arzt auf sein Verlangen hin getötet wird; dessen Handeln genügt, um den Tod als auslösende Ursache herbeizuführen.

Betrachtet man die komplexen kausalen Wirkfaktoren bei der Herbeiführung des Todes näher, so erweist es sich als eine unzulässige Simplifizierung im Falle der Tötung auf Verlangen, dem ärztlichen Tötungshandeln die alleinige kausale Wirksamkeit zuzuschreiben und somit dem Arzt die exklusive moralische Verantwortung für den Tod des Patienten aufzubürden. Sein Entschluss, den Tod des Patienten herbeizuführen, ist nämlich seinerseits durch zwei entferntere Kausalfaktoren, nämlich den unheilbaren Verlauf des physischen Grundleidens und den qualvollen, für ihn unerträglichen Zustand des Patienten sowie durch dessen Tötungsbitte mitbedingt, die ihrerseits durch das physische Leiden veranlasst ist. Dennoch behält der Arzt seine eigene moralische Verantwortung für seinen persönlichen, den Tod zum Zeitpunkt seines Eintritts auslösenden Anteil am Kausalgefüge, da er die Handlung vornimmt, die den Tod unmittelbar, d. h. als letzte auslösende Ursache herbeiführt. In Analogie zum juristischen Sprachgebrauch könnte man von einer fortwirkenden Kausalität des Krankheitsverlaufs und der Tötungsbitte des Patienten sprechen, weil beide jeweils nicht hinwegdenkbare Bedingungen für das Eingreifen des Arztes in den Geschehensverlauf darstellen, ohne die er nicht gehandelt hätte.[17]

Umgekehrt könnte man fragen, ob die Einschätzung der kausalen Wirksamkeit des ärztlichen Handelns, die im Fall des Sterbenlassens von einer nur notwendigen, aber nicht hinreichenden Bedingung des Todeseintritts ausgeht, tatsächlich allen Fällen des Sterbenlassens gerecht wird. Insbesondere für den Grenzfall, dass der Arzt eine künstliche Beatmung einstellt, erscheint es nicht von vornherein unsinnig, auch dem Abstellen des Beatmungsgerätes eine kausale Mitwirkung zuzusprechen, die den Tod unmittelbar (im Sinne zeitlicher Nähe) herbeiführt. Allerdings wird durch die Beendigung der künstlichen Reanimation nur ein vom ärztlichen Akteur selbst gesetztes Hindernis beseitigt, das bislang den aufgrund des Krankheitsverlaufs zu erwartenden Todeseintritt verhinderte; er-

---

16 Vgl. F. Ricken, Art. *Handeln und Unterlassen*, in: W. Korff/L. Beck/P. Mikat (Hg.), *Lexikon der Bioethik*, Bd. 2, Gütersloh 1998, 198–201.
17 Vgl. R. Rengier, *Strafrecht Allgemeiner Teil*, 75.

weist sich die Hoffnung, den dadurch erreichten Zeitgewinn therapeutisch nutzen zu können, im Nachhinein als trügerisch, entfällt die medizinische Indikation für die Aufnahme der künstlichen Beatmung. Dennoch spielt die Wegnahme dieses Hindernisses später eine eigene kausale, den Tod mitverursachende Rolle, die nicht unterbewertet werden darf. Man könnte das komplexe kausale Wirkungsfeld, das in einer solchen Situation zum Tod des Patienten zu diesem Zeitpunkt, d. h. unmittelbar nach der Abschaltung des Beatmungsgerätes führt, dadurch beschreiben, dass nicht nur eine einzige hinreichende Todesursache besteht. Dann könnte man im Moment des Todeseintritts zwar davon sprechen, dass die Einstellung der Beatmung bzw. das Unterlassen einer Weiterbehandlung eine hinreichende Bedingung für den Todeseintritt darstellte, die aber nur aufgrund anderer kausaler Faktoren wirksam werden konnte, die für sich ebenfalls als ausreichend für das Ableben des Patienten zu qualifizieren sind.

Auch diese Handlungsbeschreibung bzw. diese deskriptive Analyse des kausalen Wirkungsfeldes würde nicht zu einer Bestätigung der Äquivalenzthese in normativer Hinsicht führen. Der Unterschied zwischen einer Tötung auf Verlangen und dem Sterbenlassen bestünde dann darin, dass beim Sterbenlassen das Handeln oder Unterlassen des Arztes nicht die einzige hinreichende Bedingung des Todeseintritts sein darf. Mit F.-J. Bormann ließe sich die kausale Differenz zwischen beiden Handlungstypen dann folgendermaßen bestimmen: „Beim Töten auf Verlangen ist das Handeln des Arztes zwar nicht der einzig kausal wirksame Faktor, wohl aber die alleinige hinreichende Bedingung für den Tod des Patienten, während beim Sterbenlassen das Handeln des Arztes entweder die zwar notwendige, aber nicht hinreichende Bedingung oder zumindest nicht die einzige hinreichende Bedingung für den Tod des Patienten ist."[18] Allerdings wäre bei diesem Versuch, sich zumindest in Grenzfällen mit einer nur graduellen Differenz zwischen ärztlichen Tötungshandlungen und dem Unterlassen lebenserhaltender Maßnahmen zufriedenzugeben, ein entscheidender Unterschied zwischen den jeweils als hinreichend qualifizierten kausalen Wirkfaktoren zu beachten, die den Todeseintritt herbeiführen.

Nur der letale Verlauf der Krankheit selbst genügt nämlich, um für sich alleine als hinreichende Todesursache zu wirken, während das Abstellen eines Beatmungsgerätes für sich genommen, d. h. ohne die durch die physische Grunderkrankung heraufgeführte Situation unmittelbarer Todesnähe, keinesfalls geeignet ist, den Tod herbeizuführen. Nur unter der Bedingung, dass der Krankheitsprozess bereits so weit fortgeschritten ist, dass er ohne die künstliche Reanimation bereits

---

18 F.-J. Bormann, *Töten oder Sterbenlassen? Zur bleibenden Bedeutung der Aktiv-Passiv-Unterscheidung in der Euthanasiediskussion*, in: *ThPh* 76 (2001), 80.

zum Tode geführt hätte, kommt dem Abstellen des Beatmungsgerätes eine kausale Wirkung für den Todeseintritt zu. Geht man unter diesen Umständen von einer kausalen Überdeterminierung des Todes oder einer alternativen oder kumulativen Mehrfachkausalität zum Zeitpunkt seines Eintretens aus[19], da dieser durch mehrere auf komplexe Weise verbundene Kausalfaktoren bewirkt wird, stellt sich die Frage, ob es überhaupt sinnvoll ist, von einer „Herbeiführung" des Todes durch den menschlichen Akteur, d. h. durch das Abstellen des Beatmungsgerätes zu sprechen.

Wäre es nicht naheliegender, diesen Vorgang als die „Ermöglichung" eines ungehinderten Sterbens oder auch eines „natürlichen Todes" zu bezeichnen? Als natürlich wären Sterben und Tod immer dann anzusehen, wenn sie „infolge einer Erkrankung eintreten, die bereits so weit fortgeschritten ist, dass es zu einer definitiven, d. h. mit dem Einsatz verhältnismäßiger medizinischer Mittel nicht mehr zu revidierenden Zerstörung jener somatischen (insbesondere cerebralen) Wirkungsabläufe gekommen ist, die die Bedingung der Möglichkeit eines wenigstens minimalen rationalen Selbstvollzuges darstellen."[20] Für die Rede von der „Ermöglichung" eines natürlichen Todes durch den Arzt spricht, dass nur der letale Krankheitsverlauf, nicht aber das Unterlassen weiterer Behandlungsmaßnahmen, für sich genommen genügt, um den Tod zu verursachen. Im Terminus des „Ermöglichens" schwingt das aktive Handlungsmoment im Tätigwerden des Arztes mit, das genau darin besteht, das nicht mehr (mit verhältnismäßigen Mitteln) aufhaltbare Sterben geschehen zu lassen, indem seine künstlichen Hindernisse beseitigt werden.

5 Zwei Aspekte der Autonomie des Menschen

Die Unterscheidung von Tötung auf Verlangen und Sterbenlassen hebt die unterschiedliche intentionale Struktur und kausale Effizienz des ärztlichen Handelns hervor. Ihr kommt deshalb in dem Interaktionsgefüge zwischen Arzt und Patient hohe Bedeutung zu. Ein unheilbar Kranker, der nach einem künstlichen Reanimationsversuch den Wunsch äußert, diesen bei einem weiteren Herzstillstand nicht zu wiederholen, bittet darum, dass der Arzt ihn sterben lässt; er will jedoch nicht vom Arzt getötet werden. Umgekehrt handelt der Arzt, der eine

---

[19] Zur Unterscheidung beider Kausalitätsarten vgl. R. Rengier, *Strafrecht Allgemeiner Teil*, 76 f. Dabei gilt der Grundsatz: „Von mehreren Bedingungen, die zwar alternativ, aber nicht kumulativ hinweggedacht werden können, ohne dass der Erfolg in seiner konkreten Gestalt entfiele, ist jede für den Erfolg ursächlich." (ebd.).
[20] F.-J. Bormann, *Töten oder Sterbenlassen?*, 85.

aussichtslos gewordene Behandlung abbricht und den Patienten sterben lässt in dem Wissen, dass seine medizinische Kunst nicht der Lebensverlängerung um jeden Preis, sondern dem Wohl eines konkreten Menschen dient, der seiner ärztlichen Fürsorge auch im Sterben bedarf. Deshalb steht er ihm auch nach dem Abbruch einer kurativen Handlung durch palliative Maßnahmen gegen Schmerz, Angst und innere Unruhe bei. Er versucht, sein Sterben durch leidmindernde Maßnahmen zu erleichtern, respektiert jedoch die Grenze des Todes, die zu achten sein ärztliches Ethos verlangt.

Die Tötung auf Verlangen und das Sterbenlassen unterscheiden sich schließlich auch darin, wie sie die Menschenwürde des Sterbenden und die Unverfügbarkeit seines Lebens achten. Der Philosoph Jan P. Beckmann erläutert dies, indem er zwei Aspekte der Autonomie des Menschen unterscheidet. Ihre *essentielle* Seite liegt in der Selbstzweckhaftigkeit des Menschen, die als eine unverlierbare „Fundamentalausstattung" anzusehen ist, die ihm in jeder Lage und Erscheinungsweise zukommt. Dagegen bezeichnet die aktuelle Selbstbestimmung die *funktionale* Seite der Autonomie, die durch Krankheit und schweres Leiden eingeschränkt sein kann. Wichtig an dieser Unterscheidung ist, dass Autonomie als Verfasstheit der Person der jeweiligen Manifestation dieser Verfasstheit in der aktuellen Ausübung von Selbstbestimmung logisch vorangeht. „Denn daß der Mensch Würde, Freiheit und daher Autonomie im Sinn von Unverfügbarkeit und Selbstbestimmung besitzt, ist nicht von Alter, Fähigkeiten oder Leistungen noch von Umständen, Zeiträumen o. ä. abhängig, sondern einzig von seinem Menschsein, und zwar in allen seinen Formen und Stadien, vom vorgeburtlichen Werden bis zum endgültigen Auseinanderbrechen seiner Einheit im Tod."[21] In ähnlicher Weise sieht Annemarie Pieper die personale Autonomie des Menschen als „unverlierbares Grundcharakteristikum" und als „anthropologische Kategorie, [die] eine quasi-ontologische Bedeutung hat"[22].

Die Unterscheidung zweier Seiten der menschlichen Autonomie – der fundamentalen Verfasstheit der Person und ihrer je aktuellen Manifestation in konkreter Selbstbestimmung – verdeutlicht nun, warum zwischen der Tötung auf Verlangen und dem Sterbenlassen ein moralisch bedeutsamer Unterschied be-

---

21 J. P. Beckmann, *Patientenverfügungen: Autonomie und Selbstbestimmung vor dem Hintergrund eines im Wandel begriffenen Arzt-Patient-Verhältnisses*, in: ZfmE 44 (1998), 149. (Wiederabdruck in: E. Schockenhoff et al. (Hg.), *Medizinische Ethik im Wandel*, Ostfildern 2005, 293).
22 A. Pieper, Art. *Autonomie*, in: W. Korff/L. Beck/P. Mikat (Hg.), *Lexikon der Bioethik*, Bd. 1, 291; J.-P. Wils, *Sterben. Zur Ethik der Euthanasie*, Paderborn 1999, 234 f. wirft einem derartigen Autonomieverständnis eine semantische Überdehnung und eine sinnlose Ethisierung vor und fragt, ob man dadurch „nicht die Augen vor den zahllosen Fällen verletzten Lebens (verschließt), bei denen von Autonomie nun wirklich keine Rede mehr sein kann".

steht. Direktes Handlungsziel des Sterbenlassens ist die Bewahrung der Menschenwürde und die Achtung der unverlierbaren essentiellen Autonomie des Sterbenden, die bis zuletzt aufrechterhalten wird: „Man unterläßt alles, was den Sterbeprozeß in einer Weise verlängern könnte, welche im Widerspruch zum Willen und zur Würde des Sterbenden stünde; zugleich tut man alles, was diesen Prozeß erträglich macht."[23] Dagegen lassen sich ärztliche Tötungshandlungen auch dann nicht rechtfertigen, wenn sie auf das Verlangen des Patienten hin erfolgen. Das Tötungsverbot schützt nicht nur das physische Leben des Sterbenden, sondern auch die essentielle Seite seiner Autonomie, die in allen Phasen des Sterbeprozesses zu achten ist.

Der Versuch, die Tötung auf Verlangen durch den Wunsch des Sterbenden zu rechtfertigen, so dass die Tötungshandlung als Ausdruck des Respekts vor seiner Selbstbestimmung erscheint, erweist sich dagegen als widersprüchlich. Dieser Argumentation liegt ein unzureichendes Verständnis menschlicher Autonomie zugrunde, das sich ausschließlich an deren aktuelle Manifestation, d. h. an den Todeswunsch des Patienten hält, während die fundamentalere Bedeutung der Autonomie als unverlierbare Verfasstheit der Person ausgeblendet wird. Die innere Widersprüchlichkeit der Euthanasie-Idee liegt darin, dass sie vorgibt, die Autonomie des Sterbenden zu achten, während diese in der Grundschicht ihrer Bedeutung zerstört wird. Der Gedanke der Tötung auf Verlangen setzt nämlich einen latenten Dualismus voraus, in dem die Achtung vor der aktuellen Selbstbestimmung des Sterbenden und die Achtung vor seiner konkreten Leiblichkeit, die Grundlage seiner essentiellen Autonomie ist, radikal auseinandertreten.

Die durch den Arzt erfolgte Tötung soll das Leben des Patienten vernichten, um auf diese Weise den Respekt vor seiner Selbstbestimmung zum Ausdruck zu bringen. Erst aufgrund dieses verborgenen Dualismus und einer Entpersonalisierung der ärztlichen Tötungshandlung als einer angeblich medizinisch begründeten Maßnahme lässt sich die Fiktion aufrecht erhalten, dass wir den Sterbenden als Person achten, indem wir ihn töten. Tatsächlich läuft diese Legitimationsstrategie auf den widersprüchlichen Gedanken hinaus, dass wir den Sterbenden in seiner Selbstbestimmung achten, indem wir seine Autonomie vernichten oder dass wir ihn von seinem unerträglichen Leiden befreien, indem wir ihn zugleich von sich selbst befreien.[24] Der Widerspruch liegt präzise darin, dass diese Argumentation der funktionalen Seite der Autonomie einen Vorrang gegenüber ihrer essentiellen Bedeutung einräumt und so das Verhältnis zwischen

---

23 J. P. Beckmann, *Patientenverfügungen*, 151 (ebenso in: Schockenhoff et al. (Hg.), *Medizinische Ethik im Wandel*, 295).
24 Vgl. J. Fischer, *Aktive und passive Sterbehilfe*, in: ZEE 40 (1996), 110–127, bes. 118 f.

der autonomen Verfasstheit des Sterbenden und der äußeren Manifestation seiner Selbstbestimmung auf den Kopf stellt.

6 Die Frage der ärztlichen Suizidbeihilfe

Wenn zwischen der Tötung auf Verlangen und dem Sterbenlassen bei aussichtsloser medizinischer Prognose in der aufgezeigten Weise ein intrinsischer moralischer Unterschied besteht, stellt sich die Frage, auf welche Seite die ärztliche Suizidbeihilfe gehört, die von vielen Autoren als eine empfehlenswerte Variante gegenüber der Tötung auf Verlangen oder als ein erster Teilschritt auf dem Weg zu ihrer Legalisierung angesehen wird. Ist der assistierte Suizid moralisch in die Nähe einer aktiven Tötungshandlung zu rücken, da der Beihilfeleistende die Selbsttötung des Suizidwilligen vorbereitet und ermöglicht? Welches Gewicht kommt dem Umstand zu, dass dieser den Suizid am Ende der Handlungskette selbst in Gang setzt, indem er den vom Arzt bereitgestellten Medikamenten-Cocktail zu sich nimmt oder durch Knopfdruck die todbringende Injektion auslöst, die ihm der Arzt gelegt hat?

Die Antwort ergibt sich aus dem Grundsatz, dass der physische Ablauf einer Handlung für ihre moralische Bewertung von untergeordneter Bedeutung ist. Entscheidend sind vielmehr wie bei der Bewertung der Tötung auf Verlangen und des Sterbenlassens die intentionale Struktur der Handlung und die kausale Rolle, die der Akteur oder, wenn mehrere beim Aufbau der Handlung zusammenwirken, die Akteure dabei spielen. Beide Kriterien belegen, dass zwischen dem ärztlich assistierten Suizid und der Tötung auf Verlangen in moralischer Hinsicht kein intrinsischer Unterschied besteht, da der Arzt in die Suizidabsicht des Patienten einwilligt und die notwendigen Vorbereitungen trifft, die es diesem erst ermöglichen, den Suizid auszuführen. Da der an der Suizidhandlung mitwirkende Arzt die Intention des Suizidwilligen teilt und in die Vorbereitung der Suizidhandlung kausal so einbezogen ist, dass dieser sie ohne die Mitwirkung des Arztes überhaupt nicht vollziehen könnte, handelt es sich aufseiten des Arztes um eine *formelle* Mitwirkung, die moralisch dem Handeln des Hauptakteurs gleichzustellen ist. Wenn man daher der Auffassung anhängt, dass der Suizid selbst moralisch zu billigen ist, wird man dieses Urteil auch auf die Suizidbeihilfe übertragen.[25] Sieht

---

[25] Es genügt nicht, dass der Beihilfe leistende Arzt den Entschluss des Suizidwilligen für wohlerwogen und ohne äußeren Druck zustande gekommen hält; er muss sich auch selbst ein Urteil darüber bilden, ob die Suizidhandlung ethisch gerechtfertigt ist oder nicht. Vgl. S. Ernst/T. Brandecker, *Beihilfe zum Suizid. Anfragen aus theologisch-ethischer Sicht*, in: *ZfmE* 55 (2009), 271–288, bes. 276.

man in der Selbsttötung dagegen bei allem menschlichen Respekt, den man dem Suizidenten in seiner schwierigen Lage entgegenbringen muss, einen unzulässigen Versuch, ein definitives Urteil über den Wert oder Unwert des eigenen Lebens zu sprechen, so wird man auch die ärztliche Suizidbeihilfe nicht als wünschenswerte, moralisch gerechtfertigte Option ansehen. In diesem Fall ist die ärztliche Suizidbeihilfe wegen der gleichgerichteten Intention von Arzt und suizidwilligem Patienten und wegen der kausalen Beteiligung des Arztes an der Suizidhandlung selbst in ethischer Hinsicht der Tötung auf Verlangen gleichzustellen.[26] Der Umstand, dass die Tatherrschaft bis zum Schluss beim Suizidenten verbleibt, kann zwar für den Arzt entlastend wirken, doch ist er eigenverantwortlich tätig in die Vorbereitung des Suizids einbezogen.[27] Es genügt daher nicht, dass er sich ein Urteil darüber bildet, ob der Suizid-Wunsch des Sterbewilligen wohlerwogen ist; er müsste auch den Erfolg der Suizidhandlung als wünschenswerte Folge seines eigenen Mithandelns bejahen können. Dieser aber liegt außerhalb dessen, wofür er als Arzt die Verantwortung übernehmen kann, weshalb ihm die Mitwirkung am Suizid eines schwerkranken Patienten vom ärztlichen Ethos untersagt ist.

---

[26] Von dieser Prämisse gehen unter umgekehrtem Vorzeichen auch diejenigen aus, die beide Formen der Sterbeassistenz im Blick auf die autonome Selbstverfügung des Sterbenden für moralisch gerechtfertigt halten. Vgl. B. Schöne-Seifert, *Ist Assistenz zum Sterben unärztlich?*, in: A. Holderegger (Hg.), *Das medizinisch assistierte Sterben*, Freiburg i. Ue./Freiburg i. Br./Wien 1999, 98–119, bes. 116 und die dort zitierten Autoren (T. L. Beauchamp, M. Benjamin, D. Birnbacher und D. W. Brock).

[27] Zur ethischen Bewertung vgl. die differenzierten Erwägungen von S. Ernst/T. Brandecker, *Beihilfe zum Suizid*, 281 ff.

Frank Saliger
Sterbehilfe und Intentionalität

1 Problemaufriss – Intentionalität und deutsches Sterbehilferecht

Dass Verhaltensintentionen bei der Bewertung von menschlichen Handlungen eine wichtige Rolle spielen, ist in Ethik und Strafrecht anerkannt. In der *Ethik* tragen alle bedeutenden Ansätze zur moralischen Verhaltensbewertung – wenn auch in unterschiedlichem Maße – Verhaltensintentionen Rechnung.[1] Abgesehen von der Gesinnungsethik am weitesten geht hier der *Intentionalismus*, der die moralische Bewertung eines Verhaltens ausschließlich von den Absichten des Handelnden abhängig macht.[2] Aber auch bei *deontologischen* Ethiken finden Verhaltensintentionen Berücksichtigung. Denn bei ihnen gilt eine mit Absicht ausgeführte an sich gute Handlung stets als besser als eine ohne Absicht ausgeführte und eine ohne Absicht ausgeführte an sich schlechte Handlung stets als besser als eine mit Absicht ausgeführte. Selbst der *Konsequentialismus* schenkt Verhaltensintentionen indirekt Beachtung. Das zeigt sich, wenn für die Folgenberücksichtigung Intentionen relevant werden, weil eine mit Absicht ausgeführte Schädigung für das Opfer und/oder die Gesellschaft in der Regel bedrohlicher ist als eine unabsichtliche Schädigung.

Im Strafrecht bilden Verhaltensintentionen seit jeher einen zentralen Bewertungsmaßstab für Handlungen. So unterscheidet das Strafrecht seit Jahrhunderten mit großem Bewertungsunterschied vorsätzliches und fahrlässiges Strafunrecht.[3] Im Bereich des vorsätzlichen Strafunrechts hat sich ebenfalls über Jahrhunderte hinweg eine ausdifferenzierte *Dolus-Lehre* herausgebildet, die heute zwischen Absicht, Wissentlichkeit und bedingtem Vorsatz unterscheidet.[4] *Absicht* (*dolus directus* 1. Grades) kennzeichnet danach ein Handeln, bei dem der Täter den

---

1 Zum Folgenden D. Birnbacher, *Tun und Unterlassen*, Stuttgart 1995, 145 ff.; vgl. auch F. von Kutschera, *Grundlagen der Ethik*, Berlin ²1999, 86 ff. mit Fn. 47.
2 Nach der Grundthese intentionalistischer Ethiken bestimmt sich der moralische Wert einer Handlung nach dem Wert der ihr zugrundeliegenden Absicht; dazu F. von Kutschera, *Grundlagen der Ethik*, 86.
3 Im Beispiel: Das deutsche StGB bedroht die vorsätzliche Tötung eines Menschen mit Freiheitsstrafe nicht unter fünf Jahren (§ 212 StGB), während es die fahrlässige Tötung mit Freiheitsstrafe bis zu fünf Jahren oder Geldstrafe sanktioniert (§ 222 StGB).
4 Stellvertretend K. Lackner/K. Kühl, *Strafgesetzbuch*, München ²⁸2014, § 15 Rn. 19 ff.

DOI 10.1515/9783110488531-015

Unrechtserfolg als End- oder Zwischenziel erstrebt. *Wissentlichkeit* (*dolus directus* 2. Grades) liegt vor, wenn der Täter weiß oder als sicher voraussieht, dass sein Handeln den gesetzlichen Tatbestand verwirklicht. *Bedingter Vorsatz* (*dolus eventualis*) wird von der herrschenden Meinung angenommen, wenn der Täter die Möglichkeit der Tatbestandsverwirklichung durch sein Handeln erkennt und sie billigend in Kauf nimmt. Schließlich hat der Strafgesetzgeber seit jeher das Strafunrecht bestimmter Delikte an die Verwirklichung spezifischer Absichten gebunden, etwa den Diebstahl an die *Zueignungsabsicht* oder den Betrug an die *Bereicherungsabsicht* des Täters.[5]

Vor diesem Hintergrund verwundert es nicht, dass auch das deutsche Sterbehilferecht seit Jahrzehnten von Verhaltensintentionen geprägt wird. Das gilt insbesondere für die Leitunterscheidung von verbotener aktiver und erlaubter indirekter Sterbehilfe. So macht sich nach herrschender Meinung wegen *aktiver Sterbehilfe* strafbar, wer durch gezieltes, also absichtliches Töten den Moribunden von seinem Leiden befreit.[6] Der Unterschied zwischen aktiver und indirekter Sterbehilfe ist dabei von großer Praxisrelevanz: Während z.B. der Arzt, der indirekte Sterbehilfe in Form einer lebensverkürzenden Schmerztherapie leistet, straflos bleibt, drohen dem aktiven Sterbehelfer Freiheitsstrafe von sechs Monaten (bei Tötung auf Verlangen) bis hin zu lebenslanger Freiheitsstrafe (wenn Mordmerkmale hinzutreten).[7]

Schon angesichts dieser Praxisrelevanz lohnt ein Blick auf den Zusammenhang von Intentionalität und deutschem Sterbehilferecht. Drei weitere Gründe sind in letzter Zeit hinzugekommen. Erstens wird der Intentionalismus, insbesondere die Lehre von der Doppelwirkung, in der modernen Ethik nicht nur angelsächsischer Provenienz heftig kritisiert. Zweitens hat der 2. Strafsenat des Bundesgerichtshofs in einem Aufsehen erregenden Grundsatzurteil aus dem Jahre 2010 (Fuldaer-Fall) die Bedeutung der bisherigen Leitkategorien von passiver, aktiver und indirekter Sterbehilfe stark relativiert.[8] Drittens macht der Gesetzgeber die Strafbarkeit der geschäftsmäßigen Förderung der Selbsttötung in dem seit Ende 2015 geltenden § 217 StGB auch von der Absicht, die Selbsttötung eines

---

[5] Wegen Diebstahls wird bestraft, wer einem anderen eine fremde bewegliche Sache in der Absicht wegnimmt, die Sache sich oder einem Dritten rechtswidrig zuzueignen (§ 242 Abs. 1 StGB). Wegen Betrugs macht sich strafbar, wer in der Absicht, sich oder einem Dritten einen rechtswidrigen Vermögensvorteil zu verschaffen, das Vermögen eines anderen dadurch beschädigt, dass er durch Täuschung einen Irrtum erregt oder unterhält (vgl. § 263 Abs. 1 StGB).

[6] Statt aller BGHSt 37, 376–379, 379; A. Schönke/H. Schröder, *Strafgesetzbuch*, München [29]2014, Vorbem. §§ 211 ff. Rn. 24 ff.

[7] Wegen Tötung auf Verlangen mit Freiheitsstrafe von sechs Monaten bis zu fünf Jahren wird bestraft, wer eine andere Person auf deren ausdrückliches und ernstliches Verlangen hin tötet (vgl. § 216 StGB).

[8] Vgl. BGH *NJW* 2010, 2963–2968, 2966 f. = BGHSt 55, 191–206; dazu unten 4.

anderen zu fördern, und damit von einem intentionalen Element abhängig. Damit hofft er u. a. die geschäftsmäßige Suizidbeihilfe besser von den zulässigen Sterbehilfeformen des Behandlungsabbruchs und der indirekten Sterbehilfe abgrenzen zu können.[9] Da der § 217 StGB aber Thema anderer Beiträge ist, werde ich ihn im Folgenden nicht näher behandeln.[10]

Aus diesen Gründen ergibt sich die Struktur meines Beitrags. Zunächst untersuche ich die Bedeutung der Intentionalität für das bisherige Sterbehilferecht mit seiner Leitunterscheidung von aktiver und indirekter Sterbehilfe (unten 2). Im zweiten Schritt gehe ich auf die Kritik von Ethikern an dem Intentionalismus, insbesondere an der Lehre von der Doppelwirkung ein (unten 3). Im dritten und letzten Schritt werden die Konsequenzen des Urteils des Bundesgerichtshofs zum Fuldaer-Fall für ein intentionales Sterbehilferecht skizziert (unten 4).

2 Intentionalität und die Unterscheidung von aktiver und indirekter Sterbehilfe

Die das deutsche Sterbehilferecht bislang prägende Unterscheidung von aktiver, indirekter und passiver Sterbehilfe dürfte auf den Gerichtspsychiater Helmut Ehrhardt zurückgehen. Dieser hatte in einer kleinen Schrift mit dem Titel *Euthanasie und Vernichtung ‚lebensunwerten' Lebens* aus dem Jahr 1965 u. a. unterschieden zwischen Sterbehilfe durch Sterbenlassen, Sterbehilfe mit Lebensverkürzung als Nebenwirkung und Sterbehilfe mit gezielter Lebensverkürzung.[11] Diese Schrift war offenbar sehr einflussreich, weil Ehrhardt als Erster zwischen Euthanasie im Sinne der Vernichtung „lebensunwerten Lebens" und Euthanasie im Sinne von Sterbehilfe differenzierte.[12] Damit bediente er ein Bedürfnis der damaligen Öffentlichkeit, die sich nach einem neuen Begriff an Stelle des durch die NS-Zeit belasteten Begriffs der Euthanasie sehnte.

---

9 So BT-Drucks. 18/5373, 18 f.
10 Siehe zum Zusammenhang zwischen der Selbsttötungsförderungsabsicht laut § 217 StGB und der Lehre von der Doppelwirkung F. Saliger, in: U. Kindhäuser/U. Neuman/H.-U. Paeffgen (Hg.), *Nomos Kommentar Strafgesetzbuch*, Baden-Baden ^{5}2017, § 217 Rn. 30 f.
11 H. Ehrhardt, *Euthanasie und Vernichtung ‚lebensunwerten' Lebens*, Stuttgart 1965, 5 f.
12 A. Leist, Diskussionen um Leben und Tod, in: ders. (Hg.), *Um Leben und Tod. Moralische Probleme bei Abtreibung, künstlicher Befruchtung, Euthanasie und Selbstmord*, Frankfurt a. M. ^{3}1992, 9–72, 44 f.

2.1 Die Nähe der Unterscheidung von aktiver und indirekter Sterbehilfe zur Lehre von der Doppelwirkung

Ehrhardt arbeitete die von ihm vorgeschlagenen Differenzierungen nicht näher aus, sondern beschränkte sich auf kursorische Erläuterungen.[13] So bemerkte er knapp zu der „Sterbehilfe mit Lebensverkürzung als Nebenwirkung" (der indirekten Sterbehilfe), dass sie „– unabhängig von der Intention – mehr oder weniger erwünscht und mehr oder weniger unvermeidlich sein kann [...] *Moraltheologisch: actio duplicis effectus*. Rechtliche Beurteilung umstritten [Hervorhebung d.Vf.]"[14].

Zur aktiven Sterbehilfe als gezielter Lebensverkürzung ergänzte Ehrhardt, dass sie sich „ethisch und rechtlich klarer fassen und definieren" lässt und „nach weithin herrschender Meinung unerlaubt" ist. Irrelevant seien insbesondere „die Unmöglichkeit wirksamer Hilfe im Hinblick auf das Grundleiden", die „akute Todesnot, das noch so begründete Mitleid oder der ausdrückliche Wunsch des entscheidungsfähigen Sterbenden."[15]

Auch später ist im Schrifttum vielfach betont worden, dass die indirekte Sterbehilfe und ihre Abgrenzung zur direkten aktiven Sterbehilfe auf der Lehre von der Doppelwirkung insbesondere nach der katholischen Moraltheologie beruht.[16] Allerdings hat der Bundesgerichtshof die aktive, indirekte und passive Sterbehilfe erst in den 90er Jahren des 20. Jahrhunderts definiert.[17] So erklärte er 1991 für den Fall einer Serientötung im Krankenhaus zur aktiven Sterbehilfe ohne nähere Begründung: „Auch bei aussichtsloser Prognose darf Sterbehilfe *nicht durch gezieltes Töten*, sondern nur entsprechend dem erklärten oder mutmaßlichen Patientenwillen durch die Nichteinleitung oder den Abbruch lebensverlängernder Maßnahmen geleistet werden, um dem Sterben – gegebenenfalls unter wirksamer Schmerzmedikation – seinen natürlichen, der Würde des Menschen gemäßen Verlauf zu lassen [Hervorhebung d. Vf.]."[18]

---

13 Vgl. H. Ehrhardt, *Euthanasie und Vernichtung ‚lebensunwerten' Lebens*, 7–17.
14 H. Ehrhardt, *Euthanasie und Vernichtung ‚lebensunwerten' Lebens*, 5 f.
15 H. Ehrhardt, *Euthanasie und Vernichtung ‚lebensunwerten' Lebens*, 9 f.
16 Siehe z. B. R. Merkel, *Teilnahme am Suizid – Tötung auf Verlangen – Euthanasie. Fragen an die Strafrechtsdogmatik*, in: R. Hegselmann/R. Merkel (Hg.), *Zur Debatte über Euthanasie*, Frankfurt a. M. ²1992, 95; A. Leist, *Diskussionen um Leben und Tod*, 49; D. Birnbacher, *Tun und Unterlassen*, 153; F. Beckert, *Strafrechtliche Probleme um Suizidbeteiligung und Sterbehilfe unter besonderer Berücksichtigung historischer und ethischer Aspekte*, Aachen 1996, 321 ff.; R. Ingelfinger, *Grundlagen und Grenzbereiche des Tötungsverbots*, Köln 2004, 260.
17 Zur passiven Sterbehilfe siehe BGHSt 40, 257–272: Kemptener Fall; allgemein zur Entwicklung des täterschaftlichen Sterbehilferechts F. Saliger, *Selbstbestimmung bis zuletzt. Rechtsgutachten zum Verbot organisierter Sterbehilfe*, Norderstedt 2015, 117 ff.
18 BGHSt 37, 376–379, 379 = BGH *NJW* 1991, 2357–2359, 2359.

1996 hat der Bundesgerichtshof im sog. Dolantin-Fall zur indirekten Sterbehilfe Stellung genommen und sie folgendermaßen bestimmt: „Eine ärztlich gebotene schmerzlindernde Medikation bei einem sterbenden Patienten wird [...] nicht dadurch unzulässig, dass sie als *unbeabsichtigte*, aber in Kauf genommene unvermeidbare *Nebenfolge den Todeseintritt beschleunigen* kann [Hervorhebung d. Vf.]."[19]

Nach dieser Rechtsprechung unterscheidet sich die indirekte von der direkten aktiven Sterbehilfe allein im subjektiven Bereich anhand der Art des Tötungsvorsatzes: Bei Tötungsabsicht ist die verbotene aktive Sterbehilfe gegeben (Tötung zum Zwecke der Leiderlösung); bei bedingtem Tötungsvorsatz (und wissentlicher Tötung[20]) mit Ziel der Schmerzlinderung kommt eine erlaubte indirekte Sterbehilfe in Betracht. Demgegenüber ist das äußerliche Handlungsgeschehen unergiebig: Bei der Gabe einer Spritze mit lebensverkürzender Schmerzmedikation durch den Arzt lässt sich vom äußerlichen Handlungsablauf nicht entscheiden, ob aktive direkte oder aktive indirekte Sterbehilfe vorliegt.[21]

Dagegen ist vorgebracht worden, dass der Unterschied zwischen aktiver und indirekter Sterbehilfe gleichwohl im Objektiven liege, nämlich in der medizinisch indizierten Medikamentenmenge. Diese lege fest, was erlaubt und verboten sei. Insbesondere dürfe der Arzt nie eine Überdosis an Schmerzmitteln geben, weil diese nie medizinisch indiziert sei.[22]

An dieser Argumentation ist richtig, dass sich eine Tötungsabsicht forensisch außerhalb von Geständnissen nur indirekt über Rückschlüsse aus objektiven Indizien nachweisen lässt. Wichtige Indizien sind hierbei in der Tat die Höhe der verabreichten und die Höhe der medizinisch indizierten Schmerzdosis. Aus ihnen kann nicht nur auf die lebensverkürzende Wirkung der Medikation geschlossen, sondern können auch Anhaltspunkte für eine Überdosis gewonnen werden.

Gleichwohl erhebt diese Indizfunktion die medizinische Indikation noch nicht zum alleinigen und objektiven Kriterium für die Zulässigkeit von (vollendeter oder versuchter) indirekter Sterbehilfe. Zum einen enthält auch die medizinische Indikation normative Festlegungen, die begründungsbedürftig sind. Zum anderen hat gerade der Dolantin-Fall gezeigt, dass auf Basis der neueren Schmerzforschung die

---

19 BGHSt 42, 301–305, 305 = BGH *NJW* 1997, 807–810, 810.
20 Zutreffend zu dieser Weiterung C. Roxin, *Zur strafrechtlichen Beurteilung der Sterbehilfe*, in: C. Roxin/U. Schroth (Hg.), *Handbuch des Medizinstrafrechts*, Stuttgart ⁴2010, 75–121.
21 Dazu T. Verrel, *Der BGH legt nach: Zulässigkeit der indirekten Sterbehilfe. Anmerkung zur Sterbehilfeentscheidung des BGH vom 15.11.1996*, in: MedR 15 (1997), 249; F. Saliger, *Grundrechtsschutz durch Verfahren und Sterbehilfe*, in: L. Schulz (Hg.), *Verantwortung zwischen materialer und prozeduraler Zurechnung* (ARSP Beiheft Nr. 75), Stuttgart 2000, 137.
22 F. Beckert, *Strafrechtliche Probleme um Suizidbeteiligung und Sterbehilfe unter besonderer Berücksichtigung historischer und ethischer Aspekte*, 325 f.

Abgrenzung zwischen aktiver und indirekter Sterbehilfe anhand der medizinisch indizierten Schmerzmedikation zunehmend unmöglich wird. Denn aufgrund der antagonistischen Beziehung zwischen Schmerz und Schmerzmittel bei Schmerzpatienten können Opiatdosen in einer Höhe medizinisch indiziert sein, die vor wenigen Jahren noch unvorstellbar schienen. Zudem ist es nicht mehr möglich, bei allen Schmerzpatienten von einer bestimmten tödlichen Schmerzmittelgabe zu sprechen; vielmehr ist die Grenze variabel geworden. Damit wird auch einer rechtssicheren Bestimmung von Schmerzmittelüberdosen zunehmend der Boden entzogen.[23]

Unabhängig davon kann die Rechtsprechung des BGH zur Abgrenzung von indirekter und aktiver Sterbehilfe gewiss mit der moraltheologischen Lehre von der Doppelwirkung in Zusammenhang gebracht werden. Denn Thomas von Aquin hatte im 13. Jahrhundert erklärt: „Es steht nichts im Wege, dass ein und dieselbe Handlung zwei Wirkungen hat, von denen nur die eine beabsichtigt ist, während die andere außerhalb der [eigentlichen] Absicht liegt [...]. Eine solche Handlung hat [...] nichts Unerlaubtes."[24]

Thomas unterscheidet also zwischen dem, was der Handelnde beabsichtigt, und dem, was der Handelnde als Ergebnis seines freiwilligen Handelns nur möglicherweise oder sicher voraussieht.[25] *Doppelwirkung* meint diese beiden Wirkungen von Handlungen, die direkt beabsichtigte und die unbeabsichtigte, nur vorhergesehene und möglicherweise unerwünschte (indirekte) Wirkung. Nach Thomas von Aquin ist es erlaubt, etwas mit dieser „indirekten" (uneigentlichen) Absicht zu tun, was zu tun mit direkter Absicht verboten wäre.[26]

2.2. Die Distanz der Unterscheidung von aktiver und indirekter Sterbehilfe zur Lehre von der Doppelwirkung

Auch wenn die Parallele zwischen der Unterscheidung von verbotener aktiver und erlaubter indirekter Sterbehilfe und der Lehre von der Doppelwirkung sich gera-

---

23 Dazu bereits T. Verrel, *Der BGH legt nach: Zulässigkeit der indirekten Sterbehilfe*, 249; F. Saliger *Grundrechtsschutz durch Verfahren und Sterbehilfe*, 137 f.
24 Thomas von Aquin, *Summa Theologica*, II. Buch, II. Teil, Quaestio 64, Artikel 7, in:, *Die Deutsche Thomas-Ausgabe*, Bd. 18: *Recht und Gerechtigkeit*, Heidelberg 1953, 174.
25 Zum Folgenden etwa P. Foot, *Das Abtreibungsproblem und die Doktrin der Doppelwirkung*, in: A. Leist (Hg.), *Um Leben und Tod*, 197.
26 In der neueren Ethik wird die Lehre von der Doppelwirkung als *Prinzip der Doppelwirkung* diskutiert und leicht divergierende Bedingungen für das Prinzip aufgestellt (vgl. etwa B. C. Reichenbach, *Euthanasie und die aktiv/passiv-Unterscheidung*, in: A. Leist [Hg.], *Um Leben und Tod*, 333; F. Ricken, *Allgemeine Ethik*, Stuttgart ⁵2013, 303 f.), die in unserem Zusammenhang allerdings nicht interessieren.

dezu aufdrängt, und in der Literatur deshalb auch vielfach bemerkt worden ist[27], rechtfertigen weder die Rechtsprechung noch, soweit ersichtlich, die einhellige Strafrechtswissenschaft die Strafbarkeit der aktiven und die Straflosigkeit der indirekten Sterbehilfe mit der Lehre von der Doppelwirkung.

Bei der indirekten Sterbehilfe ist das besonders deutlich. Den Strafjuristen ist die Kontroverse geläufig, ob der indirekte Sterbehelfer schon nicht tatbestandsmäßig im Sinne der Tötungsdelikte, ob er ohne Vorsatz, ob er gerechtfertigt aus (mutmaßlicher) Einwilligung oder Notstand (§ 34 StGB) oder ob er ohne Schuld handelt.[28] Diese Rechtfertigungs- und Einordnungsprobleme wären größtenteils überflüssig, wenn man die Rechtfertigung auf die Lehre von der Doppelwirkung stützen würde. Dass die einhellige Strafrechtswissenschaft das seit jeher vermieden hat, dürfte daran liegen, dass die Lehre von der Doppelwirkung mit allgemeinen Grundsätzen der subjektiven Zurechnung nicht vereinbar ist. Denn ein Täter handelt nach allgemeinen strafrechtlichen Grundsätzen auch dann mit grundsätzlich rechtswidrigem Tötungsvorsatz, wenn ihm der bewusst herbeigeführte und in Kauf genommene Todeserfolg an sich unerwünscht ist.[29] Deshalb kann sich auch – jenseits der indirekten Sterbehilfe – ein Sportschütze, der wahllos auf Passanten schießt, nicht damit verteidigen, er habe nur eine Übung seiner Schießkunst angestrebt und den Tod der Opfer bloß als unerwünschte Nebenfolge in Kauf genommen.[30] Umgekehrt wird im Strafrecht ein objektiv tatbestandsloses Verhalten nicht dadurch strafbar, dass der Handelnde schäbige Absichten verfolgt.[31]

Auch bei der aktiven Sterbehilfe stützen sich weder Rechtsprechung noch nahezu einhellige Strafrechtswissenschaft auf die Absicht nach der Lehre von der Doppelwirkung. Zur Rechtfertigung der Strafbarkeit der aktiven Sterbehilfe werden vor allem kollektive Folgenerwägungen bemüht, die eine Zulassung der aktiven Sterbehilfe für die Gesamtgesellschaft voraussichtlich hätte: Minderung der gesellschaftlichen

---

27 Siehe die Nachweise in Fn. 15.
28 Z.B. H. Tröndle, *Warum ist die Sterbehilfe ein rechtliches Problem?*, in: ZStW 99 (1987), 29f.; R. D. Herzberg, *Sterbehilfe als gerechtfertigte Tötung im Notstand?*, in: NJW 49 (1996), 3043–3049; R. Ingelfinger, *Grundlagen und Grenzbereiche des Tötungsverbots*, 260 ff.; K. Kühl, *Rechtfertigung vorsätzlicher Tötungen im Allgemeinen und speziell bei Sterbehilfe*, in: JURA 2009, 881–886, 884f.
29 Vgl. D. Birnbacher, *Tun und Unterlassen*, 154; F. Beckert, *Strafrechtliche Probleme um Suizidbeteiligung und Sterbehilfe unter besonderer Berücksichtigung historischer und ethischer Aspekte*, 324; M. Quante, *Einführung in die Allgemeine Ethik*, Darmstadt ⁴2011, 133; U. Neumann, in: U. Kindhäuser/U. Neumann/H. U. Paeffgen (Hg.), *NK/StGB*, Baden-Baden ⁴2013, Vor § 211 Rn. 101.
30 Beispiel angelehnt an R. Merkel, *Teilnahme am Suizid – Tötung auf Verlangen – Euthanasie*, 94.
31 Vgl. W. Kargl, *Aktive Sterbehilfe im Zugriff der volkspädagogischen Deutung des § 216 StGB*, in: Institut für Kriminalwissenschaften und Rechtsphilosophie Frankfurt a. M. (Hg.), *Jenseits des rechtsstaatlichen Strafrechts* (Frankfurter kriminalwissenschaftliche Studien 100), Frankfurt a. M. 2007, 383.

Achtung vor dem menschlichen Leben, Gefahr eines Vertrauensverlustes im Arzt-Patienten-Verhältnis, Irrtums- und Missbrauchsrisiken, Dammbruchgefahr etc.[32] Das ist nicht verwunderlich. Angesichts der dramatischen Situationen, in denen eine Freigabe der aktiven Sterbehilfe überhaupt diskutiert wird (Fallbeispiele: Liegenlassen schwerstgeschädigter Neugeborener; der zu Verbrennen drohende Lastwagenfahrer, dem sein Beifahrer den „Gnadentod" durch Erschießen gibt), spielt die Perhorreszierung der absichtlichen Verletzung des Tötungsverbots durch den aktiven Sterbehelfer keine tragende Rolle.

3 Kritik der Ethik am Intentionalismus und der Lehre von der Doppelwirkung

Das leitet über zur ethischen Kritik am Intentionalismus und an der Lehre von der Doppelwirkung. Dass der Intentionalismus eine hochproblematische ethische Theorie darstellt, soweit er die moralische Bewertung eines Verhaltens ausschließlich von den Absichten der Handelnden abhängig macht, ist oft vorgetragen worden. Zwei Haupteinwände erscheinen mir in der Tat unwiderlegbar. Zum einen kann der Intentionalismus fahrlässiges Handeln moralisch nicht beurteilen, etwa im Straßenverkehr – eine schmerzliche Lücke. Zum anderen läuft der Intentionalismus stete Gefahr, mit den Untaten von Gesinnungstätern, die mit den besten Absichten handeln, grundsätzlich zu großzügig zu verfahren.[33]

Wie sieht es aber mit der Lehre von der Doppelwirkung aus? Für sie könnte vorgebracht werden, dass derjenige, der einen Unrechtserfolg beabsichtigt, diesen weniger bedauert als derjenige, der den Unrechtserfolg nur als unerwünschte Nebenwirkung in Kauf genommen hat.[34] Insoweit würde der mit indirekter Absicht Handelnde mehr Reue zeigen. Darüber hinaus scheint die Lehre von der Doppelwirkung zur Lösung von Einzelfällen geeignet zu sein. So wird behauptet, dass die Lehre folgenden Fall gut lösen könne: Eine schwangere Mutter und ihr ungeborenes Kind sind in großer Lebensgefahr, weil der Kopf des Kindes im Ge-

---

32 Pars pro toto: H. Tröndle, *Warum ist die Sterbehilfe ein rechtliches Problem?*, 38 ff.; F. Beckert, *Strafrechtliche Probleme um Suizidbeteiligung und Sterbehilfe unter besonderer Berücksichtigung historischer und ethischer Aspekte*, 176 ff. (266 f.); K. Ulsenheimer, *Arztstrafrecht in der Praxis*, Heidelberg [5]2015, 421 ff.; vgl. auch kritisch W. Kargl, *Aktive Sterbehilfe im Zugriff der volkspädagogischen Deutung des § 216 StGB*, 389 ff.
33 Zu beidem D. Birnbacher, *Tun und Unterlassen*, 146 mit Fn. 31; zu weiterer Kritik siehe etwa F. von Kutschera, *Grundlagen der Ethik*, 87 ff.
34 Vgl. dazu F. Beckert, *Strafrechtliche Probleme um Suizidbeteiligung und Sterbehilfe unter besonderer Berücksichtigung historischer und ethischer Aspekte*, 321 unter Bezug auf H. L. A. Hart.

burtskanal feststeckt. Der Arzt steht hier vor dem Dilemma, entweder den Kopf des Kindes zu zertrümmern, um die Mutter zu retten, oder im Fall des Nichthandelns die Mutter sterben zu lassen, während das Kind nach dem Tod der Mutter sicher geboren werden kann. Die Lehre von der Doppelwirkung fordert hier den Arzt auf, nicht zu intervenieren, da der Tod des Kindes direkt beabsichtigt sei, derjenige der Mutter dagegen nicht.[35]

Schließlich wird zugunsten der Lehre von der Doppelwirkung vorgetragen, dass es die Gesellschaft moralisch überfordern würde, wenn ein Verhalten mit in Kauf genommen schädlichen Folgen genauso streng sanktioniert wird wie ein Verhalten mit beabsichtigten schädlichen Folgen.[36]

Überzeugen diese Argumente? Können sie nachweisen, dass das Prinzip der Doppelwirkung einen ethisch relevanten Unterschied bezeichnet? Ich halte das für zweifelhaft. Zunächst ist nicht ausgemacht, dass die unerwünschte Wirkung der Untat beim Handelnden tatsächlich stets ein stärkeres Bedauern erweckt als die beabsichtigte Wirkung. Das belegt der Fall des zu Verbrennen drohenden Lastwagenfahrers. Wenn der Beifahrer ihn absichtlich tötet, um ihm den qualvollen Verbrennungstod zu ersparen (= aktive Sterbehilfe), dürfte er dessen Tod gleichwohl stark bedauern.[37]

Fragwürdig ist auch die Eignung der Lehre von der Doppelwirkung zur Lösung problematischer Fälle. Das erweist folgende Abwandlung des Falls der schwangeren Mutter: Gesetzt, es kann nun nichts unternommen werden, um das Leben des Kindes zu retten, aber es ist möglich, das Leben der Mutter zu retten, indem das Kind getötet wird. Die Lehre von der Doppelwirkung verbietet in diesem Fall eine Rettung der Mutter, weil das Kind absichtlich getötet würde, um ihr Leben zu retten. Mutter und Kind müssten also beide sterben. Das ist moralisch nicht überzeugend, weil das Leben einer Person gerettet werden könnte.[38]

Auch in dem Ausgangsfall der schwangeren Mutter ist es nicht überzeugend, die Mutter stets sterben zu lassen, weil das Kind nicht absichtlich getötet werden dürfe. Warum sollte man sich nicht auch für das Leben der Mutter entscheiden

---

35 Siehe zu diesem Beispiel H. Kuhse/P. Singer, *Muss dieses Kind am Leben bleiben? Das Problem schwerstgeschädigter Neugeborener*, Erlangen 1993, 119; P. Foot, *Das Abtreibungsproblem und die Doktrin der Doppelwirkung*, 198.
36 Vgl. D. Birnbacher, *Tun und Unterlassen*, 154 f.
37 Vgl. H. L. A. Hart, *Intention and Punishment*, in: ders., *Punishment and Responsibility. Essays in the Philosophy of Law*, Oxford ²2008, 113–135, 122 ff.; dazu auch F. Beckert, *Strafrechtliche Probleme um Suizidbeteiligung und Sterbehilfe unter besonderer Berücksichtigung historischer und ethischer Aspekte*, 321 f.
38 So überzeugend P. Foot, *Das Abtreibungsproblem und die Doktrin der Doppelwirkung*, 209.

dürfen (abgesehen von den Schwierigkeiten bei der Abgrenzung von direkten und indirekten Absichten)?[39]

Schließlich trägt auch das Argument der moralischen Überforderung der Gesamtgesellschaft nicht, weil es zirkelschlüssig ist. Eine Überforderung droht nur, wenn die Lehre von der Doppelwirkung ein überzeugendes moralisches Differenzierungskriterium markiert. Ist das nicht der Fall, wie ausgeführt, so droht auch keine moralische Überforderung.

Im Übrigen ergeben sich auch hinsichtlich der Unterscheidung von aktiver und passiver Sterbehilfe keine zwingenden intentionalen Vorgaben. Zwar wird das Prinzip der Doppelwirkung in der Ethik auch auf die Unterscheidung von aktiver und passiver Sterbehilfe in dem Sinne bezogen, dass diskutiert wird, ob beim aktiven Töten der Todeserfolg direkt beabsichtigt ist, während beim Unterlassen der Todeserfolg nur indirekt beabsichtigt sein soll.[40] Jedoch zeigt etwa der Fall der Mutter, die ihr Kind verhungern lässt, um sich eine teure Urlaubsreise leisten zu können, dass auch ein absichtliches Unterlassen möglich ist. Umgekehrt gibt es natürlich auch unabsichtliches aktives Tun, bei dem der Täter die Folgen nicht vorhergesehen hat. Die Unterscheidung von aktiver und passiver Sterbehilfe ist daher keine Frage unterschiedlicher Intentionen.[41]

4 Konsequenzen aus dem Urteil des BGH zum Fuldaer-Fall

Zum Abschluss seien die Konsequenzen aus dem Urteil des Bundesgerichtshofs zum Fuldaer-Fall für ein (auch) intentionales Sterbehilferecht skizziert. Der Bundesgerichtshof hat in dem berühmten Fuldaer-Fall den Unterschied zwischen passiver und aktiver Sterbehilfe relativiert und den Begriff der Sterbehilfe weitgehend durch den Begriff des *gerechtfertigten Behandlungsabbruchs* ersetzt. Danach ist Sterbehilfe durch Unterlassen, Begrenzen oder Beenden einer begonnenen medizinischen Behandlung (Behandlungsabbruch) gerechtfertigt, wenn dies dem tatsächlichen oder

---

[39] Vgl. auch P. Foot, *Das Abtreibungsproblem und die Doktrin der Doppelwirkung*, 210; H. Kuhse/P. Singer, *Muss dieses Kind am Leben bleiben?*, 119; F. Beckert, *Strafrechtliche Probleme um Suizidbeteiligung und Sterbehilfe unter besonderer Berücksichtigung historischer und ethischer Aspekte*, 323 f.
[40] Vgl. dazu P. Foot, *Das Abtreibungsproblem und die Doktrin der Doppelwirkung*, 203 ff.; B. C. Reichenbach, *Euthanasie und die aktiv/passiv-Unterscheidung*, 325 ff.; D. Birnbacher, *Tun und Unterlassen*, 147 ff.
[41] Vgl. B. C. Reichenbach, *Euthanasie und die aktiv/passiv-Unterscheidung*, 327; D. Birnbacher, *Tun und Unterlassen*, 157 f.

mutmaßlichen Patientenwillen entspricht und dazu dient, einem ohne Behandlung zum Tode führenden Krankheitsprozess seinen Lauf zu lassen.[42]

Das Revolutionäre an dieser Neuausrichtung der Sterbehilfe ist, dass, wie im 2. Leitsatz der Entscheidung formuliert wird, ein Behandlungsabbruch sowohl durch Unterlassen als auch durch aktives Tun vorgenommen werden darf.[43] Im Rahmen eines Behandlungsabbruchs ist damit eine aktive Sterbehilfe zulässig. Das gilt auch für die indirekte Sterbehilfe.[44] Strafbar bleibt allein die aktive Sterbehilfe außerhalb eines Behandlungsabbruchs: „Gezielte Eingriffe in das Leben eines Menschen, die nicht in einem Zusammenhang mit dem Abbruch einer medizinischen Behandlung stehen, sind einer Rechtfertigung durch Einwilligung nicht zugänglich."[45]

Nach dieser Entscheidung verschwindet das Abgrenzungsproblem zwischen aktiver und indirekter Sterbehilfe, soweit ein gerechtfertigter Behandlungsabbruch vorliegt. Das ist sehr praxisrelevant, weil die indirekte Sterbehilfe typischerweise in der medizinischen Situation des Behandlungsabbruchs (lebensbedrohliche Erkrankung; medizinische Behandlung zur Erhaltung geeignet[46]) vorgenommen wird. Das Abgrenzungsproblem besteht fort bei der Vornahme von indirekter Sterbehilfe außerhalb eines Behandlungsabbruchs. Mit der Integration in den gerechtfertigten Behandlungsabbruch nimmt die indirekte Sterbehilfe Teil an der *Einwilligungslösung* des Bundesgerichtshofs zum Behandlungsabbruch. Das ist sachgerecht, weil die (mutmaßliche) Einwilligung des Patienten zentral für die Rechtfertigung der indirekten Sterbehilfe ist. Die Lehre von der Doppelwirkung bleibt insoweit bedeutungslos.

Ein *(auch) intentionales Sterbehilferecht* besteht nach der Fuldaer-Entscheidung – abgesehen von § 217 StGB[47] – nur noch fort in der Strafbarkeit der aktiven

---

42 BGH *NJW* 2010, 2963–2968, 2967 = BGHSt 55, 191–206–1. Leitsatz – mit Anmerkung bzw. Besprechung u. a. von G. Duttge, *Anmerkung zu BGH, Urteil vom 25.06.2010 – 2 StR 454/09*, in: *MedR* 29 (2011), 36–38; L. Eidam, *Wider die Bevormundung eines selbstbestimmten Sterbens*, in: *GA* 158 (2011), 232; A. Engländer, *Von der passiven Sterbehilfe zum Behandlungsabbruch*, in: *JZ* 66,10 (2011), 513; K. Gaede, *Durchbruch ohne Dammbruch*, in: *NJW* 63,40 (2010), 2925; H. Rosenau, *Die Neuausrichtung der passiven Sterbehilfe*, in: T. Fischer/K. Bernsmann (Hg.), *Festschrift für R. Rissing-van Saan*, Berlin/New York 2011, 547; T. Verrel, *Ein Grundsatzurteil? – Jedenfalls bitter nötig!*, in: *NStZ* 30,12 (2010), 671; T. Walter, *Sterbehilfe: Teleologische Reduktion des § 216 StGB statt Einwilligung! Oder: Vom Nutzen der Dogmatik*, in: *ZIS* 6 (2011), 76. Zum Ganzen auch R. Rissing-van Saan, *Strafrechtliche Aspekte der aktiven Sterbehilfe*, in: *ZIS* 6 (2011), 544; F. Saliger, *Selbstbestimmung bis zuletzt*, 126 ff.
43 BGH *NJW* 2010, 2963–2968.
44 BGH *NJW* 2010, 2963–2968, 2967.
45 BGH *NJW* 2010, 2963–2968, 3. Leitsatz.
46 Dazu BGH *NJW* 2010, 2963–2968, 2967.
47 Dazu oben 1 mit Fn. 9 und 10.

Sterbehilfe als gezielter Lebensverkürzung außerhalb von Behandlungsabbrüchen. Weitere Intentionen sind mit dem Konzept des gerechtfertigten Behandlungsabbruchs nicht verbunden. Zwar formuliert der Bundesgerichtshof:

> Es ist deshalb sinnvoll und erforderlich, alle Handlungen, die mit einer solchen Beendigung einer ärztlichen Behandlung im Zusammenhang stehen, in einem normativ-wertenden Oberbegriff des *Behandlungsabbruchs* zusammenzufassen, der neben objektiven Handlungselementen auch die subjektive Zielsetzung des Handelnden umfasst, eine bereits begonnene medizinische Behandlungsmaßnahme gemäß dem Willen des Patienten insgesamt zu beenden oder ihren Umfang entsprechend dem Willen des Betroffenen oder seines Betreuers nach Maßgabe jeweils indizierter Pflege- und Versorgungserfordernisse zu reduzieren.[48]

Mit dieser *subjektiven Zielsetzung* kann aber keine Intention im Sinne einer strafrechtlichen Absicht gemeint sein. Denn auf Basis der Idee eines gerechtfertigten Behandlungsabbruchs muss auch jener Arzt straflos sein, der in Kenntnis und Übereinstimmung mit dem Willen des Patienten eine künstliche Ernährung einstellt und dabei ohne Absicht handelt, weil er nach seiner persönlichen Auffassung jede Form der Sterbehilfe ablehnt. Die Rede des Bundesgerichtshofs von einer subjektiven Zielsetzung darf daher als unspezifischer Hinweis auf ein bloßes Vorsatzerfordernis gelesen werden.

5 Zusammenfassung

Der Beitrag lässt sich in drei Kernthesen zusammenfassen:

1. Die Unterscheidung von indirekter und aktiver Sterbehilfe nach altem Sterbehilferecht lässt sich mit der katholischen Lehre von der Doppelwirkung in Zusammenhang bringen, doch haben Rechtsprechung und Strafrechtswissenschaft stets Distanz zu dieser Lehre bewahrt.

2. Der Intentionalismus und die Lehre von der Doppelwirkung vermögen ethisch nicht zu überzeugen.

3. Das Grundsatzurteil des Bundesgerichtshofs zum Fuldaer-Fall entspannt die Abgrenzungsprobleme von indirekter und aktiver Sterbehilfe stark, gibt der indirekten Sterbehilfe eine tragfähige Begründung und sanktioniert die aktive Sterbehilfe nur noch außerhalb von Behandlungsabbrüchen.

---

[48] BGH *NJW* 2010, 2963–2968, 2967.

Guido Löhrer
Handlungstypen und Umstände

Normative Gründe für Therapiezieländerungen am Ende des Lebens

1 Einleitung

In Fragen der Sterbebegleitung und Sterbehilfe stehen Patienten und Angehörige, Ärzte und Pflegekräfte vor bedeutsamen moralischen Entscheidungen. Die dabei drängenden Probleme stellen Moraltheoretiker wiederum vor erhebliche theoretische Schwierigkeiten. Zum einen sucht Moralphilosophie hier praktische Orientierung zu geben. Zum anderen geht es um das theoretische Fundament moralischer Entscheidungen. Wir möchten nicht nur erfahren, ob eine Handlung moralisch richtig oder moralisch falsch ist, sondern auch wissen, aus welchen Gründen sie es ist. Dazu müssen wir wissen, worauf wir unseren Blick zu richten haben, wenn wir eine Handlung moralisch beurteilen, und was sie moralisch richtig macht, wenn sie richtig ist, beziehungsweise moralisch falsch macht, wenn sie falsch ist. Schließlich benötigen wir ein Verfahren, mit dem wir zuverlässig herausfinden, ob sie die eine oder die andere moralische Valenz besitzt. Insofern sind handlungstheoretische, moralontologische und moralepistemologische Belange zugleich betroffen. Diese Punkte sind eng miteinander verzahnt. Festlegungen auf dem einen Gebiet ziehen Konsequenzen auf den anderen nach sich und *vice versa*.

Die nachfolgenden Erörterungen suchen nach der richtigen Modellierung von moralischen Gründen für und wider lebensbeendende Handlungen und nach Antwort auf die Frage, wie moralische Gründe funktionieren und wie man dies im individuellen Fall herausfindet. Im Einzelnen handelt es sich um ein Plädoyer für drei Thesen: (1) Sowohl handlungstheoretisch als auch moralphilosophisch kommt es wesentlich auf die Bestimmung moralisch relevanter Handlungsumstände an. (2) Die Relevanz und die Valenz der normativen Gründe hängen in hohem Maße von Kontexten und Handlungsumständen ab.[1] (3) Dieser Befund

---

[1] In Bezug auf eine Grenzziehung zwischen Töten und Sterbenlassen als lebensbeendende Handlungen und deren moralische Bewertung als Formen der Sterbehilfe hat man mit Blick auf noch viel weiterreichende akteurrelative und überindividuelle Kontextdependenzen von einem

könnte, allen sonstigen Schwierigkeiten zum Trotz,[2] für partikularistische Ansätze in der Ethik im Allgemeinen und bei moralischen Fragen der Sterbehilfe im Besonderen sprechen.

These 1 wendet sich gegen die Auffassung, bei der moralischen Beurteilung von Handlungen komme es hauptsächlich auf die Spezifikation *eines und nur eines* jeweils maßgeblichen Handlungstyps und *eines* Moralprinzips an. These 2 steht orthogonal zu der Ansicht, die hinreichend präzise Auszeichnung eines maßgeblichen Handlungstyps liefere uns in Kombination mit dem Moralprinzip, das Handlungstypen moralische Valenzen zuordnet, durchweg korrekte Moralurteile für diejenigen einzelnen Handlungen, die sich dem Typ subsumieren lassen. Besonderen Handlungsumständen könne dagegen auf informative Weise Rechnung getragen werden, indem man das allgemeine Moralprinzip mit Ausnahmeklauseln versieht und präzisiert. These 3 schließlich stärkt die Annahme, dass die Reichweite von Prinzipien *in ethicis* limitiert ist, insbesondere wenn es um Leben und Tod geht. Je differenzierter moralische Urteile und Entscheidungen ausfallen und je sensibler wir dabei zu Werke gehen müssen, umso weniger genügt es, Handlungstypen mit nichts Weiterem als Moralprinzipien zu verknüpfen, um korrekte moralische Urteile zu erhalten. Das macht es für diejenigen, die Entscheidungen treffen müssen, nicht leichter. Doch um es mit William David Ross zu sagen, ist es hier wichtiger, den Tatsachen gerecht zu werden, als auf Einfachheit zu setzen.[3]

Im Folgenden zeige ich zunächst, dass Handlungsumstände Einfluss darauf haben, welchem Typ eine Handlung zugehört und ob sie moralisch richtig oder falsch ist (2.), um sodann zu prüfen, welche Moraltheorie diesem Befund am ehesten gerecht wird. Im Anschluss an die Beurteilung eines Standardmodells der Verknüpfung von Handlungstyp und moralischer Valenz (3.) und die Untersuchung pluralistischer (4.) sowie partikularistischer Ansätze präsentiere ich einen partikularistischen Vorschlag für die Modellierung normativer Gründe, die für oder gegen eine Therapiezieländerung am Lebensende sprechen (5.). Zuletzt werde ich meine Resultate kurz zusammenfassen (6.).

Umstände-Argument gesprochen. Vgl. F.-J. Bormann, *Ärztliche Suizidbeihilfe – für und wider*, in: *StZ* 140 (2015), 3f.

2 Einwände gegen Dancys Partikularismus habe ich in G. Löhrer, *Ist es manchmal richtig, unaufrichtig zu sein? Zur moralischen Valenz der Lüge*, in: *AZP* 37,1 (2012), 5–22, erhoben.

3 Vgl. W. D. Ross, *The Right and the Good*, Oxford 1930, 19; J. Dancy, *Ethics Without Principles*, Oxford 2004, 2: „Moral life, it can be said, is just too messy, and the situations we encounter differ from each other in subtle ways that no panoply of principles could ever manage to capture."

2 Handlungstypen und moralische Valenz

Gibt es einen moralisch bedeutsamen und für die moralische Bewertung gegebenenfalls sogar ausschlaggebenden moralischen Unterschied zwischen einer Handlung, die darin besteht, eine Person auf Verlangen zu töten, und einer Handlung, die darin besteht, eine Person mit deren Einwilligung sterben zu lassen? Die affirmative Antwort auf diese Frage heißt Signifikanzthese. Die negative Antwort besagt, dass Töten und Sterbenlassen moralisch gleichwertig sind, und wird darum Äquivalenzthese genannt. Hinter der Äquivalenzthese stehen vorwiegend fachphilosophische Erwägungen.[4] Unsere moralischen Intuitionen und Commonsense-Auffassungen dürften allerdings mehrheitlich der Signifikanzthese zuneigen. Woher aber rührt die Differenz?

Im Hintergrund der Debatte steht die Auffassung, dass Töten und Sterbenlassen zwei distinkte moralisch relevante Handlungstypen bilden. Trifft dies zu, ist strenggenommen kein Token des einen Typs auch ein Token des anderen. Obwohl beiden Typen gemeinsam ist, dass die unter sie fallenden Handlungen mit dem Tod einer Person enden, gehörte keine Handlung sowohl dem Töten als auch dem Sterbenlassen zu. Das dürfte jedoch strittig sein. Denn man spricht auch dann von einer Tötung, wenn Eltern ihrem Kind in Verletzung ihrer Fürsorgepflicht die nötige Nahrung verweigern und es hungers sterben lassen. In diesem Fall handelt es sich um eine Tötung durch Unterlassung.[5] Aber nicht jedes Geschehenlassen ist eine Unterlassung und schon gar keine pflichtwidrige, was auch für bestimmte Fälle des Sterbenlassens gilt, die mit der Einwilligung des Sterbenden einhergehen. Darüber hinaus gibt es Situationen, in denen Töten und Sterbenlassen eng miteinander verknüpft sind, ohne dass man sagen müsste, es lägen zwei Handlungen vor, die jeweils dem einen oder dem anderen Handlungstyp zugehören.

In einer Zeit, in der handlungsontologische Fragen besonders intensiv diskutiert wurden, hat der Philosoph Hector-Neri Castañeda mit folgendem Beispiel operiert.[6] In Bluse und High Heels steht Francesca in Romeos Wohnung. Sie hat eine Pistole in der Hand, bewegt ihren rechten Zeigefinger, zieht den Abzug der Pistole, feuert die Pistole ab und schießt auf Romeo, der in ihrem Beisein drei Stunden später seinen Schussverletzungen erliegt. Mit wie vielen Handlungen

---

4 Vgl. R. Stoecker, *Tun, Unterlassen und das Prinzip der Doppelwirkung*, in: ders./C. Neuhäuser/M.-L. Raters (Hg.), *Handbuch Angewandte Ethik*, Stuttgart 2011, 127.
5 Vgl. F.-J. Bormann, *Töten oder Sterbenlassen?*, in: *ThPh* 76 (2001), 94, über das Ertränken-vs.-Ertrinken-Lassen-Gedankenexperiment von James Rachels, *Active and Passive Euthanasia*, in: B. Steinbock/A. Norcross (Hg.), *Killing and Letting Die*, New York 1994, 115.
6 Siehe H.-N. Castañeda, *Intensionality and Identity in Human Action and Philosophical Method*, in: *Noûs* 13 (1979), 235.

welcher Typen sind wir konfrontiert? Elizabeth Anscombe und Donald Davidson nahmen an, dass wir es in solchen Fällen mit einem einzigen Ereignis unter verschiedenen Beschreibungen zu tun haben.[7] Alvin Goldman ging von einer Vielzahl von Handlungen aus,[8] und er hat den Punkt für sich, dass die Geschehnisse, von denen die Rede ist, sich über unterschiedliche Zeitspannen erstrecken. Francesca tötet Romeo mit einem Schuss. Doch bleiben ihr nach dem Schuss noch drei Stunden, um Hilfe zu holen. Weil sie sich nicht um den Angeschossenen kümmert, lässt sie ihn sterben, doch hat sie ihn auch getötet.

Wenn diese Beschreibung zutrifft, ist es ebenso fragwürdig, das Geschehen moralisch zu beurteilen, indem man es einem einzigen Handlungstyp zuordnet, wie seine Beurteilung auf zwei sukzessive Handlungen unterschiedlicher Typen zu verteilen. Moralisch scheinen intuitiv mindestens zwei Handlungsaspekte zu berücksichtigen zu sein: Francescas Schuss, der schließlich tödlich wirkte, und ihre Unterlassung, ein Umstand, durch den Romeo nicht ein zweites Mal zu Tode kommt, der aber moralisch erschwerend hinzukommt.

Vielleicht werden die Dinge durchsichtiger, wenn wir uns den Fällen zuwenden, die im Zusammenhang mit der Sterbehilfe gewöhnlich betrachtet werden. Dies sind die Tötung auf Verlangen und der gewünschte Behandlungsabbruch, der auch als Therapiezieländerung von der kurativen Behandlung zur palliativen Versorgung bezeichnet wird. Der zweite Fall wird auch dann als ein Geschehenlassen bzw. Zulassen des Sterbens verstanden, wenn zunächst ein Zustand herbeigeführt bzw. wiederhergestellt werden muss, von dem aus die Krankheit ihren tödlichen Verlauf ungestört nehmen kann.[9] Dies im Blick stelle ich jeweils eine Liste von Bedingungen zusammen, von denen ich vermute, dass sie,

---

[7] Vgl. G. E. M. Anscombe, *Intention*, Cambridge/Mass. 1963, 11 (§ 6) und 45 f. (§ 26), und D. Davidson, *Actions, Reasons, and Causes*, in: ders., *Essays on Actions and Events*, Oxford 1980, 4 f., und ders., *The Logical Form of Action Sentences*, in: ders., *Essays on Actions and Events*, 109. J. Feinberg, *Action and Responsibility*, in: ders., *Doing and Deserving*, Princeton/NJ, 1970, 134, spricht in diesem Zusammenhang von einem Akkordeoneffekt. Zu Problemen der Ereigniskonzeption des Handelns vgl. R. Stoecker, *Tun und Lassen*, in: *Erkenntnis* 48 (1998), 398 f.
[8] Vgl. A. I. Goldman, *A Theory of Human Action*, Englewood Cliffs/NJ, 1970, 1–10.
[9] Vgl. das Urteil des Bundesgerichtshofs (BGH, 2StR 454/09, Urteil vom 25.06.2010 (LG Fulda), *HRRS* 2010 Nr. 704, Randnr. 30 – 37. Darauf hatte bereits Dieter Birnbacher in seiner Studie *Tun und Unterlassen* mit Bernard Gert hingewiesen. Wenn der Patient in Ausübung seiner Patientenautonomie eine Behandlung, die sein Sterben verhindert oder verzögert, verweigert und der Arzt daraufhin eine lebenserhaltende oder lebensverlängernde Behandlung nur durch eine Tätigkeit abbrechen kann, ist auch dies ein Geschehenlassen. Siehe D. Birnbacher, *Tun und Unterlassen*, Stuttgart 1995, 344, und B. Gert, *Morality. Its Nature and Justification*, New York 1998, 212, sowie B. Gert/C. M. Culver/K. Danner Clouser, *Bioethics: A Systematic Approach*, New York 2006, 322 f.

so oder leicht modifiziert, denen vor Augen stehen, die Töten und Sterbenlassen als distinkte Handlungstypen begreifen.[10]

Tötung auf Verlangen
Wenn A Arzt und B Patient ist, liegt eine Tötung auf Verlangen vor, wenn folgende Bedingungen erfüllt sind.
(1) B ist lebensbedrohlich erkrankt und befindet sich infolgedessen in einem ihm unerträglichen Leidenszustand.
(2) A hat diese Diagnose gestellt. Mindestens ein zweiter Arzt hat sie unabhängig bestätigt.
(3) B ist über seinen Zustand hinreichend aufgeklärt.
(4) B wünscht zu sterben und ist sich der Tragweite dieses Wunsches bewusst. B hat beides mehrfach über einen gewissen Zeitraum unmissverständlich gegenüber A zum Ausdruck gebracht.
(5) B bittet A darum, ihn (schmerzfrei) zu töten.
(6) Bs Bitte ist durch (1) und (4) motiviert.
(7) A und B stellen Einvernehmen darüber her, was zu tun und zu lassen ist.
(8) A leitet ein Verfahren ein, das für B möglichst schmerzfrei ist und früher zum Tod führt als (1).
(9) As Tun wird durch (1) bis (6) gestützt.
(10) B stirbt durch das von A eingeleitete Verfahren (A tötet B).

Abbruch der kurativen Behandlung auf Verlangen bzw. *Therapiezieländerung*
Wenn A Arzt und C Patient ist, liegt ein Behandlungsabbruch bzw. eine Therapiezieländerung vor, wenn folgende Bedingungen erfüllt sind.
(1') C ist lebensbedrohlich erkrankt und befindet sich infolgedessen in einem ihm unerträglichen Leidenszustand.
(2') A hat diese Diagnose gestellt. Mindestens ein zweiter Arzt hat sie unabhängig bestätigt.
(3') C ist über seinen Zustand hinreichend aufgeklärt.
(4') C wünscht zu sterben und ist sich der Tragweite dieses Wunsches bewusst. C hat beides unmissverständlich zum Ausdruck gebracht.
(5') C bittet A darum, auf eine lebenserhaltende Behandlung zu verzichten.
(6') Cs Bitte ist durch (1') motiviert.
(7') A und C stellen Einvernehmen darüber her, was zu tun und zu lassen ist.

---

10 Eine kausale Analyse dieser Handlungstypen haben O. H. Green, *Killing and Letting Die*, in: APQ 17 (1980), 198, und F.-J. Bormann, *Töten oder Sterbenlassen?*, 77 f., vorgelegt.

(8') A bricht die kurative Behandlung ab, führt einen Zustand herbei, von dem aus Cs Krankheit ihren tödlichen Verlauf ungestört nehmen kann, und versorgt C palliativ.
(9') As Tun wird durch (1') bis (7') gestützt.
(10') A lässt Cs Tod geschehen.

Einige der Einträge stehen auf beiden Listen. Beide Patienten sind lebensbedrohlich erkrankt. Beide sterben, wenn keine lebenserhaltenden Behandlungsschritte vollzogen werden. Beide äußern ihre Bitten freiwillig. Signifikant, so sieht es zunächst aus, sind die Abweichungen bei den intrinsischen Handlungseigenschaften. Die angeführten Definitionen von Handlungstypen sind jedoch mit Bedingungen befrachtet, die weit über das hinausgehen, was der Arzt schließlich tut oder geschehen lässt. Trotzdem können weitere Faktoren es fraglich machen, welchem Handlungstyp das ärztliche Verhalten jeweils zugerechnet werden muss und welche moralische Valenz ihm zukommt.

Um das zu illustrieren, wähle ich ein anderes Beispiel. Wenn ich jemandem etwas versprochen habe und in der Lage bin, es einzulösen, ist es gewöhnlich moralisch richtig, mein Versprechen zu halten, sofern nichts moralisch Gewichtigeres dagegen spricht. Wenn ich aber ein Versprechen unter Zwang gegeben habe, kann man die Angelegenheit einerseits so betrachten, dass ich zwar etwas versprochen habe, mich der Umstand, dass ich dazu gezwungen wurde, aber davon entpflichtet, das Versprechen einzulösen. Man könnte jedoch auch so weit gehen zu sagen, der Umstand des Zwangs sorge sogar dafür, dass mein Verhalten in diesem Fall nur oberflächlich die Züge eines Versprechens trägt, in Wirklichkeit aber überhaupt nicht zu diesem Handlungstyp zählt. Wie eine Gummiente keine Ente ist, so ist das erzwungene Versprechen kein Versprechen. Weil mein Verhalten einem genuinen Versprechen nur nachbenannt ist, generiert es keine Pflichten, wohingegen es ohne den Zwang ein Versprechen wäre.

Trägt die Analogie, dann können wir eine entsprechende Differenzierung auch im Fall des Behandlungsabbruchs vornehmen. Vielleicht verkehrt das Fehlen eines zweiten ärztlichen Urteils (2') das Geschehenlassen noch nicht in ein Töten. Doch sieht es bei der Bedingung der Freiwilligkeit anders aus. Wenn C die Bitte, die lebenserhaltende ärztliche Behandlung abzubrechen (5'), äußert, weil C unter Druck gesetzt oder manipulativ dazu bewogen wurde, stehen zwei Deutungen im Raum. Entweder handelt es sich unter diesem Umstand immer noch um einen Behandlungsabbruch, aber es wäre falsch, ihn auszuführen, oder der Umstand, dass die Bitte nicht freiwillig, sondern unter Druck geäußert wurde, unterminiert, dass es sich überhaupt um einen Behandlungsabbruch im angezeigten Sinn handelt. Vielmehr haben wir es in diesem Fall, *ceteris paribus*, mit einer Tötung zu tun.

Sind die vorangehenden Überlegungen triftig, dann haben Handlungsumstände Einfluss darauf, welchem Typ eine Handlung zugehört. Dann können diese Umstände aber weiterreichend auch die moralische Valenz von Handlungstypen modifizieren. Im Folgenden werde ich untersuchen, wie unterschiedliche Moraltheorien mit dieser Einsicht umgehen.

3 Moralprinzipien und Ausnahmen

Die handlungstheoretische Einteilung von Handlungen nach Typen scheint für Moraltheorien attraktiv zu sein. In der Art, wie diese Typen für die praktische Orientierung relevant werden, unterscheiden sie sich jedoch erheblich. Den in Anwendung und Struktur simpelsten Fall einer Verknüpfung von Handlungstyp und moralischer Valenz hat Thomas Schmidt das *Standardmodell* genannt.[11] Verbote bzw. Unterlassungsgebote sind deren strikteste Form: „Du sollst nicht töten", „Du sollst nicht lügen". Erlaubnisse im Sinne der Arbitrarität, zu denen „Ein Behandlungsabbruch ist moralisch erlaubt" zählen würde, sind deutlich schwächer.[12]

Gesucht wird beim Standardmodell zunächst nach den nichtmoralischen, aber moralisch relevanten Eigenschaften der Handlungen des jeweiligen Typs. Wichtig ist es dabei, dass in die Beschreibung des Handlungstyps nicht bereits normative, sondern ausschließlich deskriptive Eigenschaften eingehen. Sind diese Eigenschaften gefunden, kann ein Moralprinzip darauf angewendet werden. Im Hintergrund dieser Überlegungen steht ein Supervenienzprinzip. Ihm zufolge superveniert die moralische Valenz einer Handlung auf ihren nicht-moralischen Eigenschaften. Handlungen, die sich in *sämtlichen* nichtmoralischen Eigenschaften gleichen, haben dieselbe moralische Eigenschaft. Unterschiede der moralischen Valenz resultieren aus Unterschieden in den subvenierenden nichtmoralischen Eigenschaften, der Supervenienzbasis, genauer aus deren Teilmenge moralisch relevanter Eigenschaften, der Resultanzbasis.[13] Sie machen die Handlung moralisch richtig oder aber moralisch falsch.[14]

---

11 Vgl. T. Schmidt, *Vom Allgemeinen zum Einzelfall. Die orientierende Funktion moralischer Prinzipien*, in: ZPhF 66 (2012), 516 und 535.
12 B. Gert/C. M. Culver/K. Danner Clouser, *Bioethics*, 342, vertreten hier die stärkere Position: „On our view, doctors are not merely morally allowed to practice voluntary passive euthanasia; they are morally required to practice passive euthanasia."
13 Vgl. J. Dancy, *Moral Reasons*, Oxford 1993, 73–79. In der Moralphilosophie geht das Supervenienzprinzip avant la lettre auf G. E. Moore, *Philosophical Studies*, London 1922, 261 und 263 zurück: „[W]hether and in what degree a thing possesses the intrinsic value in question always depends *solely* on the intrinsic nature of the thing. For if x and y have different intrinsic natures, it

Moralprinzipien fungieren hier als Brückenprinzipien zwischen den nichtmoralischen Eigenschaften von Handlungen eines Typs und der moralischen Eigenschaft dieser Handlung, richtig oder falsch, geboten, verboten oder erlaubt zu sein. Sie picken aus der Menge der nichtmoralischen Eigenschaften einer Handlung die moralisch relevanten heraus und ordnen der Handlung eine moralische Valenz zu. Maßgebliche Differenzen in diesen moralisch relevanten Eigenschaften führen zu unterschiedlichen moralischen Valenzen. Moralprinzipien haben nach dem Standardmodell folgendes Schema: *Für alle Handlungen gilt: Immer wenn eine Handlung F ist, dann ist sie G*, wobei „F" für eine nichtmoralische, aber moralisch relevante Eigenschaft steht, während „G" das Kürzel für eine moralische Eigenschaft ist. Im einfachsten Fall steht „F" (abkürzend) für den Typ, dem die Handlung zugehört.

Mit diesem Moralprinzip an der Hand können nun einfache Schlüsse gezogen werden, die uns von der moralischen Bewertung eines Handlungstyps zu Urteilen über die einzelnen Handlungen dieses Typs führen.

(1) Alle Handlungen des Typs F sind moralisch richtig (falsch). Moralprinzip
(2) φ ist eine Handlung des Typs F. Subsumption
(3) φ ist moralisch richtig (falsch). aus (1) u. (2)

Auf konkrete Handlungstypen angewandt, erhalten wir für das Lügenverbot die Inferenz

(1') Alle Handlungen des Typs *Lüge* sind moralisch falsch. Moralprinzip
(2') φ ist eine Handlung des Typs *Lüge*. Subsumption
(3') φ ist moralisch falsch. aus (1') u. (2')

und, wenn wir so wollen, für Handlungen des Typs des Behandlungsabbruchs bzw. der Therapiezieländerung den Schluss

---

follows that *x* cannot be quite strictly one and the same thing as *y*; and hence if *x* and *y* can have a different intrinsic value, only where their intrinsic natures are different, it follows that one and the same thing must always have the same intrinsic value. [...] Two things can differ in intrinsic value, only when they have different intrinsic natures."

14 Dahinter steht der Gedanke, dass die moralischen Eigenschaften „richtig" und „falsch" nicht selbständig vorkommen. Wenn eine Handlung moralisch richtig ist, dann gibt es etwas, was sie richtig macht. J. Dancy, *Ethics Without Principles*, Oxford 2004, 93: „[I]f an action is right, there is something that makes it right."

(1") Alle Handlungen des Typs *Therapiezieländerung* sind   Moralprinzip
moralisch erlaubt.
(2") ψ ist eine Handlung des Typs *Therapiezieländerung*.   Subsumption
(3") ψ ist moralisch erlaubt.   aus (1") u. (2")

Die Grundsätze (1') und (1") sind ausnahmefreie Moralprinzipien. In adäquater Formalisierung handelt es sich um allquantifizierte Konditionale. Allerdings ist es fraglich, ob sie korrekte Prinzipien sind. Zumindest (1') dürfte unseren moralischen Intuitionen im Sinne wohlüberlegter, gefestigter Commonsense-Auffassungen widerstreiten. Dass es in allen Situationen, in denen wir, wie Kant sie zuspitzt,[15] der Beantwortung einer Frage mit Ja oder Nein nicht ausweichen und uns durch Verletzung Grice'scher Konversationsmaximen aus der Affäre ziehen können, ausnahmslos moralisch falsch ist zu lügen, dürfte unhaltbar sein. Der Arzt, der dem frisch operierten Herzpatienten auf Nachfrage mitteilt, sein Sohn, der auf der Anreise tödlich verunglückt ist, habe sich lediglich verspätet; derjenige, der dem Mörder eine Lüge auftischt, wenn dieser ihn nach dem Aufenthaltsort seines Freundes fragt;[16] sie tun nichts moralisch Falsches.

Hängen wir nicht einem moralischen Absolutismus an, dem zufolge es zumindest einige Typen von Handlungen gibt, die auszuführen ungeachtet aller Umstände moralisch falsch ist,[17] dürfen wir eine Kontextabhängigkeit der moralischen Valenz bei keiner Handlung ausschließen. Um dem im Standardmodell Rechnung zu tragen, muss man dem Moralprinzip Ausnahmeklauseln hinzufügen. Und weil dies möglich ist, haben einige das Standardmodell als unfaire Karikatur eines deontischen Moralprinzips bezeichnet. Doch müssen wir zusehen, ob wir mit einem erweiterten Standardmodell besser dran sind.

Das erweiterte Standardmodell und die nachfolgende Inferenz berücksichtigen Kontexte bzw. Handlungsumstände und besitzen in etwa folgende Struktur:

(1) Alle Handlungen des Typs F sind moralisch richtig (falsch),   Moralprinzip
es sei denn, es liegen die Umstände $U_1, ..., U_n$ vor.
(2) φ ist eine Handlung des Typs F.   P

---

15 Vgl. I. Kant, *Über ein vermeintes Recht aus Menschenliebe zu lügen*, Akademie-Ausgabe, Bd. 8, Berlin 1968, 426.
16 Vgl. T. Carson, *The Definition of Lying*, in: *Noûs* 40 (2006), 288 f., und I. Kant, *Über ein vermeintes Recht aus Menschenliebe zu lügen*, 427.
17 Siehe M. Timmons, *Ethical Theory. An Introduction*, Lanham 2013, 73; C. D. Broad, *Five Types of Ethical Theory*, London 1930, 206: „Deontological theories hold that there are ethical propositions of the form: ‚Such and such a kind of action would always be right (or wrong) in such and such circumstances, no matter what its consequences might be.'"

(3) Die Umstände U_1, ..., U_n liegen nicht vor. P
(4) φ ist moralisch richtig (falsch). aus (1), (2) u. (3)

In Bezug auf den Behandlungsabbruch könnte man ein entsprechendes Prinzip formulieren: Der Behandlungsabbruch ist erlaubt, es sei denn, zur Bitte des Patienten, auf eine kurative Behandlung zu verzichten, sei es nicht freiwillig, sondern durch Manipulation, Rücksichtnahme auf pflegende Angehörige, unzureichende Information, defizitäre Entscheidungskompetenz, Mangel an Urteilskraft etc. gekommen. Sobald die Ausnahmeklauseln dem Moralprinzip hinzugefügt worden sind,[18] ist dieses Prinzip seinem Anspruch nach wieder ein ausnahmefreies. Es besitzt die Struktur des Standardmodells.[19]

Folgen wir diesem Modell, stehen uns im Grunde zwei Optionen offen. (i) Entweder ist die Beschreibung des Handlungsbegriffs hoch komplex und nimmt alle nur erdenklichen Ausnahmen und Ausschlusskriterien mit auf. Alles andere ist schlicht kein Behandlungsabbruch auf Verlangen. In diesem Fall ist das Moralprinzip ein sehr simples (1). (ii) Oder die Beschreibung des Handlungstyps ist sehr einfach. Sie markiert etwa nur einen Kernbegriff mit wenigen notwendigen, aber nicht zusammen hinreichenden Merkmalen. Dafür ist das Moralprinzip sehr komplex, weil es alle nur erdenklichen Ausnahmeklauseln integriert. Weil den möglichen Umständen und philosophischer Phantasie im Erfinden von Gegenbeispielen und kniffligen Einwänden wenig Grenzen gesetzt sind, ist die Aussicht darauf, dass solche Prinzipien für endliche Wesen noch handhabbar sein werden, eher gering.

Das Hauptproblem liegt jedoch vermutlich anderswo. Das Standardmodell geht davon aus, dass jede Handlung unter genau *einen* moralisch maßgeblichen Handlungstyp fällt. Wer dies annimmt, kann seine Hoffnung darauf setzen, mit der exakten Beschreibung dieses einen Typs auch schon Wesentliches für die moralische Beurteilung von Handlungen dieses Typs geleistet zu haben. Dagegen steht jedoch der folgende Befund. Eine Handlung, die sich beispielsweise korrekt als eine Lüge beschreiben lässt, ist mitunter nicht einfach nichts weiter als eine Lüge. Wer den Freund durch eine Lüge vor dem Mörder schützt, leistet ihm auch Hilfe und erfüllt zugleich eine Nichtschädigungspflicht. Hier tritt der Aspekt der Handlung, eine Lüge zu sein, im Kontext weiterer moralisch relevanter Aspekte auf

---

[18] Wie man zur Spezifikation der Ausnahmen gelangt, ob dafür eine weitere Regel nötig ist oder ob man kontraintuitive Anwendungsresultate Mal für Mal auszuschließen sucht, kann hier nicht diskutiert werden.

[19] Dies scheint mir ein wichtiger Punkt zu sein, den Thomas Schmidt, *Vom Allgemeinen zum Einzelfall*, 518, unterstreicht.

und muss sozusagen im Lichte handlungsinterner Umstände betrachtet und bewertet werden.

Diese Pluralität moralisch relevanter Faktoren ein und derselben Handlung ist ein moralphilosophischer Grund, sich vom Standardmodell abzuwenden. Doch muss man sich klar machen, dass dies seinen Preis hat. Sämtliche Alternativen schreiben ausnahmefreien Moralprinzipien entweder nur noch eine eingeschränkt handlungsorientierende Funktion oder aber überhaupt keine Rolle bei der Suche nach einer korrekten moralischen Entscheidung zu.

Die Pluralität moralisch relevanter Faktoren ein und derselben Handlung ist zugleich ein handlungstheoretischer Grund dafür, statt der Handlungstypen Handlungsaspekte zur handlungstheoretischen Grundkategorie moralischer Beurteilungen zu machen. Das Standardmodell scheint mit der Handlungstheorie des Handlungstyps eine natürliche Verbindung einzugehen, seine pluralistische Alternative dagegen mit dem Handlungsaspekt.

4 Handlungsaspekte und Gründe

Auch eine erste Alternative zum Standardmodell macht von ausnahmefrei gültigen Moralprinzipien Gebrauch. Doch sind deren Reichweite und handlungsleitende Funktion begrenzt. William David Ross, Hauptvertreter des Moralischen Pluralismus, hat solche Prinzipien ins Spiel gebracht und Pflichten im *Prima-facie*-Sinn genannt. *Prima-facie*-Pflichten sagen uns erstens, welche Handlungsaspekte bei einem moralischen Urteil zu berücksichtigen sind. Wir müssen beispielsweise prüfen, ob eine Handlung eine wahre Beschreibung als Lüge, aber auch eine wahre Beschreibung als Hilfeleistung hat. Zweitens transformieren *Prima-facie*-Pflichten im Stil ausnahmefreier Moralprinzipien die Aspekte der Handlung in Gründe, die im *Prima-facie*-Sinn für oder aber gegen die Handlung sprechen. Prinzipien dieser Art besitzen die Struktur von Satz (4) und lassen den folgenden Schluss zu.[20]

(4) Immer wenn eine Handlung den Aspekt A aufweist, spricht etwas moralisch Gewichtiges für (gegen) diese Handlung.   Moralprinzip
(5) Handlung φ weist den Aspekt A auf.   P
(6) Für (gegen) Handlung φ spricht etwas moralisch Gewichtiges.   aus (4) u. (5)

---

20 Siehe auch T. Schmidt, *Vom Allgemeinen zum Einzelfall*, 523.

(4) ist ein ausnahmefrei gültiges Moralprinzip. Es besagt erstens, dass der Aspekt A, wo immer er auftritt, moralisches Gewicht hat, und hält zweitens fest, dass der Aspekt A, wo immer er auftritt, dieselbe moralische Valenz besitzt. Diese Position wird Gründe-Atomismus genannt. Dass eine Handlung beispielsweise eine wahre affirmative Beschreibung unter den Aspekten *Tötung* oder *Lüge* besitzt, spricht immer gegen sie, selbst wenn sie alles in allem moralisch richtig ist. Dass sie eine wahre Beschreibung unter den Aspekten *Hilfeleistung* oder *Dankbarkeit* besitzt, spricht immer für sie, selbst wenn sie alles in allem moralisch falsch ist. Das Prinzip sagt nichts darüber, mit welchem Gewicht der Handlungsaspekt A jeweils zu Buche schlägt. Ob der Handlung insgesamt eine positive oder eine negative moralische Valenz zukommt, hängt davon ab, welches Gewicht die involvierten Gründe und im Konfliktfall Gründe und Gegengründe auf die Waagschale bringen und welche den Ausschlag geben. Dies kann nicht mehr mittels Regeln eingefangen werden, zumindest nicht mit einer überschaubaren Anzahl von Regeln.[21]

Wichtig zu sehen ist, dass die Handlung bei diesem Verfahren nicht einem einzigen Handlungstyp zugeordnet wird und Gegengründe nicht als Ausnahmen behandelt werden. Doch dürfte es misslich sein, dass es Gründen im *Prima-facie*-Sinn eine fixe moralische Valenz zuordnet. Wenn die Lüge der Person, die den Freund vor der Nachstellung des Mörders schützt, moralisch richtig ist (eine Handlung, die auch korrekt unter dem Aspekt der Lüge beschrieben werden kann, obwohl sie nicht ausschließlich eine Lüge ist), dann nur deswegen, weil der Aspekt der Hilfeleistung den stärkeren Grund liefert, der das, was qua Lüge gegen die Handlung spricht, übertrumpft.

Aber warum sollte es, ungeachtet der Umstände, immer für eine Handlung sprechen, wenn sie unter anderem auch ein Akt der Hilfeleistung ist? Diese Sicht der Dinge erscheint weniger plausibel, wenn man das Beispiel wechselt. Wenn ich bemerke, dass ein Schmalspurganove Mühe mit dem Aufbrechen von Autos hat, und ich ihm darum unter die Arme greife, wäre es seltsam anzunehmen, meine Hilfeleistung spräche im *Prima-facie*-Sinn für meine Handlung und werde erst, alles in allem betrachtet, von meiner Verletzung einer Nichtschädigungspflicht übertrumpft. Weder vor Gericht noch in der Moral kann ich meine Hilfsbereitschaft als mildernden Umstand geltend machen. In den Fällen, die die Diskussion über Sterbehilfe betrachtet, ist selbstverständlich an eine andere Form der Hilfeleistung gedacht. Doch wird man mit Sicherheit auch dort Beispiele finden, die die Notwendigkeit des Übertrumpfens fraglich machen.

Den Mangel an Berücksichtigung von Handlungsumständen kann der Moralische Pluralismus nicht kompensieren, indem er deren moralisch relevanten

---

21 Vgl. W. D. Ross, *The Right and the Good*, 31.

Anteil ebenfalls mit Prinzipien im *Prima-facie*-Sinn verknüpft. So wäre es merkwürdig zu sagen, der Umstand, dass ein Versprechen unter Zwang gegeben wurde, hebe die Pflicht, es zu halten, nicht etwa auf, sondern übertrumpfe die *Prima-facie*-Pflicht, es zu halten. Es wäre merkwürdig, weil wir dann aus Symmetriegründen den Umstand, dass ein Versprechen aus freien Stücken gegeben wurde, als zusätzlichen Grund dafür ansehen müssten, es zu halten. Entsprechend wäre nicht nur das Verlangen eines informierten Patienten nach Beendigung seiner lebenserhaltenden Behandlung ein Grund für den Arzt, entsprechend zu handeln. Der Umstand, dass dieser Wille nicht manipulativ herbeigeführt wurde, wäre noch ein zusätzlicher Grund.

5 Handlungsumstände und eine partikularistische Modellierung normativer Gründe für eine Therapiezieländerung am Lebensende

An dieser Stelle kommt der Moralische Partikularismus ins Spiel. Partikularisten zufolge tragen Handlungsumstände maßgeblich zur moralischen Valenz von Handlungen bei. So gesagt scheint dies allerdings keine Besonderheit des Partikularismus zu sein. Die Handlungstheorie und die Ethik des Thomas von Aquin fußen bereits auf dieser Idee.[22] Seiner Zirkumstanzenlehre zufolge sind die Umstände (*circumstantiae*), unter denen Handlungen ausgeführt werden, in zweifacher Hinsicht moralisch relevant. Zum einen können sie als spezifische Differenzen fungieren. Dann teilen sie allgemeine Handlungstypen in weitere Arten ein und verleihen den Einzelhandlungen, die unter diese Arten fallen, ihre moralische Valenz oder präzisieren sie. So wird etwa der für sich betrachtet moralneutrale allgemeine Handlungstyp des Nehmens durch den Umstand der unerlaubten Aneignung fremden Eigentums als Diebstahl spezifiziert. Etwas von einem geheiligten Ort zu stehlen ist, noch spezifischer, ein Sakrileg. Ein Umstand wird *differentia specifica* eines Handlungstyps, wenn er eine Verletzung des *ordo rationis* mit sich bringt. Das Vorliegen dieses Umstands macht Handlungen der genannten Arten im Sinne einer Spezialrepugnanz (*repugnantia specialis*) mora-

---

[22] Siehe Thomas von Aquin, *Summa theologiae*, I-II, q. 7 a. 2 c., und q. 18 a. 3 c; vgl. dagegen Thomas von Aquin, *In decem libros ethicorum Aristotelis ad Nichomachum expositio*, II, L VII, 329 (R. M. Spiazzi, Rom 1949, 93), zu Aristoteles, *Ethica Nichomachea*, II 6, 1107a9–14.

lisch falsch.[23] Recht besehen fehlen diesen Handlungen im Sinne der Privationslehre diejenigen Umstände, die nötig sind, um Handlungen dieser Art gut bzw. moralisch richtig zu machen.[24]

Zum anderen können Handlungsumstände aber auch für individuelle Handlungen moralisch relevant werden, die durch ihren Handlungstyp bereits als moralisch gut oder schlecht qualifiziert sind.[25] Handlungsumstände nehmen Einfluss sowohl (i) auf die Valenz der individuellen Handlung als auch (ii) auf das moralische Gewicht ihrer Richtigkeit oder Falschheit, Güte oder Schlechtigkeit.

Ich nenne ein Beispiel für den zweiten Fall (ii): Obwohl ein Quantum für sich genommen weder gut noch schlecht ist, macht viel zu nehmen eine Handlung unter der Bedingung, dass es sich um einen Diebstahl handelt, moralisch schlechter.[26] Anders als beim Sakrileg handelt es sich hier nicht um einen weiteren artbildenden Unterschied, sondern um einen die Schlechtigkeit des Diebstahls verschärfenden Umstand, so wie die Geringfügigkeit eines Diebstahls ein seine Schlechtigkeit abmildernder Umstand wäre.[27] Dabei denkt sich Thomas die Gewicht verleihende Funktion solcher Umstände aggregativ bzw. additiv. Wer als Verschwender sowohl zur falschen Zeit als auch den falschen Personen gibt, handelt schlechter als jemand, der sich nur eines von beiden zuschulden kommen lässt.[28]

Mit diesem Instrumentarium an der Hand können wir uns als Beispiel für den ersten Fall (i) sogar einen durch die Handlungsumstände hervorgerufenen Wechsel der Valenz denken: Das Geben von Almosen ist der Art nach eine richtige Handlung. Das gilt normalerweise auch für die individuellen Handlungen, die unter diesen Typ fallen. Wird aber zur falschen Zeit oder zu viel oder den falschen Personen gegeben, können diese Umstände eine einzelne Handlung des Almosengebens in eine schlechte umkehren und durch Aggregation relevanter Um-

---

23 Vgl. Thomas von Aquin, *Summa theologiae*, I-II, q. 18, a. 10 c., ad 1, und I-II, q. 73, a. 7 c. Siehe dazu T. Nisters, *Akzidentien der Praxis*, Freiburg i. Br./München 1992, 46–55.
24 Vgl. Thomas von Aquin, *Summa theologiae*, I-II, q. 18 a. 3 c.
25 Vgl. Thomas von Aquin, *Summa theologiae*, I-II, q. 18 a. 9 c.
26 T. Nisters, *Akzidentien der Praxis*, 56, hat dafür den Ausdruck „repugnantia conditionalis" eingeführt, der sich bei Thomas nicht findet.
27 Vgl. Thomas von Aquin, *Summa theologiae*, I-II, q. 18 a. 11 c., ad 1 und 2. J. Dancy, *Ethics Without Principles*, 14 f., spricht in einem vergleichbaren Zusammenhang von *intensifiers* und *attenuators*.
28 Vgl. Thomas von Aquin, *Summa theologiae*, I-II, q. 73, a. 7 c. Vgl. dagegen J. Dancy, *Ethics Without Principles*, 15 f. und 23, über ein Restaurant mit zwei Schwächen: Das Essen ist furchtbar, und die Portionen sind zu klein. Hier ergeben zwei Übel zusammen ein geringeres Übel. Siehe auch das Beispiel des Joggers, den Hitze oder Regen jeweils vom Training abhalten, nicht aber beides zusammen, bei J. F. Horty, *Rules and Reasons in the Theory of Precedent*, in: *Legal Theory* 17 (2011), 28.

stände noch schlechter machen. In *De malo* behandelt Thomas diesen Punkt allerdings auf folgende Art. Almosen zu geben, was für sich genommen gut ist, kann alles in allem gleichwohl schlecht sein, wenn es eine weitere wahre Beschreibung derselben Handlung unter einem anderen Aspekt gibt, unter dem sie eine Form von Selbstgefälligkeit oder Prahlerei ist. Handlungen sind gut, wenn sie über die neutralen Beschreibungen hinaus nur wahre Beschreibungen zulassen, unter denen sie gut sind. Sie sind zu dem Grad schlecht, wie auch wahre Beschreibungen existieren, unter denen sie schlecht sind.[29]

Definitiv aber kennt Thomas Umstände, unter denen Verpflichtungsgründe, die Handlungen bestimmter Typen unter Normalbedingungen generieren, aufgehoben oder blockiert sind. Normalerweise müssen Versprechen gehalten werden. Doch ist es erstens nicht moralisch falsch, ein aufrichtig gegebenes Versprechen nicht einzulösen, wenn man etwas Unrechtes versprochen hat. Hier tut man sogar gut daran umzudenken.[30] Zweitens ist es entschuldbar, ein Versprechen nicht zu halten, wenn eine Änderung der Umstände seine Einlösung witzlos, unmöglich oder schädlich und darum falsch gemacht haben. Wer versprochen hat, ein Haus zu streichen, ist davon entpflichtet, falls das Haus inzwischen abgebrannt ist oder bereits gestrichen wurde oder wenn er unverschuldet daran gehindert wird, sein Versprechen einzulösen. Wer treuhänderisch Güter für eine Person verwahrt, die sie nun zurückfordert, um damit gegen ihn und sein Land vorzugehen, der handelt nach Thomas' Auffassung falsch, wenn er der Aufforderung nachkommt.[31] Allgemeine Regeln wie die, nach der Deposita zurückzugeben sind, gelten somit nur bedingt. Auf das Gros der Fälle treffen sie zu. Doch wäre es unter bestimmten Umständen falsch, ihnen zu folgen. Thomas sträubt sich gegen den Versuch, diese Umstände wiederum mithilfe detaillierter Regeln zu erfassen, denn mit der Anzahl der präzisierenden Zusatzbedingungen für eine Regel steige auch die Anzahl der falschen Konklusionen, die sie generiert.[32] Drittens ist die Obligation, ein Versprechen zu halten, aufgehoben, wenn es unter Zwang gegeben wurde. Es ist aufgehoben, weil es unter Zwang gegeben wurde,

---

[29] Vgl. Thomas von Aquin, *De malo*, q. 2, a. 4 ad 2. Auf die Asymmetrie zwischen guten und schlechten Handlungen weist R. Schönberger in *Thomas von Aquin. Über sittliches Handeln*, Stuttgart 2001, 213 Anm. 42, hin.
[30] Vgl. Thomas von Aquin, *Summa theologiae*, II-II, q. 110, a. 3 ad 5, und II-II, q. 88, a. 10 c.
[31] Vgl. Platon, *Politeia* I, 331c 5–9: Wer von einem Freund Waffen geliehen hat, der unterdessen wahnsinnig geworden ist, ist von der Rückgabe entpflichtet, und es wäre falsch, sie zurückzugeben.
[32] Thomas von Aquin, *Summa theologiae*, I-II, q. 94, a. 4 c.: „quanto enim plures conditiones particulares apponuntur, tanto pluribus modis poterit deficere".

und derjenige, der den Zwang ausgeübt hat, verdient, wie Thomas ergänzt, nicht, dass es ihm gegenüber gehalten wird.[33]

Thomas' Ausführungen über Handlungsumstände finden sich über sein Œuvre verteilt. Sie bilden ein wichtiges Theoriestück, und die Parallelen zu Überlegungen, die in Ethik und Metaethik seit den 1980er Jahren unter dem Titel *Partikularismus* firmieren, sind teilweise verblüffend. Doch sind Thomas' Einlassungen erstens zu wenig systematisch, um als geschlossene Theorie gelten zu können. Letztlich, so scheint es, sind seine Einsichten vom Partikularen selbst zu partikular. Zweitens aber wäre es unhaltbar, Thomas eine Prinzipienskepsis oder einen metaethischen Holismus nachzusagen. Nicht jede Moraltheorie, für die die angemessene Berücksichtigung der Handlungsumstände ein wesentliches Element darstellt, ist auch partikularistisch.

Partikularismus ist eine prinzipienskeptische Strömung in der Moralphilosophie, die den Gründe-Atomismus ablehnt. Partikularisten behaupten erstens, dass Prinzipien in der Moral keine nennenswerte Rolle spielen, weil die Menge der Eigenschaften, die moralisch relevant werden können, zu groß ist und entweder gar nicht durch Regeln oder nicht mit einer überschaubaren und operablen Anzahl von Regeln erfasst und mit moralischen Valenzen verknüpft werden kann.[34] Zweitens vertreten Partikularisten einen Gründe-Holismus, der besagt, dass etwas, was in einem Fall ein Grund für die Handlung ist, in einem anderen Fall kein Grund sein muss oder sogar ein Gegengrund sein kann.[35] Im Mörder-Beispiel spricht es für die Handlung, dass sie auch eine Hilfeleistung darstellt, im Autoknacker-Beispiel nicht; und es gibt Fälle, in denen der Aspekt der bereitwilligen Hilfeleistung die Handlung nicht moralisch besser, sondern schlechter macht.

Aus den hellsichtigen, aber oftmals vertrackten Überlegungen, die der Partikularismus anstellt, greife ich nur den Umgang mit Handlungsumständen heraus. Pluralisten stützen ein moralisches Urteil, wie gesehen, nur auf intrinsische Handlungsmerkmale. Strukturell ist der Pluralismus nicht imstande, Handlungsumstände zu berücksichtigen. Wie sieht das im Partikularismus aus? Ich

---

33 Thomas von Aquin, *Summa theologiae*, II-II, q. 89, a. 7 ad 3: „Et talis obligatio tollitur per coactionem, quia ille qui vim intulit hoc meretur, ut ei promissum non servetur." Merkwürdigerweise behauptet Thomas an dieser Stelle auch, dass jemand, der unter Zwang bei Gott geschworen hat, etwas zu tun, nur gegenüber dem den Zwang Ausübenden, nicht aber gegenüber Gott entpflichtet sei. Es scheint, als zöge dies unvereinbare Obligationen nach sich.
34 Vgl. J. Dancy, *Moral Reasons*, 67: „[W]e can give no sense to the idea that we might now have finished the list of moral principles or of properties that can make a difference sometimes. [...] There is no limit to the number of properties which can on occasion be important."
35 Vgl. J. Dancy, *Ethics Without Principles*, 7 und 73f.

versuche das an zwei Beispielen für eine nichtinferentielle moralische Überlegung (*moral reasoning*) zu zeigen.

Versprechen

(1)	Ich habe etwas versprochen.	*spricht für* (5) & (5')
(2)	Ich habe mein Versprechen nicht unter Zwang gegeben.	*ermöglicht, dass* (1) *für* (5) & (5') *spricht*
(3)	Ich bin in der Lage, mein Versprechen zu halten.	*ermöglicht, dass* (1) *für* (5) & (5') *spricht*
(4)	Es spricht nichts moralisch Gewichtigeres dagegen.	*erlaubt den Schritt von* (1) *nach* (5) & (5')
(5)	Ich halte mein Versprechen.	Handlung
(5')	Es ist moralisch geboten, es zu halten.	deontische Valenz

Dieses erste Beispiel stammt von Jonathan Dancy. Es lässt sich wie folgt erläutern.[36] Nur die Tatsache, dass ich etwas versprochen habe (1), ist ein Grund, das Versprechen zu halten. Denn nur diese Tatsache spricht dafür (*favours*), das Versprochene zu tun (5), und dafür, dass ebendies moralisch geboten ist (5'). Zu unterscheiden ist nämlich zwischen dem Grund, mein Versprechen zu halten, und dem, was dessen Grundsein ermöglicht (*enables*).[37] Der Umstand, dass ich mein Versprechen nicht unter Zwang gegeben habe (2), ist kein zusätzlicher Grund, es zu halten, sondern die Abwesenheit eines Hindernisses für das Grundsein (1). Die Abwesenheit eines Hindernisses für den Grund ist das Äquivalent zur Präsenz eines den Grund zulassenden Umstands, nicht das Äquivalent für den Grund selbst. Entsprechend gilt: Gebe ich mein Versprechen unter Zwang, wird mein Grund nicht von einem gewichtigeren Gegengrund (*disfavourer*) übertrumpft. Vielmehr blockiert dieser Umstand die Verpflichtung, die ein Versprechen gewöhnlich generiert.

Dies ist der springende Punkt. Während der Zwang verhindert (*disables*), dass das Versprechen als Grund wirksam wird, ist die Abwesenheit von Zwang etwas, was die Wirksamkeit des Versprechens als Handlungs- und Verpflichtungsgrund

---

[36] Vgl. J. Dancy, *Ethics Without Principles*, 38–43.
[37] Eine Unterscheidung zwischen dem, „was wirklich die *aitia* einer Sache ist, und dem, ohne welches die *aitia* nicht *aitia* sein könnte", findet sich bereits bei Platon, *Phaidon*, 99b2–4.

bloß zulässt.³⁸ Sie führt diese Wirksamkeit nicht herbei. Die verpflichtende Kraft selbst stammt nicht aus der Zwanglosigkeit, sondern vom Grund. Nur er garantiert, dass ich bei Abwesenheit von Hindernissen mein Versprechen halten muss. Hemmschuhe verhindern, dass ein Fahrzeug bewegt wird. Deren Abwesenheit lässt seine Bewegung nur zu, sie bewegt es nicht.

Auch der in (3) angeführte Handlungsumstand meiner Fähigkeit liefert weder einen zusätzlichen Grund dafür, die Handlung auszuführen, noch einen für deren moralische Richtigkeit. Vielmehr ist er ebenfalls eine notwendige Bedingung dafür, dass das unter (1) genannte Faktum als Grund wirksam wird. Seine Erwähnung reflektiert das Prinzip: Sollen impliziert Können. Die Abwesenheit von Gegengründen (4) wiederum ist keine Bedingung dafür, dass (1) für das Halten meines Versprechens spricht, sondern garantiert, dass die Sache allein mit dem Grund (1) bereits alles in allem zugunsten von (5) und (5') entschieden ist. Weil kein gewichtigerer Gegengrund vorliegt, kann die moralische Überlegung (moral reasoning) von (1) zu (5) und (5') ungehindert fortschreiten.³⁹

Diese Unterscheidungen im Blick kommen wir mit dem zweiten Beispiel auf den Abbruch der kurativen Behandlung auf Verlangen bzw. die Therapiezieländerung zurück. Wenn ein Patient lebensbedrohlich erkrankt ist, ist ein Arzt gewöhnlich gehalten, ihn kurativ und lebenserhaltend zu behandeln. Will der Patient eine solche Behandlung nicht und verlangt er vom Arzt deren Nichtaufnahme bzw. Abbruch, bewegt sich die ärztliche Verpflichtung weg von der einer heilenden und lebenserhaltenden Therapie hin zu der einer rein palliativen Versorgung.⁴⁰

Im Fall des Behandlungsabbruchs auf Verlangen bei einer Krankheit, die ohne kurative Behandlung zum Tod führt, kann die Rede von *enablers* und *disablers* wie folgt verwendet werden: Standardmäßig (*by default*) generiert die lebensbedrohliche Erkrankung eines Patienten dem Hippokratischen Eid oder dem Genfer Ärztegelöbnis gemäß einen Verpflichtungsgrund für den Arzt (1), die Gesundheit des Patienten durch eine kurative Behandlung wiederherzustellen (2). Standard- bzw. defaultmäßig gilt diese Verpflichtung, weil sie bindet, sofern ihr nichts im Wege steht.⁴¹ Wenn es für diesen Grund eines ermöglichenden Faktors bedarf, so besteht er in der Abwesenheit eines Hindernisses. Im vorliegenden Beispiel aber lehnt der Patient alle weiteren lebensverlängernden Maßnahmen ab und teilt seinen Willen mit.

---

38 Vgl. J. Dancy, *Defending the Right*, in: *JMP* 4 (2007), 92.
39 Dies ist die Stelle, an der anderenfalls Gegengründe ins Spiel kämen.
40 Vgl. Bundesärztekammer, *Grundsätze der Bundesärztekammer zur ärztlichen Sterbebegleitung*, in: *Dtsch Ärztebl* 108, 7 (2011), A 346 (Präambel) und A 347 (Abschnitt II.).
41 Vgl. J. Dancy, *Ethics Without Principles*, 112f., und S. McKeever/M. Ridge, *Turning on Default Reasons*, in: *JMP* 4 (2007), 60.

Lassen wir die Wirkungslosigkeit oder Unzumutbarkeit einer Behandlung als mögliche Gründe für einen Behandlungsabbruch beiseite, so ist der selbstbestimmte Wille des informierten Patienten (3) der Grund für den Arzt, das Ziel seiner therapeutischen Bemühungen von der Heilung auf die bloße Linderung von Schmerzen zu verlagern (6). Der auf seine Behandlung bezogene Patientenwille, auf eine kurative Therapie zu verzichten, der Krankheit ihren Lauf zu lassen und ihn sterben zu lassen, ist sowohl der Grund für den Abbruch der Behandlung durch den Arzt als auch die moralische Rechtfertigung dieses Verhaltens (6'). Die Selbstbestimmtheit und Informiertheit des Patienten verlangt, dass er, wenn möglich, über seinen Zustand hinreichend aufgeklärt wurde und sich der Tragweite seines Wunschs bewusst ist (4). Der Umstand (5), dass der Patient ihm nahestehenden Personen und dem Arzt seinen Willen zu erkennen gibt, hebt die standardmäßige Verpflichtung des Arztes (2) zu einer lebenserhaltenden oder lebensverlängernden Therapie auf.[42] Die Artikulation des selbstbestimmten Patientenwillens überstimmt die ärztliche Verpflichtung nicht, sondern unterminiert sie.[43] Ein Pflichten- oder Gründe-Konflikt entsteht nicht. Rechtlich betrachtet wäre eine kurative Weiterbehandlung des Patienten gegen seinen Willen eine rechtswidrige Zwangsbehandlung.[44]

Abbruch der kurativen Behandlung auf Verlangen bzw. *Therapiezieländerung*

(1) Patient C ist lebensbedrohlich erkrankt.	*spricht defaultmäßig für* (2)
(2) A ist als Arzt standardmäßig moralisch verpflichtet, C kurativ zu behandeln.	*defaultmäßige deontische Valenz*

---

42 Vgl. B. Gert/C. M. Culver/K. Danner Clouser, Bioethics, 320 und 322.
43 In Fällen, in denen Patienten ihren Willen vorausschauend für die Zeit ihrer Entscheidungsunfähigkeit erklären, neigen sie lebensklug dazu, ihre Autonomie zu gebrauchen, um die Entscheidungsfindung der Kooperation von ihnen nahestehenden Personen mit den Ärzten anzuvertrauen. Vgl. S. Sahm, *Sterbehilfe in der aktuellen Diskussion – ärztliche und medizin-ethische Aspekte*, in: *ZfL* 14,2 (2005), 51, R. Marten, *Endlichkeit, Unendlichkeit und die Frage nach dem menschlichen Maß*, in: M. Höfner/S. Schaede/G. Thomas (Hg.), *Endliches Leben. Interdisziplinäre Zugänge zum Phänomen der Krankheit*, Tübingen 2010, 74: „Ist der, der das Leben nicht mehr aushält und den es nichts anderes mehr spüren läßt als seine Unerträglichkeit, nicht mehr fähig, in eigener Lebens- und Sterbenssache seinen Willen kundzutun, dann sind die Nächsten, die sein Gewissen teilen, berechtigt, die anstehende Entscheidung zu fällen. Die Ansicht, dass unbedingt der Leidende selbst in seiner *causa* zu hören sei und ohne ihn ja nichts geschehen dürfe, liegt ein zu eigenen Zwecken instrumentalisierter Solipsismus zugrunde."
44 Vgl. das Urteil des Bundesgerichtshofs (BGH, 2StR 454/09, Urteil vom 25.06.2010 (LG Fulda), *HRRS* 2010 Nr. 704, Leitsatz 8 und Rn. 18.

(3) C will eine kurative Behandlung seiner lebensbedrohlichen Erkrankung nicht.	spricht für (6) & (6')
(4) C ist über seinen Zustand hinreichend aufgeklärt und sich der Tragweite dieses Wunschs bewusst.	ermöglicht, dass (3) für (6) & (6') spricht
(5) C bekundet A sein Verlangen, auf eine kurative Behandlung zu verzichten.	hindert (1), für (2) zu sprechen
(6) A verzichtet auf eine kurative Behandlung von C und versorgt C palliativ.	Handlung
(6') Es ist moralisch richtig, dass A auf eine kurative Behandlung von C verzichtet und C palliativ versorgt.	moralische Valenz

Wie aber sieht das Schema aus, wenn der auf die Behandlung bezogene Wille des Patienten manipuliert wurde und er beispielsweise nur unter dem Druck der mit seiner Pflege betrauten Angehörigen, die sich von ihrer Last befreien möchten, ein Verlangen nach dem Behandlungsabbruch bekundet hat?[45] Wenn C nicht frei ist zu wollen, was er will, spricht der manipulativ herbeigeführt Wille nicht für die moralische Richtigkeit eines Behandlungsabbruchs. Der Umstand, dass C nicht aus freien Stücken in den Behandlungsabbruch einwilligt, nämlich weder autonom über sich verfügt noch andere beauftragt hat, in seinem Sinne zu entscheiden, deaktiviert den Grund (3). Der Behandlungsabbruch ist dann nicht durch den Patientenwillen gerechtfertigt, obwohl die Wirkungslosigkeit oder Unzumutbarkeit der Behandlung weiterhin als mögliche Gründe für eine Therapiezieländerung in Betracht kommen. Unter diesen Konditionen ist auch die Bekundung des Verlangens, wenn nicht unaufrichtig, sofern der Patient das manipulative Vorgehen seiner Angehörigen nicht bemerkt hat, so doch fremdgesteuert. Darum ist sie ungeeignet, die standardmäßige moralische Verpflichtung des Arztes (2) zu blockieren. (5') lässt die Verpflichtung des Arztes zur kurativen Behandlung zu.

Manipulierter Patientenwille

(1) Patient C ist lebensbedrohlich erkrankt.	spricht defaultmäßig für (2)
(2) A ist als Arzt standardmäßig moralisch verpflichtet, C kurativ zu behandeln.	defaultmäßige deontische Valenz
(3) C will eine kurative Behandlung seiner lebensbedrohlichen Erkrankung nicht.	

---

[45] Vgl. D. Birnbacher, *Tun und Unterlassen*, 357 f.

(4) Cs Wille in (3) wurde manipulativ herbeigeführt.	verhindert, dass (3) gegen (6") *spricht*
(5') C bekundet A sein Verlangen, auf eine kurative Behandlung zu verzichten, nicht freiwillig.	lässt zu, dass (1) für (2) *spricht* [*Abwesenheit eines Hindernisses*]
(6") Es ist ceteris paribus moralisch richtig, dass A auf eine kurative Behandlung von C nicht verzichtet.	defaultmäßige moralische Valenz

Die Zahl der normativen Gründe, die in diesen Beispielen relevant sind, ist gering. Die Zahl der relevanten Handlungsumstände, die diese Gründe aktivieren, blockieren oder gegebenenfalls ins Gegenteil verkehren, diese Gründe verstärken oder abschwächen oder es erlauben, zur Konklusion fortzuschreiten, sind jedoch möglicherweise sehr zahlreich und ihr Zusammenwirken vermutlich zu komplex, um es mithilfe einer überschaubaren Menge von Regeln in den Griff zu bekommen.

6 Konklusion

Ich resümiere knapp. Ich habe die Auffassung entfaltet und verteidigt, nach der sowohl der Typ als auch die moralische Valenz einer Handlung wesentlich von den Handlungsumständen abhängen, um dann nach dem moralphilosophischen Rahmenwerk zu suchen, das dieser Einsicht gerecht wird. Das Standardmodell, das Handlungstypen mit Moralprinzipien verknüpft, wurde sowohl in seiner reinen als auch in der um Ausnahmen erweiterten Form zurückgewiesen. Deutliche Schwächen zeigen sich auch bei einer pluralistischen Konzeption. Der partikularistische Ansatz weist Parallelen, aber auch markante Differenzen zur Zirkumstanzenlehre des Thomas von Aquin auf und genießt den Vorzug einer Theorie, die normative Gründe auf sensible Weise mit den Umständen einer Handlung verbindet. In Anlehnung an sie habe ich zuletzt einen Vorschlag für die Modellierung von normativen Gründen für und wider lebensbeendende Handlungen vorzulegen gesucht.

Ulfrid Neumann
Die Bedeutung singulärer Umstände im (Straf)Recht

Problemaufriss im Kontext lebensbeendender Handlungen und Unterlassungen

1 Regel-Ausnahme-Strukturen in normativen Ordnungen

Es ist ein geläufiges Phänomen in normativen Ordnungen, dass eine Handlung grundsätzlich verboten, unter bestimmten Umständen aber erlaubt sein kann. Das gilt für das Recht ebenso wie für die Moral. Selbst Verbote von hohem und höchstem Gewicht können in der konkreten Situation suspendiert oder jedenfalls durch Erlaubnisnormen überspielt werden. So wird die Tötung eines Menschen von der Rechtsordnung – und zwar, soweit ersichtlich, von jeder Rechtsordnung – unter Strafandrohung verboten. Unter bestimmten Umständen, etwa in einer Notwehrlage, kann sie erlaubt, möglicherweise sogar geboten sein. So könnte sich ein Polizist, der die Tötung einer Geisel nicht durch einen „finalen Rettungsschuss" verhindert, selbst wegen unterlassener Hilfeleistung oder sogar wegen eines Tötungsdelikts strafbar machen. Die grundsätzliche Bewertung einer Handlung durch die Rechtsordnung kann sich im konkreten Fall also geradezu umkehren. Die typischerweise unter Strafandrohung verbotene Handlung kann im Einzelfall nicht nur erlaubt, sondern unter Strafandrohung *geboten* sein.

Wenn im Kontext dieser Rekonstruktion von einer „Handlung" die Rede ist, so ist damit natürlich nicht der singuläre Akt, der Vollzug der Handlung, sondern der generalisierte *Handlungstypus* gemeint. Eine konkrete, singuläre Handlung kann in einer rationalen normativen Ordnung nicht zugleich verboten und erlaubt, geschweige denn zugleich verboten und geboten sein. In der rechtstheoretischen Diskussion finden sich allerdings normlogische Modelle, nach denen bestimmte singuläre Handlungen sowohl dem Regelungsbereich einer Verbotsnorm als auch dem einer Erlaubnisnorm unterfallen. Aber das ist normtheoretisch nicht haltbar[1].

---

[1] Näher dazu U. Neumann, *Welzels Einfluss auf Strafrechtsdogmatik und Rechtsprechung in der frühen Bundesrepublik*, in: W. Frisch et al. (Hg.), *Lebendiges und Totes in der Verbrechenslehre Hans Welzels*, Tübingen 2015, 167 ff.

Eine singuläre Handlung ist entweder verboten oder aber nicht verboten (und damit erlaubt). *Tertium non datur.* Kompatibel ist die Erlaubnis der konkreten Handlung lediglich mit einem generalisierenden Verbot des entsprechenden *Handlungstypus.*

Wenn oben behauptet wurde, dass selbst Verbote von hohem und höchstem Gewicht im Einzelfall suspendiert oder jedenfalls von einer Erlaubnisnorm überlagert werden können, so bedarf das allerdings einer doppelten Einschränkung.

Die erste Einschränkung bezieht sich auf den möglichen Regelungsgehalt der konkreten Normenordnung. Es ist denkbar, dass eine Normenordnung bestimmte Verbote mit einem Absolutheitsanspruch ausstattet und damit die Ausführung der (generell) verbotenen Handlung unter allen Umständen untersagt. In der Rechtsordnung der Bundesrepublik kommt als Kandidat für ein solches absolutes Verbot das Verbot der Verletzung der *Menschenwürde* in Betracht. Die Würde des Menschen ist, so die Grundsatznorm des Art. 1 Abs. 1 des Grundgesetzes (GG), unantastbar. Während das Recht auf Leben nach der ausdrücklichen Bestimmung des Grundgesetzes jedenfalls in bestimmten Grenzen durch gesetzliche Regelungen eingeschränkt werden kann (Art. 2 Abs. 2 Satz 2 GG), wird die Menschenwürde ohne Vorbehalt garantiert. Auf rechtsdogmatische Konstruktionen, mit denen letztlich doch eine situative Einschränkung des Verbots der Verletzung der Menschenwürde erreicht werden soll, kann ich an dieser Stelle nicht näher eingehen.[2]

Die zweite Einschränkung betrifft in der Sache das gleiche Problem, resultiert aber nicht aus dem möglichen Regelungsgehalt konkreter Normenordnungen, sondern aus einer Pluralität metaethischer Ansätze, die in unterschiedlichem Maße für die Anerkennung der Wertungsrelevanz situativer Umstände offen sind.

---

2 Konstruiert wird hier insbesondere eine Kollisionslage zwischen dem Würdeanspruch unterschiedlicher Personen in Fällen, in denen die Verletzung der Menschenwürde des einen zum Schutz der Menschenwürde des anderen erforderlich sein soll. So wird teilweise der staatliche Einsatz von Folter gegenüber Straftätern in Fällen gerechtfertigt, in denen ihr Einsatz dazu dienen soll, Opfer dieser Täter vor einem qualvollen Tod zu bewahren (so W. Brugger, *Vom unbedingten Verbot der Folter zum bedingten Recht auf Folter?*, in: *JZ* 55 [2000], 169). Dagegen ist einzuwenden: a) dass die verfassungsrechtlich geschützte Menschenwürde nur von staatlichen Organen verletzt werden kann, da sich der Abwehranspruch der Grundrechte nur gegen den Staat richtet; b) dass selbst bei Annahme einer möglichen Verletzung der verfassungsrechtlich garantierten Menschenwürde durch Privatpersonen eine aus Art. 1 GG möglicherweise resultierende Schutzpflicht des Staates jedenfalls hinter das Verbot eigener aktiver Verletzung der Menschenwürde zurücktreten würde; c) dass es in dem Stadium, in dem sich die Frage einer staatlichen Folter (aus der Sicht von deren Befürwortern) stellen könnte, noch keinen Straftäter, sondern allenfalls einen Tatverdächtigen gibt (zu dem grundsätzlich jeder unschuldige Bürger werden kann).

Konsequentialistische Normenordnungen sind hier typischerweise erheblich flexibler als deontologische. Für das Generalthema „Lebensbeendende Handlungen" ist die Entscheidung zwischen einem konsequentalistischen und einem deontologischen Ansatz deshalb von entscheidender Bedeutung. Ich werde auf diese Frage noch zurückkommen.

Ein letzter Punkt vorweg. Die Frage, ob und unter welchen Voraussetzungen ein rechtlich oder moralisch „an sich" verbotenes Verhalten aufgrund besonderer situativer Umstände *in concreto* erlaubt sein kann, stellt sich logischer Weise nur, soweit das generelle Verbot des fraglichen Handlungstypus reicht. Wie der Anwendungsbereich dieses Verbots genau zu begrenzen ist, kann aber durchaus problematisch sein. Ist etwa die gezielte Tötung eines feindlichen Kombattanten im Krieg eine rechtlich grundsätzlich verbotene Tötungshandlung,[3] die lediglich aufgrund besonderer situativer Umstände gerechtfertigt ist? Oder fallen Tötungen im Krieg von vornherein nicht unter das allgemeine Tötungsverbot, so dass hier nur die besonderen Normen des Kriegsrechts, insbesondere auch des Kriegsvölkerrechts zur Anwendung kommen?[4]

Juristen unterscheiden in diesem Zusammenhang zwischen der Frage der *Tatbestandsmäßigkeit* einer Handlung einerseits, ihrer *Rechtfertigung* andererseits. „Tatbestandsmäßigkeit" bedeutet, dass die fragliche Handlung ihrem Typus nach unter das rechtliche Verbot fällt; eine Rechtfertigung, die sich auf besondere Umstände stützt, lässt die Tatbestandsmäßigkeit unberührt. Komplementär: fällt die fragliche Handlung schon ihrem Typus nach nicht unter das rechtliche Verbot, so fehlt es bereits an der Tatbestandsmäßigkeit des Handlungsaktes; die Frage einer situativ begründeten Rechtfertigung stellt sich dann nicht mehr. Da schon in die Typisierung der „tatbestandsmäßigen" und damit verbotenen Handlung situative Umstände eingehen, ist die Abgrenzung nicht immer einfach, und sie ist häufig umstritten (dazu unter 2.).

In diesem Kontext eine begriffliche Klarstellung: Man kann situative Umstände in einem weiteren Sinne als „singulär" bezeichnen, wenn sie eine Differenz zu der faktischen Konstellation des „Normalfalls" einer rechtlichen oder moralischen Norm kennzeichnen sollen. Rechtliche wie moralische Relevanz haben situative Umstände aber nur in generalisierter Form. Denn: Was im Einzelfall ein guter Grund dafür ist, eine Ausnahme zu einer allgemeinen Regel zu statuieren, ist

---

[3] A. Eser, *Rechtmäßige Tötung im Krieg: zur Fragwürdigkeit eines Tabus*, in: D. Dölling et al. (Hg.), *Verbrechen – Strafe – Resozialisierung* (Festschrift für H. Schöch), Berlin 2010, 461–480; ders., *Tötung im Krieg: Rückfragen an das Staats- und Völkerrecht*, in: I. Appel/G. Hermes/C. Schönberger (Hg.), *Öffentliches Recht im offenen Staat* (Festschrift für R. Wahl), Berlin 2011, 665–687.
[4] So etwa H. Welzel, *Studien zum System des Strafrechts* (1939), in: ders., *Abhandlungen zum Strafrecht und zur Rechtsphilosophie*, Berlin 1975, 152 mit Fn. 55.

in allen gleich gelagerten Fällen ein ebenso guter Grund für eine Ausnahme. Das folgt aus dem für rechtliche wie für moralische Normenordnungen in gleicher Weise verbindlichen *Universalisierbarkeitsprinzip*.[5] Für die rechtsdogmatische Einordnung bedeutet das, dass die besonderen situativen Umstände *normtheoretisch* ebenso der Verbotsnorm wie auch, alternativ, einer besonderen Rechtfertigungsnorm zugeordnet werden können. Welchen Weg man hier wählt, ist gerade im Bereich lebensbeendender Handlungen von erheblicher Bedeutung.

2 „Tatbestandslösung" und „Rechtfertigungslösung" bei (im Ergebnis) rechtskonformen lebensbeendenden Handlungen

Suizid

Hier ist in einem ersten Schritt zwischen dem *Suizid* einerseits, der mit Zustimmung oder auf Verlangen des Opfers erfolgten *Fremdtötung* andererseits zu unterscheiden. Der Suizid bedarf nach ganz überwiegender und zutreffender Auffassung in Rechtsprechung und Rechtswissenschaft keiner Rechtfertigung, weil er von vornherein nicht in den Anwendungsbereich einer rechtlichen Verbotsnorm fällt. Die abweichende Auffassung des 5. Strafsenats des BGH, der zufolge die Rechtsordnung eine Selbsttötung jedenfalls grundsätzlich als rechtswidrig werte und lediglich in äußersten Ausnahmefällen eine Rechtfertigung anerkenne[6], ist strafrechtstheoretisch und strafrechtsdogmatisch verfehlt.

Sie ist *strafrechtstheoretisch* unhaltbar, weil sie keinen legitimen Schutzzweck benennen kann, dem ein strafrechtliches Verbot des Suizids dienen könnte. Folgt man der Auffassung, dass strafrechtliche Verbote dem Schutz von Rechtsgütern dienen,[7] dann ergibt sich dies aus dem individuellen Charakter des Rechtsguts „Leben". Eine Strafbarkeit des Suizids würde eine Rechtspflicht des Individuums zum Weiterleben begründen, die jenseits religiöser Vorstellungen nur als Pflicht gegenüber Staat und Gesellschaft konstruiert werden könnte. Die Vorstellung, der

---

5 Grundlegend R. M. Hare, *Moralisches Denken. Seine Ebenen, seine Methoden, sein Witz*, übers. v. C. Fehige/G. Meggle, Frankfurt a. M. 1992, 166 ff.
6 BGHSt 46, 279, 285.
7 Näher dazu W. Hassemer/U. Neumann, in: U. Kindhäuser/U. Neumann/H. U. Paeffgen (Hg.), *Nomos-Kommentar Strafgesetzbuch*, Baden-Baden [5]2017, Vor § 1 Rn. 108 ff.

Einzelne sei dem Staat oder der Gesellschaft gegenüber zum Leben verpflichtet,[8] ist aber einem autoritären, tendenziell: totalitären Staatsverständnis verhaftet, das mit einer Verfassungsordnung, die nach ihrer inneren wie nach ihrer äußeren Systematik die Menschenwürde an die Spitze der fundamentalen Staatsnormen stellt, nichts zu tun hat.

Die Annahme, der Suizid sei jedenfalls im Regelfall rechtswidrig und könne nur unter besonderen Umständen gerechtfertigt sein, ist aber auch aus *strafrechtsdogmatischen* Gründen nicht haltbar. Denn nach der ausdrücklichen Regelung des deutschen Strafgesetzbuchs (StGB) ist eine Tat nur dann rechtswidrig, wenn sie den Tatbestand eines Strafgesetzes verwirklicht.[9] Der Begriff des „Tatbestands" ist hier nicht im normtheoretischen, sondern im gesetzestechnischen Sinne zu verstehen. Das bedeutet: es müsste ein Straftatbestand existieren, der den Suizid bzw. den Suizidversuch mit Strafe bedroht.

Ein solcher Tatbestand findet sich im deutschen Strafgesetzbuch nicht. Zwar hat man versucht, den Suizid mit der Begründung in den Verbotsbereich des Tötungstatbestands (§ 212 StGB) einzubeziehen, dass dort nur von der Tötung „eines Menschen", nicht aber von der Tötung eines „anderen" Menschen die Rede sei.[10] Aber das ist verfehlt, weil sich aus der Systematik des Gesetzes die Beschränkung auf einen *anderen* Menschen als Tatopfer eindeutig ergibt. Kurz gesagt: wenn das Gesetz für die Tötung eines Menschen die Verhängung einer Freiheitsstrafe anordnet, dann zielt es offensichtlich nicht auf einen Suizidenten.[11] Man mag einem Suizidenten als Sanktion ein Begräbnis in geweihter Erde verweigern; eine Freiheitsstrafe wäre als Sanktion nicht das Mittel der Wahl.

Wenig erfolgversprechend wäre auch der Versuch, aus der Strafbarkeit (selbst) der vom Opfer verlangten Tötung (§ 216 StGB)[12] auf die Nichtverfügbarkeit des „Rechtsguts Leben" und daraus auf die Rechtswidrigkeit des Suizids zu schließen. Der in der Strafrechtsdogmatik verbreitete Topos der Nichtverfügbarkeit (Nichtdispositivität) des Rechtsguts „Leben" ist im Zusammenhang mit der Regel zu

---

8 So noch E. Schmidhäuser, *Selbstmord und Beteiligung am Selbstmord in strafrechtlicher Sicht*, in: G. Stratenwerth et al. (Hg.), *Festschrift für Hans Welzel zum 70. Geburtstag*, Berlin 1974, 801–822.
9 § 11 Abs. 1 Nr. 5 StGB.
10 N. Hoerster, *Rechtsethische Überlegungen zur Freigabe der Sterbehilfe*, in: NJW 51 (1986), 1788–1792; ebenso E. Schmidhäuser, *Selbstmord und Beteiligung am Selbstmord in strafrechtlicher Sicht*, 801–822. § 212 Abs. 1 StGB lautet: „Wer einen Menschen tötet, ohne Mörder zu sein, wird als Totschläger mit Freiheitsstrafe nicht unter fünf Jahren bestraft."
11 Näher dazu U. Neumann, in: U. Kindhäuser/U.Neumann/H.-U. Paeffgen (Hg.), *Nomos-Kommentar Strafgesetzbuch*, Vor § 211 Rn. 37 ff.
12 § 216 Abs. 1 StGB lautet: „Ist jemand durch das ausdrückliche und ernstliche Verlangen des Getöteten zur Tötung bestimmt worden, so ist auf Freiheitsstrafe von sechs Monaten bis zu fünf Jahren zu erkennen."

sehen, dass die Einwilligung des Trägers eines individuellen Rechtsguts in die Verletzung dieses Rechtsguts als „Rechtfertigungsgrund" die Rechtswidrigkeit der Verletzungshandlung grundsätzlich ausschließt. Von dieser Regel macht der Tatbestand der Tötung auf Verlangen für das Rechtsgut „Leben" insofern eine Ausnahme, als er selbst die auf Verlangen (also *a fortiori:* mit Einwilligung) des Opfers erfolgte Tötung für strafbar (und damit für rechtswidrig) erklärt.

Aber daraus zu schließen, dass das Rechtsgut „Leben" auch für dessen Träger nicht dispositiv (und der Suizid folglich rechtswidrig) sei, wäre verfehlt. Denn das Rechtsgut „Leben" steht als individuelles Rechtsgut grundsätzlich zur Disposition des Einzelnen. „Nichtdispositiv" ist es nur in dem Sinne, dass die Einwilligung in die Tötung durch einen anderen die Rechtswidrigkeit dieser Tötung nicht ausschließt. Im Übrigen verbleibt dem Individuum die Verfügungsbefugnis über sein Leben.

Normlogisch ergibt sich das aus der einhellig verfolgten Argumentation, die Unverfügbarkeit des Rechtsguts „Leben" werde durch den Tatbestand der Tötung auf Verlangen (§ 216 StGB) statuiert. Wenn dieser Tatbestand die Nichtdispositivität des Rechtsguts Leben normieren soll, dann ergeben sich die Grenzen dieser Nichtdispositivität folgerichtig aus den Grenzen des Tatbestands. Der Versuch, aus dem Straftatbestand der Tötung auf Verlangen (§ 216 StGB) ein universelles Prinzip der Nichtdispositivität des Rechtsguts „Leben" abzuleiten und auf diesem Weg auch die Rechtswidrigkeit des Suizids zu begründen, ist verfehlt.[13]

2.2 Sterbehilfe

Anders liegen die Dinge im Bereich von Maßnahmen der Sterbehilfe, soweit sie mit einer erkennbaren Verkürzung des Lebens der betreuten Person verbunden sind. Rechtskonform sind diese Maßnahmen von vornherein nur dann, wenn sie im Falle einer *tödlichen Erkrankung* vorgenommen werden und dem *geäußerten* oder jedenfalls dem *mutmaßlichen Willen* des Betroffenen entsprechen. Auch dann aber unterfällt die lebensverkürzende Handlung jedenfalls *prima facie* dem Straftatbestand der Tötung auf Verlangen (§ 216 StGB). Ob dies auch das definitive Ergebnis ist – und die Rechtskonformität der anerkannten Formen der Sterbehilfe deshalb nur auf der Ebene der Rechtfertigung zu begründen ist –, oder ob eine

---

[13] Ausführlich dazu (mit Bezug auch auf weitere Konstellationen) U. Neumann, *Das sogenannte Prinzip der Nichtdispositivität des Rechtsguts Leben*, in: M. Heger/B. Kelker/E. Schramm (Hg.), *Festschrift für Kristian Kühl zum 70. Geburtstag*, München 2014, 569–583.

erlaubte Sterbehilfe schon außerhalb des Verbotsbereichs der Tötungsdelikte liegt, ist in der Strafrechtswissenschaft umstritten.

Es geht bei der Entscheidung zwischen „Tatbestandslösung" einerseits, „Rechtfertigungslösung" andererseits in erster Linie um die Einordnung der so genannten „indirekten" Sterbehilfe, also der Einleitung palliativmedizinischer Maßnahmen, die erkennbar zu einer Lebensverkürzung führen können. Für Maßnahmen der „direkten" Sterbehilfe, also der Leidensbeendigung *durch* Lebensbeendigung, kommt allenfalls eine Rechtfertigung nach Notstandsgesichtspunkten in Betracht. Die bisher als Fälle der „passiven" Sterbehilfe eingeordneten Konstellationen des Unterlassens lebensverlängernder Maßnahmen werden seit einer Grundsatzentscheidung des Bundesgerichtshofs aus dem Jahre 2010 gemeinsam mit den Fällen eines konsentierten Behandlungsabbruchs unter dem Begriff des „Behandlungsverzichts" zusammengefasst,[14] dessen Lokalisierung im Schema Tatbestand/Rechtswidrigkeit unklar ist.[15]

2.2.1 Tatbestandslösung

Die Annahme, dass die indirekte Sterbehilfe von vornherein nicht in den Verbotsbereich der Tötungstatbestände falle („Tatbestandslösung"), stützt sich im Wesentlichen auf den Gedanken, hier gehe es um eine völlig andere Konstellation als in dem „Normalfall" eines Tötungsdelikts. Dieser Gedanke findet sich in unterschiedlichen dogmatischen Ausprägungen. So wird auf die Topoi des erlaubten Risikos, der Sozialadäquanz oder des sozialen Sinn- und Bedeutungsgehalts der Handlung zurückgegriffen. Teilweise wird die indirekte Sterbehilfe auch als eine der *lex artis* entsprechende ärztliche Maßnahme aus den Tötungstatbeständen ausgegrenzt.[16]

2.2.2 Rechtfertigungslösung

Nach der Gegenmeinung unterfallen auch Maßnahmen der indirekten Sterbehilfe – und erst recht andere Maßnahmen der erlaubten Sterbehilfe – dem Verbotsbereich der Tötungstatbestände. Dass diese Handlungen im Ergebnis mit der

---

14 BGHSt 55, 191,
15 Näher dazu U. Neumann, in: U. Kindhäuser/U. Neumann/H.-U. Paeffgen (Hg.), *Nomos-Kommentar Strafgesetzbuch*, Vor § 211 Rn. 132.
16 Nachw. bei U. Neumann, in: U. Kindhäuser/U. Neumann/H.-U. Paeffgen (Hg.), *Nomos-Kommentar Strafgesetzbuch*, Vor § 211 Rn. 101.

Rechtsordnung übereinstimmen, lasse sich erst auf der Ebene der Rechtfertigung begründen.

Diese „Rechtfertigungslösungen" greifen insbesondere auf die strafrechtliche Regelung über den rechtfertigenden Notstand (§ 34 StGB) zurück. Nach dieser Bestimmung ist eine Handlung gerechtfertigt, die zur Rettung eines Rechtsguts aus einer gegenwärtigen Gefahr dient, wenn diese Gefahr nicht anders abgewendet werden kann und wenn das zu rettende Gut das Interesse, das durch die Rettungshandlung verletzt wird, wesentlich überwiegt.[17] Die besseren Argumente scheinen mir hier für die Rechtfertigungslösungen zu sprechen, und zwar aus zwei Gründen.

Zum ersten Grund: Alle Tatbestandslösungen im Bereich der Sterbehilfe leiden unter einem strukturellen argumentativen Defizit, weil sie keinen Anhaltspunkt im Gesetz finden. Das wirft nicht nur unter dem Gesichtspunkt der richterlichen Gesetzesbindung, sondern auch methodologisch erhebliche Probleme auf. Denn es gibt hier nur zwei Möglichkeiten.

Die erste Möglichkeit: Man sucht die Gründe für den Ausschluss der Tatbestandsmäßigkeit in allgemeinen Regeln der Dogmatik des Allgemeinen Teils des Strafrechts, dann bleibt man bei der Begründung einer Tatbestandslösung auf die wenig aussagekräftigen Topoi des „erlaubten Risikos", der „Sozialadäquanz" oder des „sozialen Handlungssinns" verwiesen,[18] die sich nicht anhand eines gesetzlich vorgegebenen Entscheidungsprogramms konkretisieren lassen.

Die zweite Möglichkeit: Man hält sich an das im Straftatbestand der Tötung auf Verlangen (§ 216 StGB) vorgegebene Prüfungs- und Entscheidungsprogramm. Dann ist man gezwungen, in den Fällen einer erlaubten Sterbehilfe entweder das Tatbestandsmerkmal „Mensch" oder das der „Tötung" zu verneinen. Damit aber begibt man sich nicht nur auf einen steinigen, sondern auch auf einen gefährlichen Weg. Rechtsethische Probleme sollten nicht durch eine Umdefinition lebensweltlich verankerter Begriffe gelöst werden. Andernfalls droht die Gefahr rechtlicher Willkür.

Damit hängt ein zweiter Punkt zusammen. Wie oben dargelegt, wird das Verhältnis von Tatbestand und Rechtfertigung normtheoretisch als Relation zwischen einer Verbots- und einer Erlaubnisnorm interpretiert. Die Entscheidung

---

[17] § 34 StGB lautet: „Wer in einer gegenwärtigen, nicht anders abwendbaren Gefahr für Leben, Leib, Freiheit, Ehre, Eigentum oder ein anderes Rechtsgut eine Tat begeht, um die Gefahr von sich oder einem anderen abzuwenden, handelt nicht rechtswidrig, wenn bei Abwägung der widerstreitenden Interessen, namentlich der betroffenen Rechtsgüter und des Grades der ihnen drohenden Gefahren, das geschützte Interesse das beeinträchtigte wesentlich überwiegt. Das gilt jedoch nur, soweit die Tat ein angemessenes Mittel ist, die Gefahr abzuwenden."
[18] Vgl. bei Fn. 16.

für eine Tatbestandslösung bedeutet folglich, dass bestimmte Handlungen, durch die das Leben eines Menschen vorsätzlich verkürzt wird, keiner Rechtfertigung durch Heranziehung einer besonderen Erlaubnisnorm bedürfen, weil sie von vornherein nicht von dem im Grundtatbestand der Tötungsdelikte (§ 212 StGB) statuierten und im Tatbestand der Tötung auf Verlangen (§ 216 StGB) auch für den Fall eines Tötungsverlangens aufrechterhaltenen Verbot erfasst werden.

Unter dem Gesichtspunkt des Lebensschutzes erscheint das unbefriedigend. Natürlich darf man die Tragweite dieses Arguments nicht überschätzen; denn gewichtiger als die Frage der verbrechenssystematischen Verortung der Argumente, auf die der Ausschluss eines strafrechtlichen Unrechts in den Fällen der indirekten Sterbehilfe gestützt wird, sind die Argumente selbst. Aber gerade für die Ausgestaltung der Argumentation ist deren verbrechenssystematische Zuordnung von Bedeutung, weil nur die Rechtfertigungslösung durch ein differenziertes gesetzliches Entscheidungs- und Argumentationsprogramm strukturiert wird.

3 Strukturelle und sachliche Bedingungen der Rechtfertigung von (*prima facie*) verbotenen lebensbeendenden Handlungen

Diese Überlegungen sprechen für die Vorzugswürdigkeit einer „Rechtfertigungslösung" im Vergleich zu einer „Tatbestandslösung" im Bereich rechtskonformer Maßnahmen der Sterbehilfe. Das Rechtsinstitut, auf das im Rahmen einer Rechtfertigungslösung in erster Linie zurückgegriffen wird, ist das des rechtfertigenden Notstands (§ 34 StGB). Sein wesentlicher Regelungsgehalt wurde oben schon skizziert.[19] Der zentrale Gedanke: Eine „an sich" strafrechtlich verbotene Verletzung eines geschützten Interesses ist dann gerechtfertigt, wenn sie dazu dient, in einer gegenwärtigen, nicht anders abwendbaren Gefahr ein wesentlich gewichtigeres Interesse zu schützen.

Diese Regelung versteht sich keineswegs von selbst, und sie war vor ihrer Einfügung in das StGB im rechtswissenschaftlichen Schrifttum durchaus umstritten. Der Grund dafür liegt darin, dass sie die Verbindlichkeit der Normen des Rechts unter den Vorbehalt der situativen Angemessenheit dieser Normen stellt. Man hat in diesem Zusammenhang in den dreißiger Jahren des letzten Jahrhunderts den Vorwurf der „Rechtsfeindlichkeit" von Notstandsregelungen erhoben,[20]

---

19 Vgl. bei Fn. 17.
20 R. Maurach, *Kritik der Notstandslehre*, Berlin 1935, 80.

und noch 1968 wurde in der Diskussion zur Strafrechtsreform die Befürchtung geäußert, die gesetzliche Anerkennung eines rechtfertigenden Notstands gefährde die Autorität der Rechtsordnung.[21]

3.1 Deontologische und konsequentialistische Modelle

In der Begrifflichkeit, die für diese Kritik gewählt wurde, spiegelt sich deren Stoßrichtung. Die Begriffe „Rechtsfeindlichkeit" und „Gefährdung" der Autorität der Rechtsordnung zielen auf das, was gerade als Charakteristikum einer Notstandsregelung bezeichnet wurde, nämlich die Relativierung der Verbindlichkeit von Rechtsnormen durch den Vorbehalt ihrer situativen Angemessenheit.

In der Terminologie der Metaethik geht es hier um den Gegensatz von *deontologischer* und *konsequentialistischer* Bewertung einer Handlung. Eine konsequentialistische Position vertritt, wer der Auffassung ist, dass sich die moralische Bewertung einer Handlung an deren Folgen zu orientieren habe.[22] Nach dieser Auffassung ist es moralisch gut, zu lügen, wenn die Konsequenzen der Lüge besser sind als die der Aufrichtigkeit. Demgegenüber ist von einem deontologischen Standpunkt aus die moralische Qualität einer Handlung allein nach dem Handlungstyp und dessen Übereinstimmung mit der geltenden Regel zu beurteilen. In der klassischen Formulierung von *Broad:* „Deontological theories hold that there are ethical propositions of the form: ‚Such and such a kind of action would always be right (or wrong) in such an such circumstances, no matter what its consequences might be'".[23]

Deontologische Positionen führen, konsequent durchgehalten, häufig zu kontraintuitiven Konsequenzen. Das berühmteste Exempel dafür findet sich in *Kants* Text über ein vermeintes Recht, aus Menschenliebe zu lügen. Vor die Wahl gestellt, entweder zu lügen und damit das Leben eines Verfolgten zu retten, oder aber die Wahrheit zu sagen und damit das Opfer seinem Mörder auszuliefern, muss der Gefragte sich für die Wahrheit entscheiden. Das Verbot der Ausführung von Handlungen einer bestimmten Art („Lügen") duldet keine an den Folgen der konkreten Handlung orientierte Ausnahme.

---

21 W. Gallas, *Der dogmatische Teil des Alternativ-Entwurfs*, in: ZStW 80 (1968), 24.
22 Dazu und zum Folgenden schon U. Neumann, *Die Moral des Rechts. Deontologische und konsequentialistische Argumentationen in Recht und Moral* (1994), in: ders., *Recht als Struktur und Argumentation. Beiträge zur Theorie des Rechts und zur Wissenschaftstheorie der Rechtswissenschaft*, Baden-Baden 2008, 114–129.
23 C. D. Broad, *Five Types of Ethical Theory*, London ⁹1967, 206.

Rechtsordnungen sind grundsätzlich deontologisch strukturiert. Rechtlich richtig ist eine Handlung dann, wenn sie mit den geltenden Rechtsnormen übereinstimmt. Dabei ist es gleichgültig, ob man das Recht strikt positivistisch versteht oder die Rechtsgeltung, etwa auf der Grundlage der *Radbruchschen Formel*, mit einem naturrechtlichen Vorbehalt versieht.[24] Ohne Bedeutung ist auch, ob man von einer kodifizierten Rechtsordnung oder von einem System des Case Law ausgeht. In jedem Fall ist es die Übereinstimmung mit geltenden Rechtsregeln, die eine Handlung als rechtmäßig kennzeichnet.

Die deontologische Struktur von Rechtsordnungen schließt es nicht aus, dass bestimmte situative Umstände bereits bei der Formulierung der Norm Berücksichtigung finden. Wir hatten schon eingangs darauf hingewiesen, dass es eine Frage der Entscheidung ist, welches Verhaltensmuster als tatbestandsmäßige Handlung vertypt wird. Etwas überspitzt könnte man formulieren: *Alle* Rechtsnormen müssen sich auf situative Umstände beziehen, um ihren Anwendungsbereich markieren zu können. Insoweit, so die mögliche Schlussfolgerung, sei es eine Frage der konkreten Ausgestaltung einer Rechtsordnung, mit welchem Grad an Differenziertheit sie die Berücksichtigung situativer Umstände ermöglicht. Ob und in welchem Maße die (grundsätzlich) deontologisch gedachte Verbindlichkeit von Rechtsordnungen zu kontraintuitiven Konsequenzen führe, sei deshalb eine Frage des Regelungsgehalts des jeweiligen Rechtssystems.

Diese Überlegung ist richtig, aber unvollständig. Denn die situativen Umstände, die darüber entscheiden, ob die Konsequenzen der Anwendung der Norm als angemessen oder unangemessen erscheinen, sind zu unterschiedlich und zu komplex, als dass sie bei der Typisierung von Handlungen in Straftatbeständen umfassend berücksichtigt werden könnten. Insbesondere die Folgen, die der Vollzug einer Handlung im Einzelfall hat, lassen sich nicht vollständig in das Konditionalprogramm eines Straftatbestands (oder eines anderen rechtlichen Tatbestands) integrieren.

---

24 Nach dieser von Gustav Radbruch 1946 im Kontext der Diskussion zur Verbindlichkeit grob ungerechter Gesetze der NS-Zeit entwickelten Formel ist das „durch Satzung und Macht gesicherte Recht" auch dann verbindlich, „wenn es inhaltlich ungerecht und unzweckmäßig ist, es sei denn, dass der Widerspruch des positiven Gesetzes zur Gerechtigkeit ein so unerträgliches Maß erreicht, dass das Gesetz als ‚unrichtiges Recht' der Gerechtigkeit zu weichen hat." Kein verbindliches Recht liege auch dort vor, wo „Gerechtigkeit nicht einmal erstrebt wird, wo die Gleichheit, die den Kern der Gerechtigkeit ausmacht, ... bewusst verleugnet wurde" (Gustav Radbruch, *Gesetzliches Unrecht und übergesetzliches Recht*, in: *GRGA*, Bd. 3, Heidelberg 1990, 83, 89).

3.2 Begründungs- und Anwendungsdiskurse

Im Rahmen der Diskurstheorie ist deshalb vorgeschlagen worden, zwischen der generellen Geltung einer Norm einerseits, ihrer Situationsangemessenheit andererseits zu differenzieren und die Entscheidung über jedes dieser Normprädikate unterschiedlichen Diskursen zuzuweisen. Über die Geltung der Norm soll in einem *Geltungsdiskurs*, über ihre Situationsangemessenheit in einem *Anwendungsdiskurs* befunden werden.[25] Gegen dieses Modell wurde der Einwand erhoben, die Trennung dieser Diskurse sei künstlich, weil sich die Kriterien, die im Anwendungsdiskurs relevant sein sollen, vollständig in den Geltungsdiskurs und damit in die Konstitution der generellen Norm integrieren ließen.[26]

Dieser Einwand dürfte nach dem gerade Gesagten unzutreffend sein. Die möglichen Folgen einer tatbestandlich typisierten Handlung können bei der Gestaltung des Normprogramms auch insoweit nicht umfassend berücksichtigt werden, als der Gesetzgeber sie für rechtlich relevant erachtet. Ein zweiter Gesichtspunkt kommt hinzu. Denn beide Modelle, das Modell der getrennten und das der integrierten Diskurse, unterscheiden sich in einem moralisch bzw. rechtsethisch wichtigen Punkt.

Zunächst: Es geht in beiden Modellen um die Einschränkung einer Regel durch eine Ausnahmeregel. Am Beispiel des Lügenverbots: Man kann die Ausnahmeregel: „Zur Rettung eines Menschenlebens ist eine Lüge erlaubt" in einem Anwendungsdiskurs rechtfertigen und durch sie die grundsätzlich begründete Norm „Lügen ist verboten" ergänzen und im Ergebnis modifizieren. Man kann, alternativ, die Ausnahme in die Regel integrieren und das Lügenverbot von vornherein entsprechend einschränken. Die Norm würde dann lauten: „Man darf nicht lügen, es sei denn, die Lüge diene der Rettung eines Menschenlebens". Dass im letzteren Fall weitere Ausnahmen hinzuzufügen wären, kann an dieser Stelle ausgeblendet werden.

Beide Modelle sind *normlogisch* äquivalent. Der Unterschied liegt im Bereich der *Begründungslogik*. Er betrifft die Frage, ob in dem jeweiligen Modell der Umstand, dass das in der konkreten Anwendungssituation gerechtfertigte Verhalten gegen die Norm verstößt, die das generelle Verbot formuliert, *ein Argument gegen* die Ausführung dieses gerechtfertigten Verhaltens bleibt oder nicht. Nach dem Integrationsmodell ist diese Frage zu verneinen. Ich erinnere an die For-

---

25 K. Günther, *Der Sinn für Angemessenheit. Anwendungsdiskurse in Moral und Recht*, Frankfurt a. M. 1988.
26 R. Alexy, *Normenbegründung und Normanwendung* (1993), in: ders., *Recht, Vernunft, Diskurs. Studien zur Rechtsphilosophie*, Frankfurt a. M. 1995, 52–70; M. Kettner, *Warum es Anwendungsfragen, aber keine „Anwendungsdiskurse" gibt*, in: *JRE* 1 (1993), 365–378.

mulierung, die das modifizierte Lügenverbot in diesem Modell erhält: „Man darf nicht lügen, es sei denn, die Lüge diene der Rettung eines Menschenlebens". Dient die Lüge diesem Ziel, dann ist die Norm nicht tangiert und liefert damit auch kein Argument gegen die Lüge.

Dagegen bleibt in dem Modell des Anwendungsdiskurses die Norm „Man darf nicht lügen" jedenfalls als Prinzip unangetastet. Es bleibt in diesem Modell also dabei, dass die Lügenhaftigkeit der Äußerung auch dann ein Argument gegen diese Äußerung ist, wenn diese der Rettung eines Menschenlebens dient. Es ist natürlich ein Argument, das überspielt werden kann (und aus unserer heutigen Sicht überspielt werden muss), aber es bleibt ein Argument.[27]

Dieses Modell, das explizit für moralische *und* rechtliche Diskurse entwickelt wurde, ist geeignet, die rechtsethische Relevanz der „dogmatischen" Unterscheidung zwischen Tatbestandsausschluss und Rechtfertigung zu verdeutlichen. Setzt man, wie in der Strafrechtswissenschaft geläufig, den Tatbestand mit der Verbotsmaterie gleich, dann bedeutet die Herausnahme der indirekten Sterbehilfe aus dem Tatbestand der Tötungsdelikte, dass es im Falle einer erlaubten Maßnahme kein Argument gibt, das *gegen* die Zulässigkeit der indirekten Sterbehilfe spricht. Dagegen bleibt in der „Rechtfertigungslösung" die Wertung gespeichert, dass die Verkürzung des Lebens eines anderen Menschen *immer* einer besonderen Rechtfertigung bedarf. Damit werden Zeichen gesetzt, die keine Verbotstafeln, wohl aber Warntafeln sind. Wer sich über diese Warnungen hinwegsetzt, muss dafür gute Gründe angeben können.

4 Rechtfertigung lebensbeendender Maßnahmen unter Notstandsgesichtspunkten

4.1 Regelungs- und Wertstruktur des rechtfertigenden Notstands

Solche guten Gründe sind in dem sozialethisch wie auch rechtlich[28] verankerten Institut des Notstands typisiert. Aufgabe des Rechtsinstituts des Notstands ist es insbesondere, die situativen Folgen einer Handlung, die ein genereller Tatbestand nicht berücksichtigen kann, gleichwohl antizipierend in das rechtliche Ent-

---

27 Näher dazu U. Neumann, *Die Geltung von Regeln, Prinzipien und Elementen* (2000), in: ders., *Recht als Struktur und Argumentation*, 147 ff.
28 Vgl. dazu schon oben bei Fn. 16, 17 und 19.

scheidungsprogramm einzufügen.²⁹ Die Notstandsregelung ist damit ein im Schwerpunkt konsequentialistisch orientiertes Rechtsinstitut. Zu vergleichen sind die Folgen, die die Vornahme der Rettungshandlung einerseits, ihre Unterlassung andererseits haben würden. Da es um die Folgen für die *Interessen* der beteiligten Personen (oder Kollektive) geht, gründet die Notstandsregelung zugleich auf einer *interessenbasierten* Rechtsethik.

Eine gewisse Ungleichgewichtung der kollidierenden Interessen resultiert aus der Voraussetzung, dass das Interesse, das gerettet werden soll, das konkurrierende Interesse „wesentlich" überwiegen muss. Hier liegt ein „deontologisches" Korrektiv der im Schwerpunkt konsequentialistischen Notstandsregelung, das sich aus dem Umstand erklärt, dass der Eingriff durch die Notstandshandlung typischerweise nicht nur Interessen, sondern auch (grundsätzlich) garantierte Rechtspositionen betrifft. Ein weiteres „deontologisches" Korrektiv kann man in der Voraussetzung sehen, dass es sich bei der Tat um ein „angemessenes" Mittel der Gefahrabwendung handeln muss.³⁰ Beide Einschränkungen spielen bei der Problematik, um die es vorliegend geht, nämlich die Rechtfertigung lebensbeendender Handlungen, allenfalls am Rande eine Rolle. Lokalisiert man diese Problematik rechtlich bei der Notstandsregelung, dann steht die Frage einer präzisen Rekonstruktion der situativ begründeten *Interessenlage* im Vordergrund.

Dass es sich bei dieser Frage tatsächlich um ein Notstandsproblem handelt, steht freilich nicht außer Zweifel. Aus der Sicht einer deontologischen Moral könnte die Verortung des Problems bei einem im Schwerpunkt konsequentialistisch orientierten Institut von vornherein als verfehlt erscheinen. In diese Richtung weisen Stellungnahmen aus dem moraltheologischen Schrifttum, denen zufolge Maßnahmen aktiver und gezielter Euthanasie unter allen Umständen, also auch zur Beendigung schwersten Leidens und auf flehentliches Bitten eines qualvoll sterbenden Menschen, moralisch verwerflich sind.³¹ Natürlich muss man hier zwischen einer moralischen und einer rechtlichen Beurteilung trennen. Aber die Rechtsordnung beansprucht selbstverständlich auch eine rechtsethische Dignität. Sie hat sich in der Bestimmung über den rechtfertigenden Notstand, ungeachtet

---

29 Näher dazu und zum Folgenden U. Neumann, *Die rechtsethische Begründung des „rechtfertigenden Notstands" auf der Basis von Utilitarismus, Solidaritätsprinzip und Loyalitätsprinzip*, in: A. von Hirsch/U. Neumann/K. Seelmann (Hg.), *Solidarität im Strafrecht. Zur Funktion und Legitimation strafrechtlicher Solidaritätspflichten*, Baden-Baden 2013, 155–173.
30 § 34 Satz 2 StGB.
31 Argumentation, nur der göttliche Schöpfer sei Herr über Leben und Tod; der einzelne dürfe sich eine Verfügungsgewalt über sein Leben deshalb nicht anmaßen, bei B. Häring, *Moraltheologische Überlegungen zu Suizid und Euthanasie*, in: A. Eser (Hg.), *Suizid und Euthanasie als human- und sozialwissenschaftliches Problem*, Stuttgart 1976, 261–270.

der genannten „deontologischen" Korrektive, auf eine konsequentialistische und an Interessen orientierte Rechtsethik festgelegt. Grundsätzlich deontologisch geprägte Auffassungen sind nach der „positiven" Rechtsethik der geltenden Notstandsregelung irrelevant.

Ein anderer Einwand gegen die Lokalisierung des Problems lebensbeendender Maßnahmen bei der Bestimmung über den rechtfertigenden Notstand (§ 34 StGB) stützt sich nicht auf angebliche heteronome Vorgaben durch eine religiös fundierte Moral, sondern gerade auf den Gesichtspunkt der *Autonomie der Person*.[32] Denn die Abwägung der kollidierenden Interessen erfolgt jedenfalls typischerweise nach einem objektiven Maßstab. Das schließt es nicht aus, die subjektiven Präferenzen der Beteiligten in bestimmtem Umfang anzuerkennen; grundsätzlich aber bleibt die objektive Perspektive, für die im Konfliktfall die richterliche Entscheidung steht, maßgeblich.

Demgegenüber ist es grundsätzlich Sache des Einzelnen, innerhalb seiner eigenen Interessen Präferenzen herzustellen. Der Rückgriff auf die objektivierende Notstandsregelung droht damit, wie gerade im Zusammenhang mit der Problematik der Sterbehilfe immer wieder betont wird, das Selbstbestimmungsrecht der Person zu untergraben. Denn die Einwilligung des Betroffenen in die lebensbeendende Maßnahme ist hier nur eine notwendige, nicht aber eine hinreichende Bedingung für die Rechtfertigung der Maßnahme.

Dass die Einwilligung des Betroffenen zur Rechtfertigung der Maßnahme der Lebensbeendigung nicht ausreicht, ist aber nicht die Folge eines Rückgriffs auf die Notstandsregelung, sondern durch den Tatbestand der „Tötung auf Verlangen" (§ 216 StGB) zwingend vorgegeben.[33] Die Notstandsregelung verschafft der autonomen Entscheidung des Sterbewilligen, die durch den Tatbestand des § 216 StGB im Kontext einer konsentierten Fremdtötung für generell unbeachtlich erklärt wird, wieder einen beschränkten Relevanzbereich – nämlich für die Fälle, in denen sein Interesse an der Beendigung seines Lebens als „wesentlich überwiegendes Interesse" im Sinne des § 34 StGB anerkannt wird.

Welches hier die kollidierenden *Gegeninteressen* sind, hängt davon ab, wie man den Straftatbestand der „Tötung auf Verlangen" (§ 216 StGB) interpretiert. Als geschütztes Interesse kommt hier einerseits das gesellschaftliche Interesse an der Aufrechterhaltung des Tötungstabus in Betracht, andererseits das Interesse des Sterbewilligen, vor einer unüberlegten Entscheidung für die Beendigung seines Lebens „paternalistisch" geschützt zu werden. In beiden Fällen behält der

---

32 Dazu und zum Folgenden schon U. Neumann, *Sterbehilfe im rechtfertigenden Notstand (§ 34 StGB)*, in: H. Putzke et al. (Hg.), *Strafrecht zwischen System und Telos* (Festschrift für R.-D. Herzberg), Tübingen 2008, 582f.
33 Vgl. oben nach Fn. 12.

Rückgriff auf das Institut des rechtfertigenden Notstands (§ 34 StGB) einen guten Sinn.

Soweit es um den *Schutz des Tötungstabus* geht, bedeutet der Rückgriff auf die Notstandsregelung: Die Rechtsordnung verzichtet in den von ihr zugelassenen Fällen der Sterbehilfe ausnahmsweise auf die Bestätigung des Tötungstabus durch Kriminalisierung der verlangten Tötung, wenn das Interesse des Betroffenen an der Befreiung von quälenden Schmerzen das Normstabilisierungsinteresse der Allgemeinheit wesentlich überwiegt.

Auch unter dem Gesichtspunkt der *paternalistischen Schutzfunktion* ist der Rückgriff auf die Notstandsregelung folgerichtig. Denn von einer voreiligen Entscheidung des Sterbewilligen für die Beendigung seines Lebens kann dann keine Rede mehr sein, wenn sein Interesse an der Beendigung seines Lebens das Interesse am Weiterleben überwiegt. Ob das der Fall ist, wird im Wege einer Abwägung seiner kollidierenden Interessen geprüft.

4.2 Rechtfertigungsrelevante Faktoren

Wenn die Frage der Zulässigkeit lebensbeendender Maßnahmen – jenseits der Fälle des konsentierten Behandlungsabbruchs bzw. -verzichts – ein Problem der Rechtfertigung nach Notstandsregeln darstellt, dann ergeben sich daraus zwingende Folgerungen für die Bestimmung der rechtlich rechtfertigungsrelevanten Faktoren.

Zunächst: die Notstandsregelung stellt maßgeblich auf die konkrete Interessenlage ab. Es muss also das Interesse des Sterbewilligen an der Beendigung des eigenen Lebens mit möglicherweise entgegenstehenden Interessen abgewogen werden. Bei dieser Abwägung kommen von vornherein lediglich rechtlich geschützte Interessen in Betracht. Außer Ansatz bleibt deshalb ein etwaiges Interesse von Angehörigen am Weiterleben oder Nichtweiterleben des Sterbewilligen. Außer Ansatz bleibt ebenso das Interesse bestimmter weltanschaulich festgelegter gesellschaftlicher Gruppierungen an der Durchsetzung einer besonders strengen oder aber einer besonders liberalen Sterbehilfepraxis. Dass auch ein gesamtgesellschaftliches Interesse am Weiterleben eines Menschen dessen Freiheit zum Tode nicht beeinträchtigen kann, sollte keiner Hervorhebung bedürfen.

Positiv formuliert kommen als abwägungsrelevante Interessen einerseits die Interessen des Sterbewilligen selbst, andererseits das bereits thematisierte gesellschaftliche Interesse an der Aufrechterhaltung des Tötungstabus in Betracht. Zunächst zum zweiten Punkt.

Ob das gesellschaftliche Tötungstabu nur bei der *direkten* oder auch bei der *indirekten Sterbehilfe* tangiert ist, ist umstritten. Richtig dürfte sein, hier eine quantitative Differenzierung vorzunehmen. Das gesellschaftliche Tötungstabu ist durch die indirekte Sterbehilfe jedenfalls in geringerem Maße beeinträchtigt als durch die direkte. Deshalb geht jedenfalls in den Fällen der *indirekten* Sterbehilfe die Abwägung zugunsten des Sterbewillens eines unheilbar kranken und schwer leidenden Patienten aus. Die Rechtsordnung verzichtet in den von ihr zugelassenen Fällen der Sterbehilfe ausnahmsweise auf die Bestätigung des Tötungstabus durch Kriminalisierung der verlangten Tötung, wenn das Interesse des Betroffenen an der Befreiung von quälenden Schmerzen das Normstabilisierungsinteresse der Allgemeinheit wesentlich überwiegt.

Für die Konstellation der *direkten Sterbehilfe* kann sich aus meiner Sicht jedenfalls in extremen Fällen schweren Leidens nichts anderes ergeben. Der Fall des im Fahrerhaus seines brennenden Fahrzeugs eingeschlossenen LKW-Fahrers, dem ein qualvoller Flammentod droht, mag plakativ erscheinen; aber er ist ein reales zeitgeschichtliches Ereignis[34] und ließe sich im Übrigen durch strukturell vergleichbare Beispiele aus der klinischen Praxis ersetzen.[35] Sollte der bewaffnete Beifahrer, der sich retten konnte, dem rettungslos Verlorenen die flehentliche Bitte, ihn rasch zu töten, mit der Begründung abschlagen müssen, er würde damit das gesellschaftliche Interesse an der Stabilität des Tötungstabus gefährden? Die so formulierte Frage dürfte die Antwort auf sie ersetzen.

Was die *Interessen auf Seiten des Sterbewilligen* betrifft, so stellt sich das Problem, ob man hier überhaupt eine Kollision von Interessen ausmachen kann. Das Interesse an der Ausführung der lebensbeendenden Handlung liegt in dem Interesse, von quälenden Schmerzen befreit zu sein. Soweit dieses Interesse subjektiv dominant und zugleich objektiv nachvollziehbar ist, besteht weder objektiv noch subjektiv ein Interesse, unter den gegebenen und nicht veränderbaren Umständen weiterzuleben. Ein kollidierendes Interesse, das eine Abwägung möglich und notwendig machen würde, ist hier jedenfalls nicht offensichtlich. In dieser Situation bieten sich drei Argumentationswege an.

Man kann, erstens, mit Hinweis auf die fehlende Interessenkollision die Anwendbarkeit der Notstandsregelung verneinen. Das ist folgerichtig, wenn man die Strafbarkeit der Sterbehilfemaßnahme hier schon auf der Ebene der Tatbestandsmäßigkeit verneint. Die Behauptung, die Sterbehilfe sei einer Rechtfertigung nach der Regelung des rechtfertigenden Notstands (§ 34 StGB) mangels

---

34 Vgl. H. Otto, *Recht auf den eigenen Tod? Strafrecht im Spannungsverhältnis zwischen Lebenserhaltungspflicht und Selbstbestimmungsrecht* (Gutachten D zum 56. Deutschen Juristentag), München 1986, 60.
35 Eindrucksvolle (und schwer erträgliche) Schilderung schwersten Leidens im Bereich der Neonatalmedizin bei R. Merkel, *Früheuthanasie. Rechtsethische und strafrechtliche Grundlagen ärztlicher Entscheidungen über Leben und Tod in der Neonatalmedizin*, Baden-Baden 2001, 42 ff.

Möglichkeit einer Interessenabwägung nicht *fähig*, wird dann durch die Annahme ergänzt, sie sei ihrer auch nicht *bedürftig*, weil es bereits an der Tatbestandsmäßigkeit der Handlung fehle.

Setzt man das Argument mit Stimmen aus dem strafrechtlichen Schrifttum dagegen ein, um die *Strafbarkeit* (bestimmter Fälle) der Sterbehilfe zu begründen, so führt das unmittelbar zu einem Widerspruch. Denn man kann die Strafbarkeit einer Handlung schlechterdings nicht damit begründen, dass sie *kein* Interesse verletze. Stünde dem Interesse des qualvoll Leidenden an der Beendigung seiner Qualen kein rechtlich relevantes Gegeninteresse gegenüber, so könnte die Statuierung eines – noch dazu strafrechtlich bewehrten – Tötungsverbots nur als Ausdruck staatlicher Willkür betrachtet werden.[36]

Der zweite Weg: Man schreibt jedem Menschen in jeder Situation ein Interesse am Weiterleben zu – unabhängig davon, ob dies seinen subjektiven Bedürfnissen oder auch nur einer objektiv nachvollziehbaren Wertung entspricht. Das ist ein in der Strafrechtsdogmatik verbreiteter Ansatz, der insbesondere mit dem Topos des Lebens als „Höchstwert" operiert. Aber dieser Rückgriff auf „Werte" ist mit einer interessenbasierten Rechtsethik, wie sie der Notstandsregelung zugrunde liegt, kaum vereinbar. Immerhin dürfte es vertretbar sein, ein situationsunabhängiges und gegenüber den Präferenzen des Betroffenen indifferentes generalisiertes Interesse des Menschen am Weiterleben zu konstruieren, solange diese Konstruktion lediglich dazu dient, eine Leerstelle im Rahmen des Prüfungsprogramms der Notstandsregelung zu füllen und nicht etwa dazu herangezogen wird, einen Menschen gegen seinen Willen zum Weiterleben zu verpflichten.

Eine solche methodologisch motivierte Konstruktion eines generellen Lebensinteresses kommt im Ergebnis dem dritten Argumentationsweg nahe, der als kollidierendes Gegeninteresse auch ein Interesse anerkennt, das in der aktuellen Situation die Größe „Null" aufweist, und der es deshalb genügen lässt, dass mit dem Interesse an der Beendigung des Lebens *strukturell* das Interesse am Weiterleben kollidiert.

4.3 Autonome Entscheidung

Ein letzter Punkt. Voraussetzung für die Rechtfertigung einer lebensbeendenden Maßnahme ist in jedem Falle die tatsächliche oder mutmaßliche Einwilligung des

---

[36] Näher dazu U. Neumann, *Buchbesprechung: R. Ingelfinger, Grundlagen und Grenzbereiche des Tötungsverbots. Das Menschenleben als Schutzobjekt des Strafrechts, Köln 2004*, in: ZStW 118 (2006), 754 f.

Betroffenen. Relevant ist – im Falle der ausdrücklichen Zustimmung – nur die autonom getroffene Entscheidung. *Autonomie* setzt die tatsächliche Möglichkeit voraus, über die fragliche Angelegenheit rational zu entscheiden. Zu den Bedingungen dieser Möglichkeit gehört, dass der Betroffene über die Alternativen, zwischen denen er zu wählen hat, vollständig informiert ist.

Daraus ergibt sich die Bedeutung der ärztlichen Aufklärungspflicht; ihre Erfüllung ist Voraussetzung rationalen und damit autonomen Entscheidens des Patienten. Zu den Bedingungen rationalen Entscheidens gehört weiter, dass der Betroffene konstitutionell über die Fähigkeit zu vernünftigem Handeln verfügt. Schließlich darf die Fähigkeit zu rationalem Handeln nicht durch situative Umstände wie Drohungen oder übermäßigen sozialem Druck beeinträchtigt sein.

Nicht beeinträchtigt wird diese Fähigkeit durch Schmerzen, nicht therapierbare Depressionen oder begründete Ängste des Patienten vor einer weiteren Verschlechterung seines Zustands. Denn: Schmerzen, nicht therapierbare Depressionen und naheliegende Verschlechterungen des Gesundheitszustands, vor denen der Patient sich fürchtet, gehören zu den Umständen der Situation, auf die er reagieren muss. Sie sind, mit anderen Worten, Bestandteil einer der Alternativen, zwischen denen der Betroffene wählen muss, wenn er sich für ein qualvolles Weiterleben oder einen raschen Tod entscheiden muss. Sie verursachen damit keine Defizite des Entscheidungs*prozesses*, stellen also dessen Rationalität nicht in Frage.

Intensive, palliativmedizinisch nicht beherrschbare Schmerzen sind ein nachvollziehbares Motiv für die Entscheidung, sein Leben zu beenden. Das gilt auch für seelische Schmerzen, insbesondere für nicht therapierbare Depressionen. Die Ansicht, dass Depressionen die Autonomie des Entscheidungsprozesses grundsätzlich zerstören, ist falsch, soweit diese Depressionen ein nicht korrigierbarer Bestandteil einer der Alternativen sind, zwischen denen der Betroffene sich entscheiden muss. Ebenso ist die begründete Angst vor dem Progredieren einer beginnenden Demenz ein nachvollziehbares Motiv für den Sterbewunsch.[37]

Zu beachten ist allerdings, dass die Bewertung der Entscheidung des Patienten als „autonom" dort in Grauzonen führt, wo es um vorübergehende, „transitorische" körperliche oder seelische Schmerzen geht, wo der Patient also nach einer Phase subjektiv unerträglicher Beeinträchtigungen ein erträgliches, vielleicht sogar befriedigendes Leben zu erwarten hat. – Das sind natürlich nicht Fälle der Sterbehilfe, die nach dem Gesagten eine tödliche Erkrankung voraussetzt. –

---

37 Ausführlich dazu U. Schroth, *Der Wunsch zu sterben bei beginnender Demenz – rechtliche, rechtspolitische und ethische Fragen. Ein Beitrag zu einem Paternalismusproblem*, in: S. Sellmaier/ E. Mayr (Hg.), *Normativität, Geltung, Verpflichtung* (Festschrift für W. Vossenkuhl), Stuttgart 2011, 237–254.

Hierher gehören die so genannten „Thank you, Doctor"-Konstellationen. Beispiel: Der Patient hat Angst vor einem lebensverlängernden Eingriff, der mit erheblichen postoperativen Schmerzen verbunden ist. Nach überstandenen Schmerzen dankt er seinem Arzt, der auf dem Eingriff bestanden hat. Oder: Ein Krebspatient bittet seinen Arzt in der Phase, bevor die palliativmedizinischen Maßnahmen Wirkung entfalten, um eine „erlösende" Spritze. Nachdem diese Phase überstanden ist, dankt er seinem Arzt, dass er ihm die „erlösende" Injektion verweigert hat.

Beeinträchtigt die Angst vor den transitorischen Schmerzen die Rationalität der Entscheidung? Oder wäre es aus der Sicht eines Patienten, der die Schmerzen vermeiden will, rational, den Eingriff zu vermeiden? Die Frage ist schwer zu entscheiden. Klar ist jedenfalls, dass auch in diesen Fällen der Arzt keinen Eingriff gegen den Willen des Patienten vornehmen darf. Lehnt der Patient die lebensrettende Operation aus Angst vor den postoperativen Schmerzen definitiv ab, ist der Arzt daran gebunden. Eine Operation, die gegen den Willen des Patienten durchgeführt würde, wäre eine tatbestandsmäßige und rechtswidrige Körperverletzung. Die Autonomie des Patienten umfasst auch das Recht, lebenserhaltende Eingriffe verbindlich zu untersagen.

Carl Bottek
Ausführungen und Unterlassungen als die beiden Handlungsmodi

1 Die Fragestellung

Die Antwort, die man – intuitiv oder aber auch theoretisch unterfüttert – auf die Frage gibt, ob *Töten* und *Sterbenlassen* normativ gleich oder unterschiedlich zu bewerten sind, hängt – neben anderen Gesichtspunkten wie zum Beispiel der Frage nach ihrer kausalen Relevanz[1] – immer auch davon ab, in welchem Verhältnis man die beiden Begriffe *Handlung* und *Unterlassung* zueinander sieht, ob man also Unterlassungen für Handlungen hält, oder aber das Verhältnis so sieht, dass *unterlassen* eben *nicht handeln* bedeutet. Wer meint, dass Unterlassungen keine Handlungen sind, wird eher dazu neigen, sie anders zu bewerten als ausgeführte Handlungen, als jemand, der davon ausgeht, dass Unterlassungen eine Teilmenge der Handlungen sind. Daher ist wohl offensichtlich, dass eine Klärung der Frage, wie sich diese beiden Begriffe zueinander verhalten, vor jeder entsprechenden normativen Debatte stehen muss.

Es ist anzumerken, dass die Frage nach dem Verhältnis von Handlungen und Unterlassungen auch in der philosophischen Handlungstheorie Gegenstand einer angeregten Diskussion ist. Die Klärung der Frage, wie wir unsere diesbezügliche Sprache am besten organisieren, ist nicht bloßer Selbstzweck von an begrifflicher Klarheit interessierten Elfenbeinturmbewohnern, sondern dient in erster Linie dazu, zu vermeiden, dass durch unreflektierte sprachliche Festlegungen unbemerkt Weichenstellungen vorgenommen werden, die zu unberechtigten normativen Konsequenzen führen.

In diesem Aufsatz wird die Position vertreten, dass sich das Ausführen einer Handlung und das entsprechende Unterlassen in keinem wesentlichen Gesichtspunkt unterscheiden. Daher wird dafür plädiert, statt von Handlungen auf der einen und Unterlassungen auf der anderen Seite zu sprechen (was nahelegen könnte, dass Unterlassungen keine Handlungen sind), Ausführungshandlungen und Unterlassungshandlungen als die beiden Modi von Handlungen auszuweisen.

---

[1] Vgl. dazu F.-J. Bormann, *Zur kausalen Differenz von Töten und Sterbenlassen*, in diesem Band 249–273, sowie C. Bottek, *Unterlassungen und ihre Folgen*, Tübingen 2014.

2 Das Spektrum der vertretenen Positionen

Dieser Aufsatz ist nicht der Ort für eine umfassende Bestandsaufnahme der in der handlungstheoretischen Debatte vorgetragenen Antwortvorschläge.[2] Um aber die Relevanz der Fragestellung transparent zu machen, sollen exemplarisch die diametral entgegengesetzten Auffassungen von Georg Henrik von Wright auf der einen und Dieter Birnbacher auf der anderen Seite skizziert werden.

Georg Henrik von Wright möchte klären, ob und – wenn ja – wie sich menschliche Handlungen von sonstigen Ereignissen unterscheiden. Er beantwortet die erste Frage affirmativ und nennt als Unterscheidungskriterium die unterschiedlichen Weisen, auf welche Handlungen und sonstige Ereignisse erklärt werden können. Während bei letzteren die gesetzmäßige kausale Verknüpfung von Ursachen und Wirkungen eine adäquate Erklärung lieferte, seien Handlungen nicht als Wirkungen von Vergangenem, sondern teleologisch, das heißt als Realisierungsversuche von Zukünftigem zu erklären. Nicht Ursachen, sondern Zwecke erklärten menschliche Handlungen, wobei ihm zufolge diese Zwecke darin bestehen, dass bestimmte *Transformationen* hergestellt werden. Von Wright stellt dabei fest, dass sich das Ausführen von Handlungen und das Unterlassen in dieser Hinsicht nicht unterscheiden, sondern dem Ausführen und dem Unterlassen grundsätzlich gemein ist, dass – sofern die Umstände jeweils passen – mit ihnen genau die gleichen Arten von *Transformationen* hergestellt werden können. So sind für das Ausführen einer Handlung wie für das Unterlassen gleichermaßen Situationen denkbar, in denen (i) ein bereits bestehendes Resultat erhalten wird, (ii) das Nicht-Bestehen eines Zustandes erhalten wird – in diesen beiden Fällen ist die Transformation keine Veränderung, sondern besteht darin, dass der bestehende Zustand konserviert wird –, (iii) das Nicht-Bestehen eines Zustandes in das Bestehen des Zustandes überführt wird und (iv) das Bestehen eines Zustandes in sein Nicht-Bestehen überführt wird – in letzteren beiden Fällen kann man auch im engeren Sinne von einer Transformation sprechen. So kann – als Beispiel für eine Transformation des Typs (i) – der Zustand *Das Feuer brennt* unter bestimmten Umständen dadurch erhalten werden, dass man die Handlung ausführt, Holz nachzulegen, unter anderen Umständen dadurch, dass man es unterlässt, den Gashahn zuzudrehen. Als ein Beispiel des Typs (iv) kann der Zustand *Das Feuer brennt* in den Zustand *Das Feuer brennt nicht* überführt werden, indem man unter bestimmten Umständen die Handlung ausführt, den Gashahn zuzudrehen, oder es unter anderen Umständen unterlässt, Holz nachzulegen. Sofern das Ausführen der Handlung und das Unterlassen teleologisch erklärt werden können, sind beide

---

[2] Für einen umfassenderen Überblick vgl. C. Bottek, *Unterlassungen und ihre Folgen*, 9 ff.

mit von Wright als Handlungen zu betrachten. Dementsprechend verwendet von Wright den Begriff *action* als Oberbegriff für *act* und *omission*.³

Dieter Birnbacher erkennt an, dass Unterlassungen zwar in gewissen Hinsichten „handlungsartig" sein können, insofern sie sich von diesen „in Motiven, Absichten und Folgen nicht oder nur unwesentlich unterscheiden"⁴. Er hält es aber für notwendig, Handeln und Unterlassen als Kontrastbegriffe zu entwickeln, so dass ein menschliches Verhalten, das als Unterlassung betrachtet werden kann, nicht zugleich als Handlung angesehen werden kann (und andersherum). Birnbacher greift auf Arthur Coleman Dantos naturalistische Konzeption der *Basishandlungen* zurück, um einen Unterlassungsbegriff zu explizieren, der dieser Forderung genügt; eine Unterlassung liegt dieser Konzeption zufolge vor, wenn die „maximal basishafte" Beschreibung eines Verhaltens – also die Beschreibung, die von Absichten, Konsequenzen, Wertungen etc. absieht – das Unterlassen einer Körperbewegung benennt.⁵ Die „Grundform des Unterlassens" besteht dann darin, dass jemand eine bestimmte Handlung zwar hätte ausführen können, es aber nicht der Fall ist, dass er sie ausführt.⁶

3 Drei Argumentationslinien

Die mit diesem Aufsatz verfolgte Absicht lautet – wie oben schon offengelegt wurde –, die Auffassung stark zu machen, dass Unterlassungshandlungen neben den Ausführungshandlungen als zweiter Modus des Handelns angesehen werden müssen. Im Folgenden werden daher drei Argumentationslinien vorgestellt, die diese Schlussfolgerung nahelegen.

---

3 Vgl. G. H. von Wright, *Explanation and Understanding*, Ithaca 1971, 96, sowie ders., *Norm and Action*, London 1963, 48.
4 D. Birnbacher, *Tun und Unterlassen*, Stuttgart 1995, 9.
5 Vgl. D. Birnbacher, *Tun und Unterlassen*, 26 f.
6 Vgl. D. Birnbacher, *Tun und Unterlassen*, 32. – An dieser Stelle sei darauf verwiesen, dass die naturalistische Handlungstheorie, wie sie am prominentesten von Donald Davidson vertreten wird, Unterlassungen nicht angemessen einbeziehen kann, wenngleich sowohl Davidson selbst als auch sein Schüler Bruce Vermazen dies als Desiderat ansehen (vgl. C. Bottek, *Unterlassungen und ihre Folgen*, 76 ff.).

3.1 Begriffsklassifikation

Die erste vorgestellte Argumentationsstrategie nimmt die Frage in den Blick, auf welche Weise die Begriffe, deren Verhältnis zur Diskussion steht, definiert werden können. Dabei wird die scholastische Form der Definition verwendet, die auf Aristoteles zurückgeführt und auch heute noch als ein Grundmodell betrachtet werden kann. Es handelt sich um die Klassifikation von Begriffen anhand von *genus proximum* und *differentia specifica* – ein Oberbegriff wird durch die Angabe eines Unterscheidungskriteriums in zwei Unterbegriffe unterteilt. Dabei ist eine korrekte Klassifikation vollständig und disjunkt, das heißt, durch die Angabe des Unterscheidungskriteriums wird gewährleistet, dass es weder ein Glied gibt, dass keiner der beiden neu gebildeten Klassen angehört, noch eines, dass beiden Klassen zugeordnet werden kann.

Zunächst kann man die beiden ontologischen Grundkategorien *Gegenstände* und *Ereignisse* anhand des Kriteriums voneinander unterscheiden, ob sie allein *räumlich* (Gegenstände) oder *räumlich und zeitlich* (Ereignisse) ausgedehnt sind. Dabei sei angemerkt, dass der Ereignisbegriff im weitesten Sinne zu verstehen ist, so dass er nicht nur das Neuauftreten eines Zustandes, sondern auch das Fortbestehen eines solchen umfasst.

In einem nächsten Schritt lassen sich Ereignisse nun anhand des Unterscheidungskriteriums ‚Beteiligung eines Lebewesens' in *Bewegungen* und *Regungen* unterteilen. Bewegungen sind dann solche Ereignisse, an denen keine Lebewesen notwendig beteiligt sind – zum Beispiel das Umkreisen der Sonne durch die Erde, das Fallen eines Blattes, das Fließen eines Flusses etc. Die Einschränkung ‚notwendig' soll klar machen, dass zwar an manchen Bewegungen auch Lebewesen beteiligt sein können, das entsprechende Ereignis aber auch ohne diese Beteiligung stattfinden würde. So kann es unerheblich sein, dass eine Raupe auf einem Blatt sitzt, wenn dieses auch sonst vom Baum geweht worden wäre, oder ob ein Mensch von einem Kometen getroffen wird. Diese nicht notwendigen Parameter machen aus dem Ereignis keine Regung. Als Regungen können nämlich die Ereignisse bezeichnet werden, die notwendig an einem oder durch ein Lebewesen erfolgen – zum Beispiel das Gähnen einer Person, das Schnüren eines Schuhs durch einen Menschen, die Drehung einer Sonnenblume in Richtung der Sonne etc. Für sie ist die Existenz eines entsprechenden Lebewesens insofern Voraussetzung, als es ohne dies nicht möglich wäre, dass das Ereignis stattfindet.

Bei der Betrachtung der gerade genannten Beispiele fällt vielleicht auf, dass der Begriff der Regung noch recht undifferenziert ist, so dass er auf sehr unterschiedliche Ereignisse angewandt werden muss. So scheint ein großer Unterschied zwischen der Bewegung einer Blume und einem komplexen Bewegungsablauf wie dem Schuhschnüren zu bestehen. Eine nächste Stufe der Klassifikation, die dem Bedürfnis entgegenkommt, solche Fälle voneinander zu unterscheiden, könnte sich daher an der Frage orientieren, ob das betreffende Lebewesen potentiell Absichten verfolgt. Trifft dies zu, so kann man genauer von *Verhalten* sprechen, anderenfalls eben nicht. Als Beispiele für Verhalten in diesem Sinne können das Knurren eines Hundes und das Sich-Räuspern eines Menschen dienen.

Der Begriff des Verhaltens kann weiter unterteilt werden, indem die zeitliche Richtung untersucht wird, in die geschaut werden muss, um das zu untersuchende Ereignis zu erklären. Ist es vollständig kausal beschreibbar – zielt die Erklärung also allein in die Vergangenheit, indem auf seine Ursachen rekurriert wird –, so kann man das Verhalten genauer als *Widerfahrnis* bezeichnen. Ist eine ausschließlich kausale Erklärung nicht möglich, sondern muss ein Verhalten (zumindest teilweise) teleologisch erklärt werden, so dass die Absichten der betreffenden Person angegeben werden und die zeitliche Richtung der Erklärung in die Zukunft weist, kann man hingegen von einer *Handlung* sprechen. Die Anmerkungen, dass die Erklärung einer Handlung *nicht ausschließlich* kausal ist und dass *zumindest teilweise* teleologische Elemente vorhanden sein müssen, trägt dabei der Tatsache Rechnung, dass in der Regel bei Handlungen durchaus auch bestimmte kausale Elemente herangezogen werden müssen. So ist die Handlung, ein Fenster zu schließen, sicher vorrangig teleologisch zu erklären: Jemand muss einen Zweck haben, der sich dadurch realisieren lässt, zum Beispiel zu verhindern, dass es hereinregnet oder dass Einbrecher einsteigen können etc. Es muss aber obendrein das kausale Element vorliegen, dass das Fenster offen ist. Daneben ist darauf hinzuweisen, dass man einem Verhalten häufig nicht ohne Weiteres von außen ansehen kann, ob es als Widerfahrnis oder als Handlung zu deuten ist. So kann ein Räuspern sowohl ein Widerfahrnis sein – wenn es kausal erschöpfend erklärt werden kann, indem seine Ursachen angegeben werden, zum Beispiel, dass sich die betreffende Person vorher verschluckt hat und dadurch ein Reflex ausgelöst wurde – als auch eine Handlung – wenn eine solche Ursache nicht angegeben werden kann, sondern die Erklärung des Räusperns auch auf die Absicht der betreffenden Person Bezug nehmen muss, zum Beispiel auf sich aufmerksam zu machen. Es scheint darüber hinaus Situationen zu geben, in denen selbst der Akteur sich nicht darüber klar sein kann, ob sein Verhalten Widerfahrnischarakter besitzt oder eine Handlung darstellt. Man denke an solche Fälle, die unter der Bezeichnung *Abweichende Kausalketten*[7] verhandelt werden, zum Beispiel den von Davidson beschriebenen Kletterer, der den durch ihn ge-

---

7 Vgl. C. Bottek, *Unterlassungen und ihre Folgen*, 67 ff.

sicherten Kletterpartner töten möchte, indem er das Seil loslässt, und bei dem Gedanken daran aus Nervosität das sichernde Seil loslässt, so dass der Partner abstürzt.[8] Auch wenn der Akteur die Absicht hatte, den resultierenden Zustand herzustellen, scheint hier doch eher ein Widerfahrnis als eine Handlung vorzuliegen. Darüber hinaus sind natürlich Berichte von Akteuren über ihre Absichten nicht sonderlich zuverlässig. Der Fußballer, der ein Traumtor erzielt, indem er mit viel Glück und reflexhaft den scharf herein gespielten Ball mit dem Fuß berührt, wird wohl kaum die Glückwünsche der Mitspieler zurückweisen und auf den Widerfahrnischarakter des Tors verweisen. Hierbei handelt es sich aber nicht um ein begriffliches Problem, so dass die Unterscheidung zwischen Widerfahrnis und Handlung ausgehebelt wäre, sondern letztlich um ein empirisches. Eine Strategie, um im Zweifelsfall zu entscheiden, ob ein Verhalten Handlungscharakter besitzt, kann darin bestehen, zu untersuchen, ob es sich um ein konkludentes Verhalten in dem Sinne handelt, dass es sonstige Verhaltensweisen des Akteurs gibt, die eine teleologische Deutung nahelegen. Darüber hinaus kann es hilfreich sein, zurückliegendes Verhalten des Akteurs zu betrachten und zu untersuchen, ob er Maximen zu folgen scheint, die eine Deutung des Verhaltens als Handlung nahelegen. Letztlich bleibt aber eine gewisse Fehleranfälligkeit bestehen.[9]

Hat man auf diese Weise den Begriff der Handlung definiert, kann man zunächst festhalten, dass nicht (wie Birnbacher dies fordert) Unterlassungen den Gegenbegriff bilden, sondern eben Widerfahrnisse. Der Begriff der Handlung steht so vielmehr für alles Verhalten, das als Zweckrealisierungsversuch eines Akteurs gedeutet und somit teleologisch erklärt werden kann. Das ist offensichtlich nicht nur für das Ausführen einer Handlung möglich, sondern in ganz vielen Fällen auch für das Nicht-Ausführen einer Handlung: Wer den Zweck hat, seine Bronchitis zu heilen, der setzt dies möglicherweise nicht nur um, indem er das verschriebene Antibiotikum einnimmt, sondern auch, indem er es unterlässt, zu rauchen. Wer den Zweck hat, abzunehmen, der realisiert dies womöglich nicht bloß dadurch, dass er viel Sport treibt, sondern auch dadurch, dass er es unterlässt, sich hochkalorisch zu ernähren.

Ein für unseren Zweck letzter Klassifikationsschritt ist der folgende: Anhand des Kriteriums ‚Werden wesentliche Handlungsbeschreibungsaspekte realisiert?' können Handlungen weiter in Ausführungs- und Unterlassungshandlungen aufgeteilt werden. Der Begriff der Handlungsbeschreibungsaspekte wird im nächsten Abschnitt genauer beleuchtet. Wichtig ist an dieser Stelle die Anmerkung, dass zwar viele Handlungsbezeichnungen auf ein herzustellendes Resultat hinweisen,

---

[8] Vgl. D. Davidson, *Freedom to act*, in: ders., *Essays on Actions and Events*, Oxford 2001, 79.
[9] Vgl. C. Bottek, *Unterlassungen und ihre Folgen*, 133 ff.

dies aber bei weitem nicht immer der Fall ist. Das Unterscheidungskriterium lässt sich aber hieran erklären. Eine Handlung ist genauer eine Ausführungshandlung, wenn das Resultat, das durch die Bezeichnung benannt wird, am Ende (absichtlich – sonst wäre es keine Handlung) realisiert wurde. Eine Unterlassungshandlung liegt dagegen dann vor, wenn das genannte Resultat (ebenfalls absichtlich) nicht umgesetzt wurde. Zum Beispiel ist die Handlung ‚Fensterschließen' dann ausgeführt, wenn der intendierte Zustand, dass das Fenster geschlossen ist, erreicht ist; die Handlung wurde unterlassen, wenn der Zustand, dass das Fenster geschlossen ist, nicht eingetreten ist und dies der Absicht des Akteurs entspricht. Andere Beispiele sind das Töten – bei der entsprechenden Ausführungshandlung ist das Objekt am Ende tot, bei der Unterlassungshandlung dagegen nicht – und das Aufhängen eines Bildes – bei der Ausführungshandlung hängt am Ende das Bild, bei der Unterlassung hängt es nicht.[10]

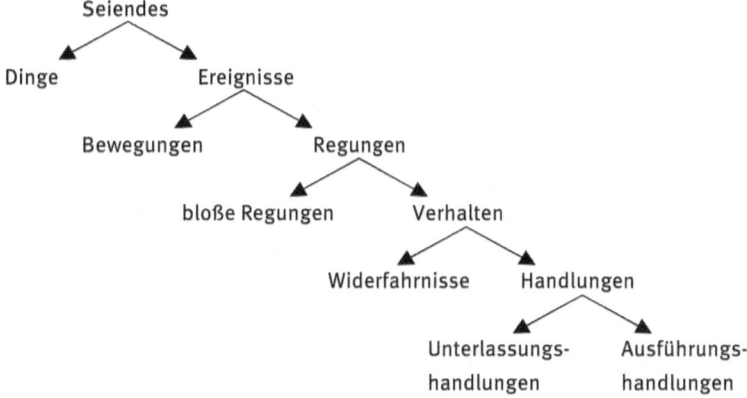

Es bleibt an dieser Stelle zu erwähnen, dass nicht nur (wie oben ausgeführt) Ausführungshandlungen mitunter nicht ohne Weiteres von Widerfahrnissen zu unterscheiden sind, sondern auch Unterlassungen mit entsprechenden Widerfahrnissen verwechselt werden können. So ist auch hier durchaus denkbar, dass ein Verhalten, das sinnvoll als Zweckrealisierungsversuch gedeutet werden kann, nicht auf eine entsprechende Intention des Akteurs zu beziehen ist. Man denke an jemanden, der eine Tafel Schokolade nicht isst, dies aber nicht, um seine Absicht abzunehmen umzusetzen, sondern weil er vergessen hat, dass diese noch da ist, oder weil er zu faul ist, sie zu holen. Auch auf das Beispiel, das Birnbacher verwendet, lässt sich dieser Hinweis beziehen: Wenn jemand einen Ertrinkenden

---

[10] Vgl. C. Bottek, *Unterlassungen und ihre Folgen*, 131 ff. sowie 147 f.

nicht rettet, kann dies eine Unterlassung sein – wenn er nämlich (aus welchen Gründen auch immer) die Intention entwickelt hat, ihn ertrinken zu lassen – oder ein Widerfahrnis – wenn er zum Beispiel gar nicht mitbekommen hat, dass sich der Ertrinkende in einer Situation befindet, aus der man ihn hätte retten können.

3.2 Handlungsbeschreibungstypen

Wie im vorherigen Abschnitt schon angedeutet wurde, gibt es mehrere Handlungsbeschreibungsaspekte. Gemeint ist damit, dass in Gebrauchssprachen nicht alle Handlungsbeschreibungen (vulgo Verben) gleich funktionieren.[11] Es mag zwar eine Vielzahl von handlungsbeschreibenden Ausdrücken geben, die auf ein intendiertes Resultat Bezug nehmen – die oben genannten Beispiele waren ‚Fenster schließen', ‚jemanden töten' und ‚Bild aufhängen', für deren Ausführung jeweils konstitutiv ist, dass am Ende das genannte Resultat erreicht wurde –, aber dies ist nicht die einzige vorhandene Form.

Eine erste weitere Form besteht darin, dass eben nicht intendierte Folgen eines absichtlichen Handelns verwendet werden, um die Handlung zu bezeichnen. Verben, die so funktionieren, sind zum Beispiel ‚sich verletzen' und ‚sich blamieren'. Es mag zwar Kontexte geben, in denen jemand sich absichtlich verletzt (zum Beispiel um vom Kriegsdienst entlassen zu werden), bzw. in denen jemand sich absichtlich blamiert (zum Beispiel um in Zukunft vor einer unliebsamen Pflicht verschont zu werden), aber in aller Regel ist hier die Handlung nicht darauf ausgerichtet, den in der Bezeichnung genannten Zustand herzustellen. Vielmehr ist die Handlung in der Hinsicht, die hier zur Beschreibung dient, widerfahrnisartig.

Daneben lassen sich verschiedene Verbtypen nennen, die überhaupt keinen Bezug auf ein Resultat nehmen, sondern ganz andere Aspekte in den Blick rücken. Zunächst sei auf die große Klasse der Begriffe verwiesen, die eine bestimmte Körperbewegung benennen. Beispiele hierfür sind ‚hüpfen', ‚laufen', ‚tanzen', ‚mit dem Fuß wackeln' und viele weitere mehr. Zwar mag es in vielen Kontexten sinnvoll sein, auf ein Resultat Bezug zu nehmen, um eine durch die Körperbewegung bezeichnete Handlung teleologisch zu erklären – so wird es häufig der Fall sein, dass jemand läuft, um an ein Ziel zu gelangen, oder dass jemand mit dem Fuß

---

[11] Vgl. hierzu G. Kamp, *Praktische Sprachen*, Essen 1999, 311 ff., sowie ders., *Handlung = Körperbewegung plus X*, in: ders./F. Thiele (Hg.), *Erkennen und Handeln* (Festschrift für C. F. Gethmann), München 2009, 68 ff.; vgl. auch G. H. von Wright, *Explanation and Understanding*, 39 ff.; N. Rescher, *Aspects of Action*, in: ders. (Hg.), *The Logic of Decision and Action*, Pittsburgh 1966, 215 ff.; C. Bottek, *Unterlassungen und ihre Folgen*, 147 ff.

wackelt, um seine Anspannung zu mindern –, aber dafür, dass die Handlung zurecht als ‚Laufen' oder als ‚Mit-dem-Fuß-Wackeln' bezeichnet werden kann, ist das Erreichen eines solchen Ziels nicht wesentlich.

Eine andere Art von Verben, die ebenso wenig voraussetzt, dass am Ende ein bestimmter Zustand erreicht wurde, benennt die bei der bezeichneten Handlung verwendeten Mittel bzw. Güter. Am deutlichsten lässt sich dies sicher an Verben demonstrieren, die auf ein Werkzeug Bezug nehmen. So ist wohl klar, dass man zumindest nicht im konkreten Sinne sägen kann, ohne eben eine Säge zu benutzen, und dass die Tätigkeit des Hämmerns der Verwendung eines Hammers bedarf (oder zumindest eines anderen Gegenstands, der ‚als Hammer' eingesetzt wird). Dass jemand etwas eintopft, setzt zwar nicht die Verwendung eines bestimmten Werkzeugs voraus, aber unbedingt das Vorhandensein eines Topfes, in den eben eingetopft wird. Und das Verb ‚umblättern' bezieht sich auf eine weitere Weise auf einen Gegenstand, der vorhanden sein muss, damit die so bezeichnete Handlung ausgeführt werden kann.

Wieder anders funktionieren Verben, die sich auf iterierte Handlungen beziehen. Im Deutschen sind sie dadurch gekennzeichnet, dass sie in der Regel statt auf -en auf -ern oder -eln enden. Dabei bezeichnen einige dieser Verben das wiederholte Ausführen einer Körperbewegung – zum Beispiel ‚strampeln' –, andere beziehen sich auf das wiederholte Verwenden eines Guts oder Werkzeugs – zum Beispiel ‚löffeln' – und wieder andere scheinen am besten als das Erreichen eines Teilresultats beschrieben zu werden – zum Beispiel ‚sammeln'.

An letzterem Punkt ist vielleicht schon aufgefallen, dass dieser Handlungsbeschreibungstyp auf andere Handlungsbeschreibungstypen Bezug nimmt. Es handelt sich somit um Mischformen: Diese Verben bezeichnen die Verwendung eines Werkzeugs *und* die Tatsache, dass dies wiederholt vorkommt, bzw. die Ausführung einer Körperbewegung *und* die Tatsache, dass diese wiederholt wird, etc. Solche Mischformen gibt es auch zwischen den anderen Handlungsbeschreibungstypen. So heißt ‚umrennen' nicht nur, dass man rennt, sondern auch, dass nachher das (intendierte oder nicht-intendierte) Resultat vorliegt, dass etwas, das vorher stand, nicht mehr steht; ‚absägen' bedeutet nicht nur, dass man das Werkzeug Säge verwendet, sondern auch, dass am Ende der Zustand erreicht ist, dass etwas abgetrennt wurde.[12]

Es stellt sich nun die Frage, wieso die Beobachtung, dass es verschiedene Handlungsbeschreibungstypen gibt, wichtig ist. Zunächst liegt die folgende Antwort nahe: Die im vorherigen Abschnitt dargestellte Klassifikation bedarf einer weiteren Konkretisierung. Handlungen lassen sich nicht nur in Ausführungs-

---

12 Vgl. C. Bottek, *Unterlassungen und ihre Folgen*, 147 ff.

handlungen und Unterlassungshandlungen differenzieren, sondern genauer in mindestens die genannten Handlungsbeschreibungstypen. Der untere Teil des Klassifikationsbaumes könnte dann wie folgt aussehen:

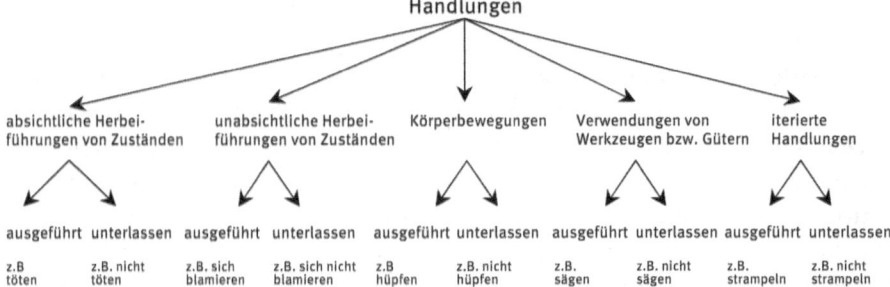

Es wird aber schon aus der Darstellung deutlich, dass die Merkmale einer korrekten Klassifikation auf dieser Ebene nicht mehr beibehalten bleiben: Durch die Angabe mehrerer Unterscheidungskriterien entsteht weder eine vollständige noch eine disjunkte Aufteilung. So lassen sich die eben genannten Verben, die mehrere Handlungsbeschreibungsaspekte benennen, als Beispiele für nicht disjunkt klassifizierbare Elemente der Klasse der Handlungen anführen. Es bleibt außerdem die Frage, ob alle gebrauchssprachlich vorhandenen Verben mindestens einem der genannten Typen zugeordnet werden können. Ein Zweifelsfall wäre zum Beispiel ‚regieren' – dieses Verb scheint weder das Ausführen einer Körperbewegung, das (absichtliche oder unabsichtliche) Herstellen eines Resultats, das Verwenden eines konkreten Werkzeugs noch eine iterierte Handlung zu benennen. Trotzdem kann man wohl von einer Person in der entsprechenden Position sagen, dass sie regiert bzw. dass sie es unterlässt, zu regieren, obwohl es ihre Aufgabe wäre. Darüber hinaus ist an dieser Stelle anzumerken, dass viele Handlungen auf verschiedene Weisen beschrieben werden können: Jemand kann eine bestimmte Körperbewegung ausführen *und* damit einen bestimmten Zustand herstellen oder auch ein bestimmtes Werkzeug benutzen *und* damit einen bestimmten Zustand realisieren. Manche Handlungen lassen sich also verschiedenen Handlungsbeschreibungen zuordnen. Dabei müssen dem Akteur nicht alle möglichen Beschreibungen bewusst sein – jemand kann absichtlich eine Körperbewegung ausführen, ohne den daraus resultierenden Zustand anzustreben. Damit sein Verhalten als Handlung eines konkreten Typs aufgefasst werden kann, muss dies also auch intendiert sein.[13]

---

13 Vgl. G. Keil, *Handeln und Verursachen*, Frankfurt a. M. 2000, 43 ff.

Diese Ausführungen lassen sich um einen weiteren Aspekt erweitern: Manche Handlungen können kontextfrei ausgeführt werden: Eine Handlung des Typs Körperbewegung ist wohl immer als solche beschreibbar. Ein ‚Mit-dem-Fuß-Wackeln' scheint in jedem denkbaren Zusammenhang als ein ‚Mit-dem-Fuß-Wackeln' aufzufassen zu sein, unabhängig davon, welche Handlung dadurch zusätzlich ausgeführt wird. Handlungen des Typs ‚Herstellen eines Resultats' verlangen aber häufig einen konkreten Kontext, damit sie erfolgreich vollzogen werden können. So setzen die Handlungen ‚Blumen gießen' und ‚Rosen gießen' verschieden feinkörnig beschriebene Kontexte voraus, wenngleich sie sich hinsichtlich der konkreten Weisen, auf die sie vollzogen werden können, gleichen können. Das scheint nicht nur für Resultate zu gelten, die mittels einer (auszuführenden – zum Beispiel, indem eine Wasserpumpe betätigt wird – oder zu unterlassenden – indem zum Beispiel unterlassen wird, die betreffenden Blumentöpfe aus dem Regen zu holen –) Körperbewegung realisiert werden können, sondern auch für solche, die zum Beispiel die Verwendung eines Werkzeugs betreffen etc.

Welche Konsequenzen ergeben sich aus diesen Beobachtungen? Die erste Antwort lautet, dass Gebrauchssprachen nicht die nötige Präzision besitzen, um den Ansprüchen zu genügen, die eine um begriffliche Klarheit bemühte philosophische Auseinandersetzung mit den durch sie bezeichneten Phänomenen eigentlich haben müsste, um also alle wesentlichen Gesichtspunkte stets deutlich anzuzeigen. Ein naheliegender Lösungsvorschlag idealsprachlicher Prägung im Carnapschen Stile könnte lauten, dass für diese Zwecke die defiziente Sprache dann eben durch eine solche ersetzt werden muss, die diese Ansprüche erfüllt. Pragmatischer ist aber wohl der Ansatz, sich in der Auseinandersetzung mit diesen Phänomenen stets zu vergegenwärtigen, mit welchem Handlungsbeschreibungstyp man gerade zu tun hat. Fakt ist jedenfalls, dass diese Unterscheidung bislang zu wenig Beachtung gefunden hat.

Darüber hinaus ergibt sich eine zweite Antwort auf die Frage nach der Relevanz der Überlegungen in diesem Abschnitt. Die Bedingungen, die erfüllt sein müssen, damit man zu Recht von einem Akteur sagen kann, dass er eine bestimmte Unterlassungshandlung begangen hat, hängen davon ab, von welchem Typ eine Handlungsbeschreibung ist. Es zu unterlassen, das Fenster zu schließen, unterscheidet sich nicht nur dadurch davon, es zu unterlassen, mit dem Fuß zu wackeln, dass hier zwei verschiedene Handlungen unterlassen werden, sondern auch dadurch, dass die Bedingungen, die vorliegen müssen, damit man die jeweilige Handlung unterlassen hat, ganz verschiedener Art sind.

Drittens ist festzuhalten, dass man Handlungen des Typs ‚Herbeiführen eines Zustands' unter Umständen auch dann nicht ausführt, wenn man alle dazu nötigen Handlungen auf der Ebene der Körperbewegung ausführt, der Kontext aber nicht stimmt. Eine bestimmte Körperbewegung, die unter Umständen dazu führen würde, dass in einem Raum das Licht ausgeht, kann – am falschen Schalter ausgeführt – dazu führen, dass in einem anderen Raum, das Licht ausgeht. Den Umständen kommt daher oftmals eine nicht zu unterschätzende Bedeutung bei der korrekten Bezeichnung einer Handlung zu.

All das mag an dieser Stelle banal und irrelevant klingen, es hat aber ernstzunehmende Konsequenzen, die für die normative Beschäftigung mit Ausführungs- und Unterlassungshandlungen von Bedeutung sind. Auf diese wird im letzten Abschnitt dieses Beitrags einzugehen sein.

3.3 Der Handlungsspielraum

Die dritte angekündigte Argumentationslinie für den Vorschlag, Ausführungs- und Unterlassungshandlungen als die beiden Handlungsmodi zu betrachten, greift einen Vorschlag Dieter Birnbachers auf, was überraschen mag, da er ja ein Vertreter der Gegenposition ist.

Birnbacher fasst den Begriff der Unterlassung so, dass zwei Bedingungen erfüllt sein müssen, damit ein Unterlassen vorliegt. Zunächst dürfe es nicht der Fall sein, dass der Akteur die entsprechende Handlung ausführt. Es gibt aber eine enorme Zahl von Handlungen, die jeder einzelne von uns gerade nicht ausführt, ohne dass es sinnvoll erscheint, davon zu sprechen, dass dies Unterlassungen sind. So besteige ich gerade nicht den Mount Everest und ebenso wenig pfeife ich gerade die kirgisische Nationalhymne, ohne eines von beidem aber in einem intuitiv einleuchtend erscheinenden Sinne zu unterlassen. Um Unterlassungen von bloßem Nichthandeln unterscheiden zu können, bedarf es also eines weiteren Kriteriums, das bei Birnbacher lautet, dass der Akteur die Handlung hätte ausführen können.[14] Birnbacher untersucht die Möglichkeitsbedingung weiter und kommt zu dem Ergebnis, dass dazu verschiedene Teilbedingungen erfüllt sein müssen.[15]

Im Folgenden werden die Bedingungen, die Birnbacher nennt, dargestellt und ergänzt, um dann zu demonstrieren, dass die jeweiligen Einschränkungen nicht nur als Voraussetzungen für Unterlassungen betrachtet werden müssen, sondern in entsprechend abgewandelter Form auch für Ausführungshandlungen gelten. Die Konsequenz lautet dementsprechend, dass hierin kein wesentlicher Unterschied zwischen den beiden Handlungsmodi besteht.

---

14 Vgl. D. Birnbacher, *Tun und Unterlassen*, 32.
15 Vgl. zu den im Folgenden dargestellten Bezugnahmen: D. Birnbacher, *Tun und Unterlassen*, 36 ff.

Birnbacher nennt als erste Bedingung, die erfüllt sein muss, damit von jemandem, der eine bestimmte Handlung nicht ausführt, sinnvoll gesagt werden kann, dass er dies unterlasse, die Einschränkung, dass die Situation so beschaffen sein muss, dass die Gelegenheit dazu besteht. Damit Person A die Handlung ‚B vor dem Ertrinken retten' überhaupt unterlassen kann, müsse zum Beispiel die Situation so beschaffen sein, dass Person B gerade tatsächlich zu ertrinken droht. Wenn die Situation nicht vorliegt, dass B gerade zu ertrinken droht, kann A die Handlung, B zu retten, nicht ausführen – und daher ebenso wenig unterlassen. Diese Bedingung ist auf Ausführungshandlungen gleichermaßen anzuwenden. Man stelle sich ein Abstimmungsverfahren vor, das so gestaltet ist, dass man durch das Heben der Hand einem Antrag zustimmt und durch das Nichtheben der Hand den Antrag zurückweist. Zwar ist es jetzt möglich, die beiden Handlungen, für oder gegen den Antrag zu stimmen, auszuführen oder zu unterlassen. Die Situation ist aber so geschaffen, dass es nicht möglich ist, keines von beidem zu tun und seine Stimme nicht abzugeben. Das Wählen überhaupt ist also alternativlos und stellt im engeren Sinne keine Ausführungshandlung dar, weil es den Akteuren nicht möglich ist, ihre Stimme nicht abzugeben.

Als zweite Teilbedingung führt Birnbacher an, dass bei äußeren Unterlassungen (im Sinne von Unterlassungen körperlich realisierbarer Handlungen) die betreffende Person physisch in der Lage dazu sein muss, die jeweilige Handlung auszuführen. Es lassen sich ohne Schwierigkeiten verschiedenste Beispiele äußerer Unterlassungen finden, anhand derer dies plausibel gemacht werden kann: Jemand kann es nur dann unterlassen, einen Felsen aus dem Weg zu räumen, wenn er dazu die nötige körperliche Stärke besitzt; jemand kann es nur dann unterlassen, andere durch einen lauten Ruf vor einer Gefahr zu warnen, wenn seine Stimme laut genug ist; jemand kann es nur dann unterlassen, zehn Minuten die Luft anzuhalten, wenn seine Lunge die nötige Kapazität hat, ausreichend Luft aufzunehmen, um solange auskommen zu können. Diese Bedingung lässt sich aber auch ohne große Schwierigkeiten auf Ausführungshandlungen ausweiten: Jemand führt nur dann eine Handlung aus, wenn er körperlich in der Lage ist, diese Handlung auch zu unterlassen. Lässt jemand zum Beispiel einen schweren Gegenstand fallen, kann dies nur dann eine Handlung sein, wenn er stark genug gewesen wäre, um ihn weiter zu tragen.

Die dritte von Birnbacher angeführte und seines Erachtens ebenfalls nur für äußere Unterlassungen relevante Teilbedingung besteht darin, dass für den Akteur die Situation sowie ein Weg erkennbar sein müssen, die jeweilige Handlung auszuführen. Nur wenn für Person A erkennbar ist, dass Person B in Gefahr ist und wie sie sie retten kann, könne man sagen, dass Person A die Handlung, B zu retten, unterlassen habe. Es drängt sich die Frage auf, ob diese Einschränkung auf alle Handlungen sinnvoll angewandt werden kann. Im Rückgriff auf die im letzten

Abschnitt dargestellte Unterscheidung von verschiedenen Handlungsbeschreibungstypen scheint die Vermutung angebracht zu sein, dass diese Bedingung in erster Linie für solche Handlungen einschlägig ist, die ein bestimmtes Resultat aufweisen müssen, um als erfolgreich vollzogen betrachtet werden zu können. Das genannte Beispiel nennt einen solchen Fall, in dem das Ergebnis wesentlich dafür ist, dass die Handlung vollzogen wurde: B muss am Ende gerettet sein, damit A die Handlung des Rettens vollzogen haben kann. Dieses Resultat kann möglicherweise auf verschiedene Weisen erreicht werden und daher ist die Einschränkung plausibel, dass für den Akteur mindestens einer dieser Wege ersichtlich sein muss, damit er die Rettungshandlung überhaupt vollziehen kann. Für viele andere mögliche Handlungen, vor allem für solche, deren Bezeichnung bereits die Information enthält, mit welcher Bewegung sie vollzogen wird, ist diese Bedingung in gewisser Hinsicht überflüssig: Es gibt nicht verschiedene Wege, die Handlungen ‚Mit-dem-Kopf-nicken' oder ‚Mit-dem-linken-Auge-zwinkern' zu realisieren. Dass die Situation erkennbar sein muss, ist hingegen auch hier eine plausible Einschränkung: Der Akteur muss erkennen, dass die Situation so beschaffen ist, dass von ihm eine Reaktion erwartet wird, damit er es unterlassen kann, durch ein Nicken seine Zustimmung oder mit dem verabredeten Zwinkern ein Signal zu geben. Mit den genannten Vorbehalten ist diese Bedingung auch auf Ausführungshandlungen ausweitbar: Man sollte nur dann von einer Person sagen, dass sie eine bestimmte Handlung vollzieht, die auf ein Resultat ausgerichtet ist, wenn ihm bekannt ist, dass eine Situation vorliegt, in der er auf die infrage stehende Weise ein Ergebnis erreichen kann, damit die Regung, mit der der Zustand hergestellt wird, nicht als bloßes Verhalten angesehen werden muss. Ist ihm dies nicht bekannt, kann die Regung zwar eine andere Handlung darstellen, nicht aber die, die beinhaltet, dass das Resultat umgesetzt wird. So kann jemand die Handlung vollziehen, nachts einen Rettungsring ins Wasser zu werfen (zum Beispiel mit der Absicht, den Schiffseigner zu ärgern); er vollzieht aber nicht die Handlung ‚B retten', wenn dies eine zufällige Folge der Handlung ist, von der dem Akteur nicht bewusst war, dass sie ihm möglich ist (dass also die Situation vorliegt, diese Handlung zu tätigen) und dass sie auf diese Weise ausgeführt werden kann. Im Übrigen scheint die Einschränkung Birnbachers, dass diese Bedingung nur auf äußere Handlungen zutreffe, nicht angemessen zu sein. Auch bei einer komplexeren Kopfrechnung (bei der zum Beispiel Klammern aufzulösen oder Regeln des Typs ‚Punkt vor Strich' einzuhalten sind) muss der betreffenden Person ein Weg erkennbar sein, sie zu lösen – sowohl damit man von ihr sagen kann, sie habe es unterlassen, die Rechnung auszuführen, als auch damit man das Nennen des richtigen Ergebnisses als Hinweis auf die korrekt vollzogene Handlung auffassen kann und nicht nur auf glückliches Raten zurückführen muss.

Die vierte Möglichkeitsbedingung, die von Birnbacher genannt wird, besteht darin, dass der Akteur auch in einer psychischen Verfassung sein muss, die es ihm erlaubt, eine bestimmte Handlung auszuführen, damit eine Unterlassung vorliegen kann. Birnbachers Beispiel lautet, dass jemand sich nicht in einem Zustand geistiger Verwirrung befinden darf, der ihn daran hindert, eine Handlung auszuführen, damit es sich bei einem nicht erfolgten Benehmen um eine Unterlassung handeln kann. In gleicher Weise kann man diese Bedingung auf Ausführungshandlungen ausweiten und festlegen, dass keine solche vorliegt, wenn ein psychischer Zwang besteht: Jemand, der sich unzählige Male am Tag die Hände wäscht, weil er eine entsprechende Zwangsstörung hat, vollzieht damit wohl nicht jedes Mal eine Handlung im engeren Sinne.

Die letzte Teilbedingung, die Birnbacher anführt, lautet, dass für den Akteur die Situation und ein Weg, die jeweilige Handlung auszuführen, nicht nur erkennbar sein müssen, sondern dass er beides obendrein tatsächlich erkennen muss. Allein die Tatsache, dass es für die Person A erkennbar ist, dass Person B zu ertrinken droht, und offensichtlich ist, dass dies auf eine bestimmte Weise verhindert werden kann, reiche nicht aus, um von einer Person, die diese Handlung nicht ausführt, zu sagen, sie unterlasse dies. Es müsse darüber hinaus der Fall sein, dass sie beides auch tatsächlich erfasst habe. Diese Teilbedingung lässt sich gleichermaßen auf Ausführungshandlungen anwenden. So liegt in einem Verhalten nur dann eine solche Handlung vor, wenn der Akteur es in der Kenntnis vollzogen hat, dass eine Situation vorliegt, in der er diese Handlung ausführen kann, und wenn ihm das konkrete Verhalten als Möglichkeit, diese Handlung auszuführen, ersichtlich war. Wenn A zum Beispiel einen leeren Kanister ins Wasser wirft, um diesen zu entsorgen, und B sich an diesen festhalten und so vor dem Ertrinken retten kann, so ist das Verhalten nicht korrekt als Retten im engeren Sinne aufzufassen.

Es lassen sich zusätzlich zu den von Birnbacher genannten zwei weitere Teilbedingungen anführen, die – zumindest in spezifischen Fällen – erfüllt sein müssen, damit ein Verhalten korrekt als Ausführungs- oder Unterlassungshandlung bezeichnet werden kann: Zunächst lassen sich bezüglich einiger Handlungen zusätzlich zu den physischen und psychischen Voraussetzungen, die seitens des Akteurs vorliegen müssen, intellektuelle Fähigkeiten anführen, die ein Akteur dazu besitzen muss. Zum Beispiel muss ein Akteur den Walzer-Grundschritt kennen, damit man eine bestimmte Folge von Körperbewegungen als Ausführen eines Tanzes betrachten kann. Gleichermaßen muss er über eine solche Fähigkeit verfügen, damit man zu Recht sagen kann, das Nicht-Ausführen der Handlung stelle eine Unterlassung dar. Daneben lässt sich dafür argumentieren, dass ein Akteur über die genannten Bedingungen hinaus die äußere Freiheit besitzen muss, die jeweilige Handlung auszuführen bzw. zu unterlassen. Ein äußerer

Zwang wird wohl in der Regel einem Verhalten den Handlungscharakter nehmen. Dabei lassen sich verschiedene Formen äußerer Unfreiheit denken, die jeweils für sich bewertet werden müssen. Das gewaltsame Führen bzw. das Festhalten der Hand einer ansonsten fixierten und wehrlosen Person oder auch das Steuern einer Person, die unter Hypnose steht, sind wohl Beispiele, in denen man kaum von Handlungen dieser Person sprechen wird (wohl aber von Handlungen anderer). Das Erzwingen der Ausführung ebenso wie der Unterlassung einer Handlung mit vorgehaltener Waffe nimmt dem Akteur zwar im Vergleich zu den beiden gerade skizzierten Situationen nicht jeglichen Handlungsspielraum – er könnte es in Kauf nehmen, die Realisierung eines höheren Zwecks zu erlangen, indem er sich opfert –, aber auch hier ist wohl zumindest zweifelhaft, ob Handlungen vorliegen. Dies gilt gleichermaßen für potentielle Ausführungs- wie für Unterlassungshandlungen: Wird ein Bankangestellter mit vorgehaltener Waffe dazu gebracht, den Alarmknopf nicht zu drücken, ist dies ebenso wenig als Handlung zu bewerten, wie wenn er dazu gebracht wird, den Bargeldvorrat rauszugeben.

Zusammenfassend lässt sich an dieser Stelle festhalten, dass für Ausführungs- und für Unterlassungshandlungen die gleichen Voraussetzungen gelten: Sind bestimmte Bedingungen nicht erfüllt, kann das Vorliegen eines bestimmten Verhaltens ebenso wenig als Ausführung einer Handlung angesehen werden, wie unter analogen Voraussetzungen das Nicht-Vorliegen eines Verhaltens als Unterlassung betrachtet werden kann.[16]

4 Fazit und Konsequenzen

Ziel dieses Aufsatzes war es, zu zeigen, dass es gute Gründe dafür gibt, statt Handlung und Unterlassung als Kontrastbegriffe zu verwenden, Ausführungs- und Unterlassungshandlungen als die beiden Modi von Handlungen anzusehen. Ein Kontrast besteht vielmehr zwischen intentionalen – ausgeführten wie unterlassenen – Handlungen und nicht intentionalem widerfahrnisartigem Verhalten. Für diese Auffassung wurde zunächst argumentiert, indem demonstriert wurde, wie eine Begriffsklassifikation durchgeführt werden kann, die durch die Angabe von Unterscheidungskriterien eine Sortierung von Ereignisbezeichnungen erlaubt, die den Kriterien Vollständigkeit und Disjunktheit genügt, so dass eine dem philosophischen Anspruch von Klarheit genügende Sprachorganisation möglich ist.

---

16 Vgl. C. Bottek, *Unterlassungen und ihre Folgen*, 137 ff.

Im letzten Abschnitt wurde demonstriert, dass alle Bedingungen, die erfüllt sein müssen, damit das Nicht-Ausführen einer Handlung als Unterlassung angesehen werden kann, Voraussetzungen entsprechen, die erfüllt sein müssen, damit ein vorliegendes Verhalten als Ausführungshandlung angesehen werden kann. Damit lässt sich die Auffassung weiter stärken, dass Unterlassungen und Ausführungen als die beiden Modi von Handlungen angesehen werden sollten.

Der mittlere Abschnitt bezog sich auf die Beobachtung, dass – anders als viele Autoren, die Beiträge zu den einschlägigen Debatten liefern, zur Kenntnis zu nehmen scheinen – es nicht ein einziges Prinzip gibt, auf das sich Handlungsbeschreibungen zurückführen lassen. Zwar gibt es viele Handlungsbeschreibungen (Verben), die das absichtliche Herstellen eines bestimmten Resultats in den Fokus rücken. Viele andere solche Begriffe verweisen aber auf die Ausführung einer bestimmten Körperbewegung. Neben diesen beiden Typen von Handlungsbeschreibungen gibt es weitere, die darauf hinweisen, dass ein Zustand unbeabsichtigt herbeigeführt wird, dass ein bestimmtes Mittel verwendet wird, oder dass eine bestimmte Teilhandlung wiederholt werden muss. Diese Beobachtung ist aus mehreren Gründen von großer Bedeutung, bleibt in der Debatte aber weitestgehend unberücksichtigt. Zum einen scheint das alltagssprachliche Vokabular mitunter wichtige Unterschiede zu verwischen. Das Ausführen oder das Unterlassen von Handlungen, die eine Körperbewegung darstellen, ist wohl in normativen Kontexten anders zu bewerten als das Ausführen oder das Unterlassen von Handlungen, die in dem Herstellen bestimmter Resultate bestehen. Das Krümmen eines Fingers ist nicht per se problematisch; das dadurch ausgeführte Erschießen einer Person hingegen schon. Analog gilt: Das Unterlassen, seinen Arm auszustrecken, ist nicht per se problematisch; dass dadurch unterlassen wird, jemanden aus einer Gefahrensituation zu retten, hingegen schon. Aus moralischer wie aus juristischer Perspektive stehen also Handlungsbeschreibungen, die dem Benennen eines Resultats dienen, im Fokus. Ganz anderes aber steht es um die kausale Relevanz: Grundsätzlich gilt hier wohl, dass der Fokus auf dem Aspekt Körperbewegung liegt (wenngleich auch das Unterlassen einer Körperbewegung als kausal wirksam betrachtet werden muss[17]). Die Bewertung der kausalen Rolle einer ausgeführten ebenso wie einer unterlassenen Handlung setzt also an einem anderen Aspekt als dem Herstellen eines Resultats an.

Dieser Unterschied ist wichtig, wenn es um die Frage geht, ob Töten und Sterbenlassen unterschiedlich beurteilt werden sollten. Beide Begriffe bezeichnen Handlungen, die auf das gleiche Resultat ausgerichtet sind: Das Objekt der

---

17 Vgl. hierzu F.-J. Bormann, *Zur kausalen Differenz von Töten und Sterbenlassen*, in diesem Band, 249–273, sowie C. Bottek, *Unterlassungen und ihre Folgen*, 160 ff.

Handlung ist am Ende tot. Sofern man davon ausgeht, dass es in der Regel das Herstellen unerwünschter Zustände ist, das sanktioniert werden muss, besteht in dieser Hinsicht also auch kein Grund für unterschiedliche Bewertungen und Sanktionen; solange der intendierte Zustand also der gleiche ist, gibt es prima facie keinen Grund, das eine strenger zu bestrafen als das andere.

Ein Unterschied, der durch die verschiedenen Bezeichnungsweisen ausgedrückt wird, scheint aber in dem Typ der Handlung zu liegen, durch die dieser Zustand hergestellt wird. Während der Begriff ‚Töten' sich auf das Ausführen von Handlungen bezieht, die zum Tod führen, wird mit ‚Sterbenlassen' eben auf Unterlassungen mit dem gleichen Resultat Bezug genommen. Dieser Unterschied kann womöglich eine Rolle spielen, wenn es um die Frage geht, welche kausale Rolle die Handlung spielt, die zum Tod führt. Kurz gesagt scheint es in der Regel so zu sein, dass Ausführungshandlungen insofern ein größeres kausales Gewicht zukommt als Unterlassungshandlungen, als die Umstände, unter denen ein Unterlassen zum Tode führt, so beschaffen sein müssen, dass der Tod auch ohne die Anwesenheit des Akteurs eintreten würde. Bezüglich Ausführungshandlungen muss dies nicht der Fall sein. Zwar kann auch dann getötet werden, wenn die bestehenden Umstände auch ohne die Anwesenheit des Akteurs zum Tod führen würden, der Standardfall des Tötens ist aber wohl der, in dem jemand zu Tode kommt, der ohne die ausgeführte Tötung weiterleben würde.

Damit kommt der dritte Aspekt, der oben in diesem Kontext angesprochen wurde, ins Spiel. Während die Umstände, die erlauben würden, ein unterlassenes Handeln als ein Sterbenlassen zu betrachten, sehr konkret sein müssen – all das, was unterlassen wird, würde unter anderen Umständen nicht zum Tod führen –, sind die Umstände, die ein Töten ermöglichen, viel weniger konkret. Kurz gesagt: Derjenige, den man sterben lässt, muss sich schon im Sterbeprozess befinden, derjenige, der getötet wird, eben nicht.

Noch einmal: Die Begriffe ‚Töten' und ‚Sterbenlassen' haben die wesentliche Gemeinsamkeit, dass sie Ausführungs- bzw. Unterlassungshandlungen bezeichnen, die auf das gleiche Resultat zielen. Sie haben auch beide kausales Gewicht. Die Umstände, unter denen eine Handlung als Töten aufzufassen ist, sind aber weniger konkret als die, unter denen ein Unterlassen ein Sterbenlassen darstellt. Die Begründung für eine normative Ungleichbehandlung kann also nur an diesem Punkt ansetzen.[18]

---

18 Vgl. C. Bottek, *Unterlassungen und ihre Folgen*, 342 ff.

Michael Kahlo
Tun oder Unterlassen?
Zur Bedeutung der Handlungsmodalität für die strafrechtliche Beurteilung der Praxis der sog. Sterbehilfe

1 Einleitung

Die zeitgenössischen Bemühungen von Strafrechtswissenschaft und -praxis um eine angemessene Beurteilung des handelnden Umgangs mit Todkranken und Sterbenden bewegen sich im Spannungsfeld zwischen dem *Schutz des menschlichen Lebens* – verstanden nicht bloß als „biologisches Faktum" oder „Wert", sondern *als personale Existenz* – in dessen Phase endlichkeitsbedingter größter Verletzbarkeit und der *Achtung vor der* sich selbst bestimmenden, *autonomen* und eben deshalb selbstverantworteten *Entscheidung* des moribunden Mit-Menschen als Mit-Subjekt zur Ausgestaltung und eben auch zur Dauer der verbleibenden Lebenszeit des eigenen Daseins.[1] Für das Verhältnis zwischen Arzt und Patient, das zwar nicht stets, aber doch meistens den Bezugspunkt für das hier zu verhandelnde Problem bildet, wird diese Achtung etwa durch den Begriff der *Patientenautonomie* benannt und ausgesprochen.

2 Daseinsbezügliche Autonomie und der Straftatbestand der Tötung auf Verlangen (§ 216 StGB)

Liegen die Dinge freilich so, dass die Äußerungen mit-menschlicher, daseinsbezogener Autonomie – etwa in Form einer *Patientenverfügung* (vgl. § 1901 a BGB), die bestimmte ärztliche Maßnahmen wie etwa die Einleitung oder Aufrechterhaltung apparategestützter künstlicher Lebenserhaltung ohne Aussicht auf eine Wiedererlangung eigener Lebensfähigkeit unzweifelhaft und strikt ablehnt – zu ihrer Verwirklichung der *bestimmenden Mitwirkung* eines Anderen, namentlich

---

[1] Da der Mensch das einzige Lebewesen ist, das sich das Leben selbst nehmen kann, bedeutet für ihn die Annahme jedes neuen Tages seines Daseins eine Praxis der Transformation seines heterogenen Ursprungs in eine *eigene, selbstgewollte* und insofern dann eben *autonome* Existenz.

eines behandelnden Arztes, bedürfen, schien der (rechtlichen) *Anerkennung* der diesbezüglichen Entscheidung, jedenfalls bis zum Inkrafttreten des „3. Gesetzes zur Änderung des Betreuungsrechts" vom 29. Juli 2009 am 1. September 2009, der *Straftatbestand des § 216 StGB* entgegenzustehen, der es als „Tötung auf Verlangen" mit Freiheitsstrafe von sechs Monaten bis zu fünf Jahren sanktioniert, wenn jemand einen Anderen deswegen tötet, weil er sich „durch das ausdrückliche und ernsthafte Verlangen des Getöteten zur Tötung" bestimmen ließ.

Wäre diese (straf-)rechtliche Beurteilung richtig, so würde eine strafgesetzliche Vorschrift (§ 216 StGB), deren Sinn – unabhängig von ihrer systematischen Einordnung[2] – schwerlich bezweifelbar darin besteht, Fremdtötungshandlungen, die „durch das ausdrückliche und ernsthafte Verlangen des Getöteten" motiviert sind, milder als (andere) Totschlagshandlungen zu bestrafen, zu einer zunächst scheinbar unumgänglichen Strafnorm mutieren, weil sie als eine *strikte Sperre für* die (straf-)rechtliche Anerkennung ausdrücklich und selbstverantwortlich erklärter oder auch mutmaßlicher *Einwilligungen* des Getöteten zu verstehen wäre.[3]

2.1 Allerdings hat es gerade in neuerer Zeit an Versuchen, diese (angenommene) Einwilligungssperre zu überwinden, nicht gemangelt. Der wohl gewichtigste unter diesen Versuchen verweist dabei auf ein postuliertes (Grund-)Recht des Menschen auf einen „menschenwürdigen Tod", aus dem sich in bestimmten Lagen eine *Rechtfertigung von Sterbehilfehandlungen* ergeben soll, die als täterschaftliche Fremdtötung auf Verlangen zu begreifen sind, und zwar zumeist unter Anwendung des strafgesetzlichen Rechtfertigungsgrundes des rechtfertigenden Notstandes (§ 34 StGB).[4]

---

2 So versteht insbesondere die Rechtsprechung die Vorschrift als selbständigen Straftatbestand (vgl. dafür etwa BGHSt 2, 258; 13, 162, 165; ebenso U. Murmann, *Grundkurs Strafrecht*, München ³2015, 21/9), während die herrschende Lehre von einer Privilegierung des Totschlagstatbestandes ausgeht (vgl. dafür statt anderer J. Wessels/M. Hettinger, *Strafrecht. Besonderer Teil*, Bd. 1: *Straftaten gegen Persönlichkeits- und Gemeinschaftswerte*, Heidelberg ⁴⁰2016, Rn. 69 f. und 167 a, jeweils mit weiteren Nachweisen).
3 Treffend spricht daher D. Klesczewski, *Strafrecht – Besonderer Teil. Lehrbuch zum Strafrecht der Bundesrepublik Deutschland*, Tübingen 2016, Rn. 138, bei und in Fn. 345, von einer durch § 216 StGB begründeten „Einwilligungssperre".
4 Vgl. dafür aus der Rechtsprechung besonders die Entscheidungen BGHSt 32, 367 vom 4. Juli 1984; BGHSt 37, 376 vom 8. Mai 1991; sowie vor allem BGHSt 42, 301 vom 15. November 1996 (sog. Dolantin-Entscheidung"); vgl. aus der strafrechtswissenschaftlichen Literatur statt anderer H. Otto, *Recht auf den eigenen Tod? Strafrecht im Spannungsverhältnis zwischen Lebenserhaltungspflicht und Selbstbestimmung* (Verhandlungen des 56. Deutschen Juristentages, Bd. 1: Gutachten, Teil D), München 1986, D 11–21 und öfter; von dem „in der Menschenwürde wurzelnden Kernbereich des Selbstbestimmungsrechts des einzelnen" im Hinblick auch auf das Phänomen der Sterbehilfe spricht W. Frisch in seinem Beitrag über *„Leben und Selbstbestimmungsrecht im Strafrecht"*, in: D. Leipold (Hg.), *Selbstbestimmung in der modernen Gesellschaft aus deutscher und*

Das aber ist sowohl in grundsätzlicher als auch in strafrechtsdogmatischer Hinsicht zweifelhaft: In grundsätzlicher Hinsicht deswegen, weil sich der Rechtsbegriff der Menschenwürde auf personale *Handlungen* bezieht, durch welche Rechtssubjekte ihre gelebte Wirklichkeit mit anderen intersubjektiv gestalten, nicht aber auf das – unter Umständen mit starken Schmerzen verbundene, nicht selten auch qualvolle – Sterben und den Tod, der mit der menschlichen Existenz ebenso ursprünglich verbunden ist wie die menschliche Würde; ganz abgesehen von der Unklarheit, die darüber besteht, was einen „menschenwürdigen Tod" (genauer: ein menschenwürdiges Sterben) eigentlich ausmacht, wie diese also zu bestimmen sind.[5] Und in strafrechtsdogmatischer Hinsicht bestehen bereits erhebliche Bedenken gegen die Möglichkeit einer Rechtfertigung fremdtötender Sterbehilfehandlungen durch den strafgesetzlichen Rechtfertigungsgrund des § 34 StGB deshalb, weil diese Rechtfertigungsnorm auf selbstbezügliche („intrapersonale") Konflikte kaum anwendbar erscheint und weil die Menschenwürdegarantie des Grundgesetzes (Art. 1 Abs. 1 GG) von einem (intersubjektiven) Rechtsverhältnis, also vom koexistierenden *Leben* von Personen ausgeht, Leben also zur Basis hat und deshalb schwerlich einen tragfähigen Grund dafür bilden kann, ein „wesentliches Überwiegen" eines vermeintlichen Rechts auf menschenwürdiges *Sterben* gegenüber dem Lebensgrundrecht anzunehmen.[6]

2.2 Neben diesem – wie vorstehend gezeigt wurde: kaum zu begründenden – Versuch, der angesprochenen Pervertierung einer strafgesetzlichen Privilegierungs- zu einer „sperrigen" Bestrafungsnorm zu entgehen, wird nicht erst neuerdings ein weiterer, gleichsam radikaler Weg beschritten. Als radikal lässt dieser

---

japanischer Sicht, Heidelberg 1997, 106–109; ähnlich G. Duttge, *Lebensschutz und Selbstbestimmung am Lebensende*, in: *ZfL* 13 (2004), 33 f.; aus der verfassungsrechtlichen Literatur zum Thema sei beispielhaft auf Peter Häberles Plädoyer für ein aus der Menschenwürdegarantie des Art. 1 Abs. 1 GG abgeleitetes „Recht, in Würde zu sterben", verwiesen, vgl. ders., *Die Menschenwürde als Grundlage der staatlichen Gemeinschaft*, in: J. Isensee/P. Kirchhof (Hg.), *Handbuch des Staatsrechts*, Bd. 2, Heidelberg 2004, Rn. 96 f.

5 Vgl. dazu und zu weiteren Einwänden, auf die hier nicht noch einmal im Einzelnen eingegangen werden kann, M. Kahlo, *Sterbehilfe und Menschenwürde*, in: G. Freund/U. Murmann/R. Bloy/W. Perron (Hg.), *Grundlagen und Dogmatik des gesamten Strafrechtssystems* (Festschrift für W. Frisch), Berlin 2013, 719–722.

6 Vgl. dazu näher M. Kahlo, *Sterbehilfe und Menschenwürde*, 722 f. mit weiteren Nachweisen – Für eine Rechtfertigungs-Lösung zur Überwindung einer als „dogmatisch fragil und rechtspolitisch zweifelhaft" beurteilten Deutung des § 216 StGB im Sinne eines absoluten Verbots von aktiven Sterbehilfehandlungen aber T. Fischer, *Strafgesetzbuch mit Nebengesetzen. Kommentar*, München [63]2016, Vor § 211 Rn. 72 mit weiteren Nachweisen; zu Recht kritisch gegenüber einem solchen strikten, strafbewehrten Verbot auch W. Kargl, *Aktive Sterbehilfe im Zugriff der volkspädagogischen Deutung des § 216 StGB*, in: Institut für Kriminalwissenschaften Frankfurt a. M. (Hg.), *Jenseits des rechtsstaatlichen Strafens*, Frankfurt a. M. 2007, 379–404.

sich deshalb charakterisieren, weil es hier unternommen wird, den Tatbestand des § 216 StGB als „paternalistische" Rechtsnorm zu kritisieren, die aufgrund ihres generell bevormundenden Gehalts illegitim und deshalb verfassungswidrig, jedenfalls aber aus strafrechtspolitischen Erwägungen abzuschaffen sei, weil sie dem Rechtsgrundsatz „volenti non fit iniuria" widerstreite.[7] – Gegen diesen Standpunkt spricht aber nicht nur die insofern eindeutige, vom Bundesverfassungsgericht bis heute nicht beanstandete lex lata des § 216 StGB, so dass ihm jedenfalls hier nicht näher nachgegangen werden muss, sondern er reduziert den personalen Willen als Grenze denkbaren und möglichen Unrechts auf ein bloßes Faktum; das aber ist der Wille als vernünftiger gerade nicht.[8] So wahr eine freiheitliche Rechtsordnung die Realisierung der eigenen Neigungen der Person als Individuum und die Verfolgung deren Glücks durch diese (Glückseligkeitspragmatik) prinzipiell von ihrem Regelsystem freistellen, diese also in der alleinigen Verantwortung der Einzelnen belassen muss, so wahr hat sie deren Willen zugleich als vernünftigen zu respektieren und aufzunehmen.[9] Zu einer solchen Aufnahme gehört dann aber auch, diesen als die ursprüngliche Quelle praktischer Vernunft der *Lebens*gestaltung anzusetzen und zu schützen, weil (nur) dieser das autonom-produktive Subjekt praktischer Vernunft und damit *sinnvoller* Gestaltung des eigenen wie des Gemeinschaftslebens ist. Und eben das geschieht etwa durch den Straftatbestand der „Tötung auf Verlangen" (§ 216 StGB) und den Ausschluss der Wirksamkeit von normativ unbegründbaren, weil Autonomiezerstörung bezweckenden Einwilligungserklärungen durch die Bestimmung des § 228 StGB. Dass die Bezeichnung dieser Einwilligungsgrenze durch den Begriff der „Sittenwidrigkeit" unglücklich und strafrechtlich – etwa im Hinblick auf das Strafge-

---

[7] Vgl. für diese Kritik N. Hoerster, *Sterbehilfe im säkularen Staat*, Frankfurt a. M. 1998, 168 f. – Dieser Standpunkt wird auch von Jan Joerden vertreten; vgl. dazu auch den Beitrag desselben in diesem Band; vgl. zur neueren diesbezüglichen Diskussion in der strafrechtswissenschaftlichen Literatur A. Mosbacher, *Strafrecht und Selbstschädigung. Die Strafbarkeit „opferloserloser Delikte im Lichte der Rechtsphilosophie Kants*, Potsdam 2001, 147, 231 einerseits, M. Köhler, *Die Rechtspflicht gegen sich selbst*, in: JRE 14 (2006), 425, 444 andererseits.

[8] Nicht nur Immanuel Kants berühmte und vieldiskutierte Bestimmung des freien, weil selbstgesetzgebenden Willens als „Factum der *Vernunft*" (kursiv nicht im Original) stellt diese Einsicht klar heraus, vgl. ders., *Kritik der praktischen Vernunft*, Akademie-Ausgabe, Bd. V, § 7, 31; dazu klärend D. Henrich, *Der Begriff der sittlichen Einsicht und Kants Lehre vom Faktum der Vernunft*, in: G. Prauss (Hg.), *Kant. Zur Deutung seiner Theorie von Erkennen und Handeln*, Köln 1973, 223 ff.

[9] Dazu grundlegend M. Köhler, *Die Rechtspflicht gegen sich selbst*, 425 ff.; vgl. zur Begründung dieser Praxis-Konzeption auch M. Kahlo, *Sterbehilfe und Menschenwürde*, 732 ff.; nahe stehend auch W. Frisch, *Zum Unrecht der sittenwidrigen Körperverletzung (§ 228 StGB)*, in: G. Küpper et al. (Hg.), *Festschrift für Hans Joachim Hirsch zum 70. Geburtstag*, Berlin 1999, 485 ff.

setzlichkeitsprinzip des Art. 103 Abs. 2 GG und dessen zentrales Bestimmtheitsgebot – bedenklich ist, ändert an diesem Befund nichts.

2.3 In Strafrechtswissenschaft und -praxis kaum weniger verbreitet ist freilich der Versuch, aktive Tötungshandlungen, die Sterbehilfe bezwecken und auch objektiv als solche zu beurteilen sind,[10] in Unterlassungshandlungen umzudeuten, um diese so als Form der sog. passiven Sterbehilfe straffrei zu stellen, weil eine strafbewehrte Sonderpflicht zur Rettung fremden Lebens prinzipiell unbegründbar ist. Diesem Versuch soll nunmehr nachgegangen werden.

3 Die strafgerechtigkeitsorientierte „Umdeutung" aktiven Tuns zum Unterlassen im Kontext bestimmter, exemplarischer Sterbehilfe-Sachverhalte („Behandlungsabbruch")

Den Ausgangspunkt auch dieses Versuchs („Umdeutungs-Lösung") bildet, wie bereits angesprochen wurde, die Vorstellung, in der Annahme der Strafwürdigkeit und Strafbarkeit *aller* Formen von Handlungen der Sterbehilfe liege eine Pervertierung der strafgesetzlichen Privilegierungsnorm des § 216 StGB zu einer „sperrigen" Bestrafungsnorm. Diese als rechtsunvernünftig empfundene Konsequenz soll nun nicht radikal (durch das Unternehmen einer Begründung der Illegitimität, Verfassungswidrigkeit und strafrechtspolitischen Sinnwidrigkeit des § 216 StGB), sondern gewissermaßen *anwendungsbezogen* dadurch vermieden werden, dass man die einschlägigen *Sachverhalte des sog. Behandlungsabbruchs*, die hinsichtlich der jeweiligen Handlungsmodalität (aktives Tun oder unechtes Unterlassen) als ambivalent erscheinen, als Unterlassen zu interpretieren sucht, um diese so entweder dem Anwendungsbereich des Tatbestands der „Tötung auf Verlangen" überhaupt zu entziehen[11] oder den Unrechtscharakter solchen Handelns wegen

---

[10] Ein informativer Überblick über die in der Strafrechtswissenschaft und -praxis geläufigen Formen der Sterbehilfe (aktive indirekte Sterbehilfe als „Hilfe beim Sterben", aktive direkte Sterbehilfe als „Hilfe zum Sterben" sowie die sog. passive Sterbehilfe) findet sich etwa bei D. Klesczewski, *Strafrecht – Besonderer Teil*, Rn. 131–144 und J. Wessels/M. Hettinger, *Strafrecht. Besonderer Teil*, Bd. 1: *Straftaten gegen Persönlichkeits- und Gemeinschaftswerte*, Rn. 27–40 mit weiteren Nachweisen.

[11] So die wohl herrschende Ansicht in der strafrechtswissenschaftlichen Literatur (vgl. zusammenfassend zum diesbezüglichen Meinungsstand statt anderer A. Eser/D. Sternberg-Lieben, in: A. Schönke/H. Schröder (Hg.), *Strafgesetzbuch. Kommentar*, München [29]2014, Vor § 211 Rn. 32 mit

der fehlenden strafbewehrten Pflicht (sog. Garantenpflicht), das Leben der moribunden Person *gegen* deren Willen zu erhalten, verneint. Auch dieser Ansatz ist somit unschwer als Ausdruck der sicher respektablen Absicht zu identifizieren, Handlungen, die *nicht als strafwürdig* und folglich *nicht als Kriminalunrecht* beurteilt werden, trotz § 216 StGB auch als *nicht strafbar* verstehen und verurteilen zu müssen.

3.1 Eine Ausprägung dieses Ansatzes versucht dies dadurch zu begründen, dass man die angenommene Ambivalenz der Handlungsmodalität dadurch im Sinne der Annahme unechten Unterlassens aufzulösen sucht, dass man den *Schwerpunkt der Vorwerfbarkeit* bestimmter Sterbehilfehandlungen im *Unterlassen der Lebenserhaltung oder -rettung* sieht.[12] Ob eine (vermeintlich) ambivalente Handlung als aktives Tun oder unechtes Unterlassen zu begreifen und dementsprechend zu beurteilen ist, soll dieser Ansicht nach keine Tatsachen-, sondern Wertungsfrage sein. Maßgebend soll dabei sein, in welcher Handlungsmodalität (Tun oder Unterlassen) der Schwerpunkt des vorwerfbaren Täterverhaltens liegt; und die Entscheidung darüber soll sich (primär) nicht nach der äußeren Gestaltung des einzelnen Sachverhalts richten, sondern vom Tatrichter „in wertender Würdigung" ohne „formale Überbetonung einer einzelnen Verhaltensweise" (so BGHSt (GS) 6, 59) zu beurteilen sein.

Durch diese ersichtlich unbestimmte „Formel" wird, wie die Praxis zeigt, nicht nur die Möglichkeit eröffnet, auch solches Tun, dem seine tödlich wirkende Kausalität nicht abzusprechen ist (dazu nachstehend), in ein unechtes Unterlassen umzudeuten,[13] sondern es ist die Rede vom „Schwerpunkt der Vorwerfbarkeit", wie schon mehrfach vermerkt wurde,[14] nachweislich zirkulär: Um eine begründete Aussage darüber treffen zu können, in welcher Handlungsmodalität eines (potentiellen) ambivalenten Täterverhaltens der Schwerpunkt des verwirk-

---

weiteren Nachweisen); für die Anwendbarkeit des § 216 StGB auch auf Unterlassungshandlungen aber die Rechtsprechung (vgl. dazu BGHSt 13, 162; 32, 367, 371).

12 So insbesondere die neuere Rechtsprechung der Strafgerichte; vgl. dafür grundlegend BGHSt (GS) 6, 59 (seinerzeit für einen Sachverhalt hinsichtlich der Handlungsmodalität ambivalenten Verhaltens, das eine Anklage wegen damals sog. Kuppelei ausgelöst hatte, ein Straftatbestand, demzufolge man „Unzucht" entweder durch „tätiges Handeln" oder durch bloße „Duldung" in für strafbar erklärter Weise fördern konnte); BGH *MDR (H)* 1982, 624; BGH *NStZ* 1999, 607.

13 So überzeugend auch etwa H.-H. Jescheck/T. Weigend, *Lehrbuch des Strafrechts. Allgemeiner Teil*, Köln ⁵1996, 601 ff. unter ausdrücklichem Hinweis auf das Kausalitätskriterium (603) und mit Kasuistik.

14 So etwa von C. Roxin, *Strafrecht Allgemeiner Teil*, Bd. II: *Besondere Erscheinungsformen der Straftat*, München 2003, Rn. 79 mit der Formulierung, es bezeichne „die Formel vom Schwerpunkt der Vorwerfbarkeit einen Zirkelschluss"; außerdem finden sich am angegeben Ort auch weitere Einwände gegen die Formel.

lichten Unrechts liegt, ob also ein Begehungs- oder ein unechtes Unterlassungsdelikt in Betracht kommt, muss man immer schon wissen, welche Qualität die verwirklichte(n) Verhaltensweise(n) aufweist bzw. aufweisen. Das aber soll mittels der Formel ja überhaupt erst festzustellen sein. Insofern erinnert die Formel vom „Schwerpunkt der Vorwerfbarkeit" an die conditio-sine-qua-non-Formel zur Feststellung oder Ablehnung handlungsbedingter Kausalzusammenhänge im Strafrecht, die trotz ihrer seit langem schon nachgewiesenen Zirkularität[15] nach wie vor Anwendung in der Strafjustiz und Zustimmung in Teilen des strafrechtswissenschaftlichen Schrifttums findet. Dass sie in Praxis und Theorie als eine Art heuristische Leitlinie dient und dabei zu häufig zutreffenden Beurteilungen führt,[16] ändert auch dort nichts daran, dass die Anwendung dieser Formel aufgrund deren Zirkularität der Anforderung rationaler Begründung strafrechtlicher Beurteilungen nicht genügt.

3.2 Ähnlich wie die vorstehend erwähnte Kausalitätsformel findet auch die Formel vom „Schwerpunkt der Vorwerfbarkeit" trotz ihrer erwiesenen Zirkularität Zustimmung in Teilen des strafrechtswissenschaftlichen Schrifttums, wird dabei allerdings zumeist mit dem zusätzlichen Kriterium des „sozialen Handlungssinns" verbunden.[17] Begründet wird dies insbesondere damit, dass die Antwort auf die schwierige Frage, „worin bei **mehrdeutigen Verhaltensweisen** der maßgebliche Anknüpfungspunkt für die strafrechtliche Beurteilung besteht und ob die äußere Erscheinungsform des Verhaltens stets zwangsläufig über seine rechtliche Qualifikation als Begehungs- oder Unterlassungstat entscheidet", nicht erschöpfend geklärt sei.[18] Und diese Unklarheit soll mangels anderer Alternativen dadurch behoben werden, dass die Beurteilung als „eine **Wertungsfrage**" angesehen wird, die danach zu beantworten sei, worin „bei normativer Betrachtung unter Be-

---

[15] Grundlegend zum Nachweis der Zirkularität K. Engisch, *Die Kausalität als Merkmal der strafrechtlichen Tatbestände*, Tübingen 1931, 14 ff.; vertiefend I. Puppe, *Die Erfolgszurechnung im Strafrecht*, Berlin 2000, 33 und öfter.
[16] So für die conditio-sine-qua-non-Formel schon Hans Welzel, *Das deutsche Strafrecht*, Berlin [11]1969, 43.
[17] Vgl. dafür statt anderer J. Wessels/W. Beulke/H. Satzger, *Strafrecht Allgemeiner Teil. Die Straftat und ihr Aufbau*, Heidelberg [40]2016, Rn. 987 mit weiteren Nachweisen; siehe zur Begründung des Abstellens auf den „sozialen Handlungssinn" schon E. Schmidt, *Der Arzt im Strafrecht*, Leipzig 1939, 78 ff. und 160 ff., jeweils mit weiteren Nachweisen; hierher wird man auch den Standpunkt Joerdens (vgl. den Beitrag desselben in diesem Band) zu rechnen haben, wenn dieser das (aktive) Abschalten lebenserhaltender Geräte als *Unterlassen* der Weiterbehandlung interpretieren will.
[18] So ausdrücklich J. Wessels/W. Beulke/H. Satzger, *Strafrecht Allgemeiner Teil*, Rn. 985 in Verbindung mit Rn. 987 (Fettdruck im Original).

rücksichtigung des sozialen Handlungssinns der **Schwerpunkt des strafrechtlich relevanten Verhaltens**" liege.[19]

Damit lässt sich das angenommene Feststellungs- bzw. Bestimmungsproblem jedoch schwerlich bewältigen. Soweit die vorstehend referierte Ansicht auf die Formel vom „Schwerpunkt der Vorwerfbarkeit" des (potentiellen) Täterverhaltens abstellt, gilt auch für sie der Einwand der Zirkularität dieses Kriteriums. Und diese Zirkularität wird auch nicht dadurch aufgehoben, dass man die Formel mit dem Kriterium des „sozialen Handlungssinns" verbindet: Soweit darin nämlich ein zusätzlicher Aspekt gesehen werden soll, wäre zu allererst zu klären, wie dieser sich zu dem „Schwerpunktaspekt" verhält und eine solche Klärung unterbleibt. Vor allem aber fehlt es an Maßstäben, wie der „soziale Sinn" eines vermeintlich mehrdeutigen Verhaltens der Handlungsmodalität des Tuns oder des (unechten) Unterlassens zuzuordnen sein soll und damit als Begehungs- oder Unterlassungstat zu qualifizieren ist.[20] Infolgedessen bleibt es bei der vermerkten Unbestimmtheit, die eben dadurch, dass man die Frage nach der *Wirklichkeit* der Qualität bestimmter Sterbehilfehandlungen (oder auch anderer, hinsichtlich ihrer Handlungsmodalität vermeintlich ambivalenter Praxisformen) zu einem mehr oder weniger reinen Wertungsproblem erklärt, nicht zu beheben ist. Hat man – ausdrücklich oder implizit ganz in der Tradition des Neukantianismus – Sein und Sollen nicht nur unterschieden, sondern ganz unvermittelt voneinander getrennt, vermag man letzten Endes keine Rechenschaft mehr darüber abzulegen, wo eigentlich die Grenzen einer normativierenden Strafrechtsdogmatik[21] verlaufen.

3.3 Um diesen Einwänden zu entgehen, versucht man das gewünschte Resultat – die Straffreiheit bestimmter Handlungen der Sterbehilfe – dadurch zu erreichen, dass man ein *„Unterlassen durch Tun"* erfindet. Besonders Claus Roxin hat es unternommen, die Vorstellung, es gebe ein Unterlassen durch Tun, in Erinnerung zu rufen und nicht zuletzt im Hinblick auf die hier thematischen Sachverhalte von Handlungen der Sterbehilfe in Form von „technischem Behandlungsabbruch" genauer zu begründen.[22] Sein Ausgangspunkt ist freilich

---

19 J. Wessels/W. Beulke/H. Satzger, *Strafrecht Allgemeiner Teil*, Rn. 987 (Fettdruck im Original).
20 Ebenso C. Roxin, *Strafrecht Allgemeiner Teil*, Bd. II: *Besondere Erscheinungsformen der Straftat*, Fn. 14, Rn. 80.
21 Zur Kritik dieser Methode schon Georg Küpper in seiner Untersuchung gleichen Titels (*Die Grenzen der normativierenden Strafrechtsdogmatik*, Berlin 1990), dessen Kritik freilich von finalistischer Grundlage aus vorgetragen wird und deshalb selbst dieser mit dem Neu-Kantianismus verbundenen Methode verhaftet bleibt; zutreffend kritisch auch W. Gropp, *Das Abschalten des Respirators – Ein Unterlassen durch Tun? Zur Grenze der Normativität bei der Abgrenzung von Tun und Unterlassen*, in: G. Duttge et al. (Hg.), *Gedächtnisschrift für Ellen Schlüchter*, Köln 2002, 174.
22 Grundlegend dazu C. Roxin, *An der Grenze von Begehung und Unterlassung*, in: P. Bockelmann/ A. Kaufmann/U. Klug (Hg.), *Festschrift für Karl Engisch zum 70. Geburtstag*, Frankfurt a. M. 1969,

zunächst das Prinzip, es sei ein Handeln immer dann als Begehung anzusehen und demzufolge unter dem Gesichtspunkt eines Begehungsdelikts strafrechtlich zu beurteilen, wenn ein aktiver Energieeinsatz für den tatbestandlichen Verletzungserfolg ursächlich ist oder doch nach dem Vorsatz des Täters werden soll.[23] Von diesem Grundsatz sollen dann aber Ausnahmen zu machen sein, bei denen ein Tun aus einem Unterlassungstatbestand zu bestrafen sein soll.[24] Und die wichtigste und in den Überlegungen Roxins praktisch zentrale Konstellation soll – neben den Sachverhalten der „aktiven Teilnahme am Unterlassungsdelikt", der sog. ommissio libera in causa und des „abgebrochenen Gebotserfüllungsversuchs"[25] – der gerade genannte Fall des „technischen Behandlungsabbruchs"

---

380 ff., dessen Überlegungen mit der Erinnerung an den Aufsatz von A. von Oberbeck, *Unterlassung durch Begehung*, in: *GerS* 88 (1922), 319 ff. beginnen; C. Roxin, *Strafrecht Allgemeiner Teil*, Bd. II: *Besondere Erscheinungsformen der Straftat*, Rn. 99–123, bes. Rn. 115 ff. mit weiteren Nachweisen; insoweit zustimmend jüngst auch F. Streng, *„Passives Tun" als dritte Handlungsform – nicht nur beim Betrug*, in: *ZStW* 112 (2010), 1, der am Ende vier statt der sonst angenommenen zwei Verhaltensformen unterscheidet, indem er unternimmt, die Handlungsformen (Tun und Unterlassen) nicht mehr nur zweigliedrig, sondern viergliedrig zu begreifen, indem er dem „Unterlassen im strengen Sinn" ein „Unterlassen durch Tun" und dem „aktiven Tun" ein „schwaches Tun" jeweils zur Seite stellt; vgl. auch F. Streng, *Straflose „aktive Sterbehilfe" und die Reichweite des § 216 StGB*, in: G. Freund/U. Murmann/R. Bloy/W. Perron (Hg.), *Grundlagen und Dogmatik des gesamten Strafrechtssystems*, 739; die in *diesem* Beitrag behaupteten *fünf* Handlungsformen (744–748) erweisen sich bei näherem Hinsehen allerdings als *Bewirkens*formen.
23 So C. Roxin, *Strafrecht Allgemeiner Teil*, Bd. II: *Besondere Erscheinungsformen der Straftat*, Rn. 78 unter Hinweis auf praktisch übereinstimmende Formulierungen von J. Brammsen, *Tun oder Unterassen? Die Bestimmung der strafrechtlichen Verhaltensformen*, in: GA 149 (2002), 206.
24 Vgl. C. Roxin, *Strafrecht Allgemeiner Teil*, Bd. II: *Besondere Erscheinungsformen der Straftat*, Rn. 99. Allerdings ist zu vermerken, dass es bei den hier zu beurteilenden Fällen der Sterbehilfe (auch nach Roxin) nicht um Bestrafung aus dem Unterlassungstatbestand, sondern am Ende darum geht, die Strafbarkeit des Handelnden (in aller Regel eines Arztes) zu vermeiden.
25 Es ist freilich schon hinsichtlich dieser Sachverhalte zweifelhaft, ob diese als „Unterlassen durch Tun" begriffen werden müssen. So geht es etwa bei der aktiven Teilnahme am Unterlassungsdelikt, wie schon E. Samson zutreffend vermerkt hat (vgl. ders., *Begehung und Unterlassung*, in: G. Stratenwerth et al. [Hg.], *Festschrift für Hans Welzel zum 70. Geburtstag*, Berlin/New York 1974, 582), bei näherem Hinsehen nicht um die Unterscheidung von Handlungsmodalitäten (Tun oder Unterlassen?), sondern darum, dass die aktive Tätigkeit des Teilnehmers nur vermittelt über das Unterlassen des Haupttäters das strafrechtlich geschützte Rechtsgut zu verletzen vermag und eben deswegen auch nur aus dem einschlägigen Unterlassungstatbestand bestraft werden kann und wird. Und die sog. omissio libera in causa ist nach der durchgreifenden Kritik, die insbesondere M. Hettinger an der Figur der actio libera in causa geführt und begündet hat (grundlegend dazu ders., *Die „actio libera in causa": Strafbarkeit wegen Begehungstat trotz Schuldunfähigkeit? Eine historisch-dogmatische Untersuchung*, Berlin 1988; aktualisierend ders., *Die „actio libera in causa": eine unendliche Geschichte? Eine Kritik neuer Begründungsversuche*, in: E. Schlüchter [Hg.], *Kriminalistik und Strafrecht* [Festschrift für F. Geerds], Lübeck 1995, 623–654; speziell im Hinblick

sein. Es geht dabei um Sachverhalte, „bei denen z. B. ein zerebral schwerstgeschädigter Patient das Bewusstsein irreversibel verloren hat und mit dem Abbruch weiterer Bemühungen zur Lebenserhaltung mutmaßlich einverstanden wäre" und in denen aus diesem Grunde zu entscheiden ist, ob die Einstellung lebenserhaltender bzw. -verlängernder Maßnahmen erlaubt ist. Dass dies so sei, sei strafrechtsdogmatisch, wie auch vorstehend bereits wiederholt festgestellt wurde, jedenfalls dann ohne weiteres begründbar, wenn die Einstellung der Behandlung als Unterlassen eingeordnet wird, und zwar auch dann, wenn diese Einstellung an sich mittels aktiven Tuns (Abschaltung der lebenserhaltenden Apparate) erfolgt. Und eben dies ermögliche die Rechtsfigur des „Unterlassens durch Tun", durch deren Annahme und Anwendung die sinnwidrige Konsequenz eines Tötungsdelikts vermieden werde, die ungereimt wäre, weil es keinen Unterschied mache, ob eine an sich zulässige Behandlungseinstellung auf diese oder jene Art erfolge, da man andernfalls beispielsweise Beatmungsgeräte so konstruieren müsste, dass sie zum Weiterlaufen einen täglichen positiven Handlungsimpuls erforderten, dessen Unterbleiben das aktive „Abstellen" überflüssig machen würde.[26]

Aber ganz abgesehen davon, dass es aufgrund der möglichen Einwilligungssperre des § 216 StGB gerade die Frage ist, ob das „Abstellen" strafrechtlich erlaubt ist (so dass die ohne nähere Begründung eingeführte Annahme „an sich zulässiger Behandlungseinstellung" eine bloße Behauptung bleibt), würde mit der strafrechtlichen Anerkennung eines „Unterlassens durch Tun" der auch juristisch fundamentale Unterschied zwischen den Handlungsmodalitäten Tun und Unterlassen, zwischen dem Bewirken durch aktives Tun (Abschalten der lebenserhaltenden Geräte) und dem Bewirken durch Unterlassen (Unterbleiben der Aufnahme lebenserhaltender Maßnahmen), missachtet und am Ende überspielt. Dass man lebenserhaltende Apparate so konstruieren *könnte* (also ein hypothetischer Sachverhalt), dass ein aktives Abstellen überflüssig würde, ändert ja offensichtlich nichts daran, dass die bestehenden Apparate gerade nicht so konstruiert sind, weswegen das aktive Abstellen konsequenterweise als eine Form aktiven Tö-

---

auf das fahrlässige Delikt ders., *Handlungsentschluss und Handlungsbeginn als Grenzkriterien tatbestandsmäßigen Verhaltens beim fahrlässig begangenen sog. reinen Erfolgsdelikt*, in: A. Hoyer/ H. E. Müller/M. Pawlik [Hg.], *Festschrift für Friedrich-Christian Schroeder zum 70. Geburtstag*, Heidelberg 2006, 209 ff.), wegen der begründeten Zweifel an ihrer Vereinbarkeit mit dem strafrechtlichen Schuldgrundsatz inzwischen eine mehr als problematische Figur.
26 So die Argumentation von C. Roxin, *Strafrecht Allgemeiner Teil*, Bd. II: *Besondere Erscheinungsformen der Straftat*, Rn. 115–117.

tungshandelns anzusehen ist,[27] und zwar als Form des Abbruchs rettender Kausalverläufe.[28]

Diese Figur verkennt also, dass verletzendes bzw. tötendes aktives Tun nach seiner Handlungsmodalität auch dann Tun bleibt, wenn man die daraus – scheinbar! – sich ergebenden Konsequenzen der strafrechtlichen Beurteilung (hier: etwaige Verurteilung als Körperverletzungs- oder Tötungsdelikt) ablehnt. Es gibt in Wahrheit eben kein „Unterlassen *durch* Tun"; wohl aber kann man auch dadurch unterlassen, dass man nicht nur absolut untätig (passiv) bleibt, sondern an Stelle der gebotenen garantenpflichtgemäßen Rettungstätigkeit etwas ganz anderes tut, z. B. spazieren geht. So aber liegt es im Fall des Behandlungsabbruchs in Form der Abschaltung von lebenserhaltenden Apparaten gerade nicht.

Zusammenfassend lässt sich somit hinsichtlich der vorstehend referierten Umdeutungs-Konzeptionen feststellen: Hat man einmal die Konstellation des eigentlich aktiven Abbruchs eines bestehenden, lebenserhaltenden Kausalverlaufs in ein unechtes Unterlassen, also in sog. *passive Sterbehilfe* umgedeutet,[29] ist die Verwirklichung der Absicht, der zu Recht als partiell unangemessen beurteilten Härte des Tatbestands der „Tötung auf Verlangen" zu entgehen, in greifbare Nähe gerückt. Denn eine strafbewehrte Sonderpflicht (Garantenpflicht), die moribunde Person gegen ihren erklärten Willen weiter zu „behandeln", dieser also künstliche Lebenserhaltung ohne Aussicht auf Wiedererlangung eigener, selbständiger Lebensfähigkeit aufzudrängen, soll es, weitgehend konsentiert, nicht geben.[30] Der Preis dafür ist freilich der mit der dargelegten Umdeutung verbun-

---

[27] So zutreffend auch K. Seelmann, in: H.-J. Albrecht (Hg.), *Nomos Kommentar Strafgesetzbuch*, Baden-Baden [9. Lfg.]2001, § 13, Rn. 23 f.; H.-H. Jescheck/T. Weigend, *Lehrbuch des Strafrechts. Allgemeiner Teil*, 604 bei Fn. 31; H. J. Hirsch, *Behandlungsabbruch und Sterbehilfe*, in: W. Küper et al. (Hg.), *Festschrift für Karl Lackner zum 70. Geburtstag*, Heidelberg 1987, 605; E. Samson, *Begehung und Unterlassung*, 601; klärend zu der in dieser Figur liegenden Überschreitung der Grenzen normativierender Strafrechtsdogmatik auch der Beitrag von W. Gropp, *Das Abschalten des Respirators – Ein Unterlassen durch Tun?*.
[28] Grundlegend zu dieser Form der Kausalität aktiven Tuns: E. A. Wolff, *Kausalität von Tun und Unterlassen*, Heidelberg 1965, 18 ff.
[29] Vgl. dafür statt anderer besonders K. Engisch, *Konflikte, Aporien und Paradoxien bei der rechtlichen Beurteilung der ärztlichen Sterbehilfe*, in: H.-H. Jescheck/H. Lüttger (Hg.), *Festschrift für Eduard Dreher zum 70. Geburtstag*, München 1977, 309 ff.; ders., *Tun und Unterlassen*, in: K. Lackner et al. (Hg.), *Festschrift für Wilhelm Gallas zum 70. Geburtstag*, Berlin 1973, 178; sowie W. Küper, *Noch einmal: Rechtfertigender Notstand, Pflichtenkollision und übergesetzliche Entschuldigung*, in: JuS 11,9 (1971), 476 f.
[30] Klärend dazu D. Klesczewski, *Strafrecht – Besonderer Teil*, Rn. 131 ff.; im Hinblick auf die Einführung des Rechts-Instituts der Patientenverfügung insoweit übereinstimmend D. Sternberg-Lieben, *Gesetzliche Regelung der Patientenverfügung – Wieviel gesetzgeberischen Paternalismus verträgt die Patientenautonomie*, in: JRE 15 (2007), 307; ders., *Rechtliche Grenzen einer Patien-*

dene, auf den genannten „Grenzen der normativierenden Strafrechtsdogmatik" beruhende Zweifel daran, ob ein solches Verfahren grundsätzlich angängig ist und – bejahendenfalls – wo dessen Grenzen eigentlich verlaufen.

4 Der „Ausweg" von BGHSt 55, 191 ff. vom 25. Juni 2010

Diesen Preis vermeidet man, wenn man – wie dies der 2. Strafsenat des Bundesgerichtshofs in seinem Urteil vom 25. Juni 2010 getan hat – „für die Abgrenzung zwischen gerechtfertigter und rechtswidriger Herbeiführung des Todes mit Einwilligung oder mutmaßlicher Einwilligung" nicht länger an dem „an den äußeren Erscheinungsformen von Tun und Unterlassen orientierten Kriterium" festhält,[31] sondern alle Handlungen, die mit der „Beendigung einer ärztlichen Behandlung im Zusammenhang stehen, in einem *normativ-wertenden Oberbegriff des Behandlungsabbruchs*" zusammenfasst, der neben *objektiven* Handlungselementen auch die *subjektive* Zielsetzung des Handelnden umfasst, eine bereits begonnene medizinische Behandlungsmaßnahme gemäß dem Willen des Patienten insgesamt zu beenden oder ihren Umfang entsprechend dem Willen des Betroffenen [...] nach Maßgabe jeweils indizierter Pflege- und Versorgungserfordernisse zu reduzieren."[32] Liegt ein solcher „Behandlungsabbruch" vor, der „sowohl durch Unterlassen als auch durch Tun vorgenommen werden" kann,[33] ist solches Handeln stets gerechtfertigt.

5 Das Problem der „Behandlungsabbruchs-Lösung" und die Notwendigkeit einer teleologischen Reduktion des § 216 StGB

5.1 Diese „Lösung" vermeidet freilich nicht nur, was positiv zu vermerken ist, bewusst die „wertende Umdeutung aktiven Tuns in ein normatives Unterlassen",[34]

---

tenverfügung, in: H. Schneider/M. Kahlo/D. Klesczewski/H. Schumann (Hg.), *Festschrift für Manfred Seebode zum 70. Geburtstag*, Berlin 2008, 401; vgl. ferner M. Kahlo, *Sterbehilfe und Menschenwürde*, 711 ff.

31 So BGHSt 55, 191 (201/202).
32 BGHSt 55, 191 (203).
33 So explizit der 2. Leitsatz der Entscheidung.
34 So ausdrücklich BGHSt 55, 191 (202 unten).

sondern bezweckt vielmehr ausdrücklich, „eine Vielzahl von aktiven und passiven Handlungen, deren Einordnung nach Maßgabe der in der (Strafrechts-)Dogmatik und von der Rechtsprechung zu den Unterlassungstaten des § 13 StGB entwickelten Kriterien problematisch ist und teilweise von bloßen Zufällen abhängen kann", in ihrer strafrechtlichen Beurteilung von eben solchen Zufällen unabhängig zu machen.

Das ist gewiss ein aus der Sicht strafjustizieller Praxis nachzuvollziehendes Anliegen. Auch hat das Resultat der neuen Rechtsprechung des 2. Strafsenats des Bundesgerichtshofes, die wirklich problematischen Fälle von Sterbehilfehandlungen am Ende nicht als strafbar zu beurteilen, weitgehend Zustimmung gefunden.[35] Aus Sicht der Strafrechts*wissenschaft* lässt sich die damit intendierte *Rechtssicherheit durch Rationalität* jedoch nur so begründen, dass man, wie schon von Anderen vermerkt wurde,[36] entweder die hinter der Bezeichnung „problematisch" sich verbergenden Unklarheiten aufklärt oder einen grundsätzlich anderen Weg beschreitet (dazu sogleich nachstehend unter 5.3). Denn die – vermeintliche – Unklarheit darüber, wann Handlungen der Sterbehilfe als Tun und wann als Unterlassen zu begreifen sind, kann man in überzeugender Weise schwerlich dadurch beheben, dass man die Unterscheidung praktisch aufgibt und durch die neue, im Strafgesetz nicht vorgesehene Kategorie „Behandlungsabbruch" ersetzt, was auch im Hinblick auf das Strafgesetzlichkeitsprinzip (Art. 103 Abs. 2 GG) ersichtlich problematisch ist.

5.2 Gegen diese Kritik hat insbesondere Diethelm Klesczewski eingewendet, sie übersehe, dass es der Entscheidung – bei allen ihren Mehrdeutigkeiten – darum gehe, „das Problem der Rechtfertigung gerade eines aktiven Tuns im Unterschied zur vorhergehenden Rechtsprechung überhaupt erst einmal klar herauszustellen." Dabei stütze der Bundesgerichtshof die Rechtfertigung der im

---

35 Vgl. etwa A. Engländer, *Von der passiven Sterbehilfe zum Behandlungsabbruch*, in: *JZ* 66,10 (2011), 513 ff.; K. Gaede, *Durchbruch ohne Dammbruch – Rechtssichere Neuvermessung der Grenzen strafloser Sterbehilfe*, in: *NJW* 63,40 (2010), 2925; H. J. Hirsch, *Urteilsanmerkung*, in: *JR* 87 (2011), 37; H. Schneider, *Die Bedeutung der Patientenverfügung im Strafrecht*, in: *MittBayNot* 2011, 105; G. Wolfslast/C. Weinrich, *Urteilsanmerkung zu BGH, Urteil v. 25.6.2010 – 2 StR 454/09*, in: *StV* 31 (2011), 286, die von einem „großen, wichtigen Schritt hin zu einer umfassenden Regelung der Sterbehilfe" sprechen, auch wenn die Entscheidung „von Ungereimtheiten und handwerklichen Schwächen" nicht frei sei (290); kritisch gegen diese auch F. Streng, *Straflose „aktive Sterbehilfe" und die Reichweite des § 216 StGB*.

36 Vgl. zu dieser Kritik statt anderer A. Engländer, *Von der passiven Sterbehilfe zum Behandlungsabbruch*; siehe auch J. Wessels/M. Hettinger, *Strafrecht. Besonderer Teil*, Bd. 1: *Straftaten gegen Persönlichkeits- und Gemeinschaftswerte*, Rn. 30 d; deutliche Kritik bezüglich der Begründung der Entscheidung auch bei F. Streng, *Straflose „aktive Sterbehilfe" und die Reichweite des § 216 StGB*, 755 am Ende.

Behandlungsabbruch liegenden tatbestandsmäßigen Tötung letztlich auf die mit dem (oben bereits erwähnten) Patientenverfügungsgesetz ins Bürgerliche Gesetzbuch (BGB) eingeführten Regelungen. Zwar habe „der Gesetzgeber mit dieser Novelle die Rechtslage im Strafrecht ausdrücklich nicht ändern wollen" (wie unter Hinweis auf die BT-Drucksache 16/8442, 7–9 ausgeführt wird), „die Straflosigkeit des von einer (mutmaßlichen) Einwilligung gedeckten Behandlungsabbruchs" sei „aber auch vor Inkrafttreten des Patientenverfügungsgesetzes schon in der Rechtsprechung im Grundsatz anerkannt" gewesen, „wenngleich unter dem Deckmantel des Unterlassens". Daher habe dem 2. Strafsenat die Novelle „als willkommener Anlass dienen" können, „dogmatische Kategorien geradezurücken, um dasselbe Ergebnis nun mit sauberer Begründung und gestützt auf die §§ 1901 a ff. BGB herzuleiten." Aus diesem Grund überschreite das Urteil auch nicht die Grenzen der Auslegung, sei also keine richterliche Rechtsfortbildung.[37]

5.3 Das aber erscheint mir jedenfalls dann weiterhin zweifelhaft, wenn man das Strafgesetzlichkeitsprinzip (Art. 103 Abs. 2 GG) als auch im Hinblick auf die Rechtswidrigkeit mit gleicher oder zumindest ähnlicher Striktheit gültig ansieht,[38] macht es für die strafrechtliche Beurteilung der Rechtswidrigkeit einer Handlung, also auch einer Handlung der Sterbehilfe, doch einen allgemein anerkannten Unterschied, ob es sich bei der etwa zu rechtfertigenden Handlung um ein aktives Tun oder um Unterlassen handelt. Und dies macht es auch für das Strafrecht der Sterbehilfe am Ende doch notwendig, die Handlungen der Sterbehilfe in ihrer je konkreten Handlungsmodalität genau zu bestimmen, anstatt sie ununterschieden unter der Kategorie „Behandlungsabbruch" einzuordnen.

Ist dies zutreffend, dann scheint mir – wenn man für das Strafrecht der Sterbehilfe unangemessene, und das heißt: strafungerechte Härten aufgrund der Existenz des § 216 StGB vermeiden will – allein der *Weg einer teleologischen Reduktion des Tatbestands der „Tötung auf Verlangen"* gangbar,[39] die diese Norm weder als Ausdruck fremd- oder gemeinnütziger Vereinnahmung der Einzelnen

---

37 Vgl. D. Klesczewski, *Strafrecht – Besonderer Teil*, Rn. 137.

38 Das ist in der Strafrechtswissenschaft freilich sehr umstritten; die wohl herrschende Lehre hält den Grundsatz mit Bezug auf die Rechtswidrigkeits-Ebene für nur „mit Abschwächungen" anwendbar; vgl. dazu grundlegend M. Köhler, *Strafrecht Allgemeiner Teil*, Berlin/Heidelberg/New York 1997, 72 ff. und 106 ff.; siehe ferner J. Wessels/W. Beulke/H. Satzger, *Strafrecht Allgemeiner Teil*, Rn. 393 ff.

39 So dezidiert auch T. Walter, *Sterbehilfe – Teleologische Reduktion des § 216 StGB statt Einwilligung!*, in: *ZIS* 6,2 (2011), 76; vgl. zur Möglichkeit einer Einschränkung des § 216 StGB auch schon K. Engisch, *Konflikte, Aporien und Paradoxien bei der rechtlichen Beurteilung der ärztlichen Sterbehilfe*.

(also: paternalistisch) missversteht[40] noch sie durch begründungslogisch *sekundäre* Aspekte[41] zu legitimieren versucht, sondern den Unrechts-Sachverhalt des Tatbestandes und damit zugleich dessen Grenzen im Ausgangspunkt von der gelebten praktischen Autonomie der Person entwickelt und bestimmt.

Das freilich wäre ein ganz anderes, weiteres Thema.[42]

---

40 Vgl. für ein solches paternalistisches Verständnis etwa M. Kubiciel, *Gott, Vernunft, Paternalismus – Die Grundlagen des Sterbehilfeverbots*, in: *JA* 43 (2011), 86; vgl. zuvor auch schon ders., *Zur Strafbarkeit des Abbruchs künstlicher Ernährung*, in: *ZJS* 5/2010, 656; auch im Polizeirecht sind solche Ansätze anzutreffen, wie sich beispielhaft an der in vielen Länderpolizeigesetzen geregelten polizeilichen Rettungsbefugnis und -pflicht in Suizid-Fällen zeigt (vgl. etwa § 20 Abs. 1 Nr. 2b SächsPolG), die sich allein mit der Unklarheit des Sachverhalts, auf den Polizeibeamte in Suizid-Fällen treffen (selbstverantwortlicher oder pathologischer Suizid?) kaum zureichend erklären lässt.

41 Wie sie etwa praktische Probleme bei der Feststellung der „Ernstlichkeit" des geäußerten Tötungsverlangens oder der Motivierung des Täters durch ein solches Verlangen oder der Gesichtspunkt des Übereilungsschutzes oder des Schutzes vor Missbrauchsgefahren darstellen.

42 Um Ansätze einer solchen Bestimmung habe ich mich in meinem Beitrag *Sterbehilfe und Menschenwürde* bemüht; grundlegend klärend zu dieser Aufgabe vor allem bereits M. Köhler, *Die Rechtspflicht gegen sich selbst*; in der Sache übereinstimmend auch D. Klesczewski, der straftatsystematisch jedoch von einem Rechtswidrigkeitsproblem ausgeht; erhellend und weiterführend auch die Ausführungen von K. Gierhake zur Legitimation des § 216 StGB; vgl. dies., *Zum „ernstlichen Tötungsverlangen" i. S. des § 216 StGB und zum Irrtum über dessen Vorliegen gemäß § 16 Abs. 1 StGB*, in: *GA* 159 (2012), 291 ff.

III. Teil: **Medizinethische Perspektive**

Walter Schaupp
Orientierungswert traditioneller medizinethischer Unterscheidungen im Umfeld von Töten und Sterbenlassen

1 Einführung

Diese Untersuchung über den Orientierungswert traditioneller medizinethischer Unterscheidungen im Umfeld von Töten und Sterbenlassen wird sich vorwiegend auf moraltheologische Quellen stützen. Dabei ist aber zu beachten, dass bis in die zweite Hälfte des 20. Jahrhunderts hinein, vor der Entstehung der modernen Medizin- und Bioethik, die moraltheologische Diskussion doch als repräsentativ für Fragestellungen und Entwicklungen im ärztlichen Ethos angesehen werden kann. Erst in der zweiten Hälfte des 20. Jahrhunderts treten christlich-konfessionelle und säkulare medizinische Ethik in der Lebensethik zunehmend auseinander.

1.1 Begriffliche Schemata zur Beurteilung der Behandlungspflicht am Lebensende

Blickt man zurück bis in die Zeit des ausgehenden 19. Jahrhunderts und bezieht man die aktuelle Diskussion mit ein, so lassen sich in etwa vier begriffliche Schemata erkennen, die zur moralischen Beurteilung von Behandlungsentscheidungen am Lebensende ausgebildet wurden:

Modell 1: In einer ersten Phase dominiert die Unterscheidung von „ordentlichen/außerordentlichen" Mitteln (*media ordinaria/extraordinaria*) zusammen mit der Unterscheidung von „direkter/indirekter Tötung" (*directa/indirecta occisio*), die in dieser Zeit auch zur Beurteilung von Fragen des Behandlungsverzichts in Anspruch genommen wird.[1]

Modell 2: In einer zweiten Phase wird die Rede von ordentlichen/außerordentlichen Mitteln abgelöst bzw. ergänzt durch das Prinzip der „Verhältnismäßigkeit der Mittel", wiederum zusammen mit der Figur der „indirekten Tötung",

---

[1] Vgl. B. H. Merkelbach, *Summa Theologiae Moralis ad mentem D. Thomae et ad normam iuris novi*, Tom. 2, Paris 1932; H. Noldin, *Summa Theologiae Moralis*, Vol. II, Innsbruck ³¹1955; J. Mausbach, *Katholische Moraltheologie*. Bd. 2, Zehnte, neubearbeitete Auflage von G. Ermecke, Münster 1961.

die nun aber nur noch für das Problem der Schmerzbekämpfung am Lebensende in Anspruch genommen wird.²

Modell 3: Ein dritter Zugang analysiert und normiert Fragen der Behandlung am Lebensende konsequent nach dem Schema von „aktiver/passiver" und „direkter/indirekter Sterbehilfe".³

Modell 4: Aktuell wird vielfach gefordert, diese Terminologie aufzugeben und stattdessen z. B. von „Sterbenlassen durch Behandlungsbegrenzung" (= klassische „passive" Sterbehilfe), „Schmerz-und Symptombekämpfung am Lebensende" (= klassische „indirekte" Sterbehilfe), „Beihilfe zur Selbsttötung und Tötung auf Verlangen" (= klassische „aktive" Sterbehilfe) zu sprechen.⁴

Zu beachten ist, dass man in den Handbüchern der Moral auf eine Reihe weiterer Begriffe stößt, die weitgehend synonym mit den genannten verwendet werden, obwohl sie auch besondere Akzente setzen. Statt von „ordentlichen/außerordentlichen" Mitteln kann von „natürlichen/nicht-natürlichen" (als natürlich gelten primär Essen und Trinken)⁵, von „gewöhnlichen/außergewöhnlichen" aber auch von „zumutbaren/nicht-zumutbaren" Mitteln⁶ die Rede sein. Im Hinblick auf das Tötungsverbot unterscheidet der bekannte und einflussreiche Moraltheologe *Bernhard Häring* in seinem Standardwerk *Frei in Christus* (1981) eine „negative" von einer „positiven" Euthanasie und bestimmt erstere als „bewusste und direkte Lebensverkürzung durch Versagen einer an sich hilfreichen

---

2 Vgl. P. Sporken, *Die Sorge um den kranken Menschen. Grundlagen einer neuen medizinischen Ethik*, Düsseldorf ⁴1988 (Orig. 1977); B. Häring, *Frei in Christus*, Bd. 3, Freiburg i. Br. 1981; E. Schockenhoff, *Ethik des Lebens. Ein theologischer Grundriß*, Mainz 1993.

3 Vgl. z. B. Österreichische Bischöfe, *Leben in Fülle. Leitlinien für katholische Einrichtungen im Dienst der Gesundheitsfürsorge*, Wien 2005, 22 – 24 (Unterscheidung von „passiv indirekter", „aktiv indirekter", „aktiv-direkter" und „passiv-direkter" Sterbehilfe).

4 Der Impuls stammt aus der Palliativmedizin; 2006 schließt der Nationale Ethikrat sich der Meinung an, dass die „eingeführte, aber missverständliche und teilweise irreführende Terminologie von aktiver, passiver und indirekter Sterbehilfe" aufgegeben werden müsse (Nationaler Ethikrat, *Selbstbestimmung und Fürsorge am Lebensende. Stellungnahme*, Berlin 2006, 53); ähnlich die Österreichische Bioethikkommission beim Bundeskanzleramt, *Empfehlungen zur Terminologie medizinischer Entscheidungen am Lebensende*, Wien 2015.

5 Vgl. F. Schindler, *Lehrbuch der Moraltheologie*, Bd. 2, Wien ²1913, 218: „[...] die natürlichen Erhaltungsmittel des leiblichen Lebens (Nahrung, Kleidung, Wohnung, körperliche Erholung) wohlgeordnet zu gebrauchen."; die „natürlichen Mittel" sind zunächst Essen und Trinken (Nahrung und Flüssigkeitszufuhr) und spielen im Alltag eine Rolle; neuerdings werden diese „natürlichen" Mittel jedoch im Zusammenhang mit der künstlichen Ernährung bei Wachkoma zum Problem.

6 J. Mausbach, *Katholische Moraltheologie*, 232: „Für die Wiederherstellung der Gesundheit sind alle dem einzelnen zur Verfügung stehenden zumutbaren Mittel anzuwenden."

Behandlung, auf die der Patient unter den gegebenen Umständen ein Recht hat".[7] Daneben stößt man auch auf die Rede von einem falschen „therapeutischen Übereifer", womit jedoch nur mangelnde Verhältnismäßigkeit gemeint ist.[8]

In neuerer Zeit hat sich auf verschiedenen Ebenen immer mehr der Begriff einer „sinnvollen" Lebensverlängerung als Leitfrage zur Beurteilung von Behandlungsfragen am Lebensende durchgesetzt. Bei ihm geht es über weite Strecken um Fragen der Verhältnismäßigkeit, er hat aber eine höhere *integrative Kraft* (das „Sinnvolle" ergibt sich aus der Integration verschiedener Abwägungsvorgänge) und er rückt gewöhnlich mehr das Problem der Qualität des zu verlängernden Lebens, seinen „Sinn" für den Betroffenen als Person und in seinen sozialen Bezügen ins Zentrum der Betrachtung.[9]

1.2 Zwei Traditionsstränge als weiterer Kontext

Der weitere normative Verstehens- und Begründungskontext, in dem Fragen der Behandlung am Lebensende diskutiert und beurteilt werden, besteht aus zwei Strängen, die in der Moraltheologie schon lange präsent sind, beide zur Ethik des Lebens gehören, meist aber an verschiedenen systematischen Orten abgehandelt werden, die (positive) *Pflicht zur Lebenserhaltung* und das (negative) *Verbot, menschliches Leben zu töten.*

Auf der einen Seite werden im Rahmen der sittlichen Pflicht des Menschen, Leben und Gesundheit zu erhalten, zunächst Anwendungsfälle im Alltag diskutiert, um schließlich nach den Grenzen dieser Pflicht bei schwerer Krankheit und Todesnähe im Hinblick auf ärztliche Maßnahmen zu fragen. Charakteristisch für diese normative Hermeneutik ist die Qualifizierung von ärztlichen Maßnahmen als „ordentlich/außerordentlich", „natürlich/nicht-natürlich", „aussichtsreich/aussichtslos", „zumutbar/nicht-zumutbar" u. a. Auf der anderen Seite wird versucht,

---

[7] B. Häring, *Frei in Christus*, Bd. 3, 107.
[8] „Von ihr zu unterscheiden ist die Entscheidung, auf *therpeutischen Übereifer* zu verzichten, das heißt auf bestimmte ärztliche Eingriffe, die der tatsächlichen Situation des Kranken nicht mehr angemessen sind, weil sie in keinem Verhältnis zu dem erhofften Ergebnis stehen, oder auch, weil sie für ihn und seine Familie zu beschwerlich sind." (Johannes Paul II., *Enzyklika Evangelium vitae*, Rom 1995, Art. 65).
[9] P. Sporken, *Die Sorge um den kranken Menschen*, 217–219, fragt explizit nach „Kriterien für sinnvolles menschliches Leben"; B. Häring, *Frei in Christus*. Bd. 3, 126, diskutiert die Frage unter Rückgriff auf Paul Ramsey unter dem Stichwort „hilfreiche" Behandlung; E. Schockenhoff, *Ethik des Lebens. Ein theologischer Grundriß*, 251, bestimmt die sinnvolle Lebensverlängerung als jene, die wenigstens der „ansatzweisen Erhaltung mitmenschlicher Kommunikationsfähigkeit und eines bewußt erlebten personalen Eigendaseins des Patienten" dient.

ausgehend vom Traditionsbestand des Tötungsverbots Licht in die Frage zu bringen, was an Handlungen am Lebensende erlaubt/nicht erlaubt ist. Diesem Strang sind die immer wieder auftauchenden Begriffe der „indirekten Tötung", wie auch der „Tötung durch Unterlassen" zuzuordnen.

Man stößt hier auf eine unterschiedliche begriffliche und argumentative Logik, die sich von verschiedenen Gravitationszentren her entfaltet. Fragen, die heute oft gemeinsam unter „Entscheidungen am Lebensende" zusammengefasst und diskutiert werden, tauchen daher regelmäßig an *verschiedenen systematischen Orten* auf. Man kann schon von hier aus vermuten, dass bestimmte (nicht alle) Grenzfälle der Behandlung am Lebensende, insofern sie von unterschiedlichen normativen Perspektiven her in den Blick kommen, sich einer eindeutigen Beurteilung entziehen.

Von den genannten begrifflichen Schemata werden im Folgenden die Grundsätze der „ordentlichen/außerordentlichen" Mittel, der „indirekten Sterbehilfe" und des „Prinzips der Verhältnismäßigkeit" weiter auf ihre Orientierungskraft für aktuelle Herausforderungen untersucht. Sie haben eine zentrale Stellung erlangt und sind im Übrigen jene Grundsätze, die auch heute noch in lehramtlichen Aussagen der katholischen Kirche zum Thema eine zentrale Rolle spielen.[10]

Die Kontextbedingungen haben sich im Vergleich zur Situation Ende des 19. und Anfang des 20. Jahrhunderts enorm verändert. Die gegenwärtige Situation ist von einer dramatischen Zunahme der medizinischen Möglichkeiten gekennzeichnet, was dazu geführt hat, dass man ganz neu nach der Sinnhaftigkeit und damit auch ethischen Zulässigkeit an sich möglicher Maßnahmen gefragt hat. Die drastische Zunahme chronischer und chronisch sich verschlechternder Krankheitszustände wie bei Alzheimer-Demenz hat die Frage virulent werden lassen, wie weit die zu erwartende Qualität des Lebens bei Behandlungsentscheidungen auch lange vor dem sicher zu erwartenden Tod eine Rolle spielen darf. Schon jetzt lässt sich sagen, dass die in der Vergangenheit entwickelten Begriffe und Unterscheidungen sich dabei einerseits als unzureichend erweisen, andererseits jedoch erstaunlich relevant bleiben.

---

10 Vgl. Kongregation für die Glaubenslehre, *Erklärung zur Euthanasie*, Rom 1980; Johannes Paul II., *Enzyklika Evangelium vitae*; Kongregation für die Glaubenslehre, *Antworten auf Fragen der Bischofskonferenz der Vereinigten Staaten bezüglich der künstlichen Ernährung und Wasserversorgung*, Rom 2007.

2 Ordentliche/außerordentliche Maßnahmen

2.1 Das Prinzip

Die Unterscheidung zwischen ordentlichen und außerordentlichen Mitteln der Lebenserhaltung blickt auf eine Lehrtradition zurück, die bis ins 16. Jahrhundert zurückreicht.[11] Im Zentrum des Lehrstücks steht der Grundsatz, dass es eine Pflicht zur Lebenserhaltung gebe, diese aber grundsätzlich nicht unbedingt gelte. Im Hinblick auf ärztliche Behandlung am Lebensende wird dies dann so entfaltet, dass man nur zur Anwendung von „ordentlichen", nicht aber von „außerordentlichen" Mitteln verpflichtet sei. Verzicht auf außerordentliche Mittel ist daher möglich und der Freiheit des Einzelnen überlassen; es sündigen nach Benedikt H. Merkelbach (1932) nur jene, „qui media ordinaria recusant sumere ad sanitatem recuperandam"[12]. Die Unterscheidung zwischen *media extraordinaria* und *ordinaria* erlaubt dann in einem zweiten Schritt zwischen illegitimer Selbsttötung (*mortem sibi inferre*) und legitimem Sterbenlassen (*mortem permittere*) zu unterscheiden, wie dies bei Hieronymus Noldin deutlich wird: „Media ergo ordinaria non adhibere perinde esset ac mortem sibi inferre, media autem exraordinaria non adhibere idem est ac mortem permittere, quod quandoque licitum est".[13]

Es ergibt sich daraus die Frage, wie ordentliche/außerordentliche Mittel unterschieden werden können, wie sie jeweils zu definieren sind. Der aktuelle Duden nennt als Umschreibungen für „außerordentlich" die Begriffe „nicht in, von der gewöhnlichen, üblichen Art; vom Üblichen, Gewohnten abweichend; ungewöhnlich", „über das gewohnte Maß hinausgehend; sehr groß" und „sehr, überaus".[14] Blickt man auf die in den Handbüchern gegebenen Beispiele, treffen die heutigen Umschreibungen das Gemeinte zunächst sehr genau. Dies wird z. B. in der folgenden Definition bei Franz Schindler (1917) deutlich, der „gewöhnliche Heilmittel" als jene definiert, „die von den Angehörigen der gleichen Lebensstellung in ähnlicher Lage durchschnittlich angewendet zu werden pflegen und im einzelnen Falle ohne (relativ) außerordentliche Opfer angewendet werden können"[15].

---

[11] Ausführlich E. Schockenhoff, *Ethik des Lebens. Grundlagen und neue Herausforderungen*, Freiburg i. Br. 2009, 384.
[12] B. H. Merkelbach, *Summa Theologiae Moralis ad mentem D. Thomae et ad normam iuris novi*, Tom. 2, 351.
[13] H. Noldin, *Summa Theologiae Moralis*, Vol. II, 291.
[14] Duden, Art. *außergewöhnlich*, online unter: http://www.duden.de/rechtschreibung/auszergewoehnlich#Bedeutunga (Zugriff am 26.10.2016).
[15] F. Schindler, *Lehrbuch der Moraltheologie*, Bd. 2, 227.

Das Gewöhnliche ist hier das in seiner Anwendung Durchschnittliche, das, was keinen besonderen Aufwand fordert und damit auch allgemein leistbar und verfügbar ist. Viele Anwendungen des Prinzips gehen jedoch über diesen Kernbereich des Durchschnittlichen und allgemein Verfügbaren hinaus und subsumieren weitere Gesichtspunkte darunter. Fasst man die im Rahmen dieses Beitrags studierten Quellen zusammen, ergibt sich folgendes Spektrum an Einzelaspekten zur Bestimmung der „gewöhnlichen/ordentlichen" Mittel:

(1) *durchschnittlich* angewendet, entsprechen *üblicher ärztlicher Praxis*;
(2) *ohne außergewöhnliche Anstrengung* zu erlangen oder anzuwenden;
(3) *keine unzumutbaren Belastungen* für Familie oder Gesellschaft;[16]
(4) *nicht mit übergroßen Schmerzen und Belastungen für den Patienten* verbunden;
(5) in ihrer *Wirksamkeit nicht allzu zweifelhafte* Mittel; Mittel, bei denen nicht *unverhältnismäßig große Risiken* bestehen; Mittel bei denen kein „unverhältnismäßig großer Aufwand" bei „ganz ungewissem" Erfolg besteht.[17]

Die angeführten Beispielfälle beziehen sich im Sinne von (1), (2) und (3) auf zu kostspielige Kuraufenthalte, zu denen niemand verpflichtet sei; dass man für eine Behandlung das eigene Haus nicht verlassen müsse, man Ärzte nicht von weither holen müsse und man auf besonders teure, nicht leistbare Medikamente verzichten dürfe; im Sinne von (4) und (5) darauf, dass es keine Verpflichtung gebe, sich einer Amputation ohne Narkose zu unterziehen, dass man überhaupt auf besonders risikoreiche, besonders schmerzhafte („media nimis dura"[18]), auf wenig erprobte Operationen und Operationen mit sehr ungewissem Ausgang verzichten könne. Aber auch große Angst bzw. Panik des Patienten angesichts des geplanten Eingriffs können ein Grund dafür sein, eine Operation als „außerordentliches" Mittel anzusehen: „non videtur dici posse medium extraordinarium nisi subiectivus horror magnus sit".[19]

Einige der hier genannten Überlegungen gehen in die Richtung, „ordentliche" Mittel *allgemein und generell* und damit *objektiv* zu bestimmen, was auch immer wieder von Moraltheologen versucht wurde (z. B. man müsse nicht ins Ausland reisen, das eigene Haus nicht verlassen, eine bestimmte technisch aufwändige medi-

---

16 A. Koch spricht von einem „unverhältnismäßig großen, d.h. die Familie in Not und Armut stürzenden Aufwand" bei dem „der Erfolg ein ganz ungewisser ist" (A. Koch, *Lehrbuch der Moraltheologie*, Wien 1907, 260).
17 Ebd.
18 A. Vermeersch, *Theologiae Moralis Principia, Responsa, Consilia*, Tom. II, Rom 1928, 289.
19 H. Noldin, *Summa Theologiae Moralis*, Vol. II, 291.

zinische Intervention, wie z. B. Dialyse, nicht nutzen).[20] Es gibt aber auch Hinweise auf eine schon immer erkannte Notwendigkeit, den Grundsatz der ordentlichen Mittel *situationsbezogen* zu interpretieren; die konkrete *Behandlungssituation* zu berücksichtigen („unverhältnismäßig großer [...] Aufwand, wenn der Erfolg ein ganz ungewisser ist"[21]), inklusive der *subjektiven Befindlichkeit* des Kranken („magnus subiectivus horror"[22]). Es taucht die Idee einer notwendigen Verhältnismäßigkeit der Mittel auf, auch wenn das Prinzip noch nicht so benannt wird: „Je zweifelhafter die Wirkung der Arznei und je schwerer dem Kranken der Gebrauch derselben fällt, desto weniger darf man ihn dazu nötigen";[23] Heilmittel dürften ausgeschlagen werden, wenn sie dem Kranken „schwerer fallen als der Tod selbst"[24].

Es wird in diesem Zusammenhang mit erstaunlicher Offenheit neben zu großen Schmerzen und zu unsicherem Ausgang (hohes Mortalitätsrisiko) einer Operation auch das Überleben mit einer starken körperlichen Einschränkung bei einer Amputation als möglicher Grund anerkannt, diese als ein „außerordentliches" Mittel anzusehen: „et quandoque ob incommodum privationis membri est medium extraordinarium".[25] Gleichzeitig wird man sich bewusst, dass der Fortschritt in der Narkosetechnik und bei der Prothetik hier die Klassifikation verändern kann: „Sed ex altera parte hodie dolores valde minuuntur per narcotica, periculum sepsis valde remotum, etiam successus est frequentior et securior, immo etiam pro membris amputatis existunt suppletoria."[26] In dem Zitat wird sichtbar, dass man die Frage der zu erwartenden Lebensqualität als Teil des „Erfolgs" des „Mittels" ansieht, der ein eingeführtes und anerkanntes Kriterium zur Beurteilung von ordentlichen/außerordentlichen Mitteln in lebensbedrohlichen Situationen war.

Regelmäßig wird jedoch darauf hingewiesen, dass man sich niemals, auch nicht bei größten Schmerzen, direkt selbst töten dürfe; auch der Arzt dürfe nie durch ein Arzneimittel den Tod bewusst herbeiführen. Im Hinblick auf die verpflichtenden, gewöhnlichen Mittel der Lebenserhaltung wird oft als überzeugendes Beispiel auf das Verbot des Hungerstreiks aus politischen Gründen verwiesen. Dieser komme einer (direkten) Tötung durch Unterlassung gleich, weil

---

20 S. Ernst spricht in diesem Sinn zu Recht von einem Kriterium, das „der therapeutischen Handlung selbst *äußerlich*" ist; vgl. ders., *Verhältnismäßige und unverhältnismäßige Mittel. Eine bedenkenswerte Untersuchung in der lehramtlichen Bewertung der Sterbehilfe*, in: MThZ 58 (2007), 44.
21 A. Koch, *Lehrbuch der Moraltheologie*, 260.
22 H. Noldin, *Summa Theologiae Moralis*, Vol. II, 291.
23 A. Koch, *Lehrbuch der Moraltheologie*, 260.
24 Ebd.; auch Häring sieht in seinem Rückblick 1981 die schon längere Präsenz von Überlegungen der Verhältnismäßigkeit; ders., *Frei in Christus*, Bd. 3, 124.
25 H. Noldin, *Summa Theologiae Moralis*, Vol. II, 291, der sich in dieser Frage auf Alphons von Liguori beruft (vgl. Alfonso Maria de' Liguori, *Theologia Moralis I*, Lib. III, Rom 1905, No. 372).
26 H. Noldin, *Summa Theologiae Moralis*, Vol. II, 291.

Nahrung und Flüssigkeit ordentliche Mittel der Lebenserhaltung seien und der Tod hier nicht in Kauf genommene Nebenfolge, sondern Mittel zur Erreichung eines bestimmten Zwecks sei. Essen und Trinken gelten als nicht weiter hinterfragbare „natürliche Mittel zur Erhaltung des körperlichen Lebens und Wohlbefindens"[27], zu denen man immer und unter schwerer Sünde verpflichtet ist.[28]

2.2 Aktuelle Orientierungskraft

Die Unterscheidung von *media ordinaria* und *extraordinaria* gibt *einen Abwägungsraum frei,* in dem der Verzicht auf lebensverlängernde Maßnahmen dem einzelnen freisteht, markiert auf der anderen Seite eine Grenze, jenseits der ein Verzicht darauf einer Tötung durch Unterlassen gleichkommt. Erwähnenswert aus heutiger Sicht ist dabei, mit welcher Unbefangenheit die finanzielle Lage des Patienten und seiner Familie einen Behandlungsverzicht rechtfertigen und dass zur Beurteilung des „Erfolgs" einer Operation auch die langfristige Lebensqualität ins Gewicht fallen konnte.

Insofern die Unterscheidung allerdings beansprucht, eine *allgemeine und generelle Klassifikation* der Mittel in solche, die immer verpflichtend, und solche, die unter bestimmten Umständen unterlassen werden können, zu ermöglichen, ergeben sich doch unüberwindbare Schwierigkeiten. Eine generelle Unterscheidbarkeit wird durch die Geschwindigkeit des medizintechnischen Fortschritts unterlaufen, der bewirkt, dass die Parameter Verfügbarkeit, Kosten, Erfolgschancen und Risiken sich ständig ändern.[29] Sie wird durch ein zunehmend sich spezialisierendes Gesundheitssystem mit rascheren und bestens organisierten Transportmöglichkeiten unterlaufen, das je nach Bedarf hoch spezialisierte Behandlungsmöglichkeiten für alle zur Verfügung stellt. Fragen der finanziellen Erschwinglichkeit und der erfolgsbezogenen Angemessenheit des Aufwands sind in einer Zeit solidarischer Krankenversicherungssysteme und zunehmend größerer Versorgungsverbände zu einer Frage der

---

27 F. Schindler, *Lehrbuch der Moraltheologie,* 220.
28 Vgl. ebd.; H. Jone, *Katholische Moraltheologie. Unter besonderer Berücksichtigung des Codex Iuris Canonici sowie des deutschen, österreichischen und schweizerischen Rechtes,* Paderborn [15]1953, 174; A. Koch, *Lehrbuch der Moraltheologie,* 254.
29 Dieses Problem sieht B. H. Merkelbach, *Summa Theologiae Moralis ad mentem D. Thomae et ad normam iuris novi,* Tom. 2, 351: „Hodie tamen plures operationes quae olim difficiles et periculosae habebantur, facilissime et tuto perficiuntur ac ita iam facta sunt media ordinaria"; ähnlich J. Mausbach, *Katholische Moraltheologie,* Bd. 2, 232: „Viele Heilbehandlungen, die früher zu den nicht in jedem Fall zumutbaren, weil außerordentlichen gehörten, sind heute infolge des Fortschritts der Medizin zumutbar geworden, da die früher im allgemeinen mit ihnen verbundenen Gefahren sehr herabgesetzt oder ausgeschaltet wurden."

Gesundheitspolitik geworden. Lässt sich, um ein Beispiel zu nennen, ein Rettungshubschrauber sinnvoll als ordentliches oder außerordentliches Mittel klassifizieren? Lässt sich die Verpflichtung zur Wiederbelebung bei Unfällen und in Klinken so regeln, dass man die Kardioversion als solche zu einem ordentlichen oder außerordentlichen Mittel erklärt?

Geht man von den Parametern allgemeine Verfügbarkeit und Kostenaufwand aus, ergibt sich als zweites Problem, dass die unkritische Anwendung solcher Mittel unter heutigen Bedingungen in vielen Fällen zu Überbehandlung führen würde. Der heutige Einsichtsstand geht dahin, dass dort, wo das Behandlungsziel nicht mehr in Lebensverlängerung, sondern in der Ermöglichung eines schmerzfreien Todes besteht, auch solche Mittel der Lebensverlängerung zu unterlassen sind, die geringfügig, durchschnittlich und leicht verfügbar sind; auch sie können sich „als unverhältnismäßig erweisen, wenn sie nicht mehr geeignet sind, das ursprünglich intendierte Behandlungsziel zu erreichen oder mit unzumutbaren Belastungen für den Patienten verbunden sind"[30].

Die klassische Idee der ordentlichen und außerordentlichen Mittel der Lebensverlängerung lässt sich auch nicht als Unterscheidung zwischen therapeutischen und pflegerischen Maßnahmen rekonstruieren. Wiederum geht der heute gültige medizinethische Standard in die Richtung, dass sowohl ärztliche wie auch pflegerische Maßnahmen bis zuletzt verpflichtend sind, alles aber davon abhängt, das Therapieziel (Heilung, Lebensverlängerung, Palliation) richtig zu bestimmen. Es ist aus heutiger Sicht das Therapieziel, das im Hinblick auf die konkrete Situation des Kranken richtig bestimmt werden muss, und dieses entscheidet dann darüber, welche Maßnahmen indiziert sind oder nicht. Dazu kommt, dass Maßnahmen wie künstliche Ernährung durch PEG-Sonden sich offensichtlich einer eindeutigen Zuordnung zu den medizinischen oder pflegerischen Maßnahmen entziehen.

Trotz dieser Kritik bleiben die oben in fünf Punkten angeführten Einzelkriterien für sich genommen gültig, sobald man sie *differenziert*, *situationsbezogen* und *abwägungsoffen* anwendet. Das Maß des äußeren Aufwands, die rasche Verfügbarkeit von Mitteln, die Risiken einer Intervention für den Patienten, verglichen mit dem erwartbaren Nutzen, aber auch finanzielle Aspekte sind auch heute noch wichtige Parameter für eine Urteilsfindung im Einzelfall. Es ist also zusammenfassend nicht möglich, ärztliche Maßnahmen generell, objektiv und situationsunabhängig in ordentliche und außerordentliche einzuteilen; die unter dem Prinzip zusammengefassten Einzelaspekte sind aber nach wie vor gültig, wenn sie in differenzierte Abwägungsvorgänge eingebracht werden.

---

30 E. Schockenhoff, *Ethik des Lebens. Grundlagen und neue Herausforderungen*, 388.

3 Indirekte Tötung

3.1 Das Prinzip

Es wurde schon darauf hingewiesen, dass neben der Unterscheidung von gewöhnlichen und außergewöhnlichen Mitteln die Figur der „indirekten Tötung" (auch „occisio in causa active permissa"[31]) vor dem Hintergrund einer „Handlung mit Doppeleffekt" eine zentrale Rolle in der Beurteilung von Behandlungsfragen am Lebensende gespielt hat. Die Unterscheidung zwischen „direkter" und „indirekter" Tötung spielt eine zentrale Rolle und von ihr aus werden nicht nur die Schmerzbekämpfung Sterbender mit Opiaten gerechtfertigt, sondern auch der mögliche Verzicht auf eine lebensrettende Maßnahme am Lebensende.[32] Als Beispiel dafür kann das folgende Zitat aus einer Ansprache von Papst Pius XII. aus dem Jahr 1957 dienen, wo es um die Pflicht zur Wiederbelebung geht: „Selbst wenn sie den Stillstand des Blutkreislaufes nach sich zieht, so ist doch die Unterbrechung der Wiederbelebungsversuche immer nur indirekte Ursache des Aufhörens des Lebens, und in diesem Falle muss man den Grundsatz des doppelten Effektes und den des voluntarium in causa anwenden."[33]

Fragen des Behandlungsverzichts unter dem Grundsatz der Handlung mit Doppeleffekt mit zugelassener Nebenfolge zu diskutieren, ist insofern nachvollziehbar, als die (erlaubte) indirekte Tötung immer ein *Zulassen* des Sterbens im Gegensatz zu seinem bewussten Herbeiführen beinhaltet und gleichzeitig einen *Abwägungsvorgang* voraussetzt.[34] Beide Momente spielen auch im Konstrukt der „passiven Sterbehilfe" eine zentrale Rolle, bei der im Übrigen in dem Schreiben der Österreichischen Bischöfe *Leben in Fülle* diesbezüglich eine (verbotene) „passiv direkte" von einer (erlaubten) „passiv indirekten" Sterbehilfe unterschieden wird.[35]

Ein aus heutiger Sicht kaum nachvollziehbarer Fall eines erlaubten Behandlungsverzichts am Lebensende betrifft eine Jungfrau, die eine lebensrettende

---

31 H. Noldin, *Summa Theologiae Moralis*, Vol. II, 293: „Indirecta occisio habetur, si mors non est voluntaria in se, sed in causa i.e. active permissa, in quantum praevidetur secutura praeter intentionem ex actione, quae ex natura sua etiam ad alium effectum immediatum ordinatur [...]".
32 Z. B. J. Mausbach, *Katholische Moraltheologie*, Bd. 2, 268–270.
33 Pius XII., *Ansprache zur Frage der „Wiederbelebung"* (24. November 1957), in: *AAS* 49 (1957), 1027–1033.
34 Vgl. J. Mausbach, *Katholische Moraltheologie*, Bd. 2, 270: „Man muss allerdings noch zusehen, ob zwischen beiden Wirkungen ein vernünftiges Verhältnis besteht und ob die Vorteile der einen die Nachteile der anderen aufwiegen."
35 Vgl. Österreichische Bischöfe, *Leben in Fülle*, 22–24.

Operation ablehnt, um sich nicht vor dem (männlichen) Arzt entblößen zu müssen oder um einer möglichen Verletzung ihrer Unschuld zu entgehen. 1932 weist Arthur Vermeersch darauf hin, dass die Moraltheologen in der Tradition eine Jungfrau „quae magis quam mortem manum medici aut chirurgis fugiat" entschuldigt hätten.[36] Bei Anton Koch heißt es 1907: „Ebenso haben Frauenpersonen nicht die Pflicht, aber das Recht, aus Rücksicht auf Schamhaftigkeit oder zum Schutze der leiblichen Integrität in Krankheiten und selbst in Fällen der Lebensgefahr ärztliche Untersuchungen oder Operationen zurückzuweisen, obgleich durch dieselben die Rettung des Lebens wahrscheinlich sicher wäre."[37]

Begründet wird auch dies mit dem Grundsatz der indirekten Tötung: Die Frau intendiere nicht direkt den Tod, sondern lasse ihn um eines anderen Gutes willen zu; der Schutz vor Entehrung sei der höhere Wert im Vergleich zum physischen Tod. Das Beispiel zeigt, dass überall dort, wo „höhere" Werte ins Spiel gebracht werden können, man großzügig bei Fragen des Behandlungsverzichts war und dieser zu einer heroischen Tat wird. Dagegen wird der Verzicht auf Nahrung im Rahmen eines Hungerstreiks, um ein politisches Ziel zu erreichen, kategorisch als direkte und daher sündhafte Tötung verurteilt („id enim est directa occisio"[38]), da der Tod hier ein Mittel zum Zweck sei. Hier taucht dann explizit der Begriff einer „Tötung durch Unterlassung" auf, denn die direkte Tötung sei immer schwer sündhaft, „geschehe sie durch Bewirken oder durch Unterlassen, wo Handeln Pflicht ist."[39]

3.2 Aktuelle Orientierungskraft

Die Rede von einer (erlaubten) „indirekten Tötung" ist dem moraltheologischen Traditionsbestand des Tötungsverbots zuzuordnen. Die Semantik betont, dass es um eine *Tötung* geht, wenn auch um eine *erlaubte*. Die Figur ist deshalb dem ärztlichen Denken immer fremd geblieben, da Ärzte und Ärztinnen Schmerzbekämpfung am Lebensende intuitiv und spontan nicht als entschuldbare Tötung auffassen, sondern als konsequente Verlängerung einer Handlungslogik, die insgesamt ihren Beruf bestimmt. Es ist daher verständlich, wenn heute dafür plädiert wird, auf die Terminologie zu verzichten und Schmerzbekämpfung am

---

36 A. Vermeersch, *Theologiae Moralis Principia, Responsa, Consilia*, Tom. II, 289.
37 A. Koch, *Lehrbuch der Moraltheologie*, 259.
38 B. H. Merkelbach, *Summa Theologiae Moralis ad mentem D. Thomae ed ad normam iuris novi*, Tom. 2, 351.
39 J. Mausbach, *Katholische Moraltheologie*, Bd. 2, 270.

Lebensende als eine Form von „Therapie am Lebensende" anzusehen,[40] die wie alle therapeutischen Interventionen mit Risiken belastet sei, die gegen den Nutzen abgewogen werden müssten, aber eben nie als solche intendiert würden. Warum also gerade im Fall einer Morphinbehandlung die (komplizierte) Figur der indirekten Tötung bemühen? – Dieses Anliegen ist berechtigt. Hält man die Figur der indirekten Tötung hier für unverzichtbar, müsste man sich fragen, ob man im Rahmen therapeutischer Bemühungen nicht oft vor einer möglichen indirekten Tötung steht, immer dann nämlich, wenn das Risiko einer lebensbedrohlichen Nebenwirkung besteht.

Ärztinnen und Ärzten ist natürlich bewusst, dass man durch eine geplante Überdosis z. B. von Opiaten Patienten „töten", bzw. den Todeseintritt erheblich beschleunigen kann. Die Grenze zwischen einer medizinisch als Schmerzbekämpfung indizierten Gabe von Opiaten und einer bewussten Überdosierung lässt sich aber doch genau ziehen. Man würde dann im einen Fall von einem unvermeidbaren Behandlungsrisiko, im anderen Fall von einer Tötung sprechen.

Trotzdem lässt sich fragen, ob die traditionelle Beurteilung von Fragen des Behandlungsverzichts unter dem Vorzeichen der Handlung mit Doppeleffekt und indirekter Todesfolge nicht auch einen Vorteil hat. Schließt man sich der dabei zugrundegelegten Handlungsmetaphysik prinzipiell an, würden Formen von Behandlungsverzicht leichter verstehbar, die, was das äußere Handlungsphänomen betrifft, eine *Zwischenstellung* zwischen aktivem Tun und passivem Unterlassen einnehmen. Dies ist bekanntlich beim Abbruch einer künstlichen Beatmung der Fall, die vom gesamten Handlungszusammenhang her gesehen zwar einem „Unterlassen" gleichkommt, im Hinblick auf das Abstellen des Geräts jedoch als aktives Tun empfunden wird. Dem engen Zusammenhang zwischen Abschalten des Geräts und nachfolgendem Tod, der immer wieder zu Gewissensbelastungen führt, wird auf einer begrifflichen Ebene die Figur eines Todes „in causa *active* permissa"[41] vielleicht eher gerecht als die einfache Rede von „passiver Sterbehilfe".

---

[40] Nationaler Ethikrat, *Selbstbestimmung und Fürsorge am Lebensende*, 49–56; Bioethikkommission beim Bundeskanzleramt, *Empfehlungen zur Terminologie medizinischer Entscheidungen am Lebensende*, 12.
[41] H. Noldin, *Summa Theologiae Moralis*, Vol. II, 293 (Hervorhebung W. S.).

4 Verhältnismäßige und unverhältnismäßige Mittel

4.1 Das Prinzip

Es hat sich gezeigt, dass unter dem Dach des Prinzips der ordentlichen/außerordentlichen Mittel schon immer Überlegungen auftauchen, welche die Verhältnismäßigkeit der Mittel betreffen. In der Nachkonzilszeit wird Verhältnismäßigkeit in Dokumenten des römischen Lehramts und der Moraltheologie explizit als neues Leitprinzip entfaltet.[42] Der bekannte Moraltheologe Bernhard Häring fordert 1981 in *Frei in Christus*, der alte Grundsatz der „ordentlichen Mittel" müsse durch den „Grundsatz der Proportion" ergänzt werden. Seine Kritik am tradierten Prinzip der ordentlichen/außerordentlichen Mittel richtet sich auf die erwähnten Probleme, dass es nicht möglich sei, die entsprechenden Mittel generell zu bestimmen, und dass die unsensible Anwendung von Standardtherapien am Ende des Lebens in vielen Fällen falsch sei.[43]

In der *Erklärung zur Euthanasie* der römischen Kongregation für die Glaubenslehre von 1980 findet sich ein ausführlicher Passus, wo detailliert darauf eingegangen wird, was unter dem Prinzip der „verhältnismäßigen Mittel" im Einzelnen zu verstehen sei:

> Muss man nun unter allen Umständen alle verfügbaren Mittel anwenden? Bis vor kurzem antworteten die Moraltheologen, die Anwendung „außerordentlicher" Mittel könne man keinesfalls verpflichtend vorschreiben. Diese Antwort, die als Grundsatz weiter gilt, erscheint heute vielleicht weniger einsichtig, sei es wegen der Unbestimmtheit des Ausdrucks oder wegen der schnellen Fortschritte in der Heilkunst. Daher ziehen es manche vor, von „verhältnismäßigen" und „unverhältnismäßigen" Mitteln zu sprechen. Auf jeden Fall kann eine richtige Abwägung der Mittel nur gelingen, wenn die Art der Therapie, der Grad ihrer Schwierigkeiten und Gefahren, der benötigte Aufwand, sowie die Möglichkeiten ihrer Anwendung mit den Resultaten verglichen werden, die man unter Berücksichtigung des Zustandes des Kranken sowie seiner körperlichen und geistigen Kräfte erwarten kann.[44]

---

42 Vgl. dazu E. Schockenhoff, *Ethik des Lebens. Grundlagen und neue Herausforderungen*, 384–388; S. Ernst, *Verhältnismäßige und unverhältnismäßige Mittel*, 43–57; entsprechende lehramtliche Dokumente sind die *Erklärung zur Euthanasie* der Kongregation für die Glaubenslehre von 1980 und die Enzyklika *Evangelium vitae* von Johannes Paul II. 1995.
43 Vgl. B. Häring, *Frei in Christus*, Bd. 3, 122.
44 Kongregation für die Glaubenslehre, *Erklärung zur Euthanasie*, IV, 11.

Verhältnismäßigkeit der Mittel bedeutet nach diesem Text, situationsbezogen den Aufwand für eine bestimmte Therapie und die mit ihr verbundenen Risiken, Gefahren und Belastungen gegen den Nutzen abzuwägen, der sich daraus für den Kranken ergibt; mit der besonderen Konsequenz, dass aufgrund einer solchen Abwägung Heilversuche gänzlich unterbleiben können, wenn der Tod nah und gewiss ist. Das Dokument weist eigens auf den zu berücksichtigenden Patientenwillen hin („Bei dieser Entscheidung sind aber der berechtigte Wunsch des Kranken und seiner Angehörigen sowie das Urteil kompetenter Fachärzte zu berücksichtigen"), hält explizit den Abbruch von begonnenen Maßnahmen für gerechtfertigt („Ebenso darf man die Anwendung dieser Mittel abbrechen, wenn das Ergebnis die auf sie gesetzte Hoffnung nicht rechtfertigt"), betont aber auch eigens, dass der Grundsatz der Verhältnismäßigkeit eine Sterbesituation voraussetze („Wenn der Tod näher kommt und durch keine Therapie mehr verhindert werden kann, darf man sich im Gewissen entschließen, auf weitere Heilversuche zu verzichten"[45]).

Das Dokument ersetzt aber nicht einfach den alten Grundsatz durch einen neuen, sondern *ergänzt* ihn genau genommen.[46] Zumindest auf lehramtlicher Ebene gilt ab nun eine Art Doppelprinzip, wie dies in der Beurteilung der künstlichen Ernährung durch die Kongregation für die Glaubenslehre 2007 sichtbar wird: „Die Verabreichung von Nahrung und Wasser, auch auf künstlichen Wegen, ist prinzipiell ein gewöhnliches und verhältnismäßiges Mittel der Lebenserhaltung."[47]

Der neue Ansatz bei einem Doppelprinzip lässt vor allem die alte Frage auftauchen, wie die „ordentlichen/gewöhnlichen" Mittel zu definieren sind; dann die Frage, ob ein Mittel „gewöhnlich" *und* „verhältnismäßig" sein muss, um verpflichtend zu sein, oder ob es gewöhnliche Mittel gibt, die immer anzuwenden sind, sodass eine legitime Prüfung auf Verhältnismäßigkeit erst jenseits dieser ordentlichen/gewöhnlichen Mittel beginnt.

Man stößt bezüglich der ordentlichen/gewöhnlichen Mittel in neueren Dokumenten auf verschiedene Umschreibungen, die den Begriff nicht klarer machen und sich kaum konsistent anwenden lassen. In der Erklärung von 1980 ist von

---

45 Kongregation für die Glaubenslehre, *Erklärung zur Euthanasie*, 12.
46 „Diese Antwort, die als Grundsatz weiter gilt, erscheint heute vielleicht weniger einsichtig, sei es wegen der Unbestimmtheit des Ausdrucks oder wegen der schnellen Fortschritte in der Heilkunst. Daher ziehen es manche vor, von ‚verhältnismäßigen' und ‚unverhältnismäßigen' Mitteln zu sprechen" (ebd.).
47 Kongregation für die Glaubenslehre, *Antworten auf Fragen der Bischofskonferenz der Vereinigten Staaten bezüglich der künstlichen Ernährung und Wasserversorgung*, 1. Dies gilt allerdings nicht für verschiedene moraltheologische Entwürfe, die das Prinzip der Verhältnismäßigkeit differenzierter und konsistenter ausarbeiten.

Mitteln die Rede, welche „die Medizin allgemein zur Verfügung stellt" und von „normalen Mitteln"; in einer Erklärung des *Päpstlichen Rates Cor Unum* aus dem Jahr 1981 wird von „minimalen Mitteln" gesprochen, zu denen neben „künstlicher Ernährung auch Injektionen und Bluttransfusionen" gehören, die immer verpflichtend seien.[48] In der Erklärung zur künstlichen Ernährung von 2007 ist von „normaler Pflege" und „ärztlicher Grundbetreuung" die Rede. Die Formulierungen sind interpretationsbedürftig; sie sind, wenn von „normaler Pflege" oder „Injektionen" die Rede ist, sehr schablonenhaft. Die Diskussionen heute gehen nicht darum, dass man einem Sterbenden oder einem chronisch Kranken in einem weit fortgeschrittenen Stadium keine Pflege mehr angedeihen lässt oder ihm prinzipiell keine Injektionen mehr verabreicht, sondern wieweit man auf ganz bestimmte Therapeutika oder maschinelle Maßnahmen wie künstliche Beatmung verpflichtet ist.

Die Diskussionen um den Fall *Terry Schiavo* (2005), wo nach 15 Jahren Wachkoma ein Abbruch künstlicher Ernährung erfolgte, und den Fall *Piergiorgio Welby* (2006), wo nach neunjähriger Beatmung bei fortschreitender irreversibler Lähmung auf Wunsch des Patienten die Beatmung abgestellt wurde, haben gezeigt, wie schwierig und kontrovers die hier auftauchenden Fragen sind. In den Augen Roms ging es in beiden Fällen um den Abbruch einer ordentlichen und verhältnismäßigen Maßnahme der Lebenserhaltung, woraus sich die Beurteilung als „Euthanasie durch Unterlassen"[49] bzw. als „Selbsttötung" ergab. Die Probleme liegen dabei nicht so sehr in den Grundsätzen selbst, als vielmehr in ihrer Anwendung. Bei Welby ließ man von Seiten Roms nicht zu, nach der Verhältnismäßigkeit einer maschinellen Beatmung im Hinblick auf ein höchst eingeschränktes und immer mehr verlöschendes Leben zu fragen. Ebenso fragt das Dokument zur künstlichen Ernährung sehr wohl nach deren Verhältnismäßigkeit, bezieht diese aber auf das Überleben des Organismus unabhängig von jeglicher Qualität des Lebens. Die Frage nach dem „Sinn" einer menschlichen Existenz in einem über 15 Jahre andauernden, irreversiblen Wachkoma wird nicht zugelassen.

---

48 Päpstlicher Rat Cor Unum, *Ethische Fragen bezüglich der Schwerkranken und Sterbenden*, Rom 1981, 2.4.4.
49 Vgl. dazu die diesbezügliche Terminologie von Johannes Paul II. in einer Ansprache vom 2. Oktober 1998: „Wir stünden dann vor einer Euthanasie durch Unterlassen" (L'Osservatore Romano [italienische Ausgabe] vom 3. Oktober 1998, 5).

4.2 Aktueller Orientierungswert

Verhältnismäßigkeit stellt im Hinblick auf Behandlungsfragen am Lebensende aus klinisch-ärztlicher Sicht ein zentrales, umfassendes und leistungsfähiges Prinzip dar, das jedoch hochgradig formal bleibt. Es kommt klinischem Denken entgegen, weil Verhältnismäßigkeit bei *allen* Therapieentscheidungen eine Rolle spielt, nicht nur am Ende des Lebens. Ärztinnen und Ärzte sind also von vornherein darin geschult, komplexe Abwägungsvorgänge durchzuführen. Dazu kommt, dass sich in den Grundsatz ein breites Spektrum an Einzelüberlegungen integrieren lässt: finanzieller und organisatorischer Aufwand, lokale Verfügbarkeit einer Behandlung, unmittelbare und nachhaltige Erfolgschancen der Behandlung und damit verbundener Nutzen, damit verbundene Belastungen, Schäden und körperliche oder mentale Einschränkungen für den Patienten. Im Sinn eines bio-psycho-sozialen Menschenbilds lassen sich auch psychische und soziale Aspekte in die Abwägung integrieren. Auch das medizinethische Prinzip der *futility* im Sinn der ärztlichen Pflicht, ineffektive und nutzlose Interventionen nicht zu setzen, kann als äußerster Grenzfall einer unverhältnismäßigen Behandlung angesehen werden.

Probleme in der Anwendung ergeben sich zunächst daraus, dass bei der Prüfung einer Maßnahme auf Verhältnismäßigkeit die entsprechenden Momente mit einer *bestimmten Gewichtung* in die Abwägung eingehen, hinter der subjektive Präferenzen, biographische Erfahrungen und verschiedenartige Menschenbilder stehen. Dazu kommt, dass die entsprechenden Parameter oft, wie z. B. Schmerzen oder verbleibende Lebenserwartung, *graduell* sind, sodass darauf aufbauende Urteile immer einen Ermessensspielraum aufweisen. Insgesamt hat dies zur Folge, dass in bestimmten Situationen sich nicht eindeutig beurteilen lässt, ob eine Maßnahme aus ärztlicher Sicht indiziert ist oder nicht.[50] Äußerst schwierig sind schließlich der *Zeitfaktor* und die zu erwartende *Eingeschränktheit* des Lebens zu beurteilen: Wie weit vor dem zu erwartenden Tod darf man auf lebenserhaltende Maßnahmen oder auf lebensrettende Interventionen verzichten? Und welche Rolle darf hier der Blick auf eine möglicherweise höchst eingeschränkte Lebensqualität spielen (ein Leben unter starken Schmerzen, Bewegungsunfähigkeit, kaum vorhandene Kommunikationsfähigkeit oder überhaupt die Aussicht, dass ein Patient nie mehr das Bewusstsein erlangen wird).

---

50 Oft wird fälschlich dem „subjektiven" Patientenwillen eine (scheinbar) „objektive" ärztliche Indikation gegenübergestellt. Aus den hier genannten Gründen ist jedoch das Vorliegen einer ärztlichen Indikation in vielen Situationen eine Ermessenssache und man fordert daher zu Recht zunehmend, dass in schwierigen Fällen eine Entscheidung im Team (im Sinn klinischer Ethikberatung) erfolgt.

4.3 Krankheitsverläufe und Sterbephase

An dieser Stelle ist es weiterführend, sich vor Augen zu führen, in welcher Weise bei verschiedenen Krankheitsverläufen die körperlich-geistigen Lebensfunktionen in Richtung Tod bis zum endgültigen Verlöschen abnehmen. Murray et al. haben diesen Zusammenhang untersucht und dabei drei idealtypische Krankheitsverläufe unterschieden:[51]

(1) Bei einem ersten Krankheitstyp (z. B. Krebs) lässt sich relativ lange ein befriedigender Gesamtzustand des Patienten aufrechterhalten bis zum Zeitpunkt des Einsetzens der Sterbephase, ab dem die Lebensfunktionen kaskadenartig erlöschen, ohne dass dies nennenswert aufgehalten werden kann. In solchen Fällen kann der Beginn der Sterbephase als Kriterium für das Einstellen aller lebenserhaltenden und -verlängernden Maßnahmen herangezogen werden.

(2) Beim zweiten Typ kommt es zu rezidivierenden, lebensbedrohlichen Einbrüchen, z. B. durch Herzversagen. Die dadurch ausgelösten Krisen können durch medizinische Interventionen aufgefangen werden (z. B. rasche intensivmedizinische Behandlung), aber der Gesamtzustand des Patienten ist nach jeder Intervention deutlich schlechter als vorher und nimmt auch in den Zwischenphasen ständig ab. Obwohl Krisen kurzfristig aufgefangen werden können, lässt sich die Gesamtprognose durch Interventionen immer weniger beeinflussen und man hat immer mehr den Eindruck einer „sinnlosen" Intervention, z. B. durch Reanimation. Auch wenn es keine klar erkennbare Sterbephase gibt, wird man sich irgendwann entscheiden, nicht mehr zu intervenieren.

(3) Beim dritten Typ, auf den man z. B. bei Alzheimer-Demenz stößt, steht man vor einer viel langsamer fortschreitenden Verschlechterung der körperlich-geistigen Gesamtfunktionen auf viel niedrigerem Niveau bis hin zum endgültigen Erlöschen des Lebens. Der Krankheitsprozess im Ganzen lässt sich nicht beeinflussen, der Tod würde jedoch rascher eintreten, wenn man konsequent auf lebensverlängernde Maßnahmen verzichtet. Hier wird es noch schwieriger, die Situation einer extrem eingeschränkten Lebensqualität, einer sicher infausten Prognose aber mit relativ langer Lebenserwartung bei adäquater Behandlung mit einem sinnvollen Behandlungsaufwand in Beziehung zu setzen.

---

51 Vgl. S. Murray/M. Kendall/K. Boyd/A. Sheikh, *Illness Trajectories and Palliative Care*, in: *BMJ* 330 (2005), 1007–1011.

4.4 Strategien der Bewältigung

Es sind im Prinzip verschiedene Strategien denkbar, mit solchen extrem schwierigen Herausforderungen klinisch umzugehen. Ein erster Ansatz versucht, die Problematik durch einen Rückgriff auf das Recht auf Selbstbestimmung zu lösen und in Konsequenz Instrumente vorausschauender Selbstbestimmung zu fördern. Dies kann über Patientenverfügungen und allgemeiner über *advance care planning* geschehen. Menschen sollen weitestmöglich frühzeitig *selbst* darüber entscheiden, welche Behandlung in welcher Situation sie am Lebensende für sinnvoll erachten.

In vielen Fällen ist dieser Weg nicht gangbar, weil der Patientenwille nicht bekannt oder unklar und widersprüchlich ist, z. B. weil widersprüchliche Aussagen von Angehörigen vorliegen oder nur sehr lang zurückliegende Willensäußerungen des Patienten. Die Antwort kann in solchen Fällen darin liegen, ab einem bestimmten Zeitpunkt eine fortlaufende Basisbehandlung zu sichern, gleichzeitig aber auf darüber hinausgehende Interventionen zu verzichten. So können z. B. auf Wachkomastationen, fallbezogen und flexibel, bestimmte Standards an Pflege und Behandlung festgelegt werden, über die hinaus man nicht mehr interveniert, wenn es zu einer plötzlichen Erkrankung oder massiven Verschlechterung kommt.[52] Man fühlt sich der pflegerischen und medizinischen Sorge um dieses Leben grundsätzlich und dauernd verpflichtet, trägt der hochgradig eingeschränkten Lebensqualität aber durch einen Verzicht auf aufwändigere Mittel der Lebenserhaltung Rechnung. Ein solches Vorgehen erinnert zu Recht an die klassische Strategie der „gewöhnlichen/ordentlichen" Mittel, unterscheidet sich aber darin, dass die jeweiligen Standards *krankheits- und fallbezogen* sowie *flexibel* und *revisionsoffen* festgelegt werden.

Oft wird also schwierigen Situationen so begegnet, dass man auf den graduellen Verfall mit einem *graduellen Rückzug* therapeutischer Anstrengungen antwortet. Ein solcher Rückzug kann konkret bedeuten, dass man immer weniger aufwendige akute Interventionen für gerechtfertigt hält; oder dass man sich auf eine *do-not-escalate*-Strategie einigt, bei der laufende Therapien weitergeführt werden, Zwischenfälle aber nicht mehr mit Interventionen kompensiert werden; oder dass man das Niveau der lebenserhaltenden Maßnahmen nach und nach absenkt und immer mehr auf rein pallivative Maßnahmen umstellt. Solche Strategien versuchen, eine bestimmte Mitte zwischen Aktivität und Passivität zu

---

52 Vgl. G. Pichler, *Der Wachkomapatient im klinischen Alltag*, in: W. Kröll/W. Schaupp (Hg.), *Eluana Englaro – Wachkoma und Behandlungsabbruch. Medizinische – ethische – rechtliche Aspekte*, Wien 2010, 40–56; G. Fleisch, *Betreuung von Wachkomapatienten am LKH Rankweil*, in: W. Kröll/W. Schaupp (Hg.), *Eluana Englaro – Wachkoma und Behandlungsabbruch*, 57–60.

halten, die Kontrolle über den Verlauf sukzessive aus der Hand zu geben und zu warten, dass die Krankheit selbst immer stärker das Schicksal des Kranken bestimmt. Die „Richtigkeit" solcher Entscheidungen ergibt sich in hohem Maß aus einem situationsbezogenen Konvergenzurteil, bei dem möglichst viele einzelne Aspekte gesichtet und berücksichtig werden.

Man steht z. B., wie oben unter Typ 2 beschrieben, vor einem sich allmählich verschlechternden Zustand eines hochbetagten Patienten mit multiplen Krankheiten und sich häufenden Zwischenfällen wie Herzversagen oder lebensbedrohlichen Blutungen. Man ist gezwungen, sich immer wieder für oder gegen eine bestimmte Behandlungsmöglichkeit zu entscheiden.

5 Grundsätzliche Unsicherheiten

Kommt man abschließend auf die Frage der Unterscheidbarkeit von (unerlaubtem) „Töten" und (erlaubtem) „Sterbenlassen" zurück und darauf, welchen Beitrag Grundsätze wie „Verhältnismäßigkeit der Mittel" hier leisten können, so zeigt sich, dass in der Praxis neben eindeutigen Situationen Grauzonen bleiben – Unschärfen, die in der Natur der Sache liegen und nichts mit mangelnder Sorgfalt in der ethischen Urteilsbildung zu tun haben. Ein Spektrum von „ordentlichen/ gewöhnlichen" Mitteln lässt sich nicht sinnvoll situations- und kontextunabhängig bestimmen und der Grundsatz der Verhältnismäßigkeit ermöglicht aus den genannten Gründen – Gradualität der Parameter, Plastizität ihres relativen Gewichts im Rahmen der Gesamtbewertung, fließender Beginn der Sterbephase – keine trennscharfe Unterscheidung im Sinn logischer Deduktion.

Die Problematik einer eindeutigen Abgrenzung zeigt sich aber auch auf der theoretisch-normativen Ebene. Es wurde gezeigt, dass man sich der Frage, was an medizinischen Interventionen am Lebensende verpflichtend ist, schon immer von zwei hermeneutischen Perspektiven her annäherte, nämlich einerseits nach den Grenzen einer allgemeinen Pflicht zur Lebenserhaltung zu fragen und andererseits von der normativen Struktur des Tötungsverbots her zu fragen, welche Handlungen eindeutig zu verurteilende Tötungshandlungen sind und welche Handlungen mit Todesfolge vernünftigerweise zugelassen werden müssen. Die Doppelperspektive führt zu einer klaren Unterscheidbarkeit von *Sterbenlassen durch Behandlungsverzicht* auf der einen Seite und *aktiver Tötung* und *assistiertem Suizid* auf der anderen, nicht aber von erlaubtem Behandlungsverzicht und *Tötung durch Unterlassen*.

Dieses unbefriedigende Ergebnis könnte seine Ursache darin haben, dass man bei der letztgenannten Unterscheidung in einen *definitorischen Zirkel* gerät, der nicht immer bewusst ist. Er besteht darin, dass in die Definition der „Tötung durch Unterlassen" die Existenz einer Behandlungspflicht/Lebenserhaltungspflicht eingeht, wie dies in der schon zitierten Bemerkung von Mausbach deutlich wird, direkte Tötung sei immer schwer sündhaft, „geschehe sie durch Bewirken *oder durch Unterlassen, wo Handeln Pflicht ist*"[53]. Weil eine Tötung durch Unterlassen nicht ohne Rückgriff auf eine bestehende Lebenserhaltungspflicht bestimmt werden kann, lassen sich die Grenzen der Lebenserhaltungspflicht nicht ihrerseits durch einen Rückgriff auf das Tötungsverbot bestimmen. Der Begriff der Tötung durch Unterlassung wird vielmehr in dem Maß klar, wie eine evidente Pflicht zur Lebenserhaltung besteht. Von daher wird es eine Aufgabe der Zukunft sein, sich in einem Zusammenwirken von qualifizierter klinischer Erfahrung und theoretischen Anstrengungen um ein immer differenzierteres und sensibleres Verstehen unserer Pflicht zu bemühen, rasch zu Ende gehendem oder langsam verlöschendem Leben so mit medizinischen Mitteln beizustehen, dass insgesamt den zwei großen Anliegen des Respekts vor menschlicher Würde bis zuletzt und des Rechts jedes Menschen auf einen „guten Tod" maximal Rechnung getragen wird.

---

[53] J. Mausbach, *Katholische Moraltheologie*, Bd. 2, 270 (Hervorhebung W.S.).

Matthias Beck
Zur Frage der Indikation im Kontext von Töten und Sterben zulassen

Ethische Reflexionen

1 Hinführung

Eine Indikation zu stellen gehört zu den zentralen ärztlichen Aufgaben. Daher verwundert es zunächst, dass dazu ein eigener Kongress abgehalten wird. Vieles scheint selbstverständlich und lang erprobtes medizinisches Terrain. Und dennoch müssen altbekannte Praktiken angesichts neuer Herausforderungen immer wieder neu reflektiert werden. Diese neuen Herausforderungen stellen im vorliegenden Kontext die Möglichkeiten der weiter fortschreitenden Lebensverlängerung dar, die die moderne Medizin hervorbringt. Gibt es hier Indikationen zur Lebensverlängerung „um jeden Preis"? Auf der anderen Seite sind die Patienten immer besser informiert und wollen bei der Indikationsstellung mitentscheiden. Sie haben sich schon lange im Internet über ihre Erkrankung informiert und wollen ihre „Erkenntnisse" mit dem Arzt besprechen.

Weiterhin wollen Patienten immer mehr ihr Selbstbestimmungsrecht in Anspruch nehmen. Kann dieses so weit gehen, dass der Patient selbstbestimmt seinem Leben ein Ende setzen darf? Kann er dabei durch Ärzte oder Angehörige Hilfe in Anspruch nehmen? Konkret: Gibt es eine Indikation für den Arzt zur assistierten Selbsttötung oder gar zum direkten Töten (Töten auf Verlangen, früher: aktive Sterbehilfe)? Im letzteren Fall hätte der Arzt die Tatherrschaft, im ersteren der Patient. Gibt es für Angehörige eine solche „Indikation"? Oder gibt es nur eine Indikation zur Begleitung des Sterbeprozesses? Um diese Fragen soll es im vorliegenden Artikel gehen.

Auf der anderen Seite gibt es seit einiger Zeit die Möglichkeit in der Medizin, wenn keine Heilung mehr beim Patienten zu erwarten ist, von einer heilenden Therapie auf eine palliative Medizin umzustellen. Es wird dann kein Heilversuch mehr unternommen, sondern dem Patienten werden in der letzten Phase seines Lebens die Schmerzen genommen und dem physiologischen oder auch pathophysiologischen Prozess des Sterbens wird sein Lauf gelassen. Dieser Sterbeprozess sollte nicht nur mittels Schmerzmedikation, sondern auch psychologisch und spirituell begleitet werden, da doch am Ende des Lebens ein Resümee gezogen wird und vieles aufzuarbeiten ist. Dies wird auf Palliativstationen oder in Hospizeinrichtungen meist vorbildlich gemacht.

Wenn der Patient umsorgt und nicht isoliert und einsam ist, wird selten der Wunsch geäußert, sich töten zu wollen. In dieser Phase geht es darum, das Sterben zuzulassen oder bei neu auftretenden Infektionen womöglich keine Antibiotikatherapie mehr einzuleiten (alter Begriff: passive Sterbehilfe). Auch kann es geboten sein – zumal wenn der Patient es als seinen Willen mündlich geäußert oder in einer Patientenverfügung schriftlich niedergelegt hat – keine weiteren lebensverlängernden Maßnahmen mehr vorzunehmen (z. B. das Legen einer PEG-Sonde, welches als invasiver Eingriff die Zustimmung des Patienten erfordert), da sie nur den Sterbeprozess verlängern würden, aber keine Aussicht auf Therapie mehr hätten. Hier geht es dann um die Indikationsstellung zur Therapiezieländerung, nicht zum Therapieabbruch.

2 Zum Begriff der Indikation

Der Begriff der Indikation sagt ein Doppeltes. Herkommmend vom Begriff *indicare*, „anzeigen", meint er in einem ersten Zugang, dass ein Symptom oder ein Schmerz bei einem Kranken etwas anzeigt. Es weist hin auf eine mögliche schwerere Erkrankung oder auf ein vorübergehendes Ereignis. Die Symptome deuten auf eine Störung hin. Der Patient kommt zum Arzt oder der Arzt geht zum Patienten. Der Arzt erhebt eine Anamnese, er untersucht den Patienten und kommt zu einem vorläufigen Schluss, zu einem ersten Urteil. Er äußert eine Vermutung, dass ein Verdacht besteht auf diese oder jene Erkrankung. Das erste, was er dann stellt, ist eine Indikation zu einer Diagnose.

Aufgrund neuer wissenschaftlicher Erkenntnisse können sich Indikationen für bestimmte Untersuchungen und später für Therapien ändern. Daher sind Fortbildungen für Ärzte unabdingbar.[1] Auch können unterschiedliche Ärzte zu unterschiedlichen Indikationsstellungen kommen. Es fragt sich dann, ob noch andere als rein medizinische Gründe für die Indikationsstellung eine Rolle spielen, wie z. B. ökonomische oder institutionelle[2], Forscherinteressen oder auch Wünsche des Patienten. Lässt man diese Sekundärmotivationen zunächst einmal beiseite, geht die Indikationsstellung meistens wie folgt vonstatten: es wird eine

---

1 Vgl. A. Dörries, *Die medizinische Indikation: Begriffsbestimmung und Rahmenbedingungen*, in: ders./V. Lipp (Hg.), *Medizinische Indikation. Ärztliche, ethische und rechtliche Perspektiven. Grundlagen und Praxis*, Stuttgart 2015, 13.
2 Vgl. ebd.

Indikation gestellt zur Diagnose, dann zu einer Therapie oder zu einer Prophylaxe. Die Indikationsstellung ist Voraussetzung für eine Behandlung.

2.1 Indikation zur Diagnose

Die Indikationsstellung ist ein dialogischer Prozess.[3] Dabei kommt es nach einer ersten Kontaktaufnahme des Patienten mit dem Arzt zu einem ärztlichen Gespräch. In diesem schildert der Patient seine Beschwerden und Symptome. Der Arzt erhält neben den Schilderungen des Patienten auch einen ersten subjektiven Eindruck vom Patienten. Diesen subjektiven Eindruck muss er später mit den objektiven Befunden zu einem Gesamtbild zusammensetzen.[4] Dazu sollte er in der Anamnese auch das Umfeld des Patienten abfragen, damit er seine Indikation dann genau für diesen Patienten stellen kann: Wie ist die Situation in der Familie, wie im Beruf, im Freundeskreis, hat der Patient seine „Berufung" gefunden oder ist er unglücklich am Arbeitsplatz und vieles mehr.

Wenn Arzt und Patient sich besser kennengelernt haben (ein Vertrauensverhältnis muss erst langsam aufgebaut werden), sollten auch andere Themen über das „Innenleben" des Patienten mit seinen Gefühlen, Ängsten, Lebensorientierungen, Wertvorstellungen, Religiosität zu Sprache kommen. Denn auch diese „Hintergrundinformationen" sind wichtig für eine gute Indikationsstellung. Es geht nie nur um Organe oder „Fälle", sondern um menschliche Personen mit einem Namen, einer Geschichte, einem sehr persönlichen Innenleben und einer individuellen Umgebung. Eine gute personalisierte Medizin sollte darauf eingehen. Denn eine individualisierte Medizin, die oft fälschlich als personalisierte Medizin bezeichnet wird, schaut nur auf das Genom und die unterschiedlichen Arzneimittelwirkungen, die wegen der individuellen Genome bei ähnlichen Erkrankungen andere Wirkungen haben. Heute nennt man die Medizin, die im Anschluss an eine individuelle Genomanalyse stattfinden soll, Präzisionsmedizin oder zielgerichtete Medizin. Auch von dieser Perspektive der modernen personalisierten Medizin aus wird klar, dass eine Indikationsstellung letztlich etwas ganz Individuelles ist.

Zum ersten Gespräch gehört auf der medizinischen Ebene eine gründliche Anamnese mit dem Erfragen der Lebensgeschichte, von Vorerkrankungen und der jetzigen Erkrankungsgeschichte. Diese Anamnese wird ergänzt durch eine erste

---

[3] Vgl. dazu in anderer Weise: G. Neitzke, *Medizinische und ärztliche Indikation – Zum Prozess der Indikationsstellung*, in: A. Dörries/V. Lipp (Hg.), *Medizinische Indikation*, 83–93.
[4] Vgl. zum Unterschied von medizinischer Indikation (objektive Befunde) und ärztlicher Indikation für diesen speziellen Patienten: G. Neitzke, *Medizinische und ärztliche Indikation*, 85 ff.

klinische Untersuchung. Beides zusammen bringt den Arzt zu einer vorläufigen Verdachtsdiagnose. In aller Behutsamkeit und mit Einfühlungsvermögen bespricht der Arzt in einer für den Patienten verständlichen Sprache (auch das ist für die Indikationsstellung von großer Bedeutung) seine Vermutungen über die Erkrankung. Er schlägt vor, zur Absicherung der Verdachtsdiagnose diese und jene Untersuchung durchzuführen. Er bietet an, bestimmte diagnostische Schritte einzuleiten: Blutabnahme, Röntgen, EKG. Da bereits die Blutabnahme eine invasive Methode ist, braucht der Arzt die Zustimmung des Patienten. Dazu muss er den Patienten informieren, wozu diese Untersuchung geeignet ist, welche Risiken mit ihr verbunden sind und welcher Nutzen zu erwarten ist. Nach dieser Aufklärung muss der Patient den Maßnahmen zur Diagnosestellung zustimmen. Es ist dies der *informed consent*, die informierte Zustimmung, die für jede weitere Maßnahme notwendig ist.

Der Arzt stellt also eine Indikation zu einer Diagnoseerhebung. Er will seinen Verdacht auf eine Erkrankung, die er anhand der Schilderung der Symptome, der Schmerzen und anderer Anzeichen geäußert hat, erhärten. Er hält es für indiziert, diese Untersuchungen durchzuführen. Der Arzt stellt die Indikation zu diesen Diagnoseverfahren, er kann sie aber nicht ohne Zustimmung des Patienten umsetzen. Dieser kann seine Zustimmung verweigern. Er könnte bestimmte diagnostische Verfahren und spätere Therapien aufgrund seines fortgeschrittenen Alters oder des Fortschreitens einer schweren Erkrankung nicht mehr für sinnvoll erachten. Es kann also sein, dass der Arzt etwas für indiziert erachtet, was der Patient aufgrund seiner Lebenssituation nicht mehr will und daher ablehnt.

Andersherum kann es sein, dass der Patient will, dass noch alles medizinisch Mögliche für eine Diagnose und Therapie unternommen wird. Der Arzt aber kommt aufgrund der Anamnese mit den Vorerkrankungen und auf der Basis der klinischen Untersuchungen zu dem Schluss, dass es keine Indikation mehr gibt für die angezielte Diagnose und auch nicht mehr für eine eventuelle Therapie. So kann es sein, dass der Arzt aufgrund der Anamnese, der klinischen Untersuchung und der Laborbefunde zu einem „objektiven" Befund kommt, der objektiv gesehen für eine Indikationsstellung zur Diagnose und Therapie ausreichend wäre, aber aufgrund des Alters des Patienten, der Krankengeschichte sowie des multimorbiden Gesamtzustandes des Patienten weitere Diagnosen mit anschließenden Heilversuchen nicht für indiziert hält. Er erachtet womöglich eine Therapiezieländerung hin zu palliativer Medizin für mehr indiziert als weitere Diagnosen mit Heilversuchen.

2.2 Indikation zur Therapie

Hat der Patient seine Zustimmung zur Diagnose gegeben, wird diese durchgeführt. Entweder bestätigt sich der Verdacht des Arztes oder nicht. Wenn nicht, müssen neue Überlegungen angestellt und eine weitergehende Diagnostik eingeleitet werden. Es muss eine Differentialdiagnose gestellt werden. Dann ist das gleiche Prozedere noch einmal einzuhalten mit Aufklärung und Zustimmung des Patienten. Hat sich die Vermutung des Arztes erhärtet, wird er wieder mit dem Patienten sprechen und ihm seinen Therapievorschlag unterbreiten. Er muss wiederum über Nutzen und Risiken, Erfolgsrate und mögliche Misserfolge aufklären. Dann braucht er erneut die Zustimmung des Patienten.

Hier kommt bereits eine Asymmetrie zwischen Arzt und Patient zum Vorschein. Der Arzt muss aufgrund seiner größeren Fachkompetenz die Diagnose stellen und eine Therapie vorschlagen. Daher ist der Patient auch kein Kunde, der sich auf Augenhöhe mit dem Arzt unterhalten könnte. Patient und Arzt haben meistens ein unterschiedliches Fachwissen. Der Patient ist abhängig von der fachlichen Kompetenz des Arztes. Daher ist die Indikationsstellung Aufgabe des Arztes, die Umsetzung hingegen ist ein dialogischer Prozess zwischen Arzt und Patient, der zur Zustimmung oder Ablehnung des Patienten führt. Die Umsetzung der vom Arzt gestellten Indikation muss mit dem Patienten im Dialog geklärt werden. Volker Lipp fasst dies so zusammen: „Praktisch gesehen kommen Arzt und Patient nach Untersuchung und Diagnose gemeinsam zur Entscheidung, eine bestimmte Behandlung durchzuführen oder zu unterlassen. Rechtlich drückt sich die dialogische Struktur des Behandlungsprozesses in der Verpflichtung des Arztes aus, den Patienten kontinuierlich zu beteiligen und über die Bedeutung und Tragweite der vorgeschlagenen Schritte der Behandlung zu informieren."[5]

2.3 Indikation zur Prophylaxe

Bei Neugeborenen gibt es ein spezielles Screening auf einen genetischen Defekt, der zur sogenannten Phenylketonurie, einer schweren Stoffwechselstörung, führt. Unbehandelt hat dieser genetische Schaden schwere geistige Schäden zur Folge. Die Indikation zur Diagnose wird nicht im Einzelfall gestellt, sondern nahezu flächendeckend als ein Neugeborenen-Screening. Dies geschieht deshalb, da es bei Vorliegen dieses Gendefektes eine einfache prophylaktische Therapie mittels

---

[5] V. Lipp, *Die medizinische Indikation aus medizinrechtlicher Sicht*, in: A. Dörries/V. Lipp (Hg.), *Medizinische Indikation*, 37.

diätetischer Maßnahmen gibt. Diese Diät verhindert das Ausbrechen der Krankheit, die zu schweren Hirnschädigungen führt. Hier wird also kein *informed consent* eingefordert, sondern aufgrund der Notwendigkeit zur Früherkennung und der leichten Therapierbarkeit routinemäßig eine Indikation zu einem Screening gestellt, um eine Therapie als Prophylaxe durch diätetische Maßnahmen einzuleiten.

Eltern können womöglich ein Veto gegen ein solches Screening einlegen, aber es wäre im Sinne ihres Kindes, dieses Screening durchzuführen. Ähnliche Fragen stellen sich bei Impfungen. Hier allerdings müssen die Eltern sich aktiv entscheiden. Sie können die Impfung ihrer Kinder verhindern. Dies geschieht immer mehr, nur noch wenige Prozent der Eltern lassen ihre Kinder in Österreich impfen. Dies stellt inzwischen eine Gefahr für die Gesellschaft dar, da alte Epidemien wieder ausbrechen können. Die Erreger sind ja meistens nicht ausgerottet oder ausgestorben, sondern nur in Schach gehalten durch eine gründliche Durchimpfung der Menschen. Weigern sich die Eltern gegen eine solche Impfung und wollen diese Kinder später in soziale Berufe mit vielen zwischenmenschlichen Kontakten gehen (Kindergarten, Schule, Krankenhaus), gibt es eine klare Indikation zur Nachimpfung. Hier kommt eine soziale Verpflichtung hinzu, dass Menschen vor eventuellen Epidemien geschützt werden müssen.

3 Asymmetrie im Arzt-Patienten-Verhältnis im Kontext von Indikationsstellung

Auch wenn viele Patienten heutzutage bereits im Internet über ihre Symptome, ihre vermeintliche Krankheit und auch über mögliche Therapien recherchiert haben und sich zum Teil sehr gut auskennen, sollte der Arzt doch einen Wissensvorsprung haben und die Einzelinformationen zu einem Gesamtbild zusammenfügen können. Der Patient sollte davon ausgehen können, dass der Arzt alle Erkenntnisse gewissenhaft zusammenträgt und sie dann zu einer Indikationsstellung für Diagnose und Therapie zum Wohl seines Patienten zusammenfasst.

Dass hier auch Sekundärmotivationen eine Rolle spielen können, wurde schon oben erwähnt. Ein alter Satz in der Medizin lautete: *salus aegroti suprema lex*, das Wohl des Patienten ist oberstes Gebot. Heute heißt es eher: *voluntas aegroti suprema lex*, der Wille des Patienten ist oberstes Gebot. Dieser Wille ist nicht immer identisch mit dem Wohl des Patienten. Er geht oft so weit, dass der Patient sich etwas als Therapie wünscht, was die Ärzte nicht mehr für indiziert halten. Hier stellt sich die Frage, ob das, was der Patient sich als Therapie wünscht, im Sinn einer wunscherfüllenden Medizin[6] auch ethisch zu rechtfertigen ist. Hier zeigt sich erneut die Asymmetrie zwischen Arzt und Patient. Der Arzt muss das Wohl des Patienten mit seinem Fachwissen im Auge haben. Der Patient kann das oft nicht einschätzen. So führt manch wunscherfüllende Medizin zum Schaden des Patienten (nicht selten bei Schönheitsoperationen).

Eine andere Gefahr für das Wohl des Patienten kommt von einer anderen Seite: die Medizin und die Krankenhäuser kommen immer mehr unter einen Kostendruck, so dass es durchaus vorkommt, dass Ärzte eine Indikation z. B. für eine Operation stellen, die nicht unbedingt indiziert ist, aber aus wirtschaftlichen Gründen getroffen wird. Solche Entscheidungen belasten das Vertrauensverhältnis zwischen Arzt und Patient, da der Patient nicht wissen kann, ob eine Indikation gestellt wird, weil die Operation aus der Sache heraus indiziert ist oder weil ökonomische Interessen dahinter stehen. An Universitäts-Kliniken können auch Forschungsinteressen hinter mancher Operation stehen, die eigentlich nicht mehr indiziert wäre. So gibt es manche Sekundärmotivationen, die einer „sachgemäßen Indikation" nicht gerecht werden, weil sie nicht das Wohl des Patienten im Auge haben.

So kommen neben der „objektiven" Indikationsstellung des Arztes aufgrund der klinischen Untersuchungen und der Laborbefunde, dem subjektiven Eindruck des Arztes vom Patienten womöglich als dritter Faktor für eine „Indikationsstellung" auch wirtschaftliche Interessen ins Spiel. Sollte das der Fall sein, wird das Arzt-Patienten-Verhältnis gestört. Diese Sekundärmotivationen kann der Patient oft nicht durchschauen und traut sich vielleicht auch nicht, den Arzt danach zu fragen, weil er ihm nichts unterstellen will. Außerdem muss gerade nach Unfällen oft schnell entschieden werden, und der Patient ist womöglich aufgrund einer Schocksituation nicht in der Lage, alles zu durchschauen und zu entscheiden. Hier zeigt sich besonders die Abhängigkeit des Patienten vom Arzt sowie seiner ehrlichen Entscheidung.

Ein weiteres Problem stellt sich gerade im Alter oder im terminalen Stadium einer Krankheit. Hier kann es sein, dass Ärzte eine Indikation stellen für weitere Diagnosen oder Therapien und Maßnahmen, die eigentlich aufgrund der fortgeschrittenen Grunderkrankung nicht mehr indiziert wären. Ärzte haben oft Angst, sie könnten nicht alles unternommen haben, um das Leben weiter zu erhalten, und von Angehörigen wegen unterlassener Hilfeleistung angezeigt werden. Hier geht es um das Problem der sogenannten Übertherapie. Hier ist oft die Sekundärmotivation die Angst vor Juristen oder der Druck der Angehörigen. Umgekehrt kann es sein, dass der Patient

---

6 Vgl. dazu: G. Maio, *Die Indikation als Vertrauensgrundlage der Medizin*, in: A. Dörries/V. Lipp (Hg.), *Medizinische Indikation*, 74–82, hier besonders das Kapitel 6.3 über wunscherfüllende Medizin: *Medizinische Indikation und wunscherfüllende Medizin*, 78f.

diagnostische oder therapeutische Maßnahmen haben möchte, die der Arzt nicht für indiziert hält. Wiederum ein anderer Fall liegt vor, wenn nicht mehr alles Therapeutische unternommen wird, weil die Krankenkassen die Kosten nicht übernehmen. Entweder weil der Patient – wie in England – ein bestimmtes Alter erreicht hat und bestimmte Operationen nicht mehr bezahlt bekommt oder die Medikamente zu teuer sind. Hier gilt es, die Sekundärmotivationen für eine Indikationsstellung genau anzuschauen. Man wird diese nicht vollständig vermeiden können, aber sie müssen eigens reflektiert werden.

Ethisch anders zu beurteilen sind Entscheidungen am Lebensende. Hier kann es vorkommen, dass im terminalen Stadium einer Erkrankung bei einer neu auftretenden Infektion darauf verzichtet wird, eine neuerliche Antibiotikatherapie einzuleiten. Aufgrund der Diagnose einer Lungenentzündung könnte eine Antibiotikatherapie indiziert sein, aber aufgrund der individuellen Gesamtsituation des Patienten, der in einem terminalen Sterbeprozess ist, würde man darauf verzichten. Hier sprach man früher von passiver Sterbehilfe, die ethisch gerechtfertigt ist; heute würde man eher vom Zulassen des Sterbens sprechen. Der Begriff passive Sterbehilfe ist nicht sehr glücklich, da auch das Unterlassen einer Handlung im Sinne eines Therapieverzichtes eine aktive Handlung ist, zu der man sich entscheiden muss. Der Patient wird nicht einfach sterben gelassen und bleibt damit allein, sondern man lässt dem „physiologischen" Sterbeprozess, der zum Leben gehört, oder auch dem pathophysiologischen nach einer Krankheit, seinen Lauf. Man spricht dann vom Zulassen des Sterbens aufgrund einer nicht mehr vorhandenen Indikation für eine neuerliche Therapie.

Auch hier hat der Arzt aufgrund seiner medizinischen Einschätzung, seiner Erfahrung und seiner relativen Distanz zum Patienten, welche die Angehören meist so nicht haben, das „Vorschlagsrecht", was jetzt zu tun ist. Idealerweise würde dieses, wenn der Patient nicht mehr ansprechbar ist, mit den Angehörigen kommuniziert (es sei denn, es gibt eine klare Patientenverfügung). Es sollte zum Wohl des Patienten und nach seinem mutmaßlichen Willen entschieden werden. Wenn keine Indikation zu einer heilenden Therapie mehr gegeben ist, wird man überleiten zu einer Palliativversorgung. Diese könnte bei schweren und anders nicht beherrschbaren Schmerzen auch in einer palliativen Sedierung münden, bei der man dem Patienten den Schmerz nimmt durch die Ausschaltung der zentralen Schmerzempfindung im Gehirn durch eine Art Narkose.

Damit nähern wir uns der Frage einer Indikationsstellung im Kontext von Entscheidungen am Lebensende. Hierzu gehören auch Fragen von aktiver Sterbehilfe, die heute besser als Tötung auf Verlangen bezeichnet wird, und der Beihilfe zum Suizid. Den Begriff Selbstmord sollte man vermeiden, weil mit dem Begriff „Mord" immer niedere Beweggründe verbunden sind, was bei Selbst„mördern" selten der Fall ist. Der Begriff trifft nur für islamistische Selbstmordattentäter zu.

Zusammengefasst: Es bleibt ein asymmetrisches Verhältnis zwischen Arzt und Patient. Eine aus richtiger Motivation getroffene Entscheidung, die die Grundlage einer Indikation zur Diagnose, Therapie oder Prophylaxe ist, soll dem Wohl des Patienten und seiner Sicherheit dienen. Der Arzt darf dem Patienten nur jene Maßnahmen anbieten, die indiziert sind, und nicht jene, die aus wirtschaftlichen oder anderen Interessen für das Krankenhaus sinnvoll wären. Nur so wird das Vertrauensverhältnis[7] zwischen Arzt und Patient Bestand haben. Aufgrund der Fachkompetenz können Arzt und Patient in Bezug auf ärztliche Maßnahmen meist nicht auf Augenhöhe kommunizieren. Der Patient ist kein Kunde, der sich durch Sachverstand über die besten Angebote informieren und mitentscheiden kann, sondern er ist abhängig von der Fachkompetenz des Arztes. Zu seiner Sicherheit bedarf es einer klaren Indikationsstellung.

4 Indikation unter dem Aspekt des Rechtes

Die Grundlage für eine ärztliche Behandlung ist der Behandlungsvertrag.[8] Damit ein solcher Vertrag zustande kommt, muss ein Behandlungsziel festgelegt werden. Die für dieses Behandlungsziel ins Auge gefassten therapeutischen Maßnahmen müssen indiziert und angemessen sein. Hier kommen die zentralen Fragen in den Blick. Was ist ein legitimes Behandlungsziel und mit welchen medizinischen Maßnahmen kann dieses Ziel erreicht werden? Sowohl das Ziel der Behandlung als auch die dazu notwendigen Maßnahmen müssen dargestellt werden. Sie bieten die Grundlage für die Indikation.

Ein Behandlungsziel könnte die Heilung einer Infektionserkrankung sein, die Korrektur verminderter Seh- oder Hörfähigkeit oder eine Operation nach einem Unfall. Dies wären heilende Behandlungsziele. Wenn aber eine Heilung nicht mehr möglich ist, kann das Ziel sein, im Zuge palliativmedizinscher Maßnahmen eine Schmerzbekämpfung einzuleiten und begleitende Hilfe anzubieten für die Aufarbeitung seelischer und spiritueller Fragen angesichts des nahen Todes. Gerade Sinnfragen und die Aufarbeitung des ganzen Lebens mit allen Phasen des Gelungenen und Misslungenen, von zugefügtem und erlittenem Leid, von Versäumnissen und Verletzungen mit Vergebung und Verzeihen sind in dieser Phase des Lebens besonders wichtig. Hier sind Psychologen und Krankenhausseelsorger gefragt. Man würde dann nicht von einem Behandlungsabbruch, sondern von einer Therapiezieländerung sprechen.

---

7 Vgl. dazu: G. Maio, *Die Indikation als Vertrauensgrundlage der Medizin*, 74–82.
8 Vgl. V. Lipp, *Die medizinische Indikation aus medizinrechtlicher Sicht*, 37.

5 Indikation im Blick auf das Ende des Lebens

5.1 Indikation zum direkten Töten?

Betrachtet man das bisher Dargestellte im Blick auf die aktive Tötung eines Menschen oder die Beihilfe zu seinem Suizid, dann stellen sich folgende Fragen: Ist die Herbeiführung des Todes ein Therapieziel? Gibt es eine Indikation zum Töten? Was sollte der Behandlungsvertrag enthalten? Ist direktes Töten oder die Beihilfe zum Töten eine Behandlung? Sollen Ärzte töten oder beim Töten behilflich sein? Sie tun es bereits beim Schwangerschaftsabbruch, aber die Rechtsordnungen von Deutschland und Österreich erklären diese Tötung für Unrecht und stellen sie nur unter bestimmten Bedingungen straffrei.

Die oben gestellten Fragen müssen wohl wie folgt beantwortet werden: Eine ärztliche Behandlung kann nicht darin bestehen, einen Menschen zu töten. Das Töten eines Menschen kann nur dann notwendig werden, wenn z. B. bei einer Komplikation in der Schwangerschaft das Leben des Fetus und/oder der Mutter bedroht ist. Ist das Leben des Fetus und der Mutter bedroht, dann würde man den Fetus töten können, um das Leben der Mutter zu erhalten, denn sonst würden beide sterben. Die Indikation und das Therapieziel hießen dann aber Lebensrettung der Mutter und nicht primär Tötung.

Ein solcher Konfliktfall liegt aber am Lebensende weder bei der aktiven Tötung (Tötung auf Verlangen) noch bei der Beihilfe zum Suizid vor. Es kann keinen Behandlungsvertrag zum Töten geben, denn ein Behandlungsvertrag bezieht sich auf eine (Heil-)Behandlung oder eine Palliativbehandlung, nicht aber auf eine Tötungshandlung. Eine Indikation gibt es nur für die drei Ziele der Medizin: für eine Diagnose, eine Therapie und für eine Prophylaxe. Den Tod eines Menschen als Behandlungsziel anzugeben, wäre eine Pervertierung der Medizin.

5.2 Indikation zum assistierten Suizid?

Kann es eine Indikation zur Beihilfe beim Suizid geben? Hier würde der Arzt das todbringende Gift nicht selbst verabreichen, sondern es dem „Patienten" oder Sterbewilligen zur Verfügung stellen. Die Tatherrschaft läge dann nicht beim Arzt, sondern beim Patienten. Kann es eine solche Indikation geben? Werfen wir einen Blick auf das Recht: Eine solche Handlung wäre in Österreich strafbar. Warum? Weil man grundsätzlich versuchen sollte, einen Menschen von einer Selbsttötung abzuhalten und sich sonst der unterlassenen Hilfeleistung schuldig machen würde. Nun kann man lange über das Verbot des – wie es früher hieß: Selbstmordes – reflektieren.

Man kann *theologisch* darauf verweisen, dass alle Religionen die Selbsttötung ablehnen. Dies geschieht wieder aus unterschiedlichen Gründen, u. a. weil der Mensch sich das Leben nicht selbst gegeben hat, soll er es sich auch nicht wieder nehmen. Das mag vielleicht heute niemanden mehr zu überzeugen. Man kann *philosophisch* mit Kant argumentieren, dass die Selbsttötung ein Selbstwiderspruch ist, da der Mensch seine Freiheit benutzt, um sich die Freiheit zu nehmen. Man kann auch *psychologisch* argumentieren, dass der „Selbstmörder" gar nicht frei ist und autonom entscheiden kann. Er ist in einer Extremsituation und von seiner Wahrnehmung her eingeschränkt, er hat eine Art „Tunnelblick", weil er keinen anderen Ausweg mehr sieht. Alle anderen Perspektiven scheinen abgeschnitten. Aufgrund dieser Einengung kann der Mensch nicht mehr autonom entscheiden und ist auf die Fürsorge seiner Mitmenschen oder des Staates angewiesen, bis hin zu Zwangseinweisungen wegen Selbstgefährdung.

Bei jüngeren (aber auch älteren) Menschen kann es die Verzweiflung über eine enttäuschte Liebe sein, es können Schulden sein, Depressionen, der Verlust eines geliebten Menschen, Verlust des Arbeitsplatzes, die einen Menschen in die innere Einsamkeit treiben, so dass er nur noch die Selbsttötung als Ausweg zu sehen meint. Bei älteren Menschen können es am Lebensende unerträgliche Schmerzen sein (die aber mit moderner Palliativmedizin bis hin zur palliativen Sedierung beherrschbar sind) oder die Einsamkeit und Isolation oder auch der Druck von außen, dass das Leben jetzt mit all den Behandlungen zu teuer wird und der einzelne nun doch endlich den „freien Willen" äußern sollte, getötet zu werden. Auf Palliativstationen, wo Patienten gut umsorgt sind, wird dieser Wunsch kaum geäußert.

Die österreichische Argumentation läuft also so, dass jeder verpflichtet ist, den Menschen, der sich selbst töten will, davon abzuhalten. Daraus wird klar, dass auch die aktive Unterstützung beim Selbstmord (assistierter Suizid) strafbar ist, weil der andere nicht nur nicht abgehalten wird von der Selbsttötung, sondern auch noch aktiv dabei unterstützt wird. Diskutiert wird, ob ein zwanzigjähriger „Selbstmörder" von einem alten einsamen, verzweifelten, schmerzgeplagten Menschen zu unterscheiden ist. Von den Umständen her ist die Situation anders, der junge Mensch könnte unter Verzweiflung etwas tun, was er später, wenn er abgehalten oder gerettet wird, vielleicht nicht wieder tun würde. Bei älteren Menschen kann man vielleicht eher von einer Tötung als Summe von Lebensbilanzen sprechen, von Einsamkeit oder der Angst, anderen zur Last zu fallen.

Was wohl vergleichbar ist, ist die in beiden Situationen letztlich nicht vorhandene Autonomie, die aber immer erwähnt wird als ein Recht des Menschen, selbstbestimmt zu handeln. Man müsste hier unterscheiden zwischen der Grundveranlagung des Menschen, autonom entscheiden zu können (woran Kant die Würde festmacht), und der konkret vorliegenden Autonomie, also der konkreten Fähigkeit zur Selbstbestimmung in konkreten Lebenssituationen. Selbst wenn der Mensch die grundsätzliche Fähigkeit hat, ist sie doch in Extremsituationen oft eingeschränkt. Niemand darf unter Druck geraten, sich rechtfertigen zu müssen, noch leben zu wollen.

Auch für die Beihilfe zur Selbsttötung gibt es aus ärztlicher Sicht keine Indikation, weil die Herbeiführung des Todes – sei es als direkte Tötung oder als Beihilfe zum Suizid – kein Behandlungsziel ist und nicht Gegenstand eines Behandlungsvertrages sein kann. Ein Behandlungsziel kann Schmerzbekämpfung sein, nicht aber die Beihilfe zur Tötung. In der Schweiz ist die Beihilfe zum Suizid erlaubt, in Deutschland nur in Ausnahmefällen, sie darf nicht ständig wiederholt werden im Sinn einer gewerblichen Tätigkeit.

5.3 Indikation zum Sterben zulassen

Andersherum stellt sich die Frage, ob es eine Indikation zur Lebensverlängerung um jeden Preis gibt. Dies ist oft nur eine Verlängerung des Sterbensprozesses. Es geht darum, das Sterben zuzulassen, aber nicht um jeden Preis zu verlängern. Dazu ist oft eine Therapiezieländerung notwendig, kein Therapieabbruch. Diese Therapiezieländerung wurde schon beschrieben von einer kurativen Medizin hin zu einer palliativen Medizin, die keine Heilversuche mehr unternimmt, sondern dem Sterbeprozess seinen Lauf lässt, aber den Patienten schmerzfrei hält, Übelkeit bekämpft sowie psychologische und spirituelle Hilfe anbietet. Die Indikation ändert sich also.

Da – wie erwähnt – der Druck gerade bei alten und schwer kranken Menschen von außen zunimmt, z. B. von Angehörigen oder von Krankenkassen, die auf die hohen Kosten im Alter hinweisen, vielleicht doch an einen „selbstbestimmten" Tod zu denken, der aber durch Außeneinflüsse gerade nicht mehr Resultat einer autonomen Entscheidung ist, muss das Fürsorgeprinzip des Staates eingreifen und die Schwachen, Alten und Kranken schützen. Niemand darf gezwungen werden, sich rechtfertigen zu müssen, noch weiter leben zu wollen. Gerade die Autonomie, die bei alten und schwer kranken Menschen als Argument für ein Töten auf Verlangen oder für den assistierten Suizid ins Feld geführt wird, ist in vielen Fällen nicht mehr gegeben. Daher müssen sich der Arzt und auch der Staat schützend vor den Patienten stellen. Sein Wohl muss oberstes Anliegen sein. Daher dient auch die Strafbarkeit des assistierten Suizides in Österreich dem Schutz der Ärzte, nicht doch unter Druck zu geraten, ein todbringendes Medikament zur Verfügung zu stellen. Auch Angehörige werden durch das Gesetz geschützt, nicht dem Wunsch des Patienten nach Selbsttötung nachzukommen und ein Medikament dafür zu besorgen.

6 Zusammenfassung

Sich mit dem Thema der medizinischen Indikation zu befassen, sieht auf den ersten Blick unnötig aus, da die Indikationsstellung zur medizinischen Routine gehört und nicht weiter hinterfragt werden muss. Auf den zweiten Blick sieht man aber gerade am Lebensende, dass die Dinge nicht mehr so eindeutig sind. Gerade am Begriff der Indikation kann gezeigt werden, wozu Medizin eigentlich da ist, nämlich zum „Heilen" oder dem Abhalten von Schmerzen, nicht aber zum Töten oder zur Assistenz einer Selbsttötung.

Es wurde zunächst allgemein auf den Begriff der Indikation eingegangen, den man wie folgt zusammenfassen kann. „Die Indikation stellt die rationale Grundlage aller ärztlichen Maßnahmen dar. Sie ist als die fachlich begründete Überzeugung definiert, dass eine Maßnahme geeignet ist, mit einer bestimmten Wahrscheinlichkeit ein angestrebtes Therapieziel zu erreichen. Die Indikationsstellung umfasst eine empirische, finale und kausale Begründung der Indikation und erfordert die Bewertung des Einzelfalls."[9] Jede Indikationsstellung ist insofern immer ein Werturteil. „Die Indikation stellt ein Werturteil dar: Innerhalb der zur Verfügung stehenden diagnostischen, therapeutischen oder pflegerischen Maßnahmen werden diejenigen als ‚indiziert' qualifiziert, denen ein ärztlicher, pflegerischer oder therapeutischer Sinn oder Nutzen beigemessen wird. Die Maßnahme wird als ‚sinnvoll', ‚nützlich' oder ‚hilfreich' eingeschätzt."[10]

Wie auch bei anderen Werturteilen braucht man dazu viel Sachverstand, man muss sich fragen, welches Menschenbild hinter den eigenen Vorstellungen steht, welche subjektiven Einstellungen der Arzt mit hineinträgt und durch welches Menschenbild der Patient geprägt ist. Zweitens muss jeder Arzt ganz konkret die Anamnese und die ganze Biographie des Patienten berücksichtigen, seinen jetzigen objektiven Zustand so weit wie möglich erheben und auch den subjektiven Eindruck, den der Patient selbst von sich hat, sowie jenes Bild, das der Arzt sich von ihm gemacht hat, einbeziehen. Im Werturteil der Indikation kommen alle Aspekte zusammen.

„Auf diese Weise gehen die individuelle gesundheitliche Situation des Patienten, das Therapieziel und die bezüglich der Maßnahme bestehende Evidenz in die Entscheidung mit ein. Eine Indikation rechtfertigt zunächst nur das Behandlungsangebot an den Patienten. Die Behandlung kann erst nach Zustimmung

---

[9] G. Neitzke, *Indikation: fachliche und ethische Basis ärztlichen Handelns*, in: Med Klin Intensivmed Notfmed 109 (2014), 10, Zusammenfassung.
[10] Ders., *Medizinische und ärztliche Indikation*, 83.

durch den Patienten oder seinen Stellvertreter erfolgen."[11] Dieser Prozess soll dem Patienten die Sicherheit geben, richtig behandelt zu werden und nicht anderen Interessen, z. B. ökonomischen, ausgeliefert zu sein. „Die Indikation leistet einen wichtigen Beitrag zur Professionalität und professionellen Ethik der Ärzteschaft: Eine präzise und gewissenhafte Indikationsstellung stellt einerseits einen Schutz vor Machbarkeitsfantasien dar und sichert andererseits den Anspruch des Patienten auf sinnvolle Behandlung. In einem Gesundheitswesen, das zunehmend von rechtlichen und ökonomischen Zwängen geprägt ist, sichert die Indikation die fachliche und ethische Basis ärztlicher Behandlungsentscheidungen ab."[12]

Im Blick auf Fragen am Lebensende bedeutet das nun Folgendes: Grundlage jeder medizinischen Behandlung ist ein Behandlungsvertrag und dieser Behandlungsvertrag muss ein Behandlungsziel beinhalten. Ein Behandlungsziel kann z. B. sein, nach einer Krankheit eine möglichst vollständige Wiederherstellung der Gesundheit zu erlangen. Dabei muss gesagt werden, dass Gesundheit nie etwas Starres ist, was man erreicht hat, sondern immer ein dynamisches Gleichgewicht zwischen gesund und krank bleibt. Nach einer Operation ist eine vollständige Wiederherstellung des alten Zustandes, also eine *restitutio ad integrum* nicht möglich, da eine Narbe zurückbleibt. Ein zweites Behandlungsziel kann – wenn keine Heilung mehr möglich ist – eine palliative Versorgung im Sinne einer Schmerzlinderung sowie einer psychologischen und spirituellen Begleitung sein.

Eine Tötungshandlung ist kein ärztliches Behandlungsziel. In seltenen Fällen kann während einer Schwangerschaft der Fetus das Leben der Mutter bedrohen. Wenn er getötet wird, um das Leben der Mutter zu retten (sonst würden beide sterben), ist das Behandlungsziel die Lebensrettung der Mutter, und nicht die Tötung des Fetus. Wenn grundsätzlich das Töten kein Behandlungsziel sein kann, gibt es dazu auch keine Indikation, und wenn es keine Indikation gibt, kommt kein Behandlungsvertrag zustande. Dieser aber wäre notwendig, um eine „Behandlung" zu beginnen. So scheint es nahezu ausgeschlossen, unter dem Aspekt der medizinischen Indikation eine Rechtfertigung für ein Töten auf Verlangen (aktive Euthanasie) oder eine Beihilfe zum Suizid zu finden. Denn beide Maßnahmen haben den Tod des Patienten zum Ziel. Wohl aber gibt es eine Indikation zur Schmerzlinderung und zum Zulassen eines physiologischen oder auch pathophysiologischen (durch eine Krankheit verursachten) Sterbeprozesses. Das Behandlungsziel ist die Schmerzlinderung, und das Therapieziel hat sich – wenn keine Heilung mehr zu erwarten ist – von einer kurativen hin zu einer den Sterbeprozess begleitenden palliativen Behandlung geändert.

---

11 Ders., *Indikation*, 10, Zusammenfassung.
12 Ebd.

Volker Lipp
Behandlungsziel und Indikation am Lebensende

1 Einführung[1]

Die Patientenautonomie gilt zu Recht als Schlüsselbegriff des modernen Medizinrechts. Allerdings beruht die Legitimation ärztlichen Handelns nicht allein auf der Autonomie des Patienten. Neben dem Behandlungsvertrag und der informierten Einwilligung des Patienten ist auch die medizinische Indikation als „Kernstück ärztlicher Legitimation" anzusehen.[2] Im Rahmen der Diskussionen um die Grenzen ärztlicher Behandlung am Lebensende und um die wunscherfüllende Medizin ist die medizinische Indikation wieder stärker in den Blick gerückt[3] und hat im Rahmen der Regelung der Patientenverfügung sogar im allgemeinen Zivilrecht Niederschlag gefunden (§ 1901b Abs. 1 BGB). Es werden jedoch neben oder gar anstelle einer (fehlenden) medizinischen Indikation auch andere Gründe für die Behandlungsbegrenzung am Lebensende angeführt, wie zum Beispiel die „medical futility" oder die „objektiven Grenzen" der ärztlichen Behandlungspflicht.[4] Die medizinische Indikation hat daher ungeachtet ihrer gesetzlichen Verankerung in § 1901b Abs. 1 BGB noch keine klaren Konturen gewonnen. Unklar

---

Für die Unterstützung bei der Erstellung dieses Beitrages danke ich meiner Mitarbeiterin Katharina Knoche.
1 Dieser Beitrag führt die Überlegungen zur medizinischen Indikation weiter, die ich entwickelt habe in: V. Lipp/D. Brauer, *Behandlungsbegrenzung und „Futility" aus rechtlicher Sicht*, in: *Palliativmedizin* 14 (2013), 121–126; V. Lipp, *Die medizinische Indikation aus medizinrechtlicher Sicht*, in: A. Dörries/V. Lipp (Hg.), *Medizinische Indikation*, Stuttgart 2015, 36–46; ders., in: A. Laufs/C. Katzenmeier/V. Lipp, *Arztrecht*, München [7]2015, Kap. VI Rn. 105 ff.; ders., *Die medizinische Indikation – ein „Kernstück ärztlicher Legitimation"?*, in: *MedR* 33 (2015), 762–766.
2 So bereits A. Laufs, in: ders./C. Katzenmeier/V. Lipp, *Arztrecht*, München [6]2009, Kap. I Rn. 29; vgl. auch V. Lipp, in: A. Laufs/C. Katzenmeier/V. Lipp, *Arztrecht*, München [6]2009, Kap. III Rn. 2, Kap. VI Rn. 102 f.
3 Zur Begrenzung der Behandlung am Lebensende BGH, Beschluss vom 17. 03. 2003 – XII ZB 2/03, in: BGHZ 154, 205–230, 225; T. Möller, *Die medizinische Indikation lebenserhaltender Maßnahmen*, Baden-Baden 2010; zur Wunschmedizin C. Stock, *Die Indikation in der Wunschmedizin*, Frankfurt a. M. 2009.
4 Vgl. G. Becker/H. E. Blum, *„Medical Futility" – Der Arzt im Spannungsfeld von Behandlungsauftrag und Behandlungsbegrenzung*, in: *Dtsch Med Wochenschr* 129 (2004), 1694–1697; G. Duttge, *Einseitige (objektive) Begrenzung ärztlicher Lebenserhaltung?*, in: *NStZ* 26 (2006), 479–484; dazu V. Lipp/D. Brauer, *Behandlungsbegrenzung und „Futility" aus rechtlicher Sicht*, 121 f.

ist auch, welche Bedeutung dem Behandlungsziel zukommt, das in neueren Empfehlungen in den Vordergrund rückt.[5]

Der nachfolgende Beitrag soll daher das Verhältnis von Behandlungsziel und medizinischer Indikation beleuchten und so den medizinrechtlichen Begriff der Indikation weiter konturieren. Hierbei wird insbesondere die Bedeutung von Behandlungsziel und medizinischer Indikation im Rahmen der ärztlichen Behandlung am Lebensende thematisiert.

2 Ärztliche Behandlung am Lebensende

2.1 Rechtliche Struktur der ärztlichen Behandlung

Für die ärztliche Behandlung eines Menschen am Ende seines Lebens gilt dasselbe wie für jede andere ärztliche Behandlung.[6] Rechte und Pflichten des Arztes zur Behandlung ergeben sich primär aus dem Behandlungsvertrag mit dem Patienten (§ 630a BGB). Der Behandlungsvertrag bildet die notwendige Grundlage für eine ärztliche Behandlung und legt insbesondere das im konkreten Fall verfolgte Ziel der Behandlung fest.[7]

Der Behandlungsvertrag reicht aber als Legitimation für die Vielzahl der im Rahmen der Behandlung notwendigen ärztlichen Maßnahmen nicht aus. Die Übernahme der Behandlung rechtfertigt nicht bereits alle Maßnahmen, die ein Arzt zur Erreichung des Behandlungsziels als medizinisch geboten erachtet. Jede einzelne ärztliche Maßnahme, die im Rahmen des Behandlungsvertrages durchgeführt wird, muss darüber hinaus gesondert rechtlich legitimiert sein: Sie muss zur Erreichung des Behandlungsziels medizinisch indiziert sein (vgl. § 1901b Abs. 1 S. 1 BGB), von der Einwilligung des aufgeklärten Patienten getragen (§ 630d Abs. 1 S. 1 BGB) und *lege artis* durchgeführt werden (§ 630a Abs. 2 BGB).[8]

---

[5] Vgl. Bundesärztekammer, *Grundsätze zur ärztlichen Sterbebegleitung*, in: Dtsch Ärztebl 108 (2011), A 346–348, Ziff. IV; Arbeitsgemeinschaft der Wissenschaftlichen Medizinischen Fachgesellschaften e.V. (AWMF), *Leitlinie 024–019: Frühgeborene an der Grenze der Lebensfähigkeit*, Ziff. 1 und 7; Deutsche Interdisziplinäre Vereinigung für Notfall- und Intensivmedizin (DIVI), Sektion Ethik, *Positionspapier „Therapiezieländerung und Therapiebegrenzung in der Intensivmedizin"*, in: MedR 30 (2012), 647–650, Ziff. 2.3.
[6] Vgl. V. Lipp, *Sterbehilfe und Patientenverfügung*, in: FamRZ 19 (2004), 318.
[7] Vgl. ders., in: A. Laufs/C. Katzenmeier/V. Lipp, *Arztrecht*, München [7]2015, Kap. III Rn. 2, 34.
[8] Die heutige gesetzliche Regelung entspricht den hergebrachten und allgemein anerkannten arztrechtlichen Grundsätzen (vgl. A. Laufs, in: ders./B. R. Kern (Hg.), *Handbuch des Arztrechts*, München [4]2010, § 6; B. R. Kern, in: A. Laufs/B. R. Kern (Hg.), *Handbuch des Arztrechts*, § 50 Rn. 7; H. Burchardi, *Patientenverfügung und Vorsorgevollmacht bei Krankenhausaufnahme?*, in: K. Amelung

Praktisch gesehen kommen Arzt und Patient nach Untersuchung und Diagnose gemeinsam zur Entscheidung, eine bestimmte Behandlung und die einzelnen, dafür notwendigen medizinischen Maßnahmen durchzuführen oder zu unterlassen. Rechtlich drückt sich die dialogische Struktur des Behandlungsprozesses im konsensualen Abschluss des Behandlungsvertrages (§ 630a BGB) und in der Verpflichtung des Arztes aus, den Patienten kontinuierlich zu beteiligen, über die Bedeutung und Tragweite der vorgeschlagenen Schritte zu informieren (§ 630c Abs. 1 und Abs. 2 S. 1 BGB) sowie über die einzelnen ärztlichen Maßnahmen aufzuklären (§ 630e BGB). Der fachlichen Kompetenz folgt die rechtliche Verantwortung: Der Arzt verantwortet gem. § 630a Abs. 2 BGB die fachgerechte Untersuchung, Diagnose und Behandlung des Patienten. Dies umfasst auch die Stellung der Indikation der hierfür jeweils durchzuführenden Maßnahme im Hinblick auf das mit dem Patienten gemeinsam festgelegte Behandlungsziel.[9] Der Patient entscheidet dann auf der Grundlage seiner persönlichen Anschauungen und Präferenzen, ob er in eine bestimmte ärztliche Maßnahme einwilligt (§ 630d Abs. 1 S. 1 BGB).

Der Arzt hat daher kein eigenständiges Behandlungsrecht. Eine ärztliche Behandlung beruht in der Regel darauf, dass sich der Patient an den Arzt wendet und dieser die Behandlung übernimmt, das heißt auf einem Behandlungsvertrag (§ 630a BGB). Jede einzelne ärztliche Maßnahme setzt die Einwilligung des aufgeklärten Patienten voraus, weil sie einen Eingriff in die körperliche und seelische Integrität des Patienten darstellt und seine Autonomie betrifft (§§ 630d Abs. 2, 630e Abs. 1 bis 3 BGB).[10] Der Patient kann eine Behandlungsmaßnahme jederzeit ablehnen, also seine Einwilligung auch noch nach Beginn der Behandlung für die Zukunft widerrufen (§ 630d Abs. 3 BGB). Lehnt der Patient die Maßnahme ab, müssen Arzt, Pflegepersonal und Klinik bzw. Pflegeheim diesem Wunsch Folge leisten. Dabei kommt es nicht darauf an, ob sich die Entscheidung des Patienten in den Augen des Arztes (oder eines anderen) als vernünftig oder unvernünftig

---

et al. (Hg.), *Festschrift für Hans-Ludwig Schreiber*, Heidelberg 2003, 617; G. D. Borasio/W. Putz/W. Eisenmenger, *Verbindlichkeit von Patientenverfügungen gestärkt*, in: Dtsch Ärztebl 100 (2003), A-2064.

9 Vgl. B. R. Kern, in: A. Laufs/B. R. Kern (Hg.), *Handbuch des Arztrechts*, § 49 Rn. 1; E. Deutsch/A. Spickhoff, *Medizinrecht*, Berlin ⁷2014, Rn. 338.

10 Das entsprach schon bisher der ganz herrschenden Meinung, die §§ 630d und 630e BGB nunmehr kodifiziert haben, vgl. C. Katzenmeier, in: A. Laufs/C. Katzenmeier/V. Lipp, *Arztrecht*, München ⁷2015, Kap. V Rn. 5 ff.; zur früheren Rechtslage BGH, Urteil vom 09.12.1958 – VI ZR 203/57, in: BGHZ 29, 46–62, 49 ff.; A. Laufs, in: ders./B. R. Kern (Hg.), *Handbuch des Arztrechts*, § 57 Rn. 15 f., § 59.

darstellt.[11] Die Patientenautonomie ist damit nichts anderes als das Selbstbestimmungsrecht des Menschen über seine Person und über seine körperliche Integrität im Rahmen der ärztlichen Behandlung.

2.2 Behandlung am Lebensende

Liegt ein Patient im Sterben und ist der Eintritt des Todes in kurzer Zeit zu erwarten, ist das ursprünglich einmal verfolgte Ziel der Heilung oder jedenfalls des Aufhaltens der Erkrankung nicht mehr zu erreichen. An die Stelle dieses ursprünglich verfolgten Behandlungsziels tritt die palliativmedizinische Versorgung und Pflege des sterbenden Patienten. Lebenserhaltende oder lebensrettende Maßnahmen sind bei einem sterbenden Patienten nicht mehr indiziert.[12] Unterlässt der Arzt in diesen Fällen eine lebenserhaltende Maßnahme, liegt darin keine Tötung des Patienten. Seine Behandlungspflicht erstreckt sich nicht (mehr) auf die lebenserhaltende Maßnahme, sondern auf die sogenannte „Hilfe im Sterben".[13] Diese muss zwar nach allgemeinen Grundsätzen zwischen Arzt und Patient besprochen werden. Die Entscheidung gegen lebenserhaltende Maßnahmen beruht jedoch auf der Änderung des Behandlungsziels und der fehlenden ärztlichen Indikation und nicht auf einem Widerspruch des Patienten gegen die lebenserhaltende Maßnahme.[14]

---

11 Vgl. RG, Urteil vom 31.05.1894 – 1406/94, in: RGSt 25, 375 – 389, 378 f.; BGH, Urteil vom 28.11. 1957 – 4 StR 525/57, in: BGHSt 11, 111 – 116, 114; BGH, Urteil vom 22.01.1980 – VI ZR 263/78, BGH, in: NJW 33 (1980), 1333 – 1334, 1334; BGH, Urteil vom 07.02.1984 – VI ZR 174/82, in: BGHZ 90, 103 – 113, 105 f.; BGH, Beschluss vom 08.06.2005 – XII ZR 177/03, in: BGHZ 163, 195 – 201, 197 f.; Generalstaatsanwaltschaft beim Oberlandesgericht Nürnberg, Verfügung vom 15.01.2008 – 4 BerL 144/07, in: NStZ 28 (2008), 343 – 344, 344.
12 Vgl. Bundesärztekammer, *Grundsätze zur ärztlichen Sterbebegleitung*, A 346 – 348, Ziff. I. und die Empfehlungen der Bundesärztekammer und der Zentralen Ethikkommission (ZEKO) bei der Bundesärztekammer zum Umgang mit Vorsorgevollmacht und Patientenverfügung in der ärztlichen Praxis, in: *Dtsch Ärztebl* 110 (2013), A 1580 – 1585, Ziff. 10.1. und 10.2.; F. Saliger, *Sterbehilfe ohne Strafrecht?*, in: *KritV* 94 (2001), 382 – 439; H. L. Schreiber, *Ein neuer Entwurf für eine Richtlinie der Bundesärztekammer zur Sterbehilfe*, in: H.-J. Ahrens et al. (Hg.), *Festschrift für Erwin Deutsch*, Köln 1999, 773 – 786; H. W. Opderbecke/W. Weißauer, *Ein Vorschlag für Leitlinien – Grenzen der intensivmedizinischen Behandlungspflicht*, in: *MedR* 16 (1998), 397.
13 Vgl. BGH, Urteil vom 13.09.1994 – 1 StR 357/94, in: BGHSt 40, 257 – 272, 260.
14 Vgl. OLG München, Beschluss vom 25.01.2007 – 33 Wx 6/07, in: *NJW* 60 (2007), 3506 – 3508, 3508; Bundesärztekammer, *Grundsätze zur ärztlichen Sterbebegleitung*, A 346 – 348; E. Ankermann, *Verlängerung sinnlos gewordenen Lebens?*, in: *MedR* 17 (1999), 389; V. Lipp, *Sterbehilfe und Patientenverfügung*, 318; G. D. Borasio, *Referat*, in: Ständige Deputation des Deutschen Juristentages (Hg.), *Verhandlungen des 66. Deutschen Juristentages*, München 2006, N 55, 58 ff.; M.

Hält der Arzt eine Maßnahme in der konkreten Situation mit Blick auf das mit dem Patienten gemeinsam festgelegte Ziel jedoch für indiziert, obliegt es dem Patienten zu bestimmen, ob und wie er behandelt werden will. Lehnt er eine angebotene lebenserhaltende Maßnahme ab oder widerruft er seine Einwilligung, darf der Arzt diese Maßnahme nicht durchführen.[15] Stirbt der Patient deshalb, liegt darin keine Tötung, weil der Arzt gar nicht mehr behandeln darf. Es ist also kein Fall der „aktiven Sterbehilfe", das heißt der Tötung auf Verlangen (§ 216 StGB). In diesem Fall handelt es sich um „Hilfe zum Sterben", wobei die Nichtdurchführung auf der fehlenden Einwilligung des Patienten beruht. Nicht der Arzt, sondern der Patient verzichtet hier auf die angebotene lebenserhaltende Maßnahme. Die rechtliche Zulässigkeit der „Hilfe zum Sterben" ist also nichts anderes als die Kehrseite des Selbstbestimmungsrechts des Patienten.[16] Das deutsche Recht kennt keine Pflicht des Patienten, eine Behandlung an sich vornehmen zu lassen. Vielmehr wäre eine Behandlung des Patienten gegen seinen freien Willen eine unzulässige Zwangsbehandlung (vgl. § 1906 Abs. 3 BGB) und damit eine verbotene Körperverletzung (§ 823 BGB, §§ 223, 224 StGB). Der Verzicht des einwilligungsfähigen Patienten auf eine lebenserhaltende Maßnahme ist deshalb auch nicht als Selbsttötung anzusehen, die Begleitung dieses Patienten durch den Arzt ist keine Beihilfe zur Selbsttötung.[17]

Die Unterscheidung beim Verzicht auf lebenserhaltende Maßnahmen zwischen der „Hilfe beim Sterben" in der Sterbephase und der „Hilfe zum Sterben" in allen anderen Fällen verweist auf die unterschiedlichen Gründe für diesen Verzicht: Im Sterbeprozess ist sie zulässig, weil sich das Behandlungsziel von der Heilung der Krankheit bzw. ihrem Aufhalten hin zur Sterbebegleitung geändert hat

---

Schwab, in: F. J. Säcker et al. (Hg.), *Münchener Kommentar zum BGB*, Bd. 8, München ⁶2012, § 1904 Rn. 38; C. Roxin, *Zur strafrechtlichen Beurteilung der Sterbehilfe*, in: ders./U. Schroth (Hg.), *Handbuch des Medizinstrafrechts*, Stuttgart ⁴2010, Kap. I.4, 75, 97 f.
15 Vgl. BGH, Urteil vom 25.06.2010 – 2 StR 454/09, in: BGHSt 55, 191–206, 195; BGH, Beschluss vom 08.06.2005 – XII ZR 177/03, in: BGHZ 163, 195–201, 197 f.; BGH, Urteil vom 13.09.1994 – 1 StR 357/94, in: BGHSt 40, 257–272, 262; vgl. auch T. Wagenitz, *Patientenverfügung im geltenden und künftigen Recht*, in: *FamRZ* 20 (2005), 671.
16 Vgl. BGH, Urteil vom 25.06.2010 – 2 StR 454/09, in: BGHSt 55, 191–206, 204; F. Hufen, *In dubio pro dignitate*, in: *NJW* 54 (2001), 851; V. Lipp, *Sterbehilfe und Patientenverfügung*, 319; D. Lorenz, *Aktuelle Verfassungsfragen der Euthanasie*, in: *JZ* 64 (2009), 61; U. Neumann, in: U. Kindhäuser/U. Neumann/H.-U. Paeffgen (Hg.), *Nomos Kommentar Strafgesetzbuch*, Bd. 2, Baden-Baden ⁴2013, Vorb. § 211 Rn. 105 ff.; G. Geilen, *Euthanasie und Selbstbestimmung*, Tübingen 1975, 8 ff.; vgl. auch Generalstaatsanwaltschaft beim Oberlandesgericht Nürnberg, Verfügung vom 15.01.2008 – 4 BerL 144/07, in: *NStZ* 28 (2008), 343–344.
17 Zur ärztlichen Hilfspflicht beim Suizid und ihren Grenzen vgl. V. Lipp, in: A. Laufs/C. Katzenmeier/V. Lipp, *Arztrecht*, München ⁷2015, Kap. VI Rn. 19 ff.

und es an einer ärztlichen Indikation für die lebenserhaltende Maßnahme fehlt. Eine im Hinblick auf das gemeinsam festgelegte Behandlungsziel indizierte lebenserhaltende Maßnahme darf dann nur unterlassen oder abgebrochen werden, wenn ihr der Patient nicht zustimmt.[18] Ein Verzicht auf ärztlich indizierte lebenserhaltende Maßnahmen („Hilfe zum Sterben") ist daher auch außerhalb der Sterbephase zulässig und geboten, wenn die Fortsetzung der Behandlung dem Willen des Patienten nicht entspricht. Dies ist nunmehr in § 1901a Abs. 3 BGB gesetzlich geregelt, wonach der Wille des Patienten unabhängig von Art und Stadium der Erkrankung vom Patientenvertreter zu beachten ist.

3 Die Bedeutung des Behandlungsziels

Das Behandlungsziel ist Bezugspunkt für die Stellung der Indikation einer medizinischen Maßnahme; die Indikation muss im Hinblick auf das jeweilige Behandlungsziel gestellt werden.[19] Die Bestimmung des Behandlungsziels ist wesentlicher Bestandteil des Behandlungsverhältnisses und wird im Rahmen des Behandlungsvertrags von Arzt und Patient gemeinsam festgelegt.[20]

In vielen Fällen bedarf diese Festlegung keiner ausdrücklichen Absprache: Wer sich mit Beschwerden zum Arzt begibt, erwartet Heilung seines Leidens; der Arzt wird ihn entsprechend behandeln. Hier wird die Heilung des Leidens bzw. der ihm zugrunde liegenden Krankheit als Ziel der ärztlichen Behandlung nicht ausdrücklich besprochen. Es ergibt sich vielmehr konkludent aus dem Verhalten von Patient und Arzt.

---

18 Vgl. z.B. BGH, Urteil vom 25.06.2010 – 2 StR 454/09, in: BGHSt 55, 191–206, 193; BGH, Urteil vom 13.09.1994 – 1 StR 357/94, in: BGHSt 40, 257–272, 260; OLG Düsseldorf, Beschluss vom 02.07.2009 – 25 Wx 25/09, in: *FamRZ* 25 (2010), 669–671, 670; OLG Frankfurt, Beschluss vom 15.07.1998 – 20 W 224/98, in: *NJW* 51 (1998), 2747–2749, 2748; ausführlich V. Lipp, *Patientenautonomie und Lebensschutz*, Göttingen 2005, 16 ff.; T. Verrel, *Gutachten C*, in: Ständige Deputation des Deutschen Juristentages (Hg.), *Verhandlungen des 66. Deutschen Juristentages*, München 2006, C 77 ff., C 99 ff.; H. Schneider, in: W. Joecks (Hg.), *Münchener Kommentar zum StGB*, Bd. 4, München ²2012, Vor §§ 211 ff. Rn. 124 ff.; G. Geilen, *Euthanasie und Selbstbestimmung*, 8 ff.
19 Vgl. Bundesärztekammer, *Grundsätze zur ärztlichen Sterbebegleitung*, Präambel und IV., A 346–348; Deutsche Interdisziplinäre Vereinigung für Notfall- und Intensivmedizin (DIVI), Sektion Ethik, *Positionspapier „Therapiezieländerung und Therapiebegrenzung in der Intensivmedizin"*, 647–650, Ziff. 2.1.; T. Voigt, *Individuelle Gesundheitsleistungen (IGeL) im Rechtsverhältnis von Arzt und Patient*, Heidelberg 2013, 73 f.
20 Siehe oben unter 2.1; V. Lipp, in: A. Laufs/C. Katzenmeier/V. Lipp, *Arztrecht*, München ⁷2015, Kap. VI Rn. 105.

In anderen Fällen ist das Ziel der Behandlung hingegen weitaus weniger selbstverständlich. So kann beispielsweise bei einer lebensbedrohenden Erkrankung eine Heilung nicht mehr möglich oder sehr ungewiss sein. In anderen Fällen mag der Patient eine bestehende Heilungschance nicht nutzen wollen, weil er die damit verbundenen Belastungen und Einschränkungen nicht ertragen und erdulden möchte. Hier kann der Arzt nicht mehr selbstverständlich davon ausgehen, dass der Patient die Heilung seiner Krankheit erwartet und damit die Heilung dieser Erkrankung das Ziel seiner ärztlichen Tätigkeit ist. Neben den medizinisch möglichen kurativen oder palliativen Optionen werden in einem solchen Fall regelmäßig auch die persönlichen Ziele und Präferenzen des Patienten besonders relevant. Ob der Patient die Möglichkeiten der modernen Medizin zur Lebensverlängerung im konkreten Fall ausschöpfen möchte und wenn ja, welche, ist eine sehr persönliche Entscheidung. Das medizinisch Mögliche ist daher nicht gleichzusetzen mit dem individuellen Ziel der Behandlung eines ganz bestimmten Patienten. Dieses individuelle Behandlungsziel muss vielmehr erst im konkreten Fall festgelegt werden. Der Arzt hat daher die aus medizinischer Sicht möglichen und erreichbaren Ziele der Behandlung mit dem Patienten zu besprechen. Patient und Arzt legen dann das individuelle Ziel der Behandlung gemeinsam fest.[21]

„Behandlung" im Sinne der §§ 630a ff. BGB umfasst jedoch nicht nur die Behandlung einer Krankheit. Ein Behandlungsvertrag kann auch über andere ärztliche Leistungen wie zum Beispiel Tauglichkeitsuntersuchungen, Impfungen, ästhetische und kosmetische Eingriffe usw. geschlossen werden.[22] Das Ziel einer „Behandlung" durch den Arzt wird daher ganz generell durch die Vertragsparteien des Behandlungsvertrags festgelegt.[23]

Allerdings sind weder der Zustand des Patienten und die Behandlungsoptionen noch die Vorstellungen, Wünsche und Präferenzen des Patienten statisch. Sie alle können sich im Verlauf der Behandlung mehrfach ändern. Ändern sie sich, ist das Behandlungsziel gegebenenfalls an die neuen Umstände bzw. an die veränderten Vorstellungen und Präferenzen des Patienten anzupassen. Für eine derartige Änderung des ursprünglichen Behandlungsziels gelten letztlich dieselben Grundsätze wie für die erstmalige Festlegung: Die Frage einer Änderung

---

[21] Vgl. V. Lipp/D. Brauer, *Behandlungsbegrenzung und „Futility" aus rechtlicher Sicht*, 122 f.
[22] Vgl. W. Weidenkaff, in: O. Palandt (Begr.), *Bürgerliches Gesetzbuch mit Nebengesetzen*, München [75]2016, Vorb. v. § 630a Rn. 2; M. Rehborn/S. Gescher, in: B. Grunewald/G. Maier-Reimer/H. P. Westermann (Hg.), *Erman. Bürgerliches Gesetzbuch*, Bd. 1, München [14]2014, § 630a Rn. 15.
[23] Vgl. T. Voigt, *Individuelle Gesundheitsleistungen (IGeL) im Rechtsverhältnis von Arzt und Patient*, 72 ff.

des Behandlungsziels muss zwischen Arzt und Patient besprochen werden. Das neue Ziel der Behandlung ist gegebenenfalls von ihnen gemeinsam festzulegen.[24]

4 Die medizinische Indikation

Die medizinische Indikation stellt ein fachliches Urteil des behandelnden Arztes dar, dass eine bestimmte medizinische Maßnahme geeignet ist, das mit dem Patienten gemeinsam festgelegte Behandlungsziel zu erreichen, und dass sie aus ärztlicher Sicht das dafür angemessene Mittel ist. Dazu sind die Erfolgsaussichten der Maßnahme und die damit verbundenen Belastungen und Risiken abzuwägen.[25] Die Indikation ist einerseits auf ein bestimmtes Behandlungsziel und andererseits auf einen bestimmten Patienten und seine aktuelle (Behandlungs-) Situation bezogen. Sie ist damit relational, konkret und individuell.[26]

Wie bei jedem ärztlichen Handeln zum Zweck der Behandlung hat der Arzt bei der Stellung der Indikation den allgemein anerkannten fachlichen Standards zu entsprechen (vgl. § 630a Abs. 2 BGB). Er hat daher den aktuellen Stand von Wissenschaft und Praxis der jeweils einschlägigen medizinischen Fachdisziplin zu beachten, wie er etwa in Leitlinien der Fachgesellschaften zum Ausdruck kommt, die freilich immer nur auf einen bestimmten Zeitpunkt bezogen sind und daher ständig weiterentwickelt werden müssen. Auf diese Weise kommen z. B. auch die Grundsätze der evidenzbasierten Medizin (indirekt) zum Tragen.[27]

Das Stellen der Indikation ist eine individuelle fachliche Beurteilung des Arztes. Sie muss zwar im Gespräch mit dem Patienten erfolgen (§ 630c Abs. 2 S. 1

---

24 Vgl. Bundesärztekammer, *Grundsätze zur ärztlichen Sterbebegleitung*, Präambel und IV., A 346–348; Deutsche Interdisziplinäre Vereinigung für Notfall- und Intensivmedizin (DIVI), Sektion Ethik, *Positionspapier „Therapiezieländerung und Therapiebegrenzung in der Intensivmedizin"*, 647–650, Ziff. 2.3.; V. Lipp, in: A. Laufs/C. Katzenmeier/V. Lipp, *Arztrecht*, München [7]2015, Kap. VI Rn. 105.

25 Vgl. BGH, Beschluss vom 17.03.2003 – XII ZB 2/03, in: BGHZ 154, 205–230, 225 ff.; A. Laufs, *Informed consent und ärztliche Haftung*, in: T. Hillenkamp (Hg.), *Medizinrechtliche Probleme der Humangenetik*, Heidelberg 2002, 126; B. R. Kern, in: A. Laufs/B. R. Kern (Hg.), *Handbuch des Arztrechts*, § 49 Rn. 1; ausführlich T. Möller, *Die medizinische Indikation lebenserhaltender Maßnahmen*, 35 ff., 49 ff.; T. Voigt, *Individuelle Gesundheitsleistungen (IGeL) im Rechtsverhältnis von Arzt und Patient*, 73 f.

26 Vgl. V. Lipp, in: A. Laufs/C. Katzenmeier/V. Lipp, *Arztrecht*, München [7]2015, Kap. VI Rn. 95; A. Spickhoff, *Die Entwicklung des Arztrechts 2002/2003*, in: *NJW* 56 (2003), 1709; J. Taupitz, *Gutachten A*, in: Ständige Deputation des Deutschen Juristentages (Hg.), *Verhandlungen des 63. Deutschen Juristentages*, München 2000, A 24.

27 Zum fachlichen Standard C. Katzenmeier, in: A. Laufs/C. Katzenmeier/V. Lipp, *Arztrecht*, München [7]2015, Kap. X Rn. 5 ff.

BGB)[28], fällt aber letztlich in den Verantwortungsbereich des Arztes.[29] Wünsche und Vorstellungen des Patienten werden daher bei der Stellung der Indikation nicht berücksichtigt; es geht vielmehr um eine fachliche Beurteilung des Arztes. Allerdings erfolgt die Indikationsstellung immer in Bezug auf das zwischen Arzt und Patienten festgelegte Behandlungsziel, welches regelmäßig zu überprüfen und bei einer Änderung der Vorstellungen oder Wünsche des Patienten anzupassen ist. Die Präferenzen des Patienten sind daher für die Indikationsstellung nicht unmittelbar maßgebend, sondern nur vermittelt über das – gemeinsam mit dem Arzt festgelegte – Behandlungsziel.

Ist nach der fachlich korrekten Beurteilung des behandelnden Arztes eine Maßnahme indiziert, muss er sie dem Patienten im Rahmen der Behandlung anbieten. Ob er sie dann durchführen darf, hängt von der Einwilligung des Patienten ab (dazu sogleich unter 5). Ist sie jedoch nicht indiziert, muss er sie nicht anbieten und kann auch, sofern der Patient sie wünscht, ihre Durchführung verweigern.[30] Ist eine Maßnahme gar kontraindiziert, darf er sie nicht einmal auf ausdrücklichen Wunsch des Patienten durchführen.[31] Die Vornahme einer ärztlichen Maßnahme und der Verzicht auf sie sind daher von der medizinischen Indikation her gesehen normativ gleichwertig; es gibt auch keine vorgegebene, d. h. vor und unabhängig von der Stellung der Indikation bestehende normative Präferenz für die Vornahme oder den Verzicht auf eine ärztliche Maßnahme (zur Behandlung am Lebensende unter 6).

5 Die (informierte) Einwilligung

Darüber hinaus bedarf jede ärztliche Maßnahme im Rahmen der Behandlung nach den zuvor dargestellten Grundlagen einer zusätzlichen Einwilligung des

---

28 Vgl. auch G. D. Borasio/W. Putz/W. Eisenmenger, *Verbindlichkeit von Patientenverfügungen gestärkt*, in: *Dtsch Ärztebl* 100 (2003), A-2064.
29 Vgl. T. Verrel, *Gutachten C*, C 99 f.; T. Wagenitz, *Patientenverfügung im geltenden und künftigen Recht*, 670; K. Kutzer, *Sterbehilfe – rechtlich ethische Aspekte*, in: *DRiZ* 83 (2005), 258 f.; V. Lipp, *Sterbehilfe und Patientenverfügung*, 319; J. Taupitz, *Gutachten A*, A 24.
30 Vgl. BGH, Beschluss vom 17.03.2003 – XII ZB 2/03, in: BGHZ 154, 205–230, 225 ff.; A. Laufs, *Zivilrichter über Leben und Tod?*, in: *NJW* 51 (1998), 3400; A. Spickhoff, *Die Patientenautonomie am Lebensende: Ende der Patientenautonomie?*, in: *NJW* 53 (2000), 2298; J. Taupitz, *Gutachten A*, A 23 f.; J. Heyers, *Passive Sterbehilfe bei entscheidungsunfähigen Patienten*, Berlin 2001, 29 ff.
31 Vgl. OLG Karlsruhe, Urteil vom 11.09.2002 – 7 U 102/01, in: *MedR* 21 (2003), 104–107; OLG Düsseldorf, Urteil vom 16.11.2000 – 8 U 101/99, in: *VersR* 33 (2002), 611–613; OLG Köln, Urteil vom 21.12.1998 – 5 U 165/97, in: *VersR* 31 (2000), 492–493; E. Deutsch/A. Spickhoff, *Medizinrecht*, Rn. 14, 342, 427.

Patienten (§ 630d Abs. 1 S. 1 BGB). Diese Einwilligung muss vor Beginn der Maßnahme eingeholt werden und setzt eine entsprechende Aufklärung durch den Arzt voraus (§§ 630d Abs. 2, 630e Abs. 1 bis 3 BGB).[32] Aufgrund der Patientenautonomie kann der Patient eine Maßnahme jederzeit ablehnen, d.h. die Einwilligung auch noch nach Beginn der Behandlung für die Zukunft widerrufen (§ 630d Abs. 3 BGB). Es besteht daher ein Abwehrrecht gegen eine vom Arzt vorgeschlagene Behandlung[33], dem Patient steht aber kein Anspruch auf eine bestimmte Behandlung zu. Es ist keine Frage der Patientenautonomie, ob zum Beispiel eine konkrete Maßnahme medizinisch indiziert ist oder ob eine bestimmte Behandlungsmethode von der Krankenkasse finanziert wird.

Allerdings ist sowohl für eine Einwilligung des Patienten als auch für seine Ablehnung einer ärztlichen Maßnahme erst Raum, wenn der Arzt eine bestimmte Maßnahme für indiziert hält und dem Patienten ein entsprechendes Behandlungsangebot unterbreitet.[34] Dementsprechend bestimmt die Indikation auch, über welche Maßnahmen der Arzt den Patienten aufklären muss und ebenso den Umfang und die Intensität der Aufklärung.[35]

6 Behandlungsziel und Indikation bei der Behandlung am Lebensende

Bei der Behandlung schwer kranker und sterbender Patienten ist es Aufgabe des Arztes, nach Maßgabe der zuvor genannten rechtlichen Bedingungen ärztlichen Handelns Leben zu erhalten, Gesundheit zu schützen und wiederherzustellen sowie Leiden zu lindern und Sterbenden bis zum Tod beizustehen.[36] Lebenser-

---

32 Das entsprach schon bisher der ganz herrschenden Meinung, die §§ 630d und 630e BGB nunmehr kodifiziert haben, vgl. C. Katzenmeier, in: A. Laufs/C. Katzenmeier/V. Lipp, *Arztrecht*, München [7]2015, Kap. V Rn. 5 ff.; zur früheren Rechtslage BGH, Urteil vom 09.12.1958 – VI ZR 203/57, in: BGHZ 29, 46–62, 49 ff.; BGH, Urteil vom 22.01.1980 – VI ZR 263/78, in: *NJW* 33 (1980), 1333–1334; BGH, Urteil vom 16.02.1993 – VI ZR 300/91, in: *NJW* 46 (1993), 2372–2375, 2373 f.; A. Laufs, in: ders./B. R. Kern (Hg.), *Handbuch des Arztrechts*, § 57 Rn. 15 f., § 59.
33 Vgl. T. Verrel, *Gutachten C*, C 99; A. Eser/D. Sternberg-Lieben, in: A. Schönke/H. Schröder (Hg.), *Strafgesetzbuch. Kommentar*, München [29]2014, Vorbemerkung zu §§ 211 ff. StGB Rn. 25; V. Lipp, *Sterbehilfe und Patientenverfügung*, 319.
34 Vgl. BGH, Beschluss vom 17.03.2003 – XII ZB 2/03, in: BGHZ 154, 205–230, 225.
35 Vgl. BGH, Urteil vom 14.03.2006 – VI ZR 279/04, in: BGHZ 166, 336–346, 339 f.; C. Katzenmeier, in: A. Laufs/C. Katzenmeier/V. Lipp, *Arztrecht*, München [7]2015, Kap. V Rn. 28.
36 Vgl. §§ 1 Abs. 1 BÄO, 1 Abs. 2 S. 1 MBO-Ä 1997 ([Muster-] Berufsordnung für die in Deutschland tätigen Ärztinnen und Ärzte – MBO-Ä 1997 – in der Fassung des Beschlusses des 118. Deutschen Ärztetages 2015 in Frankfurt am Main, in: *Dtsch Ärztebl* 112 [2015], A 1348).

haltung ist daher weder die einzige noch die vorrangige Aufgabe des Arztes bei der Behandlung am Lebensende. Es gibt vielmehr Situationen, in denen eine in anderen Fällen angemessene Diagnostik und Therapie nicht mehr angezeigt und stattdessen die Begrenzung der Behandlung und die palliativmedizinische Versorgung des Patienten geboten sind.[37]

Die rechtliche Grundstruktur der ärztlichen Behandlung missachtet, wer fragt, ob der Verzicht auf eine Behandlung oder der Abbruch einer einmal begonnenen Behandlung zulässig sei,[38] oder zwischen Lebensschutz und Selbstbestimmungsrecht abwägen möchte.[39] Damit verkehrt man die Legitimationslast für eine ärztliche Behandlung in ihr Gegenteil. Denn nicht der Verzicht, sondern die Aufnahme der Behandlung, nicht ihr Abbruch, sondern ihre weitere Durchführung bedürfen der Legitimation durch die ärztliche Indikation und die Einwilligung des Patienten.[40] Behandelt ein Arzt seinen Patienten, obwohl diese Voraussetzungen fehlen, begeht er eine Körperverletzung. Auch eine lebensver-

---

37 Vgl. Bundesärztekammer, *Grundsätze zur ärztlichen Sterbebegleitung*, A 346–348, Präambel.
38 So insb. viele Stimmen in der strafrechtlichen Diskussion vgl. BGH, Urteil vom 13.09.1994 – 1 StR 357/94, in: BGHSt 40, 257–272, 260 f.; BGH, Urteil vom 25.06.2010 – 2 StR 454/09, in: BGHSt 55, 191–206; A. Eser/D. Sternberg-Lieben, in: A. Schönke/H. Schröder (Hg.), *Strafgesetzbuch. Kommentar*, Vorbemerkung zu §§ 211ff. StGB Rn. 28; C. Jäger, *Die Patientenverfügung als Rechtsinstitut zwischen Autonomie und Fürsorge*, in: M. Hettinger et al. (Hg.), *Festschrift für Wilfried Küper*, Heidelberg 2007, 214 ff.; ähnlich R. Ingelfinger, *Grundlagen und Grenzbereiche des Tötungsverbots*, Köln 2004, 292ff. (anders aber 291f.); unklar C. Roxin, *Zur strafrechtlichen Beurteilung der Sterbehilfe*, Kap. I.4, 75, 92ff.; wie hier jedoch U. Neumann, in: U. Kindhäuser/U. Neumann/H.-U. Paeffgen (Hg.), *Nomos Kommentar Strafgesetzbuch*, Bd. 2, Vorb. § 211 Rn. 103; H. Schneider, in: W. Joecks (Hg.), *Münchener Kommentar zum StGB*, Bd. 4, Vor §§ 211ff. Rn. 157; G. Geilen, *Euthanasie und Selbstbestimmung*, 8ff.
39 Z. B. N. Stackmann, *Rechtliche Probleme der Behandlung Schwerkranker und Sterbender*, in: *MedR* 21 (2003), 492; S. Storr, *Der rechtliche Rahmen für die Entscheidung zum Therapieabbruch*, in: *MedR* 20 (2002), 438.
40 Vgl. BGH, Beschluss vom 17.03.2003 – XII ZB 2/03, in: BGHZ 154, 205–230, 210 ff.; BGH, Beschluss vom 08.06.2005 – XII ZR 177/03, in: BGHZ 163, 195–201, 197; BGH, Urteil vom 08.05. 1991– 3 StR 467/90, in: BGHSt 37, 376–379, 378; LG Heilbronn, Beschluss vom 09.09.2003, in: *NJW* 56 (2003), 3783–3785, 3784; T. Verrel, *Gutachten C*, C 37 f.; C. Hillgruber, *Die Würde des Menschen am Ende seines Lebens – Verfassungsrechtliche Anmerkungen*, in: *ZfL* 15 (2006), 79 f.; A. Popp, *Patientenverfügung, mutmaßliche Einwilligung und prozedurale Rechtfertigung*, in: *ZStW* 118 (2006), 641ff.; G. Bertram, *Beweislastfragen am Lebensende*, in: *NJW* 57 (2004), 988f.; V. Lipp, *Patientenautonomie und Sterbehilfe*, in: *BtPrax* 10 (2002), 47–53 und ders., *Sterbehilfe und Patientenverfügung*, 318; H. Schneider, in: W. Joecks (Hg.), *Münchener Kommentar zum StGB*, Bd. 4, Vor §§ 211ff. Rn. 121; T. Fischer, *Strafgesetzbuch mit Nebengesetzen*, München [63]2016, Vor §§ 211–216 StGB Rn. 32ff.; J. Taupitz, *Gutachten A*, A 18, 44; R. Merkel, *Tödlicher Behandlungsabbruch und mutmaßliche Einwilligung bei Patienten im apallischen Syndrom*, in: *ZStW* 107 (1995), 559ff.; G. Geilen, *Euthanasie und Selbstbestimmung*, 8ff.

längernde Maßnahme ist demnach nur zulässig, wenn und solange sie zur Erreichung des Behandlungsziels medizinisch indiziert ist und ihr der gehörig aufgeklärte Patient zustimmt.

Auch der Verzicht auf eine lebenserhaltende Maßnahme begründet daher keine besondere Legitimationslast für den Arzt, sondern folgt den allgemeinen Regeln für die Legitimation ärztlicher Maßnahmen. Bevor der Arzt entscheiden kann, ob er dem Patienten eine bestimmte Maßnahme vorschlägt, muss er den Patienten untersuchen und auf der Grundlage seiner Diagnose die Indikation stellen, d. h. beurteilen, welche Maßnahmen aus seiner fachlichen Sicht im konkreten Fall geboten sind, um das Behandlungsziel zu erreichen. Erst wenn er die Indikation bejaht, muss er diese Maßnahme dem Patienten anbieten.

Das wirft die schwierige Frage nach den objektiven Grenzen der ärztlichen Lebenserhaltungspflicht und damit nach Ziel und Inhalt des ärztlichen Auftrags an den Grenzen des Lebens auf.[41] Einige Autoren wollen in Bezug auf lebensverlängernde Maßnahmen nicht allein auf den Patientenwillen abstellen, sondern fragen nach den objektiven Grenzen der ärztlichen Lebenserhaltungspflicht.[42] Die Diskussion wird inzwischen auch unter dem Schlagwort der „medical futility" geführt, ohne dass damit in der Sache etwas anderes gemeint ist.[43] Dem ist im Grundsatz durchaus zuzustimmen: Auch bei der Behandlung am Lebensende geht es nicht allein um die Autonomie und den Willen des Patienten. Allerdings können diese so genannten „objektiven Grenzen" der ärztlichen Lebenserhaltungspflicht nicht allein nach medizinischen Gesichtspunkten bestimmt werden. Sie ergeben sich vielmehr aus dem von Arzt und Patient gemeinsam festgelegten Ziel der

---

41 Diese Problematik verdeutlicht ein Fall des OLG Naumburg, Urteil vom 22.08.2013 – 1 U 118/11, in: *VersR* 45 (2014), 558–591.
42 Vgl. T. Fischer, *Strafgesetzbuch mit Nebengesetzen*, Vor §§ 211–216 StGB Rn. 39; A. Eser/D. Sternberg-Lieben, in: A. Schönke/H. Schröder (Hg.), *Strafgesetzbuch. Kommentar*, Vorbemerkung zu §§ 211 ff. StGB Rn. 29 f.; C. Roxin, *Zur strafrechtlichen Beurteilung der Sterbehilfe*, 96 ff.; T. Möller, *Die medizinische Indikation lebenserhaltender Maßnahmen*, 25 ff.; K. Ulsenheimer, in: A. Laufs/B. R. Kern (Hg.), *Handbuch des Arztrechts*, § 132 Rn. 31 f.; H.-L. Schreiber, *Das ungelöste Problem der Sterbehilfe*, in: *NStZ* 26 (2006), 474; G. Duttge, *Einseitige (objektive) Begrenzung ärztlicher Lebenserhaltung?*, 479–484.
43 Vgl. G. Becker/H. E. Blum, *„Medical Futility" – Der Arzt im Spannungsfeld von Behandlungsauftrag und Behandlungsbegrenzung*, 1694–1697; G. Duttge, *Einseitige (objektive) Begrenzung ärztlicher Lebenserhaltung?*, 479–484; C. Lemmens, *A New Style of End-of-Life Cases: A Patient's Right to Demand Treatment or a Physician's Right to Refuse Treatment? – The Futility Debate Revisited*, in: *Eur J Health Law* 20 (2013), 167–183; dazu V. Lipp/D. Brauer, *Behandlungsbegrenzung und „Futility" aus rechtlicher Sicht*, 121–126.

Behandlung im konkreten Fall und der auf dieses Behandlungsziel hin vom Arzt gestellten Indikation einzelner Maßnahmen[44].

Gerade bei der Behandlung am Lebensende müssen das Behandlungsziel sowie die Indikation für lebenserhaltende intensivmedizinische Maßnahmen sorgfältig bestimmt und regelmäßig kritisch überprüft werden. Der Arzt kann und muss dabei beurteilen, welche Ziele aus medizinischer Sicht mit Blick auf Zustand und Prognose des Patienten möglich und erreichbar sind und welche Maßnahmen aus medizinischer Sicht indiziert sind, um das gemeinsam mit dem Patienten festgelegte Behandlungsziel zu erreichen.[45] Es ist ihm jedoch verwehrt, selbst die „Lebensqualität" des Patienten zu beurteilen und darüber zu entscheiden, ob das Leben für den Patienten noch lebenswert ist.[46] Das steht allein dem Patienten zu. Der Arzt ist auch in dieser Hinsicht zur Fürsorge und zum Gespräch verpflichtet, nicht aber zur Bevormundung berechtigt.

Verändert oder verschlechtert sich der Zustand des Patienten, schreitet die Erkrankung fort oder kommt eine sekundäre Erkrankung hinzu oder gibt es neue diagnostische oder therapeutische Erkenntnisse, muss der Arzt jeweils prüfen, ob die geplante oder bereits begonnene Maßnahme auch angesichts der neuen Situation weiterhin indiziert ist oder ob nunmehr ein anderer Behandlungsweg eingeschlagen werden sollte. Möglicherweise stellen die neue Situation und die neuen Erkenntnisse sogar das ursprünglich festgelegte Behandlungsziel infrage, weil es nun nicht mehr oder nur noch mit einer geringen Wahrscheinlichkeit erreichbar erscheint. In jedem Fall hat der Arzt die neue Situation mit dem Patienten zu besprechen, damit dieser in eine alternative Maßnahme einwilligt oder gegebenenfalls das Behandlungsziel im Rahmen des Behandlungsvertrages gemeinsam geändert werden kann.

7 Zusammenfassung

Die Festlegung des Behandlungsziels erfolgt im Rahmen des Behandlungsvertrags gemeinsam durch Arzt und Patient. Das Behandlungsziel ist Bezugspunkt für die Stellung der Indikation einer bestimmten medizinischen Maßnahme. Die Indikation ist einerseits auf das gemeinsam bestimmte Behandlungsziel und ande-

---

[44] Vgl. V. Lipp/D. Brauer, *Behandlungsbegrenzung und „Futility" aus rechtlicher Sicht*, 124.
[45] Vgl. V. Lipp/D. Brauer, *Behandlungsbegrenzung und „Futility" aus rechtlicher Sicht*, 124 f.; Deutsche Interdisziplinäre Vereinigung für Notfall- und Intensivmedizin (DIVI), Sektion Ethik, *Positionspapier „Therapiezieländerung und Therapiebegrenzung in der Intensivmedizin"*, 647–650, Ziff. 2.1.
[46] Ebenso T. Möller, *Die medizinische Indikation lebenserhaltender Maßnahmen*, 96 ff.

rerseits auf die aktuelle Situation und einen bestimmten Patienten bezogen. Sie ist somit relational, konkret und individuell.

Die medizinische Indikation ist ein fachliches Urteil des behandelnden Arztes, dass eine bestimmte medizinische Maßnahme geeignet ist, das mit dem Patienten gemeinsam festgelegte Behandlungsziel zu erreichen, und dass sie aus ärztlicher Sicht das dafür angemessene Mittel ist. Dazu sind die Erfolgsaussichten der Maßnahme und die damit verbundenen Belastungen und Risiken abzuwägen. Der Arzt hat dabei den allgemein anerkannten fachlichen Standards zu entsprechen (§ 630a Abs. 2 BGB). Die Stellung der Indikation fällt in den Verantwortungsbereich des Arztes. Er muss sie jedoch mit dem Patienten besprechen und ihn darüber aufklären (§§ 630c Abs. 2 S. 1, 630e Abs. 1 bis 3 BGB), und dieser muss dann in die ärztliche Maßnahme einwilligen.

Bei Behandlungen am Lebensende müssen Behandlungsziel und Indikation für lebenserhaltende Maßnahmen sorgfältig bestimmt und regelmäßig überprüft werden. Der Verzicht auf lebenserhaltende Maßnahmen und die Begrenzung der Behandlung auf andere, insbesondere palliativmedizinische Maßnahmen kann sich zum einen daraus ergeben, dass Arzt und Patient gemeinsam anstelle des Strebens nach Heilung die Sterbebegleitung als Behandlungsziel festlegen. Zum anderen darf eine lebenserhaltende Maßnahme nur dann unterlassen oder abgebrochen werden, wenn sie entweder im Hinblick auf das gemeinsam festgelegte Behandlungsziel nicht (mehr) indiziert ist oder wenn der aufgeklärte Patient einer aus ärztlicher Sicht indizierten Maßnahme nicht (mehr) zustimmt.

Arne Manzeschke / Dörte Anderson
Ökonomische Anreize und ihre Bedeutung für Lebensbeendende Maßnahmen

Eine ethische Perspektive

In den Wohlstandszonen dieser Welt, in denen eine reguläre Gesundheitsversorgung und entsprechende Ressourcen vorhanden sind, wird nur noch selten „einfach so" gestorben. Immer seltener ereilt es den oder die Einzelne „unerwartet" und in einem privaten Raum, der frei ist von einer institutionellen beziehungsweise organisationalen Rahmung. Wo Institutionen[1] und Organisationen[2] das Leben und Sterben von Menschen umfangen, fußt ein solches Ereignis auf Entscheidungen, die durch Institutionen strukturiert und in Organisationen verfertigt werden. Sie kommen aufgrund institutioneller Rahmungen und organisationaler Strukturen oder Protokolle zustande. In Organisationen ist es praktisch unmöglich, Ereignisse nicht zum Gegenstand von Entscheidungen zu machen. So gesehen, stehen Leben, Sterben und Tod im institutionellen bzw. organisationalen Kontext immer unter der Bedingung einer Verständigungsprozedur, und so wird verständlich, warum von *Lebensbeendenden Maßnahmen* die Rede ist: Das Lebensende muss in Organisationen, die sich mit Fragen des Lebens, Sterbens und Sterbenlassens beschäftigen, zum Gegenstand einer Selbstverständigung, einer Entscheidung und somit einer Maßnahme werden. In deutschen Krankenhäusern, einem wichtigen Ort, an dem Entscheidungen zum Lebensende getroffen werden, ist das DRG-System solch ein institutionelles Arrangement, das Entscheidungen rahmt und strukturiert. Der Beitrag argumentiert dafür, solche

---
1 Es kann hier unmöglich auf die umfangreiche Diskussion zum Institutionsbegriff eingegangen werden. Dessen Spannweite umfasst 1) Regelungen von Alltagsverhalten, 2) Organisationen und 3) Meta-Institutionen; sie bilden in dieser Vielschichtigkeit „einen einzigen unlöslichen Sachzusammenhang" für die „Geregeltheit allen menschlichen Handelns"; E. Herms, Art. *Institution*, in: J. Hübner et al. (Hg.), *Evangelisches Soziallexikon*, Stuttgart ⁹2016, 732. Als solche sind Institutionen an Grundwidersprüchen menschlichen Lebens angesiedelt und liefern einen Rahmen für „Selbst- und Systemtranszendenz" solcher Handlungszusammenhänge in Form von Dauerreflexion und Widerspruchbearbeitung; vgl. P. Heintel, Art. *Institution II.2*, in: *RGG*⁴, Bd. 4, Tübingen 2001, 177.
2 Organisationen sind soziale Gebilde von sehr unterschiedlicher Ausprägung. Sie werden von Menschen zu einem bestimmten Zeitpunkt gegründet, verfolgen dauerhaft ein klares Organisationsziel, definieren über klare Zugehörigkeitsregeln Form und Inhalt der Mitarbeiterschaft und die Außengrenzen der Organisation und stehen so in Austauschbeziehungen mit anderen Organisationen oder Menschen(gruppen); vgl. G. F. Schuppe, Art. *Organisation, Organisationstheorie*, in: W. Heun et al. (Hg.), *Evangelisches Staatslexikon*, Stuttgart ⁴2006, 1697–1703.

DOI 10.1515/9783110488531-023

institutionellen und organisationalen Bedingungen stärker in die ethische Betrachtung bei Fragen nach Lebensbeendenden Maßnahmen einzubeziehen.[3]

Fragt man danach, in welchem Maße und auf welche Weise solche institutionellen Rahmenbedingungen Einfluss auf Lebensbeendende Maßnahmen haben, so sind damit vier Fragerichtungen aufgerufen:
1) Wie sind solche institutionellen Rahmenbedingungen generell zu verstehen, welche Hintergrundannahmen werden in ihnen wirksam?
2) Wie kommen institutionelle Arrangements in Bezug auf Lebensbeendende Maßnahmen in Organisationen zum Tragen?
3) Woran und wie lassen sich die Wirkungen von institutionellen Arrangements auf Lebensbeendende Maßnahmen als konkrete Handlungen ablesen?
4) Wie sind solche institutionellen Arrangements ethisch zu bewerten?

Zunächst geht es also darum, zu verstehen, wie der institutionelle Rahmen für Lebensbeendende Maßnahmen gestaltet ist und vor welchem Hintergrund er zustande kommt.

1 Sterbenlassen und Sterbensaufschub als Effekt institutioneller Rahmenbedingungen

Es lässt sich eine zunehmende „Institutionalisierung"[4] von Lebensende-Situationen konstatieren. Zwar nimmt die Zahl derer ab, die in Krankenhäusern sterben, doch lässt eine „ungebrochene Auflösung verbindlicher Familienstrukturen, die demografische Verwerfung, die daraus resultierende Vereinzelung von immer mehr Menschen und nicht zuletzt eine landfluchtartige Bevölkerungsbewegung

---

3 Vgl. J. Wallner, *Organisationsethik: Methodische Grundlagen für Einrichtungen im Gesundheitswesen*, in: G. Marckmann (Hg.), *Grundlagen ethischer Entscheidungsfindung in der Medizin*, Berlin 2015, 233–243; R. Baumann-Hölzle/C. Arn (Hg.), *Ethiktransfer in Organisationen. Handbuch Ethik im Gesundheitswesen*, Bd. 3, Basel 2009.
4 Die Begriffe werden nicht immer trennscharf verwendet, so dass bisweilen die Einweisung in eine Organisation (Krankenhaus, Pflege- oder Altenheim) als „Institutionalisierung" gefasst wird. Zur Umsetzung institutioneller Bedürfnisse bedienen moderne Gesellschaften sich der Organisationen. Auch im Bereich der Ökonomik gibt es keine begriffliche Eindeutigkeit. Im Sinne des zuvor Genannten soll Wielands Definition die ökonomische Perspektive leiten: „Anreiztheoretisch gewendet sind Institutionen demnach regelgesteuerte Handlungsbeschränkungen, die in einer gegebenen Organisation oder Gesellschaft dasjenige Spektrum an Handlungsoptionen definieren, das erwünscht und prämiert wird" (J. Wieland, *Handlungsbedingungen und Handlungsspielräume im institutionellen Rahmen*, in: W. Korff (Hg.), *Handbuch der Wirtschaftsethik*, Bd. 3, Gütersloh 1999, 22).

hin in die städtischen Zentren" nicht erwarten, dass es eine „absehbare, qualitative Zunahme der Sterberate im häuslichen Milieu"[5] geben wird. Entsprechend werden – neben den Krankenhäusern – Organisationen wie Pflegeheime, Altenheime, Hospize zu Orten des Sterbens. Aber auch dort, wo Menschen durch nachbarschaftliches, ehrenamtliches und professionelles Engagement von ambulanten Hospizteams oder der spezialisierten ambulanten Palliativversorgung ein Sterben zu Hause ermöglicht wird, ist diese letzte Lebensphase doch von institutionellen Bedingungen gerahmt: z. B. Gesetze für die Freistellung der pflegenden Angehörigen, Gesetze und Verträge zur Spezialisierten Ambulanten Palliativversorgung (SAPV). In diesen institutionalisierten und organisationalen Kontexten müssen die Entscheidungen hinsichtlich des Wann und Wie des Sterbens anders verfertigt werden als in einem rein privaten Kontext.

Sterben ist, sofern es in Organisationen wie Krankenhäusern, Pflegeheimen, aber auch Hospizen stattfindet, nicht einfach eine „natürliche" Angelegenheit, die sich unabhängig vom Willen und Eingreifen der *Umstehenden* vollzieht. Sterben ist schon immer eine kulturell geformte Angelegenheit,[6] die in der Gegenwart einer weiteren ökonomischen und technischen Formung unterzogen wird.[7] Mit den Umstehenden sind diejenigen gemeint, die einen kranken, gebrechlichen und dem Tode nahen Menschen in dieser Phase begleiten, die in ihrer jeweiligen Nähe und ihren Beziehungen zum Sterbenden professionell tätig sind, als Angehörige oder Ehrenamtliche begleiten und in dieser Position mehr oder weniger Einfluss darauf haben, ob, wann und wie ein Mensch stirbt. In der Regel sind es bewusste Entscheidungen zum Therapieabbruch, zur Umstellung von Kuration auf Palliation[8] oder auch zum Umgang mit dem Verhalten des Patienten oder der Bewoh-

---

5 Vgl. W. George/E. Dommer/V. R. Szymczak (Hg.), *Sterben im Krankenhaus. Situationsbeschreibung, Zusammenhänge, Empfehlungen*, Gießen 2013, 13.
6 Vgl. exemplarisch P. Aries, *Geschichte des Todes*, München/Wien 1980; und mit einer Gegenposition W. Fuchs, *Todesbilder in der modernen Gesellschaft*, Frankfurt 1969; R. Gronemeyer, *Sterben in Deutschland. Wie wir dem Tod wieder einen Platz in unserem Leben einräumen können*, Frankfurt 2007.
7 Ohne auf die spezifischen Prozesse einer Technisierung oder Ökonomisierung des Gesundheitswesens einzugehen, sei hier auf den systematischen Zusammenhang von Technik und Ökonomik, die damit verbundene Institutionalisierung und den daraus erhofften Fortschritt bzw. die daraus abgeleitete Fortschrittskritik verwiesen: W. Korff, *Interdependenz und Differenz von Technikethik und Wirtschaftsethik*, in: ders. (Hg.), *Handbuch der Wirtschaftsethik*, Bd. 1, 103–119; H. Lenk/M. Maring (Hg.), *Technikethik und Wirtschaftsethik. Fragen der praktischen Philosophie*, Opladen 1998; K. A. Shire/J. M. Leimeister (Hg.), *Technologiegestützte Dienstleistungsinnovation in der Gesundheitswirtschaft*, Wiesbaden 2012.
8 Hier bedarf es jeweils einer klaren medizinischen Indikation, um eine Therapieentscheidung zu fällen; vgl. R. Charbonnier/K. Dörner/S. Simon, *Medizinische Indikation und Patientenwille. Behandlungsentscheidungen in der Intensivmedizin und am Lebensende*, Stuttgart 2008.

nerin, die bzw. der nicht mehr essen will oder auf andere direkte oder indirekte Weise seinen bzw. ihren Sterbenswunsch äußert. In jedem dieser Fälle müssen sich diese Umstehenden verhalten, sie müssen die Situation wahrnehmen, evaluieren, zu einem Urteil kommen und gemäß diesem Urteil handeln. Eine Organisation kann das Sterben nicht einfach geschehen lassen; auch wenn sie Menschen beim Sterben begleitet und ihnen vielleicht sogar zu einem „guten Sterben" im Sinne eines „natürlichen"[9] Sterbeverlaufs verhelfen will. Immer ist die Phase des Sterbens – trotz einer im Letzten unverfügbaren Dimension – ein Prozess, der organisational gestaltet sein will. Hierfür braucht es Strukturen, Zuständigkeiten, Absprachen und immer wieder Entscheidungen. Auch das „einfache" Sterbenlassen bedarf organisational einer klaren Entscheidung, die angesichts der Schwere des zu verhandelnden Sachverhalts – es geht um Leben und Tod – sorgfältig erwogen und begründet und intern wie extern akzeptabel kommuniziert werden muss.

Das ist hier idealtypisch gesprochen, um kenntlich zu machen, dass diese Umstehenden als Mitglieder einer Organisation, in deren Auftrag sie handeln, sich reflexiv zur Situation und zur Person verhalten müssen, die dem Sterben nahe ist. Die Umstehenden, die nicht Mitglieder einer Organisation sind – zumeist sind das Angehörige –, aber von diesen Entscheidungen betroffen sind, werden im besseren Fall von der Organisation in den Entscheidungsprozess eingebunden. Im schlechteren Fall sind sie einfach nur betroffen von den organisationalen Entscheidungen und fühlen sich dann nicht selten ohnmächtig und übergangen. Es wäre zu kurz gedacht, wollte man diese komplexen Situationen mit ihren heterogenen Interessen, mit teilweise starker emotionaler Betroffenheit und unterschiedlicher Bewertung auf ein einfaches Informations- und Interessenmanagement reduzieren. Gleichwohl sind Organisationen darauf angewiesen, die Komplexität solcher Situationen und ihre Kompliziertheit[10] in jedem einzelnen Fall auf ein bearbeitbares Maß zu reduzieren. Es gilt, die gegenläufigen Interessen und Handlungsimpulse – ganz zu schweigen von psychischen Belastungen und

---

9 Vgl. als kritischen Einwand gegen die Natürlichkeit des Todes im Sinne einer metaphysischen, über das Biologische hinausreichenden Tatsache, die Argumentation von Werner Fuchs, der biologistisch argumentiert und daraus ableitet, dass gesellschaftliche Praxis diesen biologischen als natürlichen, nicht von Menschenhand gewaltsam beeinflussten Tod erst ermöglichen muss; W. Fuchs, *Todesbilder in der modernen Gesellschaft*, 72.

10 Während *Komplexität* sich aus der (zunehmenden) Menge von Gegenständen und deren Relationen ergibt, folgt die *Kompliziertheit* aus der Inhomogenität des Gegenstandsbereiches; vgl. K. Lorenz, Art. komplex, in: J. Mittelstraß (Hg.), *Enzyklopädie Philosophie und Wissenschaftstheorie*, Bd. II, Stuttgart/Weimar 1984, 427–428.

Widerständen gegen das Skandalon des Todes[11] – auf ein produktives Maß zu kanalisieren und die Effizienz organisationaler Abläufe zu gewährleisten. Dazu dienen ganz wesentlich ökonomische Theorien und Modelle, welche die Interaktion verschiedener Akteure mit verschiedenen Interessen modellieren, und so Koordinationsprobleme (wer tut was wann und wo?) und Motivationsprobleme (wie kommt der Akteur dazu, genau das zu tun, was er im Interesse der Organisation tun soll?) möglichst gut zu lösen helfen.

Dass Entscheidungen über Sterben und Tod mit ökonomischen Kalkülen verbunden werden, erscheint vielen unmoralisch und der Würde des Sterbenden bzw. Toten widersprechend. Und sicher sind diese Rechnungen zu früheren Zeiten weniger explizit aufgemacht worden, als das heute der Fall ist, wenn betriebswirtschaftliches Kalkül in den entsprechenden Organisationen auch dieses Ereignis erfasst – und möglichst effizient gestalten muss.[12] So trägt diese – nicht für alle gleichermaßen erkennbare – Explizität ökonomischer Kalküle für Entscheidungen zu Sterben, Sterbenlassen oder Sterbehilfe zu einem verstärkten ethischen Diskurs um diese Fragen bei, was wiederum die Organisationen dazu zwingt, ihre Entscheidungen und die zugrunde liegenden Argumente und Kriterien offen zu legen und die Entscheidungen transparenter zu machen.

2 Reize und Anreize – Zur Psycho- und Metaphysik eines ökonomischen Modells

Im Hintergrund von ökonomischen Anreizsystemen steht eine bestimmte Vorstellung vom menschlichen Verhalten, das auf äußere Anreize mit innerer Reaktion aufwartet, gewissermaßen ein psychisches Potential aktiviert, das sich als Motivation für die resultierenden Handlungen verstehen lässt. Der Verlauf lässt sich *linear* als Reiz-Reaktions-Bogen beschreiben, der seine tieferen Wurzeln in einer cartesianischen Anthropologie[13] und der ihr folgenden Psychophysik des 19. Jahrhunderts[14] einerseits sowie einer Neuformatierung menschlichen Han-

---

11 Vgl. E. Jüngel, *Tod*, Stuttgart/Berlin 1971; J. Baudrillard, *Der symbolische Tausch und der Tod*, München 1982; C. Reutlinger, *Natürlicher Tod und Ethik. Erkundungen im Anschluss an Jankélévitch, Kierkegaard und Scheler*, Göttingen 2014.
12 Hier sollte nicht unerwähnt bleiben, dass das DRG-System keine Entgelte für spezifische Leistungen vorsieht, die bei der Begleitung Sterbender erbracht werden; vgl. W. George/E. Dommer/V. R. Szymczak (Hg.), *Sterben im Krankenhaus*, 8.
13 Vgl. K. Meyer-Drawe, *Menschen im Spiegel ihrer Maschinen*, München ²2007, bes. 41–76.
14 Vgl. M. Heidelberger, Art. *Psychophysik*, in: H. J. Sandkühler (Hg.), *Enzyklopädie Philosophie*, Hamburg 2010, 2174–2177; K. Danziger, Art. *Reiz und Reaktion*, in: *HWP*, Bd. 8, Basel 1992, 554–

delns im Ökonomischen andererseits hat. Aus der Psychologie kommend wird der Begriff des Anreizes zunächst für die Ökonomik unter dem Aspekt der Verhaltensprognose und -modellierung interessant. Von dort gewinnt er in der zweiten Hälfte des 20. Jahrhunderts zunehmend Einfluss in den politischen Wissenschaften.[15] Die lange und verwickelte Begriffsgeschichte, in der das menschliche Handeln als von Leidenschaften bestimmt in eine affektmoderierte, gesamtgesellschaftliche Handlungsstruktur des Kapitalismus eingebettet wurde, kann hier unmöglich nachgezeichnet werden.[16] Es muss der Hinweis genügen, dass es im Zuge dieser Geschichte zu einem Effekt spezifischer Anreize wird, die betriebswirtschaftlich immer weiter verfeinert werden können. So heißt es in Gablers Wirtschaftslexikon zum Terminus „Anreizsystem":

> Summe aller bewußt gestalteten Arbeitsbedingungen, um direkt oder indirekt auf das Verhalten der betroffenen Mitarbeiter einzuwirken. I. e. S. die Lohngestaltung und die daraus abgeleiteten Entlohnungsgrundsätze, i. w. S. alle Maßnahmen, die verhaltensbeeinflussend wirken bzw. einwirken können. [...] Dieses an sich fiktive Gebilde des Betriebs als Anreizsystem löst sich auf in Subsysteme, Arbeitsgestaltung, Prämiensysteme, Erfolgsbeteiligungsmodelle, immaterielle Anreize, Aufstiegschancen. Wesentlich ist allen Anreizsystemen, daß die Motivationsstrukturen der Beschäftigten angesprochen werden. [...] Als Mittel der gezielten Beeinflussung der Motivations- und Verhaltensstruktur der Mitarbeiter sind Anreizsysteme elementare Bestandteile eines jeden Führungssystems.[17]

Es geht um die gezielte Beeinflussung der Mitarbeitenden hinsichtlich ihrer Motivation und ihres Verhaltens durch die Führung, welche die Anreize setzt.[18] Entsprechend sollte man von einem Handeln auf zwei Ebenen sprechen: *Erstens* dem Handeln derjenigen, welche die Anreizstrukturen setzen, so dass auf der

---

567. Es sei hier nur angedeutet, dass solche Konzeptionen keinen Raum lassen für moralische Argumente, die nicht mit dem Anreiz kompatibel sind.

15 Vgl. K. Holzinger, *Ökonomische Theorien der Politik*, in: D. Nohlen/R.-O. Schütz (Hg.), *Lexikon der Politik*, Bd. 1: *Politische Theorien*, München 1995, 383–391.

16 Vgl. E. W. Orth, Art. *Interesse*, in: O. Brunner/W. Conze/R. Koselleck (Hg.), *Geschichtliche Grundbegriffe. Historisches Lexikon zur politisch-sozialen Sprache in Deutschland*, Bd. 3, Stuttgart 1982, 305–365; A. O. Hirschman, *Leidenschaften und Interessen. Politische Begründungen des Kapitalismus vor seinem Sieg*, Frankfurt 1980.

17 T. Bartscher, *Anreizsystem*, in: *Gabler Wirtschaftslexikon*, Bd. 1, Wiesbaden [14]1997, 160.

18 Dass eine solche gezielte Beeinflussung aus ethischer Perspektive nicht unproblematisch ist, habe ich versucht exemplarisch vorzuführen: A. Manzeschke, *Der Umgang mit finanziellen Anreizen als ethische Herausforderungen*, in: G. Marckmann (Hg.), *Grundlagen ethischer Entscheidungsfindung in der Medizin*, 223–233; A. Manzeschke, *Ressourcenzuteilung im Gesundheitswesen. Zur Logik der Leistungssteigerung und Effizienzmaximierung und ihren ethischen Grenzen*, in: K. Dengler/H. Fangerau (Hg.), *Zuteilungskriterien im Gesundheitswesen: Grenzen und Alternativen. Eine Einführung mit medizinethischen und philosophischen Verortungen*, Bielefeld 2013, 223–246.

Ebene der Mitarbeitenden *zweitens* ein gemäß diesen Strukturen erwünschtes Handeln angereizt wird. Das Setzen der Anreizstrukturen lässt sich als *initial* und *strategisch* verstehen. Es artikuliert sich in der Gestaltung von Strukturen, Leitlinien, Standards und Ähnlichem. Als solches gerät es leicht aus dem Blickfeld, wenn man danach fragt, welches Handeln bei Lebensbeendenden Maßnahmen zur Geltung kommt. Das Handeln auf der zweiten Ebene wird hingegen als Handeln im Wortsinne begriffen, weil hier konkrete Akte auf das Leben oder Sterben einer Person einwirken, z. B. das Setzen oder Ziehen einer Ernährungssonde, das Fortsetzen oder Abstellen einer Beatmung, die Erhöhung einer Morphingabe oder ähnliches. Diese zweite Handlungsebene sollte man als *operativ* und *abhängig* von der ersten betrachten.

Um das Handeln auf beiden Ebenen genauer betrachten zu können und zu verstehen, warum sie einerseits analytisch getrennt betrachtet werden können (und müssen) und warum sie andererseits in Bezug auf eine ethische Beurteilung nicht getrennt werden dürfen, ist es nötig, sich die solchen Anreizstrukturen zugrunde liegenden ökonomischen Theorien kurz zu vergegenwärtigen. Eine zentrale Grundannahme ökonomischer Theorien, unabhängig davon, ob sie eher Tauschtheorien à la Hume und Smith oder eher Vertragstheorien à la Hobbes, Locke oder Rousseau anhängen, ist die, dass Handeln immer und nur durch Individuen geschieht; diese Annahme hat im *methodischen Individualismus* ihre konzeptionelle Verdichtung erfahren. Dieses analytisch herauspräparierte und modellierte Individuum ist ein rationales, präferenzenstabiles, Eigennutz maximierendes und über die Entscheidungssituation informiertes Subjekt, das – so betonen es die Wirtschaftswissenschaftler mehrheitlich – keinen empirischen Menschen widerspiegelt, sondern allein als *homo-oeconomicus-Modell* zur Analyse und Prognose menschlicher Handlungen in einem hochaggregierten Maße dienen soll. Zugleich wird man allerdings konstatieren müssen, dass dieses Modell längst seine theoretischen Grenzen überschritten hat und praktisch wirksam geworden ist[19] – was nicht zuletzt auch einem Anspruch ökonomischer Theoriebildung geschuldet ist, alles menschliche Handeln als eine Kalkulation von Aufwand und Ertrag zu modellieren.[20]

Entscheidend für das Verständnis dieses Modells und der hiermit zusammenhängenden Handlungstheorie ist der Gedanke, dass ein Individuum aufgrund

---

19 Vgl. zur Diskussion: G. Kirchgässner, *Homo Oeconomicus. Das ökonomische Modell individuellen Verhaltens und seine Anwendung in den Wirtschafts- und Sozialwissenschaften*, Tübingen 1991; A. Dietz, *Der homo oeconomicus. Theologische und wirtschaftsethische Perspektiven auf ein ökonomisches Modell*, Gütersloh 2005; A. Manzeschke (Hg.), *Sei ökonomisch! Prägende Menschenbilder zwischen Modellbildung und Wirkmächtigkeit*, Münster 2010.
20 Vgl. G. S. Becker, *Ökonomische Erklärung menschlichen Verhaltens*, Tübingen 1993.

eines Anreizes eine Nutzenerwägung anstellt und sich zu einer bestimmten Handlung entschließt und dies notwendiger und zureichender Grund für die Handlung ist.[21]

Zwar betonen organisations- und institutionsökonomische Ansätze, dass individuelles Handeln immer bezogen ist auf das Handeln anderer Individuen, so dass es in Form aneinander anschließender Spielzüge Erwartungen an das Handeln des Anderen und dessen Erwartungs-Erwartungen zu integrieren weiß. Handeln erscheint so als *Spielfläche*, auf der die Interdependenzen der Akteure ein Parallelogramm von Interessen, Erwartungen und Spielzügen aufspannen. In der Spieltheorie und insbesondere den elaborierten Ausdeutungen des Gefangenendilemmas hat diese Konzeptualisierung des Handelns ein beeindruckendes Niveau erreicht, das seriöser Weise nicht mehr unterboten werden sollte. Ihr Ausgangspunkt ist, „dass die Steuerung des sozialen Verhaltens Einzelner durch materielle Anreize oder Abschreckung (Inzentive oder Disinzentive) erfolgt."[22] Von hier aus können dann „präskriptive (normative) Hinweise für die Gestaltung von Regeln entwickelt werden, die steuernd auf solche Interaktionen einwirken."[23]

Mit einem organisationsökonomischen Ansatz verbinden sich auch ethische Reflexionen, die das Individuum an einem bestimmten Punkt – und mit einem gewissen Recht – entlasten. Homanns Diktum, dass der systematische Ort der Moral die Rahmenordnung ist und nicht die individuellen Spielzüge der Subjekte,[24] macht hier auf einen entscheidenden Umstand aufmerksam: Die individuellen Handlungen (Spielzüge) sind ethisch nur im Kontext ihres Handlungsrahmens richtig verstanden, der in Form von Anreizsystemen bzw. -strukturen das moralisch Erwünschte oder auch das Unerwünschte markiert:

> Das bedeutet, dass *moralische Appelle an die Einzelnen*, im Sinne des allgemein erwünschten Resultats zu handeln, zwar im Einzelfall wirksam sein können, aber systematisch und auf breiter Front folgenlos bleiben müssen, solange die Handlungssituation so ist, wie sie ist, nämlich eine Dilemmastruktur aufweist. Die Strategie muss also sein, dort wo die Überwindung von Dilemmastrukturen Kooperationsgewinne für alle bringt, die Anreize zur Defektion zu beseitigen, und dort, wo die Etablierung von Dilemmastrukturen allgemein erwünscht ist, die Anreize zur Kooperation zu beseitigen. Kooperationsgewinne werden in Dilemmastrukturen also über die *(Um-)Gestaltung der Situation* und der von ihr ausgehenden

---

21 Die Verbindung zwischen individueller Nutzenentscheidung und externen Anreizen zu einer bestimmten Handlung ist dabei über das Rationalitätsprinzip gegeben, was allerdings ähnlich unpräzise ist, wie die Einwirkung der *res cogitans* auf die *res extensa* in der cartesianischen Anthropologie.
22 R. Richter, *Von der Aktion zur Interaktion: Der Sinn von Institutionen*, in: W. Korff (Hg.), *Handbuch der Wirtschaftsethik*, Bd. 2, 34.
23 B. Wolff, *Organisationsökonomik*, in: W. Korff (Hg.), *Handbuch der Wirtschaftsethik*, Bd. 3, 111.
24 K. Homann/F. Blome-Drees, *Wirtschafts- und Unternehmensethik*, Göttingen 1992, 38 f.

Anreize angeeignet. Recht und Moral lassen sich in Dilemmastrukturen nur über situative Bedingungen sicherstellen und nicht über persönliche Qualitäten der einzelnen Akteure.[25]

Will man das Handeln von Individuen als soziales Handeln verstehen, so kommt man nicht umhin, die Bedeutung des institutionellen bzw. organisationalen Rahmens mit zu berücksichtigen – und diese auch ethisch zu reflektieren. Die Gefahr besteht nun allerdings nach dieser Seite, dass alles Handeln ein Resultat von Struktur und Anreiz ist, und das Individuum lediglich ein Umsetzungsmechanismus ist ohne eigenen Willen, eigene Interessen oder eigenen Einfluss auf die Handlung. Dieses Problem verstärkt sich noch, wenn man Handlungssituationen grundsätzlich als Dilemmata konzeptualisiert, in denen Akteure ihre Spielzüge rational nach ihrer Auszahlungssumme entscheiden. Die Anreizsysteme werden dann so gestaltet, dass die Akteure auf Kooperation einschwenken bzw. in Konkurrenz zueinander treten, wo das den gesellschaftlichen Erwartungen entspricht. Unverstanden bleibt dabei aber, ob und wie die Akteure als moralische Subjekte noch beteiligt sind. Zu einem *Handlungsraum* im dreidimensionalen Sinne wird soziales Handeln erst, wenn man berücksichtigt, dass in die Erwartungen der Akteure immer auch ein gemeinsames Verständnis der sozialen Welt eingeht, in der gehandelt wird. Diese soziale Welt ist zeitlich bestimmt[26] und normativ geladen; sie lässt sich nicht kalkulieren wie naturgesetzlich bestimmte Ereignisse.[27]

Zusammenfassend lässt sich festhalten, dass ökonomische Theorien die Notwendigkeit und die Bedeutung institutioneller Strukturen für das menschliche Handeln geltend machen. Statt Handeln „eindimensional" als eine Kette von Akten individueller Entscheidungen zu konzipieren, modellieren sie das Handeln „zweidimensional" als strategisches Spiel aufeinander bezogener Handlungen. Gemäß der Unterstellung, dass Akteure rational in diesem Spiel vorgehen, lassen sich spieltheoretisch bestimmte Regeln formulieren, die zu den erwünschten

---

25 K. Homann, *Die Legitimation von Institutionen*, in: W. Korff, (Hg.), *Handbuch der Wirtschaftsethik*, Bd. 2, 87 (Herv. i. Orig.).
26 Die zeitliche Bestimmung weist einmal in die Zukunft in Form von Erwartungen, sie weist aber auch in die Vergangenheit in Form von Erfahrungen, welche ihrerseits die Erwartungen bestimmen können.
27 Vgl. zum Problem M. Hollis, *Soziales Handeln. Eine Einführung in die Philosophie der Sozialwissenschaft*, Berlin 1995, bes. 251 ff. Hollis weist darauf hin, dass rationale Erwartungen im sozialen Bereich *self-fulfilling prophecies* ähneln: sie erzeugen das, was sie erwarten. Er macht das an Warnungen vor Verkehrsstaus deutlich, die zum Teil erst durch die Erwartungen der Fahrer entstehen. Davon zu unterscheiden sind Warnungen vor natürlichen Phänomenen, wie einem Sturm, der unabhängig von den Erwartungen der Akteure (z. B. Seeleute) eintritt, für die das Beachten der Warnung allerdings lebensrettend sein kann (259).

Handlungen führen sollen. In diesem Sinne sind auch Anreizsysteme wie das DRG-System zu verstehen. Allerdings vermögen individualistische, auf Rationalität basierende Modelle nur ungenügend, die Komplexität menschlichen Handelns in Organisationen aus einer externen Beobachterperspektive zu *erklären*. Hier wird man auf ein *Verstehen* der Innensicht nicht verzichten können, weil eben nicht ausschließlich rational entschieden wird im Sinne eines ökonomischen Anreizes, der als Ursache für eine nutzenbezogene Reaktion des Akteurs klar rekonstruierbar wäre. Vielmehr geht eine sozial geteilte Welt der Akteure mit ihren sozialen Asymmetrien und emotionalen Elementen in die Praxis mit ein.[28] Eine hermeneutische Modellierung sozialen Handelns ist in der Ökonomie jedoch bisher nicht zu finden, und auch die Sozialphilosophie endet hier in einer Aporie.[29] Gleichwohl ist nicht zu übersehen, dass eben diese Anreizsysteme in ihrer Unterkomplexität wirksam werden in institutionellen Arrangements wie dem DRG-System im Krankenhaus.

3 DRG – ein ökonomisches Anreizsystem mit großer Reichweite

Im Jahr 2000 wurde im Rahmen der Gesundheitsreform die Einführung eines „pauschalierenden Entgeltsystems" für die Krankenhäuser grundgelegt. Vier Jahre später wurde das DRG-System verbindlich für alle deutschen Krankenhäuser. Ziel des neuen Systems war es, Wirtschaftlichkeit, Transparenz und Qualität der stationären Versorgung zu fördern.[30] Zugleich sollte der Beitragssatz zur gesetzlichen Krankenversicherung stabil gehalten, die Überkapazitäten im Krankenhaussektor sollten abgebaut und die Versorgungsstrukturen besser vernetzt werden. Das DRG-System, als lernendes System konzipiert, sollte im Sinne eines *Anreizsystems* das Geld dorthin leiten, wo die beste Leistung erbracht wird, und durch ein Benchmarking einen kontinuierlichen Optimierungsprozess einleiten. Im Gegenzug sollten „Fehlanreize" durch das bisherige System der tagesgleichen Pflegesätze

---

[28] Hollis votiert deutlich für ein hermeneutisches Sinnverstehen von Handlungen, weil rationales Erklären hier nicht ausreichen könne, vgl. außerdem M. Hollis, *Rationalität und soziales Verstehen*, Frankfurt 1991.
[29] Vgl. M. Hollis, *Soziales Handeln*, bes. 320 ff.
[30] Vgl. Bundesministerium für Gesundheit (BMG), *Kabinett beschließt Gesetzentwurf für ein Fallpauschalengesetz. Leistungsgerechte Vergütung durch diagnose-orientierte Fallpauschalen verbessert Qualität, Transparenz und Wirtschaftlichkeit in der stationären Versorgung*, Pressemitteilung vom 29.08.2001.

vermieden werden.[31] Die genaue Wirkungsweise und Ausdifferenzierung des DRG-Systems kann hier unmöglich dargestellt werden,[32] genauso wenig sind seine Leistungsfähigkeit und Zielerreichung zu diskutieren.[33] Vielmehr ist seine strukturelle und anreizende Wirkung zu bedenken in Bezug auf Lebensbeendende Maßnahmen. In Bezug auf das DRG-System ist hierbei in zwei Richtungen zu denken: Erstens könnte das DRG-System Anreiz geben, eine Behandlung nicht mehr durchzuführen, weil sie ökonomisch nicht lukrativ erscheint (Unterversorgung). Zweitens könnte das DRG-System Anreiz geben, eine Behandlung vorzunehmen, die medizinisch zwar nicht mehr indiziert ist, aber ökonomisch durchaus interessant ist. Ob in beiden Fällen eine unmittelbare Auswirkung auf Lebensverkürzung bzw. Lebensverlängerung zu erwarten wäre, kann hier nur theoretisch zur Diskussion gestellt werden. Sowohl aus methodologischer Sicht wie auch aus Reputationsgründen für die Organisationen dürfte es enorm schwierig sein, diese Fragen empirisch anzugehen und wissenschaftlich befriedigend zu beantworten. Gleichwohl ist zu bedenken, dass immer wieder Fehlanreize durch DRG im Allgemeinen diskutiert wurden und auch tatsächlich stattgefunden haben.

Anhand von zwei Behandlungsprozeduren soll hier diskutiert werden, inwiefern das DRG-System Anreize für Maßnahmen liefert, die als ökonomisch fragwürdig und ethisch problematisch anzusehen sind. Die Frage kann hier, wie gesagt, nur theoretisch gestellt werden; weitere Diskussionen erscheinen hier in jedem Fall angezeigt.[34]

Im ersten Fall geht es um die „intensivmedizinische Komplexbehandlung Basisprozedur" (in den Jahren 2006–2012 als OPS 8–890, ab 2013 zusätzlich noch als „aufwendige intensivmedizinische Komplexbehandlung" mit OPS 8–98 f) bzw. um die neurologische Komplexbehandlung des akuten Schlaganfalls (OPS

---

31 Vgl. Deutscher Bundestag, *Entwurf eines Gesetzes zur Einführung des diagnose-orientierten Fallpauschalensystems für Krankenhäuser (Fallpauschalengesetz-FPG) vom 11.09.2001*, BT-Drucks. 14/6893.
32 Vgl. U. Vetter/L. Hoffmann (Hg.), *Leistungsmanagement im Krankenhaus: G-DRGs*, Berlin 2005.
33 Vgl. F. Rau/N. Roeder/P. Hensen (Hg.), *Auswirkungen der DRG-Einführung in Deutschland. Standortbestimmung und Perspektiven*, Stuttgart 2009; B. Braun et al., *Pauschalpatienten, Kurzlieger und Draufzahler – Auswirkungen der DRGs auf Versorgungsqualität und Arbeitsbedingungen im Krankenhaus*, Bern 2010.
34 Das ist auch das Fazit der Studie von A. Biermann/A. Geissler, *Beatmungsfälle und Beatmungsdauer in deutschen Krankenhäusern. Analyse von DRG-Anreizen und Entwicklungen in der Beatmungsmedizin*, Berlin 2013, 55: „Weitere Untersuchungen sollten durchgeführt werden, um den Einfluss von Alter und Begleiterkrankungen auf die Beatmungsdauer zu untersuchen. Um Erkenntnisse zu gewinnen, ob das medizinische Handeln mehr ökonomisch als medizinisch determiniert ist, könnten Untersuchungen weiteren Aufschluß geben, die sowohl die DRG-Eingruppierung als auch die angegebene Beatmungsdauer berücksichtigen."

8–891 bis 2006 und ab 2007 zusätzlich die „andere neurologische Komplexbehandlung des akuten Schlaganfalls" (OPS 8–98b). In allen Fällen spielt die Beatmung von Erwachsenen verbunden mit einem neurologischen Status eine zentrale Rolle in der Behandlung.[35] Die Beatmung wird hierbei nicht einer Hauptdiagnose zugeordnet, sondern wird als eigene Prozedur ökonomisch abgebildet.[36] Insgesamt ist eine Steigerung (altersbereinigt, also unter Berücksichtigung der Altersentwicklung) der Fallzahlen von 143 % bzw. 239 % in den Jahren 2006–2014 zu verzeichnen (vgl. im Appendix Tabelle 3 = 8–890 Intensivmedizinische Komplexpauschale; Tabelle 2 = 8–981 Neurologische Komplexbehandlung), die Mehrkosten in Höhe von ca. 1,5 Mrd. Euro bzw. rund 400 Mio. Euro verursacht haben. Interessant sind hierbei insbesondere die Steigerungsraten im Bereich der Hochaltrigen (>75), wo die Steigerung teilweise 200 % beträgt.[37] Es ist schwer zu entscheiden, ob diese Zunahmen sich tatsächlich vor allem einem ökonomischen Interesse verdanken – erklärungsbedürftig sind sie in jedem Fall. Das gilt umso mehr, als im anderen Fall gerade eine gegenläufige Entwicklung zu verzeichnen ist.

Im zweiten Fall geht es um das Legen einer PEG-Sonde (OPS 5–431) und die Entwicklung der Fallzahlen in den Jahren 2006–2014 (vgl. Tabelle 1). Hier lässt sich erkennen, dass die (ebenfalls altersgruppenbereinigten) Zahlen insgesamt gesunken sind, besonders signifikant allerdings in der Altersgruppe >75. Während die Zahl der PEG-Sonden in den Altersgruppen 1–25 mehr oder weniger stabil bleibt, in den Altersgruppen zwischen 35–50 ebenfalls deutlich sinkt, steigt sie in den Gruppen von 55–65 sogar leicht an, um dann in den folgenden Altersgruppen bis zu 80 % zu sinken. Eine Erklärung dürften – neben medizintechnischen Fortschritten – insbesondere die öffentlichen Debatten um lebensverlängernde Maßnahmen und Zwangsernährung in der Intensivmedizin gewesen sein. Die Aufwertung der Patientenverfügung zu einer rechtsverbindlichen Willensäußerung (§ 1901a Abs. 1 Satz 2 BGB) im Jahre 2009 dürfte hier wesentlich beigetragen haben.

---

[35] Die Zahlen sind dem DRG-Browser des INEK entnommen; die Zeitreihen dem *Operationen- und Prozedurenschlüssel, Internationale Klassifikation der Prozeduren in der Medizin (OPS)*, Bd. 1: *Systematisches Verzeichnis*, hg. vom Deutschen Institut für Medizinische Dokumentation und Information (DIMDI), Versionen 2006–2014.

[36] Vgl. zum Thema: A. Biermann/A. Geissler, *Beatmungsfälle und Beatmungsdauer in deutschen Krankenhäusern*. Die Studie stellt sehr gut das medizinische Vorgehen bei der Beatmung dar sowie die dazu abgebildeten Kosten nach dem DRG-System. Leider konnte sie die Umstellung in 2013 auf die aufwendige Komplexpauschale (OPS 8–98 f) nicht mehr berücksichtigen.

[37] Biermann und Geissler machen hierfür vor allem „stationsinterne Abläufe", „einen veränderten DRG-Gruppierungsalgorithmus oder eine veränderte Beatmungsbehandlung aufgrund neuer medizinische[r] Erkenntnisse und Methoden" als Ursachen aus (A. Biermann/A. Geissler, *Beatmungsfälle und Beatmungsdauer in deutschen Krankenhäusern*, 1).

4 Eine vorläufige ethische Beurteilung

Die beiden Fälle, die hier nicht *in extenso* interpretiert werden konnten, sollen zweierlei verdeutlichen. Erstens dürften ökonomische Anreizsysteme, etwa in Form des DRG-Systems ihre strukturierende Wirkung auch im Bereich Lebensbeendender Maßnahmen entfalten. Sie dürften sich in beiderlei Richtung entfalten: einmal als lebensverkürzende Maßnahmen, zum anderen als lebensverlängernde Maßnahmen. Zweitens illustriert das Beispiel der PEG-Sonde aber auch, dass solche Anreizsysteme nicht allein wirksam sind, sondern öffentliche politische Diskurse, die von ethischen Argumenten getragen wurden, diesen Anreize widerstreiten können. Das führt auf den dritten Punkt, dass die Akteure im Krankenhaus nicht nur Umschlagpunkte für Anreizstrukturen sind, sondern mit ihrer eigenen fachlichen und ethischen Kompetenz und Verantwortung gefordert sind. Entsprechend sollten diese Kompetenzen und Verantwortungen in den Entscheidungsprozess eingebracht werden, jedoch nicht individualistisch eng geführt, sondern über organisationale Formen der Selbstreflexion.[38]

Anreizsystemen darf nicht per se eine „ethische Richtigkeitsvermutung" unterstellt werden; sie fordern Organisationen und Subjekte zu einer kritischen Reflexion heraus. Fehlanreize sind nicht auszuschließen und gerade im Bereich von Leben, Sterben und Tod sollten alle Entscheidungen mit einer größtmöglichen Sorgfalt kritisch geprüft werden.[39]

Die Vorstellung, dass sich auf dem Wege von Anreizsystemen menschliches Verhalten und Handeln umfassend erklären und mit größtmöglichem Nutzen bestimmen lasse, ist für die Ökonomik eine wichtige Spur gewesen, um theoretisch wie praktisch menschliches Handeln in den Dienst einer allgemeinen Wohlfahrt stellen zu können. Dabei gilt jedoch, was Albert Hirschman seiner eigenen Zunft kritisch ins Stammbuch schrieb:

---

[38] Vgl. exemplarisch G. Bockenheimer-Lucius/R. Dansou/T. Sauer, *Ethikkomitee im Altenpflegeheim. Theoretische Grundlagen und praktische Konzeption*, Frankfurt 2012; A. Riedel/S. Lehmeyer/A. Elsbernd, *Einführung von ethischen Fallbesprechungen – Ein Konzept für die Pflegepraxis*, Lage ²2011; N. Steinkamp/B. Gordijn, *Ethik in Klinik und Pflegeeinrichtung. Ein Arbeitsbuch*, Neuwied ²2005.

[39] Vgl. M. Zimmermann, *Praxis und Institutionalisierung von Lebensende-Entscheidungen in der Schweiz. Beobachtungen aus sozialethischer Perspektive*, in: J. Platzer/F. Großschädl (Hg.), *Entscheidungen am Lebensende. Medizinethische und empirische Forschung im Dialog*, Baden-Baden 2016, 119–140. Zimmermann geht sogar noch einen Schritt weiter und befürchtet, dass – über Fehlanreize in der Organisation Krankenhaus hinaus – der allgemeine Finanzdruck auf die Älteren gar den „Alterssuizid als einfachste Lösung befördern" könnte (136).

Einerseits kann nicht bezweifelt werden, daß menschliche Handlungen und gesellschaftliche Entscheidungen oft Folgen haben, die ursprünglich ganz unbeabsichtigt waren. Andererseits aber geschehen solche Handlungen und Entscheidungen oft auch deshalb, weil man *mit Überzeugung und Gewißheit bestimmte Wirkungen von ihnen erwartet, die dann jedoch ganz und gar nicht eintreten.* Letzteres Phänomen ist zwar strukturell die Kehrseite des ersten, es ist aber wahrscheinlich auch eine seiner Ursachen. Die *illusorischen* Erwartungen, die mit gewissen gesellschaftlichen Entscheidungen zu dem Zeitpunkt, da sie getroffen werden, verbunden sind, tragen dazu bei, den Blick auf deren *reale* Folgen zu verstellen.[40]

Hier noch einmal einen kritischen Blick auf die realen Folgen zu werfen und von dort aus kritisch nach den Erwartungen und Rahmenbedingungen zurückzufragen und diese unter Umständen besser zu gestalten, liegt in der Verantwortung aller Professionen im Krankenhaus.

---

40 A. O. Hirschman, *Leidenschaften und Interessen*, 239 [Herv. i. Orig.].

Appendix

Tabelle 1: Fallzahlen der OPS 5-431 Gastrostomie (z.B. PEG) nach Altersklassen und Jahren

Jahr	Insgesamt	Anzahl nach Altersklassen																			
		<1	1-5	5-10	10-15	15-20	20-25	25-30	30-35	35-40	40-45	45-50	50-55	55-60	60-65	65-70	70-75	75-80	80-85	85-90	90-95	>95
2006	68.944	352	409	217	185	319	259	226	269	538	1.134	1.967	2.831	3.551	4.546	7.368	8.194	10.774	12.262	8.031	4.491	1.020
2007	68.276	360	377	229	191	296	258	252	250	525	1.104	1.995	2.911	3.736	4.256	7.475	8.546	10.587	11.449	8.721	3.744	1.014
2008	65.026	339	420	225	170	280	269	249	258	507	1.079	2.092	2.934	3.809	4.407	7.195	8.523	9.842	10.454	8.522	2.631	821
2009	64.213	353	415	230	186	251	271	288	255	447	1.008	1.977	3.020	4.166	4.430	7.109	9.069	9.521	10.197	8.251	2.074	695
2010	61.345	342	420	189	211	248	263	247	281	424	945	2.021	2.937	4.012	4.497	6.371	9.093	9.261	9.600	7.319	2.071	593
2011	58.577	384	448	210	200	271	239	256	297	432	946	1.903	3.007	4.051	4.930	5.792	8.932	8.822	8.841	6.180	2.015	421
2012	56.220	359	363	202	184	231	281	239	276	343	883	1.807	3.013	4.127	4.999	5.496	8.692	8.924	7.945	5.580	2.001	275
2013	54.177	340	439	199	217	215	250	235	309	398	840	1.734	3.088	4.031	4.996	5.350	8.361	8.840	7.285	5.007	1.821	222
2014	52.693	365	416	209	196	251	254	276	289	373	702	1.672	3.006	4.210	5.051	5.351	7.941	9.093	6.652	4.563	1.643	180
Entwicklung 2006-2014	76%	104%	102%	96%	106%	79%	98%	122%	107%	69%	62%	85%	106%	119%	111%	73%	97%	84%	54%	57%	37%	18%

Tabelle 2: Fallzahlen der OPS 8–981 Neurologische Komplexbehandlung des akuten Schlaganfalls (2006) und 8–981 Neurologische Komplexbehandlung des akuten Schlaganfalls plus 8–98b Andere neurologische Komplexbehandlung des akuten Schlaganfalls (2007–2014) nach Altersklassen und Jahren

Jahr	OPS	Insgesamt	Anzahl nach Altersklassen																			
			<1	1–5	5–10	10–15	15–20	20–25	25–30	30–35	35–40	40–45	45–50	50–55	55–60	60–65	65–70	70–75	75–80	80–85	85–90	90–95	>95
2006	8–981	101.274	0	3	2	13	142	319	439	640	1.408	2.519	3.803	5.253	6.885	8.535	14.502	15.793	17.089	14.567	6.834	2.150	378
2007	8–981	120.470	0	0	3	12	154	325	489	721	1.514	2.803	4.457	5.759	7.935	9.564	16.895	19.005	19.770	17.819	10.030	2.678	537
	8–98b	6.974	1	0	1	0	5	12	18	25	63	101	202	283	384	447	874	1.117	1.281	1.204	741	182	33
	Summe	127.444	1	0	4	12	159	337	507	746	1.577	2.904	4.659	6.042	8.319	10.011	17.769	20.122	21.051	19.023	10.771	2.860	570
2008	8–981	141.793	0	1	2	9	126	335	526	795	1.667	3.001	4.934	6.721	9.384	10.748	18.732	23.004	22.874	21.337	13.749	3.093	755
	8–98b	8.441	0	0	0	0	5	10	12	22	68	113	188	310	457	559	1.049	1.367	1.506	1.468	1.004	253	50
	Summe	150.234	0	1	2	9	131	345	538	817	1.735	3.114	5.122	7.031	9.841	11.307	19.781	24.371	24.380	22.805	14.753	3.346	805
2009	8–981	160.260	0	0	0	4	148	353	600	909	1.653	3.410	5.681	7.646	10.250	11.626	19.858	26.727	25.488	24.800	16.574	3.541	992
	8–98b	17.399	0	0	1	2	4	18	30	49	99	209	397	589	858	1.054	1.946	2.840	3.081	3.220	2.354	513	135
	Summe	177.659	0	0	1	6	152	371	630	958	1.752	3.619	6.078	8.235	11.108	12.680	21.804	29.567	28.569	28.020	18.928	4.054	1.127
2010	8–981	171.211	1	2	0	6	137	438	593	945	1.560	3.532	5.982	8.076	10.911	12.815	19.258	28.409	27.857	26.686	18.160	4.680	1.163
	8–98b	22.824	1	0	0	3	8	30	34	52	112	278	478	769	1.161	1.394	2.201	3.751	4.123	4.276	3.139	829	185
	Summe	194.035	2	2	0	9	145	468	627	997	1.672	3.810	6.460	8.845	12.072	14.209	21.459	32.160	31.980	30.962	21.299	5.509	1.348
2011	8–981	182.375	1	0	2	3	150	387	663	1.074	1.553	3.654	6.328	8.606	11.405	14.287	18.187	30.378	30.129	28.454	19.607	6.280	1.226
	8–98b	19.210	0	0	0	0	8	15	38	58	98	228	488	718	1.003	1.282	1.685	3.225	3.355	3.564	2.526	757	162
	Summe	201.585	1	0	2	3	158	402	701	1.132	1.651	3.882	6.816	9.324	12.408	15.569	19.872	33.603	33.484	32.018	22.133	7.037	1.388

Tabelle 2: Fallzahlen der OPS 8-981 Neurologische Komplexbehandlung des akuten Schlaganfalls (2006) und 8-981 Neurologische Komplexbehandlung des akuten Schlaganfalls plus 8-98b Andere neurologische Komplexbehandlung des akuten Schlaganfalls (2007-2014) nach Altersklassen und Jahren *(Fortsetzung)*

Jahr	OPS	Insgesamt	Anzahl nach Altersklassen																		
			<1	1-5	5-10	10-15	15-20	20-25	25-30	30-35	35-40	40-45	45-50	50-55	55-60	60-65	65-70	70-75	75-80	80-85	85-90	90-95	>95
2012	8-981	190.882	1	1	3	6	144	450	710	1.130	1.617	3.684	6.508	9.491	12.004	15.476	17.774	31.036	32.443	29.167	20.390	7.683	1.164
	8-98b	24.838	0	0	0	0	8	26	47	71	119	303	618	973	1.271	1.756	2.057	3.932	4.539	4.489	3.317	1.141	171
	Summe	215.720	1	1	3	6	152	476	757	1.201	1.736	3.987	7.126	10.464	13.275	17.232	19.831	34.968	36.982	33.656	23.707	8.824	1.335
2013	8-981	202.475	0	1	2	7	144	448	701	1.151	1.716	3.490	6.956	10.203	12.778	16.094	18.266	31.481	36.049	30.672	22.296	8.810	1.210
	8-98b	26.605	0	0	0	0	9	25	37	69	125	274	597	1.041	1.404	1.866	2.145	4.186	5.078	4.675	3.484	1.412	178
	Summe	229.080	0	1	2	7	153	473	738	1.220	1.841	3.764	7.553	11.244	14.182	17.960	20.411	35.667	41.127	35.347	25.780	10.222	1.388
2014	8-981	211350	0	1	0	5	149	410	797	1181	1789	3372	6995	10499	13387	17011	18823	31229	39367	31775	23444	9820	1296
	8-98b	30270	0	0	0	1	8	23	41	100	150	324	681	1235	1629	2322	2458	4274	5987	5275	3883	1666	213
	Summe	241.620	0	1	0	6	157	433	838	1.281	1.939	3.696	7.676	11.734	15.016	19.333	21.281	35.503	45.354	37.050	27.327	11.486	1.509
Entwicklung 2006-2014		239%	0	33%	0%	46%	111%	136%	191%	200%	138%	147%	202%	223%	218%	227%	147%	225%	265%	254%	400%	534%	399%

Tabelle 3: Fallzahlen der OPS 8-980 Intensivmedizinische Komplexbehandlung (Basisprozedur) (2006–2012) und 8-980 Intensivmedizinische Komplexbehandlung (Basisprozedur) plus 8-98f Aufwendige intensivmedizinische Komplexbehandlung (Basisprozedur) (2013–2014) nach Altersklassen und Jahren

Jahr	OPS	Insgesamt	Anzahl nach Altersklassen																	
			<1	1–5	5–10	10–15	15–20	20–25	25–30	30–35	35–40	40–45	45–50	50–55	55–60	60–65	65–70	70–75	75–80	80–85	85–90	90–95	>95
2006	8-980	505.529	327	107	147	609	5.084	5.758	5.884	6.599	11.048	18.080	24.110	30.369	36.384	45.895	74.829	74.149	74.753	56.215	25.097	8.405	1.679
2007	8-980	538.317	76	59	69	552	5.117	6.272	6.349	6.589	10.531	18.198	25.304	31.908	40.458	45.940	77.939	81.945	79.813	60.353	30.812	8.126	1.907
2008	8-980	567.269	23	26	44	497	5.189	6.379	6.412	6.826	10.562	18.204	26.529	33.619	42.703	46.779	78.683	89.316	83.047	65.688	36.706	7.786	2.251
2009	8-980	601.083	53	24	36	515	5.498	6.753	6.805	7.358	10.426	18.546	28.102	36.019	45.476	48.061	78.842	98.258	87.042	72.105	41.113	7.714	2.337
2010	8-980	634.409	55	40	35	567	5.544	7.061	7.093	7.526	10.516	18.689	29.823	38.093	47.250	52.899	75.894	104.921	94.106	78.384	43.470	9.981	2.462
2011	8-980	655.200	85	57	47	728	5.446	7.483	7.459	8.378	10.117	18.627	30.261	39.652	50.019	58.382	70.324	108.383	99.110	81.084	45.036	12.200	2.321
2012	8-980	674.079	69	17	21	665	5.544	7.446	7.793	8.831	9.958	18.060	30.133	40.880	50.752	61.993	68.803	110.265	105.998	83.004	47.236	14.496	2.115
2013	8-98f	260.261	–	7	13	278	2.298	3.137	3.413	3.965	4.296	6.899	12.305	17.406	21.045	25.464	26.490	41.232	41.649	29.165	15.942	4.670	587
	8-980	445.431	50	12	19	391	3.214	4.346	4.677	5.312	6.124	10.551	18.419	26.389	33.117	41.031	43.339	69.999	74.235	57.589	34.254	11.014	1.349
Summe		705.692	50	19	32	669	5.512	7.483	8.090	9.277	10.420	17.450	30.724	43.795	54.162	66.495	69.829	111.231	115.884	86.754	50.196	15.684	1.936
2014	8-98f	347.025	–	–	7	388	2.991	3.993	4.556	5.027	5.673	8.539	15.502	22.979	28.294	34.389	35.139	52.603	57.924	39.005	22.368	6.831	817
	8-980	375.758	41	7	11	346	2.733	3.389	3.838	4.428	5.206	7.870	14.657	22.030	27.621	34.469	36.306	56.211	65.787	48.497	30.685	10.373	1.253
Summe		722.783	41	7	18	734	5.724	7.382	8.394	9.455	10.879	16.409	30.159	45.009	55.915	68.858	71.445	108.814	123.711	87.502	53.053	17.204	2.070
Entwicklung 2006–2014		143%	13%	7%	12%	121%	113%	128%	143%	143%	98%	91%	125%	148%	154%	150%	95%	147%	165%	156%	211%	205%	123%

Stephan Sahm
Begrenzung lebenserhaltender Behandlung vor der Sterbephase

1 Einleitung

Der Fortschritt der wissenschaftlich begründeten Medizin geht mit einem noch immer zu wenig beachteten Phänomen einher: Die medizinische Praxis eröffnet in nahezu jeder Lage eines Patienten noch Handlungsoptionen, die den Verlauf zu beeinflussen vermögen. Dies gilt auch bei fortgeschrittenen Erkrankungen und als aussichtslos erachteter Prognose. Angesichts dieser Entwicklung sieht sich die Medizin seit der Mitte des vergangenen Jahrhunderts vor die Herausforderung gestellt, aus diesen Behandlungsoptionen für die Betroffenen sinnvoll erscheinende auszuwählen. Die Notwendigkeit, sich dieser Aufgabe zu stellen, wurde dringlich angesichts der Fortschritte im Bereich der Intensivmedizin. Man bedenke, dass Techniken der Kreislaufwiederbelebung und maschinellen Beatmung erst Erfindungen der zweiten Hälften des 20. Jahrhunderts sind.

Die Ziele ärztlichen Handelns verstehen sich nicht immer von selbst. Dies ist der Hintergrund der Notwendigkeit, diese Ziele in Gelöbnissen zu formulieren. Paradigmatisch steht hierfür der Eid des Hippokrates, der aus Anlass von Sonntagsreden nicht selten von Ärzten und Politikern angerufen wird. In der Musterberufsordnung für Ärzte in Deutschland aus dem Jahre 2015 heißt es: „Aufgabe der Ärztinnen und Ärzte ist es, das Leben zu erhalten, die Gesundheit zu schützen und wiederherzustellen, Leiden zu lindern, Sterbenden Beistand zu leisten und an der Erhaltung der natürlichen Lebensgrundlagen im Hinblick auf ihre Bedeutung für die Gesundheit der Menschen mitzuwirken."

Angesichts der fortgeschrittenen Handlungsmöglichkeiten moderner Medizin wird die Frage nach der sinnvollen Therapiebegrenzung im ärztlichen Alltag dringlich. Noch immer aber bleibt unerkannt, dass Begrenzungen medizinischer Maßnahmen längst zur Routine ärztlicher Praxis gehören.[1] Noch immer wird von

---

[1] Dies mag ein Gedankenexperiment deutlich machen: Die Mehrzahl der Leser auch dieses Aufsatzes hat einen Führerschein erworben. Es ist Vorschrift, einen Kursus in Techniken der Wiederbelebung zu besuchen. Die Wiederbelebungsmaßnahmen sollen den Sterbeprozess im Falle akuter Organkomplikationen aufhalten mit dem Ziel, den Ausfall lebenswichtiger Organfunktionen zu substituieren und wiederherzustellen. Gäbe es eine unbedingte Pflicht zum Lebenserhalt unabhängig zugrundeliegender medizinischer Konditionen, wäre dies in jedem Sterbevorgang verpflichtend. Dann wäre die Republik eine einzige Intensivstation. Niemand könnte zu

Teilen der Öffentlichkeit in der entwickelten Welt verkannt, dass eine unbedingte Pflicht zum Lebenserhalt die Medizin in eine Hölle verkehrte. Die angemessene Auswahl der Mittel zum Lebenserhalt, zur Leidensminderung und zum Beistand im Sterben ist zur wesentlichen Aufgabe ärztlicher Praxis geworden. Die Ärzteschaft in Deutschland und in den entwickelten Ländern hat sich dieser Herausforderung gestellt und dazu vielfach Dokumente veröffentlicht.[2] In Deutschland wurde das einschlägige Dokument der Ärzteschaft, die Prinzipien ärztlicher Sterbebegleitung, Mitte der 90er Jahre in einem ersten Entwurf vorgestellt. Bisher einmalig ist die Einbeziehung der Öffentlichkeit in den Prozess der Erstellung des Dokuments. Ein Entwurf wurde in einer Vielzahl öffentlicher Veranstaltungen und in den Medien diskutiert. Schließlich wurden die *Grundsätze ärztlicher Sterbebegleitung* erst nach eingehender Debatte verabschiedet. Änderungen, die anlässlich von Ärztetagen in den folgenden Jahren vorgenommen wurden, haben die Struktur des Dokumentes belassen und die normativen Grundaussagen wiederholt.

In welchem Maße Begrenzungen ärztlicher Maßnahmen den Alltag der Medizin bestimmen, zeigen empirische Untersuchungen. In der großen Mehrzahl aller Sterbefälle in Kliniken gehen Entscheidungen voraus, spezifische Maßnahmen zu beenden und andere, im technischen Sinne effektive, nicht einzuleiten.[3] In etwa der Hälfte der Fälle werden spezifische Maßnahmen unterlassen. Auf Intensivstationen – so ließ sich zeigen – werden in 10 % der Sterbefälle jegliche Maßnahmen beendet.[4]

Hause im Kreise seiner Familie, im Altenheim, im Hospiz oder auch im Krankenhaus außerhalb einer Intensivstation sterben. Bei mehr als jährlich 800.000 Todesfällen in Deutschland wird die Absurdität einer unbedingten Pflicht zum Lebenserhalt deutlich.
2 Siehe die einschlägigen Dokumente der Bundesärztekammer: Bundesärztekammer, *Grundsätze der Bundesärztekammer zur ärztlichen Sterbebegleitung*, in: *Dtsch Ärztebl* 95 (1998), A-2366, B-2022, C-1998; Bundesärztekammer, *Grundsätze der Bundesärztekammer zur ärztlichen Sterbebegleitung*, in: *Dtsch Ärztebl* 108 (2011), A-346, B-278, C-278, sowie eine Deutung, S. W. Sahm, *Palliative care versus euthanasia. The German position: the German General Medical Council's principles for medical care of the terminally ill*, in: *J Med Philos* 25 (2000), 195–219.
3 Dieser Sachverhalt ist mittlerweile vielfach empirisch bestätigt. So etwa A. van der Heide et al., *End-of-Life-decisionmaking in six European countries: a descriptive study*, in: *Lancet* 362 (2003), 345–50. Die Palliativmedizin ist sich dieser Tatsache bewusst, dazu im Überblick A. S. Kelley/R. S. Morrison, *Palliative Care for the Seriously Ill*, in: *N Engl J Med* 373 (2015), 747–755.
4 So etwa H. Wunsch et al., *End-of-life decisions: a cohort study of the withdrawal of all active treatment in intensive care units in the United Kingdom*, in: *Intensive Care Med* 31 (2005), 823–831. Hier handelt es sich offensichtlich um Fälle mit irreversiblem Ausfall lebenswichtiger Organfunktionen, denn andernfalls wäre eine Beendigung aller Maßnahmen nicht gerechtfertigt. Bei Vorliegen von Symptomen wäre andernfalls eine palliative, nur lindernde Behandlung unerlässlich. Dies ist der Grund, warum heute in der Medizin nicht vom Abbruch der Therapie ge-

Die Medizin wird seit ihren Anfängen begleitet von der Reflexion über die Grundlage ihres Handelns. Angesichts der Debatten in der entwickelten Welt über aktive Sterbehilfe, Assistenz beim Suizid durch Ärzte und der Schwierigkeiten sinnvoller Therapiebegrenzungen muss die Medizin und ihre Praxis stets Rechenschaft ablegen über Handlungskonzepte und ihre normativen Gehalte. Eine zeitgeschichtliche Analyse öffentlicher Debatten in den Ländern, in denen etwa Handlungen der aktiven Sterbehilfe toleriert werden, weist aus, dass die Deutungshoheit über Inhalte und Normierungen von Handlungskonzepten unmittelbaren Einfluss auf politische Entscheidungen hat.[5] Die Unterscheidung der *Begrenzungen* medizinischer Maßnahmen von *intendierten Tötungshandlungen* ist für das Selbstverständnis der Ärzteschaft von herausragender Bedeutung und verdient eine intensive Reflexion.

2 Die medizinische Indikation

Ein häufig unterschätztes Konzept der medizinischen Praxis repräsentiert die *medizinische Indikation*. Darunter wird die Begründung für ein medizinisches Handeln verstanden. Doch wird übersehen, dass die medizinische Indikation mehr ist als ein Urteil über die Effektivität einer medizinischen Maßnahme. Dieser Bestandteil des Konzeptes der Indikation umfasst den instrumentellen Gehalt. Er betrifft das medizinische Wissen und die Erfahrung, das Expertenwissen. Doch Indikation ist mehr. Durch die Geschichte der Medizin lässt sich zeigen, wie die Indikation durch einen normativen Mehrwert charakterisiert ist. Sie schließt ein normatives Urteil ein. Die Geschichte der Gelöbnisse mit dem Ziel, Ziele ärztlicher Handlungen zu bestimmen, legt beredtes Zeugnis ab.[6] Für die Zwecke der Ausführung hier genügt der Verweis auf ein Urteil des Bundesgerichtshofes, in dem auf den normativen Gehalt des Konzeptes der medizinischen Indikation abgestellt wird. Es fasst zusammen, was man als Kernbestandteil der Geschichte der Re-

---

sprochen wird. Dies ist nur in der erwähnten Grenzsituation der Fall. Andernfalls ändert sich das Therapieziel hin zur ausschließlichen Linderung von Symptomen.

5 In einer zeitgeschichtlichen Analyse haben G. Kimsma und E. van Leuven gezeigt, wie die von nur wenigen Personen vorgestellte Konzeption die öffentliche Debatte in den Niederlanden dominierte und zu der vom übrigen Europa unterschiedenen Entwicklung hin zur aktiven Sterbehilfe führte. G. K. Kimsma/E. van Leeuwen, *Euthanasie in den Niederlanden: Historische Entwicklung, Argumente und heutige Lage*, in: A. Frewer/C. Eickhoff (Hg.), *„Euthanasie" und die aktuelle Sterbehilfe-Debatte*, Frankfurt a. M./New York 2000, 276–312.

6 Die Medizingeschichte kann hier nicht abgehandelt werden. Es genügt, auf die Vielzahl sogenannter ärztlicher Gelöbnisse zu verweisen. Sie selbst sind Ausdruck der Notwendigkeit, über die normativen Gehalte des Konzeptes der Indikation eine Übereinkunft zu erzielen.

flexion über die medizinische Indikation als Rechtfertigung jeglichen Eingriffs und verpflichtenden Handlungsgrund bezeichnen kann. „Die medizinische Indikation, verstanden als das fachliche Urteil über den Wert oder Unwert einer medizinischen Behandlungsmethode in ihrer Anwendung auf den konkreten Fall, begrenzt insoweit den Inhalt des ärztlichen Heilungsauftrages."[7] Die Identifikation eines normativen Gehaltes der medizinischen Indikation verweist auf einen Widerspruch zur Idee des im Blick auf den Medizinbetrieb oft grenzenlos gedachten Konzeptes der Autonomie, des Rechtes auf Selbstbestimmung. Die Idee einer unbeschränkten Autonomie wurde insbesondere in der jüngeren Geschichte der Medizinethik propagiert.[8] Offene Gesellschaften neigen im Konfliktfalle dazu, nicht etwa Lösungen der Konflikte anzustreben, sondern vielmehr die Auflösung im Verweis auf das Recht auf private Entscheidungsfindung zurückzuführen. Dabei geht verloren, dass hinter der Idee eines normativen Gehaltes der Indikation auch die Solidarität steckt. Denn nur die Vorstellung eines gemeinsam gedachten Guten motiviert die Solidarität und ist Voraussetzung jedes solidarisch organisierten Gesundheitswesens. Die Reduktion medizinscher Handlungen auf Akte der Selbstbestimmung Betroffener reduziert medizinische Handlungen zu einem Menü, aus dem Personen Handlungsoptionen nach Maßgabe medizinischer Effektivität auswählen.[9] Die Solidarität wäre aufgehoben.

Andererseits gehen die Solidarität und der Gedanke eines normativen Mehrwertes im Konzept der Indikation einher mit der Notwendigkeit, eine Sonderrolle für die Ärzteschaft zu bestimmen. Denn die Indikationsstellung obliegt ihnen und stellt mithin eine ärztliche Prärogative dar.[10] Die philosophische Idee hinter dem Gedanken der medizinischen Indikation lässt sich auf Platon zurückführen, der formulierte: „Das Gute ist allen gemeinsam."[11] Die Besonderheiten ärztlicher Berufsausübung finden ihren Ausdruck in der Verpflichtung, in Kammern organisiert zu sein, etwa im Verbot, den Beruf im Umherziehen ausüben zu dürfen und vielem anderen mehr. Sie verweist aber auch auf die Notwendigkeit,

---

[7] So der Bundesgerichtshof, BGH, AZ XII ZB 2/03, in: *NJW* 56 (2003), 1588–1594.
[8] Eine Tagung der Akademie für Ethik in der Medizin dokumentierte diesen Sachverhalt eindrücklich, vgl. H. Steinfath/C. Wiesemann, *Autonomie und Vertrauen – Schlüsselbegriffe der modernen Medizin*, Wiesbaden 2016.
[9] Die Medizin als Menü propagierten etwa R. D. Truog/A. S. Brett/J. Frader, *The problem with futility*, in: *N Engl J Med* 326 (1992), 1560–1564.
[10] Dies ist ein weithin wenig beachteter Sachverhalt. S.W. Sahm, *Selbstbestimmung am Lebensende im Spannungsfeld zwischen Medizin, Ethik und Recht. Eine medizinethische Analyse der jüngsten höchstrichterlichen Rechtsprechung und ihrer akademischen Kritik*, in: *Ethik Med* 16 (2004), 133–147.
[11] Dies findet sich im Dialog Gorgias. Platon, *Gorgias*, in: ders., *Sämtliche Werke*, Bd. I, Heidelberg 1982.

Zielsetzungen medizinischer Behandlungen zu reflektieren und öffentlich bekannt zu machen und ärztliche Handlungen in professionellen ethischen Kodizes zu formulieren.

Die Ausführungen bis hierher müssen genügen, um gleichsam eine Philosophie der medizinischen Indikation anzudeuten. Alternative Lösungen, wie sie gelegentlich in der Bioethik vorgetragen werden, laufen Gefahr, die medizinische Indikation aufzuheben und mit ihr die Idee der Solidarität im Gesundheitswesen.[12]

3 Ärztliche Handlungen am Lebensende und ihre angemessene normative Einordnung

Angesichts der Entwicklungen vornehmlich der Intensivmedizin und in ihrem Gefolge auch der Transplantationsmedizin wurden in der zweiten Hälfte des vergangenen Jahrhunderts Begriffe und Konzepte entwickelt, die ärztliche Handlungen im Blick auf die Auswahl medizinischer Handlungen bei Patienten im Stadium fortgeschrittener Erkrankungen und nahe dem Tode bezeichnen und normativ bestimmen sollten. Hier ist vornehmlich das Konzept der passiven Sterbehilfe zu nennen und auch – in Deutschland – die indirekt aktive Sterbehilfe. Beide Akte wurden als Gegensätze formuliert zu intendierten Tötungshandlungen, wie sie sich in der aktiven Sterbehilfe und im ärztlich assistierten Suizid manifestieren.[13] Beide Begriffe, die passive Sterbehilfe wie die Idee einer indirekt aktiven Sterbehilfe, haben zu unendlichen Verwirrungen geführt, die die öffentliche Diskussion in vielen Ländern lange dominierten. Nicht zuletzt fanden diese Konzepte in der Rechtsprechung weite Verbreitung. Unbeachtet blieb dabei, dass die Konzepte ärztliche Handlungen nicht sinnvoll zu beschreiben vermögen und mithin zu Verunklarungen bei der Beschreibung ärztlicher Handlungen am Lebensende führen. Dies wurde seit annähernd drei Jahrzehnten diskutiert[14]. Einschlägige Kommissionen haben daher diese Konzepte als unzureichend zurückgewiesen. Dazu zählen etwa eine Kommission des englischen *House of Lords*, die *Internationale Vereinigung der Palliativmediziner*, nicht zuletzt der Vorgänger des *Deutschen Ethikrates*, der *Nationale Ethikrat*, und viele andere Organisationen

---

12 Solidarität gründet notwendig auf der Idee eines Gemeinsamen. Wird dieses Gemeinsame konzeptionell zugunsten eines überzogenen Konzeptes der Autonomie aufgegeben, löst sich Solidarität auf, sie implodiert.
13 Selbstredend stellt der ärztlich assistierte Suizid eine Kategorie eigener Art dar, die von der aktiven Sterbehilfe getrennt zu diskutieren ist.
14 Zu einer Übersicht siehe S. Sahm, *Sterbebegleitung und Patientenverfügung. Ärztliches Handeln an den Grenzen von Ethik und Recht*, Frankfurt a. M. 2006.

mehr. Es verwundert daher, dass auch in aktuellen Debatten immer auf diese Konzeptionen rekurriert wird.[15] An den Konzepten wurde grundlegende Kritik geübt, sie werden national und international mittlerweile als ungeeignet angesehen und sollten daher nicht mehr verwendet werden. In Kürze soll die Begründung dafür angegeben werden.

Die Notwendigkeit, zwischen verschiedenen Therapieoptionen und deren Unterlassung auszuwählen, ist unbestritten. Angesichts moderner Entwicklungen insbesondere der Palliativmedizin bleiben Behandlungsteams bei Entscheidungen über Zurückhaltung und Beendigung spezifischer Maßnahmen niemals passiv, vielmehr handeln sie, sie bleiben *aktiv*. Die Entscheidung über Begrenzungen von Maßnahmen oder deren Unterlassung ist ein Handeln. Die Kategorisierung in normativer Hinsicht nach dem Modus (aktiv/passiv) beschreibt daher die Begrenzung medizinischer Maßnahmen am Lebensende nur unzureichend. Die Begrenzung lebenserhaltender Behandlung als passive Sterbehilfe zu bezeichnen, ist irreführend, zumal sich die Handelnden aufgrund ihres Einsatzes zur Symptomlinderung als Aktive erleben. Sie begünstigt das Missverständnis, dass diese Entscheidung mit dem Ziel erfolgte, den Tod von Personen herbeiführen zu wollen, mithin eine normative Differenz zum Töten aufgehoben sei. Das Sterben zulassen ist etwas Anderes als den Tod herbeiführen zu beabsichtigen.

Die deutsche Ärzteschaft hat zur Klarstellung beigetragen. Im bereits erwähnten Dokument finden die veralteten Konzepte wie passive Sterbehilfe und indirekt aktive Sterbehilfe keine Erwähnung mehr. Es wird vielmehr das Konzept der *Änderung des Therapiezieles* eingeführt. In Situationen aussichtsloser Behandlung oder im Falle, dass Patienten eine lebensverlängernde Therapie ablehnen, ändert sich das Therapieziel hin zur reinen Linderung von Symptomen. Der Modus der Handlung (aktiv/passiv) ist für die normative Bewertung sekundär, wenn nicht bedeutungslos.[16] Die Kategorie, auf die es ankommt, ist die Intention der Handlung. Wie in der Ethik überhaupt ist die Intention – unter Beachtung auch der Angemessenheit der Durchführung – für die normative Bewertung einer

---

15 Siehe Äußerungen von Strafrechtsprofessoren zur Debatte über ärztlich assistierten Suizid in Deutschland. Sie hat in der Presse hohe Wellen geschlagen. Nach eingehender Kritik scheinen sich manche Vertreter davon zu distanzieren. Die Erklärung wurde vermutlich daher von den einschlägigen Websites entfernt, auf denen sie noch in der ersten Hälfte des Jahres 2016 einzusehen war. Siehe dazu auch Beiträge in diesem Band.
16 Wie auch sonst im Alltag hat der Modus einer Handlung noch nie allein die Normierung determiniert. Ein Beispiel mag dies illustrieren. Unterlassen kann besonders grausam sein, etwa wenn man Säuglinge verhungern lässt. Das Kriterium des Mordes wäre in einem solchen Falle erfüllt im juristischen Sinne. Niemand könnte sich darauf berufen, allein passiv geblieben zu sein.

Handlung wesentlich. Das Konzept der *passiven Sterbehilfe* lässt diesen wesentlichen Aspekt unbeachtet, was seine Unangemessenheit dokumentiert.

Auch das Konzept der *indirekt aktiven Sterbehilfe* hat die Öffentlichkeit bewegt, insbesondere in Akademien und Laienbewegungen zu nicht enden wollenden Diskussionen geführt. Unter dieser Kategorie wurde der Vorgang subsummiert, wenn eine an sich mit rechter Intention und Indikation durchgeführte medizinische Behandlung unbeabsichtigt – aber unter bewusster Inkaufnahme – den Tod eines Patienten beschleunigt. Es wurde unterstellt, dass dies insbesondere am Lebensende besonders häufig der Fall sei. Hier seien Ärzte vor dramatische Entscheidungen gestellt. Dies geht so weit, dass selbst im Jahre 2016 noch von Rechtsgelehrten behauptet wird, dass der Arzt sich vor die Notwendigkeit gestellt sehe, den Tod zu beschleunigen oder zu lindern.

Diese Behauptung ist schon medizinisch, d. h. im Sinne der medizinischen (rein instrumentellen) Wissenschaft falsch. Kunstgerechte Durchführung einer Schmerztherapie führt in weit weniger Fällen zur Beschleunigung des Todes als dies etwa in anderen Zusammenhängen akzeptiert wird. Ein Beispiel mag hier angeführt werden: Die kunstgerechte Durchführung einer Gallenblasenoperation führt in einem von tausend Fällen zum Tode, eine kunstgerechte Operation des Kopfes der Bauchspeicheldrüse (in sehr bewährten Zentren) in fünf von einhundert Fällen. Im technischen Sinne sind diese Handlungen zum Tode führende Akte, werden aber als unerwünschte Nebenfolge toleriert. Völlig unbeachtet bleibt in der Öffentlichkeit die Tatsache, dass auch der Rezeptblock tödliche Folgen zeitigt, insbesondere etwa bei der Verschreibung von den Herzrhythmus beeinflussenden Mitteln. Kein Mensch käme auf die Idee, diese Verschreibung bei rechter Indikationsstellung in den Zusammenhang einer Tötungsabsicht zu stellen. Es bleibt daher rätselhaft, warum ausgerechnet am Lebensende einer kunstgerecht indizierten Behandlung (nämlich mit dem Ziel der Leidensminderung) nun eine Tötungsabsicht unterstellt wird.

Jede medizinische Handlung, auch die palliativmedizinisch orientierte Schmerztherapie, bedarf einer Indikationsstellung. Unbeabsichtigte Nebenfolgen einer medizinischen Therapie gehören zum Wesen der Medizin. Die sorgfältige Abwägung ist vorauszusetzen. Zudem verlängert kunstgerechte Schmerztherapie Leben und verkürzt es in weitaus weniger Fällen als dies sonst in der Praxis der Medizin toleriert wird. Das Konzept der indirekten aktiven Sterbehilfe erweist sich daher als unzureichende Beschreibung medizinischer Handlungen am Lebensende.[17]

---

[17] Der Eindruck lässt sich nicht von der Hand weisen, dass die Insistenz beim Gebrauch dieser als unzureichend identifizierter Konzepte (passive Sterbehilfe und indirekt aktive Sterbehilfe) einer

4 Exkurs: Handlungstheoretische Aspekte der Normierung ärztlicher Handlungen am Lebensende – Kausalitäts- und Intentionalitätsargument

An dieser Stelle ist ein Exkurs zu einer auch in diesem Band vorgestellten Analyse der Handlungstypen des Tötens und Sterbenlassens notwendig. Es geht um den Versuch, eine Differenz beider Handlungstypen *kausalitätstheoretisch* zu begründen.[18] Es wird darauf abgestellt, dass beim Sterbenlassen das jeweilige Tun oder Unterlassen nicht die einzige hinreichende Bedingung für den Eintritt des Todes sein darf. Die Unterlassung, etwa der Einleitung einer Atemtherapie bei Patienten mit infauster Prognose, stellt somit keine Tötungshandlung dar. Beim Sterbenlassen stirbt der Patient in Folge der Erkrankung. Dagegen ist die aktive Tötung eine alleinige kausale Ursache.

Diese Behauptung erscheint zunächst einsichtig und offenbart Evidenz im Blick auf Handlungen am Lebensende bei fortgeschrittener Erkrankung. Sie ist nicht falsch. Sie beschreibt aber die normativen Grundlagen medizinischen Handelns nur unvollständig. Die Behauptung erweist sich vielmehr als unzutreffend im Blick auf andere Bereiche der Medizin. Hier ist es, wie bereits ausgeführt, wichtig, auf die normative Einordnung unerwünschter Folgen medizinischen Handelns hinzuweisen. Denn hier zeigt sich, dass die Differenz normativ allein durch die Intention zu bestimmen ist. Unerwünschte Folgen der Medizin sind nicht selten auch tödlich. Sie sind jedoch nicht nur tödlich angesichts fortgeschrittener zum Tode führender Erkrankung. Sie können auch tödlich sein bei Maßnahmen, die zur Behandlung und Linderung von Zuständen durchgeführt werden, die nicht mit einer Lebenszeitverkürzung einhergehen. Auch an Operationen an Kniegelenken sterben Personen. Mithin ist dieser Eingriff in einem technischen Sinne, d. h. kausalitätstheoretisch, die einzige Wirkursache. Es cha-

---

strategischen Absicht geschuldet ist. Denn es sind vornehmlich Vertreter der Öffnung und Liberalisierung aktiver Sterbehilfe und ärztlich assistierten Suizids, die diese Nomenklatur und Konzeptionen verwenden. Der Sachverhalt erklärt sich, denn ihre Verwendung erlaubt keine Abgrenzung zur aktiven Sterbehilfe und ärztlich assistiertem Suizid. Die so erzeugte Grauzone dient als Folie für das Plädoyer zur Zulassung aktiver Sterbehilfe und des ärztlich assistierten Suizids.

18 Siehe dazu F.-J. Bormann, *Zur kausalen Differenz von Töten und Sterbenlassen*, in diesem Band, 249–273 sowie J. C. Joerden, *Lebensbeendende Handlungen. Zum Kausalitätsargument bei Töten und Sterbenlassen*, in diesem Band, 275–296.

rakterisiert ärztliche Handlungen, dass die Indikationsstellung mit dem Ziel der Lebensverlängerung und Leidensminderung Eingriffe rechtfertigt. Indikation, kunstgerechte Durchführung und gute Absicht grenzen die Handlung von einer Tötungshandlung (auch lebensbeendigenden Handlung) ab, selbst wenn sich ein tödliches unerwünschtes Risiko verwirklicht.

Es kennzeichnet die Medizin in ihrer Praxis, dass das Vorliegen von *Krankheit* Handlungen normativ zu begründen imstande ist, die anders nicht zu rechtfertigen wären.

Würde diese Konzeption aufgegeben werden, müssten Ärzte sofort aufhören ihre Tätigkeit auszuüben, weil ihnen Tötungshandlungen zugeschrieben würden. Die professionelle Identität und die ethische Bewertung leben von der Beachtung der Intention in Verbindung mit dem Handlungsmotiv der ärztlichen Indikationsstellung.[19] Sie stellt allerdings angesichts einiger Entwicklungen in der Medizin, etwa der Schönheitschirurgie u. a. m., eine besondere Herausforderung dar. Weil hier Risiken eingegangen werden angesichts von Zuständen, denen das normative Urteil *Krankheit* nicht – oder nicht ohne weiteres – zugesprochen werden kann. Insbesondere Aspekte der wunscherfüllenden Medizin verdienen daher eine eingehende Kritik.[20] Diese Ausführungen bestätigen die grundlegende Rolle des Konzeptes der Indikationsstellung, die das Wesen ärztlicher Handlungen charakterisiert (siehe Abschnitt 2). Das gilt auch am Lebensende. Bei der normativen Einordnung medizinischer Handlungen am Lebensende rechtfertigt die Intention in Verbindung mit einer kunstgerechten Indikationsstellung (und Einwilligung!) die Handlung. Eine lediglich kausalitätstheoretische Beschreibung wird der medizinischen Praxis nicht gerecht. Sie erweist sich als ungenügend.[21]

---

19 Das für die medizinische Praxis wesentliche Konzept der Indikation wird in öffentlicher wie akademischer Diskussion unterschätzt. Doch ist es in vielen Bereichen für die ethische Diskussion unerlässlich, seinen Gehalt zu berücksichtigen. Vgl. R. Charbonnier/K. Dörner/S. Simon (Hg.), *Medizinische Indikation und Patientenwille. Behandlungsentscheidungen in der Intensivmedizin und am Lebensende*, Stuttgart 2008.
20 Eine solche Kritik kann an dieser Stelle nicht geführt werden. Sie verweist aber darauf, dass medizinische Handlungen sich zu beschränken haben auf Zustände, denen eine Zuschreibung als Krankheitszustand zugesprochen werden kann. Fehlt dies, existiert keine Indikation. Eine im technischen Sinne produzierte Nebenwirkung, ggf. mit tödlichem Ausgang, ohne Indikationsstellung, ist fahrlässig und ggf. auch als Tötungshandlung zu bewerten. Bei rechter Indikationsstellung – d. h. dem Vorliegen von Krankheit – wäre dies anders.
21 Die hier vorgestellte Konzeption der normativen Einordnung ärztlicher Maßnahmen – die nicht zuletzt das Selbstverständnis der Ärzteschaft in Deutschland wiedergibt, wie es in den einschlägigen Dokumenten zur Medizinethik niedergelegt ist – schließt ja die Intention, Leben zu beenden explizit aus. Ärzte töten nicht. Es gibt auch keine medizinische Indikation, die eine Tötungsabsicht einschlösse. Dies ist für die Integrität ärztlicher Profession wesentlich. Es sei

5 Die Indikation geht der informierten Zustimmung voraus

Die medizinische Indikation kann in freien Gesellschaften selbstredend medizinische Handlungen alleine nicht rechtfertigen. Abwehrrechte der Betroffenen setzen ihr eine Grenze. Patienten haben kein Recht, Behandlungsmodalitäten auszuwählen, wenn keine Indikation besteht. Sie haben aber das Recht, indizierte medizinische Behandlungen zurückzuweisen. Dies ist Ausdruck der Beachtung des Rechtes auf Selbstbestimmung der Person. Angesichts der Fülle der Literatur hierzu bedarf dies keiner weiteren Ausführung hier. Doch gilt es, auf psychologische Grenzen der Fähigkeit zur Ausübung der Selbstbestimmung hinzuweisen. Ebenso muss die Relation der Indikationsstellung zur informierten Zustimmung betrachtet werden. In der Medizin wurde das Konzept des sogenannten *informed consent* entwickelt. Nach eingehender Informationsweitergabe sollen Patienten in die Lage versetzt werden, eine für ihre Lebenssituation und eine ihren Wertentscheidungen und Lebensentwürfen entsprechende Entscheidung und Einwilligung zur Behandlung zu geben – oder zu verweigern. Doch erweist sich Krankheit selbst als der ärgste Feind der Autonomie.[22] Es kommt noch Weiteres hinzu. Aufgrund des im Konzept der Indikation enthaltenen normativen Anteils, ist die Informationsweitergabe selbst ein normativer Akt. Im ärztlichen Alltag findet diese Tatsache ihre praktische Umsetzung in der Teambesprechung. Hier wird die Behandlungsempfehlung für den individuellen Patienten formuliert. Unter Umständen ist dies ein kontroverser Prozess herauszufinden, welche Therapie im Blick auf den konkreten Patienten anzustreben ist, welche Behandlung als verpflichtendes Angebot ihm gegeben werden muss. Daraus wird leicht ersichtlich: Indikationsstellung versteht sich nicht von selbst (siehe Abschnitt 2).

Dieser Sachverhalt ist nicht zu unterschätzen. Einem Patienten eine Therapie anzubieten, ist ein normativer Akt. Die Vorauswahl der möglichen Behandlungsoptionen – Begrenzung von Maßnahmen versus Weiterführung bzw. Einleitung zusätzlicher Behandlung – ist ein Urteil mit normativem Gehalt. Das Angebot einer Therapie übt einen nicht zu unterschätzenden Einfluss aus. Das ist meist unproblematisch im Falle eines Therapiewunsches und bei Aussicht auf

---

erwähnt, dass diese Konzeption es erlaubt, Handlungen wie aktive Sterbehilfe schlüssig zurückzuweisen und eindeutig von Handlungen des Unterlassens und der Therapiebegrenzung zu unterscheiden.

22 Siehe dazu etwa E. J. Cassell, *Consent or obedience? Power and authority in medicine*, in: *N Engl J Med* 352 (2005), 328–330; ebenso aus lebenspraktischer Sicht W. Schmid, *Das Leben verstehen – von den Erfahrungen eines philosophischen Seelsorgers*, Berlin 2016, 187–193.

Heilung. Am Lebensende, bei nur schwer abschätzbarer Prognose – das ist ein häufiger Fall –, stellt jedes Angebot einer spezifischen Behandlung, „*dieser Therapie*", einen normativen Druck her, darüber in einer Entscheidung befinden zu müssen. Daher ist zu dokumentieren und ggf. zu rechtfertigen, was einem Patienten angeboten wird – ebenso die Begrenzungen.

Es besteht eine Asymmetrie im Arzt-Patienten-Verhältnis, denn die Indikationsstellung geht der Frage der Zustimmung des Patienten voraus. Diese Asymmetrie liegt im Wesen der Medizin begründet. Eine Methode, diese zu vermeiden, in der Absicht, die Handlungsentscheidung in die alleinige Kompetenz der Betroffenen zu legen, ist illusorisch. Dies entbindet nicht davon, die Indikationsstellung transparent zu halten. Im Idealfall ist sie auch ein dialogischer Prozess.[23]

6 Ärztliche Handlungen am Lebensende – ein Fazit

Begrenzungen medizinischer Behandlungsmaßnahmen auch vor der Sterbephase sind Bestandteil der ärztlichen Praxis. Die Abwägung darüber ist notwendig, wenn Maßnahmen als zu belastend für die Patienten eingeschätzt werden und daher angesichts fortgeschrittener Erkrankung nicht mehr gerechtfertigt sind. Die Begrenzung ist auch dann notwendig und gerechtfertigt, wenn indizierte Maßnahmen von den Betroffenen als Ausdruck der Selbstbestimmung zurückgewiesen werden. Es gehört zu den wesentlichen Merkmalen ärztlicher Praxis, die Auswahl angemessener Behandlungsmethoden auch im Vorfeld des Todes zu treffen, im Idealfall im Dialog mit den Betroffenen oder ihren Vertretern. Die hier vorgestellten begrifflichen Klarstellungen zeigen, dass solche Entscheidungen von Tötungshandlungen zu unterscheiden sind.

Ihre normative Einordnung als lebensbeendende Handlungen ist unangemessen. Sie unterstellt in ihrer Formulierung eine Überschneidung zur Intention einer Tötungshandlung. Dies ist angesichts der Konzeption der Medizin, die durch einen aufgrund einer Indikationsstellung gerechtfertigten Handlungsauftrag gekennzeichnet ist, unangemessen und irreführend. Lebensbeendigung ist kein Ziel der Medizin.

---

[23] Siehe dazu S. Sahm, *Sterbebegleitung und Patientenverfügung*; ders., *Autonomie, ärztliche Indikation und Entscheidungsfindung*, in: R. Charbonnier/K. Dörner/S. Simon (Hg.), *Medizinische Indikation und Patientenwille*, 121–128.

7 Die Praxis der Entscheidungsfindung I: Grenzen des Instrumentes Patientenverfügung

In den vergangenen vier Jahrzehnten wurde auf vielfache Weise versucht, die Fähigkeiten zur Ausübung des Rechtes auf Selbstbestimmung von Patienten zu stärken. Besonders die Idee der Patientenverfügung wurde weithin propagiert. In vielen Ländern der entwickelten Welt wurden Gesetze zur Regelung ihrer Verbindlichkeit verabschiedet. So auch in Deutschland im Jahre 2009. Dennoch lässt sich konstatieren, dass dieses Konzept nur wenig tragfähig ist. Auch nach Verabschiedung des Gesetzes hat nur eine Minderheit von Personen eine solche Verfügung ausgefüllt. Untersuchungen belegen zudem die weit verbreitete Unfähigkeit von Personen, in die Zukunft gerichtete Entscheidungen im Blick auf Therapieoptionen zu fällen. Insbesondere dann, wenn Erfahrungen mit Krankheit fehlen. Dies wurde in einer Fülle von empirischen Untersuchungen bestätigt.[24] So wurde etwa ein Perspektivenwechsel belegt, der die Unterschiede von Therapiewünschen zwischen Betroffenen und gesunden Personen ausweist. Ohne Krankheitserfahrung fallen Entscheidungen anders aus. Aktuell belegt eine große Untersuchung zudem weit verbreitete Barrieren und Ressentiments, die dem Ausfüllen von Patientenverfügungen entgegenstehen.[25]

In einer Art Bürgerbewegung werden vielerorts Beratungen von Laien zum Ausfüllen von Patientenverfügungen angeboten. Völlig unbeachtet bleibt ein Risiko, das im klinischen Alltag beobachtet werden kann. Aufgrund von angesichts des medizinischen Fortschrittes erfolgten Fehlberatungen in der Absicht, ein Zuviel an Behandlungen abzuwehren, besteht die Gefahr einer Untertherapie.

---

[24] Nicht zuletzt die vom Autor und Mitarbeitern durchgeführten empirischen Untersuchungen bestätigen dies. S. Sahm/R. Will/G. Hommel, *What are cancer patients' preferences about treatment at the end of life? A comparison with healthy people and medical staff*, in: Support Care Cancer 13 (2005), 206–214; dies., *Attitudes towards and barriers to write advance directives amongst tumour patients, healthy controls and medical staff*, in: J Med Ethics 31 (2005), 437–440; dies., *Would they follow what has been laid down? Cancer patients' and healthy controls' views on adherence to advance directives compared to medical staff*, in: Med Health Care Philos 8 (2005), 297–305; S. Sahm/L. Schröder, *Verbreitung von Patientenverfügungen und stellvertretende Entscheidung durch Angehörige: Präferenzen für die Entscheidung am Lebensende – eine empirische Untersuchung*, in: A. Frewer/U. Fahr/W. Rascher (Hg.), *Patientenverfügung und Ethik. Beiträge zur guten Klinischen Praxis* (Jahrbuch Ethik in der Klinik 2), Würzburg 2009, 89–108. Ebenso aus internationaler Sicht und als Überblick A. Fagerlin/C. Schneider, *Enough. The failure of the living will*, in: Hastings Center Report 34 (2004), 30–42.
[25] Vgl. L. Schroeder/G. Hommel/S. Sahm, *Intricate decision making: ambivalences and barriers when fulfilling an advance directive*, in: Patient Prefer Adherence 10 (2016), 1583–1589.

Auch der Berater außerhalb des medizinischen Systems (Palliativberater, Hospizberater etc.) fällt in seiner Beratung ein Urteil mit normativem Gehalt. Nur unterliegt er keiner Kontrolle im Sinne der Beachtung dessen, was in der Medizin ärztliche Kunst heißt. Das Phänomen ist bisher in seiner Quantität nicht untersucht, nach Ansicht des Autors ist es jedoch ein unterschätzter Sachverhalt.

Schriftliche Dokumente zur Planung der Behandlung für den Fall eigener Unfähigkeit zur Entscheidung können Hilfsmittel sein, ersetzen jedoch nicht die kunstgerechte Indikationsstellung und die Entscheidungsfindung im Dialog mit Vertretern der Betroffenen. Daher erweist sich die Gesundheitsbevollmächtigung als Instrument weitaus hilfreicher, als die Niederlegung von Behandlungswünschen in Patientenverfügungen.

8 Praxis der Entscheidungsfindung II: der *Umfassende Vorsorgeplan*

Als eine Strategie für eine angemessene Entscheidungsfindung über das Ausmaß der Behandlung am Lebensende eignet sich das Konzept des umfassenden Vorsorgeplanes, *advance care planning* bezeichnet[26]. Es vermeidet zudem die Probleme, die mit dem Ausfüllen einer Patientenverfügung verbunden sind.

In der westlichen Welt stirbt die Mehrzahl der Personen im Gefolge chronischer Erkrankungen. In der Begleitung und Betreuung dieser Patienten lassen sich Zeitpunkte definieren, an denen absehbar wird, dass das Lebensende nahe rückt. Dann erweisen sich insbesondere invasive medizinische Maßnahmen oft als zu belastend und sind wegen nur kurzfristiger Erfolgsaussichten nicht zumutbar oder gewünscht. Im Gegensatz zur Idee der Patientenverfügung, die auch in gesunden Tagen ausgefüllt werden soll, zielt der umfassende Vorsorgeplan darauf ab, eine Auswahl von Behandlungsmaßnahmen *angesichts von Erfahrung* mit einer Krankheit zu treffen. Bei Fortschreiten einer Erkrankung und nur geringen Erfolg versprechenden Therapieoptionen erweist es sich als notwendig, die Begrenzung medizinischer Maßnahmen zu thematisieren. Dies wird von den Betroffenen in der überwältigenden Mehrzahl als vertrauensbildende Maßnahme angesehen. In solchen Gesprächen können die dann als überflüssig erachteten oder zurückgewiesenen Therapiemaßnahmen benannt werden. Sie gilt es dann, in einem Dokument in der Krankenakte niederzulegen. Es genügen handschriftliche Notizen

---

[26] Siehe dazu S. Sahm, *Sterbebegleitung und Patientenverfügung*; vgl. J. in der Schmitten et al., *Patientenverfügungsprogramm – Implementierung in Senioreneinrichtungen – eine interregional kontrollierte Interventionsstudie*, in: Dtsch Ärztebl 111 (2014), 50–57.

in der Akte und, insbesondere bei in Institutionen oder zu Hause betreuten Personen, die Formulierung in Arztberichten. Entsprechende Formulare, die den Inhalt einer Entscheidung über das Ausmaß der Therapie für etwa im Falle akuter Symptome hinzugerufene Behandlungsteams, die die Betroffenen nicht kennen, zusammenfassen, wurden entwickelt (sog. POLST, d.h. *Physicians' Orders concerning Live Sustaining Treatments*).

Die von einigen Vertretern der Medizinethik geforderte Implementierung von Personen als *advance care planning*-Beratern erscheint dagegen als wenig sinnvoll. Zur Beurteilung einer angemessenen Behandlung gehört die Information über ärztlich mögliche und sinnvolle Maßnahmen. Der umfassende Versorgungsplan und das Gespräch darüber gehören in das Herz der Medizin – die Kommunikation mit Betroffenen und Patientenvertretern. Die Erfahrung weist zudem aus, dass solche Gespräche weniger zeitaufwendig sind als gemeinhin angenommen. Angehörige, Pflegende und ggf. weitere Personen sind hinzuzuziehen. Die Integration dieses Prozesses in den ärztlichen Alltag verlangt vielerorts noch eine Änderung der Kultur der Medizin. Allerdings hat dieser Prozess vielerorts begonnen.[27] Diese Idee gilt es zu verbreiten und die vorausschauende Planung als integralen Bestandteil der Medizin zu etablieren.

---

[27] Mittlerweile haben viele tausend Ärzte Kurse in palliativer Medizin besucht, in denen Gesprächsführung eingeübt wird. Noch vor wenigen Jahren bestand nach diesen Weiterbildungen eine solche Nachfrage, dass trotz umfangreichen Angebots Interessierte abgewiesen werden mussten.

Reimer Riessen / Michael Haap
Entscheidungskonflikte beim Abbruch lebenserhaltender Maßnahmen aus intensivmedizinischer Sicht

Die Fortschritte der modernen Intensivmedizin ermöglichen es heutzutage, in zahlreichen Fällen auch schwerste lebensbedrohliche Erkrankungen zu überleben. Ungeachtet dieser Erfolge versterben circa 15 % der intensivmedizinischen Patienten auf der Intensivstation.[1] Neben der Schwere der akuten Erkrankung sind es häufig begleitende Faktoren wie Alter, Gebrechlichkeit und schwere Begleiterkrankungen, die einem Behandlungserfolg entgegenstehen. Dabei verstirbt nur ein relativ kleiner Anteil der Patienten unter vollem Einsatz aller intensivmedizinischen Maßnahmen. In einer eigenen Untersuchung, in der alle Todesfälle des Jahres 2009 und 2010 retrospektiv untersucht wurden, lag der Anteil der unter maximaler Behandlung verstorbenen behandelten Patienten nur bei 19 %.[2] Zumeist handelt es sich dabei um Patienten mit fulminant verlaufenden Erkrankungen (z. B. Herz-Kreislaufstillstand), die nach wenigen Stunden verstarben. Bei 81 % der Patienten kamen dagegen Therapiebegrenzungen oder Therapiezieländerungen zum Tragen. Bei 37 % der verstorbenen Patienten wurde die intensivmedizinische Therapie beendet (*withdrawal*), bei ebenfalls 37 % der Patienten wurden intensivmedizinische Maßnahmen vorenthalten (*withholding*), und bei den verbliebenen 7 % beschränkte man sich von Beginn an auf palliativmedizinische Maßnahmen. Durch Vorenthalten oder Beendigung intensivmedizinischer Maßnahmen wenden Intensivmediziner somit regelhaft lebensbeendende Handlungen an. Wie geht dies vonstatten und welche Probleme und Konflikte ergeben sich daraus? Dies soll in diesem Beitrag erörtert werden.

Eine Therapiezieländerung vollzieht sich üblicherweise in drei Schritten:

---

[1] Vgl. R. Riessen et al., *Therapiezieländerungen auf einer internistischen Intensivstation*, in: Med Klin Intensivmed Notfmed 108,5 (2013), 412–418.
[2] Vgl. ebd.

1 Ärztliche Prognose-Einschätzung und Klärung des Patientenwillens

Seit der Verabschiedung des Dritten Betreuungsrechtsänderungsgesetzes (*Patientenverfügungsgesetz*) im Jahre 2009 gibt es in Deutschland einen klaren rechtlichen Rahmen für den Umgang mit Vorsorgevollmachten und Patientenverfügungen im Bereich der Medizin.[3] Dieses Gesetz bildete auch die Grundlage für die Neufassung der Grundsätze der Bundesärztekammer zur ärztlichen Sterbebegleitung im Jahre 2011[4] sowie für ein Positionspapier der Deutschen Interdisziplinären Vereinigung für Intensiv- und Notfallmedizin zum Thema ‚Ethik in der Intensivmedizin'.[5] Demnach bedarf jede Therapie einer medizinischen Indikation. Eine Indikation ergibt sich jedoch nur dann, wenn eine signifikante Wahrscheinlichkeit besteht, ein für den Patienten anzustrebendes Therapieziel zu erreichen. Kommt das Behandlungsteam einer Intensivstation zu dem Schluss, dass ein für den Patienten erstrebenswertes Therapieziel nicht mehr erreichbar ist und/oder der Sterbeprozess bei einem Patienten nicht mehr umkehrbar ist, so entfällt die Indikation für eine Weiterführung der intensivmedizinischen Therapie. Der Prognose-Einschätzung durch das Behandlungsteam kommt somit eine ganz besondere Bedeutung zu, allerdings kann die Zuverlässigkeit der Prognose-Einschätzung individuell variieren und ist immer wieder zu hinterfragen.[6] Die Voraussetzung für eine Weiterführung einer intensivmedizinischen Therapie entfällt aber auch dann, wenn sie durch den Patientenwillen nicht mehr gedeckt ist. In die Beurteilung des Patientenwillens können direkte Äußerungen des Patienten, schriftliche Patientenverfügungen oder Äußerungen von Betreuern, Bevollmächtigten oder Angehörigen einfließen.

---

3 Vgl. *Drittes Gesetz Zur Änderung Des Betreuungsrechts*, in: BGBl. I 2009, 2286.
4 Vgl. Bundesärztekammer, *Grundsätze der Bundesärztekammer zur ärztlichen Sterbebegleitung*, in: *Dtsch Ärztebl* 108,7 (2011), A-346–348.
5 Vgl. Deutsche Interdisziplinäre Vereinigung für Intensiv- und Notfallmedizin, *Therapiezieländerung und Therapiebegrenzung in der Intensivmedizin*: http://www.divi.de/images/Dokumente/Empfehlungen/Therapiezielaenderung/Positionspapier_Ethik_2012.pdf (Zugriff am 01.07.2016).
6 Vgl. A. K. Smith/D. B. White/R. M. Arnold, *Uncertainty – The Other Side of Prognosis*, in: *N Engl J Med* 368,26 (2013), 2448–2450.

2 Entscheidung für eine Therapiezieländerung oder Therapiebegrenzung

Die Entscheidung für eine Therapiezieländerung erfolgt in der Regel nach dem Prinzip des *shared decision making* mit dem Behandlungsteam auf der einen Seite und dem Patienten beziehungsweise seinem Stellvertreter (Betreuer, Bevollmächtigter) oder seinen Angehörigen auf der anderen Seite.[7] Insgesamt gibt es hier individuell ganz unterschiedliche Konstellationen: In manchen Situationen dominiert ganz klar die fehlende medizinische Indikation, so dass den Angehörigen vermittelt werden muss, dass keine weiteren Behandlungsoptionen mehr bestehen. In anderen Fällen steht die Ablehnung einer weiteren intensivmedizinischen Behandlung auf der Basis des Patientenwillens ganz im Vordergrund. Auch das Kommunikationsverhalten von Patienten und Angehörigen kann sich in solchen Situationen sehr stark unterscheiden. Manche möchten stark in die Entscheidung eingebunden sein oder in ihr den Ton angeben, andere wünschen sich eher eine Entlastung und ein direktives Vorgehen des Behandlungsteams. Auf beiden Seiten können jedoch auch Meinungsunterschiede vorliegen und differente Standpunkte müssen erst noch geklärt werden.[8] Grundsätzliches Ziel in diesem Abstimmungsprozess ist es jedoch, dass alle Parteien sich auf einen tragfähigen Konsens einigen. Um diesen zu erreichen, bedarf es häufig einer gewissen Zeit, die auch verwendet wird, den medizinischen Verlauf weiter zu evaluieren und die Richtigkeit der Prognoseeinschätzung zu überprüfen. Die letztlich gemeinsam beschlossene Therapiezieländerung sollte dann möglichst genau definiert und dokumentiert werden. Ein Vorenthalt intensivmedizinischer Maßnahmen kann zum Beispiel darin bestehen, im Falle eines Herzkreislaufstillstands auf Reanimationsmaßnahmen oder eine elektrische Defibrillation zu verzichten. Andere Optionen sind der Verzicht auf eine invasive Beatmung bei einer respiratorischen Insuffizienz, auf eine Dialysetherapie bei einem Nierenversagen oder auf eine Katecholamintherapie bei einem Kreislaufschock. Bei einer Beendigung intensivmedizinischer Maßnahmen werden solche bereits begonnenen Therapien wieder abgesetzt.

---

[7] Vgl. J. Myburgh et al., *End-of-Life Care in the Intensive Care Unit: Report from the Task Force of World Federation of Societies of Intensive and Critical Care Medicine*, in: *J Crit Care* 34 (2016), 125–130.
[8] Vgl. G. T. Bosslet et al., *An Official ATS/AACN/ACCP/ESICM/SCCM Policy Statement: Responding to Requests for Potentially Inappropriate Treatments in Intensive Care Units*, in: *AJRCCM* 191 (2015), 1318–1330.

3 Umsetzung der Therapiezieländerung

Nachdem die Art der Therapiezieländerung möglichst genau festgelegt wurde, sollten die weiteren Modalitäten mit den Beteiligten, insbesondere den nächsten Angehörigen des Patienten offen angesprochen werden. Folgende Aspekte sind bei der Beendigung von intensivmedizinischen Maßnahmen von besonderer Bedeutung: Wann sollen die intensivmedizinischen Maßnahmen beendet werden? Welche Maßnahmen sollen beendet werden? Wie lange wird der Sterbeprozess unter diesen Bedingungen voraussichtlich dauern? Welche Leiden können im Rahmen des Sterbeprozesses bei dem Patienten symptomatisch werden (z. B. Schmerzen, Luftnot, Angst, Unruhe) und wie können diese unterdrückt oder gelindert werden? Wer von den Angehörigen möchte während des Sterbeprozesses am Patientenbett zugegen sein? Wird eine seelsorgerische Betreuung gewünscht oder benötigen die Angehörigen noch eine andere Form der Unterstützung?

Wenn all diese Fragen geklärt sind und die Angehörigen signalisiert haben, dass sie bereit für die Beendigung der Maßnahmen sind, sollte ein Mitglied des Behandlungsteams die vereinbarte Maßnahme umsetzen. In schwierigen Situationen kann es durchaus angemessen sein, dass der Leiter der Intensivstation oder sein Vertreter dies tut, auch um auszudrücken, welche Bedeutung diesem Akt von dem Intensivbehandlungsteam beigemessen wird. Die betreuende Intensivpflegekraft sollte dabei auch zugegen sein. Nach unserer Meinung ist es anzustreben, dass der Tod nicht unmittelbar nach der Beendigung der intensivmedizinischen Maßnahme eintritt, der Sterbeprozess sollte aber auch nicht unnötig in die Länge gezogen werden. Zwei Therapieverfahren kommt in solchen Situationen eine besondere Bedeutung zu: Der Therapie mit Vasopressoren, in der Regel Noradrenalin, zur Aufrechterhaltung eines ausreichenden Blutdrucks und der Beatmungstherapie zur Aufrechterhaltung der Atmung. Nach einer Beendigung einer Vasopressorentherapie kommt es bei von diesen Substanzen abhängigen schwerkranken Patienten zu einer kritischen Absenkung der Durchblutung des Gehirns und des Herzens,[9] so dass der Tod meist im Laufe von einigen Minuten bis Stunden sanft eintritt, wobei dies im Einzelfall stark variieren kann. Etwas komplexer ist die Beendigung einer Beatmungstherapie, insbesondere bei einer invasiven maschinellen Beatmung über einen Trachealtubus. Hierzu hat ein internationales Expertengremium im Jahre 2014 sehr ausführliche Empfehlungen

---

9 Vgl. A. Brunauer et al., *The Arterial Blood Pressure Associated with Terminal Cardiovascular Collapse in Critically Ill Patients: A Retrospective Cohort Study*, in: *J Crit Care* 18 (2014), 719.

herausgegeben.[10] Rechtlich gesehen ist die Beendigung einer Beatmungstherapie international mit der Ausnahme weniger Länder (z. B. Israel, Saudi Arabien) zulässig und wird auch praktiziert. Die Beatmungstherapie kann entweder durch eine Entfernung des Beatmungszugangs (Extubation) oder ein sog. *terminales Weaning* beendet werden. Beim *terminalen Weaning* wird der Patient nicht extubiert, die Sauerstoffgabe und die mechanische Unterstützung der Atmung werden jedoch beendet oder auf ein Minimum reduziert. Für beide Verfahren gibt es Pro- und-Contra-Argumente, die im Einzelfall gegeneinander abgewogen werden müssen.[11] Es besteht jedoch Einigkeit darüber, dass der Patient in dieser Phase Anrecht auf eine ausreichende palliativmedizinsche Therapie mit Analgetika und Sedativa zur Vermeidung von Luftnot und Schmerzen hat, auch wenn diese den Atemantrieb unterdrücken und somit den Eintritt des Todes beschleunigen kann.[12]

4 Konflikte beim Abbruch lebenserhaltender Maßnahmen

Konflikte im Rahmen einer Therapie am Lebensende auf einer Intensivstation sind grundsätzlich nicht selten und können auf verschiedenen Ebenen stattfinden: Unter den Angehörigen, zwischen den Angehörigen und dem Behandlungsteam, innerhalb des Intensivbehandlungsteams oder auch zwischen dem Intensivbehandlungsteam und anderen involvierten Behandlungsteams.[13] Zumeist betreffen diese Konflikte die ersten beiden Entscheidungsphasen einer Therapiezieländerung und können durch eine offene, vertrauensvolle und empathische Kommunikation häufig vermieden werden.[14] Von zunehmender Bedeutung in diesem Kontext ist dabei auch die Berücksichtigung kultureller, religiöser und kommunikativer Besonderheiten bei Patienten anderer ethnischer Herkunft.[15] Hier ist

---

10 Vgl. F. Paruk et al., *The Durban World Congress Ethics Round Table Conference Report: III. Withdrawing Mechanical Ventilation – the Approach Should Be Individualized*, in: *J Crit Care* 29 (2014), 902–907.
11 Vgl. ebd.
12 Vgl. ebd.
13 Vgl. T. Fassier/E. Azoulay, *Conflicts and Communication Gaps in the Intensive Care Unit*, in: *Curr Opin Crit Care* 16 (2010), 654–665.
14 Vgl. J. R. Curtis/D. B. White, *Practical Guidance for Evidence-Based ICU Family Conferences*, in: *Chest* 134 (2008), 835–643.
15 Vgl. T. Bein, *Interkulturelle Kompetenz*, in: *Anaesthesist* 64,8 (2015), 562–568; Vgl. auch Zentralrat der Muslime in Deutschland, *Sterbehilfe bzw. Sterbebegleitung und Palliative Care aus is-*

man nicht selten z. B. mit größeren Familiensystemen konfrontiert, deren Aufgabe darin besteht, den Patienten im Falle einer schweren Erkrankung mit Beharrlichkeit zu beschützen.[16]

Insgesamt erfordern solche Situationen von einem Intensivbehandlungsteam eine hohe soziale und kommunikative Kompetenz sowie den Willen und die Möglichkeit, die nötigen personellen wie auch zeitlichen Ressourcen für eine suffiziente Therapie am Lebensende einzusetzen. Sind diese Voraussetzungen gegeben, so sind signifikante und nicht lösbare Konflikte im Rahmen von Therapiezieländerungen sehr selten.[17] Wenn klare Entscheidungen gemeinsam getroffen und allen weiteren Beteiligten gut kommuniziert wurden, so ergeben sich speziell in der letzten Phase des Abbruchs von lebenserhaltenden Maßnahmen nach unserer Erfahrung fast nie noch bedeutsame Konflikte oder gar rechtliche Auseinandersetzungen.

Insgesamt ist eine ethisch fundierte Therapie am Lebensende ein integraler Bestandteil der modernen Intensivmedizin. Sie dient der Vermeidung von unnötigem Leid bei schwerstkranken Patienten und deren Angehörigen und ist eine wesentliche Voraussetzung für einen verantwortungsvollen Umgang mit den von der Gesellschaft zur Verfügung gestellten Ressourcen.

---

lamischer Sicht – Eine Handreichung des Zentralrates der Muslime in Deutschland (ZMD): http://islam.de/files/pdf/sterbehilfe_islam_zmd_2013_03.pdf (Zugriff am 04.07.2016).
16 Vgl. Zentralrat der Muslime in Deutschland, Sterbehilfe bzw. Sterbebegleitung und Palliative Care aus islamischer Sicht.
17 Vgl. R. Riessen et al., Therapiezieländerungen auf einer internistischen Intensivstation, 412–418.

Fuat S. Oduncu
Abbruch lebenserhaltender Maßnahmen vor der Sterbephase aus onkologischer Perspektive

1 Einleitung

Krebserkrankungen stellen eine Lebensbedrohung dar. Die Diagnose „Krebs" wird häufig als Damoklesschwert empfunden, das über dem Krebspatienten schwebt. Jährlich erkranken in Deutschland etwa 480.000 Menschen an Krebs. Die Inzidenz steigt von Jahr zu Jahr. Heute erkrankt jeder zweite in Deutschland an Krebs und jeder vierte stirbt an den Folgen der Krebserkrankung. Somit ist Krebs die zweithäufigste Todesursache in Deutschland.[1]

In Abhängigkeit vom Stadium der Tumorerkrankung und der Verfügbarkeit wirksamer Therapiemöglichkeiten wird das Therapieziel bestimmt: kurativ (Heilung), palliativ (Lebensverlängerung und Verbesserung der Lebensqualität, ohne Heilung) oder palliativmedizinisch (Erhalt und Verbesserung der Lebensqualität, Symptomlinderung, keine Lebensverlängerung). Dabei stehen am Anfang der Tumorerkrankung kurative Maßnahmen im Vordergrund, die mit zunehmender Krankheitsdauer, Krankheitsrückfälligkeit (Rezidiv) und Krankheitsausdehnung in palliative und palliativmedizinische Maßnahmen und schließlich in die reine Sterbebegleitung übergehen (Abb. 1).

Zeichnet sich im Verlauf der Tumorerkrankung ab, dass keine Aussicht auf Heilung mehr besteht (infauste Prognose), müssen die weiteren Behandlungsschritte sehr bedacht mit dem Patienten und seinen Angehörigen besprochen werden, um sich auf ein gemeinsames Therapieziel zu verständigen. Gerade dann stellt sich häufig die Frage, ob die begonnenen oder zu beginnenden lebenserhaltenden Maßnahmen fortgeführt bzw. eingeleitet werden sollen. Tumorpatienten mit infauster Prognose haben bis dahin in der Regel mehrere Therapielinien hinter sich gebracht und z.T. sehr belastende Nebenwirkungen und Komplikationen durchgemacht. Oft sind Tumorpatienten von einem langen Leidensweg gezeichnet und entscheiden sich eher für einen Abbruch bzw. Nichteinleiten von Behandlungsmaßnahmen, auch wenn diese sie am Leben halten.

---

[1] Siehe hierzu den aktuellen Bericht des Robert Koch Instituts, *Bericht zum Krebsgeschehen in Deutschland 2016*, Berlin 2016: http://www.krebsdaten.de/Krebs/DE/Content/Publikationen/ Krebsgeschehen/Krebsgeschehen_download.pdf?__blob=publicationFile (Zugriff am 22.12.2016).

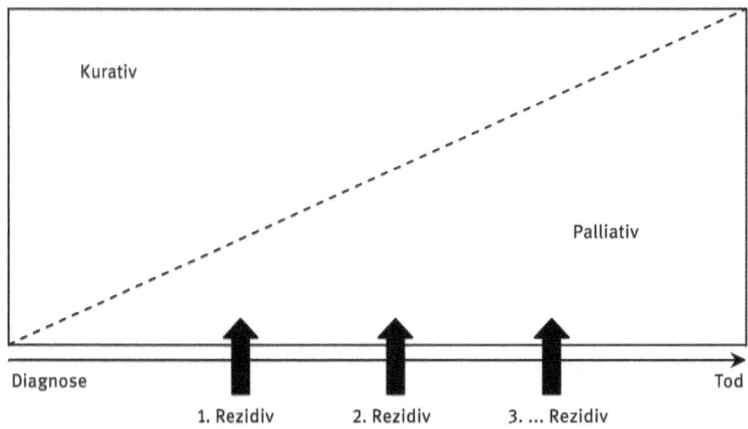

Abb. 1: Krankheitsverlauf bei Krebsdiagnose

Gute Medizin zeichnet sich nicht dadurch aus, dass Ärzte Therapien quasi als Selbstzweck durchführen und das Leben des Patienten ungeachtet seiner Sinnhaftigkeit und Qualität verlängern. Im Gegenteil: Jede ärztliche Maßnahme muss danach bewertet werden, ob sie nicht nur wirkt, sondern vor allem auch dem Patienten nützt. Wirksamkeit *und* klinischer Nutzen für den Patienten begründen das ärztliche Handeln. Der Nutzen ist ganz entscheidend am Wohl und Willen des Patienten auszurichten, so dass in der Bilanz es durchaus vorkommt, dass die pure Lebensverlängerung dem subjektiven Wohlbefinden des Patienten unterzuordnen ist und der Arzt dem Wunsch des Patienten nach Abbruch lebenserhaltender Maßnahmen nachkommen muss.

Die folgenden Fallbeispiele aus der onkologischen Praxis sollen veranschaulichen, in welchen Situationen ein Abbruch lebenserhaltender Maßnahmen vor der Sterbephase medizinisch und ethisch indiziert ist.

Zu Beginn einer Krebsdiagnose ist die Erkrankung bei früher Erkennung in der Regel kurativ angehbar. Kommt es im weiteren Verlauf zu einem Rezidiv (Rückfall der Krebserkrankung), sinken die Chancen der Kuration und aus der initial kurativen Tumorkrankheit wird eine palliative Situation. Mit jedem weiteren Rezidiv treten zunehmend palliative Maßnahmen und schließlich eine reine Sterbebegleitung in der Terminalphase bis zum Eintritt des Todes in den Vordergrund.

2 Drei Fallgeschichten aus der onkologischen Praxis

Fallgeschichte 1

Frau M. war 72 Jahre alt, als bei ihr die Diagnose „Akute Leukämie" gestellt wurde. Aufgrund der vorliegenden krankheitsbezogenen und patientenbezogenen Faktoren lag eine ungünstige Risikokonstellation bei begrenzten Therapiemöglichkeiten vor. Die Prognose für Frau M. lag statistisch bei ca. einem Jahr. Nach ausführlicher Aufklärung der Patientin und ihrer Angehörigen wurde beschlossen, die Therapiemaßnahmen auf rein palliativmedizinische Symptomkontrolle und -linderung zu beschränken und keine potentiell nebenwirkungsreiche Chemotherapie mit fraglichem Nutzen durchzuführen. Die Symptomlinderung umfasste auch die Transfusion von Blutkonserven zur Verbesserung der körperlichen Schwäche und Atemnot sowie von Blutplättchen zur Vermeidung lebensbedrohlicher Blutungen wegen des erhöhten Blutungsrisikos durch die Leukämie. Nach einigen Monaten lehnte Frau M. weitere lebenserhaltende Transfusionen ab und nahm das Risiko in Kauf, im Falle einer schweren Blutung vorzeitig zu versterben. Damit wollte sie ihren immer näher kommenden Tod nicht weiter künstlich aufhalten. Entsprechend ihres ausdrücklichen Wunsches wurden keine weiteren Transfusionen mehr durchgeführt, und Frau M. verstarb erwartungsgemäß zwei Wochen später infolge einer massiven Gehirnblutung. Bis zu ihrem Tod erhielt Frau M. bedarfsgesteuert medizinische und pflegerische Maßnahmen, so dass die letzten Tage bis zu ihrem friedlichen Ableben weitgehend ohne subjektives Leiden verliefen.

Fallgeschichte 2

Beim 58jährigen Herrn H. trat ein akutes Nierenversagen auf. Nur durch die sofortige Dialyse (Blutwäsche) konnte er in der akuten Situation gerettet werden. Die weiteren Untersuchungen ergaben die Diagnose einer Krebserkrankung des Knochenmarks (Plasmozytom) als Ursache für das Nierenversagen. Der Patient erhielt daraufhin eine Chemotherapie, die aufgrund des immer nur kurzfristigen Ansprechens mehrmals umgestellt werden musste. Beim Ausbleiben eines anhaltenden Therapieerfolges aufgrund der aggressiven zugrunde liegenden Krebserkrankung blieb der Patient dauerhaft dialysepflichtig ohne Aussicht auf Besserung. Die Möglichkeit einer kurativen Stammzellenfremdspende, die aber mit einer hohen therapieassoziierten Mortalität und Morbidität verbunden wäre, lehnte Herr H. ab, so dass die Prognose ungünstig war. Im weiteren Verlauf der Erkrankung verschlechterte sich sein Zustand und Herr H. teilte seinem behandelnden Onkologen und seinen Angehörigen mit, dass er die lebenserhaltende Dialyse abbrechen möchte, weil er so nicht mehr weiter leben wollte. Die Ehefrau und die Tochter baten den Arzt, auf Herrn H. einzureden und ihn zur Fortführung der Dialyse zu überreden. Schließlich gelang nach mehreren Gesprächen mit Herrn H. und seinen Angehörigen ein Konsens unter der Familie, der den Willen und das Wohl des Herrn H. adressierte. Die Dialyse wurde nicht mehr fortgeführt, und Herr H. verstarb vorzeitig unter guter Symptomkontrolle schmerz- und beschwerdefrei nach wenigen Tagen friedlich im Beisein seiner Familie, die die letzten Tage bis zu seinem Tod Tag und Nacht bei ihm im Zimmer verbrachte. Emotional fiel es der Ehefrau und Tochter des Patienten sehr schwer, dass ihr geliebter Ehemann und Vater nicht mehr da war. Aber im Herzen wussten sie, dass es sein ausdrücklicher Wunsch war. Und das sollte ihnen die notwendige Kraft und Einsicht geben, inneren Frieden zu finden.

Fallgeschichte 3
Frau A. erlitt im jungen Alter von 32 Jahren die schwere Diagnose eines Magenkrebs. Zu diesem Zeitpunkt hatte sie drei kleine Kinder im Alter von zwei, vier und sechs Jahren. Die Tumorerkrankung war initial lokal auf den Magen begrenzt, so dass ein kurativer Therapieansatz bestand und eine Magenentfernung durchgeführt wurde. Nur acht Monate später kam es zu einem Rückfall der Erkrankung mit Nachweis von Lebermetastasen. Es wurde eine Chemotherapie eingeleitet, die zunächst zu einer Stabilisierung der Tumorerkrankung führte. Im weiteren Verlauf verschlechterte sich erneut der Zustand der Patientin aufgrund neu aufgetretener Darmmetastasen mit akutem lebensbedrohlichem Darmverschluss. Frau A. wurde notfallmäßig operiert, um den todbringenden Darmverschluss zu beheben. Nach erfolgreich überstandener Operation wurde schließlich eine kombinierte Immun-Chemotherapie eingeleitet, um die weitere Metastasierung aufzuhalten. Das Für und Wider jeder dieser Schritte wurde eingehend mit der Patientin und ihrem Ehemann besprochen, weil jeder Schritt mit potentiellen Komplikationen einherging und die Prognose insgesamt infaust war. Aber die Patientin, junge Mutter von drei Kindern, wollte unbedingt leben und kämpfte so um jeden einzelnen Tag, an dem sie ihre Kinder um sich haben konnte. Nach dem letzten Chemotherapiezyklus erlitt Frau A. aufgrund ihres geschwächten Zustands eine Sepsis (Blutvergiftung mit Bakterien) mit beginnendem Leber- und Nierenversagen sowie substitutionspflichtiger Blutarmut. Spätestens jetzt kam der Zeitpunkt, um mit der Patientin und ihrem Ehemann über eine Therapiebegrenzung im Sinne einer Therapiezieländerung zu sprechen. In Anbetracht der Gesamtsituation ohne Aussicht auf Heilung und fraglicher Angemessenheit/Unverhältnismäßigkeit der Maßnahmen bei weit fortgeschrittenem Tumorleiden, komplikationsreichem Krankheitsverlauf und starkem Lebenswillen der Patientin konnte schließlich ein Konsens erzielt werden, statt weiterer lebenserhaltender Maßnahmen ausschließlich palliative

Maßnahmen durchzuführen. Der Zustand der Patientin blieb zunächst auf reduziertem Niveau stabil, so dass die Patientin auf ihren Wunsch hin mit Notarzt- und Angehörigenbegleitung in ihre Heimat zurück geflogen werden konnte, um im Kreise ihrer großen Familie ihre letzten Tage zu verbringen. Vier Tage später verstarb Frau A. symptomkontrolliert und friedlich in ihrer Heimat umgeben von ihren Angehörigen.

3 Zum richtigen Umgang mit Todeswünschen

Im Verlauf einer Krebserkrankung kommt es vor, dass manche der schwerkranken Patienten Todeswünsche äußern.[2] Hier gilt es, den richtigen Umgang mit solchen Wünschen nach einem vorzeitigen Tod zu finden.[3] Am häufigsten besteht der Wunsch darin, in der Gesamtschau einer Krankheitsgeschichte im guten Konsens zwischen allen Beteiligten lebenserhaltende Maßnahmen auch vor der eigentlichen Sterbephase zu beenden und ein rein palliativmedizinisches Ziel weiter zu verfolgen.[4] Dem liegt der Wunsch zugrunde, die Tumorkrankheit möge den unabwendbaren Tod schnell herbeiführen, um eine lange leidvolle Sterbephase abzukürzen.

Todeswünsche können aber auch so weit gehen, dass manche sich Gedanken darüber machen, selbst oder mit Hilfe Dritter ihr leidvolles Leben zu beenden. Wie die Fallbeispiele zeigen, kommt im Verlauf einer unheilbaren Krebserkrankung einmal der Zeitpunkt, wo es medizinisch indiziert und ethisch geboten ist, der palliativmedizinisch erreichbaren Schmerz- und Leidensfreiheit/Leidenslinderung den Vorrang gegenüber der reinen Lebensverlängerung zu geben, die oft nur unter Inkaufnahme belastender Nebenwirkungen und reduzierter Lebensqualität erzielt werden kann. Darüber hinaus ist es auch geboten, medizinisch indizierte Maßnahmen zur Leidenslinderung durchzuführen, auch wenn dadurch eine nicht intendierte Lebensverkürzung in Kauf genommen werden muss.[5]

Ein guter Umgang mit solchen Todeswünschen ist ganz entscheidend für die Arzt-Patienten-Beziehung, aber v. a. für das Wohl des Patienten. Wie auch immer

---

2 Vgl. W. Breitbart et al., *Depression, hopelessness, and desire for hastened death in terminally ill patients with cancer*, in: *JAMA* 284 (2000), 2907–2911; H. M. Chochinov et al., *Desire for death in the terminally ill*, in: *Am J Psychiatry* 152 (1995), 1185–1191.
3 Vgl. R. Spaemann/G. Hohendorf/F. S. Oduncu, *Vom guten Sterben. Warum es keinen assistierten Tod geben darf*, Freiburg i. Br./Basel/Wien ²2016.
4 Vgl. F. S. Oduncu, *In Würde sterben. Medizinische, ethische und rechtliche Aspekte der Sterbehilfe, Sterbebegleitung und Patientenverfügung*, Göttingen 2007; R. Spaemann/G. Hohendorf/F. S. Oduncu, *Vom guten Sterben*.
5 Vgl. Bundesärztekammer, *Grundsätze der Bundesärztekammer zur ärztlichen Sterbebegleitung*, in: *Dtsch Ärztebl* 108 (2011), A 346–348; F. S. Oduncu, *In Würde sterben*.

geäußerte Todeswünsche von verzweifelten Krebspatienten müssen wahr- und ernstgenommen werden und brauchen einen „geschützten Raum", in dem sie gedacht und ausgesprochen werden dürfen. Der schwerkranke oder sterbende Patient muss sich durch eine empathische und stabile Arzt-Patient-Beziehung sicher und aufgehoben fühlen, so dass er sich traut, alles zu sagen und zu denken. Das ist insofern von zentraler Bedeutung und Notwendigkeit, als der Betroffene dann auch über die Gründe seiner Todeswünsche sprechen kann.

„Schwer kranke Menschen, die den Wunsch zu sterben äußern, wünschen nicht zwingend den sofortigen eigenen Tod, sondern oftmals das Ende einer unerträglichen Situation. Häufig ist es die Angst, Schmerzen, Luftnot oder anderen schweren Symptomen hilflos ausgeliefert zu sein, Angst vor dem Verlust körperlicher Funktionen und Fähigkeiten, die Angst, beim Sterben alleingelassen zu werden, Angst vor Vereinsamung und Verlust der Würde, Angst vor medizinischer Überversorgung oder Angst, dauerhaft der Medizintechnik (zum Beispiel durch künstliche Beatmung) ausgeliefert zu sein. Manch einer sorgt sich, anderen zur Last zu fallen."[6]

Gerade aus Angst und Sorge, anderen zur Last zu fallen, erwächst häufig der Wunsch nach einem vorzeitigen Ableben, wenn nötig, auch mit aktiver Hilfe Dritter. In einer solchen Situation resultiert der Todeswunsch weniger aus der „Freiheit zum Tod", sondern vielmehr aus einer „Unfreiheit zum Leben".[7]

Es spricht für großes Vertrauen in einem geerdeten Arzt-Patient-Verhältnis, wenn Patienten sich trauen, ihre Sorgen und Wünsche offen zu artikulieren. Das verschafft „eine große Entlastung (,denken dürfen') für die Betroffenen und eine Bereicherung der Team-Patienten-Beziehung."[8] Das Besondere an Todeswünschen ist, dass diese oft nicht starr und eindimensional verlaufen, sondern einmal geäußerte Todeswünsche wieder zurück genommen werden, so dass der gleiche Patient in seiner Krankheit beides gleichzeitig äußern kann: „Ich will leben" und „Ich will sterben."[9] D. h. der Wunsch nach vorzeitigem Sterben und der Wunsch nach weiterem Leben können gleichwertig nebeneinander stehen. Todeswünsche von Krebspatienten vor der Sterbephase können also im Laufe ihrer Erkrankung

---

6 F. Nauck/C. Ostgathe/L. Radbruch, *Ärztlich Assistierter Suizid. Hilfe beim Sterben – keine Hilfe zum Sterben*, in: Dtsch Ärztebl 111 (2014), A 71.
7 Vgl. G. Hohendorf/F. S. Oduncu, *Der ärztlich assistierte Suizid: Freiheit zum Tode oder Unfreiheit zum Leben?*, in: ZfmE 57 (2011), 230 – 242.
8 F. Nauck/C. Ostgathe/L. Radbruch, *Ärztlich Assistierter Suizid. Hilfe beim Sterben – keine Hilfe zum Sterben*, A 71.
9 Vgl. ebd.

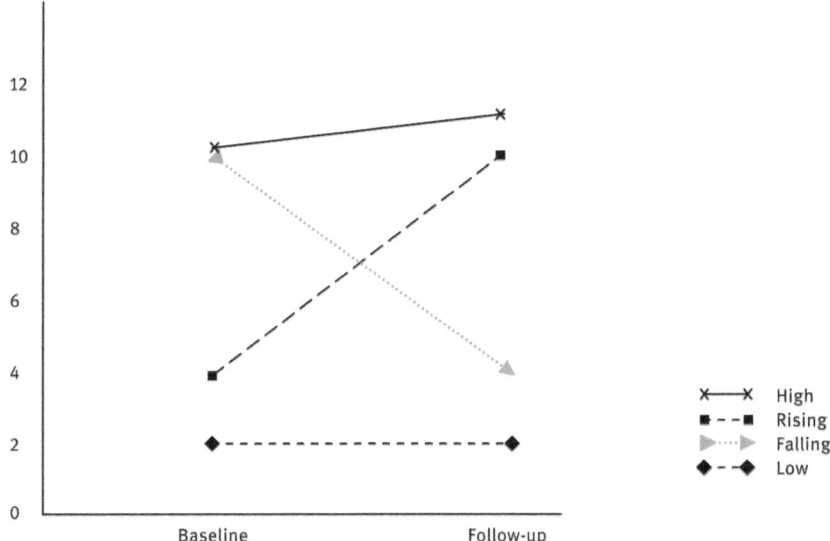

Abb. 2: Verlauf von Todeswünschen bei Krebspatienten
Krebspatienten äußern und ändern im Lauf ihrer Tumorerkrankung ihre Todeswünsche: Entweder der Wunsch nach einem vorzeitigen Sterben nimmt ab, zu oder bleibt über die Zeit gleich. Todeswünsche sind nicht stabil und starr, sondern sehr dynamisch und wechselhaft.
(Quelle: B. Rosenfeld et al., *Does desire for hastened death change in terminally ill cancer patients?*, in: *Soc Sci Med* 111 (2014), 35–40)

stark variieren, in ihrer Intensität abnehmen, zunehmen oder gleich bleiben (Abb. 2).[10]

„Was lernen wir Ärzte daraus? Todeswünsche sind labil, instabil, variabel, unbestimmt und nicht vorauszusehen. Daher sind sie weniger das Resultat freiverantwortlicher und wohlüberlegter fester Entscheidungen, sondern vielmehr der verzweifelte Ausdruck nicht eines ‚Ich will *nicht* weiterleben', sondern eines ‚Ich will nicht mehr *so* weiterleben!' Eben an diesem ‚so' müssen wir ansetzen, wenn wir tatsächlich den für den Patienten aktuell unerträglichen ‚So'-Zustand positiv beeinflussen und ändern wollen. Wir müssen also die Umstände und Zustände angehen, die den Patienten in die Verzweiflung und Hoffnungslosigkeit stürzen, aus der der Patient selbst nicht mehr heraus findet und keine andere Möglichkeit sieht, als nur durch ein vorzeitiges Sterben seinen Zustand zu überwinden."[11]

---

[10] Vgl. B. Rosenfeld et al., *Does desire for hastened death change in terminally ill cancer patients?*, in: *Soc Sci Med* 111 (2014), 35–40.
[11] F. S. Oduncu/G. Hohendorf, *Zum richtigen Umgang mit Todeswünschen im Kontext der aktuellen Debatte um Sterbehilfe und Sterbebegleitung in Deutschland*, in: *JRE* 24 (2016), 402 f.

Katja Goudinoudis
„Dem Henker ein Gehilfe sein"
Abbruch lebenserhaltender Maßnahmen aus Sicht der Pflege

> Memento
> Vor meinem eigenen Tod ist mir nicht bang,
> nur vor dem Tode derer, die mir nah sind.
> Wie soll ich leben, wenn sie nicht mehr da sind?
> Allein im Nebel tast ich todentlang
> und lass mich willig in das Dunkel treiben.
> Das Gehen schmerzt nicht halb so wie das Bleiben.
> Der weiß es wohl, dem Gleiches widerfuhr –
> und die es trugen, mögen mir vergeben.
> Bedenkt: Den eignen Tod, den stirbt man nur;
> doch mit dem Tod der anderen muss man leben
> (Mascha Kaléko)

1 Einleitung

Pflegende spielen in der Betreuung und Versorgung von schwerkranken und sterbenden Menschen, auch von Menschen, die mit künstlichen Maßnahmen am Leben gehalten werden, meist eine zentrale Rolle. Sie sind diejenigen, mit dem häufigsten und engsten (Körper)Kontakt, nicht selten sogar häufiger und enger als die nächsten An- und Zugehörigen. Sie müssen bei der täglichen Pflege oft persönliche Grenzen überschreiten, in Intimbereiche der Betroffenen eintreten und Tätigkeiten übernehmen, die sonst nur Eltern bei ihren (kleinen) Kindern ausüben. Pflege ist Beziehungsgestaltung, und Pflegende erleben und begleiten den, in allen Belangen und Verrichtungen des täglichen Lebens, auf Hilfe angewiesenen Menschen in all seinen, häufig wechselnden, Stimmungslagen. Sie erleben Freude, Angst, Verzweiflung, Hoffnung und Trauer und bekommen im wahrsten Sinn hautnah Entwicklungen und Veränderungen im Krankheits- und Lebensprozess mit. Sie bauen unweigerlich eine Beziehung zu dem zu pflegenden Menschen auf, die, je intensiver der tägliche Pflegedialog ist, nicht immer an der professionellen Grenze Halt macht. Dieses Erleben des Lebens- und Krankheitsprozesses geht weit über die verbale, über den Verstand gehende Kommunikation hinaus und bedient sich dabei anderer Kanäle, wie der Leiblichkeit und *Care Ethik*, die die Beziehung und damit auch die Therapie- und Pflegezieldefinition maßgeblich beeinflussen. Dabei ist es laut Ethikkodex des „International Council of

Nurses"[1] die grundlegende Aufgabe der Pflegenden, Gesundheit zu fördern, Krankheit zu verhüten, Gesundheit wiederherzustellen und Leiden zu lindern.[2] Doch was, wenn die Gesundheit nicht mehr hergestellt und das Leben nur noch mit fremder Hilfe aufrecht erhalten werden kann, wenn es nicht mehr darum geht, Krankheit zu verhüten, sondern nur „noch Schlimmeres" zu vermeiden?

Jeder Mitarbeiter in der Pflege ist zudem geprägt von eigenen Bindungserfahrungen,[3] die unweigerlich auch in die professionelle Pflege-Beziehungsgestaltung mit einfließen. Wird dann (von anderen) die Entscheidung getroffen, dass dieses Leben nicht weiter erhalten und das Sterben zugelassen werden soll, kann das Pflegende oft auch persönlich betroffen machen. Begleiten sie den Abbruch der lebenserhaltenden Maßnahme auf ärztliche Anweisung, ohne sich damit identifizieren zu können, handeln sie gefühlsmäßig gegen die eigenen beruflichen und privaten Überzeugungen und haben so das Gefühl dem „Henker ein Gehilfe" zu sein.

Um die pflegerische Perspektive zum Abbruch lebenserhaltender Maßnahmen vor der eigentlichen Sterbephase darlegen zu können, soll zunächst einmal aufgelistet und erörtert werden, welches Spektrum an lebenserhaltenden Maßnahmen mit welchen individuellen Konstellationen zu beachten ist. Anschließend wird im Ansatz das Wesen der Pflege beschrieben und versucht darzulegen, welche Phänomenologien und Rahmenbedingungen Einfluss auf das heutige Pflegehandeln haben. Es soll erläutert werden, welchen Herausforderungen die Pflege durch die Praxis der (Therapie)Entscheidungen im Gesundheitswesen ausgesetzt ist. Die abschließende Zusammenfassung soll verdeutlichen, vor welchen Beeinflussungen Pflegende bei Abbruch lebenserhaltender Maßnahmen vor Eintritt der Sterbephase stehen.

2 Lebenserhaltende Maßnahmen

Es gibt viele Möglichkeiten, das Leben künstlich aufrecht zu erhalten. Neben der künstlichen Ernährung ist die künstliche Beatmung wohl die häufigste und bekannteste Art der künstlichen Lebenserhaltung. Doch auch die Dialyse und die Einnahme bestimmter Medikamente zählen dazu. All diese Maßnahmen werden oft über einen längeren Zeitraum durchgeführt und können den Betroffenen zur Teilhabe

---

1 Vgl. International Council of Nurses, *ICN-Ethikkodex für Pflegende*, übers. v. Deutscher Berufsverband für Pflegeberufe (DBfK), Berlin 2012.
2 Vgl. ebd.
3 Vgl. C. Hutter, *Mit dem Sterben der anderen leben*, Vortragsskript, Kempten 04.06.2016, online unter: http://www.efle-beratung.de/fix/files/910/doc/Vortragsskript%20mit%20dem%20Sterben%20der%20anderen%20leben%202016.pdf (Zugriff am 13.12.2016).

am Leben verhelfen. Das Beenden dieser Therapien bevor die eigentliche Sterbephase begonnen hat, kann Pflegende vor verschiedene Herausforderungen stellen, wobei in diesem Zusammenhang auch diskutiert werden muss, wann denn eigentlich die Sterbephase beginnt oder begonnen hat bzw. wann sie unterbrochen wurde.

2.1 Künstliche Ernährung

Die künstliche Ernährung ist wohl die bedeutendste und häufigste lebenserhaltende Maßnahme. Noch vor 30 Jahren hat die Unfähigkeit, genügend Nahrung aufzunehmen, unweigerlich zum Tod geführt. Erst mit Einführung der künstlichen Ernährung konnte man diesen Prozess beeinflussen, doch was zunächst als überbrückende Maßnahme bei vorübergehendem Unvermögen, Nahrung zu sich zu nehmen, gedacht war und damit durchaus als segensreiche Erfindung gelten konnte, wurde diese Art, dem Körper Nahrung zu zuführen, zunehmend auch bei fortschreitenden Erkrankungen eingesetzt, die nicht nur vorübergehend, sondern dauerhaft mit einer Unfähigkeit, Nahrung auf normalem Wege zu sich nehmen zu können, einhergehen und weder dabei helfen, die Krankheit zu heilen, noch sie daran hindern, weiter voran zum Tode zu schreiten. Man unterscheidet hier zwischen enteraler und parenteraler künstlicher Ernährung.

2.1.1 Enterale Ernährung

Bei normaler Funktionalität des Magen-Darm-Traktes wird eine künstliche Ernährung am ehesten über eine Magensonde erfolgen. Neben der naso-gastralen Sonde, die für eine kurzfristige Ernährung über die Nase in den Magen gelegt wird, spielt die perkutane endoskopische Gastrostomie (PEG) vor allem bei der längerfristigen (mehr als zwei bis drei Wochen) künstlichen enteralen Ernährung die wohl größte Rolle.[4] Hier wird unter gastroskopischer Sicht an der Magenvorderwand die Punktionsstelle markiert und nach ausreichender Lokalanästhesie die Punktionskanüle unter endoskopischer Kontrolle in den vorher prall mit Luft gefüllten Magen gestochen[5] und ein Schlauch vom Magen nach außen gezogen. Beim Vorliegen einer Magenausgangsstenose oder Motilitätsstörung des Magens

---

4 Vgl. C. Löser, *Perkutane endoskopische Gastrostomie (PEG)*, in: T. Sauerbruch/C. Scheurlen (Hg.), *Empfehlungen der Deutschen Gesellschaft für Verdauungs- und Stoffwechselkrankheiten (DGVS) zur Durchführung endoskopischer Untersuchungen. Veranlasst durch den Beirat der Sektion Endoskopie der DGVS*, Stuttgart 2002, 228–238.
5 Vgl. C. Löser, *Perkutane endoskopische Gastrostomie (PEG)*, 232.

kann die Sonde anstatt in den Magen auch in das Jejunum gelegt werden[6], man spricht dann von einer perkutanen endoskopischen Jejunonalsonde (PEJ).

Indikationen für die Anlage einer PEG oder PEJ sind beispielsweise stenosierende Tumore im Hals-Nasen-Ohren Bereich oder oberen Gastrointestinal-Bereich, die durch ein mechanisches Hindernis keine oder nicht ausreichende Nahrungsaufnahme zulassen. Eine weitere Indikation für die Anlage einer PEG sind neurologische Erkrankungen[7] mit bleibenden oder fortschreitenden zerebralen oder muskulären Schäden (Schädel-Hirn-Trauma, apallisches Syndrom, Apoplex, Hirntumore, Amyotrophe Lateralsklerose, Demenz und weitere), die einen Schluckvorgang nicht mehr zulassen. Aber auch beim sogenannten „wasting-Syndrom" bei AIDS-Patienten oder prolongiertem Koma kann die Anlage einer PEG indiziert sein.[8]

2.1.2 Parenterale Ernährung

Ist eine Ernährung über den Magen-Darm-Trakt nicht möglich, kann eine parenterale Ernährung indiziert sein. Bei der parenteralen Ernährung wird Nährflüssigkeit über einen venösen Zugang zugeführt. Während in der Klinik dies auch über einen zentralvenösen Zugang geschieht, wird im ambulanten Bereich diese Art der Ernährung meist über einen Portkatheter (Port) erfolgen. Dies ist ein subkutaner, dauerhafter und zuverlässiger Zugang zum venösen Blutkreislauf. Meist wird die parenterale Ernährung bei Tumorpatienten eingesetzt.

Insgesamt lassen sich zwei Gruppen von Patienten unterscheiden. Die eine Gruppe ist kognitiv und kommunikativ eingeschränkt oder verändert (apallisches Syndrom, Zustand nach Schädel-Hirn-Trauma, Demenz und weitere) und wird in vielen Fällen die Entscheidung für eine PEG nicht selber getroffen haben, andere haben dies stellvertretend für sie getan. Ob dabei immer der mutmaßliche Wille die entscheidungstragende Rolle spielt oder vielmehr die individuelle Haltung des Stellvertreters, bleibt als offene Frage, wird aber wohl oft auch in direktem Zusammenhang mit der Vorerfahrung sowie der Qualität der Aufklärung und Beratung durch den behandelnden Arzt stehen.

Diese Menschen sind meist weitgehend von der Fürsorge und den für sie stellvertretend getroffenen Entscheidungen der sie umgebenden Menschen abhängig. Eine bedürfnisorientierte Betreuung setzt somit neben einem „sich in den anderen Hineinversetzen" auf Basis seiner zu Grunde liegenden Werte ein sehr

---

6 Vgl. C. Löser, *Perkutane endoskopische Gastrostomie (PEG)*, 229.
7 Vgl. C. Löser, *Perkutane endoskopische Gastrostomie (PEG)*, 228–238.
8 Vgl. ebd.

hohes Verantwortungsgefühl sowie die Bereitschaft, sich auf den Anvertrauten mit all seinen Ressourcen und Einschränkungen einzulassen und mit ihm in Beziehung zu treten, voraus. Dies gilt für Angehörige ebenso wie für professionell Pflegende, sie müssen die professionelle Distanz gegen die professionelle Nähe tauschen, um es gelingen zu lassen, sowie eigene Werte und Lebensentwürfe hinter die des Betroffenen stellen.

Die andere Gruppe von Patienten (Amyotrophe Lateralsklerose, stenosierende Tumore und weitere) ist, wenn nicht durch andere Probleme die Kognition beeinträchtigt ist, einwilligungsfähig und in der Lage, mit anderen zu kommunizieren. Diese Patienten können Entscheidungen selbstständig treffen sowie Anweisungen geben, welche Hilfe sie benötigen und annehmen wollen. Auch wie sie behandelt und betreut werden wollen, also auch für oder gegen eine künstliche Ernährung, ist ihre eigene Entscheidung. Ihre Autonomie kann in vielen Fällen nur durch die Fürsorge anderer aufrechterhalten werden. Hier gilt es für Pflegende ebenso, in professioneller Nähe eine Beziehung aufzubauen, um eine bedürfnisorientierte Pflege zu sichern und eigene Werte von denen des zu Pflegenden zu unterscheiden und Unterschiede gegebenenfalls zu respektieren.

Menschen aus beiden Gruppen leben meist über einen längeren Zeitraum mit dieser Art der lebenserhaltenden Maßnahme, was in vielen Fällen auch Auswirkung auf die Beziehungstiefe mit den professionell Pflegenden hat. Die Pflegenden spielen in dieser Zeit eine zentrale Rolle, haben engsten Körperkontakt und begleiten diese Menschen durch diese oft krisengeschüttelte Zeit.

In seiner evidenz-gestützten ethischen Analyse zur PEG-Ernährung bei fortgeschrittener Demenz, legt Synofzik[9] eindrücklich dar, dass diese Maßnahme nicht nur keinen Nutzen für die Betroffenen hat, sondern ihnen auch in vielfältiger Weise schadet, und auch bei anderen weit fortgeschrittenen Erkrankungen wissen wir, dass eine künstliche Ernährung vielfach zu Problemen wie Übelkeit, Durchfällen, Einlagerungen ins Gewebe führt, weil der Organismus nicht mehr darauf ausgerichtet ist, Nahrung und Flüssigkeit zu verarbeiten.

Die Beendigung der künstlichen Ernährung führt selten zum unmittelbaren Tod, das Sterben kann mehrere Tage, manchmal Wochen dauern. Gleiches gilt für Situationen, in denen die oder der Betroffene entschieden hat, durch freiwilligen Verzicht auf Nahrung und Flüssigkeit selbstbestimmt aus dem Leben zu treten, ohne dass der Sterbeprozess bereits begonnen hat. Auch dies führt nicht unmittelbar zum Tod, sondern ist ein sich über mehrere Tage hinziehender Prozess, in

---

9 Vgl. M. Synofzik, *PEG-Ernährung bei fortgeschrittener Demenz. Eine evidenzgestützte ethische Analyse*, in: *Nervenarzt* 78 (2007), 418–428.

dem die Pflegebedürftigkeit aufgrund der zunehmenden Schwäche zunehmend vorprogrammiert ist.

2.2 Beatmung

Die künstliche Beatmung ist eine weitere lebenserhaltende Maßnahme. Man unterscheidet dabei zwei Arten der Beatmung.

2.2.1 Nicht-Invasive Beatmung

Die Nicht-Invasive Beatmung (NIV), die mit einer fest über Mund und Nase liegenden Maske erfolgt, wird bei einer akuten respiratorischen Insuffizienz eingesetzt, bedingt durch eine akute pulmonale Erkrankung mit einem gestörten Gasaustausch. Hierbei wird die Einatmung mittels Hochdruck unterstützt. Zu den akuten pulmonalen Erkrankungen gehört u. a. die schwere Pneumonie oder das „acute respiratory distress syndrome". Der gestörte Gasaustausch und damit einhergehend ein Sauerstoffmangel im Blut (Hypoxämie) kann auch auf ein kardiales Lungenödem zurückzuführen sein[10]. Diese Erkrankungen sind eher akuter Natur, und es ist davon auszugehen, dass in diesen Fällen die NIV eine vorübergehende Maßnahme ist.

Die NIV wird aber auch zunehmend zur Therapie der chronischen ventilatorischen Insuffizienz infolge der erschöpften Atempumpe eingesetzt, wobei die chronisch obstruktive Lungenerkrankung, die thorakal restriktive Erkrankungen (schwere Verformungen des Thoraxskeletts oder der Thoraxwand bzw. der Wirbelsäule oder post-entzündliche oder residuale postoperative Zustände), das Obesitas-Hypoventilations-Syndrom (ein Adipositas-bedingtes Hypoventilationssyndrom) sowie neuromuskuläre Erkrankungen die Hauptindikationen darstellen.[11] Diese Erkrankungen haben einen mehr oder weniger langen Krankheitsverlauf, der sich in der Regel aber über mehrere Monate, meist sogar Jahre hinzieht. Der Zeitpunkt, ab dem die NIV die Ausatmung mittels Druck unterstützen muss, um Symptome der ventilatorischen Insuffizienz sowie Zeichen einer Hypoventilation, in der Regel die Hyperkapnie, zu lindern, ist sehr unterschiedlich. In vielen Fällen sind diese Menschen (noch) nicht permanent bettlägerig und

---

10 Vgl. B. Schonhofer et al., *Nichtinvasive Beatmung als Therapie der akuten respiratorischen Insuffizienz*, in: *Pneumologie* 62 (2008), 449–479.
11 Vgl. W. Windisch et al., *Nichtinvasive und invasive Beatmung als Therapie der chronischen respiratorischen Insuffizienz*, in: *Pneumologie* 64 (2010), 207–240.

nehmen oftmals, mit mehr oder weniger Hilfe, aktiv am Leben teil und sind meist entscheidungsfähig. Die Beatmung kann intermittierend erfolgen (nur nachts oder stundenweise tagsüber), ist aber keine vorübergehende Maßnahme und der zeitliche Einsatz der NIV steigert sich meist mit Fortschritt der Erkrankung. Immer aber kann man davon ausgehen, dass die Beatmung von Beginn an auch das Leben verlängert.

2.2.2 Invasive Beatmung

Bei der invasiven Beatmung werden die Patienten über eine Trachealkanüle, die durch den Hals direkt in der Trachea (Luftröhre) liegt, beatmet. Die invasive Beatmung kommt immer dann zum Einsatz, wenn eine absolute Indikation zur Sicherung der Atemwege besteht, wie es etwa bei Koma, schwerer Vigilanzstörung oder Aspirationsgefahr unstrittig ist[12]. Eine Indikation zur invasiven Beatmung kann sich bei fehlender oder verminderter Spontanatmung, bei fixierter oder funktioneller Verlegung der Atemwege oder bei Vorliegen einer gastrointestinalen Blutung ergeben.[13] Diese Art der Beatmung erfolgt in den meisten Fällen durchgehend ohne Unterbrechung und muss engmaschig überwacht werden. Bei längerer oder dauerhafter Notwendigkeit für eine Beatmung, kann diese auch außerklinisch organisiert werden, so dass die Menschen unter Umständen in ihre vertraute Umgebung zurückkehren können und dank der vielfältigen Hilfsmittel auch nicht ans Bett gefesselt sind, sondern, mit Unterstützung, aktiv am Leben teilhaben können.

Ein Großteil der betroffenen Menschen ist in seiner Vigilanz, Kommunikation und in seiner Entscheidungsfähigkeit stark eingeschränkt, jedoch gibt es auch eine Gruppe, wie beispielsweise Menschen mit neuromuskulären Erkrankungen, wie einer hohen Querschnittslähmung oder Menschen mit einer beatmungspflichtigen ALS, die keine kognitiven Einschränkungen haben und Entscheidungen lange, oftmals bis zuletzt selbstverantwortlich treffen können. Alle sind jedoch darauf angewiesen, dass die sie umgebenden Menschen sie ihren Werten und Bedürfnissen entsprechend umsorgen.

---

12 Vgl. B. Schonhofer et al., *Nichtinvasive Beatmung als Therapie der akuten respiratorischen Insuffizienz*, 449–479.
13 Vgl. ebd.

Von den Patienten selbst wird unter außerklinischer Beatmung die körperbezogene Lebensqualität oft als reduziert, die mentale und psychische Lebensqualität krankheitsabhängig jedoch teilweise als gut eingeschätzt.[14]

Bei der nicht-invasiven Beatmung tritt der Tod nicht automatisch mit der Beendigung dieser Maßnahme ein, der Gesundheitszustand kann sich manchmal über Tage und Wochen stabilisieren,[15] hingegen bei der invasiven Beatmung steht der Todeseintritt oft in unmittelbarem Zusammenhang mit dem Abschalten des Beatmungsgerätes.[16]

2.3 Dialyse

Unter einer Dialyse versteht man ein Blutreinigungsverfahren, das bei akutem und chronischem Nierenversagen eingesetzt werden kann[17] und dem Blut des Patienten sowohl die urämischen Toxine als auch das Plasmawasser entzieht.[18]

Das chronische Nierenversagen stellt dabei einen unumkehrbaren Prozess dar, die Menschen sind bis zu einer Transplantation oder bis zu ihrem Lebensende auf dieses Blutreinigungsverfahren angewiesen. Die Dialyse zählt somit auch zu den lebensverlängernden Maßnahmen. Die Menschen nehmen dabei oft jahrelange Einschränkungen in ihrer Lebensführung in Kauf. Neben der Anforderung, das Dialysezentrum, in dem die Blutwäsche durchgeführt wird, wöchentlich dreimal für die Dauer von vier bis sechs Stunden aufzusuchen[19], gibt es für die Ernährung strenge und stark einschränkende Regeln, denn viele Lebensmittel sind für Dialysepatienten nicht geeignet und müssen zudem salzarm zubereitet werden. Auch die Flüssigkeitszufuhr ist stark limitiert, so gilt für einen Dialysepatienten die Faustregel für die tägliche Trinkmenge: Restausscheidung + 500 ml. Hierbei muss der Flüssigkeitsgehalt beispielsweise von Obst, Suppen, Jogurt mitbeachtet werden.

Es ist davon auszugehen, dass ein Abbruch der Dialyse in Tagen bis wenigen Wochen zum Tod führt.

---

14 Vgl. W. Windisch et al., *Nichtinvasive und invasive Beatmung als Therapie der chronischen respiratorischen Insuffizienz*, 207–240.
15 Vgl. ebd.
16 Vgl. ebd.
17 Vgl. E. Hober et al., *Umsetzungsempfehlungen von Diagnose- und Therapieleitlinien bei chronischen Nierenerkrankungen*, in: *Herzmedizin* 24 (2007), 136–146.
18 Vgl. ebd.
19 Vgl. ebd.

2.4 Medikamente

Es ist zu diskutieren, ob auch die regelmäßige Einnahme bestimmter Medikamente zu lebensverlängernden Maßnahmen gezählt werden muss. Dazu gehören unter anderem: Insulin und Medikamente, die die Herz-, Nieren- und/oder Leberfunktion unterstützen bzw. aufrechterhalten. Setzt man diese Medikamente ab, so wird davon auszugehen sein, dass der Tod innerhalb weniger Tage bis Wochen eintreten wird. Aber auch der Einsatz von Antibiotika zur Behandlung von Infektionen kann zu lebenserhaltenden Maßnahmen gezählt werden.

2.5 Bluttransfusionen

Bluttransfusionen, vor allem wenn sie aufgrund einer verminderten Blutbildung, wie bei der chronisch myeloischen Leukämie, regelmäßig und in zunehmend kürzeren Zeitabständen verabreicht werden müssen, sind ebenfalls eine lebensverlängernde Maßnahme. Transfundiert man kein Blut mehr, ist davon auszugehen, dass der Tod in wenigen Wochen eintreten wird.

3 Pflegende

Beruflich Pflegende spielen in der Betreuung von Menschen mit lebenserhaltenden Maßnahmen eine zentrale Rolle. Sie sind diejenigen mit dem meist engsten und häufigsten Kontakt. Sie müssen dabei nicht selten Grenzen überschreiten und treten oft in Intimbereiche ein und erleben den Krankheitsverlauf aus nächster Nähe mit, einschließlich der begleitenden Veränderungen, Verzweiflung, Trauer, Wut und vielen anderen emotionalen und belastenden Gefühlen.

Pflegende haben die Aufgabe, Gesundheit zu fördern, Krankheit zu verhüten, Gesundheit wiederherzustellen und Leiden zu lindern.[20] Neben ihrem eigenen pflegerischen Auftrag führen sie auch ärztliche Anweisungen aus. Die Pflegenden üben ihre berufliche Tätigkeit zum Wohle des Einzelnen, der Familie und der sozialen Gemeinschaft aus; sie koordinieren ihre Dienstleistungen mit denen anderer beteiligter Gruppen.[21] Sie beobachten, betreuen, pflegen und beraten Patienten und helfen, ihre Selbstständigkeit zu fördern. Pflegende sind ein Bindeglied zwischen Patient und Arzt und üben ihre Tätigkeit zugewandt, wert-

---

[20] Vgl. International Council of Nurses, *ICN-Ethikkodex für Pflegende*.
[21] Vgl. ebd.

schätzend und verantwortungsvoll aus.[22] Die Achtung der Menschenrechte, einschließlich kultureller Rechte, des Rechts auf Leben und Entscheidungsfreiheit, auf Würde und auf respektvolle Behandlung ist die Basis ihres Handelns.[23] Die Pflege ist primär aktivierend ausgerichtet und hat die Wiederherstellung der Gesundheit und Selbstständigkeit als Ziel. Um dieses Ziel zu erreichen, werden bei einigen Patienten Einschränkungen in der Lebensqualität zugunsten eines längeren Überlebens in Kauf genommen und vom Patienten die Akzeptanz dieses Vorgehens unausgesprochen vorausgesetzt.

Sind diese Ziele nicht mehr zu erreichen, ist die Erkrankung nicht mehr heilbar und schreitet sie voran, muss an Stelle der kurativen, aktivierenden Pflege die Palliativpflege in den Vordergrund treten. Dies bedingt einen radikalen Paradigmenwechsel. Der Einsatz für die Erhaltung des Lebens wird abgelöst durch das bedingungslose Bemühen für die Lebensqualität, auch wenn die Überlebensspanne darunter möglicherweise verkürzt wird. Eine ausnahmslose Betroffenenorientierung ersetzt hier das zielgerichtete, nach Standards ausgerichtete Handeln der Pflegenden und verlangt ein hohes Maß an Einfühlungsvermögen, Reflexion und ein Verstehen um die individuelle Bedeutung des nahenden Todes für den Betroffenen, aber auch ein hohes Maß an Flexibilität und Kreativität, um sich auf dynamische Krankheitsverläufe und dadurch bedingte rasche Veränderungen der Bedürfnisse der ihnen anvertrauten Menschen einzulassen und ihre Angebote daran auszurichten.

3.1 Palliativpflege

Palliativpflege hat in der Pflege von schwerstkranken und sterbenden Menschen eine besondere Bedeutung. Pflegende in der Palliativversorgung spielen in der multiprofessionellen Begleitung von Menschen mit einer fortschreitenden, zum Tode führenden Erkrankung eine zentrale Rolle und haben die Aufgabe, auch mit ihren Angeboten die Lebensqualität der betroffenen Menschen zu verbessern, zu erhalten oder wiederherzustellen. Um dies zu erreichen, müssen körperliche, psychische, soziale und spirituelle Beschwerden vermieden und gelindert werden, deshalb sind sie bereit, durch fachliche Qualifikation und regelmäßige Reflexion ihre Expertise kontinuierlich zu erweitern, und verstehen den Menschen in seinen in Abhängigkeit stehenden körperlichen, psychischen, sozialen und spirituellen Dimensionen und gewährleisten eine individuelle Zuwendung im Erleben der

---

22 Vgl. ebd.
23 Vgl. ebd.

Erkrankung als auch in der Versorgung und Fürsorge der verschiedenartigen Bedürfnisse schwerstkranker und sterbender Menschen.[24] Die betroffenen Menschen werden dabei im informierten Einverständnis und unter Wahrung der Selbstbestimmung selbstverständlich mit in die Versorgung und Fürsorge einbezogen. Dies gilt gleichermaßen für ihre An- und Zugehörigen. Pflegende in der Palliativversorgung verpflichten sich entsprechend der Grundhaltung der Palliativversorgung, Sterben weder zu beschleunigen noch hinauszuzögern und das Sterben als einen dem Leben zugehörigen Prozess zu sehen[25].

Um den verschiedenartigen Bedürfnissen gerecht zu werden und eine individuelle Zuwendung im Erleben der Erkrankung und der Sterbenssituation zu realisieren, muss Palliativpflege getragen sein vom Verständnis für die Situation der Betroffenen, von der Teilhabe an deren Lebenswelt, von dem Wissen um das Erleben des bzw. der anderen sowie von dem Respekt vor deren Expertise und Autonomie und wird wesentlich unterstützt von zwei Phänomenologien (Leiblichkeit und *Care Ethik*), die nicht nur in der Palliativpflege von Bedeutung sein sollten.

3.1.1 Leiblichkeit

Leib ist kein Synonym für Körper[26], er ist eine dynamische Struktur, die über den Zustand des Menschen Auskunft gibt[27] und bezeichnet die Art und Weise, wie wir leiblich lebendig sind.[28] Er ist Zustand und Ausdruck des Lebens in seinen qualitativen Dimensionen,[29] nichts Stoffliches, auch wenn diese Struktur unweigerlich mit dem Körper verbunden ist.[30] Der Leib hat keine Konturen und ist das, was wir spüren und empfinden, aber nicht messen und nicht nachweisen können. Der Körper hingegen ist das, was wir sehen, tasten, (ver)messen können, seine Grenze ist die Haut, und wir nehmen ihn mit unseren Sinnen war. Der Körper ist die

---

24 Vgl. Sektion Pflege der Deutschen Gesellschaft für Palliativmedzin e.V., *Pflegeleitbild der Sektion Pflege*, Berlin 2012.
25 Vgl. L. Radbruch/F. Nauck/E. Aulbert, *Definition, Entwicklung, Ziele*, in: dies. (Hg.), *Lehrbuch der Palliativmedizin*, Stuttgart 2011, 1–12.
26 Vgl. C. Uzarewicz/M. Moers, *Leibphänomenologie für Pflegewissenschaft – eine Annäherung*, in: *Pflege & Gesellschaft* 17 (2012), 101–110.
27 Vgl. C. Uzarewicz/M. Uzarewicz, *Anthropologische Grundlage und Menschenbild in der Intensivstation*, in: H. Friesacher/G. Mayer/K. D. Neander (Hg.), *Handbuch Intensivpflege. Ein Lehr- und Handbuch für Mitarbeiter auf Intensivstationen*, Landsberg 2006, 1–15.
28 Vgl. C. Uzarewicz/M. Moers, *Leibphänomenologie für Pflegewissenschaft*, 101–110.
29 Vgl. ebd.
30 Vgl. C. Uzarewicz, *Leibphänomenologie (k)ein Thema für die Pflege?*, in: *dip-Perspektiven* 2/2005, 1–3.

Herberge seiner Funktionen, doch was den Menschen ausmacht und von anderen Lebewesen unterscheidet, geht weit darüber hinaus und kann in der Leiblichkeit erklärt werden. Wir befinden uns stets in Stimmungen, sind beispielsweise müde und matt, freudig, frisch. Diese Stimmungen unterscheiden sich sehr voneinander und verändern sich im Verlauf eines Tages, besonders dann, wenn uns etwas geschieht, dem wir nicht ausweichen können. Zum Beispiel eine leidvolle Erfahrung wie ein Unfall oder eine Krankheit spüren wir als Lähmung, Betäubung, oder sie lassen uns wie neben uns stehen.[31] Dies geht über die reine körperliche Funktion hinaus – nach Plessner[32] haben wir einen Körper und sind Leib.

Die Leibphänomenologie wird in der naturwissenschaftlich denkenden Medizin eher belächelt und hat darin bisher keinen Platz. Hier wird der menschliche Körper als Organsystem betrachtet, dessen Funktionen aufrechterhalten werden sollen.[33] Doch Leiblichkeit ist besonders in der Palliativversorgung eine Möglichkeit, implizites pflegerisches Handeln neben den medizinisch-pflegerischen Handlungsabläufen explizit zu machen, und erlaubt somit eine Nähe zum und ein Verstehen des Patienten, das erst eine radikale Betroffenenorientierung zulässt.

„Weil wir", nach Schmitz, „leiblich verfasste Wesen sind, können wir an der Leiblichkeit anderer teilhaben"[34]. Dies geschieht bei der beständig stattfindenden leiblichen Kommunikation, die Basis aller sozialen Kontakte, der man sich nicht entziehen kann.[35] Noch bevor beispielsweise eine Pflegekraft, in ein Krankenzimmer eintretend, eine Situation mit den einzelnen Sinnen erfasst und darüber nachdenkt, nimmt sie die Stimmung wahr, spürt, ob die Atmosphäre entspannt oder traurig, fröhlich oder angespannt ist.[36] Umgekehrt wird der Patient schlagartig spüren, ob die Pflegekraft unsicher oder routiniert, traurig oder fröhlich ist.[37] Leibliche Kommunikation kann dabei zur Einleibung übergreifender leiblicher Zusammenhänge (gemeinsames Klatschen, Tanzen bei Massenveranstaltungen) oder zur Ausleibung, dem Sich-Verlieren in das Gegenüber, führen.[38] Auch in Pflegesituationen finden sich derartige Phänomene, wenn beispielsweise in einer

---

31 Vgl. C. Uzarewicz/M. Moers, *Leibphänomenologie für Pflegewissenschaft*, 102.
32 Vgl. H. Plessner, *Die Stufen des Organischen und der Mensch*, Berlin 1975, 145.
33 Vgl. C. Uzarewicz/M. Uzarewicz, *Anthropologische Grundlage und Menschenbild in der Intensivstation*, 1–15.
34 Vgl. C. Uzarewicz/M. Moers, *Leibphänomenologie für Pflegewissenschaft*, 106 unter Verweis auf H. Schmitz, *System der Philosophie*, Bd. III: *Die Wahrnehmung*, Bonn 2005 sowie ders., *Der Leib*, Berlin 2011.
35 Vgl. ebd.
36 Vgl. M. Moers, *Leibliche Kommunikation, Krankheitserleben und Pflegehandeln*, in: *Pflege & Gesellschaft* 17 (2012), 114.
37 Vgl. ebd.
38 Vgl. M. Moers, *Leibliche Kommunikation, Krankheitserleben und Pflegehandeln*, 106.

Atemnotkrise eines Patienten auch die Pflegekraft die Bedrohung am eigenen Leib spürt und dadurch zumindest vorrübergehend die Distanz zum Geschehen verliert und handlungsunfähig Teil des Geschehens ist.[39] Die Leibphänomenologie ermöglicht verstehende Zugänge zu leiblichen Regungen wie Schmerz, Trauer, Hunger, Durst, Freude und vielen mehr und macht das subjektive Erleben intersubjektiv kommunizierbar. Die über die intersubjektive Kommunikation wahrgenommenen Stimmungen ergänzen den menschlichen Körper, kongruieren aber nicht unbedingt mit ihm, und die Wahrnehmung der Stimmungslage des Patienten muss nicht unbedingt zu den gemessenen Vital- und Laborwerten passen. Die leibliche Kommunikation ist dabei vor aller verbalen Kommunikation das Medium des Ausdrucks in Mimik, Gestik, Haltung oder Gang und eine Basis, von der aus die Wahrnehmung der Pflegenden Ausdruck erhält.[40] Sie hilft, den Menschen als Person zu treffen und nicht nur als zufällige Teile und Vitalwerte von ihm, vor allem dann, wenn kognitive und/oder kommunikative Einschränkungen vorliegen und verbale Kommunikation nur eingeschränkt oder gar nicht möglich ist.[41]

Leibliche Kommunikation benötigt einen Paradigmenwechsel weg von Funktionalität hin zur Ganzheitlichkeit und ein Sich-Einlassen auf den (kranken) Menschen, wie es in der Palliativpflege eben propagiert wird. Pflegende sind eigentlich beruflich sozialisiert, ein angemessenes Verhältnis von Nähe und Distanz zu wahren[42], und sie erwerben in medizinnahen, technisch-handwerklichen und organisatorischen Tätigkeiten große Kompetenzen – auch die emotionale Betreuung angesichts existenzieller Leiderfahrung im Rahmen von Versorgung und Sicherheit der Patienten gehört zu ihren Stärken,[43] jedoch für diese persönlichen Dimensionen haben sie wenig professionelle Konzepte und kommen schnell an ihre Grenzen.[44]

Für die Palliativpflege hingegen ist Leiblichkeit ein zentrales Thema[45] und verschafft ihr durch die in Ausbildung geschulte und im multiprofessionellen Kontext geforderte Reflexion die Möglichkeit, sich auf die leibliche Kommunikation einzulassen und ihren Auftrag in einem leiblichen Beziehungsgeschehen zu gestalten. Gerade im Angesicht einer schweren Krankheit ist häufig zu beobachten, dass sich Betroffene gewissermaßen aus ihrem Körper zurückziehen, ihn nur noch

---

39 Vgl. ebd.
40 Vgl. C. Uzarewicz/M. Moers, *Leibphänomenologie für Pflegewissenschaft*, 109.
41 Vgl. ebd.
42 Vgl. M. Moers, *Leibliche Kommunikation, Krankheitserleben und Pflegehandeln*, 112.
43 Vgl. ebd. unter Verweis auf P. Benner, *From Novice to Expert. Excellence and Power in Clinical Nursing Practice*, Menlo Park 1984.
44 Vgl. A. Elsbernd, *Pflegesituationen*, Bern 2000, 154.
45 Vgl. C. Uzarewicz/M. Uzarewicz, *Anthropologische Grundlage und Menschenbild in der Intensivstation*, 1–15.

von außen betrachten, ihn nicht mehr als belebt ansehen, sondern ihn zum Objekt machen, um ihr „Ich", ihren Leib, weiterhin als unversehrt betrachten zu können.[46] Die besondere Herausforderung der Pflege ist dann, diese in der Regel unausgesprochene Veränderung der Leiblichkeit in pathischer Wahrnehmung zu erspüren[47] und ihre Angebote daran auszurichten. Leibliche Kommunikation und Intervention bietet den Pflegenden hier eine Möglichkeit, den Kranken besser zu verstehen und seine, wegen Krankheit und Funktionsverlust reduzierte, Leiblichkeit zu stärken und damit sein Wohlbefinden zu fördern. Als zentraler Partner im multiprofessionellen Auftrag, Lebensqualität zu fördern, muss die leibliche Hermeneutik eine besondere Fähigkeit von Palliativpflegenden sein.

3.1.2 *Care, Caring* und *Care Ethik*

Care Ethik ist eine weitere Phänomenologie, die in der Pflege von schwerstkranken und sterbenden Menschen eine besondere Rolle spielen muss, um Angebote auf die Betroffenen bedarfs- und bedürfnisgerecht zuschneiden zu können.

Auch wenn unklar ist, wer den Begriff „ethics of care" geprägt hat, so lässt sich festhalten, dass er zuerst in den sozialwissenschaftlichen Kritiken von Carol Gilligan[48] erscheint. Dabei ist *Caring* kein genuin pflegerisches Konzept, es geht mehr um „sich sorgen" oder „sorgen um", wird aber in der deutschsprachigen Pflegefachliteratur mit pflegerischer Sorge oder pflegekundiger Sorge[49] übersetzt und angewandt. In der englischsprachigen Literatur findet sich mit „behavior, value, virtue, skill and process" ein deutlich breiteres Spektrum an Termini.[50]

Nach Gilligan[51] ist *Caring* als umfassende Perspektive der Verbundenheit zu verstehen und sieht das Individuum nicht als autonom, sondern in seinem jeweiligen Netzwerk der Verbundenheit.[52] *Care Ethik* ist als zwischenmenschliche Beziehung und Verantwortung füreinander zu betrachten und ist getragen von Gefühlen und Empfindungen[53] oder nach Conradi[54] als Verwobenheit von Fühlen,

---

46 Vgl. M. Moers, *Leibliche Kommunikation, Krankheitserleben und Pflegehandeln*, 116.
47 Vgl. M. Moers, *Leibliche Kommunikation, Krankheitserleben und Pflegehandeln*, 117.
48 Vgl. H. Kohlen/C. Kumbruck, *Care-(Ethik) und das Ethos fürsorglicher Praxis (Literaturstudie)*, artec paper Nr. 151 (online unter: http://www.uni-bremen.de/fileadmin/user_upload/single_sites/artec/artec_Dokumente/artec-paper/151_paper.pdf [Zugriff am 10.12.2016]), 3 unter Verweis auf C. Gilligan, *In a different voice. Psychological theory and women's development*, Cambridge 1982.
49 Vgl. W. Schnepp, *Pflegekundige Sorge*, in: *Pflege & Gesellschaft* 1 (1996), 13–16.
50 Vgl. H. Kohlen/C. Kumbruck, *Care-(Ethik) und das Ethos fürsorglicher Praxis*, 3.
51 Vgl. ebd. unter Verweis auf C. Gilligan, *In a different voice*.
52 Vgl. ebd.
53 Vgl. ebd.

Denken und Handeln zu verstehen. Die hermeneutische Kompetenz betrachtet Schuchter[55] dabei als Schlüsselkompetenz von *Caring*, und die Fürsorge muss in die jeweilige Relevanzstruktur eingebettet sein. *Caring* ist nach Noddings[56] nichts einseitiges, nur wenn es vom Empfänger anerkannt und angenommen wird, kann sich *Caring* entfalten.

Verkürzt kann man sagen, dass *Care* als reflektiertes Handeln[57] und nach Gilligan als Moralverständnis zu betrachten ist und *Care Ethik* einen Rahmen für moralische Entscheidungen gibt,[58] der getragen ist vom Beziehungsgeschehen und einer Praxis der Achtsamkeit und Bezogenheit.[59] Um den spezifischen Pflegesituationen gerade auch in existenziellen Krisen gerecht werden zu können, muss sich Pflege mit eigenständiger Methodologie und Konzeption von der Medizin abgrenzen und *Caring* und *Care Ethik* in den Mittelpunkt stellen.[60] Dennoch werden diese Elemente bisher in Deutschland in der Diskussion um den Pflegeethos kaum genutzt[61], und „tätige Anteilnahme"[62] im Umgang mit schwerer Krankheit, Krisen und Sterben als moralisch-ethischer Imperativ für die Pflegenden[63] kann angesichts des Pflegenotstandes und der wirtschaftlichen Rahmenbedingungen in der Pflege kaum zum Tragen kommen.[64] Für die Palliativpflege hingegen ist *Care* und *Care Ethik* von tragender Bedeutung und beeinflusst auch den Umgang mit künstlicher Lebenserhaltung maßgeblich.

---

54 Vgl. H. Kohlen/C. Kumbruck, *Care-(Ethik) und das Ethos fürsorglicher Praxis*, 20 unter Verweis auf E. Conradi, *Take Care. Grundlagen einer Ethik der Achtsamkeit*, Frankfurt a. M./New York 2001 sowie dies., *Vom Besonderen zum Allgemeinen – Zuwendung in der Pflege als Ausgangspunkt einer Ethik*, in: H. Behrendt/N. Erichsen/C. Wiesemann (Hg.), *Pflege und Ethik. Leitfaden für Wissenschaft und Praxis*, Stuttgart 2002, 30 – 46.
55 Vgl. P. Schuchter, *Care und Care Ethik*, Mitschrift Vortrag, Wien 2011.
56 Vgl. H. Kohlen/C. Kumbruck, *Care-(Ethik) und das Ethos fürsorglicher Praxis*, 6 f. unter Verweis auf N. Noddings, *Caring. A Feminine Approach to Ethics and Morals*, Berkeley 1984.
57 Vgl. H. Kohlen./C. Kumbruck, *Care-(Ethik) und das Ethos fürsorglicher Praxis*, 20.
58 Vgl. H. Kohlen/C. Kumbruck, *Care-(Ethik) und das Ethos fürsorglicher Praxis*, 4 unter Verweis auf C. Gilligan, *In a different voice*.
59 Vgl. H. Kohlen/C. Kumbruck, *Care-(Ethik) und das Ethos fürsorglicher Praxis*, 17 unter Verweis auf E. Conradi, *Take Care. Grundlagen einer Ethik der Achtsamkeit*.
60 Vgl. ebd.
61 Vgl. H. Kohlen/C. Kumbruck, *Care-(Ethik) und das Ethos fürsorglicher Praxis*, 25.
62 H. Kohlen/C. Kumbruck, *Care-(Ethik) und das Ethos fürsorglicher Praxis*, 8 unter Verweis auf M. Leininger, *Kulturelle Dimensionen menschlicher Pflege*, Freiburg i. Br. 1998.
63 Vgl. ebd.
64 Vgl. H. Kohlen/C. Kumbruck, *Care-(Ethik) und das Ethos fürsorglicher Praxis*, 11.

3.2 Pflegende aus anderen Kulturkreisen

In Zeiten von Pflegenotstand und zunehmend engen Rahmenbedingungen in der Pflege treffen wir im deutschen Gesundheitswesen zunehmend auf Pflegekräfte aus anderen Kulturkreisen. Diese Kulturkreise reichen von ost- und südeuropäischen Ländern über den asiatischen Raum bis nach Südamerika. Im Umgang mit Pflege, Sterben, Tod und Trauer spielen die unterschiedlichen Sozialisierungen ebenso eine Rolle wie die verschiedenen religiösen Einflüsse.

Zeigen sich schon innerhalb Deutschlands von Tal zu Tal Unterschiede in der Sterbekultur[65] stehen wir hier neben den sprachlichen Herausforderungen auch vor kulturellen Hindernissen in der Auseinandersetzung mit dem angemessenen Umgang mit lebenserhaltenden Maßnahmen, Krisen, Lebensbedrohung, Sterben und Tod. Unterscheidet sich beispielsweise schon innerhalb der christlichen Religion der Umgang damit von Angehörigen der russisch-orthodoxen Kirche von dem Angehöriger der katholischen Kirche, so findet sich zwischen den verschiedenen Religionen wie Hinduismus, Islam und anderen eine noch viel größere Vielfalt im Umgang mit Lebenserhaltung, Sterben(zu)lassen oder im Pflegeverständnis.

Wenn die Sprachbarrieren überwunden sind, müssten also auch noch eine kulturelle Auseinandersetzung und ein Austausch über die normativen Gegebenheiten in Deutschland stattfinden. Wer dies leisten soll, ist völlig unklar, die deutschen KollegInnen sind meist selber so in ihren Alltag eingebunden, und es fehlt ihnen vielfach an fundierten Kenntnissen und einer reflektierten Haltung, so dass sie in diesen existenziellen Fragen schnell an ihre Grenzen kommen[66] und somit auch keine führende und unterstützende Rolle spielen können. Doch die anderen Kulturen werden Entscheidungsprozesse ebenso beeinflussen wie die eigene Verarbeitung der Konsequenzen der ethischen Entscheidungen.

3.3 Rahmenbedingungen für Pflege

Der Blick auf die heutigen Rahmenbedingungen der Pflege bereitet Sorge. In Zeiten knapper werdender Gelder und zunehmender Privatisierung im deutschen Gesundheitswesen[67] wird die moralische Dimension des Helfens, der sozialen Be-

---

65 Vgl. W. Schneider/C. Pfeffer/J. Hayek, „Sterben dort, wo man zuhause ist..." Organisation und Praxis von Sterbebegleitungen in der ambulanten Hospizarbeit, Ergebnisbericht – Langfassung, Augsburg 2009.
66 Vgl. A. Elsbernd, Pflegesituationen, 154.
67 Vgl. A. Manzeschke, Privatisierung von Krankenhäusern. Ethische Erwägungen zum moralischen Status eines öffentlichen Gutes, in: Pflege & Gesellschaft 14 (2009), 24–37.

ziehung zwischen Helfendem und Hilfsbedürftigen, zunehmend abgelöst durch ein ökonomisches Denken in Vertragskategorien und Kosten-Nutzen-Effizienz.[68] Mithilfe von Instrumenten und Modellen der Betriebswirtschaft soll die Pflegequalität entwickelt und deren Outcome gemessen werden. Gestiegene Anforderungen und hohe Arbeitsverdichtung stehen im deutschen Gesundheitswesen Kostensenkung und chronischer Unterfinanzierung gegenüber. Pflegerisches Handeln soll in detailliert planbaren und formalisierten Abläufen abgebildet werden, vor allem mit dem Ziel, Kosten zu sparen. Nicht messbare und somit nicht abrechenbare Dimensionen wie leibliche Hermeneutik, Zuwendung, Beziehungsgeschehen, Achtsamkeit und Bezogenheit und vieles mehr, das also, was (Palliativ)Pflege im eigentlichen Sinn ausmacht, haben in der betriebswirtschaftlichen Betrachtungsweise keinen Platz. Wenn eine Pflegefachkraft in einer stationären Altenhilfeeinrichtung nachts mit rund 60 – 80 Pflegebedürftigen alleine ist, verwundert es nicht, dass für die Auseinandersetzung mit dem und der Wahrung des eigenen Berufsethos, für Reflexion und fachlichen Austausch wenig Zeit und Platz bleibt. Sie konzentriert sich, als verstandene Burn-Out-Prophylaxe, auf die körperlichen und versorgungsrelevanten Probleme des Patienten oder des Bewohners[69] und interpretiert deren leibliche Regungen als vermeintlich schwierige Verhaltensweisen, welche sie schnell versucht, an andere Instanzen wie Seelsorge und Psychologie zu delegieren.[70] Auch eigenleibliches Spüren, Wahrnehmen der Situation und Eingehen auf den Patienten wird in der heutigen Pflegepraxis weitgehend negiert und von Anfang an abtrainiert.[71]

4 (Therapie)Entscheidungen treffen

Im Hierarchiedenken unseres Gesundheitswesens ist ein Einbezug der Pflegenden in den Therapieentscheidungsprozess nicht selbstverständlich. Während in der Onkologie Behandlungsoptionen zumindest zwischen Arzt und Patienten zunehmend diskutiert und partizipativ entschieden werden,[72] gibt es noch nicht in allen Gebieten der Medizin Ansätze dafür. Auch in der stationären Altenhilfe ist die Pflegekraft zwar meist Lieferant der therapieentscheidenden Informationen, wird aber in den Entscheidungsprozess selber selten miteinbezogen. In diese Entschei-

---

68 Vgl. ebd.
69 Vgl. M. Moers, *Leibliche Kommunikation, Krankheitserleben und Pflegehandeln*, 112.
70 Vgl. ebd.
71 Vgl. M. Moers, *Leibliche Kommunikation, Krankheitserleben und Pflegehandeln*, 113.
72 Vgl. M. Harter et al., *Shared Decision Making and the Use of Decision Aids*, in: Dtsch Ärztebl Int 112 (2015), 672–679.

dungen die Erfahrung und Kompetenz, die Wahrnehmung und Beobachtung der Pflegekräfte miteinzubeziehen, würde bedeuten, sie nicht auf rein körperliche Kriterien zu reduzieren und das Spektrum an Optionen in vielen Fällen zu erweitern. Dabei ist es meist die Aufgabe der Pflegkraft, die Therapieentscheidungen umzusetzen, sei es die geänderte Medikation zu verabreichen oder eben auch nicht mehr zu verabreichen, die Abführmaßnahme durchzuführen oder eben auch die Sondenkost anzuhängen oder nicht mehr anzuhängen. Tritt die von anderen getroffene und vom Arzt angeordnete Entscheidung in einen Konflikt mit eigenen Werten, Haltungen und Einstellungen der Pflegekraft, stellt die Durchführung für sie eine große Herausforderung dar. Gleichzeitig ist sie dieser Situation permanent ausgesetzt, da sie mit dem Betroffenen ja weiterhin in einer pflegerischen Beziehung steht und ihn, bewusst oder unbewusst, nicht nur mit seinem Körper, sondern in auch seiner Leiblichkeit wahrnimmt und seine Stimmungen miterlebt. Pflegende werden in ihrer beruflichen Sozialisation dahingehend trainiert, dass sie ärztliche Anweisungen nicht zu hinterfragen und entsprechend auszuführen haben und sich dabei selbst kontrollieren und beherrschen.

Dabei zeigen Modelle im Gesundheitswesen, wie beispielsweise die Palliativversorgung, in der die interprofessionelle Zusammenarbeit und Falldiskussion ein entscheidendes Qualitätsmerkmal ist, dass eine gemeinsame Entscheidungsfindung für alle Beteiligten entlastend ist, da die Verantwortung auf mehrere Schultern verteilt wird. Nach der deliberativen Verständigungsorientierung von Jürgen Habermas ist dabei schon die gemeinsame Situationsdefinition grundlegend.[73] Andernfalls droht sich die Argumentation einer rationalen Einsicht zu verschließen. Dies ist aber in komplexen Ausgangssituationen notwendig, um eigene Interessen dem Allgemeinwohl unterzuordnen, und legt nahe, dass eine von allen als gerecht anerkannte Ausgangssituation – die nicht nur zustimmungsfähig im Konjunktiv, sondern zustimmungsfähig auf Basis institutionalisierter Verfahren der Rechtfertigung[74] ist – essentiell für eine größtmögliche Akzeptanz und Identifizierung im gemeinsamen Vorgehen ist.

Aber auch andere Entscheidungen stellen Pflegende vor eine große Herausforderung: Wenn der Patient oder die Patientin nicht auf die angebotene Fürsorge reagiert, fachlich kompetente Pflegeansätze nicht annimmt oder sogar ein völlig entgegengesetztes Verhalten zeigt. Pflege, getragen von *Care Ethik* (s. Abschnitt 3.1.2), ist dabei als ein mit Interaktionen einhergehender Prozess zu verstehen, der durch die Asymmetrie der Beziehung zwischen Pflegeperson und

---

[73] Vgl. z. B. J. Habermas, *Strukturwandel der Öffentlichkeit*, Frankfurt a. M. 2010.
[74] Vgl. P. Feindt, *Regierung durch Diskussion? Diskurs- und Verhandlungsverfahren im Kontext von Demokratietheorie und Steuerungsdiskussion*. Frankfurt a. M. 2001, 182; R. Forst, *Kritik der Rechtfertigungsverhältnisse. Perspektiven einer kritischen Theorie der Politik*, Berlin 2011, 40.

Fürsorgeempfänger gezeichnet ist und eine Reziprozität nicht zulässt.[75] Doch *Caring* und Fürsorge hängt auch von den Personen ab, auf die sich *Care* bezieht und kann erst dann präsent werden, wenn es von denjenigen, die es erhalten, anerkannt wird.[76] Der Aspekt der Macht spielt hier eine bedeutsame Rolle und muss bewusst gemacht werden.[77] Diese fehlende *Compliance* bedroht definierte Pflegeziele und führt bei Pflegenden schnell zu Überforderung und Frustration, stehen sie doch hier im permanenten Trispalt zwischen Achtung der Autonomie des Patienten, eigenen Werten und Moralvorstellungen sowie Pflegewissen und Auftrag des Arbeitgebers.

5 Zusammenfassung und Diskussion

Mit den vorstehenden Ausführungen wird deutlich, welch vielfältigen und äußerst unterschiedlichen Einflüssen Pflegesituationen im heutigen Gesundheitswesen ausgesetzt sind und somit auch die pflegerische Perspektive auf Sterben (zu)lassen, Töten und Beendigung lebenserhaltender Maßnahmen ausgesetzt ist. Neben wenig fundierten Kenntnissen über strafrechtliche und ethische Normen in dieser Thematik lassen fehlende Reflexionsräume Begriffe und Begrifflichkeiten wie Töten auf Verlangen, assistierter Suizid, Sterbehilfe, Sterbenzulassen, Beendigung lebenserhaltender Maßnahmen und weitere ineinander verschwimmen und sich strafrechtlich erlaubte von unerlaubten Handlungen somit kaum abgrenzen. Zusammen mit wenig Vertrauen in die eigenen Kompetenzen wird die Angst vor straf- und berufsrechtlichen Konsequenzen, dem Medizinischen Dienst der Krankenkassen (MDK) und Heimaufsicht geschürt und die Handlungssicherheit der Pflegenden in diesem komplexen Kontext reduziert. Selbst die Diskussion, wann denn eigentlich die Sterbephase beginnt und ob mit lebenserhaltenden Maßnahmen das Leben oder das Sterben verlängert wird, bleibt dabei ungeführt.

Der Sterbeprozess bei Beendigung lebenserhaltender Maßnahmen zieht sich, wie oben beschrieben, oft über mehrere Tage, manchmal sogar Wochen hinweg. Gerade diese Phase bedarf intensiver und engmaschiger Pflegeangebote, um körperliches Leiden wie beispielsweise Mundtrockenheit, Atemnot und vieles

---

75 Vgl. H. Kohlen/C. Kumbruck, *Care-(Ethik) und das Ethos fürsorglicher Praxis*, 15–21 unter Verweis auf J. Tronto, *Moral Boundaries. A Political Argument for an Ethics of Care*, New York/London 1993 und E. Conradi, *Take Care. Grundlagen einer Ethik der Achtsamkeit* sowie dies., *Vom Besonderen zum Allgemeinen – Zuwendung in der Pflege als Ausgangspunkt einer Ethik*, 30–46.
76 Vgl. H. Kohlen/C. Kumbruck, *Care-(Ethik) und das Ethos fürsorglicher Praxis*, 6 f. unter Verweis auf N. Noddings, *Caring*.
77 Vgl. ebd.

mehr abzuwenden oder gar zu vermeiden. Pflegende können sich dieser Situation also gar nicht entziehen. Selten ist dieser Prozess getragen von ständiger Harmonie, Sicherheit und Klarheit. Je länger der Prozess dauert, desto größer ist die Gefahr, dass Unsicherheiten aufkommen, ob der eingeschlagene Prozess tatsächlich die richtige Entscheidung war – sowohl beim Betroffenen, sofern er kognitiv dazu in der Lage ist, als auch bei den Umstehenden, besonders den Pflegenden, die sich ja für das Wohlbefinden des zu Pflegenden verantwortlich fühlen. Diese Unsicherheiten zusammen mit dem täglichen Erleben des Patienten in seinem zum Tode fortschreitendenden Lebensprozess, mit all den auch oder sogar besonders hier häufig wechselnden Stimmungslagen, die durch leibliche Kommunikation auch bei kommunikationseingeschränkten Menschen ja permanent, oft unbewusst, wahrgenommen, aber nicht reflektiert werden, führen bei Pflegenden zu Belastung und Überforderung. Denn die über die leibliche Kommunikation aufgenommenen Wahrnehmungen korrespondieren nicht immer mit rationalen Entscheidungen, in die man zudem meist nicht mit einbezogen war. Leibliche Kommunikation und leibliche Intervention lässt Pflegende die persönliche Situation eines Patienten besser einschätzen,[78] ohne sie auf messbare Werte zu reduzieren.

Je klarer der Patient äußern kann, dass nach seinem Willen gehandelt wird und er möglichst auch noch kein Leiden dabei verspürt und dies auch mit der leiblichen Kommunikation harmoniert, desto einfacher lässt sich Sterben (zu) lassen hier für viele Pflegende von gefühltem Töten oder Töten auf Befehl von anderen unterscheiden und den eigenen Frieden damit machen.

Doch auch der unmittelbar eintretende Tod nach lebensbeendenden Handlungen setzt Pflegende einem enormen Stress aus und kann rasch zu Schuldgefühlen führen. Dies gilt für eine Beendigung einer Beatmung genauso wie für das Verabreichen einer ärztlich angeordneten, symptomlindernden Gabe von Medikamenten, insbesondere Opiaten. Tritt hier der unmittelbare Tod ein, führt das in vielen Fällen zu Selbstvorwürfen, den Todeseintritt durch die eigene Handlung hervorgerufen zu haben.

Eine maßgebliche Rolle in Entscheidungsprozessen zur Beendigung lebenserhaltender Maßnahmen muss neben der Indikation zur Fortführung der lebenserhaltenden Maßnahme der Wille des einwilligungsfähigen Patienten oder der mutmaßliche Wille des einwilligungsunfähigen Patienten spielen. Neben der normativen Ebene beeinflusst aber auch die individuelle Ebene die Sichtweise. Dazu gehören Alter, Familiensituation, Ausmaß und Dauer der vorhergehenden Leiderfahrung, aber auch die Entscheidungsfähigkeit des Patienten. Aber auch die

---

78 Vgl. M. Moers, *Leibliche Kommunikation, Krankheitserleben und Pflegehandeln*, 117.

Bedeutung des Beziehungsgeschehens, sicher abhängig von dessen Tiefe, das, wie aufgeführt, den Pflegealltag durch Leiblichkeit und *Care Ethik* begleitet, darf hier nicht außer Acht gelassen werden. Leibliche Kommunikation findet im Leben wie im Sterben bis zuletzt und manchmal darüber hinaus statt. Folgt man zudem der Theorie Morenos,[79] dass in Beziehungen gemeinsame Wirklichkeiten geschaffen werden, auf die jenseits dieser Beziehung nicht zugegriffen werden kann, so stirbt mit diesem Menschen auch unweigerlich der Teil dieser Welt, der nur mit diesem Menschen be- und erlebbar war.

Dem Einbezogen-Sein in den Entscheidungsprozess muss eine tragende Rolle im Mittragen der und Identifikation mit der getroffenen und durchzuführenden Entscheidung zuerkannt werden. Dabei ist es zweitrangig, ob am Ende alle einer Meinung sind. Das Gefühl, dass die eigene Sichtweise, die eigenen Werte und die eigene Haltung in dem gemeinsamen Ringen um die beste Entscheidung gesehen, gehört und in das Ergebnis mit einbezogen wurden, ist meines Erachtens hier von entscheidender Bedeutung. Ist dies nicht gewährleistet und tritt das Ergebnis der getroffenen Entscheidung in Konflikt mit den eigenen Werten und Moralvorstellungen, muss aber aktiv umgesetzt werden, wirft das eine Pflegekraft in ein Dilemma und sie wird sich wie des Henkers Gehilfe fühlen.

---

[79] Vgl. C. Hutter, *Mit dem Sterben der anderen leben*, 6 mit Verweis auf J. L. Moreno, *Das soziale Atom und der Tod*, in: ders., *Soziometrie als experimentelle Methode*, Paderborn 1981, 93–97.

Steffen Eychmüller
Zu den Grenzen von Töten und Sterbenlassen: Die medizinisch-klinische Perspektive

Entscheide am Lebensende in der klinischen Praxis sind häufig gekennzeichnet durch eine Krise. Diese wird mitverursacht durch eine sehr uneinheitliche Interpretation von verwendeten Terminologien – was ist „terminal", wann beginnt „Palliative Care", was ist die „Sterbephase" –, die Unsicherheit bei der Prognosestellung und emotionsgeladene, häufig interprofessionelle Diskussionen angesichts von Zeitnot, Notfallsituation und hohem Stresslevel bei den Patienten und Angehörigen. Drei Teilbereiche erscheinen hier aus klinischer Perspektive wichtig: 1. Konzeptionelle und definitorische Aspekte, 2. Das Vorgehen in der klinischen Praxis, und 3. Das Spannungsfeld zwischen assistiertem Suizid und Palliative Care, in dem sich gesellschaftliche Fragen über den Wert des Lebensendes spiegeln.

1 Konzeptionelle und definitorische Aspekte

1.1 Das biomechanische und das bio-psycho-soziale Medizinmodell

Die menschliche Existenz reduziert sich im biomechanischen Medizinmodell auf die Ebenen der Zellen bis zum Organismus. Die Pathogenese mit einer klaren Ursache-Wirkungsfunktion dominiert die Vorgehensweise der Medizin. Ist erst der krankheits-auslösende Faktor gefunden, kann er mittels Therapie (operativ oder medikamentös) ausgeschaltet werden, und das Individuum ist geheilt. Dies ist auch heute noch weitgehend das Wissenschaftsverständnis in der Medizin, welches auf die Zeit von René Descartes und Isaac Newton zurückgeht. Das Leben ist terminiert durch Zell- und Organfunktion basierend auf molekularer Regulation, oder eben durch Zell- und Organ-Tod. Der Tod ist in diesem Kontext „the ultimate failure", die Niederlage der Medizin.[1]

---

[1] Vgl. E. Fox, *Predominance of the Curative Model of Medical Care: A Residual Problem*, in: *JAMA* 278,9 (1997), 762.

In einem solchen konzeptionellen Kontext ist das subjektive Gefühl des menschlichen Leidens oder Leids nur schwer einzuordnen: Das Leiden ist die Folge einer Pathologie, und so ist es die Aufgabe der Medizin, die Pathologie zu beseitigen. Was aber, wenn das Leiden nur gelindert werden kann, die krankmachenden Ursachen an Zahl und Verbindungen so mächtig sind, dass keine Heilung mehr möglich ist? Eric Cassell schreibt bereits 1982: „The obligation of physicians to relieve human suffering stretches back into antiquity. Despite this fact, little attention is explicitly given to the problem of suffering in medical education, research, or practice."[2]

Die Medizin kennt im genannten konzeptionellen Kontext weder eine adäquate wissenschaftliche Methode zur Diagnostik, noch zur Therapie dieses „suffering". Das subjektive Leiden wird abstrahiert in medizinische Diagnosen, die „objektivierbar" sind. Dies trägt zum weit verbreiteten Unbehagen bei Patienten bei, dass Subjektivität für die heutige Medizin uninteressant ist, und dass sie oder er für die Medizin in dem Moment uninteressant wird, wenn keine Heilung mehr möglich ist. Auch fühlen sich Patienten in dieser Situation häufig zu wenig wahrgenommen in ihrer individuellen Wirklichkeit, die von Ängsten und Leiden geprägt ist. Sterbenlassen oder Töten in diesem Kontext wirft also die Frage auf, ob die heutige Medizin gerade beim Leiden am Lebensende erkennen muss, dass das biomechanische Medizinmodell keinen ausreichenden Denkrahmen und keine Handlungsanleitung für diese Situation bereithält. Das Lebensende oder noch viel mehr das Sterben als medizinische Diagnose gibt es nicht, und damit auch keinen auf Evidenz und Erfahrung basierten Umgang mit dieser Herausforderung. Somit fehlen auch klare Angebote der wissenschaftlich fundierten Medizin zum Umgang mit „unerträglichen Symptomen" oder „existentiellem Leiden".

1.2 Die Problematik der Terminologie und Dichotomie von „kurativ" und „palliativ"

Obwohl häufig präsent, gibt es keine wissenschaftliche Evidenz zum Begriffspaar „kurativ" versus „palliativ". Es werden damit meist Behandlungs*intentionen* beschrieben, die sehr vom Beobachterstandpunkt abhängen. *De facto* handelt es sich um ein eigentliches Patienten-Klassifikationssystem mit besonders häufiger Verwendung in der Onkologie und mit prognostischem Aussagewert: palliativ bedeutet überwiegend eine schlechte Prognose, kurativ eine sehr viel bessere. Die Einordnung in „kurativ" oder „palliativ" hat durchaus Konsequenzen: es geht hier

---

[2] E. Cassell, *The nature of suffering and the goals of medicine*, in: *N Engl J Med* 306,11 (1982), 639.

um den Entscheid, ob dem Betroffenen intensive, häufig sehr hochtechnisierte und damit teure Maßnahmen angeboten werden, oder nicht (mehr). Neben der Bereitstellung finanzieller Mittel hat das Begriffspaar auch eine große Bedeutung in der Einteilung der Medizinwelt bis weit in den akademischen Bereich hinein: „kurativ tätige Ärzte" haben eine mehrfach bessere Chance, sich im akademischen Bereich zu behaupten, verglichen mit ihren Kollegen aus den Bereichen der chronischen Erkrankungen und palliativen Maßnahmen.[3]

Es ist erstaunlich, dass im ansonsten auf wissenschaftliche Evidenz ausgelegten Medizinsystem gerade bei dieser so relevanten Weichenstellung von „kurativ" versus „palliativ" keine klaren wissenschaftlichen Parameter herangezogen werden: Bei kaum einer Erkrankung gibt es für diese Grenzziehung klare Parameter, seien sie im Blut messbar, auf einem Röntgenbild sichtbar oder in einem anderen Test quantifizierbar. Hier bestimmen eher weiche Faktoren unter Einschluss der klinischen Erfahrung der Behandler die Zuordnung und das Vorgehen, welches dann über die Behandlungsart, also „intensiv" bei kurativer oder „nicht mehr so intensiv" bei palliativer Intention entscheidet.

Im konzeptionellen Rahmen von Wissenschaftlichkeit zwischen Molekül und Organ wird kaum der enorm heilsame Bereich von Beziehungen zu anderen Menschen, sozialer Stresslinderung bis hin zu spirituellen Energiequellen genutzt: Obwohl so segensreich, haben diese Bereiche häufig keinen Zutritt zur medizinisch definierten Evidenzwelt. Dabei ist in der klinischen Praxis oft eindrucksvoll zu erleben, was geschieht, wenn im körperlichen Bereich, also vom Molekül bis zum Organ, der Schaden enorm und die Situation eindeutig „palliativ" ist: heilsame Wirkung oder gar Heilung kommt dann aus den Bereichen der menschlichen Beziehungen, des psychosozialen Kontextes, sogar aus dem Bereich der Spiritualität. Kuratives mitten in der palliativen Situation? Dieser Exkurs in die Terminologie soll zeigen, dass trotz allem Anspruch auf Wissenschaftlichkeit den klinischen Beurteilungen oft nur ein vages Verständnis der konzeptionellen Grundlagen und der Begrifflichkeit zugrunde liegt. Diese zu hinterfragen ist sehr relevant, insbesondere wenn es um solche ethisch weitreichenden Fragen wie „Töten" oder „Sterbenlassen" geht.

Wenn die Wertigkeit von „heilbar" oder „unheilbar", von kurativ oder palliativ demnach so relativ ist, d. h. immer sehr abhängig vom meist unbewussten Verständnis vom konzeptionellen und terminologischen Hintergrund von klinischen Entscheiden, dann kann und muss auch die definitorische Grundlage für die Fragen des „Sterbenlassens" sehr angezweifelt werden.

---

[3] Vgl. E. Fox, *Predominance of the Curative Model of Medical Care: A Residual Problem*, 761–763.

Dazu kommt noch der Bereich der Kommunikation. Wie häufig wird seitens Patienten und Angehörigen immer noch über eine weitgehend fehlende Kommunikationskompetenz vor allem bei ärztlichen Fachpersonen geklagt! Wenn also definitorische/konzeptionelle Unschärfe und eindeutig verbesserungswürdige Kommunikationskompetenz zusammenkommen, werden klinische Entscheide am Lebensende sehr viel Raum für Interpretation bieten.

Noch diese Anmerkung zur medizinischen Forschung: Meist ist der Endpunkt der Interventionen in sog. evidenzbasierten Studien die Verlängerung des Überlebens. Retrospektive Analysen zu Maßnahmen in den letzten Lebenswochen zeigen, dass es unklar ist, ob durch eine solche Maßnahme (bspw. Einlage eines Gefäß-Stents oder Durchführung einer Chemo- oder Radiotherapie) das Lebensende bezogen auf die individuelle Patientensituation rascher oder weniger rasch eintrat.[4] Randomisierte Studien, ansonsten als Goldstandard für Therapieentscheide gefordert, fehlen meist bei dieser Patientengruppe mit weit fortgeschrittenen Leiden. Dies bedeutet, dass in den überwiegenden Fällen klinischer Entscheide am Lebensende das Vorgehen nicht von Evidenz, sondern von Erfahrung geleitet ist. Das muss nicht per se schlecht sein, widerspricht aber eigentlich dem Anspruch einer wissenschaftlichen Medizin, die dann auch klar entscheiden kann – eben aufgrund der Evidenz –, welche Maßnahmen nun noch indiziert sind und welche nicht. Der sanfte Wechsel von Evidenz zur Erfahrung ist vielleicht auch einer der Gründe, warum die zusätzliche Inanspruchnahme von komplementären Maßnahmen bei Patienten in der „palliativen Situation" mit deutlich größerer Milde seitens der Schulmedizin akzeptiert wird, als im „kurativen" Kontext.

1.3 Autonomie als Richtschnur der wissenschaftlichen Medizin

Ich argumentiere, dass in der heutigen Medizin die häufige Interpretation des Autonomiebegriffs im Sinne von „Unabhängigkeit" als Extrakt der Prinzipienethik neben den erwünschten Wirkungen der Aufklärung und Information auch Nebenwirkungen hat, die ernst zu nehmen sind.

Was bedeutet es, in einer fortgeschrittenen Krankheitssituation als Patient einen autonomen Entscheid zu fällen? Der autonome Entscheid bedeutet gemäß der deutschen Enzyklopädie „dass ein Konsument unabhängig von den anderen Familienmitgliedern eine Kaufentscheidung trifft". Die medizinische Situation zu

---

[4] Vgl. J. S. Temel et al., *Early Palliative Care for Patients with Metastatic Non-Small-Cell Lung Cancer*, in: N Engl J Med 363,8 (2010), 733–742.

überblicken, in der existenzbestimmende Entscheide zu fällen sind, ist meist bereits für bestens ausgebildete Fachpersonen angesichts der immensen Spezialisierung kaum mehr möglich (vgl. Prognose 2.4). In der klinischen Praxis ist der betroffene Patient dabei also trotz aller Eigenständigkeit weitgehend auf Themen wie Vertrauen und Beziehungsqualität mit einer medizinischen Fachperson angewiesen, und die Fachperson auf ihre klinische Expertise und das Bauchgefühl.[5] Dies bedeutet, dass die erwünschte „klinisch reine" Situation des autonomen Patientenentscheids aufgrund hervorragend objektiver Datenanalyse und Beratung eine Illusion ist, und wohl auch – nicht zuletzt aus wissenschaftskonzeptionellen Gründen – unmöglich. Die Anerkennung von (Beziehungs-)Abhängigkeit und Vulnerabilität entspricht also auch im Zeitalter von Google und evidenzbasierter Hochleistungsmedizin viel eher der Wirklichkeit der Betreuung und Behandlung am Lebensende. Die Kunst der klinischen Entscheidungsfindung am Lebensende – und ich spreche hier bewusst von Kunst – basiert aus Sicht der Fachperson also auf verschiedenen Pfeilern: auf einer Art Sherlock-Holmes-Prozess, um dem mutmaßlichen Willen des Patienten und seinem Streben um Autonomie auch mithilfe der Angehörigen näherzukommen; auf der bewussten Selbstreflexion als Fachperson, die eigene Entscheide aufgrund von Intuition basierend auf einer möglichst breiten klinischen Erfahrung trifft oder empfiehlt; und nicht zuletzt auf der Kunst der Kommunikation, die enorm wertschätzend ist, und die Relativität und Subjektivität jedes klinischen Entscheids unterstreicht bis hin zur Feststellung: „Ich weiß es auch nicht, oder nicht genau. Ich schlage deshalb als nächsten Schritt den folgenden vor ...". Die Prinzipien der Beziehungsabhängigkeit und Vulnerabilität sind weit weniger reflektierte Richtungsgeber in der Medizin als diejenigen der Prinzipienethik, obwohl die sog. Care Ethics[6] als gut formuliertes Konzept möglicherweise eine deutlich praxisnähere ethische Richtschnur bietet – insbesondere für die Beurteilung von Situationen am Lebensende.

2 Das Vorgehen in der klinischen Praxis

2.1 Der sogenannte „Double effect"

Der Doppeleffekt ist seit Thomas von Aquin Bestandteil der Debatte vom Vorgehen am Lebensende. Üblicherweise wird er in Zusammenhang mit der Gabe starker Anal-

---

5 Vgl. N. Christakis, *Death Foretold: Prophecy and Prognosis in Medical Care*, Chicago 1999.
6 Vgl. C. Gilligan, *In a Different Voice. Psychological Theory and Women's Development*, Cambridge/Mass. 1982.

getika wie Morphin und bewusstseins-verändernder Medikamente wie Benzodiazepinen zur Behandlung von „unerträglichem Leiden" genannt. Hierzu zählt auch die Praxis der sog. palliativen oder terminalen Sedation.[7] Die „Grauzone" zwischen Sterbenlassen und Töten wird aufgehellt durch die Klärung der Behandlungsintention: es geht bei der Zielsetzung der palliativen Sedation nicht um das Herbeiführen des Todes, sondern um die Linderung des Leidens. Die Inkaufnahme eines möglicherweise vorzeitigen Sterbens wird als mögliche Nebenwirkung hier akzeptiert, eben als „double effect". Primat hat die Linderung des Leidens.

Hierzu folgende Überlegungen: Entgegen häufiger Annahmen wird durch die Gabe von Opioiden oder Benzodiazepinen bei vielen Schwerkranken im Vergleich zu Patienten ohne diese Maßnahmen nicht nur eine Verbesserung der Symptomatik, sondern möglicherweise auch eine Verlängerung des Überlebens erreicht.[8] Die gezielte Veränderung des Bewusstseins mit sedierenden Medikamenten als Begleitmaßnahme bei anders nicht behandelbaren, schwerwiegenden Symptomen scheint also einen eher protektiven, d. h. stresslindernden Effekt zu haben, wenn das Vorgehen *lege artis*, d. h. mit klarer Zielsetzung, bester Kommunikation (auch mit den Angehörigen) und stufenweise stattfindet.

In diesem Kontext muss „Sterbenlassen" folgendermassen gesehen werden: In keinem Fall darf „Sterbenlassen" dazu führen, dass entweder bei den Angehörigen der Eindruck von „Töten" entsteht, oder dass Sterbenlassen zu einem größeren Maß an Leiden führt. Das Beenden potentiell lebenserhaltender Maßnahmen oder die Durchführung von Maßnahmen, die als Nebenwirkung ein früheres Sterben haben können, muss immer das Lindern von Leid im Zentrum haben. Dies betrifft sowohl die Patienten als auch die Angehörigen.

Hierbei ergibt sich zusätzlich eine weitere Frage: Folgen nicht sehr viele, vielleicht sogar alle sogenannten „palliativen Maßnahmen" bei fortgeschrittenen Krankheiten, von der (Notfall)Operation, über die Gefäßdilatation bis hin zur Radio- oder Chemotherapie genau gleich diesem Konzept des „double effect"? Auch hier ist die Hauptbegründung für das interventionelle Vorgehen die Linderung der Symptome und des Leidens unter (meist im Aufklärungsbogen unterschriebener) Inkaufnahme von Komplikationen, die möglicherweise das Leben verkürzen und sogar zum Tod führen können. So verstanden sind deshalb alle Maßnahmen bei Schwerkranken in dieser Grauzone zwischen Töten und Sterbenlassen. Der Doppeleffekt ist also bei weitem nicht limitiert auf die Gabe von

---

7 Vgl. hierzu: palliative ch, *BIGORIO 2005: Empfehlungen „Palliative Sedation"*, online unter: https://www.palliative.ch/fileadmin/user_upload/palliative/fachwelt/E_Standards/E_12_3_bigorio_2006_Sedation_de.pdf (Zugriff am 06.12.2016).

8 Vgl. N. Sykes, *The use of opioids and sedatives at the end of life*, in: Lancet Oncol 4,5 (2003), 312–318.

Opioiden oder Benzodiazepinen. Das wesentliche Agens für ein klinisch hervorragendes und ethisch vertretbares Vorgehen ist neben der klinischen Kompetenz in der Durchführung der Maßnahmen wiederum die Qualität der Kommunikation, d. h. die Art der Information aller Beteiligten, das Offenlegen von eigenen Überlegungen als verantwortlicher Kliniker samt der eigenen Unsicherheit, aber eben auch die Deklaration des klaren Ziels, kein zusätzliches neues Leid zu schaffen.

2.2 Das klinische „Schritt um Schritt"-Vorgehen und die Kunst des „Nicht-Beginnens"

Aufgrund der Heterogenität der beteiligten Faktoren, der Unwägbarkeit des zeitlichen Verlaufs und der symptomatischen Entwicklung ist das klinische Vorgehen charakterisiert von „Schritt um Schritt". Langfristige Behandlungspläne über Monate sind obsolet. Es geht um das Vorwärtstasten immer in Abwägung von Schaden und Nutzen, von „Benefit" und „Harm", zum Teil von Tag zu Tag. Die Grundlage hierfür ist wiederum das Vertrauen in die Tragfähigkeit der Beziehung – und vor allem die Kontinuität der Beziehung. Deshalb spielt die Beziehung zur Hausärztin/zum Hausarzt eine solch zentrale Rolle. Der rasche Wechsel von immer neu hinzugezogenen Spezialisten mit nur kurzer „Halbwertszeit" ist fatal: Kein Notfallmediziner oder Fachspezialist wird den mutmaßlichen Willen eines Patienten gut kennen. Auch eine noch so gut aktualisierte Patientenverfügung erhält nur Leben bzw. erlebbaren Inhalt, wenn Kommunikation stattfindet oder stattfand. Ein Hausarzt mit teilweise jahrelanger Beziehung mit dem Patienten verfügt über einen riesigen Vorsprung an Wissen über Geschriebenes und Ungeschriebenes. Und doch werden Hausärzte bei relevanten Therapieentscheiden in den Krankenhäusern nicht oder nur sehr unsystematisch beigezogen. Eigentlich unhaltbar! Deshalb wirft auch eine kurzfristige Parallelbeziehung zu einer Sterbehilfeorganisation so viele Fragen bezüglich der Qualität der Entscheidungsfindung auf. Die Kette der Fachspezialisten für Teilaspekte der Zell- oder Organschäden wird ergänzt mit einer Fachorganisation für die Selbstentsorgung.

2.3 Ein verlässliches Netz aus Fachpersonen in der Palliativversorgung

Eine kontinuierliche Beziehung zu den Grundversorgern in guter Kenntnis der psychosozialen und ggf. auch spirituellen Stressoren, und ein interprofessionelles Palliativteam, das sich in schwierigen Situationen durch eine Mischung aus Vertrauen und Kompetenz bereits als tragfähig erwiesen hat, ermöglicht die schrittweise Reise ins Ungewisse. Diese Reise ist nicht zu idealisieren – aber sie gehört zum Leben wie der schrittweise Anfang. Das wesentliche Element hierbei ist die vertrauensvolle Begleitung mit einer Mischung von Fachkompetenz und menschlicher Wärme. Dabei spielt dann eine große Rolle, welche medizinische Maßnahme gar nicht begonnen wird, bevor man sie mit großen ethischen Bedenken wieder beenden muss.

Auch hier gilt wieder: Es gibt in der evidenzbasierten Medizin fast keine wissenschaftlichen Studien für das Beenden einer vorbestehenden Therapie. Wir wissen nicht, ab welchem Zeitpunkt eine Behandlung mit Blutverdünnern oder Fettsenkern vom erhofften Nutzen ins Schaden umschlägt. Dagegen gibt es unzählige Studien gemäß dem wissenschaftlichen Experiment mit Zufallscharakter (sog. randomisierte kontrollierte Studien) zum Neustart eines Medikaments oder einer Intervention. Wir wissen, dass bei verschlechterter Organfunktion von Leber, Niere und Gehirn viele der Medikamente eher schaden als nutzen.[9] Ein möglicher Grund für die fehlende Aufmerksamkeit dem Absetzen oder dem Nicht-Beginnen von medizinischen Maßnahmen gegenüber ist wahrscheinlich wiederum der oben genannte konzeptionelle Kontext, in den Sterben und Tod wissenschaftlich nicht integriert werden können. Das Absetzen von Medikamenten erfolgt in der heutigen Praxis deshalb meist aus „natürlichen Gründen", d.h. wenn der Betroffene nicht mehr schlucken kann oder will. Dasselbe gilt für die Frage des freiwilligen Verzichts auf Nahrung und Flüssigkeit. Ist dies nun „Töten" oder Mithilfe beim Töten oder Sterbenlassen oder ist dies im Sinne der unterlassenen Hilfeleistung fast synonym? Oder ist das Desinteresse an Nahrung und Flüssigkeit ein natürlicher Bestandteil der Sterbephase und dies seit Bestehen der Menschheit?

2.4 Die Problematik der Prognose

In einem Standard-Lehrbuch der Inneren Medizin, dem „Harrison", finden sich in der Ausgabe von 1896 unzählige Kapitel und Abhandlungen zum Thema Prognose und prognostische Faktoren bei verschiedenen Erkrankungen. In der aktuellen Auflage (auch auf Deutsch) von 2016 sind diese Inhalte weitgehend ersetzt durch Therapiemaßnahmen.[10] Das medizinische Handeln, sei es diagnostisch oder therapeutisch, hat die Unsicherheit der Prognose ersetzt. Oder doch nicht? In einem Artikel im New England Journal of Medicine aus dem Jahr 2011 erörtert die

---

9 Vgl. M. J. McNeil et al., *The Burden of Polypharmacy in Patients Near the End of Life*, in: *JPSM* 51,2 (2016), 178–183.
10 Vgl. P. W. Straub (Hg.), *Harrison: Prinzipien der Inneren Medizin*, Basel 1986; N. Suttorp et al. (Hg.), *Harrisons Innere Medizin*, Berlin [19]2016.

australische Onkologin R. Srivastava das Thema: „Dealing with uncertainty in the time of plenty".[11]

Auch heute noch wissen wir als MedizinerInnen häufig eben nicht, welchen Benefit unsere Maßnahmen haben, vor allem bei weit fortgeschrittenen Leiden. Den möglichen Schaden bzw. die möglichen Auswirkungen auf das Gesamtsystem des Patienten gilt es, bei diesen Menschen besonders gut im Voraus zu ahnen. Dann ist es unsere ehrliche Aufgabe, diesen möglichen Schaden zu kalkulieren – und dies bei der Formulierung einzurechnen, wenn wir sagen: „Wir tun alles für Sie". Wir verstehen darunter eben nicht nur alles maximal Machbare, sondern alle Maßnahmen, die möglichen Schaden abwenden, und vor allem Stress und Leiden reduzieren: bei den Patienten, aber auch bei den Angehörigen; sie müssen mit dem Erlebten weiterleben können: ohne Horrorbilder im Kopf von einem als wenig würdig empfundenen Lebensende mit noch lange spürbarem Leiden. Solche Bilder prägen wesentlich die Vorstellungen über und Ängste vor dem eigenen Lebensende.

Die Kunst des Prognostizierens ist somit weitgehend verloren gegangen. Kaum eine Fachperson wagt es, das kommende Sterben vorher zu sagen. Durchhalteparolen und Aussicht auf Verbesserung werden bis wenige Stunden vor dem Sterben thematisiert. Dabei wissen wir, dass das Erkennen der Sterbephase, wenn auch nicht vollumfänglich, so doch mit hoher Wahrscheinlichkeit möglich ist.

Forschung in den letzten Jahren zu Prognosefaktoren bei ganz verschiedenen Erkrankungen, vor allem aber bei Krebs, hat gezeigt, dass eine Kombination aus Allgemein- bzw. sog. Funktionszustand des Betroffenen (ans Bett gebunden oder nicht?), die nicht willentliche Gewichtsabnahme (sog. Kachexie), die damit verbundene Einschränkung der Atmung insbesondere durch Muskelabbau, sowie verschiedene Laborparameter, die mit diesem körperlichen Abbauprozess einhergehen durchaus eine Aussage zur prognostischen Wahrscheinlichkeit des Überlebens erlaubt.[12] Die klinische Erfahrung und das Bauchgefühl von verschiedenen Fachpersonen kombiniert mit diesen klinischen Beobachtungen und Wahrnehmungen durch alle Beteiligten, inklusive der Angehörigen, spielen auch bei der Erkennung der Sterbephase eine Hauptrolle. Dies konnte in einer Studienfrequenz einer internationalen Studiengruppe gezeigt werden.[13] Es ist einiger-

---

11 Vgl. R. Srivastava, *Dealing with uncertainty in a time of plenty*, in: N Engl J Med 365,24 (2011), 2252–2253.
12 Vgl. B. Gwilliam et al., *Development of Prognosis in Palliative care Study (PiPS) predictor models to improve prognostication in advanced cancer: Prospective cohort study*, in: BMJ 343,7821 (2011), 459.
13 Vgl. B. F. Domeisen et al., *International palliative care experts' view on phenomena indicating the last hours and days of life*, in: Support Care Cancer 21,6 (2013), 1509–1517.

maßen erstaunlich, dass das subjektive „Bauchgefühl" hierbei einen wissenschaftlichen Ritterschlag erhält. Verwunderlich ist dies nicht, hat doch selbst eine Katze mit ihrer Fähigkeit, sterbende Menschen in einem US-amerikanischen Pflegeheim zu erkennen, internationale wissenschaftliche Aufmerksamkeit erreicht, und sogar die Titelseite eines sehr renommierten medizinischen Journals erobert.[14] Ein interprofessionelles Vorgehen, gezielte Beobachtung und jahrelange Praxis sind also Voraussetzung für ein einigermaßen verlässliches Erkennen der Sterbephase. Letztendlich bleibt aber sehr viel Unvorhersehbares: Überraschend positive und negative Verläufe in Bezug auf die erwartete Prognose bleiben Teil der Medizin, auch wenn dies aus juristischer und ethischer Sicht immer wieder enttäuschend sein mag. Es geht hier um Wahrscheinlichkeiten.

3 Das Spannungsfeld zwischen assistiertem Suizid und Palliative Care: das Lebensende als Spiegelbild gesellschaftlicher Orientierung

3.1 Das Misstrauen gegenüber der Betreuungsqualität am Lebensende

Offenbar herrscht ein ausgeprägtes Misstrauen bezüglich einer hervorragenden Qualität der Betreuung und Behandlung am Lebensende. Die Debatte um die Suizidbeihilfe und Euthanasie kann als ein Symptom dieses weit verbreiteten Misstrauens gewertet werden.

Bei dieser Thematik geht es aus meiner Sicht *de facto* um den Stellenwert und Wert des Lebensendes und auch der Vulnerabilität in unserer Gesellschaft. Viele Betroffene klagen, dass sie sich bei der Wegsuche im medizinischen Bereich nicht als Partner der Fachpersonen auf Augenhöhe wahrgenommen fühlen. Die medizinische Kompetenzperson gibt den Weg vor, der betroffene Patient folgt willig. Dabei wird in der Regel ein Thema ausgeklammert: das Lebensende, und ganz konkret das Sterben und der Tod. Damit ist es unmöglich, sich über die damit verbundenen Ängste auszutauschen, über die Angebote der Medizin und Pflege, aber auch über das weite Feld weiterer Unterstützung bis hin zur Spiritualität. Es ist dadurch unmöglich, sich ein leidlich klares Bild vom eigenen Lebensende machen zu können, und sich dann möglichst vertrauensvoll, und eben Schritt für Schritt mit einem vertrauten Team dieser letzten Lebensphase zu stellen. Die

---

14 Vgl. D. M. Dosa, *A day in the life of Oscar the cat*, in: *N Engl J Med* 357,4 (2007), 328–329.

Option Sterben bleibt in der heutigen klinischen Praxis als Variante ausgeklammert, sie wird zur Privatsache, die Medizin formuliert keine verlässlichen Angebote. Demgegenüber wissen wir, dass beste Hospizbetreuung und hervorragende Kompetenz der Palliative Care vor allem im Bereich der Vorausplanung die Qualität bei der Betreuung in der letzten Lebensphase enorm steigern kann.[15]

Eine Analogie sei gestattet: Vor einigen Jahrzehnten wurden enorme Anstrengungen unternommen, um die Qualität der Betreuung am Lebensanfang massiv zu verbessern. Die Angst aller Beteiligten rund um das Thema Geburt wurde dadurch nicht zuletzt auch durch systematische Vorausplanung deutlich verringert, sowohl bei den „Laien" als auch bei den Fachpersonen, durch interprofessionelle Vorbetreuung. Die Vorausplanung führte zu einer Ent-Tabuisierung der Geburt: vom Geschäft der Frauen unter Leitung einer erfahrenen Hebamme, über die Medikalisierung der Geburt mit Standardvorgehen im Spital entwickelte sich eine Kultur der Geburt mit partnerschaftlicher Aufgabenverteilung. Die Frau, der Mann, die ganze Familie zusammen mit Fachpersonen entwickeln eine Vielzahl an möglichen Szenarien und individuellen Optionen bis hin zum Vorgehen im Notfall – eine soweit wie möglich beruhigende Vorausplanung *par excellence*. Kaum jemand verspürt heute Horror, wenn der Lebensstart bevorsteht.

Sollte es nicht auch möglich sein, durch beste Vorbereitung jedes Einzelnen von uns und interprofessionelle Vorausplanung auch das Lebensende vom Horror zumindest größtenteils zu befreien? So viele Erkrankungen verlaufen nicht brüsk, sondern oft absehbar mit schrittweiser Verschlechterung des Allgemeinzustands. Da bleibt Zeit für Diskussionen, Abwägen, Vortasten und Sicherheitsplanung im Netzwerk. Die Aufgabe der Fachpersonen ist dann, das Vorhersehbare zu benennen, Wege zu definieren, und zusammen mit den Betroffenen einen „shared plan" für den Fall einer Komplikation oder Verschlechterung zu besprechen. Unvorhersehbares bleibt Bestandteil dieser Planung. All dies ist eine Domäne der Hausarztmedizin und der ambulanten Dienste, aber auch eine Domäne des Miteinanders in der Gesellschaft, der Fürsorge und Solidarität. Wir werden alle vom Lebensende betroffen sein, sei es als Angehörige, Freunde, Nachbarn oder als Sterbende.

3.2 Das Lebensende als gesellschaftliche Reifeprüfung

Das Lebensende ist kein medizinisches Phänomen oder Thema allein. Es geht um die ganze Bandbreite der Themen unserer Existenz: psychologische, soziale,

---

15 Vgl. A. S. Kelley/R. S. Morrison, *Palliative Care for the Seriously Ill*, in: *N Engl J Med* 373,8 (2015), 747–755.

philosophische und spirituelle Fragen. Wir haben es in der Hand, so gut es geht vorbereitet zu sein und mit verlässlichen Beziehungen diese Lebensphase zu erleben. Dies gelingt wahrscheinlich nur, wenn wir Abhängigkeit und Verletzlichkeit nicht als Funktionsstörung, sondern gar als sinnstiftend erleben, auch wenn dies aus der Position des Gesunden fast zynisch klingt. Dennoch empfiehlt sich die Auseinandersetzung mit der eigenen Endlichkeit seit Jahrhunderten als permanente Reflexion der Wichtigkeit scheinbar unersetzlicher Dinge oder Ziele. Somit kann diese aktive Auseinandersetzung, das lebenslange Üben für das Ende, den Reifegrad einer Gesellschaft spiegeln: Wie viele Konflikte und Sehnsüchte unter Einschluss der materiellen Wünsche kollabieren zur Unwichtigkeit angesichts des Werts der bloßen Existenz. Die Medizin kann nicht zur Sinngebung am Lebensende beitragen. Sie kann nur die Grundlagen für die körperliche und geistige Funktion sichern helfen. Ob das Glas der eigenen Lebensgeschichte möglichst voll ist, hängt dabei von unserer eigenen Bewertung ab. Als wesentlichen Wert am Lebensende erleben wir in der Palliative Care häufig die Existenz von warmen menschlichen Beziehungen. Sie machen den Abschied schwerer, aber das Leiden kleiner: Denn diejenigen, die zurückbleiben, verfügen ebenfalls über wertvolle Beziehungen. Wenn wir zeitlebens in verlässliche menschliche Beziehungen investieren, stellt sich dies nach Aussage vieler Schwerkranker als bestes Heilmittel für schwierige Zeiten heraus. Wenn wir zu besseren Zeiten als Nachbarn, Freunde und Familie für ein möglichst stressarmes Lebensende bei Anderen beitragen, können wir selber möglicherweise von dieser Mithilfe für das eigene Lebensende profitieren. Wenn das Lebensende im gesellschaftlichen Kontext ebenfalls als „the ultimate failure" bewertet wird, es als sinnlos ausgeklammert, und in medizinische Institutionen externalisiert wird, dann ist der Schritt zur selbstgesteuerten Selbstentsorgung im Sinn des finalen Suizids klein.

So bestimmen wir letztendlich selber in unserem sozialen und spirituellen Kontext im Verein mit MedizinerInnen und anderen Fachpersonen die Qualität des Sterbens. Beim Thema Lebensende sollten alle, unabhängig ob Fachperson oder „Laie" eher als Mitmenschen als als Experten zur Verfügung stehen. Es ist eine gesellschaftliche Diskussion und Frage um den Wert und die Wertzumessung des Lebensendes. Kann das Lebensende als sinnvoller Teil des Lebens wieder integriert werden in die Normalität der Lebensverläufe, nutzen wir das Wissen um Schaden und Nutzen medizinischer Handlungen, kommunizieren und planen wir frühzeitig, und wagen wir es als Fachpersonen, das eigene Unwissen in diesem Kontext immer wieder zu deklarieren, dann geht es nicht um „Töten" oder „Sterbenlassen" sondern um die schrittweise gemeinsame Suche nach dem besten Weg zur Vermeidung des Leidens, für eine bessere Vision des Lebensendes und möglicherweise sogar um Sinnstiftung.

Hans Christof Müller-Busch
Freiwilliger Nahrungs- und Flüssigkeitsverzicht am Lebensende

Überlegungen zum Sterbefasten

1 Sterbefasten in Literatur und Medien

Die Literaturwissenschaftlerin Nina Diezemann weist in ihrer Dissertation *Hungerkunst und Esskultur*[1] darauf hin, dass freiwillige Nahrungsabstinenz in verschiedenen Epochen unserer Geschichte sehr unterschiedlich bewertet wurde. Im Mittelalter, als Fasten viel stärker zum Alltag der Menschen gehörte, wurde auch der Verzicht auf Ernährung anders interpretiert. Von geistigen Speisen ernährt zu werden und auf Nahrungsmittel zum Erhalt des Lebens zu verzichten, erschien in einer Zeit, in der die Transsubstantiation, also die Wandlung von Brot und Wein in den Leib und das Blut Christi beim Abendmahl, wörtlich verstanden wurde, keineswegs als abwegig oder gar verwerflich. Über die Jahrhunderte hinweg wurde Nahrungsabstinenz und Fasten zumindest in einer weniger radikalen Form aber durchaus auch in der mystischen Askese bis zum Tod als positiv angesehen. Das heutige Essverhalten und die Einstellung zum Essen wurde weitgehend erst Ende des 19. Jahrhundert begründet, indem der Begriff der Ernährung mit Gesundheit assoziiert wurde und das Verhältnis von Essen und Trinken zu Krankheit neu bestimmt wurde. Während sich eine neue Wissenschaftsdisziplin, die Ernährungswissenschaft, systematisch um gesundheitsfördernde Nahrungs- und Flüssigkeitsaufnahme und -verwertung für den individuellen Körper bemühte, entwickelte sich zu Beginn des 20. Jahrhunderts eine große mediale Aufmerksamkeit für gestörtes Essverhalten: Magersucht, Appetitlosigkeit, die Anorexia nervosa und schließlich das Verhungern wurden als Nervenerkrankung bzw. pathologische Persönlichkeitsstörung klassifiziert. Die veränderte Sicht auf das Thema Nahrungsverzicht fand auch in der schöngeistigen Literatur ihren Niederschlag. Knut Hamsums Roman *Hunger* und Franz Kafkas Erzählung *Ein Hungerkünstler* sind Beispiele dafür, wie diese Thematik literarisch bearbeitet wurde.

Die Neubewertung des Essverhaltens und der Nahrungsabstinenz war gleichzeitig mit einer Entwicklung verbunden, dass Essen und Trinken zunehmend unter dem Aspekt seiner medizinischen Bedeutung betrachtet wurde, so-

---

[1] N. Diezemann, *Die Kunst des Hungerns*, Berlin 2006, S. 9 ff.

dass komplexe Empfehlungen zu therapeutischen Maßnahmen entstanden und sich ein Wirtschaftsbereich mit einer mächtigen ökonomischen Bedeutung und großem kulturellem Einfluss herausbildete, der sich dem Thema Ernährung mit Flüssigkeits- und Kalorienbedarf, Spurenelemente, und natürlich auch der künstlichen Ernährung und Flüssigkeitssubstitution verschrieb. Eine Folge dieser Entwicklung ist beispielsweise, dass heute in den industrialisierten Ländern die künstliche Flüssigkeitsgabe und oft auch die künstliche Ernährung über Ernährungssonden bis zuletzt zum Alltag der Sterbewirklichkeit – zumindest in Krankenhäusern – gehört, obwohl ihr therapeutischer Wert in der Sterbesituation durchaus hinterfragt werden kann.

Seit einigen Jahren wird Sterben durch freiwilligen Verzicht auf Nahrung und Flüssigkeit (FVNF) bzw. „Sterbefasten" allerdings auch in der Palliativversorgung zunehmend als Möglichkeit angesehen, bei Dilemmasituationen unerträglichen Leids die Dauer des Leidensprozesses zu begrenzen und die Beendigung des Lebens bei schwerer Erkrankung, aber auch im hohen Alter, selbst herbeizuführen, wenn ein Suizid oder andere Möglichkeiten der selbstbestimmten Lebensbeendigung nicht in Betracht kommen. Dadurch stellt sich nicht nur die Frage nach der ethischen Bewertung bzw. Akzeptanz, sondern auch die nach den medizinischen und sozialen Implikationen, wenn Menschen sich für diese Form der Lebensverkürzung entscheiden. Auch wenn die „Methode" schon Anfang der 80er Jahre in einem Bildband zum Sterben des alten und lebenssatten Rentners Frank Gramp[2] und in den 90er Jahren als Alternative zum ärztlich assistierten Suizid und zur Euthanasie vorgestellt wurde[3], erlangte sie erst durch die Veröffentlichung des niederländischen Psychiaters Chabot und des deutschen Biochemikers Walther größere Bekanntheit[4], begleitet von einer eher verhalten geführten Diskussion über die medizinischen, ethischen und weltanschaulichen Aspekte.

Chabot und Walther weisen in Ihrem Buch „Ausweg am Lebensende" darauf hin, dass es sich beim Sterben durch FVNF um das Herbeiführen eines „sanften Todes" handelt, der auch für noch entscheidungsfähige Menschen mit Demenz in Frage kommt, und begründen dies durch Beobachtungen von Menschen, die durch das Sterbefasten bewusst aus dem Leben geschieden sind. Drei Voraussetzungen sollten allerdings unbedingt erfüllt sein, damit das Versterben durch Flüssigkeitsverzicht tatsächlich sanft und friedlich verläuft: Erstens, eine kom-

---

[2] Vgl. M. Jury/D. Jury, *Gramp. Ein Mann altert und stirbt. Die Begegnung einer Familie mit der Wirklichkeit des Todes*, Berlin 1982.
[3] Vgl. J. L. Bernat et al., *Patient Refusal of Hydration and Nutrition. An Alternative to Physician-Assisted Suicide or Voluntary Active Euthanasia*, in: Arch Intern Med 153 (1993), 2723–2731.
[4] Vgl. B. Chabot/C. Walther, *Ausweg am Lebensende: Selbstbestimmtes Sterben durch freiwilligen Verzicht auf Essen und Trinken*, München ⁴2015.

petente pflegerische Unterstützung, vor allem eine gute Mundpflege; zweitens, ein verständnisvolles Begleiten und Abschiednehmen seitens der Angehörigen und anderer; und drittens, die Option auf palliativmedizinische Unterstützung durch einen verständnisvollen Arzt.[5]

In den USA dagegen wird die Debatte um VSED (*Voluntary Refusal of Eating and Drinking*) sehr viel heftiger auch unter weltanschaulichen Aspekten geführt, sodass dort sehr viel drastischer vor der Grausamkeit eines Sterbens durch Verhungern und Verdursten gewarnt wird.[6]

Sterbefasten wird zunehmend auch in den Medien öffentlich als Alternative zur Sterbehilfe propagiert. Ein Beispiel, das vor kurzem durch die Medien ging, war der Tod von Tana Herzberg, einer ehemaligen Solotänzerin der Deutschen Oper Berlin. Die 83-Jährige litt an einer schmerzhaften generalisierten Arthrose und hatte weitere Gesundheitsprobleme, deren kontinuierliche Verschlimmerung absehbar war, sodass sie Anfang 2015 ihr Leben durch den Verzicht auf Nahrung und Flüssigkeit beendete[7]. Im Januar 2014 wurde in einem Blog zum Thema „Sterben durch Verzicht auf Essen und Trinken" von einem Patienten mit fortgeschrittenem Speiseröhrenkrebs berichtet, der vom Onkologen auf die Palliativstation eingewiesen wurde, nachdem dieser eine Bougierung der Speiseröhre und Stentstabilisierung zur Verbesserung der oralen Nahrungsaufnahme abgelehnt hatte. Der Patient wollte auch keine weiteren Maßnahmen zulassen und entschied, durch jeglichen Verzicht auf Nahrung und Flüssigkeit ein rasches Sterben einzuleiten. „Im Verlauf trat dann eine zunehmende Schwäche auf und er realisierte, dass es nicht einfach ist, solch eine Verzichtsentscheidung konsequent durchzuhalten. Die Unterstützung durch die Familie und durch das Team, aber auch sein Wunsch, nicht mehr lange leben zu müssen, halfen ihm dabei, diesen Weg weiter zu gehen. Seine Schmerzen konnten durch ein Schmerzpflaster gut gelindert werden. Die letzte Phase seines Lebens war durch eine zunehmende Unruhe und Verwirrtheit gekennzeichnet. Diese Situation wird als Delir bezeichnet, welches u. a. durch die zunehmende Austrocknung des Körpers hervorgerufen werden kann. Durch Gabe von beruhigenden Medikamenten konnte wieder eine gute Situation erreicht werden. Das Durstgefühl konnte weiterhin

---

5 Vgl. C. Walther, *Ein sanfter, kein grausamer Tod*, in: *Dr. med. Mabuse – Zeitschrift für alle Gesundheitsberufe* 210 (2014), 36–38.
6 Siehe hierzu: W. Smith, *Facts about „Voluntary Stop Eating and Drinking"*: http://www.nationalreview.com/human-exceptionalism/380983/facts-about-voluntary-stop-eating-and-drinking-wesley-j-smith (Zugriff am 24.08.2016).
7 Vgl. D. Diening, *Sterbefasten statt Sterbehilfe. Am achten Tag war sie tot – und lächelte*, in: *Tagesspiegel* vom 03. Februar 2016, 3.

durch die Mundpflege gut gelindert werden. Letztlich verstarb der Patient nach drei Wochen friedlich und ohne Beschwerden."[8]

2 Wissenschaftliche Untersuchungen und medizinische Grundlagen

Eine von Chabot publizierte Untersuchung aus den Niederlanden im Jahre 2009 zeigte, dass ca. 2,1% der Todesfälle durch freiwilligen Nahrungs- und Flüssigkeitsverzicht erfolgen,[9] die zu den ca. 3–3,5% Euthanasietodesfällen als weitere Form selbstbestimmten Sterbens hinzugefügt werden können. Zahlen zur Häufigkeit in Deutschland sind nicht bekannt. Eine Befragung von Palliativmedizinern und Hausärzten im Jahre 2014 ergab, dass fast zwei Drittel (62%) der antwortenden Ärztinnen und Ärzte in den letzten fünf Jahren mindestens einen Patienten beim FVNF betreut zu hatten. Ein Fünftel (21%) gab sogar an, dass sie durchschnittlich einen Patienten pro Jahr beim FVNF begleiteten. Die Begleitung eines Patienten beim FVNF wird in der Regel als „normale" Sterbebegleitung angesehen und nicht als ärztlich assistierter Suizid. Dem entspricht auch, dass die meisten Mitglieder der Deutschen Gesellschaft für Palliativmedizin (DGP) FVNF nicht als ärztlich assistierten Suizid angesehen haben und sich diese Form der Begleitung für Patienten mit Sterbehilfe- bzw. Suizidhilfewünschen als Alternative vorstellen können.[10]

Auch wenn keine genauen wissenschaftlichen Untersuchungen über die physiologischen Veränderungen beim FVNF vorliegen, sind die Symptome bei längerer Nahrungs- und Flüssigkeitskarenz, wie sich aus Studien über die Auswirkungen des Langzeitfastens und Beobachtungen von Menschen im Hungerstreik ergab, vor allem durch den ansteigenden Harnstoffspiegel und Elektrolytstörungen zu erklären: Persönlichkeitsveränderungen mit Erregtheitszuständen bis zu Delir, Schlafstörungen bzw. zunehmende Schläfrigkeit bis hin zum Koma, trockener Mund und sehr selten Hungergefühle. In der Regel und abhängig vom Ausmaß der Flüssigkeitsrestriktion tritt der Tod nach einer Phase der tiefen Somnolenz in ca. ein bis drei Wochen ein, es kann allerdings auch wesentlich

---

[8] H. Kaiser, *Sterben durch Verzicht auf Essen und Trinken:* http://hospizblog.de/ethik-und-recht/1117–sterben-durch-verzicht-auf-essen-und-trinken/ (Zugriff am 02.11.2016).
[9] Vgl. B. E. Chabot/A. Goedhart, *A survey of self-directed dying attended by proxies in the Dutch population*, in: *Soc Sci Med* 68 (2009), 1745–1751.
[10] Vgl. N. L. Hoekstra et al., *Bewertung des freiwilligen Verzichts auf Nahrung und Flüssigkeit durch palliativmedizinisch und hausärztlich tätige Ärztinnen und Ärzte. Ergebnisse einer empirischen Umfrage* (N=255), in: *Palliativmedizin* 16 (2015), 68–73.

länger dauern[11]. Ca. 15% der Patienten leben noch nach 14-tägigem FVNF. Eine Untersuchung aus den Niederlanden bei 96 Patienten mit FVNF zeigte, dass zu den Hauptbeschwerden in den letzten drei Tagen vor dem Tod Schmerz (14%), Durst (7%) und Delir (6%) gehörten, während für ca. die Hälfte der Verstorbenen keine belastenden Symptome registriert wurden.[12] Um Kommunikationsfähigkeit und geistige Klarheit bis kurz vor dem Tode zu ermöglichen, wird von Chabot und anderen Autoren empfohlen, täglich ca. 40 ml Flüssigkeit zu sich zu nehmen, um dadurch die Harnstoffausscheidung anzuregen, was allerdings auch mit einer Verlängerung des Sterbeprozesses verbunden ist[13]. Wie aus der palliativen Betreuung sterbender Menschen bekannt, soll eine gute Mundpflege mit Befeuchtung der Schleimhäute die unangenehme Mundtrockenheit wesentlich besser lindern als eine Flüssigkeitszufuhr in einer Phase der Flüssigkeitskarenz[14].

Der Verlauf des Sterbens bei FVNF wird in den meisten in der Literatur geschilderten Fällen als ein langsames und überwiegend friedliches Geschehen geschildert. Auch in der Übersichtsarbeit von Klein Remane finden sich keine negativen Erfahrungen.[15] Dennoch kann die Begleitung eines Menschen, der sich zum Sterbefasten entschieden hat, bei den Angehörigen ambivalente Gefühle hervorrufen. Essen und Trinken gelten auch als Ausdruck von Liebe, Fürsorge und Zusammengehörigkeitsgefühl, sodass Angehörige nicht nur belastet sind und sich sogar schuldig fühlen, wenn sie die Verunsicherung und Vorstellung quält, ob bei einem längeren Verlauf von FVNF nicht doch Hunger- und Durstgefühle vorhanden sind. Eine Befragung von Patienten mit fortgeschrittenen Krebserkrankungen und deren Angehörigen ergab, dass Angehörige in der Sterbephase sehr viel mehr Probleme und Schuldgefühle haben, auf eine künstliche Flüssigkeitsgabe zu verzichten als die Patienten selbst[16]. Insofern ist die Information, die sinnvolle Einweisung in pflegerische Maßnahmen und die Einbeziehung der Angehörigen in die palliative Begleitung des Sterbeprozesses eine wichtige

---

11 Vgl. J. Schwarz, *Exploring the Option of Voluntarily Stopping Eating and Drinking within the Context of a Suffering Patient's Request for a Hastened Death*, in: *JPM* 10 (2007), 1288–1297.
12 Vgl. E. E. Bolt et al., *Primary care patients hastening death by voluntarily stopping eating and drinking*, in: *Ann Fam Med* 13,5 (2015), 421–428.
13 Vgl. S. Terman, *Interview by Les Morgan of February 2008*. Deutsche Übersetzung von Christian Walther: www.patientenverfuegung.de/pv/PDF%20Dateien/Terman-Interview5.pdf (Zugriff am 24.08.2016).
14 H. Gudat/H. Neuenschwander, *Hydratation in der palliativen Betreuung. BIGORIO 2009*, in: *palliative.ch* 4 (2010), 1–4.
15 Vgl. U. Klein Remane/A. Fringer, *Freiwilliger Verzicht auf Nahrung und Flüssigkeit in der Palliative Care: ein Mapping Review*, in: *Pflege* 26,6 (2013), 411–420.
16 Vgl. J. Bükki et al., *Decision making at the end of life – cancer patients' and their caregivers' views on artificial nutrition and hydration*, in: *Support Care Cancer* 22,12 (2014), 3287–3299.

Grundlage für ein unter FNFV friedliches Sterben[17], das von allen Beteiligten als stimmig empfunden wird.

3 Ethische und rechtliche Bewertung

Angeregt durch eine Falldarstellung in der Zeitschrift *Ethik in der Medizin* wird in der sog. Sterbehilfedebatte die Frage diskutiert, ob die FVNF als eine Form des Suizids zu bewerten und die Begleitung eines Menschen, der sich zum Sterbefasten entscheidet, nicht auch als eine Form der Suizidbeihilfe zu verstehen ist[18]. Dagegen schreibt Bickhardt: „Der Suizident legt den genauen Zeitpunkt seines Todes fest und erlebt in der Regel sein Sterben nicht. Beim FVNF kann nur der Beginn festgelegt werden, das Sterben wird vom Betroffenen und seinen Begleitern durchlebt und die Dauer des Sterbens ist ungewiss. Er überlässt damit dem Unverfügbaren Raum. Der Umgang mit dieser Frage berührt ethische, juristische, medizinische, berufsethische und weltanschauliche Aspekte."[19]

Die unterschiedlichen Positionen zur rechtlichen Einordnung und ethischen Bewertung des FVNF und seiner ärztlichen Begleitung werden in den Publikationen von Nina Luisa Hoekstra[20] und Alfred Simon[21] dargestellt, die auch eine Befragung von Ärztinnen und Ärzten der DGP durchführten. So wird diskutiert, FVNF als „passiven" Suizid durch das bewusste Beenden lebensverlängernder Maßnahmen zu betrachten[22], wobei sich diese Ansicht eher mit einer biologischen Definition des Suizids deckt, wie sie aus psychiatrischer Sicht zu finden ist, nämlich dass jede willentliche Handlung oder Unterlassung einer lebensverlängernden Maßnahme mit der Absicht, das eigene Leben zu beenden, als Selbsttötung definiert wird[23]. Konsequenterweise wäre jede Entscheidung eines Pati-

---

17 Vgl. U. Klein Remane/A. Fringer, *Freiwilliger Verzicht auf Nahrung und Flüssigkeit in der Palliative Care*, 411–420.
18 Vgl. D. Birnbacher, *Kommentar II zum Fall – „Freiwilliger Verzicht auf Flüssigkeit und Nahrung im Endstadium einer unheilbaren Erkrankung"*, in: *Ethik Med* 27,3 (2015), 239f.
19 J. Bickhardt, *Kommentar I zum Fall – „Freiwilliger Verzicht auf Flüssigkeit und Nahrung im Endstadium einer unheilbaren Erkrankung*, in: *Ethik Med* 27, 3 (2015), 235–237.
20 Vgl. N. L. Hoekstra et al., *Bewertung des freiwilligen Verzichts auf Nahrung und Flüssigkeit durch palliativmedizinisch und hausärztlich tätige Ärztinnen und Ärzte*, 68–73.
21 A. Simon/N. L. Hoekstra, *Sterbebegleitung: Sterbefasten – Hilfe im oder Hilfe zum Sterben?*, in: *DMW* 140 (2015), 1100–1102.
22 Vgl. D. Birnbacher, *Ist Sterbefasten eine Form von Suizid?*, in: *Ethik Med* 27,4 (2015), 315–324.
23 Vgl. M. Wolfersdorf, *Suizidalität – Begriffsbestimmung und Entwicklungsmodelle suizidalen Verhaltens.*, in: ders./W. P. Kaschka (Hg.), *Suizidalität – die biologische Dimension*, Berlin 1995, 1–16.

enten, sich gegen eine lebensverlängernde Maßnahme auszusprechen, um den Tod herbeizuführen oder zuzulassen, als Ausdruck von Suizidalität zu bewerten, was die personelle und palliative Begleitung eines Menschen, der sich entschieden hat, auf weitere lebensverlängernde Maßnahmen zu verzichten, sehr erschweren würde. Andere betrachten den FVNF als eine Form der willentlichen Herbeiführung des natürlichen Todes im Rahmen der Selbstlimitierung des Lebenswillens und der Lebenskraft[24], die vom ärztlich assistierten Suizid, der Euthanasie und anderen Formen der selbstbestimmten Herbeiführung des Todes abgegrenzt werden kann[25]. So findet beim FVNF – anders als beim Suizid – keine Einwirkung von außen statt, der Tod tritt nicht durch die Handlung direkt ein, und die Entscheidung des Patienten ist in den ersten Tagen reversibel. Die personelle und im Besonderen auch ärztliche Begleitung beim FVNF stellt demnach einen Bestandteil der palliativen Versorgung im Rahmen der Therapiezieländerung dar. Würde der Entschluss des Patienten beim FVNF hingegen als Selbsttötung aufgefasst, so müsste die Begleitung des Arztes unter dem Aspekt der ärztlichen Suizidbeihilfe diskutiert werden. Konsequenterweise hat auch der Vorstand der DGP in einer Anfang des Jahres 2014 veröffentlichten Stellungnahme die Beratung und angemessene Begleitung des FVNF als eine palliativmedizinische Aufgabe bzw. Herausforderung benannt, wobei vom Vorstand der FVNF in speziellen Situationen auch als mögliche Alternative zur abgelehnten ärztlichen Suizidhilfe angesehen wird[26]. Die Arbeitsgruppe *Ethik am Lebensende* in der *Akademie für Ethik in der Medizin* betont, dass für die Hilfe beim FVNF dieselben Entscheidungskriterien anzuwenden sind, die auch für die ärztliche Beihilfe zum Suizid im Einzelfall erarbeitet wurden[27].

---

[24] Vgl. G. Neitzke et al., *Empfehlungen zum Umgang mit dem Wunsch nach Suizidbeihilfe. Arbeitsgruppe „Ethik am Lebensende" in der Akademie für Ethik in der Medizin e. V. (AEM)*, in: Ethik Med 25,4 (2013), 349–365.
[25] Vgl. T. E. Quill et al., Palliative Options of Last Resort: A Comparison of Voluntarily Stopping Eating and Drinking, Terminal Sedation, Physician-Assisted Suicide, and Voluntary Active Euthanasia, in: D. Birnbacher/E. Dahl (Hg.), Giving Death a Helping Hand. Physician-Assisted Suicide and Public Policy. An International Perspective, New York 2008, 49–64.
[26] F. Nauck et al., *Ärztlich assistierter Suizid: Hilfe beim Sterben – keine Hilfe zum Sterben*, in: Dtsch Ärztebl 111 (2014), A-67–71.
[27] Vgl. N. L. Hoekstra et al., *Bewertung des freiwilligen Verzichts auf Nahrung und Flüssigkeit durch palliativmedizinisch und hausärztlich tätige Ärztinnen und Ärzte*, 68–73.

4 FVNF unter palliativmedizinischen Aspekten

Aus palliativmedizinischer Sicht könnte FVNF als Entscheidung zur Therapiezieländerung eines einwilligungsfähigen Patienten angesehen werden, durch die Beendigung der Nahrungs- und Flüssigkeitsaufnahme den Sterbeprozess einzuleiten und den Tod vorzeitig herbeizuführen. Damit wäre FVNF eine Form des Sterbenzulassens durch den Verzicht auf potentiell lebensverlängernde Maßnahmen, die in der Bewertung zu Maßnahmen am Lebensende eine unbestrittene rechtliche und ethische Akzeptanz haben. Auch die amerikanische ESPEN Kommission weist in Statement 34 der neuen Leitlinie[28] darauf hin, FVNF als rechtlich wie auch medizinisch akzeptable Entscheidung eines kompetenten Patienten anzusehen, wenn er dadurch am Ende des Lebens bzw. in Krankheitssituationen mit aussichtsloser Prognose den Tod vorzeitig herbeiführen möchte. Dies gilt jedoch nicht für Patientinnen und Patienten mit Essstörungen wie z. B. Anorexia nervosa – auch wenn dieses Krankheitsbild gelegentlich auch unter palliativen Aspekten beurteilt werden muss.

Ob und unter welchen Bedingungen FVNF auch bei Menschen mit Demenz zulässig ist bzw. beispielsweise im Rahmen einer Patientenverfügung oder sonstigen vorsorglichen Willensbekundung für den Fall der Nichteinwilligungsfähigkeit festgelegt werden kann, ist aus ethischer aber auch aus rechtlicher Sicht problematisch. Meier berichtet von einem Patienten mit fortgeschrittener Demenz mit Dysphagie nach einem Schlaganfall, dem in einem Pflegeheim seitens der Angehörigen die orale Verabreichung von Nahrung und Flüssigkeit durch das Pflegepersonal untersagt wurde, weil das Füttern nicht dem Willen des Betroffenen entsprach. Hier stellt sich nicht nur die rechtliche Frage, ob eine solche Einschränkung von „Basismaßnahmen" durch Angehörige aufgrund von vorsorglichen Willenserklärungen zulässig ist, sondern auch die ethische Frage, wie die forcierte Unterstützung der oralen Nahrungsaufnahme medizinisch, ethisch und weltanschaulich zu bewerten ist[29], wobei durchaus auch standesethische Gesichtspunkte zu beachten sind. Im geschilderten Fall wurde in einer Familienkonferenz empfohlen, dass in dieser Situation das Anbieten von Essen und Trinken nur unter dem Gesichtspunkt des Komforts erfolgen sollte, was aber von der Tochter abgelehnt wurde, die bereit war, ihren Vater nach Hause zu nehmen,

---

28 Vgl. C. Druml et al., *ESPEN guideline on ethical aspects of artificial nutrition and hydration*, in: *Clinical Nutrition* 35,3 (2016), 545–556.
29 Vgl. C. A. Meier/T. D. Ong, *To feed or not to feed? A case report and ethical analysis of withholding food and drink in a patient with advanced dementia*, in: *J Pain Symptom Manage* 50,6 (2015), 887–890.

um seinem Wunsch zu entsprechen, nämlich keineswegs am Ende des Lebens gefüttert zu werden. Der Patient verstarb ehe die Verlegung erfolgte, wobei die Leitung des Pflegeheims beabsichtigte, einen Sorgerechtsentzug zu beantragen.

In einem ähnlichen Fall hatte eine 84-jährige ehemalige Krankenschwester in ihrer Patientenverfügung festgelegt, dass im Falle einer fortgeschrittenen Demenz mit Ernährungsproblemen keine Unterstützungsversuche zur oralen Nahrungs- und Flüssigkeitsaufnahme erfolgen sollten. Bei der gerichtlichen Verhandlung dieses Falles anerkannte das Gericht in British Columbia zwar die Legitimität des FVNF, wertete allerdings das Öffnen des Mundes der an fortgeschrittener Demenz schwersterkrankten Patientin als Einverständnis zur oralen Ernährung bzw. als Widerruf ihrer Vorabverfügung, sodass der Antrag der Angehörigen, auf die Fütterversuche zu verzichten, abgelehnt wurde. Die Begründung des Gerichts stützte sich vor allem auf die Einschätzung, dass Füttern bzw. Beihilfe zur oralen Nahrungs- und Flüssigkeitsaufnahme zu den Basismaßnahmen der persönlichen Pflege und im Gegensatz zur künstlichen Ernährung und Flüssigkeitsgabe nicht zu den medizinischen bzw. therapeutischen Maßnahmen gehöre, sodass hier die Einwilligung wie bei medizinischen Behandlungen nicht erforderlich sei[30]. Vorabverfügungen, die den FVNF im Falle von dementiellen Erkrankungen und anderen Fällen der Nichteinwilligungsfähigkeit regeln wollen, müssen deswegen besonders präzise sein. Gerade bei der Festlegung von Präferenzen zur Ernährung muss genau bestimmt werden, was im Falle von Veränderungen des Verhaltens bei Nichteinwilligungsfähigkeit für das Handeln der Sorgenden bindend ist und was nicht. Die Grenzen der Selbstbestimmung berühren den normativen Status von Odysseus-Kontrakten, aber auch die philosophischen Grundlagen der Entscheidungsfindung am Lebensende[31].

Die letzten beiden Beispiele zeigen, wie mit der Frage des Umgangs mit Patienten, die den FVNF für sich selbst in Betracht ziehen, nicht nur medizinische, rechtliche und ethische Aspekte der sog. Sterbehilfedebatte berührt werden, sondern auch kulturelle und weltanschauliche Dimensionen angesprochen werden, die das Selbstverständnis aller Beteiligten bei Entscheidungen zum und am Lebensende grundsätzlich betreffen.

Zur Bedeutung von Essen und Trinken am Lebensende kann nach Ansicht des katholischen Anthropologen und Bioethikers Johannes Bonelli, der sich in einem Diskussionsbeitrag zur Frage der künstlichen Ernährung am Lebensende positionierte, Folgendes gesagt werden: Jedes Lebewesen ist mit einer inneren

---

30 Vgl. T. M. Pope/B. J. Richards, *Decision-Making: At the End of Life and the Provision of Pretreatment Advice*, in: *J Bioeth Inq* 12,3 (2015), 389–394.
31 Vgl. O. Hallich, *Selbstbindungen und medizinischer Paternalismus. Zum normativen Status von „Odysseus-Anweisungen"*, in: *ZPhF* 65 (2011), 151–172.

Triebkraft nach Selbsterhaltung ausgestattet, die der biologischen Tendenz zur Selbstlimitation entgegenwirkt. Es gibt also zwei prinzipiell unterschiedliche Prozesse, die in einem Lebewesen miteinander konkurrieren: die Tendenz zur Alterung bzw. Selbstlimitierung und ein innerer Antrieb, der dieser Tendenz entgegenwirkt. Letzterer manifestiert sich nach außen im Verlangen nach Nahrung und Flüssigkeit im Sinne von Hunger und Durst und ermöglicht im Inneren mit Lebenswillen zum Selbsterhalt verschiedene Lebensgestaltungsprozesse (z. B. Stoffwechsel, Regeneration, Wachstum, Vermehrung, Atmung, Fortbewegung). Bei Störungen der Regulation bzw. Koordination dieser Prozesse kommt es zu gesundheitlichen Problemen, durch die die Tendenz zur Selbstlimitierung unterstützt wird. Die innere Wirkkraft dieser Prozesse entspringt dem Leben selbst und kann nur z.T. von außen gesteuert werden[32]. Geht dieser Antrieb jedoch verloren, so ist das Lebewesen gleichsam unwiderruflich auf sein Ende hin programmiert. Insofern gehört Sterben zum Leben. Deshalb stellen das Erkennen und die Akzeptanz der Übermacht der Tendenz zur Selbstlimitierung nicht nur eine prognostische, sondern auch eine moralische Herausforderung dar[33]. Die Frage, ob und wie lange die Ernährung auf künstlichem Wege, aber auch auf natürlichem Wege durch Essen und Trinken erfolgen soll, wenn der innere Lebenswille nicht mehr oder nicht mehr ausreichend vorhanden ist, kann nicht nur aus ernährungsphysiologischer Sicht entschieden werden.

5 Abschließende Bewertung

Zusammenfassend lässt sich zum FVNF besonders auch aus palliativmedizinischer Sicht Folgendes feststellen:
1. Sterben ist ein Prozess, der aus dem Leben hervorgeht und mit innerer Notwendigkeit auf ein Ende zusteuert. Die Anerkennung des Sterbens und dessen Begleitung gehört zum Wesen des palliativen Ansatzes, dazu gehört auch, die äußeren Kriterien des Beginns eines Sterbeprozesses zu erkennen. Dazu gehören auch die nachlassende bzw. fehlende physische und psychische Triebkraft des Patienten, Nahrung und Flüssigkeit aufzunehmen bzw. der fehlende Wille dazu.
2. FVNF ist Ausdruck des Willens eines entscheidungsfähigen Menschen, den Sterbeprozess einzuleiten und Ausdruck des nachlassenden oder fehlenden

---

32 Vgl. J. Bonelli, *Leben und Sterben. Zur Problematik der ärztlichen Sterbens- und Leidensverlängerung durch künstliche Ernährung*, in: *Imago Hominis* 13 (2006), 322–327.
33 H. C. Müller-Busch, *Ernährung am Lebensende*, in: *Palliativmedizin* 11,6 (2010), 292–303.

Antriebs zum Lebenserhalt. In Abgrenzung zum Suizid wird der Tod nicht unmittelbar durch eine tödliche Fremdeinwirkung herbeigeführt, sondern es wird der Beginn des Sterbeprozesses festgelegt, dessen Dauer nicht genau bestimmbar ist und der von der konsequenten Durchführung des FVNF abhängig ist. Die Entscheidung zum FVNF ist in Abgrenzung zum Suizid in vielen Fällen zumindest in den ersten Tagen reversibel.

3. Wie jeder Sterbeprozess benötigt der FVNF eine umfassende palliative Betreuung sowohl des Betroffenen zur Leidensprävention und Symptomkontrolle wie auch der Angehörigen zur Trauer- und Abschiedsbegleitung. In der Regel handelt es sich beim FVNF um einen eher friedlichen Sterbeprozess, der allerdings durch die Ungewissheit der Dauer von Patienten und Angehörigen auch als belastend empfunden wird. Nicht in jedem Fall ist die Aufnahme auf einer Palliativstation oder in einem Hospiz erforderlich – allerdings sollte eine aufgeklärte und verständnisvolle personelle Begleitung vorhanden sein. Die Entscheidung des Arztes, den Tod im Verlauf eines FVNF als natürlich oder nicht-natürlich einzuschätzen, muss die Umstände des Einzelfalles berücksichtigen – auf jeden Fall sollte allerdings, soweit bekannt, die Art der Entscheidungsfindung dokumentiert werden.

4. Die palliative Begleitung eines Patienten und dessen Angehöriger beim FVNF stellt keine Suizidbeihilfe dar, sondern ist eine Form der ärztlichen Sterbebegleitung, für die die Grundsätze der Bundesärztekammer zur ärztlichen Sterbebegleitung[34] beachtet werden müssen. Bei der berufsrechtlichen Beurteilung des FVNF ist die Beratung und Begleitung eines Menschen beim FVNF vom berufsrechtlichen Verbot der ärztlichen Suizidbeihilfe in § 16 der Musterberufsordnung abzugrenzen.

5. Die bewusste Entscheidung zur Lebens- und Leidensverkürzung durch FVNF gilt auch als Alternative zum Suizid bzw. zur Tötung auf Verlangen in scheinbar ausweglosen Situationen. Dies sollte bei der Beratung von Palliativpatienten und Angehörigen mit einem Sterbewunsch auch unter dem Aspekt der Prävention berücksichtigt werden. Sterben durch FVNF ist kein „Qualitätsgarant" für ein „gutes Sterben".

6. Vorabverfügungen, die den FVNF im Falle von dementiellen Erkrankungen und anderen Fällen der Nichteinwilligungsfähigkeit im Sinne von Odysseus-Kontrakten regeln wollen, müssen besonders präzise sein und das Handeln insbesondere im Hinblick auf Basismaßnahmen einer würdigen Sterbebegleitung genau berücksichtigen.

---

34 Bundesärztekammer, *Grundsätze der Bundesärztekammer zur ärztlichen Sterbebegleitung*, in: *Dtsch Ärztebl* 108 (2011), A-346–348.

7. Die Begleitung beim FVNF stellt eine emotionale und oft auch ethische bzw. weltanschauliche Herausforderung dar. Teambesprechungen und Fallkonferenzen können dazu beitragen, mit Belastungen und Problemen der Begleitung besser umzugehen. Bestehen in der Palliativsituation bei Pflegenden, Ärzten und anderen Professionen in der Begleitung von FVNF Befürchtungen, an eigene Grenzen zu stoßen, bzw. moralische Bedenken, so sollte unter Beachtung des Respekts vor der Selbstbestimmung, nach anderen Betreuungsmöglichkeiten gesucht werden.

Bernd Alt-Epping
Palliative Sedierung

1 Einleitung

Ein 55-jähriger Patient mit einem ausgedehnten, inkurablen, exulzerierenden Tumorrezidiv an der rechten Halsseite blutet plötzlich massiv aufgrund eines Einrisses einer der großen Halsschlagadern. Der Stationsarzt verabreicht hochdosiertes Midazolam, so dass der Patient das rasche Verbluten nicht bewusst miterlebt. Ein 61-jähriger selbständiger Patient, alleinlebend und beruflich erfolgreicher Unternehmer, mit der Erstdiagnose eines inkurabel metastasierten Krebsleidens der Bauchspeicheldrüse und erheblicher Übelkeit, die auf keine der gängigen Medikamente anspricht, fordert seinen Stationsarzt auf, ihm Medikamente zu geben, die ihn schlafen lassen bis zum Tode. Ein 35-jähriger Patient mit einer Amyotrophen Lateralsklerose (ALS, einer unheilbaren neurodegenerativen Erkrankung, die mit zunehmender, aufsteigender Schwäche und dem Versterben im Atemversagen einher geht, sofern keine dauerhafte Beatmung installiert wird), wird im Hospiz gepflegt und bittet um eine Sedierung bis zum Tode, da er die Symptome nicht mehr erträgt (Schmerzen, Atemnot, Unruhe, Angstzustände, Sekretbildung). Der Hospizarzt verabreicht drei Medikamente (Midazolam als Sedativum, Morphin als Schmerzmedikament, Phenobarbital als Narkosemittel); der Patient verstirbt drei Stunden später.

Diese drei (authentischen) Fallbeispiele mögen verdeutlichen, dass „Sedierung" im palliativmedizinischen Kontext in höchst unterschiedlicher Intention und Ausgestaltung praktiziert wird – und deren handlungstheoretischer Hintergrund entsprechend divergent zu bewerten sein wird.

2 Begriffsklärung

Diese Divergenz wird bereits in den verschiedenen Begrifflichkeiten in diesem Kontext deutlich: der vormalige Begriff der „terminalen Sedierung" wird zumindest im deutschen Sprachgebrauch im palliativmedizinischen Kontext vermieden, weil man die damit verbundene Implikation, die Sedierung würde den Patienten an sein Lebensende bringen, vermeiden möchte. Des Weiteren wird argumentiert, dass eine Sedierungsmaßnahme auch frühzeitiger im Erkrankungsverlauf, also nicht erst dann, wenn der Patient „terminal" krank ist, indiziert sein könne. Daher hat sich der Begriff „Palliative Sedierung" durchgesetzt, der prognostisch weniger einengend ist und die Intention der Symptomlinderung zum Ausdruck bringen soll. Des Weiteren wird zwischen einer „intermittierenden" und einer „kontinuierlichen" Sedierung unterschieden; der Begriff der „respite sedation" bezeichnet eine „Erholungssedierung", die zum Beispiel im intensivmedizinischen Kontext bei Erschöpfungszuständen eingesetzt wird. Der in der internationalen Literatur, insbesondere in Belgien und den Niederlanden eingeführte Begriff der „deep continuous sedation until death" bezeichnet eine besonders tiefe, hochdosierte Sedierung, die bis zum Tode des Patienten beibehalten bzw. dosiseskaliert wird. Mit dem widersprüchlich anmutenden Begriff „early terminal sedation"[1] wird eine frühzeitige, in einer nicht sterbenahen Situation einsetzende Sedierungsmaßnahme bis zum Tode verstanden.

3 Intentionalität

Die unterschiedlichen Begrifflichkeiten lassen bereits Rückschlüsse auf die dahinter stehende therapeutische Intention zu: Zwar betonen alle Leitlinien und Positionierungen der Fachgesellschaften, dass die Intention der Palliativen Sedierung darin besteht, die Symptomlast in anderweitig therapierefraktären Situationen in einer für Patienten, Angehörige und Mitarbeiter ethisch akzeptablen Weise zu reduzieren.[2] Jedoch unterscheiden sich die Begriffe vordergründig vor allem darin, ob beabsichtigt ist, den Patienten zwischenzeitlich wach werden zu lassen oder bis zum Lebensende zu sedieren.

Dabei wird konstatiert, dass „Lebensverkürzung ... kein zulässiges Therapieziel"[3] ist. Zumindest bei der sog. „deep continuous sedation until death" (DCSD) wird dieser Wertekonsens jedoch hinterfragt: die Grenzen zwischen DCSD und Euthanasie seien verwischt, vor allem dann, wenn die sedierende Medikation überproportional gesteigert würde oder wenn die Sedierung für Patienten in

---

[1] V. Cellarius, 'Early terminal sedation' is a distinct entity, in: Bioethics 25 (2011), 46–54.
[2] Vgl. N. I. Cherny/L. Radbruch, EAPC recommended framework for the use of sedation in palliative care, in: Palliat Med 23 (2009), 581–593; B. Alt-Epping et al., Sedierung in der Palliativmedizin – Leitlinie für den Einsatz sedierender Maßnahmen in der Palliativversorgung, in: Palliativmedizin 11 (2010), 112–122; M. M. Dean et al., Framework for continuous palliative sedation therapy in Canada, in: Palliat Med 15 (2012), 1–10; E. Schildmann/J. Schildmann, Palliative sedation therapy: A systematic literature review and critical appraisal of available guidance on indication and decision making, in: Palliat Med 17,5 (2014), 601–611.
[3] G. Neitzke et al., Sedierung am Lebensende. Empfehlungen der AG Ethik am Lebensende in der Akademie für Ethik in der Medizin (AEM), in: Ethik Med 22 (2010), 139–147.

früheren Erkrankungsstadien eingesetzt würde.⁴ In einer niederländischen Umfrage zur „terminalen Sedierung" („defined as the administration of drugs to keep the patient in deep sedation or coma until death, without giving artificial nutrition or hydration") gaben 47 % der Ärzte an, dass unter anderem eine Lebenszeitverkürzung beabsichtigt gewesen sei (in 17 % sogar die explizite Absicht).⁵ Konzeptuelle Übereinstimmungen der DCSD mit ärztlich assistiertem Suizid bzw. Euthanasie/Tötung auf Verlangen werden beschrieben,⁶ und in Belgien wurde erwogen, Fälle von DCSD bzw. Palliativer Sedierung als Tötung auf Verlangen (Euthanasie in der internationalen Literatur) melden zu lassen.⁷

4 Kausalität

Dahinter steht die Annahme, dass eine tiefe, dosiseskalierte Sedierung durchaus in kausaler Weise den Tod nach sich zieht. Der behördliche Aufwand einer Euthanasiehandlung könnte durch eine aggressive Sedierung umgangen werden und denselben Effekt bewirken („slow euthanasia"⁸).

Die Frage, ob eine Sedierungsmaßnahme kausal für das Versterben des Patienten ist (und nicht die Grunderkrankung selbst), wird also im Wesentlichen von der medizinisch-technischen Ausgestaltung der Sedierungsmaßnahme selbst bestimmt sein: eine eskalierende Dosierung von Sedativa und Narkotika wird zwangsläufig das Leben sehr zeitnah beenden – was in dem dritten, obengenannten Fallbeispiel eines Patienten mit vorbestehender Atemschwäche auch geschah. Dieses Fallbeispiel ist aus einer ethischen Fachzeitschrift entnommen, und erstaunlicherweise wird im ethischen Diskurs die so offensichtliche lebenszeitverkürzende Ausgestaltung der Sedierung lediglich unter dem Zustimmungsaspekt benannt.⁹

---

4 Vgl. L. Aquinet et al., *Similarities and differences between continuous sedation until death and euthanasia – professional caregivers' attitudes and experiences: A focus group study*, in: *Palliat Med* 27 (2013), 553–561.
5 Vgl. J. A. Rietjens et al., *Physician reports of terminal sedation without hydration or nutrition for patients nearing death in the Netherlands*, in: *Ann Intern Med* 141 (2004), 178–185.
6 Vgl. S. LiPuma, *Continuous sedation until death as physician-assisted suicide/euthanasia: a conceptual analysis*, in: *J Med Philos* 38 (2013), 190–204.
7 Vgl. T. Smets et al., *The labelling and reporting of euthanasia by Belgian physicians: a study of hypothetical cases*, in: *Eur J Public Health* 22 (2012), 19–26; H. Ten Have/J. V. M. Welie, *Palliative Sedation versus euthanasia: an ethical assessment*, in: *J Pain Symptom Manage* 47 (2014), 123–136.
8 Vgl. N. I. Cherny/L. Radbruch, *EAPC recommended framework for the use of sedation in palliative care*, 581–593.
9 Vgl. I. Ilkilic et al., *Palliativmedizin im interkulturellen Kontext*, in: *Ethik Med* 22 (2010), 49–50.

Im zweiten oben genannten Fallbeispiel wird eine kontinuierliche Sedierung gefordert, unter ausdrücklichem Verzicht auf Nahrung, Flüssigkeit oder weitere Maßnahmen, die die Tiefe der Bewusstlosigkeit oder die Vitalfunktionen (Kreislauf- und Atemfunktionen) überwachen. Auch hier muss konstatiert werden, dass eine tiefe Sedierung unter Verzicht auf jegliche überwachende oder substituierende Maßnahmen nicht nur eine Lebenszeitverkürzung möglicherweise in Kauf nimmt (im Sinne einer nicht intendierten Komplikation), sondern mit an Sicherheit grenzender Wahrscheinlichkeit mit einer Lebenszeitverkürzung einher gehen wird (im Sinne einer zwangsläufigen Konsequenz der Kombination aus tiefer Sedierung und Verzicht auf alle „lebenserhaltenden" Sicherheitsmaßnahmen).

- Ist es zulässig, aus Gründen der gebotenen (und anderweitig nicht zu erzielenden) Symptomlinderung eine Sedierung einzuleiten, und auf alle weiteren Maßnahmen, die dazu beitragen würden, dass durch die Sedierung grundsätzlich keine Lebensverkürzung resultiert, zu verzichten, weil der Patient diese substituierenden und überwachenden Maßnahmen ablehnt?
- Handelt es sich um zwei getrennt zu betrachtende Entscheidungsschritte (Sedierung = geboten und indiziert; weitere Maßnahmen = vom Patienten abgelehnt und damit zu unterlassen) – oder um ein Entscheidungs-„Paket" (Sedierung plus flankierende Maßnahmen, die aus ethischen und medizinischen Gründen unverzichtbar sind)?
- Müsste ärztlicherseits im letzteren Fall dem Patienten die Sedierung vorenthalten werden, weil ethische Grenzen in dem Falle verletzt würden? Und wäre dieses Vorenthalten einer symptomlindernden Maßnahme ein Akt der unterlassenen Hilfeleistung?
- Wenn es um eine längerfristige Sedierung bei einem nicht sterbenskranken Patienten geht, wie kann dann überhaupt durch flankierende Maßnahmen medizinisch gewährleistet werden, dass die Sedierung nicht direkt oder mittels Komplikationen das Leben beendet, wenn man den Patienten nicht unter intensivstationsgleichen Bedingungen überwachen möchte?

Nicht zuletzt die letztgenannten Aspekte begründen (unter anderem) die Verunsicherung und das ethische Unbehagen in der konkreten Behandlung und Begleitung von Patienten, bei denen eine Palliative Sedierung zur Diskussion steht. Sowohl die DCSD als auch die unflankiert durchgeführte kontinuierliche Sedierung, wie oben beschrieben, stellen die Tragfähigkeit der intuitiv plausiblen begrifflichen Unterscheidung zwischen dem ‚Töten' und dem ‚Sterbenlassen' in Frage: ab wann muss eine aggressiv durchgeführte, hochdosierte Sedierungsmaßnahme als Tötungshandlung bezeichnet werden? Sicherlich ist dies dann der Fall, wenn – wie im Fall der DCSD implizit oder gar explizit – das rasche Versterben des Patienten als therapeutisches Ziel benannt wurde. Letztlich aber wird eher die

Kausalität (z. B. der medizinisch nachvollziehbare Zusammenhang einer aggressiv durchgeführten Sedierungsmaßnahme mit dem zeitlich assoziierten Versterben des Patienten) und weniger die zugrundeliegende Intention (z. B. die Linderung von Leid auf Seiten des Patienten mit allen zur Verfügung stehenden Mitteln) über diese handlungstheoretische Einordnung entscheiden.

5 Fazit

Gerade ein solches ethisches Unbehagen bei der Frage nach einer Palliativen Sedierung und die nachfolgende Diskussion genau dort, wo schwer kranke und sterbende Patienten betreut werden, vermag einen Schutz vor einem unreflektierten oder gar missbräuchlichen Einsatz der Palliativen Sedierung (analog DCSD) bieten: die Palliative Sedierung kann aus den oben genannten Gründen nicht als medizinisch und ethisch unbedenkliches Allheilmittel bei refraktärem Leid verstanden werden und als Mittel gegen die Ausweitung explizit lebensverkürzender Maßnahmen (Beihilfe zum Suizid, Tötung auf Verlangen)[10] herhalten („wenn nichts mehr hilft, kann immer noch sediert werden"). Der Graubereich der Palliativen Sedierung zwischen einem einerseits grundsätzlich wirksamen und sinnvollen Instrument intensivierter palliativer Symptomkontrolle in anderweitig refraktären Situationen hin zu einer lebensbeendenden Handlung andererseits, in Abhängigkeit ihrer konkreten technischen Ausgestaltung, darf in der normativen Bewertung dieser medizinischen Maßnahme nicht ausgeklammert werden.

---

10 Vgl. A. M. Siegel et al., *Pediatric euthanasia in Belgium: disturbing developments*, in: *JAMA* 311,19 (2014), 1963–1964; B. Alt-Epping et al., *Was ist das Problematische an der Palliativen Sedierung?*, in: *Ethik Med* 27 (2015), 219–231; B. Alt-Epping et al., *Palliative Sedierung und ihre ethischen Implikationen – eine Übersicht*, in: *Der Onkologe* 22,11 (2016), 852–859; L. Radbruch, *Mit großer Sorgfalt und klinischer Erfahrung*, in: *Dtsch Ärztebl* 111,38 (2014), A-1552–1553.

Reinhard Dettmeyer
Verdeckte Tötungshandlungen in der Klinik durch missbräuchliche Handlungsformen

Rechtsmedizinische Einschätzung

1 Einleitung

Tötungshandlungen im Sinne einer Straftat gibt es als Einzelfall in Kliniken, Krankenhäusern, im Hospiz ebenso wie in Heimen, Altenpflegeheimen und im Rahmen der generellen ambulanten Pflege sowie der (spezialisierten) ambulanten Palliativversorgung. Der Titel dieses Beitrages bietet jedoch begrifflich Unsicherheiten. Der Begriff „Tötungshandlungen" muss zunächst nicht in erster Linie die Verwirklichung eines Straftatbestandes meinen, sondern medizinische Maßnahmen, die als ungewollte und unerwünschte Nebenwirkung unmittelbar zum Todeseintritt führen können und die den Todeszeitpunkt um einen mehr oder weniger langen Zeitraum vorverlegen. In der Literatur findet sich der Terminus „Lebensverkürzung"[1].

Gerade die Vorverlegung des Todeszeitpunktes durch Gabe von Medikamenten in bestimmten Situationen, z. B. im Rahmen einer palliativmedizinischen Schmerztherapie, darf als nicht ganz seltenes Ereignis angesehen werden. Dies geschieht jedoch gerade nicht ‚verdeckt', sondern – jedenfalls sollte es so sein – als ordnungsgemäß in den Krankenunterlagen dokumentierte Medikation, also ‚unverdeckt'. Für den Begriff ‚missbräuchlich' gibt es im Bereich der palliativen Sedierung eine Definition:

> Ein Missbrauch palliativer Sedierung liegt vor, wenn Behandler Patienten in Todesnähe mit dem Primärziel sedieren, den Tod zu beschleunigen. Dieses Vorgehen wird als ‚slow euthanasia', als langsame aktive Sterbehilfe, bezeichnet. In der klinischen Praxis verabreichen manche Ärzte Medikation in sehr hohen Dosierungen, auf den ersten Blick um Symptome zu lindern, jedoch mit einer impliziten Absicht der Lebenszeitverkürzung.[2]

---

[1] M. Oehmichen (Hg.), *Lebensverkürzung, Tötung und Serientötung – eine interdisziplinäre Analyse der „Euthanasie"*, Lübeck 1996.
[2] N. I. Cherny/L. Radbruch, *EAPC recommended framework for the use of sedation in Palliative Care*, in: Palliat Med 23 (2009), 581–593 – deutsche Übersetzung in: European Association for Palliative Care. Sedierung in der Palliativmedizin – Leitlinie für den Einsatz sedierender Maßnahmen in der Palliativversorgung, in: Palliativmedizin 11 (2010), 112–122.

Neben dem Begriff der ‚Missbräuchlichen Sedierung' verwendet die Leitlinie[3] für den Einsatz sedierender Maßnahmen in der Palliativmedizin den Ausdruck ‚Ungerechtfertigte Sedierung' für folgende Situationen:
1. in Situationen, in denen der klinische Zustand des Patienten fehleingeschätzt wurde und potenziell reversible Gründe für die aktuelle Symptomatik übersehen bzw. ignoriert wurden
2. in Situationen, in denen eine palliative Sedierung eingeleitet wurde, ohne zuvor ausreichende Expertise in Symptomkontrolle hinzugezogen zu haben, obwohl diese verfügbar gewesen wäre
3. in Situationen, in denen ein Arzt sedierende Medikamente einsetzt, weil ihn die Versorgung eines Patienten mit komplexer Symptomatik überfordert
4. in Situationen, in denen die Sedierung von den Angehörigen anstatt von dem Patienten selbst eingefordert wird

Der Begriff „missbräuchlich" meint eher ein nicht zulässiges, nicht erlaubtes und mit Sanktionen bedrohtes illegales Tatverhalten mit der Folge, dass ein Patient (früher) zu Tode kommt. Im Unterschied zur ‚ungerechtfertigten Sedierung' liegt eine gänzlich andere Intention des Handelnden bzw. Behandelnden vor. Auf die Intention stellt auch die Unterscheidung von terminaler bzw. palliativer Sedierung im Gegensatz zur Euthanasie ab:

> Bei der Euthanasie ist es die Intention, den Patienten zu töten, das Vorgehen besteht darin, ein tödliches Medikament zu verabreichen, und das erfolgreiche Ergebnis ist der sofortige Tod. Die Intention von terminaler Sedierung ist es, unerträgliches Leiden zu lindern; das Vorgehen besteht darin, ein sedierendes Medikament zur Symptomkontrolle einzusetzen, und der Erfolg dieser Maßnahme ist die Linderung der belastenden Symptome.[4]

Die verwendeten Begrifflichkeiten verdeutlichen jedoch zugleich, dass die Grenzen zwischen missbräuchlichem Verhalten und (gerade) noch zulässiger palliativer Medikation im Einzelfall schwer zu bestimmen sein können, zumal in einem Umfeld, in dem es zur Normalität gehört, dass Menschen sterben, auch akut sterben, weil entsprechende Vorerkrankungen vorliegen.

Ein Patient mit bekannter klinisch manifester Herzinsuffizienz kann an dieser Grunderkrankung akut versterben, er kann aber auch nur deshalb zum gegebenen

---

[3] Im Originaltext wird der Begriff „framework" gewählt, der eher einen Handlungsrahmen umschreibt, und ebenso wie der deutsche Begriff „Leitlinie" nur einen rechtlich nicht verbindlichen Handlungskorridor vorgibt.
[4] L. J. Materstvedt et al., *Euthanasia and physician–assisted suicide: a view from an EAPC ethics task force*, in: *Palliat Med* 17 (2003), 97–101, zitiert nach: H. C. Müller-Busch, *Palliative Sedierung bei einer Patientin mit amyotropher Lateralsklerose*, in: *Ethik Med* 20 (2008), 134f.

Zeitpunkt versterben, weil eine mitunter geringe Variation im therapeutischen Vorgehen vorgenommen wurde. So kann in einem Fall die zu rasche oder etwas zu umfangreiche Gabe von Flüssigkeit bereits die Belastungsschwelle des Herzmuskels überschreiten und zum akuten Pumpversagen des Herzmuskels führen. In einem anderen Fall sind tödliche Elektrolytentgleisungen denkbar durch die Gabe von Insulin, die zu rasche Ausscheidung von Flüssigkeit nach Gabe harntreibender Medikamente und in einem wieder anderen Fall mag durch medikamentöse Aussschwemmung von Flüssigkeit das Entstehen einer Beinvenenthrombose mit nachfolgender tödlicher Lungenthrombembolie befördert worden sein, trotz Gabe blutgerinnungshemmender Medikamente.

Haben Patienten eine entsprechende organische Vorschädigung, so reicht also etwas Fachwissen sowie die praktische Möglichkeit des Zugriffs und eine (geringe) Variation bei der Therapie erhöht bereits das Risiko des Todeseintritts. Nur, sicher vorhersehbar ist der tödliche Verlauf dann nicht, er kann nur mehr oder weniger wahrscheinlich, möglicherweise sogar sehr wahrscheinlich gemacht werden. Hier stellt sich ein möglicherweise medizinisch vertretbares oder auch unvertretbares Verhalten als missbräuchliches risikoerhöhendes Verhalten dar, ohne dass ‚der Täter/die Täterin' im Einzelfall sicher sein kann, dass der Tod eintritt.

Anders ist die Situation bei einem Vorgehen mit der Intention, gezielt den Todeseintritt sicher herbeizuführen. Auch dabei kann es sich allein um die Gabe von Medikamenten oder um eine Variation in der Therapie handeln. Bei gesundheitlich fragilen Patienten kann eine kleine zusätzliche Belastung zum Tode führen (siehe oben). Dies gilt nicht nur für ältere Patienten mit entsprechender Grunderkrankung (am häufigsten: Herz-Kreislauferkrankungen, fortgeschrittene Tumorerkrankungen, Lungenfunktionsstörungen etc.), sondern auch für extrem Frühgeborene, deren Organfunktionen (noch) grenzwertig sind. In Betracht kommt zum Beispiel die missbräuchliche Gabe von u.a. Kalium, von Insulin, von Antiarrythmika oder von ß-Blockern.

Medizinisches Handeln muss nach den Regeln der ärztlichen Kunst erfolgen. Solange dies der Fall ist, kann es sich *per definitionem* nicht um eine ‚missbräuchliche' Handlungsform handeln. Der Begriff ‚missbräuchlich' impliziert somit einen Verstoß gegen anerkannte Standards, im Einzelfall eine Tathandlung, die den Straftatbestand der fahrlässigen oder vorsätzlichen Tötung bedeutet. Das Spektrum von in diesem Sinne gegebenen oder denkbaren *missbräuchlichen* Handlungsformen umfasst verschiedene Aspekte und Situationen. Zu nennen sind hier vor allem folgende vier Fallkonstellationen:

- die (bewusste) Spekulation auf eine Vorverlegung des Todeszeitpunktes im Rahmen einer (palliativ-medizinischen) Schmerztherapie oder einer sonstigen Therapie

- das (von Hinterbliebenen behauptete) Unterlassen (vermeintlich) medizinisch gebotener Maßnahmen zur Lebensrettung mit der Folge des Todeseintritts
- Tötungsdelikte durch Ärztinnen/Ärzte und/oder Menschen mit medizinisch-pharmakologischen Fachkenntnissen (examinierte Pflegekräfte etc.)
- Einzelfälle von Serientötungen in Kliniken bzw. Krankenhäusern oder (Alten-) Pflegeheimen unter Einsatz von Medikamenten oder mittels Gewalt (z. B. Ersticken durch weiche Bedeckung)

Bei schwerst vorerkrankten Patienten mag das ‚Austesten' der Belastungsgrenzen im Rahmen einer grundsätzlich medizinischen Standards entsprechenden Therapie auf entsprechend disponierte Persönlichkeiten einen gewissen Reiz ausüben. Bewegt sich das tatsächliche Handeln jedoch in den Grenzen des medizinisch (noch) zulässigen therapeutischen Verhaltens (siehe oben), so gibt es praktisch keine Ansatzpunkte für Kritik oder auch nur Zweifel an der Korrektheit einer Therapie. Eine dennoch erfolgte Tötung wird als solche praktisch nicht nachweisbar sein.

2 Die Spekulation auf eine Vorverlegung des Todeszeitpunktes im Rahmen einer (palliativ-medizinischen) Schmerztherapie

Der Einsatz von Schmerzmitteln, vor allem von Morphinen, in der Palliativmedizin kann dazu führen, dass der Verdacht aufkommt, die Schmerzmittelgabe habe zur Vorverlegung des Todeszeitpunktes geführt.[5]

Fallbericht 1
Eine 93 Jahre alt gewordene Frau klagt nach einem Sturz im Altenheim über starke Schmerzen im linken Schultergelenk. Röntgenologisch stellt sich eine Fraktur des Kopfes des linken Oberarmknochens dar sowie eine Schambeinfraktur. Die Patientin wird stationär aufgenommen, von einer Operation wird im Hinblick auf schwerwiegende Vorerkrankungen (unter anderem eine vorangegangene Herzklappenoperation und klinische Zeichen einer Rechtsherzinsuffizienz) abgese-

---

[5] Misstrauisch machen würde auch der Nachweis insbesondere höherer Konzentrationen von Pentobarbital im Blut eines Verstorbenen, da dieses Barbiturat regelmäßig im Rahmen der Sterbehilfe eingesetzt wird. Vgl. dazu eine Studie des Instituts für Rechtsmedizin in Basel: M. Lötscher et al., *Schweiz: Sterbehilfe. Der assistierte Suizid*, in: *Kriminalistik* 3 (2016), 186–196.

hen. Wegen anhaltender Schmerzen erfolgt die dokumentierte Gabe von zumindest 10 mg Morphin. Kurze Zeit später wird die Patientin leblos gefunden. Wegen der unklaren Sturzumstände veranlasst die Staatsanwaltschaft eine Obduktion, bei der die Frakturen wie radiologisch beschrieben dargestellt werden. Zusätzlich zeigte sich eine erhebliche Herzvorschädigung (Herzvergrößerung mit einem Herzgewicht von 563 g, Zeichen der Rechtsherzinsuffizienz mit sog. Cirrhose cardiaque des Lebergewebes, Zustand nach operativem Eingriff an einer Herzklappe). Chemisch-toxikologisch wurde im Leichenblut zum Todeszeitpunkt eine Morphin-Konzentration von 400,5 µg/L nachgewiesen. Eine ebenfalls durchgeführte Haaranalytik ergab, dass die Patientin in den Wochen vor dem Tode keinerlei Schmerzmedikamente regelmäßig aufgenommen hatte.

Der therapeutische Bereich für Morphin in der Schmerztherapie wird angegeben mit 10–100 µg/L, der toxische Bereich mit > 100 µg/L und der komatösfatale Bereich mit 100–400 µg/L, es lag also die 4-fache Morphin-Konzentration des oberen Normwertes vor.[6] Bei ansonsten organisch gesunden Drogensüchtigen werden bei Ausschluss einer anderweitigen Todesursache Werte ab 200 µg/L als tödliche Intoxikation akzeptiert.[7] Gutachterlich war daher die Überlegung naheliegend, dass die Patientin unmittelbar nicht an den Folgen des Sturzes mit Frakturen verstorben war, sondern an einer ungewöhnlich hohen Dosis Morphin. Die beschriebene Fallkonstellation mit Vorverlegung des Todeszeitpunktes darf als jedenfalls keineswegs selten im klinischen Alltag angesehen werden. Zu kontrollieren wäre, ob denn tatsächlich eine wirkungsabhängige Titration der minimal effektiven bzw. niedrigstmöglichen Dosierung erfolgte oder ob von einer zu raschen Dosiseskalation ausgegangen werden muss.

Fallbericht 2
Eine 78-jährige Patientin erlitt bei einem Sturz eine Blutung im Schädelinneren (akutes subdurales Hämatom) und wurde komatös stationär aufgenommen. Der Befund wurde seitens der Neurochirurgie als inoperabel angesehen und eine sog.

---

[6] Vgl. M. Schulz/A. Schmoldt, *Therapeutic and toxic blood concentrations of more than 800 drugs and other xenobiotics*, in: Pharmazie 58 (2003), 447–474.
[7] Allerdings konsumieren Drogensüchtige Diamorphin (Heroin), welches z. B. in Großbritannien als Medikament legal verordnungsfähig und beliebt ist, weil es weniger emetische Nebenwirkungen hat als Morphin. 100 mg Diamorphin, als Indikation für die Behandlung von Patienten mit terminalen Tumorschmerzen, können nach intravenöser Gabe tödlich wirken. Vgl. H. Bretschneider, *Andere Länder, andere Sitten. Unkenntnisse über die Anforderungen an einen Notdiensteinsatz in der Primärarztversorgung im Vereinigten Königreich können die berufliche Existenz gefährden*, in: Dtsch Ärztebl 107 (2010), B-1517–1518.

therapia minima vereinbart. Dabei wurde jeweils 5 mg Morphin alle 4 Stunden appliziert, kombiniert mit der Gabe von Midazolam (2,5 mg alle 4 Stunden). Die Patientin verstarb und im Leichenschauschein wurde als Todesursache eine Kleinhirn-Einklemmung als Folge der Blutung im Schädelinneren angegeben. Diese Blutung konnte anlässlich der Obduktion bestätigt werden einschließlich vorhandener Hirndruckzeichen. Chemisch-toxikologisch fanden sich im Leichenblut folgende Konzentrationen: Midazolam 450 µg/L (therapeutischer Bereich: 40 – 250 µg/L), Morphin 1400 µg/L (komatös-fataler Bereich: 100 – 400 µg/L) und Fentanyl 0,49 µg/L (therapeutischer Bereich: 3 – 300 µg/L).

Die regelmäßige Gabe von Morphin alle 4 Std. kann bei der gegebenen Morphin-Halbwertzeit zu einer Wirkstoffkumulation führen, so dass die hier dokumentierte Schmerzmittelgabe zwanglos die gemessenen Konzentrationen erklären könnte. Allerdings wirft eine solch hohe Morphin-Konzentration zum einen die Frage nach der medizinischen Indikation für die Morphin-Gabe, zum anderen die Frage auf, was denn nun als unmittelbare Todesursache anzusehen ist. Immerhin hat die Patientin mit der Blutung im Schädelinneren mindestens fünf Tage gelebt, ohne daran zu versterben, während die Morphin-Konzentration als solche den Todeseintritt zum gegebenen Zeitpunkt zwanglos erklärt.

In den Fällen 1 und 2 wird zwar die Frage zu stellen sein, in welchem Ausmaß die Gabe von Morphin als dem medizinischen Standard entsprechend akzeptabel, also auch therapeutisch indiziert war. Dem Argument, es sei symptomorientiert zur Schmerzlinderung die Morphin-Dosis angepasst worden, wird jedoch regelmäßig gefolgt und trotz morphin-bedingter Vorverlegung des Todeszeitpunktes eher nicht von einer missbräuchlichen und verdeckten Gabe von Morphin ausgegangen. Andererseits wird durchaus kritisiert, dass der hohe Leidensdruck von Patienten mit chronischen, nicht-tumorbedingten Schmerzen und der ausgeprägte Wunsch nach Behandlung dazu führen kann, dass trotz fehlender Indikation starke Opioide eingesetzt werden, vorrangig mit dem Risiko einer Abhängigkeitsentwicklung.[8] Auch in einer solchen Situation dürfte die mögliche tödliche Überdosierung ein ausnutzbares Risiko zur Vorverlegung des Todeszeitpunktes sein.

---

8 Vgl. J. Just/M. Mücke/M. Bleckwenn, *Abhängigkeit von verschreibungspflichtigen Opioiden. Prävention, Diagnostik und Therapie*, in: *Dtsch Ärztebl* 113 (2016), 213 – 220.

3 Das von Hinterbliebenen behauptete Unterlassen vermeintlich medizinisch gebotener Maßnahmen zur Lebensrettung

Noch am ehesten von Hinterbliebenen ist der Vorwurf bekannt, ärztlicherseits sei nicht alles medizinisch Mögliche unternommen worden, um den Eintritt des Todes zu verhindern oder zumindest zeitlich hinauszuzögern. Ein solcher Vorwurf wird nicht selten zeitnah zum Todeseintritt erhoben unter dem Schock der Todesmitteilung bzw. in einem weiteren Sinne als Teil der ‚Trauerarbeit'. Selbstverständlich sind aber auch derartige Vorwürfe ernst zu nehmen und bedürfen einer angemessenen Aufklärung und Kommunikation.

Fallbericht 3
Bei einem 81-jährigen Patienten mit inoperabler stenosierender koronarer Dreigefäßerkrankung (=lichtungseinengende Arteriosklerose der drei großen Herzkranzgefäßäste) tritt nach zwei früheren ausgedehnten, jedoch überlebten Herzinfarkten ein dritter Herzinfarkt auf mit akutem Herzstillstand. Zweimal gelingt danach die erfolgreiche Reanimation innerhalb von 24 Std., bei einem dritten Herzstillstand wird die Reanimation nach 20 Minuten erfolglos abgebrochen. Die Hinterbliebenen werfen den Ärzten vor, diese hätten ihre Reanimationsbemühungen zu früh aufgegeben.

Aus ärztlicher Sicht gab es keine Hoffnung mehr auf eine erneute erfolgreiche Reanimation, und selbst wenn der Patient wider Erwarten noch einmal eine gewisse Herzfunktion aufgebaut hätte, so war doch davon auszugehen, dass in kürzester Zeit erneut ein Herzstillstand auftreten würde. Insofern wurde die Indikation für eine Fortführung der Reanimation aus medizinischer Sicht als nicht mehr gegeben angesehen. Die Obduktionsbefunde bestätigten die schweren Herzvorerkrankungen und den dritten Herzinfarkt.

Fallbericht 4
Eine 78-jährige Patientin ist infolge eines Schlaganfalls gestürzt und hat sich zusätzlich zu einer schlaganfallbedingten Blutung im Hirngewebe eine Blutung auf der harten Hirnhaut (epidurales Hämatom) zugezogen. Die behandelnden Ärzte geben der Patientin aufgrund der Hirnblutung keine Chance auf ein Überleben bei Bewusstsein, der Druck durch die zusätzlich sturzbedingte Blutung auf der harten Hirnhaut erhöht jedoch den Hirndruck und könnte operativ entlastet

werden. Dies würde mit Wahrscheinlichkeit den Todeszeitpunkt verschieben, der jedoch aufgrund der zweiten Hirnblutung „früher oder später" kommen werde. Als die Patientin stirbt, erheben die Angehörigen Vorwürfe, der Tod hätte (noch) nicht eintreten müssen, hätten die Ärzte zumindest den Druck durch die Blutung auf der harten Hirnhaut operativ entlastet.

Das – medizinisch gut begründbare – Unterlassen (weiterer) ärztlicher Maßnahmen kann zwar im Einzelfall den Todeszeitpunkt vorverlegen, jedoch dominiert hier wie im Fall 3 die Grunderkrankung als Todesursache. Dass im Einzelfall ein von den behandelnden Ärzten verlangtes Verhalten den Todeszeitpunkt tatsächlich beeinflusst hat, wird daher selten zweifelsfrei zu belegen sein. Auch kann das Vorgehen der behandelnden Ärzte jedenfalls dann nicht als möglicherweise „missbräuchlich und verdeckt" qualifiziert werden, wenn der ärztliche Entscheidungsprozess gut dokumentiert und kommuniziert wurde, wobei auch die Kommunikation mit den Hinterbliebenen und ggf. deren Haltung in die Dokumentation aufgenommen werden sollte.

Gänzlich anders stellt sich die Situation dar, wenn Tötungsdelikte unter Einsatz von medizinischem Fachwissen gezielt als Verstoß gegen anerkannte Regeln der ärztlichen Sorgfalt und verdeckt erfolgen.

4 Tötungsdelikte von Ärztinnen/Ärzten und/oder Menschen mit medizinisch-pharmakologischen Fachkenntnissen

Aus der rechtsmedizinisch-kriminalistischen Literatur ist bekannt, dass Menschen bei Suiziden und Tötungen auf Tatmittel zurückgreifen, zu denen sie beruflich Kontakt bzw. Zugang haben. So greifen Jäger und Polizeibeamte eher zur Waffe, Menschen mit medizinisch-pharmakologischen Kenntnissen können Medikamente gezielt verabreichen oder Medikamenten-Dosierungen so verändern, dass der Tod herbeigeführt wird.[9]

Fallbericht 5
Die 34-jährige Ehefrau eines Anästhesisten wird von ihrem Ehemann leblos am Ende der Kellertreppe liegend gefunden. Der Anästhesist habe noch Reanimati-

---

9 Vgl. P. Schmidt et al., *Berufsbezogene Tönungen homizidaler Geschehensabläufe*, in: *Arch Kriminol* 205 (2000), 1–14.

onsmaßnahmen ergriffen, ein EKG abgeleitet, dies jedoch erfolglos. Bei der Obduktion fanden sich jedoch keine tödlichen Verletzungen. Im Arztkoffer des Ehemannes fehlte ein Fläschchen Succinylcholin, ein Muskelrelaxans, welches sehr rasch alle Skelettmuskeln lähmt, eine Atmung unmöglich macht und dadurch zum als solches nicht nachweisbaren Tod durch Ersticken führt. Das Muskelrelaxans, Succinylcholin, wird sehr rasch abgebaut und war im vorliegenden Fall, zumal nach ca. 30-minütiger Reanimation, seinerzeit nicht nachweisbar. Erst als sich das angeblich von der Ehefrau unter Reanimationsbedingungen abgeleitete EKG als identisch erwies mit dem Simulations-EKG des EKG-Geräteherstellers zur Demonstration eines Halsmarktraumas, legte der Anästhesist ein Geständnis ab, ohne jedoch Einzelheiten der Tatbegehung, insbesondere die Verwendung von Succinylcholin zu gestehen.[10]

Die muskelrelaxierende Wirkung von Succinylcholin führt dazu, dass insbesondere die Atemmuskulatur nicht mehr benutzt werden kann und der Patient stirbt bei ausbleibender Sauerstoffversorgung (Erstickungstod). Die analytischen Probleme bei der Nachweisbarkeit von Succinylcholin hatten dazu geführt, dass diese Substanz bei Insidern als vermeintlich ideales Tötungsmittel galt. Die unbemerkte Applikation führt bei einem nicht ausreichend (intensivmedizinisch) überwachten bzw. nicht ausreichend beatmeten Patienten zum Tod durch Ersticken. Erst neuere Techniken bei der Analytik erlauben es, bei gegebenem Verdacht, die verdeckte und missbräuchliche Gabe von Succinylcholin durch Untersuchung von u. a. Leichenblut toxikologisch zu kontrollieren.

Fallbericht 6
Eine 48-jährige Frau stirbt kurz nachdem sie bewusstlos ins Krankenhaus eingeliefert wurde. Laut Leichenschauschein sei sie an einer dilatativen Kardiomyopathie (Herzerkrankung mit Ausweitung der Lichtung der Herzhöhlen) verstorben. Nach einem anonymen Hinweis, die Frau sei vergiftet worden, erfolgt die Obduktion. Eine Herzerkrankung kann nicht nachgewiesen werden. Toxikologische Untersuchungen von u. a. Mageninhalt und Leichenblut führten u. a. zum Nachweis des mit 29,80 mg/L extrem hoch dosierten ß-Blockers Metoprolol, eine tödliche Konzentration. Der Ehemann, dessen erste Ehefrau sieben Jahre zuvor ebenfalls unter unklaren Umständen verstorben war, hatte als examinierter Krankenpfleger pharmakologische Kenntnisse. Er gab wechselnde Einlassungen

---

[10] Nach: J. Peters, *Recording Electrocardiograms can be dangerous*, in: *Anesthesiology* 99,5 (2002), 1225–1227; dazu auch: H. Maeda et al., *A case of serial homicide by injection of succinylcholine*, in: *Med Sci Law* 40 (2000), 169–174.

zu Protokoll, zuletzt die Version, wonach sich seine Ehefrau selbst eine Magensonde gelegt und darüber größere Mengen Tee, versetzt mit u. a. dem ß-Blocker, appliziert habe. Auf ihren Wunsch hin, habe er dann, da seine Ehefrau bereits bewusstlos gewesen sei, dennoch ß-Blocker nachgespritzt als Akt einer von der Frau gewünschten Sterbehilfe. Nach dem Ergebnis der Haaranalytik musste die Patientin jedoch bereits seit mehreren Wochen regelmäßig den ß-Blocker Metoprolol aufgenommen haben, ohne dass dafür je eine medizinischen Indikation erkennbar war und ohne Rezeptierung durch einen Arzt. Allerdings fand sich ein unstreitig von der Ehefrau unterschriebener Abschiedsbrief.[11]

In diesem bekannt gewordenen Fall wurde darauf hingewiesen, dass die kontinuierliche Einnahme von ß-Blockern ohne medizinische Indikation als Nebenwirkung zu niedrigem Blutdruck, Antriebslosigkeit und depressiven Verstimmungen bis hin zur Suizidneigung führen kann. Möglicherweise wurde dieser Verlauf durch heimliche Gabe von ß-Blockern bewusst provoziert. Ohne den anonymen Hinweis wäre der Tod jedoch nicht aufgeklärt worden. Das Gericht wertete das Verhalten des Ehemannes als strafbare Tötung auf Verlangen (§ 216 StGB).

5 Serientötungen in Kliniken bzw. Krankenhäusern, Altenheimen und Pflegeheimen

Neben der Tötung eines Menschen unter Einsatz medizinischer Fachkenntnisse im Einzelfall sind auch Serientötungen in Krankenhäusern, Kliniken und Heimen bekannt.[12] Die Motivlage und die Persönlichkeit der Täterinnen und Täter dürfte unterschiedlich sein, vergleicht man einerseits die Tötung im Einzelfall mit subjektiv aus Tätersicht jedenfalls erkennbarem Motiv (z. B. Eifersucht, Habgier) und andererseits Serientötungen durch insbesondere medizinisches Fachpersonal (Geltungsdrang? Reiz der Macht? behauptete Mitleidstötungen?).

Bei Serientötungen sind im Grundsatz zwei verschiedene Begehensweisen abgrenzbar:
1. Gabe oder Entzug von Medikamenten, die nicht selten grundsätzlich zur vorgesehenen Medikation gehören (Kalium, ß-Blocker, Sedativa, Insulin,

---

11 Vgl. H. Wollersen et al., *Intentional poisoning of two wives by their husband?*, in: Arch Kriminol 234 (2014), 33–42.
12 Vgl. G. Eckert, *Physician crimes and criminals*, in: Am J Forensic Med Pathol 3 (1982), 221–230.

Analgetika wie Opiate, Schlafmittel aus der Gruppe der Benzodiazepine[13], Antiarrythmika etc.) und deren zu hohe Dosierung zum Tode führt, was jedoch allenfalls durch toxikologische Analysen nachgewiesen werden kann.

2. Die mechanische Behinderung der Atmung durch ein spurenfreies Bedecken der Atemöffnungen von Patientinnen und Patienten, die sich nicht adäquat wehren können (altersbedingt oder weil unter dem Einfluss von sedierenden Medikamenten stehend), d. h. ein gewaltsames Ersticken mit zum Beispiel einem Kissen.

Serientötungen in Krankenhäusern sind in der Literatur beschrieben, etwas seltener Fälle von Tötungen in Alters- oder Pflegeheimen.[14] Betrachtet man die publizierten Tathergänge, dann findet sich zunächst die heimliche und medizinisch nicht indizierte Gabe von Medikamenten:[15]

a) So wird berichtet, dass in einer Abteilung insgesamt vier Pflegekräfte Patienten zwei bis drei Ampullen des Medikamentes Rohypnol® (Flunitrazepam) über einen bereits bestehenden venösen Zugang applizierten, vereinzelt wurde auch Valium® (Diazepam) bzw. Dominal forte® (Prothipendyl) gegeben. Der Tod trat in der Regel zeitverzögert nach ca. 1,5 Std. ein.[16]

b) Berichtet wird von Tötungsversuchen durch heimliche Gabe von Insulin. Bei mehreren Patienten im Krankenhaus wurde eine akute lebensbedrohliche Unterzuckerung (Hypoglykämie) diagnostiziert, obwohl es sich nicht um Diabetiker handelte. Nach Therapie war der Blutzucker rasch wieder normal.

---

13 Vgl. B. Heyndrickx, *Fatal intoxication due to Flunitrazepam*, in: *J Anal Toxicol* 11 (1987), 278; W. Kirchmair/H. Drexel, *Atemstillstand bei 19jährigem nach Benzodiazepinen in niedriger Dosierung*, in: *Münch Med Wschr* 125 (1983), 941–942.

14 Vgl. J. Missliwetz, *Die Mordserie im Krankenhaus Wien-Lainz*, in: *Arch Kriminol* 194 (1994), 1–7; ders. et al., *Todesfälle in einem Wiener Krankenhaus*, in: M. Oehmichen (Hg.), *Lebensverkürzung, Tötung und Serientötung*, 205–216; K. H. Beine, *Sehen, Hören, Schweigen. Patiententötungen und aktive Sterbehilfe*, Freiburg i. Br. 1998; ders., *Homicide of patients in hospitals and nursing homes: a comparative analysis of case series*, in: *Int J Law Psychiatry* 26 (2003), 373–386; H. Maisch, *Kriminologische Phänomenologie der Serientötung von Patienten durch Angehörige des Pflegepersonals*, in: M. Oehmichen (Hg.), *Lebensverkürzung, Tötung und Serientötung*, 217–225; ders., *Patiententötungen. Dem Sterben nachgeholfen*, München 1997; B. C. Yorker et al., *Serial murder by healthcare professionals*, in: *J Forensic Sci* 51 (2006), 362–371; G. Eckert, *Physician crimes and criminals*, 221–230.

15 Vgl. u. a. J. Missliwetz, *Die Mordserie im Krankenhaus Wien-Lainz*, 1–7.

16 Dazu auch: A. Janda/G. Wagner, *Intraoperativer Herzstillstand und postoperatives Koma durch Flunitrazepam (Rohypnol®)*, in: *Anästh Intensivther Notfallmed* 15 (1980), 432–436.

Neben der Gabe von Medikamenten als häufigster Form der Tötung sind unbemerkte Tötungsdelikte durch vollständigen oder teilweisen Verschluss der Atemöffnungen beschrieben:[17]

c) Im Rahmen pflegerischer Maßnahmen wurde anlässlich der üblichen sogenannten „Mundpflege" bei horizontal gelagertem Kopf des nicht ansprechbaren Patienten mit einem Spatel die Zunge gegen den Mundboden gedrückt und Leitungswasser in die Luftwege gegossen. Die schwer vorerkrankten Patienten hätten keine auffälligen Abwehrreaktionen gezeigt und seien nach ca. 45–60 Minuten verstorben. Mitpatienten sei nichts aufgefallen.

d) Daneben wird von unentdeckten Tötungsdelikten durch Bedecken der Atemöffnungen berichtet und dabei auftretendem Tod durch Ersticken. Solche Tötungsdelikte, z. B. mit einem Kissen, können bei abwehrgeschwächten Patienten vollkommen spurenfrei erfolgen. Dabei ist allerdings davon auszugehen, dass die Täterin/der Täter einen Moment unbeobachtet mit der Patientin/dem Patienten verbringen konnte und dann zeitversetzt – von der tatbegehenden Person oder von einer anderen Pflegekraft – der nicht selten vermeintlich überraschende Tod entdeckt wurde.

Neben der Tötung durch Injektion eines Medikamentes und dem Ersticken durch weiche Bedeckung sind seltenere Formen der Tötung in der Literatur beschrieben: die Injektion von Luft über einen venösen Gefäßzugang (tödliche Luftembolie), die Gabe von Tabletten, die Gabe eines Giftes, das kein Medikament ist und Manipulationen an lebensnotwendigen Geräten, z. B. bei der maschinellen Beatmung.

Gerade bei Serientötungen ist von einer speziellen Konstellation auszugehen, die von Missliwetz wie folgt beschrieben wurde:[18]

- Ärzte bzw. medizinisches Personal verfügen über spezielles Wissen um die Wirkung einzelner Arzneimittel bzw. haben praktische Erfahrung mit der Gabe der relevanten Medikamente
- Der genannte Personenkreis hat die Möglichkeit, sich Medikamente rasch, unkompliziert und unauffällig zu beschaffen
- Der routinemäßige Umgang mit Patienten bzw. zu pflegenden Personen ist beruflicher Alltag und ermöglicht das Arbeiten am Menschen, ohne Verdacht zu erregen
- Betroffene bzw. getötete Patienten haben im Regelfall ein Grundleiden, welches auch den plötzlichen Eintritt des Todes als nicht ganz unwahrscheinlich erscheinen lässt

---

17 Vgl. u. a. J. Missliwetz, *Die Mordserie im Krankenhaus Wien-Lainz*, 1–7.
18 Vgl. ebd.

Vor diesem Hintergrund können Tötungsdelikte über Jahre unentdeckt bleiben, zumal wenn die zeitlichen Abstände zwischen den einzelnen Tötungen stark schwanken. Hinzu kommt, dass Außenstehende sowohl die Qualität der äußeren Leichenschau als auch deren Aussagekraft im Hinblick auf eine bestimmte Todesursache überschätzen. Auch der erfahrenste Leichenschauarzt kann die meisten (medikamentösen) Intoxikationen nicht feststellen. Eine Obduktion kann die tatsächliche Todesursache klären, ggf. im Nachgang durch toxikologische Untersuchungen. Insofern stellt sich die Frage, wie einerseits mit einem Verdachtsfall umzugehen ist und wie andererseits präventive Maßnahmen aussehen könnten.

Fallbericht 7 – Umgang mit dem Verdacht auf eine Serientötung
Auf der Wöchnerinnenstation eines Klinikums erlitten innerhalb eines kurzen Zeitraums vier Patientinnen einen akuten Herzstillstand, ihr Leben konnte jedoch jeweils gerettet werden. In Verdacht geriet eine Krankenpflegerin, die einerseits zu allen vier Patientinnen Kontakt hatte, sich bei den Ereignissen jeweils im Dienst befand und andererseits problemlos ein Medikament zur Auslösung eines akuten Herzstillstandes unbemerkt hätte spritzen können. Außer dieser Konstellation ergaben sich jedoch keine konkreten Anhaltspunkte für eine Tatbegehung. In dieser Situation konnte sich die Abteilungsleitung nicht zur Information der Polizei entschließen. Es wurde daher beschlossen, zwei externe Gutachter (ein Internist/Pharmakologe, ein Rechtsmediziner/Pathologe) mit der Erstellung eines Gutachtens zu beauftragen, zu der Frage, ob die Verdachtslage als derart gravierend einzuschätzen sei, dass Polizei und Staatsanwaltschaft informiert werden müssten. Die in Verdacht geratene Krankenpflegerin wurde für die Dauer der Begutachtung auf eine andere Station versetzt.

Das hier gewählte Procedere der internen Klärung quasi ‚hinter den Kulissen' kann im Einzelfall sinnvoll sein, zumal wenn sich im Ergebnis ein aufgekommener Verdacht nicht bestätigt. Allerdings bedarf es insoweit im Vorfeld einer eindeutigen Absprache. Sollte sich der Verdacht auf ein Tötungsdelikt bzw. mehrere Tötungsdelikte in einem Krankenhaus bzw. Heim bestätigen, muss eine Meldung an Polizei und Staatsanwaltschaft erfolgen; insoweit gelten die Vorgaben zur Meldepflicht von Straftaten gem. § 138 StGB nicht nur für den Auftraggeber eines solchen Gutachtens, sondern auch für den oder die Gutachter.

6 Diskussion

Die Datenlage zu missbräuchlichen und verdeckten Tötungshandlungen in Krankenhäusern, Kliniken, Altenheimen und Altenpflegeheimen beschränkt sich letztlich auf bekannt gewordene spektakuläre Fälle.

Systematische chemisch-toxikologische Kontrollen bzw. Überwachungen von Patienten dahingehend, ob eine medikamentöse Therapie *lege artis* eingehalten wurde oder ob Medikamente weggelassen bzw. ob unzulässig dosiert wurde, ob nicht verordnete Medikamente gegeben wurden, ob es einen vom Patienten verschwiegenen ‚Beikonsum' von Medikamenten gibt, finden sich kaum, auch wenn Medikationsfehler grundsätzlich bekannt sind, auch solche, die unbeabsichtigt zum Tode geführt haben.[19]

Nicht zu vernachlässigen ist auch die Tendenz, einen aufgekommenen Verdacht nicht zu kommunizieren in einer Atmosphäre des Schweigens. Letztlich nicht hinreichend belegt ist ein erhöhtes Risiko für verdecktes und missbräuchliches sowie für den Patienten tödliches Verhalten bei zu hoher Arbeitsbelastung. Dennoch sollte auch dieser Aspekt nicht vorschnell vernachlässigt werden, vor allem wenn die (zu) hohe Arbeitsbelastung entsprechend disponierte Persönlichkeiten trifft. Im Einzelfall kann sich die Frage nach einem (Mit-)Verschulden des Krankenhausträgers im Sinne eines sog. Organisationsverschuldens stellen.[20]

Im Kontext missbräuchlicher, verdeckter Handlungen in der Klinik, auch Tötungshandlungen, erscheinen als präventive Maßnahmen eine Reihe von Aspekten erwähnens- bzw. diskutierenswert im Rahmen sog. Mortalitätsprüfungen:
- ein (elektronischer) Abgleich der Todesfälle (Datum, Uhrzeit) mit den Namen der jeweils im Dienst befindlichen Ärzte bzw. Pflegepersonen
- eine sorgfältigere Kontrolle der Verwendung von Medikamenten bzw. des Medikamentenbestandes, v. a. aber nicht nur von Opioiden; so wird nach wie vor gefordert, dass die Vorhaltung, Anwendung und Überlassung notwendiger Arzneimittel, einschließlich Betäubungsmitteln in Hospizen, Pflegeein-

---

19 Vgl. J. U. Schnurrer/J. C. Fröhlich, *Zur Häufigkeit und Vermeidbarkeit von tödlichen unerwünschten Arzneimittelwirkungen,* in: *Internist* 44 (2003), 889–895; T. A. Brennan et al., *Incidence of adverse events and negligence in hospitalized patients. Results of the Harvard Medical Practice Study,* in: *N Engl J Med* 324 (1991), 370–376; B. Dean et al., *Causes of prescribing errors in hospital inpatients: a prospective study,* in: *Lancet* 359 (2002), 1373–1378.
20 Vgl. G. Zwiehoff, *Strafrechtliche Aspekte des Organisationsverschuldens,* in: *MedR* (2004), 364–373.

richtungen und in der spezialisierten ambulanten Palliativversorgung (SAPV) einer rechtssicheren Normierung und Finanzierung bedarf[21]
- die zeitnahe Kontrolle von Medikamenten und Medikamentenspiegeln im Patientenblut bei dem Verdacht auf eine unzulässige Medikation[22]
- eine ausdrückliche limitierte Ermächtigung zum Zutritt bestimmter Räumlichkeiten für namentlich benannte Mitarbeiterinnen und Mitarbeiter, die allein ihrerseits dritten Personen kontrollierten Zutritt gewähren dürfen (z.B. zur Intensivstation, in den Aufwachraum, für die neonatologische Station usw.)
- die Vornahme der Leichenschau durch nicht in die Behandlung eingebundene und in einer anderen Abteilung des Hauses tätige Ärzte, u.U. auch durch externe Ärzte bzw. Rechtsmediziner (so veranlasst zum Beispiel für das Krankenhaus Delmenhorst/Niedersachsen nach der dortigen Tötungsserie durch einen Krankenpfleger)
- die häufigere Veranlassung einer Obduktion, insbesondere bei zum gegebenen Zeitpunkt dann doch plötzlich und unerwartet aufgetretenem Todesfall
- bei erst später aufgekommenem Verdacht sollten möglichst bald eine Exhumierung des verstorbenen Patienten veranlasst sowie eine Obduktion und chemisch-toxikologische Analysen durchgeführt werden[23]
- die Veranlassung chemisch-toxikologischer Analysen, sollte die Obduktion nicht zum Nachweis einer plausiblen Todesursache führen
- bei eher diffusen Verdachtsmomenten als Option: zunächst Beauftragung externer Gutachter zur Klärung der Frage, ob ein Verdacht hinreichend begründet ist, um dann ggf. die Polizei zu informieren
- die Pflege einer offenen Kommunikationskultur mit der Bereitschaft, Belastungen gemeinsam zu tragen und sich gegenseitig zu stützen, was auch gegenseitige Kontrolle bedeutet
- ein besonders kritischer Umgang mit den Patienten belastenden Maßnahmen (vor allem Volumsubstitution, Gabe von Elektrolyten und Gabe von Medi-

---

21 Vgl. A. Wienke, *Einbecker Empfehlungen der DGMR zu aktuellen Rechtsfragen der Palliativversorgung*, in: *MedR* 33 (2015), 106–107.
22 Hingewiesen sei hier auf die Diskussion zur Anlegung von Notfallvorräten an Betäubungsmitteln für ca. 23.000 Patienten in Hospizen und ca. 700.000 Patienten in rund 11.000 Pflegeheimen (Stand: 2011): http://www.aerzteblatt.de/nachrichten/44927/ (Zugriff am 02.11.2016).
23 Zur Aussagekraft von Befunden nach Exhumierung und insbesondere auch zum Nachweis von Medikamenten auch noch nach längerer Erdgrabliegezeit gibt es entsprechende rechtsmedizinische Studien: H. Althoff, *Bei welchen Fragestellungen kann man aussagekräftige pathomorphologische Befunde nach Exhumierung erwarten?*, in: *Z Rechtsmed* 75 (1974), 1–20.

kamenten) im Sinne einer Abwägung der vertretbaren Dosierung und Applikationsart
- die Möglichkeit der (anonymen, vertraulichen) Meldung von Auffälligkeiten über ein klinikinternes Meldesystem, wobei nicht nur unmittelbar behandlungsbezogene Auffälligkeiten sondern auch personenbezogene Auffälligkeiten genannt werden könnten, wenn sachlich begründbar, denn es sollte kein Klima der ‚Denunziation' entstehen
- Reflexion der eigenen Position und Rolle im Kontext der Behandlung von Patienten
- ausreichende gegenseitige Wertschätzung der Fähigkeiten und Aufgaben unter den an der Behandlung beteiligten Personen
- Entscheidungen über die Einleitung oder auch Fortsetzung ärztlich-pflegerischer Maßnahmen sollten im Einzelfall kommuniziert werden, unter Umständen sollte eine Besprechung im Ethikkommittee der Klinik (wenn vorhanden) erfolgen
- Sog. ‚Überlastungsanzeigen' durch das Krankenhauspersonal sollten ernst genommen werden mit dem Versuch einer Verbesserung der Situation
- Rechtzeitige Kommunikation für den Fall, dass aus medizinischer Sicht das Unterlassen einer Reanimation vertretbar ist (‚Do-not-resuscitate-Order'), um zu kommunizieren, dass es für die Entscheidung über derart schwierige Fragen ein geordnetes Verfahren gibt, welches Entscheidungen einzelner Personen, Einzelfallentscheidungen zu missbräuchlichem und verdecktem Verhalten selbst bei *quoad vitam* extrem schlechter Prognose eines Patienten weniger Raum lässt.

Schließlich können bei Serientötungen im Einzelfall Auffälligkeiten im Verhaltensmuster der Mitarbeiterin bzw. des Mitarbeiters feststellbar sein. So sollen Täterinnen/Täter sich eher unzureichend in ein Team integrieren und mit auffällig großem Engagement tätig werden bei der Behebung von Komplikationen, die sie zuvor selbst unbemerkt hervorgerufen hatten. Solche Persönlichkeiten gelten als eher nicht beliebt, aber ihre fachliche Kompetenz wird respektiert, wenn auch teilweise mit ‚Besserwisserei' verbunden. Die Psychopathologie scheint jener von meist jungen Feuerwehrmännern zu ähneln, die mit übergroßem Eifer beim Löschen eines vorher von ihnen selbst gelegten Brandes helfen, um anschließend gelobt zu werden. Bei (Serien-)Tötungen in Krankenhäusern etc. kommt möglicherweise der ‚Kick' hinzu, einen Menschen gerettet zu haben, den man selbst zuvor in Todesnähe bzw. bis zum Herzstillstand gebracht hatte. Auch hier dürfte die im Falle einer erfolgreichen Reanimation zu erwartende lobende Zuwendung ein ersehnter Effekt sein. In Einzelfällen wurden später als Täterin bzw. Täter identifizierte Pflegepersonen trotz aufgekommenen Verdachts von ihrem früheren

Arbeitgeber mit einem guten Arbeitszeugnis ‚weggelobt', obwohl bereits ‚Gerüchte' entstanden waren und weil niemand es wagte, einen aufgekommenen Verdacht offen anzusprechen. Ist es so weit gekommen, sollte überlegt werden, wie ein nun einmal bestehender Manipulations- oder gar Tötungsverdacht durch objektive Befunde (Obduktion, Toxikologie) möglichst rasch entweder bestätigt oder entkräftet werden kann.

7 Fazit

Verdeckte Tötungshandlungen in Kliniken und Heimen durch missbräuchliche Handlungsformen kommen vor. Die Grenze zwischen noch zulässig und schon missbräuchlich sowie noch transparent und schon verdeckt kann fließend sein, wenn es um ein die Wahrscheinlichkeit des Todeseintritts „nur" erhöhendes Verhalten geht. Hier wird die Zulässigkeit der Variabilität potentiell tödlicher therapeutischer Optionen einschließlich Medikation im konkreten Einzelfall zu prüfen sein.

Verdeckte Tötungshandlungen mit dem eindeutigen Ziel der möglichst raschen Herbeiführung des Todes können von entsprechend disponierten Persönlichkeiten[24], möglicherweise begünstigt durch äußere Rahmenbedingungen, auch erfolgen, ohne sogleich entdeckt zu werden. Zu fordern sind vorausschauend präventive Maßnahmen zur Vermeidung verdeckter Tötungshandlungen durch administrativ-organisatorische Vorgaben (Erfassung statistischer Daten, Zutrittsregelungen, Kontrolle des Bestands an Medikamenten usw.), die sofortige und damit häufigere Veranlassung einer Obduktion bei Verdachtsfällen – auch zur Exkulpation in Verdacht geratener Mitarbeiterinnen und Mitarbeiter – und die Bereitschaft zu einer offenen Kommunikationskultur. Eine Objektivierung der Todesursache durch entsprechende Untersuchungen (Obduktion[25], postmortale Labordiagnostik und chemisch-toxikologische Analysen, feingewebliche Untersuchung von anlässlich der Obduktion entnommenen Organproben usw.) ist im Verdachtsfall unverzichtbar; allein die Vornahme der Leichenschau durch eine nicht in die Behandlung des Patienten involvierte Ärztin/ einen Arzt reicht angesichts der limitierten Aussagekraft von Befunden bei der äußeren Leichenschau nicht aus.[26] Eine offene Kommunikationskultur schließt darüber

---

24 Vgl. H. Maisch, *Kriminologische Phänomenologie der Serientötung von Patienten durch Angehörige des Pflegepersonals*, 217–225.
25 Dazu: D. Modelmog et al., *Vergleich der Mortalitätsstatistik einer Stadt bei unterschiedlicher Obduktionsquote (Görlitzer Studie)*, in: Pathologe 12 (1991), 191 f.
26 Vgl. B. Brinkmann et al., *Fehlleistungen bei der Leichenschau in der Bundesrepublik Deutschland: Ergebnisse einer multizentrischen Studie (I), (II)*, in: Arch Kriminol 199 (1997), 1–2, 65–74.

hinaus auch die Möglichkeit der vertraulichen Weitergabe von Informationen an z. B. eine neutrale vertrauenswürdige Institution ein. Hat sich ein konkreter Verdacht ergeben, muss eine sofortige Information und Zusammenarbeit mit den Ermittlungsbehörden erfolgen.

IV. Teil: **Rechtliche Entwicklungen**

Gunnar Duttge
Zur Reichweite von Lebensschutz und Selbstbestimmung im geltenden Sterbehilferecht

1 Problemstellung

Der „richtige", d. h. wertbezogen angemessene Umgang mit besonders vulnerablen Patienten in deren letzter Lebensphase verweist auf sozialethische, psychologische und genuin humane Facetten dieses buchstäblich existenziellen Lebensabschnittes. Das Recht hat hier – wie auch sonst – keine im eigentlichen Sinne lebensausfüllende Aufgabe (anders als etwa die palliativmedizinische Versorgung und seelsorgerische Fürsorge); seine Aufgabe erschöpft sich vielmehr darin, eindeutig inakzeptablen Umgangsweisen Grenzen zu ziehen und dazu beizutragen, dass berechtigte Interessen aller Beteiligten nicht in den Routinen der alltäglichen klinischen Praxis untergehen. Als unparteiischer Akteur ergreift das Recht nicht einseitig Partei, sieht sich jedoch im hiesigen Kontext dazu aufgerufen, mit seinem Regelungsinstrumentarium auf vorhandene Machtasymmetrien zu reagieren und dem strukturell Unterlegenen (Patienten) durch Gewähr von Rechten bessere Chancen auf Gehör und Respekt zu verleihen. Deshalb nimmt es nicht wunder, dass der Gedanke hinreichender Mitsprache des Patienten aus Gründen seines Selbstbestimmungsrechts, damit er nicht zum bloßen Objekt des Geschehens herabgewürdigt werde, innerhalb des deutschen Rechts der sog. „Sterbehilfe"[1] zunehmend eine beherrschende Rolle einnimmt.

Das Selbstbestimmungsrecht ist freilich nicht der einzige Leitgedanke, der die normative Bewertung der am Lebensende bestehenden Handlungsoptionen bestimmt: In ihrem Zustand der besonderen Vulnerabilität dürfen schwerkranke Patienten vor allem dann größtmögliche Fürsorge beanspruchen, wenn der irreversible Verlust ihres Lebens droht. In verfassungsrechtlicher Hinsicht resultiert hieraus eine Schutzpflicht der Gemeinschaft zugunsten der Lebenserhaltung;[2] in strafrechtlicher Hinsicht verstehen sich die kategorischen Verbote der Tötung auf

---

[1] In einem weiten und wertneutralen, sämtliche Sterbehilfetypen umfassenden Sinne gemeint. Zu diesen näher z. B. G. Duttge, *Rechtliche Typenbildung: Aktive und passive, direkte und indirekte Sterbehilfe*, in: D. Kettler et al. (Hg.), *Selbstbestimmung am Lebensende*, Göttingen 2006, 36 ff.
[2] Vgl. etwa BVerfGE 88, 203, 251; näher z. B. J. F. Lindner, *Grundrechtsfragen aktiver Sterbehilfe*, in: JZ 61 (2006), 375 ff.

Verlangen (§ 216 StGB) sowie der – jüngst implementierten[3] – „geschäftsmäßigen Förderung von Selbsttötungen" (§ 217 StGB) als deren Konkretisierung „im Interesse des Integritäts- und Autonomieschutzes"[4]. Damit offenbaren sich diesseits und jenseits der Anwendungsfelder von „aktiver Lebensbeendigung" bzw. „Sterbenlassen" diametral konträre normative Akzentuierungen, die sich keineswegs von selbst verstehen, sondern in einer widerspruchsfreien Gesamtrechtsordnung erklärungsbedürftig sind. Die nachfolgenden Überlegungen suchen die Gründe für jene divergierende Wertorientierung ausfindig zu machen, die aber zugleich eine Erklärung für die vom geltenden Recht gezogene Trennlinie liefern müssen. Gleichsam wegbereitend hierfür bedarf es dabei zuerst einer Vergewisserung über jene Prämissen und Annahmen, welche die geltende Rechtslage bedingen.

2 Selbstbestimmte Therapiebegrenzung: Kritik aus der Perspektive des Lebensschutzes

2.1 Geltendes Recht

2.1.1 Idee und rechtliche Ausgestaltung der „Patientenautonomie"

Es zählt zum fundamentalen Selbstverständnis des modernen Menschen wie auch zum Kern einer freiheitlich verfassten Gesellschaftsordnung, dass ein jedes Individuum beanspruchen darf, den eigenen Lebensweg grundsätzlich selbst zu bestimmen. Die werthaltige Hintergrundfolie dieses Grundverständnisses dürfte wohl darin zu sehen sein, dass der einzelne seine Existenz erst dann als besonders wertvoll schätzt, wenn er sich nicht zu einem Sklavendasein unter dem Zwang staatlicher Macht oder anderer Menschen verdammt sehen muss.[5] Dieser fundamentale Freiheitsanspruch hat in der deutschen Rechtsordnung seinen wirkkräftigen Ausdruck in der verfassungsrechtlichen Verbürgung individueller Grundrechte gefunden, vor allem in Art. 2 Abs. 1 GG: „Jeder hat das Recht auf die freie Entfaltung seiner Persönlichkeit", sofern und solange diese – im Ausgangspunkt beliebige – Freiheitsentfaltung nicht die gleiche Freiheit anderer

---

3 Eingefügt durch Gesetz v. 03.12.2015 (BGBl. I 2177).
4 BT-Drucks. 18/5373, 10.
5 Für einen vertiefenden Einblick in das liberalistische Autonomieprinzip siehe C. Bratu/J. Nida-Rümelin, *Autonomie als politisch-ethisches Prinzip im Liberalismus*, in: C. Wiesemann/A. Simon (Hg.), *Patientenautonomie. Theoretische Grundlagen – Praktische Anwendungen*, Münster 2013, 263–274.

(übermäßig) beeinträchtigt. Basis dieses Freiheitsversprechens ist die Anerkennung eines jeden Einzelnen als Rechtssubjekt mit einer ihm per se anhaftenden, unverlierbaren „Menschenwürde" (Art. 1 Abs. 1 GG).

Für das Arzt-Patienten-Verhältnis ist im deutschen wie europäischen Rechtsverständnis schon seit langem unumstritten, dass der einzelne Patient das ungeschmälerte Recht hat, ärztliche Therapieangebote – und zwar aus beliebigen Gründen – abzulehnen. Schon im Jahre 1957 hat der Bundesgerichtshof in Strafsachen unmissverständlich klargestellt: „Niemand darf sich zum Richter in der Frage aufwerfen, unter welchen Umständen ein anderer vernünftigerweise bereit sein sollte, seine körperliche Unversehrtheit zu opfern, um dadurch wieder gesund zu werden. [...] Zwar ist es das vornehmste Recht und die wesentlichste Pflicht des Arztes, den kranken Menschen nach Möglichkeit zu heilen; dieses Recht und diese Pflicht finden aber in dem freien Selbstbestimmungsrecht des Menschen über seinen Körper ihre Grenze"[6]. Zu dieser rechtlichen wie medizinethischen Überzeugung hat maßgeblich die Erfahrung beigetragen, dass leidende und hilflose Patienten ansonsten der überlegenen Macht des „Experten in Weiß" weithin unkontrolliert ausgeliefert und bloß noch Objekt der ärztlichen Vernunfthoheit wären.[7] Dies gilt selbst dann, wenn das ärztliche Behandlungsangebot vital indiziert, d. h. bei Ablehnung der alsbaldige Tod die sichere Folge ist.[8] Denn hierfür trägt rechtlich wie medizinethisch nicht mehr der Arzt, sondern der Patient die letzte Verantwortung.

Abweichend von der hippokratischen Tradition ist damit heute nicht mehr die ärztliche Alleinverantwortung,[9] sondern eine innerhalb der „therapeutischen Partnerschaft" geteilte Verantwortlichkeit Basis des Arzt-Patienten-Verhältnisses:[10] So sehr es dabei allein Sache der professionellen ärztlichen Erkenntnis ist, über die medizinische Indikation und über die Vorzugswürdigkeit der in Betracht kommenden therapeutischen Optionen nach medizinischer Erfahrung zu befinden, so sehr liegt es in der ausschließlichen, durch keine ärztliche Vernunft ersetzbaren höchstpersönlichen Beurteilungskompetenz des unmittelbar betroffe-

---

6 BGHSt 11, 111, 114.
7 Vgl. C. Woopen, *Der Arzt als Heiler und Manager – zur erforderlichen Integration des scheinbar Unvereinbaren*, in: C. Katzenmeier/K. Bergdolt (Hg.), *Das Bild des Arztes im 21. Jahrhundert*, Berlin 2009, 181–194.
8 Siehe Fn. 6.
9 Zu den Formen der ärztlich-paternalistischen Alleinverantwortung vgl. G. Maio, *Mittelpunkt Mensch: Ethik in der Medizin*, Stuttgart 2012, 156 ff. sowie grundlegend zum Verhältnis von Autonomie und Fürsorge A. Simon/F. Nauck, *Patientenautonomie in der klinischen Praxis*, in: C. Wiesemann/A. Simon (Hg.), *Patientenautonomie*, 174 ff.
10 Zu den verschiedenen Modellen der Arzt-Patienten-Beziehung vgl. E. J. Emanuel/L. L. Emanuel, *Four Models of the Physician-Patient Relationship*, in: *JAMA* 267 (1992), 2221–2226.

nen Patienten, ob er die angebotenen Heileingriffe und Maßnahmen für seine Person mittragen kann. Rechtssystematisch bildet daher das ärztlich-medizinische Erlaubtsein nur eine von zwei selbständigen Bedingungen für die Zulässigkeit/Gebotenheit eines ärztlichen Heileingriffs, zu der davon unabhängig – gleichsam als „zweiter Säule" – gleichberechtigt noch die informierte Zustimmung des einwilligungsfähigen Patienten (bzw. ein entsprechendes Äquivalent bei Einwilligungsunfähigen) hinzutreten muss:[11] Fehlt es auch nur an einer dieser beiden Legitimationsvoraussetzungen, so ist im Hinblick auf den jeweils in Frage stehenden Eingriff – sei es durch erstmaligen Beginn oder durch Fortführung einer ärztlichen Behandlung – ein ärztliches Unterlassen nicht etwa rechtswidrig/strafbar, sondern umgekehrt geboten.

Der Gewähr eines solchermaßen echten Mitbestimmungs- und Entscheidungsrechts des Patienten kommt heute angesichts des gesteigerten Potentials der modernen Intensivmedizin zur Lebenserhaltung und -verlängerung eine hohe praktische Bedeutung zu: Längst hat in der Bevölkerung spürbar das Misstrauen um sich gegriffen, dass die Intensivmedizin – neuerdings auch unter dem Druck der Ökonomie (im Wege der sog. „ökonomischen Indikation")[12] – die Grenzen der „Sinnhaftigkeit" ihres Tuns aus den Augen verloren hat.[13] Der Tod gilt einer am Virus der Hybris leidenden Medizin des 21. Jahrhunderts als der Feind schlechthin, den es mit allen Mitteln zu bekämpfen gilt. Eben dies ist aber, wenn die Lage aussichtslos geworden ist und nur noch das Sterben verlängert werden kann, nicht im Sinne des Patienten und meist auch nicht von seinem Willen getragen. Dabei steht alle ärztliche Kunst unhintergehbar im Dienste des Wohls eines jeden individuellen Patienten, der sich nicht sklavisch von den technischen Möglichkeiten der modernen Apparatemedizin abhängig sehen will. Vor diesem Hintergrund wird die vielzitierte Forderung nach einem „menschenwürdigen Sterben"[14] stets – je-

---

11 Vgl. A. Laufs, *Nicht der Arzt allein muss bereit sein, das Notwendige zu tun*, in: NJW 53 (2000), 1760 mit weiteren Nachweisen; zur „dialogischen Struktur" der medizinischen Behandlung vgl. V. Lipp, *Rechtliche Grundlagen der Entscheidung über den Einsatz lebenserhaltender Maßnahmen*, in: D. Kettler et al. (Hg.), *Selbstbestimmung am Lebensende*, 94 f.

12 Zur Problematik eingehend die Stellungnahme der *Bundesärztekammer* vom 20.02.2015 zur „Medizinischen Indikationsstellung und Ökonomisierung", in: Dtsch Ärztebl 112 (2015), A 836, online unter: http://www.bundesaerztekammer.de/fileadmin/user_upload/downloads/pdf-Ordner/Stellung nahmen/SN_Med._Indikationsstellung_OEkonomisierung.pdf (Zugriff am 21.12.2016).

13 Zum nach wie vor klärungsbedürftigen Problem der sog. „futility" vgl. im Überblick G. Duttge, *Einseitige („objektive") Begrenzung ärztlicher Lebenserhaltung? – Ein zentrales Kapitel zum Verhältnis von Medizin und Recht*, in: NStZ 26 (2006), 479 ff.

14 Dazu näher z. B. G. Duttge, *Menschenwürdiges Sterben*, in: H. Baranzke/G. Duttge (Hg.), *Würde und Autonomie als Leitprinzipien der Bioethik. Grundzüge einer moralphilosophischen Verständigung*, Würzburg 2013, 339 ff.

denfalls auch – im Sinne einer gebotenen Achtung des Patienten als Subjekt seines Lebensschicksals und nicht als bloßer „Krankheits-Fall"[15] verstanden.

2.1.2 Selbstbestimmungsrecht bei einwilligungsunfähigen Patienten

Unabdingbare Voraussetzung für ein eigenverantwortliches Mitwirken des Patienten am Behandlungsgeschehen ist freilich das Vorhandensein der nötigen Einsichts- und Urteilsfähigkeit, bezogen auf den je konkret in Aussicht stehenden Heileingriff. Die ärztliche Aufklärung mit den wesentlichen Informationen zu Risiken, Belastungen und erhofftem Nutzen soll dem Patienten trotz seiner medizinischen Laienschaft zur erforderlichen Reflexionsfähigkeit verhelfen, um die höchstpersönliche Akzeptabilität des Bevorstehenden eigenständig abschätzen zu können (sog. „informed consent")[16]. Dies wiederum bedingt erst eine wirksame Einwilligung, in der sich das Selbstbestimmungsrecht des einzelnen Patienten manifestiert. Die zeitnahe authentische Entscheidung eines bestmöglich aufgeklärten und auch psychisch wie körperlich uneingeschränkt einwilligungsfähigen Patienten stellt das nach menschlichem Ermessen bestmögliche Maß an „Selbstbestimmung" eines Patienten dar. Insbesondere bei Intensivpatienten wird es daran jedoch in der klinischen Realität häufig fehlen – sei es aufgrund schwerer Erkrankung, altersbedingter Gebrechlichkeit und/oder Wirkung sedierender Medikamente: Die Unmöglichkeit einer höchstpersönlichen – rechtlich wirksamen – Entscheidung führt allerdings nicht dazu, dass das Selbstbestimmungs*recht* des Einwilligungsunfähigen verlorengeht;[17] es bedarf jedoch anderer Ausdrucksformen des Patientenwillens.

Seit langem ist der Gedanke tradiert, dass im Falle der Handlungsunfähigkeit des Patienten eine andere Person für ihn nach Maßgabe seines mutmaßlichen Willens die notwendigen Entscheidungen trifft. Die Rechtfertigung des ärztlichen Eingriffs durch mutmaßliche Einwilligung ist gewohnheitsrechtlich anerkannt; fraglich ist jedoch, wer für den Patienten nach Maßgabe welcher Kriterien zur Entscheidung berufen ist. Dem behandelnden Arzt ist diese Befugnis nach deutschem Recht nur zugestanden, wenn ein akuter Notfall vorliegt und keine Zeit gegeben ist, um nähere Ermittlungen etwa im Angehörigenkreis anzustellen. Dann

---

[15] Dazu G. Pöltner, *Grundkurs Medizin-Ethik*, Wien 2002, 91.
[16] Grundlegend zu Entwicklung und Umfang der ärztlichen Aufklärungspflichten C. Katzenmeier, *Ärztliche Aufklärung*, in: C. Wiesemann/A. Simon (Hg.), *Patientenautonomie*, 91–105.
[17] So ausdrücklich BGHZ 154, 205, 210 f.; vgl. aus verfassungsrechtlicher Sicht (Art. 2 Abs. 2 S. 1 GG) ebenso BVerfGE 52, 171, 173 f.: „Auch der Kranke oder Versehrte hat das volle Selbstbestimmungsrecht über seine leiblich-seelische Integrität."

wird die Entscheidung mit Blick auf den generaliter bestehenden Überlebenswillen des Menschen in aller Regel zugunsten der lebenserhaltenden Maßnahmen ausfallen, sofern es der gegenteiligen Annahme an einer hinreichenden Tatsachenbasis mangelt. Dem behandelnden Arzt ist diese Entscheidungsbefugnis aber allein für akute Notfallsituationen eingeräumt, weil im Lichte seiner professionellen Fürsorgepflicht zwangsläufig die Gefahr einer Rollenkonfusion mitsamt der ihr immanenten „kognitiven Dissonanz"[18] besteht. Das Selbstbestimmungsrecht des Patienten droht im Falle abweichender Überzeugungen des behandelnden Arztes leicht als „unvernünftig" deklariert zu werden und am Ende unterzugehen.

Deshalb weist das deutsche Recht die Stellvertreterfunktion einem ausgewählten Personenkreis zu, wobei die hernach entscheidungsbefugte Person entweder schon durch den Patienten zu Lebzeiten bevollmächtigt worden sein oder bei Eintritt der Einwilligungsunfähigkeit vom Betreuungsgericht bestimmt werden kann (vgl. §§ 1896 Abs. 2 S. 2, 1901, 1901a Abs. 5, 1904 BGB).[19] Die Erteilung einer Gesundheitsvollmacht wird dem Patientenwillen insofern gerecht, als dieser die Auswahl jener mit Wirkung für und gegen ihn entscheidungsbefugten Person selbst vornimmt; diese auf den Patienten zurückzuführende Legitimationskette ist bei der Entscheidung durch einen Betreuer schwächer, weil hier nicht einmal die personelle Auswahl von ihm selbst vorgenommen wird. Durch eine Betreuungsverfügung ist es dem Patienten allerdings möglich, in personeller Hinsicht zumindest Wünsche zu formulieren, die das Betreuungsgericht nach Möglichkeit beachten „soll" (§§ 1897 Abs. 4, 1901c BGB). Stets bedarf es jedoch bei der Überantwortung der Stellvertreterbefugnis eines eigenständigen rechtlichen Übertragungsaktes, sei es durch das Betreuungsgericht oder durch den Patienten selbst per Vollmachtserteilung; eine automatische Stellvertreterschaft kraft „natürlicher" familiärer Verbundenheit lehnt der deutsche Gesetzgeber hingegen bislang[20] ab, weil Familienangehörige auch aus egoistischen Interessen zum Nachteil des Patienten handeln könnten und – schon aufgrund ihrer zwangsläufigen Mitbetroffenheit – für altruistisches Handeln nicht prädestiniert sind.

Der Stellvertreter ist im Außenverhältnis gegenüber dem behandelnden Arzt gleichsam als „verlängerter Arm" des Patienten zur vollgültigen Entscheidung berufen, im Innenverhältnis zum Betreuten bzw. Vollmachtgeber jedoch an dessen

---

18 Zur bekannten „Theorie der kognitiven Dissonanz" siehe grdl. das gleichnamige Werk von L. Festinger, *Theorie der kognitiven Dissonanz*, Bern 1978 (Nachdruck Bern 2012).
19 Zur juristischen Gleichwertigkeit der Rechtsstellung von gewillkürten und gesetzlichen Vertretern statt vieler nur V. Lipp, *Freiheit und Fürsorge: Der Mensch als Rechtsperson*, Tübingen 2000, 182 ff.
20 Ein Gesetzentwurf des Bundesrates v. 07.09.2016 (BR-Drucks. 505/16, BT-Drucks. 18/10485) sieht mittlerweile aber eine gesetzliche „Notbevollmächtigung" von Ehegatten vor.

mutmaßlichen Willen gebunden.[21] Die früher vertretene Ansicht, man müsse und dürfe diesen mutmaßlichen Willen nach Maßgabe der objektiven Interessenlage auf Seiten des Patienten konkretisieren, gilt heute im Lichte des Selbstbestimmungsrechts als überholt. Der Bundesgerichtshof in Strafsachen hat in seinem Urteil zum sog. „Kemptener Fall"[22] festgestellt, dass objektive (generalisierende) Kriterien, insbesondere die Beurteilung einer Maßnahme als „gemeinhin vernünftig" oder „normal", keine eigenständige Bedeutung haben; vielmehr sei auf den individuell-hypothetischen Willen des Patienten abzustellen, der unter Berücksichtigung früherer mündlicher oder schriftlicher Äußerungen, seiner religiösen Überzeugung, persönlichen Wertvorstellungen, altersbedingten Lebenserwartung oder dem Erleiden von Schmerzen zu ermitteln sei. Der Gesetzgeber ist dem Bundesgerichtshof mit dem 3. Betreuungsrechtsänderungsgesetz 2009 in dieser Grundrichtung vollständig, hinsichtlich der relevanten Kriterien aber nur teilweise gefolgt: § 1901a Abs. 2 BGB gibt vor, dass der mutmaßliche Wille *ausschließlich* anhand individueller Willensbekundungen und Überzeugungen zu ermitteln ist; die Aspekte „Erleiden von Schmerzen" und „Lebenserwartung" sind dagegen nicht in das geltende Recht übernommen worden. Ergibt sich hieraus – wie wohl des öfteren – keine hinreichende Klarheit, so muss im Zweifel für den Einsatz lebenserhaltender Maßnahmen entschieden werden. Denn im umgekehrten Fall bestünde sonst das Risiko, dass der Betroffene zu einem Zeitpunkt aus dem Leben scheiden müsste, zu dem er dies womöglich noch gar nicht will.[23]

2.1.3 Zum Instrument der Patientenverfügung

Eben darin zeigt sich das wesentliche Motiv, warum die rechtspolitische Debatte des letzten Jahrzehnts zunehmend um das Instrument der Patientenverfügung kreiste: Denn erst diese verheißt dem Menschen eine nachhaltige Stärkung seines Selbstbestimmungsrechts dadurch, dass er seinen höchstpersönlichen Willen mit inhaltserfüllten Vorgaben nun vermeintlich ohne störende Vermittlungsinstanz direkt in die akute Entscheidungssituation hineinwirken lassen kann. Anders als zuvor noch von der Rechtsprechung angenommen, soll die in Form einer Patientenverfügung antizipierte Willensbekundung nicht bloß ein Indiz unter mehreren zur Ermittlung des mutmaßlichen Willens, sondern für alle Beteiligten – insbesondere

---

21 Zu dieser begrifflichen Differenzierung („rechtliches *Können*" und „rechtliches *Dürfen*") statt vieler auch V. Lipp/D. Brauer, *Patientenvertreter und Patientenvorsorge*, in: C. Wiesemann/A. Simon (Hg.), *Patientenautonomie*, 110.
22 BGHSt 40, 257 ff.
23 So ausdrücklich LG Kleve *PflR* 2010, 164 ff.

auch für den behandelnden Arzt – strikt bindend sein. Hiermit verband sich zugleich eine zweite, nicht minder bedeutsame Verheißung: die der Rechtssicherheit, auch und gerade für die Ärzte und Pflegenden. Damit möglichst viele Menschen ohne „bürokratische Hürden" diese Art der Gesundheitsvorsorge in Anspruch nehmen können, verzichtete der Gesetzgeber auf besondere Form- und Verfahrenserfordernisse jenseits der eigenhändigen Unterschrift (vgl. § 126 BGB), d. h. es bedarf vor Abfassung einer Patientenverfügung – im Unterschied etwa zum österreichischen Recht[24] – weder einer notariellen Beurkundung noch einer vorherigen ärztlichen Beratung und schließlich auch keiner Aktualisierung.[25] Mit anderen Worten beansprucht somit jedweder Träger von Schriftzeichen gleich welcher Art und welchen äußeren Erscheinungsbildes dieselbe hohe Geltungskraft, selbst wenn das Verfasste unter ungeklärten Umständen bereits viele Jahre zuvor niedergelegt wurde. Das Gesetz verlangt zwar nominell die Einwilligungsfähigkeit des Verfügenden (§ 1901a Abs. 1 BGB), die aber mangels Überprüfungsmöglichkeit ex post ebenso wenig sichergestellt werden kann wie das Volljährigkeitserfordernis[26] – nachdem auch eine Datumsangabe nicht obligatorisch ist.

Die Handhabung der Patientenverfügung hat der Gesetzgeber im Sinne eines Systems von „check and balances" nicht etwa sogleich dem behandelnden Arzt überantwortet, sondern dem Betreuer bzw. Bevollmächtigten; denn dieser soll es sein, der „dem Willen des Betreuten *Ausdruck* und *Geltung* zu verschaffen" hat (§ 1901a Abs. 1 S. 2 BGB). Umgekehrt kann der Arzt aber der Deutung des Betreuers dadurch entgegentreten, dass er sich dessen Anordnung verweigert mit der Folge einer betreuungsgerichtlichen Überprüfung des Betreuerhandelns und letztlich Entscheidung des Dissenses (§ 1904 Abs. 2 BGB).[27] Eine evtl. Genehmigung der vom Betreuer verlangten Therapiebegrenzung wird allerdings erst zwei Wochen nach Bekanntgabe des Gerichtsbeschlusses, d.h. nach Ablauf der Frist für den hiergegen eröffneten Rechtsbehelf (Beschwerde), wirksam (§ 287 Abs. 3 FamFG). Was innerhalb dieser Zwei-Wochen-Frist geschehen darf oder muss, ist angesichts des nicht selten dynamisch verlaufenden Krankheitsprozesses in der klinischen

---

24 Siehe §§ 5, 6 Abs. 1, 7 Abs. 1 des österreichischen Bundesgesetzes über Patientenverfügungen (Patientenverfügungs-Gesetz – PatVG); dazu im Überblick G. Duttge, *Das österreichische Patientenverfügungsgesetz: Schreckensbild oder Vorbild?*, in: ZfL 15 (2006), 81 ff.
25 Zur „Versteinerung" des in einer Patientenverfügung Erklärten bereits G. Duttge, *Zur rechtlichen Problematik von Patientenverfügungen*, in: Intensiv- und Notfallbehandlung 30 (2005), 171 ff.
26 Vertiefend zur Problematik der Einwilligungs(-un-)fähigkeit Minderjähriger: G. Duttge, *Patientenautonomie und Einwilligungsfähigkeit*, in: C. Wiesemann/A. Simon (Hg.), *Patientenautonomie*, 79 ff.
27 Nach der jüngsten Rspr. darf das Betreuungsgericht auch durch Herbeiführung eines „künstlichen Dissenses" jederzeit zur Klärung angerufen werden: BGH *FamRZ* 2014, 1909, 1911.

Praxis höchst unklar, und wie dieser Unklarheit abgeholfen werden kann, aktuell sehr streitig.[28] Ebenso gibt es bislang keine Rechtssicherheit zur Frage, ob der Patient noch immer einwilligungsfähig sein muss, wenn er seine Patientenverfügung zu einem späteren Zeitpunkt widerrufen möchte: Das Gesetz verzichtet für diesen actus contrarius auf die Schriftform (vgl. § 1901a Abs. 1 S. 3 BGB), aber auch auf jedwede positive Benennung der Wirksamkeitsvoraussetzungen. Diese Frage ist in der Praxis keineswegs trivial: Forderte man – der juristischen Logik entsprechend – die konkrete Feststellung eines weiterhin einwilligungsfähigen Patienten,[29] so hätte dies unweigerlich die weitreichende Bedeutungslosigkeit der Widerrufsoption im klinischen Alltag bei der Versorgung von Intensivpatienten zur Folge, so dass diese Klientel erbarmungslos an ihren früheren Willensbekundungen festgehalten würden. Beschränkte man sich deshalb aber auf die Feststellung bloß „hinreichend eindeutiger Gesten"[30] in einem Zustand weithin reduzierter „Autonomiebefähigung", so erhöhte dies die Gefahr, dass die Patientenverfügung in der akuten Entscheidungssituation durch externe Zuschreibung einer Widerrufserklärung unterlaufen werden könnte – und letztlich cum grano salis sämtliche Anstrengungen der jüngeren Rechtspolitik um eine Stärkung und Sicherung des Selbstbestimmungsrechts von Patienten.[31]

Zuletzt hat der Bundesgerichtshof schließlich in zwei ausführlichen Grundsatzbeschlüssen noch einmal umfassend zur fragilen Selbstbestimmung von einwilligungsunfähigen Patienten am Lebensende Stellung genommen und dabei – *erstens* – in Bezug auf den mutmaßlichen Patientenwillen großen Wert auf

---

28 Kritik hierzu bei G. Duttge/A. Simon, *Zwangsbehandlung kraft Betreuungsrechts? Zur Legitimationsproblematik des § 287 III FamFG*, in: ZRP 48 (2015), 176 ff.
29 In diesem Sinne etwa R. Coeppicus, *Offene Fragen zum „Patientenverfügungsgesetz"*, in: NJW 64 (2011), 2085–2091; D. Schwab, in: F. J. Säcker et al. (Hg.), *Münchener Kommentar zum BGB*, Bd. 8, München ⁶2012, § 1901a Rn. 35; D. Olzen, *Auswirkungen des Patientenverfügungsgesetzes auf die medizinische Versorgung psychisch Kranker*, in: Aktion psychisch Kranke e.V. (Hg.), *Patientenverfügung und Behandlungsvereinbarung bei psychischen Erkrankungen*, Bonn 2010, 11 f.; T. Steenbreker, *Zivilrechtliche Unbeachtlichkeit eines „natürlichen Willens" für den Widerruf der Patientenverfügung*, in: NJW 65 (2012), 3207–3211; grds. auch A. Spickhoff, *Rechtssicherheit kraft Gesetzes durch sog. Patientenverfügungen? – Zum Dritten Gesetz zur Änderung des Betreuungsrechts*, in: FamRZ 56 (2009), 1955, allerdings ergänzt um eine „Auslegungsregel", wonach im Zweifel von Einwilligungsfähigkeit ausgegangen werden solle.
30 So z. B. der Nationale Ethikrat, *Patientenverfügung*, Stellungnahme, Berlin 2005, 34: schon bei „Anzeichen von Lebenswillen"; ähnlich W. Höfling, *Das neue Patientenverfügungsgesetz*, in: NJW 62 (2009), 2850 f.
31 Kritisch zu dieser Rechtsunsicherheit u. a. G. Duttge, *Juristische Fragen und Kritik am Instrument der Patientenverfügung*, in: M. Coors/R. J. Jox/J. in der Schmitten (Hg.), *Advance Care Planning. Von der Patientenverfügung zur gesundheitlichen Vorausplanung*, Stuttgart 2015, 45 mit weiteren Nachweisen.

die Feststellung gelegt, dass für dessen Verbindlichkeit Art und Stadium der Erkrankung irrelevant seien. Insbesondere hänge die Annahme eines mutmaßlichen Sterbewillens nicht vom Vorliegen einer Grunderkrankung mit einem „irreversibel tödlichen Verlauf" ab.[32] Das Krankheitsstadium sei nicht einmal bedeutsam für die Anforderungen, die für den Nachweis eines mutmaßlichen Sterbewillens zu stellen seien. Zum *zweiten* betont der Bundesgerichtshof unter Verweis auf den Normtext des § 1901a Abs. 2 S. 1 BGB, dass nach dem Gesetz zwischen dem „mutmaßlichen Willen" des Betroffenen sowie seinen „Behandlungswünschen" zu differenzieren sei. Den Letztgenannten komme dabei die Priorität zu, weil der Betreuer bzw. Bevollmächtigte an diese „nicht nur nach § 1901a Abs. 2 BGB, sondern bereits nach § 1901 Abs. 3 BGB gebunden" sei. Als „Behandlungswünsche" in diesem Sinne bezeichnet der Senat insbesondere „Äußerungen [...], die den Anforderungen an eine Patientenverfügung nicht genügen, weil sie nicht schriftlich abgefasst wurden, keine antizipierte Entscheidung treffen oder von einem Minderjährigen verfasst wurden"; einbegriffen sei aber auch jener Typus von Patientenverfügungen, bei denen der Inhalt „nicht sicher auf die aktuelle Lebens- und Behandlungssituation passt [...]"[33]. *Drittens* meint der Bundesgerichtshof, dass es einer betreuungsgerichtlichen Genehmigung nach § 1904 Abs. 2 BGB für den Abbruch einer lebenserhaltenden Maßnahme dann nicht bedarf, „wenn der Betroffene einen entsprechenden eigenen Willen bereits in einer wirksamen Patientenverfügung [...] niedergelegt hat und diese auf die konkret eingetretene Lebens- und Behandlungssituation zutrifft". Denn in einem solchen Fall enthalte bereits die Patientenverfügung selbst die maßgebliche Entscheidung über die Einwilligung oder Nichteinwilligung in die bestimmte ärztliche Maßnahme, so dass es einer (zusätzlichen) Einwilligung des Betreuers, die dem betreuungsgerichtlichen Genehmigungserfordernis unterfallen würde, gar nicht mehr bedarf. *Viertens* schließlich müsse allerdings das für Patientenverfügungen geltende Bestimmtheitserfordernis ernst genommen werden, d. h. generalklauselartige Vorgaben (wie z. B.: „keine lebenserhaltende Maßnahmen") unterfallen nicht der intendierten strikten Bindungswirkung.[34]

---

32 So noch BGHZ 154, 205 ff.; jetzt aber BGH (Fn. 27).
33 Siehe Fn. 27. Zur Kritik hieran bereits G. Duttge, *Anmerkung zum Beschluss des BGH v. 17.9.2014 –XII ZB 201/13*, in: *JZ* 70 (2015), 43 ff.
34 BGH, Beschl. v. 06.07.2016 – XII ZB 61/16, in: *NJW* 69 (2016), 3297 ff.

2.2 Kritik aus der Perspektive des Lebensschutzes

2.2.1 Reduktionistisches Verständnis von „Selbstbestimmung"

So sehr in einer liberalen Rechts- und Gesellschaftsordnung der Ausgangspunkt überzeugt, dass nicht der staatlichen Hoheitsgewalt, einem Kollektiv oder einem Experten, sondern dem unmittelbar betroffenen Individuum selbst die Entscheidung über die in seinem Leben und Sterben wichtigen Fragen normativ überantwortet ist,[35] weist die vorstehend skizzierte Rechtslage im Lichte des auf dem Spiele stehenden höchstwertigen Rechtsguts – des menschlichen Lebens – gravierende Schwächen auf: So fällt insbesondere von Grund auf ein arg simplifizierendes, reduktionistisches Verständnis von „Selbstbestimmung" ins Auge, das weder der Komplexität der Lebenssituation eines existenziell bedrohten Individuums noch den anthropologischen Gegebenheiten menschlicher Existenz innerhalb seiner Sozialbeziehungen im familiären und gesellschaftlichen Kontext gerecht wird. Das deutsche Recht postuliert im Kern die „Mündigkeit" eines jeden Patienten (ab einem Mindestalter von 14 Jahren) als eine nicht mehr hinterfragbare Selbstverständlichkeit, obgleich die „Freiheit" zur Willensbildung und -entschließung bei einem hochgradig leidenden und auf Hilfe existenziell angewiesenen Patienten, noch dazu mit Blick auf die nicht mehr überschaubare Komplexität hochspezialisierter Krankenhauseinrichtungen, alles andere als selbstverständlich ist.[36]

Im Verhältnis zu einwilligungsfähigen Patienten wird dies im Grundsatz durchaus gesehen: Denn von einem „informed consent" geht das Recht hier nur dann aus, wenn der Patient zuvor die nötigen Informationen in Bezug auf den bevorstehenden Heileingriff und dessen Risiken und Nebenwirkungen erhalten hat.[37] Schon hier tritt aber die lebensweltliche Situation des Patienten nur verkürzt ins Blickfeld, weil dessen „Freiheit" zur reflektierenden Urteilsbildung und Entscheidung weit mehr als die reine Informationsvermittlung über „objektive" Medizinaldaten erfordert – was das Recht zur ärztlichen Aufklärung bis heute zu einer nicht zufriedenstellend geklärten Kernproblematik ärztlicher Tätigkeit macht.[38] Um so mehr verwundert aber, dass trotz gesteigerter Bedürftigkeit der

---

35 Vgl. o. bei Fn. 5.
36 Für eine sorgsamere Prüfung der individuell-realistischen Befähigung zur Voraus- und Einsicht bereits G. Duttge, *Selbstbestimmung aus juristischer Sicht*, in: *Palliativmedizin* 7 (2006), 52.
37 Siehe Fn. 16.
38 Grundlegend zu Inhalt, Grenzen und Problemen im Bereich von (Selbstbestimmungs-) Aufklärung und Einwilligung E. Deutsch/A. Spickhoff, *Medizinrecht*, Berlin ⁷2014, 261 ff.; vertiefend zum (Fehl-)Verständnis von „Wahrheit" in medizinrechtlichen Kontexten G. Duttge, *Die Rolle der Wahrheit im Medizinrecht*, in: *Informationes Theologiae Europae* 18 (2014), 193 ff.

Patienten am Lebensende deren Subjektivität in einer existenziellen Bedrängnissituation bloß noch Gegenstand externer Beurteilung und Fremdzuschreibung ist, durch die der Patient mit seinen höchstpersönlichen Wünschen strukturell aus dem Blick zu geraten droht. Dabei hat das Bundesverfassungsgericht mit zwei aufsehenerregenden Entscheidungen aus dem Jahre 2011 – wenn auch in dem andersartigen Kontext der Situation von Psychiatriepatienten – unmissverständlich darauf aufmerksam gemacht, dass der höchstpersönliche Wille selbst einwilligungsunfähiger Patienten nicht kraft externer Deutung ihres „Wohls" gebeugt werden dürfe.[39] Vielmehr ist die Achtung gegenüber dem „Person"-Sein des Anderen auch und gerade einem einwilligungsunfähigen Patienten gegenüber geschuldet, so dass eine entgegen dessen „natürlichen Willen" vorgenommene Zwangsbehandlung unabhängig von der Zustimmung eines Stellvertreters nur unter gesteigerten Anforderungen gerechtfertigt werden könne („Kommunikation vor Zwang")[40].

Ungeachtet dieses konkreten Anwendungskontextes sind die Vorgaben des Bundesverfassungsgerichts auf Grund ihres menschenrechtlichen Fundaments ihrem Sinn und Geltungsanspruch nach generalisier- und deshalb auf medizinische Maßnahmen an einwilligungsunfähigen Patienten am Lebensende übertragbar. Diese Erkenntnis ist freilich im deutschen Recht der Sterbehilfe bislang nicht angekommen, das sich anstelle dessen mit Stellvertreterentscheidungen und/oder mit früheren, freilich krankheits- und situationsfernen Willensbekundungen des Patienten begnügt, selbst wenn der „vorzeitige" Eintritt des Todes die unweigerliche Folge ist. Wie die Erfahrungen der klinischen Praxis zeigen, verbindet sich mit dieser werteindifferenten Algorithmisierung die Gefahr, dass Fremde – sei es unmittelbar durch Stellvertreterhandeln oder mittelbar durch „Interpretation" einer Patientenverfügung – über das Schicksal des Patienten auch dann befinden, wenn er noch ansprechbar ist.[41] Dagegen gilt: Der Patient verliert auch und gerade am Ende seines Lebens nicht seinen Status als „Person" – und daraus resultierend seinen fundamentalen Anspruch auf Respekt und Gehör

---

39 Vgl. BVerfG v. 23.03.2011 – 2 BvR 882/09 – *NJW* 2011, 2113 ff.; v. 12.10.2011 – BvR 633/11 – *NJW* 2011, 3571 ff.; gegen eine Verabsolutierung des Selbstbestimmungsrechts in psychiatrischen Behandlungskontexten: G. Duttge, *Grenzen des Selbstbestimmungsrechts im psychiatrischen Behandlungskontext*, in: *Ethik Med* 28 (2016), 195–205.
40 Vgl. BVerfG v. 23.03.2011 – 2 BvR 882/09 – *NJW* 2011, 2113 ff.; v. 12.10.2011 – BvR 633/11 – *NJW* 2011, 3571 ff.
41 Abschreckendes Fallbeispiel aus der Praxis, in welchem der (ablehnende) Wille des mutmaßlich einwilligungsfähigen Patienten im gemeinsamen Zusammenwirken zwischen Ärzten und Ehefrau systematisch missachtet wurde, berichtet von G. Duttge/M. Schander, *Kommentar II zum Fall: „Mutmaßlicher Widerruf einer Patientenverfügung?"*, in: *Ethik Med* 22 (2010), 345 f.

("Achtung"), Unterstützung ("care") und mitmenschlichen ("interpersonalen") Umgang.[42] Deshalb erfordert ein wertesensibles Verständnis von wahrer Selbstbestimmung am Lebensende mit Rücksicht auf die Folgenrelevanz der Entscheidung ein Höchstmaß an Verlässlichkeit des Patientenwillens.

2.2.2 Sonderproblematik einer stellvertretenden Entscheidung

Nicht wahrgenommen und durch juristische Fiktionen überspielt wird insbesondere der Umstand, dass sich der höchstpersönliche Patientenwille auf andere Personen nicht ohne das Risiko des Missverstehens oder gar der bewussten Missdeutung delegieren lässt.[43] De jure gilt aber die Entscheidung des gerichtlich eingesetzten Betreuers bzw. die Erklärung eines privatautonom ermächtigten Gesundheitsbevollmächtigten im Außenverhältnis gegenüber dem behandelnden Arzt als vollgültige und strikt respektpflichtige Patientenerklärung, obgleich in der Lebenswirklichkeit weder die rechtliche Bindung eines solchen Stellvertreters an das individuelle „Wohl" des Betreuten/Vertretenen (im Innenverhältnis) noch eine noch so sorgfältige Auswahl der Stellvertreterperson durch das Betreuungsgericht[44] bzw. bereits durch den Patienten ein tatsächlich zutreffendes Erfassen und Artikulieren des wirklichen Patientenwillens in der akuten Entscheidungssituation zu garantieren vermag.[45] Daran ändert auch die weitere rechtliche Vorgabe nichts, wonach Betreuer bzw. Gesundheitsbevollmächtigter verpflichtet sind, zur Ermittlung des mutmaßlichen Patientenwillens die (sonstigen) nahen Angehörigen und Vertrauenspersonen des Patienten zu befragen, „sofern dies ohne erhebliche Verzögerungen möglich ist" (§ 1901b Abs. 2 BGB). Denn zum einen gibt es weder eine rechtliche Handhabe noch eine Kontrollinstanz, die sicherstellen könnte, dass diese Verpflichtung auch tatsächlich in bestmöglicher Sorgfalt erfüllt wird; zum anderen sind Zweifel an der Seriosität des Handelns von Stellvertretern schon deshalb angebracht, weil es sich dabei entweder um Personen aus dem

---

[42] Zum Grundverständnis im Lichte des „Würde"-Begriffs näher G. Duttge, Die „Sakralität" des Menschen, in: D. Demko/K. Seelmann/P. Becchi (Hg.), Würde und Autonomie (ARSP Beiheft 142), Stuttgart 2014, 145 ff.
[43] Kritisch bereits G. Duttge, Selbstbestimmung aus juristischer Sicht, 52; anders und ganz im Sinne der herrschenden Meinung sich gegen eine pauschale „Vorverurteilung" des Patientenvertreters bei seiner Rolle im Rahmen der medizinischen Behandlung von Einwilligungsunfähigen verwahrend: V. Lipp, Rechtliche Grundlagen der Entscheidung über den Einsatz lebenserhaltender Maßnahmen, 105.
[44] Nach mündlicher Anhörung des Betroffenen sowie aller Angehörigen, vgl. §§ 278, 279 FamFG.
[45] Das BVerfG betont zu Recht die Möglichkeit einer „Fremdbestimmung durch den Vertreter", vgl. BVerfGE 72, 155, 171.

nahen familiären Umfeld handelt, die durch die eigene Betroffenheit und Eigeninteressen kaum unbefangen entscheiden können, oder aber um sog. Berufsbetreuer, die eine Vielzahl von Mandaten übernehmen und in der Praxis mitunter eher durch Unkenntnis der konkreten Gegebenheiten und/oder durch mangelndes Engagement auffallen.[46] Derartige Missstände lassen sich natürlich durch eine entsprechende Anzeige an das zuständige Betreuungsgericht aufgreifen mit der Folge, dass die Betreuerbestellung widerrufen werden kann. Doch besteht seitens der Krankenhauseinrichtungen und der behandelnden Ärzte bis heute ein erhebliches Misstrauen gegenüber den Betreuungsgerichten und wird diese Möglichkeit eher selten ergriffen, ja die eigene Kontrollfunktion[47] mitunter überhaupt nicht wahrgenommen. Zudem ist natürlich auch bei Ersetzen des bisherigen durch einen neuen Betreuer keineswegs sichergestellt, dass dieser seine Aufgaben sachgerechter wahrnimmt.

Davon abgesehen ist dem Wirken von Stellvertretern schon deshalb ein nicht zu beseitigendes Moment der Fremdbestimmung immanent, weil die Ermittlung des „mutmaßlichen Willens" selten ohne Restzweifel gelingen kann. Dies gilt auch dann, wenn mit größtmöglicher Sorgfalt konkret-individuelle Indizien für den hypothetischen Patientenwillen zusammengetragen werden, wie es der deutsche Gesetzgeber inzwischen ausdrücklich verlangt (vgl. § 1901a Abs. 2 BGB). Damit ist zwar der zuvor bestehenden Tendenz entgegengewirkt, dass unter dem Etikett einer diffusen „objektiven Interessenabwägung" letztlich nach patientenfernen Richtigkeitsvorstellungen entschieden wird.[48] Selbst die gesetzlich gebotene Abkehr von solcher Orientierung an „allgemeinen Wertvorstellungen"[49] kann aber nicht das strukturelle Grundproblem beseitigen, dass letztlich auch der Blick auf „persönliche Wertvorstellungen" und „frühere Äußerungen" des Patienten – sofern überhaupt verlässlich ermittelbar – nichts darüber besagt, wie dieser konkrete Patient in seiner jetzigen Situation tatsächlich entscheiden würde. Beachtung verdient in diesem Zusammenhang nicht zuletzt die empirisch belegte Einsicht, dass der Patientenwille abhängig vom Verlauf des Krankheitsgeschehens

---

46 Notabene: Im Gegensatz zu einer (Nicht-)Einwilligung in eine medizinisch indizierte Maßnahme gelten Eheschließung und Testamentserrichtung offenbar als so „risikoträchtig", dass eine Stellvertretung insoweit gänzlich ausgeschlossen ist (vgl. § 1311 bzw. § 2247 BGB).
47 Zum gesetzgeberischen Leitgedanken von „check and balances" bereits o. im Text.
48 Beispielhaft K. Lüderssen, *Aktive Sterbehilfe – Rechte und Pflichten*, in: JZ 61 (2006), 692: „[...] die Vermutung (!), dass es im subjektiven Interesse (!) des Patienten liegt, sein Leben zu beenden."
49 Berechtigte Kritik hieran auch unter rechtshistorischem Blickwinkel („lebensunwertes Leben") bei E. Schumann, *Karl Bindings Schrift ‚Die Freigabe der Vernichtung lebensunwerten Lebens', Vorläufer, Reaktionen und Fortwirkung in rechtshistorischer Perspektive*, in: O. Riha (Hg.), *Die Freigabe der Vernichtung lebensunwerten Lebens*, Aachen 2005, 35 ff.

und den lebensverhältlichen Rahmenbedingungen variiert und insbesondere der sog. „Strohhalmeffekt"[50] bewirkt, dass zunächst kommunizierte Bedingungen für ein Weiterlebenwollen hernach unter dem Eindruck der existenziellen Entscheidungssituation wieder in Frage gestellt und nicht selten revidiert werden. Anthropologisch scheint das menschliche Entscheiden daher stets zu schwanken zwischen idealisierten Wunschvorstellungen („keine Apparatemedizin", „auf keinen Fall im Rollstuhl") und einer – wenngleich nur zögerlichen – Akzeptanz der Realitäten. Diese Dynamik menschlichen Wollens und Strebens kann ein Stellvertreter selbst bei bestmöglicher Kenntnis der höchstpersönlichen Eigenheiten des Patienten nicht antizipieren; die Orientierung an generell bestehenden Wertvorstellungen, religiösen Bindungen und früheren Äußerungen verhilft daher zu nicht mehr als allenfalls zu „unsicheren Wahrscheinlichkeiten"[51] und verbürgt mitnichten die nötige Sicherheit, die eine existenzielle Entscheidung über Weiterleben oder Sterben an sich erfordert.

2.2.3 Patientenverfügung zwischen Sein und Schein

Gerade diese Einsicht, dass ernstliche Zweifel am mutmaßlichen Willen letztlich nicht auflösbar sind und ein Entscheiden somit nur unter Heranziehung einer patientenfernen allgemeinen Zweifelsregelung überhaupt möglich ist (nach vorherrschender Sichtweise: „in dubio pro vita"), hat das Instrument der Patientenverfügung im vergangenen Jahrzehnt zunehmend in den Mittelpunkt der rechtspolitischen wie medizinethischen Debatten gerückt. Denn die Patientenverfügung verheißt den Menschen eine entscheidende Stärkung ihres Selbstbestimmungsrechts dadurch, dass selbige ihren höchstpersönlichen Willen im Sinne einer inhaltserfüllten Weisung nun vermeintlich ohne störende Vermittlungsinstanz direkt in die akute Entscheidungssituation hineinwirken lassen können. Folgerichtig sieht das Gesetz eine für alle Beteiligten strikt bindende Wirkung des so Vorausverfügten vor, und dies ohne inhaltliche Vorabbegrenzung, also nicht bloß für das Stadium eines „irreversibel tödlichen Verlaufs des Grundleidens" (sog. „Reichweitenbeschränkung", hiergegen ausdrücklich § 1901a Abs. 3 BGB)[52]. Diese Verheißung ist aber ebenso wie jene weitere der Rechtssicherheit eine bloße Chimäre, weil die Vorstellung von hinreichend „be-

---

50 Zu diesem empirisch belegten Effekt näher z. B. D. R. Friedrich/A. M. Buyx/B. Schöne-Seifert, *Ausschluss medizinischer Leistungen mit nur marginaler Wirksamkeit?*, in: *Dtsch Ärztebl* 106 (2009), A-1562 ff.; S. Husebø/E. Klaschik, *Palliativmedizin*, Berlin ⁴2006, 316 ff.
51 Treffend R. Beckmann, *Gibt es ein „Recht auf selbstbestimmtes Sterben"?*, in: ders./M. Löhr/J. Schätzle (Hg.), *Sterben in Würde. Beiträge zur Debatte über Sterbehilfe*, Krefeld 2004, 212 ff.
52 Dies nochmals eigens bekräftigend: BGH (Fn. 27).

stimmten Patientenverfügungen"[53] die unvermeidliche Vagheit und Unbestimmtheit gesetzter Sprachzeichen von Grund auf missachtet (und im Übrigen jedweden Anhaltspunkt für die nötige Grenzziehung vermissen lässt). In der klinischen Praxis hat diese „Sicherheitslücke" längst einen Wettlauf um die Deutungshoheit über das in einer Patientenverfügung Verfasste ausgelöst, weil derjenige, der den Inhalt des Verfügten interpretieren darf, damit de facto auch das reale Geschehen maßgeblich determiniert.

Es ist ungewiss, ob sich der deutsche Gesetzgeber dieser Problematik wirklich schon bewusst geworden ist: § 1901a Abs. 1 S. 2 BGB sieht zur Abwehr des ärztlichen Paternalismus vor, dass dem Betreuer bzw. Gesundheitsbevollmächtigten nicht erst die Durchsetzung, sondern bereits die Interpretation der Patientenverfügung auferlegt ist („*Ausdruck* und Geltung"). Dies impliziert, dass dem Patienten bei Verlust der Einwilligungsfähigkeit – sofern er keine Vollmacht erteilt hat – stets ein Betreuer bestellt werden muss, der seine Rechte und Interessen bestmöglich wahrt. Die Bundesärztekammer sieht dagegen in ihren „Empfehlungen zum Umgang mit Vorsorgevollmacht und Patientenverfügung in der ärztlichen Praxis" (2013) die Bestellung eines Betreuers als entbehrlich an, wenn es sich um eine „eindeutige Patientenverfügung" handelt.[54] Es fällt nicht schwer, darin den leicht durchschaubaren Versuch zu erkennen, eine Hintertüre zu installieren, um sich im Bedarfsfall der Fessel eines – „unvernünftig" erscheinenden – Patientenwillens entledigen zu können. Denn die Annahme einer sprachlichen „Eindeutigkeit" kann hermeneutisch immer nur das Ergebnis einer Interpretation sein;[55] es widerspräche jedoch dem zentralen Anliegen einer Stärkung des Selbstbestimmungsrechts, dürfte der gebundene Normadressat (Arzt) die Reichweite seines Gebundenseins an den Patientenwillen selbst bestimmen. Der sich damit aufdrängenden Konsequenz eines eklatanten Gesetzesungehorsams nicht etwa „nur" der Bundesärztekammer, sondern der wohl noch immer vorherrschenden klinischen Praxis in deutschen Krankenhäusern steht allerdings entgegen, dass sich der Gesetzgeber jene Sichtweise in seinem Patientenrechtegesetz 2013[56] offenbar inzwischen selbst zu eigen gemacht hat: So verlangt § 630d Abs. 1 S. 2 BGB die Einwilligung eines Stellvertreters des einwilligungsunfähigen Patienten nur, „soweit nicht eine Patientenverfügung nach § 1901a Abs. 1 BGB die Maßnahme gestattet oder untersagt". Dass sich der Inhalt einer Patientenverfügung aber nicht

---

53 Dies zuletzt betonend BGH (Fn. 34).
54 Siehe *Dtsch Ärztebl* 110 (2013), A-1585.
55 Dazu näher G. Duttge, *Patientenverfügungen unter ärztlicher Deutungshoheit?*, in: *Intensivmed* 48 (2011), 34 ff.
56 Gesetz zur Verbesserung der Rechte von Patientinnen und Patienten v. 20.02.2013 (BGBl. I, 277).

einfach von selbst versteht und aus eigener Kraft exekutiert, scheint der Gesetzgeber übersehen zu haben.[57]

In seiner schon erwähnten jüngsten Entscheidung[58] hat der Bundesgerichtshof die Problematik inzwischen nochmals verschärft: Denn er meint darin, dass bei Vorliegen einer Patientenverfügung auf die nach § 1904 Abs. 2 BGB an sich vorgesehene betreuungsgerichtliche Kontrolle verzichtet werden könne. Dafür ließe sich durchaus anführen, dass die Pflicht zur Anrufung des Betreuungsgerichts zwangsläufig Verfahrensverzögerungen mit sich bringt, die angesichts akuter Zeitknappheit ärztlicher Entscheidungen und eines sich u.U. täglich verändernden Krankheitszustands nicht wünschenswert sein können. Dem Gesetzgeber erschien allerdings die wechselseitige Kontrolle von behandelndem Arzt und Betreuer/Bevollmächtigtem nur dann hinreichend, wenn beide zu derselben Einschätzung des (mutmaßlichen) Patientenwillens gelangen (§ 1904 Abs. 4 BGB), so dass im Falle eines Dissenses wegen der prinzipiellen Gleichrangigkeit der Protagonisten zwangsläufig eine übergeordnete Beurteilungsinstanz die Bühne zu betreten hat. Die Aufgabe des Betreuungsgerichts muss sich dabei auch auf die – je nach Verstehenshorizont divergierende – Deutung des Inhalts einer Patientenverfügung (vgl. § 1901a Abs. 1 S. 2 BGB) erstrecken, da es des vom Bundesgerichtshof sonst so sehr betonten „justizförmigen Rahmens" hier nicht weniger bedarf.[59] Befreit man sich also von der Illusion einer der Patientenverfügung stets oder auch nur im Regelfall zukommenden Qualität gleichsam objektiver „Eindeutigkeit", wird man unweigerlich einräumen müssen, dass auch diese leicht missverstanden bzw. zugunsten patientenferner Interessen missbraucht werden können. Es käme daher einer sträflichen Vernachlässigung der hoheitlichen Schutzpflicht zugunsten des betroffenen Patienten gleich, diesen Deutungs- und Durchsetzungsprozess unbesehen der Praxis und der ihr inhärenten Machtstrukturen zu überantworten.

Bei näherer Betrachtung verspricht das Instrument der Patientenverfügung daher weit mehr, als es tatsächlich einzulösen vermag:[60] Selbst wenn das darin zum Ausdruck Gebrachte einmal nicht von vornherein – da zu unbestimmt und deutungsoffen („in aussichtsloser Lage keine künstliche Lebensverlängerung") – anwendungsuntauglich sein sollte, müssen schon einige glückliche Umstände zusammenkommen, damit sich das Geschehen hernach auch wirklich so einstellt, wie zuvor erhofft. Aber auch dann bleibt die große Unbekannte die fragile Be-

---

57 Vgl. BT-Drucks. 17/10488, 23 – Übereinstimmung hiermit V. Lipp/D. Brauer, *Patientenvertreter und Patientenvorsorge*, 114 f.
58 Oben Fn. 27.
59 Oben Fn. 27.
60 Zu weiteren Problemen und Unklarheiten näher G. Duttge, *Juristische Fragen und Kritik am Instrument der Patientenverfügung*, 39 ff.

lastbarkeit des menschlichen Willens. Der Zwang des starren Festgehaltenwerdens am einmal Verfügten[61] kann sich wahrlich als eine lebensgefährliche Bedrohung erweisen. Zudem geht mit dem allgemeinen Appell an die Bevölkerung, mit Hilfe einer Patientenverfügung Vorsorge zu treffen, zwangsläufig eine Überforderung des einzelnen Patienten einher, der die Vielfalt medizinischer und lebensweltlicher Möglichkeiten zumeist nicht einmal ansatzweise zu überblicken vermag. Auf Seiten der Ärzteschaft befördert die mit der Patientenverfügung einhergehende Formalisierung und Versteinerung des Patientenwillens vor allem den unheilvollen Trend in Richtung einer bloß noch auf die eigenen forensischen Risiken blickenden „Defensivmedizin"[62], statt in wahrlich ärztlicher Verantwortung zu handeln. Von einem vertrauensvollen Miteinander kann vor diesem Hintergrund beim besten Willen keine Rede sein. Und mehr noch liegt auf der Hand, dass die Inkaufnahme derart gravierender Unsicherheiten und Dysfunktionalitäten dem verfassungsrechtlich gebotenen Schutz menschlichen Lebens[63] nicht gerecht wird. Die bestehenden Rechtsunsicherheiten hinsichtlich der Konzeption von „Selbstbestimmung" schlagen unweigerlich auf den Lebensschutz durch.

3 Absoluter Tabuschutz bei aktiver Tötung bzw. geschäftsmäßiger Suizidförderung: Kritik aus Sicht des Selbstbestimmungsrechts

In einem gänzlich anderen Licht zeigt sich die Rechtslage dagegen, wenn es nicht um die Begrenzung der lebenserhaltenden Therapie, sondern um die aktive und zielgerichtete Herbeiführung des Todes im Wege der Fremdtötung geht. Hier postuliert der Strafgesetzgeber ein ausnahmsloses („absolutes") Tötungstabu, über das auch der in concreto unmittelbar betroffene Sterbewillige selbst bei „ernstlichem und ausdrücklichem [Todes-]Verlangen" (§ 216 StGB) unter keinen

---

61 Treffend H.-L. Schreiber, *Palliative und kurative Therapie am Lebensende*, in: *Med Klin* 100 (2005), 429 ff.: „versteinerter Patientenwille"; siehe auch G. Duttge, *Zur rechtlichen Problematik von Patientenverfügungen*, 171 ff.
62 Dazu statt vieler nur H. Burchardi et al. (Hg.), *Die Intensivmedizin*, Berlin [10]2008, 10; A. Laufs, *Arzt und Recht im Wandel der Zeit*, in: *MedR* 4 (1986), 163 ff.; B. Lown, *Die verlorene Kunst des Heilens. Anleitung zum Umdenken*, Frankfurt a. M. [11]2012 (engl. Originalausgabe: *The Lost Art of Healing. Practicing Compassion in Medicine*, Boston 1996), 101, 118, 177 et passim.
63 Siehe bereits o. Fn. 2.

Umständen disponieren könne. Die Gründe hierfür[64] werden allerdings im Rechtsdiskurs seit längerem kritisiert und haben in ihrer Wertigkeit heute offenbar nicht mehr dieselbe Überzeugungskraft wie ehedem: Insbesondere die kategorische Zurückweisung jedweder Verfügungsbefugnis mittels der theologischen und/oder (einer bestimmten) naturrechtlichen Vorstellung von der „Heiligkeit menschlichen Lebens" lässt sich jedenfalls nach Maßgabe der geltenden Rechtsordnung nicht bestätigen, während das Dammbruchargument zwar durchaus – mit Blick auf die neueren Entwicklungen in Belgien und in den Niederlanden – eine beachtliche empirische Plausibilität aufweist, aber in normativer Hinsicht unweigerlich das legitimatorische „Paternalismus"-Problem aufwirft: Darf der Einzelne an der Ausübung seiner Freiheit allein deshalb gehindert werden, weil mit der generellen Freigabe derartiger Handlungen die Möglichkeit einer negativen gesamtgesellschaftlichen Entwicklung im Ganzen einhergeht?[65]

Dies wird man nur solange – aber eben sehr wohl solange – annehmen dürfen, wie einer auch bloß konditionierten Freigabe die substantielle Gefahr immanent ist, dass sich Menschen jedenfalls teilweise auch in nicht-„autonomem" Zustand töten lassen könnten. Denn für diesen Fall gibt es keinerlei Grund mehr, am überragenden Allgemeininteresse zugunsten einer Erhaltung menschlichen Lebens nicht festzuhalten. Und eben dies ist – allerdings auf ungleich schwächerer empirischer Grundlage – die zentrale Überlegung des Gesetzgebers auch bei der Neukriminalisierung der „geschäftsmäßigen Förderung von Selbsttötungen" (§ 217 StGB) gewesen: Denn es sollte weder die „prinzipielle Straflosigkeit des Suizids und der Teilnahme daran" noch das etablierte Selbstbestimmungsrecht im Rahmen der Therapiebegrenzung in Frage gestellt, sondern – zum „Schutz der Selbstbestimmung und [des] Grundrechts auf Leben" – verhindert werden, dass alte und/oder kranke Menschen sich in ihrer Not zur Inanspruchnahme eines als „normal" sich gerierenden „Dienstleistungsangebots" gedrängt fühlen (um anderen nicht zur Last zu fallen).[66] Das impliziert ebenso wie der für § 216 StGB reklamierte „Voreiligkeitsschutz"[67] keine – verfassungsrechtlich bedenkliche (vgl. Art. 2 Abs. 2 S. 1 GG:

---

64 Dazu näher G. Duttge, *Sterbehilfe aus rechtsphilosophischer Sicht*, in: *GA* 148 (2001), 158 ff. und ders., *Rechtliche Typenbildung*, 36 ff.; zuletzt P. Hauck, *Rechtfertigende Einwilligung und Tötungsverbot*, in: *GA* 159 (2012), 212.
65 Hierzu näher A. von Hirsch/U. Neumann, *„Indirekter Paternalismus" im Strafrecht am Beispiel der Tötung auf Verlangen (§ 216 StGB)*, in: *GA* 154 (2007), 671 ff.; siehe auch T. Weigend, *Über die Begründung der Straflosigkeit bei Einwilligung des Betroffenen*, in: *ZStW* 98 (1986), 56.
66 BT-Drucks. 18/5373, 2.
67 In diesem Sinne bereits G. Duttge, *Lebensschutz und Selbstbestimmung am Lebensende*, in: *ZfL* 13 (2004), 34.

„Recht auf Leben") – Pflicht zum Weiterleben,[68] weil in der solchermaßen differenzierenden Sichtweise die Option der „freiverantwortlichen" Disposition über das „eigene" Leben einbegriffen ist. Daher lässt sich dem Paternalismus-Einwand grundsätzlich entgegenhalten, dass die Entscheidungsfreiheit des Einzelnen gar nicht vereitelt, sondern im Gegenteil gestärkt werden soll.[69]

Allerdings hat dies unweigerlich die Konsequenz, dass sich ein – noch dazu strafbewehrtes – Verbot nur halten lässt, wenn es erstens für jene gesamtgesellschaftliche Sorge um nicht-„autonome" (Selbst-)Tötungsverlangen überhaupt eine hinreichende tatsachengestützte Plausibilität im Ausgang gibt und dieser Sorge zweitens auch nicht anders als eben allein durch ein kategorisches Verbot Rechnung getragen werden kann. Zur erstgenannten Prämisse bestehen in Bezug auf § 217 StGB generell[70] und hinsichtlich der Fremdtötung auf Verlangen für jene Fallkonstellationen Zweifel, in denen sich der Sterbewillige wegen seiner Handlungsunfähigkeit nicht anders als durch Delegation des Vollzuges seines Todeswillens helfen kann.[71] Und hinsichtlich der Unabwendbarkeitsthese muss konstatiert werden, dass sich jedenfalls zur Suizidbeihilfe durchaus institutionelle und verfahrensrechtliche Vorkehrungen vorstellen lassen, die es prima vista ermöglichen würden, die „Freiverantwortlichkeit" sorgfältig zu prüfen – infolge einer solchen „Kanalisierung" sogar mit der Aussicht auf eine gesamtgesellschaftlich wirksamere Suizidprävention.[72] Dass diese Option zum Schutze menschlichen Lebens von vornherein untauglich sein könnte (und damit das „Untermaßverbot"[73] verletzen würde), lässt sich nicht ernstlich behaupten. Hieraus gründen sich die zum neuen § 217 StGB geltend gemachten verfassungsrechtlichen Zweifel, auch weil die Strafandrohung ohne Ansehen der kon-

---

[68] Für eine solche Pflicht aber unter Verweis auf die Schutzpflichtdimension der Menschenwürdegarantie v. a. C. Hillgruber, *Die Würde des Menschen am Ende seines Lebens*, in: ZfL 15 (2006), 70, 74 ff.

[69] Es ist dann nur noch eine – praktisch irrelevante – Frage der Begrifflichkeit, ob man das Vorliegen einer „paternalistischen" Regelung gänzlich in Abrede stellt oder aber von einem – freilich erlaubten – „weichen Paternalismus" spricht.

[70] Dazu näher G. Duttge, *Strafrechtlich reguliertes Sterben. Der neue Straftatbestand einer geschäftsmäßigen Förderung der Selbsttötung*, in: NJW 69 (2016), 120 ff.

[71] Insoweit für die Einfügung eines „minder schweren Falles" plädierend G. Duttge, *Erwiderung auf Josef Franz Lindner JZ 2006, 373 ff.: Absoluter Lebensschutz und zugleich verfassungsrechtliche Pflicht zur Freigabe der aktiv-direkten Sterbehilfe?*, in: JZ 61 (2006), 899 ff., was eine Verurteilung mit Strafvorbehalt (§ 59 StGB) ermöglichen würde.

[72] Gedankenskizze hierzu bei G. Duttge, *Zehn Thesen zur Regelung des (ärztlich) assistierten Suizids*, in: medstra 1 (2015), 257 ff.

[73] Zum „Untermaßverbot" vgl. etwa BVerfGE 88, 203, 254; eingehend L. P. Störring, *Das Untermaßverbot in der Diskussion. Untersuchung einer umstrittenen Rechtsfigur*, Berlin 2009.

kreten Konstellationen pauschal sämtliche (mit Wiederholungsabsicht geleistete) Suizidbeihilfe und infolgedessen mittelbar zugleich Suizidverlangen erfasst, obgleich der Gesetzgeber durchaus von der realen Möglichkeit „freiverantwortlicher" Bestrebungen ausgeht. Die hierauf nicht abgestimmte und daher insoweit flächendeckende Pönalisierung kommt daher – unter Missachtung des Selbstbestimmungsrechts „autonom" handelnder Suizidenten und deren Helfer – einem illegitimen „Unrechtsverdacht" nahe.

4 Grundproblem der Kohärenz

Damit offenbart sich bei einer Gesamtschau eine auffällige Inkohärenz zwischen dem Bereich des therapiebegrenzenden „Sterbenlassens", der weithin[74] vom (reduktionistisch gedeuteten) Selbstbestimmungsrecht geprägt ist, und jenem anderen der aktiven, auf unmittelbare Lebensbeendigung zielenden Handlungen, in dem kraft des Lebensschutzes weitreichende Indisponibilität für den betroffenen Einzelnen vorherrscht. Das Recht unterscheidet also zwischen einem „richtigen Sterben", das die Entscheidungsfreiheit des Patienten zur Beendigung lebenserhaltender Therapien selbst bei zwischenzeitlichem Verlust der Einwilligungsfähigkeit einschließt, und einem „falschen Sterben", bei dem sich Menschen anmaßen, aktiv auf die direkte Tötung eines Anderen hinzuwirken. Es liegt auf der Hand, dass es für diese signifikant konträre Akzentuierung der normativen Prämisse guter Gründe bedarf, sofern sich beides in eine widerspruchsfreie Gesamtrechtsordnung einfügen lassen soll. Denn aus der Perspektive der Gesamtrechtsordnung beanspruchen beide Fundamentalwerte grundsätzliche Beachtung: In abstracto ist rechtfertigungspflichtig nicht bloß der ärztliche Heileingriff, sondern ebenso das Nichteingreifen trotz bestehender Möglichkeit der Lebenserhaltung, ebenso nicht allein die Herbeiführung des Todes eines anderen, sondern auch die Verweigerung trotz dahingehenden Verlangens. Niemals lässt sich daher eine widerspruchsfreie Gesamtregelung gewinnen, wenn je nach gegebener Grundkonstellation lediglich einer der beiden Fundamentalwerte akzentuiert und der jeweils andere dabei ignoriert wird; niemals kann es daher auf prinzipieller Ebene um ein Entweder/Oder, sondern vielmehr allein darum gehen, an welchem „Scheitelpunkt" sich aus welchen guten Gründen die erlaubte von der rechtswidrigen Lebensrettung (bzw. gebotenes vom strafbaren Sterbenlassen) und

---

74 Soweit sich die Therapiebegrenzung nicht schon aus dem Fehlen bzw. Wegfall der ärztlichen Indikation ergibt, siehe § 1901b Abs. 1 BGB und BGHZ 154, 205, 225 f.; aus der Literatur statt vieler nur G. Duttge/D. Er/S. Fischer, *Vertrauen durch Recht?*, in: H. Steinfath et al. (Hg.), *Autonomie und Vertrauen. Schlüsselbegriffe der modernen Medizin*, Berlin 2016, 274 f.

in Analogie hierzu die kraft Autonomieprinzips „autorisierte" von der „nicht autorisierten" Todesherbeiführung separieren lässt.

Das bedeutet aber noch keineswegs, dass für beide Normbereiche exakt dieselbe wertbezogene Akzentuierung (vergröbernd: „pro Selbstbestimmungsrecht" oder „pro Lebensschutz") gelten muss. Die Berechtigung zu einer divergierenden Wertsetzung kann sich allerdings erst aus der Einsicht ergeben, was beide Sterbehilfetypen überhaupt unterscheidet. Nach Maßgabe des geltenden Rechts besteht dabei kein ernstlicher Zweifel, dass sich das trennende Moment nicht etwa – konsequentialistisch – in den Handlungsfolgen, sondern – deontologisch – in der Handlungsmodalität findet: Im Falle der (selbstbestimmten) Therapiebegrenzung ist der nachfolgende Todeseintritt erst mittelbares (und meist nicht intendiertes, wenngleich i.d.R. voraussehbares) Resultat eines nach Preisgabe des kurativen Ziels sich anschließenden Unterlassungsgeschehens, während das aktive (Mit-)Bewirken des Todes die unter dem rechtsgutsspezifischen Aspekt des Lebensschutzes relevante Ursachenkette neu in Gang setzt und bis zum Todeseintritt in Gang hält. Die dem geltenden Recht zugrunde liegende Unterscheidung gründet sich also in letzter Konsequenz auf das Kausalprinzip, freilich nicht im Sinne der im Strafrecht vorherrschenden Äquivalenztheorie (mit der conditio-sine-qua-Formel), sondern verstanden als ein bewertendes Zurechnungsprinzip.[75] Dieses fragt nicht (allein) nach der rein naturgesetzlichen Mitverursachung, sondern vielmehr danach, welche Ursache letztlich als die ausschlaggebende betrachtet werden kann. Bei der aktiven – direkten oder mittelbaren – Zuführung eines tödlichen Mittels ist es die darin liegende wesentliche Beherrschung des tödlichen Kausalverlaufes (ungeachtet evtl. Ungewissheiten im Detail, z.B. über den genauen Todeszeitpunkt), während die „todeskausale Beherrschungsmacht" des Außenstehenden im Falle der Therapiebegrenzung meist schon faktisch (aber nicht notwendig: z.B. nicht beim Abschalten des Beatmungsgerätes), jedenfalls aber normativ mit Anerkennung des patientenseitigen Vetorechts gegen körperintegritätsrelevante Eingriffe limitiert ist. Diese im Unterlassungsbereich bestehende normative Begrenzung des Handlungsspielraums[76] ist es also, die als notwendige Folge den Lebensschutz ganz in die Dispositionsfreiheit des Rechtsgutsträgers stellt und damit den Unterlassenden aus seiner grundsätzlich bestehenden Rettungspflicht entlässt,

---

75 Zu dieser im Strafrecht vorherrschenden Differenzierung der „Kausalität" grdl. C. Roxin, *Strafrecht Allgemeiner Teil*, Bd. I: *Grundlagen – Der Aufbau der Verbrechenslehre*, München ⁴2006, § 11 Rn. 3ff., 44ff.

76 Am Beispiel des Straftatbestands der unterlassenen Hilfeleistung (§ 323c StGB): G. Duttge, *Der Arzt als Unterlassungstäter*, in: D. Dölling et al. (Hg.), *Verbrechen – Strafe – Resozialisierung* (Festschrift für H. Schöch) Berlin 2010, 599ff.

während sich bei der aktiven Todesherbeiführung bzw. -unterstützung eine solche Schranke der lebenserhaltenden Fürsorge nicht findet.

An dieser auf die jeweilige Handlungsmodalität abstellenden Unterscheidung hat – freilich entgegen vorherrschender Deutung – auch die vieldiskutierte Entscheidung des Bundesgerichtshofs im „Fall Putz"[77] nichts geändert: Zwar betonte der 2. Strafsenat selbst ausdrücklich, dass er die Trennlinie zwischen „gerechtfertigter und rechtswidriger Herbeiführung des Todes" nicht mehr – wie bisher – an „den äußeren Erscheinungsformen von Tun und Unterlassen" orientieren bzw. „nach Maßgabe einer naturalistischen Unterscheidung von aktivem und passivem Handeln" bestimmen will. Diese Positionierung kann aber schon deshalb nicht überzeugen, weil sich die generelle (und mit Blick auf § 13 Abs. 1 StGB unvermeidbare) Abgrenzungsfrage nach ständiger Rechtsprechung am (freilich diffusen) Kriterium des sog. „Schwerpunkts der Vorwerfbarkeit"[78] – und damit eben nicht nach „naturalistischen Kriterien" – orientiert. Dies zeigt sich insbesondere auch darin, dass zur (missverständlich sog.) „passiven Sterbehilfe" seit jeher auch die aktive Reduktion oder Beendigung lebenserhaltender Therapie (sog. „tätiger bzw. technischer Behandlungsabbruch")[79] gezählt worden ist. Vor allem aber hat der Bundesgerichtshof auf Grundlage einer am „Begriff der Sterbehilfe" orientierten Deduktion[80] am Ende eine Grenzlinie markiert, die de facto doch wieder auf die tradierte Unterscheidung von Tun und Unterlassen rekurriert: Maßgeblich ist danach, ob das betreffende Handeln „einem bereits begonnenen Krankheitsprozess seinen Lauf lässt" (und der Patient damit letztlich dem Sterben überlassen wird) oder aber die Weise der Lebensbeendigung sich „vom Krankheitsprozess abkoppelt", d. h. hiermit in keinerlei „Zusammenhang" steht. Aus der Perspektive des betroffenen Rechtsgutes lässt sich diese Formel unschwer in die bisherige – modalitätenorientierte – Differenzierung übersetzen: im letzteren Fall verstirbt der Mensch allein oder hauptsächlich am „von außen" zugeführten tödlichen Mittel, während in erstgenannter Konstellation der Todeseintritt aus einem „innerorganismischen Desintegrationsprozess"[81] hervorgeht, der dem Handeln vorausliegt und das Geschehen im Kern prägt.

---

77 BGHSt 55, 191 ff.
78 Siehe etwa BGHSt 6, 46, 59; BGH *NStZ* 1999, 607 f.
79 Näher C. Roxin, *Strafrecht Allgemeiner Teil*, Bd. II: *Besondere Erscheinungsformen der Straftat*, München 2003, § 31 Rn. 115 ff. mit weiteren Nachweisen.
80 Krit. hierzu u. a. G. Duttge, *Anmerkung zu BGH, Urteil vom 25. 06. 2010 – 2 StR 454/09*, in: *MedR* 29 (2011), 36 ff.
81 Treffend W. Höfling, *„Sterbehilfe" zwischen Selbstbestimmung und Integritätsschutz*, in: *JuS* 40 (2000), 113.

Freilich ist damit noch nicht der materielle Grund benannt, der jenseits des rechtspositivistischen Befundes (§ 13 StGB) einer normativen Angleichung der aktiven Todesherbeiführung mit den Grundsätzen zur Therapiebegrenzung entgegensteht. So ließe sich das „ernstliche und ausdrückliche" Verlangen im Sinne des § 216 StGB doch ebenso wie der „freiverantwortliche" Wunsch nach (geschäftsmäßiger) Suizidbeihilfe als Ausdruck des Selbstbestimmungsrechts auffassen, welches der „Auftragnehmer" dieses Begehrens in gleicher Weise wie der Empfänger des patientenseitigen Behandlungsvetos respektiert. Das tradierte Dogma von der vermeintlich nur abwehrenden Dimension des Selbstbestimmungsrechts entbehrt im Lichte der Schutzpflichtdimension der Grundfreiheiten jedweder Plausibilität, abgesehen davon, dass es für den Sterbewilligen in beiden Konstellationen um die Anerkennung eines hierauf gerichteten Handlungsfreiraums geht und das Bestehen eines Sozialverhältnisses auch zu einem die Therapie begrenzenden/einstellenden Behandler nicht bestritten werden kann.[82] Offenbar steht in letzter Konsequenz eine Vorstellung Pate, die den zentralen Unterschied darin erkennt, dass im Falle der Therapiebegrenzung infolge des irreversiblen tödlichen Krankheitsverlaufes das Sterben schicksalhaft unausweichlich ist, während es bei einer Todesherbeiführung „von außen" unmittelbar „durch Menschenhand" aus objektiver-naturhafter Warte grundsätzlich vermeidbar erscheint. Dies bedingt allerdings keine derart scharfe Trennlinie, wie es die rechtliche Ausrichtung entweder nach Maßgabe des Selbstbestimmungsrechts oder des Lebensschutzes nahelegt. Denn die „naturhaften" bzw. „künstlichen" Anteile am Kausalgeschehen sind allenfalls von quantitativer Art, und aus der Perspektive des definitiv lebensmüden und daher zumindest insofern leidenden Menschen kann das Sterben auch jenseits eines irreversibel tödlichen Krankheitsverlaufs alternativlos sein. Schließlich impliziert die grundsätzliche Anerkennung des Subjektstatus eines jeden Menschen (vgl. Art. 1 Abs. 1 GG) eine höchstpersönliche Einschätzungsprärogative, die sich in eigenen Angelegenheiten (ohne Gefährdung anderer) keinem „objektiven Vernunftvorbehalt" (durch das Kollektiv, durch Experten oder Institutionen) zu unterwerfen braucht. Angesichts der Fehlsamkeit des menschlichen Willens je nach den konkreten Lebensumständen, mit Rücksicht auf die Höchstwertigkeit menschlichen Lebens und die Irreversibilität der Folgen lässt sich aber ohne Weiteres rechtfertigen, dass die von der Gemeinschaft formulierten Anforderungen an eine selbstbestimmte aktive Herbeiführung des eigenen Todes (deutlich) höher sind als im Falle einer The-

---

[82] Der EGMR hält das Selbstbestimmungsrecht auch in der Konstellation der Fremdtötung als möglicherweise betroffen und rechtfertigt das gleichwohl bestehende Verbot erst durch Rekurs auf den „Bestand der Rechtsordnung" (*NJW* 2002, 2851 ff.: „Diane Pretty").

rapieverweigerung bei vitaler Indikation oder gar Therapieeinstellung aufgrund evidenter Aussichtslosigkeit jedweder lebenserhaltender Maßnahme. Doch auch hier muss beachtet werden, dass die Möglichkeit eines Missbrauchs keine Domäne allein der aktiven Tötung ist.

5 Zukunftsperspektiven: Für ein besseres Sterbehilferecht

Es war ein berechtigtes Anliegen der jüngeren rechtspolitischen Debatte, die sich eine Stärkung des Selbstbestimmungsrechts von Patienten auf die Fahnen geschrieben hat. Das tradierte Verständnis der Arzt-Patienten-Beziehung betonte die Fürsorgepflicht und vergaß, dass die Folgen paternalistischer Bevormundung – auch die leidvollen bei Ausbleiben der erhofften Besserung – stets den Patienten höchstpersönlich treffen. Wenn es tatsächlich so wäre, dass sich die Rechtsgemeinschaft auf Willensbekundungen in Patientenverfügungen und/oder auf stellvertretendes Handeln ohne Weiteres verlassen könnte, wäre auch der Leitidee des Schutzes menschlichen Lebens vollkommen Genüge getan: Denn es ist der einzelne Mensch selbst, der berufen ist, das Geschenk seines Lebens in Freiheit und Eigenverantwortung mit Leben zu füllen. Wo allerdings nicht wahrhaft autonome Lebensentscheidungen, sondern in Wahrheit nur eine Art von Autonomieplacebo des Patienten in Rede steht, handelt es sich weder um eine liberale noch um eine lebensfreundliche Rechtsordnung.

Ein anspruchsvolles Verständnis von Patientenautonomie[83] erschöpft sich nicht in der „liberalen Standardauffassung", wonach ein jeder Patient allein kraft seiner selbst gleichsam per definitionem zu „autonomen" Entscheidungen immer schon dann befähigt ist, wenn dies „frei von Zwang und Täuschung" geschieht. Die grenzenlose Beliebigkeit, die daraus in der Sache folgt, kann niemanden zufriedenstellen, auch den Patienten selbst nicht. Denn er hat gerade kraft seines Subjektstatus ein unhintergehbares Recht auf Hilfe und Fürsorge, um in seinem Sinne bestmögliche Entscheidungen treffen zu können. Anders als die insbesondere von Beauchamp und Childress geprägte Standardauffassung von (westlicher) Medizinethik und Medizinrecht meint,[84] stehen Autonomie und Fürsorge – recht verstanden – keineswegs in einem unversöhnlichen Gegensatz zueinander:

---

[83] Zu den verschiedenen Konzepten von Patientenautonomie instruktiv H. Steinfath/A.-M. Pindur, *Patientenautonomie im Spannungsfeld philosophischer Konzeptionen von Autonomie*, in: C. Wiesemann/A. Simon (Hg.), *Patientenautonomie*, 27 ff.
[84] Vgl. dazu T. L. Beauchamp/J. F. Childress, *Principles of Biomedical Ethics*, Oxford ⁶2009.

Vielmehr bedarf es schon wegen der naturgegebenen Begrenztheit menschlichen Vermögens auch bei Einwilligungsfähigen der ärztlichen Fürsorge, freilich nicht im Sinne einer Zwangsaufklärung, sondern eines ärztlichen Hilfsangebotes; dies zu bestreiten und den einzelnen Patienten ganz auf sich allein gestellt zu lassen, kommt einem „autonomistischen Fehlschluss" gleich.[85] Dies gilt insbesondere dann, wenn die Grundlage menschlicher Existenz schlechthin auf dem Spiele steht, und mehr noch die Entscheidung gegen das Weiterleben nicht äußerlich erzwungen ist. Aber auch insoweit bleibt es am Ende der Einzelne selbst, der beanspruchen darf, sein Lebensschicksal nach höchstpersönlichen Maximen selbst zu verantworten. Im Falle einer objektiv gegebenen Lebensperspektive dürfen durchaus hohe Anforderungen an einen autonomen Entschluss zur Todesherbeiführung gestellt und lebensfreundliche Angebote formuliert werden; kategorisch verstellen darf eine freiheitlich verfasste Rechts- und Gesellschaftsordnung diesen Weg einem zur Eigenverantwortung grundsätzlich befähigten Menschen jedoch nicht.

---

[85] Dazu näher T. Rehbock, *Personsein in Grenzsituationen. Zur Kritik der Ethik menschlichen Handelns*, Münster 2005, 312 ff.

Christian Jäger
Zur (In-)Konsistenz des Strafrechts bei Entscheidungen am Lebensende

Was lebensbeendende Handlungen im Grenzbereich von „Töten" und „Sterbenlassen" anbelangt, so schien die Rechtslage in Deutschland bis zum Inkrafttreten des neuen § 217 StGB, der die geschäftsmäßige Förderung der Selbsttötung nunmehr unter Strafe stellt, vergleichsweise eindeutig.[1]

1 Die Konsistenzbetrachtung bis zum Inkrafttreten des neuen § 217 StGB

1.1 Das strafrechtliche Verbot aktiver Sterbehilfe

Unverrückbarer Ausgangspunkt war und ist das strafrechtliche Verbot der aktiven direkten Sterbehilfe nach § 216 StGB. Diese Vorschrift untersagt es, dem Kranken auf dessen Bitte hin etwa eine tödliche Injektion zu verabreichen, um dessen Leiden zu beenden. Die gezielte Lebensverkürzung ist also stets nach § 216 StGB strafbar, gleichgültig, ob die todbringende Handlung durch einen Arzt oder einen sonstigen Dritten ausgeführt wird.[2]

1.2 Die strafrechtliche Rechtfertigung passiver Sterbehilfe im Sinne eines Behandlungsabbruchs

Den Gegenpol zur aktiven Sterbehilfe bildet die Rechtmäßigkeit der früher sog. passiven Sterbehilfe, die seit der berühmten Entscheidung des Zweiten Senats im Fall Putz aus dem Jahre 2010 unter den Begriff des Behandlungsabbruchs gefasst wird.

---

[1] Zur Rechtslage auf dem Gebiet der Suizid- und Sterbehilfe vor Einführung des § 217 StGB ausführlich G. Berghäuser, *Der „Laien-Suizid" gemäß § 217 StGB. Eine kritische Betrachtung des Verbots einer geschäftsmäßigen Förderung der Selbsttötung*, in: ZStW 128 (2016), 742–757; zur Sterbehilfe siehe außerdem E. Hilgendorf, *Einführung in das Medizinstrafrecht*, München 2016, 37 ff.

[2] Vgl. BGHSt 37, 376; C. Roxin, *Zur strafrechtlichen Beurteilung der Sterbehilfe*, in: ders./U. Schroth (Hg.), *Handbuch des Medizinstrafrechts*, Stuttgart ⁴2010, 111.

Mit dem Begriff der passiven Sterbehilfe kennzeichnete der BGH zunächst das Unterlassen weiterer Rettungsbemühungen. Dies barg freilich die Gefahr, dass zwar derjenige Mediziner straflos gestellt werden konnte, der seinen Patienten von vornherein nicht mehr beatmete (d. h. passiv blieb), während derjenige Mediziner, der einen Patienten von einem Beatmungsgerät aktiv trennte, zur Verantwortung hätte gezogen werden können. Um derartige Wertungswidersprüche zu vermeiden, ging die herrschende Meinung dazu über, das Abschalten des Beatmungsgeräts durch den behandelnden Arzt in ein Unterlassen der Weiterbehandlung umzudeuten („Unterlassen durch Tun").[3]

Diese Umdeutung eines aktiven Tuns in ein Unterlassen hat mit der Entscheidung des Falls Putz durch den BGH[4] ein abruptes Ende gefunden. In ihr hat der Zweite Senat den Willen des Gesetzgebers in Übereinstimmung mit dem ein Jahr zuvor in Kraft getretenen Patientenverfügungsgesetz (§§ 1901a ff. BGB) praktisch umgesetzt und in einer bis dahin noch nie da gewesenen Deutlichkeit die Selbstbestimmung des Patienten ins Zentrum der Betrachtung gerückt. Der Zweite Senat ist dabei davon ausgegangen, dass Sterbehilfe in Form eines Behandlungsabbruchs geleistet werden kann und muss, wenn eine Person lebensbedrohlich erkrankt, die zu ihrer Versorgung eingesetzte (und jetzt abgesetzte) Maßnahme medizinisch zur Lebenserhaltung bzw. Lebensverlängerung notwendig und ein entsprechender tatsächlicher oder mutmaßlicher Wille des Patienten im Sinne von § 1901a BGB hinsichtlich eines Behandlungsabbruchs gegeben ist. Ausdrücklich hat der Zweite Senat in diesem Zusammenhang betont, dass es dabei nicht auf die Verhaltensformen ankommt, so dass ein Behandlungsabbruch sowohl durch ein Unterlassen als auch durch ein Tun geleistet werden könne.[5] Ausschlaggebend sei allein, dass sich das ärztliche Handeln darauf beschränkt, einem bereits in Gang gesetzten Krankheitsprozess seinen Lauf zu lassen. In diesen Fällen könne das ärztliche Handeln auch dann durch die Einwilligung des Patienten gerechtfertigt sein, wenn es willensgemäß zum Tode des Patienten führt. Nicht zulässig sei es dagegen, durch gezielte, vom Krankheitsprozess abgekoppelte Eingriffe aktiv das Leben zu beenden.[6]

---

3 Vgl. C. Roxin, *An der Grenze von Begehung und Unterlassung*, in: P. Bockelmann/A. Kaufmann/U. Klug (Hg.), *Festschrift für Karl Engisch zum 70. Geburtstag*, Frankfurt a. M. 1969, 395 ff.; siehe dazu auch C. Jäger, *Die Abwägbarkeit menschlichen Lebens im Spannungsfeld von Strafrechtsdogmatik und Rechtsphilosophie*, in: ZStW 115 (2003), 769 jeweils mit weiteren Nachweisen; H. Rosenau, *§ 217 Strafgesetzbuch (StGB)*, in: *Bayerisches Ärzteblatt* 70 (2016), 100–102.
4 BGHSt 55, 191–206.
5 Vgl. BGHSt 55, 191–206, 201 ff.
6 Vgl. BGHSt 55, 191–206, 204.

1.3 Die strafrechtliche Rechtfertigung indirekter Sterbehilfe

Zwischen den beiden Polen der strafbaren aktiven Tötung auf Verlangen einerseits und der straflosen passiven Sterbehilfe andererseits stand dagegen schon immer die sog. indirekte Sterbehilfe in Form der schmerzlindernden Verabreichung von Medikamenten, die bei entsprechendem ausdrücklichem oder mutmaßlichem Willen des Patienten selbst dann zulässig ist, wenn durch sie als unvermeidbare Folge die Beschleunigung des Todeseintritts zu erwarten ist.[7]

Dabei hat der BGH in BGHSt 42, 301 noch offen gelassen, ob die indirekte Sterbehilfe schon ihrem sozialen Sinngehalt nach aus dem Tatbestand der Tötungsdelikte herausfällt,[8] da das zu einer Lebensverkürzung führende Handeln des Arztes „jedenfalls" nach der Notstandsregelung des § 34 StGB gerechtfertigt sein könne. Denn innerhalb der durch § 34 S. 1 StGB eröffneten Interessenabwägung sei dem erklärten oder mutmaßlichen Interesse des Patienten an einem Tod in Würde und Schmerzfreiheit gegenüber der „Aussicht, unter schwersten, insbesondere sog. Vernichtungsschmerzen noch kurze Zeit länger leben zu müssen", der Vorrang einzuräumen.[9]

War der BGH damit früher noch „jedenfalls" für eine Rechtfertigung der indirekten Sterbehilfe im Wege des allgemeinen Notstands gemäß § 34 StGB eingetreten, hat er sich in der vorliegend bereits unter Ziffer 1.2 dargestellten Entscheidung im Fall Putz aus dem Jahre 2010 eher beiläufig für eine Rechtfertigung im Wege der Einwilligung ausgesprochen.[10] Seiner kurzen Bemerkung hierzu kann entnommen werden, dass er den Interessenkonflikt in Sachverhalten der indirekten Sterbehilfe nicht länger durch eine Abwägung objektiver Interessen (d. h. nach den Regeln des allgemeinen rechtfertigenden Notstands, § 34 StGB) ent-

---

7 Vgl. BGHSt 42, 301–305.
8 So etwa R. D. Herzberg, *Sterbehilfe als gerechtfertigte Tötung im Notstand?*, in: NJW 49 (1996), 3048 f. – unter Berufung auf eine Sozialadäquanz; C. Jäger, *Der Arzt im Fadenkreuz der juristischen Debatte um assistierten Suizid*, in: JZ 70 (2015), 876 f.; ders., *Die Abwägbarkeit menschlichen Lebens im Spannungsfeld von Strafrechtsdogmatik und Rechtsphilosophie*, 770 mit Fn. 14 – teleologische Reduktion des Tötungsverbots; zu weiteren Tatbestandslösungen siehe R. Merkel, *Aktive Sterbehilfe – Anmerkung zum Stand der Diskussion und zum Gesetzgebungsvorschlag des „Alternativ-Entwurfs Sterbebegleitung"*, in: A. Hoyer et al. (Hg.), *Festschrift für Friedrich-Christian Schroeder zum 70. Geburtstag*, Heidelberg 2006, 299 ff.
9 BGHSt 42, 301–305, 305; vgl. auch K. Kutzer, *Rechtliche und rechtspolitische Aspekte einer verbesserten Schmerzbekämpfung in Deutschland*, in: A. Eser et al. (Hg.), *Straf- und Strafverfahrensrecht, Recht und Verkehr, Recht und Medizin* (Festschrift für H. Salger), Köln 1995, 672; ders., *Strafrechtliche Grenzen der Sterbehilfe*, in: NStZ 14 (1994), 115.
10 Vgl. BGHSt 55, 191–206, 204 mit Rn. 34.

schieden wissen will, sondern ihn den Individualinteressen des einwilligenden Patienten unterwerfen möchte.

1.4 Die Konsistenz des Strafrechts unter dem Gesichtspunkt der selbstbestimmten Herrschaft über das eigene Leben

Ein feststehendes Dogma war bislang auch die Straflosigkeit der Beihilfe zur Selbsttötung. Angehörige, Ärzte, aber auch Suizidhilfevereinigungen, die einem Suizidenten durch die Überlassung eines tödlichen Medikaments Hilfe zum Suizid leisteten, konnten sich daher jedenfalls bis zum Inkrafttreten des neuen § 217 StGB grundsätzlich nicht strafbar machen.[11] Auch dies ist Ausfluss des Selbstbestimmungsrechts, das sich beim Suizid in der Herrschaft über die Herbeiführung des eigenen Todes, d.h. in der Herrschaft über den *point of no return* äußert.

Umstritten war lediglich, inwieweit eine Beihilfestrafbarkeit gegeben sein kann, wenn der Suizidhelfer nach Eintritt der Bewusstlosigkeit des Patienten keine Maßnahmen zur Rettung einleitete. Tatsächlich ist der BGH hier in verschiedenen Entscheidungen davon ausgegangen, dass die Tatherrschaft mit Eintritt der Bewusstlosigkeit auf einen anwesenden Garanten übergehe, der von diesem Zeitpunkt an für das Leben des Suizidenten einzustehen habe.[12] Dies führte zu der absurden Konsequenz, dass der Arzt dem Patienten zwar das tödliche Mittel überlassen durfte, mit dem dieser sodann seine Selbsttötung selbst ins Werk setzen konnte, dass aber derselbe Arzt nach Eintritt der Bewusstlosigkeit hätte tätig werden müssen, um das Leben des Suizidenten zu retten.[13] Bekanntlich hat der Mediziner Hackethal diese Möglichkeit dadurch ausgeschlossen, dass er für seine Patientin, der er Suizidhilfe durch Überlassung eines Medikaments leistete, ein Präparat wählte, das unverzüglich zum Tode nach Einnahme führte, und dass er sich zusätzlich von der Patientin entfernte, um eine Rettungsmöglichkeit in doppelter Hinsicht auszuschließen. Auf diese Weise konnte der später angeklagte

---

11 Zu Suizidhilfevereinigungen E. Hilgendorf, *Einführung in das Medizinstrafrecht*, 53 ff.
12 Siehe etwa BGH, in: *NJW* 1960, 1821–1822; BGHSt 13, 162–169. Einen guten Überblick hierzu bieten A. Eser/D. Sternberg-Lieben, in: A. Schönke/H. Schröder (Hg.), *Strafgesetzbuch. Kommentar*, München [29]2014, Rn. 39 ff., 42.
13 Vgl. A. Eser/D. Sternberg-Lieben, in: A. Schönke/H. Schröder (Hg.), *Strafgesetzbuch*, Rn. 42 f.; T. Fischer, *Strafgesetzbuch mit Nebengesetzen. Kommentar*, München [64]2017, Vorbemerkung §§ 211 ff. Rn. 25; C. Jäger, *Der Arzt im Fadenkreuz der juristischen Debatte um assistierten Suizid*, 878 und 882 jeweils mit weiteren Nachweisen.

Hackethal am Ende einer Bestrafung wegen Tötung durch Unterlassen entgehen.[14] Ob der BGH an dieser Rechtsprechung zur Unterlassenstäterschaft in Suizidfällen auch in Zukunft festhalten wird, bleibt abzuwarten. Bis dato gab es nur von Seiten der Staatsanwaltschaft und eines Landgerichts Vorstöße, den Garanten vom Strafbarkeitsvorwurf zu entbinden.[15] Immerhin hat auch der BGH in einer neueren Entscheidung aus dem Jahre 2015 beiläufig angedeutet, dass für den Fall eines freiverantwortlichen Suizids nach Verlust der Handlungsherrschaft des die Selbsttötung Anstrebenden möglicherweise eine Garantenpflicht zur Verhinderung des Todes ausscheide.[16] Andererseits hat aber das OLG Hamburg in einem Eröffnungsbeschluss gerade mit Blick auf die bisherige Rechtsprechung des BGH die gegenteilige Ansicht vertreten und eine Pflicht zur Hinderung der Selbsttötung nach Herrschaftsverlust des Suizidenten für möglich erachtet.[17]

Abgesehen von der zuletzt genannten Absurdität war die Konsistenz der gesetzlichen Bestimmungen und der gerichtlichen Entscheidungen zu lebensbeendenden Handlungen in der Rechtswissenschaft aber durchaus anerkannt. Und in Wahrheit ist der BGH seit der Entscheidung Putz von einer Abwägung zwischen den Rechtsgütern des Selbstbestimmungsrechts einerseits und des Lebensschutzes andererseits abgerückt, indem er Entscheidungen am Lebensende vollständig dem Selbstbestimmungsrecht des Patienten unterworfen hat.

1.5 Zur Konsistenz des Strafrechts unter den Gesichtspunkten des Selbstbestimmungsrechts

Insbesondere hat der BGH mit seiner Entscheidung im Fall Putz auch nicht etwa an dem durch § 216 StGB verbürgten Grundsatz rühren wollen, dass der Wille des Tatopfers den Täter nicht vom Verbot der aktiven Fremdtötung zu entbinden vermag.[18]

---

14 Vgl. OLG München, in: *NJW* 1987, 2940–2946, 2941; dazu auch R. D. Herzberg, *Der Fall Hackethal: Strafbare Tötung auf Verlangen*, in: *NJW* 39 (1986), 1635; C. Roxin, *Tötung auf Verlangen und Suizidteilnahme – Geltendes Recht und Reformdiskussion*, in: *GA* 160 (2013), 319.
15 Vgl. LG Deggendorf, in: *ZfL* 2014, 95–97; StA München I, in: *NStZ* 2011, 345–346; dazu H. D. Lippert, *Der Wille des Patienten in der präklinischen Notfallmedizin, zugleich Besprechung des Beschlusses des LG Deggendorf vom 13.9.2013*, in: *GesR* 13 (2014), 710; anders OLG Hamburg, in: *NStZ* 2016, 530–538, 535 mit Anm. K. Miebach.
16 Vgl. BGH, in: *StV* 2016, 426–427 mit Anm. C. Jäger, in: *JA* 2016, 392.
17 Vgl. OLG Hamburg, in: *NStZ* 2016, 530–538, 535 mit Anm. K. Miebach.
18 Vgl. BGHSt 55, 191–206, 205 mit Rn. 37.

Insoweit ist es zwar durchaus zutreffend (und zu begrüßen), dass der BGH die Selbstbestimmung des Patienten in den Fokus seiner Entscheidung gestellt hat. Und ebenso ist es zutreffend, dass das Gericht dem selbstbestimmten Patientenwillen die Kraft zugemessen hat, auch solche ärztlichen Handlungen zu rechtfertigen, die im Wege des positiven Tuns (indirekt oder direkt) den Tod des Patienten herbeiführen. Dies betrifft Sachverhalte des Behandlungsabbruchs, in denen eine lebenserhaltende oder -verlängernde Maßnahme durch ein positives Tun abgebrochen wird (dazu soeben Ziffer 1.2). Ebenso erfasst sind – gemäß einer beiläufigen Erwähnung des BGH – Sachverhalte der (aktiven) indirekten Sterbehilfe (dazu soeben Ziffer 1.3). Jedoch: Dies darf nicht dazu verleiten, durch die neue Rechtsprechung des BGH die Einwilligungsschranke des § 216 StGB angetastet zu sehen. Denn das Gericht misst eben nicht jeder Einwilligung eines Tatopfers die Kraft zu, seine Tötung zu rechtfertigen, sondern beschränkt diese rechtfertigende Wirkung auf einen engen Anwendungsbereich, der durch den Kontext einer medizinischen Behandlung gekennzeichnet ist. In Sachverhalten der indirekten Sterbehilfe bildet diesen Kontext das Behandlungsziel der Schmerzlinderung. In Sachverhalten des Behandlungsabbruchs handelt es sich dabei um dieselben Fälle, die der BGH einst unter Anwendung der Schwerpunktformel unter den Begriff des „Unterlassens durch Tun" gefasst hatte, um die passive Sterbehilfe vom Vorwurf der Strafbarkeit zu entbinden.[19] Die Bedeutung, die der Entscheidung des BGH im Fall Putz zugemessen wird, erwächst in der Folge zutreffend nicht etwa daraus, dass der BGH solche Sachverhalte der aktiven Fremdtötung, die in eine medizinische Behandlung eingebettet sind, erstmals für rechtfertigungsfähig erklärt hätte. Beachtenswert ist die Entscheidung vielmehr vor allem deshalb, weil der BGH hierfür dogmatisch nicht länger den Umweg wählt, die Tathandlung in Sachverhalten des Behandlungsabbruchs als ein „Unterlassen durch Tun" zu identifizieren oder die indirekte Sterbehilfe nach den Regeln einer Notstandslage lösen zu wollen. Mit Anerkennung einer rechtfertigenden Einwilligung in diesen Sachverhalten erzielt er das gewünschte Ergebnis nunmehr stattdessen über eine teleologische Reduktion des § 216 StGB.[20]

Dabei speist sich die Sonderbehandlung, die aktiven Fremdtötungen im Behandlungskontext durch den BGH zuteil wird, aus dem von sonstigen Tötungshandlungen abweichenden Sinngehalt. Der Arzt, der seinem Patienten indirekte Sterbehilfe gewährt, mag den beschleunigten Todeseintritt seines Patienten um

---

[19] Vgl. BGHSt 55, 191–206, 203 ff.
[20] Zu einer teleologischen Reduktion des § 216 StGB siehe auch K. Gaede, *Durchbruch ohne Dammbruch. Rechtssichere Neuvermessung der Grenzen strafloser Sterbehilfe*, in: NJW 63 (2010), 2927; ferner B. Fateh-Moghadam/M. Kohake, *Übungsfall: Selbstjustiz auf der Intensivstation*, in: ZJS 5 (2012), 102 mit weiteren Nachweisen.

der Schmerzlinderung willen womöglich als unerwünschte Nebenfolge in Kauf nehmen, was die medizinische Maßnahme überhaupt erst nach ihrem Erscheinungsbild als aktive Tötungshandlung klassifiziert. Sein eigentliches Handlungsziel bildet aber die Linderung der krankheitsbedingten Leiden seines Patienten, nicht indem er dessen Leiden durch den Tod ein Ende setzt (wie dies etwa bei der – unverändert strafbaren – Mitleidstötung der Fall ist), sondern indem er dessen Symptome lindert. Die medizinische Indikation der ggf. auch lebensverkürzenden Medikation verleiht ihr einen anderen Sinngehalt als der „gemeinen Tötung". Ein entsprechend abweichender Sinngehalt haftet aber auch dem Abbruch einer lebenserhaltenden oder -verlängernden medizinischen Behandlung an, und dies, obwohl der Todeseintritt (anders als in Sachverhalten der indirekten Sterbehilfe) nicht nur eine unvermeidbare Nebenfolge bildet. Obgleich der Tod hier keine bloße Nebenfolge darstellt, bildet er nämlich immer noch nur ein natürliches Ereignis, dessen Eintritt nicht länger verhindert wird – er wird daher nicht durch einen vom Krankheitsprozess abgekoppelten Eingriff herbeigeführt. Der Arzt maßt sich folglich nicht an, Herr über „Leben und Tod" zu sein, sondern respektiert den Willen seines Patienten, einem natürlichen Krankheitsverlauf nicht länger Einhalt zu gebieten. Den Sinngehalt einer Tötung trägt sein Tun damit aber nicht mehr und legt mithin nicht den Grund für die Annahme einer tatbestandsmäßigen Tötung. Aus diesem Grunde haben verschiedene Stimmen in der Literatur bereits vor der Entscheidung des BGH im Fall Putz die indirekte Sterbehilfe nicht zu rechtfertigen versucht, sondern bereits den Tatbestand eines Tötungsdelikts verneint (s. dazu bereits oben Ziffer 1.3).[21]

Die Entscheidung des BGH im Fall Putz spiegelt diese Einschätzung eines von der Tötung abweichenden Sinngehalts insoweit wider, als sie zwischen behandlungsbezogenen und sonstigen aktiven Tötungshandlungen dergestalt differenziert, dass erstere einer Rechtfertigung durch die Einwilligung des Patienten zugänglich sind, während letztere weiterhin der Einwilligungsschranke des § 216 StGB unterliegen sollen.

Dass der Behandlungskontext nach Auffassung des BGH nur einer Rechtfertigung den Weg ebnet und nicht bereits – wie es die angeführten Literaturstimmen zum fehlenden Sinngehalt einer Tötungshandlung in den Sachverhalten der indirekten Sterbehilfe vertreten – den Grundstein für eine zu verneinende Tatbestandsmäßigkeit legt, ist letztlich (nur) damit zu begründen, dass der BGH die Einwilligung auf der Ebene der Rechtfertigung verortet. Zutreffend aber muss die

---

21 Vgl. oben die weiterführenden Verweise in Fn. 8.

Einwilligung des Tatopfers bereits als Tatbestandsausschluss wirken.[22] Denn wenn der Verletzungserfolg dem Täter bereits in all jenen Fällen nicht zugerechnet wird, in denen sich das Tatopfer mit seiner Gefährdung durch den Täter einverstanden erklärt hat (sog. einverständliche Fremdgefährdung), muss dies erst recht in jenen Fällen gelten, in denen das Tatopfer nicht nur in seine Gefährdung, sondern sogar in seine Verletzung eingewilligt hat. Gefährdung wie Verletzung gehen infolge des erklärten Opferwillens in dessen eigenen Verantwortungsbereich über.[23] Die Einwilligung des Patienten, die nach dem BGH rechtfertigend wirkt, würde so bereits den objektiven Zurechnungszusammenhang durchbrechen und dem Behandlungsabbruch wie der indirekten Sterbehilfe den Sinngehalt einer Tötungshandlung nehmen.

1.6 Zusammenfassung

Mit seiner Unterscheidung zwischen behandlungsbezogenen und nicht behandlungsbezogenen Tötungshandlungen trägt der BGH dem unterschiedlichen Sinngehalt aktiver, den Tod herbeiführender Tathandlungen Rechnung. Dies bildet kein im Fall Putz entwickeltes Novum, sondern hat seit jeher seine Rechtsprechung geprägt, wenn er die indirekte Sterbehilfe nach § 34 StGB gerechtfertigt und Akte der passiven Sterbehilfe, die sich nach dem äußeren Erscheinungsbild durch ein positives Tun vollziehen, in ein Unterlassen umgedeutet hat. Der Behandlungskontext hat also seit jeher den Grund für eine Sonderbehandlung einschlägiger aktiver Tötungshandlungen gelegt, so dass der Lebensschutz durch die neue Rechtsprechung des BGH nicht angetastet worden ist. Verändert hat sich allein die Begründung für eine Sonderbehandlung einschlägiger Tathandlungen, die nunmehr offen die Selbstbestimmung des Patienten in den Fokus rückt und dessen Recht hervorhebt, über die Durchführung einer u.U. lebensverkürzenden Schmerztherapie ebenso wie über den Abbruch lebenserhaltender oder -verlängernder Maßnahmen zu entscheiden. Wenn der BGH nicht behandlungsbezogene

---

22 Vgl. C. Jäger, *Zurechnung und Rechtfertigung als Kategorialprinzipien im Strafrecht*, Heidelberg 2006, 22f.; U. Kindhäuser, *Strafrecht Allgemeiner Teil*, Baden-Baden [7]2015, § 12 Rn. 5; R. Maurach/H. Zipf, *Grundlehren des Strafrechts und Aufbau der Straftat*, Heidelberg [8]1992, § 17 Rn. 30ff.; C. Roxin, *Strafrecht Allgemeiner Teil*, Bd. I: *Grundlagen – Der Aufbau der Verbrechenslehre*, München [4]2006, § 13 Rn. 1ff.

23 Vgl. dazu bereits C. Jäger, *Zurechnung und Rechtfertigung als Kategorialprinzipien im Strafrecht*, 18ff.; im Anschluss hieran auch A. Engländer, *Von der passiven Sterbehilfe zum Behandlungsabbruch*, in: JZ 66 (2011), 518 und R. Rissing-van Saan, *Strafrechtliche Aspekte der aktiven Sterbehilfe. Nach dem Urteil des 2. Strafsenats des BGH v. 25.6.2010 – 2 StR 454/09*, in: ZIS 6 (2011), 550.

aktive Tötungshandlungen forthin uneingeschränkt für verboten und nicht rechtfertigungsfähig befindet, hat er das Verbot der aktiven Sterbehilfe und die Einwilligungsschranke des § 216 StGB nicht etwa relativiert, sondern neuerlich bestätigt und beide lediglich in ihren Umrissen konkretisiert. Bedeutsamer ist aber, dass der BGH bereits seit der Entscheidung Putz die Zulässigkeit des Behandlungsabbruchs und der indirekten Sterbehilfe allein vom Willen des Patienten abhängig gemacht und damit das Selbstbestimmungsrecht zum allein ausschlaggebenden Kriterium im Bereich behandlungsbezogener Entscheidungen erhoben hat. Dadurch hat er in diesem Kontext einen abwägungsfreien Rahmen geschaffen, der durchaus dazu berechtigte, von einer Konsistenz des Strafrechts bei Entscheidungen am Lebensende zu sprechen.

Auch die Straflosigkeit des Suizids trug letztlich zu diesem Konsistenzurteil bei (vgl. oben 1.4), da auch in diesem Bereich das Selbstbestimmungsrecht des Suizidenten in seiner Sonderausprägung der Selbstherrschaft über den *point of no return* zum ausschlaggebenden Kriterium erhoben wurde.

2 Die Konsistenzbetrachtung nach Inkrafttreten des neuen § 217 StGB

2.1 Norminhalt des § 217 StGB

Mit § 217 StGB hat der Gesetzgeber nunmehr allerdings eine Vorschrift geschaffen, die die Konsistenz und Kohärenz des bisherigen Systems infrage stellt. Diese neue, am 10.12.2015 in Kraft getretene Vorschrift[24] bestraft die geschäftsmäßige Förderung der Selbsttötung und lautet:

> § 217 Geschäftsmäßige Förderung des Suizids
> (1) Wer in der Absicht, die Selbsttötung eines anderen zu fördern, diesem hierzu geschäftsmäßig die Gelegenheit gewährt, verschafft oder vermittelt, wird mit Freiheitsstrafe bis zu drei Jahren oder mit Geldstrafe bestraft.
> (2) Als Teilnehmer bleibt straffrei, wer selbst nicht geschäftsmäßig handelt und entweder Angehöriger des in Abs. 1 genannten anderen ist oder diesem nahe steht.

Betrachtet man den Tatbestand näher, so hat der Gesetzgeber das geschäftsmäßige Gewähren, Verschaffen oder Vermitteln der Gelegenheit zur Selbsttötung eines anderen unter Strafe gestellt. Ausweislich der Gesetzesbegründung ist unter

---

24 Gesetz zur Strafbarkeit der geschäftsmäßigen Förderung der Selbsttötung vom 03.12.2015, in: BGBl. 2015, 2177.

dem Gewähren bzw. Verschaffen einer Gelegenheit das Herbeiführen äußerer Umstände gemeint, „die geeignet sind, die Selbsttötung zu ermöglichen oder wesentlich zu erleichtern".[25] Das Verschaffen und Überlassen tödlicher Medikamente ist daher eindeutig unter diesen Tatbestand zu subsumieren. Gewähren bedeutet dabei, dass die äußeren Umstände dem Hilfe Leistenden bereits zur Verfügung stehen, während ein Verschaffen voraussetzt, dass diese Umstände erst erzeugt werden, etwa durch Bestellung des noch nicht vorhandenen tödlichen Medikamentenvorrats.[26] Ein Vermitteln liegt dagegen dann vor, wenn ein Kontakt zwischen Suizidhilfe suchender Person einerseits und der Person, die die Hilfeleistungen erbringt, andererseits hergestellt wird.[27]

Entscheidendes Merkmal des § 217 StGB ist sodann aber die Geschäftsmäßigkeit der Vornahme der genannten Tathandlungen. Unter geschäftsmäßig ist nach der Begründung des Gesetzgebers das nachhaltige Betreiben oder Anbieten mit oder ohne Gewinnerzielungsabsicht gemeint. Geschäftsmäßig handele daher derjenige, der die Gewährung, Verschaffung oder Vermittlung der Gelegenheit zur Selbsttötung zu einem dauernden oder wiederkehrenden Bestandteil seiner Tätigkeit macht, unabhängig von einer Gewinnerzielungsabsicht und unabhängig von einem Zusammenhang zu einer wirtschaftlichen oder beruflichen Tätigkeit.[28] Mit dem so verstandenen Tatbestandsmerkmal der Geschäftsmäßigkeit[29] weist der Gesetzgeber auf die besondere Gefährdung der autonomen Entscheidung Betroffener hin, da die Suizidhelferinnen und -helfer laut Gesetzesbegründung spezifische, typischerweise auf die Durchführung des Suizids gerichtete Eigeninteressen verfolgen und ihre Einbeziehung damit eine autonome Entscheidung der Betroffenen infrage stelle. Auch ohne Einnahme- oder Gewinnerzielungsabsicht entstünden auf diese Weise autonomiegefährdende Gewöhnungseffekte und Abhängigkeiten. Die daraus resultierenden Konsequenzen seien überaus problematisch. Denn wenn infolge der so wiederholten Suizidhilfe diese als eine Art „Standard" etabliert werde, diene das zum einen mit Blick auf die Suizidhelfer der professionellen Profilbildung und es baue zum anderen gegenüber den Betroffenen zusätzlichen (Entscheidungs-)Druck auf.[30]

---

25 BT-Drucks. 18/5373, 18.
26 Vgl. BT-Drucks. 18/5373, 18.
27 Vgl. BT-Drucks. 18/5373, 18.
28 Vgl. BT-Drucks. 18/5373, 17.
29 Krit. zum Merkmal der Geschäftsmäßigkeit B. Weißer, *Strafrecht am Ende des Lebens – Sterbehilfe und Hilfe zum Suizid im Spiegel der Rechtsvergleichung*, in: ZStW 128 (2016), 131 ff.
30 Vgl. BT-Drucks. 18/5373, 17; K. Gaede, *Die Strafbarkeit der geschäftsmäßigen Förderung des Suizids – § 217 StGB*, in: *JuS* 56 (2016), 385–392.

2.2 Konsistenzbeurteilung des § 217 StGB

2.2.1 Internormative Konsistenzbeurteilung

2.2.1.1 Das Verhältnis zu sonstigen Bestimmungen und Entscheidungen am Lebensende

Was die Konsistenz dieser Vorschrift mit Blick auf sonstige Bestimmungen und Entscheidungen am Lebensende betrifft, so fällt zunächst ins Auge, dass es sich um eine ganz neue Deliktsnatur im Bereich der Straftaten gegen das Leben handelt, die im Anschluss an die §§ 211, 212, 213 und 216 StGB (Mord, Totschlag und Tötung auf Verlangen) einen Fremdkörper darstellt. Denn § 217 StGB bildet ein abstraktes Gefährdungsdelikt,[31] bei dem die Strafbarkeit weit vorverlagert und eine Vollendung immer schon dann gegeben ist, wenn das Gewähren, Verschaffen oder Vermitteln der Gelegenheit abgeschlossen ist. Dabei ist es weniger die Eigenschaft des abstrakten Gefährdungsdelikts, die § 217 StGB als Fremdkörper erscheinen lässt; denn als ein solches lässt sich auch § 216 StGB begreifen.[32] Die Anomalie wird vielmehr durch die extreme Strafbarkeitsvorverlagerung sowie durch den die Vorschrift prägenden diffusen Rechtsgüterschutz ausgelöst. Denn der Gesetzgeber spricht nicht nur von einer Sicherung der Autonomie des Suizidenten, die durch die Eigeninteressen der Suizidhelfer gefährdet sei, was durchaus noch dem Schutzzweck des § 216 StGB nahekäme. Interessant ist vielmehr, dass die Gesetzgebungsgründe auch auf die Gefahr hinweisen, es könne sich der „fatale Anschein einer Normalität" durch die Verbreitung des assistierten Suizids ergeben.[33] Gerade der letztgenannte Gesichtspunkt hebt den Tatbestand aus dem Gefüge der sonstigen Tötungsdelikte weit heraus, weil das Strafrecht nicht mehr nur als Mittel zur Sicherung vor Straftaten, sondern auch als gesellschaftliches Lenkungsinstrument mit Blick auf eine gewünschte allgemeine Einstellung zum Leben eingesetzt werden soll. Das ist ein bedenkliches Novum, das jedenfalls mit einer funktional-spezialpräventiven Rechtsgutslehre schwer vereinbar erscheint, zumal hier – ebenfalls ein Novum – nicht nur der Täter, sondern auch das Opfer als Mittel zur Erzielung gesellschaftlicher Zwecke eingesetzt wird. Vor dem Hinter-

---

31 L. Eidam, *Nun wird es also Realität: § 217 StGB n.F. und das Verbot der geschäftsmäßigen Förderung der Selbsttötung*, in: medstra 2 (2016), 17; A. Grünewald, *Zur Strafbarkeit der geschäftsmäßigen Förderung der Selbsttötung*, in: JZ 71 (2016), 942.
32 Vgl. dazu schon C. Jäger, *Der Arzt im Fadenkreuz der juristischen Debatte um assistierten Suizid*, 882; A. Eser/D. Sternberg-Lieben, in: A. Schönke/H. Schröder (Hg.), *Strafgesetzbuch*, § 216 Rn. 1a; A. Grünewald, *Zur Strafbarkeit der geschäftsmäßigen Förderung der Selbsttötung*, 942 jeweils mit zahlreichen weiteren Nachweisen.
33 BT-Drucks. 18/5373, 11.

grund der Art. 1 und 2 GG erscheint dies äußerst problematisch und der Gesetzgeber wäre sicherlich gut beraten gewesen, sich ausschließlich auf den Gedanken des Autonomieschutzes zu beschränken.[34]

Das Delikt des geschäftsmäßigen Gewährens, Verschaffens oder Vermittelns der Gelegenheit ist durch die weite Vorverlagerung der Strafbarkeit im Übrigen bereits mit Erfüllung dieser Tathandlungen vollendet, ohne dass es auf die tatsächliche Verwirklichung oder auch nur auf den Versuch eines Suizids noch ankommt.[35] Insoweit genügt es auch ausweislich der Gesetzesbegründung, wenn der Suizidhelfer lediglich billigend in Kauf nimmt, dass der Suizidwillige von seinem Hilfsangebot später Gebrauch machen könnte. Denn eine Absicht des Suizidhelfers muss sich nur auf die Suizidhilfe, d. h. auf das Gewähren, Verschaffen bzw. Vermitteln richten, nicht aber auf den späteren Suizid.[36] Dabei liegt diese Absicht der Förderung der Selbsttötung nach dem Willen des Gesetzgebers jedenfalls dann nicht vor, wenn die Zielsetzung allein darin besteht, einem natürlichen Krankheitsgeschehen seinen Lauf zu lassen oder durch das Zurverfügungstellen „der Medikamente eine Schmerzlinderung bewirken zu wollen, bei der der beschleunigte Todeseintritt nur als Nebenfolge hingenommen wird". Damit hat der Gesetzgeber versucht, die Zulässigkeit des Behandlungsabbruchs und der schmerzlindernden indirekten Sterbehilfe durch Einfügung des Absichtsmerkmals unangetastet zu lassen.[37] In der Literatur wird allerdings bestritten, dass ihm dies gelingen konnte, weil sich Hilfeleistung zum Suizid und Behandlungsabbruch in vielen Fällen nicht trennscharf voneinander unterscheiden lassen (vgl. zum Sterbefasten unten 2.2.2.2).[38]

2.2.1.2 Das Verhältnis zu §§ 1901a ff. BGB

Darüber hinaus wurde in den nunmehr gegen § 217 StGB erhobenen Verfassungsbeschwerden auch die fehlende Konsistenz und Kohärenz dieser Vorschrift in ihrem Verhältnis zu § 1901a BGB gerügt. Argumentiert wird von den Beschwerdeführern dabei in der Weise, dass die in § 1901a BGB eingeräumte Mög-

---

34 Kritisch freilich auch hierzu A. Grünewald, *Zur Strafbarkeit der geschäftsmäßigen Förderung der Selbsttötung*, 945 mit beachtlichen Argumenten.
35 Vgl. BT-Drucks. 18/5373, 19; vgl. dazu auch G. Berghäuser, *Der „Laien-Suizid" gemäß § 217 StGB*, 773–775; D. Magnus, *Gelungene Reform der Suizidbeihilfe (§ 217 StGB)?*, in: medstra 2 (2016), 212.
36 Vgl. BT-Drucks. 18/5373, 19.
37 Vgl. BT-Drucks. 18/5373, 18 f.
38 Auf diesem Argument gründet letztlich die Resolution von mehr als 150 Strafrechtlern und Strafrechtlerinnen, in der davon ausgegangen wurde, dass Ärzte und sonstiges medizinisches Personal in den Palliativstationen tagtäglich geschäftsmäßige Hilfe beim Sterben leisten.

lichkeit der Erstellung einer bindenden Patientenverfügung die Vorschrift des § 217 StGB inkohärent erscheinen lasse. Denn nach § 1901a BGB, so die Beschwerdeführer, könne ein einwilligungsfähiger Volljähriger für den Fall seiner Einwilligungsunfähigkeit schriftlich festlegen, ob er in bestimmte, zum Zeitpunkt der Festlegung noch nicht unmittelbar bevorstehende Untersuchungen seines Gesundheitszustandes, Heilbehandlungen oder ärztliche Eingriffe einwilligt oder sie untersagt. Da diese Verfügung nach übereinstimmender Auffassung auch die Möglichkeit der Festlegung eines Behandlungsabbruchs mit letaler Wirkung umfasse, werde durch § 1901a BGB ermöglicht, dass eine verbindliche Anordnung zum Sterbenlassen getroffen wird. Dabei müsse bei der Erteilung nach dem Gesetz zwar die Einwilligungsfähigkeit vorliegen, jedoch werde diese in der Praxis zum Zeitpunkt der Errichtung selten geprüft. Außerdem könne die Einwilligung zu einem Zeitpunkt erteilt werden, der noch weit von der finalen Krise und der letal wirkenden Befolgung der Anordnung entfernt sei. Verglichen mit dem Wunsch nach Suizidassistenz, welcher in der Praxis eine umfassende ärztliche Untersuchung vorausgeht und welche dem Sterbewilligen gerade selbst den letzten Schritt in einem noch entscheidungs- und handlungsfähigen Zustand ermöglicht, seien sowohl die Sicherung des aktuellen Todeswunsches als auch die Einflussmöglichkeiten des Betroffenen bei der Erstellung der Patientenverfügung geradezu drastisch herabgesetzt. Insoweit, so die Begründung der Verfassungsbeschwerde, sei es nicht gerechtfertigt, den riskanteren Weg über 1901a ff. BGB gesetzlich zuzulassen und den weniger riskanten nach § 217 StGB bei Strafe zu verbieten. Dies gelte umso mehr, als sich ältere und kranke Menschen mindestens in gleicher Weise zur Abfassung einer Patientenverfügung gedrängt fühlen müssten, wie dies mit Bezug auf den Suizid der Fall ist.

Tatsächlich klingen diese Argumente auf den ersten Blick überzeugend. Bei näherer Betrachtung ist jedoch zumindest fraglich, ob diese Überlegungen zu einer wirklichen Inkonsistenz und – noch wichtiger – zu einer Verfassungswidrigkeit des § 217 StGB führen können.[39]

Denn der Gesetzgeber hat in Wahrheit bei der Schaffung des § 217 StGB nicht allein auf den Druck abgestellt, der den Einzelnen bei seiner Entscheidung über das „Ob" und „Wie" des Suizids trifft. Vielmehr hat er auch die gesamtgesellschaftliche Einstellung zum Suizid hervorgehoben, wonach durch die geschäftsmäßige Förderung von Selbsttötungen ein Klima entstünde, das die Bedeutung

---

39 Ausführliche verfassungsrechtliche Würdigung mit dem Ergebnis der Verfassungswidrigkeit B. Hecker, *Das strafrechtliche Verbot geschäftsmäßiger Förderung der Selbsttötung (§ 217 StGB)*, in: GA 163 (2016), 463 ff.; zum Ergebnis der Verfassungswidrigkeit gelangt auch K. Gaede, *Die Strafbarkeit der geschäftsmäßigen Förderung des Suizids – § 217 StGB*, 387.

des sozialen Stellenwerts des Lebensschutzes in Frage stelle.[40] Das Argument der Beschwerdeführer kann daher nur dann Plausibilität für sich in Anspruch nehmen, wenn man es um den Gesichtspunkt der unzulässigen gesellschaftlichen Lenkung ergänzt, wie dies hier geschehen ist (dazu soeben unter 2.2.1.1).

Darüber hinaus ist aber selbst bei einer mehr individualisierenden Betrachtung fraglich, ob die Ausgangssituationen der §§ 1901a ff. BGB einerseits und des § 217 StGB andererseits vergleichbar sind. Denn nur bei einer Vergleichbarkeit könnte man von einer echten Inkonsistenz sprechen. An dieser Vergleichbarkeit fehlt es aber, da der Behandlungsabbruch in seinem Wesen nicht mit der Suizidhilfe gleichgesetzt werden darf. So kann der Gesetzgeber entscheiden, dass er den Vorgang eines „dem Krankheitsprozess seinen Lauf Lassens" anders behandeln will als den vom Krankheitsprozess abgekoppelten Eingriff in das Leben. Denn dieser abgekoppelte Eingriff in das Leben liegt, wie bislang zu wenig berücksichtigt wird, bei § 217 StGB in gleicher Weise vor wie bei § 216 StGB. Insofern steht der Vorgang als solcher einer Tötung auf Verlangen fast näher als einem Behandlungsabbruch. Denn letzterer ist gekennzeichnet durch einen natürlichen Verlauf; Tötung auf Verlangen und Suizid dagegen durch einen unnatürlichen, so dass der Gesetzgeber an diese Unterschiedlichkeit durchaus auch unterschiedliche (Straf-)Rechtsfolgen knüpfen kann.

2.2.2 Intranormative Konsistenzbeurteilung

Die Inkonsistenzen betreffen daher wohl eher binnenrechtliche Probleme, d. h. die eigentliche Problematik betrifft die Inkonsistenz bzw. Inkohärenz des § 217 StGB selbst.

2.2.2.1 Der problematische Norminhalt vor dem Hintergrund ärztlichen Handelns

Das Hauptproblem besteht dabei darin, dass durch die vom Gesetzgeber vor allem intendierte Pönalisierung geschäftsmäßiger Suizidhilfevereinigungen möglicherweise auch Ärzte und medizinisches Hilfspersonal in den Anwendungsbereich des § 217 StGB hineingezogen werden. So haben über 150 Strafrechtslehrer und -lehrerinnen in einer Resolution etwa den Standpunkt vertreten, dass in Hospizen

---

40 Vgl. BT-Drucks. 18/5373, 2, 8–9, 11 und 13; M. Oğlakcıoğlu, in: B. von Heintschel-Heinegg (Hg.), *Beck'scher Online Kommentar StGB*, München 2016, Rn. 1; C. Roxin, *Die geschäftsmäßige Förderung einer Selbsttötung als Straftatbestand und der Vorschlag einer Alternative*, in: *NStZ* 36 (2016), 187.

und Palliativstationen tagtäglich organisiert Sterbehilfe geleistet werde und diese Tätigkeit durch die Kriminalisierung des assistierten Suizids erschwert oder gar unmöglich gemacht werde.[41] Das Hauptproblem des § 217 StGB liegt daher gerade in der Frage begründet, ob und inwieweit Ärzte und übrigens auch Angehörige überhaupt noch straffrei Suizidhilfe leisten können.[42] Nach dem Wortlaut des § 217 StGB dürfte dies nur im Einzelfall geschehen. Denn der Gesetzgeber hat in der Begründung zum Gesetzentwurf deutlich gemacht, dass geschäftsmäßig auch derjenige handelt, der die Gewährung, Verschaffung oder Vermittlung der Gelegenheit zur Selbsttötung zu einem dauernden oder wiederkehrenden Bestandteil seiner Tätigkeit macht, unabhängig von einer Gewinnerzielungsabsicht und unabhängig von einem Zusammenhang mit einer wirtschaftlichen oder beruflichen Tätigkeit.[43] Entscheidend ist dabei, dass er zugleich betont hat, dass auch ein erst- bzw. einmaliges Angebot ausreichen kann, wenn es auf Wiederholung gerichtet ist und damit den Beginn einer auf Fortsetzung angelegten Tätigkeit darstellt.[44] Zugleich hat der Gesetzgeber aber betont, dass die Hilfe beim Sterben, die durch medizinisches und pflegerisches Personal etwa in Krankenhäusern, Pflegeheimen, Hospizen und anderen palliativmedizinischen Einrichtungen geleistet wird, nicht unter den neuen § 217 StGB fallen soll und „im Einzelfall und aus altruistischen Motiven erfolgende Fälle von Hilfestellung bei der Selbsttötung" nicht von dieser Vorschrift erfasst sein sollen.[45] Problematisch ist allerdings, dass der Gesetzgeber nicht eindeutig geregelt hat, inwieweit Ärzte bzw. Pflegepersonal aus dem Anwendungsbereich herausfallen können. Demgemäß geht die wohl überwiegende Auffassung in der Literatur davon aus, dass auch medizinisches Personal, insbesondere Ärzte, in den Anwendungsbereich des § 217 Abs. 1 StGB fallen, wenn sie Suizidhilfe wiederholt oder jedenfalls in Wiederholungsabsicht leisten. Das Merkmal der Geschäftsmäßigkeit ließe insoweit keinen Spielraum.[46]

---

41 Vgl. E. Hilgendorf/H. Rosenau, *Stellungnahme deutscher Strafrechtslehrerinnen und Strafrechtslehrer zur geplanten Ausweitung der Strafbarkeit der Sterbehilfe* (Stand: 20.05.2015), unter: http://www.jura.uni-wuerzburg.de/fileadmin/02150100/Dateien_fuer_News/Resolution_zur_Ster behilfe_21_7.pdf (Zugriff am 26.10.2016). Kritisch zur Formulierung dieser Resolution allerdings R. D. Herzberg, *Strafbare Tötung oder straflose Mitwirkung am Suizid?*, in: ZIS 11 (2016), 440 ff.
42 Zur straffreien Suizidhilfe von Angehörigen s. C. Roxin, *Die geschäftsmäßige Förderung einer Selbsttötung als Straftatbestand und der Vorschlag einer Alternative*, 189.
43 Vgl. BT-Drucks. 18/5373, 17.
44 Vgl. BT-Drucks. 18/5373, 17; krit. A. Grünewald, *Zur Strafbarkeit der geschäftsmäßigen Förderung der Selbsttötung*, 944; vgl. auch R. D. Herzberg, *Strafbare Tötung oder straflose Mitwirkung am Suizid?*, 449.
45 BT-Drucks. 18/5373, 18.
46 Siehe dazu etwa G. Berghäuser, *Der „Laien-Suizid" gemäß § 217 StGB*, 761–770; G. Duttge, *Strafrechtlich reguliertes Sterben. Der neue Straftatbestand einer geschäftsmäßigen Förderung der*

Tatsächlich wäre dies eine Inkonsistenz, die die Verfassungsmäßigkeit des § 217 StGB durchaus berühren könnte. Denn der Gesetzgeber hat mit § 217 Abs. 2 StGB deutlich gemacht, dass sich Angehörige und nahestehende Personen in einer Konfliktlage befinden können, die sie dazu drängt, eine ihr nahestehende Person durch Zuführung zu einer Suizidhilfeeinrichtung Unterstützung zu leisten. Aus diesem Grunde hat er diesen Personen einen persönlichen Strafausschließungsgrund zugestanden.[47] Dann aber ist nicht verständlich, weshalb Ärzte sich bei der Frage der Suizidbeihilfe nicht ebenfalls wiederholt in einem Gewissenskonflikt befinden können. Gerade vor dem Hintergrund eines engen Arzt-Patienten-Verhältnisses[48] muss auch hier ein Näheverhältnis angenommen werden, so dass auch der Arzt – ähnlich einem Angehörigen – bei der Bitte des Patienten um Suizidhilfe in einem vergleichbaren Dilemma stehen kann. Verschlossen ist dabei allerdings der Ausweg, den Arzt ebenfalls als nahestehende Person im Sinne des § 217 Abs. 2 StGB zu begreifen, da bei wiederholtem Handeln nach dem Gesetzeswortlaut auch bei diesen Personen Geschäftsmäßigkeit vorliegt und der Gesetzgeber gerade für diesen Fall den Strafausschluss nach dieser Vorschrift verneint hat.

Dementsprechend werden in der Literatur bereits andere Wege gesucht, über die Ärzte aus dem Anwendungsbereich des § 217 StGB herausgenommen werden sollen. So hat etwa Gaede vorgeschlagen, den Begriff der Geschäftsmäßigkeit als „Hauptaufgabe des Geschäfts" zu begreifen oder aber nur solche Suizidbeihilfen als geschäftsmäßig zu werten, die „nicht mehr nur als ultima ratio innerhalb einer gewachsenen Patientenbeziehung" geleistet werden.[49] Eine solche *ultima ratio*

Selbsttötung, in: *NJW* 69 (2016), 122 und 124; K. Gaede, *Die Strafbarkeit der geschäftsmäßigen Förderung des Suizids – § 217 StGB*, 389; E. Hilgendorf, *Gesetz zur geschäftsmäßigen Sterbehilfe. Eine Norm für die Wissenschaft*, unter: http://www.lto.de/persistent/a_id/17514/ (Zugriff am 26.10.2016); entsprechende Bedenken formulieren auch: WD, *Ausarbeitung WD 3–3000–188/15*, unter: https://www.bundestag.de/blob/405550/92dd7bcf5c9ca2b2ea34991083e898ce/wd-3-188-15-pdf-data.pdf (Zugriff am 26.10.2016), 10 f.; C. Roxin, *Die geschäftsmäßige Förderung einer Selbsttötung als Straftatbestand und der Vorschlag einer Alternative*, 190.

47 Vgl. BT-Drucks. 18/5373, 19 f.

48 K. Gaede, *§ 217 StGB – Ärzteminderheit am Pranger?*, 66 spricht von einer „gewachsenen Patientenbeziehung".

49 K. Gaede, *§ 217 StGB – Ärzteminderheit am Pranger?*, 65 f.; s. auch zur restriktiven Auslegung des Begriffs der Geschäftsmäßigkeit G. Berghäuser, *Der „Laien-Suizid" gemäß § 217 StGB*, 769 f.; G. Duttge, *Strafrechtlich reguliertes Sterben*, 122, 124; E. Hilgendorf, *Gesetz zur geschäftsmäßigen Sterbehilfe. Eine Norm für die Wissenschaft*; entsprechende Bedenken formulieren auch: WD, *Ausarbeitung WD 3–3000–188/15*, 10 f.; C. Roxin, *Die geschäftsmäßige Förderung einer Selbsttötung als Straftatbestand und der Vorschlag einer Alternative*, 190; andere Vorschläge gehen etwa dahin, eine rechtfertigende Einwilligung durch den Suizidenten sowie einen rechtfertigenden

sieht Gaede in einer „zahlenmäßig begrenzten, fern jeder Routine erbrachten persönlichen Hilfe in schwierigen persönlichen Konfliktsituationen", so dass er alle Mediziner aus dem Anwendungsbereich des § 217 StGB ausnehmen will, die „zwar in wiederholten, aber doch am Einzelschicksal orientierten Einzelfällen" assistierend tätig werden. Dahinter steht die Vorstellung, dass jeder Einzelfall eigenen Gesetzmäßigkeiten folgt und daher isoliert gesehen werden müsse.[50] Fraglich bleibt freilich bei diesem Vorschlag, inwieweit Suizidbeihilfevereine noch aus dem Anwendungsbereich herausgehalten werden könnten, sofern diese ebenfalls von Einzelfall zu Einzelfall entscheiden und etwa die „Hauptaufgabe des Geschäfts" dadurch verschleiern, dass sie überwiegend Beratungen von Patienten hinsichtlich bestehender Alternativen anbieten. Hier zeigt sich also wieder, dass eine Umgehung derartiger Kriterien vermutlich ohne weiteres möglich wäre.

2.2.2.2 Die Bedeutung der ärztlichen Gewissensentscheidung vor dem Hintergrund des § 217 StGB

Insgesamt bleibt daher nur eine Betonung der ärztlichen Gewissensentscheidung, die sich an die vom Gesetzgeber in § 217 Abs. 2 StGB bereits aus dem Anwendungsbereich herausgenommene Gewissensentscheidung der Angehörigen anlehnen könnte. Die Existenz einer solchen ärztlichen Gewissensentscheidung hat bereits das BVerwG im Jahre 1968 anerkannt, indem es formuliert hat: „In den entscheidenden Augenblicken seiner Tätigkeit befindet sich der Arzt in einer unvertretbaren Einsamkeit, in der er – gestützt auf sein fachliches Können – allein auf sein Gewissen gestellt ist. ... Die Freiheit der Gewissensentscheidung bildet als ein Kernstück der ärztlichen Ethik eine immanente und wesenseigene Beschränkung jeder berufsständischen Rechtssetzungsgewalt."[51] Wenn aber die ärztliche Gewissensentscheidung eine immanente Schranke jeder berufsständischen Rechtssetzungsgewalt darstellt, dann muss die Gewissensentscheidung umso mehr eine Schranke für die strafrechtliche Verfolgung bilden,[52] und zwar selbst dann, wenn der Arzt mehrfach seinem Gewissen folgt.

Fruchtbar machen könnte man hierfür möglicherweise die Gesetzesbegründung. Denn nach dieser sollen nicht nur der „Einzelfall" sondern auch „aus altruistischen Motiven erfolgende *Fälle* von Hilfestellung" bei der Selbsttötung nicht

---

Notstand zuzulassen, so bei E. Hilgendorf, *Gesetz zur geschäftsmäßigen Sterbehilfe. Eine Norm für die Wissenschaft*.
50 Vgl. K. Gaede, *§ 217 StGB – Ärzteminderheit am Pranger?*, 66.
51 BVerwG, in: *NJW* 1968, 218 f.
52 Kritisch zur gewissensbasierten juristischen Argumentation dagegen G. Duttge, *Zehn Thesen zur Regelung des (ärztlich) assistierten Suizids*, in: medstra 1 (2015), 257.

erfasst sein.⁵³ Unter diese „altruistischen Motiven" entspringenden „Fälle von Hilfestellung" ließen sich dann möglicherweise auch mehrere aus Gewissensgründen geleistete Suizidhilfestellungen erfassen.⁵⁴ Anerkannt würde auf diese Weise, dass sowohl im Nahbereich als auch im Arzt-Patienten-Verhältnis Gewissensentscheidungen in Einzelfällen unsäglichen Leides nicht versagt werden dürfen und dass solche Gewissensentscheidungen sowohl im Arzt-Patienten-Verhältnis als auch im Angehörigenverhältnis oder im sonstigen sozialen Nahbereich Beachtung verlangen. Diese aus Gewissensgründen geleisteten Hilfestellungen sollten dann sogar zu einer Tatbestandslosigkeit der ärztlichen Suizidhilfe führen.⁵⁵

Denn der BGH hat bereits im Fall Wittig festgestellt, dass die Entscheidung des angeklagten Arztes, dem bereits von der Patientin ins Werk gesetzten Suizid nicht mehr in den Arm zu fallen, weil ihre Rettung schwerste zerebrale Schädigungen zur Folge gehabt hätte, „nicht von Rechts wegen als unvertretbar angesehen werden" kann.

Schon diese aus der Entscheidung im Jahre 1984 stammende Formulierung⁵⁶ lässt darauf schließen, dass der BGH aus der ärztlichen Gewissensentscheidung im konkreten Fall eine tatbestandliche Pflichtenreduktion abgeleitet hat. Hierfür spricht, dass das Opferverhalten selbst straflos ist und daher auch die Gewissensentscheidung akzessorisch Tatbestandslosigkeit nach sich ziehen sollte. Dementsprechend ist auch das VG Berlin davon ausgegangen, dass in Ausnahmefällen höchsten Leides die gewissensbasierte Verschreibung eines todbringenden Medikaments durch einen Arzt schon „nicht dem Verbot" des § 16 S. 3 Musterberufsordnung für Ärzte unterliegen könne.⁵⁷ Auch diese Formulierung spricht für eine tatbestandliche Reduktion, so dass die vom Arzt erbrachte Hilfestellung aus Gewissensgründen, selbst wenn diese in mehreren Fällen erfolgt, als tatbestandslos zu begreifen ist.

Freilich wird auch die Gegenauffassung vertreten, der zufolge der Arzt bei wiederholtem Handeln stets den Tatbestand des § 217 StGB erfülle, da dieser aufgrund seiner verfehlten uferlosen Weite keine Ausnahme zulasse und man allenfalls über eine Rechtfertigung – etwa aufgrund Notstands oder Einwilli-

---

53 So ausdrücklich BT-Drucks. 18/5373, 18 (Kursivsetzung vom Verf.).
54 Darauf hinweisend: C. Roxin, *Die geschäftsmäßige Förderung einer Selbsttötung als Straftatbestand und der Vorschlag einer Alternative*, 189.
55 Für einen Schuld- und gegen einen Tatbestandsausschluss: K. Scholz, in: A. Spickhoff (Hg.), *Medizinrecht*, München 2014, § 2 Musterberufsordnung für Ärzte, Rn. 2 mit weiteren Nachweisen.
56 Vgl. BGHSt 32, 367–381.
57 VG Berlin, in: *MedR* 2013, 58–65.

gung – nachdenken könne.[58] In der Literatur wird diese Ansicht sogar für Fälle der Unterstützung des sog. Sterbefastens vertreten, etwa wenn ein Arzt dem Patienten einen Raum für die Durchführung zur Verfügung stellt oder wenn er ihn hinsichtlich der Einzelheiten der Durchführung konkret berät und gegebenenfalls auch medikamentös unterstützt.[59]

Gegenüber dieser Auffassung bestehen allerdings erhebliche Bedenken. Denn das Sterbefasten stellt in Wahrheit das Zulassen eines natürlichen Sterbeprozesses dar, so dass eine Hilfestellung des Arztes einem Behandlungsabbruch gleichkommt und nicht als Suizidhilfe zu verstehen ist. Dies freilich bedarf der Erläuterung, da es sich um eine der umstrittensten Fragestellungen handelt, die die gegenwärtige Diskussion in zunehmendem Maße beherrscht: Würde man in den Hilfestellungen des Arztes zum Sterbefasten eine Suizidhilfe sehen, dann müsste Gleiches für das Entfernen einer PEG-Sonde gelten. Denn das vom Patienten gewünschte Entfernen einer PEG-Sonde führt ebenfalls zu einem Verhungern des Patienten bzw. kann jedenfalls dazu führen, ohne dass jemals bestritten worden wäre, dass es sich hierbei um einen Behandlungsabbruch bzw. um einen Fall der passiven Sterbehilfe handelt. Dann aber muss auch die Begleitung des Sterbefastens, die nur einem vom Patienten gewünschten „Lauflassen" eines natürlichen Sterbeprozesses entspricht, als besondere Form der passiven Sterbehilfe begriffen werden, solange sie einen Leidens- und damit auch einen Behandlungsbezug hat.

2.2.2.3 Die ärztliche Gewissensentscheidung als umstrittenes Instrument einer strafrechtlichen Lösung von Grenzfällen

Es soll nicht verschwiegen werden, dass die hier vorgeschlagene Behandlung von Grenzfällen über das Instrument der ärztlichen Gewissensentscheidung in der Literatur auch Kritik ausgesetzt ist. Dabei setzt diese Kritik von zwei Seiten an.

---

58 Kritisch zu diesen Rechtfertigungslösungen aber C. Jäger, *Ärztliche Interessen- und Gewissenskonflikte am Lebensende – Eine Betrachtung unter Berücksichtigung des neuen § 217 StGB*, in: A. Frewer/L. Bergemann/C. Jäger (Hg.), *Interessen und Gewissen – Moralische Zielkonflikte in der Medizin*, Würzburg 2016, 297.

59 Vgl. G. Berghäuser, *Der „Laien-Suizid" gemäß § 217 StGB*, 761–763; E. Hilgendorf, *Gesetz zur geschäftsmäßigen Sterbehilfe. Eine Norm für die Wissenschaft*; ders., *Stellungnahme zur öffentlichen Anhörung des Ausschusses für Recht und Verbraucherschutz des Deutschen Bundestages am 23. September 2015*, unter: https://www.bundestag.de/blob/387792/03e4f59272142231bb6fdb24a be54437/hilgendorf-data.pdf (Zugriff am 26.10.2016), 14; anderer Ansicht O. Tolmein, *Verbot der geschäftsmäßigen Suizidbeihilfe – Keine Gefahr für die Palliativmedizin*, in: *Palliativmedizin* 17 (2016), 16 f.

Zum einen wird vorgetragen, dass die ärztliche Gewissensfreiheit keine beruflichen Tätigkeiten legitimieren könne, die nach dem eigenen Selbstverständnis gar nicht zu den ärztlichen Aufgaben zählen.[60] Aber dem ist nicht zuzustimmen. An dieser Stelle muss noch einmal wiederholt werden, wie das BVerwG bereits im Jahre 1968 geurteilt hat (dazu schon oben unter 2.2.2.2): „In den entscheidenden Augenblicken seiner Tätigkeit befindet sich der Arzt in einer unvertretbaren Einsamkeit, in der er – gestützt auf sein fachliches Können – allein auf sein Gewissen gestellt ist. Die Freiheit der Gewissensentscheidung ist Kernstück der ärztlichen Ethik und bildet eine immanente und wesenseigene Beschränkung jeder berufsständischen Rechtssetzungsgewalt." Hierin wird deutlich, dass sich die ärztliche Tätigkeit nicht im Selbstverständnis berufsrechtlicher Regelungen erschöpft, sondern auf einem weit darüber hinausreichenden persönlichen Vertrauensverhältnis basiert. Dies gilt gerade bei lang andauernder, enger Arzt-Patienten-Beziehung, weshalb sich das standesrechtliche Verbot der Suizidbeihilfe nicht in der Weise über das Gewissen erheben kann, dass daraus auch die Untersagung der gewissensbasierten Entscheidung eines Arztes abgeleitet werden könnte, einem Patienten auf dessen Bitte hin wegen eines unerträglichen, unheilbaren und mit palliativmedizinischen Mitteln nicht ausreichend zu lindernden Leidens ein todbringendes Medikament zu überlassen.[61]

Zum anderen wird aber gegen eine Sonderbehandlung der Ärzte auch eingewandt, dass die von mir[62] vorgenommene Unterscheidung zwischen in Einzelfällen „billigenswerter Suizidassistenz durch Ärzte einerseits und sozialschädlicher Suizidassistenz durch Sterbehilfevereine andererseits der Rolle der Sterbehilfevereine als Vermittler ärztlicher Dienstleistungen nicht gerecht" werde, da sich diese schon immer ärztlicher Helfer bedient hätten.[63] Hiergegen ist allerdings einzuwenden, dass das organisierte Suizidhilfeangebot der Sterbehilfevereine mit seiner gleichförmigen Einbindung von im Voraus festgelegten Kontaktärzten nichts mit dem hier gezeichneten Bild des einsamen medizinischen Entscheiders gemeinsam hat, der in Einzelfällen höchsten Patientenleids, eine menschlich schwierige Entscheidung fällt.

---

60 So etwa G. Duttge, *Zehn Thesen zur Regelung des (ärztlich) assistierten Suizids*, 257; näher ders., *Das Gewissen im Kontext des modernen Arztrechts*, in: F.-J. Bormann/V. Wetzstein (Hg.), *Gewissen. Dimensionen eines Grundbegriffs medizinischer Ethik*, Berlin 2014, 543–560.
61 Wie hier auch VG Berlin, in: *MedR* 2013, 58–65, 63.
62 Vgl. C. Jäger, *Der Arzt im Fadenkreuz der juristischen Debatte um assistierten Suizid*, 882 ff.; im Ergebnis ebenso C. Roxin, *Die geschäftsmäßige Förderung einer Selbsttötung als Straftatbestand und der Vorschlag einer Alternative*, 189 ff.
63 So B. Hecker, *Das strafrechtliche Verbot geschäftsmäßiger Förderung der Selbsttötung (§ 217 StGB)*, 466 mit Fn. 72.

3 Resümee und Ausblick

Unbestreitbar hat § 217 StGB eine noch nie da gewesene Inkonsistenz in die strafrechtlichen Regeln bei Entscheidungen am Lebensende gebracht, die diese Vorschrift auch vor seinem humanitären Hintergrund nur schwer erträglich erscheinen lässt. Insgesamt zeigt allerdings vor allem der oben (2.2.2.2) behandelte Fall des Sterbefastens, dass es der Rechtswissenschaft möglicherweise in der Vergangenheit auch nicht gelungen ist, die einzelnen Arten der Sterbehilfe hinreichend deutlich voneinander abzugrenzen. Gerade dies ist aber unter Geltung des neuen § 217 StGB dringender erforderlich denn je.

Sollte die Vorschrift des § 217 StGB vom BVerfG für verfassungsgemäß erklärt werden,[64] so wird es daher die Aufgabe der Rechtswissenschaft sein, der Rechtsprechung Kriterien vorzugeben, die die Vorschrift innerhalb der einzelnen Sterbehilfeformen als hinreichend konsistent erscheinen lassen. Unabdingbar scheint es dafür zu sein, dass die ärztliche Gewissensentscheidung die Anerkennung findet, die sie juristisch und ethisch verdient. Dies aber kann nur erreicht werden, wenn sich die ärztliche Gewissensentscheidung grundsätzlich gegen die Geschäftsmäßigkeit durchzusetzen vermag und nicht nur auf den singulären Ausnahmefall beschränkt bleibt.[65] Man wird dann jedenfalls hoffen müssen, dass die Gerichte zu einem vernünftigen Umgang mit dieser neuen und hoch problematischen Strafnorm finden werden.

---

[64] Zur Wahrscheinlichkeit dieses Ausgangs vor dem Hintergrund der Begründung für die Ablehnung des Antrags auf einstweilige Verfügung (2 BvR 2347/15) B. Weißer, *Strafrecht am Ende des Lebens – Sterbehilfe und Hilfe zum Suizid im Spiegel der Rechtsvergleichung*, 137.
[65] Insofern kann mehrfache Suizidhilfe dem Grunde nach nicht anders behandelt werden als eine einmalige Förderung des Suizids. Vgl. auch R. D. Herzberg, *Strafbare Tötung oder straflose Mitwirkung am Suizid?*, 449, der daraus die Forderung nach Aufhebung des § 217 StGB ableitet. Sollte sich diese Forderung nicht durchsetzen, so wird man wohl oder übel über den umgekehrten Weg einer (zumindest begrenzten) Legitimierung mehrfacher Suizidhilfen nachdenken müssen.

Torsten Verrel
Die jüngere Rechtsentwicklung – Patientenverfügungsgesetz (2009)

1 Einleitung

Das am 1. September 2009 in Kraft getretene sog. Patientenverfügungsgesetz, das offiziell unter der Bezeichnung „Drittes Gesetz zur Änderung des Betreuungsrechts (BtÄndG)"[1] firmiert, stellt in mehrfacher Hinsicht eine bedeutsame Station in der Rechtsentwicklung dar. Zum einen schon allein deswegen, weil es sich um den ersten Gesetzgebungsakt auf dem weiten Feld des Sterbenlassens handelt, das bis dahin allein und keineswegs immer glücklich von der Rechtsprechung beackert worden ist.[2] Wie sogleich noch zu zeigen sein wird, wurde der Gesetzgeber schon seit mehr als 20 Jahren vor dem Erlass des Patientenverfügungsgesetzes aufgefordert, für mehr Rechtssicherheit bei der Entscheidung über lebensbeendende Handlungen zu sorgen. Er ist dieser Aufforderung durch das Patientenverfügungsgesetz zwar nur partiell, aber dafür in zwei wesentlichen Bereichen nachgekommen. Denn mit diesem Gesetz hat er nicht nur das Vorsorgeinstrument der Patientenverfügung anerkannt, indem er ihre moderat ausgestalteten Verbindlichkeitsvoraussetzungen und das bei ihrer Umsetzung zu beachtende Verfahren normiert hat. Mindestens ebenso, wenn nicht sogar noch bedeutsamer, ist der Umstand, dass er die Maßgeblichkeit des Patientenwillens auch für die viel häufigeren Fälle abgesichert hat, in denen keine (wirksame) Patientenverfügung vorliegt, aber Behandlungswünsche des Patienten oder Anhaltspunkte für dessen mutmaßlichen Willen vorhanden sind (§ 1901a Abs. 2 BGB). Der sich daraus ergebende Algorithmus der Willenserforschung war bis dato und keineswegs in der wünschenswerten Deutlichkeit der Rechtsprechung des BGH in Straf- und Zivilsachen zu entnehmen. Nach nunmehr siebenjähriger Gültigkeitsdauer des Patientenverfügungsgesetzes wird man sagen können, dass sich die bei jedem neuen Gesetz ergebenden Anwendungs- und Auslegungsprobleme in Grenzen halten und sich bestätigt hat, dass Patientenverfügungen weder Teufelszeug noch Patentrezept bei der Entscheidung über die Behandlung von äußerungsunfähigen Patienten sind.

---

[1] BGBl. 2009 I, 2286.
[2] Zur Entwicklung der Straf- und Zivilrechtsprechung vor dem Patientenverfügungsgesetz s. T. Verrel, *Patientenautonomie und Strafrecht bei der Sterbebegleitung* (Verhandlungen des 66. Deutschen Juristentages, Bd. 1: Gutachten, Teil C), München 2006, C 15–34, 38–47.

2 Rückblick

Das Patientenverfügungsgesetz ist der vorläufige Schlusspunkt einer bis in die 1970er Jahre zurückreichenden Reformdiskussion, die jedoch erst durch eine gut gemeinte, aber für viel Verwirrung sorgende Entscheidung des 12. Zivilsenats aus dem Jahr 2003[3] einen entscheidenden Impuls erhalten hat. Der Einstellungswandel, der sich gegenüber Patientenverfügungen im Laufe von etwa 30 Jahren vollzogen hat, lässt sich sehr schön an der Entwicklung der Richtlinien bzw. Grundsätze der Bundesärztekammer zur ärztlichen Sterbebegleitung ablesen. So heißt es in dem Kommentar zu den Richtlinien von 1979, dass eine frühere schriftliche Erklärung des Patienten „schon deshalb nicht" verbindlich sei, „weil sie zu jeder Zeit rückgängig gemacht werden kann" und heißt es im Richtlinientext apodiktisch, dass „rechtlich [...] die letzte Entscheidung beim Arzt" liege.[4] In den Richtlinien aus dem Jahr 1993 werden Patientenverfügungen zwar als möglicherweise „im Einzelfall juristisch einfache Problemlösungen" angesehen, die aber „ethisch und ärztlich keine nennenswerte Erleichterung" bedeuteten.[5] Nur fünf Jahre später werden Patientenverfügungen sowie Vorsorgevollmachten und Betreuungsverfügungen in der Nachfolgefassung (nunmehr: Grundsätze) dagegen als eine „wesentliche Hilfe für das Handeln des Arztes" bezeichnet und als verbindlich angesehen, „sofern sie sich auf die konkrete Behandlungssituation beziehen und keine Umstände erkennbar sind, daß der Patient sie nicht mehr gelten lassen würde."[6] Bemerkenswert ist allerdings, dass sich die Bundesärztekammer in der Schlussphase der zum Patientenverfügungsgesetz führenden Reformdebatte wiederum sehr kritisch zu einer gesetzlichen Regelung geäußert und ihr damaliger Präsident Hoppe das neben der Sache liegende Schlagwort ausgegeben hat, „Das Sterben ist nicht normierbar".[7] Denn es ging und geht bei der Ausgestaltung von Rechtsregeln über Behandlungsentscheidungen am Lebensende nicht um eine Juridifizierung oder gar Vereinheitlichung des Sterbens, sondern um die Ermöglichung eines selbstbestimmten Lebensendes, um die Absteckung eines Rahmens, innerhalb dessen lebensbeendende ebenso wie lebenserhaltende Maßnahmen ohne Furcht vor rechtlicher Haftung ergriffen werden können. Die

---

3 BGHZ 154, 205.
4 Bundesärztekammer, *Richtlinien der Bundesärztekammer für die Sterbehilfe*, in: Dtsch Ärztebl 76 (1979), B 957.
5 Bundesärztekammer, *Richtlinien der Bundesärztekammer für die ärztliche Sterbebegleitung*, in: Dtsch Ärztebl 90 (1993), B 1791.
6 Bundesärztekammer, *Grundsätze der Bundesärztekammer zur ärztlichen Sterbebegleitung*, in: Dtsch Ärztebl 95 (1998), A 2367.
7 J.-D. Hoppe/M. Hübner, *Ist Sterben normierbar?*, in: ZRP 41 (2008), 225f.

Rede vom nicht normierbaren Sterben übersieht, dass die Herbeiführung des Todes, ebenso wie dessen Hinauszögerung schon bisher nicht in einem ungeregelten, gleichsam rechtsfreien Raum stattfindet, sondern einer vor allem strafrechtlichen Wertung unterliegt, die auch mit den Mitteln des Zivilrechts kalkulierbar und transparent zu machen, aller Mühen wert ist.

Skepsis gegenüber Patientenverfügungen überwog anfänglich aber auch unter den Juristen. Weder der viel beachtete Alternativ-Entwurf Sterbehilfe von 1986[8] noch der im selben Jahr stattfindende 56. Deutsche Juristentag, dessen strafrechtliche Abteilung sich mit dem „Recht auf den eigenen Tod" befasste, sahen dafür Regelungsbedarf.[9] Erst 14 Jahre später sprach sich eine große Mehrheit der zivilrechtlichen Abteilung des 63. Deutschen Juristentages für eine gesetzliche Regelung aus.[10] Es folgen diverse Kommissionsberichte, Stellungnahmen und Gesetzentwürfe[11]; und auch der 66. Deutsche Juristentag, dessen strafrechtliche Abteilung im Jahr 2006 abermals das Thema Strafrecht und Sterbebegleitung aufgreift und dabei in weiten Teilen den Alternativ-Entwurf Sterbebegleitung aus dem Jahr 2005[12] übernahm, sah straf- und zivilrechtlichen Regelungsbedarf.[13] In der Rückschau dürfte aber die bereits erwähnte Entscheidung des 12. Zivilsenats entscheidenden Anteil daran gehabt haben, dass der Gesetzgeber seine Regelungsscheu aufgegeben und sich schließlich zu einer Verankerung von Patientenverfügungen im Betreuungsrecht durchgerungen hat. Bis zu der Entscheidung des 12. Zivilsenats hatte sich im juristischen Schrifttum und auch in der Rechtsprechung des BGH in Strafsachen, namentlich in der sog. Kemptener Entscheidung aus dem Jahr 1995 die Auffassung herausgebildet, dass „frühere schriftliche Äußerungen des Kranken"[14] ein ganz wesentliches Indiz für die Er-

---

[8] J. Baumann et al., *Alternativentwurf eines Gesetzes über Sterbehilfe (AE-Sterbehilfe)*, Stuttgart 1986.
[9] H. Otto, *Recht auf den eigenen Tod? Strafrecht im Spannungsverhältnis zwischen Lebenserhaltungspflicht und Selbstbestimmung* (Verhandlungen des 56. Deutschen Juristentages, Bd. 1: Gutachten, Teil D), München 1986, D 41.
[10] Vgl. Ständige Deputation des Deutschen Juristentages (Hg.), *Verhandlungen des 63. Deutschen Juristentages*, Bd. II/2, München 2001, Beschlüsse III. 1.–4.
[11] Aufgelistet bei T. Verrel, *Rechtliche Aspekte*, in: Deutsches Referenzzentrum für Ethik in den Biowissenschaften (Hg.), *Patientenverfügungen*, Freiburg 2010, 17 f.
[12] H. Schöch/T. Verrel et al., *Alternativ-Entwurf-Sterbebegleitung (AE-StGB)*, in: *GA* 152 (2005), 533 ff.
[13] Vgl. Ständige Deputation des Deutschen Juristentages (Hg.), *Verhandlungen des 66. Deutschen Juristentages*, Bd. II/2, München 2006, N 201 f., 206 f.
[14] BGHSt 40, 257, 263; zum Meinungsstand in der Literatur H. Schöch, *Offene Fragen zur Begrenzung lebensverlängernder Maßnahmen*, in: T. Weigend/G. Küpper (Hg.), *Festschrift für Hans Joachim Hirsch zum 70. Geburtstag am 11. April 1999*, Berlin 1999, 706 f.

mittlung des mutmaßlichen Patientenwillens sein können. Der 12. Zivilsenat geht im Jahr 2003 deutlich weiter, indem er eine hinreichend konkret gefasste Patientenverfügung als eigenständige Legitimationsgrundlage für Behandlungsbegrenzungen ansieht und damit zwischen den ausdrücklichen und den mutmaßlichen Patientenwillen stellt.[15] Zugleich kommt es aber zu einem im negativen wie positiven Sinn folgenschweren Bruch mit der Kemptener Entscheidung, die der 12. Zivilsenat dahin missversteht, dass für Behandlungsbegrenzungen und damit auch für Patientenverfügungen mit diesem Inhalt erst dann Raum sei, wenn „das Grundleiden des Betroffenen" einen „irreversibel tödlichen Verlauf angenommen hat".[16] Hinzu kommt die praktisch uneinlösbare Forderung des 12. Zivilsenats, dass diese Einschätzung mit „letzte[r] Sicherheit" gewonnen werden müsse.[17] Gleichzeitig geht der Senat aber davon aus, dass der seiner Entscheidung zugrundeliegende Fall eines Wachkomapatienten eine derart irreversibel tödlich verlaufende Krankheit sei. Kaum eine höchstrichterliche Entscheidung im Bereich der Sterbehilfe hat zu derartiger Verwirrung geführt wie diese. Das hatte aber insofern auch etwas Gutes, als nunmehr der Bedarf für eine Rechtssicherheit schaffende Regelung unabweisbar war. Bis es dazu am Ende der 16. Legislaturperiode, also erst weitere 6 Jahre später kam, standen sich bekanntlich drei fraktionsübergreifende Gesetzentwürfe gegenüber.[18] Sie unterschieden sich vor allem im Punkt der sog. Reichweitenbegrenzung, mit der die Verbindlichkeit von Patientenverfügungen im Sinne der Entscheidung des 12. Zivilsenats auf unumkehrbar tödliche Krankheitsverläufe beschränkt werden sollte. Außerdem wichen die Entwürfe im Hinblick auf das Ausmaß verfahrensrechtlicher Absicherungen, insbesondere die Rolle des Betreuungsgerichts voneinander ab. Dies soll hier nicht im Einzelnen nachgezeichnet, sondern nunmehr der wesentliche Gehalt des Patientenverfügungsgesetzes dargestellt werden, der freilich Anlass gibt, auf einzelne Kontroversen zurückzukommen.

---

15 Vgl. BGHZ 154, 210.
16 BGHZ 154, 215.
17 BGHZ 154, 216.
18 Eine Gegenüberstellung der Entwürfe findet sich u. a. bei F. Hufen, *Geltung und Reichweite von Patientenverfügungen*, Baden-Baden 2009, 13 ff.; einen kurzen Abriss der Rechtsentwicklung aus betreuungsrechtlicher Sicht gibt J. Grotkopp, *Die Rolle des Betreuungsgerichts bei Entscheidungen des Betreuers am Lebensende des Betroffenen – zugleich eine Besprechung des Beschlusses des Bundesgerichtshofs vom 17.09.2014 – XII ZB 202/13*, in: *BtPrax* 2015, 39 f.

3 Eckpunkte des Patientenverfügungsgesetzes

Die gesetzliche Absicherung von Patientenverfügungen ist in einem für moderne Gesetzgebung erstaunlich überschaubaren Regelungsumfang mit den §§ 1901a, b und 1904 BGB als Kernvorschriften erfolgt.

3.1 Verbindlichkeitsvoraussetzungen

In *materieller* Hinsicht verlangt § 1901a Abs. 1 BGB für verbindliche Patientenverfügungen lediglich Viererlei, und in *formaler* Hinsicht allein die Schriftform.

3.1.1 Bestimmtheit

Die scheinbar profane, tatsächlich aber ausgesprochen gehaltvolle erste Voraussetzung besteht darin, dass es sich um eine Einwilligung oder Nichteinwilligung in „*bestimmte, zum Zeitpunkt der Festlegung nicht unmittelbar bevorstehende medizinische Maßnahmen*" handeln muss. Damit ist zunächst die begriffliche Einordnung von Patientenverfügungen als Vorabentscheidung in Bezug auf eine künftige Behandlungssituation angesprochen, die sie von aktuell, konkret eingriffsbezogenen erklärten Behandlungswünschen bzw. -verweigerungen des noch äußerungsfähigen Patienten abgrenzt, die zugleich aber auch als der Zentraleinwand gegen die Anerkennung von Patientenverfügungen überhaupt formuliert werden kann. Es sind die Zweifel an der Fähigkeit des Menschen, seinen zukünftigen (Nicht)Behandlungswillen für den Fall einer nur vorgestellten Erkrankung zuverlässig einschätzen zu können. Es ist hinlänglich bekannt, dass der Wille noch äußerungsfähiger Patienten selbst in der Finalphase einer Erkrankung sehr schwankend sein kann, dass krankheitsbedingte Einschränkungen, die man als Gesunder für nicht hinnehmbar hält, gegenüber der Möglichkeit, weiter am Leben zu bleiben, weiter am Leben seiner Bezugspersonen partizipieren zu können, an Bedeutung verlieren. Sahm hat dieses in der Natur der Patientenverfügung liegende Risiko einer Fehleinschätzung wie folgt umschrieben: „Wer eine Patientenverfügung unterschreibt, läuft Gefahr, dass Ärzte sich daran halten."[19] Die vom Gesetzgeber zu Recht verneinte Frage ist jedoch, ob dieses im Übrigen durch die Widerrufsmöglichkeit und das sogleich noch zu besprechende Erfordernis der

---

[19] S. Sahm, *Sterbehilfe in der aktuellen Diskussion – ärztliche und medizinethische Aspekte*, in: *ZfL* 14 (2005), 51.

Aktualität der Patientenverfügung relativierte Irrtumsrisiko ein Grund sein sollte, Patienten von vornherein die Möglichkeit zu nehmen, verbindliche Vorabentscheidungen zu treffen und damit auch zutreffenden Willensprognosen die Anerkennung zu versagen. Eine solche Form des harten Paternalismus ist mit der Patientenautonomie nicht vereinbar, deren Respektierung notwendig auch die Möglichkeit falscher Entscheidungen beinhaltet. Es ist außerdem nicht ersichtlich, warum das Risiko einer fehlerhaften Willensbeurteilung bei anderen als dem unmittelbar Betroffenen selbst, also etwa bei Ärzten, Angehörigen oder Gerichten geringer oder in besseren Händen sein sollte.

Aus dem Erfordernis einer hinreichend bestimmten Vorausfestlegung folgt, dass lediglich pauschale Anweisungen, die sich in selbst formulierten, ohne professionelle Beratung erstellten „Patientenverfügungen" finden, nicht ausreichen, wie etwa die Formulierung „keine Schläuche", „keine Apparatemedizin" oder der Wunsch „in Würde sterben zu wollen" oder die Verknüpfung einer Behandlungseinwilligung mit der Aussicht auf ein „erträgliches menschenwürdiges Leben".[20]

3.1.2 Passgenauigkeit

Liegt eine ausreichend bestimmte Patientenverfügung vor, muss weiter geprüft werden, ob sie *„auf die aktuelle Lebens- und Behandlungssituation"* zutrifft. Damit ist sowohl ihre Passgenauigkeit als auch ihre fortdauernde Geltung gemeint. Im Idealfall hat der Verfasser einer Patientenverfügung darin exakt die Krankheitssituation antizipiert, die jetzt auch eingetreten ist, und hat auch die medizinischen Maßnahmen thematisiert, deren Durchführung nunmehr in Rede steht. Ist das nicht der Fall, muss wie bei sonstigen Willensäußerungen auch im Wege der Auslegung nach § 133 BGB ermittelt werden, was der Patient gewollt hat.[21] Damit ist eine wohl unvermeidbare „Stellschraube" im Umgang mit Patientenverfügungen angesprochen, nämlich die Frage, ob etwaige Divergenzen zwischen der in der Patientenverfügung beschriebenen Behandlungssituation und der tatsächlich eingetretenen so groß sind, dass die Patientenverfügung als nicht mehr einschlägig bezeichnet werden kann, oder aber im Wege der Auslegung überbrückt werden können. Und dabei wird es eine erhebliche Rolle spielen, welche Haltung

---

20 BGHZ 202, 226 = *NJW* 67 (2014), 3572, 3576; ebenso BGH, Beschluss vom 06.07.2016 – XII ZB 61/16, Rn. 48 zu der unzureichenden Formulierung, dass „lebensverlängernde Maßnahmen" unterbleiben sollen, wenn „ein schwerer Dauerschaden des Gehirns zurückbleibt."

21 Vgl. BGH, in: *NJW* 67 (2014), 3576: „Ebenso wie eine schriftliche Patientenverfügung sind auch mündliche Äußerungen des Betroffenen der Auslegung zugänglich."

der Interpret gegenüber Patientenverfügungen im Allgemeinen hat. Allerdings dürfen, wie der 12. Zivilsenat in einer Leitentscheidung aus dem Jahr 2014 festgestellt hat[22], die „Anforderungen an die Bestimmtheit einer Patientenverfügung [...] nicht überspannt werden". Maßgeblich sei nicht, „dass der Betroffene seine eigene Biografie als Patient vorausahnt und die zukünftigen Fortschritte in der Medizin vorwegnehmend berücksichtigt." Es könne „nicht ein gleiches Maß an Präzision verlangt werden", wie es bei einer aktuell erklärten (Nicht)Einwilligung erreicht werden kann, da andernfalls „nahezu sämtliche Patientenverfügungen unverbindlich [wären]." Dies dürfte eine Marschroute sein, mit der die Praxis ungeachtet der verbleibenden Auslegungsspielräume zurechtkommen sollte.[23]

Der Abgleich der Patientenverfügung mit der aktuellen Lebenssituation soll gewährleisten, dass zwischenzeitliche Willensänderungen des Verfassers, die noch keinen Niederschlag in Form einer Abänderung oder eines regelrechten Widerrufs gefunden haben, Berücksichtigung finden, freilich anhand konkreter Anhaltspunkte auch greifbar sein müssen. Bloße Spekulationen genügen hier ebenso wenig wie es erforderlich wäre, die Verfügung regelmäßig zu aktualisieren. Das Gesetz sieht zu Recht kein Ablaufdatum vor, was nicht die Empfehlung ausschließt, länger zurückliegende Verfügungen zu erneuern, um möglichen Zweifeln an ihrem Fortbestand von vornherein entgegenzutreten.

3.1.3 Volljährigkeit

Ohne dass diese Einschränkung der Sache nach geboten wäre, hat der Gesetzgeber nur *Volljährigen* die Möglichkeit eingeräumt, Behandlungsentscheidungen im Wege von Patientenverfügungen verbindlich zu antizipieren. Es ist nämlich nicht so, dass schwer kranken, insbesondere an tödlich verlaufenden Erkrankungen leidenden Minderjährigen per se die Fähigkeit fehlen würde, reflektiert und eigenverantwortlich über ihre Behandlung zu entscheiden.[24] Die in den Materialien nicht näher begründete Einschränkung der Patientenautonomie Minderjähriger soll hier jedoch nicht weiter problematisiert werden,[25] da die Behandlungswün-

---

22 BGH, in: *NJW* 67 (2014), 3576.
23 Kritisch dagegen G. Duttge, *Anmerkung zum Beschluss des BGH v. 17.9.2014 – XII ZB 201/13*, in: *JZ* 70 (2015), 45: „leerformelartiger Satz".
24 Vgl. W. Putz/B. Steldinger, *Patientenrechte am Ende des Lebens*, München ⁶2016, 147.
25 Zur berechtigten Kritik am Ausschluss Minderjähriger s. A. Simon *Medizinethische Aspekte*, in: Deutsches Referenzzentrum für Ethik in den Biowissenschaften (Hg.), *Patientenverfügungen*, 99; J. Grotkopp, *Die Rolle des Betreuungsgerichts bei Entscheidungen des Betreuers am Lebensende des Betroffenen*, 41.

sche von Kindern und Jugendlichen in der Regel aktuell ermittelt werden können und auch, wie noch zu zeigen ist, berücksichtigt werden müssen. Gleichwohl kann es durchaus sinnvoll sein, „Patientenverfügungen für Kinder" abzufassen, um dem Behandlungsteam Entscheidungssicherheit in Situationen zu geben, in denen die Eltern nicht gefragt werden können.[26]

3.1.4 Mangelfreiheit

Als weitere, jedoch nicht patientenverfügungsspezifische, sondern *allgemeine Wirksamkeitsvoraussetzungen* für Willenserklärungen sind die Einwilligungsfähigkeit zum Zeitpunkt der Abfassung der Verfügung sowie die Freiheit von Willensmängeln, etwa infolge von Täuschung, Drohung oder Gewalt, zu nennen. Insoweit besteht jedoch wiederum nur bei konkreten Anhaltspunkten für derartige Defizite Anlass zur Prüfung. In einem Punkt hat der Gesetzgeber allerdings eine besondere Wirksamkeitsregelung für Patientenverfügungen getroffen, indem er in § 1901a Abs. 4 BGB jegliche Verpflichtungen zur Abfassung von Patientenverfügungen ebenso für unwirksam erklärt wie er verbietet, dass Vertragsschlüsse unter die Bedingung der Errichtung oder Vorlage einer Patientenverfügung gestellt werden.

3.1.5 Keine Reichweitenbeschränkung

Sind damit die positiven materiellen Verbindlichkeitsvoraussetzungen beschrieben, verdient noch Beachtung, dass der Gesetzgeber in *§ 1901a Abs. 3 BGB* einen Aspekt benannt hat, der ausdrücklich keine Bedeutung für die Beurteilung der Bindungswirkung von Patientenverfügungen und auch nicht für die Feststellung anderer Erscheinungsformen des Patientenwillens haben soll. Mit der Festlegung, dass die Verbindlichkeit einer den gesetzlichen Voraussetzungen genügenden Patientenverfügung, aber auch die von Behandlungswünschen und die des mutmaßlichen Willens „unabhängig von Art und Stadium einer Erkrankung" gilt, hat sich das Patientenverfügungsgesetz dezidiert gegen die bereits erwähnte Reichweitenbeschränkung ausgesprochen, die der 12. Zivilsenat ins Leben gerufen hat und die danach von der Enquete-Kommission des Deutschen Bundestags

---

26 Formulierungsvorschläge dazu bei W. Putz/B. Steldinger, *Patientenrechte am Ende des Lebens*, 292 f.

„Ethik und Recht der modernen Medizin" aufgegriffen[27] und zentraler Regelungsgegenstand des sog. Bosbach-Entwurfs[28] wurde. Die für eine derartige Beschneidung des Rechts, vorsorgliche Behandlungsentscheidungen zu treffen, vor allem angeführten Argumente der Fehleranfälligkeit und Irreversibilität solcher Vorausverfügungen[29] waren erheblichen verfassungsrechtlichen Bedenken ausgesetzt und hätten letztlich zu einer weitgehenden Entwertung von Patientenverfügungen geführt.[30] Wie die bereits erwähnte und noch näher darzustellende Entscheidung des 12. Zivilsenats aus dem Jahr 2014 zeigt, ist die Vorstellung, dass es für die Beurteilung der Zulässigkeit von Behandlungsbegrenzungen auf die Irreversibilität einer Erkrankung oder die Nähe des Todes ankommt, jedoch nach wie vor existent. So war die Vorinstanz der mit § 1901a Abs. 3 BGB nicht vereinbaren Auffassung, dass an die Ermittlung und Annahme des mutmaßlichen Willens dann erhöhte Anforderungen zu stellen seien, wenn der Tod des Betroffenen wie im zugrundeliegenden Fall eines apallischen Syndroms nicht unmittelbar bevorsteht.[31]

3.1.6 Schriftform

Dass Patientenverfügungen, die widerrufen wurden, nicht mehr bindend sind, ergibt sich bereits aus dem Erfordernis ihrer fortdauernden Geltung (aktuelle Lebenssituation). § 1901a Abs. 1 Satz 3 BGB stellt insoweit klar, dass dieser Widerruf zu jeder Zeit und vor allem formlos erfolgen kann. Diese Klarstellung erschien deswegen erforderlich, weil das Patientenverfügungsgesetz als einzige *formale Verbindlichkeitsvoraussetzung* die Einhaltung der *Schriftform* verlangt. Dies dürfte der landläufigen Vorstellung von einer Patientenverfügung, die in ihren Anfängen noch als Patiententestament bezeichnet wurde, entsprechen. Die Schriftform führt die Tragweite von vorausverfügten Behandlungsentscheidungen vor Augen, beugt Nachweisschwierigkeiten vor und hat – wie noch zu zeigen ist – nicht die Konsequenz, dass nur mündliche Willensäußerungen unbeachtlich sind.

---

[27] Vgl. Enquete-Kommission „Ethik und Recht der modernen Medizin": *Zwischenbericht Patientenverfügung*, BT-Drucks. 15/3700, 44 f.
[28] W. Bosbach et al., *Entwurf eines Gesetzes zur Verankerung der Patientenverfügung im Betreuungsrecht (Patientenverfügungsgesetz-PatVerfG)*, BT-Drucks. 16/11360.
[29] Vgl. Enquete-Kommission „Ethik und Recht der modernen Medizin: *Zwischenbericht Patientenverfügung*, BT-Drucks. 15/3700, 38 ff.
[30] Näher dazu T. Verrel, *Patientenautonomie und Strafrecht bei der Sterbebegleitung*, C 85–88 mit weiteren Nachweisen.
[31] Vgl. BGH, in: *NJW* 67 (2014), 3572.

Der *actus contrarius* bedarf, dies sei noch einmal hervorgehoben, dieser Form dagegen nicht, sondern kann sogar konkludent erfolgen.[32]

3.2 Verfahrensregelungen

In *prozeduraler Hinsicht* schreibt das Gesetz dem Vertreter des Patienten, also dem gerichtlich bestellten *Betreuer* oder dem vom Patienten im Wege einer Vorsorgevollmacht eingesetzten *Bevollmächtigen* (§ 1901b Abs. 3 BGB) die Aufgabe zu, die Verbindlichkeit einer Patientenverfügung zu prüfen und bei positivem Ergebnis dem Willen des Patienten „Ausdruck und Geltung zu verschaffen" (§ 1901a Abs. Satz 2 BGB). Im Falle einer Bevollmächtigung ist zu beachten, dass diese, wenn sie den Bevollmächtigten auch zur Entscheidung über die Unterlassung oder Beendigung lebenserhaltender Maßnahmen berechtigen soll, schriftlich abgefasst sein und ausdrücklich die Entscheidungsbefugnis auch über solche mit der Gefahr des Todes verbundenen Maßnahmen umfassen muss. Dieses Erfordernis eines die „qualifizierte Gefahrensituation" hinreichend klar umschreibenden Vollmachttextes ergibt sich, wie der BGH in seiner neuesten Entscheidung zum Themenkomplex Patientenverfügung und Vorsorgevollmacht klargestellt hat, aus der Regelung des § 1904 Abs. 5 BGB.[33]

Dem behandelnden *Arzt* kommt eine Doppelrolle zu. Er hat zunächst die alleinige Kompetenz zur Indikationsstellung (§ 1901b Abs. 1 Satz 1 BGB), die insofern weichenstellend für die Behandlungsentscheidung ist, als der Wille des Patienten nur im Rahmen medizinisch indizierter Maßnahmen beachtlich ist, insbesondere der Wunsch nach Begrenzung einer lebenserhaltenden Maßnahme erst dann Bedeutung entfaltet, wenn deren Vornahme aus Sicht des Arztes medizinisch begründet ist. In der Umsetzung eines Modells der dialogischen Entscheidungsfindung soll der Arzt ferner im Rahmen seiner Erkenntnisse über den Patienten zusammen mit dessen Vertreter an der Feststellung des Patientenwillens mitwirken (Satz 2) und hat insoweit eine Kontrollfunktion.[34] Dabei sollen nach Möglichkeit nahe Angehörige und Vertrauenspersonen als weitere Informationsquellen herangezogen werden (Abs. 2). Eigene Verfahrensrechte außer der jedermann möglichen Anrufung des Betreuungsgerichts im Wege der Missbrauchskontrolle haben diese Personen jedoch nicht, auch führt die

---

[32] Vgl. O. Palandt (Begr.), *Kommentar zum Bürgerlichen Gesetzbuch*, München [75]2016, § 1901a Rn. 13.
[33] Vgl. BGH, Beschluss vom 06.07.2016 – XII ZB 61/16, Rn. 17–24.
[34] Vgl. BGH, Beschluss vom 06.07.2016 – XII ZB 61/16, Rn. 39.

Nichtbeachtung dieser Sollvorschrift nicht zur Rechtswidrigkeit der vom Patientenvertreter getroffenen Entscheidung.[35]

Eine generelle Einschaltung des *Betreuungsgerichts* als Kontrollinstanz bei einer vom Betreuer bzw. Bevollmächtigten beabsichtigten Nichteinwilligung in lebenserhaltende Maßnahmen, wie sie manche gefordert haben[36], sieht das Patientenverfügungsgesetz zwar in § 1904 Abs. 2 BGB vor, macht davon aber in Abs. 4 eine praktisch zur Genehmigungsfreiheit führende Ausnahme, wenn zwischen Vertreter und Arzt Einvernehmen über den Nichtbehandlungswillen des Patienten besteht. Dieses sog. Konfliktmodell, das der 12. Zivilsenat in seiner Entscheidung aus dem Jahr 2003 entwickelt hat,[37] ist sowohl ein Zugeständnis an begrenzte betreuungsgerichtliche Kapazitäten als auch und vor allem Ausdruck der Sorge, dass die regelhafte Einbindung des Gerichts zu einer unnötigen Reglementierung und Verzögerung von Behandlungsbegrenzungen und damit zu vom Betroffenen gerade nicht gewünschten Belastungen führt. Nach wie vor nicht befriedigend geklärt ist aber die Frage, ob das Betreuungsgericht auch dann angerufen werden kann oder besser gesagt angerufen werden soll, wenn „eigentlich" Einvernehmen zwischen Vertreter und Arzt über den Patientenwillen besteht, aber der Wunsch nach Absicherung besteht. So stellt der BGH in der bereits genannten Entscheidung aus dem Jahr 2014 fest, dass „die Schwelle für ein gerichtliches Einschreiten" wegen der besonderen Legitimationswirkung eines justizförmigen Verfahrens „nicht zu hoch anzusetzen" sei, so dass „die Prüfungskompetenz des Betreuungsgerichts auch dann eröffnet" sei, „wenn zwar ein Einvernehmen zwischen Betreuer und behandelndem Arzt besteht, aber gleichwohl ein Antrag auf betreuungsgerichtliche Genehmigung gestellt wird."[38] Je nach Lage des Falles bzw. erforderlicher Prüfungstiefe könne dann ein sog. Negativtestat erteilt werden, das die fehlende Erforderlichkeit einer gerichtlichen Genehmigung beinhaltet, oder eine Genehmigung nach § 1904 Abs. 2 BGB ausgesprochen oder versagt werden. Damit entscheidet letztlich das Absicherungsbedürfnis von Vertreter und Arzt über die Beteiligung des Gerichts, so dass es doch zu einer routinemäßigen Anrufung des Betreuungsgerichts kommen könnte.[39]

---

35 Vgl. BGH, Beschluss vom 06.07.2016 – XII ZB 61/16, Rn. 50.
36 S. nur F. Saliger, *Sterbehilfe und Betreuungsrecht*, in: MedR 25 (2004), 242f.
37 Vgl. BGHZ 154, 227.
38 BGH, in: *NJW* 67 (2014), 3572, 3575.
39 Vgl. J. Grotkopp, *Die Rolle des Betreuungsgerichts bei Entscheidungen des Betreuers am Lebensende des Betroffenen*, 44.

4 Neue und alte Streitfragen

Das Patientenverfügungsgesetz hat viele Probleme und Unsicherheiten, die zuvor im Umgang mit Patientenverfügungen bestanden haben, verbindlich geklärt. Wie bei jedem neuen Gesetz ist es aber auch hier zu Meinungsverschiedenheiten über seine Auslegung gekommen, und hat der Gesetzgeber nicht zu allen Streitfragen im Zusammenhang mit Patientenverfügungen Stellung bezogen.

4.1 Patientenverfügung und Stellvertretung

Die Verankerung von Patientenverfügungen im Betreuungsgesetz und die dem Betreuer bzw. Bevollmächtigten übertragene Aufgabe, dem darin verkörperten Patientenwillen Ausdruck und Geltung zu verschaffen, hat zu einem Meinungsstreit darüber geführt, ob Patientenverfügungen *immer nur durch einen Patientenvertreter umgesetzt* werden können oder eine unmittelbare Bindungswirkung gegenüber dem Arzt entfalten, so dass dieser bei einem bislang nicht vertretenen Patienten nicht die Betreuerbestellung abwarten muss, um der Patientenverfügung zu entsprechen. Für die erstgenannte Ansicht[40] spricht der Wortlaut von § 1901a Abs. 1 BGB und auch die Kontroll- und Schutzfunktion, die das Zusammenwirken von Vertreter und Arzt bei der Willensermittlung haben soll. Indes ergibt sich aus den Gesetzesmaterialien, dass eine derart exklusive Rolle des Betreuers nicht beabsichtigt war,[41] und kann für diese heute wohl herrschende Auffassung[42] das Argument angeführt werden, dass der Patient mit einer verbindlichen, also bestimmten und passgenauen Patientenverfügung bereits selbst eine Regelung getroffen hat und keiner weiteren Vertretung bedarf.[43] Die dem Vertreter zugewiesene Aufgabe, einer Patientenverfügung Ausdruck und Geltung zu verschaffen, beschreibt dann lediglich eine mögliche, aber zur Entfaltung der Bindungswirkung keineswegs zwingende Form der Durchsetzungshilfe. Dies scheint auch der Standpunkt des 12. Zivilsenats in der Entscheidung aus dem Jahr

---

40 Vertreten u. a. von T. Diehn/R. Rebhahn, *Vorsorgevollmacht und Patientenverfügung*, in: *NJW* 63 (2010), 329; E. Albrecht/A. Albrecht, *Die Patientenverfügung – jetzt gesetzlich geregelt*, in: *Mitt-BayNot* 2009, 432 f.
41 Vgl. J. Stünker et al., *Entwurf eines Dritten Gesetzes zur Änderung des Betreuungsrechts*, BT-Drucks. 16/8442, 14 f.
42 Vertreten u. a. von O. Palandt, *Kommentar zum Bürgerlichen Gesetzbuch*, § 1901a Rn. 6; Bundesärztekammer, *Empfehlungen der Bundesärztekammer zum Umgang mit Vorsorgevollmacht und Patientenverfügung in der ärztlichen Praxis*, in: *Dtsch Ärztebl* 110 (2013), A 1585.
43 Vgl. BGH, Beschluss vom 06.07.2016 – XII ZB 61/16, Rn. 36.

2014[44] zu sein, in der er für den Fall einer wirksamen Patientenverfügung „eine Einwilligung des Betreuers, die dem betreuungsgerichtlichen Genehmigungserfordernis unterfällt, in die [vorausverfügte, Anm. d. Verf.] Maßnahme" für „nicht erforderlich" hält, „da der Betroffene diese Entscheidung selbst in einer alle Beteiligten bindenden Weise getroffen hat." Dem Betreuer obliege „es in diesem Fall nur noch, dem in der Patientenverfügung niedergelegten Willen [...] Ausdruck und Geltung zu verschaffen (§ 1901a Abs. 1 Satz 2 BGB)." Ganz eindeutig ist diese Interpretation der BGH-Entscheidung jedoch nicht, da sie sich unmittelbar nur zum Genehmigungserfordernis verhält und von der Situation einer bereits eingerichteten Betreuung ausgeht.[45] Der hier vertretene Standpunkt einer unmittelbaren Bindungswirkung von Patientenverfügungen setzt voraus, darauf muss in aller Deutlichkeit hingewiesen werden, dass es sich um Patientenverfügungen handelt, deren Beurteilung keinerlei Probleme bereitet. Wenn es sich aber um eine derart eindeutige Verfügung handelt, etwa weil deren Inhalt mit dem behandelnden Arzt, der den Patienten gut kennt, zuvor besprochen wurde, ist nicht einzusehen, warum dieser, nur um die Bestellung eines Betreuers zu ermöglichen, gezwungen sein sollte, vom Patienten dezidiert abgelehnte lebenserhaltende Maßnahmen einzuleiten und solange aufrecht zu erhalten, bis sich der Betreuer mit der Behandlungsbegrenzung einverstanden erklärt hat.

4.2 Patientenverfügung und Demenz

Ein vom Gesetzgeber definitiv nicht angefasstes Problem betrifft den Umgang mit Patientenverfügungen, die *Behandlungsbegrenzungen für den Fall einer Demenzerkrankung* anordnen, wenn der dement gewordene Verfasser dann tatsächlich behandlungsbedürftig wird, aber verlässliche Anzeichen von Lebensfreude zeigt. Soll nun seine in einwilligungsfähigem Zustand erstellte Patientenverfügung umgesetzt werden oder der aktuell geäußerte natürliche Lebenswille des nicht mehr einwilligungsfähigen Dementen maßgeblich sein? Zur Lösung dieses Konflikts werden erwartungsgemäß unterschiedliche Ansichten vertreten, wird die Verhinderung einer „Versklavung" der aktuellen Person durch die frühere Person ebenso befürchtet wie eine solche durch dritte Personen, die sich über die Patientenverfügung hinwegsetzen.[46] In einer gerade eben erschienenen Bonner Dis-

---

44 BGH, in: *NJW* 67 (2014), 3572, 3574; so sehen es auch E. Albrecht/A. Albrecht, *Patientenverfügung ohne Vertreter – geht das?*, in: *MittBayNot* 2015, 110.
45 Anders versteht den BGH etwa B. Boemke, *Abbruch lebenserhaltender Maßnahmen*, in: *NJW* 68 (2015), 378 f.
46 Vgl. A. Simon, *Medizinethische Aspekte*, 87.

sertation⁴⁷ wird aufgezeigt, dass die dazu bisher vertretenen Lösungsansätze keine wirklich überzeugenden Antworten geben, und statt dessen vorgeschlagen, die Rechtsprechung des BVerfG zur Zwangsbehandlung psychisch kranker untergebrachter Personen auf die Beurteilung der Bindungswirkung von Patientenverfügungen bei Demenzkranken zu übertragen. Dies führt im Ergebnis dazu, dass der natürliche Lebenswille eine Sperrwirkung gegenüber einer behandlungsbegrenzenden Patientenverfügung entfaltet, die aber nur solange anhält, wie ein solcher Wille festgestellt werden kann. Nicht konsequent erscheint es jedoch, dass im umgekehrten Fall eines natürlichen Sterbewillens dieser eine behandlungsbejahende Patientenverfügung nicht soll überspielen können. Hier dürfte das letzte Wort noch nicht gesprochen sein, zumal weder die eine noch die andere Konstellation bisher Gegenstand einer gerichtlichen Entscheidung gewesen ist.

4.3 Willensermittlung ohne Patientenverfügung

Beschäftigt hat sich der 12. Zivilsenat in seiner Entscheidung aus dem Jahr 2014 dagegen mit der durch das Patientenverfügungsgesetz aufgeworfenen Frage, welche Bedeutung die in § 1901a Abs. 2 BGB vor dem mutmaßlichen Willen des Patienten als Entscheidungsmaßstab genannten *Behandlungswünsche* des Patienten haben, wenn keine (wirksame) Patientenverfügung vorliegt. Der BGH sieht darin eine weitere, zwischen Patientenverfügung und mutmaßlichem Willen liegende Erscheinungsform des Patientenwillens. Behandlungswünsche seien dadurch gekennzeichnet, dass sie „Festlegungen für eine konkrete Lebens- und Behandlungssituation enthalten, aber den Anforderungen an eine Patientenverfügung [...] nicht genügen, etwa weil sie nicht schriftlich abgefasst wurden, keine antizipierenden Entscheidungen treffen oder von einem minderjährigen Betroffenen verfasst wurden."⁴⁸ Ebenso könne eine mangels Passgenauigkeit nicht unmittelbar bindende Patientenverfügung „als Behandlungswunsch Berücksichtigung finden". Solche Behandlungswünsche seien „insbesondere dann aussagekräftig, wenn sie in Ansehung der Erkrankung zeitnah geäußert worden sind, konkrete Bezüge zur aktuellen Behandlungssituation aufweisen und die Zielvorstellungen des Patienten erkennen lassen". Die Feststellung des mutmaßlichen Willens basiere dagegen auf den in § 1901a Abs. 2 Satz 3 genannten früheren Äußerungen, die keinen Bezug zur aktuellen Lebens- und Behand-

---

47 Vgl. S. Lanzrath, *Patientenverfügung und Demenz*, Münster 2016, 147 ff., 195 ff.
48 BGH, in: *NJW* 67 (2014), 3572, 3575 f.

lungssituation aufweisen, ethischen oder religiösen Überzeugungen und sonstigen persönlichen Wertvorstellungen des Betroffenen.

Damit ist dem BGH eine überzeugende Ausdifferenzierung der Willensermittlung gelungen,[49] auch wenn man darüber streiten kann, ob es sich nicht letztlich auch bei den Behandlungswünschen um eine gleichsam qualifizierte Form des mutmaßlichen Willens handelt.[50] Denn auch Behandlungswünsche sind letztlich mehr oder weniger zurückliegende Anhaltspunkte für die Beurteilung des vermutlichen aktuellen Willens des Patienten, der zu dessen Äußerung nicht mehr in der Lage ist. Behandlungswünsche müssen nämlich insoweit von der an der Spitze der Ausdrucksformen und der Verbindlichkeit des Patientenwillens stehenden konkret eingriffsbezogenen Einwilligung bzw. Nichteinwilligung abgegrenzt werden, die der Patient unmittelbar vor Eintritt seiner Einwilligungsunfähigkeit erklärt hat und die gemäß § 130 Abs. 2 BGB im Zustand der Einwilligungsunfähigkeit fortwirkt, also Fragen danach obsolet macht, was der Patient, könnte er noch gefragt werden, wollen würde. Die aktuell erklärte Einwilligung oder Nichteinwilligung in eine medizinisch indizierte Behandlung ist der Wille des Patienten, auch wenn er danach einwilligungsunfähig wird. Dies sieht auch der BGH und spricht insoweit von dem vorrangigen „wirklichen Willen" des Patienten.[51] Folgen kann man dem BGH aber darin, dass dann, wenn der Patient zu einer solchen aktuellen Willensäußerung nicht in der Lage war und auch keine (verbindliche) Patientenverfügung vorliegt, zunächst nach in der Vergangenheit geäußerten konkreten Behandlungswünschen zu fragen ist und erst dann, wenn diese fehlen, aufgrund der sonstigen in § 1901a Abs. 2 Satz 3 BGB genannten Indizien versucht werden muss, den mutmaßlichen Willen zu ergründen.

Diese nunmehr *vierstufige Abfolge der Willenserforschung* (aktuell erklärte [Nicht-] Einwilligung / Patientenverfügung / frühere Behandlungswünsche / mutmaßlicher Wille) verdeutlicht zugleich, dass Patientenverfügungen eben nur eine Ausdrucksform des Patientenwillens sind und Bestrebungen, deren Verbindlichkeit an besonders strenge Voraussetzungen zu knüpfen oder gar abzulehnen, letztlich zu kurz greifen. Denn Patientenverfügungen, die solchen Anforderungen nicht genügen, stellen kein Nullum dar, sondern müssen bei einer konsequenten Respektierung des Selbstbestimmungsrechts als Behandlungswünsche oder jedenfalls Anhaltspunkte für die Ermittlung des mutmaßlichen Willens Berücksichtigung finden. Daraus folgt keine Entwertung von Patienten-

---

49 Kritisch dagegen G. Duttge, *Anmerkung zum Beschluss des BGH v. 17. 9. 2014 – XII ZB 201/13*, 44 f.
50 Vgl. T. Verrel, *Rechtliche Aspekte*, 48.
51 BGH, in: *NJW* 67 (2014), 3572, 3576.

verfügungen, denn von diesen kann bei Vorliegen der gesetzlichen Voraussetzungen nicht abgewichen werden[52], während die Ermittlung der nachgelagerten Ausdrucksformen des Patientenwillens mit Nachweisproblemen und größeren Beurteilungsspielräumen behaftet sein kann und letztlich geringere Gewähr dafür bieten, dass der Patientenwille zutreffend ermittelt wird.

Festzuhalten ist aber, dass die Regelung der Verbindlichkeitsvoraussetzungen im Patientenverfügungsgesetz nicht dazu geführt hat, dass in anderer Weise, insbesondere mündlich zum Ausdruck gekommene Behandlungsvorstellungen nunmehr bedeutungslos geworden sind. Vielmehr führt gerade die vom BGH vorgenommene Auslegung der in § 1901a Abs. 2 Satz verwendeten Begrifflichkeiten dazu, dass derartige Anhaltspunkte für den Patientenwillen nicht übergangen werden können, die Begründungslast insbesondere für Betreuungsgerichte größer geworden ist, wenn sie zu dem Ergebnis kommen, dass der Wille des Patienten nicht festgestellt werden kann.

4.4 Patientenverfügung und Organspende

Mit der gesetzlichen Anerkennung von Patientenverfügungen ist deren Verhältnis zu einer vom Verfügungsverfasser daneben erklärten Bereitschaft zur *Organspende* in den Blickpunkt gerückt. Es scheint sich nämlich um gleichermaßen verbindliche wie widersprüchliche Willensbekundungen zu handeln, wenn in der Patientenverfügung lebenserhaltende Maßnahmen, wie etwa eine künstliche Beatmung untersagt werden, derer es jedoch zur Feststellung des Hirntods bedarf, der wiederum Voraussetzung für die Organentnahme ist. Dieser vermeintliche Widerspruch lässt sich jedenfalls in den Fällen, in denen der Hirntod nach ärztlicher Einschätzung bereits eingetreten ist oder unmittelbar bevorsteht, im Wege der Auslegung auflösen. Diese geht dahin, dass der Patient keine Fortführung intensivmedizinischer Maßnahmen wünscht, die sein Sterben protrahieren, aber mit einer zeitlich eng begrenzten Aufrechterhaltung seiner Vitalfunktionen allein zum Zwecke der Hirntodfeststellung und Organentnahme einverstanden ist. Es können sich jedoch Konstellationen ergeben, in denen eine andere Beurteilung geboten ist und über die ein hilfreiches Arbeitspapier der Bundesärztekammer[53] ebenso informiert wie über Ausgestaltungen von Patientenverfügungen, die Un-

---

52 Der BGH, in: *NJW* 67 (2014), 3574 spricht insoweit von einer unmittelbaren Bindungswirkung.
53 Bundesärztekammer, *Arbeitspapier zum Verhältnis von Patientenverfügung und Organspendeerklärung*, in: Dtsch Ärztebl 110 (2013), A 7–9; zuvor bereits T. Verrel, *Patientenverfügung, Therapiebegrenzung und Organspende. Anmerkungen zu einem vermeintlichen Widerspruch*, in: GuP 2 (2012), 121 ff.

sicherheit über den Patientenwillen bei gleichzeitig erklärter Organspendebereitschaft vermeiden können.

5 Fazit

Von einem Gesetz zu verlangen, dass es „auf die großen Herausforderungen der modernen Hochleistungsmedizin [...] restlos befriedigende Antwort[en] hat", insbesondere „ein derart komplexes Feld wie das der Therapiebegrenzung bei einwilligungsunfähigen Patienten [...] mit all seinen Detailaspekten [...] angemessen erfassen kann"[54], wäre zu viel verlangt. Kein Patientenverfügungsgesetz kann die grundsätzlichen Probleme, die mit einer Willensprognose verbunden sind, beseitigen und dem Patienten das unweigerlich mit der Zubilligung vorausschauender Selbstbestimmung verbundene Risiko einer Fehleinschätzung des künftigen Willens abnehmen.[55] Man wird weiter darüber streiten können, ob die in §§ 1901a ff. BGB vorgesehenen Anforderungen an eine verbindliche Vorausverfügung und die Verteilung der (Kontroll-)Kompetenzen sachgerecht erfolgt ist und nicht beispielsweise eine verpflichtende (ärztliche) Beratung oder die obligatorische Einschaltung des Betreuungsgerichts besser gewesen wären.[56] In den gut sieben Jahren, die nunmehr vergangen sind, seitdem der Bundestag das Gesetz am 18. Juni 2009 beschlossen hat, scheinen sich – gemessen an der veröffentlichten Judikatur – aber keine wesentlichen Probleme im praktischen Umgang mit dem Patientenverfügungsgesetz ergeben zu haben. Die Entscheidung des 12. Zivilsenats aus 2014 zeigt zwar, dass die in § 1901a Abs. 3 BGB betonte Maßgeblichkeit des Patientenwillens in allen Krankheitsstadien noch nicht von allen Betreuungsgerichten rezipiert wurde. Auch bei anderen Gerichten scheinen die Wertungen des § 1901a BGB noch nicht überall angekommen zu sein. So bedurfte es tatsächlich einer Entscheidung des BGH, dass die Mitwirkung eines Vertreters an der in einer Patientenverfügung verfügten Therapiebegrenzung keine Erbunwürdigkeit nach § 2239 Abs. 1 Nr. 1 BGB begründet[57], und entschied das Bundessozialgericht, dass in einem solchen Fall des Behandlungsabbruchs die Ansprüche des Vertreters auf Sterbegeld und Witwenrente nicht wegen vorsätzlicher Herbeiführung des Todes nach § 101 Abs. 1 SGB VII ausgeschlossen sind.[58] Die jüngste Entscheidung des 12. Zivilsenats vom 06. Juli 2016 zu den Anforderungen an die Bestimmtheit von

---

54 G. Duttge, *Anmerkung zum Beschluss des BGH v. 17.9.2014 – XII ZB 201/13*, 46.
55 Vgl. T. Verrel, *Rechtliche Aspekte*, 51 f.
56 S. dazu A. Simon, *Medizinethische Aspekte*, 95 ff.
57 Vgl. BGH, in: *NJW* 68 (2015), 382.
58 Vgl. BSGE 118, 18.

Vorsorgevollmachten und Patientenverfügungen[59] fällt ebenfalls in die Rubrik der Entscheidungen, die das eigentlich für sich sprechende Gesetz verdeutlichen. All diese Judikate zeigen, dass es zwar Anlaufschwierigkeiten gegeben hat, es sich aber um Übergangserscheinungen handelt, die nichts an der Einschätzung ändern, dass das Patientenverfügungsgesetz einen praktikablen, nur weniger gerichtlicher Klarstellungen bedürftigen Entscheidungsrahmen für den Umgang mit Patientenverfügungen zur Verfügung gestellt hat, der zu Recht von Zutrauen in und nicht von Misstrauen gegenüber der Fähigkeit der Verfasser und Adressaten von Patientenverfügungen geprägt ist, verantwortungsvoll mit diesem Vorsorgeinstrument umzugehen.

---

59 Vgl. BGH, Beschluss vom 06.07.2016 – XII ZB 61/16.

Elmar Biermann
Patientenverfügung in Österreich: Skizze eines Vergleichs Österreich – Deutschland

Österreich war schneller: Im Juni 2006, also gut drei Jahre vor Inkrafttreten des deutschen Patientenverfügungsgesetzes, trat in Österreich ein Bundesgesetz in Kraft, das die Voraussetzungen für die Errichtung einer Patientenverfügung und deren mögliche Inhalte beschrieb. Zwar wurde zuvor schon in einigen Rechtsgrundlagen, z. B. den Krankenanstaltengesetzen oder der Patientencharta, auf die Möglichkeit einer Patientenverfügung hingewiesen, wesentliche Fragen waren aber gesetzlich nicht geregelt. Um Patienten bei der Ausübung ihres Selbstbestimmungsrechtes zu unterstützen und zugleich auch Rechtssicherheit für Patienten wie für Ärzte zu schaffen, regelt das österreichische Patientenverfügungsgesetz vor allem die Voraussetzungen, Gültigkeits- und Formerfordernisse und die möglichen Inhalte von Patientenverfügungen, deren rechtliche Verbindlichkeit und Gültigkeitsdauer.[1]

1 Patientenverfügungsgesetz Österreich

Eine Patientenverfügung im Sinne des österreichischen Patientenverfügungsgesetzes (PatVG) ist eine Willenserklärung, mit der ein Patient eine „medizinische Behandlung" – oder auch mehrere medizinische Behandlungen – ablehnt und die dann wirksam werden soll, wenn er im Zeitpunkt der Behandlung nicht einsichts-, urteils- oder äußerungsfähig ist (§ 2 Abs. 1 PatVG).

Das österreichische Patientenverfügungsgesetz differenziert zwischen einer *verbindlichen* und einer *beachtlichen* Patientenverfügung. Alle Verfügungen, welche nicht die strengen Anforderungen der verbindlichen Patientenverfügung erfüllen, gelten als beachtliche Patientenverfügungen, die sich als Orientierungshilfe für den Arzt bei der Ermittlung des Patientenwillens verstehen.

---

[1] Vgl. F. Kerschner, *Patientenrechte und Behandlungsbegrenzung (Abbruch, Patientenverfügung und Vorsorgevollmacht)*, in: R. Resch/F. Wallner (Hg.), *Handbuch Medizinrecht*, Wien ²2015, 147.

DOI 10.1515/9783110488531-035

1.1 Verbindliche Patientenverfügung

Eine verbindliche Patientenverfügung muss schriftlich und entweder vor einem Rechtsanwalt, einem Notar oder einem rechtskundigen Mitarbeiter einer Patientenvertretung (Patientenanwaltschaft) erfolgen. Der Patient – darunter versteht das Patientenverfügungsgesetz die Person, die die Verfügung errichtet, unabhängig davon, ob diese zum Zeitpunkt der Errichtung erkrankt ist oder nicht – muss in dokumentierter Form über die Folgen der Patientenverfügung belehrt werden sowie darüber, dass sie diese jederzeit widerrufen kann (§ 6 PatVG).

Die Patientenverfügung hat eine befristete Laufzeit, sie verliert – wenn der Patient nicht eine kürzere Frist bestimmt hat – nach fünf Jahren ihre „Verbindlichkeit", es sei denn, dass „sie der Patient mangels Einsichts-, Urteils- oder Äußerungsfähigkeit nicht erneuern kann" (§ 7 Abs. 3 PatVG). Eine „abgelaufene" (ehemals verbindliche) Patientenverfügung wird aber nicht unwirksam, sie lebt vielmehr als „beachtliche" fort.

Der Errichtung vorauszugehen hat eine umfassende ärztliche Aufklärung – auf die der Patient nicht verzichten können soll[2] – einschließlich einer Information über Wesen und Folgen der Patientenverfügung für die medizinische Behandlung. Im Rahmen dieser Informationsvermittlung hat der Arzt auch das Vorliegen der Einsichts- und Urteilsfähigkeit des Patienten zu prüfen und dies wie die Vornahme der Aufklärung zu dokumentieren (§ 5 PatVG).

Außerdem muss der Arzt darlegen, dass und aus welchen Gründen der Patient die Folgen seiner Patientenverfügung zutreffend einschätzt, etwa deshalb, weil sie sich auf eine Behandlung bezieht, die mit einer früheren oder aktuellen Erkrankung des Patienten selbst oder eines nahen Angehörigen zusammenhängt (§ 5 S. 2 PatVG).

Eine Patientenverfügung „kann unter Einhaltung der Formerfordernisse des § 6 nach entsprechender ärztlicher Aufklärung erneuert werden; damit beginnt die Frist von fünf Jahren neu zu laufen" (§ 7 Abs. 1 S. 2 PatVG). Einer Erneuerung steht es gleich, wenn einzelne Inhalte der Patientenverfügung nachträglich geändert werden. Bei jeder Änderung sind die Bestimmungen über die Errichtung einer verbindlichen Patientenverfügung entsprechend anzuwenden; mit jeder nachträglichen Änderung beginnt die Fünfjahresfrist für die gesamte Patientenverfügung neu zu laufen (§ 7 Abs. 2 PatVG).

Neben diesen mehr formalen Grundlagen hat eine verbindliche Patientenverfügung besondere inhaltliche Anforderungen zu erfüllen. In der verbindlichen Patientenverfügung „müssen die medizinischen Behandlungen, die Gegenstand

---

2 Vgl. M. Memmer, in: G. Aigner et al. (Hg.), *Handbuch Medizinrecht für die Praxis*, Wien 2016.

der Ablehnung sind, konkret beschrieben sein oder eindeutig aus dem Gesamtzusammenhang der Verfügung hervorgehen. Aus der Patientenverfügung muss zudem hervorgehen, dass der Patient die Folgen der Patientenverfügung zutreffend einschätzt" (§ 4 PatVG) – dass und warum der Patient diese Folgen zutreffend einschätzt, hat, wie gerade erwähnt, der aufklärende Arzt näher zu begründen. Im Ergebnis wird dies erfordern, dass der „konkrete Krankheitsverlauf zumindest weitgehend antizipiert sein muss"[3].

1.2 Beachtliche Patientenverfügung

Patientenverfügungen, die nicht alle genannten Anforderungen erfüllen, sind zwar nicht verbindlich, aber „dennoch für die Ermittlung des Willens des Patienten beachtlich" – dies gilt auch für eine Patientenverfügung, die nicht schriftlich fixiert wurde – und dies „umso mehr ... je eher sie die Voraussetzungen einer verbindlichen Patientenverfügung" erfüllen. Dabei ist insbesondere zu berücksichtigen, inwieweit der Patient die Krankheitssituation, auf die sich die Patientenverfügung bezieht, sowie deren Folgen im Errichtungszeitpunkt einschätzen konnte, wie konkret die medizinischen Behandlungen, die Gegenstand der Ablehnung sind, beschrieben sind, wie umfassend eine der Errichtung vorangegangene ärztliche Aufklärung war, inwieweit die Verfügung von den Formvorschriften für eine verbindliche Patientenverfügung abweicht, wie häufig die Patientenverfügung erneuert wurde und wie lange die letzte Erneuerung zurückliegt" (§ 9 PatVG). Für Patientenverfügungen, die sich kaum von der verbindlichen Form unterscheiden, wird zum Teil der Begriff der „qualifiziert" beachtlichen Patientenverfügung verwendet,[4] das Gesetz kennt bei beachtlichen Patientenverfügungen mithin unterschiedliche „Bindungsqualitäten".

1.3 Gemeinsame Bestimmungen für verbindliche wie beachtliche Patientenverfügungen

Das Patientenverfügungsgesetz verlangt die „höchstpersönliche" Errichtung der Patientenverfügung, außerdem muss der Patient bei Errichtung der Patientenverfügung „einsichts- und urteilsfähig sein" (§ 3 PatVG). Geschäftsfähigkeit ist

---

3 F. Kerschner, *Patientenrechte und Behandlungsbegrenzung*, 190, Rn. 115.
4 Vgl. E. Pichler, *Patientenverfügung und Vorsorgevollmacht. Selbstbestimmung am Lebensende aus Perspektive von Patienten und Experten*, Bachelorarbeit, Neumarkt 2013, 15.

nicht erforderlich. D. h., auch Patienten, für die wegen mangelnder Geschäftsfähigkeit ein Sachwalter (vergleichbar mit Betreuer nach deutschem Recht) bestellt ist, können eine Patientenverfügung errichten, vorausgesetzt, sie sind zum Zeitpunkt der Errichtung der Patientenverfügung einsichts- und urteilsfähig. Diese Fähigkeit hat der Arzt zu prüfen und zu dokumentieren.

Jede Patientenverfügung verliert ihre Wirksamkeit, „wenn sie der Patient selbst widerruft oder zu erkennen gibt, dass sie nicht mehr wirksam sein soll" (§ 10 Abs. 2 PatVG). Der Widerruf ist an keine Form gebunden, er kann schriftlich, mündlich oder durch konkludentes Verhalten erfolgen, wobei es nicht erforderlich sein soll, dass die Patienten zum Zeitpunkt des Widerrufs noch einsichts- und urteilsfähig sind.[5]

Eine Patientenverfügung ist unwirksam, wenn sie nicht frei und ernstlich erklärt wurde – dazu könnte schon ein Motivirrtum, erst recht gesellschaftlicher Druck führen – wenn ihr Inhalt strafrechtlich unzulässig ist oder wenn der Stand der medizinischen Wissenschaft sich im Hinblick auf den Inhalt der Patientenverfügung seit ihrer Errichtung wesentlich geändert hat (§ 10 Abs. 1 PatVG).

Unberührt bleibt die medizinische Notfallversorgung, sofern der mit der Suche nach einer Patientenverfügung verbundene Zeitaufwand Leben oder Gesundheit des Patienten ernstlich gefährdet (§ 12 PatVG).

Zur Dokumentation und Aufbewahrung legt das Patientenverfügungsgesetz fest, dass der aufklärende und der behandelnde Arzt Patientenverfügungen in die Krankengeschichte oder, wenn sie außerhalb einer Krankenanstalt errichtet wurden, in die ärztliche Dokumentation aufzunehmen haben (§ 14 Abs. 1 PatVG).

Eine explizite Begrenzung der Reichweite von Patientenverfügungen, etwa auf die Sterbephase bei einem irreversibel zum Tode führenden Grundleiden, enthält das Patientenverfügungsgesetz nicht.

2 Vergleich der deutschen und österreichischen Regelung

Das österreichische Patientenverfügungsgesetz kennt nur die Patientenverfügung, entweder in der verbindlichen oder in der beachtlichen Variante. Soweit eine Variante der Patientenverfügung greift, ist ein Rückgriff auf den mutmaßlichen Willen nicht möglich.

Die deutsche Regelung unterscheidet die Patientenverfügung von den Behandlungswünschen und/oder dem mutmaßlichen Willen – alle Varianten ver-

---

[5] Vgl. F. Kerschner, *Patientenrechte und Behandlungsbegrenzung*, Rn. 122.

bindlich, alle der Auslegung fähig und im Zweifel bedürftig, aber unterschiedlich stark durch konkrete antizipierte Festlegungen des Betroffenen determiniert.

Während in Österreich Minderjährige – wenn auch wohl nur mit Zustimmung der „Obsorgeberechtigten" – Patientenverfügungen errichten können, bleibt die Patientenverfügung in Deutschland dem „einwilligungsfähigen Volljährigen" vorbehalten, Festlegungen Minderjähriger sind aber als Behandlungswünsche zu berücksichtigen.

Beide Gesetzeswerke machen deutlich, dass niemand zur Errichtung einer Patientenverfügung verpflichtet/gezwungen werden darf. Beide Gesetze sehen keine Reichweitenbegrenzung vor.

Während die deutsche Patientenverfügung umfassend Untersuchungen, Heilbehandlungen oder ärztliche Eingriffe zum Gegenstand haben kann und neben der Ablehnung einer Behandlung ausdrücklich auch die Einwilligung in bestimmte, allerdings noch nicht unmittelbar bevorstehende Maßnahmen einschließt, kennt die österreichische Patientenverfügung nur die Ablehnung einer Behandlung und zwar nur einer „medizinischen Behandlung". Damit schafft die österreichische Regelung Abgrenzungsprobleme zwischen medizinischen (ärztlichen) Behandlungen, die abgelehnt werden können, und sonstigen (insbesondere wohl auch pflegerischen) Maßnahmen, die in einer Patientenverfügung nicht abgelehnt werden können. So soll in einer Patientenverfügung die Ernährung („Basisversorgung") allgemein nicht, wohl aber die „künstliche", insbesondere Sondenernährung abgelehnt werden können.

Behandlungsmaßnahmen bedürfen nach deutschem wie nach österreichischem Recht im Grundsatz einer Einwilligung des Patienten in der Regel nach ärztlicher Aufklärung. Mit dem sogenannten „Patientenrechtegesetz" vom Februar 2013 wurden erstmals Regelungen zum medizinischen Behandlungsvertrag in Deutschland in Gesetzesform gegossen und in das Dienstvertragsrecht des Bürgerlichen Gesetzbuches (BGB) aufgenommen. In § 630d Abs. 1 BGB wird die Einwilligung in medizinische Maßnahmen geregelt; für den Fall, dass der Patient einwilligungsunfähig ist, wird darauf hingewiesen, dass die Einwilligung eines hierzu Berechtigten einzuholen ist, soweit nicht eine Patientenverfügung die Maßnahme gestattet oder untersagt. Nun setzt eine Patientenverfügung nach deutschem Recht aber keine ärztliche Beratung/Aufklärung voraus. Deshalb sah sich die Bundesregierung in ihrer Begründung zum Patientenrechtegesetz[6] genötigt, darauf hinzuweisen, dass eine Patientenverfügung (als Einwilligung) eine medizinische Maßnahme nur dann erlauben kann, wenn der Patient noch im

---

6 Vgl. Begründung der Bundesregierung zum Entwurf eines Gesetzes zur Verbesserung der Rechte von Patientinnen und Patienten, BT-Drucks. 17/10488 vom 15.08.2012.

einwilligungsfähigen Zustand durch einen Arzt aufgeklärt wurde oder auf (nähere) Aufklärung ausdrücklich verzichtet hat. Fehlte die ärztliche Aufklärung, dann handelt es sich bei der antizipierten Gestattung medizinischer Maßnahmen nicht um eine Patientenverfügung, sondern um Behandlungswünsche des Patienten – die aber ebenfalls beachtlich sind. Mit anderen Worten: Auch der deutsche Gesetzgeber macht die Aufklärung zur Voraussetzung einer wirksamen Patientenverfügung, allerdings nur, wenn die Patientenverfügung sich auf die Gestattung von Maßnahmen bezieht. Die Ablehnung einer Maßnahme bedarf hingegen keiner vorangegangenen ärztlichen Aufklärung. Es gibt in Deutschland also zwei Formen der Patientenverfügung: Die „aufgeklärte" Patientenverfügung zur Gestattung von Maßnahmen und die „nicht aufgeklärte" Patientenverfügung zur Ablehnung medizinischer Maßnahmen.

Das österreichische Recht zeichnet sich nicht nur durch stärker formale und formalistische Regelungen aus, die zwar vor übereilten und nicht ausreichend „informierten" Festlegungen schützen mögen. Es scheint auch durch eine deutlichere paternalistische Tendenz geprägt zu sein. Zwar wurde auch im deutschen Patientenverfügungsrecht bemängelt, dass der antizipierten Erklärung des Patienten als Patientenverfügung oder Behandlungswunsch keine ärztliche Aufklärung vorausgehen muss. Doch die österreichische Regelung sieht nicht nur die ärztliche Aufklärung und Beratung vor, sondern auch die Verpflichtung des Arztes einzuschätzen, ob derjenige, der eine Patientenverfügung errichtet, deren Folgen zutreffend einzuschätzen vermag und macht dies unter anderem abhängig von dessen konkreten eigenen Krankheitserfahrungen oder früheren oder akuten Erkrankungen seiner Angehörigen. Ebenso wie in Deutschland gibt es auch in Österreich das Verbot der unerlaubten Heilbehandlung. Niemand darf, von wenigen Ausnahmen abgesehen, zu einer ärztlichen Behandlung gezwungen werden. Beiden Rechtsordnungen ist gemein, dass sie damit auch die Freiheit zur Unvernunft schützen. Damit schwerlich vereinbar ist jedoch diese Art einer „Plausibilitätsprüfung" der (Hinter-) Gründe einer Behandlungsablehnung.[7] Dem Arzt, der aufzuklären, zu informieren, zu beurteilen und zu dokumentieren hat, kommt bei der Errichtung einer verbindlichen Patientenverfügung eine Schlüsselrolle zu.

Die Konsequenz ist aber dann auch die, dass eine Patientenverfügung, die sämtliche Anforderungen einer verbindlichen Patientenverfügung erfüllt, im Wesentlichen keiner (ärztlichen) Auslegung mehr zugänglich ist, sondern „verbindlich" umzusetzen ist – allerdings muss der Arzt (oder der Vorsorgebevoll-

---

7 F. Kerschner, *Patientenrechte und Behandlungsbegrenzung*, 191, Rn. 117 mit weiteren Nachweisen sieht dies weniger kritisch.

mächtigte, soweit ein solcher beauftragt wurde) zuvor prüfen, ob alle Voraussetzungen einer verbindlichen Patientenverfügung auch erfüllt sind.

Nicht zu verkennen ist aber, dass auch das deutsche Recht, insbesondere die jüngere Rechtsprechung des BGH, die inhaltlichen Anforderungen erhöht, soweit es darum geht, das Gewünschte zu konkretisieren, sei es in einer Patientenverfügung, sei es bei der Feststellung der Behandlungswünsche oder auch dem mutmaßlichen Willen, der schon nach dem Gesetzeswortlaut nur aufgrund „konkreter Anhaltspunkte" ermittelt werden darf (§ 1901a Abs. 2 BGB). Auch wenn ärztliche Aufklärung und Beratung empfohlen wird, obligat ist sie nicht. Die „Führungsrolle" des Arztes bei der Formulierung des Gewünschten ist in der gesetzlichen Regelung in Deutschland deutlich schwächer ausgeprägt.

Während die deutsche Regelung zwar – wenn auch wohl als Korrektiv für fehlende vorangegangene ärztliche Aufklärung bei Abfassung der Patientenverfügung oder Festlegung der Behandlungswünsche – die Konsultation zwischen Arzt und Vertreter des Patienten (Vorsorgebevollmächtigter, Betreuer) vorsieht bei der Frage, ob die Festlegungen in der Patientenverfügung auf die aktuelle Situation passen oder welches die Behandlungswünsche des Betroffen sind, überlässt der Wortlaut des Gesetzes aber nicht, jedenfalls nicht allein, dem Arzt diese Prüfung und Feststellung. Das Gesetz weist diese Verantwortung – wenn auch nach obligatorischer Konsultation mit dem Arzt – dem Vorsorgebevollmächtigten, oder dem Betreuer des Patienten zu. Eine „verbindliche Patientenverfügung" in Österreich ist indes ohne weiteres bindend für den Arzt (gegebenenfalls auch für den Vorsorgebevollmächtigten), einer Sachwalterbestellung bedarf es nicht, es sei denn, es bestünden Zweifel an der Verbindlichkeit der Verfügung[8], während die beachtliche Verfügung „nur" Orientierungshilfe für den Arzt (und den eventuell beauftragten Vorsorgebevollmächtigten) ist.

Die österreichische Regelung zwingt den Patienten, will er seinen Willen „verbindlich" respektiert wissen, sich nicht nur einmal, sondern alle fünf Jahre dem kompletten Prozess der Errichtung einer verbindlichen Patientenverfügung unterziehen zu müssen.

Doch davon macht das österreichische Patientenverfügungsgesetz eine wichtige Ausnahme und erklärt eine Patientenverfügung – sei es eine verbindliche oder beachtliche – auch während ihrer begrenzten „Laufzeit" für *unwirksam*, wenn sich der Stand der medizinischen Wissenschaft im Hinblick auf den Inhalt der Patientenverfügung seit ihrer Errichtung wesentlich geändert hat. Mit dieser Regelung hat der Gesetzgeber eine Möglichkeit geschaffen, auch verbindliche Patientenverfügung durch ärztliche Interpretation des derzeitigen Standards „aus-

---

8 Vgl. F. Kerschner, *Patientenrechte und Behandlungsbegrenzung*, 196, Rn. 140 ff.

zuhebeln". Ist die Patientenverfügung unwirksam, dann ist der Arzt nicht an sie gebunden – der Weg ist frei, auf eine mutmaßliche Einwilligung zu rekurrieren, für deren Ermittlung das Gesetz keine Vorgaben macht.

Nicht mehr wirksam ist eine Festlegung in beiden Rechtsordnungen auch dann, wenn der Patient sie „selbst widerruft oder sonst zu erkennen gibt, dass sie nicht mehr wirksam sein soll", wobei nach deutschem Verständnis die Alternative als konkludenter Widerruf gewertet würde. Auch in Österreich ist der Widerruf formlos möglich. Beide Regelwerke haben aber offen gelassen, nach welchen Kriterien beurteilt werden kann, wann eine Vorausverfügung nicht mehr wirksam sein soll, beide gesetzlichen Regelungen gehen damit insbesondere auf die Problematik der Demenzerkrankungen nicht näher ein.

Bemängelt wird am österreichischen Patientenverfügungsrecht nicht nur der Formalismus und dass die Errichtung einer verbindlichen Patientenverfügung einen erheblichen Informationsaufwand beinhaltet, der von Ärzten offenbar nicht immer erfüllt werden kann oder den sie nicht immer erfüllen wollen. Als „kontraproduktiv" erscheinen auch die mit einer Errichtung der Patientenverfügung verbundenen Kosten, die bis auf ca. 600 € geschätzt werden.[9] Reduziert werden können die Kosten hinsichtlich der rechtlichen Aktivitäten dann, wenn der Patient die Leistung einer Patientenanwaltschaft in Anspruch nimmt, die, soweit ersichtlich, für den Patienten kostenlos sind. Dann bleiben immer noch die Gebühren für die ärztliche Tätigkeit. Diese Kosten fallen zudem nicht nur einmal, sondern bei jeder Veränderung oder Erneuerung der Patientenverfügung an.

Beiden Gesetzeswerken mangelt es an Regelungen, wie Patientenverfügungen aufbewahrt und im Bedarfsfall zugänglich gemacht werden können. Überwiegend wird von einer „Bringschuld" der Patienten bzw. der Angehörigen ausgegangen. Doch Hintergrund, Sinn und Zweck der gesetzlichen Regelungen legen eine Verpflichtung des Arztes (und auch des Krankenhauses) – vor allem bei stationärer Aufnahme eines Patienten –, vorsorglich nach einer Patientenverfügung (und Vorsorgevollmacht) zu fragen, nahe.

Die hohen formalen und inhaltlichen Anforderungen in dem Bemühen, Patientenverfügungen eindeutig und „passend" zu formulieren, das Selbstbestimmungsrecht des Patienten zu respektieren, ohne den ärztlichen Heilauftrag zu vernachlässigen, und den Arzt bei seiner Entscheidung abzusichern, hat die Akzeptanz zumindest zur Abfassung einer verbindlichen Patientenverfügung anscheinend erheblich gemindert. Umfragen in Österreich zeigen, dass 2009 ebenso

---

9 Vgl. E. Pichler, *Patientenverfügung und Vorsorgevollmacht*, 14.

wie bereits 2006 nur nur ca. 4 % der Österreicher eine Patientenverfügung errichtet haben, während es in Deutschland 15 % sein sollen.[10]

Insgesamt scheint deshalb das österreichische Patientenverfügungsgesetz eher gekennzeichnet zu sein von einem unterschwelligen Misstrauen gegenüber einem eher liberalen Umgang mit dem Instrument einer Patientenverfügung durch nicht mehr als moderat zu bezeichnende Verbindlichkeitshürden und einer damit stärkeren Absicherung des Grundsatzes „in dubio pro vita". Dies zeigt auch eine Entscheidung des Obersten Gerichtshofs (OGH) in Österreich,[11] die bei einer „nur" beachtlichen Patientenverfügung und Bestellung eines Sachwalters zwar ein konsensuales Vorgehen zwischen Arzt und Sachwalter verlangt, für den Fall aber, dass kein Konsens erzielt werden kann, den Vorrang der Lebenserhaltung betont – eine Einschaltung des Pflegschaftsgerichtes (Betreuungsgericht) in diesen Dissensfällen lehnt die österreichische Rechtsprechung anders als das deutsche Recht (§ 1904 Abs. 4 BGB) ab. Das Pendel zwischen *salus* und *voluntas* scheint stärker in Richtung *salus* auszuschlagen.

Demgegenüber scheint sich das deutsche Patientenverfügungsrecht mit seinen – selbst unter Beachtung der neueren Rechtsprechung – immer noch zumindest im Formalen moderaten Anforderungen um eine stärkere Balancierung des Selbstbestimmungsrechtes und der Selbstverantwortung des Patienten mit dem Heilauftrag und der Verantwortung des Arztes zu bemühen.

Denn auf der einen Seite betont das Gesetz deutlich die Pflicht und das Recht des Arztes zu prüfen, „welche ärztliche Maßnahme im Hinblick auf den Gesamtzustand und die Prognose des Patienten indiziert ist" (§ 1901b BGB). Diese Festlegung wird dann aber eingebunden in einen dialogischen Prozess, der zur Erörterung des fachlich Möglichen unter Berücksichtigung der Vorstellungen des Patienten und so zur Feststellung des vom Patienten Gewollten führen soll.

Dies verbunden mit dem Risiko, dass der Patient, der seine Position nicht überdenkt – die deutsche Rechtslage, anders als die österreichische, zwingt ihn dazu nicht – „beim Wort" genommen wird – mit der in Kauf genommenen Konsequenz, dass *voluntas* unter Umständen *salus* verdrängt.

Das österreichische Gesetz erfordert früh einen hohen „Kommunikationsaufwand" zwischen Patient und Arzt bei der Errichtung einer Verfügung und reduziert diesen dann später bei deren Umsetzung – zumindest bei Vorliegen einer „verbindlichen Patientenverfügung". Das deutsche Recht zeichnet sich durch einen eher geringen Kommunikationsaufwand bei der Abfassung einer Verfügung

---

10 Vgl. Institut für Ethik und Recht in der Medizin an der Universität Wien: http://oesterreich.orf.at/stories/2684436/ (Zugriff am 22.12.2016).
11 Vgl. *Entscheidung vom 08.10.2012*, 9 Ob 68/11 g, in: *RdM* 2013, 104 ff.

aus, muss dies aber später durch den dialogischen Prozess in dem Moment, in dem die Verfügung umgesetzt werden soll, korrigieren.

Für beide Rechtssysteme wird gelten dürfen: Die beste Vorsorge für einen Ausgleich der eigenen Vorstellungen und Wünsche mit dem Heilauftrag des Arztes bietet wohl die Kombination einer Vorsorgevollmacht – für die in Österreich u.U. strengere Anforderungen als in Deutschland gelten,[12] die die Einrichtung einer Betreuung/einer Sachwalterschaft entbehrlich macht – mit der Formulierung von Wertvorstellungen und Wünschen, welche Behandlungsmaßnahmen unter welchen Voraussetzungen gewünscht oder eben nicht gewünscht sind. Diese Hinweise können, müssen aber nicht in einer (verbindlichen) Patientenverfügung niedergelegt sein. Österreich kennt zwar anders als Deutschland auch eine gesetzliche Vertretungsbefugnis nächster Angehöriger (§ 284b ABGB), die allerdings eingeschränkt ist und eine Vorsorgevollmacht bei weitreichenden (medizinischen) Entscheidungen wohl nicht entbehrlich macht.

---

12 Vgl. F. Kerschner, *Patientenrechte und Behandlungsbegrenzung*, 193, Rn. 128.

Ruth Rissing-van Saan
Das BGH-Urteil 2010

1 Einleitung

„Töten oder Sterbenlassen?" titelte *Gisela Friedrichsen* am 28.06.2010 im *Spiegel* ihren Bericht über die Urteilsverkündung des BGH am 25.06.2010 in der Strafsache 2 StR 454/09 im Fall einer Wachkomapatientin, deren Tochter entsprechend einem früher geäußerten Wunsch der Mutter den Schlauch einer Ernährungssonde durchtrennt hatte, um diese in Würde sterben zu lassen. Frau Friedrichsen fasste am Ende ihres Artikels die Quintessenz des Urteils wie folgt zusammen: „Eine nur an den Äußerlichkeiten orientierte Unterscheidung der straflosen Sterbehilfe vom strafbaren Töten eines Patienten verkenne den Unterschied zwischen einer Tötung und dem krankheitsbedingten Sterbenlassen mit Einwilligung des Patienten".[1] Hier könnte dieser Beitrag fast enden, aber ist damit schon alles gesagt, insbesondere, worin bestehen die Unterschiede zwischen ‚Töten' und ‚Sterbenlassen', wie können sie definiert oder umschrieben werden?

2 Die Handlungstypen ‚Töten' und ‚Sterbenlassen'

Wer sich aus strafrechtlicher Sicht mit lebensbeendenden Handlungen und den Handlungstypen des ‚Tötens' und des ‚Sterbenlassens' befasst, wird im ersteren Fall unweigerlich auf die Straftatbestände der §§ 211, 212, 216 StGB stoßen, die die vorsätzliche Tötung eines Menschen sanktionieren, und eventuell noch auf den Tatbestand der fahrlässigen Tötung nach § 222 StGB. Unter ‚Töten' als tatbestandlicher Handlung dieser Delikte wird nach herrschender Meinung „das ursächliche Herbeiführen des Todes eines anderen durch Tun oder durch zurechenbares, zu Lebzeiten des Opfers begangenes [pflichtwidriges] Unterlassen" verstanden,[2] das in der Regel strafrechtliche Sanktionen nach sich zieht.

---

[1] G. Friedrichsen, *Töten oder Sterbenlassen?*, in: Der Spiegel 26/2010, 60f.
[2] B. Jähnke, in: ders./H. W. Laufhütte/W. Odersky (Hg.), *Strafgesetzbuch Leipziger Kommentar*, Bd. 5, Berlin ¹¹2002, § 212 Rn. 2 unter Bezugnahme auf BGHSt 31, 348ff.; ähnlich A. Eser/D. Sternberg-Lieben, in: A. Schönke/H. Schröder (Hg.), *Strafgesetzbuch. Kommentar*, München ²⁹2014, § 212 Rn. 3f; H. Schneider, in: W. Joecks/K. Miebach (Hg.), *Münchener Kommentar zum StGB*, Bd. 4, München ²2012, § 212 Rn. 1.

Im Fall des Handlungstyps ‚Sterbenlassen' gerät der Begriff der „Sterbehilfe" im Sinne eines Verzichts auf lebensverlängernde bzw. lebenserhaltende Maßnahmen in den Blick, ohne dass dieser Begriff auf Anhieb einer bestimmten Norm zugeordnet werden könnte. Zudem ist in den bisherigen Diskussionen über lebensbeendende Handlungen recht unklar geblieben, welchen/welche Sachverhalt/e vom Handlungstyp des ‚Sterbenlassens' erfasst werden sollen.[3] „Sterbenlassen" deutet zwar auf ein Unterlassen als rechtlich relevante Verhaltensweise hin, das unter dem Begriff der passiven Sterbehilfe als rechtlich erlaubte Form der Sterbehilfe anerkannt ist. Der Begriff gibt indes noch keine Auskunft darüber, welche Lebenssachverhalte darunter fallen können, und ob es sich tatsächlich stets um ein Unterlassen handelt. Hinzukommt, dass der Begriff der „Sterbehilfe" – rechtswissenschaftlich nicht korrekt – in der medialen Berichterstattung und auch in wissenschaftlichen Beiträgen vielfach als Sammelbegriff für die in tatsächlicher Hinsicht und nach ihren rechtlichen Voraussetzungen sehr unterschiedlichen Fallgestaltungen der aktiven, passiven und indirekten Sterbehilfe, den sog. Behandlungsabbruch und die Suizidassistenz gebraucht wird, ohne dass jeweils deutlich wird, welche Form der Sterbehilfe konkret gemeint ist.[4] Deshalb ist es auch fatal und führt in der weiteren Argumentation in die Irre, wenn man, wie die Stellungnahme der deutschen Strafrechtslehrer/innen aus April 2015 zu einem Verbot der Beihilfe zum Suizid, bei der Verwendung des Begriffs „Sterbehilfe" bewusst auf jede Differenzierung verzichtet. Es geht also darum, Kriterien oder Regeln zu finden, die Tun oder Unterlassen im Unterschied zu rechtmäßigen Sterbehilfehandlungen als strafbares ‚Töten' im Sinne der Tötungsstraftatbestände kennzeichnen.

---

[3] Zu rechttatsächlichen Erhebungen I. Janes/S. Schick, *Sterbehilfe – im Spiegel der Rechtstatsachenforschung*, in: *NStZ* 26 (2006), 484–489.
[4] Das bemängelte schon der Nationale Ethikrat 2006 in seiner Stellungnahme zur *Selbstbestimmung und Fürsorge am Lebensende*, Berlin 2006, 49 ff.

3 Das sog. Sterbehilferecht in Deutschland vor dem Dritten Gesetz zur Änderung des Betreuungsrechts vom 29.07.2009 (BGBl. I, 2286)

3.1 Gesetzliche Grundlagen

Ein „Sterbehilferecht" im eigentlichen Sinne gibt es in Deutschland nicht, es ist bisher allenfalls rudimentär kodifiziert, und zwar zum einen durch § 216 StGB, der seit seiner Einführung durch das Reichsstrafgesetzbuch von 1871 in seiner tatbestandlichen Fassung unverändert geblieben ist.[5] Danach wird die „Tötung auf Verlangen" mit bis zu fünf Jahren Freiheitsstrafe bedroht. Zum anderen wird seit dem 03.12.2015 eine bestimmte Form der „Sterbehilfe", nämlich die „geschäftsmäßige Förderung von Selbsttötungen", und damit ein Teil der bisher in Deutschland gänzlich straflosen Suizidbeihilfe durch § 217 StGB n. F. unter Strafe gestellt.[6] Zumindest mittelbar wird das sog. Sterbehilferecht ferner durch die seit dem 01.09.2009 geltenden Vorschriften der §§ 1901a, § 1901b BGB[7] beeinflusst, da ihre Regelungen zur Verbindlichkeit von Patientenverfügungen und Behandlungswünschen im Betreuungsrecht auch für die rechtliche, insbesondere strafrechtliche Beurteilung von „Sterbehilfe"-Konstellationen von Bedeutung sind. Versuche, den Gesetzgeber zu umfassenderen gesetzlichen Regelungen der verschiedenen „Sterbehilfe"-Sachverhalte zu bewegen, wie zuletzt 2005 durch den *Alternativentwurf Sterbebegleitung*[8] und die Entschließungen des Deutschen 66. Juristentages 2006 in Stuttgart,[9] sind im Sande verlaufen. Seine wesentlichen Ausgestaltungen hat das sog. Sterbehilferecht in den letzten 30 Jahren deshalb durch die Rechtsprechung,[10] insbesondere die straf- und zivilrechtliche

---

5 Vgl. B. Jähnke, in: ders./H.W. Laufhütte/W. Odersky (Hg.), *Strafgesetzbuch Leipziger Kommentar*, § 216 Entstehungsgeschichte.
6 Vgl. Gesetz vom 03.12.2015 BGBl. I, 2177. Die grundsätzliche Straflosigkeit der Beihilfe zum Suizid ist ohnehin auf die Teilnahme am Suizid beschränkt und erstreckt sich z. B. nicht auf die in diese Zusammenhang tatmehrheitlich oder tateinheitlich begangenen Betäubungsmitteldelikte nach BtMG, die andere Rechtsgüter schützen als die Tötungsdelikte des StGB, BGHSt 42, 279, 284.
7 3. BtRÄndG vom 29.07.2009 BGBl. I, 2286.
8 H. Schöch/T. Verrel et al., *Alternativ-Entwurf Sterbebegleitung*, in: *GA* 152 (2005), 553–586. Hierzu zum Teil sehr kritisch G. Duttge, *Der Alternativ-Entwurf Sterbebegleitung (AE-StB) 2005*, in: *GA* 153 (2006), 573–586.
9 Siehe 66. DJT 2006 Beschlüsse der Abteilung Strafrecht III 1–7.
10 Für die Instanzgerichte sei hier besonders auf das Urteil des LG Ravensburg v. 03.12.1986, NStZ 1987, 229–230. mit zust. Bespr. C. Roxin, *Die Sterbehilfe im Spannungsfeld von Suizidteilnahme,*

Rechtsprechung des Bundesgerichtshofs (BGH) erhalten, die sich vorsichtig abwägend und in kleinen Schritten vor dem Hintergrund intensiver und kontroverser wissenschaftlicher Diskussionen in den verschiedensten Wissenschaftsbereichen dem Problem von Inhalt und Grenzen rechtlich zulässiger Sterbehilfeformen genähert hat.

3.2 Die strafrechtliche Rechtsprechung

Von Bedeutung ist in diesem Zusammenhang zunächst die in der amtlichen Sammlung *BGHSt 37, 376* abgedruckte Entscheidung, mit der die „passive Sterbehilfe" als zulässige Sterbehilfeform bei Sterbenden anerkannt wurde. Sie betraf den Fall einer Krankenschwester, die Intensivpatienten eines Krankenhauses mittels heimlich verabreichter Injektionen tötete, weil sie u. a. die von den Ärzten praktizierte Ausschöpfung intensivmedizinischer Technologie als „grausam" empfand. Dazu stellte der BGH fest, dass die extensiv intensivmedizinische Behandlungen anwendenden Ärzte – ungeachtet der Strafbarkeit der Krankenschwester wegen mehrfachen Totschlags – möglicherweise die Rechtslage bei der Behandlung Sterbender verkannt hätten, da auch bei todkranken Patienten deren Wille bzw. mutmaßlicher Wille – und nicht das Ermessen der behandelnden Ärzte – Maßstab für die Zulässigkeit lebensverlängernder Eingriffe sei.[11] Bei entgegenstehendem (mutmaßlichem) Patientenwillen müssten die Behandlungen unterlassen oder beendet werden.

Einen folgerichtigen Schritt weiter ging das in *BGHSt 40, 257* abgedruckte Urteil des 1. Strafsenats im Fall einer zwar irreversibel zerebral geschädigten, nicht mehr ansprechbaren und geh- und stehunfähigen Patientin, die seit einiger Zeit ohne Anzeichen von Besserung künstlich ernährt werden musste, die sich aber noch nicht im Sterbeprozess befand. Der BGH vertrat die Auffassung, dass auch in einem derartigen Fall *vor* Erreichen der Sterbephase – in der nach damaligem Verständnis Sterbehilfe im eigentlichen Sinne (Hilfe *beim* Sterben) geleistet wurde – der Abbruch einer ärztlichen Behandlung oder Maßnahme nicht von vornherein ausgeschlossen sei, wenn der Behandlungsabbruch dem Patientenwillen entspreche. Denn auch in solchen Situationen vor Eintritt in die Sterbephase sei das Selbstbestimmungsrecht des Patienten zu beachten, gegen dessen Willen eine ärztliche Be-

---

erlaubtem Behandlungsabbruch und Tötung auf Verlangen, in: NStZ 7 (1987), 348 ff. und auf die Entscheidung des OLG München v. 31.07.1987, NJW 1987, 2940 im Fall Hackethal hingewiesen.
11 Vgl. BGHSt 37, 376, 378 f. unter Bezugnahme auf BGHSt 35, 249 f. zur Feststellung des mutmaßlichen Willens und unter Hinweis auf BGHSt 32, 379 f. zur Unzulässigkeit medizinischer Maßnahmen, die die Möglichkeiten der Medizin gegen den Patientenwillen ausschöpfen.

handlung grundsätzlich weder eingeleitet noch fortgesetzt werden dürfe.[12] Dieser letzte Satz enthält die eigentlich wichtigste Aussage der Entscheidung, nämlich die Verlagerung eines zulässigen Behandlungsabbruchs als eine Form der erlaubten Sterbehilfe aus dem Sterbevorgang heraus in das Vorfeld der Sterbephase. Diese Kern-Aussage oder -botschaft wurde jedoch nicht von allen richtig erkannt oder eingeordnet. Gleichzeitig wies der 1. Strafsenat nämlich darauf hin, dass an die Feststellung des mutmaßlichen Patientenwillens, auf den es bei *entscheidungsfähigen* Kranken ankomme, vor Eintritt in die Sterbephase erhöhte Anforderungen zu stellen seien, um der Gefahr entgegen zu wirken, dass Ärzte, Angehörige oder Betreuer nach eigenen Maßstäben und Vorstellungen das von ihnen als sinnlos, lebensunwert oder unnütz angesehene Dasein des Patienten beendeten.[13] Dies wurde später vom XII. Zivilsenat des BGH offenbar als Relativierung der Zulässigkeitsvoraussetzungen für die Beendigung einer lebenserhaltenden Behandlung je nach Todesnähe des Betroffenen gedeutet.

Zwei weitere strafrechtliche BGH-Entscheidungen haben schließlich die sog. indirekte Sterbehilfe als zulässige, d. h. straflose Form der Leidenslinderung bei Sterbenden anerkannt. Zunächst hat der 3. Strafsenat des BGH in *BGHSt 42, 301, 305* ausgesprochen, dass eine ärztlich gebotene (und vom Patientenwillen gedeckte) schmerzlindernde Medikation bei einem sterbenden Patienten nicht dadurch unzulässig werde, dass sie als unbeabsichtigte, aber in Kauf genommene unvermeidbare Nebenfolge den Todeseintritt beschleunige. Dabei wurde die Annahme der Rechtmäßigkeit auf einen rechtfertigenden Notstand nach § 34 StGB gestützt, weil die Ermöglichung eines Todes in Würde und Schmerzfreiheit gemäß dem erklärten oder mutmaßlichen Patientenwillen gegenüber der Aussicht, unter schwersten Schmerzen, wenn auch nur kurze Zeit, weiterleben zu müssen, als das höherwertige Rechtsgut anzusehen sei. Ob diese „Güterabwägung" zu überzeugen vermag oder die in der Literatur vertretene Auffassung, die indirekte Sterbehilfe falle schon nach ihrem sozialen Sinngehalt aus den Tötungstatbeständen heraus, weil sie sich nicht gegen das Leben richte, sondern diesem diene, indem es für den Leidenden erträglich gemacht werde,[14] vorzugswürdiger ist, mag hier noch da-

---

12 Vgl. BGHSt 40, 257, 262 mit zustimmender Anmerkung R. Helgerth, *Anmerkung zu BGHSt 40, 257 (1. Strafsenat zur Sterbehilfe, „Kemptener Fall")*, in: *JR* 71 (1995), 338–340.
13 Vgl. BGHSt 40, 257, 260 f.
14 Vgl. J. Wessels/M. Hettinger, *Strafrecht Besonderer Teil*, Bd. 1: *Straftaten gegen Persönlichkeits- und Gemeinschaftswerte*, Heidelberg ³⁸2014, Rn. 32 f.; siehe auch R. Ingelfinger, *Grundlagen und Grenzbereiche des Tötungsverbots*, Köln 2004, 273 f.; B. Jähnke, in: ders./H. W. Laufhütte/W. Odersky (Hg.), *Strafgesetzbuch Leipziger Kommentar*, Vor § 211 Rn. 16; C. Jäger, *Die Abwägbarkeit menschlichen Lebens im Spannungsfeld von Strafrechtsdogmatik und Rechtsphilosophie*, in: *ZStW* 115 (2003), 770 Fn. 14; R. Rissing-van Saan, *Strafrechtliche Aspekte der aktiven Sterbehilfe nach dem*

hinstehen. Jedenfalls hat sich auch die spätere Entscheidung BGHSt 46, 279, 284 f. des 5. Strafsenats ebenso wie zahlreiche Stimmen der Wissenschaft der in BGHSt 42, 305 vertretenen Rechtsauffassung angeschlossen, die heute wohl überwiegend konsentiert wird, weil es um die inhaltliche Bestimmung oder Sicherung eines erträglichen (Rest)Lebens geht und nicht um einen „Tausch Leben gegen Tod".[15] Das ist auch der Grund, warum das BGH-Urteil vom 25.06.2010, das sich scheinbar nur mit Fragen der Begriffsbestimmung oder Grenzziehung zwischen zulässiger Sterbehilfe in der Form eines Behandlungsabbruchs und unzulässigen, weil strafrechtlich untersagten aktiven Tötungshandlungen befasst, auch die indirekte Sterbehilfe als nach wie vor zulässige Sterbehilfeform explizit benennt,[16] weil sie als vom Patienten gebilligte medizinische Behandlung der Leidenslinderung im Leben und nicht der Tötung dient, und weil die Sorge bestand, dass bei den zu erwartenden Diskussionen um die Folgewirkung des neuen Ansatzes für die Bestimmung rechtmäßiger Sterbehilfeformen ohne ausdrückliche Erwähnung der indirekten Sterbehilfe, diese als weiterhin zulässige Sterbehilfeform in Zweifel gezogen werden könnte.

3.3 Die zivilrechtliche Rechtsprechung

Zivilrechtlich hat der XII. Zivilsenat des BGH seit Anfang der 2000er Jahre mit seiner Rechtsprechung zum Betreuungsrecht bei lebenserhaltenden medizinischen Maßnahmen nicht einwilligungsfähiger Patienten maßgeblich zur Diskussion und der inhaltlichen Ausgestaltung des sog. Sterbehilferechts beigetragen. So hat er zunächst in der Leit-Entscheidung BGHZ 154, 205, der ein Fall eines infolge eines hypoxischen Gehirnschadens in ein apallisches Syndrom gefallenen und deshalb auf künstliche Ernährung angewiesenen Betroffenen zugrunde lag, ausgesprochen, dass bei einem einwilligungsunfähigen Patienten, dessen

---

Urteil des 2. Strafsenats des BGH v. 25.6.2010 – 2 StR 454/09, in: *ZIS* 6 (2011), 551. Vgl. hierzu ferner u. a. A. Eser/D. Sternberg-Lieben, in: A. Schönke/H. Schröder (Hg.), *Strafgesetzbuch. Kommentar*, Vorbem §§ 211 ff. Rn. 26 f.; T. Fischer, *Strafgesetzbuch mit Nebengesetzen. Kommentar*, München [63]2016, Vorbem §§ 211 ff. Rn. 57; C. Roxin, *Zur strafrechtlichen Beurteilung der Sterbehilfe*, in: ders./U. Schroth (Hg.), *Handbuch des Medizinstrafrechts*, Stuttgart [4]2010, 87 f., alle mit weiteren Nachweisen.
15 Vgl. R. Ingelfinger, *Grundlagen und Grenzbereiche des Tötungsverbots*, 274.
16 Vgl. BGHSt 55, 191 Rn. 34; das ist mehrfach als irritierend oder dogmatisch deplaziert kritisiert worden, vgl. A. Eser/D. Sternberg-Lieben, in: A. Schönke/H. Schröder (Hg.), *Strafgesetzbuch. Kommentar*, Vorbem §§ 211 ff. Rn. 28a; G. Wolfslast/C. Weinrich, *Anmerkungen zu BGH, Urt. v. 25.6. 2010 – 2 StR 454/09 (Behandlungsabbruch), BGH Beschl. v. 10.11.2010 – 2 StR 320/10 (Patientenautonomie) und BGH Urt. v. 7.10.2010 – 3 StR 168/10 (Tötung auf Verlangen)*, in: *StV* 31 (2011), 287 f.

Grunderkrankung einen irreversiblen tödlichen Verlauf angenommen hat, lebenserhaltende oder -verlängernde medizinische Maßnahmen unterbleiben müssen, wenn dies einem zuvor geäußerten Willen des Patienten entspricht. Der XII. Zivilsenat hat sich zum Beleg auf die Entscheidung BGHSt 40, 257 des 1. Strafsenats berufen. Dabei hat er jedoch die vom 1. Strafsenat dort vorgenommene Differenzierung zwischen der Beendigung einer lebenserhaltenden Maßnahme bei unmittelbarer Todesnähe – Sterbehilfe im eigentlichen Sinne – und bei einem zwar irreversiblen, aber noch nicht in die Sterbephase eingetretenen Verlauf der Erkrankung – Sterbehilfe im weiteren Sinne – als objektive Maßstäbe für die Unterscheidung von zwei unterschiedlichen Sterbehilfeformen mit unterschiedlichen objektiven Regelungsgehalten zur Eingrenzung zulässiger Sterbehilfe interpretiert. Diese, in einem strafrechtlichen Kontext getroffene Aussage des 1. Strafsenats, hat der XII. Zivilsenat für das Betreuungsrecht dann dahin ausgelegt, dass das Verlangen, lebenserhaltende Maßnahmen vor Eintritt in die Sterbephase zu beenden, zwar von dem Betroffenen persönlich, nicht aber von einem Betreuer als Vertreter des Betreuten in rechtlich verbindlicher Form geäußert werden könne.[17] Er vertrat dabei die im Grundsatz zwar richtige Auffassung, eine objektive Eingrenzung zulässiger Sterbehilfe im Strafrecht sei auch für das Zivilrecht verbindlich, weil die Zivilrechtsordnung nicht etwas erlauben könne, was das Strafrecht verbiete.[18] Der 1. Strafsenat war aber gerade über die bis dahin verbreitete Auffassung, für die Zulässigkeit der Beendigung einer lebenserhaltenden medizinischen Maßnahme sei der Eintritt in die Sterbephase notwendige Voraussetzung, hinausgegangen und hatte den Patientenwillen – auch den mutmaßlichen – jedenfalls in Einzelfällen als das maßgebliche Kriterium für Zulässigkeit der Aufnahme, Fortsetzung oder Beendigung einer lebenserhaltenden Behandlung angesehen. Nicht die Todesnähe, sondern der Patientenwille ist von diesem Standpunkt aus betrachtet, für die Frage der Rechtmäßigkeit entscheidend. Allerdings kann die Todesnähe aus medizinischer Sicht die Indikation für bestimmte lebenserhaltende Maßnahmen entfallen lassen, so dass diese schon deshalb nicht mehr fortgeführt und vom Arzt abgelehnt werden dürfen, weil sie nicht mehr unter seinen Heilauftrag fallen.[19] Der XII. Zivilsenat hat die Entscheidung BGHSt 40, 257 jedenfalls in diesem Punkt offensichtlich fehlinterpre-

---

17 Vgl. BGHZ 154, 205, 215 f.
18 Vgl. BGHZ ebd.; ebenso der XII. Zivilsenat in BGHZ 163, 195, 201 in einem Fall eines auf künstliche Ernährung angewiesenen Wachkoma-Patienten; zur Einheit der Rechtsordnung auch L. Eidam, *Wider die Bevormundung eines selbstbestimmten Sterbens – Zugleich Besprechung von BGH-Urteil vom 25. 6. 2010*, in: GA 158 (2011), 237.
19 Vgl. BGHZ 154, 205, 224; hierzu näher A. Eser/D. Sternberg-Lieben, in: A. Schönke/H. Schröder (Hg.), *Strafgesetzbuch. Kommentar*, Vorbem §§ 211 ff. Rn. 29 f.

tiert[20] und so für kontrovers geführte Diskussionen und Verunsicherung um die rechtlichen Grenzziehungen für das Selbstbestimmungsrecht am Lebensende gesorgt.[21] Er hat zudem noch 2005 angenommen, die strafrechtlichen Grenzen einer vom 1. Strafsenat so bezeichneten „Sterbehilfe im weiteren Sinne", die das Stadium vor der Sterbephase betreffe, seien noch nicht hinreichend geklärt.[22]

4 Das sog. Patientenverfügungsgesetz und das BGH Urteil vom 25. 06. 2010 – 2 StR 454/09

4.1 Das Dritte Gesetz zur Änderung des Betreuungsrechts

Am 01.09.2009 ist das Dritte Gesetz zur Änderung des Betreuungsrechts vom 29.07.2009 (sog. Patientenverfügungsgesetz) in Kraft getreten,[23] mit dem der Gesetzgeber die Streitpunkte der kontroversen Diskussionen in Wissenschaft und Rechtsprechung aufgegriffen und im Zusammenhang mit dem zivilrechtlichen Betreuungsrecht die Voraussetzungen für rechtlich verbindliche Patientenverfügungen in § 1901a BGB festgelegt hat. Ferner hat er die für die betreuungsrechtliche Bewertung von medizinischen Behandlungen aktuell entscheidungsunfähiger Betroffener wichtigen Grundsätze gesetzlich festgeschrieben, die auch in anderen rechtlichen Zusammenhängen von entscheidender Bedeutung sind. Bei der Frage nach den rechtlichen Grenzen der verschiedenen zulässigen „Sterbehilfeformen" interessiert hier insbesondere § 1901a Abs. 3 BGB. Danach kommt es für die Verbindlichkeit des Patientenwillens nicht mehr auf die Art und das Stadium der Erkrankung an, so dass ein „irreversibel tödlicher Verlauf" auch keine Voraussetzung mehr für einen rechtlich zulässigen Abbruch lebenserhaltender

---

20 Vgl. u. a. V. Lipp/F. C. A. Klein, *Patientenautonomie und Sterbehilfe – Stand der aktuellen Debatte*, in: *FPR* 13 (2007), 57; Zwischenbericht vom 13.09.2004 der Enquete-Kommission Ethik und Recht der modernen Medizin des Deutschen Bundestages BT-Drucks. 15/3700, 6 – 9.
21 So auch H. Rosenau, *Die Neuausrichtung der passiven Sterbehilfe – Der Fall Putz im Urteil des BGH vom 25.6.2010 – 2 StR 454/09*, in: K. Bernsmann/T. Fischer (Hg.), *Festschrift für Ruth Rissing-van Saan zum 65. Geburtstag am 25. Januar 2011*, Berlin/New York 2011, 561; T. Verrel, *Patientenautonomie und Strafrecht bei der Sterbebegleitung* (Verhandlungen des 66. Deutschen Juristentages, Bd. 1: Gutachten, Teil C), Stuttgart 2006, 53 – 60.
22 Vgl. BGHZ 163, 200 f.
23 Vgl. 3. BtRÄndG BGBl. I, 2286 ff., dazu näher u. a. W. Höfling, *Das neue Patientenverfügungsgesetz*, in: *NJW* 62 (2009), 2849 – 2852.

medizinischer Maßnahmen sein kann.²⁴ Die durch BGHZ 154, 205 ausgelöste Reichweiten-Diskussion bei Patientenverfügungen pp. hatte sich damit erledigt.

Auf dem so vom Gesetzgeber und der vorangegangenen straf- und zivilrechtlichen Rechtsprechung des BGH vorbereiteten Boden ist das BGH-Urteil in der Sache 2 StR 454/09 vom 25.06.2010 ergangen.

4.2 Das Urteil des BGH vom 25.06.2010 – 2 StR 454/09 (BGHSt 55, 191)

4.2.1 Der Fall

Der zugrunde liegende Fall betraf eine Frau, die nach einer Hirnblutung seit fünf Jahren in einem Wachkoma lag. Sie war seither nicht ansprechbar, wurde in einem Altenheim gepflegt und über einen Zugang in der Bauchdecke, eine sog. PEG-Sonde, künstlich ernährt. Eine Besserung ihres Gesundheitszustands war nicht mehr zu erwarten. Sie hatte kurz vor ihrer Erkrankung in einem Gespräch mit der Tochter erklärt, falls sie bewusstlos werde und sich nicht mehr äußern könne, wolle sie keine lebensverlängernden Maßnahmen in Form künstlicher Ernährung und Beatmung. Deshalb bemühte sich die 2007 zur Betreuerin bestellte Tochter um die Beendigung der künstlichen Ernährung und widerrief die Zustimmung einer früheren Betreuerin zu dieser Behandlung, um ihrer Mutter ein Sterben in Würde zu ermöglichen. Der behandelnde Hausarzt unterstützte dieses Vorhaben, weil aus seiner Sicht eine medizinische Indikation zur Fortsetzung der künstlichen Ernährung nicht mehr vorlag. Diese Bemühungen stießen auf den Widerstand bei der Leitung des Heimes und beim Heimpersonal. Nachdem eine ausdrückliche Anordnung des Arztes zur Einstellung der künstlichen Ernährung vom Pflegepersonal nicht befolgt worden war, schlug die Heimleiterin schließlich einen Kompromiss vor. Danach sollte sich das Personal nur noch um die Pflegetätigkeiten im engeren Sinn kümmern, während die Tochter die künstliche Ernährung über die Sonde einstellen, die erforderliche Palliativversorgung durchführen und ihrer Mutter im Sterben beistehen sollte. Nach Rücksprache mit dem schon längere Zeit eingeschalteten Rechtsanwalt erklärte sich die Tochter hiermit einverstanden. Sie beendete die Nahrungszufuhr über die Sonde, indem sie die zuletzt leer ge-

---

24 Vgl. BT-Drucks. 16/8442, 11f.; siehe hierzu auch zuletzt noch BGHZ 202, 226–242, Beschluss vom 17.09.2014 – XII ZB 202/13 insbesondere zu der Unterscheidung von *Behandlungswünschen* und *mutmaßlichem Willen* des betroffenen Patienten nach § 1901a Abs. 2 Satz 1 BGB.

laufene Flasche mit der Flüssignahrung nicht mehr durch eine neue Flasche ersetzte und auch begonnen hatte, die Flüssigkeitszufuhr zu reduzieren.

Am folgenden Tag wies die Geschäftsleitung des Heimträgers, die von dem Kompromiss erfahren hatte, die Heimleitung an, die künstliche Ernährung umgehend wieder aufzunehmen. Die Tochter wurde hiervon in Kenntnis gesetzt, und ihr wurde ein Hausverbot für den Fall angedroht, wenn sie sich nicht innerhalb kürzester Zeit damit einverstanden erklären würde. Der von ihr telefonisch unterrichtete Rechtsanwalt gab ihr den Rat, den Schlauch der PEG-Sonde unmittelbar über der Bauchdecke zu durchtrennen, weil gegen die rechtswidrige Fortsetzung der Sondenernährung durch das Heim ein effektiver Rechtsschutz nicht kurzfristig zu erlangen sei und keine Klinik nach Einschätzung der Rechtslage eigenmächtig eine neue Sonde legen würde, so dass die Mutter sterben könne. Die Tochter folgte diesem Rat und schnitt den Schlauch durch. Nachdem das Pflegepersonal dies alsbald entdeckt und die Heimleitung die Polizei eingeschaltet hatte, wurde die Patientin auf Anordnung der Staatsanwaltschaft gegen den Willen der Tochter in ein Krankenhaus verlegt, wo ihr eine neue PEG-Sonde gelegt und die künstliche Ernährung wieder aufgenommen wurde. Sie starb dort wenige Tage später auf Grund ihrer Erkrankungen eines natürlichen Todes.

Gegen die Tochter und den sie beratenden Rechtsanwalt wurde Anklage wegen gemeinschaftlichen versuchten Totschlags durch aktives Tun erhoben, die Tochter vom Landgericht wegen unvermeidbaren Verbotsirrtums freigesprochen und der Rechtsanwalt wegen versuchten Totschlags zu einer Freiheitsstrafe von neun Monaten mit Strafaussetzung zur Bewährung verurteilt. Dabei ging das mit dem Fall befasste Landgericht rechtlich von den Voraussetzungen der bis dahin für die sog. passive Sterbehilfe anerkannten Grundsätze aus und wertete die zunächst begonnene Beendigung der künstlichen Ernährung durch Unterlassen der weiteren Zufuhr von Flüssignahrung und der Reduzierung der sonstigen Flüssigkeitszufuhr zutreffend als rechtmäßig. Das Durchschneiden der PEG-Sonde, wodurch die Wiederaufnahme der künstlichen Ernährung verhindert werden sollte, bewertete es hingegen als strafbare aktive Sterbehilfe. Zur Begründung hat das Landgericht sich darauf berufen, bei diesem Durchschneiden der PEG-Sonde handele es sich nicht um ein Unterlassen, sondern um ein aktives Tun und damit um eine rechtswidrige aktive Sterbehilfehandlung. Der verurteilte Rechtsanwalt legte gegen das Urteil Revision zum BGH ein, der ihn aus Rechtsgründen freisprach.

4.2.2 Das Urteil

Der Fall ist zunächst durch die Besonderheit geprägt, dass die noch nicht im Sterben liegende Wachkoma-Patientin einem drohenden rechtswidrigen Angriff auf ihr Selbstbestimmungsrecht und ihre körperliche Integrität durch die angekündigte Fortsetzung bzw. Wiederaufnahme der zuvor abgelehnten künstlichen Ernährung ausgesetzt war, der durch die fast wie eine „Wildwest-Methode" anmutende Scheren-Attacke auf die PEG-Sonde abgewehrt werden sollte. Das Landgericht hatte nach Verneinung der rechtlichen Voraussetzung der §§ 32, 34 und § 35 StGB eine Rechtfertigung durch (mutmaßliche) Einwilligung der betroffenen Patientin in die Beendigung ihrer künstlichen Ernährung – die rechtlich korrekter als Verweigerung der Einwilligung in deren Wiederaufnahme bezeichnet werden müsste – abgelehnt, weil es sich insoweit um eine rechtlich nicht erlaubte aktive Tötung handele. Dem ist der BGH nicht gefolgt, weil er das Selbstbestimmungsrecht eines Patienten – sofern es sich an die durch § 216 StGB gesetzlich vorgegebenen Grenzen hält – mit Blick auf die Entwicklung der Rechtsprechung in den letzten Jahrzehnten und angelehnt an die neuen Vorschriften der §§ 1901a, 1901b BGB als entscheidendes Kriterium für die Zulässigkeit von lebenserhaltenden medizinischen Maßnahmen und deren Beendigung angesehen hat. Die bis dahin von der Rechtsprechung und auch von namhaften Vertretern der Literatur vorgenommene Unterscheidung der erlaubten „passiven" von der verbotenen bzw. strafbaren „aktiven" Sterbehilfe mit Hilfe der phänotypisch geprägten Begrifflichkeiten des aktiven Tuns und des passiven Unterlassens hat er aufgegeben, weil er diese Differenzierung für dogmatisch verfehlt und irreführend gehalten hat, eine Ansicht, mit der er nicht alleine stand.[25]

4.2.2.1 Die Grundsätze
Der 2. Strafsenat hat seine tragenden Rechtsgründe in den drei Leitsätzen der Entscheidung wie folgt zusammengefasst:
(1) Sterbehilfe durch Unterlassen, Begrenzen oder Beenden einer begonnenen medizinischen Behandlung (Behandlungsabbruch) ist gerechtfertigt, wenn dies dem tatsächlichen oder mutmaßlichen Patientenwillen entspricht (§ 1901a BGB) und dazu dient, einem ohne Behandlung zum Tode führenden Krankheitsprozess seinen Lauf zu lassen.
(2) Ein Behandlungsabbruch kann sowohl durch Unterlassen als auch durch aktives Tun vorgenommen werden.

---

25 Vgl. H. Rosenau, *Die Neuausrichtung der passiven Sterbehilfe – Der Fall Putz im Urteil des BGH vom 25.6.2010 – 2 StR 454/09*, 559 f.; ders., *Aktive Sterbehilfe* in: M. Heinrich et al. (Hg.), *Strafrecht als Scientia Universalis* (Festschrift für C. Roxin), Berlin/New York 2011, 579 f.; T. Verrel, *Patientenautonomie und Strafrecht bei der Sterbebegleitung*, 56; ders., *Ein Grundsatzurteil? – Jedenfalls bitter nötig! Besprechung der Sterbehilfeentscheidung des BGH vom 25.06.2010 – 2 StR 454/09 (Fall Fulda)*, in: NStZ 30 (2010), 672, jeweils mit weiteren Nachweisen.

(3) Gezielte Eingriffe in das Leben eines Menschen, die nicht im Zusammenhang mit dem Abbruch einer medizinischen Behandlung stehen, sind einer Rechtfertigung durch Einwilligung nicht zugänglich.

Die diesen Leitsätzen zugrundeliegenden Überlegungen beruhen auf dem aus Art. 1 Abs.1 und Art. 2 Abs. 2 GG abzuleitenden Selbstbestimmungsrecht des Einzelnen, das diesem generell das Recht zur Ablehnung medizinischer Behandlungen gibt, so dass medizinische Maßnahmen nur rechtmäßig durchgeführt werden können, wenn sie mit der Einwilligung des zuvor ausreichend aufgeklärten Betroffenen durchgeführt werden. Dieser grundsätzliche Vorrang des Patientenwillens[26] hatte nicht nur in den jüngeren strafrechtlichen Entscheidungen des BGH zunehmend an Gewicht gewonnen, sondern hat in den neuen Regelungen der §§ 1901a ff. BGB gesetzlichen Niederschlag gefunden. Er gilt nach § 1901a Abs. 3 BGB unabhängig von Art und Stadium der Erkrankung, eine Regelung, die auch bei strafrechtlichen Abwägungen und Wertungen beachtet werden muss,[27] da – so schon die zutreffende Auffassung des XII. Zivilsenats[28] – das Zivilrecht nicht etwas erlauben kann, was das Strafrecht verbietet. Allerdings findet das Selbstbestimmungsrecht des Einzelnen strafrechtlich in dem Verbot einer Tötung auf Verlangen nach § 216 StGB seine Grenzen. Deshalb stellt sich bei lebenserhaltenden, in der Regel intensiv-medizinischen Behandlungen bzw. Maßnahmen, wie etwa der künstlichen Ernährung oder Beatmung, oder noch zugespitzter in Fällen lebensnotwendiger Versorgung mit einem Kunstherzen, zwangsläufig die Frage, inwieweit ein vom betroffenen Patienten gewolltes Unterlassen einer solchen Maßnahme oder deren Beendigung durch aktives Handeln z. B. durch Abschalten usw., das entweder unmittelbar oder nach einem gewissen Zeitablauf den Tod des Patienten zur Folge hat, mit dem Verbot der Tötung auf Verlangen nach § 216 StGB zu vereinbaren ist. Oder anders gefragt: wie ist aus strafrechtlicher Sicht § 216 StGB mit dem z. B. in § 1901a Abs. 3 BGB zum Ausdruck gekommenen Selbstbestimmungsrecht des Patienten in Einklang zu bringen, wie ist in Fällen lebenserhaltender medizinischer Behandlung die Grenze zwischen erlaubter „Sterbehilfe" und strafbarer Tötung auf Verlangen zu ziehen?

---

[26] So im Übrigen der Sache nach auch schon frühe Entscheidungen des Reichsgerichts (RG), RGSt 25, 375–389, 382 und des Bundesgerichtshofs, BGHSt 11, 111–118, 113f.
[27] Vgl. BGHSt 55,191, Rn. 25.
[28] Siehe Fn. 17, 18.

4.2.2.2 Grenzziehungen

Nach dem Willen des Gesetzgebers sollte diese Grenzziehung nach wie vor nach strafrechtsspezifischen Kriterien erfolgen,[29] die bis dahin auf der Differenzierung nach zulässigem Unterlassen und strafbarem aktiven Tun beruhte, wobei die erlaubte (passive) Sterbehilfe stets ein Unterlassen im Rechtssinne, d. h. im Sinne des § 13 StGB voraussetzte.[30] Aktives Handeln, z. B. bei der Abschaltung eines Beatmungsgeräts, wurde mit Rücksicht auf den sozialen Sinngehalt der Handlung normativ umgedeutet in ein Unterlassen der weiteren Beatmung.[31] Ähnlich argumentierte der BGH auch noch zuletzt – und zwar die Entscheidung tragend – in BGHSt 40, 257, 265 f. Diese Differenzierung anhand von Äußerlichkeiten stieß jedoch von Beginn an wegen ihres „Kunstgriff"-Charakters,[32] aber auch deshalb auf Kritik, weil der Begriff der „passiven Sterbehilfe" angesichts der technischen Besonderheiten der modernen Apparatemedizin als fragwürdig empfunden wurde, da die Passivität der Sterbehilfe sich im medizinischen Kontext allein auf die Behandlung des irreversiblen Grundleidens beziehen kann, aber nicht bedeutet, dass sich der Arzt bei der Beendigung der Behandlung und der weiteren Betreuung seines Patienten passiv verhalten muss bzw. darf.[33] Dass die an Äußerlichkeiten orientierten Unterscheidungskriterien wie „aktiv" und „passiv" dogmatisch zweifelhaft und praktisch kaum durchzuhalten sind, zumindest aber irreführend wirken können, belegt das der Entscheidung BGHSt 55,191 zugrundeliegende erstinstanzliche Urteil des Landgerichts. Das Gericht hatte gemeint, die aktive Handlung des Durchschneidens der PEG-Sonde erfülle wegen seiner phä-

---

29 Vgl. BT-Drucks. 16/ 8442, 7 f. und 9.; ebenso BGHSt 55, 191 Rn. 25.
30 Vgl u. a. R. Helgerth, *Anmerkung zu BGHSt. 40, 257 (1. Strafsenat zur Sterbehilfe, „Kemptener Fall")*, 339.
31 Siehe etwa G. Geilen, *Euthanasie und Selbstbestimmung*, Tübingen 1975, 22 ff.; C. Roxin, *Strafrecht Allgemeiner Teil*, Bd. II: *Besondere Erscheinungsformen der Straftat*, München 2003, § 31 Rn. 115–117; U. Schroth, *Sterbehilfe als strafrechtliches Problem, Selbstbestimmung und Schutzwürdigkeit des tödlich Kranken*, in: *GA* 153 (2006), 550 f; K. Kühl, in: K. Lackner/K. Kühl (Hg.), *Strafgesetzbuch. Kommentar*, München [28]2014, Vor § 211 Rn. 8a.
32 Siehe dazu u. a. W. Gropp, *Das Abschalten des Respirators – ein Tun oder ein Unterlassen durch Tun?*, in: G. Duttge (Hg.), *Gedächtnisschrift für Ellen Schlüchter*, Köln 2002, 184; W. Kargl, *Zur kognitiven Differenz zwischen Tun und Unterlassen*, in: *GA* 146 (1999), 478 ff.; M. Kubiciel, *Tötung auf Verlangen und assistierter Suizid als selbstbestimmtes Sterben?*, in: *JZ* 64 (2009), 600–608; C. Roxin, *Strafrecht Allgemeiner Teil*, Bd. II: *Besondere Erscheinungsformen der Straftat*, § 31 Rn. 118–123; T. Verrel, *Patientenautonomie und Strafrecht bei der Sterbebegleitung*, 56; ders., *Ein Grundsatzurteil? – Jedenfalls bitter nötig!*, 672; sowie die weiteren Nachweise in BGHSt 55, 202 Rn. 26, 30.
33 Vgl. H.-L. Schreiber, *Das ungelöste Problem der Sterbehilfe*, in: *NStZ* 26 (2006), 475, der statt des Begriffs der ‚passiven' Sterbehilfe, Begriffe wie ‚Sterbehilfe durch Sterbenlassen' oder ‚Behandlungsänderung' vorschlägt, um den Wechsel von der kurativen zur palliativen Behandlung zu verdeutlichen. Siehe auch R. Ingelfinger, *Grundlagen und Grenzbereiche des Tötungsverbots*, 275.

nomenologisch eindeutigen Charakterisierung als „aktiv" nicht die Voraussetzungen einer zulässigen „passiven Sterbehilfe", obwohl diese Handlung nach der Intention der ausführenden Personen eigentlich nur dazu dienen sollte, die Fortsetzung der künstlichen Ernährung zu verhindern bzw. zu unterlassen, und deshalb u.U. auch mit der hergebrachten normativen Umwertung von phänomenologisch aktiven Handlungen in ein normatives Unterlassen anders hätte gelöst werden können.

4.2.2.3 Der rechtmäßige „Behandlungsabbruch"

Der 2. Strafsenat des BGH hat jedoch angesichts der divergierenden Rechtsprechung zwischen den Zivil- und Strafsenaten des BGH und der durch die neue Gesetzeslage geschaffenen Rahmenbedingungen einen anderen Weg zur Unterscheidung von Erlaubtem und Verbotenem, zur Grenzziehung zwischen rechtmäßiger Sterbehilfe und strafbarer Tötung auf Verlangen gewählt. Hierfür waren einmal die Möglichkeiten der technologisierten modernen Medizin von Bedeutung, die gerade am Lebensende eines Menschen zum Einsatz kommen können. Zum anderen war aber auch das Wissen um die realen medizinischen Bedingungen zu berücksichtigen, nämlich dass die Beendigung einer lebenserhaltenden medizinischen Behandlung in der Regel nicht durch ein bloßes Unterlassen jeglicher Aktivitäten und Zuwarten auf den Todeseintritt bewerkstelligt werden kann, sondern nach ihrem natürlichen, medizinischen und sozialen Sinngehalt außer der Entfernung medizinischer Geräte und Apparaturen weitere pflegerische und medizinische Versorgung zur Leidenslinderung voraussetzt. Der Senat hat es deshalb für erforderlich und sinnvoll gehalten, alle Handlungen, die mit der Beendigung einer lebenserhaltenden medizinischen Maßnahme im Zusammenhang stehen, normativ-wertend unter dem Oberbegriff des „Behandlungsabbruchs" zusammenzufassen.[34] Dieser wird im Leitsatz (1) in Form einer Klammerdefinition hinsichtlich Inhalt und Reichweite näher konkretisiert. Ob man nun eine solche neue Begriffsbildung für notwendig, überflüssig, wenig hilfreich oder richtig hält,[35] mag jedem selbst überlassen bleiben, es werden jedoch klare objektive und subjektive Bedingungen genannt.

---

34 Vgl. BGHSt 55, 191 Rn. 33 f.
35 Diese neue Begriffsbestimmung als Ersatz für die hergebrachte rechtmäßige „passive Sterbehilfe" könnte nach A. Eser/D. Sternberg-Lieben, in: A. Schönke/H. Schröder (Hg.), *Strafgesetzbuch. Kommentar*, Vorbem §§ 211 ff. Rn. 28a für weitere Abgrenzungsprobleme sorgen, gemeint ist wohl im Hinblick auf eine Abgrenzung zum Suizid, wie der Verweis auf die dortige Rn. 34 in den Vorbemerkungen nahelegt. Kritisch auch G. Duttge, *Anmerkung zu BGH, Urt. v. 25.6.2010 – 2 StR 454/09 (Behandlungsabbruch)*, in: MedR 29 (2011), 37; K. Kühl, in: K. Lackner/K. Kühl (Hg.),

Der rechtmäßige „Behandlungsabbruch" setzt nach der Intention des BGH-Urteils *objektiv* eine *Erkrankung* voraus, die *lebensbedrohlich* sein muss, d. h. nicht mehr kurativ behandelt im weiteren Verlauf aller Wahrscheinlichkeit nach den Tod des Patienten herbeiführen wird. Ferner muss die vom Patienten abgelehnte *Behandlung geeignet* sein, sein *Leben zu erhalten oder zu verlängern*. Von einem so eingegrenzten Behandlungsabbruch werden deshalb auch nur solche Handlungen erfasst, die sich objektiv und subjektiv auf die Beendigung oder Begrenzung der lebenserhaltenden Maßnahme beziehen. Demgegenüber sind gezielte Eingriffe in das Leben eines Menschen, die die Beendigung des Lebens vom Krankheitsprozess abkoppeln und eine neue Kausalkette in Gang setzen, die also nicht im Zusammenhang mit dem Abbruch einer medizinischen Behandlung stehen, einer Rechtfertigung durch Einwilligung nicht zugänglich.[36] Dieser im Leitsatz (3) zusammengefasste Grundsatz soll neben der Betonung der unveränderten Strafbarkeit einer Tötung auf Verlangen vor allem verdeutlichen, dass ein den Patientenwillen umsetzender *Behandlungsabbruch* in den genannten Grenzen nach Auffassung des 2. Strafsenats und auch nach dem gesetzgeberischen Willen[37] *keine Tötung auf Verlangen* darstellt und nicht unter den Tatbestand des § 216 StGB fällt. Der so definierte Behandlungsabbruch soll bzw. muss als ein *aliud* gegenüber einer Tötung auf Verlangen verstanden werden. Ein Konflikt mit der Einwilligungssperre des § 216 StGB besteht nach der von der Entscheidung BGHSt 55, 191 und der hier vertretenen Auffassung deshalb nicht.

Danach ist folgendes festzuhalten: es müssen fünf Voraussetzungen vorliegen, damit die Handlungen, die im Rahmen eines Behandlungsabbruchs vorgenommen und letztlich zum Tod des Patienten führen werden, als rechtmäßig gelten können. Erstens muss die Erkrankung lebensbedrohlich sein, d. h. ohne Behandlung wahrscheinlich zum Tode führen, und zweitens muss die Behandlung zur Aufrechterhaltung der Lebensfunktionen notwendig sein. Drittens muss die Beendigung der Behandlung – wie etwa die Entfernung eines Ernährungsschlauchs oder das Abschalten eines Respirators – objektiv im Zusammenhang mit der lebenserhaltenden medizinischen Behandlung stehen, und viertens auch vom Handelnden subjektiv zur Beendigung der Behandlung und nicht zur Lebensverkürzung vorgenommen werden. Als fünfte Voraussetzung muss schließlich der Patientenwille dahin gehen, diese Behandlung nicht (mehr) hinnehmen zu wollen. Darauf, ob die dann anschließende Beendigung oder Begrenzung der Behandlung durch aktives Tun oder Unterlassen bestimmter Maßnahmen oder

---

Strafgesetzbuch. Kommentar, München [28]2014, Vor § 211 Rn. 8a; T. Verrel, *Ein Grundsatzurteil? – Jedenfalls bitter nötig!*, 672 f.
36 Vgl. BGHSt 55, 191 Rn. 34 f.
37 Siehe BT-Drucks. 16/8442, 7 f.

mittels beider Handlungsformen geschieht – was in der Regel der Fall sein wird – kommt es nach alle dem nicht mehr an.

Bei dieser Aussage geht es *nicht* um eine Einebnung der vom Gesetz in § 13 StGB vorgegebenen Unterscheidung der strafrechtlich relevanten Handlungsformen des aktiven Tuns und des Unterlassens,[38] sondern um die Verdeutlichung von materiellem Gehalt und Umfang einer durch den Patientenwillen legitimierten Beendigung einer lebenserhaltenden Behandlung und ihrer Umsetzung durch Dritte.[39] Die Frage nach der Rechtmäßigkeit der Sterbehilfe ist lediglich von der begrifflichen Unterscheidung abgekoppelt worden, so dass ein aktives Handeln wie ein Tun und nicht wie ein umgedeutetes Unterlassen zu behandeln ist.

4.2.3 Das Echo in der Wissenschaft

Das Urteil ist neben seiner überwiegend positiven Beurteilung natürlich nicht ohne Kritik geblieben, wobei einzelne sich kritisch äußernde Autoren die Gelegenheit genutzt haben, eigene, für dogmatisch richtiger oder sachdienlicher gehaltene Lösungsmodelle vorzustellen.[40] Das ist zwar alles legitim, lässt aber den Verdacht aufkommen, dass die Kernaussage des Urteils vom 25.06.2010 nicht wirklich verstanden wurde.

---

38 So aber A. Eser/D. Sternberg-Lieben, in: A. Schönke/H. Schröder (Hg.), *Strafgesetzbuch. Kommentar*, Vorbem §§ 211 ff. Rn. 28a; insoweit kritisch auch D. Dölling, *Gerechtfertigter Behandlungsabbruch und Abgrenzung von Tun und Unterlassen zu BGH, Urt.v.25.6.2010 – 2 StR 454/09*, in: ZIS 6 (2011), 347; T. Walter, *Sterbehilfe: Teleologische Reduktion des § 216 StGB statt Einwilligung! Oder: Vom Nutzen der Dogmatik – Zugleich Besprechung von BGH, Urt. v. 25.6.2010 – 2 StR 454/09*, in: ZIS 6 (2011), 76–82.
39 Vgl. H. J. Hirsch, *Anmerkung zu BGH, Urt. v. 25.6.2010 – 2 StR 454/09*, in: JR 87 (2011), 38; vgl. hierzu auch L. Eidam, *Wider die Bevormundung eines selbstbestimmten Sterbens – Zugleich Besprechung von BGH-Urteil vom 25.6.2010*, 232–244 und T. Fischer, *Direkte Sterbehilfe – Anmerkung zur Privatisierung des Lebensschutzes*, in: M. Heinrich et al. (Hg.), *Strafrecht als Scientia Universalis*, 571 f.
40 Siehe zu den verschiedenen Kritikpunkten neben den in Fn. 35, 38 bereits genannten u. a. A. Engländer, *Von der passiven Sterbehilfe zum Behandlungsabbruch. Zur Revision der Sterbehilfedogmatik durch den 2. Strafsenat des BGH*, in: JZ 66 (2011), 513–520, H. Rosenau, *Die Neuausrichtung der passiven Sterbehilfe – Der Fall Putz im Urteil des BGH vom 25.6.2010 – 2 StR 454/09*, 558; H. Schneider, in: W. Joecks/K. Miebach (Hg.), *Münchener Kommentar zum StGB*, § 211 Rn. 169, 172, G. Wolfslast/C. Weinrich, *Anmerkungen zu BGH, Urt. v. 25.6.2010 – 2 StR 454/09 (Behandlungsabbruch), BGH Beschl. v. 10.11.2010 – 2 StR 320/10 (Patientenautonomie) und BGH Urt. v. 7.10.2010 – 3 StR 168/10 (Tötung auf Verlangen)*, 286–290.

5 Der „Behandlungsabbruch" als strafrechtlich tatbestandsloses Verhalten

Einzelne strafrechtliche Wissenschaftsvertreter sind der Ansicht, der „Behandlungsabbruch", wie er im BGH-Urteil vom 25.06.2010 definiert worden ist, gerate in Konflikt mit dem Verbot der Tötung auf Verlangen des § 216 StGB.[41] Abgesehen davon, dass eine Einwilligung nicht ohne weiteres mit einem Tötungsverlangen im Sinne des § 216 StGB gleichgesetzt werden kann,[42] würde ein derartiger Konflikt voraussetzen, dass ein solcher „Behandlungsabbruch" einer lebenserhaltenden medizinischen Behandlung als „Töten" im Sinne der Tötungsdelikte des StGB und damit auch des § 216 StGB verstanden werden muss. Das ist indes nicht der Fall,[43] wie schon kurz dargelegt wurde. Hierfür können mehrere Gründe angeführt werden.

5.1 Normative Erwägungen

Im Zivilrecht wird schon länger die Auffassung vertreten, dass in derartigen Fällen – jedenfalls bei Sterbenden – keine Tötungshandlung vorliege.[44] Auf das Strafrecht ist ein solches Ergebnis (keine Tötungshandlung gemäß den §§ 211 ff. StGB) zwar nicht ohne weiteres übertragbar, weil die Beendigung einer lebenserhaltenden medizinischen Behandlung für den später eintretenden Todeserfolg im Sinne der im Strafrecht geltenden *conditio-sine-qua-non*-Formel zweifellos (mit)ursächlich ist und deshalb zunächst einmal strafrechtlich relevant bleibt, daran ändert auch der entsprechende Patientenwille nichts.[45] Dennoch finden sich auch im Strafrecht Stimmen, die eine Tatbestandslösung in der Form für möglich halten, dass eine in Übereinstimmung mit dem Patientenwillen vorgenommene Beendigung einer lebenserhaltenden Behandlung keine „Tötung" im Sinne des § 216 StGB darstellt, wenn sich dadurch letztlich nur der durch die

---

41 Vgl. J. C. Joerden, *Die neue Rechtsprechung des Bundesgerichtshofs zur Sterbehilfe und der Knobe-Effekt*, in: M. Heinrich et al. (Hg.), Strafrecht als Scientia Universalis, 593–607; T. Walter, *Sterbehilfe: Teleologische Reduktion des § 216 StGB statt Einwilligung! Oder: Vom Nutzen der Dogmatik*, 37.
42 Vgl. BGH NStZ 2011, 340–341.
43 Dazu schon R. Rissing-van Saan, *Strafrechtliche Aspekte der aktiven Sterbehilfe nach dem Urteil des 2. Strafsenats des BGH v. 25.6.2010 – 2 StR 454/09*, 544–561.
44 V. Lipp/F. C. A. Klein, *Patientenautonomie und Sterbehilfe – Stand der aktuellen Debatte*, 56 f.
45 So zutreffend u. a. H. J. Hirsch, Anmerkung zu BGH, Urt. v. 25.6.2010 – 2 StR 454/09, 38; vgl. auch J. Wessels/M. Hettinger, *Strafrecht Besonderer Teil*, Bd. 1: *Straftaten gegen Persönlichkeits- und Gemeinschaftswerte*, Rn. 30d; T. Verrel, *Ein Grundsatzurteil? – Jedenfalls bitter nötig!*, 674.

Erkrankung bedingte Todeserfolg verwirklicht. Zwar wird dies zumeist im Zusammenhang mit der indirekten Sterbehilfe oder bei zwecklos gewordenen, d. h. keine Besserung mehr versprechenden medizinischen Maßnahmen erörtert und zustimmend vertreten.[46] Das ist aber auch bei der Beendigung einer vom Patientenwillen nicht (mehr) gewollten lebenserhaltenden medizinischen Behandlung nicht anders zu bewerten. Ein durch den Willen des Patienten legitimierter Behandlungsabbruch, der einem lebensbedrohlichen Krankheitsverlauf (wieder) seinen Lauf lässt, unterscheidet sich *normativ* deutlich vom Setzen einer neuen, den Tod bewirkenden Ursache,[47] wie z. B. durch Verabreichen einer tödlichen Injektion zur Beschleunigung des Todeseintritts oder durch andere unmittelbar das Leben beendende Handlungen. Denn im ersten Fall stirbt der Patient letztlich infolge seiner Erkrankung, im zweiten Fall wegen einer von außen einwirkenden Intervention, die seinem Leben ein Ende setzt.

5.2 Die Zurechnungsfrage

Eine medizinische Behandlung – auch eine entsprechend der *lex artis* durchgeführte Behandlung – stellt nach der Rechtsprechung und der herrschenden Meinung in der Wissenschaft einen Eingriff in die körperliche Integrität eines Menschen dar, der ohne Einwilligung des Betroffenen nicht vorgenommen werden darf. Die Einwilligung markiert mithin Grund und Grenzen zulässiger medizinischer Maßnahmen.[48] Eine ohne Einwilligung des Patienten durch- oder weitergeführte medizinische Behandlung wäre eine unzulässige Zwangsbehandlung und würde den Straftatbestand einer vorsätzlichen Körperverletzung nach § 223 StGB erfüllen.[49] Das ist ein wesentlicher

---

46 Hierzu u. a. R. Ingelfinger, *Grundlagen und Grenzbereiche des Tötungsverbots*, 271–274; B. Jähnke, in: ders./ H.W. Laufhütte/W. Odersky (Hg.), *Strafgesetzbuch Leipziger Kommentar*, Vor § 211 Rn. 16 und 20a; K. Kühl, in: K. Lackner/K. Kühl (Hg.), *Strafgesetzbuch. Kommentar*, Vor § 211 Rn. 8a; J. Wessels/M. Hettinger, *Strafrecht Besonderer Teil*, Bd. 1: *Straftaten gegen Persönlichkeits- und Gemeinschaftswerte*, Rn. 37.
47 Vgl. A. Eser/D. Sternberg-Lieben, in: A. Schönke/H. Schröder (Hg.), *Strafgesetzbuch. Kommentar*, Vorbem §§ 211 ff. Rn. 28a.
48 Vgl. ebd.
49 Vgl. BGHSt 11, 111–116, 114; auch U. Schroth, *Sterbehilfe als strafrechtliches Problem, Selbstbestimmung und Schutzwürdigkeit des tödlich Kranken*, 551 (unter Bezugnahme auf U. Neumann, in: U. Kindhäuser/U. Neumann/H. U. Paeffgen (Hg.), *Nomos Kommentar Strafgesetzbuch*, Bd. 2, Baden-Baden [4]2013, Vor § 211 Rn. 95 und H. Schöch, *Vollzugsrechtfall*, in: G. Kaiser/H. Schöch, *Kriminologie, Jugendstrafrecht, Strafvollzug*, München [6]2006, 242–256) sowie T. Verrel *Patientenautonomie und Strafrecht bei der Sterbebegleitung*, 37 f. haben zutreffend angemerkt, dass bei nicht konsentierter Behandlung eine Pflicht zum Behandlungsabbruch besteht.

Aspekt, der in die Überlegungen, ob es sich bei einem letztlich zum Tode des Patienten führenden, also hierfür kausalen Behandlungsabbruch um ein „Töten" im Sinne der Tötungsdelikte des StGB handelt, mit einbezogen werden muss.

Da der Arzt weder zivil- noch strafrechtlich ein eigenständiges Recht zur Behandlung des Patienten hat,[50] muss auch eine lebenserhaltende Behandlung dem Patientenwillen entsprechen. Lehnt der Patient eine solche Behandlung ab, darf der Arzt die Behandlung gar nicht erst aufnehmen und muss sie beenden, wenn der Patient eine frühere Einwilligung widerruft. Beendet er sie, setzt er aber eine (Mit)Ursache für den späteren Tod des Patienten und läuft deshalb Gefahr, sich wegen eines Tötungsdelikts oder unterlassener Hilfeleistung verantworten zu müssen. Im Strafrecht hat es bei den sog. Erfolgsdelikten wie den §§ 211ff. StGB mit einer kausalen Verknüpfung zwischen Tun oder Unterlassen jedoch nicht sein Bewenden, der tatbestandliche Erfolg muss dem Handelnden vielmehr objektiv als *sein Werk* zurechenbar sein, weil er eine rechtlich relevante Gefahr geschaffen hat, die sich in dem Erfolg verwirklicht. Es geht somit um das Problem einer Haftungsbegrenzung im Unrechtsbereich entweder durch eine Rückbesinnung auf den Schutzzweck der verletzten Verhaltensnorm mit Hilfe der Frage nach dem allgemeinen Lebensrisiko bzw. den Grenzen des erlaubten Risikos oder durch Abgrenzung von Verantwortungsbereichen in den Fällen eigenverantwortlicher Selbstgefährdung.[51] In den hier interessierenden Fällen einer gemäß dem Patientenwillen erfolgten Beendigung einer lebenserhaltenden medizinischen Behandlung hat man es mit einer besonderen rechtlichen Konstellation deshalb zu tun, weil sich der Arzt bei der Behandlungsbeendigung pflichtgemäß und rechtmäßig verhält, und dennoch einen im Sinne der Tötungsdelikte tatbestandsmäßigen Erfolg (mit)verursacht. Würde man ihn aber für den Todeserfolg verantwortlich machen und ihn wegen eines Tötungsdelikts belangen wollen, würde er für ein rechtmäßiges Verhalten bestraft. Das kann nicht richtig sein.[52] Der Arzt hat

---

50 Was sich heute deutlich in § 630d BGB widerspiegelt.
51 Vgl. hierzu u.a. J. Eisele, in: A. Schönke/H. Schröder (Hg.), *Strafgesetzbuch. Kommentar*, § 13 Rn. 71, 86, 91–95, 101–101 h; T. Walter, in: B. Jähnke/H. W. Laufhütte/W. Odersky (Hg.), *Strafgesetzbuch Leipziger Kommentar*, Berlin ¹²2012, Vor § 13 Rn. 89, 92, 95, 112f.; J. Wessels/W. Beulke/H. Satzger, *Strafrecht Allgemeiner Teil. Die Straftat und ihr Aufbau*, Heidelberg ⁴⁴2014, Rn. 176–191a, jeweils mit weiteren Nachweisen.
52 Die bei ähnlichen Konstellationen auf § 34 StGB oder schuldausschließenden Lösungen zurückgreifenden Meinungen in der Literatur (dazu u.a. H. Otto, *Die strafrechtliche Beurteilung der Kollision rechtlich gleichrangiger Interessen*, in: *JURA* 27 (2005), 470–480, C. Roxin, *Strafrecht Allgemeiner Teil*, Bd. I: *Grundlagen – Der Aufbau der Verbrechenslehre*, München, ⁴2006, § 16 Rn. 115–125 und H. Schneider, in: W. Joecks/K. Miebach (Hg.), *Münchener Kommentar zum StGB*, § 211 Rn. 110–113 jeweils mit zahlreichen Nachweisen), greifen in den vorliegenden Fallkonstellationen, bei denen zwei Rechtsgüter (körperliche Unversehrtheit/Leidensfreiheit contra Lebensdauer/

weder die durch die Erkrankung entstandene Todesgefahr zu vertreten, noch ist er in der Lage, das einer rettenden, zumindest aber lebensverlängernden medizinischen Behandlung entgegenstehende rechtliche Hindernis der fehlenden Einwilligung des Betroffenen zu überwinden. Er kann für den Todeserfolg rechtlich nicht verantwortlich gemacht werden, der Tod des Patienten ist nicht „sein Werk",[53] sondern das Werk der Erkrankung, die nach dem Willen des Patienten nicht (mehr) aufgehalten werden soll. Nach den im Strafrecht anerkannten, den Tatbestand eines Erfolgsdelikts einschränkenden Grundsätzen der objektiven Zurechnung muss auch in den Fällen fehlender rechtlicher Verantwortlichkeit für den tatbestandsmäßigen Erfolg schon der Tatbestand – hier des § 212 bzw. des § 216 StGB – verneint werden.[54] Auf eine Rechtfertigung (durch Einwilligung) kommt es dann nicht mehr an. Die Versagung oder der Widerruf einer Einwilligung in eine medizinische Behandlung hat zudem mit einer Einwilligung in ein auf die gezielte Beendigung des Lebens gerichtetes „Töten" nichts gemeinsam.[55] Es handelt sich bei derartigen Behandlungsbeendigungen vielmehr um ein *aliud*, ein „Sterbenlassen", was nach der hier vertretenen Auffassung deshalb keine im Sinne der Tötungsdelikte der §§ 211, 212, 216 StGB tatbestandsmäßige Handlung darstellt.

Eine zweite Frage stellt sich in diesem Zusammenhang allerdings noch, nämlich die, ob sich aus der Garantenstellung bzw. -haftung des Arztes aufgrund des Arzt-

---

Lebensqualität und *vice versa*) desselben Rechtsgutsinhabers einander gegenüberstehen, zu kurz oder sind zumindest unbefriedigend, weil die Rechtsordnung nur pflichtwidriges bzw. gebots- oder verbotswidriges Verhalten unter Strafe stellt, siehe hierzu C. Roxin, *Strafrecht Allgemeiner Teil*, Bd. I: *Grundlagen – Der Aufbau der Verbrechenslehre*, § 14 Rn. 26–30. Die Lösung kann deshalb nicht auf der Rechtswidrigkeits- oder gar Schuldebene gesucht, sondern muss – jedenfalls bei einander widerstreitenden Rechtsgütern desselben Inhabers – im Tatbestand bzw. im außertatbestandlichen Bereich gefunden werden.
53 So auch A. Engländer, *Von der passiven Sterbehilfe zum Behandlungsabbruch*, in: JZ 66 (2011), 518 unter Hinweis auf C. Jäger, *Zurechnung und Rechtfertigung als Kategorialprinzipien im Strafrecht*, Heidelberg 2006, 18 ff.; kritisch zu derartigen Überlegungen H. Schneider, in: W. Joecks/K. Miebach (Hg.), *Münchener Kommentar zum StGB*, § 211 ff. Rn. 106–107.
54 K. Gaede, *Durchbruch oder Dammbruch – Rechtssichere Neuvermessung der Grenzen strafbarer Sterbehilfe*, in: NJW 63 (2010), 2927 favorisiert ebenfalls eine Tatbestandslösung, wobei er schon der Einwilligung als Grundrechtsbetätigung tatbestandsausschließende Wirkung beimessen will, jedenfalls käme auch nach seiner Auffassung eine Lösung über die Grundsätze der objektiven Zurechnung ebenfalls in Betracht. Vgl. auch A. Eser/D. Sternberg-Lieben, in: A. Schönke/H. Schröder (Hg.), *Strafgesetzbuch. Kommentar*, Vorbem §§ 211 ff. Rn. 28a.
55 Das hier Gemeinte würde zutreffend mit der Metapher des ‚Durchschneiden des Lebensfadens' umschrieben. Im Übrigen unterscheidet auch die Rechtsprechung zumindest graduell zwischen einer ‚Einwilligung' und einem ‚Todesverlangen' i. S. d. § 216 StGB, welches nicht nur auf einem freiverantwortlich gefassten Entschluss, sondern ernstlich gemeint und von innerer Festigkeit sein muss, vgl. BGH NStZ 2011, 340–341 und NStZ 2012, 90–91.

Patienten-Verhältnisses etwas anderes ergeben kann. Das ist jedoch nach den vorstehenden Ausführungen, zumindest aber nach dem inzwischen auch in der Rechtsprechung anerkannten Prinzip der Eigenverantwortlichkeit zu verneinen.[56]

5.3 Das Prinzip der tatbestandslosen Selbstschädigung

Der Gedanke einer auf dem Prinzip der Eigenverantwortlichkeit beruhenden tatbestandslosen Selbstschädigung ist – wie eben schon kurz erwähnt wurde – dem Strafrecht nicht fremd. Er kommt nicht nur beim freiverantwortlich begangenen straflosen Suizid zum Tragen, sondern liegt auch in anderen Zusammenhängen der rechtlichen Bewertung freiverantwortlich gewollter und verwirklichter Selbstgefährdungen oder -schädigungen zugrunde, so etwa beim Drogenmissbrauch mit Todesfolge[57] oder bei illegalen Autorennen und ähnlichen hochriskanten Unternehmungen. Diese unterfallen nach der Rechtsprechung nicht den Tatbeständen von Tötungs- oder Körperverletzungsdelikten, wenn sich das Risiko für den Selbstgefährder verwirklicht, sondern sind tatbestandslose Handlungen des Selbstschädigers und bleiben auch für Dritte, deren Beteiligung sich in einer bloßen Veranlassung, Ermöglichung oder Förderung erschöpft, rechtlich folgenlos.[58] Etwas anderes gilt nur dann, wenn solche Handlungen als eigenständiges Unrecht in einem eigenen Straftatbestand ausgestaltet sind, wie etwa in § 217 StGB neue Fassung: die geschäftsmäßige Förderung der Selbsttötung.

---

56 Anders noch BGHSt 32, 367–381.
57 BGHSt 59, 150–172, 167 ff.; BGH MedR 2014, 812–815; BGH NStZ 2011, 341–343; anders noch BGH JR 1979, 429 mit abl. Anm. H. J. Hirsch, *Anmerkungen zu BGH JR 1979, 429 betreffend fahrlässige Täterschaft bei bewusster Selbstgefährdung des Opfers*, in: JR 55 (1979), 429–433.
58 Vgl. BGHSt 32, 262, 263 f.; 36, 1, 17 f.; 37, 179, 191; 46, 279, 288; 53, 55, 60 mit Besprechung von D. Dölling, *Zur Strafbarkeit wegen fahrlässiger Tötung bei einverständlicher Fremdgefährdung*, in: C. Geisler et al. (Hg.), *Festschrift für Klaus Geppert zum 70. Geburtstag*, Berlin/New York 2011, 53–61; G. Duttge, *Anmerkung zu BGH, Urt. v. 20.11.2008 – 4 StR 328/08 (fahrlässige Tötung bei illegalen Autorennen)*, in: NStZ 29 (2009), 690–692; C. Roxin, *Zur einverständlichen Fremdgefährdung – Besprechung des Urteils BGH vom 20.11.2008 – 4 StR 328/08*, in: JZ 64 (2009), 399–403. Zur Unterscheidung von eigenverantwortlicher Selbst- und einverständlicher Fremdgefährdung bzw. -schädigung siehe u. a. Wessels, J./Beulke, W./ Satzger, H., *Strafrecht Allgemeiner Teil*, Rn. 185 ff., 190 f. und J. Wessels/M. Hettinger, *Strafrecht Besonderer Teil*, Bd. 1: *Straftaten gegen Persönlichkeits- und Gemeinschaftswerte*, Rn. 191.

6 Fazit

Das am Patientenwillen orientierte Beenden einer lebenserhaltenden medizinischen Behandlung mit der Folge, dass der lebensbedrohlich erkrankte Patient tatsächlich aufgrund seiner Erkrankung stirbt, erweist sich nach alledem als im Sinne der Tötungsdelikte des StGB *tatbestandsloses* Verhalten. Wer eine lebenserhaltende Behandlung entsprechend dem Patientenwillen beendet, lässt es lediglich zu, dass der Patient infolge seiner Erkrankung verstirbt. Es handelt sich aus rechtlicher Sicht um ein strafloses ‚Sterbenlassen' und nicht um eine strafbares ‚Töten'. Das hat auch weiterreichende rechtliche Konsequenzen für die Beteiligten: Der auf dem Patientenwillen beruhende Abbruch einer lebenserhaltenden medizinischen Behandlung stellt für den Arzt keine Tötungshandlung i. S. des § 216 StGB dar. Aber auch ein drohender berufsrechtlicher Nachteil infolge eines je nach zuständiger Landesärztekammer regional (entsprechend § 16 MBO-Ä) geltenden Verbots der ärztlichen Beihilfeleistung zum Suizid kommt nicht in Betracht, da der Patient sich nicht selbst ‚tötet', wenn er eine lebenserhaltende Behandlung nicht (mehr) will. Suizid begeht, wer absichtlich in seinen Lebensprozess eingreift oder aktiv eingreifen lässt, um sein Leben zu beenden, im Falle eines Behandlungsabbruchs überlässt der Patient sich lediglich dem letztlich tödlich endenden Verlauf seiner Erkrankung, d. h. er begeht keinen Suizid, sondern erliegt seiner Krankheit.

Michael Pawlik
Gut gemeint, aber nicht ungefährlich begründet: Das BGH-Urteil im Fuldaer Fall

1 „Die Krönung meines Lebenswerkes"

Es geschieht nur selten, dass ein Angeklagter ein strafgerichtliches Verfahren, in dem er erstinstanzlich wegen versuchten Totschlags verurteilt worden ist, als die Krönung seines Lebenswerkes bezeichnet. Der Münchener Medizinrechtsanwalt Wolfgang Putz, der sich medial als „Anwalt der Sterbenden" vermarkten lässt,[1] tat es.[2] Der zugrundeliegende Fall – nach dem Sitz des in erster Instanz entscheidenden Landgerichts ist er als „Fuldaer Fall" in die Strafrechtsgeschichte eingegangen – weist in der Tat sämtliche Eigenschaften auf, die ein politischer Aktivist sich für die rechtliche Geltendmachung seines Anliegens wünschen kann: Er war hinreichend spektakulär und die Helden- und Schurkenrollen waren von vornherein eindeutig verteilt.

Die beklagenswerte Hauptperson des Falles war die 76-jährige Frau F. Diese lag seit Oktober 2002 nach einer Hirnblutung im Wachkoma. Sie wurde in einem Altenheim gepflegt und über eine PEG-Sonde künstlich ernährt. Im Dezember 2007 war sie bei einer Größe von 1,59 m auf ein Gewicht von 40 kg abgemagert. Eine Besserung ihres Gesundheitszustandes war nicht mehr zu erwarten. Vor ihrer Erkrankung hatte sie gegenüber ihrer Tochter, Frau G, geäußert, falls sie bewusstlos werde und sich nicht mehr äußern könne, wolle sie keine lebensverlängernden Maßnahmen in Form künstlicher Ernährung und Beatmung, sie wolle nicht an „Schläuche" angeschlossen werden. Seit Ende 2005 stand Frau F unter der Alleinbetreuung einer Berufsbetreuerin. Im März 2006 teilten Frau G und ihr Bruder dieser den Wunsch auf Entfernung der Magensonde mit, um Frau F ein Sterben in Würde zu ermöglichen. Die Berufsbetreuerin lehnte dies trotz Hinweises auf das zwischen Frau F und ihrer Tochter geführte Gespräch ab, da ihr mangels schriftlicher Fixierung der mutmaßliche Wille von Frau F nicht mit hinreichender Sicherheit bekannt sei. Auf den Antrag von Rechtsanwalt Putz, der Frau G und ihren Bruder seit 2006 beriet, wurden die beiden Kinder im August 2007 zu Betreuern von Frau F bestellt. Auch der behandelnde Hausarzt unter-

---

[1] C. Gesellensetter, *Der Anwalt der Sterbenden*, (http://www.focus.de/finanzen/recht/tid-18732/sterbehilfe-der-anwalt-der-sterbenden_aid_521963.html, Zugriff am 25.10.2016).
[2] Vgl. N. von Hardenberg, *Aus Respekt vor dem Leben*, in: SZ vom 01.06.2010, Nr. 123, 6.

stützte den Wunsch der Kinder nach Entfernung der Magensonde, weil aus seiner Sicht eine medizinische Indikation zur Fortsetzung der künstlichen Ernährung nicht mehr gegeben war. Das Pflegepersonal weigerte sich zwar, die künstliche Ernährung einzustellen. Die Heimleitung gestattete es Frau G allerdings in einem Kompromiss, selbst die Ernährung über die Sonde einzustellen und die erforderliche Palliativversorgung zu übernehmen. Als Frau G daraufhin im Dezember 2008 die Nahrungszufuhr beendete, wies die Geschäftsleitung die Heimleitung jedoch an, die künstliche Ernährung wieder aufzunehmen, und drohte Frau G und ihrem Bruder ein Hausverbot an, falls sie sich hiermit nicht einverstanden erklären sollten. Daraufhin erteilte Putz Frau G am selben Tag telefonisch den Rat, den Schlauch der Sonde zu durchtrennen. Frau G folgte diesem Rat. Das Pflegepersonal entdeckte allerdings nach wenigen Minuten die Durchtrennung des Schlauchs, und Frau K wurde auf Anordnung eines Staatsanwalts gegen den Willen ihrer Kinder in ein Krankenhaus gebracht. Dort wurde ihr eine neue Magensonde gelegt. Zwei Wochen später starb sie eines natürlichen Todes.[3]

Gemessen an dem Ziel, Frau F zu helfen, war die Intervention von Frau G und Putz ein eklatanter Misserfolg. Weder gelang es ihnen, die Fortsetzung der künstlichen Ernährung zu unterbinden, noch vermochten sie Frau F eine angemessene palliative Therapie am Lebensende zu verschaffen.[4] Auch rechtlich hatte ihr Eingreifen zunächst für sie höchst unerfreuliche Konsequenzen. Das LG Fulda sah in ihrem Verhalten einen mittäterschaftlich begangenen versuchten Totschlag. Zwar sprach das Gericht Frau G frei, allerdings nur deshalb, weil sie wegen der Beratung durch Putz einem für sie unvermeidbaren Verbotsirrtum erlegen sei. Der letztere wurde demgegenüber zu einer (angesichts der Schwere des Tatvorwurfs freilich extrem niedrigen) Freiheitsstrafe von neun Monaten auf Bewährung verurteilt.[5] Dagegen legte Putz Revision ein. Die Verhandlung vor dem BGH stieß auf großes mediales Interesse. Die Bundesanwaltschaft und der BGH schlossen sich im Ergebnis der Rechtsauffassung von Putz an, der das Urteil denn auch als „großartig" lobte[6] und gemeinsam mit Frau G ein Buch über den Fall schrieb.[7] War die Entscheidung des BGH wirklich so großartig, wie Putz behauptet?

---

3 Nach BGHSt 55, 191–193.
4 Vgl. O. Tolmein, *Grundsatzurteil durch Risikokalkül*, in: *FAZ* vom 26.06.2010, Nr. 145, 39.
5 Vgl. LG Fulda, Urteil vom 30.04.2009 – 16 Js 1/08 – 1 Ks (juris).
6 G. Nonnenmacher, *Am Lebensende*, in: *FAZ* vom 26.06.2010, Nr. 145, 1, bescheinigt dieser Wortwahl zu Recht einen „Beigeschmack des Unschicklichen".
7 W. Putz/E. Gloor, *Sterben dürfen*, Hamburg 2011.

2 Notwehrhilfe?

Von Natur aus ist das Sterben ein verhältnismäßig gnädiger Vorgang. Der Mensch hört auf, Flüssigkeit aufzunehmen und nachhaltig zu atmen. Baldige Bewusstlosigkeit und schließlich der Tod sind die Folge. Solange die Medizin nur geringe Möglichkeiten hatte, diese Vorgänge zu beeinflussen, erschien der Tod als ein Geschick, das man so entgegenzunehmen hatte, wie es kam. Seitdem es unzählige medikamentöse und technische Wege gibt, den natürlichen Verlauf aufzuhalten oder zu verzögern, muss dagegen entschieden werden, was im einzelnen Fall getan werden soll und was nicht. Damit ist der Bereich der herkömmlich so genannten passiven Sterbehilfe erreicht. Darunter versteht man die Nichteinleitung bzw. den Abbruch lebensverlängernder Maßnahmen. Die praktische Bedeutsamkeit dieser Form der Sterbehilfe ist außerordentlich groß. Unter den rund 850.000 jährlichen Sterbefällen in Deutschland befinden sich nach vorsichtigen Schätzungen etwa 300.000 bis 400.000 Patienten, bei denen behandlungsbegrenzende Entscheidungen zu treffen sind.[8] Welche Maßstäbe gelten dabei?

Anerkannt ist, dass ein entscheidungsfähiger Patient nach entsprechender Aufklärung jede Behandlung, auch eine lebenserhaltende Maßnahme, ablehnen darf, selbst wenn die Entscheidung vom Arzt als unvernünftig bewertet wird. Durch die Verweigerung seiner Einwilligung kann der Patient somit den Verzicht auf die betreffenden Maßnahmen erzwingen.[9] Hier tritt das Selbstbestimmungsrecht in seinem Kerngehalt als Abwehrrecht auf:[10] Der Einzelne darf nach Maßgabe seiner individuellen Wertvorstellungen darüber bestimmen, wie mit seinem Körper umgegangen werden soll. In der Praxis sind die Patienten, in Bezug auf die eine „Änderung des Therapieziels" in Betracht kommt, allerdings zumeist entweder bewusstlos oder doch jedenfalls in ihrer Aufnahmefähigkeit stark eingeschränkt. Um in Fällen, in denen ein Patient aufgrund krankheits-, unfall- oder altersbedingter Degeneration nicht mehr in der Lage ist, sich selbstbestimmend zu äußern, seinem Willen dennoch zur Geltung zu verhelfen, kann er sich des In-

---

[8] Vgl. I. Janes/S. Schick, *Sterbehilfe – im Spiegel der Rechtstatsachenforschung*, in: NStZ 26 (2006), 484.
[9] Vgl. BGHSt 11, 111–114; T. Fischer, *Strafgesetzbuch mit Nebengesetzen. Kommentar*, München [63]2016, Vor § 211 Rn. 42; H. Schneider, in: W. Joecks/K. Miebach (Hg.), *Münchener Kommentar zum StGB*, Bd. 4, München [2]2012, Vor §§ 211 ff. Rn. 115; U. Neumann, in: U. Kindhäuser/U. Neumann/H. U. Paeffgen (Hg.), *Nomos Kommentar Strafgesetzbuch*, Bd. 2, Baden-Baden [4]2013, Vor § 211 Rn. 107– 111; A. Sinn, in: J. Wolter (Hg.), *Systematischer Kommentar zum Strafgesetzbuch*, Bd. IV, Köln [133. Lfg.]2012, § 212 Rn. 52; C. Roxin, in: ders./U. Schroth (Hg.), *Handbuch des Medizinstrafrechts*, Stuttgart [4]2010, 92–93.
[10] Vgl. B. Fateh-Moghadam, *Die Einwilligung in die Lebendorganspende*, München 2008, 74–78.

struments einer *Patientenverfügung* bedienen. Zwar lässt sich mit guten Gründen die Frage stellen, ob ein Behandlungsverzicht, der vorab für den Fall der Einwilligungsunfähigkeit erklärt wird, wirklich bindend sein soll: Schwere Krankheiten und die damit einhergehende Pflegebedürftigkeit lassen sich ebenso wenig abstrakt vorstellen wie die Einstellung gegenüber medizinisch notwendigen Behandlungen.[11] Der Bundestag hat jedoch anders entschieden und in den §§ 1901a ff. BGB Patientenverfügungen eine sehr weit reichende Bindungswirkung zugesprochen.

Im Fuldaer Fall stellte der BGH unter fast einhelliger Billigung des strafrechtlichen Schrifttums klar, dass diese Neuregelung unter dem Gesichtspunkt der Einheit der Rechtsordnung auch im Bereich des Strafrechts zu beachten ist.[12] Ein

---

11 Vgl. *Zwischenbericht Enquete-Kommission Ethik und Recht in der modernen Medizin*, BT-Drucks. 15/3700, 13.09.2004, 10, 12; W. Höfling, *„Sterbehilfe" zwischen Selbstbestimmung und Integritätsschutz*, in: JuS 40 (2000), 115–116.

12 Vgl. BGHSt 55, 191, 200. – Zustimmend S. Ast, *Begehung und Unterlassung – Abgrenzung und Erfolgszurechnung. Am Beispiel der BGH-Urteile zum Behandlungsabbruch und zum Eissporthallenfall*, in: ZStW 124 (2012), 625; M. Bartsch, *Sterbehilfe und Strafrecht – eine Bestandsaufnahme*, in: U. Hellmann/C. Schröder (Hg.), *Festschrift für Hans Achenbach*, Heidelberg 2011, 25; D. Dölling, *Gerechtfertigter Behandlungsabbruch und Abgrenzung von Tun und Unterlassen. Zu BGH, Urt. v. 25.6.2010 – 2 StR 454/09*, in: ZIS 6 (2011), 345–348; G. Duttge, *Anmerkung zu BGH, Urteil vom 25.06.2010 – 2 StR 454/09*, in: MedR 29 (2011), 36; L. Eidam, *Wider die Bevormundung eines selbstbestimmten Sterbens. Zugleich Besprechung von BGH, Urteil vom 25.06.2010*, in: GA 158 (2011), 237–238; A. Engländer, *Von der passiven Sterbehilfe zum Behandlungsabbruch. Zur Revision der Sterbehilfedogmatik durch den 2. Strafsenat des BGH*, in: JZ 65 (2010), 516–517; A. Eser/D. Sternberg-Lieben, in: A. Schönke/H. Schröder (Hg.), *Strafgesetzbuch. Kommentar*, München [29]2014, Vor § 211 Rn. 28a; K. Gaede, *Durchbruch ohne Dammbruch – Rechtssichere Neuvermessung der Grenzen strafloser Sterbehilfe*, in: NJW 63 (2010), 2926–2928; H. J. Hirsch, *Anmerkung zu BGH, Urt. vom 25.06.2010 – 2 StR 454/09*, in: JR 87 (2011), 37–38; W. Höfling, *Patientenautonomie oder (fürsorgliche) Fremdbestimmung? Zu Risiken und Nebenwirkungen provozierter „Grundsatz"-Entscheidungen*, in: GesR 10 (2011), 199–201; M. Kubiciel, *Entscheidungsbesprechung BGH, Urt. v. 25.6. 2010 – 2 StR 454/09*, in: ZJS 3 (2010), 660; K. Kutzer, *Vorausverfügter Verzicht auf lebenserhaltende Maßnahmen und das Verbot der Tötung auf Verlangen*, in: K. Bernsmann/T. Fischer (Hg.), *Festschrift für Ruth Rissing-van Saan zum 65. Geburtstag am 25. Januar 2011*, Berlin/New York 2011, 352–356; S. Lanzrath/F. große Deters, *Nothilfe durch Eingriff in Rechtsgüter des Angegriffenen? Zugleich Anm. zu BGH – Urteil vom 25.6.2010, 2 StR 454/09*, in: HRRS 12 (2011), 163; V. Lipp, *Anmerkung zu BGH, Urt. v. 25.06.2010 – 2 StR 454/09*, in: FamRZ 57 (2010), 1555–1556; C. Mandla, *Anmerkung zu BGH, Urteil v. 25.06.2010 – 2 StR 454/09*, in: NStZ 30 (2010), 698; R. Rissing-van Saan, *Strafrechtliche Aspekte der aktiven Sterbehilfe. Nach dem Urteil des 2. Strafsenats des BGH v. 25.6. 2010 – 2 StR 454/09*, in: ZIS 6 (2011), 544; H. Rosenau, *Die Neuausrichtung der passiven Sterbehilfe. Der Fall Putz im Urteil des BGH vom 25.6.2010 – 2 StR 454/09*, in: K. Bernsmann/T. Fischer (Hg.), *Festschrift für Ruth Rissing-van Saan zum 65. Geburtstag am 25. Januar 2011*, 559; K. Schumann, *Telefonische Sterbehilfe? – Zu der Beteiligungsfrage im „Sterbehilfe-Urteil" des BGH*, in: JR 87 (2011), 142–143; T. M. Spranger, *Keine strikte Trennung von aktiver und passiver Sterbehilfe. Neue Recht-*

Arzt, dem eine hinreichend aussagekräftige Patientenverfügung vorliegt, ist demnach nicht nur berechtigt, sondern sogar verpflichtet, sie umzusetzen. Führt er entgegen der in der Patientenverfügung niedergelegten Willensäußerung des Betroffenen eine lebensverlängernde Behandlung fort, macht er sich deshalb wegen Körperverletzung strafbar. Darüber hinaus begeht er einen gegenwärtigen rechtswidrigen Angriff auf die körperliche Integrität des Patienten, der gemäß § 32 StGB jeden Dritten zur Notwehrhilfe berechtigt. Der Dritte darf das Recht des Kranken, selbst darüber zu entscheiden, wie mit seinem Körper umgegangen wird, demzufolge dadurch durchsetzen, dass er im Rahmen des Erforderlichen und Gebotenen denjenigen Zustand herstellt, der ausweislich der Patientenverfügung dem Willen des Betreffenden entspricht.

Leider haben weder das LG Fulda noch der BGH sich dazu verstehen können, im vorliegenden Fall diesen an sich naheliegenden Begründungsweg einzuschlagen. Zwar räumen beide Gerichte das Vorliegen einer Notwehrlage ein, sie sehen in der Handlung von Frau G jedoch keine zulässige Notwehrhandlung. Kraft Notwehr dürfe nur in Rechtsgüter des Angreifers selbst eingegriffen werden; die Intervention von Frau G richte sich hingegen gegen ein – zudem höchstrangiges – Rechtsgut der Angegriffenen selbst, nämlich gegen ihr Leben.[13] Dieses Argument beruht jedoch auf einem Denkfehler; es unterscheidet nicht hinreichend zwischen äußerem Erscheinungsbild und rechtlicher Bewertung.[14] Als Notwehrhelferin standen Frau G der Regelung des § 32 StGB zufolge dieselben Befugnisse zu wie ihrer Mutter. Sie durfte dieser also denselben rechtlichen Freiraum verschaffen, den auch diese selbst sich hätte verschaffen dürfen. Wäre Frau F körperlich dazu imstande gewesen, hätte sie notfalls auch mit Gewalt auf die Beendigung einer ihrem Willen widersprechenden Behandlung hinwirken dürfen. Der Umstand,

---

sprechung des BGH zur Patientenverfügung, in: *SuP* 20 (2010), 803; F. Streng, *Straflose „aktive Sterbehilfe" und die Reichweite des § 216 StGB*, in: G. Freund et al. (Hg.), *Grundlagen und Dogmatik des gesamten Strafrechtssystems* (Festschrift für W. Frisch), Berlin 2013, 754; T. Verrel, *Ein Grundsatzurteil? – Jedenfalls bitter nötig! Besprechung der Sterbehilfeentscheidung des BGH vom 25.06.2010 – 2 StR 454/09 (Fall Fulda)*, in: *NStZ* 30 (2010), 672–675; T. Walter, *Sterbehilfe: Teleologische Reduktion des § 216 StGB statt Einwilligung! Oder: Vom Nutzen der Dogmatik. Zugleich Besprechung von BGH, Urt. v. 25.6.2010 – 2StR 454/09*, in: *ZIS* 6 (2011), 81; G. Wolfslast/C. Weinrich, *Anmerkungen zu BGH, Urt. v. 25.6.2010 – 2 StR 454/09 (Behandlungsabbruch), BGH Beschl. v. 10.11.2010 – 2 StR 320/10 (Patientenautonomie) und BGH Urt. v. 7.10.2010 – 3 StR 168/10 (Tötung auf Verlangen)*, in: *StV* 31 (2011), 286.

13 Vgl. LG Fulda, Urteil vom 30.04.2009 – 16 Js 1/08 – 1 Ks Rn. 77 (juris); BGHSt 55, 191, 197.
14 Vgl. C. Mandla, *Anmerkung zu BGH, Urteil v. 25.06.2010 – 2 StR 454/09*, 699; G. Duttge, *Anmerkung zu BGH, Urteil vom 25.06.2010 – 2 StR 454/09*, 38; V. Erb, in: W. Joecks/K. Miebach (Hg.), *Münchener Kommentar zum StGB*, Bd. 1, München ²2011, § 32 Rn. 181; F. Streng, *Straflose „aktive Sterbehilfe" und die Reichweite des § 216 StGB*, 752.

dass ein solcher Eingriff zu ihrem vorzeitigen Versterben geführt hätte, wäre für die rechtliche Bewertung ihres Verhaltens ohne Bedeutung gewesen. Dann kann – wohlgemerkt: unter Notwehrgesichtspunkten – für ihre Tochter nichts anderes gelten. Ob das Durchschneiden des Schlauchs der Magensonde den Notwehrmaßstäben der Erforderlichkeit und der Gebotenheit entsprochen hätte, wäre noch gesondert zu prüfen gewesen; darauf wird an späterer Stelle (unter 5.) zurückzukommen sein. Dem Grunde nach wäre das Verhalten von Frau G aber rechtfertigungsfähig gewesen.

3 Die Klippe des § 216 StGB

Die vorstehende Schlussfolgerung sieht sich freilich dem Einwand ausgesetzt, sie sei vorschnell. In der Tat sind die bisherigen Überlegungen in einem entscheidenden Punkt unvollständig. Sie lassen nämlich den axiologischen Einfluss unerörtert, den die Bestimmung des § 216 StGB auf sämtliche Versuche der Rechtfertigung einzelner Sterbehilfemaßnahmen ausübt. Dieser Vorschrift zufolge ist die Tötung eines anderen selbst dann strafbar (wenngleich mit einem niedrigeren Strafrahmen belegt), wenn sie dem ausdrücklichen und ernstlichen Verlangen des Getöteten entspricht. Das Bedenken des LG Fulda und des BGH, dass der Eingriff von Frau G zum vorzeitigen Tod ihrer Mutter habe führen sollen, erscheint deshalb als beachtlich, sobald man es nicht als notwehrspezifischen Einwand, sondern als Verweis auf die Vorschrift des § 216 StGB auffasst.

Das Verbot der Tötung auf Verlangen bildet *die* große Klippe für alle Versuche, Maßnahmen der Sterbehilfe als bereits *de lege lata* zulässig zu erweisen.[15] Unter dem Schatten dieser Vorschrift gerät selbst das, wie erwähnt, heute allgemein anerkannte Recht des einzelnen Patienten, einen Behandlungsabbruch zu erzwingen, ins Zwielicht. Führt nämlich ein garantenpflichtiger Arzt die von ihm übernommene Heilbehandlung eines Patienten nicht weiter, wobei er dessen vorzeitigen Tod in Kauf nimmt, so verwirklicht er dadurch *prima facie* den Tatbestand eines durch Unterlassen begangenen Tötungsdelikts. Aus § 216 StGB lässt sich zudem entnehmen, dass das entsprechende Verlangen des Patienten die Tatbestandsmäßigkeit eines solchen Tuns gerade nicht ausschließt. Ist neben der Vorschrift des § 216 StGB also überhaupt noch Platz für das vielbeschworene Selbstbestimmungsrecht des Patienten?

---

15 So bereits M. Pawlik, *Das Recht der Älteren im Strafrecht. Bedeutung und Reichweite des Grundsatzes der Patientenautonomie*, in: U. Becker/M. Roth (Hg.), *Recht der Älteren*, Berlin/Boston 2013, 139.

Sofern sich der Behandlungsabbruch in der Nichtvornahme weiterer therapeutischer Maßnahmen erschöpft, stellt die im Strafrecht herrschende Meinung den soeben skizzierten Konflikt mit der Begründung in Abrede, dass aufgrund der verweigerten Einwilligung des Patienten in die Aufnahme oder Fortführung der betreffenden Therapie die Garantenstellung der Ärzte insoweit entfallen sei.[16] Diese Begründung geht jedoch am Kern des Problems vorbei. Wegen der mit dem Behandlungsveto verbundenen Todesfolge ist es nämlich gerade fraglich, ob dieses Veto die Garantenstellung des Arztes einzuschränken vermag oder ob es nicht vielmehr wegen der Verfügungssperre in § 216 StGB unberücksichtigt bleiben muss.[17] In aller Regel ist ein Behandlungsabbruch zudem „gar nicht so passiv, wie behauptet wurde".[18] Vielmehr schließt er eine „Vielzahl überaus aktiver Handlungen" ein,[19] beispielsweise das Abschalten des Respirators. Die herkömmliche Strafrechtsdogmatik, die für die Fälle aktiven Tuns das Erfordernis einer Garantenstellung in Abrede stellt,[20] hat bislang überwiegend versucht, die Handlungsqualität derartiger Verhaltensweisen durch die waghalsige und offensichtlich vom gewünschten Ergebnis diktierte Konstruktion eines „Unterlassens durch Tun" hinweg zu definieren.[21] Im Fuldaer Fall war dieser Ausweg jedoch versperrt, denn dort handelte gerade nicht das (garantenpflichtige) medizinische Fachpersonal, sondern eine außenstehende Person, nämlich die Tochter der Patientin. Diesen Umstand hat der BGH zum Anlass genommen, die Figur des „Unterlassens durch Tuns" insgesamt zu verwerfen. Die wertende Umdeutung aktiven Tuns in ein Unterlassen werde den auftretenden Problemen nicht gerecht.[22]

---

16 Vgl. BGHSt 32, 377; B. Jähnke, in: ders./H. W. Laufhütte/W. Odersky (Hg.), *Strafgesetzbuch Leipziger Kommentar*, Bd. 5, Berlin ¹¹2005, Vor § 211 Rn. 13; H. Schneider, in: W. Joecks/K. Miebach (Hg.), *Münchener Kommentar zum StGB*, Vor §§ 211 ff. Rn. 115.
17 Ebenso C. Geth, *Passive Sterbehilfe*, Basel 2010, 43; S. Pelzl, *An der Grenze von Leben und Tod. Euthanasie und Strafrecht*, in: *KJ* 27 (1994), 185; G. Stratenwerth, *Sterbehilfe*, in: *ZStrR* 95 (1978), 68; ders., *Tötung und Körperverletzung mit Einwilligung des Betroffenen*, in: M. Böse/D. Sternberg-Lieben (Hg.), *Grundlagen des Straf- und Strafverfahrensrechts* (Festschrift für K. Amelung), Berlin 2009, 359.
18 R. Rissing-van Saan, *Strafrechtliche Aspekte der aktiven Sterbehilfe*, 545.
19 T. Fischer, *Patientenverfügung und Sterbehilfe – Neue Orientierung durch den Bundesgerichtshof*, in: *BLJ* 5 (2011), 2.
20 Dagegen M. Pawlik, *Das Unrecht des Bürgers*, Tübingen 2012, 159–162 mit weiteren Nachweisen.
21 Grundlegend C. Roxin, *Strafrecht Allgemeiner Teil*, Bd. II: *Besondere Erscheinungsformen der Straftat*, München 2003, § 31 Rn. 115–123; ders., *An der Grenze von Begehung und Unterlassung*, in: P. Bockelmann/A. Kaufmann/U. Klug (Hg.), *Festschrift für Karl Engisch zum 70. Geburtstag*, Frankfurt a. M. 1969, 396.
22 Vgl. BGHSt 55, 191, 202. – Dem BGH zustimmend A. Sinn, in: J. Wolter (Hg.), *Systematischer Kommentar zum Strafgesetzbuch*, § 212 Rn. 28, 51; J. Wessels/M. Hettinger, *Strafrecht Besonderer*

Diese Klarstellung ist ebenso begrüßenswert wie mutig, bedeutet sie doch den Abschied von der „Lebenslüge",[23] dass die aktive Sterbehilfe in Deutschland durchweg verboten sei.[24] Sie hat freilich zur Folge, dass sich der Druck, der von der Existenz des § 216 StGB auf das vom BGH angestrebte Ergebnis ausgeht, nochmals erhöht. Stellt ein dem Sterbewillen des Kranken Rechnung tragendes aktives Tun, das dazu führt, dass dieser vorzeitig verstirbt, nicht geradezu den Musterfall einer Tötung auf Verlangen dar? Um an der Klippe des § 216 StGB nicht zu scheitern, kommen die Rechtsanwender deshalb nicht umhin, den Geltungsbereich dieser Vorschrift teleologisch zu reduzieren, sei es ausdrücklich oder stillschweigend. Sie müssen also nachweisen, dass § 216 StGB auf einige Konstellationen, die sich auf den ersten Blick unter ihn subsumieren ließen, keine Anwendung findet. Zwar gehört die teleologische Reduktion von Normen zum juristischen Alltagsgeschäft. Im vorliegenden Zusammenhang stellt sie die Interpreten allerdings vor eine besonders schwierige Aufgabe. Dies hat folgenden Grund: Das Bedürfnis nach einer teleologischen Reduktion des § 216 StGB erwächst aus dem Bestreben, dem Selbstbestimmungsrecht des Patienten Rechnung zu tragen. Zur Einschränkung dieser Regelung muss daher maßgeblich auf dessen Willen abgestellt werden. Die Heranziehung des Gesichtspunkts „Patientenwille" scheint durch § 216 StGB aber gerade gesperrt zu sein. Stellt die Nichtanwendung dieser Strafnorm in bestimmten Sterbehilfekonstellationen trotzdem noch eine methodisch zulässige Gesetzesauslegung dar oder läuft sie nicht vielmehr auf eine unzulässige Gesetzeskorrektur hinaus? Und ist es, wenn man (etwa gestützt auf die dem einfachen Recht vorgehenden Wertentscheidungen der Verfassung) die Berücksichtigungsfähigkeit des Selbstbestimmungsgedankens erst einmal anerkannt hat, überhaupt noch möglich, eine unter Wertungsgesichtspunkten überzeugende Grenzziehung

---

Teil, Bd. 1: Straftaten gegen Persönlichkeits- und Gemeinschaftswerte, Heidelberg [40]2016, Rn. 37; N. Bosch, *Rechtfertigung von Sterbehilfe. Anmerkung zu BGH, Urteil vom 25.06.2010*, in: JA 42 (2010), 910–911; L. Eidam, *Wider die Bevormundung eines selbstbestimmten Sterbens*, 239; K. Gaede, *Durchbruch ohne Dammbruch – Rechtssichere Neuvermessung der Grenzen strafloser Sterbehilfe*, 2926; H. J. Hirsch, *Anmerkung zu BGH, Urt. vom 25.06.2010 – 2 StR 454/09*, 37; H. Rosenau, *Die Neuausrichtung der passiven Sterbehilfe*, 555; T. M. Spranger, *Keine strikte Trennung von aktiver und passiver Sterbehilfe*, 803–804; T. Verrel, *Ein Grundsatzurteil? – Jedenfalls bitter nötig!*, 672.
23 H. Rosenau, *Die Neuausrichtung der passiven Sterbehilfe*, 548.
24 Ebenso L. Eidam, *Wider die Bevormundung eines selbstbestimmten Sterbens*, 239f.; H. Rosenau, *Die Neuausrichtung der passiven Sterbehilfe*, 548, 557; ders., *Aktive Sterbehilfe*, in: M. Heinrich et al. (Hg.), *Strafrecht als Scientia Universalis* (Festschrift für C. Roxin), Berlin/New York 2011, 585f.; G. Wolfslast/C. Weinrich, *Anmerkungen zu BGH, Urt. v. 25.6.2010 – 2 StR 454/09 (Behandlungsabbruch), BGH Beschl. v. 10.11.2010 – 2 StR 320/10 (Patientenautonomie) und BGH Urt. v. 7.10.2010 – 3 StR 168/10 (Tötung auf Verlangen)*, 287.

zwischen den danach von § 216 StGB nicht mehr erfassten und den nach wie vor tatbestandsmäßigen Handlungen vorzunehmen?

Bei diesen Anfragen handelt es sich, dies sei ausdrücklich betont, nicht um die übliche professorale Quengelei. Die Begründungen höchstrichterlicher Urteile werfen stets die Frage auf, welche argumentativen Weiterungen über die konkret entschiedene Fallkonstellation hinaus sie nahelegen. Handelt es sich um eine Grundlagenentscheidung in einem rechtspolitisch so stark umstrittenen Themengebiet wie der Sterbehilfe, gilt dies in besonderem Maße. Gerade weil die höchstrichterliche Rechtsprechung hier Pflöcke einschlägt, die in der weiteren rechtspolitischen Diskussion als zentrale Referenzpunkte behandelt werden und hinter die im praktischen Ergebnis kaum mehr zurückgegangen werden kann, hat sie darauf zu achten, dass sie in den Urteilsgründen *nicht zu viel* sagt. Vor dem Hintergrund dieser Anforderungen hat der BGH im Fuldaer Fall eine durchaus riskante Entscheidung gefällt.

4 Die Lösung des BGH

Den Gleichlauf der strafrechtlichen Bewertung mit der durch die §§ 1901a ff. BGB auf eine neue Grundlage gestellten betreuungsrechtlichen Beurteilung stellt der entscheidende Senat auf dem kürzestmöglichen argumentativen Weg her. Er greift unmittelbar auf den Grundsatz der Patientenautonomie zurück und beruft sich dementsprechend darauf, dass die Tötungshandlung durch die Einwilligung der Patientin gerechtfertigt gewesen sei.[25] Auf die Vereinbarkeit dieser Auslegung mit dem Wortlaut des § 216 StGB geht die Entscheidung nicht näher ein; sie begnügt sich mit der nicht näher begründeten Behauptung, dass die tatbestandlichen Grenzen dieser Vorschrift unberührt blieben.[26]

Die offene Flanke der BGH-Argumentation liegt nach dem vorstehend Ausgeführten offen zutage: Weshalb sollte die Einwilligung in eine Tötungshandlung rechtfertigend wirken können, wenn nach § 216 StGB nicht einmal einem ausdrücklichen und ernsthaften Verlangen diese Wirkung zukommt?[27] Nicht von

---

25 Vgl. BGHSt 55, 191, 198.
26 Vgl. BGHSt 55, 191, 205.
27 Kritisch H. Schneider, in: W. Joecks/K. Miebach (Hg.), *Münchener Kommentar zum StGB*, Vor §§ 211 ff., Rn. 169, 172; R. Rengier, *Strafrecht Besonderer Teil, Bd. 2: Delikte gegen die Person und die Allgemeinheit*, München [17]2016, § 7 Rn. 8; M. Bartsch, *Sterbehilfe und Strafrecht – eine Bestandsaufnahme*, 26; N. Bosch, *Rechtfertigung von Sterbehilfe*, 911; G. Duttge, *Anmerkung zu BGH, Urteil vom 25.06.2010 – 2 StR 454/09*, 38; L. Eidam, *Wider die Bevormundung eines selbstbestimmten Sterbens*, 241; J. C. Joerden, *Die neue Rechtsprechung des Bundesgerichtshofs zur Sterbehilfe und der*

ungefähr hat die damalige Vorsitzende des entscheidenden BGH-Senats nur kurze Zeit später einen modifizierten Begründungsvorschlag unterbreitet. Danach kann der Tod eines Patienten, der sich eine Weiterbehandlung verboten habe, dem Arzt nicht objektiv zugerechnet werden, da dieser sich durch den Abbruch der Behandlung pflichtgemäß und rechtmäßig verhalten habe.[28] Aber auch der Rückgriff auf die objektive Zurechnung läuft auf eine *petitio principii* hinaus. Ob nämlich das Behandlungsveto den Arzt dazu verpflichtet, aktive Maßnahmen zu ergreifen, die zu einem vorzeitigen Todeseintritt beim Patienten führen, ist angesichts der in § 216 StGB festgeschriebenen Verfügungssperre gerade die Frage.

Beide Begründungsansätze haben darüber hinaus eines gemeinsam: Sie tendieren zu einer Ausweitung ihrer Geltungsansprüche über die Fallkonstellation des tätigen Behandlungsabbruchs hinaus und erweisen sich damit als Türöffner für eine erweiterte Zulassung aktiver Sterbehilfe. Sowohl die Einwilligungskonstruktion des BGH als auch der Umweg über die objektive Zurechnung legen es nahe, dem Willen der sterbewilligen Person als solchem auch in weiteren Fällen aktiver Sterbehilfe rechtfertigende Kraft einzuräumen.[29] Der BGH beruft sich zwar darauf, dass es sich in der von ihm für zulässig erklärten Fallkonstellation lediglich um die Beendigung einer im Zusammenhang mit der Erkrankung stehenden lebenserhaltenden Maßnahme handle, während es in den Fällen einer „echten" aktiven Sterbehilfe an einem solchen Zusammenhang fehle.[30] Nach der Axiologik des vom BGH gewählten Ausgangspunkts ist dies jedoch ein rein äußerlicher Umstand. Konkret gefragt: Weshalb sollte ein Angehöriger, der unter Berufung auf eine mehrere Jahre alte mündliche Willensäußerung der Kranken einen lebenserhaltenden Schlauch durchschneidet, ungestraft davonkommen, während ein Arzt, der einem schwerstkranken Patienten auf dessen inständiges

---

Knobe-Effekt, in: M. Heinrich et al. (Hg.), *Strafrecht als Scientia Universalis*, 596; M. Kahlo, *Sterbehilfe und Menschenwürde*, in: G. Freund et al. (Hg.), *Grundlagen und Dogmatik des gesamten Strafrechtssystems*, 731; H. Rosenau, *Die Neuausrichtung der passiven Sterbehilfe*, 558–560; T. Verrel, *Patientenautonomie und Strafrecht bei der Sterbebegleitung* (Verhandlungen des 66. Deutschen Juristentages, Bd. 1: Gutachten, Teil C), Stuttgart 2006, C 16; T. Walter, *Sterbehilfe: Teleologische Reduktion des § 216 StGB statt Einwilligung! Oder: Vom Nutzen der Dogmatik*, 78.

28 R. Rissing-van Saan, *Strafrechtliche Aspekte der aktiven Sterbehilfe*, 550. Ebenso H. Schneider, in: W. Joecks/K. Miebach (Hg.), *Münchener Kommentar zum StGB*, Vor §§ 211 ff. Rn. 131.

29 Ähnlich A. Sinn, in: J. Wolter (Hg.), *Systematischer Kommentar zum Strafgesetzbuch*, § 212 Rn. 57; G. Duttge, *Anmerkung zu BGH, Urteil vom 25.06.2010 – 2 StR 454/09*, 37; T. Fischer, *Direkte Sterbehilfe – Anmerkung zur Privatisierung des Lebensschutzes*, in: M. Heinrich et al. (Hg.), *Strafrecht als Scientia Universalis*, 573–574; K. Gaede, *Durchbruch ohne Dammbruch – Rechtssichere Neuvermessung der Grenzen strafloser Sterbehilfe*, 2928; J. C. Joerden, *Die neue Rechtsprechung des Bundesgerichtshofs zur Sterbehilfe und der Knobe-Effekt*, 597–598, 606.

30 Vgl. BGHSt 55, 191, 204–205.

Bitten eine tödliche Spritze injiziert, mit einer Verurteilung rechnen muss? Beide begehen aktive Tötungshandlungen, und das Gewicht des Selbstbestimmungsgedankens ist im zweiten Fall noch erheblich stärker als im ersten.

Möglicherweise liegt der in der Argumentation des BGH angelegten „Öffnungstendenz" freilich eine überlegte Strategie zugrunde. Die Erweiterung rechtlicher Handlungsfreiheiten vollzieht sich häufig in der Weise, dass von Seiten der Gerichte zunächst eine eingeschränkte Handlungserlaubnis gewährt wird, die Beschränkungen in der weiteren wissenschaftlichen Diskussion aber als wertungsmäßig unbegründet kritisiert und daraufhin von der Judikatur *peu à peu* abgebaut werden. Vieles spricht dafür, dass es auch im Fall der Sterbehilfe so kommen wird.[31] Der BGH hätte dann mit seiner Entscheidungsbegründung den Verfechtern einer weitgehend unbeschränkten Sterbehilfe eine argumentative Steilvorlage geliefert, die im Laufe der Zeit – spätestens beim nächsten spektakulären und medial professionell aufbereiteten Fall – ihre Wirkung nicht verfehlen wird. Aus rechtspolitischer Sicht mag man dies begrüßen. Aus dogmatischer Warte liegt darin eine problematische Kompetenzanmaßung.

5 Die Alternative: Notwehr, aber richtig

Wie könnte ein weniger gefahrenträchtiger Begründungsweg aussehen? Die Antwort ist unter 2. bereits vorgezeichnet worden. Dort wurde dargelegt, dass die Fortführung einer medizinischen Behandlung gegen den Willen des Behandelten eine Notwehrlage begründet. Die danach zulässige Notwehr(hilfe) ist freilich strikt beschränkt auf Maßnahmen, die der Beendigung dieser Zwangslage dienen; sie deckt keine darüber hinausgehenden Akte zur Beschleunigung des Sterbevorgangs ab. Die vom BGH vorgenommene Unterscheidung zwischen erlaubtem Behandlungsabbruch und verbotener „echter" aktiver Sterbehilfe, die unter dem abstrakten Gesichtspunkt der Selbstbestimmung als zufällig erschien, ist nach Maßgabe des Notwehrrechts somit wohlbegründet. Ist dies ein bloßer argumentativer Trick? Mitnichten. Juristisch zu argumentieren heißt Grenzen zu ziehen. In ihrer Fähigkeit, Differenzierungen auf Kriterien zu stützen, die nicht *ad hoc* eingeführt werden, sondern allgemeingültig sind, besteht die rationalisierende Kraft der Dogmatik.

Die Notwehr unterliegt zudem Einschränkungen, die sich, sachgerecht interpretiert, in den Fällen des Behandlungsabbruchs durchaus segensreich bemerkbar machen würden. Zum einen darf keine mildere Lösung in Betracht

---

[31] Vgl. T. Fischer, *Direkte Sterbehilfe – Anmerkung zur Privatisierung des Lebensschutzes*, 574, 576.

kommen, etwa die Verlegung des Kranken in eine anderes Krankenhaus oder Pflegeheim, das zur Umsetzung seines Willens bereit ist. Dies war übrigens ein Ausweg, den die Leitung des Pflegeheims, in dem Frau F lag, der Tochter ausdrücklich angeboten hatte.[32] Zum anderen gilt für die Notwehr ebenso wie für alle anderen Notrechte ein Vorrang institutionalisierter Konfliktlösungsmechanismen.[33] Bevor eine Privatperson eigenmächtig tätig werden darf, hat sie deshalb zu prüfen, ob sie das von ihr angestrebte Ziel nicht auch auf dem Weg des gerichtlichen Rechtsschutzes zu erreichen vermag. Sofern die darin liegende Verzögerung im Hinblick auf die Gefährdungslage, in der sich der Angegriffene befindet, nicht als unzumutbar erscheint, muss sie um des Rechtsfriedens willen hingenommen werden. In den Normalfällen der Notwehr, wo eine rasche Reaktion geboten ist, um eine unmittelbar bevorstehende Schädigung zu verhindern, kommt dieses Erfordernis kaum einmal zum Tragen. In der vorliegenden Konstellation verhält es sich jedoch anders. Wenn der komatöse Zustand einer Patientin und deren dadurch bedingte künstliche Ernährung bereits seit fünf Jahren andauern, ist nicht ersichtlich, weshalb die Fortsetzung dieser Praxis um wenige Tage oder Wochen, nämlich bis zum Abschluss des betreuungsgerichtlichen Verfahrens, für die Betroffene unzumutbar sein sollte. Zwar ist absehbar, dass ein solcher Satz als zynisch abgetan und ihm entgegengehalten wird, jeder Tag sinnlosen Dahinvegetierens sei einer zu viel. Bei allem Verständnis für die bejammernswerte Situation von Frau F: So schlicht wertet das Notwehrrecht aber gerade nicht. Die Vermeidung eigenmächtiger Gewaltsamkeiten ist der Rechtsordnung mehr Geduld wert, als die Beteiligten des Fuldaer Falles aufzubringen bereit waren!

Insofern ist der vom BGH ausgesprochene Freispruch keineswegs so unproblematisch, wie es die Urteilsgründe suggerieren. Darauf kommt es aber nicht entscheidend an. Ausschlaggebend ist, dass die Notwehrlösung differenzierungsstärker und der Gefahr ungewollter Weiterungen in geringerem Maß ausgesetzt ist als der vom BGH gewählte Begründungsweg.

---

32 Vgl. G. Friedrichsen, „Bei uns nicht!", in: *Der Spiegel* vom 11.05.2009, Nr. 20, 53.
33 Vgl. G. Jakobs, *Strafrecht Allgemeiner Teil. Die Grundlagen und die Zurechnungslehre*, Berlin/New York ²1991, 12/45; H. Lesch, *Die Notwehr*, in: G. Widmaier et al. (Hg.), *Festschrift für Hans Dahs*, Köln 2005, 111–115; M. Pawlik, *Das Unrecht des Bürgers*, 244 mit weiteren Nachweisen.

6 Darüber hinausgehende teleologische Reduktion des § 216 StGB

Die Notwehrlösung passt nur auf Eingriffe, die der Beendigung einer dem Willen des Kranken nicht (mehr) entsprechenden Behandlung dienen. Ist *de lege lata* auch die Nichtanwendbarkeit des § 216 StGB auf Fälle „echter" aktiver Sterbehilfe begründbar? Auch wer die schlichte Berufung auf den Willen – oder, begrifflich anspruchsvoller, das Selbstbestimmungsrecht – des Kranken für zu grobschlächtig hält, als dass die Lösung dieser Frage unmittelbar darauf gestützt werden könnte, vermag sie mit einem grundsätzlichen, wenngleich vorsichtigen Ja zu beantworten.

Der Zweck des § 216 StGB besteht darin, den Sterbewilligen vor unbedachten Entscheidungen zu schützen. Bei dieser Vorschrift handelt es sich demnach um ein abstraktes Gefährdungsdelikt. Die Gefahr, welcher sie wehren soll, besteht darin, dass nicht vollzugsreife Entscheidungen exekutiert werden könnten.[34] Ihrer Struktur nach ist dies eine paternalistische Zweckbestimmung, weil sie die Handlungsfreiheit der sterbewilligen Person zugunsten von deren Wohl in einer Weise beschränkt, die ihrem aktuellen Willen widerspricht.[35] Die Legitimität dieser Beschränkung versteht sich keineswegs von selbst. Zwar erkennen auch die hartnäckigsten Liberalen an, „dass es legitim sein kann, Personen vor sich selbst zu schützen, etwa wenn es sich um Minderjährige handelt, um Personen, denen die erforderliche Einsichts- und Urteilsfähigkeit fehlt, oder um grundsätzlich kompetente Erwachsene, die aber aufgrund von Informationsdefiziten nicht genau wissen, was sie tun".[36] Dieser so genannte weiche Paternalismus[37] sei keine Verletzung des Autonomiegrundsatzes, er schütze vielmehr die autonome Willensbetätigung des Individuums.[38] Weshalb aber sollte eine freiheitliche Straf-

---

34 Grundlegend G. Jakobs, *Tötung auf Verlangen, Euthanasie und Strafrechtssystem*, München 1998, 23.
35 Vgl. nur D. Birnbacher, *Paternalismus im Strafrecht – ethisch vertretbar?*, in: A. von Hirsch/U. Neumann/K. Seelmann (Hg.), *Paternalismus im Strafrecht*, Baden-Baden 2010, 12; B. Fateh-Moghadam, *Grenzen des weichen Paternalismus – Blinde Flecken der liberalen Paternalismuskritik*, in: ders./S. Sellmaier/W. Vossenkuhl (Hg.), *Grenzen des Paternalismus*, Stuttgart 2010, 22.
36 B. Fateh-Moghadam, *Grenzen des weichen Paternalismus*, 27.
37 Zur Unterscheidung zwischen hartem und weichem Paternalismus J. Feinberg, *The Moral Limits of the Criminal Law*, Bd. 3: *Harm to Self*, New York 1989, 12–16.
38 Vgl. B. Fateh-Moghadam, *Grenzen des weichen Paternalismus*, 27; I. Gkountis, *Autonomie und strafrechtlicher Paternalismus*, Berlin 2011, 217–220; U. Neumann, *Triplik auf die Duplik von der Pfordtens*, in: A. von Hirsch/U. Neumann/K. Seelmann (Hg.), *Paternalismus im Strafrecht*, 348; D.

rechtsordnung jemanden, dessen Tötungsverlangen sie explizit als ernstlich und damit als freiverantwortlich anerkennt, an der Umsetzung seines Willensentschlusses hindern dürfen?

Die Antwort hat der psychischen Ausnahmesituation Rechnung zu tragen, in der sich jemand befindet, der ernstlich zu dem Schluss gelangt, dass er lieber sterben möchte, als sein gegenwärtiges Leben fortzusetzen.[39] Die euphemistische Rede vom „Freitod"[40] lässt die Tatsache unbeachtet, dass nach einem Bericht der WHO aus dem Jahre 2002 bei mehr als 90 Prozent aller Suizidopfer massive psychische Störungen vorlagen, insbesondere Depressionen und Suchtkrankheiten.[41] Im strafrechtlichen Schrifttum ist zwar anerkannt, dass Depressivität, sofern sie nicht lediglich einer Augenblicksstimmung entspringt,[42] der Ernsthaftigkeit des Tötungsverlangens nicht notwendig entgegensteht,[43] ebenso wenig wie der Umstand, dass die Entscheidung unter dem Eindruck palliativmedizinisch nicht beherrschbarer Schmerzen zustande gekommen ist.[44] Da vorliegend aber nicht bloß eine Unrechtsminderung, sondern ein vollständiger Unrechtsausschluss in Rede steht, ist es wertungsmäßig geboten, den Einfluss der außerordentlichen seelischen Belastungssituation – einschließlich solcher Einflussfaktoren, die die Ernsthaftigkeit noch nicht ausschließen – möglichst umfassend zu neutralisieren. Das Tötungsverlangen muss sich aus der Warte eines objektiven Dritten deshalb nicht nur als eine irgendwie nachvollziehbare, sondern als eine naheliegende, mehr noch: eine sich geradezu aufdrängende Reaktion auf den

---

von der Pfordten, *Paternalismus und die Berücksichtigung des Anderen*, in: M. Anderheiden et al. (Hg.), *Paternalismus und Recht*, Tübingen 2006, 100.

39 Ebenso M. Kubiciel, *Die Wissenschaft vom Besonderen Teil des Strafrechts. Ihre Aufgaben, ihre Methoden*, Frankfurt a. M. 2013, 204; G. Maio, *Mittelpunkt Mensch – Ethik in der Medizin. Ein Lehrbuch*, Stuttgart 2012, 348, 359–360; besonders nachdrücklich D. Mieth, *Grenzenlose Selbstbestimmung? Der Wille und die Würde Sterbender*, Düsseldorf 2008, 27–28.

40 In geradezu peinlicher Penetranz findet sie sich etwa bei I. Matthäus-Maier, *Brauchen wir ein Verbot der Suizidbeihilfe?*, in: RuP 50 (2014), 73.

41 Zitiert nach E. J. Bauer/R. Fartacek/A. Nindl, *Wenn das Leben unerträglich wird. Suizid als philosophische und pastorale Herausforderung*, Stuttgart 2011, 69–70. Weitere in die gleiche Richtung deutende Nachweise zur neueren Suizidforschung finden sich bei K. Gavela, *Ärztlich assistierter Suizid und organisierte Sterbehilfe*, Heidelberg 2013, 18.

42 Vgl. H. Schneider, in: W. Joecks/K. Miebach (Hg.), *Münchener Kommentar zum StGB*, § 216 Rn. 19; U. Neumann, in: U. Kindhäuser/U. Neumann /H. U. Paeffgen (Hg.), *Nomos Kommentar Strafgesetzbuch*, § 216 Rn. 14; A. Eser/D. Sternberg-Lieben, in: A. Schönke/H. Schröder (Hg.), *Strafgesetzbuch. Kommentar*, § 216 Rn. 8.

43 Vgl. H. Schneider, in: W. Joecks/K. Miebach (Hg.), *Münchener Kommentar zum StGB*, § 216 Rn. 20.

44 Vgl. U. Neumann, in: U. Kindhäuser/U. Neumann /H. U. Paeffgen (Hg.), *Nomos Kommentar Strafgesetzbuch*, § 216 Rn. 14.

Leidenszustand des Sterbewilligen darstellen. Diese Voraussetzung kann jedenfalls dann als erfüllt gelten, wenn der Kranke schweren, nicht wirksam zu bekämpfenden Schmerzen ausgesetzt und sein natürliches Lebensende nahe herangerückt ist. In diesem Bereich ist ein Schutz der sterbewilligen Person vor sich selbst und eine daraus resultierende Pflicht des Ausführenden, sich des erbetenen Eingriffs in das Leben des Verlangenden zu enthalten, nicht mehr begründbar.[45]

Zur dogmatischen Absicherung dieses Ergebnisses wird verbreitet auf den Gedanken des rechtfertigenden Notstandes zurückgegriffen.[46] Diese Rechtsfigur

---

45 Ausführlicher wird der vorstehend dargelegte Gedankengang entfaltet in: M. Pawlik, *Selbstbestimmtes Sterben: Für eine teleologische Reduktion des § 216 StGB*, in: P.-A. Albrecht et al. (Hg.), *Festschrift für Walter Kargl zum 70. Geburtstag*, Berlin 2015, 413 ff. – Im Ergebnis weitgehend wie hier G. Jakobs, *Tötung auf Verlangen, Euthanasie und Strafrechtssystem*, 31–32; W. Frisch, *Leben und Selbstbestimmungsrecht im Strafrecht*, in: D. Leipold (Hg.), *Selbstbestimmung in der modernen Gesellschaft aus deutscher und japanischer Sicht*, Heidelberg 1997, 109–110; A. Grünewald, *Das vorsätzliche Tötungsdelikt*, Tübingen 2010, 300; M. Kubiciel, *Tötung auf Verlangen und assistierter Suizid als selbstbestimmtes Sterben?*, in: JZ 64 (2009), 606–607; ders., *Gott, Vernunft, Paternalismus – Die Grundlagen des Sterbehilfeverbots*, in: JA 43 (2011), 91; ders., *Tötung auf Verlangen*, in: Ad Legendum 8 (2011), 366; U. Murmann, *Die Selbstverantwortung des Opfers im Strafrecht*, Berlin 2005, 499–501.
46 H. Schneider, in: W. Joecks/K. Miebach (Hg.), *Münchener Kommentar zum StGB*, Vor § 211 Rn. 100; U. Neumann, in: U. Kindhäuser/U. Neumann/H. U. Paeffgen (Hg.), *Nomos Kommentar Strafgesetzbuch*, Vor § 211 Rn. 139; § 216 Rn. 19; ders., *Sterbehilfe im rechtfertigenden Notstand (§ 34 StGB)*, in: H. Putzke et al. (Hg.), *Strafrecht zwischen System und Telos* (Festschrift für R. D. Herzberg), Tübingen 2008, 584; ders., *Der Tatbestand der Tötung auf Verlangen (§ 216 StGB) als paternalistische Strafbestimmung*, in: B. Fateh-Moghadam/S. Sellmaier/W. Vossenkuhl (Hg.), *Grenzen des Paternalismus*, 251–254; A. Sinn, in: J. Wolter (Hg.), *Systematischer Kommentar zum Strafgesetzbuch*, § 212 Rn. 56; R. Maurach/F.-C. Schroeder/M. Maiwald, *Strafrecht Besonderer Teil*, Teilbd. 1: *Straftaten gegen Persönlichkeits- und Vermögenswerte*, Heidelberg [10]2009, § 1 Rn. 34; J. Wessels/W. Beulke/H. Satzger, *Strafrecht Allgemeiner Teil. Die Straftat und ihr Aufbau*, Heidelberg [46]2016, Rn. 470; K. Chatzikostas, *Die Disponibilität des Rechtsgutes Leben in ihrer Bedeutung für die Probleme von Suizid und Euthanasie*, Frankfurt a. M. 2001, 320–327; E. Fischer, *Recht auf Sterben?! Ein Beitrag zur Reformdiskussion der Sterbehilfe in Deutschland unter besonderer Berücksichtigung der Frage nach der Übertragbarkeit des holländischen Modells der Sterbehilfe in das deutsche Recht*, Frankfurt a. M. 2004, 249–256, 274; S. E. Geißendörfer, *Die Selbstbestimmung des Entscheidungsunfähigen an den Grenzen des Rechts. Zur Debatte über „passive Sterbehilfe" durch Behandlungsverzicht, vormundschaftliches Genehmigungsverfahren, Patientenverfügungen und deren gesetzliche Regelungsmöglichkeiten*, Berlin/Münster 2009, 215; U. Kämpfer, *Die Selbstbestimmung Sterbewilliger. Sterbehilfe im deutschen und amerikanischen Verfassungsrecht*, Berlin 2005, 357–359; W. Kargl, *Aktive Sterbehilfe im Zugriff der volkspädagogischen Deutung des § 216 StGB*, in: Institut für Kriminalwissenschaften und Rechtsphilosophie Frankfurt a. M. (Hg.), *Jenseits des rechtsstaatlichen Strafens*, Frankfurt a. M. 2007, 396; R. Merkel, *Früheuthanasie. Rechtsethische und strafrechtliche Grundlagen ärztlicher Entscheidungen über Leben und Tod in der Neonatalmedizin*, Baden-Baden 2001, 578–593; ders., *Aktive Sterbehilfe. Anmerkungen zum Stand der Diskussion und*

passt allerdings nur schlecht auf Konfliktsituationen der vorliegenden Art. Sowohl nach seinem Grundgedanken – Solidarität[47] – als auch nach seiner gesetzlichen Ausgestaltung – wesentliches Überwiegen – ist der rechtfertigende Notstand nämlich auf interpersonale Konflikte zugeschnitten,[48] während bei der Sterbehilfe Eingriffsadressat und Begünstigter identisch sind; aus diesem Grund verwirft auch der BGH im Fuldaer Fall die Notstandskonstruktion.[49] In Anbetracht der vorstehenden Erwägungen ist der Rückgriff auf den Notstandsgedanken freilich von vornherein überflüssig, denn das dargelegte Ergebnis lässt sich bereits durch eine methodisch konventionelle teleologische Reduktion des § 216 StGB erzielen.

Insgesamt ist demnach bereits auf der Basis des geltenden Strafrechts ein differenzierter und sensibler Umgang mit den meisten Konfliktsituationen am Ende des menschlichen Lebens möglich. Der BGH hat in seiner Entscheidung des Fuldaer Falls die in Betracht kommenden dogmatischen Anknüpfungspunkte leider nicht ausgeschöpft. Freilich: Der nächste spektakuläre Sterbehilfe-Fall kommt bestimmt. Ob der BGH dann vorsichtiger argumentieren wird?

---

zum Gesetzgebungsvorschlag des „Alternativ-Entwurfs Sterbebegleitung", in: A. Hoyer et al. (Hg.), *Festschrift für Friedrich-Christian Schroeder zum 70. Geburtstag*, Heidelberg 2006, 320–321; F. Müller, *§ 216 StGB als Verbot abstrakter Gefährdung. Versuch der Apologie einer Strafnorm*, Berlin 2010, 163, 202–209; V. Schork, *Ärztliche Sterbehilfe und die Bedeutung des Patientenwillens*, Frankfurt a. M. 2008, 248–257; R. D. Herzberg, *Der Fall Hackethal: Strafbare Tötung auf Verlangen*, in: *NJW* 39 (1986), 1640; A. von Hirsch/U. Neumann, „Indirekter Paternalismus" im Strafrecht – am Beispiel der Tötung auf Verlangen, in: dies./K. Seelmann (Hg.), *Paternalismus im Strafrecht*, 88–92, 107–109; K. Kutzer, *Sterbehilfe – rechtlich ethische Aspekte*, in: *DRiZ* 83 (2005), 258; ders., *Die Auseinandersetzung mit der aktiven Sterbehilfe. Ein spezifisches Problem der Deutschen?*, in: *ZRP* 36 (2003), 212; ders., *Patientenautonomie und Strafrecht – aktive und passive Sterbehilfe*, in: *FPR* 13 (2007), 61.

47 Vgl. V. Erb, in: W. Joecks/K. Miebach (Hg.), *Münchener Kommentar zum StGB*, § 34 Rn. 8; U. Neumann, in: U. Kindhäuser/U. Neumann /H. U. Paeffgen (Hg.), *Nomos Kommentar Strafgesetzbuch*, Bd. 1, Baden-Baden [4]2013, § 34 Rn. 9; H. Frister, *Strafrecht Allgemeiner Teil*, München [7]2015, § 17 Rn. 1; K. Kühl, *Strafrecht Allgemeiner Teil*, München [7]2012, § 8 Rn. 9–10.
48 Ebenso V. Erb, in: W. Joecks/K. Miebach (Hg.), *Münchener Kommentar zum StGB*, § 34 Rn. 30, 32; J. Baumann/U. Weber/W. Mitsch, *Strafrecht Allgemeiner Teil*, Bielefeld [11]2003, § 17 Rn. 54; G. Jakobs, *Strafrecht Allgemeiner Teil*, 13/34; U. Kindhäuser, *Strafrecht Allgemeiner Teil*, Baden-Baden [7]2015, § 17 Rn. 33; M. Köhler, *Strafrecht Allgemeiner Teil*, Berlin/Heidelberg/New York 1997, 294.
49 Vgl. BGHSt 55, 191, 197–198.

Stephan Rixen
Euthanasie oder Behandlungsabbruch?

Die „Lambert"-Entscheidung des Europäischen Gerichtshofs für Menschenrechte vom 5. Juni 2015

1 Euthanasie – oder nicht?

Der Europäische Gerichtshof für Menschenrechte (EGMR),[1] ein Organ des Europarates,[2] das die Grundrechte der Europäischen Menschenrechtskonvention (EMRK) durchsetzt – nicht zu verwechseln mit dem Gerichtshof der Europäischen Union (EuGH),[3] der die EU-Grundrechtecharta[4] durchsetzt – hat im Juni 2015 eine Entscheidung gefällt, die im Gericht selbst umstritten war.[5] Das Urteil der Großen Kammer des EGMR wurde mit 12 zu 5 Stimmen gefällt. Einerseits eine deutliche Mehrheit, andererseits bringen die fünf unterlegenen Richter ihre Ablehnung ungewöhnlich deutlich zum Ausdruck. In ihrer abweichenden Meinung schreiben sie:[6] „The case before this Court is one of euthanasia, even if under a different name." Oder wie es in der französischen Übersetzung noch treffender heißt: „Cette

---

[1] Informationen unter http://www.echr.coe.int (Zugriff am 01.12.2016).
[2] http://www.coe.int (Zugriff am 01.12.2016).
[3] http://curia.europa.eu/ (Zugriff am 01.12.2016).
[4] Charta der Grundrechte der Europäischen Union, Amtsblatt der EU 2010, C 83/389, http://eur-lex.europa.eu/LexUriServ/LexUriServ.do?uri=OJ:C:2010:083:0389:0403:DE:PDF (Zugriff am 01.12.2016).
[5] Vgl. EGMR (Europäischer Gerichtshof für Menschenrechte), *Case of Lambert and Others v. France*, Application no. 46043/14 = Affaire Lambert et Autres c. France, Requête no 46043/14, judgment of 5 June 2015, http://hudoc.echr.coe.int (Zugriff am 01.12.2016). – Dazu die Anmerkungen von S. Augsberg/S. Szczerbak, *Die Rechtsprechung des EGMR zur Sterbe- und Suizidhilfe: Problematische Selbstmarginalisierung oder sinnvolle richterliche Zurückhaltung?*, in: medstra 2 (2016), 3–8; A. Schlüter, *Passive Sterbehilfe vor dem EGMR im Fall Lambert – Das „Gewissen Europas" vor dem non liquet*, in: HRRS 16 (2015), 327–331, http://www.hrr-strafrecht.de/hrr/ (Zugriff am 01.12.2016); B. Weißer, *Entscheidungsanmerkung: EGMR (Große Kammer), Urteil vom 5.6.2015 – 46043/14 (Lambert u. a. v. Frankreich)*, in: ZJS 8 (2015), 442–449, http://www.zjs-online.com (Zugriff am 01.12.2016).
[6] Joint Partly Dissenting Opinion of Judges Hajiyev, Šikuta, Tsotsoria, De Gaetano and Gritco, § 9, in: EGMR, *Case of Lambert and Others v. France* (gegen die Mehrheitsmeinung § 141).

affaire est une affaire d'euthanasie qui ne veut pas dire son nom."[7] Der Vorwurf der fünf Richter besteht also darin, dass das Gericht unter dem Deckmantel eines vermeintlich zulässigen Behandlungsabbruchs Euthanasie in dem Sinne legitimiere, dass ohne verlässlich aufgeklärten – also möglicherweise gegen den – Willen des Patienten dessen Leben beendet werden dürfe.

2 Die Argumentation des EGMR in der „Lambert"-Entscheidung

2.1 Hintergrund

Der betroffene Patient, Vincent Lambert, lebt ungeachtet der Entscheidung des EGMR immer noch. Er befindet sich seit 2008 im Wachkoma, nachdem er kurz nach seinem 32. Geburtstag einen Verkehrsunfall erlitten hatte.[8] Die ihn betreffenden Rechtsstreitigkeiten halten bis in die jüngere Zeit an. So hat etwa das zuständige Gericht zwischenzeitlich bestätigt, dass Vincent Lamberts Ehefrau, die den Behandlungsabbruch wünscht, weiterhin die Betreuerin ihres Ehemannes ist.[9] Die Entscheidung des EGMR ist nur ein Element in einer ebenso dramatischen wie tragischen Entwicklung, in der die Eltern Vincent Lamberts, gläubige Katholiken, und einzelne seiner Geschwister gegen die Mehrheit seiner Geschwister sowie seine Ehefrau stehen, die den Behandlungsabbruch wünschen.[10]

Der behandelnde Arzt (Éric Kariger), der den Behandlungsabbruch 2013 angeordnet hatte und dessen Verhalten vom EGMR gewürdigt wurde, ist offenbar ebenso wie seine Familie und sein Team wiederholt Drohungen insbesondere aus

---

[7] Die Amtssprachen des Gerichtshofs sind Englisch und Französisch, vgl. Artikel 34 Absatz 1 der Verfahrensordnung des EGMR, deutsche Fassung abrufbar unter http://www.bmj.de/SharedDocs/Downloads/EN/Verfahrensordnung_des_Gerichtshofs.pdf?__blob=publicationFile (Zugriff am 01.12.2016).
[8] Vgl. EGMR, *Case of Lambert and Others v. France*, §§ 11ff. – Gute Zusammenfassung auch bei B. Weißer, *Entscheidungsanmerkung: EGMR (Große Kammer), Urteil vom 5.6.2015 – 46043/14 (Lambert u.a. v. Frankreich)*, 442–449.
[9] Vgl. http://www.lemonde.fr/fin-de-vie/article/2016/07/08/affaire-vincent-lambert-la-justice-confirme-la-tutelle-de-sa-femme_4966166_1655257.html (Zugriff am 01.12.2016).
[10] Informationen mit weiteren Nachweisen, auch zum Folgenden, in der französischen Wikipedia, https://fr.wikipedia.org/wiki/Affaire_Vincent_Lambert (Zugriff am 01.12.2016); siehe ferner die Hinweise bei S. Stade, *Patientenverfügung und Vorsorgevollmacht nach BGB – und was ist, wenn etwas in Frankreich passiert?*, in: *ErbR* 9 (2014), 515–523; S. Stade, *Der Fall Vincent Lambert – und kein Ende!*, in: *ErbR* 10 (2015), 612–615.

dem (rechts-)katholischen Lager ausgesetzt gewesen,[11] das die Eltern Lamberts unterstützt. Der Arzt hat das Krankenhaus, in dem Lambert behandelt wird, eine Universitätsklinik, im Juli 2014 verlassen, seine dortige berufliche Tätigkeit also aufgegeben.[12] Das Krankenhaus teilte im Juli 2015 mit, bis auf weiteres könne keine Entscheidung über den Behandlungsabbruch getroffen werden, da es an den Bedingungen für eine hinreichend sichere und abgewogene Entscheidung fehle.[13] Die Eltern Lamberts kämpfen weiterhin dafür – bislang erfolglos –, dass ihr Sohn in eine Einrichtung verlegt wird, die nicht erwägt, einen Behandlungsabbruch vorzunehmen, sondern stattdessen dauerhaft eine spezialisierte Pflege für Wachkoma-Patienten gewährleistet. Unterdessen wird Vincent Lambert weiter künstlich ernährt. Die Zulässigkeit der künstlichen Ernährung und der Flüssigkeitsversorgung bildet den Kern des Konflikts.

2.2 Das französische Recht

Der EGMR hatte insbesondere auf Betreiben der Eltern Lamberts eine Entscheidung des französischen obersten Verwaltungsgerichts, des Conseil d'État, bestätigt. Der Conseil d'État hatte die einschlägigen französischen Gesetzesbestimmungen so angewandt, dass der Arzt im konkreten Fall berechtigt sei, die Behandlung abzubrechen.[14] Der behandelnde Arzt darf nach französischem Recht die Behandlung abbrechen oder unterlassen, wenn die lebenserhaltenden Maßnahmen nutzlos (inutiles), unverhältnismäßig (disproportionnés) oder keinen anderen Effekt haben als die künstliche Aufrechterhaltung des Lebens (n'ayant d'autre effet que le seul maintien artificiel de la vie).[15] Das Gesetz bezeichnet diese Situationen zusammenfassend als „obstination déraisonnable",[16] also als unvernünftiges, unsinniges Beharren. In einer nicht-amtlichen, aber in einer wich-

---

11 Vgl. http://www.francetvinfo.fr/societe/euthanasie/vincent-lambert/apres-des-menaces-d-in tegristes-le-medecin-de-vincent-lambert-demissionne_638985.html (Zugriff am: 01.12.2016) – Siehe hierzu auch É. Kariger, *Ma vérité sur l'affaire Vincent Lambert*, Montrouge 2015, 125.
12 Vgl. http://www.lefigaro.fr/actualite-france/2014/07/04/01016-20140704ARTFIG00009-nouveau-rebondissement-dans-l-affaire-vincent-lambert.php (Zugriff am 01.12.2016); http://www.la-croix.com/Actualite/France/Eric-Kariger-le-docteur-de-Vincent-Lambert-se-retire-2014-07-04-1174466 (Zugriff am 01.12.2016).
13 Vgl. http://www.francetvinfo.fr/societe/euthanasie/vincent-lambert/vincent-lambert-l-equipe-medicale-ne-se-prononce-pas-sur-l-arret-des-soins-et-demande-un-representant-legal_1011525. html (Zugriff am 01.12.2016).
14 Vgl. EGMR, *Case of Lambert and Others v. France*, §§ 45 ff.
15 Vgl. EGMR, *Case of Lambert and Others v. France*, §§ 52 ff.
16 EGMR, *Case of Lambert and Others v. France*, § 53.

tigen deutschen juristischen Zeitschrift erschienenen Übersetzung ist vom „unvernünftigen Starrsinn" die Rede.[17] Das verleiht dem Beharren einen subjektiven Einschlag (starrsinnig sein), der das Gemeinte verzerrt. Was aber ist unvernünftiges Beharren?

Das Gesetz legt fest, dass der für die Behandlung zuständige Arzt in Absprache mit dem Behandlungsteam die Entscheidung trifft, zuvor aber alle Informationen einholen muss, die über den Patientenwillen Auskunft geben, namentlich Patientenverfügungen und Informationen von Angehörigen, Vertrauenspersonen oder anderen nahestehenden Personen. Das französische Recht folgt einem offen arztzentrierten Entscheidungsmodell. Es ist offen arztzentriert, weil die kommunikativ dominante Rolle, die Ärzte in solchen Settings typischerweise innehaben, explizit vom Gesetz anerkannt wird und zu einer exklusiven Verantwortung des Arztes führt. Die Willensbekundungen des Patienten sind vom Arzt unter Einbeziehung des Behandlungsteams zu rekonstruieren und daraufhin zu prüfen, ob sie den Schluss tragen, der Patient wolle eine Behandlung nicht bzw. nicht mehr. Dies muss dann noch vom behandelnden Arzt in einer vom Gesetz im Einzelnen nicht normierten Weise als „obstination déraisonnable" qualifiziert werden. Es geht um eine stark medikalisierte Sichtweise, die letztlich die ärztlichen Vorstellungen von der Sinnlosigkeit („futility") einer weiteren Behandlung zur Geltung bringt.[18]

2.3 Zum Vergleich: Die Rechtslage in Deutschland

Der rechtliche Rahmen in Deutschland ist ein anderer:[19] Hier wird die Abbruchentscheidung vom Betreuer oder Bevollmächtigten getroffen, allerdings steuert der Arzt diese Entscheidung, weil er zunächst prüft, welche ärztliche Maßnahme im Hinblick auf den Gesamtzustand und die Prognose des Patienten indiziert ist.[20] Geht der Arzt davon aus, dass keine lebenserhaltenden Maßnahmen mehr indi-

---

17 So die Übersetzung in *NJW* 68 (2015), 2715–2724, hier: 2719 (§ 119).
18 Vgl. allgemein hierzu G. Becker, *Gewissensentscheidungen am Lebensende*, in: F.-J. Bormann/V. Wetzstein (Hg.), *Gewissen. Dimensionen eines Grundbegriffs medizinischer Ethik*, Berlin/Boston 2014, 496–498. Die medikalisierte, der Sache nach an „futility" ausgerichtete Sichtweise herrscht offenbar auch bei dem behandelnden Arzt vor, wie dessen Ausführungen zur „obstination déraisonnable" belegen, É. Kariger, *Ma vérité sur l'affaire Vincent Lambert*, Montrouge 2015, 84 f.
19 Vgl. S. Rixen, *Rechtliche Aspekte der vorausschauenden Behandlungsplanung (Advance Care Planning)*, in: M. Coors/R. J. Jox/J. in der Schmitten (Hg.), *Advance Care Planning. Von der Patientenverfügung zur gesundheitlichen Vorausplanung*, Stuttgart 2015, 164–180.
20 Vgl. § 1901b Absatz 1 Satz 1 BGB.

ziert sind,[21] muss die Behandlung ohnehin abgebrochen werden. Allerdings können – und werden in aller Regel – stattdessen nur noch palliative Maßnahmen indiziert sein, so dass sich die Frage nach dem Patientenwillen zumindest in dieser Hinsicht immer noch stellt. Außerdem kann der Arzt einen Behandlungsabbruch zumindest indirekt dadurch verhindern, dass er den vom Betreuer oder Bevollmächtigten gewünschten Behandlungsabbruch ablehnt und eine Entscheidung des Betreuungsgerichts erzwingt.[22] Das deutsche Recht folgt somit einem verdecktarztzentrierten Entscheidungsmodell, das die faktische kommunikative Dominanz des Arztes hinter der Fassade einer formal starken Entscheidungsmacht des Patientenstellvertreters verbirgt.

2.4 Der mutmaßliche Wille

Beide Rechtsordnungen, die französische wie die deutsche, kennen zumindest der Sache nach das Konstrukt des mutmaßlichen Willens. Es wird allerdings nur im deutschen Recht ausdrücklich so genannt,[23] während das französische Recht von den vorher geäußerten Wünschen des Patienten spricht.[24] Sowohl das französische als auch das deutsche Recht gleichen sich darin, dass sie keine scharfen Kriterien für die Ermittlung des mutmaßlichen Willens benennen. Im deutschen Recht heißt es: „Der mutmaßliche Wille ist aufgrund konkreter Anhaltspunkte zu ermitteln. Zu berücksichtigen sind insbesondere frühere mündliche oder schriftliche Äußerungen, ethische oder religiöse Überzeugungen und sonstige persönliche Wertvorstellungen des Betreuten."[25] Wann „konkrete Anhaltspunkte" konkret genug sind, bleibt ebenso offen wie die Frage, wie konkret sich frühere mündliche oder schriftliche Äußerungen bzw. Überzeugungen und Wertvorstellungen des Patienten auf die Behandlungssituation beziehen müssen. Ob aus der Befürwortung bestimmter moralischer Prinzipien bestimmte handlungsorientierte Entscheidungspräferenzen folgen, ist so eindeutig nicht. Das deutsche Recht hat sich – obgleich es schon im Vorfeld des Gesetzgebungsverfahrens Vorschläge für

---

21 Zu den wertenden Anteilen einer ärztlichen Indikation G. Becker, *Gewissensentscheidungen am Lebensende*, 499–500.
22 Vgl. § 1904 Absatz 4 BGB.
23 Vgl. § 1901a Absatz 2, § 1901b Absatz 2 BGB.
24 Vgl. EGMR, *Case of Lambert and Others v. France*, § 54, der auf Article R. 4127–37 (Code de la santé publique) verweist: „La décision de limitation ou d'arrêt de traitement prend en compte les souhaits que le patient aurait antérieurement exprimés, en particulier dans des directives anticipées, [...]."
25 § 1901a Absatz 2 Satz 2 und Satz 3 BGB.

Präzisierungen gab²⁶ – dafür entschieden, alles Nähere dem Betreuer bzw. dem Bevollmächtigten sowie dem Arzt zu überlassen. Das gilt auch für die französische Rechtslage mit dem Unterschied, dass, wie erwähnt, nur der Arzt der formale Entscheider ist, dem die übrigen faktisch Beteiligten, etwa die Familienangehörigen, nur bei der Ermittlung des Willens zuarbeiten.

2.5 Artikel 2 und Artikel 8 EMRK, insbesondere der Gestaltungsspielraum der Mitgliedstaaten

Vor diesem Hintergrund wird deutlich, worauf diejenigen, die den Behandlungsabbruch zulasten Vincent Lamberts vor dem EGMR angegriffen haben, hinauswollten: Sie bemängeln vor allem, dass die gesetzlichen Bestimmungen die Ermittlung des Patientenwillens nicht hinreichend präzise normierten, so dass Frankreich kraft dieser insuffizienten Regelung seine Pflicht verletze, das Leben von Vincent Lambert zu schützen.[27] Die Argumentation schließt zumindest im Ansatz an die gefestigte Rechtsprechung des EGMR an,[28] der über die konkrete Konstellation allerdings bislang noch nicht befunden hatte.[29] Nach Artikel 2 der EMRK wird das „Recht jedes Menschen auf Leben [...] gesetzlich geschützt." Der EGMR leitet aus dieser Bestimmung negative und positive Verpflichtungen ab. Zum einen ist jeder Mitgliedstaat des Europarates verpflichtet, absichtliche („intentional") Tötungen zu unterlassen (negative Verpflichtung).[30] Inwieweit nichtabsichtliche Tötungen verboten sind, ist im Einzelnen unklar.[31] Zum anderen ist jeder Mitgliedstaat verpflichtet, „to take appropriate steps to safeguard the lives of

---

26 Vgl. W. Höfling, *Gesetz zur Sicherung der Autonomie und Integrität von Patienten am Lebensende (Patientenautonomie- und Integritätsschutzgesetz)*, in: MedR 24 (2006), 25–32.
27 S. insb. EGMR, *Case of Lambert and Others v. France*, § 149; siehe auch §§ 80 ff., 125 f., 183.
28 Zusammenfassend N. Jacob, *Aktive Sterbehilfe im Rechtsvergleich und unter der Europäischen Menschenrechtskonvention*, Marburg 2013; ferner ders., *Sterbehilfe unter der Europäischen Menschenrechtskonvention (EMRK)*, in: *Vorgänge. Zeitschrift für Bürgerrechte und Gesellschaftspolitik* 54, Nr. 210/211 (2015), 79–98.
29 Vgl. EGMR, *Case of Lambert and Others v. France*, § 136.
30 Vgl. EGMR, *Case of Lambert and Others v. France*, § 117.
31 Vgl. C. Grabenwarter, *European Convention on Human Rights. Commentary*, München 2014, 15 f. (Art. 2 Rn. 5); siehe ferner EGMR, Case of McKerr v. The United Kingdom, Application no. 28883/95, Judgment of 4 May 2001, § 110, http://hudoc.echr.coe.int (Zugriff am 01.12.2016): „The text of Article 2, read as a whole, demonstrates that it covers not only intentional killing but also situations where it is permitted to 'use force' which may result, as an unintended outcome, in the deprivation of life."

those within its jurisdiction (positive obligations)".[32] Der EGMR konkretisiert dies folgendermaßen: „in the public-health sphere, these positive obligations require States to make regulations compelling hospitals, whether private or public, to adopt appropriate measures for the protection of patients' lives".[33]

Artikel 2 EMRK ist der zentrale Prüfungsmaßstab des EGMR in der „Lambert"-Entscheidung.[34] Gleichwohl erinnert der EGMR an den in seiner früheren Rechtsprechung entwickelten Zusammenhang von Artikel 2 EMRK und Artikel 8 EMRK („Jede Person hat das Recht auf Achtung ihres Privat- und Familienlebens, ihrer Wohnung und ihrer Korrespondenz."), aus dem der EGMR ein Recht herleitet zu entscheiden, „in which way and at which time his or her life should end".[35] Erneut mit Blick auf seine frühere Rechtsprechung ruft der EGMR in Erinnerung, dass der Schutz des Lebens mit Artikel 8 EMRK zum Ausgleich gebracht werden müsse, was verlange, dass eine auch praktisch wirksame Regelung bestehe, die die Schutzverpflichtung umsetze.[36] Das wiederum bedeute, die Regelung müsse gewährleisten, dass die Wünsche des Betroffenen sowie die Einschätzungen des medizinischen Personals berücksichtigt würden und bei Zweifeln, ob die Entscheidung dem Patienteninteresse entspreche, eine gerichtliche Überprüfung vorgesehen sei.[37]

Abschließend betont der EGMR, er gestehe „den Konventionsstaaten einen gewissen Ermessensspielraum" zu, „wenn es um ihre positiven Schutzpflichten in Zusammenhang mit schwierigen wissenschaftlichen, rechtlichen und ethischen Fragen insbesondere zum Beginn und zum Ende des Lebens geht und es einen europäischen Konsens nicht gibt."[38] Er verweist hierzu u. a. auf Entscheidungen des EGMR zum Schwangerschaftsabbruch, zur Embryonenkonservierung oder zur Suizidbeihilfe[39] und resümiert:

> Einen Konsens unter den Mitgliedstaaten des Europarats über die Zulässigkeit des Abbruchs einer Behandlung, die das Leben künstlich erhält, gibt es nicht, wenngleich die Mehrheit das anscheinend erlaubt. Die Modalitäten sind dabei von Staat zu Staat unterschiedlich, doch besteht ein Konsens dahingehend, dass der Wille des Patienten bei der Entscheidung ausschlaggebend ist, wie immer er geäußert wurde. Also ist den Konventionsstaaten in diesem Bereich, der das Lebensende berührt, wie in dem, der seinen Beginn betrifft, ein Ermes-

---

32 EGMR, *Case of Lambert and Others v. France*, § 117.
33 EGMR, *Case of Lambert and Others v. France*, § 140.
34 Vgl. EGMR, *Case of Lambert and Others v. France*, § 184.
35 EGMR, *Case of Lambert and Others v. France*, § 142.
36 Vgl. EGMR, *Case of Lambert and Others v. France*, § 143; siehe dazu auch die deutsche Übersetzung in *NJW* 68 (2015), 2721 (§ 143).
37 Vgl. ebd.
38 EGMR, *Case of Lambert and Others v. France*, § 144; deutsche Fassung im Anschluss an *NJW* 68 (2015), 2721 (§ 144).
39 Vgl. EGMR, *Case of Lambert and Others v. France*, §§ 144 f.

sensspielraum zuzugestehen, und das nicht nur bei der Erlaubnis eines Abbruchs der künstlichen Lebenserhaltung und der Art und Weise des Vorgehens, sondern auch dabei, wie ein Ausgleich herzustellen ist zwischen dem Recht des Patienten auf Schutz seines Lebens und dem auf Achtung seines Privatlebens und seiner persönlichen Autonomie. Der Ermessensspielraum ist aber nicht unbegrenzt, der Gerichtshof überprüft die Einhaltung der Schutzpflichten des Staates nach Art. 2 EMRK [...].[40]

2.6 Zwischenresümee: Pluralitätssensible Relativierung der Schutzintensität von Menschenrechten

Halten wir hier kurz inne und fassen zusammen:

(1) Der EGMR lässt keinen Zweifel daran, dass jedes einwilligungsfähige Individuum über Zeitpunkt und Modalitäten seines Lebensendes selbst bestimmen kann. Das ist ein Aspekt von Artikel 8 EMRK.

(2) Der EGMR lässt ebenso wenig Zweifel daran, dass der Schutz des Lebens auch in medizinischen Konfliktsituationen zu den staatlichen Verpflichtungen aus Artikel 2 EMRK gehört. Allerdings darf dieser Schutz nicht unter Missachtung der Selbstbestimmung des Patienten (Artikel 8 EMRK) umgesetzt werden.

(3) Der EGMR gewährt den Mitgliedstaaten einen Gestaltungsspielraum, wenn es um komplexe medizinische oder ethische Fragen am Lebensanfang oder -ende geht, hinsichtlich derer es an einem Konsens unter den Mitgliedstaaten fehlt. Damit respektiert der EGMR den Umstand, dass der menschenrechtliche Maßstab in Randbereichen unklar sein kann. Der Anspruch der EMRK, einen menschenrechtlichen Mindeststandard in den 47 Mitgliedstaaten mit ca. 820 Mio. Einwohnern zu gewährleisten, stößt dort an Grenzen, wo über den Inhalt des Standards keine Einhelligkeit besteht. Der EGMR versteht die Menschenrechtsordnung des Europarats gleichsam als Tandem der Implementation, auf dem sich die Mitgliedstaaten als auch der EGMR gemeinsam fortbewegen und auf dem, wenn es Standardunsicherheiten gibt, die in Ungleichzeitigkeiten des moralischen (kollektiven) Bewusstseins der Mitgliedstaaten wurzeln, diese – nicht der EGMR – das Tempo vorgeben.

(4) Dahinter steht ein bestimmtes Bild von Pluralität bzw. Pluralismus als faktischem Funktionselement und normativem Leitbild demokratischer Gesellschaften:

> Pluralismus, Toleranz und geistige Offenheit kennzeichnen eine ‚demokratische Gesellschaft'. Auch wenn in manchen Fällen die Interessen von Einzelnen denjenigen einer Gruppe

---

[40] EGMR, *Case of Lambert and Others v. France*, § 147 f.; deutsche Fassung im Anschluss an EGMR, NJW 68 (2015), 2721 (§§ 147 f.).

untergeordnet werden müssen, lässt sich die Demokratie nicht auf die ständige Vorherrschaft der Meinung einer Mehrheit zurückführen, sondern erfordert ein Gleichgewicht, das sich in der Minderheit befindenden Einzelnen eine gerechte Behandlung gewährleistet und jeden Missbrauch einer Machtposition vermeidet [...]. Der Pluralismus und die Demokratie müssen sich [...] auf den Dialog und einen Geist des Kompromisses stützen, die notwendigerweise seitens des Einzelnen verschiedene Zugeständnisse beinhalten, die im Hinblick auf die Sicherung und Förderung der Ideale einer demokratischen Gesellschaft gerechtfertigt sind [...]. Auch wenn die ‚Rechte und Freiheiten anderer' selbst zu denen gehören, die durch die Konvention [...] gewährleistet werden, muss angenommen werden, dass die Notwendigkeit, sie zu schützen, die Staaten dazu führen kann, andere Rechte und Freiheiten einzuschränken, die ebenfalls in der Konvention verankert sind; gerade dieses ständige Streben nach einem Gleichgewicht zwischen den Grundrechten eines jeden bildet die Grundlage einer ‚demokratischen Gesellschaft' [...].[41]

Was für nicht-juristische Betrachter verwunderlich sein mag, dass nämlich die strikte Bindung staatlicher Gewalt an pluralitätsgewährleistende Menschenrechte – gleichsam über ein konzeptionelles *re-entry* des Pluralitätsgedankens – relativiert wird, ist Folge der Geltung von Menschenrechten nicht im luftleeren Raum, sondern im Raum der wirklichen Wirklichkeit, in denen die Pluralität der Prinzipien und der Regelbildung gerade bei vielen medizin- bzw. bioethischen Fragen unterschiedlich stark ausgeprägt ist. Menschenrechte, plural verstanden, sind eben nicht säkulare Repräsentanten strikt-exklusiver – etwa religiöser – Wahrheitsansprüche, sondern sollen die faktisch bestehende Pluralität – die zu achten, menschenrechtlich betrachtet, alternativlos ist – in lebbare, verhaltenssteuernde Kompromisse für den Alltag pluraler Gesellschaften verwandeln. Fällt die Bewertung einer bio- bzw. medizinethischen Frage nicht einheitlich aus, dann muss es den normsetzenden Gewalten – wohlgemerkt: bei entsprechenden Begründungslasten und dauerhaften Beobachtungs- und Nachbesserungspflichten („ständige[s] Streben nach einem Gleichgewicht") – gestattet sein, *vorläufig endgültige* – weil durch neue Gesetze änderbare – Entscheidungen zu treffen, die nicht allen Lesarten einer Menschenrechtsgarantie zur Durchsetzung verhelfen, sondern *vorläufig* nur einer.[42] Es geht, mit anderen Worten, um die pluralitätssensible Temporalisierung der effektiven Grundrechtsgeltung.

---

41 EGMR, Urteil vom 10.11.2005, Case of Leyla Şahin v. Turkey (Application no. 44774/98), § 108, hier zitiert nach der deutschen Übersetzung durch den belgischen Verfassungsgerichtshof, Entscheid Nr. 145/2012 v. 6.12.2012, B. 16. 2., http://www.const-court.be/public/d/2012/2012-145d.pdf (Zugriff am 01.12.2016).
42 Allgemein zu grundrechtskonkretisierenden Gerichtsentscheidungen als „Akte[n] bloß vorläufiger Endgültigkeit" S. Rixen, *Ist die Hirntodkonzeption mit der Ethik des Grundgesetzes vereinbar? Anmerkungen zum offenen Menschenbild des Grundgesetzes*, in: E.-M. Engels (Hg.), *Biologie und Ethik*, Stuttgart 1999, 351.

(5) Der EGMR meint zwar, der Ermessensspielraum sei nicht unbegrenzt und er überprüfe die Einhaltung der aus dem Lebensgrundrecht hergeleiteten Schutzpflicht. Nur benennt er keine Kriterien, anhand derer sich eine Überschreitung des Ermessensspielraums erkennen und überprüfen lässt. Die Ansichten der Richtermehrheit und der Richterminderheit gehen hierüber deutlich auseinander, was erst wirklich nachvollziehbar wird, wenn man die Mehrheitsargumentation (sogleich 2.7) im Spiegel der Minderheitsmeinung betrachtet (zu dieser 3.).

2.7 Kernelemente der französischen Rechtslage auf dem Prüfstand

Der EGMR (genaugenommen: die Mehrheit seiner Richter) prüft in der „Lambert"-Entscheidung die zentralen Begrifflichkeiten, das Verfahren zur Ermittlung des Behandlungswunsches sowie die Rechtsbehelfe, wobei er Wortlaut und Systematik der Bestimmungen des französischen Rechts sowie deren Interpretation durch den Conseil d'État zusammen betrachtet.[43] Die Annahme, dass zur Behandlung auch die künstliche Ernährung sowie die Flüssigkeitsversorgung gehörten, akzeptiert der EGMR.[44] Der französische Gesetzgeber hat das zwischenzeitlich auch gesetzlich explizit klargestellt.[45] Auch den Begriff „obstination déraisonnable" akzeptiert der EGMR als hinreichend bestimmt, wobei er auf präzisierende Erläuterungen im Gesetzgebungsverfahren sowie des Conseil d'État verweist,[46] der insbesondere die „particular importance"[47] der Äußerungen von Familienangehörigen hervorgehoben hatte. Außerdem hatte der Conseil d'État betont, dass, wenn der Wille des Patienten nicht bekannt sei, nicht vermutet werden dürfe, der Betroffene lehne es ab, am Leben erhalten zu werden.[48]

Auch das kollegiale Verfahren der Entscheidungsfindung u. a. unter Einbeziehung eines weiteren beratenden Arztes akzeptiert der EGMR.[49] Er verweist hier u. a. auf die Qualität und die Vielzahl der medizinischen Untersuchungen von

---

43 Vgl. EGMR, *Case of Lambert and Others v. France*, § 181.
44 Vgl. EGMR, *Case of Lambert and Others v. France*, §§ 154 f.
45 Vgl. Article L 1110 – 5–1 (Loi n° 2016 – 87 du 2 février 2016 créant de nouveaux droits en faveur des malades et des personnes en fin de vie, https://www.legifrance.gouv.fr [Zugriff am 01.12. 2016]): „La nutrition et l'hydratation artificielles constituent des traitements qui peuvent être arrêtés conformément au premier alinéa du présent article."
46 Vgl. EGMR, *Case of Lambert and Others v. France*, §§ 156 ff.
47 EGMR, *Case of Lambert and Others v. France*, § 158; frz.: „importance toute particulière".
48 Vgl. EGMR, *Case of Lambert and Others v. France*, § 159.
49 Vgl. EGMR, *Case of Lambert and Others v. France*, §§ 161 ff.

Vincent Lambert.⁵⁰ Er kritisiert weder die alleinige Entscheidungskompetenz des Arztes noch das Fehlen eines Mediationsverfahrens, das etwaige Meinungsverschiedenheiten bei der Entscheidungsfindung strukturiert lösen helfen könnte.⁵¹ Die konkrete Ausgestaltung des gerichtlichen Rechtsschutzes, in dessen Rahmen diverse medizinische bzw. medizinethische Gutachten eingeholt wurden, akzeptiert der EGMR ebenfalls.⁵²

In vergleichsweise knappen Ausführungen akzeptiert der EGMR auch die Ermittlung des Patientenwillens anhand des mutmaßlichen Willens; hierbei verweist er auf rechtsvergleichendes Material, das belege, dass dieser Modus der Entscheidungsfindung zumindest in „einigen Staaten" (die nicht genannt werden) anerkannt sei.⁵³ Er verwirft daher den Einwand, die mündlichen Äußerungen von Vincent Lambert hätten nicht berücksichtigt werden dürfen, weil sie zu allgemein seien.⁵⁴

3 Zur Kritik der fünf dissentierenden Richter

3.1 Ist der Abbruch der „Behandlung" von Wachkomapatienten legitimierbar?

Genau hier liegt einer der Hauptkritikpunkte der fünf dissentierenden Richter. Zunächst stellen sie sehr nachdrücklich heraus, dass Vincent Lambert lebe, auch wenn bzw. weil er ernährt werde. Was, fragen sie, könne aber rechtfertigen, dass ein Staat einem Arzt erlaube, die Nahrungs- und Flüssigkeitsversorgung abzustellen mit der Folge, dass der Patient sterbe?⁵⁵ Die Argumentation erschöpft sich zumindest an dieser Stelle in rhetorischen Fragen:

> What is the overriding reason, in the circumstances of the present case, justifying the State in not intervening to protect life? Is it financial considerations? None has been advanced in this case. Is it because the person is in considerable pain? There is no evidence to that effect. Is it because the person is of no further use or importance to society, indeed is no longer a person and has only "biological life"?⁵⁶

---

50 Vgl. EGMR, *Case of Lambert and Others v. France*, § 166, § 174.
51 Vgl. EGMR, *Case of Lambert and Others v. France*, § 167.
52 Vgl. EGMR, *Case of Lambert and Others v. France*, §§ 169 ff., insb. §§ 173 f.
53 EGMR, *Case of Lambert and Others v. France*, §§ 177 ff., insb. § 179: „a number of countries".
54 Vgl. EGMR, *Case of Lambert and Others v. France*, § 180.
55 Vgl. Joint Partly Dissenting Opinion, § 4, in: EGMR, *Case of Lambert and Others v. France*.
56 Ebd.

Die Argumente lassen sich wohl nur als moralische Anklage deuten, weil weder finanzielle Gründe noch Gründe der Lebensqualität noch Gründe der Nützlichkeit noch Gründe angeblich fehlender Personalität als relevant erachtet werden. So verständlich diese Kritik ist, so verfehlt sie doch den Maßstab, den der EGMR zugrunde legt: Die Dissenter müssten erläutern, dass entweder der Gestaltungsspielraum Frankreichs in dieser Konstellation enger ausfällt, oder sie hätten generell des Argument des Gestaltungsspielraums zurückweisen müssen. Beides tun sie allenfalls in Andeutungen. Sie stellen in juristisch inkonsistenter Weise die moralische Legitimation Frankreichs in Frage, überhaupt einen Behandlungsabbruch bei lebenden Menschen vorzusehen.

3.2 Wie relevant ist für den Arzt ein unklar konzipierter „mutmaßlicher Wille"?

Der nächste Einwand der Dissenter ist – zumindest auf den ersten Blick – überzeugender: Obwohl Vincent Lambert selbst Krankenpfleger war, hatte er weder eine Patientenverfügung verfasst noch einen Bevollmächtigten ernannt, meinen die Dissenter.[57] Das indes ist bei genauerer Betrachtung kein besonders starkes Argument, denn Patientenverfügungen sind ohnehin wenig verbreitet, erst recht bei jungen Menschen.[58] Die Dissenter bezweifeln ferner, dass die gegenüber seiner Ehefrau erfolgten allgemein gehaltenen Äußerungen[59] den Wunsch nach dem Behandlungsabbruch zu tragen vermögen. „In matters of such gravity nothing short of absolute certainty should have sufficed."[60] Was das praktisch bedeutet bzw. wie sich „nothing short of absolute certainty" in operable Kriterien transformieren lässt, verraten die Dissenter nicht.[61] Durch die Blume bezweifeln sie wohl, dass es diese Äußerungen überhaupt gegeben hat. Zumindest wird man den Vorwurf heraushören dürfen, die Äußerungen von Lamberts Ehefrau und dem behandelnden Arzt seien auf das gewünschte Ergebnis hin bearbeitet worden, was sich natürlich nicht nachweisen lässt.

---

57 Vgl. Joint Partly Dissenting Opinion, § 5, in: EGMR, *Case of Lambert and Others v. France*.
58 Vgl. R. J. Jox/J. in der Schmitten/G. Marckmann, *Ethische Grenzen und Defizite der Patientenverfügung*, in: M. Coors/R. J. Jox/J. in der Schmitten (Hg.), *Advance Care Planning*, 23–38.
59 Vgl. EGMR, *Case of Lambert and Others v. France*, §§ 50, 176.
60 Joint Partly Dissenting Opinion, § 5, in: EGMR, *Case of Lambert and Others v. France*.
61 Zum Problem vgl. A. Schlüter, *Passive Sterbehilfe vor dem EGMR im Fall Lambert – Das „Gewissen Europas" vor dem non liquet*, in: HRRS 16 (2015), 331, http://www.hrr-strafrecht.de/hrr/ (Zugriff am 01.12.2016).

Juristisch lässt sich das Argument in zweifacher Weise verstehen: Die fünf Dissenter messen den verfügbaren Tatsachen bzw. Indizien keine Aussagekraft bei, die den Schluss auf einen – den Behandlungsabbruch wünschenden – mutmaßlichen Willen zulässt, also die richterliche Gewissheit vom Vorliegen des mutmaßlichen Willens ermöglicht. Damit läge, wie Juristen dies nennen, die Situation eines *non liquet* vor. Das ist eine Beweislage, die es nicht erlaubt, von den vorliegenden Beweisen auf die in Rede stehende Realität (um deren beweismäßige Rekonstruktion es geht) zu schließen. Im Beweisrecht ist die interessante Frage die, zu wessen Lasten das *non liquet* geht.[62] Das ist keine bloß technische Frage des Prozessrechts, vielmehr spiegeln sich in der Verteilung der sogenannten objektiven Beweislast (*non liquet*) – wer also die Last der Nichterweislichkeit von Tatsachen zu tragen hat – materielle Wertungen. Die argumentative Intervention der fünf Dissenter lässt sich so verstehen, dass das *non liquet*, weil es um das Leben geht, nicht zulasten dessen gehen darf, um dessen Weiterleben gestritten wird. Angesichts der fundamentalen Bedeutung des Lebens als Möglichkeitsbedingung jeder Persönlichkeitsentfaltung ist das plausibel. Problematisch ist jedoch, ob man überhaupt von einer nicht hinreichend aussagekräftigen Beweislage sprechen kann.

Den Verweis auf die zweifelhafte Rekonstruierbarkeit des mutmaßlichen Willens kombinieren die Dissenter mit grundsätzlichen Zweifeln an der Entscheidungszuständigkeit des Arztes, auf dessen Einschätzung, ob die Behandlung noch sinnvoll sei, es letztlich ankomme.[63] Den Dissentern ist durchaus zuzustimmen, wenn sie darauf verweisen, der mutmaßliche Wille habe in der gesetzlichen Regelung nur indirekt eine Bedeutung und letztlich bleibe die Relevanz des mutmaßlichen Willens für die ärztliche Entscheidung in der gesetzlichen Regelung unklar.[64] Der Behandlungsabbruch eines Wachkomapatienten, der ernährt werde, könne zudem nicht per se sinnlos sein, weil es nicht – wie das französische Gesetz es verlangt[65] – um eine zwecklose künstliche Ernährung als solche gehe, sondern darum, vermittels dieser künstlichen Ernährung, die keine wirkliche therapeutische Maßnahme sei, einen Lebenden am Leben zu erhalten.[66] Auch in dieser Hinsicht sei das Gesetz nicht klar genug.[67] Der großzügige Maßstab,

---

62 Zum Argument des *non liquet* A. Schlüter, *Passive Sterbehilfe vor dem EGMR im Fall Lambert*, 330.
63 Vgl. Joint Partly Dissenting Opinion, § 5, in: EGMR, *Case of Lambert and Others v. France*.
64 Vgl. ebd.
65 Vgl. EGMR, *Case of Lambert and Others v. France*, § 53 (Article L. 1110 – 5 Code de la santé publique) : „Ces actes ne doivent pas être poursuivis par une obstination déraisonnable. Lorsqu'ils apparaissent inutiles, disproportionnés ou n'ayant d'autre effet que le seul maintien artificiel de la vie, ils peuvent être suspendus ou ne pas être entrepris."
66 Vgl. Joint Partly Dissenting Opinion, § 6 f., § 10, in: EGMR, *Case of Lambert and Others v. France*.
67 Vgl. Joint Partly Dissenting Opinion, § 8, in: EGMR, *Case of Lambert and Others v. France*.

den die Richtermehrheit anlege, führe dazu, dass hier im Gewand des Behandlungsabbruchs Euthanasie betrieben werde.⁶⁸ Das Ganze gipfelt in dem moralischen Vorwurf, der Gerichtshof, der anlässlich seines 50. Geburtstages „Conscience of Europe" genannt worden sei, habe mit dieser Entscheidung das Recht verloren, so genannt zu werden.⁶⁹

3.3 Juridischer (Quasi-)Tutiorismus – nicht zu Ende gedacht

Die Argumentation der fünf dissentierenden Richter lässt sich als – freilich nicht konsequent durchbuchstabierter – (Quasi-)Tutiorismus qualifizieren (quasi, weil sie gewiss nicht den Anspruch erheben, moralphilosophisch oder moraltheologisch zu argumentieren, auch wenn sich der richterliche Gedankengang in Anlehnung an entsprechende Begrifflichkeiten rekonstruieren lässt): Setzt man die Norm, dass „Leben" unangetastet bleiben muss, voraus, dann kann, genauer: dann darf es kaum einen Grund geben, der diese Norm infrage stellt bzw. ihre punktuelle Suspendierung legitimiert. Allenfalls kann der Wille des Betreffenden die Norm außer Kraft setzen, wenn der Wille *verlässlich* feststeht – genau *dies* bestreiten die dissentierenden Richter. Für sie ist der Verweis auf den Willen des Betroffenen ein Etikettenschwindel, der von den aus Sicht der dissentierenden Richter eigentlich ausschlaggebenden (und illegitimen) Gründen, die Behandlung abzubrechen, ablenkt. Im Kern geht es darum, dass angesichts eines fragwürdigen, letztlich nicht genügend verlässlichen Willens zum Behandlungsabbruch die sicherere („tutior") Option – Lebenserhaltung – hätte gewählt werden müssen. Aus Sicht der dissentierenden Richter favorisiert die Gerichtmehrheit eine (quasi-)probabilistische Position, die mehr oder weniger solide ermittelte *wahrscheinlich* bestehende Gründe für das Abweichen von der Norm genügen lässt, hier: die aus Sicht der dissentierenden Richter fragwürdigen Indizien, die für einen Willen zum Behandlungsabbruch sprechen sollen.

Konsequent wäre es im Lichte des tutioristischen Problemzugangs dann aber gewesen, den gesetzgeberischen Gestaltungsspielraum radikal zu verengen. Allerdings hätten die dissentierenden Richter dann etwas zu den Folgen einer solchen Position sagen müssen, statt sie mit ihren rhetorischen Fragen nur anzudeuten. Wer hohe Anforderungen an die Verlässlichkeit von Indizien stellt, wenn sie für den Willen zum Behandlungsabbruch sprechen sollen, akzeptiert – zumindest stillschweigend –

---

68 Vgl. Joint Partly Dissenting Opinion, § 9, in: EGMR, *Case of Lambert and Others v. France* (gegen die Mehrheitsmeinung, § 141).
69 Vgl. Joint Partly Dissenting Opinion, § 11, in: EGMR, *Case of Lambert and Others v. France*.

die zeitlich unbegrenzte Erhaltung des Lebens aller betroffenen Personen. Dann müsste aber auch diskutiert werden, ob es nicht vielleicht doch Gründe geben *kann*, die gegen eine zeitlich unbegrenzte Lebenserhaltung sprechen, *oder* warum eine solche Position – ungeachtet der Folgen, die sie etwa für die Lebensqualität des Betroffenen, aber auch für die Ressourcenverteilung im Gesundheitswesen hat – ausnahmslos richtig ist. Dass solche Gründe, die einen Behandlungsabbruch ohne Klarheit über den Willen des Patienten legitimieren sollen, nicht von einem Gericht definiert werden sollten, dürfte klar sein. Wenn es um Leben oder Tod geht, muss das für solche Entscheidungen am besten legitimierte Organ – der demokratische Gesetzgeber – entscheiden und Verantwortung übernehmen. Auch dazu schweigen die dissentierenden Richter.

4 Schlussbemerkung

4.1 Der mutmaßliche Wille als Einfallstor der Fremdbestimmung

Der Fall „Lambert" ist mindestens in zweifacher Hinsicht lehrreich:

Er bestätigt zunächst die nicht neue Einsicht, dass das Konstrukt des mutmaßlichen Willens ein Einfallstor für Fremdbestimmung sein kann.[70] Je weniger genau sich anhand operabler Indikatoren und Prozeduren ermitteln lässt, was der Betroffene mutmaßlich wollen würde, könnte er sich aktuell äußern, desto wahrscheinlicher sind wie auch immer motivierte Willensunterstellungen, denen der Betroffene ausgeliefert ist. Das spricht dafür – nicht nur in Frankreich, sondern auch in Deutschland –, das Konstrukt des mutmaßlichen Willens parlamentsgesetzlich genauer zu regeln.[71] Das verlangt in Deutschland schon die sog. We-

---

70 Vgl. W. Höfling, *Gesetz zur Sicherung der Autonomie und Integrität von Patienten am Lebensende*, 30 f.
71 Formulierungsvorschlag bei W. Höfling, *Gesetz zur Sicherung der Autonomie und Integrität von Patienten am Lebensende* 26: „Als tatsächliche Grundlage für die Ermittlung des mutmaßlichen Willens kommen nur Informationen in Betracht, die auf Äußerungen der betroffenen Person beruhen; soweit es sich um mündliche Willensbekundungen handelt, dürfen diese nicht länger als zwei Jahre zurückliegen. Beachtlich sind nur (vorrangig) Informationen, die sich auf die Umstände des eigenen Sterbens oder die Umstände des eigenen Todes beziehen, insbesondere
1. das Ausmaß der medizinischen Behandlung,
2. die Art und Weise der Sterbebegleitung,
3. den Umgang mit Schmerzen oder
4. die Haltung zu schweren Beeinträchtigungen der bisher üblichen Lebensführung in der verbleibenden Lebenszeit betreffen. (Ergänzend sind Bekundungen des natürlichen Willens sowie

sentlichkeitstheorie, wonach, so das Bundesverfassungsgericht in ständiger Rechtsprechung, für den Grundrechtsschutz wesentliche Entscheidungen durch Parlamentsgesetz hinreichend genau normiert werden müssen.[72] Bislang ist das nicht geschehen, was nicht verwundert. Denn dies würde eine parlamentarische Verständigung darüber voraussetzen, was den Behandlungsabbruch z. B. bei Wachkoma-Patienten überhaupt legitimieren kann. Je höher die Anforderungen an den mutmaßlichen Willen ausfallen, desto wahrscheinlicher wird die Fortsetzung – nicht der Abbruch – der Behandlung von Wachkoma-Patienten. Wer überdies eine solche Behandlung ohne oder gegen den Willen des Patienten abbrechen möchte, wird sich mit den moralisch und politisch brisanten Gründen auseinandersetzen müssen, die die fünf Dissenter mit ihren rhetorischen Fragen thematisiert haben. Dass sich hierfür politische Mehrheiten finden werden, ist nicht nur in Deutschland schwer vorstellbar. Die nationalen Entscheider in den Regierungen und Parlamenten dürften daher ein großes Interesse daran haben, dass das Problem – wie nicht wenige medizinethisch brisante Themen – in der Grauzone ärztlich dominierter Einzelfallentscheidungen verbleibt.

4.2 Kooperative Geltungssicherung mit Pluralitätsvorbehalt: Menschenrechte zwischen EGMR und Mitgliedstaaten

Ein zweiter Aspekt setzt grundsätzlicher an: Der EGMR tritt, wie auch und gerade die „Lambert"-Entscheidung veranschaulicht, für ein Menschenrechtsverständnis ein, das von „starken" – theologischen oder philosophischen – Wahrheitskonzepten weit entfernt ist. Das Menschenrechtsverständnis ist nicht relativistisch, sondern relativ – oder eher: relational – zu den Durchsetzungsbedingungen konzipiert, die ein für nahezu eine Milliarde Menschen zuständiger Gerichtshof in Rechnung stellen muss, will er die Chancen der effektiven Geltung seiner Entscheidungen in Ländern steigern, die sich politisch, ökonomisch, religiös und kulturell z. T. massiv unterscheiden. Juristisch administrierte Menschenrechte sind eben keine reinen Ideen, die entkontextualisiert entfaltet werden dürfen. Juristische Geltung basiert auf der Chance effektiver Geltung. D. h. der Anspruch des positiven Rechts, die Wirklichkeit in empirisch nachweisbarer Weise zu gestalten,

---

frühere Äußerungen der betreffenden Person zu beachten, die die Lebenseinstellung oder die religiöse bzw. weltanschauliche Überzeugung betreffen; als alleinige Anhaltspunkte für die Ermittlung des mutmaßlichen Willens sind sie unbeachtlich.)" Die Klammerzusätze betreffen denkbare Regelungsalternativen.

72 Zusammenfassend statt aller K. Stern, *Idee und Elemente eines Systems der Grundrechte*, in: J. Isensee/P. Kirchhof (Hg.), *Handbuch des Staatsrechts*, Bd. IX, Heidelberg ³2011, 112 (§ 185 Rn. 134).

prägt auch die Implementierung von Menschenrechten. Juristisch-normative Geltung muss daher die Faktoren ihrer Durchsetzung reflektieren und den normativen Geltungsanspruch entsprechend konzipieren. Grundrechtsgeltung wird so – zumindest in moralischen Grenzzonen – an die weltanschaulich-politische Pluralität der einzelnen Mitgliedstaaten gebunden. Ihnen kommt nach den für sie maßgeblichen Regeln demokratischer Regelbildung ein Primat der Grundrechtskonkretisierung zu.[73] Juristisch administrierte Grundrechte sind von historischer Erfahrung gesättigte Ordnungsregulative für moderne plurale Gesellschaften, denen eine allgemein anerkannte normative Mitte fehlt. Dem Operationsmodus des positiven Rechts folgend, müssen Grundrechte je neu in fallibel-lernfähiger Weise für vorläufige Endgültigkeit sorgen, ohne dass es um einer lebbaren Pluralität willen soweit irgend möglich auf exklusiv geglaubte letzte Wahrheiten ankommen darf.[74] Den Raum, den Grundrechte nicht besetzen, überlassen sie moralisch-politischen Diskursen in den Mitgliedstaaten. Der EGMR übt hier nur eine stark zurückgenommene Vertretbarkeitskontrolle aus, die allenfalls evident Unplausibles sanktioniert – mehr nicht.

Am Ende bleibt die Einsicht, dass der EGMR menschenrechtliche Schutzlücken am Lebensende, die auf nationaler Ebene existieren, nicht schließen kann. Dies kann nur im Rahmen der jeweiligen nationalen Grundrechtsordnung gelingen. Das klingt paradox, allerdings nicht aus juristischer Sicht: Menschenrechte mögen einen universalistischen Geltungsanspruch haben – selbst das ist je nach Standpunkt schon zweifelhaft, wenn man sich in Erinnerung ruft, dass Grundrechte eine westeuropäisch-nordatlantische Erfindung sind –, aber in jedem Fall ist die Durchsetzung universalistisch gedachter Menschenrechte in erster Linie immer noch die Aufgabe fragmentierter politischer Gemeinwesen, die wir „Staaten" nennen. Daran ändern alle die bessere Welt von Übermorgen fokussierenden Ansätze der politikphilosophischen oder völkerrechtstheoretischen Avantgarde nichts. Der Primat der staatlichen Grundrechtsdurchsetzung gilt auch bei Fragen des Abbruchs bzw. der Nichteinleitung lebenserhaltender medizinischer Behandlungen.

---

73 Siehe zur Diskussion am Beispiel des Grundgesetzes die Beiträge in S. Rixen (Hg.), *Die Wiedergewinnung des Menschen als demokratisches Projekt*, Bd. 1, Tübingen 2015.
74 Hierzu S. Rixen, *Diffusion der Grundrechte in der Biopolitik: Die Wiedergewinnung des Menschen als demokratisches Projekt*, in: ders. (Hg.), *Die Wiedergewinnung des Menschen als demokratisches Projekt*, Bd. 1, Tübingen 2015, 17 f.

Eric Hilgendorf
Sterben im Schatten des Strafrechts
Neue Probleme der Sterbehilfe in Hospizen und Palliativstationen durch die Reform des assistierten Suizids in § 217 StGB

Kein strafrechtliches Reformvorhaben der letzten Jahrzehnte ist durch die deutsche Strafrechtswissenschaft so deutlich abgelehnt worden wie die Neuregelung des assistierten Suizids (§ 217 StGB) im Jahr 2015.[1] Die Gründe hierfür liegen nicht so sehr in einer in besonderem Maße liberalen Einstellung der Strafrechtswissenschaftlerinnen und Strafrechtswissenschaftler gegenüber dem assistierten Suizid oder gegenüber Sterbehilfeorganisationen wie „Dignitas" oder „Sterbehilfe

---

[1] Auswahl: G. Berghäuser, *Der „Laien-Suizid" gemäß § 217 StGB – Eine kritische Betrachtung des Verbots einer geschäftsmäßigen Förderung der Selbsttötung*, in: ZStW 128 (2016), 741–784; G. Duttge, *Strafrechtlich reguliertes Sterben. Der neue Straftatbestand einer geschäftsmäßigen Förderung der Selbsttötung*, in: NJW 69 (2016), 120–125; L. Eidam, *Nun wird es also Realität: § 217 StGB n. F. und das Verbot der geschäftsmäßigen Förderung der Selbsttötung*, in: medstra 2 (2016), 17–22; K. Gaede, *Die Strafbarkeit der geschäftsmäßigen Förderung des Suizids – § 217 StGB*, in: JuS 56 (2016), 385–392; A. Grünewald, *Zur Strafbarkeit der geschäftsmäßigen Förderung der Selbsttötung*, in: JZ 71 (2016), 938–947; B. Hecker, *Das strafrechtliche Verbot geschäftsmäßiger Forderung der Selbsttötung (§ 217 StGB)*, in: GA 163 (2016), 454–471; E. Hilgendorf, *Neue Strafbarkeitsrisiken für Ärzte und Pflegekräfte durch die Neuregelung des assistierten Suizids*, in: PflR 20 (2016), 556–563; T. Hillenkamp, *§ 217 StGB n. F.: Strafrecht unterliegt Kriminalpolitik*, in: KriPoZ 1 (2016), 3–10; E. Hoven, *Für eine freie Entscheidung über den eigenen Tod. Ein Nachruf auf die straflose Suizidbeihilfe*, in: ZIS 11,1 (2016), 1–9; M. Kubiciel, *Zur Verfassungskonformität des § 217 StGB*, in: ZIS 11 (2016), 396–403; D. Magnus, *Gelungene Reform der Suizidbeihilfe (§ 217 StGB)?*, in: medstra 2 (2016), 210–218; M. Riemer, *Der Suizident und sein(e) Helfer – Vom Verbot der geschäftsmäßigen Suizidförderung nach § 217 StGB n. F.*, in: BRJ 9,2 (2016), 96–107; H. Rosenau, *§ 217 Strafgesetzbuch (StGB). Neue Strafnorm gegen ein selbstbestimmtes Sterben in Deutschland*, in: Bayerisches Ärzteblatt 3/2016, 100–102; C. Roxin, *Die geschäftsmäßige Förderung der Selbsttötung als Straftatbestand und der Vorschlag einer Alternative*, in: NStZ 36 (2016), 185–192; C. Sowada, *Zur Straf- und standesrechtlichen Beurteilung des ärztlich assistierten Suizids und der organisierten Suizidbeihilfe*, in: ZfL 24 (2015), 34–43; T. Weigend/E. Hoven, *§ 217 StGB – Bemerkungen zur Auslegung eines zweifelhaften Tatbestands*, in: ZIS 11 (2016), 681–691; aus der Theologie H. Kreß, *Medizinisch assistierter Suizid – Regulierungsbedarf im Strafrecht? Kritische Gesichtspunkte zur Neufassung von § 217 StGB in politischer, grundrechtlicher und rechtspolitischer Hinsicht*, in: JWE 20 (2016), 29–49. Aus der Zeit vor Erlass des Gesetzes kritisch etwa T. Verrel, *Vereine und Ärzte helfen nicht, nimm dir selbst den Strick! Anmerkungen zur Diskussion über die Kriminalisierung von Suizidbeihilfe*, in: K.-F. Stuckenberg/K. F. Gärditz (Hg.), *Strafe und Strafprozess im freiheitlichen Rechtsstaat* (Festschrift für H.-U. Paeffgen), Berlin 2015, 331–343; E. Hilgendorf, *Zur Strafwürdigkeit organisierter Sterbehilfe*, in: JZ 69 (2014), 545–552.

Deutschland"[2]. Die große Skepsis der Experten rührt vielmehr daher, dass der neue § 217 StGB nicht nur in sich nicht stimmig ist,[3] sondern in weitem Umfang auch Verhaltensweisen zu erfassen droht, die mittlerweile zum Tätigkeitsspektrum einer an humanen Werten orientierten Medizin am Lebensende gehören oder zumindest gehören sollten. Die Palliativ- und Hospizarbeit, die in Deutschland ohnehin noch im Aufbau begriffen ist, benötigt nichts weniger als diffuse Strafbarkeitsrisiken. Ihre bloße Existenz vermag das Arzt-Patienten-Verhältnis, das gerade im Umgang mit Schwerstkranken und Sterbenden von überragender Bedeutung ist, empfindlich zu stören.

Bereits während der Gesetzesberatungen meldeten sich daher über 150 Strafrechtslehrerinnen und Strafrechtslehrer mit einer kritischen Stellungnahme zu Wort,[4] die zwar viel Aufsehen erregte, im Ergebnis aber nicht erfolgreich war. Ebenso erging es dem wissenschaftlichen Dienst des Bundestages, der, wie die Strafrechtslehrer, die Eingrenzbarkeit des geplanten § 217 StGB auf „Sterbehelfer" i.e.S. in Zweifel zog und seine Position ausführlich begründete.[5] Warum die vielfältig vorgebrachten Sachargumente den Gesetzgeber nicht erreichten, wäre eine eigene Untersuchung wert.[6]

Um weiteren Schaden von der Hospiz- und Palliativmedizin abzuwehren, sollen die neuen Strafbarkeitsrisiken im Nachfolgenden dargelegt und einschränkende Gesetzesinterpretationen diskutiert werden. Es wird deutlich werden, dass Ärzte und Pflegekräfte durch § 217 StGB in erheblichem Umfang in einen strafrechtlichen Graubereich hineinzuzogen zu werden drohen, der ihre Tätigkeit erheblich erschweren oder ganz unmöglich machen könnte. So lassen sich etwa das regelmäßige Verschreiben oder die regelmäßige Vergabe von höheren Dosen schmerzlindernder Medikamente im Rahmen einer ambulanten Palliativversorgung, aber auch

---

[2] Für eine restriktive Regelung der Tätigkeit von Sterbehilfeorganisationen bereits E. Hilgendorf, *Zur Strafwürdigkeit von Sterbehilfegesellschaften. Aktuelle Strafbarkeitsprobleme im Kontext der assistierten Selbsttötung*, in: *JRE* 15 (2007), 479–489.
[3] Dazu im Detail die in Fn. 1 erwähnten Analysen.
[4] Vgl. E. Hilgendorf/H. Rosenau, *Stellungnahme deutscher Strafrechtslehrerinnen und Strafrechtslehrer zur geplanten Ausweitung der Strafbarkeit der Sterbehilfe*, in: medstra 1 (2015), 129–131.
[5] Entwurf eines Gesetzes zur Strafbarkeit der geschäftsmäßigen Förderung der Selbsttötung – Brand et al. (BT-Drucks. 18/5373) – Gesetzgebungskompetenz des Bundes und Bestimmtheitsgebot (WD 3 3000 – 188/15).
[6] Eine beträchtliche Rolle spielte wohl hier wie auch in anderen Fällen fehlerträchtiger Gesetzgebung die faktische Ausschaltung der Ministerialbürokratie, deren Erfahrungsschatz und Routine bei öffentlichkeitswirksamen Themen offenbar zunehmend in den Hintergrund gedrängt wird – sehr zum Schaden der Qualität der Gesetzgebung.

die regelmäßige Ermöglichung von Sterbefasten, unter § 217 StGB subsumieren.[7] Gerade Patienten am Lebensende sind dadurch betroffen, da ihnen der Zugang zu notwendiger Hilfe versperrt zu werden droht. Hinzu kommt, dass die Gesetzesbegründung widersprüchlich ist, weil einerseits davon gesprochen wird, die Hospiz- und Palliativmedizin solle unterstützt werden,[8] andererseits aber wichtige Formen palliativmedizinischer Tätigkeit unter Strafe gestellt werden.

1. Sterbehilfe – ein Streit um Worte?[9]

Wer die jüngste Debatte um die Sterbehilfe betrachtet, könnte den Eindruck gewinnen, dass oft weniger über Sachpositionen gestritten wird als über terminologische Fragen. Sterbehilfe wird bisher üblicherweise definiert als jedes Tun oder Unterlassen, welches einem schwer kranken oder sterbenden Menschen ermöglicht, einen nach seinen eigenen Vorstellungen menschenwürdigen Tod zu sterben.[10] Dazu gehören insbesondere Zuwendung und Pflege sowie die Gabe von schmerzlindernden Medikamenten, selbst wenn diese den Sterbevorgang beschleunigen können.

Der bislang in der Rechtswissenschaft, Theologie und Moralphilosophie vorherrschende Sprachgebrauch unterscheidet zunächst die aktive von der passiven Sterbehilfe, wobei als entscheidendes Differenzierungskriterium das Vorliegen von aktivem Tun (z. B. Vergabe eines Schmerzmittels) oder bloßem Unterlassen (Nichtfortführung der Behandlung) angenommen wird. Hinzu tritt die indirekte Sterbehilfe, welche sich dadurch auszeichnet, dass eine (aktive oder passiv vorgenommene) Handlung mit dem Primärziel der Schmerzlinderung erfolgt, wobei aber eine

---

7 Weitere Fallbeispiele bei E. Hilgendorf, *Stellungnahme zur öffentlichen Anhörung des Ausschusses für Recht und Verbraucherschutz des deutschen Bundestages am 23.9.2015* (https://www.bundestag.de/blob/387792/03e4f59272142231bb6fdb24abe54437/hilgendorf-data.pdf, Zugriff am 21.10.2016), vgl. auch schon ders., *Zur Strafwürdigkeit organisierter Sterbehilfe*, 545–552.
8 Vgl. BT-Drucks. 18/5373, 9 und passim. Am 8.12.2015 trat das Hospiz- und Palliativgesetz in Kraft (BGBl. I 2015, 2114), welche die benannten Bereiche ausdrücklich fördern sollte, dazu S. Rixen/G. Marckmann/J. in der Schmitten, *Gesundheitliche Versorgungsplanung für die letzte Lebensphase – das Hospiz- und Palliativgesetz*, in: *NJW* 69 (2016), 125–129.
9 Der nachfolgende Text ist in einer deutlich verkürzten Fassung bereits in *PflR* 20 (2016), 556–563 erschienen.
10 Die maßgebende Definition von Roxin im Handbuch des Medizinstrafrechts lautet wie folgt: „Unter Sterbehilfe (Euthanasie) versteht man eine Hilfe, die einem schwer erkrankten Menschen auf seinen Wunsch oder doch zumindest im Hinblick auf seinen mutmaßlichen Willen geleistet wird, um ihm einen seinen Vorstellungen entsprechenden menschenwürdigen Tod zu ermöglichen" (*Zur strafrechtlichen Beurteilung der Sterbehilfe*, in: ders./U. Schroth (Hg.) *Handbuch des Medizinstrafrechts*, Stuttgart ⁴2010, 83).

Verkürzung der verbleibenden Lebenserwartung billigend in Kauf genommen wird.[11] Das wichtigste Beispiel hierfür ist die schmerzstillende, aber lebenszeitverkürzende Schmerzmittelvergabe. Eine vierte, derzeit im Mittelpunkt der Diskussion stehende Fallgruppe stellt die Unterstützung eines Suizids dar, wobei es sich bei dem Unterstützer z. B. um einen Angehörigen oder einen Arzt handeln kann (so genannter ärztlich assistierter Suizid[12]). Die damit skizzierte Begrifflichkeit herrscht nicht nur in den Wissenschaften vor, sondern liegt auch der Rechtsprechung des Bundesgerichtshofs[13] zugrunde und entspricht dem Sprachgebrauch des Gesetzgebers.[14]

Es ist allerdings schon seit längerem bekannt, dass die Unterscheidung von aktiver und passiver Sterbehilfe, indirekter Sterbehilfe und assistiertem Suizid nicht alle terminologischen Unklarheiten zu lösen vermag. Zum einen ist dieser Fachsprachgebrauch relativ weit vom Sprachgebrauch des Alltags entfernt. Bei einem so wichtigen, jeden Menschen betreffenden Fragenkomplex wäre eine „volksnähere" Sprache wünschenswert. Zum anderen ist insbesondere die Unterscheidung zwischen aktivem Tun und (passivem) Unterlassen in der Moralphilosophie und Jurisprudenz umstritten; in der Strafrechtswissenschaft wird über diese Unterscheidung schon seit Jahrzehnten diskutiert.[15]

In der Tagespresse und der eher populären Literatur stößt man in jüngerer Zeit häufig auf die Unterscheidung des Sterbens „an der Hand" eines anderen Menschen im Gegensatz zum Sterben „von der Hand" des anderen. Mit diesem Sprachgebrauch soll die Grenze zwischen der zulässigen und der unzulässigen Sterbehilfe markiert werden. Teilweise finden sich auch Versuche, auf den Begriff „Sterbehilfe" ganz zu verzichten. Die Hand-Metapher ist eingängig und von fast poetischer Färbung. Hände benutzen wir zur Begrüßung, zum Abschied, zur Nahrungsaufnahme, aber auch zum Segnen und zum Zeichen des Friedensschlusses, um nur einige wenige wichtige Verhaltensformen zu nennen. Das Bild vom Sterben „an der Hand" des Freundes oder Verwandten oder auch des Arztes und Helfers beschwört deshalb Gefühle der Ge-

---

[11] Für einen systematischen Überblick über die Fallgruppen vgl. etwa E. Hilgendorf, *Einführung in das Medizinstrafrecht*, München 2016, Kap. 4 Rn. 5 ff.; ausführlich K. Ulsenheimer, *Arztstrafrecht in der Praxis*, Heidelberg ^{5}2015, Teil 3, 398–448.
[12] Rechtsvergleichend B. Weißer, *Strafrecht am Ende des Lebens – Sterbehilfe und Hilfe zum Suizid im Spiegel der Rechtsvergleichung*, in: ZStW 128 (2016), 106–138.
[13] Der BGH hat in seiner bekannten Entscheidung BGHSt 55, 191ff. keineswegs die Unterscheidbarkeit von aktivem Tun und Unterlassen geleugnet, sondern zu Recht festgestellt, dass es für die Straflosigkeit eines Behandlungsabbruchs nicht darauf ankommen kann, ob er sich äußerlich als aktives Tun oder als Unterlassen darstellt. Der Sache nach wurden dadurch Fälle, die früher als aktive Sterbehilfe bezeichnet worden wären, in den Bereich des straflosen, weil von einer Einwilligung des Patienten gedeckten Behandlungsabbruchs einbezogen.
[14] Zuletzt BT-Drucks. 18/5373, 10, 18 und passim.
[15] Siehe nur H.-H. Jescheck/T. Weigend, *Lehrbuch des Strafrechts. Allgemeiner Teil*, Berlin ^{5}1996, § 58.

borgenheit, Vertrautheit und Sicherheit herauf. Dagegen verbinden wir mit der Metapher des Sterbens „von der Hand" eines anderen eher Straftaten wie die Tötung oder den Mord. Das Bild lässt sich noch weiterführen, etwa wenn vom „eigenhändigen Sterben" durch Suizid gesprochen wird.

Die angesprochenen Beispiele zeigen aber schon, dass das Bild vom Sterben „an" bzw. „von" der Hand eines Anderen zwar eingängig und ansprechend ist, andererseits jedoch auch offen für vielfältige und ganz unterschiedliche Interpretationen. Mit der Interpretationsweite eröffnet sich ein erhebliches Identifizierungspotenzial, welches wiederum durchaus akzeptanzsteigernd wirken kann. Wohl auch deshalb ist das Bild bei Journalisten sehr beliebt. Gleichzeitig besteht aber die Gefahr, dass ethisch und rechtlich ganz unterschiedlich zu bewertende Handlungsweisen unter die Metapher des Sterbens „an der Hand" subsumiert werden, was auf eine Täuschung der Adressaten hinauslaufen würde.

Es sprechen daher die überwiegenden Argumente dafür, vorerst bei der bewährten, weil relativ präzisen und die ethisch wie rechtlich entscheidenden Differenzierungen erfassenden Terminologie zu bleiben. Gerade aus Sicht der Strafrechtswissenschaft sollte die Unterscheidung zwischen aktivem Tun und Unterlassen nicht eingeebnet werden, da, wie bereits angedeutet, an das Unterlassen andere Strafbarkeitsvoraussetzungen gestellt werden als an das aktive Tun.[16]

2 Zur strafrechtlichen Bewertung von Sterbehilfe

Sterbehilfe ist nur unter besonderen Voraussetzungen strafrechtlich relevant. Zu nennen ist einmal die Verweigerung von Sterbehilfe, etwa die Verweigerung von Pflege oder von schmerzlindernden Medikamenten. Derartige Unterlassungen können als Körperverletzung (durch Unterlassen) oder, wenn durch sie der Sterbezeitpunkt vorverlegt wird, sogar als Tötung durch Unterlassen bewertet werden. Davon zu unterscheiden ist der gerechtfertigte Behandlungsabbruch, also das Unterlassen weiterer lebensverlängernder Maßnahmen auf Wunsch des Patienten. Wenn der Patient auf Weiterbehandlung verzichtet, wird man in der Regel insoweit[17] eine Aufhebung der ärztlichen Garantenstellung anzunehmen haben. Eine aufgezwungene Weiterbehandlung gegen den Willen des Patienten wäre dann sogar als Körperverletzung, § 223 StGB, oder Nötigung, § 240 StGB, strafbar, u. a.

---

16 Überblick bei E. Hilgendorf/B. Valerius, *Strafrecht Allgemeiner Teil*, München ²2015, § 11.
17 Dagegen bleibt der Arzt bzw. das Pflegepersonal zu einer Grundversorgung, die auch die Schmerzlinderung umfasst, verpflichtet.

auch als Freiheitsberaubung, § 239 StGB, z.B. wenn der Patient daran gehindert wird, das Krankenhaus zu verlassen.

Strafrechtlich grundsätzlich relevant sind jedoch auch und gerade aktive Handlungen, sofern sie den Sterbevorgang beschleunigen, also den Zeitpunkt des Todes vorverlegen. Dies ist besonders augenfällig bei der aktiven direkten Tötung auf Verlangen, die in § 216 StGB unter Strafe gestellt ist, also der gezielten Tötung eines anderen auf dessen Wunsch hin.[18] Auch die aktive indirekte Sterbehilfe barg lange Zeit erhebliche Strafbarkeitsrisiken. Es geht dabei etwa um die Vergabe von schmerzstillenden, aber die verbleibende Lebenszeit verkürzenden Medikamenten. Erst in den 90er Jahren des 20. Jahrhunderts rang sich der Bundesgerichtshof (BGH) zu der Entscheidung durch, eine solche indirekte Sterbehilfe sei zwar als tatbestandsmäßige Tötung einzustufen, sie sei jedoch gerechtfertigt, weil, so der BGH, das geschützte Rechtsgut, nämlich die Schmerzfreiheit und mittelbar die Menschenwürde des Patienten, das durch die Medikamentenvergabe beeinträchtigte Rechtsgut, nämlich das Leben des Patienten, wesentlich überwiege.[19] Diese Rechtsprechung wird heute jedenfalls im Ergebnis in der Strafrechtswissenschaft kaum mehr angezweifelt.[20]

Die derzeitige Debatte um die Sterbehilfe wurde dadurch ausgelöst, dass in die neue, rechtlich allerdings unverbindliche Musterberufsordnung für Ärzte (2011) eine Passage eingeführt wurde, die Medizinern die Hilfe bei einem Patientensuizid kategorisch verbieten sollte.[21] Nur ein Teil der Landesärztekammern ist dem gefolgt.[22] Patientensuizide liegen etwa vor, wenn ein Patient in Selbsttötungsabsicht eine Überdosis von Medikamenten zu sich nimmt oder eine Patientin mit Selbsttötungswillen die Morphinpumpe so weit aufdreht, dass eine Überdosis an Schmerzmitteln ihre verbleibende Lebenserwartung verkürzt. Andere Formen des Patientensuizids sind der Verzicht auf Nahrung (sogenanntes Sterbefasten) oder schlicht die Verweigerung einer weiteren lebensverlängernden medikamentösen Behandlung.

Eine tatbestandsmäßige Beihilfe des Arztes dazu kommt etwa in Betracht durch die Vergabe (oder einfach das „Liegenlassen") entsprechender lebenszeitverkürzender Medikamente, welche der Patient zu sich nimmt, die Einstellung einer Morphinpumpe in der Weise, dass sich der Patient eine Überdosis zuführen kann, das Abstandnehmen von Zwangsernährung beim Sterbefastenden (bei

---

18 Dazu ausführlich E. Hilgendorf, in: G. Arzt/U. Weber/B. Heinrich/E. Hilgendorf, *Strafrecht Besonderer Teil*, Bielefeld ³2015, § 3 Rn. 13 ff.
19 Vgl. BGHSt 42, 301 (305).
20 Vgl. nur Roxin, *Zur strafrechtlichen Beurteilung der Sterbehilfe*, 86 ff.
21 Eingehend U. von Zezschwitz, *Ärztliche Suizidbeihilfe im Straf- und Standesrecht*, Berlin 2016, 74 ff.
22 Vgl. U. von Zezschwitz, *Ärztliche Suizidbeihilfe im Straf- und Standesrecht*, 78 ff.

weitergeführter Basisversorgung) oder den Verzicht auf die heimliche Verabreichung von Medikamenten.

3 Auswirkungen des neuen § 217 StGB auf die strafrechtliche Erfassung der Sterbehilfe

Strafrechtlich gesehen war die Beihilfe zum freiverantwortlichen Patientensuizid bisher stets straflos. Dies ergab sich aus dem allgemeinen Grundsatz, dass ohne eine tatbestandsmäßige und rechtswidrige Haupttat auch eine strafbare Beihilfehandlung ausscheidet.[23] Am 10.12.2015 trat das Gesetz zur Strafbarkeit der geschäftsmäßigen Förderung der Selbsttötung[24] in Kraft, wonach die geschäftsmäßige Hilfe bei der Selbsttötung künftig unter Strafe stehen soll. Der neue § 217 StGB hat folgenden Wortlaut:

> Wer in der Absicht, die Selbsttötung eines anderen zu fördern, diesem hierzu geschäftsmäßig die Gelegenheit gewährt, verschafft oder vermittelt, wird mit Freiheitsstrafe bis zu drei Jahren oder mit Geldstrafe bestraft. Als Teilnehmer bleibt straffrei, wer selbst nicht geschäftsmäßig handelt und entweder Angehöriger des in Absatz 1 genannten anderen ist oder diesem nahesteht.

In der Gesetzesbegründung wird das Recht auf Selbstbestimmung auch im Sterben ausdrücklich anerkannt: „Der grundgesetzlichen Garantie der körperlichen Integrität, Art. 2 Abs. 2 des Grundgesetzes (GG), und des Persönlichkeitsschutzes, Art. 2 Abs. 1 i.V.m. Art. 1 Abs. 1 GG, ist ein umfassendes Grundrecht auf Selbstbestimmung zu entnehmen, das sich auch im Bereich der Medizin auswirkt und unter anderem die Verbindlichkeit autonom getroffener Behandlungsentscheidungen verlangt. Dieses Selbstbestimmungsrecht erfasst auch das Recht, über den eigenen Tod zu entscheiden. Fasst eine einwilligungsfähige Person in Kenntnis der konkreten entscheidungsrelevanten Umstände den Entschluss, nicht weiter behandelt werden zu wollen, ist dies deshalb für medizinisches und pflegerisches Personal verbindlich."[25]

Der Gesetzgeber weist zu Recht darauf hin, dass aus dem Recht auf einen selbstbestimmten Tod kein Anspruch auf Hilfeleistung durch Andere folge.[26] Allerdings gibt es, und diesen Gesichtspunkt hat der Gesetzgeber vielleicht nicht

---

23 Vgl. E. Hilgendorf/B. Valerius, *Strafrecht Allgemeiner Teil*, § 9 Rn. 107.
24 BGBl. I, 2015, 2177.
25 BT-Drucks. 18/5373, 10.
26 Vgl. ebd.

deutlich genug hervorgehoben, einen Anspruch darauf, dass der Staat die eigene grundrechtlich geschützte Selbstbestimmung beim Sterben nicht unverhältnismäßig einschränkt.[27]

Aus der Sicht des Strafrechts stellt sich die Struktur des neuen Tatbestandes wie folgt dar: Zum objektiven Tatbestand gehören das *Gewähren, Verschaffen* oder *Vermitteln* einer *Gelegenheit zur Selbsttötung*. Ein „Taterfolg" i. S. eines Suizids ist also nicht erforderlich. Die damit umschriebene Tätigkeit muss außerdem *geschäftsmäßig* erfolgen. Im subjektiven Tatbestand muss die *Absicht, die Selbsttötung eines anderen zu fördern*, festgestellt werden. Hinsichtlich der Selbsttötung als solcher genügt nach dem Willen des Gesetzgebers aber *einfacher Vorsatz*.

Ein klarer Anwendungsfall des neuen § 217 StGB wäre etwa dann gegeben, wenn eine Person (nennen wir sie A) Sterbewilligen regelmäßig einen tödlich wirkenden Stoff übergibt, um ihnen die Möglichkeit zum Suizid einzuräumen. A verschafft dem Sterbewilligen mit dem potentiell tödlichen Stoff die Möglichkeit, eine Selbsttötung zu begehen. „Geschäftsmäßig" handelt, wer eine bestimmte Handlung oder Handlungsfolge immer wieder durchführt; „geschäftsmäßig" bedeutet also soviel wie „auf Regelmäßigkeit hin angelegt". Dabei spielt es keine Rolle, wenn zwischen den Handlungen längere Pausen bestehen. In unserem Ausgangsfall handelt A also auch dann geschäftsmäßig, wenn er z. B. nur alle 2–4 Wochen entsprechende Medikamente an Sterbewillige aushändigt. A hat damit den objektiven Tatbestand des neuen § 217 StGB erfüllt. Er handelt in der Absicht, einen möglichen Suizid zu unterstützen, auch wenn er den Suizid selbst nicht anstrebt. Damit ist auch der subjektive Tatbestand erfüllt. Falls nicht noch ein Rechtfertigungs- oder Entschuldigungsgrund eingreift, hat sich A nach § 217 strafbar gemacht.

Das Gewähren bzw. Verschaffen einer Möglichkeit zum Suizid kann nach dem Gesetzeswortlaut auf beliebige Weise erfolgen. Zu Recht weist die Begründung des neuen § 217 StGB darauf hin, dass das Gewähren einer Gelegenheit zur Selbsttötung etwa im „Überlassen einer Räumlichkeit oder von zur Selbsttötung geeigneten Mitteln" liegen kann.[28] Dies betrifft etwa das Zur-Verfügung-Stellen eines „Sterbezimmers" oder die Übergabe von Medikamenten, die einzeln oder in Kombination geeignet sind, einen Suizid herbeizuführen. Auch Schmerzmittel, wie sie etwa in der (stationären wie ambulanten) Palliativmedizin eingesetzt werden, können in einer Überdosis tödlich wirken. Wer sie einem Patienten in einer hinreichend großen Dosis verschreibt oder aushändigt, verschafft (oder gewährt) diesem also die Möglichkeit einer Selbsttötung i. S. v. § 217 StGB.

---

27 Vgl. E. Hilgendorf, *Zur Strafwürdigkeit organisierter Sterbehilfe*, 549.
28 BT-Drucks. 18/5373, 18.

Angenommen, A stellt der Sterbewilligen B einen Raum zur Verfügung, in welchem B mit einer Überdosis an Medikamenten ihrem Leben selbst ein Ende setzen kann. Ein solcher Fall wäre vom Wortlaut der Norm her von § 217 StGB erfasst: A hat der B eine Gelegenheit gewährt, sich selbst zu töten. Geschieht dergleichen nicht nur einmal, sondern mehrfach (wobei längere Zeitintervalle keine Rolle spielen) so liegt auch das Merkmal der Geschäftsmäßigkeit vor. A handelt mit dem erforderlichen subjektiven Tatbestand. In Bezug auf die Hilfeleistung selbst handelt er absichtlich, in Bezug auf den Suizid liegt zumindest bedingter Vorsatz vor. An diesem Ergebnis ändert sich auch dann nichts, wenn A Arzt oder Pflegehelfer ist.

Eine Selbsttötung liegt immer vor, wenn sich ein Mensch durch Tun oder Unterlassen vorsätzlich selbst das Leben nimmt. Nicht nur die Einnahme einer tödlichen Überdosis an Medikamenten ist also eine Selbsttötung, sondern auch der Verzicht auf die weitere Einnahme lebensnotwendiger Medikamente oder die Verweigerung einer Weiterbehandlung im Bewusstsein, dadurch in Kürze zu sterben. Auch die Weigerung, Nahrung zu sich zu nehmen, erfüllt die Voraussetzungen einer Selbsttötung, wenn der Betreffende daran verstirbt. Dieses Ergebnis hat bedenkliche Konsequenzen für die Palliativ- und Hospizmedizin.[29] Wer einem sterbewilligen Schwerstkranken, der eine weitere Behandlung ablehnt, einen Raum zur Verfügung stellt, in welchem dieser, nur noch eine Grundversorgung erhaltend, in Ruhe sterben kann, gewährt dem Sterbewilligen die Möglichkeit der Selbsttötung. Dasselbe gilt, wer einem anderen die Möglichkeit einräumt, sich durch Sterbefasten das Leben zu nehmen. Sobald derartige Hilfeleistungen nicht bloß einmalig, sondern mehrfach oder regelmäßig erfolgen, wird der Straftatbestand § 217 StGB erfüllt.

Es erscheint sogar denkbar, eine Suizidhilfe durch Rat oder durch Information anzunehmen. Angenommen, eine Patientin A mit einer tödlichen Erkrankung fragt ihren Arzt B, ob sie versterben werde, wenn sie ein bestimmtes Medikament nicht mehr einnehmen würde, was der Arzt wahrheitsgemäß bejaht. B hat in diesem Fall seiner Patientin durch Information eine Gelegenheit zur Selbsttötung verschafft.[30] Geht man davon aus, dass B durch sein ärztliches Gewissen gehalten ist, auch in anderen vergleichbaren Fällen wahrheitsgemäß Auskunft zu geben, so ist jedenfalls der objektive Tatbestand des § 217 StGB erfüllt.

Es spricht viel dafür, dass dem Gesetzgeber diese Folgen seiner Regelung nicht bewusst waren. Das Gesetz zielte darauf ab, die Tätigkeit von Sterbehilfevereini-

---

29 Vgl. E. Hilgendorf, *Einführung in das Medizinstrafrecht*, Kap. 5 Rn. 18 ff.
30 Dasselbe würde gelten, wenn ein Jurist oder ein Seelsorger konkret über Suizidmöglichkeiten z. B. in der Schweiz informieren würde.

gungen wie „Sterbehilfe Deutschland" oder „Dignitas" in Deutschland zu unterbinden. Es zielte nicht darauf ab, die Arbeit von Ärzten und Pflegekräften in Hospizen und Palliativstationen zu erschweren. Im Strafrecht herrscht jedoch der Grundsatz, dass das Gesetz nach seinem Wortlaut angewendet werden muss. Die darin zum Ausdruck kommende Gesetzesbindung der Strafjustiz ist ein zentrales, historisch unter vielen Anstrengungen erkämpftes und immer wieder gefährdetes Element des Rechtsstaats.[31] Die mit einem Gesetz verbundenen Vorstellungen des Gesetzgebers spielen nur dann eine Rolle, wenn der Gesetzeswortlaut unklar ist. Dies ist hier aber nicht der Fall: dass das Gesetz die Bereitstellung von Räumlichkeiten zum Sterben erfasst, steht sogar ausdrücklich in der Gesetzesbegründung![32]

Das Problem wird dadurch verschärft, dass Sterbehilfevereinigungen wie „Sterbehilfe Deutschland" und „Dignitas" leicht in das Ausland ausweichen können – die Schweiz oder die Niederlande sind von fast jedem Punkt in Deutschland mit dem Zug oder einem Taxi in wenigen Stunden erreichbar. Etwas anderes gilt für Hospize und Palliativeinrichtungen: Sie sind ortsfest und können (und sollen!) nicht in das Ausland verlegt werden. So gesehen, erweist sich der neue § 217 StGB geradezu als „Palliativmedizinerschwerungsgesetz"!

4 Erstes Zwischenergebnis

Damit ergibt sich folgende Situation: Das neue Gesetz ist untauglich, problematischen Formen der Tätigkeit von Sterbehilfeorganisationen wirksam einen Riegel vorzuschieben, da Suizidwillige ohne größere Schwierigkeiten auf Angebote in der Schweiz oder den Niederlanden ausweichen können. Dagegen erfasst § 217 StGB seinem Wortlaut nach Praktiken wie die Vergabe größerer, potentiell tödlicher Dosen von Schmerzmitteln an Patienten im Rahmen der stationären oder ambulanten Palliativmedizin oder die Bereitstellung von Räumlichkeiten nach Behandlungsabbruch oder zum Zweck des Sterbefastens. Anders als Sterbehilfevereinigungen wie etwa „Sterbehilfe Deutschland" können Hospize und palliativmedizinische Einrichtungen nicht ohne weiteres in das Ausland ausweichen. Der Gesetzgeber hat diese Konsequenzen offenbar nicht gesehen.

---

31 Vgl. E. Hilgendorf, *Gesetzlichkeit als Instrument der Freiheitssicherung: Zur Grundlegung des Gesetzlichkeitsprinzips in der französischen Aufklärungsphilosophie und bei Beccaria*, in: H. Kudlich/J. P. Montiel/J. C. Schuhr (Hg.), *Gesetzlichkeit und Strafrecht*, Berlin 2012, 17–33.
32 Vgl. BT-Drucks. 18/5373, 18.

5 Möglichkeiten, das zu weit geratene Gesetz einschränkend zu interpretieren

Strafrechtsprechung und Strafrechtswissenschaft stehen nun vor der Aufgabe, einschränkende Interpretationen des § 217 StGB zu entwickeln, um die – auch vom Gesetzgeber ausdrücklich befürwortete – Palliativ- und Hospizmedizin aus dem strafrechtlichen Graubereich zu bringen. Geht man davon aus, dass Sterbefasten und Behandlungsabbruch grundrechtlich geschützt sind,[33] so handelt es sich um den Versuch einer grundgesetzkonformen einschränkenden Norminterpretation.

5.1 Der Begriff „Selbsttötung"

Ein erster Ansatz könnte darin bestehen, das Verschaffen usw. einer „Gelegenheit zur Selbsttötung" auf solche Selbsttötungen zu begrenzen, die aktiv, also durch eigenes Tun, begangen werden. Auf diese Weise könnte man versuchen, zumindest Fälle wie die Bereitstellung von Räumlichkeiten zum Sterbefasten oder zum Versterben nach Behandlungsabbruch aus dem Anwendungsbereich des § 217 StGB herauszunehmen. Für diesen Ansatz spricht, dass der Gesetzgeber bei der Schaffung der Norm offenbar die Möglichkeit eines Suizids durch Unterlassen (von Nahrungsaufnahme, aber auch durch Verzicht auf lebensnotwendige Medikamente usw.) nicht gesehen hat. Dieser Ansatz scheitert aber wohl daran, dass nach dem allgemeinen und auch juristischen Sprachgebrauch eine „Selbsttötung" sowohl durch Tun als auch durch Unterlassen begangen werden kann. Letzteres ist z. B. im Versicherungsrecht allgemein anerkannt.[34] Auch aus ethischer Perspektive ist die Möglichkeit eines „passiven Suizids" ohne Weiteres anzunehmen.[35] Hätte der Gesetzgeber Fälle der Selbsttötung durch Unterlassen nicht erfassen wollen, so hätte er dies im Gesetzeswortlaut deutlich machen müssen.

Der Begriff „Selbsttötung" ist im Übrigen auch in anderen Hinsichten wesentlich weiter, als dies in den Gesetzesberatungen angenommen wurde. Nach dem üblichen Sprachgebrauch, dem auch die Rechtswissenschaft weitgehend folgt, liegt eine Selbsttötung (Suizid) immer dann vor, wenn sich ein Mensch

---

[33] Jedenfalls für den Behandlungsabbruch eindeutig in diesem Sinne BT-Drucks. 18/5373, 10.
[34] Vgl. § 161 Abs. 1 S. 1 VVG: „Bei einer Versicherung für den Todesfall ist der Versicherer nicht zur Leistung verpflichtet, wenn die versicherte Person sich vor Ablauf von drei Jahren nach Abschluss des Versicherungsvertrags vorsätzlich selbst getötet hat."
[35] So zu Recht D. Birnbacher, *Ist Sterbefasten eine Form von Suizid?* (http://hpd.de/artikel/10237, Zugriff am 21.10.2016).

vorsätzlich selbst tötet, also den Sterbezeitpunkt vorverlagert. Darunter fallen nicht bloß direkte Selbsttötungen durch eigenes Tun oder Unterlassen. Eine Selbsttötung dürfte auch dann anzunehmen sein, wenn man sich vorsätzlich in eine Lage bringt, in der man durch einen anderen oder durch natürliche Umstände getötet wird. Wer mit dem Hinrichtungsopfer heimlich die Plätze tauscht und hingerichtet wird, begeht Suizid. Ein Suizid liegt auch dann vor, wenn man Faktoren, die das eigene Sterben aufgehalten haben, vorsätzlich aufhebt, also z. B. einen Herzschrittmacher abstellt oder lebensrettende Medikamente nicht mehr einnimmt, obwohl man damit rechnet, als Folge dieser Handlung oder Unterlassung zu sterben. Deshalb dürfte auch ein vorsätzlich herbeigeführter Behandlungsabbruch, wenn er zu einer Vorverlagerung des Todeszeitpunkts führt, als Suizid i. S. d. § 217 StGB zu bewerten sein.[36] Im Übrigen sind auch die Motive, aus denen ein Suizid begangen wird, für die Qualifikation als Selbsttötung unerheblich: die Angst vor Schmerz wird ebenso erfasst wie die Aufopferung für Kameraden im Krieg oder religiöse Motive („Opfertod"). Auch politische (z. B. Selbstverbrennung als politischer Appell) oder wissenschaftliche Motive (Selbstversuch mit neuen, potentiell tödlichen Medikamenten) sind denkbar, ebenso Suizide aus Liebe (Romeo und Julia) oder aus Rache bzw. Schädigungsabsicht (z. B. um „ein Geheimnis mit ins Grab zu nehmen").

Problematisch wird das Vorliegen einer Selbsttötung dann, wenn die eigene Handlung oder Unterlassung nicht sicher mit einer Vorverlagerung des Todeszeitpunkts verknüpft sind, sondern nur mit einer gewissen Wahrscheinlichkeit, und der Suizident dies auch weiß.[37] Dies gilt vor allem dann, wenn zwischen der in Frage stehenden Handlung bzw. Unterlassung und dem ins Auge gefassten Todeseintritt eine größere zeitliche Distanz liegt. Begeht Suizid bzw. einen Suizidversuch, wer Nikotin, Alkohol oder andere Drogen in so hohen Dosen zu sich nimmt, dass eine Vorverlagerung des Todeszeitpunkts denkbar oder sogar

---

36 Dagegen stellt ein Behandlungsabbruch keinen Suizid i. S. v. § 161 VVG dar, weil es (wertungs-) widersprüchlich wäre, dem Patienten einerseits unter Verweis auf sein Selbstbestimmungsrecht einen Behandlungsabbruch zu gestatten, andererseits den Nachkommen die Versicherungsleistung zu versagen. Es erscheint deshalb sinnvoll und wohl auch verfassungsrechtlich geboten, den Begriff der „Selbsttötung" in § 161 Abs. 1 S. 1 VVG enger zu fassen als bei § 217 StGB und Suizidformen wie den Behandlungsabbruch oder das Sterbefasten darunter nicht zu subsumieren.
37 Ein Suizident betritt einen Tigerkäfig. Dass der Tiger ihn angreift und tötet, ist möglich, aber nicht sicher. Nach hier gewählter Terminologie handelt es sich immer dann um einen Suizid (bei Tötung) oder Suizidversuch (bei Ausbleiben der Tötung), wenn der Suizident seinen Tod entweder beabsichtigt, wissentlich herbeiführen will oder sich zumindest damit abfindet, dass der Tiger ihn töten könnte. Voraussetzung ist stets, dass das zur Tötung führende Verhalten des Suizidenten freiverantwortlich erfolgt.

wahrscheinlich erscheint? Der Sprachgebrauch ist hier nicht eindeutig.[38] Es dürfte aber auf der Hand liegen, dass § 217 StGB in diesem Bereich keinen sinnvollen Anwendungsbereich finden kann.

Alles in allem wird man festhalten können, dass der in § 217 verwendete Begriff der „Selbsttötung" so weit ist, dass sich eine zufriedenstellende Eingrenzung des neuen Tatbestandes darüber nicht erreichen lässt.

5.2 Geschäftsmäßiges Handeln

Ein zweiter Weg, den zu weit geratenen § 217 StGB einzuschränken, könnte darin bestehen, auf das Wort „geschäftsmäßig" abzuheben und bei Tätigkeiten im Kontext der Hospiz- und Palliativmedizin ein geschäftsmäßiges Handeln zu verneinen. Anders als beim Begriff der „Selbsttötung" hat der Gesetzgeber versucht, den Begriff „geschäftsmäßig" so genau wie möglich zu definieren. Nach dem Willen des Gesetzgebers stellt die „Geschäftsmäßigkeit" das wesentliche Abgrenzungsmerkmal zwischen erlaubter und verbotener Suizidhilfe dar.[39] Auch dieser Ansatz wirft jedoch erhebliche Schwierigkeiten auf:

In der Gesetzesbegründung heißt es, geschäftsmäßig handele jeder, der „die Wiederholung gleichartiger Taten zum Gegenstand seiner Beschäftigung machen will."[40] Dazu soll sogar schon ein erstmaliges Angebot ausreichen können, wenn es „den Beginn einer auf Fortsetzung angelegten Tätigkeit darstellt."[41] Man wird also unter einem „geschäftsmäßigen Handeln" jedes Tun oder Unterlassen zu verstehen haben, welches regelmäßig ausgeführt wird oder zumindest auf Wiederholung angelegt ist. Nun ist aber offensichtlich, dass ein Palliativmediziner, der seinen Patienten regelmäßig ambulant hohe Dosen an Schmerzmitteln zur Verfügung stellt, die, wenn sie auf einmal eingenommen werden, tödlich wirken, nicht nur einmalig handelt. Das Zur-Verfügung-Stellen etwa einer „Schmerzmittel-Notfallbox" ist vielmehr gerade ein Kernelement seiner ambulant-palliativen Praxis. Es geschieht nicht nur einmal, sondern regelmäßig, mithin geschäftsmäßig. Der Fall des ambulant tätigen Palliativmediziners lässt sich daher mittels des Tatbestandsmerkmals der Geschäftsmäßigkeit nicht ohne weiteres aus dem Anwendungsbereich des § 217 StGB herausnehmen.

---

38 Bemerkenswerterweise finden sich in der Umgangssprache aber durchaus Bezeichnungen wie „Selbstmord auf Raten".
39 Vgl. BT-Drucks. 18/5373, 16.
40 BT-Drucks. 18/5373, 17.
41 Ebd.

Nicht anders verhält es sich beim Zur-Verfügung-Stellen von Räumlichkeiten zum Sterbefasten. Derartige Räume werden nicht bloß einmalig zur Verfügung gestellt, sondern regelmäßig vorgehalten und immer wieder genutzt, weil entsprechende Sterbewünsche von Patienten heute in der Regel respektiert werden. Eine Zwangsernährung wäre, wie oben erwähnt,[42] sogar als Nötigung und Körperverletzung strafbar. Ohne Übertreibung wird man sagen dürfen, dass das Bereitstellen von Räumlichkeiten zum Sterbefasten in vielen Palliativstationen und Hospizen heute bereits zum Standard gehört. Wenn dies zutrifft, so bedeutet dies, dass in allen diesen Fällen ein regelmäßiges, auf Wiederholung angelegtes und damit geschäftsmäßiges Handeln anzunehmen ist. Im Ergebnis folgt daraus, dass über eine wortlautgetreue Interpretation des Tatbestandsmerkmals der Geschäftsmäßigkeit keine sinnvolle Einschränkung des Anwendungsbereichs des neuen § 217 StGB erreicht werden kann.

Wie könnte eine einschränkende Auslegung des Merkmals der „Geschäftsmäßigkeit" aussehen? Vorausgeschickt sei die Bemerkung, dass eine einschränkende Interpretation gerade bei einem so neuen Gesetz offenkundig methodologisch außerordentlich problematisch ist, wenn der Gesetzgeber, wie hier, so viel Mühe darauf verwendet hat, den Begriff selbst zu definieren. Respekt vor dem Willen des Gesetzgebers könnte es nahelegen, den Begriff in der Weite zu verwenden, die der Gesetzgeber selbst festgeschrieben hat. Folgt man dem nicht, so sind grundsätzlich zwei Wege denkbar, um das Merkmal der „Geschäftsmäßigkeit" einschränkend auszulegen: auf der objektiven Tatseite, indem man auf ein bestimmtes äußeres Erscheinungsbild des Täters bzw. der Tätergruppe abstellt,[43] oder auf der subjektiven Tatseite, indem man eine bestimmte Zielsetzung oder Motivationslage des bzw. der Akteure verlangt.[44] Beide Wege sind bereits begangen worden:

Gaede hat jüngst vorgeschlagen, den Begriff der „Geschäftsmäßigkeit" in § 217 StGB auf der objektiven Tatseite restriktiv zu interpretieren.[45] Eine Strafbarkeit soll nur dann eintreten, wenn „die wiederholte Suizidhilfe *entweder* die Hauptaufgabe

---

42 Siehe oben 2. am Anfang.
43 Anknüpfungspunkte könnten etwa sein: der Anstellungsort (Krankenhaus, Hospiz, private Arztpraxis), die ärztliche Approbation oder der Schwerpunkt der beruflichen Tätigkeit. Es ist aber unschwer zu sehen, dass sich mittels derartiger Kriterien keine klare Abgrenzung erreichen lässt.
44 Zu denken wäre etwa an das Vorliegen von Tötungsabsicht oder, allgemeiner, Tötungswillen oder an das Vorliegen eines wie auch immer gearteten Eigeninteresses am Tod des Sterbewilligen. Auch hier ist leicht zu erkennen, dass derartige subjektive Aspekte bei Medizinern und Pflegekräften genauso fehlen oder vorliegen können wie bei Angehörigen einer Sterbehilfeorganisation. Letztere dürfte in aller Regel aus Mitleid oder zumindest aus einem altruistischen Impuls heraus handeln, eine Motivationslage, die auch bei Ärzten und Pflegekräften häufig vorkommen wird. Einen primären Tötungswillen wird man im Regelfall bei keinem der Beteiligten annehmen können.
45 Vgl. K. Gaede, *Die Strafbarkeit der geschäftsmäßigen Förderung des Suizids – § 217 StGB*, 390.

der Tätigkeit darstellt *oder* auf eine Art und Weise geleistet wird, die sie nicht mehr nur als *ultima ratio* innerhalb der Patientenbeziehung ausweist." Auf diese Weise lässt sich möglicherweise das Zur-Verfügung-Stellen einer Räumlichkeit zum Zweck der Selbsttötung durch Sterbefasten aus dem Bereich der Strafbarkeit herausnehmen, nicht aber die Tätigkeit des ambulant tätigen Palliativmediziners, der regelmäßig hohe Dosen starker und in einer Überdosis auch tödlich wirkender Schmerzmittel verschreibt. Selbst wenn sich Gaedes sehr diskussionswürdiger Vorschlag durchsetzen würde, wäre damit also nur ein Teil der Probleme gelöst.

Bereits in der Gesetzesbegründung wird im Rahmen des Konzepts der „Geschäftsmäßigkeit" eine subjektive Abgrenzung vorgeschlagen: Tätigkeiten, „die Angehörige von Heilberufen im Rahmen medizinischer Behandlung, z.B. in Krankenhäusern, Hospizen und anderen palliativmedizinischen Einrichtungen leisten", fielen nicht unter § 217 StGB, weil die Hilfe zum Suizid „nicht dem Selbstverständnis dieser Berufe und Einrichtungen [entspreche] und ... daher von diesen grundsätzlich auch nicht gewährt" werde. „Sollte im Einzelfall aber gleichwohl von diesem Personenkreis Suizidhilfe gewährt werden, geschieht dies typischerweise gerade nicht ‚geschäftsmäßig', also in der Absicht, dies zu einem wiederkehrenden oder dauernden Bestandteil der Beschäftigung zu machen."[46]

Was ist von dieser Begründung zu halten? Die oben angesprochenen Formen der Hilfe zum Suizid – Bereithalten bzw. Zur-Verfügung-Stellen einer besonderen Räumlichkeit beim Sterbefasten oder die Verschreibung einer hohen, potentiell auch tödlichen Medikamentendosis im Rahmen der ambulanten Palliativversorgung – entsprechen durchaus dem Verständnis vieler Hospize und Palliativeinrichtungen von einer angemessenen und ethisch gebotenen Versorgung von Sterbenden. Die entgegenstehende Behauptung in der Gesetzesbegründung ist also falsch. Entsprechende Hilfen werden in vielen Einrichtungen bereits gewährt. Der neue § 217 StGB zieht diese Tätigkeiten nun ohne hinreichende Begründung in einen strafrechtlichen Graubereich; aus dem Schutz vor einigen wenigen angeblich übereifrigen „Sterbehelfern" wird ein flächendeckender Zwang zum Weiterleben.[47] Die Behauptung, es fehle bei der Unterstützung des Sterbefastens oder der

---

46 BT-Drucks. 17/5373, 18. Siehe auch Hillenkamp, *§ 217 StGB n. F.: Strafrecht unterliegt Kriminalpolitik*, 8f., der bei der Feststellung von „Geschäftsmäßigkeit" auch in Bezug auf die erneute Vornahme der in Frage stehenden Handlung Absicht verlangen will. Der Täter muss also sozusagen die Absicht haben, die Tathandlung nicht nur einmal, sondern mehrmals auszuüben. In den im Text diskutierten beiden Fallgestaltungen der ambulanten Palliativversorgung mit Schmerzmitteln und des Sterbefastens führt dieser Weg indes wohl nicht zu einer Strafbarkeitseinschränkung.
47 Gerade angesichts der erst allmählich ins Bewusstsein rückenden Formen der Übertherapie am Lebensende (dazu M. Thöns, *Patient ohne Verfügung. Das Geschäft mit dem Lebensende*, München/Berlin 2016) muss dies zu erheblichen Bedenken Anlass geben. Offenbar hat die

ambulanten Schmerztherapie an der „Absicht, dies zu einem wiederkehrenden oder dauernden Bestandteil der Beschäftigung zu machen", ist ebenfalls offenkundig unzutreffend – Sterbezimmer und die Verschreibung von Schmerzmitteln in hohen Dosen sind grundsätzlich sogar als Pflichtangebote einer humanen Hospiz- und Palliativmedizin anzusehen.

Im Ergebnis wird man festhalten können, dass auch das Merkmal der „Geschäftsmäßigkeit" nicht geeignet ist, die Tätigkeit im Rahmen von Sterbehilfeorganisationen von Tätigkeiten, wie sie etwa in Hospizen oder Palliativstationen vorkommen, mit hinreichender Sicherheit voneinander abzugrenzen. Dies gilt auch dann, wenn man, über den Willen des Gesetzgebers hinaus, zusätzliche einschränkende Gesichtspunkte bei den objektiven oder den subjektiven Voraussetzungen von „Geschäftsmäßigkeit" einführt.

5.3 Der subjektive Tatbestand

Ein dritter Weg, um die zu weit geratene Strafnorm zu begrenzen, könnte im subjektiven Tatbestand gesucht werden. Dieser Ansatz ist allerdings aus gleich zwei Gründen von vornherein problematisch: Zum einen ist der subjektive Tatbestand, also die Prüfung von Vorsatz und (bewusster) Fahrlässigkeit, notorischen Beweisschwierigkeiten ausgesetzt. Psychische Vorgänge sind kaum objektiv erkennbar und beweisbar, missbräuchlichen (Schutz-)Behauptungen ist Tür und Tor geöffnet. Zum anderen bedeutet die Entscheidung, zur Prüfung des subjektiven Tatbestandes überzugehen, dass der objektive Tatbestand als gegeben angesehen wird. Der objektive Tatbestand beschreibt aber, so die bisher von der Strafgesetzgebungs- und Strafrechtslehre vertretene Auffassung, einen Unrechtstyp,[48] also etwa einen (objektiv vorliegenden) Totschlag, eine (objektiv vorliegende) Beleidigung oder eine (objektiv vorliegende) Sachbeschädigung. Wollen wir wirklich sagen, dass der Arzt, der seinem Patienten hohe Dosen an Schmerzmitteln oder eine Räumlichkeit zum Sterbefasten zur Verfügung stellt, einen Unrechtstatbestand verwirklicht? Das ist zumindest bei Zugrundelegung der moralischen Ansichten der Bevölkerungsmehrheit kontraintuitiv; üblicherweise

---

Ökonomisierung unseres Gesundheitswesens zu außerordentlich inhumanen Formen der Kommerzialisierung des Sterbens geführt, die durch den neuen § 217 StGB sogar noch gedeckt und befördert werden.

48 H.-H. Jescheck/T. Weigend, *Lehrbuch des Strafrechts*, 207 sprechen vom „*Unrecht*statbestand im Sinne des „Inbegriffs der für die betreffende Deliktsart typischen Momente der Rechtswidrigkeit."

würde man sogar sagen, dass der Arzt in beiden Fällen etwas tut, was sozialethisch positiv zu bewerten ist, also gerade nicht als Unrecht zu qualifizieren ist.[49]

§ 217 erfordert in seinem subjektiven Tatbestand Vorsatz sowie zusätzlich die Absicht, eine Selbsttötung zu fördern. Zumindest beim Zur-Verfügung-Stellen einer Räumlichkeit zum Sterbefasten dürfte der subjektive Tatbestand sicher zu bejahen sein: Der Arzt weiß, dass der Sterbewillige einen Suizid plant, und auch im Hinblick auf die Bereitstellung des Raumes, also der „Gewährung einer Möglichkeit zur Selbsttötung", handelt er vorsätzlich. Besitzt der Arzt auch die „Absicht", eine Selbsttötung zu fördern? Das Zur-Verfügung-Stellen der Räumlichkeit erfolgte zielgerichtet, mithin absichtlich. Man könnte aber meinen, dass es doch nicht die Absicht des Arztes gewesen sei, eine „Selbsttötung" zu fördern; mit dieser habe er gerechnet und sich mit ihr abgefunden, vielleicht habe er sie auch als sicher vorausgesehen (Wissentlichkeit), er habe sie aber nicht zielgerichtet verwirklichen wollen, insofern also keinen *dolus directus* ersten Grades (Absicht) gehabt.[50] Dies dürfte im Grundsatz zutreffen. Allerdings hat der Gesetzgeber in den Gesetzesmaterialien ausdrücklich betont, dass nur die Förderung als solche absichtlich erfolgen müsse; der Suizid, also sozusagen der „Erfolg der Förderung" müsse nicht beabsichtigt werden.[51] Würde man die Norm anders interpretieren, so könnten sich auch Angehörige von Sterbehilfevereinigungen darauf berufen, sie hätten die eigentliche Selbsttötung nicht beabsichtigt.[52] Man wird also nicht umhin kommen, bei dem das Sterbezimmer zur Verfügung stellenden Arzt eine „Absicht zur Förderung der Selbsttötung" annehmen zu müssen.

Diese „Aufspaltung" im subjektiven Tatbestand zwischen der Förderhandlung und dem Förderziel ist für juristische Laien nicht einfach zu verstehen. Sie folgt aber Differenzierungen, die in der Strafrechtswissenschaft schon lange anerkannt werden.[53] Angenommen, A will B verprügeln. Er bittet C um einen Stock. C gibt dem A den Stock, geht aber dabei davon aus, dass A den Stock als Gehhilfe nutzen will. In Wirklichkeit gebraucht A den Stock dafür, auf den B einzuschlagen. In diesem Fall ist die „Haupttat" das Verprügeln des B durch A mit dem Stock. C hat

---

49 Natürlich lassen sich die Unterstützung des Sterbefastens und eine ambulante Palliativmedizin mittels Zur-Verfügung-Stellen hoher und potentiell tödlicher Dosen an Schmerzmitteln auch negativ bewerten – als Hilfe zum (verbotenen) Suizid und als (fahrlässige) Gefährdung von Leben. Vertritt man diese Position, dann mag auch eine Strafbarkeit entsprechender Verhaltensweisen nach § 217 StGB als angemessen erscheinen.
50 Für einen Überblick über die Vorsatzformen E. Hilgendorf/B. Valerius, *Strafrecht Allgemeiner Teil*, Rn. 79 ff.
51 Vgl. BT-Drucks. 18/5373, 19.
52 Vgl. ebd.
53 Vgl. H.-H. Jescheck/T. Weigend, *Lehrbuch des Strafrechts*, 695 mit zahlreichen Nachweisen.

diese Haupttat (objektiv) unterstützt, indem er A den Stock gegeben hat. In Bezug auf diese Förderhandlung hat C mit Absicht gehandelt – es kam ihm darauf an, dem A den Stock zu geben. In Bezug auf das Förderziel oder „Förderergebnis" (das Verprügeln mit dem Stock) fehlt dem C jedoch die Unterstützungsabsicht. Er wollte dem A das Gehen erleichtern, nicht bei der Verübung einer Körperverletzung helfen. In Bezug auf die Körperverletzung liegt also noch nicht einmal die schwächste Vorsatzform *dolus eventualis* vor, wenn C mit einem solchen Einsatz des Stocks nicht gerechnet hat.

Bei § 217 StGB soll es nach dem Willen des Gesetzgebers ausreichen, wenn die Förderhandlung von der Absicht des Gehilfen getragen wird, während das Förderziel (Suizid) nur in Form von *dolus eventualis* anvisiert wird: der Helfer erkennt die Möglichkeit, dass sein Gegenüber einen Suizid begehen wird, und findet sich damit ab.[54]

Wie verhält es sich nun bei dem Palliativmediziner, der seinen Patienten im Rahmen der ambulanten Palliativversorgung hohe, potentiell tödlich wirkende Dosen von Schmerzmitteln überlässt? Auch er handelt in Bezug auf die Förderhandlung, also die „Gewährung" bzw. „Verschaffung" einer „Möglichkeit der Selbsttötung" vorsätzlich (es dürfte *dolus directus* 2. Grades, also Wissentlichkeit vorliegen). Handelt er auch in der „Absicht, eine Selbsttötung zu fördern", also mit dem erforderlichen Vorsatz im Hinblick auf das Förderziel? Man könnte geneigt sein zu argumentieren, eine solche Absicht läge nicht vor, da es dem Arzt doch um Schmerzlinderung, und nicht um die Förderung eines Suizids gegangen sei. Damit übersähe man jedoch, dass die Förderung als solche, also die Überlassung der Schmerzmittel, zielgerichtet und damit absichtlich erfolgte. Der Suizid selbst (das Förderziel) muss nach dem Willen des Gesetzgebers, so wie er in der Gesetzesbegründung festgeschrieben ist, nicht von der Absicht des Täters umfasst sein.[55]

Aufschlussreich ist wieder der auch vom Gesetzgeber geführte[56] Vergleich der Handlung des die in Überdosis tödlichen Schmerzmittel überlassenden Arztes mit dem Überlassen eines tödlich wirkenden Medikaments durch einen Sterbehelfer (möglicherweise ebenfalls ein Arzt). Beide Fälle sind strukturell identisch. Will man im ersten Fall eine Förderabsicht i. S. d. § 217 StGB verneinen, so müsste man dies auch im zweiten Fall tun, denn der als „Sterbehelfer" tätige Arzt hat kein persönliches Interesse an dem Suizid dessen, dem er die Medikamente überlässt. Möglicherweise (oder wahrscheinlich?) geht es ihm in erster Linie darum, dem Anderen einen Ausweg aus extremen Schmerzen oder einer anderen furchtbaren

---

54 Vgl. BT-Drucks. 18/5373, 19.
55 Vgl. ebd.
56 Vgl. ebd.

Leidenssituation zu eröffnen. In Bezug auf die Selbsttötung als solche verwirklicht auch er das Merkmal „Absicht" in aller Regel nicht.

Damit kommen wir zu dem Ergebnis, dass sowohl im Fall des hohe Dosen von Schmerzmitteln verschreibenden ambulanten Palliativmediziners als auch beim Zur-Verfügung-Stellen eines Zimmers für das Sterbefasten in einem Hospiz der objektive wie der subjektive Tatbestand des neuen § 217 StGB verwirklicht sind. Damit ist freilich über die Strafbarkeit noch nicht endgültig entschieden; es bleibt die Möglichkeit einer Rechtfertigung oder zumindest Entschuldigung der handelnden Ärzte.

5.4 Rechtfertigungsmöglichkeiten

Auf der Ebene der Rechtfertigung kommt vor allem eine Einwilligung in Betracht.[57] Der Patient willigt ja in die Entgegennahme der Schmerzmittel ein, und ebenso stimmt er der Überlassung einer Räumlichkeit zu, in welcher er durch Verzicht auf Nahrung Suizid begehen kann. Problematisch ist allein, ob das Rechtsgut, um das es hier geht, der Verfügungsberechtigung des Patienten unterliegt. Dies führt zu der nicht einfach zu entscheidenden Frage, welches Rechtsgut oder welche Rechtsgüter § 217 StGB überhaupt schützt. Gewichtige Stimmen in der Literatur, so etwa Roxin, bezweifeln, ob sich ein solches Rechtsgut identifizieren lässt.[58] Stellt man auf die Gesetzesbegründung ab, so wird man als geschützte Rechtsgüter das Selbstbestimmungsrecht des Patienten und sein Leben nennen können.[59]

Das Selbstbestimmungsrecht ist zweifellos disponibel; es wäre widersprüchlich, zum Schutze der Selbstbestimmung die Selbstbestimmung des Patienten beschränken zu wollen. Schwieriger ist die Frage zu beantworten, ob das Rechtsgut Leben, so wie es in § 217 StGB geschützt wird, der Verfügungsmacht des Rechtsgutsträgers unterliegt. Nach wohl noch herrschender Meinung ist dies mit Blick auf § 216 StGB zu verneinen: Man kann zwar über alle seine übrigen Rechtsgüter, nicht aber über sein Leben wirksam verfügen.[60] Ob diese Position angesichts der Entwicklung der neueren Rechtsprechung, vor allem der jüngeren Rechtsprechung des BGH,[61] noch lange Bestand haben wird, ist allerdings fraglich.

---

57 Vgl. E. Hilgendorf, *Einführung in das Medizinstrafrecht*, Kap. 5 Rn. 20. Zu den Voraussetzungen einer rechtfertigenden Einwilligung E. Hilgendorf/B. Valerius, *Strafrecht Allgemeiner Teil*, § 5 Rn. 109 ff.
58 Vgl. C. Roxin, *Die geschäftsmäßige Förderung der Selbsttötung als Straftatbestand und der Vorschlag einer Alternative*, 185–192.
59 Vgl. BT-Drucks. 18/5373, 10.
60 Vgl. E. Hilgendorf/B. Valerius, *Strafrecht Allgemeiner Teil*, § 5 Rn. 116 ff.
61 Vgl. BGHSt 55, 191 ff.

Dies kann jedoch hier dahinstehen: Nach den klaren Vorgaben des Gesetzgebers ist § 217 StGB kein Erfolgsdelikt, sondern als ein Gefährdungsdelikt ausgestaltet. Nach ganz überwiegender Ansicht der Strafrechtswissenschaft kann der Rechtsgutsträger jedoch in eine Gefährdung seines Lebens, selbst eine konkrete Gefährdung, wirksam einwilligen.[62] Ansonsten wären z.B. lebensgefährlich schwierige, aber die Chance einer Lebensrettung immerhin eröffnende Operationen nicht zulässig. Daraus folgt, dass auch bei § 217 StGB eine Einwilligung möglich sein müsste. Für dieses Ergebnis spricht auch, dass aus den Gesetzesmaterialien eindeutig hervorgeht, dass der Gesetzgeber Palliativmediziner und Pflegekräfte, die geschäftsmäßig Sterbenden beistehen, nicht bestrafen wollte.[63]

Anders würde es sich verhalten, wenn § 217 StGB keine Individualrechtsgüter, sondern „das Leben" bzw. die „Ungefährdetheit von Leben" als überindividuelles Rechtsgut schützen würde,[64] so dass eine (individuelle) Einwilligung nicht rechtfertigend wirken könnte. Allerdings hat der Gesetzgeber mit keinem Wort angedeutet, dass er „Leben" in diesem, für das deutsche Strafrecht ungewöhnlichen Sinn verstanden wissen wollte. Eine so weitgehende Neuerung hätte deshalb zumindest einige klarstellende Worte des Gesetzgebers erfordert. Erneut zeigt sich hier, wie dürftig und defizitär die Gesetzesbegründung an vielen Stellen bleibt.

Hält man eine rechtfertigende Einwilligung für möglich, so ergibt sich freilich das (erhebliche!) Problem, dass sich wegen der Strukturgleichheit der Suizidunterstützung durch Palliativmediziner und in Palliativeinrichtungen tätige Pflegekräfte einerseits, und durch in Sterbehilfevereinigungen tätige Ärzte und Pflegekräfte andererseits auch die letzteren auf eine Einwilligung berufen könnten. Das neue Gesetz würde damit in seinem Anwendungsbereich erheblich eingeschränkt und letztlich darauf hinauslaufen, in allen Fällen von geschäftsmäßig geleisteter Suizidunterstützung eine wirksame Einwilligung zu verlangen.[65] Eine solche Zielrichtung ist möglicherweise rechtspolitisch sinnvoll; ob sie aber vom Gesetzgeber angestrebt wurde, ist durchaus fraglich.

---

62 Vgl. H. Frister, *Strafrecht Allgemeiner Teil*, München [7]2015, Kap. 15 Rn. 27; U. Neumann, *Das sogenannte Prinzip der Nichtdispositivität des Rechtsguts Leben*, in: M. Heger et al. (Hg.), *Festschrift für Kristian Kühl zum 70. Geburstag*, München 2014, 581 f.; vgl. auch BGHSt 53, 55, 62 f.
63 Vgl. BT-Drucks. 18/5373, 18.
64 So B. Hecker, *Das strafrechtliche Verbot geschäftsmäßiger Förderung der Selbsttötung (§ 217 StGB)*, 460.
65 In der Tendenz ähnlich M. Kubiciel, *Zur Verfassungskonformität des § 217 StGB*, 402, der auf die „Gefahr einer voreilig-undurchdachten Lebensaufgabe" abstellen will.

Nur angemerkt sei, dass in Fällen des § 217 StGB auch eine Rechtfertigung über einen rechtfertigenden Notstand nach § 34 StGB möglich ist.⁶⁶ Eine Notlage, die eine wiederholte Suizidunterstützung erforderlich machen würde, dürfte allerdings nicht häufig sein. Auch an die Möglichkeit einer Entschuldigung, etwa über den entschuldigenden Notstand nach § 35 StGB, ist zu denken, etwa wenn Eltern oder anderen nahen Angehörigen eine erforderliche Hilfe geleistet wird. Für Ärzte und Pflegekräfte wichtiger ist die Berufung auf die Gewissensfreiheit, Art. 4 GG. Wer sich als Arzt oder Pflegekraft aus Gewissensgründen verpflichtet fühlt, einem extrem leidenden Patienten die Möglichkeit einer Selbsttötung zu eröffnen, kann sich in der Regel auf Art. 4 berufen.

6 Zweites Zwischenergebnis

Es fehlt bislang an einer Möglichkeit, § 217 StGB unter Wahrung des Bestimmtheitsgrundsatzes und der in der Strafrechtsdogmatik erforderlichen Klarheit und Eindeutigkeit verfassungskonform restriktiv zu interpretieren. Problematisch ist insbesondere, dass restriktive Ansätze für den Bereich der Hospiz- und Palliativmedizin immer auch den „eigentlichen" Sterbehelfern zu Gute zu kommen scheinen. Die neue Strafbestimmung § 217 StGB führt damit zu erheblichen Unsicherheiten bei der Strafrechtsanwendung und zu Strafbarkeitsrisiken für Ärzte und Pfleger in Palliativeinrichtungen und Hospizen. Dabei ist zu bedenken, dass Polizei und Staatsanwaltschaften gesetzlich verpflichtet sind, schon jedem Verdacht einer Straftat nachzugehen und zu ermitteln.⁶⁷

7 Strafbarkeitsrisiken für Angehörige und andere Teilnehmer

In § 217 StGB wurde die geschäftsmäßige Unterstützung von Suiziden unter Strafe gestellt, indem diese Tätigkeit als eigenständige Haupttat gefasst wurde. Damit wird die Teilnahme (§§ 26, 27 StGB) an Taten nach § 217 StGB möglich. Bedenkliche Strafbarkeitsrisiken ergeben sich insbesondere für Angehörige, die z. B. ihre Eltern bei einem Suizid unterstützen, aber auch für Personen, die über Fragen im Grenzbereich zwischen Leben und Tod informieren und dabei, möglicherweise auf

---

66 Näher zu den Voraussetzungen eines rechtfertigenden Notstands E. Hilgendorf/B. Valerius, *Strafrecht Allgemeiner Teil*, § 5 Rn. 69 ff.
67 Vgl. §§ 152 Abs. 2, 169, 163 StPO.

Nachfrage, auch die Möglichkeiten eines Suizids erörtern (Beihilfe durch das geschäftsmäßige Zur-Verfügung-Stellen von Information).

Begleitet A seinen sterbewilligen Vater zu einem Suizid in der Schweiz, so lässt sich dieses Tun als Beihilfe zur (in der Schweiz begangenen[68]) geschäftsmäßigen Förderung der Selbsttötung deuten, §§ 217, 27. § 217 Abs. 2 StGB hilft A nur dann, wenn er nicht selbst geschäftsmäßig handelt. Nach der Gesetzesbegründung handelt aber schon derjenige geschäftsmäßig, der sich bei einem erstmaligen Tun vorbehält, in einem ähnlich gelagerten Fall ein zweites Mal zu handeln.[69] Ein solches Szenario läge etwa vor, wenn der Sohn bereit ist, für seine Mutter dasselbe zu tun wie für seinen Vater.

Vergleichbare Strafbarkeitsrisiken ergeben sich etwa für eine Beratungsstelle oder einen Anwalt, die bzw. der regelmäßig jedenfalls auf Nachfrage auch über die Möglichkeiten, mit Hilfe von Dignitas oder einer vergleichbaren Organisation aus dem Leben zu scheiden, informiert. Auch dies lässt sich als Beihilfe zu einer in der Schweiz begangenen Tat nach § 217 StGB deuten. Das Angehörigenprivileg nach § 217 Abs. 2 StGB greift hier offensichtlich nicht; außerdem ist ohnehin das Merkmal der Geschäftsmäßigkeit erfüllt.

Man könnte in beiden Fällen zu argumentieren versuchen, geholfen werde nicht der Sterbehilfeorganisation, sondern dem Suizidwilligen. Aus juristischer Perspektive dürfte es so liegen, dass beiden geholfen wird, dem Suizidhelfer und dem Suizidenten. Darin, dass ein Suizidwilliger nach Zürich oder an einen anderen passenden Ort gebracht wird, ist eine objektive Unterstützung der Suizidhilfe zu sehen. Da der Angehörige (Helfer) bewusst und in Kenntnis der Umstände handelt, liegt auch Vorsatz in Form von Wissentlichkeit oder zumindest *dolus eventualis* vor. Dass Unterstützungsabsicht nur im Hinblick auf den Sterbewilligen vorliegt (und nicht in Bezug auf die Tätigkeit der Sterbehilfeorganisation), ist unschädlich, da für Beihilfe *dolus eventualis* oder Wissentlichkeit ausreichen (die in Bezug auf die Tätigkeit der Sterbehilfeorganisation unproblematisch vorliegen).

Ähnlich stellt sich die Rechtslage im Falle der Beihilfe durch Information dar.[70] Objektiv ist eine Hilfeleistung anzunehmen, jedenfalls dann, wenn der Sterbewillige als Folge des Rats Kontakt mit der Sterbebegleitung anbietenden Stelle aufnimmt und ihm daraufhin entsprechende Angebote zur Verfügung gestellt werden. Subjektiv liegt Unterstützungsvorsatz wieder zumindest in Form von *dolus eventualis* oder Wissentlichkeit vor.

---

[68] Auf der Grundlage von § 9 Abs. 2 Satz 2 StGB lässt sich das Vorliegen einer tatbestandsmäßigen und rechtswidrigen Haupttat fingieren, obwohl die Tat in der Schweiz nicht strafbar ist.
[69] Siehe oben Fn. 40, 41.
[70] Siehe oben 3. für ein als Haupttat ausgestaltetes Beispiel.

Wollte man die beiden Fälle anders lösen und annehmen, im Falle des Transports nach Zürich oder einer Beratung mit nachfolgender Kontaktaufnahme lägen keine Taten nach §§ 217, 27 StGB vor, da nicht dem Suizidhelfer, sondern dem Suizidwilligen geholfen werde, so müsste man auch akzeptieren, wenn sich Unternehmen bilden, die geschäftsmäßig Sterbewillige zu Suizidhilfestellen in die Schweiz transportieren und/oder Lebensmüde regelmäßig konkret über die Suizidmöglichkeiten dort informieren. Auch sie würden nicht die Suizidhelfer, sondern nur die Suizidwilligen unterstützen. Damit würde die Beihilfemöglichkeit, die der Gesetzgeber, wie § 217 Abs. 2 StGB zeigt, durchaus schaffen wollte, weitgehend ausgehebelt. Darin zeigt sich erneut das bereits oben im Rahmen der Diskussion über die Täterschaft angesprochene Problem,[71] dass für Problemfälle entwickelte einschränkende Auslegungen auch solchen Personengruppen zugutekommen, die der Gesetzgeber strafrechtlich erfassen wollte.

8 Gesamtergebnis

Zusammenfassend ergibt sich folgendes Bild: Der neue § 217 StGB stellt nicht nur die Tätigkeit von Sterbehilfeorganisationen wie „Dignitas" oder „Sterbehilfe Deutschland" unter Strafe, sondern schafft auch für Ärzte und Pflegekräfte in Hospizen und Palliativstationen erhebliche Strafbarkeitsrisiken, etwa im Rahmen der ambulanten Palliativbetreuung oder dem Bereitstellen von Räumlichkeiten für das Sterbefasten. Geht man davon aus, dass derartige Angebote grundrechtlich geschützt sind, so ergibt sich das Erfordernis, den § 217 StGB grundrechtskonform einzuschränken. Einschränkungsmöglichkeiten können im objektiven Tatbestand („Selbsttötung", „Geschäftsmäßigkeit"), im subjektiven Tatbestand („Absicht, eine Selbsttötung zu fördern"), und auf der Stufe der Rechtswidrigkeit (Einwilligung?) gesucht werden. Alle diese Einschränkungen werfen aber nicht unerhebliche Probleme auf. Insbesondere scheinen Einschränkungen des § 217 StGB stets auch den Personen oder Personengruppen zugutezukommen, deren Tätigkeit der Gesetzgeber eigentlich unterbinden wollte. Für Ärzte und Pflegekräfte, aber auch und vor allem für die Sterbenden bedeuten diese Strafbarkeitsrisiken eine erhebliche Belastung. Um ein menschenwürdiges, humanes Sterben sicherzustellen, müssen dringend Wege gefunden werden, den viel zu weit geratenden § 217 StGB[72] wirkungsvoll zu begrenzen.

---

[71] Siehe oben 4.
[72] Eine andere wichtige Frage, der hier aber nicht nachgegangen werden sollte, ist darin zu sehen, ob § 217 in anderen Hinsichten nicht zu eng geraten ist, etwa im Hinblick auf die Erfassung von Anstiftung zum Suizid. Dazu A. Grünewald, *Zur Strafbarkeit der geschäftsmäßigen Förderung der Selbsttötung*, 942 f.

Steffen Augsberg / Simone Szczerbak
Die Verfassungsmäßigkeit des Verbots der geschäftsmäßigen Suizidassistenz (§ 217 StGB)

1 Einleitung: Die Strafbarkeit der Suizidhilfe als Verfassungsrechtsproblem

Ende 2015 hat der Deutsche Bundestag nach jahrelanger Vorbereitung, diversen Gesetzentwürfen und intensiv geführten Debatten, letztlich aber bereits im ersten Wahlgang und mit relativ großer Mehrheit ein Gesetz verabschiedet, mit dem das StGB um eine Regelung zur Strafbarkeit der sog. Suzidassistenz erweitert wurde (§ 217 StGB n. F.).[1] Im Nachgang hierzu wird weiterhin von Teilen der Strafrechtslehre beklagt, die Norm füge sich nicht in die herkömmliche Systematik der Tötungsdelikte und werfe eine Vielzahl dogmatischer Probleme auf.[2] Zwar gibt es innerhalb der Strafrechtszunft durchaus abweichende Auffassungen,[3] und im übrigen lassen selbstredend eventuelle praktische Handhabungsschwierigkeiten die Wirksamkeit der Norm unberührt. Allerdings wird teilweise zusätzlich behauptet, die Norm verstoße gegen das Grundgesetz,[4] und mittlerweile sind

---

[1] Gesetz zur Strafbarkeit der geschäftsmäßigen Förderung der Selbsttötung vom 03.12.2015, BGBl. I 2015, Nr. 49, 09.12.2015, 2177, in Kraft getreten am 10.12.2015; vgl. dazu auch Beschlussempfehlung und Bericht des Ausschusses für Recht und Verbraucherschutz (6. Ausschuss), BT-Drucks. 18/6573, sowie Entwurf eines Gesetzes zur Strafbarkeit der geschäftsmäßigen Förderung der Selbsttötung, BT-Drucks. 18/5373.
[2] Vgl. etwa G. Duttge, *Strafrechtlich reguliertes Sterben. Der neue Straftatbestand einer geschäftsmäßigen Förderung der Selbsttötung*, in: NJW 69 (2016), 120 ff.; E. Hoven, *Für eine freie Entscheidung über den eigenen Tod. Ein Nachruf auf die straflose Suizidbeihilfe*, in: ZIS 11 (2016), 1 ff.; M. Kubiciel, *Das Verbot der geschäftsmäßigen Suizidbeihilfe*, in: jurisPR-StrafR 1/2016; M. T. Oğlakcıoğlu, in: B. von Heintschel-Heinegg (Hg.), *Beck'scher Online Kommentar StGB*, 32. Edition (Stand: 01.09.2016), München 2016, § 217 Rn. 6 ff., jeweils mit weiteren Nachweisen.
[3] Vgl. jetzt etwa ausführlich L. Wörner, *Widersprüche im strafrechtlichen Lebensschutz*, Habilitationsschrift, im Erscheinen.
[4] Vgl. etwa M. T. Oğlakcıoğlu, in: B. von Heintschel-Heinegg (Hg.), *Beck'scher Online Kommentar StGB*, § 217 Rn. 11 ff.; für die Möglichkeit einer verfassungskonformen Interpretation etwa M. Kubiciel, *Zur Verfassungskonformität des § 217 StGB*, in: ZIS 11 (2016), 396 ff.

mehrere Verfassungsbeschwerden beim Bundesverfassungsgericht anhängig.[5] Deshalb bedarf es einer öffentlich-rechtlichen Stellungnahme. In diesem Sinne ist im folgenden aufzuzeigen, warum das Verdikt der Verfassungswidrigkeit auf Fehl- und Überinterpretationen verfassungsnormativer Garantien sowie einer Überschätzung der Kontrollfunktion des Bundesverfassungsgerichts beruht. Die nähere Begründung erfolgt dabei in drei Argumentationsschritten: Zunächst ist der verfassungsnormative Hintergrund zu skizzieren (dazu 2.). Sodann wird gefragt, ob eine entsprechende, im Strafrecht angesiedelte Regelung prinzipiell verfassungsrechtlichen Vorgaben entspricht (dazu 3.). Hieran anschließend wird erörtert, ob und inwieweit das Konzept der gesetzgeberischen Einschätzungsprärogative einer weiterreichenden verfassungsgerichtlichen Kontrolle entgegensteht (dazu 4.). Nach kurzen Überlegungen zur Bedeutung einer kompensatorischen Beobachtungs- und ggf. Nachbesserungspflicht (dazu 5.) kann ein abschließendes Fazit gezogen werden (dazu 6.).

2 Zum verfassungsrechtlichen Rahmen der Debatte: Autonomie- und Integritätsschutz als basale grundrechtliche Garantien

In der Debatte um die Strafbarkeit der Suizidassistenz wird bisweilen auf die Bedeutung der Berufs- oder auch der Gewissensfreiheit der „Sterbehelfer" verwiesen. Letztlich handelt es sich dabei jedoch um im konkreten Kontext eher periphere Grundrechtspositionen. Im Kern geht es vielmehr um den (bei genauerer Betrachtung sich ergänzenden[6]) grundrechtlichen Schutz von Autonomie und Leben. Art. 2 Abs. 2 GG betrifft nämlich nicht allein die körperliche Integrität. In Kombination mit dem Persönlichkeitsschutz, Art. 2 Abs. 1 i.V. m. Art. 1 Abs. 1 GG, konstituiert die Norm vielmehr ein umfassendes Grundrecht auf individuelle Selbstbestimmung. Im Bereich medizinischer Pflege und Behandlung besitzt dieses „dynamische Freiheitsrecht der Selbstbestimmung über die leiblich-seelische Integrität"[7] erhebliche Relevanz und Brisanz. Obwohl gerade hier die spe-

---

[5] Nachdem das Gericht im Eilrechtsschutzverfahren (§ 32 BVerfGG) bereits zugunsten des Gesetzgebers entschieden hat, vgl. BVerfGK, Beschluss vom 21.12.2015, Az.: 2 BvR 2347/15, in: *NJW* 2016, 558f.
[6] Vgl. hierzu und zum folgenden schon S. Augsberg, *Autonomieschutz durch Handlungsverbote? Überlegungen zu einer vermeintlichen Paradoxie*, in: M. Brand (Hg.), *Sterbehilfe oder Sterbebegleitung? Die Debatte*, Freiburg i. Br. 2015, 94ff.
[7] W. Höfling, *Die Bedeutung von Recht und Empathie bei der Sterbebegleitung*, in: ZRP 47 (2014), 252.

zifische Expertise der beteiligten Fachkräfte gewisse (Pfad-)Abhängigkeiten bedingt, sind von Verfassungs wegen die autonom getroffenen Behandlungsentscheidungen maßgeblich. Der Patient, nicht der Arzt, legt die konkrete Behandlungsform fest – und zwar auch dort, wo seine Entscheidung aus medizinischer Sicht „falsch" oder „irrational" erscheint. Es kommt nicht darauf an, (um jeden Preis) die Gesundheit des Patienten zu erhalten oder wiederherzustellen; vielmehr bildet dessen (informierter) Wille die oberste Leitlinie ärztlichen Handelns.

Grundrechtlich betrachtet gilt mithin: *Voluntas, non salus aegroti suprema lex*.[8] Dieses Selbstbestimmungsrecht erfasst sogar das Recht, über den eigenen Tod zu entscheiden. Ein in Kenntnis der konkreten entscheidungsrelevanten Umstände von einer einwilligungsfähigen Person abgegebenes Behandlungsveto ist für Ärzte und Pflegepersonal verbindlich. Die Weiterbehandlung gegen den erklärten Willen des Betroffenen bedeutet eine Verletzung seiner körperlichen Integrität – strafrechtlich betrachtet eine Körperverletzung. Solange der Patient dies weiß und sich dennoch gegen die Behandlung entscheidet, gilt dies auch dann, wenn die Nichtbehandlung zum Tode führt. Umstritten ist innerhalb der Verfassungsrechtswissenschaft (lediglich), ob diesseits dieser Konstellationen ein Verfügungsrecht des Einzelnen über sein Leben auch in dem allgemeinen Sinne anzuerkennen ist, dass (freiverantwortlich getroffene) Suizidentscheidungen grundrechtlich geschützt sind.[9] Für eine solche Interpretation spricht indes namentlich, dass sie Abgrenzungsschwierigkeiten und Widersprüchlichkeiten vermeidet: Denn die Kehrseite der Ablehnung eines Verfügungsrechts über das eigene Leben ist die – grundrechtlich inakzeptable – Annahme einer „Pflicht zum (Weiter-)Leben".[10] Dass grundsätzlich die autonome Entscheidung über das eigene Lebensende als grundrechtsbasiert anerkannt wird, verpflichtet indes keineswegs dazu, rechtliche Mechanismen zur Umsetzung dieser Entscheidung bereitzustellen. Einen Anspruch auf Hilfe zum eigenen Suizid kennen weder das Grundgesetz noch die Europäische Konvention für Menschenrechte.[11] Staatliche Schutzmaßnahmen sind aber auch nicht etwa ausgeschlossen. Angesichts der

---

[8] Vgl. hierzu W. Höfling, *Salus et/aut voluntas aegroti suprema lex – Verfassungsrechtliche Grenzen des Selbstbestimmungsrechts*, in: A. Wienke et al. (Hg.), *Die Verbesserung des Menschen*, Heidelberg 2009, 119 ff.; siehe auch F. Salomon, *Das Patientenverfügungsgesetz 2009 – Chancen und Risiken für die ärztliche Praxis*, in: *JWE* 15 (2010), 179 mit weiteren Nachweisen.
[9] Vgl. kritisch insbes. U. Di Fabio, in: T. Maunz/G. Dürig (Begr.), *Grundgesetz. Loseblatt-Kommentar*, München [77]2016, Art. 2 Abs. 2 S. 1, Rn. 47 mit weiteren Nachweisen.
[10] So auch die Ad-hoc-Empfehlung des Deutschen Ethikrates „Zur Regelung der Suizidbeihilfe in einer offenen Gesellschaft: Deutscher Ethikrat empfiehlt gesetzliche Stärkung der Suizidprävention" vom 18.12.2014, 3. Entsprechend die Gesetzesbegründung, vgl. BT-Drucks. 18/5373, 2.
[11] So schon BT-Drucks. 17/11126, 7 f.; BR-Drucks. 230/06, 1.

Höchstwertigkeit des Rechtsguts Leben ist vielmehr eine besondere Sensibilität im Hinblick auf das Verhältnis von Integritätsschutz und Autonomiesicherung geboten. Aus dem Recht auf Leben gemäß Art. 2 Abs. 2 S. 1 1. Alt. GG folgt die Pflicht des Staates, einen hinreichenden Schutz für jedes menschliche Leben zu gewährleisten. Sie umfasst nicht nur Fremd-, sondern auch Selbstgefährdungen. Relevant wird dies insbesondere dort, wo Zweifel an einer autonomen, ohne äußere und innere Zwänge gefassten Willensbildung bestehen.[12] In einem solchen Fall ist es rechtlich nicht nur zulässig, sondern regelhaft geboten, einen Selbsttötungsversuch zu unterbinden.

3 Verfassungskonformität der Neuregelung

Diesen verfassungsnormativen Grundparametern hat das deutsche Strafrecht zu entsprechen. Aufgabe des (Straf-)Gesetzgebers ist es demnach, die Achtung vor dem grundlegenden, auch das eigene Lebensende umfassenden Selbstbestimmungsrecht des Menschen mit der Entscheidung, das hohe Rechtsgut Leben umfassend und konsequent zu schützen und Missbräuchen des Autonomieprinzips entgegenzuwirken, in Einklang zu bringen. Dementsprechend lässt das StGB die (freiverantwortliche) Selbsttötung straffrei. Mangels einer strafbaren Haupttat sind damit auch Teilnahmehandlungen straflos. Strafrechtlich erfasst und verboten, ist über die Spezialvorschrift des § 216 StGB hingegen die Tötung auf Verlangen, die sich von der Beihilfe zum Suizid dadurch unterscheidet, dass die letztlich todbringende Handlung nicht durch den Suizidenten, sondern durch eine dritte Person erfolgt.[13] Die Neuregelung erweitert nun dieses Regelungssystem um einen Tatbestand, mit dem die geschäftsmäßige Suizidhilfe gesondert unter Strafe gestellt wird. Mit Blick auf die Verfassungskonformität dieser Norm ist zunächst zu klären, ob ein entsprechender Schutz im StGB erfolgen konnte (dazu 3.1.) und ob gegen die gewählte Regelungsoption Bedenken bestehen (dazu 3.2.).

---

[12] Die Anzahl der Suizidversuche liegt ca. zehn- bis zwanzigmal so hoch wie die Anzahl der Suizide. Es besteht also eine erhebliche Divergenz zwischen dem kurzzeitigen Suizidverlangen und dem langfristigen Überlebenswunsch. Vgl. hierzu etwa http://www.suizidpraevention-deutschland.de/informationen/kurzinfo-suizid.html (Zugriff am 21.12.2016).

[13] Vgl. zur Abgrenzung etwa A. Eser/E. Sternberg-Lieben, in: A. Schönke/H. Schröder (Hg.), *Strafgesetzbuch. Kommentar*, München ²⁹2014, § 216 Rn. 11 f.; C. Knauer/J. Brose, in: A. Spickhoff (Hg.), *Medizinrecht*, München ²2014, § 216 Rn. 4 f.; R. Eschelbach, in: B. von Heintschel-Heinegg (Hg.), *Beck'scher Online Kommentar StGB*, § 216 Rn. 6 ff., jeweils mit weiteren Nachweisen.

3.1 Zur Angemessenheit strafrechtlicher Sanktionierung

Im grundgesetzlichen Regelungssystem stellt die strafrechtliche Sanktionierung eines Verhaltens die schärfste Missbilligung dar. Strafrechtsvorschriften setzen grundlegende gesellschaftliche Wertentscheidungen im Sinne eines „ethischen Minimums"[14] so um, dass Verstöße nicht etwa den Bürgern anheimgestellt und lediglich mit bestimmten Konsequenzen versehen werden. Sie zielen vielmehr infolge der mit ihnen verbundenen rigiden Sanktionen, aber auch aufgrund der damit einhergehenden erheblichen Stigmatisierungswirkung, auf strikte Sanktionsvermeidung. Es handelt sich also um Verbote im strikten Sinne, und diese beinhalten damit eine besonders intensive Beeinträchtigung individueller Freiheitsrechte. Deshalb dürfen Strafrechtsnormen prinzipiell nicht zur Durchsetzung bloßer moralischer Positionen verwendet werden, und auch ihr Einsatz schon im Vorfeld einer Rechtsgutgefährdung ist hochproblematisch.[15] Strafrechtliche Sanktionierung verlangt zudem besondere legislatorische Sorgfalt. Es ist sowohl die Zielsetzung der entsprechenden gesetzlichen Regelung deutlich festzulegen als auch sicherzustellen, dass die gewählten Formulierungen keine ungewollten negativen Effekte verursachen. Verbotsregelungen im Strafgesetzbuch sind keineswegs alternativlos, sondern sollten vielmehr umgekehrt erst bzw. nur gewählt werden, wenn keine anderen überzeugenden Optionen existieren.

Änderungen des Strafrechts sind mithin allgemein nur unter strikten Voraussetzungen zulässig. Gleichwohl sprechen für die Aufnahme in das StGB verfassungsrechtlich valide Argumente: Erstens liegt unzweifelhaft eine zumindest abstrakte Gefährdung höchstrangiger Rechtsgüter, nämlich des menschlichen Lebens und der Autonomie des Individuums, vor, wenn Personen und Organisationen die personale Eigenverantwortlichkeit, die die Straflosigkeit des Suizids begründet, beeinflussen. Zweitens haben sich in der Vergangenheit andere, nicht strafrechtliche Maßnahmen als kaum erfolgversprechend erwiesen; sie sind mithin nicht gleichgeeignet. Das betrifft sowohl das allgemeine Polizei- und Ordnungsrecht als auch das Betäubungsmittel- und das (ärztliche) Berufsrecht.[16] Erst recht gilt dies für bloße

---

14 So für das Recht allgemein klassisch G. Jellinek, *Die sozialethische Bedeutung von Recht, Unrecht und Strafe*, Wien 1878 (Nachdruck Hildesheim 1967), 42.
15 Dazu grundlegend schon H. L. A. Hart, *Law, Liberty and Morality*, Stanford 1963; siehe aus jüngerer Zeit etwa G. Jakobs, *Rechtsgüterschutz? Zur Legitimation des Strafrechts*, Paderborn 2012; W. Wohlers, *Deliktstypen des Präventionsstrafrechts – zur Dogmatik „moderner" Gefährdungsdelikte*, Berlin 2000.
16 So erfolgte etwa im Fall des Berliner Arztes, der nach eigenen Angaben 150 Menschen beim Suizid begleitet hat, nicht nur keine strafrechtliche Verfolgung, sondern es wurde sogar eine berufsrechtliche Unterlassungsverfügung vom Verwaltungsgericht Berlin aufgehoben (VG Berlin,

Kontrollmaßnahmen. Hier sind nicht nur drohende Vollzugsschwierigkeiten zu berücksichtigen, sondern es muss auch bedacht werden, dass damit der Tendenz, die Suizidhilfe als „normale Dienstleistung" zu verstehen, sogar Vorschub geleistet würde. Denn auf diese Weise erhielten entsprechende Angebote das „Gütesiegel" staatlicher Kontrolle.[17] Soweit schließlich, drittens, teilweise eine ordnungswidrigkeitenrechtliche Lösung für vorzugswürdig erachtet wird,[18] ist dem entgegenzuhalten, dass das Bundesverfassungsgericht dem Gesetzgeber hinsichtlich der Wahl der Mittel zur Umsetzung der Ziele einen Spielraum zugesteht.[19] „Das Bundesverfassungsgericht hat lediglich darüber zu wachen, dass die Strafvorschrift in Einklang mit den Bestimmungen der Verfassung steht und den ungeschriebenen Verfassungsgrundsätzen sowie Grundentscheidungen des Grundgesetzes entspricht. Strafnomen unterliegen von Verfassungs wegen keinen darüber hinausgehenden strengeren Anforderungen hinsichtlich der mit ihnen verfolgten Zwecke."[20] Auf diesen Punkt wird noch zurückzukommen sein.[21]

Einstweilen kann festgehalten werden, dass jedenfalls gute Gründe für eine Regelung im StGB existieren. Dies gilt zumal, als die strafrechtliche Erfassung auch kompetenzrechtlich eindeutig vorteilhaft ist: Denn nach nahezu einhelliger Meinung fehlte es bei den beiden Gesetzentwürfen, die eine Regelung (auch) im bürgerlichen Recht vorschlagen,[22] angesichts des Konflikts mit der den Ländern

---

Urteil vom 30. März 2012 – VG 9 K 63.09 = *MedR* 2013, 58 ff.). Ein Seelsorger, der in Deutschland mehrfach Menschen beim Suizid geholfen hatte, wurde nur in einem Fall wegen Einfuhr und Überlassung eines Betäubungsmittels verurteilt (BGH, Urteil vom 7. Februar 2001–5 StR 474/00 = BGHSt 46, 279 ff.).

17 Vgl. BT-Drucks. 17/11126, 8.
18 Vgl. C. Roxin, *Die geschäftsmäßige Förderung einer Selbsttötung als Straftatbestand und der Vorschlag einer Alternative*, in: *NStZ* 36 (2016), 185 ff.
19 Vgl. BVerfGE 50, 142 (162); 51, 60 (74); 120, 224 (240); siehe auch M. Kubiciel, *Zur Verfassungskonformität des § 217 StGB*, 400.
20 BVerfGE 120, 224 (241). Vgl. auch BVerfGE 27, 18 (30); 80, 244 (255 mit weiteren Nachweisen); 90, 145 (173); 96, 10 (25 f.).
21 Vgl. zum Einschätzungsspielraum ggü. strafgesetzlichen Regelungen einstweilen etwa BVerfGK, Beschluss vom 08.12.2015 – 1 BvR 1864/14 = *NJW* 2016, 1229 (1230); BVerfGE 120, 224 (244 f., 248); BVerfG, Beschluss vom 24.09.2009 – 1 BvR 1231/04, 1 BvR 710/05, 1 BvR 1184/08 = *MMR* 2010, 48 (49); BVerfG, Beschluss vom 08.11.2006 – 2 BvR 620/03 = *DStRE* 2007, 508 (509); BVerfG (1. Kammer des Zweiten Senats), Beschluss vom 23.08.2006 – 2 BvR 226/06 = *NJW* 2006, 3483 (3484).
22 Vgl. BT-Drucks. 18/5374 und 18/5375.

zustehenden Regelungsmaterie des ärztlichen Berufsrechts schon an der Zuständigkeit des Bundesgesetzgebers.[23]

3.2 Verfassungskonformität der konkret gewählten Regelungsvariante: Geschäftsmäßigkeit als Indiz für Autonomiegefährdung

Ferner entspricht die konkret gewählte Regelungsoption auch dem beschriebenen verfassungsrechtlichen Rahmen: Mit Blick auf die insoweit statuierte Bedeutung autonomer, durch Drittinteressen möglichst unbeeinflusster Entscheidungen ist insbesondere die Übereinstimmung mit drei relevanten Vorgaben hervorzuheben:

Erstens bestehen, weil verfassungsnormativ eine Selbstbestimmung des Einzelnen auch über das eigene Lebensende anzuerkennen ist und deshalb die Straflosigkeit des Suizids keine bloße gesetzgeberische Dezision, sondern Ausdruck der Anerkennung dieser verfassungsrechtlichen Wertung ist, erhebliche Bedenken gegen eine pauschale Pönalisierung jeglicher Beihilfehandlung.[24]

Allerdings sind, zweitens, Konstellationen regelungsbedürftig, in denen eine Autonomiegefährdung zu erwarten ist. Strafrechtliche Regelungen müssen deshalb so ausgestaltet sein, dass relevanten Beeinflussungen der autonomen Entscheidungssituation wirksam entgegengewirkt wird. In diesem Sinne ist in der Vergangenheit etwa aus der Profitorientierung kommerzieller „Sterbehelfer" auf eine Interessenheterogenität und eine Gefährdung der stets prekären freiverantwortlichen Entscheidung am Lebensende geschlossen worden. In der Tat stellt eine entsprechende Einbeziehung Dritter „eine qualitative Änderung in der Praxis der Sterbehilfe dar. Anstatt den Leidenden und Lebensmüden Hilfe im Leben und im Sterben anzubieten, wird das aktive und vermeintlich ‚einfache' Beenden des Lebens selbst zum Gegenstand geschäftlicher Tätigkeit gemacht."[25] Zu Recht ist ferner hervorgehoben worden, durch die zunehmende Verbreitung des assistierten Suizids könnten der „fatale Anschein einer Normalität" und einer gewissen ge-

---

[23] Insoweit zutreffend jüngst das Gutachten des Wissenschaftlichen Dienstes des Deutschen Bundestags, *Gesetzentwürfe zur Sterbebegleitung Gesetzgebungskompetenz des Bundes und Bestimmtheitsgebot*, WD 3 – 3000 – 155/15 v. 05.08.2015.
[24] Dieser Vorwurf ist namentlich gegenüber dem Gesetzentwurf der Abgeordneten Sensburg et al. zu erheben, der die verfassungsrechtliche Bewertung weitgehend ausspart, statt dessen die Straflosigkeit des Suizid(versuchs) als bloße pragmatische Lösung (miss-)versteht und ein angeblich entgegenstehendes, reichlich diffuses „gesellschaftliche[s] Rechtsempfinden" hinsichtlich der Strafbarkeit der Suizidbeihilfe postuliert, vgl. BT-Drucks. 18/5376, 6 f.
[25] BT-Drucks. 17/11126, 1, 6.

sellschaftlichen Adäquanz, schlimmstenfalls sogar der sozialen Gebotenheit, der Selbsttötung entstehen und damit auch Menschen zur Selbsttötung verleitet werden, die dies ohne ein solches Angebot nicht täten.[26]

§ 217 StGB beruht nun auf der grundlegenden Annahme, dass entsprechende Interessenkollisionen nicht allein aufgrund von Kommerzialisierung zu befürchten sind, sondern vielmehr immer dort entstehen, wo ein (auch nicht finanziell motiviertes) Eigeninteresse der Suizidhelfer an der Durchführung der Selbsttötung besteht. Auch nicht auf Gewinnerzielung ausgerichtete Angebote können demnach primär durch die Zielsetzung motiviert sein, die eigene „‚Dienstleistung' möglichst häufig und effektiv zu erbringen"[27]. Entscheidend ist nicht die Gewinnorientierung, sondern ganz allgemein das Vorhandensein eines Eigeninteresses an einer Fortsetzung der entsprechenden Tätigkeit. Letzteres ist aber auch dort anzunehmen, wo auf den assistierten Suizid „spezialisierte" Organisationen oder Personen ein „Geschäftsmodell" entwickeln und kontinuierlich betreiben (wollen). In diesem Sinne ist auch die kritisierte „Normalisierungstendenz" nicht auf Konstellationen beschränkt, in denen die Suizidhilfe aus kommerziellen Motiven heraus erfolgt. Gewöhnungseffekte werden vielmehr auch durch eine ohne Einnahmenerzielungsabsicht, aber organisiert, planmäßig und wiederholt durchgeführte Suizidhilfe erzielt. Zur (knappen) Umschreibung dieser Konstellationen verwendet § 217 StGB[28] das aus anderen (auch: straf-)rechtlichen Zusammenhängen bekannte formale Kriterium der „Geschäftsmäßigkeit". Damit bleiben Handlungen, die im Einzelfall altruistisch, häufig aufgrund einer besonderen persönlichen Verbundenheit erfolgen, weiterhin straflos – und zwar unabhängig davon, ob es sich bei den Suizidhelfern um Angehörige der Heilberufe oder um „Laien" handelt, und ohne Beschränkung auf eine bestimmte Form der Suizidhilfe. Zugleich wird für die Strafbarkeit gerade keine Erwerbs- oder Gewinnerzielungsabsicht verlangt. Statt dessen genügt es, dass der Täter „die Gewährung, Verschaffung oder Vermittlung der Gelegenheit zur Selbsttötung zu einem dauernden oder wiederkehrenden Bestandteil seiner Tätigkeit macht, unabhängig von einer Gewinnerzielungsabsicht und unabhängig von einem Zusammenhang mit einer wirtschaftlichen oder beruflichen Tätigkeit."[29] Die Kritik, hiermit werde die bloße Wiederholung(sabsicht) zum strafbegründenden Fak-

---

[26] Vgl. schon BT-Drucks. 17/11126, 1, 6 mit weiteren Nachweisen.
[27] Vgl. BT-Drucks. 17/11126, 7.
[28] Vgl. entsprechend schon den Gesetzentwurf der Abgeordneten Brand et. al., BT-Drucks. 18/5373.
[29] BT-Drucks. 18/5373, 17; ähnlich schon BR-Drucks. 230/06, 4, Begründung II: „die Wiederholung gleichartiger Taten zum Gegenstand seiner Beschäftigung macht".

tor,³⁰ verkennt das zugrunde gelegte Regelungskonzept: Strafbegründend wirkt allein die Rechtsgutgefährdung; in der Perspektive des Gesetzgebers entsteht diese durch das Hinzutreten fremder Interessen, und letztere werden indiziert durch eine Gewerbs- bzw. Geschäftsmäßigkeit.

Drittens bedarf es einer gewissen Regelungskohärenz. Das betrifft insbesondere das Verhältnis zwischen der Neuregelung und der Tötung auf Verlangen. In diesem Sinne erscheint es jedenfalls inkonsistent, bei der Suizidhilfe einen Schutz durch zusätzliche prozedurale Maßnahmen oder die Beschränkung auf bestimmte Berufsgruppen bzw. bestimmte Betroffenengruppen³¹ für ausreichend zu erachten, weil auf diese Weise die Autonomie einer Entscheidung sicher festzustellen sei,³² eine entsprechende „Liberalisierung" dann aber nicht auch auf die vom Gefährdungspotential her und strukturell durchaus vergleichbar gelagerte Tötung auf Verlangen (§ 216 StGB) zu erstrecken.

4 Zur Reichweite des gesetzgeberischen Einschätzungsspielraums

Es dürfte damit außer Frage stehen, dass sich der Gesetzgeber auf verfassungsrechtlich akzeptable Argumente stützt. Auch die Abwägungsentscheidung, den Lebens- und Autonomieschutz als gegenüber anderen möglicherweise beeinträchtigten Grundrechtspositionen vorrangig einzuordnen, dürfte kaum angreifbar sein. Denkbar ist es allerdings, dass die ihr zugrunde gelegten Gefährdungsannahmen und Risikoprognosen verfassungsgerichtlicher Kontrolle nicht standhalten. Mithin bleibt zu klären, ob und inwieweit die konkrete Annahme des Gesetzgebers, es liege eine besondere, den strafrechtlichen Schutz rechtfertigende Gefährdung vor, die Grenzen des ihm von Verfassungs wegen zugestandenen Einschätzungsspielraums überschreitet. Bei dieser Frage handelt es sich, anders

---

30 Vgl. auch dazu Entwurf eines Gesetzes zur Strafbarkeit der geschäftsmäßigen Förderung der Selbsttötung – Brand et al. (BT-Drucks. 18/5373) – Gesetzgebungskompetenz des Bundes und Bestimmtheitsgebot, Aktenzeichen, WD 3 – 3000 – 1 8/15 v. 24.08.2015, 11, Anm. 49 mit weiteren Nachweisen.
31 Wobei die Beschränkung auf moribunde Kandidaten einen klaren Verstoß gegen das verfassungsrechtliche Grundprinzip der Lebenswertindifferenz darstellt.
32 In diesem Sinne etwa der Gesetzentwurf der Abgeordneten Hintze et. al. BT-Drucks. 18/5374; siehe zuvor schon G. D. Borasio/R. J. Jox/J. Taupitz/U. Wiesing, *Selbstbestimmung im Sterben – Fürsorge zum Leben. Ein Gesetzesvorschlag zur Regelung des assistierten Suizids*, Stuttgart 2014; ähnlich J. F. Lindner, *Verfassungswidrigkeit des – kategorischen – Verbots ärztlicher Suizidassistenz*, in: *NJW* 66 (2013), 139.

als die aktuellen Verfassungsbeschwerden insinuieren, keineswegs um eine „zu abstrakte" Fragestellung. Im Gegenteil bildet dies – verfassungsnormativ betrachtet – ein entscheidungserhebliches Zentralproblem.[33]

Das Konzept der Einschätzungsprärogative lässt sich knapp wie folgt zusammenfassen: Der Gesetzgeber ist demokratisch legitimiert, Gesetze zu erlassen. Er verfügt in dieser Hinsicht über einen Beurteilungs- und Gestaltungsspielraum. Demnach obliegt es ihm zu beurteilen, ob und wie er auf tatsächliche Entwicklungen reagiert bzw. wie er von ihm gesetzte legitime Ziele gesetzgeberisch umsetzt.[34] Im Ergebnis bedeutet dies eine eingeschränkte Überprüfbarkeit legislativen Handelns. Richterlicher Kontrolle unterliegt lediglich die Frage, ob die der Gesetzgebung zugrunde gelegten Feststellungen und Annahmen offensichtlich fehlerhaft sind und ob die getroffenen Prognosen einer rationalen Grundlage entbehren.[35] Maßgeblich ist somit allein die Plausibilität der gesetzgeberischen Überlegungen.[36]

Letztlich liegt dem eine demokratisch-normative wie tatsächlich-funktionale Erfordernisse berücksichtigende Überlegung zugrunde: Angesichts der Unvermeidbarkeit faktischer Ungewissheit (gerade mit Blick auf zukünftige Entwicklungen) ist im Zweifel zugunsten des besonders legitimierten Gesetzgebers zu entscheiden: *in dubio pro auctoritate*.[37] An die Stelle langwieriger, im Ergebnis unergiebiger weiterer Sachverhaltsaufklärung tritt somit eine Verantwortungszuweisung.[38] Dabei handelt es sich indes nicht um einen abstrakten Pauschalstan-

---

33 Vgl. zum folgenden schon I. Augsberg/S. Augsberg, *Prognostische Elemente in der Rechtsprechung des Bundesverfassungsgerichts*, in: VerwArch 98 (2007), 290 ff.
34 Vgl. dazu jetzt allgemein C. Bickenbach, *Die Einschätzungsprärogative des Gesetzgebers. Analyse einer Argumentationsfigur in der (Grundrechts-)Rechtsprechung des Bundesverfassungsgerichts*, Tübingen 2014.
35 So in diesem Zusammenhang jüngst das Bundesverfassungsgericht, BVerfGK, Beschluss v. 21. 12. 2015 – 2 BvR 2347/15, Rn. 18.
36 Vgl. etwa BVerfGE 25, 1 (12 f., 17); 30, 250 (262 ff.); 30, 292 (317); 34, 165 (185); 36, 1 (17); 37, 1 (20); 40, 196 (223); 50, 290 (332 f.); 77, 84 (106); 88, 203 (262); 90, 145 (173); 109, 279 (336); dazu auch K. Hesse, *Grundzüge des Verfassungsrechts der Bundesrepublik Deutschland*, Heidelberg [20]1999, Rn. 320. Vgl. auch F. Ossenbühl, *Die Kontrolle von Tatsachenfeststellungen und Prognoseentscheidungen durch das Bundesverfassungsgericht*, in: C. Starck (Hg.), *Bundesverfassungsgericht und Grundgesetz* (Festgabe aus Anlaß des 25jährigen Bestehens des Bundesverfassungsgerichts), Bd. 1: *Verfassungsgerichtsbarkeit*, Tübingen 1976, 498 mit weiteren Nachweisen auch aus der Landesverfassungsgerichtsbarkeit; umfassend jetzt C. Bickenbach, *Die Einschätzungsprärogative des Gesetzgebers*.
37 Vgl. P. Schneider, *In dubio pro libertate*, in: E. von Caemmerer (Hg.), *Hundert Jahre Deutsches Rechtsleben* (Festschrift zum hundertjährigen Bestehen des Deutschen Juristentages [1860 – 1960]), Bd. 2, Karlsruhe 1960, 263 ff., 288 f.
38 Vgl. kritisch ggü. der zunehmenden „Justizialisierung" politischer Probleme schon C. Landfried, *Bundesverfassungsgericht und Gesetzgeber*, Baden-Baden 1984, 147 ff.

dard. Vielmehr erfolgt eine kontextspezifisch angepasste, die Möglichkeit der Wissensgenerierung, die Bedeutung der geschützten Rechtsgüter und die Wahrscheinlichkeit der Gefährdung[39] berücksichtigende Überprüfung, die von einer bloßen Evidenz-, über eine Vertretbarkeits- bis hin zu einer intensivierten inhaltlichen Kontrolle reicht.[40] Namentlich im „grundrechtspolitischen" Sektor,[41] also in Bereichen, in denen der Gesetzgeber Grundrechtspositionen bestimmt, konkretisiert, ausgestaltet und zuordnet,[42] bedeutet dies wegen der engen Verzahnung von Verfassungs- und einfachem Gesetzesrecht eine intensivere Kontrolle.[43] Klare, einheitliche und stets verwendbare Parameter sind indes bislang nicht entwickelt worden.[44] In der Sache werden die verfassungsrechtlichen Vorgaben häufig auf eine formale Zuordnungsfrage reduziert. Dementsprechend kann sich der Gesetzgeber nicht auf äußere oder von ihm zu verantwortende Umstände wie Zeitnot oder unzureichende Beratung,[45] aber auch die Komplexität der Sachmaterie[46] berufen. Eine

---

39 Vgl. F. Ossenbühl, *Die Kontrolle von Tatsachenfeststellungen und Prognoseentscheidungen durch das Bundesverfassungsgericht*, 506 ff.; R. Breuer, *Legislative und administrative Prognoseentscheidungen*, in: *Der Staat* 16 (1977), 42; K. H. Friauf, *Verfassungsrechtliche Aspekte der erleichterten Zulassung von befristeten Arbeitsverhältnissen*, in: *NZA* 2 (1985), 515 f. mit weiteren Nachweisen.
40 Vgl. BVerfGE 50, 290 (332 f.), dazu P. Badura, in: J. Isensee/P. Kirchhof (Hg.), *Handbuch des Staatsrechts der Bundesrepublik Deutschland*, Bd. 7, Heidelberg 1992, § 163 Rn. 27 f.; A. Voßkuhle, in: H. von Mangoldt/F. Klein/C. Starck, *Grundgesetz-Kommentar*, Bd. 3, München ⁴2001, Art. 93 Rn. 44 mit weiteren Nachweisen.; vgl. ferner BVerfGE 25, 1 (17); 30, 292 (317); 67, 157 (173); 73, 40 (91 f.); 109, 279 (336).
41 So F. Ossenbühl, *Die Kontrolle von Tatsachenfeststellungen und Prognoseentscheidungen durch das Bundesverfassungsgericht*, 505 f. unter Verweis auf P. Häberle, *Grundrechte im Leistungsstaat*, in: *VVDStRL* 30 (1972), 75.
42 Dazu ausführlich M. Jestaedt, *Grundrechtsentfaltung im Gesetz*, Tübingen 1999, im vorliegenden Zusammenhang v. a. 135 ff., 156 ff.
43 So explizit F. Ossenbühl, *Die Kontrolle von Tatsachenfeststellungen und Prognoseentscheidungen durch das Bundesverfassungsgericht*, 506, der als Beispiele „die gegenwärtigen großen Gesetzesvorhaben betreffend die Mitbestimmung, Hochschulverfassung, Hochschulzulassung, Vorschulerziehung, Abtreibung" anführt. Vgl. auch P. Lerche, *Vorbereitung grundrechtlichen Ausgleichs durch gesetzgeberisches Verfahren*, in: ders./W. Schmitt Glaeser/E. Schmidt-Aßmann, *Verfahren als staats- und verwaltungsrechtliche Kategorie*, Heidelberg 1984, 105 f. mit weiteren Nachweisen.
44 Vgl. für die frühe Rechtsprechung K. J. Philippi, *Tatsachenfeststellungen des Bundesverfassungsgerichts. Ein Beitrag zur rational-empirischen Fundierung verfassungsgerichtlicher Entscheidungen*, Köln 1971, 28 ff.; aus jüngerer Zeit I. Augsberg/S. Augsberg, *Prognostische Elemente in der Rechtsprechung des Bundesverfassungsgerichts*, 290 ff.
45 So BVerfGE 106, 62 (152) unter Verweis auf BVerfGE 71, 364 (392).
46 So BVerfGE 103, 172 (189); kritisch zu Recht S. Rixen, *Sozialrecht als öffentliches Wirtschaftsrecht*, Tübingen 2005, 322 f.

darüber hinausgehende inhaltliche Prüfung, insbesondere eine Abwägung, findet nicht statt.[47] Die hier erkennbare spezifische judikative Zurückhaltung ist vor dem Hintergrund der erwähnten besonderen Legitimation und Verantwortung des Gesetzgebers, aber auch der unterschiedlichen Möglichkeiten der Sachverhaltsaufklärung zu verstehen. In diesem Sinne leuchtet es durchaus ein, die verfassungsgerichtliche Kontrolle auf prozedurale Standards zu beschränken, materielle Fragen hingegen nur einer Evidenzprüfung zu unterwerfen.[48]

Überträgt man nun diese allgemeinen Vorgaben auf die Neuregelung des § 217 StGB, zeigt sich, dass die insoweit vorliegenden Grundannahmen der beschriebenen gesetzgeberischen Einschätzungsprärogative unterfallen. Die Entstehung des § 217 StGB insgesamt bzw. der gesamte Gesetzgebungsprozess ist auch bei differenzierter und kritischer Betrachtung nicht zu beanstanden. Grundlegende inhaltliche Fehleinstellungen sind nicht zu erkennen. Im Gegenteil: Ziel des Gesetzgebers bei Erlass des § 217 StGB war es, die „Achtung vor dem Leben, auch vor dem leidenden, schwer kranken und behinderten Leben" als Leitbild einer sorgenden Gesellschaft zu postulieren.[49] In diesem Ziel wird der Mensch in seiner Würde und um seiner selbst bis zuletzt geachtet. Es geht dabei nicht um in sich zweifelhafte paternalistische Erwägungen, sondern um legitime Ziele zur Umsetzung der staatlichen Schutzpflicht aus Art. 2 Abs. 2 S. 1 GG. Zudem und vor allem wurden die prozeduralen Vorgaben (über)erfüllt: Ersichtlich wurde im Gesetzgebungsverfahren eine Reihe unterschiedlicher Sichtweisen und Lösungsansätze unter Einbezug von Folgenabschätzungserwägungen richtungs- und ergebnisoffen diskutiert. Das spricht gegen eine uneingeschränkte richterliche Prüfung.[50] Die Debatte um die Einführung des § 217 StGB wurde (ungewöhnlich) offen,

---

47 Vgl. etwa BVerfG, Beschluss v. 29.12.2004 (1 BVR 2283/03 – 1 BVR 2504/03 – 1 BVR 2582/03; Verfassungsbeschwerden gegen das „Zeitarbeitsgesetz"), BVerfGK 4, 356 – 365 = DB 2005, 110 = DVBl 2005, 258 (Ls).
48 Vgl. z. B. BVerfGE 50, 290 (333 f.); 106, 62 (150 ff.); F. Ossenbühl, *Die Kontrolle von Tatsachenfeststellungen und Prognoseentscheidungen durch das Bundesverfassungsgericht*, 513 f.; K. H. Friauf, *Verfassungsrechtliche Aspekte der erleichterten Zulassung von befristeten Arbeitsverhältnissen*, 516 mit weiteren Nachweisen; umfassend K. Meßerschmidt, *Gesetzgebungsermessen*, Berlin 2000, v. a. 933 ff., 954 ff.; bereichsspezifisch konkretisiert bei S. Rixen, *Sozialrecht als öffentliches Wirtschaftsrecht*, 314 ff., v. a. 320 ff., der für eine stärkere Prozeduralisierung der Kontrolle mittels dem Gesetzgeber aufzuerlegender erhöhter Substantiierungs- und Begründungsanforderungen plädiert. Hierzu allgemein auch P. Lerche, *Vorbereitung grundrechtlichen Ausgleichs durch gesetzgeberisches Verfahren*, 109 ff.
49 BT-Drucks. 18/5373, 8.
50 Vgl. C. Bickenbach, *Die Einschätzungsprärogative des Gesetzgebers*, 509 mit weiteren Nachweisen.

ausführlich und der Pluralität der Meinungen entsprechend kontrovers geführt.[51] Die Entwürfe und Stellungnahmen basierten auf wissenschaftlichen Gutachten, die sich wiederum auf Erfahrungen, gesellschaftliche und medizinische Beobachtungen sowie Statistiken stützen. Die Berücksichtigung von begründeten Mutmaßungen und Prognosen ist in diesem Zusammenhang nicht systemfremd und verfassungswidrig, sondern vielmehr immanenter Teil des Gesetzgebungsprozesses. Denn der Gesetzgeber muss ausgehend von der gegenwärtigen Lage die voraussichtlichen weiteren tatsächlichen gesellschaftlichen Entwicklungen skizzieren und die Annahmen in das Gesetz projizieren.[52] Die Entscheidung, gerade durch das Verbot des geschäftsmäßigen Suizids die Achtung vor dem menschlichen Leben zu bewahren und zukünftige negative Entwicklungen zu verhindern, entwirft damit ein legitimes gesetzlich definiertes Leitbild des Umgangs mit dem Lebensschutz am Lebensende.

5 Das Konzept der Beobachtungs- und Nachbesserungspflicht als Kompensationsmodell?

Angesichts der Unvermeidbarkeit epistemischer Unsicherheiten hat das Bundesverfassungsgericht in der Vergangenheit teilweise dem Gesetzgeber eine Beobachtungs- und ggf. Nachbesserungspflicht auferlegt.[53] Damit werden einerseits die (mit Blick auf die vorhandenen Erkenntnismittel vertretbaren) Prognoseentscheidungen des Gesetzgebers akzeptiert.[54] Andererseits wird der Dynamik des

---

51 Angesichts der Sensibilität und individuellen Bedeutung des Themas assistierter Suizid wurde für die Abstimmungen die grundsätzlich übliche Fraktionsdisziplin aufgehoben. Das ist natürlich verfassungsrechtlich nicht zu beanstanden. Vgl. allerdings zu der (Fehl-)Vorstellung, ein solches Vorgehen gewährleiste eine besondere Qualität der Debatten, S. Augsberg, „Sternstunden des Parlaments"? Ideal und Wirklichkeit biopolitischer Entscheidungsfindung in der repräsentativen Demokratie, in: S. Rixen (Hg.), Wiedergewinnung des Menschen als demokratisches Projekt, Bd. 2, Tübingen 2016, im Erscheinen.
52 Vgl. C. Bickenbach, Die Einschätzungsprärogative des Gesetzgebers, 3 mit weiteren Nachweisen.
53 Grundlegend BVerfGE 50, 291 ff. (v. a. 335 f., 377 f.); ähnlich bereits BVerfGE 16, 147 (188); 25, 1 (13); 34, 9 (43 f.). Zu weiteren Fällen vgl. S. Huster, Die Beobachtungspflicht des Gesetzgebers: Ein neues Instrument zur verfassungsrechtlichen Bewältigung des sozialen Wandels?, in: Zeitschrift für Rechtssoziologie 24 (2003), 12 ff.; R. Steinberg, Verfassungsgerichtliche Kontrolle der „Nachbesserungspflicht" des Gesetzgebers, in: Der Staat 26 (1987), 162 f.
54 Vgl. BVerfGE 50, 291 (333 f.).

sich ständig verändernden Wissens dadurch Rechnung getragen, dass diese Anerkennung nicht auf Dauer gestellt wird. Vielmehr sei der Gesetzgeber zur Korrektur verpflichtet, sofern sich seine ursprüngliche Beurteilung zu einem späteren Zeitpunkt teilweise oder gänzlich als Irrtum erweise.[55] Allerdings fehlen auch insoweit übergreifende Kriterien dafür, wann genau die angesprochene gesetzgeberische Korrektur erforderlich wird.[56]

Im vorliegenden Kontext relevant sind namentlich die Überlegungen in der zweiten Abtreibungsentscheidung.[57] Das Bundesverfassungsgericht sieht dort einen wirksamen Lebensschutz nicht allein dadurch gewährleistet, dass überhaupt ein Straftatbestand geschaffen wird. Vielmehr müsse auch dessen tatsächliche Schutzwirkung gewährleistet werden. Die damit eingeforderte Beobachtungs-, Korrektur- und Nachbesserungspflicht begründet das Gericht mit der Bindung des Gesetzgebers an die verfassungsmäßige Ordnung (Art. 20 Abs. 3 GG). Gesetze müssten nicht nur im Erlasszeitpunkt, sondern dauerhaft verfassungskonform sein. Verfassungswidrige Gesetze seien so schnell wie möglich zu ändern.[58] Während es aber prinzipiell ausreiche, abzuwarten, ob sich die Anpassungspflicht aufgrund einer erkannten Verfassungswidrigkeit aktualisiere,[59] sei der Gesetzgeber wegen der besonderen Bedeutung des Schutzgutes Leben, der Art der Gefährdung ungeborenen Lebens und des in diesem Bereich festzustellenden Wandels der gesellschaftlichen Verhältnisse und Anschauungen hier (ausnahmsweise) zu kontinuierlicher Beobachtung verpflich-

---

[55] Vgl. BVerfGE 50, 291 (335f., 377f.). Hiervon getrennt zu erörtern, wäre die allgemeine, nicht unmittelbar verfassungsrechtlichen Kautelen unterstehende, sondern der Gesetzgebungslehre und hier insbesondere dem Gedanken der Gesetzesfolgenabschätzung folgende Forderung nach einem kontinuierlichen legislativen Beobachtungs- und Nachbesserungsprozess. Dazu z. B. W. Köck, *Gesetzesfolgenabschätzung und Gesetzgebungslehre*, in: VerwArch 93 (2002), 8ff.; S. Augsberg, *Rechtsetzung zwischen Staat und Gesellschaft*, Berlin 2003, 335f.; P. Blum, *Wege zu besserer Gesetzgebung – sachverständige Beratung, Begründung, Folgeabschätzung und Wirkungskontrolle* (Gutachten I zum 65. Deutschen Juristentag), München 2004, v. a. 50ff., sowie die Beiträge in K. Bizer/M. Führig/C. Hüttig (Hg.), *Responsive Regulierung. Beiträge zur interdisziplinären Institutionenanalyse und Gesetzesfolgenabschätzung*, Tübingen 2002.

[56] Vgl. W. Hoffmann-Riem, *Gesetz und Gesetzesvorbehalt im Umbruch: Zur Qualitäts-Gewährleistung durch Normen*, in: AöR 130 (2005), 22, Anm. 84; R. Steinberg, *Verfassungsgerichtliche Kontrolle der „Nachbesserungspflicht" des Gesetzgebers*, 164ff.

[57] BVerfGE 88, 203 ff. In der ersten Abtreibungsentscheidung waren angesichts des hohen Wertes des geschützten Rechtsguts Leben noch strengere Maßstäbe angelegt und legislative Experimente für generell unzulässig erklärt worden, vgl. BVerfGE 39, 1 (60).

[58] BVerfGE 88, 203 (309ff.) unter Verweis auf BVerfGE 15, 337 (350); vgl. auch BVerfGE 56, 54 (71f.); BVerfGK, Beschluss vom 13.02.1992 – 1 BvR 1626/89 = NVwZ 1992, 766.

[59] So auch z. B. BVerfGE 25, 1 (13); 49, 89 (130, 143f.); 50, 290 (335); 53, 257 (312f.); 56, 54 (71f., 78f.); 65, 1 (55f.); 92, 365 (396f.).

tet.⁶⁰ Vor diesem Hintergrund liegt es nahe, eine entsprechende Argumentation auch mit Blick auf die Strafbarkeit des assistierten Suizids in Ansatz zu bringen. Aber selbst wenn man dem folgte, dürfte das Fehlen einer ausdrücklichen Beobachtungs- und Nachbesserungsregelung kaum das Verdikt der Verfassungswidrigkeit rechtfertigen. Vielmehr ließe sie sich auch nachträglich als ergänzende Verpflichtung formulieren. Zudem wäre, forderte man eine entsprechende kompensatorische Pflicht ein, damit keineswegs eine bestimmte Zielrichtung vorgegeben: Denkbare „Nachbesserungen" könnten, je nach Ergebnis der Beobachtungen, sowohl eine „liberalere" als auch eine striktere Handhabung (etwa im Sinne einer Ausdehnung der Strafbarkeit auf andere, bislang nicht erfasste Personenkreise) bedeuten.

6 Fazit

Nach alledem gilt: Der Gesetzgeber hat sich für einen bestimmten Gesetzentwurf entschieden und sich damit sowohl die diesem zugrunde liegende Risikoeinschätzung als auch die Bewertung der möglichen regulatorischen Reaktionen zu eigen gemacht. An dieser Entscheidung und der sie tragenden Begründung ist, wie gesehen, verfassungsrechtlich weder materiell noch prozedural etwas auszusetzen. Mithin existieren aus verfassungsrechtlicher Perspektive auch keine durchgreifenden Bedenken gegenüber der Verfassungsmäßigkeit des Gesetzes. Selbstredend stellt auch eine derartige Strafnorm keine Garantie für eine wirklich unbeeinflusste Entscheidungsfindung dar. Jeder Mensch ist in bestimmte Kommunikations- und Interaktionszusammenhänge eingebunden; die Vorstellung „reiner" Autonomie ist insoweit illusorisch und realitätsfern. Allerdings bedeutet das nicht, dass nicht umgekehrt eine das Maß des Zuträglichen überschreitende Beeinflussung erkannt und sanktioniert werden kann und sollte. Jedenfalls erscheint eine entsprechende, gewissermaßen *ex negativo* und eher punktuell ansetzende Vorgehensweise deutlich weniger ambitioniert und problembeladen als der Versuch, Autonomie positiv zu bestimmen. In diesem Sinne wahrt die Neuregelung eine sinnvolle Balance: Sie lässt nicht nur die Möglichkeit jedes Einzelnen, frei und eigenverantwortlich über das Ende des eigenen Lebens zu entscheiden, unberührt, sondern zielt im Gegenteil gerade auf den Schutz einer von Fremdbeeinflussung freien Willensbildung ab. Ein solches Verbot, das auf Situationen beschränkt bleibt, in denen hinreichende Indizien für eine autonomiegefährdende Einflussnahme durch dritte, aus spezifischen Eigeninteressen heraus an der Durchführung des Suizids interessierte Personen vorliegen, wirkt nicht nur integritäts-, sondern auch autonomieschützend.

---

60 Auf den Schutzpflichtgedanken abstellend auch z. B. BVerfGE 49, 89 (130, 143 f.); 56, 54 (71 f., 78 f.).

Lukas Radbruch / Christoph Ostgathe
Semantische Verschiebungen im Recht und ihre Beurteilung aus palliativmedizinischer Sicht

Was ist ein guter Tod? In unserer heutigen lebensbejahenden und jugendbetonten Kultur wird man diese Frage nur selten für sich selbst stellen („Wie möchte ich sterben?"). Dennoch schwingt diese Frage immer wieder im Hintergrund mit, zum Beispiel in der Diskussion um Verteilung der begrenzten Ressourcen im Gesundheitswesen (Wieviel Geld wird für Pflegepersonal in Pflegeheimen oder für Hospize zur Verfügung gestellt?).

Im gesellschaftlichen Diskurs sind dabei nicht nur in Deutschland, sondern auch in vielen anderen Ländern zwei wesentliche Entwicklungen zu beobachten. Zum einen geht es um den Auf- und Ausbau von Hospiz- und Palliativversorgung. Damit soll Leiden verhindert oder zumindest verringert und die Lebensqualität erhalten werden, um ein möglichst gutes Leben bis zuletzt zu ermöglichen. Dies kann mit dem Motto *Leben bis ans Ende des Lebens* zusammengefasst werden. Zum anderen geht es um selbstbestimmtes Gestalten der Prozesse beim Sterben. Die Autonomie soll gefördert werden durch Instrumente wie Patientenverfügungen oder gesundheitliche Versorgungsplanung (*Advance Care Planning*, Behandlung im Voraus planen), aber es werden auch immer wieder Bestrebungen sichtbar, assistierten Suizid oder sogar Tötung auf Verlangen als Option für das Lebensende einzuführen.

Diese beiden zum Teil gegenläufigen Entwicklungen zeigten sich beispielhaft in Deutschland im Dezember 2015 mit der gleichzeitigen Gesetzgebung zum Ausbau der Hospiz- und Palliativversorgung und der Beihilfe zum Suizid. Bei den Diskussionen im Umfeld dieser Gesetzgebung sind immer wieder semantische Verschiebungen zu spüren. Oft handelt es sich um Unschärfen in den Begrifflichkeiten, z. B. kann der Begriff Sterbehilfe mit sehr unterschiedlichen Bedeutungen unterlegt sein (als Hilfe beim Sterben oder als Hilfe zum Sterben).[1] Teilweise werden solche Verschiebungen aber auch bewusst genutzt, um ethische Positionen zu besetzen oder moralische Argumente zu untermauern.

---

[1] Vgl. F. Nauck et al., *Ärztlich assistierter Suizid: Hilfe beim Sterben – keine Hilfe zum Sterben*, in: Dtsch Ärztebl 111,3 (2014), A-67–71.

DOI 10.1515/9783110488531-041

1 Begrifflichkeiten

Die Verschiebung der Bedeutung lässt sich aus historischer Sicht mit dem Begriff der Euthanasie beispielhaft darstellen. Während in der Antike mit dem Begriff (*eu* = gut, *thanatos* = Tod) wörtlich der gute Tod beschrieben wurde, wandelte sich der Begriff nach den Gräueltaten der Nationalsozialisten und den damit verbundenen unmenschlichen Konzepten in Deutschland nach dem zweiten Weltkrieg zu einem Synonym für Massenmord. Während der Gebrauch des Begriffs Euthanasie in Deutschland wegen der Assoziationen zu den Untaten der Nationalsozialisten in der öffentlichen Diskussion vermieden wird, wird außerhalb von Deutschland Euthanasie aber als Begriff für Tötung auf Verlangen eingesetzt. Allerdings ist auch hier die Abgrenzung zum Euthanasie-Konzept der Nationalsozialisten unter Umständen notwendig. So erregte ein von Wim Distelmans, einem exponierten Befürworter der belgischen Regelung zur Euthanasie, geleiteter Besuch in Auschwitz, bei dem er die Unterschiede zur heutigen Regelung in Belgien betonen wollte, viel Kritik.[2]

Das neue Weißbuch der European Association for Palliative Care (EAPC)[3] definiert Euthanasie wie folgt: „Ein Arzt (oder eine andere Person) verabreicht einer Person Medikamente, um diese vorsätzlich und auf deren freiwilligen, sachkundigen Wunsch hin zu töten." Es handelt sich dabei um eine technische Beschreibung der Handlung. Ob Euthanasie ethisch, moralisch oder juristisch eine gerechtfertigte Tötung auf Verlangen sein kann, ist in dieser Definition nicht geklärt.

Auch die strafrechtliche Regelung in den Niederlanden[4] versteht Euthanasie als die Lebensbeendigung eines Patienten auf dessen ausdrücklichen Wunsch aufgrund von unerträglichem und anhaltendem Leid durch den Arzt.

Im Konsensprozess für das Weißbuch der EAPC wurde allerdings auch kontrovers diskutiert, ob Euthanasie nur durch den Arzt erfolgen darf oder ob die letale Injektion auch durch eine andere Person verabreicht werden kann. Während in den Beneluxländern die strafrechtlichen Regelungen nur die Durchführung durch einen Arzt erlauben, sind die Regelungen zu assistiertem Suizid in vielen Ländern, wie auch im neuen Gesetz zum assistierten Suizid weiter gefasst ohne Sonderregelungen für Ärzte. Im Gegensatz dazu erlaubt die neueste Gesetzgebung

---

[2] Vgl. K. Kuntz, *Studenten des Tötens*, in: *Der Spiegel* 47/2014, 50–55 (online unter: http://www.spiegel.de/spiegel/print/d-130335546.html, Zugriff am 28.06.2016).

[3] Vgl. L. Radbruch et al., *Euthanasia and physician-assisted suicide: A white paper from the European Association for Palliative Care*, in: *Palliat Med* 30,2 (2016), 104–116.

[4] Vgl. Koninklijke Nederlandsche Maatschappij tot bevordering der Geneeskunst, *The role of the physician in the voluntary termination of life – KNMG position paper*, 2011: http://knmg.artsennet.nl/web/file?uuid=9075af1d-e5de-47a1-a139-e07ef4a7c4f4&owner=a8a9ce0e-f42b-47a5-960e-be08025b7b04&contentid=100970 (Zugriff am 11.11.2015).

in Kanada nicht nur die Beihilfe zum Suizid, sondern auch die Durchführung von Euthanasie für spezialisierte Pflegekräfte (*Nurse Practitioners*).[5]

Nach der Definition der EAPC, aber auch nach den Regelungen im belgischen und niederländischen Strafrecht kann Euthanasie nur auf Freiwilligkeit beruhen. Medikamentöse Tötung einer Person ohne deren Zustimmung, ob nicht freiwillig (wenn die Person unfähig ist, zuzustimmen) oder unfreiwillig (gegen den Willen der Person), kann demnach nicht als Euthanasie bezeichnet werden, sondern sollte als Totschlag oder (medizinischer) Mord bezeichnet werden.[6] Im Gegensatz dazu spricht das neue kanadische Gesetz von freiwilliger Euthanasie (*voluntary euthanasia*). Dies suggeriert aber eine logische, wenn auch aus medizinethischer Sicht inkorrekte Schlussfolgerung, dass es auch unfreiwillige Arten der Euthanasie geben könnte.

In der Literatur wie auch in der öffentlichen Debatte wird manchmal eine Unterscheidung zwischen sogenannter „aktiver" und „passiver" Euthanasie getroffen. Auch diese Unterscheidung erscheint unangemessen: nach der Interpretation der EAPC wie auch nach niederländischem Verständnis ist Euthanasie per Definition aktiv. Passive Euthanasie ist daher ein Widerspruch in sich (ein Oxymoron).

In Deutschland wird statt Euthanasie in der Regel der Begriff Sterbehilfe benutzt und analog zur oben angeführten Debatte in aktive, passive und indirekte Sterbehilfe unterschieden. Dies führt zu Verwirrung, weil oft unklar bleibt, in welchem Sinn der Begriff Sterbehilfe benutzt wird, und selbst wenn eindeutig gebraucht, oft keine klaren Vorstellungen beim Rezipienten vorhanden sind, was damit gemeint ist. In einer Auswertung der Print-Archive von deutschen Zeitungen aus den Jahren 2006 und 2007[7] wurden die Nennungen des Begriffs Sterbehilfe (ohne den Zusatz aktiv, passiv oder indirekt) in 29 % der Textstellen im Zusammenhang mit Beihilfe zum Suizid und 21 % mit Tötung auf Verlangen benutzt, aber auch bei 10 % mit Therapieabbruch und bei 3 % mit Sterbebegleitung oder Hospizarbeit. Für 37 % der Textstellen blieb unklar, mit welcher Bedeutung der Begriff benutzt worden ist.

---

[5] House of Commons, *Bill C-14: An Act to amend the Criminal Code and to make related amendments to other Acts (medical assistance in dying)*, 2016: http://www.parl.gc.ca/content/hoc/Bills/421/Government/C-14/C-14_3/C-14_3.PDF (Zugriff am 28.06.2016).
[6] Vgl. L. J. Materstvedt/M. Magelssen, *Medical murder in Belgium and the Netherlands*, in: *J Med Ethics* 42 (2016), 621–624.
[7] Vgl. M. Hahnen et al., *Die Sterbehilfedebatte und das Bild der Palliativmedizin in deutschen Printmedien*, in: *Ethik Med* 21 (2009), 289–305.

Auch mit den Zusätzen aktiv, passiv und indirekt wird der Begriff der Sterbehilfe nicht immer korrekt eingesetzt. In einer älteren Umfrage unter Ärzten,[8] die vorher an onkologischen oder palliativmedizinischen Fortbildungen teilgenommen hatten, wurde das Abstellen einer künstlichen Beatmung bei einem Patienten mit infauster Prognose nur von 42% korrekt als passive Sterbehilfe bewertet, während 49% der Befragten dies als aktive Sterbehilfe (und damit in Deutschland verboten) einstuften. Selbst der Verzicht auf eine antibiotische Behandlung bei manifester Pneumonie bei einem solchen Patienten wurde von immerhin noch 8% der befragten Ärzte als aktive Sterbehilfe bewertet. Diese Defizite im ärztlichen Wissensstand wurden in späteren Umfragen bestätigt,[9] und auch eine Umfrage unter Vormundschaftsrichtern[10] zeigte die gleichen fehlerhaften Bewertungen auf.

Auch in einer aktuellen Umfrage der Deutschen Gesellschaft für Palliativmedizin (DGP) wurden die Unterschiede im Verständnis, diesmal zum assistierten Suizid, deutlich.[11] Während die überwiegende Mehrzahl der befragten 883 Ärzte berichtete, dass sie wiederholt von Patienten nach Beihilfe zum Suizid gefragt wurden, gaben nur 28 Ärzte (3,2%) an, dass sie dabei Beihilfe geleistet hätten. Allerdings wurde in den Erläuterungen klar, dass es dabei in der Regel nicht um die Bereitstellung einer tödlichen Substanz ging, sondern um so unterschiedliche Hilfen wie die monatelange Vorbereitung und anschließende Begleitung der Reise in die Schweiz zu einer vom Patienten ausgewählten Organisation, über die Begleitung des Patienten bei Verzicht auf Alarmierung des Rettungsdienstes bis hin zum Einsatz von Psychotherapie als Unterstützung für das Weiterleben.

Der Deutsche Ethikrat ist deshalb schon 2006 für eine klare Terminologie eingetreten.[12] Statt aktiver Sterbehilfe sollte der juristische Begriff Tötung auf Verlangen genutzt werden, statt passiver Sterbehilfe der Begriff Sterben zulassen und statt indirekter Sterbehilfe der Begriff Therapien am Lebensende. Obwohl diese vorgeschlagene Terminologie viele der Unklarheiten verhindern würde, hat sie sich aber in der öffentlichen Diskussion bisher nicht durchsetzen können.

---

[8] Vgl. M. Weber et al., *Ethische Entscheidungen am Ende des Lebens. Ergebnisse einer Ärztebefragung in Rheinland-Pfalz*, in: *Dtsch Ärztebl* 98,48 (2001), A-3184–3188.

[9] Vgl. B. Van Oorschot et al., *Einstellungen zur Sterbehilfe und zu Patientenverfügungen – Ergebnisse einer Befragung von 727 Ärzten*, in: *DMW* 130,6 (2005), 261–265.

[10] Vgl. A. Simon et al., *Einstellungen deutscher Vormundschaftsrichterinnen und -richter zu medizinischen Entscheidungen und Maßnahmen am Lebensende: erste Ergebnisse einer bundesweiten Befragung*, in: *MedR* 22,6 (2004), 303–307.

[11] Vgl. B. Jaspers (persönliche Mitteilung).

[12] Vgl. Nationaler Ethikrat, *Selbstbestimmung und Fürsorge am Lebensende*, Berlin 2006: http://www.ethikrat.org/dateien/pdf/selbstbestimmung-und-fuersorge-am-lebensende.pdf (Zugriff am 28.06.2016).

2. Ethische Positionierung

In Deutschland wie auch international werden Diskussionen um Begriffe und Definitionen auch genutzt, um bestimmte ethische oder moralische Positionen zu besetzen. Wenn in der Diskussion um das Gesetz zum assistierten Suizid angemahnt wird, dass niemand zu einem „Qualtod" gezwungen werden dürfe, soll damit eine weiter gefasste und permissivere Regelung begründet werden.

Ebenso werden Änderungen der Sprachregelung eingefordert, um die Betroffenen nicht zu diskriminieren. So wird der Begriff „Selbstmord" mittlerweile nicht mehr benutzt, weil die Ausübung einer Straftat (gegen sich selbst) impliziert und damit der „Selbstmörder" stigmatisiert wird. Auch der Begriff „Suizid", obwohl deutlich neutraler, ist als stigmatisierend kritisiert worden. Vorgeschlagene alternative Sprachregelungen wie „sein Leben beenden" wirken neutraler, können aber gerade dadurch auch neue Wirklichkeiten schaffen, indem die Tatsache der Lebensbeendigung plötzlich als harmlos und problemfrei dargestellt wird.

Auch in der Entwicklung des Weißbuchs der EAPC wurden von den Teilnehmern im Konsensprozess sowohl härtere wie auch weichere Begriffe eingefordert (*Killing* versus *ending life*), in direkter Übereinstimmung mit den ethischen Positionierungen der Teilnehmer für oder gegen Euthanasie.[13]

Erstaunlicherweise werden einige grundlegende Argumente gleichermaßen für und gegen assistierten Suizid und Tötung auf Verlangen vorgebracht. So ist das Recht auf einen würdevollen Tod eines der häufigsten Argumente, das sowohl von Befürwortern wie auch von Gegnern einer permissiven Regelung zum assistierten Suizid vorgebracht wird.[14] In den meisten Fällen wird nicht genau erklärt, was unter Würde verstanden wird. Allerdings sehen die Befürworter die Würde mehr durch möglichst viel Selbstbestimmung gewährleistet (deshalb soll der Schwerstkranke selbst aussuchen dürfen, wann und wie er sterben will), während die Gegner den Erhalt der Würde durch Fürsorge sehen (körperliches und anderes Leid muss gelindert werden).

Semantische Verschiebungen finden sich auch an anderen Stellen. In Deutschland und in anderen europäischen Ländern wird zunehmend akzeptiert, dass medizinische Interventionen bei Patienten mit fortgeschrittenen Erkrankungen mit hohem Risiko und minimalen Erfolgschancen behaftet sein können, und deshalb der Verzicht oder Abbruch dieser Behandlung für den Patienten sinnvoller ist als deren Durchführung. So hat zum Beispiel die Einführung von

---

13 Vgl. L. Radbruch et al., *Euthanasia and physician-assisted suicide*, 104–116.
14 Vgl. M. Hahnen et al., *Die Sterbehilfedebatte und das Bild der Palliativmedizin in deutschen Printmedien*, 289–305.

interdisziplinären Tumorkonferenzen dazu geführt, dass solche Diskussionen um medizinische Aussichtslosigkeit (*medical futiltity*) in der Behandlung onkologischer Patienten häufiger geführt werden, und Patienten damit vor einer Übertherapie mit belastenden, aber aller Voraussicht nach wirkungslosen Behandlungsversuchen geschützt werden.

Im Weißbuch der EAPC werden Nichtbehandlungsentscheidungen (NTD) definiert als Verzicht oder Abbruch von medizinischer Behandlung bei einer Person, entweder aufgrund der medizinischen Aussichtslosigkeit oder auf den freiwilligen, sachkundigen Wunsch dieser Person hin.[15]

Die Begriffe der Nichtbehandlungsentscheidungen und der medizinischen Aussichtslosigkeit werden in den USA aber zunehmend negativ bewertet. Diese Kritik steht im Zusammenhang mit der Gefahr, dass Ärzte lebenserhaltende Therapien bei entscheidungsunfähigen Patienten abbrechen gegen den Willen der (vertretungsberechtigten) Angehörigen, und dass bei diesen Entscheidungen auch ökonomische Gründe eine Rolle spielen könnten.[16] Gerade in der Palliativversorgung sollte der Begriff der NTD nicht eingesetzt werden, weil er zu sehr an einen Abbruch der (ärztlichen) Behandlung oder sogar an einen Abbruch der Versorgung erinnern würde, beides wäre unvereinbar mit der Philosophie der Palliativversorgung. Stattdessen wird der Begriff Verzicht oder Beendigung von lebenserhaltenden Behandlungen vorgeschlagen.[17]

Zur medizinischen Aussichtslosigkeit wird in einem Konsenspapier von amerikanischen Fachgesellschaften festgehalten, dass der Begriff auf die seltenen Situationen beschränkt sein sollte, in denen eine Intervention das beabsichtigte physiologische Ziel nicht mehr erreichen kann, z. B. wäre eine kardiopulmonale Wiederbelebung nur dann aussichtslos, wenn aufgrund einer Herzmuskelruptur oder einer Herzbeuteltamponade trotz Herzdruckmassage keine Blutzirkulation erreicht werden kann. In allen anderen Fällen sollte von potentiell unangemessenen Behandlungen (*potentially inappropriate treatments*) gesprochen werden, wenn Interventionen zwar eine gewisse Aussicht auf Erfolg haben, aus Sicht des behandelnden Arztes aber schwerwiegende ethische Gründe gegen ihren Einsatz sprechen.[18]

Mit der Verschiebung in der Terminologie geht eine deutliche Verschiebung der Entscheidung hin zu dem Patienten oder seinen vertretungsberechtigten

---

15 Vgl. ebd.
16 Vgl. C. J. Misak et al., *Medical futility: a new look at an old problem*, in: *Chest* 146,6 (2014), 1667–1672.
17 Vgl. E. Krakauer (persönliche Mitteilung).
18 Vgl. G. T. Bosslet et al., *An Official ATS/AACN/ACCP/ESICM/SCCM Policy Statement: Responding to Requests for Potentially Inappropriate Treatments in Intensive Care Units*, in: *Am J Respir Crit Care Med* 191,11 (2015), 1318–1330.

Angehörigen einher. Bei Konflikten, wenn Angehörige auf der Durchführung einer Intervention bestehen, die aus ärztlicher Sicht potentiell unangemessen ist, sollen die behandelnden Ärzte einen fairen Prozess der Konfliktlösung einleiten, dabei wenn nötig auch externe Begutachtung oder Prozesssupervision anfordern, erst dann können sie auf die Durchführung der Intervention auch gegen den Willen der Angehörigen verzichten.

In Deutschland ist das Modell der geteilten Entscheidungsfindung (*shared decision making*) fest verankert, bei der Patienten (oder ihr Stellvertreter) einen wesentlichen Anteil an der Entscheidungsfindung haben. Es scheint aber in der klinischen Praxis wichtig zu betonen, dass Patienten kein Recht haben, eine medizinisch nicht indizierte Therapie einzufordern. Das Fehlen oder Wegfallen einer medizinischen Indikation ist aber in aller Regel darin begründet, dass diese Interventionen als medizinisch aussichtslos für diesen einzelnen Patienten bewertet werden. Der Begriff der medizinischen Aussichtlosigkeit (*futility*) scheint deshalb in Deutschland weiterhin eine Berechtigung zu haben.

Im Umfeld der Diskussion um assistierten Suizid werden auch andere Interventionen am Lebensende kritisch diskutiert und auf potentielle ethische Konflikte durchleuchtet. Manchmal ist dies ein Versuch, andere Interventionen oder Situationen gleichzusetzen mit der Lebensverkürzung durch Suizid oder Tötung auf Verlangen, so dass damit dann auf eine Inkonsistenz der Haltung bei den Gegnern hingewiesen und eine andere (liberalere) Einstellung gefordert werden kann.

Früher wurde der Einsatz von Opioiden bei Patienten mit sehr kurzer Lebenserwartung als indirekte Sterbehilfe bezeichnet, da durch diese Medikation der Tod früher eintreten könnte. Dies wurde gerechtfertigt mit der Doktrin des Doppeleffekts: wenn der gute Effekt (Schmerzlinderung) nur erreicht werden kann, indem ich den negativen Effekt (Lebensverkürzung) billigend in Kauf nehme, ist dies gerechtfertigt. Eine Voraussetzung ist, dass der negative Effekt nicht beabsichtigt ist. Aus der Nähe von indirekter Sterbehilfe, bei der der Tod des Patienten billigend in Kauf genommen wird, und der aktiven Sterbehilfe oder Beihilfe zum Suizid wurde begründet, dass auch eine Lebensverkürzung durch diese Formen der Sterbehilfe akzeptiert werden müsse. Allerdings belegen Untersuchungen zum Einsatz von Opioiden oder Benzodiazepinen am Lebensende[19] und zur frühen Integration der Palliativversorgung,[20]

---

19 Vgl. N. Sykes/A. Thorns, *Sedative use in the last week of life and the implications for end-of-life decision making*, in: *Arch Intern Med* 163,3 (2003), 341–344. Siehe auch dies., *The use of opioids and sedatives at the end of life*, in: *Lancet Oncol* 4,5 (2003), 312–318. Siehe ebenfalls dies., *Opioid use in last week of life and implications for end-of-life decision-making*, in: *Lancet* 356 (2000), 389–399.
20 Vgl. D. Hui et al., *Integration of oncology and palliative care: a systematic review*, in: *Oncologist* 20,1 (2015), 77–83; K. M. Dalgaard et al., *Early integration of palliative care in hospitals: A systematic review on methods, barriers, and outcome*, in: *Palliat Support Care* 12,6 (2014), 1–19.

dass dadurch keine Lebensverkürzung eintritt. Zumindest in einer Studie[21] wurde sogar eine deutliche Lebensverlängerung bei den Patienten mit Palliativversorgung (und mehr Opioidgebrauch) nachgewiesen. Der Doppeleffekt muss also gar nicht zur ethischen Rechtfertigung für den Einsatz von Opioiden eingesetzt werden, weil die Voraussetzung fehlt.

In letzter Zeit wird über die ethische Bewertung des freiwilligen Verzichts auf Flüssigkeit und Nahrung (FVFN) diskutiert. Damit ist die freie Entscheidung einer einwilligungsfähigen Person gemeint, Essen und Trinken einzustellen, um damit absichtlich den eigenen Tod herbeizuführen.[22] Dieses Vorgehen wird als eine Form des Suizids dargestellt, wobei hierfür das Konstrukt eines „passiven Suizids" gewählt wird.[23] Die ethische und juristische Bewertung bleibt davon unberührt. Auch wenn es sich um eine Form des Suizids handelt, könnte dieser Suizid (und auch die Beihilfe dazu) aus ethischer Sicht gerechtfertigt sein und aus juristischer Sicht von der neuen Gesetzgebung unberührt bleiben.

Es gibt aber deutliche Unterschiede zwischen Suizid und FVFN.[24] So ist beim Suizid der Suizident bis zuletzt Handelnder, während die Betroffenen bei FVFN zwar über den Beginn entscheiden, aber über den Verlauf des Sterbens keine Kontrolle haben. Im Gegensatz zum Suizid ist aber über mehrere Tage ein Umdenken möglich. FVFN verlangt also vom Patienten eine anhaltende und stringente Umsetzung seiner Entscheidung.

Vor allem aber wäre die Alternative nach begonnenem Suizidversuch die Lebensrettung, wie es ja auch die unumstrittene Praxis in der überwiegenden Mehrzahl der Suizidversuche ist. Bei FVFN ist die Alternative eine Zwangsernährung.[25] Damit wäre aber bei einem Patienten, der die Aufnahme von Nahrung und Flüssigkeit ablehnt, der Straftatbestand einer Körperverletzung erfüllt.

3 Gesetz zum assistierten Suizid (§ 217)

Das im Dezember 2015 verabschiedete Gesetz zum assistierten Suizid besagt im neu eingeführten § 217 „(1) Wer in der Absicht, die Selbsttötung eines anderen zu fördern,

---

[21] Vgl. J. S. Temel et al., *Early palliative care for patients with metastatic non-small-cell lung cancer*, in: *N Engl J Med* 368,8 (2010), 733–742.
[22] Vgl. A. Simon/N. L. Hoekstra.: *Sterbebegleitung: Sterbefasten – Hilfe im oder Hilfe zum Sterben?*, in: *Dtsch Med Wochenschr* 140,14 (2015), 1100–1102.
[23] Vgl. ebd.
[24] Vgl. J. Bickhardt/R. Hanke, *Freiwilliger Verzicht auf Flüssigkeit und Nahrung – Eine ganz eigene Handlungsweise*, in: *Dtsch Ärztebl* 111,14 (2014), A-590–592.
[25] Vgl. ebd.

diesem hierzu geschäftsmäßig die Gelegenheit gewährt, verschafft oder vermittelt, wird mit Freiheitsstrafe bis zu drei Jahren oder mit Geldstrafe bestraft. (2) Als Teilnehmer bleibt straffrei, wer selbst nicht geschäftsmäßig handelt und entweder Angehöriger des in Absatz 1 genannten anderen ist oder diesem nahesteht." Dieser knappe und eigentlich klare Gesetzestext birgt aber einigen Diskussionsbedarf.

Ziel des vorliegenden Gesetzentwurfes ist es, die Entwicklung der Beihilfe zum Suizid (assistierter Suizid) zu einem Dienstleistungsangebot der gesundheitlichen Versorgung zu verhindern.[26] Erfüllt aber vielleicht die Verordnung einer Opioiddauertherapie und die Ausstellung eines entsprechenden Betäubungsmittelrezepts über einen längeren Zeitraum (bis zu 30 Tage möglich) mit Opioiden für einen Patienten, der im Rahmen der bisherigen Behandlung schon einmal einen Todeswunsch geäußert hat, bereits den Tatbestand der Vermittlung einer Gelegenheit zum Suizid? Zwar ist die Geschäftsmäßigkeit erst durch die wiederholte oder nachhaltige Tätigkeit gegeben, jedoch kann schon ein erstmaliges Angebot als geschäftsmäßig angesehen werden, wenn es den Beginn einer auf Fortsetzung angelegten Tätigkeit darstellt.[27] Würde es in der juristischen Bewertung einen Unterschied machen, ob der Patient den Behandler um Beihilfe zum Suizid gebeten hat, oder eher einen allgemeinen Todeswunsch geäußert hat („Ich wünschte, es wäre schnell vorbei")?

Mit einer engen Auslegung des Gesetzes wäre eine Opioidbehandlung bei Patienten mit Todeswunsch nur eingeschränkt möglich. Dies wäre aber mit massiven Nachteilen für die betroffenen Patienten verbunden, die nur aussuchen könnten, ob sie ihren Todeswunsch mitsamt den damit verbundenen Zweifeln verschweigen müssen und eben nicht mehr darüber mit dem Behandlungsteam sprechen oder auf die notwendigen Schmerzmittel verzichten müssen.

Die von den Initiatoren des Gesetzes vorgelegte Begründung ist aber eindeutig und schafft Sicherheit für die Hospiz- und Palliativversorgung. In der Begründung wird klargestellt, dass die Hilfe beim Sterben, wie sie in Hospizen und auf Palliativstationen geleistet wird, nicht gemeint ist. Sie ist ein Gebot der Humanität, strafrechtlich irrelevant und stellt keine geschäftsmäßige Förderung des Suizids dar.[28]

---

26 Vgl. http://dip21.bundestag.de/dip21/btd/18/053/1805373.pdf (Zugriff am 29.06.2016).
27 Vgl. ebd.
28 Vgl. ebd.

4 Perspektive der Deutschen Gesellschaft für Palliativmedizin

Aus Sicht der DGP sollte der Begriff der Sterbehilfe wieder von der Hospiz- und Palliativversorgung besetzt werden. Es sollte nur klar gestellt werden, was genau gemeint ist. Hilfe beim Sterben, also Linderung von Schmerzen, Luftnot und anderen belastenden Symptomen, Begleitung, menschliche Nähe und Zuwendung, also alles was zur Hospiz- und Palliativversorgung gehört, das sollte jedem Schwerstkranken und Sterbenden zugänglich sein. Dazu gehört natürlich auch, dass jeder Mensch bestimmen kann, wann eine medizinische Behandlung nicht mehr begonnen oder abgebrochen werden soll. Das gilt auch, wenn ein Patient mit hoher Querschnittslähmung die Einstellung der künstlichen Beatmung fordert. Dies ist geltendes Recht in Deutschland und ist auch aus ethischen und moralischen Gründen geboten. Hilfe zum Sterben, also (ärztliche) Beihilfe zum Suizid oder sogar Tötung auf Verlangen, ist aus der Sicht der DGP dagegen abzulehnen.

In der klinischen Praxis ist es durchaus nicht selten, dass schwerstkranke Patienten, manchmal auch bei guter Symptomkontrolle, nach Suizidhilfe oder sogar nach Tötung auf Verlangen fragen. In der Auseinandersetzung mit diesem Wunsch wird aber immer wieder klar, dass es sich dabei nur sehr selten um eine Handlungsaufforderung handelt. Oft fehlen Informationen oder es bestehen falsche Vorstellungen über den weiteren Verlauf – es ist gar nicht das Leiden in diesem Moment, sondern das antizipierte Leid, das den Wunsch auslöst. Hier sind Informationen über die Möglichkeiten zur Symptombehandlung in der Palliativversorgung nötig, z. B. muss niemand qualvoll ersticken, weil Luftnot mit Opioiden bis zum Lebensende behandelt werden kann. Bei den wenigen Patienten, bei denen die Symptome nicht ausreichend kontrolliert werden können, kann mit der palliativen Sedierung ein künstliches Koma für die letzten Lebenstage oder -stunden eingeleitet werden, so dass die Patienten nicht leiden.

Bei manchen Patienten ist es nicht das körperliche Leid, das zum Wunsch nach Suizidhilfe führt, sondern die Angst vor dem Verlust der Kontrolle. Oft ist dies verbunden mit der Angst, nur noch eine Last für die Familie zu sein. Wenn dies auch manchmal nachvollziehbar ist, sollte es doch in unserer Gesellschaft nicht als Grund für Suizidbeihilfe akzeptiert werden, dass sich ein kranker Mensch als Last empfindet.

Es bleiben einige wenige Patienten mit dem starken Bedürfnis, die Kontrolle über das Lebensende zu behalten. Vielleicht ist der freiwillige Verzicht auf Nahrung, eventuell auch auf Flüssigkeit, für diese Menschen ein Ausweg. Mit entsprechender Symptomkontrolle (Mundpflege) treten dabei Durst und Hunger nicht auf.

Vor allem zeigen aber die Erfahrungen aus den Ländern, in denen Suizidhilfe oder Tötung auf Verlangen gängige Praxis ist, zunehmend Probleme auf. In den Niederlanden sind es mittlerweile mehr als 5000 Menschen pro Jahr, darunter Patienten mit Depression oder solche, die nicht selbst die Tötung verlangt haben, sondern die Angehörigen nach dem mutmaßlichen Willen der Patienten.

Die Deutsche Gesellschaft für Palliativmedizin hat deshalb klar Stellung bezogen,[29] dass es zwar unbedingt zu den ärztlichen Aufgaben gehört, sich respektvoll mit Todeswünschen von Patienten – wie auch Suizidwünschen im engeren Sinne – auseinanderzusetzen. Es gehört jedoch nicht zum Grundverständnis der Palliativmedizin, Beihilfe zum Suizid zu leisten oder über die gezielte Durchführung eines Suizids zu beraten.

Genauso hat die EAPC in ihrem Weißbuch[30] festgelegt, dass Tötung auf Verlangen und ärztliche Hilfe zum Suizid kein Teil der Palliativversorgung sind. Palliativexperten sollten den Wunsch nach Tötung auf Verlangen oder Suizidhilfe anerkennen, wenn er geäußert wird, dies aber als Ausgangspunkt für eine ganzheitliche Versorgung nehmen, beginnend mit umfassendem Assessment und Kommunikation und dem Versuch, die Motivation und Haltung hinter diesem Wunsch zu verstehen.

---

29 Vgl. F. Nauck et al., *Ärztlich assistierter Suizid*, A-67–71.
30 Vgl. L. Radbruch et al., *Euthanasia and physician-assisted suicide*, 104–116.

Roland Kipke / Markus Rothhaar
Begriffliche Verschiebungen in der Sterbehilfe-Debatte und ihre ethische Bewertung

1 Einleitung

Die Unterscheidung zwischen aktiver und passiver Sterbehilfe war über Jahrzehnte hinweg eine Konstante und ein maßgeblicher Orientierungspunkt der deutschsprachigen Sterbehilfe-Diskussion. So unterschiedlich auch die ethischen Bewertungen und rechtspolitischen Forderungen waren, sie kreisten zumeist um diese beiden Formen der Sterbehilfe, die Fragen ihrer Zulässigkeit und ihrer Unterscheidbarkeit. Während die passive Sterbehilfe im Grundsatz allgemein als legitim oder geboten angesehen wird, war die aktive Sterbehilfe Gegenstand erbitterter Kontroversen. Als eine dritte Form von Sterbehilfe wurde zusätzlich die indirekte Sterbehilfe genannt, die jedoch praktisch und theoretisch zumeist keine vergleichbare Rolle spielte.

Dieses Dreigestirn der Sterbehilfe hat seine Orientierungskraft verloren. Schon seit geraumer Zeit ist die (ärztliche) Assistenz zum Suizid in den Mittelpunkt der Diskussion getreten, die sich nicht in eine der drei genannten Formen von Sterbehilfe einordnen lässt, sondern eine eigenständige Art der Sterbehilfe darstellt. Der entscheidende Unterschied zu den anderen Sterbehilfe-Formen ist, dass die Tatherrschaft hier bei der sterbewilligen Person liegt und andere Personen assistierend zur Seite stehen. Noch unübersichtlicher aber ist die begriffliche Sterbehilfe-Landschaft dadurch geworden, dass die klassischen Begriffe selbst in Frage gestellt werden und verschiedene Alternativbegriffe diskutiert werden, die aber selbst wiederum Fragen aufwerfen und deren Extension sich nicht hundertprozentig mit der der bisher üblichen Begriffe deckt. Im Folgenden werden diese begrifflichen Verschiebungen dargestellt und einer ethischen Bewertung unterzogen.

2 Die Unklarheit der herkömmlichen aktiv-passiv-Unterscheidung

So sehr die Begriffe der aktiven und passiven Sterbehilfe über lange Zeit hinweg den bioethischen Diskurs geprägt haben, unumstritten waren sie nie. Neben den Fragen, was Hilfe beim oder zum Sterben überhaupt bedeuten kann und ob eine Tötung als Hilfe angesehen werden darf, waren und sind es vor allem die Prädikate

„aktiv" und „passiv", die auf Widerspruch und Unverständnis stoßen. Tatsächlich besteht bei vielen Laien, aber auch bei Ärzten Unsicherheit darüber, wann es sich bei einer Maßnahme um passive und wann um aktive Sterbehilfe handelt. Was also bedeutet „aktive Sterbehilfe" und „passive Sterbehilfe"? Einen weit verbreiteten Sprachgebrauch, der im bioethischen Fachdiskurs klarerweise vorherrscht, bringt beispielsweise Bettina Schöne-Seifert auf den Punkt, wenn sie schreibt: Der Ausdruck „passive Sterbehilfe" bezeichne „jeden bewusst den Tod des Patienten zulassenden Behandlungsverzicht, der auf rein performativer Ebene sowohl durch *Unterlassen* als auch durch *aktives Tun* verwirklicht werden kann [...]." Die aktive Sterbehilfe ist demgegenüber „jedes tätige Herbeiführen des Todes eines Patienten, welches nicht zugleich ein Behandlungsverzicht oder eine medizinisch indizierte Palliativbehandlung ist [...]".[1] Die Unterscheidung zwischen aktiver und passiver Sterbehilfe wird hierbei ausdrücklich nicht anhand der Unterscheidung von Tun und Unterlassen vorgenommen. Vielmehr kann passive Sterbehilfe sowohl durch ein aktives Tun als auch durch Unterlassen vollzogen werden.[2]

Demgegenüber wird in der breiteren Öffentlichkeit und in weiten Kreisen der Ärzteschaft die aktiv-passiv-Unterscheidung dahingehend missverstanden, dass aktive Sterbehilfe aktives Tun und passive Sterbehilfe Nichtstun bedeute. Dieses Missverständnis ist angesichts der lebensweltlichen Bedeutung von „aktiv" und „passiv" kaum verwunderlich. Erstaunlich ist jedoch, dass dieses Verständnis nicht nur bei Nicht-Experten auftritt, sondern teilweise auch im rechtswissenschaftlichen Schrifttum. So schreibt beispielsweise der Strafrechtler Eric Hilgendorf: „Die aktive Sterbehilfe zeichnet sich durch ihre aktive Tätigkeitsform (aktives Tun) aus, während die passive Sterbehilfe durch *Unterlassen* verwirklicht wird." Und: „Eine aktive Sterbehilfe ist also die Sterbehilfe durch aktives Tun, während passive Sterbehilfe dann anzunehmen ist, wenn die Sterbehilfe durch ein Unter-

---

[1] B. Schöne-Seifert, *Grundlagen der Medizinethik*, Stuttgart 2007, 114 (Hervorhebung d. Vf.).
[2] Ebenso deutlich der Nationale Ethikrat: „Im Gegensatz zu dem, was der Wortsinn nahelegt, wird solches Sterbenlassen jedoch nicht notwendigerweise passiv, also durch bloßes Nichtstun verwirklicht. Es kann durchaus aktives Eingreifen des behandelnden Arztes voraussetzen (...)" (Nationaler Ethikrat, *Selbstbestimmung und Fürsorge am Lebensende. Stellungnahme*, Berlin 2006, 52). Vgl. ebenso: Bioethik-Kommission Rheinland-Pfalz, *Sterbehilfe und Sterbebegleitung. Ethische, rechtliche und medizinische Bewertung des Spannungsverhältnisses zwischen ärztlicher Lebenserhaltungspflicht und Selbstbestimmung des Patienten*, Mainz 2004, 64–66: https://www.edoweb-rlp.de/resource/edoweb%3A1638576-1/data (Zugriff am 02.11.2016). J. S. Ach/U. Wiesing/G. Marckmann, *Sterbehilfe*, in: U. Wiesing (Hg.), *Ethik in der Medizin. Ein Studienbuch*, Stuttgart 2004, 213–223. T. Fuchs, *Euthanasie und Suizidbeihilfe. Das Beispiel der Niederlande und die Ethik des Sterbens*, in: R. Spaemann/T. Fuchs, *Töten oder sterben lassen? Worum es in der Euthanasiedebatte geht*, Freiburg i. Br. ²1998, 35.

lassen (etwa ein Unterlassen weiterer Behandlung) geleistet wird."³ Während sich also der Jurist an der im Strafrecht üblichen Unterscheidung zwischen aktiver und passiver Tatbegehung orientiert, ist für die Medizinethikerin das Verhältnis zwischen medizinischer Behandlung und Sterben entscheidend. Größer kann der Unterschied in der Begriffsverwendung kaum sein. Die Begrifflichkeit wird dermaßen unterschiedlich verwendet, dass sich die Frage aufdrängt, ob die Autoren bislang eigentlich über dieselbe Sache diskutiert haben.

Die begriffliche Unklarheit wird zusätzlich dadurch erhöht, dass die verwendeten Ausdrücke „aktive Sterbehilfe" und „passive Sterbehilfe" keine Rechtsbegriffe sind. Sie tauchen in keinem deutschen Gesetzestext auf. Das ist ein Problem, weil die Begriffe sich auf ein Praxisfeld beziehen, das hochgradig verrechtlicht ist, und weil auch die ethische Debatte immer im Hinblick auf die (faktischen und gewünschten) rechtlichen Regelungen geführt wird.

Um die begriffliche und damit einhergehend ethische sowie rechtliche Unsicherheit zu überwinden, werden seit geraumer Zeit verschiedene begriffliche Alternativen vorgeschlagen und verwendet, die sich größtenteils an der strafrechtlichen Unterscheidung zwischen „Tötung auf Verlangen" und Unterlassung bzw. Beendigung eines nicht durch Einwilligung des Betroffenen gerechtfertigten Eingriffs in die körperliche Integrität orientieren. Wie sind diese neuen Begriffe zu bewerten? Wie wir sehen werden, sind manche von ihnen geeignete Alternativen, manche bieten aber auch Raum für Missverständnisse und verursachen zum Teil neue Probleme.

3 „Tötung auf Verlangen"

Vielfach wird vorgeschlagen, den Begriff der aktiven Sterbehilfe zu vermeiden und durch den Begriff der Tötung auf Verlangen zu ersetzen.⁴ „Tötung auf Verlangen" ist als Straftatbestand nach § 216 StGB ein klar umrissener Rechtsbegriff.

Diese begriffliche Neuerung bzw. Anpassung an den juristischen Sprachgebrauch ist grundsätzlich begrüßenswert, da sie der begrifflichen und damit auch normativen Klarheit dienlich ist. Mit dem Begriff der Tötung auf Verlangen wird betont, dass es sich um eine verbotene Tötungshandlung handelt, nicht um ein Sterbenlassen, bei dem der Tod durch die Erkrankung verursacht wird. Der Unterschied zur passiven Sterbehilfe tritt somit deutlicher hervor. Zugleich kommt der

---

3 E. Hilgendorf, *Sterbehilfe und individuelle Autonomie. Erkundungen und Klärungsversuche auf vermintem Gelände*, in: *Aufklärung und Kritik* 13 (2006), Sonderheft 11: *Selbstbestimmtes Sterben*, 34 (Hervorhebung d. Vf.). Vgl. ebenso N. Hoerster, *Ethische Überlegungen zur Sterbehilfe*, in: *Aufklärung und Kritik* 2 (1995), Sonderheft 1: *Peter Singer*, 21.
4 Vgl. Nationaler Ethikrat, *Selbstbestimmung und Fürsorge am Lebensende*, 55, 97.

Aspekt des Patientenwillens zum Ausdruck, der im Begriff der aktiven Sterbehilfe ebenfalls nicht explizit enthalten ist. Während es klarerweise keine unverlangte Tötung auf Verlangen geben kann, ist eine unfreiwillige aktive Sterbehilfe durchaus möglich. Damit ist zugleich klar, dass eine Tötung *ohne* Verlangen nicht unter den § 216 StGB fällt, sondern als Mord oder Totschlag zu klassifizieren ist.

Zwar ist der Begriff der aktiven Sterbehilfe primär auf einen medizinischen Kontext bezogen, da es in den allermeisten Fällen um die Tötung von Patienten mit schwersten unheilbaren Krankheiten geht, während die Tötung auf Verlangen diese Beschränkung nicht aufweist. Doch dieser minimale Unterschied im Anwendungsbereich dürfte praktisch kaum ins Gewicht fallen. Insgesamt ist die Ersetzung von „aktive Sterbehilfe" durch „Tötung auf Verlangen" also eine willkommene begriffliche Klarstellung.

4 „Sterbenlassen" und „Zulassen des Sterbens"

Als Ersatz für den Begriff der passiven Sterbehilfe wird von manchen Autoren der Begriff „Sterbenlassen" vorgeschlagen. So zum Beispiel der Nationale Ethikrat: „Von Sterbenlassen statt von ‚passiver Sterbehilfe' sollte man sprechen, wenn eine lebenserhaltende medizinische Behandlung unterlassen wird und dadurch der durch den Verlauf der Krankheit bedingte Tod früher eintritt, als dies mit der Behandlung aller Voraussicht nach der Fall wäre."[5] Mit dieser Begriffswahl wird Abschied genommen von dem missverständlichen Konzept der Passivität und der Tatsache Ausdruck verliehen, dass ein Sterbenlassen auch durch aktives Tun verwirklicht werden kann, zum Beispiel durch das Ausschalten eines Beatmungsgeräts. Zugleich betont der Begriff „Sterbenlassen", dass der Tod durch die zugrundeliegende Erkrankung eintritt, nicht durch eine von außen herangetragene Maßnahme wie die Gabe einer tödlichen Substanz: Das Sterben wird nicht verhindert und damit ermöglicht, aber es wird nicht herbeigeführt. Damit ist auch dieser Begriff als Klarstellung zu begrüßen. Dasselbe gilt für den ähnlichen Begriff „Zulassen des Sterbens".[6]

Was die Begriffe „Sterbenlassen" und „Zulassen des Sterbens" allerdings nicht eigens herausstellen, ist das Moment des Patientenwillens. Selbstverständlich hängt die Legitimität eines Sterbenlassens nach allseits geteilter Auffassung maßgeblich vom Willen des Patienten ab. Zwar ließe sich rein deskriptiv

---

5 Nationaler Ethikrat, *Selbstbestimmung und Fürsorge am Lebensende*, 54, vgl. 96.
6 Vgl. G. D. Borasio, *Selbstbestimmt sterben. Was es bedeutet, was uns daran hindert, wie wir es erreichen können*, München 2014, 76.

auch bei einem vom Patienten ausdrücklich abgelehnten Sterbenlassen von „Sterbenlassen" reden, aber das ist bei der Rede von Sterbenlassen nicht gemeint. Das heißt, obwohl diese normative Bewertung dem Wortsinn nach nicht im Begriff des Sterbenlassens enthalten ist, ist sie von vornherein mitgedacht, d.h. „Sterbenlassen" ist beschränkt auf die Fälle, in denen das Zulassen des Sterbens vom Patienten gewünscht ist oder – im Falle nicht einwilligungsfähiger Patienten – zumindest mutmaßlich gewünscht ist.

5 „Behandlungsabbruch", das Patientenverfügungsgesetz von 2009 und die Ausdehnung passiver Sterbehilfe

Ein weiterer Begriff, der als Alternative für „passive Sterbehilfe" kursiert, ist der des Behandlungsabbruchs. Er hat insbesondere durch das Urteil des Bundesgerichtshofs von 2010 im sog. Fall Putz Prominenz erhalten, da er hier ausdrücklich als entscheidender Begriff eingeführt wird: „Sterbehilfe durch Unterlassen, Begrenzen oder Beenden einer begonnenen medizinischen Behandlung (Behandlungsabbruch) ist gerechtfertigt, wenn dies dem tatsächlichen oder mutmaßlichen Patientenwillen entspricht (§ 1901a BGB) und dazu dient, einem ohne Behandlung zum Tode führenden Krankheitsprozess seinen Lauf zu lassen."[7] Dabei betont das Gericht, dass der Behandlungsabbruch nicht nur durch Unterlassen, sondern ebenso durch ein aktives Tun erfolgen kann, beispielsweise – wie in dem verhandelten Fall – durch die Entfernung oder Zerstörung einer Ernährungssonde.[8]

„Behandlungsabbruch" scheint eine ähnliche Bedeutung zu haben wie „Sterbenlassen", denn es geht ja um den Abbruch lebenserhaltender Maßnahmen mit dem Ziel, das Sterben zu ermöglichen. Dennoch ist der Begriff aus zwei Gründen deutlich problematischer als „Sterbenlassen". Zum einen suggeriert er, dass jede medizinische Behandlung beendet wird und der Patient sich selbst überlassen wird. Doch das ist falsch. Gemeint ist nicht die Beendigung jeder Behandlung, sondern nur einer bestimmten, nämlich lebenserhaltenden Behandlung. An die Stelle kurativer Maß-

---

[7] BGH, *Urteil vom 2. Strafsenat vom 25.06.2010. Aktenzeichen 2 StR 454/09:* http://juris.bundesgerichtshof.de/cgi-bin/rechtsprechung/document.py?Gericht=bgh&Art=en&nr=52999&pos=0&anz=1 (Zugriff am 02.11.2016), 1 (BGHSt 55, 191). Vgl. ebenso schon 2005: H. Schöch/T. Verrel et al., *Alternativ-Entwurf Sterbebegleitung (AE-StB):* http://sterberecht.homepage.t-online.de/AE-Sterbebegleitung.pdf (Zugriff am 18.10.2016), 9f., 36.
[8] Vgl. BGH, *Urteil vom 2. Strafsenat des BGH vom 25.06.2010. Aktenzeichen 2 StR 454/09,* 16f.

nahmen treten dann aber palliativmedizinische Maßnahmen. Das Therapieziel ändert sich[9]: Lebensqualität statt Lebenserhaltung.[10]

Der zweite Grund, warum „Behandlungsabbruch" als Alternative zu „passive Sterbehilfe" problematisch ist, liegt darin, dass er sich nicht klarerweise auf den Abbruch lebenserhaltender Maßnahmen bei sterbenden Patienten oder Patienten mit infauster Prognose beschränkt. Zwar schränkt der Bundesgerichtshof in dem Leitsatz des genannten Urteils den gerechtfertigten Behandlungsabbruch darauf ein, dass er „dazu dient, einem ohne Behandlung zum Tode führenden Krankheitsprozess seinen Lauf zu lassen".[11] Und in der Begründung des Urteils heißt es: „Der Begriff der Sterbehilfe durch Behandlungsunterlassung, -begrenzung oder -abbruch setzt voraus, dass die betroffene Person lebensbedrohlich erkrankt ist und die betreffende Maßnahme medizinisch zur Erhaltung oder Verlängerung des Lebens geeignet ist. Nur in diesem engen Zusammenhang hat der Begriff der ‚Sterbehilfe' einen systematischen und strafrechtlich legitimierenden Sinn."[12] Die Sätze klingen nach einer entschiedenen Begrenzung des Bereichs erlaubter passiver Sterbehilfe. Doch das ist nicht der Fall. Mit den Formulierungen des Gerichts sind auch solche Fälle eingeschlossen, in denen ein Patient zwar lebensbedrohlich erkrankt ist, aber durch medizinische Maßnahmen nicht nur eine Zeit lang am Leben erhalten werden kann, sondern nach einer Übergangsphase wieder ohne lebenserhaltende Maßnahmen leben könnte. Damit geht der „Behandlungsabbruch" erkennbar über das hinaus, was bislang unter „passiver Sterbehilfe" verstanden wurde.

Dass es sich bei dieser Ausdehnung nicht nur um eine begriffliche Ungenauigkeit und auch nicht um eine bloß theoretische Möglichkeit handelt, zeigt das Patientenverfügungsgesetz von 2009. Da es keine Reichweitenbeschränkung für Patientenverfügungen enthält, ist jeder zuvor erklärte Wunsch nach Behandlungsverzicht, sofern er eindeutig und auf die entsprechende Situation anwendbar ist, von den behandelnden Ärzten umzusetzen. Das heißt, Ärzte müssen einen einwilligungsunfähigen Patienten, der auf der Intensivstation liegt und auf lebenserhaltende Behandlung angewiesen ist, aufgrund einer hinreichend genauen Patientenverfügung sterben lassen, auch wenn er Aussicht hat, nach einer Übergangszeit wieder eigenständig leben zu können. Die Ausweitung erlaubter passiver Sterbehilfe, die der Bundesgerichtshof in seinem Urteil von 2010 vor-

---

[9] Zur Frage der sogenannten „Therapiezieländerung" und der dahinter stehenden Problematik der „futility" vgl. R. Jox et al., *Medical Futility at the End of Life: the Perspectives of Intensive Care and Palliative Care Clinicians*, in: *J Med Ethics* 38,9 (2012), 540–545; sowie V. Lipp/D. Brauer, *Behandlungsbegrenzung und „futility" aus rechtlicher Sicht*, in: *Palliativmedizin* 14,3 (2013), 121–126.
[10] Vgl. G. D. Borasio, *Selbstbestimmt sterben*, 79.
[11] BGH, *Urteil vom 2. Strafsenat des BGH vom 25.06.2010. Aktenzeichen 2 StR 454/09*, 1.
[12] BGH, *Urteil vom 2. Strafsenat des BGH vom 25.06.2010. Aktenzeichen 2 StR 454/09*, 18.

nimmt, ist also bereits im Patientenverfügungsgesetz angelegt. Was wie Hilfe *beim* Sterben aussieht, ist tatsächlich eine Hilfe *zum* Sterben.

Wie ist diese Ausweitung aus ethischer Sicht zu beurteilen? Zum ersten ist zu sagen, dass diese Ausweitung – anders als es vielleicht erscheinen mag – keinen Schritt in Richtung Tötung auf Verlangen darstellt oder sogar bereits eine verkappte Form von Tötung auf Verlangen ist. Der Unterschied ist nach wie vor eindeutig: Auch wenn bei einem Patienten eine lebenserhaltende Behandlung abgebrochen wird, obwohl er durch sie selbständig weiterleben könnte, tritt der Tod durch die Erkrankung ein, nicht durch eine zusätzliche, von außen herantretende Maßnahme. Auch der Abbruch lebenserhaltender Behandlung bei eigentlich nicht-sterbenden Patienten ist eine Art des Sterbenlassens, keine Tötung. Man könnte hier vielleicht von einer „erweiterten passiven Sterbehilfe" sprechen. Auf normativer Ebene ist hier wie auch bei der herkömmlichen passiven Sterbehilfe das Recht auf Selbstbestimmung als Abwehrrecht ausschlaggebend. Bei der Tötung auf Verlangen käme hingegen ein fragwürdiges Anspruchsrecht[13] ins Spiel, nämlich der Anspruch auf die Gabe einer tödlichen Substanz.

Kann man dennoch davon sprechen, dass das Recht mit der skizzierten Ausweitung eine neue Entwicklung einschlägt? In gewisser Sicht ist auch diese Frage zu verneinen. Statt einer neuen Entwicklung Bahn zu brechen, handelt es sich vielmehr um einen weiteren Schritt auf dem Wege der konsequenten Entfaltung des verfassungsrechtlich verbürgten Rechts auf Selbstbestimmung und des medizinrechtlichen Grundsatzes, nach dem jeder medizinische Eingriff ohne Einwilligung des Patienten als Körperverletzung gilt.[14] Diese Entfaltung ist das hervorstechende Merkmal der Entwicklung, die das bundesdeutsche Medizinrecht in den vergangenen Jahrzehnten durch höchstrichterliche Entscheidungen, Gesetzesänderungen und Änderungen des Standesrechts genommen hat. Eine besondere Bedeutung kommt dabei nicht alleine dem Urteil des Bundesgerichtshofs aus dem Jahr 2010 zu, sondern mehr noch dem Patientenverfügungsgesetz des Jahres 2009, auf dem das Urteil des Bundesgerichtshofs wesentlich beruht. Dort hat der Gesetzgeber es ausdrücklich abgelehnt, die Beendigung oder den Verzicht auf lebenserhaltende Maßnahmen von Art und Stadium der Erkrankung abhängig zu machen. Dies ist im Sinn der oben genannten rechtsdogmatischen Konstruk-

---

13 Vgl. dazu M. Rothhaar, *Autonomie und Menschenwürde am Lebensende. Zur Klärung eines umstrittenen Begriffsfelds*, in: T. S. Hoffmann/M. Knaup (Hg.), *Was heißt: In Würde sterben? Wider die Normalisierung des Tötens*, Wiesbaden 2015, 101–114.
14 Dieser Grundsatz hat sich in Rechtsprechung und Gesetzgebung inzwischen auf ganzer Linie durchgesetzt, ist allerdings innerhalb der juristischen Literatur nach wie vor umstritten. Vgl. für eine Darstellung der juristischen Debatte D. Magnus, *Patientenautonomie im Strafrecht*, Tübingen 2015, 145–152.

tion, nach der jeder Eingriff in die körperliche Integrität als eine rechtfertigungsbedürftige Körperverletzung zu gelten habe, konsequent und vollzieht in gewisser Weise nur, was im Medizinstrafrecht angelegt war. Zugrunde liegt dieser Auffassung ein dezidiert abwehrrechtliches Verständnis des Rechts auf Leben und körperliche Unversehrtheit. Zugleich widerspricht jener Ansatz offensichtlich dem verbreiteten Gedanken, von „passiver Sterbehilfe" könne nur die Rede sein, wenn tatsächlich Handlungen in einem physischen Sinn unterlassen würden. Ebenso fehlt jede Bezugnahme auf das Moment der Verhältnismäßigkeit, das etwa innerhalb der katholischen Moraltheologie als relevant für die Frage gilt, welche Formen der Sterbehilfe als moralisch zulässig anzusehen sind und welche nicht.[15]

Dementsprechend kann man in der Art und Weise, wie der Bundesgerichtshof 2010 die Begriffe der „aktiven" und der „passiven Sterbehilfe" konzipiert, einerseits eine begrüßenswerte Klärung der Begrifflichkeiten sehen: „Aktive Sterbehilfe" wird letztlich mit der in § 216 StGB geregelten „Tötung auf Verlangen" gleichgesetzt. Unter „passiver Sterbehilfe" wird demgegenüber grundsätzlich jeder Abbruch eines bzw. jeder Verzicht auf einen medizinischen Eingriff verstanden, der nicht durch das Selbstbestimmungsrecht des Betroffenen gedeckt ist. Andererseits hat der BGH aber auch gerade dadurch, dass er sich mit den ethisch-handlungstheoretischen Begrifflichkeiten der „aktiven" und der „passiven Sterbehilfe" derart intensiv auseinandergesetzt hat, in gewisser Weise zusätzlich Verwirrung gestiftet. Anstatt nämlich auf dem innerjuristischen Feld zu bleiben, auf dem die erwähnten rechtsdogmatischen Konstrukte eindeutig sind, hat er ohne Not und nicht immer ganz konsistent deren Gleichsetzung mit den allgemeinen Begriffen der „aktiven" und „passiven Sterbehilfe" vollzogen. Diese könnten zumindest prinzipiell aber auch anders konzipiert werden, wodurch dann auch andere handlungstheoretische Momente normativ in den Vordergrund treten würden.

Ungeachtet dessen lässt sich festhalten, dass das Selbstbestimmungsrecht bzw. das Prinzip der Patientenautonomie auch in der Medizinethik eine zentrale Rolle einnimmt. Welchem theoretischen Ansatz man auch folgt, es ist heute kaum noch umstritten, das der Einzelne selbstverständlich das Recht hat, eine medizinische Maßnahme abzulehnen – auch und gerade dann, wenn andere diese Entscheidung für unklug halten.

Dennoch wohnt dem Urteil des Bundesgerichtshofs von 2010 und dem Patientenverfügungsgesetz von 2009 eine in ethischer Hinsicht problematische Tendenz inne – und zwar nicht trotz, sondern gerade wegen des Autonomieprinzips. Denn unzweifelhaft richtig ist die Umsetzung des Selbstbestimmungsrechts ja nur

---

15 Vgl. dazu S. Ernst, *Töten und Sterbenlassen – Handlungstheoretische Grundlagen der Aussagen des Lehramts der katholischen Kirche zur Euthanasie*, in diesem Band, 231–248.

dann, wenn eine solche Selbstbestimmung mit Gewissheit vorliegt. In dem Fall, in dem der Bundesgerichtshof 2010 entschieden hat, kann von einer solchen Gewissheit jedoch keine Rede sein. Die betagte Patientin, um die es ging, war nicht mehr einwilligungsfähig, sondern lag seit Jahren im Wachkoma. Eine schriftliche Patientenverfügung lag nicht vor. Als Beleg für ihren vermeintlichen Willen, die künstliche Ernährung zu beenden, lag lediglich der Bericht der Tochter vor, dass die Mutter einen entsprechenden Wunsch früher einmal mündlich geäußert habe. Dieses Gespräch lag nicht nur mehrere Jahre zurück, sondern die Kinder der Patientin haben die künstliche Ernährung auch über Jahre geduldet, ohne sich auf die vermeintliche Ablehnung einer solchen Behandlung zu berufen. An dem behaupteten Patientenwillen können also begründete Zweifel angemeldet werden. Zumindest muss die Selbstverständlichkeit verwundern, mit der der Bundesgerichtshof davon ausgeht, dass der „Wille zweifelsfrei festgestellt war"[16]. Was also auf den ersten Blick aussieht wie eine Stärkung der Patientenautonomie, entpuppt sich bei näherem Hinsehen als eine partielle Schwächung, insofern als ein nachlässiger Umgang mit den Kriterien zur Feststellung des Patientenwillens seinen höchstrichterlichen Segen erhält.

Auch das Patientenverfügungsgesetz ist nur scheinbar konsequent auf die Durchsetzung der Patientenautonomie ausgerichtet. Einerseits wird mit der ausdrücklichen Verankerung des Instruments der Patientenverfügung im Betreuungsrecht die Umsetzung des Patientenwillens auch für den Fall der Einwilligungsfähigkeit gesichert. Andererseits verzichtet das Gesetz auf jede Reichweitenbeschränkung der Geltung von Patientenverfügungen. Damit muss ein hinreichend eindeutiger Wunsch nach Abbruch lebenserhaltender Maßnahmen auch dann umgesetzt werden, wenn der Patient seine Autonomie und Einwilligungsfähigkeit zu einem späteren Zeitpunkt wiedererlangen kann. Ist das nicht die höchstmögliche Durchsetzung der Patientenautonomie? Nein, es wird dabei übersehen, dass die Patientenverfügung immer nur ein Ersatz sein kann – ein Ersatz für die Fähigkeit, seinen Willen *aktuell* zu bilden und durchzusetzen. Sofern diese Fähigkeit aller Voraussicht nicht wiedererlangt werden kann, hat das Instrument der Patientenverfügung seinen guten Sinn. Besteht jedoch Aussicht, die Fähigkeit wiederzugewinnen, muss dieser Fähigkeit und ihrer Wiedererlangung das Primat zukommen. Andernfalls wird das Surrogat über das Original gestellt, der Autonomieersatz über die tatsächliche Autonomie.[17] Auch wenn solche Fälle

---

[16] BGH, *Urteil vom 2. Strafsenat des BGH vom 25.06.2010. Aktenzeichen 2 StR 454/09*, 9. Vgl. dazu M. Kubiciel, *Entscheidungsbesprechung BGH, Urt. v. 25.6.2010 – 2 StR 454/09*, in: *ZJS* 3 (2010), 658.
[17] Vgl. M. Rothhaar/R. Kipke, *Die Patientenverfügung als Ersatzinstrument. Differenzierung von Autonomiegraden als Grundlage für einen angemessenen Umgang mit Patientenverfügungen*, in: A. Frewer/U. Fahr/W. Rascher (Hg.), *Patientenverfügungen und Ethik. Beiträge zur guten klinischen*

nur verhältnismäßig selten vorkommen, ist ihre gesetzliche Erlaubnis ein Einfallstor für Verletzungen des Autonomieprinzips. Allerdings muss an dieser Stelle bemerkt werden, dass dieses Manko, ebenso wie das der nachlässigen Ermittlung des Patientenwillens, kein Problem falscher oder unklarer Begriffe ist – und das ist ja Thema dieses Aufsatzes –, sondern einer inkonsequenten Anwendung des Autonomieprinzips.

Zurück zum Begriff des Behandlungsabbruchs und der damit einhergehenden Ausweitung des Bereichs passiver Sterbehilfe: Einerseits ist es wie gesagt aus ethischer Perspektive richtig, dass Patienten eine medizinische Behandlung unter allen Umständen ablehnen dürfen. Andererseits ist es aus unserer Sicht wichtig, den Unterschied deutlich im Bewusstsein zu halten: den Unterschied zwischen dem Zulassen des Sterbens bei sterbenden Menschen und dem Sterbenlassen von Patienten durch Abbruch einer medizinischen Behandlung, die ihnen das Weiterleben ermöglichen würde. Auch wenn das Recht auf Ablehnung medizinischer Maßnahmen aus rechtlicher und ethischer Perspektive außer Zweifel steht, stellt es für die Gesellschaft, aber insbesondere auch für die beteiligten Ärzte und Pflegenden einen Unterschied dar oder sollte es zumindest darstellen, ob ein dem Tod geweihtes Leben dem Tod überantwortet wird oder ob ein lebensfähiger Mensch durch den Verzicht auf vorübergehende medizinische Behandlung stirbt. Auch wenn dem Autonomieprinzip in Gestalt eines Abwehrrechts das Primat zugemessen wird, sollte der Wert des menschlich-personalen Lebens nicht aus den Augen geraten, das hier verworfen wird. Zudem wird es in den Fällen einer solchen „erweiterten passiven Sterbehilfe" zumeist um Patienten gehen, die nur um den Preis von Behinderungen weiterleben könnten, die sie für sich ablehnen. Daher stellt sich auch die Frage, welche sozialen Auswirkungen es hat, wenn ein Leben mit solchen Beeinträchtigungen von den Trägern dieses Lebens abgelehnt wird. Viele individuelle Entscheidungen könnten ein ohnehin negatives Bild vom Leben mit Behinderungen in der Gesellschaft verstärken. Vor allem aber ist der genannte Unterschied aus individualethischen Gründen zu betonen. Denn es stellt sich die Frage, ob der Verzicht auf lebenserhaltende Behandlung wirklich im Interesse der jeweiligen Person ist, ob sie wirklich um die Entscheidungsalternativen und ihre Folgen weiß, ob sie ein realistisches Bild von dem Leben hat, das sie führen könnte. Aus diesen Überlegungen ergeben sich praktisch-normative Folgerungen: Die Prüfung, worin der Patientenwille wirklich besteht, und die Aufklärung über das medizinisch Mögliche sollten in den Fällen einer gewünschten „erweiterten

---

Praxis (Jahrbuch Ethik in der Klinik 2), Würzburg 2009, 61–75. F.-J. Bormann, *Töten oder Sterbenlassen? Zur bleibenden Bedeutung der Aktiv-Passiv-Unterscheidung in der Euthanasiediskussion*, in: *ThPh* 76 (2001), 70 f.

passiven Sterbehilfe" besonders gründlich erfolgen. Und Versuche, den Patienten von einer solchen Entscheidung abzubringen und von der Richtigkeit einer gegenteiligen Entscheidung zu überzeugen, sind hier sicherlich nicht unangebracht, sofern sie respektvoll und nicht-manipulativ sind.[18]

---

[18] Vgl. ebenso H. Schöch/T. Verrel et al., *Alternativ-Entwurf Sterbebegleitung*, 12.

Abkürzungsverzeichnis

AAS	Acta Apostolicae Sedis
ABGB	Allgemeines Bürgerliches Gesetzbuch
AEM	Akademie für Ethik in der Medizin e. V.
AINS	Anästhesiologie, Intensivmedizin, Notfallmedizin und Schmerztherapie
AJRCCM	American Journal of Respiratory and Critical Care Medicine
ALS	Amyotrophe Lateralsklerose
Am J Forensic Med Pathol	The American Journal of Forensic Medicine and Pathology
Am J Psychiatry	The American Journal of Psychiatry
Am J Respir Crit Care Med	American Journal of Respiratory and Critical Care Medicine
Anaesthesist	Der Anaesthesist
AncSoc	Ancient Society
Ann Fam Med	The Annals of Family Medicine
ANRW	Aufstieg und Niedergang der römischen Welt
AöR	Archiv des öffentlichen Rechts
APQ	American Philosophical Quarterly
Arch Intern Med	Archives of Internal Medicine
Arch Kriminol	Archiv für Kriminologie
ARSP	Archiv für Rechts- und Sozialphilosophie
AZP	Allgemeine Zeitschrift für Philosophie
BGB	Bürgerliches Gesetzbuch
BGBl.	Bundesgesetzblatt
BGH	Bundesgerichtshof
BGHSt	Amtliche Sammlung der Entscheidungen des Bundesgerichtshofs in Strafsachen
BGHZ	Amtliche Sammlung der Entscheidungen des Bundesgerichtshofs in Zivilsachen
BLJ	Bucerius Law Journal
BMJ	British Medical Journal
BR-Drucks.	Bundesrats-Drucksache
BRJ	Bonner Rechtsjournal
BSGE	Amtliche Sammlung der Entscheidungen des Bundessozialgerichts
BT-Drucks.	Bundestags-Drucksache
BtMG	Betäubungsmittelgesetz
BtPrax	Betreuungsrechtliche Praxis
BtRÄndG	Betreuungsrecht-Änderungsgesetz
BVerfG	Bundesverfassungsgericht
BVerfGE	Entscheidungen des Bundesverfassungsgerichts
BVerfGG	Bundesverfassungsgerichtsgesetz
BVerfGK	Kammerentscheidungen des Bundesverfassungsgerichts
BVerwG	Bundesverwaltungsgericht
BvR	Urteil des Bundesverfassungsgerichts zu einer Verfassungsbeschwerde

CHP	Corpus Hispanorum de Pace
CMG	Corpus Medicorum Graecorum
Curr Opin Crit Care	Current Opinion in Critical Care
DB	Der Betrieb
DBfK	Deutscher Berufsverband für Pflegeberufe
DCSD	deep continuous sedation until death
DGP	Deutsche Gesellschaft für Palliativmedizin
DGVS	Deutsche Gesellschaft für Verdauungs- und Stoffwechselkrankheiten
Dig.	Digesten
DJT	Deutscher Juristentag
DMW	Deutsche medizinische Wochenschrift
DRiZ	Deutsche Richterzeitung
DStRE	Deutsches Steuerrecht-Entscheidungsdienst
Dtsch Ärztebl	Deutsches Ärzteblatt
Dtsch Ärztebl Int	Deutsches Ärzteblatt International
Dtsch Med Wochenschr	Deutsche Medizinische Wochenzeitschrift
DVBl	Deutsches Verwaltungsblatt
DZPh	Deutsche Zeitschrift für Philosophie
EAPC	European Association for Palliative Care
EGMR	Europäischer Gerichtshof für Menschenrechte
EMRK	Europäische Menschenrechtskonvention
ErbR	Zeitschrift für die gesamte erbrechtliche Praxis
ESPEN	The European Society for Clinical Nutrition and Metabolism
Ethik Med	Ethik in der Medizin
EuGH	Gerichtshof der Europäischen Union
Eur J Health Law	European Journal of Health Law
FamFG	Gesetz über das Verfahren in Familiensachen und in den Angelegenheiten der freiwilligen Gerichtsbarkeit
FamRZ	Zeitschrift für das gesamte Familienrecht
FPR	Familie – Partnerschaft – Recht
FVFN	Freiwilliger Verzicht auf Flüssigkeit und Nahrung
GA	Goltdammer's Archiv für Strafrecht
GerS	Der Gerichtsaal
GesR	Gesundheitsrecht
GG	Grundgesetz
GRGA	Gustav-Radbruch-Gesamtausgabe
GuP	Gesundheit und Pflege
HRRS	Onlinezeitschrift für Höchstrichterliche Rechtsprechung im Strafrecht
HWP	Historisches Wörterbuch der Philosophie
ICN	International Council of Nurses
Int J Law Psychiatry	International Journal of Law and Psychiatry
Intensive Care Med	Intensive Care Medicine
Intensivmed	Intensivmedizin und Notfallmedizin
IVR	Internationale Vereinigung für Rechts- und Sozialphilosophie e. V. – Deutsche Sektion
J Anal Toxicol	The Journal of Analytical Toxicology

J Bioeth Inq	The Journal of Bioethical Inquiry
J Crit Care	The Journal of Critical Care
J Hist Med Allied Sci	Journal of the History of Medicine and Allied Sciences
J Med Ethics	The Journal of Medical Ethics
J Med Philos	The Journal of Medicine and Philosophy
J Pain Symptom Manage	The Journal of Pain and Symptom Management
J Palliat Med	The Journal of Palliative Medicine
JA	Juristische Arbeitsblätter
JAMA	The Journal of the American Medical Association
JBl	Juristische Blätter
JGPSE	Journal for General Philosophy of Science
JMP	Journal of Moral Philosophy
JPhP	Journal of Public Health Policy
JPM	The Journal of Palliative Medicine
JPSM	The Journal of Pain and Symptom Management
JR	Juristische Rundschau
JRE	Jahrbuch für Recht und Ethik
JURA	Juristische Ausbildung
jurisPR-StrafR	Juris PraxisReport Strafrecht
JuS	Juristische Schulung
JWE	Jahrbuch für Wissenschaft und Ethik
JZ	JuristenZeitung
KJ	Kritische Justiz
KKK	Katechismus der Katholischen Kirche
Kriminalistik	Kriminalistik – unabhängige Zeitschrift für Wissenschaft und Praxis
KriPoZ	Kriminalpolitische Zeitschrift
KritV	Die Kritische Vierteljahresschrift für Gesetzgebung und Rechtswissenschaften
Lancet	The Lancet
Lancet Oncol	The Lancet Oncology
LG	Landesgericht
LKH	Landeskrankenhaus
LThK	Lexikon für Theologie und Kirche
LS	The Hellenistic Philosophers, ed. A. A. Long/D. N. Sedley
MDK	Medizinischer Dienst der Krankenkassen
MDR	Monatsschrift für deutsches Recht
Med Health Care Philos	Medicine, Health Care and Philosophy
Med Klin	Medizinische Klinik
Med Klin Intensivmed Notfmed	Medizinische Klinik – Intensivmedizin und Notfallmedizin
Med Sci	Medical Sciences
MedR	Medizinrecht
medstra	medstra. Zeitschrift für Medizinstrafrecht
MittBayNot	Mitteilungen des Bayerischen Notarvereins, der Notarkasse und derLandesnotarkammer Bayern
MMR	Multimedia und Recht
MThZ	Münchener theologische Zeitschrift

Münch Med Wschr	Münchner Medizinische Wochenschrift
N Engl J Med	The New England Journal of Medicine
Nervenarzt	Der Nervenarzt
NIV	Nicht-Invasive Beatmung
NJW	Neue Juristische Wochenschrift
NK/StGB	Nomos Kommentar Strafgesetzbuch
NStZ	Neue Zeitschrift für Strafrecht
NTD	Nichtbehandlungsentscheidungen
NVwZ	Neue Zeitschrift für Verwaltungsrecht
NZA	Neue Zeitschrift für Arbeitsrecht
OLG	Oberlandesgericht
Oncologist	The Oncologist
Op. Om.	Opera omnia
OSAP	Oxford Studies in Ancient Philosophy
PacPhilQ	Pacific Philosophical Quarterly
Palliat Med	Palliative Medicine
Palliat Support Care	Palliative and Supportive Care
Palliativmedizin	Zeitschrift für Palliativmedizin
Pathologe	Der Pathologe
Patient Prefer Adherence	Patients Preferences and Adherences
PatVG	Patientenverfügungs-Gesetz
PDW	Prinzip der Handlung mit Doppelwirkung
PEG	Perkutane endoskopische Gastrostomie
PEJ	Perkutane endoskopische Jejunonalsonde
PflR	Pflegerecht
Phil Perspect	Philosophical Perspectives
RdM	Recht der Medizin
RG	Reichsgericht
RGG	Religion in Geschichte und Gegenwart
RGSt	Amtliche Sammlung der Entscheidungen des Reichsgerichts in Strafsachen
RhM	Rheinisches Museum für Philologie
RuP	Recht und Politik
S.th.	Summa Theologiae
SächsPolG	Sächsisches Polizeigesetz
SAPV	Spezialisierte Ambulante Palliativversorgung
SJZ	Süddeutsche Juristenzeitung
Soc Sci Med	Social Science and Medicine
StA	Staatsanwaltschaft
StGB	Strafgesetzbuch
StPO	Strafprozessordnung
StR	Strafrecht
StV	Strafverteidiger
StVO	Straßenverkehrsordnung
StZ	Stimmen der Zeit
SuP	Sozialrecht + Praxis
Support Care Cancer	Supportive Care in Cancer

SVF	Stoicorum Veterum Fragmenta, ed. H. von Arnim
ThPh	Theologie und Philosophie
VApS	Verlautbarungen des Apostolischen Stuhls
VersR	Versicherungsrecht
VerwArch	Verwaltungsarchiv
VG	Verwaltungsgericht
VSED	Voluntary Refusal of Eating and Drinking
VVDStRL	Veröffentlichungen der Vereinigung der Deutschen Staatsrechtslehre
VVG	Versicherungsvertragsgesetz
WD	Wissenschaftliche Dienste des Deutschen Bundestages
Z Rechtsmed	Zeitschrift für Rechtsmedizin
ZEE	Zeitschrift für evangelische Ethik
ZfL	Zeitschrift für Lebensrecht
ZfmE	Zeitschrift für medizinische Ethik
ZIS	Zeitschrift für Internationale Strafrechtsdogmatik
ZJS	Zeitschrift für das juristische Studium
ZKTh	Zeitschrift für katholische Theologie
ZMD	Zentralrat der Muslime in Deutschland
ZphF	Zeitschrift für philosophische Forschung
ZRP	Zeitschrift für Rechtspolitik
ZStrR	Schweizerische Zeitschrift für Strafrecht
ZStW	Zeitschrift für die gesamte Strafrechtswissenschaft

Literaturverzeichnis

Ach, J. S./Wiesing, U./Marckmann, G., *Sterbehilfe*, in: U. Wiesing, *Ethik in der Medizin. Ein Studienbuch*, Stuttgart 2004, 213–223.
Ackrill, J. L., *Aristoteles. Eine Einführung in sein Philosophieren*, Berlin/New York 1985.
Adachi, H., *Die Radbruchsche Formel. Eine Untersuchung der Rechtsphilosophie Gustav Radbruchs*, Baden-Baden 2006.
Aigner, G. et al. (Hg.), *Handbuch Medizinrecht für die Praxis*, Wien 2016.
Albrecht, E./Albrecht, A., *Die Patientenverfügung – jetzt gesetzlich geregelt*, in: MittBayNot 2009, 426–435.
Albrecht, E./Albrecht, A., *Patientenverfügung ohne Vertreter – geht das?*, in: MittBayNot 2015, 110–114.
Albrecht, H.-J. (Hg.), *Nomos Kommentar Strafgesetzbuch*, Baden-Baden 9. Lfg. 2001.
Alexy, R., *Normenbegründung und Normanwendung (1993)*, in: ders., *Recht, Vernunft, Diskurs. Studien zur Rechtsphilosophie*, Frankfurt a. M. 1995, 52–70.
Alt-Epping, B. et al., *Sedierung in der Palliativmedizin – Leitlinie für den Einsatz sedierender Maßnahmen in der Palliativversorgung*, in: Palliativmedizin 11 (2010), 112–122.
Alt-Epping, B. et al., *Was ist das Problematische an der Palliativen Sedierung?*, in: Ethik Med 27 (2015), 219–231.
Alt-Epping, B. et al., *Palliative Sedierung und ihre ethischen Implikationen – eine Übersicht*, in: Der Onkologe 22,11 (2016), 852–859.
Althoff, H., *Bei welchen Fragestellungen kann man aussagekräftige pathomorphologische Befunde nach Exhumierung erwarten?*, in: Z Rechtsmed 75 (1974), 1–20.
Amundsen, D. W., *The Physician's Obligation to Prolong Life: A Medical Duty without Classical Roots*, in: The Hastings Center Report 8,4 (1978), 23–30.
Anderson, J., *The Problem of Causality*, in: Australasian Journal of Psychology and Philosophy 16,2 (1938), 127–142.
Androulakis, N. K., *Studien zur Problematik der unechten Unterlassungsdelikte*, München 1963.
Angeletti, L. R., *The Origin of the Corpus Hippocraticum from Ancestors to Codices Antiqui. The Codex Vaticanus Graecus 276*, in: Medicina nei Secoli 3 (1991), 99–151.
Ankermann, E., *Verlängerung sinnlos gewordenen Lebens?*, in: MedR 17 (1999), 387–389.
Annas, J., *Hellenistic Philosophy of Mind*, Berkeley 1992.
Anscombe, G. E. M., *Intention*, Oxford 1957 und Cambridge/Mass. ²1963 (dt. *Absicht*, Freiburg i. Br./München 1986).
Anscombe, G. E. M., *Causality and Determination*, in: E. Sosa/M. Tooley (eds.), *Causation*, Oxford 1993, 88–104.
Aquinet, L. et al., *Similarities and differences between continuous sedation until death and euthanasia – professional caregivers' attitudes and experiences: A focus group study*, in: Palliat Med 27 (2013), 553–561.
Arendt, H., *The Human Condition*, Chicago 1958 (dt. *Vita Activa*, München 1972).
Aries, P., *Geschichte des Todes*, München/Wien 1980.
Aristoteles, *Metaphysik, Schriften zur Ersten Philosophie*, hg. v. F. F. Schwarz, Stuttgart 1981.
Aristoteles, *Die Nikomachische Ethik*, übers. v. O. Gigon, München ²1995.
Aristoteles, *Rhetorik*, übers. v. G. Krapinger, Stuttgart 1999.

Arnim, H. von (Hg.), *Stoicorum Veterum Fragmenta*, 4 Bde., Leipzig 1903–1924.
Arzt, G. et al., *Strafrecht Besonderer Teil*, Bielefeld ³2015.
Ast, S., *Begehung und Unterlassung – Abgrenzung und Erfolgszurechnung. Am Beispiel der BGH-Urteile zum Behandlungsabbruch und zum Eissporthallenfall*, in: ZStW 124,3 (2012), 612–659.
Auer, A., Art. Behandlungsabbruch/Behandlungsverzicht, 2. Ethik, in: A. Eser (Hg.), Lexikon Medizin – Ethik – Recht, Freiburg i. Br. 1989.
Augsberg, I./Augsberg, S., *Prognostische Elemente in der Rechtsprechung des Bundesverfassungsgerichts*, in: VerwArch 98 (2007), 290–316.
Augsberg, S., *Rechtsetzung zwischen Staat und Gesellschaft*, Berlin 2003.
Augsberg, S., *Autonomieschutz durch Handlungsverbote? Überlegungen zu einer vermeintlichen Paradoxie*, in: M. Brand (Hg.), Sterbehilfe oder Sterbebegleitung? Die Debatte, Freiburg i. Br. 2015, 94–107.
Augsberg, S., *"Sternstunden des Parlaments"? Ideal und Wirklichkeit biopolitischer Entscheidungsfindung in der repräsentativen Demokratie*, in: S. Rixen (Hg.), Wiedergewinnung des Menschen als demokratisches Projekt, Bd. 2, Tübingen 2016, im Erscheinen.
Augsberg, S./Szczerbak, S., *Die Rechtsprechung des EGMR zur Sterbe- und Suizidhilfe: Problematische Selbstmarginalisierung oder sinnvolle richterliche Zurückhaltung?*, in: medstra 2 (2016), 3–8.
Augustinus, *Principia Rhetorices*, in: J. P. Migne, Patrologia Latina, Bd. 32, Paris 1841.
Baker, R. B./McCullough, L. B. (Hg.), *The Cambridge World History of Medical Ethics*, Cambridge/New York 2009.
Bartsch, M., *Sterbehilfe und Strafrecht – eine Bestandsaufnahme*, in: U. Hellmann et al. (Hg.), Festschrift für Hans Achenbach, Heidelberg 2011, 13–28.
Bartscher, T., *Anreizsystem*, in: Gabler Wirtschaftslexikon, Bd. 1, Wiesbaden ¹⁴1997, 160.
Baudrillard, J., *Der symbolische Tausch und der Tod*, München 1982.
Bauer, E. J./Fartacek, R./Nindl, A., *Wenn das Leben unerträglich wird. Suizid als philosophische und pastorale Herausforderung*, Stuttgart 2011.
Baumann, J., *Hat oder hatte der Handlungsbegriff eine Funktion?* in: G. Dornseifer et al. (Hg.), Gedächtnisschrift für Armin Kaufmann, Köln 1989, 181–188.
Baumann, J. et al., *Alternativentwurf eines Gesetzes über Sterbehilfe (AE-Sterbehilfe)*, Stuttgart 1986.
Baumann, J./Weber, U./Mitsch, W., *Strafrecht Allgemeiner Teil*, Bielefeld ¹¹2003.
Baumann-Hölzle, R./Arn, C. (Hg.), *Ethiktransfer in Organisationen. Handbuch Ethiktransfer in Organisationen*, Bd. 3, Basel 2009.
Baumgartner, M., *Interdefining Causation and Intervention*, in: dialectica 63 (2009), 175–194.
Beauchamp, T., *Intending Death. The Ethics of Assisted Suicide and Euthanasia*, Upper Saddle River 1996.
Beauchamp, T. L./Childress, J. F., *Principles of Biomedical Ethics*, Oxford ⁶2009.
Becker, G., *Gewissensentscheidungen am Lebensende*, in: F.-J. Bormann/V. Wetzstein (Hg.), Gewissen. Dimensionen eines Grundbegriffs medizinischer Ethik, Berlin/Boston 2014, 493–504.
Becker, G./Blum, H. E., *"Medical Futility" – Der Arzt im Spannungsfeld von Behandlungsauftrag und Behandlungsbegrenzung*, in: Dtsch Med Wochenschr 129 (2004), 1694–1697.

Becker, G. S., *Ökonomische Erklärung menschlichen Verhaltens*, Tübingen 1993.
Beckert, F., *Strafrechtliche Probleme um Suizidbeteiligung und Sterbehilfe unter besonderer Berücksichtigung historischer und ethischer Aspekte*, Aachen 1996.
Beckmann, J. P., *Patientenverfügungen: Autonomie und Selbstbestimmung vor dem Hintergrund eines im Wandel begriffenen Arzt-Patient-Verhältnisses*, in: ZfmE 44 (1998), 143–156. (Wiederabdruck in: Schockenhoff, E. et al. (Hg.), *Medizinische Ethik im Wandel*, Ostfildern 2005, 287–299).
Beckmann, R., *Gibt es ein "Recht auf selbstbestimmtes Sterben"?*, in: ders./M. Löhr/J. Schätzle (Hg.), *Sterben in Würde. Beiträge zur Debatte über Sterbehilfe*, Krefeld 2004, 205–231.
Beebee, H./Hitchcock, C./Menzies, P. (eds.), *The Oxford Handbook of Causation*, Oxford 2009.
Behrendt, H. J., *Die Unterlassung im Strafrecht. Entwurf eines negativen Handlungsbegriffs auf psychoanalytischer Grundlage*, Baden-Baden 1979.
Bein, T., *Interkulturelle Kompetenz*, in: Anaesthesist 64,8 (2015), 562–568.
Beine, K. H., *Sehen, Hören, Schweigen. Patiententötungen und aktive Sterbehilfe*, Freiburg i. Br. 1998.
Beine, K. H., *Homicide of patients in hospitals and nursing homes: a comparative analysis of case series*, in: Int J Law Psychiatry 26 (2003), 373–386.
Beling, E., *Die Lehre vom Verbrechen*, Tübingen 1906.
Benner, P., *From Novice to Expert. Excellence and Power in Clinical Nursing Practice*, Menlo Park 1984.
Bennett, J., *Whatever the Consequences*, in: Analysis 26 (1965/66), 83–102.
Benzenhöfer, U., *Der gute Tod?*, Göttingen 2009.
Berghäuser, G., *Der "Laien-Suizid" gemäß § 217 StGB. Eine kritische Betrachtung des Verbots einer geschäftsmäßigen Förderung der Selbsttötung*, in: ZStW 128 (2016), 741–784.
Berkemann, J., *"Handlung" in der Rechtswissenschaft*, in: H. Lenk (Hg.), *Handlungstheorien interdisziplinär*, Bd. 3,2, München 1984, 806–847.
Bernat, J. L. et al., *Patient Refusal of Hydration and Nutrition. An Alternative to Physician-Assisted Suicide or Voluntary Active Euthanasia*, in: Arch Intern Med 153,24 (1993), 2723–2731.
Bertram, G., *Beweislastfragen am Lebensende*, in: NJW 57 (2004), 988–989.
Bickenbach, C., *Die Einschätzungsprärogative des Gesetzgebers. Analyse einer Argumentationsfigur in der (Grundrechts-)Rechtsprechung des Bundesverfassungsgerichts*, Tübingen 2014.
Bickhardt, J., *Kommentar I zum Fall – "Freiwilliger Verzicht auf Flüssigkeit und Nahrung im Endstadium einer unheilbaren Erkrankung"*, in: Ethik Med 27,3 (2015), 235–237.
Bickhardt, J./Hanke, R., *Freiwilliger Verzicht auf Flüssigkeit und Nahrung – Eine ganz eigene Handlungsweise*, in: Dtsch Ärztebl 111,14 (2014), A 590–592.
Bien, G., Art. *Circumstantia*, in: HWP, Bd. I, Basel 1971, 1019–1022.
Biermann, A./Geissler, A., *Beatmungsfälle und Beatmungsdauer in deutschen Krankenhäusern. Analyse von DRG-Anreizen und Entwicklungen in der Beatmungsmedizin*, Berlin 2013.
Binns, M., *Inus-Bedingung und strafrechtlicher Kausalbegriff*, Baden-Baden 2001.
Bioethik-Kommission beim Bundeskanzleramt, *Empfehlungen zur Terminologie medizinischer Entscheidungen am Lebensende*, Wien 2015.

Bioethik-Kommission Rheinland-Pfalz, *Sterbehilfe und Sterbebegleitung. Ethische, rechtliche und medizinische Bewertung des Spannungsverhältnisses zwischen ärztlicher Lebenserhaltungspflicht und Selbstbestimmung des Patienten*, Mainz 2004, online unter: https://www.edoweb-rlp.de/resource/edoweb%3A1638576-1/data (Zugriff am 02.11.2016).

Birnbacher, D., *Ist die Unterscheidung zwischen aktiver und passiver Sterbehilfe ethisch bedeutsam?*, in: H. H. Atrott/H. Pohlmeier (Hg.), *Sterbehilfe in der Diskussion*, Regensburg 1990, 25–40.

Birnbacher, D., Ethische Aspekte der aktiven und passiven Sterbehilfe, in: H. Hepp (Hg.), Hilfe zum Sterben? Hilfe beim Sterben!, Düsseldorf 1992, 50–73.

Birnbacher, D., *Tun und Unterlassen*, Stuttgart 1995.

Birnbacher, D., *Paternalismus im Strafrecht – ethisch vertretbar?*, in: A. von Hirsch/U. Neumann/K. Seelmann (Hg.), *Paternalismus im Strafrecht*, Baden-Baden 2010, 11–26.

Birnbacher, D., *Ist Sterbefasten eine Form von Suizid?*, in: *Ethik Med* 27,4 (2015), 315–324.

Birnbacher, D., *Kommentar II zum Fall – "Freiwilliger Verzicht auf Flüssigkeit und Nahrung im Endstadium einer unheilbaren Erkrankung"*, in: *Ethik Med* 27,3 (2015), 239–240.

Bizer, K./Führig, M./Hüttig, C. (Hg.), *Responsive Regulierung. Beiträge zur interdisziplinären Institutionenanalyse und Gesetzesfolgenabschätzung*, Tübingen 2002.

Bloy, R., *Finaler und sozialer Handlungsbegriff*, in: *ZStW* 90,3 (1978), 609–657.

Blum, P., *Wege zu besserer Gesetzgebung – sachverständige Beratung, Begründung, Folgeabschätzung und Wirkungskontrolle* (Gutachten I zum 65. Deutschen Juristentag), München 2004.

Bobzien, S., *The Inadvertent Conception and Late Birth of the Free-Will Problem*, in: *Phronesis* 43 (1998), 133–175.

Bobzien, S., *Determinism and Freedom in Stoic Philosophy*, Oxford 1998.

Bobzien, S., *Chrysippus' Theory of Causes*, in: K. Ierodiakonou (Hg.), *Topics in Stoic Philosophy*, Oxford 1999, 196–242.

Bobzien, S., *Choice and Moral Responsibility in* Nicomachean Ethics *iii 1–5*, in: R. Polansky (Hg.), *The Cambridge Companion to Aristotle's* Nicomachean Ethics, Cambridge 2014, 81–109.

Bockenheimer-Lucius, G./Dansou, R./Sauer, T., *Ethikkomitee im Altenpflegeheim. Theoretische Grundlagen und praktische Konzeption*, Frankfurt a. M. 2012.

Boemke, B., *Abbruch lebenserhaltender Maßnahmen*, in: *NJW* 68 (2015), 378–380.

Bolt, E. E. et al., *Primary care patients hastening death by voluntarily stopping eating and drinking*, in: *Ann Fam Med* 13,5 (2015), 421–428.

Bonelli, J., *Leben und Sterben. Zur Problematik der ärztlichen Sterbens- und Leidensverlängerung durch künstliche Ernährung*, in: *Imago Hominis* 13 (2006), 322–327.

Bonhöffer, A., *Epictet und die Stoa*, Stuttgart 1890.

Borasio, G. D., *Referat*, in: Ständige Deputation des Deutschen Juristentages (Hg.), *Verhandlungen des 66. Deutschen Juristentages*, München 2006.

Borasio, G. D., *Selbst bestimmt sterben. Was es bedeutet, was uns daran hindert, wie wir es erreichen können*, München 2014.

Borasio, G. D./Putz, W./Eisenmenger, W., *Verbindlichkeit von Patientenverfügungen gestärkt*, in: *Dtsch Ärztebl* 100 (2003), A 2062–2066.

Borasio, G. D./Jox, R. J./Taupitz, J./Wiesing, U., *Selbstbestimmung im Sterben – Fürsorge zum Leben. Ein Gesetzesvorschlag zur Regelung des assistierten Suizids*, Stuttgart 2014.
Bormann, F.-J., *Töten oder Sterbenlassen? Zur bleibenden Bedeutung der Aktiv-Passiv-Unterscheidung in der Euthanasiediskussion*, in: ThPh 76 (2001), 63–99.
Bormann, F.-J., *Ist die Vorstellung eines ‚natürlichen Todes' noch zeitgemäß? Moraltheologische Überlegungen zu einem umstrittenen Begriff*, in: ders./G. D. Borasio (Hg.), *Sterben. Dimensionen eines anthropologischen Grundphänomens*, Berlin/Boston 2012, 325–350.
Bormann, F.-J., *Von der ‚Freiheit' und der ‚Verantwortung' zur ‚verantworteten Freiheit'*, in: J. Boomgaarden/M. Leiner (Hg.), *Kein Mensch, der der Verantwortung entgehen könnte. Verantwortungsethik in theologischer, philosophischer und religionswissenschaftlicher Perspektive*, Freiburg i. Br. 2014, 123–146.
Bormann, F.-J., *Gewissensentscheidungen im Umgang mit Wachkoma-Patienten*, in: ders./V. Wetzstein (Hg.), *Gewissen. Dimensionen eines Grundbegriffs medizinischer Ethik*, Berlin/Boston 2014, 455–474.
Bormann, F.-J., *Ärztliche Suizidbeihilfe – für und wider*, in: StZ 140,1 (2015), 3–14.
Bosch, N., *Rechtfertigung von Sterbehilfe. Anmerkung zu BGH, Urteil vom 25.06.2010*, in: JA 42 (2010), 908–911.
Bosslet, G. T. et al., *An Official ATS/AACN/ACCP/ESICM/SCCM Policy Statement: Responding to Requests for Potentially Inappropriate Treatments in Intensive Care Units*, in: Am J Respir Crit Care Med 191,11 (2015), 1318–1330.
Botros, S., *Freedom, Causality, Fatalism and Early Stoic Philosophy*, in: Phronesis 30 (1985), 274–304.
Bottek, C., *Unterlassungen und ihre Folgen. Handlungs- und kausalitätstheoretische Überlegungen*, Tübingen 2014.
Boudon-Millot, V., *Galien de Pergame. Un médecin grec à Rome*, Paris 2012.
Boyle, J., *Praeter intentionem in Aquinas*, in: The Thomist 42 (1978), 449–665.
Boyle, J., *Who is Entitled to Double-Effect?*, in: J Med Philos 16 (1991), 475–494.
Brammsen, J., *Inhalt und Elemente des Eventualvorsatzes – Neue Wege in der Vorsatzdogmatik?* in: JZ 44,2 (1989), 71–82.
Brammsen, J., *Tun oder Unterlassen? Die Bestimmung der strafrechtlichen Verhaltensformen*, in: GA 149 (2002), 193–213.
Brandenstein, B. von, Art. *Kausalität I*, in: H. M. Baumgartner/C. Wild (Hg.), *Handbuch philosophischer Grundbegriffe*, Studienausgabe Bd. 3, München 1973, 779–791.
Bratu, C./Nida-Rümelin, J., *Autonomie als politisch-ethisches Prinzip im Liberalismus*, in: C. Wiesemann/A. Simon (Hg.), *Patientenautonomie. Theoretische Grundlagen – Praktische Anwendungen*, Münster 2013, 263–274.
Braun, B. et al., *Pauschalpatienten, Kurzlieger und Draufzahler – Auswirkungen der DRGs auf Versorgungsqualität und Arbeitsbedingungen im Krankenhaus*, Bern 2010.
Breitbart, W. et al., *Depression, hopelessness, and desire for hastened death in terminally ill patients with cancer*, in: JAMA 284 (2000), 2907–2911.
Brennan, T. A. et al., *Incidence of adverse events and negligence in hospitalized patients. Results of the Harvard Medical Practice Study*, in: N Engl J Med 324 (1991), 370–376.
Brennan, T., *Fate and Free Will in Stoicism*, in: OSAP 21 (2001), 259–286.
Brennan, T., *Stoic Moral Psychology*, in: B. Inwood (Hg.), *The Cambridge Companion to the Stoics*, Cambridge 2003, 257–294.

Brennan, T., *The Stoic Life. Emotions, Duties, and Fate*, Oxford 2005.
Bretschneider, H., *Andere Länder, andere Sitten. Unkenntnisse über die Anforderungen an einen Notdiensteinsatz in der Primärarztversorgung im Vereinigten Königreich können die berufliche Existenz gefährden*, in: Dtsch Ärztebl 107 (2010), B 1517–1518.
Breuer, R., *Legislative und administrative Prognoseentscheidungen*, in: Der Staat 16 (1977), 21–54.
Brinkmann, B. et al., *Fehlleistungen bei der Leichenschau in der Bundesrepublik Deutschland: Ergebnisse einer multizentrischen Studie (I), (II)*, in: Arch Kriminol 199 (1997), 65–74.
Brittain, C., *Rationality, Rules, and Rights*, in: Apeiron 34 (2001), 247–267.
Broad, C. D., *Five Types of Ethical Theory*, London 1930 und ⁹1967.
Brown, B. F., *On Killing and Letting Die*, in: Proceedings of the American Catholic Philosophical Association 53 (1979), 158–163.
Brugger, W., *Vom unbedingten Verbot der Folter zum bedingten Recht auf Folter?*, in: JZ 55 (2000), 165–173.
Brunauer, A. et al., *The Arterial Blood Pressure Associated with Terminal Cardiovascular Collapse in Critically Ill Patients: A Retrospective Cohort Study*, in: J Crit Care, 18 (2014), 719.
Brunhöber, B., *Sterbehilfe aus strafrechtlicher und rechtsphilosophischer Sicht*, in: JuS 51,5 (2011), 401–406.
Bubnoff, E. von, *Die Entwicklung des strafrechtlichen Handlungsbegriffs von Feuerbach bis Liszt unter besonderer Berücksichtigung der Hegel-Schule*, Heidelberg 1966.
Buchardi, H., *Patientenverfügung und Vorsorgevollmacht bei Krankenhausaufnahme?*, in: K. Amelung et al. (Hg.), *Festschrift für Hans-Ludwig Schreiber*, Heidelberg 2003, 615–626.
Buddensiek, F., *Was sind Aristoteles zufolge Handlungen?*, in: K. Corcilius/C. Rapp (Hg.), *Beiträge zur Aristotelischen Handlungstheorie*, Stuttgart 2008, 29–51.
Bükki, J. et al., *Decision making at the end of life – cancer patients' and their caregivers' views on artificial nutrition and hydration*, in: Support Care Cancer 22,12 (2014), 3287–3299.
Bundesärztekammer, *Richtlinien der Bundesärztekammer für die Sterbehilfe*, in: Dtsch Ärztebl 76 (1979), B 957.
Bundesärztekammer, *Richtlinien der Bundesärztekammer für die ärztliche Sterbebegleitung*, in: Dtsch Ärztebl 90 (1993), B 1791–1792.
Bundesärztekammer, *Grundsätze der Bundesärztekammer zur ärztlichen Sterbebegleitung*, in: Dtsch Ärztebl 95 (1998), A 2366–2367, B 2022, C 1998.
Bundesärtzekammer, *Grundsätze der Bundesärztekammer zur ärztlichen Sterbebegleitung*, in: Dtsch Ärztebl 108, 7 (2011), A 346–348, B 278, C 278.
Bundesärztekammer, *Arbeitspapier zum Verhältnis von Patientenverfügung und Organspendeerklärung*, in: Dtsch Ärztebl 110 (2013), A 7–9.
Bundesärztekammer, *Empfehlungen der Bundesärztekammer und der Zentralen Ethikkommission bei der Bundesärztekammer. Umgang mit Vorsorgevollmacht und Patientenverfügung in der ärztlichen Praxis*, in: Dtsch Ärztebl 110 (2013), A 1580–1585.
Bundesärztekammer, *Medizinische Indikationsstellung und Ökonomisierung*, in: Dtsch Ärztebl 112 (2015), A 836.
Bung, J., *Sichtbare und unsichtbare Handlungen. Moralphilosophische und strafrechtliche Überlegungen zum Problem des Unterlassens*, in: ZStW 120,3 (2008), 526–544.

Bunster, A., *Zum strafrechtlichen Handlungsbegriff von Claus Roxin*, in: B. Schünemann et al. (Hg.), *Festschrift für Claus Roxin zum 70. Geburtstag*, Berlin 2001, 173–185.
Burchardi, H. et al. (Hg.), *Die Intensivmedizin*, Berlin ¹⁰2008.
Carrick, P., *Medical Ethics in Antiquity. Philosophical Perspectives on Abortion and Euthanasia*, Dordrecht et al. 1985.
Carson, T., *The Definition of Lying*, in: Noûs 40 (2006), 284–306.
Cassell, E. J., *The nature of suffering and the goals of medicine*, in: N Engl J Med 306,11 (1982), 639–645.
Cassell, E. J., *Consent or obedience? Power and authority in medicine*, in: N Engl J Med 352 (2005), 328–330.
Castañeda, H.-N., *Intensionality and Identity in Human Action and Philosophical Method*, in: Noûs 13 (1979), 235–260.
Caston, V., *Intentionality in Ancient Philosophy*, in: E. N. Zalta (Hg.), *The Stanford Encyclopedia of Philosophy*, Herbst 2008, online unter: http://plato.stanford.edu/entries/intentionality-ancient/ (Zugriff am 14.09.2016).
Cavanaugh, T., *Aquinas's Account of Double-Effect*, in: The Thomist 61 (1997), 107–121.
Cellarius, V., *'Early terminal sedation' is a distinct entity*, in: Bioethics 25 (2011), 46–54.
Chabot, B. E./Goedhart, A., *A survey of self-directed dying attended by proxies in the Dutch population*, in: Soc Sci Med 68 (2009), 1745–1751.
Chabot, B. E./Walther, C., *Ausweg am Lebensende: Selbstbestimmtes Sterben durch freiwilligen Verzicht auf Essen und Trinken*, München ⁴2015.
Charbonnier, R./Dörner, K./Simon, S. (Hg.), *Medizinische Indikation und Patientenwille. Behandlungsentscheidungen in der Intensivmedizin und am Lebensende*, Stuttgart 2008.
Charles, D., *Aristotle's Philosophy of Action*, London 1984.
Chatzikostas, K., *Die Disponibilität des Rechtsgutes Leben in ihrer Bedeutung für die Probleme von Suizid und Euthanasie*, Frankfurt a. M. 2001.
Cherny, N. L./Radbruch, L., *EAPC recommended framework for the use of sedation in Palliative Care*, in: Palliat Med 23 (2009), 581–593 (dt. *European Association for Palliative Care. Sedierung in der Palliativmedizin – Leitlinie für den Einsatz sedierender Maßnahmen in der Palliativversorgung*, in: Palliativmedizin 11 (2010), 112–122).
Chisholm, R., *The Agent as Cause*, in: M. Brand/D. Walton (eds.), *Action Theory*, Dordrecht/Boston 1976, 199–213.
Chochinov, H. M. et al., *Desire for death in the terminally ill*, in: Am J Psychiatry 152 (1995), 1185–1191.
Christakis, N., *Death Foretold: Prophecy and Prognosis in Medical Care*, Chicago 1999.
Clarke, R., *Omissions. Agency, Metaphysics, and Responsibility*, New York 2014.
Coeppicus, R., *Offene Fragen zum "Patientenverfügungsgesetz"*, in: NJW 64 (2011), 2085–2091.
Conradi, E., *Take Care. Grundlagen einer Ethik der Achtsamkeit*, Frankfurt a. M./New York 2001.
Conradi, E., *Vom Besonderen zum Allgemeinen – Zuwendung in der Pflege als Ausgangspunkt einer Ethik*, in: H. Behrendt/N. Erichsen/C. Wiesemann (Hg.), *Pflege und Ethik. Leitfaden für Wissenschaft und Praxis*, Stuttgart 2002, 30–46.
Cooper, J. M., *Greek Philosophers on Euthanasia and Suicide*, in: ders., *Reason and Emotion. Essays on Ancient Moral Psychology and Ethical Theory*, Princeton 1999, 515–541.

Corcilius, K., *Streben und Bewegen. Aristoteles' Theorie der animalischen Ortsbewegung*, Berlin/New York 2008.
Corcilius, K./Rapp, C., *Einleitung*, in: dies. (Hg.), *Beiträge zur Aristotelischen Handlungstheorie*, Stuttgart 2008, 9–27.
Craik, E. M., *The 'Hippocratic Corpus'. Content and Context*, London/New York 2015.
Curtis, J. R./White, D. B., *Practical Guidance for Evidence-Based ICU Family Conferences*, in: Chest 134 (2008), 835–843.
Cyprianus, *Epistolae*, in: *Bibliothek der Kirchenväter*, hg. v. J. Kösel/F. Pustet, München 1928.
Czerner, F., *Das Abstellen des Respirators an der Schnittstelle zwischen Tun und Unterlassen bei der Sterbehilfe*, in: JR 81 (2005), 94–98.
Dalgaard, K. M. et al., *Early integration of palliative care in hospitals: A systematic review on methods, barriers, and outcome*, in: Palliat Support Care 12, 6 (2014), 1–19.
Dancy, J., *Moral Reasons*, Oxford 1993.
Dancy, J., *Ethics Without Principles*, Oxford 2004.
Dancy, J., *Defending the Right*, in: JMP 4 (2007), 85–98.
Danto, A. C., *Basic Actions*, in: APQ 2 (1965), 141–148 (dt. *Basis-Handlungen*, in: G. Meggle (Hg.), *Analytische Handlungstheorie. Handlungsbeschreibungen*, Bd. 1, Frankfurt a. M. 1985, 89–110).
Danto, A. C., *Analytical Philosophy of Action*, Cambridge 1973.
Danziger, K., Art. *Reiz und Reaktion*, in: HWP, Bd. 8, Basel 1992, 554–567.
Daube, D., *The Linguistics of Suicide*, in: Philosophy and Public Affairs 1 (1972), 387–437.
Davidson, D., *Freedom to Act*, in: T. Honderich/K. Paul (Hg.), *Essays on freedom of Action*, London 1973, 67–86, wiederabgedruckt in: ders. (Hg.), *Essays on Actions and Events*, Oxford 2001, 63–81 (dt. *Handlungsfreiheit*, in: D. Davidson, *Handlung und Ereignis*, Frankfurt a. M. 1985, 99–124).
Davidson, D., *Actions, Reasons, and Causes*, in: The Journal of Philosophy 60 (1963), 685–700, wiederabgedruckt in: ders., *Essays on Actions and Events*, Oxford 1980, 3–19 (dt. *Handlungen, Gründe und Ursachen*, in: ders., *Handlung und Ereignis*, Frankfurt a. M. 1985, 19–43).
Davidson, D., *The Logical Form of Action Sentences*, in: ders., *Essays on Actions and Events*, Oxford 1980, 105–122.
Dean, B. et al., *Causes of prescribing errors in hospital inpatients: a prospective study*, in: Lancet 359 (2002), 1373–1378.
Dean, M. M. et al., *Framework for continuous palliative sedation therapy in Canada*, in: Palliat Med 15 (2012), 1–10.
Dedes, C., *Die Sinndeutung der Handlung*, in: B. Schünemann et al. (Hg.), *Festschrift für Claus Roxin zum 70. Geburtstag*, Berlin 2001, 187–197.
Deichgräber, K., *Der Hippokratische Eid*, Stuttgart 1955.
Deichgräber, K., *Medicus gratiosus. Untersuchungen zu einem griechischen Arztbild. Mit dem Anhang Testamentum Hippocratis und Rhazes' De indulgentia medici*, Mainz 1970.
Demmer, K., Art. *Akt, II. Theologisch-ethisch*, in: LThK³, Bd. 1, Freiburg i. Br. 2006, 299–303.
Denis, L., *Moral Self-regard. Duties to Oneself in Kant's Moral Theory*, New York 2001.
Deutsch, E./Spickhoff, A., *Medizinrecht*, Berlin ⁷2014.
Diehn, T./Rebhahn R., *Vorsorgevollmacht und Patientenverfügung*, in: NJW 63 (2010), 326–331.

Diening, D., *Sterbefasten statt Sterbehilfe. Am achten Tag war sie tot – und lächelte*, in: Tagesspiegel vom 03. Februar 2016, 3.
Dietz, A., *Der homo oeconomicus. Theologische und wirtschaftsethische Perspektiven auf ein ökonomisches Modell*, Gütersloh 2005.
Diezemann, N., *Die Kunst des Hungerns*, Berlin 2006.
Dihle, A., *Zur Schicksalslehre des Bardesanes*, in: A. M. Ritter (Hg.), *Kerygma und Logos. Beiträge zu den geistesgeschichtlichen Beziehungen zwischen Antike und Christentum* (Festschrift für C. Andresen), Göttingen 1979, 123–135.
Dihle, A., *Die Vorstellung vom Willen in der Antike*, Göttingen 1985.
Diller, H. (Hg.), *Hippokrates. Ausgewählte Schriften*, Stuttgart 1994.
Dillon, J. M., *The Middle Platonists. A Study of Platonism 80 B.C. to A.D. 220*, London 1977.
Dinello, D., *On Killing and Letting Die*, in: B. Steinbock (ed.), *Killing and Letting Die*, Englewood Cliffs/New York 1980, 128–131.
Dobbin, R., *Προαίρεσις in Epictetus*, in: Ancient Philosophy 11 (1991), 111–135.
Dölling, D., *Gerechtfertigter Behandlungsabbruch und Abgrenzung von Tun und Unterlassen. Zu BGH, Urt. v. 25.6.2010–2 StR 454/09*, in: ZIS 6,5 (2011), 345–348.
Dölling, D., *Zur Strafbarkeit wegen fahrlässiger Tötung bei einverständlicher Fremdgefährdung*, in: C. Geisler et al. (Hg.), *Festschrift für Klaus Geppert zum 70. Geburtstag*, Berlin/New York 2011, 53–61.
Dörries, A., *Die medizinische Indikation: Begriffsbestimmung und Rahmenbedingungen*, in: ders./Lipp, V. (Hg.), *Medizinische Indikation. Ärztliche, ethische und rechtliche Perspektiven. Grundlagen und Praxis*, Stuttgart 2015, 13–23.
Domeisen, B. F. et al., *International palliative care experts' view on phenomena indicating the last hours and days of life*, in: Support Care Cancer 21,6 (2013), 1509–1517.
Donini, P. L., *Fato e voluntà umana in Crisippo*, in: Atti dell' Academia delle Scienze di Torino 109 (1974/1975), 1–44.
Donini, P. L., *Plutarco e il determinismo di Crisippo*, in: I. Gallo (Hg.), *Aspetti dello stoicismo e dell' epicureismo in Plutarco*, Ferrara 1988, 21–32.
Dosa, D. M., *A day in the life of Oscar the cat*, in: N Engl J Med 357,4 (2007), 328–329.
Douglas, M., *Wie Institutionen denken*, Frankfurt a. M. 1991.
Doyle, J., *Desire, Power and the Good in Plato's Gorgias*, in: S. Tenenbaum (Hg.), *Moral Psychology*, Amsterdam 2007, 15–36.
Dreher, E., *Die erschwerenden Umstände im Strafrecht*, in: ZStW 77,2 (1965), 220–239.
Drexel, H., *Atemstillstand bei 19jährigem nach Benzdiazepinen in niedriger Dosierung*, in: Münch Med Wschr 125 (1983), 941–942.
Drozdek, A., *Λεκτόν. Stoic Logic and Ontology*, in: Acta Antiqua Academiae Scientiarum Hungaricae 42 (2002), 93–104.
Druml, C. et al., *ESPEN guideline on ethical aspects of artificial nutrition and hydration*, in: Clinical Nutrition 35,3 (2016), 545–556.
Duhot, J. J., *La Conception stoïcienne de la causalité*, Paris 1989.
Duttge, G., *Sterbehilfe aus rechtsphilosophischer Sicht*, in: GA 148 (2001), 158–178.
Duttge, G., *Lebensschutz und Selbstbestimmung am Lebensende*, in: ZfL 13 (2004), 30–38.
Duttge, G., *Zur rechtlichen Problematik von Patientenverfügungen*, in: Intensiv- und Notfallbehandlung 30 (2005), 171–178.
Duttge, G., *Das österreichische Patientenverfügungsgesetz: Schreckensbild oder Vorbild?*, in: ZfL 15 (2006), 81–87.

Duttge, G., *Der Alternativ-Entwurf Sterbebegleitung (AE-StB) 2005*, in: *GA* 153 (2006), 573–586.
Duttge, G., *Einseitige (objektive) Begrenzung ärztlicher Lebenserhaltung?*, in: *NStZ* 26 (2006), 479–484.
Duttge, G., *Erwiderung auf Josef Franz Lindner JZ 2006, 373 ff.: Absoluter Lebensschutz und zugleich verfassungsrechtliche Pflicht zur Freigabe der aktiv-direkten Sterbehilfe?*, in: *JZ* 61 (2006), 899–902.
Duttge, G., *Rechtliche Typenbildung: Aktive und passive, direkte und indirekte Sterbehilfe*, in: D. Kettler et al. (Hg.), *Selbstbestimmung am Lebensende*, Göttingen 2006, 36–68.
Duttge, G., *Selbstbestimmung aus juristischer Sicht*, in: *Palliativmedizin* 7 (2006), 48–55.
Duttge, G., *Anmerkung zu BGH, Urt. v. 20.11.2008 – 4 StR 328/08 (fahrlässige Tötung bei illegalen Autorennen)*, in: *NStZ* 29 (2009), 690–692.
Duttge, G., *Der Arzt als Unterlassungstäter*, in: D. Dölling et al. (Hg.), *Verbrechen – Strafe – Resozialisierung* (Festschrift für H. Schöch) Berlin 2010, 599–617.
Duttge, G., *Anmerkung zu BGH, Urteil vom 25.06.2010 – 2 StR 454/09*, in: *MedR* 29 (2011), 36–38.
Duttge, G., *Patientenverfügungen unter ärztlicher Deutungshoheit?*, in: *Intensivmed* 48 (2011), 34–37.
Duttge, G., *Menschenwürdiges Sterben*, in: H. Baranzke/G. Duttge (Hg.), *Würde und Autonomie als Leitprinzipien der Bioethik. Grundzüge einer moralphilosophischen Verständigung*, Würzburg 2013, 339–360.
Duttge, G., *Patientenautonomie und Einwilligungsfähigkeit*, in: C. Wiesemann/A. Simon (Hg.), *Patientenautonomie. Theoretische Grundlagen – Praktische Anwendungen*, Münster 2013, 77–90.
Duttge, G., *Das Gewissen im Kontext des modernen Arztrechts*, in: F.-J. Bormann/V. Wetzstein (Hg.), *Gewissen. Dimensionen eines Grundbegriffs medizinischer Ethik*, Berlin 2014, 543–560.
Duttge, G., *Die Rolle der Wahrheit im Medizinrecht*, in: *Informationes Theologiae Europae* 18 (2014), 193–208.
Duttge, G., *Die "Sakralität" des Menschen*, in: D. Demko/K. Seelmann/P. Becchi (Hg.), *Würde und Autonomie* (ARSP Beiheft 142), Stuttgart 2014, 145–158.
Duttge, G., *Anmerkung zum Beschluss des BGH v. 17.9.2014 –XII ZB 201/13*, in: *JZ* 70 (2015), 43–46.
Duttge, G., *Juristische Fragen und Kritik am Instrument der Patientenverfügung*, in: M. Coors/R. J. Jox/J. in der Schmitten (Hg.), *Advance Care Planning. Von der Patientenverfügung zur gesundheitlichen Vorausplanung*, Stuttgart 2015, 39–51.
Duttge, G., *Zehn Thesen zur Regelung des (ärztlich) assistierten Suizids*, in: *medstra* 1 (2015), 257–258.
Duttge, G., *Grenzen des Selbstbestimmungsrechts im psychiatrischen Behandlungskontext*, in: *Ethik Med* 28 (2016), 195–205.
Duttge, G., *Strafrechtlich reguliertes Sterben. Der neue Straftatbestand einer geschäftsmäßigen Förderung der Selbsttötung*, in: *NJW* 69 (2016), 120–125.
Duttge, G./Er, D./Fischer, S., *Vertrauen durch Recht?*, in: H. Steinfath et al. (Hg.), *Autonomie und Vertrauen. Schlüsselbegriffe der modernen Medizin*, Berlin 2016, 239–291.
Duttge, G./Schander, M., *Kommentar II zum Fall: "Mutmaßlicher Widerruf einer Patientenverfügung?"*, in: *Ethik Med* 22 (2010), 345–346.

Duttge, G./Simon, A., *Zwangsbehandlung kraft Betreuungsrechts? Zur Legitimationsproblematik des § 287 III FamFG*, in: ZRP 48 (2015), 176–178.
Ebert, T., *Praxis und Poiesis. Zu einer handlungstheoretischen Unterscheidung des Aristoteles*, in: ZphF 30 (1976), 12–30.
Eckert, G., *Physician crimes and criminals*, in: Am J Forensic Med Pathol 3 (1982), 221–230.
Edelstein, L.: *Der hippokratische Eid [1943]. Mit einem forschungsgeschichtlichen Nachwort von Hans Diller*, Zürich/Stuttgart 1969.
Ehrhardt, H., *Euthanasie und Vernichtung ‚lebensunwerten' Lebens*, Stuttgart 1965.
Eidam, L., *Wider die Bevormundung eines selbstbestimmten Sterbens – Zugleich Besprechung von BGH-Urteil vom 25.6.2010*, in: GA 158 (2011), 232–244.
Eidam, L., *Nun wird es also Realität: § 217 StGB n. F. und das Verbot der geschäftsmäßigen Förderung der Selbsttötung*, in: medstra 2 (2016), 17–22.
Eigler, G. et al. (Hg.), *Platon. Werke in acht Bänden. Griechisch und Deutsch*, Darmstadt ⁴2005.
Elsbernd, A., *Pflegesituationen*, Bern 2000.
Emanuel, E. J./Emanuel, L. L., *Four Models of the Physician-Patient Relationship*, in: JAMA 267 (1992), 2221–2226.
Engisch, K., *Die Kausalität als Merkmal der strafrechtlichen Tatbestände*, Tübingen 1931.
Engisch, K., *Der finale Handlungsbegriff*, in: P. Bockelmann et al. (Hg.), *Probleme der Strafrechtserneuerung* (Festschrift für E. Kohlrausch), Berlin 1944, 141–179.
Engisch, K., *Tun und Unterlassen*, in: K. Lackner et al. (Hg.), *Festschrift für Wilhelm Gallas zum 70. Geburtstag*, Berlin 1973, 163–196.
Engisch, K., *Logische Überlegung zur Verbrechensdefinition*, in: G. Stratenwerth et al. (Hg.), *Festschrift für Hans Welzel zum 70. Geburtstag*, Berlin 1974, 343–378.
Engisch, K., *Konflikte, Aporien und Paradoxien bei der rechtlichen Beurteilung der ärztlichen Sterbehilfe*, in: H.-H. Jescheck/H. Lüttger (Hg.), *Festschrift für Eduard Dreher zum 70. Geburtstag*, München 1977, 309–330.
Engländer, A., *Von der passiven Sterbehilfe zum Behandlungsabbruch. Zur Revision der Sterbehilfedogmatik durch den 2. Strafsenat des BGH*, in: JZ 66,10 (2011), 513–520.
Englert, W., *Stoics and Epicureans on the Nature of Suicide*, in: Proceedings of the Boston Area Colloquium in Ancient Philosophy 10 (1994), 67–98.
Erler, M., *Platon*, in: H. Flashar (Hg.), *Die Philosophie der Antike*, Bd. 2,2, Basel 2007.
Ernst, S., *Verhältnismäßige und unverhältnismäßige Mittel. Eine bedenkenswerte Unterscheidung in der lehramtlichen Bewertung der Sterbehilfe*, in: MThZ 58 (2007) 43–57.
Ernst, S./Brandecker, T., *Beihilfe zum Suizid. Anfragen aus theologisch-ethischer Sicht*, in: ZfmE 55 (2009) 271–288.
Eser, A., *Rechtmäßige Tötung im Krieg: zur Fragwürdigkeit eines Tabus*, in: D. Dölling et al. (Hg.), *Verbrechen – Strafe – Resozialisierung* (Festschrift für H. Schöch), Berlin/Boston 2010, 461–480.
Eser, A. *Tötung im Krieg: Rückfragen an das Staats- und Völkerrecht*, in: I. Appel/G. Hermes/C. Schönberger (Hg.), *Öffentliches Recht im offenen Staat* (Festschrift für R. Wahl), Berlin 2011, 665–687.
Evenepoel, W., *The Philosopher Seneca on Suicide*, in: AncSoc 34 (2004), 217–243.
Fagerlin, A./Schneider, C., *Enough. The failure of the living will*, in: The Hastings Center Report 34 (2004), 30–42.

Fassier, T./Azoulay, E., *Conflicts and Communication Gaps in the Intensive Care Unit*, in: Curr Opin Crit Care 16 (2010), 654–65.
Fateh-Moghadam, B., *Die Einwilligung in die Lebendorganspende*, München 2008.
Fateh-Moghadam, B., *Grenzen des weichen Paternalismus – Blinde Flecken der liberalen Paternalismuskritik*, in: ders./S. Sellmaier/W. Vossenkuhl (Hg.), Grenzen des Paternalismus, Stuttgart 2010, 21–47.
Fateh-Moghadam, B./Kohake, M., *Übungsfall: Selbstjustiz auf der Intensivstation*, in: ZJS 5,1 (2012), 98–105.
Feinberg, J., *Action and Responsibility. Essays in the Theory of Responsibility*, in: ders., Doing and Deserving, Princeton 1970, 119–151.
Feinberg, J., *The Moral Limits of the Criminal Law*, Bd. 3: Harm to Self, New York 1989.
Feindt, P., *Regierung durch Diskussion? Diskurs- und Verhandlungsverfahren im Kontext von Demokratietheorie und Steuerungsdiskussion*, Frankfurt a. M. 2001.
Festinger, L., *Theorie der kognitiven Dissonanz*, Bern 1978 (Nachdruck Bern 2012).
Fischer, E., *Recht auf Sterben?! Ein Beitrag zur Reformdiskussion der Sterbehilfe in Deutschland unter besonderer Berücksichtigung der Frage nach der Übertragbarkeit des holländischen Modells der Sterbehilfe in das deutsche Recht*, Frankfurt a. M. 2004.
Fischer, J., *Aktive und passive Sterbehilfe*, in: ZEE 40 (1996), 110–127.
Fischer, T., *Direkte Sterbehilfe – Anmerkung zur Privatisierung des Lebensschutzes*, in: M. Heinrich et al. (Hg.), Strafrecht als Scientia Universalis (Festschrift für C. Roxin), Bd. 1, Berlin/New York 2011, 557–576.
Fischer, T., *Patientenverfügung und Sterbehilfe – Neue Orientierung durch den Bundesgerichtshof*, in: BLJ 5 (2011), 1–2.
Fischer, T., *Strafgesetzbuch mit Nebengesetzen. Kommentar*, München ^{63}2016 und ^{64}2017.
Flashar, H., Art. *Ethik*, in: K.-H. Leven (Hg.), Antike Medizin. Ein Lexikon, München 2005, 275–277.
Flashar, H., *Hippokrates. Meister der Heilkunst*, München 2016.
Flashar, H./Jouanna, J. (Hg.), *Médicine et morale dans l'Antiquité*, Genf 1997.
Fleckenstein, H., *Christliche Bewältigung ärztlicher Auswegslosigkeit*, in: Arzt und Christ 11 (1965), 235–245.
Fleisch, G., *Betreuung von Wachkomapatienten am LKH Rankweil*, in: W. Kröll/W. Schaupp (Hg.), Eluana Englaro – Wachkoma und Behandlungsabbruch. Medizinische – ethische – rechtliche Aspekte, Wien 2010, 57–60.
Fleischer, U., *Untersuchungen zu den pseudohippokratischen Schriften ΠΑΡΑΓΓΕΛΙΑΙ, ΠΕΡΙ ΙΗΤΡΟΥ und ΠΕΡΙ ΕΥΣΧΗΜΟΣΥΝΗΣ*, Berlin 1939.
Foesius, Anutius (Hg./lat. Übers.), *Hippocratis Opera Omnia*, Frankfurt a. M. 1595.
Foot, P., *Euthanasie*, in: A. Leist (Hg.), Um Leben und Tod. Moralische Probleme bei Abtreibung, künstlicher Befruchtung, Euthanasie und Selbstmord, Frankfurt a. M. 1990, 285–317.
Foot, P., *Das Abtreibungsproblem und die Doktrin der Doppelwirkung*, in: A. Leist (Hg.), Um Leben und Tod. Moralische Probleme bei Abtreibung, künstlicher Befruchtung, Euthanasie und Selbstmord, Frankfurt a. M. ^{3}1992, 196–211.
Forkl, M., *Kants System der Tugendpflichten. Eine Begleitschrift zu den "Metaphysischen Anfangsgründen der Tugendlehre"*, Frankfurt a. M. 2001.
Forschner, M., *Die stoische Ethik. Über den Zusammenhang von Natur-, Sprach- und Moralphilosophie im altstoischen System*, Darmstadt ^{2}1995.

Forschner, M., *Platon. Euthyphron*, Göttingen 2013.
Forschner, S., *Die Radbruchsche Formel in den höchstrichterlichen "Mauerschützenurteilen"*, Tübingen 2003.
Forst, R., *Kritik der Rechtfertigungsverhältnisse. Perspektiven einer kritischen Theorie der Politik*, Berlin 2011.
Fox, E., *Predominance of the Curative Model of Medical Care: A Residual Problem*, in: *JAMA* 278,9 (1997), 761–763.
Frankfurt, H., *The Problem of Action*, in: *APQ* 15,2 (1978), 157–162.
Frede, M., *The Original Notion of Cause*, in: J. Barnes et al. (Hg.), *Doubt and Dogmatism. Studies in Hellenistic Epistemology*, Oxford 1980, 217–249.
Frede, M., *The Stoic Doctrine of the Affections of the Soul*, in: M. Schofield/G. Striker (Hg.), *The Norms of Nature. Studies in Hellenistic Ethics*, Cambridge 1986, 93–110.
Frede, M., *On the Stoic Conception of the Good*, in: K. Ierodiakonou (Hg.), *Topics in Stoic Philosophy*, Oxford 1999, 71–94.
Frede, M., *Stoic Epistemology*, in: K. Algra et al. (Hg.), *The Cambridge History of Hellenistic Philosophy*, Cambridge 1999, 295–322.
Frede, M., *A Free Will. Origins of the Notion in Ancient Thought*, Berkeley/Los Angeles 2012.
Frede, D., *Stoic Determinism*, in: B. Inwood (Hg.), *The Cambridge Companion to the Stoics*, Cambridge 2003, 179–205.
Freeland, C., *Accidental Causes and Real Explanations*, in: L. Judson (Hg.), *Aristotle's Physics. A Collection of Critical Essays*, Oxford 1991, 49–72.
Freund, G., *Tatbestandsverwirklichung durch Tun und Unterlassung*, in: H. Putzke et al. (Hg.), *Strafrecht zwischen System und Telos* (Festschrift für R. D. Herzberg), Tübingen 2008, 225–245.
Friauf, K. H., *Verfassungsrechtliche Aspekte der erleichterten Zulassung von befristeten Arbeitsverhältnissen*, in: *NZA* 2 (1985), 513–517.
Friedrich, D. R./Buyx, A. M./Schöne-Seifert, B., *Ausschluss medizinischer Leistungen mit nur marginaler Wirksamkeit?*, in: *Dtsch Ärztebl* 106 (2009), A 1562–1564.
Friedrichsen, G., *"Bei uns nicht!"*, in: *Der Spiegel* 20/2009, 53.
Friedrichsen, G., *Töten oder Sterbenlassen?*, in: *Der Spiegel* 26/2010, 60–61.
Frisch, W., *Leben und Selbstbestimmungsrecht im Strafrecht*, in: D. Leipold (Hg.), *Selbstbestimmung in der modernen Gesellschaft aus deutscher und japanischer Sicht*, Heidelberg 1997, 103–125.
Frisch, W., *Zum Unrecht der sittenwidrigen Körperverletzung (§ 228 StGB)*, in: G. Küpper et al. (Hg.), *Festschrift für Hans Joachim Hirsch zum 70. Geburtstag*, Berlin 1999, 485–506.
Frister, H., *Strafrecht Allgemeiner Teil*, München ⁷2015.
Fuchs, T., *Was heißt "töten"? Die Sinnstruktur ärztlichen Handelns bei passiver und aktiver Euthanasie*, in: *Ethik Med* 9 (1997), 78–90.
Fuchs, T., *Euthanasie und Suizidbeihilfe. Das Beispiel der Niederlande und die Ethik des Sterbens*, in: R. Spaemann/T. Fuchs, *Töten oder sterben lassen? Worum es in der Euthanasiedebatte geht*, Freiburg i. Br. ²1998, 31–107.
Fuchs, W., *Todesbilder in der modernen Gesellschaft*, Frankfurt a. M. 1969.
Gaede, K., *Durchbruch ohne Dammbruch – Rechtssichere Neuvermessung der Grenzen strafloser Sterbehilfe*, in: *NJW* 63,40 (2010), 2925–2928.
Gaede, K., *Die Strafbarkeit der geschäftsmäßigen Förderung des Suizids – § 217 StGB*, in: *JuS* 56 (2016), 385–392.

Galen, *De theriaca ad Pisonem*, in: ders., *Opera Omnia*, Vol. 14, ed. C. G. Kühn, Leipzig 1827.
Gallas, W., *Der dogmatische Teil des Alternativ-Entwurfs*, in: ZStW 80 (1968), 1–33.
Garofalo, I. (Hg.), *Erasistrati Fragmenta*, Pisa 1988.
Gauthier, R. A., *Aristote. L'Éthique à Nicomaque*, Bd. 1, Louvain ²1970.
Gavela, K., *Ärztlich assistierter Suizid und organisierte Sterbehilfe*, Heidelberg 2013.
Geilen, G., *Euthanasie und Selbstbestimmung*, Tübingen 1975.
Geißendörfer, S. E., *Die Selbstbestimmung des Entscheidungsunfähigen an den Grenzen des Rechts. Zur Debatte über "passive Sterbehilfe" durch Behandlungsverzicht, vormundschaftliches Genehmigungsverfahren, Patientenverfügungen und deren gesetzliche Regelungsmöglichkeiten*, Berlin/Münster 2009.
George, W./Dommer, E./Szymczak, R. (Hg.), *Sterben im Krankenhaus. Situationsbeschreibung, Zusammenhänge, Empfehlungen*, Gießen 2013.
Gert, B., *Morality. Its Nature and Justification*, New York 1998.
Gert, B./Culver, C. M./Danner Clouser, K., *Bioethics: A Systematic Approach*, New York ²2006.
Gesellensetter, C., *Der Anwalt der Sterbenden*, online unter: http://www.focus.de/finanzen/recht/tid-18732/sterbehilfe-der-anwalt-der-sterbenden_aid_521963.html (Zugriff am 25.10.2016).
Geth, C., *Passive Sterbehilfe*, Basel 2010.
Geyer, C. (Hg.), *Hirnforschung und Willensfreiheit. Zur Deutung der neuesten Experimente*, Frankfurt a. M. 2004.
Gierhake, K., *Zum "ernstlichen Tötungsverlangen" i. S. des § 216 StGB und zum Irrtum über dessen Vorliegen gemäß § 16 Abs. 1 StGB*, in: GA 159 (2012), 291–306.
Gilligan, C., *In a Different Voice. Psychological Theory and Women's Development*, Cambridge/Mass. 1982.
Gimbernat Ordeig, E., *Handlung, Unterlassung und Verhalten*, in: G. Dornseifer et al. (Hg.), *Gedächtnisschrift für Armin Kaufmann*, Köln 1989, 159–179.
Gkountis, I., *Autonomie und strafrechtlicher Paternalismus*, Berlin 2011.
Godfrey-Smith, P., *Causal Pluralism*, in: H. Beebee/C. Hitchcock/P. Menzies (eds.), *The Oxford Handbook of Causation*, Oxford 2012, 326–337.
Görler, W., *Hauptursachen bei Chrysipp und Cicero? Philologische Marginalien zu einem vieldiskutierten Gleichnis (De fato 41–44)*, in: RhM 130 (1987), 254–274.
Gössel, K.-H., *Wertungsprobleme des Begriffs der finalen Handlung unter besonderer Berücksichtigung der Struktur des menschlichen Verhaltens*, Berlin 1966.
Gössel, K.-H., *Über Normativismus und Handlungslehre im Lehrbuch von Claus Roxin zum Allgemeinen Teil des Strafrechts*, in: GA 153 (2006), 279–284.
Golder, W., *Hippokrates und das Corpus Hippocraticum. Eine Einführung für Philologen und Mediziner*, Würzburg 2007.
Goldman, A. I., *A Theory of Human Action*, Englewood Cliffs/NJ 1970.
Gómez, L. L., *Chrysippean Compatibilitstic Theory of Fate, What is Up to Us, and Moral Responsibility*, in: P. Destrée et al. (Hg.), *What is Up to Us? Studies on Agency and Responsibility in Ancient Philosophy* (Studies in Ancient Moral and Political Philosophy 1), Sankt Augustin 2014, 121–140.
Goulet-Cazé, M.-O., *A propos de l'assentiment stoïcien*, in: dies. (Hg.), *Études sur la théorie stoïcienne de l'action* (Textes et Tradition 22), Paris 2011, 73–236.
Gourinat, J.-B., *Adsensio in nostra potestate: 'from us' and 'up to us' in Ancient Stoicism – A Plea for Reassessment*, in: P. Destrée et al. (Hg.), *What is Up to Us? Studies on Agency*

and Responsibility in Ancient Philosophy (Studies in Ancient Moral and Political Philosophy 1), Sankt Augustin 2014, 141–150.
Grabenwarter, C., *European Convention on Human Rights. Commentary*, München 2014.
Graver, M. R., *Stoicism and Emotion*, Chicago 2007.
Green, O. H., *Killing and Letting Die*, in: APQ 17 (1980), 195–204.
Griffin, M., *Philosophy, Cato, and Roman Suicide I*, in: Greece & Rome 33 (1986), 64–77.
Griffin, M., *Philosophy, Cato, and Roman Suicide II*, in: Greece & Rome 33 (1986), 192–202.
Gronemeyer, R., *Sterben in Deutschland. Wie wir dem Tod wieder einen Platz in unserem Leben einräumen können*, Frankfurt a. M. 2007.
Gropp, W., *Das Abschalten des Respirators – ein Tun oder ein Unterlassen durch Tun?*, in: G. Duttge et al. (Hg.), *Gedächtnisschrift für Ellen Schlüchter*, Köln 2002, 173–188.
Gropp, W., *Strafrecht. Allgemeiner Teil*, Berlin ⁴2015.
Grotkopp, J., *Die Rolle des Betreuungsgerichts bei Entscheidungen des Betreuers am Lebensende des Betroffenen – zugleich eine Besprechung des Beschlusses des Bundesgerichtshofs vom 17.09.2014 – XII ZB 202/13*, in: BtPrax (2015), 39–44.
Gründel, J., *Die Lehre von den Umständen der menschlichen Handlung im Mittelalter*, Münster 1963.
Gründel, J., Art. *Handlungsumstände*, in: LThK³, Bd. 4, Freiburg i. Br. 2006, 1181.
Grünewald, A., *Das vorsätzliche Tötungsdelikt*, Tübingen 2010.
Grünewald, A., *Zur Strafbarkeit der geschäftsmäßigen Förderung der Selbsttötung*, in: JZ 71 (2016), 938–947.
Grünwald, G., *Das unechte Unterlassungsdelikt. Seine Abweichungen vom Handlungsdelikt*, Diss. [Masch.], Göttingen 1956.
Grunert, E., *Objektive Norm, Situation und Entscheidung. Ein Vergleich zwischen Thomas von Aquino und Karl Jaspers*, Bonn 1953.
Grunewald, B./Maier-Reimer, G./Westermann, H. P. (Hg.), *Erman. Bürgerliches Gesetzbuch*, Bd. 1, München ¹⁴2014.
Gudat, H.,/Neuenschwander, H., *Hydratation in der palliativen Betreuung. BIGORIO 2009*, in: palliative.ch 4 (2010), 1–4.
Günther, K., *Der Sinn für Angemessenheit. Anwendungsdiskurse in Moral und Recht*, Frankfurt a. M. 1988.
Gutmann, T., *Würde und Autonomie. Überlegungen zur Kantischen Tradition*, in: JWE 15,1 (2010), 3–34.
Gwilliam, B. et al., *Development of Prognosis in Palliative care Study (PiPS) predictor models to improve prognostication in advanced cancer: Prospective cohort study*, in: BMJ 343,7821 (2011), 459.
Haas, V., *Das (nicht mehr ganz) neue Institut des Behandlungsabbruchs*, in: JZ 71 (2016), 714–723.
Habermas, J., *Strukturwandel der Öffentlichkeit*, Frankfurt a. M. 2010.
Häberle, P., *Grundrechte im Leistungsstaat*, in: VVDStRL 30 (1972), 43–131.
Häberle, P., *Die Menschenwürde als Grundlage der staatlichen Gemeinschaft*, in: J. Isensee/P. Kirchhof (Hg.), *Handbuch des Staatsrechts der Bundesrepublik Deutschland*, Bd. 2, Heidelberg 2004, 317–367.
Häring, B., *Moraltheologische Überlegungen zu Suizid und Euthanasie*, in: A. Eser (Hg.), *Suizid und Euthanasie als human- und sozialwissenschaftliches Problem*, Stuttgart 1976, 261–270.

Häring, B., *Frei in Christus*, Bd. 3, Freiburg i. Br. 1981.
Hahn, J., *Plinius und die griechischen Ärzte in Rom. Naturkonzeption und Medizinkritik in der Historia Naturalis*, in: *Sudhoffs Arch* 75 (1991), 209–239.
Hahnen, M. et al., *Die Sterbehilfedebatte und das Bild der Palliativmedizin in deutschen Printmedien*, in: *Ethik Med* 21(2009), 289–305.
Hall, E. J., *Two Concepts of Causation*, in: ders./J. D. Collins/L. A. Paul (eds.), *Causation and Counterfactuals*, Cambridge 2004, 225–276.
Hallich, O., *Selbstbindungen und medizinischer Paternalismus. Zum normativen Status von "Odysseus-Anweisungen"*, in: *ZphF* 65 (2011), 151–172.
Halm, C. (Hg.), *Rhetores Latini Minors*, Leipzig 1862.
Hankinson, R. J., *Evidence, Externality and Antecedence: Inquiries into Later Greek Causal Concepts*, in: *Phronesis* 32 (1987), 80–100.
Hankinson, R. J., *Explanation and Causation*, in: K. Algra et al. (Hg.), *The Cambridge History of Hellenistic Philosophy*, Cambridge 1999, 479–512.
Hankinson, R. J., *Stoic Epistemology*, in: B. Inwood (Hg.), *The Cambridge Companion to the Stoics*, Cambridge 2003, 59–84.
Hardenberg, N. von, *Aus Respekt vor dem Leben*, in: *SZ* vom 01.06.2010, Nr. 123, 6.
Hardwig, W., *Die Zurechnung. Ein Zentralproblem des Strafrechts*, Hamburg 1957.
Hare, R. M., *Moralisches Denken. Seine Ebenen, seine Methoden, sein Witz*, Frankfurt a. M. 1992.
Hart, H. L. A., *Law, Liberty and Morality*, Stanford 1963.
Hart, H. L. A., *Intention and Punishment*, in: ders., *Punishment and Responsibility. Essays in the Philosophy of Law*, Oxford ²2008, 113–135.
Hart, H. L. A./Honoré, A. M., *Causation in the Law*, Oxford 1985.
Harter, M. et al., *Shared Decision Making and the Use of Decision Aids*, in: *Dtsch Ärztebl Int* 112 (2015), 672–679.
Hassemer, W., *"Sachlogische Strukturen" – noch zeitgemäß?*, in: K. Rogall et al. (Hg.), *Festschrift für Hans-Joachim Rudolphi zum 70. Geburtstag*, Neuwied 2004, 61–73.
Hauck, P., *Rechtfertigende Einwilligung und Tötungsverbot*, in: *GA* 159 (2012), 202–219.
Hecker, B., *Das strafrechtliche Verbot geschäftsmäßiger Förderung der Selbsttötung (§ 217 StGB)*, in: *GA* 163 (2016), 455–471.
Heidelberger, M., Art. *Psychophysik*, in: H. J. Sandkühler (Hg.), *Enzyklopädie Philosophie*, Hamburg 2010, 2174–2177.
Heintel, P., Art. *Institution II.2*, in: *RGG*[4], Bd. 4, Tübingen 2001, 176–177.
Heintschel-Heinegg, B. von (Hg.), *Beck'scher Online Kommentar StGB*, München 2016.
Helgerth, R., *Anmerkung zu BGHSt 40, 257 (1. Strafsenat zur Sterbehilfe, "Kemptener Fall")*, in: *JR* 71 (1995), 335–340.
Henrich, D., *Der Begriff der sittlichen Einsicht und Kants Lehre vom Faktum der Vernunft*, in: G. Prauss (Hg.), *Kant. Zur Deutung seiner Theorie von Erkennen und Handeln*, Köln 1973, 223–254.
Herms, E., Art. *Institution*, in: J. Hübner et al. (Hg.) *Evangelisches Soziallexikon*, Stuttgart ⁹2016, 730–734.
Herzberg, R. D., *Die Unterlassung im Strafrecht und das Garantenprinzip*, Berlin 1972.
Herzberg, R. D., *Der Fall Hackethal: Strafbare Tötung auf Verlangen*, in: *NJW* 39 (1986), 1635–1644.

Herzberg, R. D., *Gedanken zum strafrechtlichen Handlungsbegriff und zur "vortatbestandlichen" Deliktsverneinung*, in: GA 143 (1996), 1–18.
Herzberg, R. D., *Sterbehilfe als gerechtfertigte Tötung im Notstand?*, in: NJW 49 (1996), 3043–3049.
Herzberg, R. D., *"Die Vermeidbarkeit einer Erfolgsdifferenz" – Überlegungen zu Günther Jakobs' strafrechtlichem Handlungs- und Verhaltensbegriff*, in: M. Pawlik et al. (Hg.) *Festschrift für Günther Jakobs zum 70. Geburtstag*, Köln 2007, 147–173.
Herzberg, R. D., *Strafbare Tötung oder straflose Mitwirkung am Suizid?*, in: ZIS 11 (2016), 440–449.
Herzberg, R. D./Scheinfeld, J., *Der praktische Fall – Strafrecht: Aktive Sterbehilfe*, in: JuS 43,9 (2003), 880–887.
Herzberg, S., *Was ist Aristotelischer Hylemorphismus?*, in: P. Wallusch/H. Watzka (Hg.), *Verkörpert existieren. Ein Beitrag zur Metaphysik menschlicher Personen aus dualistischer Perspektive*, Münster 2015, 91–107.
Herzog, F., *Leidensmindernde Therapie am Lebensende und "indirekte Sterbehilfe"*, in: P.-A. Albrecht et al. (Hg.), *Festschrift für Walter Kargl zum 70. Geburtstag*, Berlin 2015, 201–212.
Hesse, K., *Grundzüge des Verfassungsrechts der Bundesrepublik Deutschland*, Heidelberg ²⁰1999.
Hettinger, M., *Die "actio libera in causa": Strafbarkeit wegen Begehungstat trotz Schuldunfähigkeit? Eine historisch-dogmatische Untersuchung*, Berlin 1988.
Hettinger, M., *Die "actio libera in causa": eine unendliche Geschichte? Eine Kritik neuer Begründungsversuche*, in: E. Schlüchter (Hg.), *Kriminalistik und Strafrecht* (Festschrift für F. Geerds), Lübeck 1995, 623–654.
Hettinger, M., *Handlungsentschluss und Handlungsbeginn als Grenzkriterien tatbestandsmäßigen Verhaltens beim fahrlässig begangenen sog. reinen Erfolgsdelikt*, in: A. Hoyer/H. E. Müller/M. Pawlik (Hg.), *Festschrift für Friedrich-Christian Schroeder zum 70. Geburtstag*, Heidelberg 2006, 209–221.
Heyers, J., *Passive Sterbehilfe bei entscheidungsunfähigen Patienten*, Berlin 2001.
Heyndrickx, B., *Fatal intoxication due to Flunitrazepam*, in: J Anal Toxicol 11 (1987), 278.
Hilgendorf, E., *Sterbehilfe und individuelle Autonomie. Erkundungen und Klärungsversuche auf vermintem Gelände*, in: Aufklärung und Kritik 13 (2006), Sonderheft 11: *Selbstbestimmtes Sterben*, 31–39.
Hilgendorf, E., *Zur Strafwürdigkeit von Sterbehilfegesellschaften. Aktuelle Strafbarkeitsprobleme im Kontext der assistierten Selbsttötung*, in: JRE 15 (2007), 479–489.
Hilgendorf, E., *Thesen zu Sterbehilfe und assistiertem Suizid*, in: F. Thiele (Hg.), *Aktive und passive Sterbehilfe. Medizinische, rechtswissenschaftliche und philosophische Aspekte*, München ²2010.
Hilgendorf, E., *Gesetzlichkeit als Instrument der Freiheitssicherung: Zur Grundlegung des Gesetzlichkeitsprinzips in der französischen Aufklärungsphilosophie und bei Beccaria*, in: H. Kudlich/J. P. Montiel/J. C. Schuhr (Hg.), *Gesetzlichkeit und Strafrecht*, Berlin 2012, 17–33.
Hilgendorf, E., *Zur Strafwürdigkeit organisierter Sterbehilfe*, in: JZ 69 (2014), 545–552.
Hilgendorf, E., *Stellungnahme zur öffentlichen Anhörung des Ausschusses für Recht und Verbraucherschutz des deutschen Bundestages am 23.09.2015*, online unter: https://

www.bundestag.de/blob/387792/03e4f59272142231bb6fdb24abe54437/hilgendorf-data. pdf (Zugriff am 21.10.2016).

Hilgendorf, E., *Gesetz zur geschäftsmäßigen Sterbehilfe. Eine Norm für die Wissenschaft,* online unter: http://www.lto.de/persistent/a_id/17514/ (Zugriff am 26.10.2016).

Hilgendorf, E., *Einführung in das Medizinstrafrecht,* München 2016.

Hilgendorf, E., *Neue Strafbarkeitsrisiken für Ärzte und Pflegekräfte durch die Neuregelung des assistierten Suizids,* in: PflR 20 (2016), 556–563.

Hilgendorf, E./Valerius, B., *Strafrecht Allgemeiner Teil,* München ²2015.

Hilgendorf, E./Rosenau, H., *Stellungnahme deutscher Strafrechtslehrerinnen und Strafrechtslehrer zur geplanten Ausweitung der Strafbarkeit der Sterbehilfe,* in: medstra 1 (2015), 129–131.

Hillenkamp, T., *Sterbehilfe im Recht,* in: M. Anderheiden/W. U. Eckart (Hg.), *Handbuch Sterben und Menschenwürde,* Berlin 2012, 349–374.

Hillenkamp, T., *§ 217 StGB n. F.: Strafrecht unterliegt Kriminalpolitik,* in: KriPoZ 1 (2016), 3–10.

Hillgruber, C., *Die Würde des Menschen am Ende seines Lebens – Verfassungsrechtliche Anmerkungen,* in: ZfL 15 (2006), 70–81.

Hirsch, A. von/Neumann, U., *"Indirekter Paternalismus" im Strafrecht – am Beispiel der Tötung auf Verlangen (§216),* in: GA 154 (2007), 671–694, wiederabgedruckt in: dies./K. Seelmann (Hg.), *Paternalismus im Strafrecht,* Baden-Baden 2010, 71–98.

Hirsch, H. J., *Anmerkungen zu BGH JR 1979, 429 betreffend fahrlässige Täterschaft bei bewusster Selbstgefährdung des Opfers,* in: JR 55 (1979), 429–433.

Hirsch, H J., *Der Streit um Handlungs- und Unrechtslehre,* in: ZStW 93,3 (1981), 831–863; 94,1 (1982), 239–278.

Hirsch, H. J., *Behandlungsabbruch und Sterbehilfe,* in: W. Küper et al. (Hg.), *Festschrift für Karl Lackner zum 70. Geburtstag,* Berlin 1987, 597–620.

Hirsch, H. J., *Die Entwicklung der Strafrechtsdogmatik nach Welzel,* in: *Festschrift der Rechtswissenschaftlichen Fakultät zur 600-Jahr-Feier der Universität Köln,* Köln 1988, 399–427.

Hirsch, H. J., *Anmerkung zu BGH, Urt. vom 25.06.2010 – 2 StR 454/09,* in: JR 87 (2011), 37–40.

Hirschman, A. O., *Leidenschaften und Interessen. Politische Begründungen des Kapitalismus vor seinem Sieg,* Frankfurt a. M. 1980.

Hirzel, R., *Der Selbstmord,* in: Archiv für Religionswissenschaft 11 (1908), 75–104.243–284.417–476.

Hober, E. et al., *Umsetzungsempfehlungen von Diagnose- und Therapieleitlinien bei chronischen Nierenerkrankungen,* in: Herzmedizin 24 (2007), 136–146.

Höfling, W., *"Sterbehilfe" zwischen Selbstbestimmung und Integritätsschutz,* in: JuS 40 (2000), 111–118.

Höfling, W., *Gesetz zur Sicherung der Autonomie und Integrität von Patienten am Lebensende (Patientenautonomie- und Integritätsschutzgesetz),* in: MedR 24 (2006), 25–32.

Höfling, W., *Das neue Patientenverfügungsgesetz,* in: NJW 62 (2009), 2849–2852.

Höfling, W., *Salus et/aut voluntas aegroti suprema lex – Verfassungsrechtliche Grenzen des Selbstbestimmungsrechts,* in: A. Wienke/W. Eberbach/H.-J. Kramer/K. Janke (Hg.), *Die Verbesserung des Menschen,* Heidelberg 2009, 119–127.

Höfling, W., *Patientenautonomie oder (fürsorgliche) Fremdbestimmung? Zu Risiken und Nebenwirkungen provozierter "Grundsatz"-Entscheidungen*, in: GesR 10 (2011), 199–202.
Höfling, W., *Die Bedeutung von Recht und Empathie bei der Sterbebegleitung*, in: ZRP 47 (2014), 251–253.
Hoekstra, N. L. et al., *Bewertung des freiwilligen Verzichts auf Nahrung und Flüssigkeit durch palliativmedizinisch und hausärztlich tätige Ärztinnen und Ärzte. Ergebnisse einer empirischen Umfrage (N=255)*, in: Palliativmedizin 16 (2015), 68–73.
Hoerster, N., *Rechtsethische Überlegungen zur Freigabe der Sterbehilfe*, in: NJW 51 (1986), 1788–1792.
Hoerster, N., *Ethische Überlegungen zur Sterbehilfe*, in: Aufklärung und Kritik 2 (1995), Sonderheft 1: Peter Singer, 21–29.
Hoerster, N., *Sterbehilfe im säkularen Staat*, Frankfurt a. M. 1998.
Hoffmann-Riem, W., *Gesetz und Gesetzesvorbehalt im Umbruch: Zur Qualitäts-Gewährleistung durch Normen*, in: AöR 130 (2005), 5–70.
Hohendorf, G./Oduncu, F. S., *Der ärztlich assistierte Suizid: Freiheit zum Tode oder Unfreiheit zum Leben?*, in: ZfmE 57 (2011), 230–242.
Hohmann, R., *Personalität und strafrechtliche Zurechnung. Die Konstitution des strafrechtlichen Handlungsbegriffes auf der Grundlage der Hegelschen Rechtsphilosophie*, Frankfurt a. M. 1993.
Hollis, M., *Rationalität und soziales Verstehen*, Frankfurt a. M. 1991.
Hollis, M., *Soziales Handeln. Eine Einführung in die Philosophie der Sozialwissenschaft*, Berlin 1995.
Holton, R., *Willing, Wanting, Waiting*, Oxford 2009.
Holzinger, K., *Ökonomische Theorien der Politik*, in: D. Nohlen/R.-O. Schütz (Hg.), *Lexikon der Politik*, Bd. 1: *Politische Theorien*, München 1995, 383–391.
Homann, K., *Die Legitimation von Institutionen*, in: W. Korff, (Hg.), *Handbuch der Wirtschaftsethik*, Bd. 2, Gütersloh 1999, 50–95.
Homann, K./Blome-Drees, F., *Wirtschafts- und Unternehmensethik*, Göttingen 1992.
Hoppe, J.-D./Hübner, M., *Ist Sterben normierbar?*, in: ZRP 41 (2008), 225–226.
Horn, C., *Augustinus und die Entstehung des philosophischen Willensbegriffs*, in: ZphF 50 (1996), 113–132.
Horn, C./Löhrer, G., (Hg.), *Gründe und Zwecke. Texte zur aktuellen Handlungstheorie*, Frankfurt a. M. 2010.
Hornblower, S., *The Greek World. 479–323 BC*, London et al. [4]2011.
Horstmanshoff, H. F. J., *The Ancient Physician. Craftsman or Scientist?*, in: Journal of the History of Medicine 45 (1990), 176–197.
Horty, J. F., *Rules and Reasons in the Theory of Precedent*, in: Legal Theory 17 (2011), 1–33.
Hoßfeld, F. H., *Tun und Unterlassen. Zur normativen Unterscheidung auf der Grundlage einer rechtebasierten Ethik*. Frankfurt a. M. 2007
House of Commons, *Bill C-14: An Act to amend the Criminal Code and to make related amendments to other Acts (medical assistance in dying)*, 2016, online unter: http://www.parl.gc.ca/content/hoc/Bills/421/Government/C-14/C-14_3/C-14_3.PDF (Zugriff am 28.06.2016).
Hoven, E., *Für eine freie Entscheidung über den eigenen Tod. Ein Nachruf auf die straflose Suizidbeihilfe*, in: ZIS 11,1 (2016), 1–9.
Hruschka, J., *Strukturen der Zurechnung*, Berlin 1976.

Hruschka, J., *Verhaltensregeln und Zurechnungsregeln*, in: Rechtstheorie 22 (1991), 449–460.
Hufen, F., *In dubio pro dignitate*, in: NJW 54 (2001), 849–857.
Hufen, F., *Geltung und Reichweite von Patientenverfügungen*, Baden-Baden 2009.
Hui, D. et al., *Integration of oncology and palliative care: a systematic review*, in: Oncologist 20,1 (2015), 77–83.
Hume, D., *An Enquiry concerning Human Understanding*, Oxford 1999 (Orig. 1748).
Hume, D., *A Treatise of Human Nature*, Oxford 2009 (Orig. 1739–1740).
Husebø, S./Klaschik, E., *Palliativmedizin*, Berlin ⁴2006.
Huster, S., *Die Beobachtungspflicht des Gesetzgebers: Ein neues Instrument zur verfassungsrechtlichen Bewältigung des sozialen Wandels?*, in: Zeitschrift für Rechtssoziologie 24 (2003), 3–26.
Hutter, C., *Mit dem Sterben der anderen leben*, Vortragsskript, Kempten 04.06.2016, online unter: http://www.efle-beratung.de/fix/files/910/doc/Vortragsskript%20mit%20dem%20Sterben%20der%20anderen%20leben%202016.pdf (Zugriff am 13.12.2016).
Huys, M., *The Spartan Practice of Selective Infanticide and its Parallels in Ancient Utopian Tradition*, in: AncSoc 27 (1997), 47–74.
Ignatius von Loyola, *Monumenta Ignatiana, Series Secunda: Exercitia Spiritualia S. Ignatii de Loyola et eorum directoria*, Madrid 1919.
Ignatius von Loyola, *Die Exerzitien*, übers v. H. U. v. Balthasar, Einsiedeln ⁵1965.
Ildefonse, F., *La psychologie de l'action: représentation, impulsion et assentiment*, in: M.-O. Goutlet-Cazé (Hg.), *Études sur la théorie stoïcienne de l'action* (Textes et Tradition 22), Paris 2011, 1–71.
Ilkilic, I. et al., *Palliativmedizin im interkulturellen Kontext*, in: Ethik Med 22 (2010), 49–50.
in der Schmitten, J. et al., *Patientenverfügungsprogramm – Implementierung in Senioreneinrichtungen. Eine interregional kontrollierte Interventionsstudie*, in: Dtsch Ärztebl 111 (2014), 50–57.
Ingelfinger, R., *Grundlagen und Grenzbereiche des Tötungsverbots*, Köln 2004.
International Council of Nurses, *ICN-Ethikkodex für Pflegende*, übers. v. Deutscher Berufsverband für Pflegeberufe (DBfK), Berlin 2012.
Inwood, B., *Ethics and Human Action in Early Stoicism*, Oxford 1985.
Ioppolo, A. M., *Il concetto di causa nella philosophia ellenistica e romana*, in: ANRW 36,7 (1994), 4492–4545.
Irigoin, J., *Tradition manuscrite et histoire du texte. Quelques problèmes relatifs à la collection hippocratique*, in: L. Bourgey/J. Jouanna (Hg.), *La collection hippocratique et son rôle dans l'histoire de la médicine*, Leiden 1975, 3–18.
Irwin, T. H., *Stoics, Epicureans, and Aristotelians*, in: T. O'Connor/C. Sandis (Hg.), *A Companion to the Philosophy of Action*, Oxford 2013, 447–458.
Isensee, J./Kirchhof, P. (Hg.), *Handbuch des Staatsrechts der Bundesrepublik Deutschland*, Bd. 7, Heidelberg 1992.
Jacob, N., *Aktive Sterbehilfe im Rechtsvergleich und unter der Europäischen Menschenrechtskonvention*, Marburg 2013.
Jacob, N., *Sterbehilfe unter der Europäischen Menschenrechtskonvention (EMRK)*, in: Vorgänge. Zeitschrift für Bürgerrechte und Gesellschaftspolitik 54, 210/211 (2015), 79–98.
Jäger, C., *Ärztliche Interessen- und Gewissenskonflikte am Lebensende – Eine Betrachtung unter Berücksichtigung des neuen § 217 StGB*, in: A. Frewer/L. Bergemann/C. Jäger (Hg.),

Interessen und Gewissen – Moralische Zielkonflikte in der Medizin, Würzburg 2016, 279–302.
Jäger, C., *Die Abwägbarkeit menschlichen Lebens im Spannungsfeld von Strafrechtsdogmatik und Rechtsphilosophie*, in: ZStW 115 (2003), 765–790.
Jäger, C., *Zurechnung und Rechtfertigung als Kategorialprinzipien im Strafrecht*, Heidelberg 2006.
Jäger, C., *Die Patientenverfügung als Rechtsinstitut zwischen Autonomie und Fürsorge*, in: M. Hettinger et al. (Hg.), *Festschrift für Wilfried Küper*, Heidelberg 2007, 209–224.
Jäger, C., *Der Arzt im Fadenkreuz der juristischen Debatte um assistierten Suizid*, in: JZ 70 (2015), 875–885.
Jähnke, B./Laufhütte, H. W./Odersky, W. (Hg.), *Strafgesetzbuch Leipziger Kommentar*, Berlin [11]2002 und [12]2012.
Jakobs, G., *Vermeidbares Verhalten und Strafrechtssystem*, in: G. Stratenwerth et al. (Hg.), *Festschrift für Hans Welzel zum 70. Geburtstag*, Berlin 1974, 307–325.
Jakobs, G., *Strafrecht Allgemeiner Teil. Die Grundlagen und die Zurechnungslehre*, Berlin/New York [2]1991.
Jakobs, G., *Der strafrechtliche Handlungsbegriff*, München 1992.
Jakobs, G., *Zum Unrecht der Selbsttötung und der Tötung auf Verlangen*, in: F. Haft (Hg.), *Strafgerechtigkeit* (Festschrift für A. Kaufmann), Heidelberg 1993, 459–472.
Jakobs, G., *Tötung auf Verlangen, Euthanasie und Strafrechtssystem*, München 1998.
Jakobs, G., *Handlungssteuerung und Antriebssteuerung. Zu Hans Welzels Verbrechensbegriff*, in: K. Amelung et al. (Hg.), *Strafrecht, Biorecht, Rechtsphilosophie* (Festschrift für H.-L. Schreiber), Heidelberg 2003, 949–958.
Jakobs, G., *Rechtsgüterschutz? Zur Legitimation des Strafrechts*, Paderborn 2012.
Jakobs, G., *System der strafrechtlichen Zurechnung*, Frankfurt a. M. 2012.
James, D. N., *Suicide and Stoic Ethics in the Doctrine of Virtue*, in: Kant-Studien 90 (1999), 40–58.
Janes, I./Schick, S., *Sterbehilfe – im Spiegel der Rechtstatsachenforschung*, in: NStZ 26 (2006), 484–488.
Jellinek, G., *Die sozialethische Bedeutung von Recht, Unrecht und Strafe*, Wien 1878 (Nachdruck Hildesheim 1967).
Jensen, S. J., *Do circumstances Give Species?*, in: The Thomist 70 (2006), 1–26.
Jescheck, H.-H., *Der strafrechtliche Handlungsbegriff in dogmengeschichtlicher Entwicklung*, in: P. Bockelmann/W. Gallas (Hg.), *Festschrift für Eberhard Schmidt zum 70. Geburtstag*, Göttingen 1961, 139–155.
Jescheck, H.-H./Weigend, T., *Lehrbuch des Strafrechts. Allgemeiner Teil*, Berlin [5]1996.
Jestaedt, M., *Grundrechtsentfaltung im Gesetz*, Tübingen 1999.
Joecks, W. (Hg.), *Münchener Kommentar zum StGB*, Bd. 4, München [2]2012.
Joecks, W./Miebach, K. (Hg.), *Münchener Kommentar zum StGB*, München [2]2011.
Joerden, J. C., *Strukturen des strafrechtlichen Verantwortlichkeitsbegriffs*, Berlin 1988.
Joerden, J. C., *Logik im Recht*, Heidelberg [2]2010.
Joerden, J. C., *Vier Arten von Ursache und vier Arten der Beteiligung an einem Verbrechen*, in: H. Schröder/U. Bock (Hg.), *Semiotische Weltmodelle. Mediendiskurse in den Kulturwissenschaften* (Festschrift für E. Höfner), Münster 2010, 276–288.

Joerden, J. C., *Die neue Rechtsprechung des Bundesgerichtshofs zur Sterbehilfe und der Knobe-Effekt*, in: M. Heinrich et al. (Hg.), *Strafrecht als Scientia Universalis* (Festschrift für C. Roxin), Bd. 1, Berlin/New York 2011, 593–607.
Joerden, J. C., *Menschenwürdeschutz und Sinnstiftung*, in: A. Brockmöller/S. Kirste/U. Neumann (Hg.), *Wert und Wahrheit in der Rechtswissenschaft. Im Gedenken an Gerhard Sprenger*, Stuttgart 2015, 75—84.
Joerden, J. C., *Zur Einwilligung, insbesondere im Medizinstrafrecht*, in: E. Hilgendorf (Hg.), *Rechtswidrigkeit als juristische Kategorie. Beiträge der dritten Tagung des Chinesisch-Deutschen Strafrechtslehrerverbandes in Würzburg vom 2. bis 3. September 2015*, Tübingen 2017 (im Erscheinen).
Johannes Paul II., Ansprache an die Bischöfe der Vereinigten Staaten von Nordamerika (5. Oktober 1979), in: AAS 71 (1979), 1218–1229.
Johannes Paul II, *Enzyklika Evangelium vitae* (25. März 1995), in: Sekretariat der Deutschen Bischofskonferenz (Hg.), *Enzyklika Evangelium vitae von Papst Johannes Paul II. An die Bischöfe, Priester und Diakone, die Ordensleute und Laien sowie an alle Menschen guten Willens über den Wert und die Unantastbarkeit des menschlichen Lebens*, VApS 120, Bonn 1995 (Originalausgabe: AAS 87 [1996], 401–522).
Jone, H., *Katholische Moraltheologie. Unter besonderer Berücksichtigung des Codex Iuris Canonici sowie des deutschen, österreichischen und schweizerischen Rechtes*, Paderborn ^{15}1953.
Jones, J. W., *The Law and Legal Theory of the Greeks*, Oxford 1956.
Jones, W. H. S. (Hg./Übers.), *Hippocrates. With an English Translation*, Bd. 1, 2 und 4. London/Cambridge/Mass. 1923–1931.
Jouanna, J., *Hippocrates*, Baltimore/London 1999 (frz. Originalausgabe: *Hippocrate*, Paris 1992).
Jowett, B./Campbell, L., *Plato's Republic. Notes*, Bd. 3, Oxford 1894.
Jox, R. J. et al., *Medical Futility at the End of Life: the Perspectives of Intensive Care and Palliative Care Clinicians*, in: J Med Ethics 38,9 (2012), 540–545.
Jox, R. J./in der Schmitten, J./Marckmann, G., *Ethische Grenzen und Defizite der Patientenverfügung*, in: M. Coors/R. J. Jox/J. in der Schmitten (Hg.), *Advance Care Planning. Von der Patientenverfügung zur gesundheitlichen Vorausplanung*, Stuttgart 2015, 23–38.
Jüngel, E., *Tod*, Stuttgart/Berlin 1971.
Jury, M./Jury, D., *Gramp. Ein Mann altert und stirbt. Die Begegnung einer Familie mit der Wirklichkeit des Todes*, Berlin 1982.
Just, J./Mücke, M./Bleckwenn, M., *Abhängigkeit von verschreibungspflichtigen Opioiden. Prävention, Diagnostik und Therapie*, in: Dtsch Ärztebl 113 (2016), 213–220.
Kämpfer, U., *Die Selbstbestimmung Sterbewilliger. Sterbehilfe im deutschen und amerikanischen Verfassungsrecht*, Berlin 2005.
Kahlo, M., *Das Problem des Pflichtwidrigkeitszusammenhanges bei den unechten Unterlassungsdelikten. Eine strafrechtlich-rechtsphilosophische Untersuchung zur Kausalität menschlichen Handelns und deren strafrechtlichem Begriff*, Berlin 1990.
Kahlo, M., *Die Handlungsform der Unterlassung als Kriminaldelikt. Eine strafrechtlich-rechtsphilosophische Untersuchung zur Theorie des personalen Handelns*, Frankfurt a. M. 2001.

Kahlo, M., *Überlegungen zum gegenwärtigen Stand der objektiven Zurechnungslehre im Strafrecht*, in: M. Hettinger (Hg.), *Festschrift für Wilfried Küper zum 70. Geburtstag*, Heidelberg 2007, 249–274.

Kahlo, M., *Sterbehilfe und Menschenwürde*, in: G. Freund et al. (Hg.), *Grundlagen und Dogmatik des gesamten Strafrechtssystems* (Festschrift für W. Frisch), Berlin 2013, 711–738.

Kahn, C. H., *Discovering the Will: From Aristotle to Augustine*, in: J. M. Dillon/A. A. Long (Hg.), *The Question of "Eclecticism". Studies in Later Greek Philosophy*, Berkeley 1988, 234–259.

Kaiser, H., *Sterben durch Verzicht auf Essen und Trinken*, online unter: http://hospizblog.de/ethik-und-recht/1117-sterben-durch-verzicht-auf-essen-und-trinken/ (Zugriff am 15.12.2016).

Kaiser, N., *Selbsttötung – Tod oder Totschlag?*, in: medstra 2 (2016), 28–32.

Kamp, G., *Praktische Sprachen. Zur Möglichkeit und Gestaltung des Argumentierens in regulativen Kontexten*, Essen 1999.

Kamp, G., *Handlung = Körperbewegung plus X. Kritik einer handlungstheoretischen Präsupposition*, in: ders./F. Thiele (Hg.), *Erkennen und Handeln* (Festschrift für C. F. Gethmann), München 2009, 63–73.

Kanzian, C., *"Species Actus Dupliciter Considerari Potest". Thomas von Aquins These und ihre Relevanz für die moderne Handlungstheorie*, in: ZKTh 119 (1997), 51–63.

Kargl, W., *Handlung und Ordnung im Strafrecht. Grundlagen einer kognitiven Handlungs- und Straftheorie*, Berlin 1991.

Kargl, W., *Zur kognitiven Differenz zwischen Tun und Unterlassen*, in: GA 146 (1999), 459–481.

Kargl, W., *Aktive Sterbehilfe im Zugriff der volkspädagogischen Deutung des § 216 StGB*, in: Institut für Kriminalwissenschaften und Rechtsphilosophie Frankfurt a.M. (Hg.), *Jenseits des rechtsstaatlichen Strafrechts* (Frankfurter kriminalwissenschaftliche Studien 100), Frankfurt a.M. 2007, 379–404.

Kariger, É., *Ma vérité sur l'affaire Vincent Lambert*, Montrouge 2015.

Katzenmeier, C., *Ärztliche Aufklärung*, in: C. Wiesemann/A. Simon (Hg.), *Patientenautonomie. Theoretische Grundlagen – Praktische Anwendungen*, Münster 2013, 91–105.

Kauffmann, C., *Ontologie und Handlung. Untersuchungen zu Platons Handlungstheorie*, Freiburg i. Br. 1993.

Kaufmann, A., *Die Dogmatik der Unterlassungsdelikte*, Göttingen 1959.

Kaufmann, A., *Die Funktion des Handlungsbegriffs im Strafrecht* (1962), in: A. Kaufmann, *Strafrechtsdogmatik zwischen Sein und Wert*, hg. v. G. Dornseifer et al., Köln 1982, 21–34.

Kaufmann, A., *Die ontologische Struktur der Handlung. Skizze einer personalen Handlungslehre*, in: W. Naucke/F. Geerds et al. (Hg.), *Beiträge zur gesamten Strafrechtswissenschaft* (Festschrift für H. Mayer), Berlin 1966, 79–117.

Kaufmann, A., *Die finale Handlungslehre und die Fahrlässigkeit*, in: JuS 7,4 (1967), 145–152.

Keil, G., *Handeln und Verursachen*, Frankfurt a. M. 2000.

Keiser, K. F., *The Moral Act in St. Thomas: A Fresh Look*, in: The Thomist 74 (2010), 237–282.

Kelley, A. S./Morrison, R. S., *Palliative Care for the Seriously Ill*, in: N Engl J Med 373 (2015), 747–55.

Kerschner, F., *Patientenrechte und Behandlungsbegrenzung (Abbruch, Patientenverfügung und Vorsorgevollmacht)*, in: R. Resch/F. Wallner (Hg.), *Handbuch Medizinrecht*, Wien ²2015.
Kettner, M., *Warum es Anwendungsfragen, aber keine "Anwendungsdiskurse" gibt*, in: *JRE* 1 (1993), 365–378.
Kimsma, G. K./van Leeuwen, E., *Euthanasie in den Niederlanden: Historische Entwicklung, Argumente und heutige Lage*, in: A. Frewer/C. Eickhoff (Hg.), *"Euthanasie" und die aktuelle Sterbehilfe-Debatte*, Frankfurt a. M./New York 2000, 276–312.
Kindhäuser, U., *Basis-Handlungen*, in: Rechtstheorie 11 (1980), 479–495.
Kindhäuser, U., *Intentionale Handlung. Sprachphilosophische Untersuchung zum Verständnis von Handlung im Strafrecht*, Berlin 1980.
Kindhäuser, U., *Kausalanalyse und Handlungszuschreibung*, in: *GA* 129 (1982), 477–498.
Kindhäuser, U., *Strafrecht Allgemeiner Teil*, Baden-Baden ⁶2005 und ⁷2015.
Kindhäuser, U., Art. *Handlung*, in: IVR/Deutsche Gesellschaft für Philosophie (Hg.), *Enzyklopädie zur Rechtsphilosophie*, 2011, online unter: http://www.enzyklopaedie-rechtsphilosophie.net/component/content/article/19-beitraege/106-handlung (Zugriff am 07.11.2016).
Kindhäuser, U., *Zum strafrechtlichen Handlungsbegriff*, in: H.-U. Paeffgen et al. (Hg.), *Strafrechtswissenschaft als Analyse und Konstruktion* (Festschrift für I. Puppe), Berlin 2011, 39–63.
Kindhäuser, U., *Zur Kausalität im Strafrecht*, in: P.-A. Albrecht et al. (Hg.), *Festschrift für Walter Kargl zum 70. Geburtstag*, Berlin 2015, 253–272.
Kindhäuser, U./Neumann, U./Paeffgen, H.-U. (Hg.), *Nomos Kommentar Strafgesetzbuch*, Bd. 2, Baden-Baden ⁴2013 und ⁵2017.
Kirchgässner, G., *Homo Oeconomicus. Das ökonomische Modell individuellen Verhaltens und seine Anwendung in den Wirtschafts- und Sozialwissenschaften*, Tübingen 1991.
Klappstein, V., *How much of Aristotle's Four Causes can be Found in the German Legal Method to Interpret Laws?*, in: *ARSP* 102,3 (2016), 405–440.
Klein Remane, U./Fringer, A., *Freiwilliger Verzicht auf Nahrung und Flüssigkeit in der Palliative Care: ein Mapping Review*, in: *Pflege* 26,6 (2013), 411–420.
Klesczewski, D., *Selbständigkeit und Akzessorietät der Beteiligung an einer Straftat. Grundlegung zu einer strafrechtlichen Lehre von Täterschaft und Teilnahme*, Hamburg 1998, online unter: https://strafrecht.jura.uni-leipzig.de/download/0/0/1483454379/d40ff41e38386c7721cf0a83a0d3ccab4d31cd1a/fileadmin/strafrecht.jura.uni-leipzig.de/uploads/dokumente/Forschung/HabilitationKlesczewski.pdf (Zugriff am 07.11.2016).
Klesczewski, D., *Strafrecht – Besonderer Teil. Lehrbuch zum Strafrecht der Bundesrepublik Deutschland*, Tübingen 2016.
Kleywegt, A. J., *Fate, Free Will and the Text of Cicero*, in: *Mnemosyne* 26 (1973), 342–349.
Klug, U., *Der Handlungsbegriff des Finalismus als methodologisches Problem. Prolegomena zu einem axiomatischen Handlungsbegriff*, in: U. Klug (Hg.), *Philosophie und Recht* (Festschrift für C. A. Emge), Wiesbaden 1960, 34–50.
Koch, A., *Lehrbuch der Moraltheologie*, Wien 1907.
Koch, I., *Le destin et "ce qui depend de nous": sur les causes de l'impulsion*, in: M.-O. Goutlet-Cazé (Hg.), *Études sur la théorie stoïcienne de l'action* (Textes et Tradition 22), Paris 2011, 367–449.

Köck, W., *Gesetzesfolgenabschätzung und Gesetzgebungslehre*, in: VerwArch 93 (2002), 1–21.
Köhler, M., *Die bewusste Fahrlässigkeit. Eine strafrechtlich-rechtsphilosophische Untersuchung*, Heidelberg 1982.
Köhler, M., *Strafrecht Allgemeiner Teil*, Berlin/Heidelberg/New York 1997.
Köhler, M., *Die Rechtspflicht gegen sich selbst*, in: JRE 14 (2006), 425–446.
Kohlen, H./Kumbruck, C., *Care-(Ethik) und das Ethos fürsorglicher Praxis (Literaturstudie)*, artec paper Nr. 151, Bremen 2008, online unter: http://www.uni-bremen.de/fileadmin/user_upload/single_sites/artec/artec_Dokumente/artec-paper/151_paper.pdf (Zugriff am 10.12.2016).
Kollesch, J./Nickel, D. (Übers.), *Antike Heilkunst. Ausgewählte Texte aus den medizinischen Schriften der Griechen und Römer*, Stuttgart 1994.
Kongregation für die Glaubenslehre, *Erklärung zur Euthanasie*, in: Sekretariat der Deutschen Bischofskonferenz (Hg.), *Erklärung zur Euthanasie*, VApS 20 (Originalausgabe: AAS 72 [1980], 542–552), Bonn 1980.
Kongregation für die Glaubenslehre, *Antworten auf Fragen der Bischofskonferenz der Vereinigten Staaten bezüglich der künstlichen Ernährung und Wasserversorgung.* (1. August 2007), (Originalausgabe: AAS 99 [2007], 820–821), in: *L'Osservatore Romano. Wochenausgabe in deutscher Sprache* 37/39 (2007), 8.
Koninklijke Nederlandsche Maatschappij tot bevordering der Geneeskunst, *The role of the physician in the voluntary termination of life – KNMG position paper*, Amsterdam 2011, online unter: http://docplayer.net/15994185-The-role-of-the-physician-in-the-voluntary-termination-of-life.html (Zugriff am 11.11.2015).
Korff, W., *Interdependenz und Differenz von Technikethik und Wirtschaftsethik*, in: ders. (Hg.), *Handbuch der Wirtschaftsethik*, Bd. 1, Gütersloh 1999, 103–119.
Koriath, H., *Grundlagen strafrechtlicher Zurechnung*, Berlin 1994.
Kreß, H., *Medizinisch assistierter Suizid – Regulierungsbedarf im Strafrecht? Kritische Gesichtspunkte zur Neufassung von § 217 StGB in politischer, grundrechtlicher und rechtspolitischer Hinsicht*, in: JWE 20 (2016), 29–49.
Kubiciel, M., *Tötung auf Verlangen und assistierter Suizid als selbstbestimmtes Sterben?*, in: JZ 64 (2009), 600–608.
Kubiciel, M., *Entscheidungsbesprechung BGH, Urt. v. 25.6.2010–2 StR 454/09*, in: ZJS 3 (2010), 656–661.
Kubiciel, M., *BGH, Urt. v. 25.6.2010–2 StR 454/09. Zur Strafbarkeit des Abbruchs künstlicher Ernährung*, in: ZJS 5/2010, 656–661.
Kubiciel, M., *Gott, Vernunft, Paternalismus – Die Grundlagen des Sterbehilfeverbots*, in: JA 43 (2011), 86–91.
Kubiciel, M., *Tötung auf Verlangen – Ein Verbot und seine Ausnahmen*, in: Ad Legendum 8 (2011), 361–369.
Kubiciel, M., *Die Wissenschaft vom Besonderen Teil des Strafrechts. Ihre Aufgaben, ihre Methoden*, Frankfurt a. M. 2013.
Kubiciel, M., *Das Verbot der geschäftsmäßigen Suizidbeihilfe*, in: jurisPR-StrafR 1/2016.
Kubiciel, M., *Zur Verfassungskonformität des § 217 StGB*, in: ZIS 11 (2016), 396–403.
Kudlien, F., *Medical Ethics and Popular Ethics in Greece and Rome*, in: Clio Medica 5 (1970), 91–121.

Kudlien, F., *Der ärztliche Beruf in Staat und Gesellschaft der Antike*, in: Jahrbuch des Instituts für Geschichte der Medizin der Robert-Bosch-Stiftung 7 (1988), 41–73.

Kühl, K., *Die Unterlassungsdelikte als Problemfall für Rechtsphilosophie, Strafrechtsdogmatik und Verfassungsrecht*, in: H. Putzke et al. (Hg.), Strafrecht zwischen System und Telos (Festschrift für R. D. Herzberg), Tübingen 2008, 177–191.

Kühl, K., *Rechtfertigung vorsätzlicher Tötungen im Allgemeinen und speziell bei Sterbehilfe*, in: JURA 2009, 881–886.

Kühl, K., *Strafrecht Allgemeiner Teil*, München [7]2012.

Küper, W., *Noch einmal: Rechtfertigender Notstand, Pflichtenkollision und übergesetzliche Entschuldigung*, in: JuS 11,9 (1971), 474–477.

Küpper, G., *Die Grenzen der normativierenden Strafrechtsdogmatik*, Berlin 1990.

Kuhlen, L., *Zur Unterscheidung von Tun und Unterlassen*, in: H.-U. Paeffgen et al. (Hg.), Strafrechtswissenschaft als Analyse und Konstruktion (Festschrift für I. Puppe), Berlin 2011, 669–683.

Kuhse, H., *Die "Heiligkeit des Lebens" in der Medizin. Eine philosophische Kritik*, Erlangen 1994.

Kuhse, H./Singer, P., *Muss dieses Kind am Leben bleiben? Das Problem schwerstgeschädigter Neugeborener*, Erlangen 1993.

Kuntz, K., *Studenten des Tötens*, in: Der Spiegel 47/2014, 50–55, online unter: http://www.spiegel.de/spiegel/print/d-130335546.html (Zugriff am 28.06.2016).

Kutschera, F. von, *Grundlagen der Ethik*, Berlin [2]1999.

Kutzer, K., *Strafrechtliche Grenzen der Sterbehilfe*, in: NStZ 14 (1994), 110–115.

Kutzer, K., *Rechtliche und rechtspolitische Aspekte einer verbesserten Schmerzbekämpfung in Deutschland*, in: A. Eser et al. (Hg.), Straf- und Strafverfahrensrecht, Recht und Verkehr, Recht und Medizin (Festschrift für H. Salger), Köln 1995, 663–674.

Kutzer, K., *Maximale Schmerztherapie und ihre Abgrenzung vom Tötungsdelikt*, in: G. Duttge et al. (Hg.), Gedächtnisschrift für Ellen Schlüchter, Köln 2002, 347–359.

Kutzer, K., *Die Auseinandersetzung mit der aktiven Sterbehilfe. Ein spezifisches Problem der Deutschen?*, in: ZRP 36 (2003), 209–212.

Kutzer, K., *Sterbehilfe – rechtlich ethische Aspekte*, in: DRiZ (2005), 257–261.

Kutzer, K., *Patientenautonomie und Strafrecht – aktive und passive Sterbehilfe*, in: FPR 13 (2007), 59–63.

Kutzer, K., *Vorausverfügter Verzicht auf lebenserhaltende Maßnahmen und das Verbot der Tötung auf Verlangen*, in: K. Bernsmann/T. Fischer (Hg.), Festschrift für Ruth Rissing-van Saan zum 65. Geburtstag, Berlin/New York 2011, 337–356.

Lackner, K./Kühl, K. (Hg.), *Strafgesetzbuch. Kommentar*, München [28]2014.

Lampe, E.-J., *Das Problem der Gleichstellung von Handeln und Unterlassen im Strafrecht*, in: ZStW 79,3 (1967), 476–514.

Landfried, C., *Bundesverfassungsgericht und Gesetzgeber*, Baden-Baden 1984.

Lanzrath, S., *Patientenverfügung und Demenz*, Münster 2016.

Lanzrath, S./große Deters, F., *Nothilfe durch Eingriff in Rechtsgüter des Angegriffenen? Zugleich Anm. zu BGH – Urteil vom 25.6.2010, 2 StR 454/09*, in: HRRS 12 (2011), 161–163.

Laufs, A., *Arzt und Recht im Wandel der Zeit*, in: MedR 4 (1986), 163–170.

Laufs, A., *Zivilrichter über Leben und Tod?*, in: NJW 51 (1998), 3399–3401.

Laufs, A., *Nicht der Arzt allein muss bereit sein, das Notwendige zu tun*, in: *NJW* 53 (2000), 1757–1769.
Laufs, A., *Informed consent und ärztliche Haftung*, in: T. Hillenkamp (Hg.), *Medizinrechtliche Probleme der Humangenetik*, Heidelberg 2002, 119–139.
Laufs, A./Katzenmeier, C./Lipp, V., *Arztrecht*, München [6]2009 und [7]2015.
Laufs, A./Kern, B. R. (Hg.), *Handbuch des Arztrechts*, München [4]2010.
Leininger, M., *Kulturelle Dimensionen menschlicher Pflege*, Freiburg i. Br. 1998.
Leist, A., *Diskussionen um Leben und Tod*, in: ders. (Hg.), *Um Leben und Tod. Moralische Probleme bei Abtreibung, künstlicher Befruchtung, Euthanasie und Selbstmord*, Frankfurt a. M. [3]1992, 9–72.
Lemmens, C., *A New Style of End-of-Life Cases: A Patient's Right to Demand Treatment or a Physician's Right to Refuse Treatment? – The Futility Debate Revisited*, in: *Eur J Health Law* 20 (2013), 167–183.
Lenk, H./Maring, M. (Hg.), *Technikethik und Wirtschaftsethik. Fragen der praktischen Philosophie*, Opladen 1998.
Lerche, P., *Vorbereitung grundrechtlichen Ausgleichs durch gesetzgeberisches Verfahren*, in: ders./W. Schmitt Glaeser/E. Schmidt-Aßmann, *Verfahren als staats- und verwaltungsrechtliche Kategorie*, Heidelberg 1984, 97–127.
Lesch, H. H., *Der Verbrechensbegriff. Grundlinien einer funktionalen Revision*, Köln 1999.
Lesch, H. H., *Die Notwehr*, in: G. Widmaier et al. (Hg.), *Festschrift für Hans Dahs*, Köln 2005, 81–115.
Leven, K.-H., *Die Erfindung des Hippokrates – Eid, Roman und Corpus Hippocraticum*, in: U. Tröhler/S. Reiter-Theil, (Hg.), *Ethik und Medizin 1947–1997. Was leistet die Kodifizierung von Ethik?* Göttingen 1997, 19–39.
Leven, K.-H., *Reputation and Liability of the Physician in Ancient and Byzantine Times*, in: *Medicine and the Law. Proceedings of the 19th International Symposium on the Comparative History of Medicine – East and West, September 4–10, 1994, Susono-shi, Shizuoka, Japan*, ed. by Yasuo Otsuka/Shizu Sakai. Komagome/Toshima-ku (Japan) 1998, 1–34.
Leven, K.-H. (Hg.), *Antike Medizin. Ein Lexikon*, München 2005.
Leven, K.-H., Art. *Echtheitskritik*, in: ders. (Hg.), *Antike Medizin. Ein Lexikon*, München 2005, 238–241.
Leven, K.-H., Art. *Hippokratischer Eid*, in: ders. (Hg.), *Antike Medizin. Ein Lexikon*, München 2005, 420–423.
Leven, K.-H., Art. *Kriegführung, biologisch-chemische*, in: ders. (Hg.), *Antike Medizin. Ein Lexikon*, München 2005, 540–541.
Leven, K.-H., *Der Hippokratische Eid: Tradition, Mythos, Fiktion*, in: *Imago Hominis* 18 (2011), 307–316.
Lewis, D., *Kausalität*, in: G. Posch (Hg.), *Kausalität. Neue Texte*, Stuttgart 1981, 102–123.
Lewis, D., *Causation*, in: ders., *Philosophical Papers*, Vol. II, New York/Oxford 1986, 159–213.
Lichtenthaeler, C., *Der Eid des Hippokrates. Ursprung und Bedeutung*, Köln 1984.
Liguori, A. M. de, *Theologia Moralis I. Tractatus de conscientia, de legibus, de virtutibus theologicis, et de primis sex decalogi praeceptis*, Rom 1905.
Lindner, J. F., *Grundrechtsfragen aktiver Sterbehilfe*, in: *JZ* 61 (2006), 373–383.
Lindner, J. F., *Verfassungswidrigkeit des – kategorischen – Verbots ärztlicher Suizidassistenz*, in: *NJW* 66 (2013), 136–139.

Lipp, V., *Freiheit und Fürsorge: Der Mensch als Rechtsperson*, Tübingen 2000.
Lipp, V., *Patientenautonomie und Sterbehilfe*, in: BtPrax 10 (2002), 47–53.
Lipp, V., *Sterbehilfe und Patientenverfügung*, in: FamRZ 19 (2004), 317–324.
Lipp, V., *Patientenautonomie und Lebensschutz*, Göttingen 2005.
Lipp, V., *Rechtliche Grundlagen der Entscheidung über den Einsatz lebenserhaltender Maßnahmen*, in: D. Kettler et al. (Hg.), *Selbstbestimmung am Lebensende*, Göttingen 2006, 89–114.
Lipp, V., *Anmerkung zu BGH, Urt. v. 25.06.2010–2 StR 454/09*, in: FamRZ 57 (2010), 1555–1556.
Lipp, V., *Die medizinische Indikation – ein "Kernstück ärztlicher Legitimation"?*, in: MedR 33 (2015), 762–766.
Lipp, V., *Die medizinische Indikation aus medizinrechtlicher Sicht*, in: A. Dörries/V. Lipp (Hg.), *Medizinische Indikation. Ärztliche, ethische und rechtliche Perspektiven. Grundlagen und Praxis*, Stuttgart 2015, 36–46.
Lipp, V./Brauer, D., *Behandlungsbegrenzung und "Futility" aus rechtlicher Sicht*, in: Palliativmedizin 14 (2013), 121–126.
Lipp, V./Brauer, D., *Patientenvertreter und Patientenvorsorge*, in: C. Wiesemann/A. Simon (Hg.), *Patientenautonomie. Theoretische Grundlagen – Praktische Anwendungen*, Münster 2013, 106–120.
Lipp, V./Klein, F. C. A., *Patientenautonomie und Sterbehilfe – Stand der aktuellen Debatte*, in: FPR 13 (2007), 56–59.
Lippert, H. D., *Der Wille des Patienten in der präklinischen Notfallmedizin, zugleich Besprechung des Beschlusses des LG Deggendorf vom 13.9.2013*, in: GesR 13 (2014), 710–713.
LiPuma, S., *Continuous sedation until death as physician-assisted suicide/euthanasia: a conceptual analysis*, in: J Med Philos 38 (2013), 190–204.
Liszt, F. von, *Lehrbuch des deutschen Strafrechts*, Berlin ⁴1891 und ²¹1919.
Littré, E. (Hg.), *Œuvres complètes d'Hippocrate*, 10 Bde., Paris 1839–1861 (ND Amsterdam, 1961–1962).
Lloyd, A. C., *Emotion and Decision in Stoic Psychology*, in: R. M. Rist (Hg.), *The Stoics*, Berkeley 1978, 233–246.
Löhrer, G., *Abweichende Kausalketten, abwegige Handlungsverläufe und die Rückkehr teleologischer Handlungserklärungen*, in: DZPh 54,6 (2006), 785–800.
Löhrer, G., *Ist es manchmal richtig, unaufrichtig zu sein. Zur moralischen Valenz der Lüge*, in: AZP 37,1 (2012), 5–22.
Löhrer, G./Sehon, S., *The Davidsonian Challenge to the Non-Causalist*, in: APQ 53,1 (2016), 85–95.
Löser, C., *Perkutane endoskopische Gastrostomie (PEG)*, in: T. Sauerbruch/C. Scheurlen (Hg.), *Empfehlungen der Deutschen Gesellschaft für Verdauungs- und Stoffwechselkrankheiten (DGVS) zur Durchführung endoskopischer Untersuchungen. Veranlasst durch den Beirat der Sektion Endoskopie der DGVS*, Stuttgart 2002, 228–238.
Lötscher, M. et al., *Schweiz: Sterbehilfe. Der assistierte Suizid*, in: Kriminalistik 3 (2016), 186–196.
Long, A. A., *Stoic Determinism and Alexander of Aphrodisias' De Fato i-xiv*, in: Archiv für Geschichte der Philosophie 52 (1970), 247–268.

Long, A. A., *Freedom and Determinism in the Stoic Theory of Action*, in: ders. (Hg.), *Problems in Stoicism*, London 1971, 173–199.
Long, A. A., *Language and Thought in Stoicism*, in: ders. (Hg.), *Problems in Stoicism*, London 1971, 75–113.
Long, A. A., *The Early Stoic Concept of Moral Choice*, in: F. Bossier et al. (Hg.), *Images of Man in Ancient and Medieval Thought* (Festschrift für G. Verbeke), Leuven 1976, 77–92.
Long, A. A., *The Stoic Concept of Evil*, in: *Philosophical Quarterly* 18 (1986), 329–343.
Long, A. A., *Greek Ethics after MacIntyre and the Stoic Community of Reason*, in: ders., *Stoic Studies*, Berkeley 1996, 156–178.
Long, A. A., *Representation and the Self in Stoicism*, in: ders., *Stoic Studies*, Berkeley 1996, 264–285.
Long, A. A., *Epictetus. A Stoic and Socratic Guide to Life*, Oxford 2002.
Long, A. A./Sedley, D. N. (Hg.), *The Hellenistic Philosophers*, 2 Bde., Cambridge 1987.
Lorenz, D., *Aktuelle Verfassungsfragen der Euthanasie*, in: *JZ* 64 (2009), 57–67.
Lorenz, H., *Zur Bewegung der Lebewesen bei Aristoteles*, in: K. Corcilius/C. Rapp (Hg.), *Beiträge zur Aristotelischen Handlungstheorie*, Stuttgart 2008, 53–64.
Lorenz, K., Art. *komplex*, in: J. Mittelstraß (Hg.), *Enzyklopädie Philosophie und Wissenschaftstheorie*, Bd. II, Stuttgart/Weimar 1984, 427–428.
Losemann, V., *Nationalsozialismus. NS-Ideologie und die Altertumswissenschaften*, in: H. Cancik (Hg.), *Der Neue Pauly*, Bd. 15, Stuttgart/Weimar 2001, 723–754.
Lown, B., *Die verlorene Kunst des Heilens. Anleitung zum Umdenken*, Frankfurt a. M. [11]2012 (Originalausgabe: *The Lost Art of Healing. Practicing Compassion in Medicine*, Boston 1996).
Lübbe, W., *Die Theorie der adäquaten Verursachung. Zum Verhältnis von philosophischem und juristischem Kausalitätsbegriff*, in: *JGPSE* 24 (1993), 87–102.
Lüderssen, K., *Aktive Sterbehilfe – Rechte und Pflichten*, in: *JZ* 61 (2006), 689–695.
Mackie, J. L., *Causes and Conditions*, in: *APQ* 2 (1965), 245–264.
Mackie, J. L., *The Cement of the Universe. A Study of Causation*, Oxford 1974.
Maeda, H. et al., *A case of serial homicide by injection of succinylcholine*, in: *Med Sci Law* 40 (2000), 169–174.
Magnus, D., *Patientenautonomie im Strafrecht*, Tübingen 2015.
Magnus, D., *Gelungene Reform der Suizidbeihilfe (§ 217 StGB)?*, in: *medstra* 2 (2016), 210–218.
Maihofer, W., *Der Handlungsbegriff im Verbrechensystem*, Tübingen 1953.
Maihofer, W., *Der soziale Handlungsbegriff*, in: P. Bockelmann/W. Gallas (Hg.), *Festschrift für Eberhard Schmidt zum 70. Geburtstag*, Göttingen 1961, 156–182.
Maio, G., *Mittelpunkt Mensch – Ethik in der Medizin. Ein Lehrbuch*, Stuttgart 2012.
Maio, G., *Die Indikation als Vertrauensgrundlage der Medizin*, in: A. Dörries/V. Lipp (Hg.), *Medizinische Indikation. Ärztliche, ethische und rechtliche Perspektiven. Grundlagen und Praxis*, Stuttgart 2015, 74–82.
Maisch, H., *Kriminologische Phänomenologie der Serientötung von Patienten durch Angehörige des Pflegepersonals*, in: M. Oehmichen (Hg.), *Lebensverkürzung, Tötung, Serientötung – eine interdisziplinäre Analyse der "Euthanasie"*, Lübeck 1996, 217–225.
Maisch, H., *Patiententötungen. Dem Sterben nachgeholfen*, München 1997.
Maiwald, M., *Abschied vom strafrechtlichen Handlungsbegriff?* in: *ZStW* 86,3 (1974), 626–655.

Maiwald, M., *Kausalität und Strafrecht. Studien zum Verhältnis von Naturwissenschaft und Jurisprudenz*, Göttingen 1980.
Maiwald, M., *Grundlagenprobleme der Unterlassungsdelikte*, in: JuS 21,7 (1981), 473–483.
Malibabo, B., *Kants Konzept einer kritischen Metaphysik der Sitten*, Würzburg 2000.
Maloney, G./Savoie, R., *Cinq cents ans de bibliographie hippocratique, 1473–1982*, Québec 1982.
Mandla, C., *Anmerkung zu BGH, Urteil v. 25.06.2010–2 StR 454/09*, in: NStZ 30 (2010), 698–699.
Mangan, J. T., *An Historical Analysis of the Principle of Double-Effect*, in: Theological Studies 10 (1949), 41–61.
Mangoldt, H. von/Klein, F./Starck, C., *Grundgesetz-Kommentar*, Bd. 3, München ⁴2001.
Mansfeld, J., *The Idea of the Will in Chrysippus, Posidonius and Galen*, in: Proceedings of the Boston Area Colloquium in Ancient Philosophy 7 (1991), 107–145.
Manzeschke, A., *Privatisierung von Krankenhäusern. Ethische Erwägungen zum moralischen Status eines öffentlichen Gutes*, in: Pflege & Gesellschaft 14 (2009), 24–37.
Manzeschke, A. (Hg.), *Sei ökonomisch! Prägende Menschenbilder zwischen Modellbildung und Wirkmächtigkeit*, Münster 2010.
Manzeschke, A., *Ressourcenzuteilung im Gesundheitswesen. Zur Logik der Leistungssteigerung und Effizienzmaximierung und ihren ethischen Grenzen*, in: K. Dengler/H. Fangerau (Hg.), *Zuteilungskriterien im Gesundheitswesen: Grenzen und Alternativen. Eine Einführung mit medizinethischen und philosophischen Verortungen*, Bielefeld 2013, 223–246.
Manzeschke, A., *Der Umgang mit finanziellen Anreizen als ethische Herausforderungen*, in: G. Marckmann (Hg.), *Grundlagen ethischer Entscheidungsfindung in der Medizin*, Berlin 2015, 223–233.
Marasco, G., Art. *Hofarzt*, in: K.-H. Leven (Hg.): *Antike Medizin. Ein Lexikon*, Münschen 2005, 428–430.
Marasco, G., Art. *Verschwörung*, in: K.-H. Leven (Hg.): *Antike Medizin. Ein Lexikon*, Münschen 2005, 900–902.
Marten, R., *Endlichkeit, Unendlichkeit und die Frage nach dem menschlichen Maß*, in: M. Höfner/S. Schaede/G. Thomas (Hg.), *Endliches Leben. Interdisziplinäre Zugänge zum Phänomen der Krankheit*, Tübingen 2010, 65–76.
Materstvedt, L. J. et al., *Euthanasia and physician–assisted suicide: a view from an EAPC ethics task force*, in: Palliat Med 17 (2003), 97–101.
Materstvedt, L. J. /Magelssen, M., *Medical murder in Belgium and the Netherlands*, in: J Med Ethics (2016), 621–624.
Mattern, S. P., *The Prince of Medicine. Galen in the Roman Empire*, Oxford 2013.
Matthäus-Maier, I., *Brauchen wir ein Verbot der Suizidbeihilfe?*, in: RuP 50 (2014), 73.
T. Maunz/G. Dürig (Begr.), *Grundgesetz. Loseblatt-Kommentar*, München ⁷⁷2016.
Maurach, R., *Kritik der Notstandslehre*, Berlin 1935.
Maurach, R./Schroeder, F.-C./Maiwald, M., *Strafrecht Besonderer Teil*, Teilbd. 1: *Straftaten gegen Persönlichkeits- und Vermögenswerte*, Heidelberg ¹⁰2009.
Maurach, R./Zipf, H., *Grundlehren des Strafrechts und Aufbau der Straftat*, Heidelberg ⁸1992.
Mausbach, J., *Katholische Moraltheologie*. Bd. 1 und 2, zehnte, neubearbeitete Auflage von G. Ermecke, Münster 1961.

Mayer, H., *Vorbemerkungen zur Lehre vom Handlungsbegriff*, in: H. Welzel et al. (Hg.), *Festschrift für Hellmuth von Weber zum 70. Geburtstag*, Bonn 1963, 137–161.
McInerny, R., *Aquinas on Human Action*, Washington D.C. 1992.
McInerny, R., *Vernunftgemäßes Leben. Die Moralphilosophie des Thomas von Aquin*, Münster 2000.
McKeever, S./M. Ridge, *Turning on Default Reasons*, in: JMP 4 (2007), 55–76.
McNeil, M. J. et al., *The Burden of Polypharmacy in Patients Near the End of Life*, in: JPSM 51,2 (2016), 178–183.
Meier, C. A./Ong, T. D., *To feed or not to feed? A case report and ethical analysis of withholding food and drink in a patient with advanced dementia*, in: J Pain Symptom Manage 50,6 (2015), 887–890.
Mele, A. R., *Springs of Action. Understanding Intentional Behavior*, New York 1992.
Mele, A. R., *Goal-directed Action. Teleological Explanations, Causal Theories, and Deviance*, in: Phil Perspect 14 (2000), 279–300.
Merkel, R., *Teilnahme am Suizid – Tötung auf Verlangen – Euthanasie. Fragen an die Strafrechtsdogmatik*, in: R. Hegselmann/R. Merkel (Hg.), *Zur Debatte über Euthanasie*, Frankfurt a. M. ²1992, 71–127.
Merkel, R., *Tödlicher Behandlungsabbruch und mutmaßliche Einwilligung bei Patienten im apallischen Syndrom*, in: ZStW 107,3 (1995), 545–575.
Merkel, R., *Früheuthanasie. Rechtsethische und strafrechtliche Grundlagen ärztlicher Entscheidungen über Leben und Tod im Bereich der Neonatalmedizin*, Baden-Baden 2001.
Merkel, R., *Aktive Sterbehilfe – Anmerkung zum Stand der Diskussion und zum Gesetzgebungsvorschlag des "Alternativ-Entwurfs Sterbebegleitung"*, in: A. Hoyer et al. (Hg.), *Festschrift für Friedrich-Christian Schroeder zum 70. Geburtstag*, Heidelberg 2006, 297–321.
Merkel, R., *Die Abgrenzung von Handlungs- und Unterlassungsdelikt. Altes, Neues, Ungelöstes*, in: H. Putzke et al. (Hg.), *Strafrecht zwischen System und Telos* (Festschrift für R. D. Herzberg), Tübingen 2008, 193–223.
Merkel, R., *Über einige vernachlässigte Probleme des Kausalitätsbegriffs im Strafrecht und Ingeborg Puppes Lehren dazu*, in: H.-U. Paeffgen et al. (Hg.), *Strafrechtswissenschaft als Analyse und Konstruktion* (Festschrift für I. Puppe), Berlin 2011, 151–169.
Merkelbach, B. H., *Summa Theologiae Moralis ad mentem D. Thomae et ad normam iuris novi*, Tom. 2, Paris 1932.
Mertens, K., *Handlungslehre und Grundlagen der Ethik*, in: A. Speer (Hg.), *Thomas von Aquin: Die Summa theologiae. Werkinterpretationen*, Berlin 2005, 168–197.
Meßerschmidt, K., *Gesetzgebungsermessen*, Berlin 2000.
Meyer, S. S., *Self-Movement and External Causation*, in: M. L. Gill/L. G. Lennox (Hg.), *Self-Motion. From Aristotle to Newton*, Princeton 1994, 65–80.
Meyer, S. S., *Aristotle on Moral Responsibility. Character and Cause*, Oxford ²2011.
Meyer-Drawe, K., *Menschen im Spiegel ihrer Maschinen*, München ²2007.
Mezger, E., *Die Handlung im Strafrecht*, in: S. Hohenleitner (Hg.), *Festschrift für Theodor Rittler zu seinem 80. Geburtstag*, Innsbruck 1957, 119–124.
Michaelowa, K., *Der Begriff der strafrechtswidrigen Handlung*, Berlin 1968.
Mieth, D., *Grenzenlose Selbstbestimmung? Der Wille und die Würde Sterbender*, Düsseldorf 2008.

Mill, J. S., *System der deduktiven und induktiven Logik*. Gesammelte Werke Bd. 3/2, Aalen 1968 (Neudr. d. Ausgabe Leipzig 1885).
Misak, C. J. et al., *Medical futility: a new look at an old problem*, in: Chest 146, 6 (2014), 1667–1672.
Missliwetz, J., *Die Mordserie im Krankenhaus Wien-Lainz*, in: Arch Kriminol 194 (1994), 1–7.
Missliwetz, J. et al., *Todesfälle in einem Wiener Krankenhaus*, in: M. Oehmichen (Hg.), *Lebensverkürzung, Tötung und Serientötung – eine interdisziplinäre Analyse der "Euthanasie"*, Lübeck 1996, 205–216.
Modelmog, D. et al., *Vergleich der Mortalitätsstatistik einer Stadt bei unterschiedlicher Obduktionsquote (Görlitzer Studie)*, in: Pathologe 12 (1991), 191–195.
Möller, T., *Die medizinische Indikation lebenserhaltender Maßnahmen*, Baden-Baden 2010.
Moers, M., *Leibliche Kommunikation, Krankheitserleben und Pflegehandeln*, in: Pflege & Gesellschaft 17 (2012), 111–119.
Moore, G. E., *Philosophical Studies*, London 1922.
Moreno, J. L., *Das soziale Atom und der Tod*, in: ders., *Soziometrie als experimentelle Methode*, Paderborn 1981, 93–97.
Morillo, R. C., *Doing, Refraining and the Strenuousness of Morality*, in: APQ 14 (1977), 29–39.
Morison, B., *On Location. Aristotle's Concept of Place*, Oxford 2002.
Mosbacher, A., *Strafrecht und Selbstschädigung. Die Strafbarkeit "opferloser" Delikte im Lichte der Rechtsphilosophie Kants*, Potsdam 2001.
Müller, A. W., *Tötung auf Verlangen – Wohltat oder Untat?*, Stuttgart 1997.
Müller, F., *§ 216 StGB als Verbot abstrakter Gefährdung. Versuch der Apologie einer Strafnorm*, Berlin 2010.
Müller-Busch, H. C., *Palliative Sedierung bei einer Patientin mit amyotropher Lateralsklerose*, in: Ethik Med 20 (2008), 134–135.
Müller-Busch, H. C., *Ernährung am Lebensende*, in: Palliativmedizin 11,6 (2010), 292–303.
Müri W. (Hg./Übers.), *Der Arzt im Altertum. Griechische und lateinische Quellenstücke von Hippokrates bis Galen*, München/Zürich ⁵1986.
Murmann, U., *Der praktische Fall – Strafrecht: Eine folgenreiche Entscheidung*, in: JuS 38,7 (1998), 630–635.
Murmann, U., *Die Selbstverantwortung des Opfers im Strafrecht*, Berlin 2005.
Murmann, U., *Grundkurs Strafrecht*, München ²2013.
Murray, S./Kendall, M./Boyd, K./Sheikh, A., *Illness Trajectories and Palliative Care*, in: BMJ 330 (2005) 1007–1011.
Myburgh, J. et al., *End-of-Life Care in the Intensive Care Unit: Report from the Task Force of World Federation of Societies of Intensive and Critical Care Medicine*, in: J Crit Care 34 (2016), 125–130.
Nachmanson, E. (Hg.), *Erotiani vocum Hippocraticorum collectio*, Göteborg 1918.
Nationaler Ethikrat, *Patientenverfügung*, Stellungnahme, Berlin 2005, online unter: http://www.ethikrat.org/dateien/pdf/patientenverfuegung-ein-instrument-der-selbstbestimmung.pdf (Zugriff am 22.12.2016).
Nationaler Ethikrat, *Selbstbestimmung und Fürsorge am Lebensende. Stellungnahme*, Berlin 2006, online unter: http://www.ethikrat.org/dateien/pdf/selbstbestimmung-und-fuersorge-am-lebensende.pdf (Zugriff am 28.06.2016).

Nauck, F. et al, *Ärztlich assistierter Suizid: Hilfe beim Sterben – keine Hilfe zum Sterben*, in: Dtsch Ärztebl 111,3 (2014), A 67–71.
Neitzke, G. et al., *Sedierung am Lebensende. Empfehlungen der AG Ethik am Lebensende in der Akademie für Ethik in der Medizin (AEM)*, in: Ethik Med 22 (2010), 139–147.
Neitzke, G. et al., *Empfehlungen zum Umgang mit dem Wunsch nach Suizidbeihilfe. Arbeitsgruppe "Ethik am Lebensende" in der Akademie für Ethik in der Medizin e. V. (AEM)*, in: Ethik Med 25 (2013), 349–365.
Neitzke, G., *Indikation: fachliche und ethische Basis ärztlichen Handelns*, in: Med Klin Intensivmed Notfmed 109 (2014), 8–12.
Neitzke, G., *Medizinische und ärztliche Indikation – Zum Prozess der Indikationsstellung*, in: A. Dörries/V. Lipp (Hg.), *Medizinische Indikation. Ärztliche, ethische und rechtliche Perspektiven. Grundlagen und Praxis*, Stuttgart 2015, 83–93.
Neumann, U., *Buchbesprechung: Ingelfinger, Ralph, Grundlagen und Grenzbereiche des Tötungsverbots. Das Menschenleben als Schutzobjekt des Strafrechts*, in: ZStW 118 (2006), 743–758.
Neumann, U., *Die Geltung von Regeln, Prinzipien und Elementen* (2000), in: ders., *Recht als Struktur und Argumentation. Beiträge zur Theorie des Rechts und zur Wissenschaftstheorie der Rechtswissenschaft*, Baden-Baden 2008, 138–149.
Neumann, U., *Die Moral des Rechts. Deontologische und konsequentialistische Argumentationen in Recht und Moral* (1994), in: ders., *Recht als Struktur und Argumentation. Beiträge zur Theorie des Rechts und zur Wissenschaftstheorie der Rechtswissenschaft*, Baden-Baden 2008, 114–129.
Neumann, U., *Sterbehilfe im rechtfertigenden Notstand (§ 34 StGB)*, in: H. Putzke et al. (Hg.), *Strafrecht zwischen System und Telos* (Festschrift für R. D. Herzberg), Tübingen 2008, 575–590.
Neumann, U., *Der Tatbestand der Tötung auf Verlangen (§ 216 StGB) als paternalistische Strafbestimmung*, in: B. Fateh-Moghadam/S. Sellmaier/W. Vossenkuhl (Hg.), *Grenzen des Paternalismus*, Stuttgart 2010, 245–266.
Neumann, U., *Triplik auf die Duplik von der Pfordtens*, in: A. von Hirsch/U. Neumann/K. Seelmann (Hg.), *Paternalismus im Strafrecht*, Baden-Baden 2010, 343–351.
Neumann, U., *Die rechtsethische Begründung des "rechtfertigenden Notstands" auf der Basis von Utilitarismus, Solidaritätsprinzip und Loyalitätsprinzip*, in: A. von Hirsch/U. Neumann/K. Seelmann (Hg.), *Solidarität im Strafrecht, Zur Funktion und Legitimation strafrechtlicher Solidaritätspflichten*, Baden-Baden 2013, 155–173.
Neumann, U., *Das sogenannte Prinzip der Nichtdispositivität des Rechtsguts Leben*, in: M. Heger et al. (Hg.), *Festschrift für Kristian Kühl zum 70. Geburstag*, München 2014, 569–583.
Neumann, U., *Welzels Einfluss auf Strafrechtsdogmatik und Rechtsprechung in der frühen Bundesrepublik*, in: W. Frisch et al. (Hg.), *Lebendiges und Totes in der Verbrechenslehre Hans Welzels*, Tübingen 2015, 157–177.
Neumann, U./Saliger, F., *Sterbehilfe zwischen Selbstbestimmung und Fremdbestimmung. Kritische Anmerkungen zur aktuellen Sterbehilfedebatte*, in: HRRS 7,8–9 (2006), 280–288.
Niese, W., *Finalität, Vorsatz und Fahrlässigkeit*, Tübingen 1951.
Nisters, T., *Akzidentien der Praxis. Thomas von Aquins Lehre von den Umständen menschlichen Handelns*, Freiburg i. Br./München 1992.

Noddings, N., *Caring. A Feminine Approach to Ethics and Morals*, Berkeley 1984.
Noldin, H., *Summa Theologiae Moralis*, Vol. II, Innsbruck ³¹1955.
Noll, P., *Der strafrechtliche Handlungsbegriff*, Zürich 1971.
Nonnenmacher, G., *Am Lebensende*, in: FAZ vom 26.06.2010, Nr. 145, 1.
Norman, J. N. (Hg.), *Morton's Medical Bibliography. An Annotated Check-List of Texts Illustrating the History of Medicine (Garrison and Morton)*, Cambridge ⁵1991.
Nowakowski, F., *Das österreichische Strafrecht in seinen Grundzügen*, Graz 1955.
Nunez Paz, M. A., *Zur Straferheblichkeit des Abbruchs der ärztlichen Behandlung in irreversiblen vegetativen Stadien*, in: M. Heinrich et al. (Hg.), *Strafrecht als Scientia Universalis* (Festschrift für C. Roxin), Berlin/New York 2011, 609–625.
Nutton, V., *Murders and Miracles. Lay Attitudes to Medicine in Classical Antiquity [1985]*, in: ders., *From Democedes to Harvey. Studies in the History of Medicine*, London 1988.
Nutton, V., *Hippocratic Morality and Modern Medicine.*, in: H. Flashar/J. Jouanna (Hg.), *Médicine et morale dans l'Antiquité*, Genf 1997, 31–56.
Nutton, V., *Medizinische Ethik*, in: H. Cancik (Hg.), *Der Neue Pauly*, Bd. 7, Stuttgart/Weimar 1999, 1117–1120.
Nutton, V., *Hippokratischer Eid*, in: H. Cancik (Hg.), *Der Neue Pauly*, Bd. 14, Stuttgart/Weimar 2000, 418f.
Oberbeck, A. von, *Unterlassung durch Begehung*, in: GerS 88 (1922), 319–337.
Oderberg, D. S., *Moral Theory. A Non-Consequentialist Approach*, Oxford 2000.
Oduncu, F. S., *In Würde sterben. Medizinische, ethische und rechtliche Aspekte der Sterbehilfe, Sterbebegleitung und Patientenverfügung*, Göttingen 2007.
Oduncu, F. S./Hohendorf, G., *Zum richtigen Umgang mit Todeswünschen im Kontext der aktuellen Debatte Sterbehilfe und Sterbebegleitung in Deutschland*, in: JRE 24 (2016), 389–409.
Oehmichen, M. (Hg.), *Lebensverkürzung, Tötung und Serientötung – eine interdisziplinäre Analyse der "Euthanasie"*, Lübeck 1996.
Österreichische Bischöfe, *Leben in Fülle. Leitlinien für katholische Einrichtungen im Dienst der Gesundheitsfürsorge*, Wien 2005.
Olzen, D., *Auswirkungen des Patientenverfügungsgesetzes auf die medizinische Versorgung psychisch Kranker*, in: Aktion psychisch Kranke e.V. (Hg.), *Patientenverfügung und Behandlungsvereinbarung bei psychischen Erkrankungen*, Bonn 2010, 11–21.
Opderdecke, H. W./Weißhauer, W., *Ein Vorschlag für Leitlinien – Grenzen der intensivmedizinischen Behandlungspflicht*, in: MedR 16 (1998), 395–399.
Orth, E. W., Art. *Interesse*, in: O. Brunner/W. Conze/R. Koselleck (Hg.), *Geschichtliche Grundbegriffe. Historisches Lexikon zur politisch-sozialen Sprache in Deutschland*, Bd. 3, Stuttgart 1982, 305–365.
Ossenbühl, F., *Die Kontrolle von Tatsachenfeststellungen und Prognoseentscheidungen durch das Bundesverfassungsgericht*, in: C. Starck (Hg.), *Bundesverfassungsgericht und Grundgesetz* (Festgabe aus Anlaß des 25jährigen Bestehens des Bundesverfassungsgerichts), Bd. 1: *Verfassungsgerichtsbarkeit*, Tübingen 1976, 458–518.
Otter, K., *Funktionen des Handlungsbegriffs im Verbrechensaufbau*, Bonn 1973.
Otto, H., *Recht auf den eigenen Tod? Strafrecht im Spannungsverhältnis zwischen Lebenserhaltungspflicht und Selbstbestimmung* (Verhandlungen des 56. Deutschen Juristentages, Bd. 1: *Gutachten*, Teil D), München 1986.

Otto, H., *Kausalität und Zurechnung*, in: R. Zaczyk et al. (Hg.), *Festschrift für Ernst Amadeus Wolff zum 70. Geburtstag*, Berlin 1998, 395–416.
Otto, H., *Die strafrechtliche Problematik der Sterbehilfe*, in: JURA 21,8 (1999), 434–441.
Otto, H., *Die strafrechtliche Beurteilung der Kollision rechtlich gleichrangiger Interessen*, in: JURA 27 (2005), 470–480.
Päpstlicher Rat Cor Unum, *Ethische Fragen bezüglich der Schwerkranken und Sterbenden*, Nr. 2.4.4, Rom 1981, online unter: http://www.vatican.va/roman_curia/congregations/cfaith/documents/rc_con_cfaith_doc_20070801_nota-commento_ge.html (Zugriff am 17.12.2016).
Palandt, O. (Begr.), *Bürgerliches Gesetzbuch mit Nebengesetzen*, München [75]2016.
Panagiotou, S., *Plato's Euthyphro and the Attic Code on Homicide*, in: Hermes 102 (1974), 419–431.
Parfit, D., *Reasons and Persons*, Oxford 1984.
Paruk, F. et al., *The Durban World Congress Ethics Round Table conference Report: III. Withdrawing Mechanical Ventilation – the Approach Should Be Individualized*, in: J Crit Care 29 (2014), 902–907.
Paul VI., Ansprache an die Mitglieder der Sonderkommission der Vereinten Nationen zur Frage der Rassentrennung (22. Mai 1974), in: AAS 66 (1974), 342–346.
Pawlik, M., *Das Unrecht des Bürgers*, Tübingen 2012.
Pawlik, M., *Das Recht der Älteren im Strafrecht. Bedeutung und Reichweite des Grundsatzes der Patientenautonomie*, in: U. Becker/M. Roth (Hg.), *Recht der Älteren*, Berlin/Boston 2013, 127–163.
Pawlik, M., *Selbstbestimmtes Sterben: Für eine teleologische Reduktion des § 216 StGB*, in: P.-A. Albrecht et al. (Hg.), *Festschrift für Walter Kargl zum 70. Geburtstag*, Berlin 2015, 407–423.
Peacocke, C., *Holistic Explanation. Action, Space, Interpretation*, Oxford 1979.
Pearl, P., *Causality. Models, Reasoning, and Inference*, Cambridge 2000.
Pearson, G., *Aristotle on Desire*, Cambridge 2012.
Pelzl, S., *An der Grenze von Leben und Tod. Euthanasie und Strafrecht*, in: KJ 27 (1994), 179–199.
Perron, W. *Hat die deutsche Straftatsystematik eine europäische Zukunft?*, in: A. Eser (Hg.), *Festschrift für Theodor Lenckner zum 70. Geburtstag*, München 1998, 227–247.
Peters, J., *Recording Electrocardiograms can be dangerous*, in: Anesthesiology 99,5 (2002), 1225–1227.
Philippi, K. J., *Tatsachenfeststellungen des Bundesverfassungsgerichts. Ein Beitrag zur rational-empirischen Fundierung verfassungsgerichtlicher Entscheidungen*, Köln 1971.
Pichler, E., *Patientenverfügung und Vorsorgevollmacht. Selbstbestimmung am Lebensende aus Perspektive von Patienten und Experten*, Bachelorarbeit, Neumarkt 2013.
Pichler, G., *Der Wachkomapatient im klinischen Alltag*, in: W. Kröll/W. Schaupp (Hg.), *Eluana Englaro – Wachkoma und Behandlungsabbruch. Medizinische – ethische – rechtliche Aspekte*, Wien 2010, 40–56.
Pieper, A., Art. *Autonomie*, in: W. Korff/L. Beck/P. Mikat (Hg.), *Lexikon der Bioethik*, Bd. 1, Gütersloh 1998, 289–293.
Pius XII., Ansprache an die Delegierten der Internationalen Vereinigung katholischer Frauen (11. September 1947), in: AAS 39 (1947), 480–488.

Pius XII., Ansprache an die Mitglieder des katholischen Hebammenverbandes Italiens (29. Oktober 1951), in: AAS 43 (1951), 835–854.
Pius XII., Ansprache an die Mitglieder des Internationalen Forschungsrates für Militärmedizin (19. Oktober 1953), in: AAS 45 (1953), 744–754.
Pius XII., *Ansprache zur Frage der "Wiederbelebung"*, 24. November 1957, in: AAS 49 (1957) 1027–1033.
Pius XII., Ansprache an die Teilnehmer des IX. Kongresses der italienischen Gesellschaft für Anästhesiologie (24. Februar 1957), in: A.-F. Utz/J. F. Groner (Hg.), Aufbau und Entfaltung des gesellschaftlichen Lebens. Soziale Summe Pius XII., Freiburg i. Br. 1961, 3242–3265 (Originalausgabe: AAS 49 (1957), 129–147).
Pius XII., *Ansprache zur Frage der "Wiederbelebung"* (24. November 1957), in: *HerKorr* 12 (1957), 228–230 (Originalausgabe: *AAS* 49 (1957), 1027–1033).
Platon, *Der Staat*, übers. v. R. Rufener, München 1991.
Plessner, H., *Die Stufen des Organischen und der Mensch*, Berlin 1975.
Plinius der Ältere, *Naturkunde*, Bücher 29–30, lat.-dt., übers. v. R. König/J. Hopp, München/Zürich 1991.
Pöltner, G., *Grundkurs Medizin-Ethik*, Wien 2002.
Pohlenz, M., *Die Stoa. Geschichte einer geistigen Bewegung*, Bd. 1, Göttingen 1959.
Polybios, *Der Aufstieg Roms. Historien*, übers. v. L. Möller/A. F. Haakh/K. Kraz, Wiesbaden 2010.
Pope, T. M./Richards, B. J., *Decision-Making: At the End of Life and the Provision of Pretreatment Advice*, in: *J Bioeth Inq* 12,3 (2015), 389–394.
Popp, A., *Patientenverfügung, mutmaßliche Einwilligung und prozedurale Rechtfertigung*, in: *ZStW* 118 (2006), 639–681.
Potter, P. (Hg./Übers.), *Hippocrates. With an English Translation*, Bd. 5. Cambridge/London 1988.
Potter, P., *Short Handbook of Hippocratic Medicine*, Quebec 1988.
Potter, P., Art. *Sterben*, in: K.-H. Leven (Hg.), Antike Medizin. Ein Lexikon, München 2005, 829 f.
Potthoff, T., *Euthanasie in der Antike*, Münster 1982.
Price, A. W., *Mental Conflict*, London 1995.
Puppe, I., *Die Erfolgszurechnung im Strafrecht*, Berlin 2000.
Puppe, I., *Strafrechtsdogmatische Analysen*, Göttingen 2006.
Puppe, I., *Strafrecht Allgemeiner Teil im Spiegel der Rechtsprechung*, Baden-Baden ³2016.
Putz, W./Gloor, E., *Sterben dürfen*, Hamburg 2011.
Putz, W./Steldinger, B., *Patientenrechte am Ende des Lebens*, München ⁶2016.
Quante, M., *Einführung in die Allgemeine Ethik*, Darmstadt ⁴2011.
Quill, T. E. et al., *Palliative options of last resort: a comparison of voluntarily stopping eating and drinking, terminal sedation, physician-assisted suicide, and voluntary active euthanasia*, in: D. Birnbacher/E. Dahl (Hg.), Giving death a helping hand. Physician-assisted suicide, terminal sedation and public policy. An international perspective, Berlin/New York 2008, 49–64.
Rachels, J., *Active and Passive Euthanasia*, in. B. Steinbock/A. Norcross (Hg.), *Killing and Letting Die*, New York ²1994, 112–119.
Rachels, J., *Aktive und passive Sterbehilfe*, in: H.-M. Sass (Hg.), *Medizin und Ethik*, Stuttgart 1989, 254–264.

Rachels, J., *The End of Life: Euthanasia and Morality*, Oxford 1986.
Radbruch, G., *Der Handlungsbegriff in seiner Bedeutung für das Strafrechtssystem*, Berlin 1904.
Radbruch, G., *Gesetzliches Unrecht und übergesetzliches Recht*, in: *SJZ* 1 (1946), 105–108, wiederabgedruckt in: *GRGA*, Bd. 3, hg. v. A. Kaufmann, Heidelberg 1990.
Radbruch, L. et al., *Euthanasia and physician-assisted suicide: A white paper from the European Association for Palliative Care*, in: *Palliat Med* 30, 2 (2016), 104–116.
Radbruch, L., *Mit großer Sorgfalt und klinischer Erfahrung*, in: *Dtsch Ärztebl* 111,38 (2014), A 1552–1553.
Radbruch, L./Nauck, F./Aulbert, E., *Definition, Entwicklung, Ziele*, in: dies. (Hg.), *Lehrbuch der Palliativmedizin*, Stuttgart 2011, 1–12.
Ramsey, P., *The Patient as Person*, London 1970.
Ransiek, A., *Das unechte Unterlassungsdelikt*, in: *JuS* 50,6 (2010), 490–497.678–681.
Rapp, C., *Freiwilligkeit, Entscheidung und Verantwortlichkeit (III 1–7)*, in: O. Höffe (Hg.), *Aristoteles. Die Nikomachische Ethik* (Klassiker Auslegen 2), Berlin 1995, 109–133.
Rau, F./Roeder, N./Hensen, P. (Hg.), *Auswirkungen der DRG-Einführung in Deutschland. Standortbestimmung und Perspektiven*, Stuttgart 2009.
Reesor, M. E., *Fate and Possibility in Early Stoic Philosophy*, in: *Phoenix* 19 (1965), 285–297.
Rehbock, T., *Personsein in Grenzsituationen. Zur Kritik der Ethik menschlichen Handelns*, Münster 2005.
Reichenbach, B. C., *Euthanasie und die aktiv/passiv-Unterscheidung*, in: A. Leist (Hg.), *Um Leben und Tod. Moralische Probleme bei Abtreibung, künstlicher Befruchtung, Euthanasie und Selbstmord*, Frankfurt a. M., ^{3}1992, 318–348.
Rengier, R., *Strafrecht Allgemeiner Teil*, München ^{2}2010.
Rengier, R., *Strafrecht Besonderer Teil*, Bd. 2: *Delikte gegen die Person und die Allgemeinheit*, München ^{17}2016.
Rescher, N., *Aspects of Action*, in: ders. (Hg.), *The Logic of Decision and Action*, Pittsburgh 1966, 215–219.
Rescher, N., *On the Characterization of Actions*, in: M. Brand (Hg.), *The Nature of Human Action*, Glenview/Ill. 1970, 247–266.
Reutlinger, C., *Natürlicher Tod und Ethik. Erkundungen im Anschluss an Jankélévitch, Kierkegaard und Scheler*, Göttingen 2014.
Rhonheimer, M., *Praktische Vernunft und Vernünftigkeit der Praxis. Handlungstheorie bei Thomas von Aquin in ihrer Entstehung aus dem Problemkontext der aristotelischen Ethik*, Berlin 1994.
Rhonheimer, M., *Die Perspektive der Moral. Philosophische Grundlagen der Tugendethik*, Berlin 2001.
Richter, R., *Ethische Aspekte der Institutionalisierung wirtschaftlicher Prozesse*, in: W. Korff (Hg.), *Handbuch der Wirtschaftsethik*, Bd. 2, Gütersloh 1999, 17–38.
Ricken, F., *Homo noumenon und homo phaenomenon. Ableitung, Begründung und Anwendbarkeit der Formel von der Menschheit als Zweck an sich selbst*, in: O. Höffe (Hg.), *Grundlegung zur Metaphysik der Sitten. Ein kooperativer Kommentar*, Frankfurt a. M. 1989, 234–252.
Ricken, F., Art. *Handeln und Unterlassen*, in: W. Korff/L. Beck/P. Mikat (Hg.), *Lexikon der Bioethik*, Bd. 2, Gütersloh 1998, 198–201.
Ricken, F., *Allgemeine Ethik*, Stuttgart ^{5}2013.

Riedel, A./Lehmeyer, S./Elsbernd, A. (Hg.), *Einführung von ethischen Fallbesprechungen – Ein Konzept für die Pflegepraxis*, Lage ²2011.
Riemer, M., *Der Suizident und seine(e) Helfer – Vom Verbot der geschäftsmäßigen Suizidförderung nach § 217 StGB n. F.*, in: BRJ 9,2 (2016), 69–107.
Riessen, R. et al., *Therapiezieländerungen auf einer internistischen Intensivstation*, in: Med Klin Intensivmed Notfmed 108,5 (2013), 412–418.
Rietjens, J. A. et al., *Physician reports of terminal sedation without hydration or nutrition for patients nearing death in the Netherlands*, in: Ann Intern Med 141 (2004), 178–185.
Rissing-van Saan, R., *Strafrechtliche Aspekte der aktiven Sterbehilfe. Nach dem Urteil des 2. Strafsenats des BGH v. 25.6.2010 – 2 StR 454/09*, in: ZIS 6 (2011), 544–551.
Rist, J. M., *Stoic Philosophy*, Cambridge 1969.
Rixen, S., *Ist die Hirntodkonzeption mit der Ethik des Grundgesetzes vereinbar? Anmerkungen zum offenen Menschenbild des Grundgesetzes*, in: E.-M. Engels (Hg.), *Biologie und Ethik*, Stuttgart 1999, 346–378.
Rixen, S., *Sozialrecht als öffentliches Wirtschaftsrecht*, Tübingen 2005.
Rixen, S. (Hg.), *Die Wiedergewinnung des Menschen als demokratisches Projekt*, Bd. 1, Tübingen 2015.
Rixen, S., *Diffusion der Grundrechte in der Biopolitik: Die Wiedergewinnung des Menschen als demokratisches Projekt*, in: ders. (Hg.), *Die Wiedergewinnung des Menschen als demokratisches Projekt*, Bd. 1, Tübingen 2015, 1–20.
Rixen, S., *Rechtliche Aspekte der vorausschauenden Behandlungsplanung (Advance Care Planning)*, in : M. Coors/R. J. Jox/J. in der Schmitten (Hg.), *Advance Care Planning. Von der Patientenverfügung zur gesundheitlichen Vorausplanung*, Stuttgart 2015, 164–180.
Rixen, S./Marckmann, G./in der Schmitten, J., *Gesundheitliche Versorgungsplanung für die letzte Lebensphase – das Hospiz- und Palliativgesetz*, in: NJW 69 (2016), 125–129.
Robert Koch Institut (Hg.), *Bericht zum Krebsgeschehen in Deutschland 2016*, Berlin 2016, online unter: http://www.krebsdaten.de/Krebs/DE/Content/Publikationen/Krebsgeschehen/Krebsgeschehen_download.pdf?__blob=publicationFile (Zugriff am 22.12.2016).
Rönnau, T., *Willensmängel bei der Einwilligung im Strafrecht*, Tübingen 2001.
Rosen, R. M./Horstmanshoff, M., *The Andreia of the Hippocratic Physician and the Problem of Incurables*, in: R. M. Rosen/I. Sluiter (Eds.), *Andreia. Studies in Manliness and Courage in Classical Antiquity*, Leiden 2003, 95–114.
Rosenau, H., *Aktive Sterbehilfe*, in: M. Heinrich et al. (Hg.), *Strafrecht als Scientia Universalis* (Festschrift für C. Roxin), Bd. 1, Berlin/New York 2011, 577–591.
Rosenau, H., *Die Neuausrichtung der passiven Sterbehilfe – Der Fall Putz im Urteil des BGH vom 25.6.2010 – 2 StR 454/09*, in: K. Bernsmann/T. Fischer (Hg.), *Festschrift für Ruth Rissing-van Saan zum 65. Geburtstag am 25. Januar 2011*, Berlin/New York 2011, 547–565.
Rosenau, H., *§ 217 Strafgesetzbuch (StGB). Neue Strafnorm gegen ein selbstbestimmtes Sterben in Deutschland*, in: Bayerisches Ärzteblatt 70 (2016), 100–102.
Rosenfeld, B. et al., *Does desire for hastened death in terminally ill cancer patients?*, in: Soc Sci Med 111 (2014), 35–40.
Ross, W. D., *The Right and the Good*, Oxford 1930.
Roth, A. S., *Reasons Explanations of Actions: Causal, Singular, and Situational*, in: Philosophy and Phenomenological Research 59 (1999), 839–874.

Rothhaar, M., *Autonomie und Menschenwürde am Lebensende. Zur Klärung eines umstrittenen Begriffsfelds*, in: T. S. Hoffmann/M. Knaup, *Was heißt: In Würde sterben? Wider die Normalisierung des Tötens*, Wiesbaden 2015, 101–114.

Rothhaar, M./Kipke, R., *Die Patientenverfügung als Ersatzinstrument. Differenzierung von Autonomiegraden als Grundlage für einen angemessenen Umgang mit Patientenverfügungen*, in: A. Frewer/U. Fahr/W. Rascher (Hg.), *Patientenverfügungen und Ethik. Beiträge zur guten klinischen Praxis* (Jahrbuch Ethik in der Klinik 2), Würzburg 2009, 61–75.

Roxin, C., *Zur Kritik der finalen Handlungslehre*, in: ZStW 74,4 (1962), 515–561.

Roxin, C., *An der Grenze von Begehung und Unterlassung*, in: P. Bockelmann et al. (Hg.), *Festschrift für Karl Engisch zum 70. Geburtstag*, Frankfurt a. M. 1969, 380–405.

Roxin, C., *Die Sterbehilfe im Spannungsfeld von Suizidteilnahme, erlaubtem Behandlungsabbruch und Tötung auf Verlangen. Zugleich eine Besprechung von BGH, NStZ 1987, 365 und LG Ravensburg NStZ 1987, 229*, in: NStZ 7,8 (1987), 345–350.

Roxin, C., *Strafrecht Allgemeiner Teil*, Bd. II: *Besondere Erscheinungsformen der Straftat*, München 2003.

Roxin, C., *Strafrecht Allgemeiner Teil*, Bd. I: *Grundlagen – Der Aufbau der Verbrechenslehre*, München ⁴2006.

Roxin, C., *Zur einverständlichen Fremdgefährdung – Besprechung des Urteils BGH vom 20.11.2008 – 4 StR 328/08*, in: JZ 64 (2009), 399–403.

Roxin, C., *Zur strafrechtlichen Beurteilung der Sterbehilfe*, in: ders./U. Schroth (Hg.), *Handbuch des Medizinstrafrechts*, Stuttgart ⁴2010, 75–121.

Roxin, C., *Tötung auf Verlangen und Suizidteilnahme – Geltendes Recht und Reformdiskussion*, in: GA 160 (2013), 313–327.

Roxin, C., *Die geschäftsmäßige Förderung der Selbsttötung als Straftatbestand und der Vorschlag einer Alternative*, in: NStZ 36 (2016), 185–192.

Roxin, C./Schroth, U. (Hg.), *Handbuch des Medizinstrafrechts*, Stuttgart ⁴2010.

Rütten, T., *Hippokrates im Gespräch*, Münster 1993.

Rütten, T., *Medizinethische Themen in den deontologischen Schriften. Zur Präfigurierung des historischen Feldes durch die zeitgenössische Medizinethik*, in: H. Flashar/J. Jouanna (Hg.), *Médicine et morale dans l'Antiquité*, Genf 1997, 65–120.

Rütten, T., *Ludwig Edelstein at the Crossroads of 1933. On the Inseparability of Life, Work, and their Reverberations*, in: Early Science and Medicine 11 (2006), 50–99.

Runggaldier, E., *Was sind Handlungen? Eine philosophische Auseinandersetzung mit dem Naturalismus*, Stuttgart 1996.

Runggaldier, E., Art. *Handlung*, in: P. Kolmer/A. G. Wildfeuer (Hg.), *Neues Handbuch philosophischer Grundbegriffe*, Bd. 2, Freiburg i. Br./München 2011, 1145–1159.

Säcker, F. J. et al. (Hg.), *Münchener Kommentar zum BGB*, Bd. 8, München ⁶2012.

Sahm, S. W., *Palliative care versus euthanasia. The German position: the German General Medical Council's principles for medical care of the terminally ill*, in: J Med Philos 25 (2000), 195–219.

Sahm, S. W., *Selbstbestimmung am Lebensende im Spannungsfeld zwischen Medizin, Ethik und Recht. Eine medizinethische Analyse der jüngsten höchstrichterlichen Rechtsprechung und ihrer akademischen Kritik*, in: Ethik Med 16 (2004), 133–147.

Sahm, S., *Sterbehilfe in der aktuellen Diskussion – ärztliche und medizin-ethische Aspekte*, in: ZfL 14,2 (2005), 45–53.

Sahm, S., *Sterbebegleitung und Patientenverfügung. Ärztliches Handeln an den Grenzen von Ethik und Recht*, Frankfurt a. M. 2006.
Sahm, S., *Autonomie, ärztliche Indikation und Entscheidungsfindung*, in: R. Charbonnier/K. Dörner/S. Simon (Hg.), *Medizinische Indikation und Patientenwille*, Stuttgart 2008, 121–128.
Sahm, S., *Keine Kriminalisierung der Palliativmedizin – ein Nachtrag zur Entscheidung des Bundestages, geschäftsmäßige Suizidassistenz zu verbieten*, in: ZfmE 62 (2016), 219–233.
Sahm, S./Schröder, L., *Verbreitung von Patientenverfügungen und stellvertretende Entscheidung durch Angehörige: Präferenzen für die Entscheidung am Lebensende – eine empirische Untersuchung*. in: A. Frewer/U. Fahr/W. Rascher (Hg.), *Patientenverfügung und Ethik. Beiträge zur guten Klinischen Praxis* (Jahrbuch Ethik in der Klinik 2), Würzburg 2009, 89–108
Sahm, S./Will, R./Hommel, G., *Attitudes towards and barriers to write advance directives amongst tumour patients, healthy controls and medical staff*, in: J Med Ethics 31 (2005), 437–440.
Sahm, S./Will, R./Hommel, G., *Would they follow what has been laid down? Cancer patients' and healthy controls' views on adherence to advance directives compared to medical staff*, in: Med Health Care Philos 8 (2005), 297–305.
Sahm, S./Will, R./Hommel, G., *What are cancer patients' preferences about treatment at the end of life? A comparison with healthy people and medical staff*, in: Support Care Cancer 13 (2005), 206–214.
Saliger, F., *Grundrechtsschutz durch Verfahren und Sterbehilfe*, in: L. Schulz (Hg.), *Verantwortung zwischen materialer und prozeduraler Zurechnung* (ARSP Beiheft 75), Stuttgart 2000, 101–148.
Saliger, F., *Sterbehilfe ohne Strafrecht?*, in: KritV 94 (2001), 382–439.
Saliger, F., *Sterbehilfe und Betreuungsrecht*, in: MedR 25 (2004), 237–245.
Saliger, F., *Selbstbestimmung bis zuletzt. Rechtsgutachten zum Verbot organisierter Sterbehilfe*, Norderstedt 2015.
Salles, R., *Epictetus and the Causal Conception of Moral Responsibility and what is eph' hemin*, in: P. Destrée et al. (Hg.), *What is Up to Us? Studies on Agency and Responsibility in Ancient Philosophy* (Studies in Ancient Moral and Political Philosophy 1), Sankt Augustin 2014, 169–182.
Sambursky, S., *Physics of the Stoics*, London 1959.
Samson, E., *Begehung und Unterlassung*, in: G. Stratenwerth et al. (Hg.), *Festschrift für Hans Welzel zum 70. Geburtstag*, Berlin 1974, 579–603.
Samson, E., *Inus-Bedingung und strafrechtlicher Kausalbegriff*, in: K. Rogall et al. (Hg.), *Festschrift für Hans-Joachim Rudolphi zum 70. Geburtstag*, Neuwied 2004, 259–266.
Salomon, F., *Das Patientenverfügungsgesetz 2009 – Chancen und Risiken für die ärztliche Praxis*, in: JWE 15 (2010), 179–192.
Sartorio, C., *Causation and Ethics*, in: H. Beebee/C. Hitchcock/P. Menzies (eds.), *The Oxford Handbook of Causation*, Oxford 2012, 575–591.
Scheffler, U., *Sterbehilfe mit System?*, in: J. C. Joerden (Hg.), *Der Mensch und seine Behandlung in der Medizin*, Heidelberg 1999, 249–274.
Scheibe, E., Art. *Kausalität*, in: HWP, Bd. 4, Darmstadt 1976, 798–801.
Scheinfeld, J., *Organtransplantation und Strafrechtspaternalismus*, Tübingen 2016.

Schild, W., *Die Aktualität Ernst Belings*, in: *JBl* 97 (1975), 281–303.
Schild, W., *Die "Merkmale" der Straftat und ihres Begriffs*, Ebelsbach 1979.
Schild, W., *Die Vielfalt der Handlungslehren und die Einheit des Handlungsbegriffs*, in: V. Zsifkovits (Hg.), *Erfahrungsbezogene Ethik* (Festschrift für J. Messner), Berlin 1981, 241–292.
Schild, W., *Die systematische Strafrechtslehre von Albert Friedrich Berner. Nachwort*, in: A. F. Berner, *Lehrbuch des Deutschen Strafrechts*, Aalen [18]1987 (1898), 753–900.
Schild, W., *Der freiheitliche Straftatbegriff*, in: R. Wassermann (Hg.), *Alternativ-Kommentar StGB*, Baden-Baden 1990, Vor § 13.
Schild, W., *Strafrechtsdogmatik als Handlungslehre ohne Handlungsbegriff*, in: *GA* 142 (1995), 101–120.
Schild, W., *Zurechnung zum Verhaltensunrecht*, in: M. Pawlik et al. (Hg.) *Festschrift für Günther Jakobs zum 70. Geburtstag*, Köln 2007, 601–613.
Schildmann, E./Schildmann, J., *Palliative sedation therapy: A systematic literature review and critical appraisal of available guidance on indication and decision making*, in: *Palliat Med* 17,5 (2014), 601–611.
Schindler, F., *Lehrbuch der Moraltheologie*, Bd. 2, Wien [2]1913.
Schlüter, A., *Passive Sterbehilfe vor dem EGMR im Fall Lambert – Das "Gewissen Europas" vor dem non liquet*, in: *HRRS* 16 (2015), 327–331.
Schmid, W., *Das Leben verstehen – von den Erfahrungen eines philosophischen Seelsorgers*, Berlin 2016.
Schmidhäuser, E., *Zur Systematik der Verbrechenslehre*, in: A. Kaufmann (Hg.), *Gedächtnisschrift für Gustav Radbruch. 21.11.1878–23.11.1949*, Göttingen 1968, 268–280.
Schmidhäuser, E., *Selbstmord und Beteiligung am Selbstmord in strafrechtlicher Sicht*, in: G. Stratenwerth et al. (Hg.), *Festschrift für Hans Welzel zum 70. Geburtstag*, Berlin 1974, 801–822.
Schmidhäuser, E., *Was ist aus der finalen Handlungslehre geworden?*, in: *JZ* 41,3 (1986), 109–116.
Schmidhäuser, E., *Begehung, Handlung und Unterlassung im Strafrecht*, in: G. Dornseifer et al. (Hg.), *Gedächtnisschrift für Armin Kaufmann*, Köln 1989, 131–157.
Schmidhäuser, E., *Gedanken zum strafrechtlichen Handlungsbegriff*, in: *GA* 143 (1996), 303–306.
Schmidhäuser, E., *Über Unterlassungsdelikte – Terminologie und Begriffe*, in: G. Britz et al. (Hg.), *Grundfragen staatlichen Strafens* (Festschrift für Heinz Müller-Dietz), München 2001, 761–781.
Schmidt, E., *Der Arzt im Strafrecht*, Leipzig 1939.
Schmidt, E., *Soziale Handlungslehre*, in: P. Bockelmann et al. (Hg.), *Festschrift für Karl Engisch zum 70. Geburtstag*, Frankfurt a. M. 1969, 339–352.
Schmidt, E. E./Schönecker, D., *Kant on Moral Necessitation by Another Subject's Will (‚Tugendlehre', § 16)*, in: *Studi Kantiani* XXIX, 2016 (im Erscheinen).
Schmidt, E. E./Schönecker, D., *Kant on Suicide. A new Interpretation of § 6 of the ‚Doctrine of Virtue'*, 2017 (im Erscheinen).
Schmidt, E. E./Schönecker, D., *Kant's Moral Realism. On Dignity and Value in Kant's ‚Tugendlehre'*, in: R. dos Santos/E. E. Schmidt (Hg.), *Moral Realism or Anti-Realism in Kant's Moral Philosophy*, Berlin/New York 2017 (im Erscheinen).

Schmidt, P. et al., *Berufsbezogene Tönungen homizidaler Geschehensabläufe*, in: Arch Kriminol 205 (2000), 1–14.

Schmidt, T., *Vom Allgemeinen zum Einzelfall. Die orientierende Funktion moralischer Prinzipien*, in: ZphF 66 (2012), 513–538.

Schmitz, H., *System der Philosophie*, Bd. III: *Die Wahrnehmung*, Bonn 2005.

Schmitz, H., *Der Leib*, Berlin 2011.

Schneider, C., *Tun und Unterlassen beim Abbruch lebenserhaltender medizinischer Behandlung*, Berlin 1998.

Schneider, H., *Die Bedeutung der Patientenverfügung im Strafrecht*, in: MittBayNot 2011, 102–106.

Schneider, P., *In dubio pro libertate*, in: E. von Caemmerer (Hg.), *Hundert Jahre Deutsches Rechtsleben* (Festschrift zum hundertjährigen Bestehen des Deutschen Juristentages [1860–1960]), Bd. 2, Karlsruhe 1960, 263–290.

Schneider, W./Pfeffer, C./Hayek, J., *"Sterben dort, wo man zuhause ist..." Organisation und Praxis von Sterbebegleitungen in der ambulanten Hospizarbeit*, Ergebnisbericht – Langfassung, Augsburg 2009.

Schnepp, W., *Pflegekundige Sorge*, in: Pflege & Gesellschaft 1 (1996), 13–16.

Schnurrer, J. U./Fröhlich, J. C., *Zur Häufigkeit und Vermeidbarkeit von tödlichen unerwünschten Arzneimittelwirkungen*, in: Internist 44 (2003), 889–895.

Schockenhoff, E., *Ethik des Lebens. Ein theologischer Grundriss*, Mainz 1993.

Schockenhoff, E., *Grundlegung der Ethik. Ein theologischer Entwurf*, Freiburg i. Br. 2007.

Schockenhoff, E., *Ethik des Lebens. Grundlagen und neue Herausforderungen*, Freiburg i. Br. 2009.

Schöch, H., *Offene Fragen zur Begrenzung lebensverlängernder Maßnahmen*, in: T. Weigend/G. Küpper (Hg.), *Festschrift für Hans Joachim Hirsch zum 70. Geburtstag am 11. April 1999*, Berlin 1999, 693–714.

Schöch, H., *Vollzugsrechtfall*, in: G. Kaiser/H. Schöch, *Kriminologie, Jugendstrafrecht, Strafvollzug*, München [6]2006, 242–256.

Schöch, H./Verrel, T. et al., *Alternativ-Entwurf-Sterbebegleitung (AE-StGB)*, in: GA 152 (2005), 553–586.

Schöne, W., *Unterlassene Erfolgsabwendungen und Strafgesetz*, Köln 1974.

Schöne-Seifert, B., *Ist Assistenz zum Sterben unärztlich?*, in: A. Holderegger (Hg.), *Das medizinisch assistierte Sterben*, Freiburg i. Ue./Freiburg i. Br./Wien [2]2000, 98–119.

Schöne-Seifert, B., *Die Grenzen zwischen Töten und Sterbenlassen*, in: JWE 2 (1997), 205–226.

Schönecker, D., *Kant über die Möglichkeit von Pflichten gegen sich selbst (Tugendlehre §§ 1–3)*, in: H. Busche/A. Schmitt (Hg.), *Kant als Bezugspunkt philosophischen Denkens*, Würzburg 2010, 235–260.

Schönke, A./Schröder, H. (Hg.), *Strafgesetzbuch. Kommentar*, München [29]2014.

Schöpf, A., Art. *Kausalität II*, in: H. M. Baumgartner/C. Wild (Hg.), *Handbuch philosophischer Grundbegriffe*, Studienausgabe, Bd. 3, München 1973, 791–798.

Schöpsdau, K., *Platon. Nomoi (Gesetze). Buch VIII-XII*, Göttingen 2011.

Schonhofer, B. et al., *Nichtinvasive Beatmung als Therapie der akuten respiratorischen Insuffizienz*, in: Pneumologie 62 (2008), 449–479.

Schork, V., *Ärztliche Sterbehilfe und die Bedeutung des Patientenwillens*, Frankfurt a. M. 2008.

Schreiber, H. L., *Ein neuer Entwurf für eine Richtlinie der Bundesärztekammer zur Sterbehilfe*, in: H.-J. Ahrens et al. (Hg.), *Festschrift für Erwin Deutsch*, Köln 1999, 773–786.
Schreiber, H.-L., *Palliative und kurative Therapie am Lebensende*, in: *Med Klin* 100 (2005), 429–433.
Schreiber, H. L., *Das ungelöste Problem der Sterbehilfe*, in: *NStZ* 26 (2006), 473–479.
Schroeder, L./Hommel, G./Sahm, S., *Intricate decision making: ambivalences and barriers when fulfilling an advance directive*, in: *Patient Prefer Adherence* 10 (2016), 1583–1589.
Schröder, S., *Philosophische und Medizinische Ursachensystematik und der stoische Determinismus*, in: *Prometheus* 16 (1990), 5–26.
Schröer, C., *Praktische Vernunft bei Thomas von Aquin*, Stuttgart 1995.
Schröer, C., *Quid Agitur. Zum Begriff der Handlung bei Thomas von Aquin und in der modernen Handlungstheorie*, in: Thurner, M. (Hg.), *Die Einheit der Person*, Stuttgart 1998, 245–262.
Schroth, U., *Sterbehilfe als strafrechtliches Problem, Selbstbestimmung und Schutzwürdigkeit des tödlich Kranken*, in: *GA* 153 (2006), 549–572.
Schroth, U., *Der Wunsch zu sterben bei beginnender Demenz – rechtliche, rechtspolitische und ethische Fragen*, in: S. Sellmaier/E. Mayr, (Hg.), *Normativität, Geltung, Verpflichtung* (Festschrift für W. Vossenkuhl), Stuttgart 2011, 237–254.
Schubert, A., *Untersuchungen zur stoischen Bedeutungslehre* (Hypomnemata 103), Göttingen 1994.
Schubert, C./Scholl, R., *Der Hippokratische Eid. Wie viele Verträge und wie viele Eide?*, in: *Medizinhistorisches Journal* 40 (2005), 247–273.
Schueler, G. F., *Action Explanations: Causes and Purposes*, in: B. F. Malle/L. J. Moses/D. A. Baldwin (Hg.), *Intentions and Intentionality. Foundations of Cognition*, Cambridge/Mass. 2001, 251–264.
Schueler, G. F., *Reasons and Purposes. Human Action and the Teleological Explanation of Action*, Oxford 2003.
Schüller, B., *Die Begründung sittlicher Urteile*, Düsseldorf ²1980.
Schünemann, B., *Grund und Grenzen der unechten Unterlassungsdelikte*, Göttingen 1971.
Schünemann, B., *Einführung in das strafrechtliche Systemdenken*, in: ders. (Hg.), *Grundfragen des modernen Strafrechtssystems*, Berlin 1984, 1–68.
Schünemann, B., *Strafrechtsdogmatik als Wissenschaft*, in: B. Schünemann et al. (Hg), *Festschrift für Claus Roxin zum 70. Geburtstag*, Berlin 2001, 1–32.
Schüssler, R., *Kant und die Kasuistik: Fragen zur Tugendlehre*, in: *Kant-Studien* 103 (2012), 70–95.
Schulz, M./Schmoldt, A., *Therapeutic and toxic blood concentrations of more than 800 drugs and other xenobiotics*, in: *Pharmazie* 58 (2003), 447–474.
Schumann, E., *Karl Bindings Schrift ‚Die Freigabe der Vernichtung lebensunwerten Lebens', Vorläufer, Reaktionen und Fortwirkung in rechtshistorischer Perspektive*, in: O. Riha (Hg.), *Die Freigabe der Vernichtung lebensunwerten Lebens*, Aachen 2005, 35–67.
Schumann, K., *Telefonische Sterbehilfe? – Zu der Beteiligungsfrage im "Sterbehilfe-Urteil" des BGH*, in: *JR* 87 (2011), 142–146.
Schuppe, G. F., Art. *Organisation, Organisationstheorie*, in: W. Heun et al. (Hg.), *Evangelisches Staatslexikon*, Stuttgart ⁴2006, 1697–1703.

Schwarz, J., *Exploring the Option of Voluntarily Stopping Eating and Drinking within the Context of a Suffering Patient's Request for a Hastened Death*, in: JPM 10 (2007), 1288–1297.
Sedley, D. N., *Chrysippus on Psychophysical Causality*, in: J. Brunschwig/M. C. Nussbaum (Hg.), *Passions and Perceptions. Studies in Hellenistic Philosophy of Mind*, Cambridge 1993, 313–331.
Sehon, S. R., *Deviant Causal Chains and the Irreducibility of Teleological Explanation*, in: PacPhilQ 78 (1997), 195–213.
Sehon, S. R., *Teleological Realism. Mind, Agency, and Explanation*, Cambridge/Mass. 2005.
Sehon, S. R., *An Argument against the Causal Theory of Action Explanation*, in: Philosophy and Phenomenological Research 60 (2007), 67–85.
Sektion Pflege der Deutschen Gesellschaft für Palliativmedzin e.V., *Pflegeleitbild der Sektion Pflege*, Berlin 2012.
Selling, J. A., *Object, End and Moral Species in S.T., I-II, 1–21*, in: Ephemerides Theologicae Lovanienses 84,4 (2008), 363–407.
Sharples, R. W., *Necessity in the Stoic Doctrine of Fate*, in: Symbolae Osloensis 56 (1981), 81–97.
Sharples, R. W., *Soft Determinism and Freedom in Early Stoicism*, in: Phronesis 31 (1986), 266–279.
Sharples, R. W., *Cicero: On Fate & Boethius: The Consolation of Philosophy IV.5–7, V*, Warminster 1991.
Shields, C., *The Stoic Lekton*, in: K. J. Boudouris (Hg.), *Hellenistic Philosophy*, Bd. 2, Athen 1994, 137–148.
Shire, K. A./Leimeister, J. M. (Hg.), *Technologiegestützte Dienstleistungsinnovation in der Gesundheitswirtschaft*, Wiesbaden 2012.
Siegel, A. M. et al., *Pediatric euthanasia in Belgium: disturbing developments*, in: JAMA 311,19 (2014), 1963–1964.
Simon, A., *Medizinethische Aspekte*, in: Deutsches Referenzzentrum für Ethik in den Biowissenschaften (Hg.), *Patientenverfügungen*, Freiburg i. Br. 2010, 59–109.
Simon, A. et al., *Einstellungen deutscher Vormundschaftsrichterinnen und –richter zu medizinischen Entscheidungen und Maßnahmen am Lebensende: erste Ergebnisse einer bundesweiten Befragung*, in: MedR 22,6 (2004), 303–307.
Simon, A./Hoekstra, N., *Sterbebegleitung: Sterbefasten – Hilfe im oder Hilfe zum Sterben?*, in: DMW 140 (2015), 1100–1102.
Simon, A./Nauck, F., *Patientenautonomie in der klinischen Praxis*, in: C. Wiesemann/A. Simon (Hg.), *Patientenautonomie. Theoretische Grundlagen – Praktische Anwendungen*, Münster 2013, 167–179.
Singer, M., *On Duties to Oneself*, in: Ethics 69 (1959), 202–205.
Singer, P., *Praktische Ethik*, Stuttgart ²1994.
Singer, P., *Leben und Tod. Der Zusammenbruch der traditionellen Ethik*, Erlangen 1998.
Smets, T. et al., *The labelling and reporting of euthanasia by Belgian physicians: a study of hypothetical cases*, in: Eur J Public Health 22 (2012), 19–26
Smith, A. K./White D. B./Arnold, R. M., *Uncertainty – The Other Side of Prognosis*, in: N Engl J Med 368,26 (2013), 2448–2450.

Smith, W., *Facts about "Voluntary Stop Eating and Drinking"*, 2014, online unter: http://www.nationalreview.com/human-exceptionalism/380983/facts-about-voluntary-stop-eating-and-drinking-wesley-j-smith (Zugriff am 24.08.2016).
Smith, W. D. (Hg./Übers.), *Hippocrates. With an English Translation*, Bd. 7, London/Cambridge/Mass. 1994.
Sophokles, *Antigone. Griechisch/Deutsch*, hg. v. N. Zink, Stuttgart 1981.
Sorabji, R., *Causation, Laws and Necessity*, in: J. Barnes et al. (Hg.), *Doubt and Dogmatism. Studies in Hellenistic Epistemology*, Oxford 1980, 250–282.
Sorabji, R., *Emotion and Peace of Mind. From Stoic Agitation to Christian Temptation*, Oxford 2000.
Sorabji, R., *Self. Ancient and Modern Insights about Individuality, Life, and Death*, Oxford 2006.
Sorabji, R., *Epictetus on prohairesis and Self*, in: T. Scaltsas/A. S. Mason (Hg.), *The Philosophy of Epictetus*, Oxford 2007, 87–98.
Sowada, C., *Zur Straf- und standesrechtlichen Beurteilung des ärztlich assistierten Suizids und der organisierten Suizidbeihilfe*, in: *ZfL* 24 (2015), 34–43.
Spaemann, R./Hohendorf, G./Oduncu, F. S., *Vom guten Sterben. Warum es keinen assistierten Tod geben darf*, Freiburg i. Br./Basel/Wien ²2016.
Spendel, G., *Kausalität und Unterlassung*, in: H. Putzke et al. (Hg.), *Strafrecht zwischen System und Telos* (Festschrift für R. D. Herzberg), Tübingen 2008, 247–253.
Spendel, G., *Zur Unterscheidung von Tun und Unterlassen*, in: P. Bockelmann/W. Gallas (Hg.), *Festschrift für Eberhard Schmidt zum 70. Geburtstag*, Göttingen 1961, 183–199.
Spickhoff, A., *Die Patientenautonomie am Lebensende: Ende der Patientenautonomie?*, in: *NJW* 53 (2000), 2297–2304.
Spickhoff, A., *Die Entwicklung des Arztrechts 2002/2003*, in: *NJW* 56 (2003), 1701–1710.
Spickhoff, A., *Rechtssicherheit kraft Gesetzes durch sog. Patientenverfügungen? – Zum Dritten Gesetz zur Änderung des Betreuungsrechts*, in: *FamRZ* 56 (2009), 1949–1957.
Spickhoff, A. (Hg.), *Medizinrecht*, München ²2014.
Sporken, P., *Die Sorge um den kranken Menschen. Grundlagen einer neuen medizinischen Ethik*, Düsseldorf ⁴1988 (Orig. 1977).
Spranger, T. M., *Keine strikte Trennung von aktiver und passiver Sterbehilfe. Neue Rechtsprechung des BGH zur Patientenverfügung*, in: *SuP* 20 (2010), 797–804.
Spruit, J. E. et al. (Hg.), *Corpus Iuris Civilis*, Bd. 4, Zutphen 1997.
Srivastava, R., *Dealing with uncertainty in a time of plenty*, in: *N Engl J Med* 365,24 (2011), 2252–2253.
Stackmann, N., *Rechtliche Probleme der Behandlung Schwerkranker und Sterbender*, in: *MedR* 21 (2003), 490–497.
Stade, S., *Patientenverfügung und Vorsorgevollmacht nach BGB – und was ist, wenn etwas in Frankreich passiert?*, in: *ErbR* 9 (2014), 515–523.
Stade, S., *Der Fall Vincent Lambert – und kein Ende!*, in: *ErbR* 10 (2015), 612–615.
Staden, H. von, *Incurability and Hopelessness. The 'Hippocratic Corpus'*, in: P. Potter/G. Maloney/J. Desautels (Hg.), *La maladie et les maladies dans la collection hippocratique. Actes du VIe Colloque International Hippocratique (Quebec 1987)*, Québec 1990, 75–112.
Staden, H. von, *"In a pure and holy way". Personal and Professional Conduct in the Hippocratic Oath?*, in: *Journal of the History of Medicine* 51 (1996), 404–437.

Staden, H. von, *Character and Competence. Personal and Professional Conduct in Greek Medicine*, in: H. Flashar/J. Jouanna (Hg.), *Médicine et morale dans l'Antiquité*, Genf 1997, 157–210.
Staden, H. von, *'The Oath', the Oaths, and the Hippocratic Corpus*, in: V. Boudon-Millot/A. Guardasole/C. Magdelaine (Hg.), *La science médicale antique. Nouveaux regards. Études réunies en l'honneur de Jacques Jouanna*, Paris 2007, 425–466.
Staden, H. von, *The Discourses of Practitioners in Ancient Europe*, in: R. B. Baker/L. B. McCullough (Hg.), *Cambridge World History of Medical Ethics*, Cambridge/New York 2009, 352–358.
Ständige Deputation des Deutschen Juristentags (Hg.), *Verhandlungen des 63. Deutschen Juristentags*, Bd. II/2, München 2001.
Ständige Deputation des Deutschen Juristentags (Hg.), *Verhandlungen des 66. Deutschen Juristentags*, Bd. II/2, München 2006.
Stamatu, M., Art. Behandlungsverzicht, in: K.-H. Leven (Hg.), *Antike Medizin. Ein Lexikon*, München 2005, 140–141.
Stamatu, M., Art. Giftmord, in: K.-H. Leven (Hg.), *Antike Medizin. Ein Lexikon*, München 2005, 360–361.
Stamatu, M., Art. Hippokratismus, in: K.-H. Leven (Hg.), *Antike Medizin. Ein Lexikon*, München 2005, 423–425.
Stamatu, M., Art. Unheilbarkeit, in: K.-H. Leven (Hg.), *Antike Medizin. Ein Lexikon*, München 2005, 885–886.
Stanke, G., *Die Lehre von den "Quellen der Moralität". Darstellung und Diskussion der neuscholastischen Aussagen und neuerer Ansätze*, Regensburg 1984.
Steenbreker, T., *Zivilrechtliche Unbeachtlichkeit eines "natürlichen Willens" für den Widerruf der Patientenverfügung*, in: NJW 65 (2012), 3207–3211.
Steigleder, K., *Kants Moralphilosophie. Die Selbstbezüglichkeit reiner praktischer Vernunft*, Stuttgart/Weimar 2002.
Steinberg, R., *Verfassungsgerichtliche Kontrolle der "Nachbesserungspflicht" des Gesetzgebers*, in: Der Staat 26 (1987), 161–186.
Steinfath, H./Pindur, A.-M., *Patientenautonomie im Spannungsfeld philosophischer Konzeptionen von Autonomie*, in: C. Wiesemann/A. Simon (Hg.), *Patientenautonomie. Theoretische Grundlagen – Praktische Anwendungen*, Münster 2013, 27–41.
Steinfath, H./Wiesemann, C., *Autonomie und Vertrauen – Schlüsselbegriffe der modernen Medizin*, Wiesbaden 2016.
Steinkamp, N./Gordijn, B., *Ethik in Klinik und Pflegeeinrichtung. Ein Arbeitsbuch*, Neuwied 2005.
Steinmetz, P., *Die Stoa*, in: H. Flashar (Hg.), *Die Philosophie der Antike*, Bd. 4,2: *Die hellenistische Philosophie*, Basel 1994, 491–716.
Stern, K., *Idee und Elemente eines Systems der Grundrechte*, in: J. Isensee/P. Kirchhof (Hg.), *Handbuch des Staatsrechts*, Bd. IX, Heidelberg ³2011, 57–119.
Sternberg-Lieben, D., *Gesetzliche Regelung der Patientenverfügung – Wie viel gesetzgeberischen Paternalismus verträgt die Patientenautonomie?*, in: JRE 15 (2007), 307–336.
Sternberg-Lieben, D., *Rechtliche Grenzen einer Patientenverfügung*, in: H. Schneider et al. (Hg.), *Festschrift für Manfred Seebode zum 70. Geburtstag*, Berlin 2008, 401–420.

Sticht, O., *Sachlogik als Naturrecht? Zur Rechtsphilosophie Hans Welzels (1904–1977)*, Paderborn 2000.
Stock, C., *Die Indikation in der Wunschmedizin*, Frankfurt a. M. 2009.
Stoecker, R., *Tun und Lassen*, in: Erkenntnis 48 (1998), 395–413.
Stoecker, R., *Tun, Unterlassen und das Prinzip der Doppelwirkung*, in: ders./C. Neuhäuser/M.-L. Raters (Hg.), *Handbuch Angewandte Ethik*, Stuttgart 2011, 126–130.
Störring, L. P., *Das Untermaßverbot in der Diskussion. Untersuchung einer umstrittenen Rechtsfigur*, Berlin 2009.
Stoffers, K. F., *Die Formel "Schwerpunkt der Vorwerfbarkeit" bei der Abgrenzung von Tun und Unterlassung?*, Berlin 1992.
Stoffers, K. F., *Sterbehilfe: Rechtsentwicklungen bei der Reanimator-Problematik*, in: MDR 46,7 (1992), 621–629.
Stoffers, K. F., *Die Abgrenzung von Tun und Unterlassen in der neueren Rechtsprechung. Eine Anmerkung zu BGHSt 40, 257*, in: JURA 20,11 (1998), 580–583.
Storr, S., *Der rechtliche Rahmen für die Entscheidung zum Therapieabbruch*, in: MedR 20 (2002), 436–441.
Stratenwerth, G., *Unbewußte Finalität?*, in: G. Stratenwerth et al. (Hg.), *Festschrift für Hans Welzel zum 70. Geburtstag*, Berlin 1974, 289–305.
Stratenwerth, G., *Sterbehilfe*, in: ZStrR 95 (1978), 60–81.
Stratenwerth, G., *Sachlogische Strukturen?* in: M. Pawlik et al. (Hg.) *Festschrift für Günther Jakobs zum 70. Geburtstag*, Köln 2007, 663–674.
Stratenwerth, G., *Tötung und Körperverletzung mit Einwilligung des Betroffenen*, in: M. Böse/D. Sternberg-Lieben (Hg.), *Grundlagen des Straf- und Strafverfahrensrechts* (Festschrift für K. Amelung), Berlin 2009, 355–363.
Straub, P. W. (Hg.), *Harrison: Prinzipien der Inneren Medizin*, Basel 1986.
Streng, F., *"Passives Tun" als dritte Handlungsform – nicht nur beim Betrug*, in: ZStW 112 (2010), 1–23.
Streng, F., *Straflose "aktive Sterbehilfe" und die Reichweite des § 216 StGB. Zugleich ein Beitrag zum System der Handlungsformen*, in: G. Freund et al. (Hg.), *Grundlagen und Dogmatik des gesamten Strafrechtssystems* (Festschrift für W. Frisch), Berlin 2013, 739–755.
Striker, G., *Critical Notice of Brad Inwood: "Ethics and Human Action in Early Stoicism"*, in: Canadian Journal of Philosophy 19 (1989), 91–100.
Strobach, N., *Was heißt es, eine APXH in sich zu haben?*, in: K. Corcilius/C. Rapp (Hg.), *Beiträge zur Aristotelischen Handlungstheorie*, Stuttgart 2008, 65–81.
Struensee, E., *Handeln und Unterlassen, Begehungs- und Unterlassungsdelikte*, in: W. Küper et al. (Hg.), *Beiträge zur Rechtswissenschaft* (Festschrift für W. Stree und J. Wessels), Heidelberg 1993, 133–157.
Stübinger, S., *Das "idealisierte" Strafrecht. Über Freiheit und Wahrheit in der Straftheorie und Strafprozessrechtslehre*, Frankfurt a. M. 2008.
Suárez, F., *De Fine hominis*, in: Opera omnia IV, Paris 1856, 1–128.
Suárez, F., *De Religione*, Bd. I, in: Opera omnia XV, Paris 1859 (Coimbra 1608).
Suárez, F., *Defensio Fidei*, in: Opera omnia XXIV, Paris 1859 (Coimbra 1613).
Suárez, F., *De Religione*, Bd. II, in: Opera omnia XVI, Paris 1860 (Coimbra 1609).
Suárez, F., *De triplici virtute theologica, fide, spe et charitate*, in: Opera omnia XII, Paris 1858 (Coimbra 1621).

Suárez, F., *Defensio Fidei III.*, *Principatus Politicus o la soberania Popular*, ed. crítica bilingue por E. Elorduy y la Perena, in: *Copus Hispanorum de Pace*, Madrid 1965.
Suárez, F., *Disputationes metaphysicae*, in: *Opera omnia XXV/XXVI*, Paris 1866 (Coimbra 1597).
Suárez, F., *De legibus ac Deo legislatore Lib. III: De lege positiva humana*, hg. v. O. Bach/N. Brieskorn/G. Stiening, Stuttgart 2014.
Sueton, *Augustus*, übers. v. D. Schmitz, Stuttgart 1988.
Sullivan, D. F., *The Doctrine of Double Effect and the Domains of Moral Responsibility*, in: *The Thomist* 64 (2000), 423–448.
Suppes, P., *A Probabilistic Theory of Causality*, Amsterdam 1970.
Suttorp, N. et al. (Hg.), *Harrisons Innere Medizin*, Berlin ^{19}2016.
Sykes, N./Thorns, A., *Sedative use in the last week of life and the implications for end-of-life decision making*, in: *Arch Intern Med* 163, 3 (2003), 341–344.
Sykes, N./Thorns, A., *The use of opioids and sedatives at the end of life*, in: *Lancet Oncol* 4,5 (2003), 312–318.
Synofzik, M., *PEG-Ernährung bei fortgeschrittener Demenz. Eine evidenzgestützte ethische Analyse*, in: *Nervenarzt* 78 (2007), 418–428.
Talanga, J., *Zukunftsurteile und Fatum*, Bonn 1986.
Taupitz, J., *Gutachten A*, in: Ständige Deputation des Deutschen Juristentages (Hg.), *Verhandlungen des 63. Deutschen Juristentages*, München 2001.
Temel, J. S. et al., *Early Palliative Care for Patients with Metastatic Non-Small-Cell Lung Cancer*, in: *N Engl J Med* 363,8 (2010), 733–742.
Temkin, O., *What Does the Hippocratic Oath Say? Translation and Interpretation*, in: ders., *"On Second Thought" and Other Essays in the History of Medicine and Science*, Baltimore/London 2002, 21–48.
Ten Have, H./Welie, J. V. M., *Palliative Sedation versus euthanasia: an ethical assessment*, in: *J Pain Symptom Manage* 47 (2014), 123–136.
Terman, S., *Interview by Les Morgan of February 2008*. (dt. Übersetzung von Christian Walther: www.patientenverfuegung.de/pv/PDF%20Dateien/Terman-Interview5.pdf, Zugriff am 24.08.2016).
Thöns, M., *Patient ohne Verfügung. Das Geschäft mit dem Lebensende*, München/Berlin 2016.
Thomas von Aquin, *In decem libros ethicorum Aristotelis ad Nichomachum expositio*, cura et studio Raymundi M. Spiazzi, Rom 1949.
Thomas von Aquin, *Quaestiones disputatae de malo*, in: *Opera omnia*, iussu impensaque Leonis XIII. P. M. (*Leonina*), vol. 23, Rom 1982.
Thomas von Aquin, *Quaestiones Disputatae*, Vol. II (u. a. De Malo), hg. von P. Bazzi et al., Rom ^{9}1953.
Thomas von Aquin, *Summa theologiae*, in: *Opera omnia*, iussu impensaque Leonis XIII. P. M. (*Leonina*), vol. 4–12, Rom 1888–1906.
Thomas von Aquin, *Summa Theologiae, Prima Secundae*, Bibliotheca de Autores Christianos, Madrid ^{3}1962.
Thomas von Aquin, *Summa Theologica*, II. Buch, II. Teil, in: Albertus-Magnus-Akademie Walberberg bei Köln (Hg.), *Die Deutsche Thomas-Ausgabe*, Band 18: *Recht und Gerechtigkeit*, Heidelberg 1953.

Thomas von Aquin, *Über sittliches Handeln. Summa theologiae I-II q. 18–21*, hg. v. R. Schönberger, Stuttgart 2001.
Thomas, C. J., *Plato*, in: T. O'Connor/C. Sandis (Hg.), *A Companion to the Philosophy of Action*, Oxford 2010, 428–438.
Thorns, A./Sykes, N., *Opioid use in last week of life and implications for end-of-life decision-making*, in: Lancet 356 (2000), 389–399.
Timmons, M., *Moral Theory. An Introduction*, Lanham ²2013.
Timmons, M., *The Perfect Duty to Oneself as an Animal Being (TL 6: 421–428)*, in: A. Trampota/O. Sensen/J. Timmermann (Hg.), *Kant's 'Tugendlehre'. A Comprehensive Commentary*, Berlin/Boston 2013, 221–243.
Toepel, F., *Kausalität und Pflichtwidrigkeitszusammenhang beim fahrlässigen Erfolgsdelikt*, Berlin 1992.
Toepel, F., *Hinreichende Mindestbedingung*, in: H.-U. Paeffgen et al. (Hg.), *Strafrechtswissenschaft als Analyse und Konstruktion* (Festschrift für I. Puppe), Berlin 2011, 289–304.
Tolmein, O., *Grundsatzurteil durch Risikokalkül*, in: FAZ vom 26.06.2010, Nr. 145, 39.
Tolmein, O., *Verbot der geschäftsmäßigen Suizidbeihilfe – Keine Gefahr für die Palliativmedizin*, in: Palliativmedizin 17 (2016), 16–17.
Trammel, T., *Saving Life and Taking Life*, in: The Journal of Philosophy 72,5 (1975), 131–137.
Tröndle, H., *Warum ist die Sterbehilfe ein rechtliches Problem?*, in: ZStW 99 (1987), 25–48.
Truog, R. D./Brett, A. S./Frader, J., *The problem with futility*, in: N Engl J Med 326 (1992), 1560–1564.
Ulsenheimer, K., *Arztstrafrecht in der Praxis*, Heidelberg ⁵2015.
Unna, Y., *Kant's Answer to the Casuistical Questions Concerning Self-Disembodiment*, in: Kant-Studien 94 (2003), 454–473.
Uzarewicz, C./Uzarewicz, M., *Anthropologische Grundlage und Menschenbild in der Intensivstation*, in: H. Friesacher/G. Mayer/K. D. Neander (Hg.), *Handbuch Intensivpflege. Ein Lehr- und Handbuch für Mitarbeiter auf Intensivstationen*, Landsberg 2006, 1–15.
Uzarewicz, C./Moers, M., *Leibphänomenologie für Pflegewissenschaft – eine Annäherung*, in: Pflege & Gesellschaft 17 (2012), 101–110.
van den Beld, A., *Töten oder Sterbenlassen – Gibt es einen Unterschied?*, in: ZEE 35 (1991), 60–71.
van der Heide, A. et al., *End-of-Life-decisionmaking in six European countries: a descriptive study*, in: Lancet 362 (2003), 345–50.
van Hooff, A. J. L., *From Autothanasia to Suicide. Self-killing in Classical Antiquity*, London 1990.
van Hooff, A. J. L., *Thanatos und Asklepios. Wie antike Ärzte zum Tod standen*, in: T. Schlich/C. Wiesemann (Hg.), *Hirntod. Zur Kulturgeschichte der Todesfeststellung*, Frankfurt a. M. 2001, 85–101.
van Hooff, A. J. L/Wenskus, O., Art. *Selbstmord*, in: K.-H. Leven (Hg.), *Antike Medizin. Ein Lexikon*, München 2005, 794–795.
van Oorschot, B. et al., *Einstellungen zur Sterbehilfe und zu Patientenverfügungen – Ergebnisse einer Befragung von 727 Ärzten*, in: Dtsch Med Wochenschr 130,6 (2005), 261–265.
Vermeersch, A., *Theologiae Moralis Principia, Responsa, Consilia*, Tom. II, Rom 1928.

Verrel, T., *Der BGH legt nach: Zulässigkeit der indirekten Sterbehilfe. Anmerkung zur Sterbehilfeentscheidung des BGH vom 15.11.1996*, in: *MedR* 15 (1997), 248–250.

Verrel, T., *Patientenautonomie und Strafrecht bei der Sterbebegleitung* (Verhandlungen des 66. Deutschen Juristentages, Bd. 1: Gutachten, Teil C), München 2006.

Verrel, T., *Ein Grundsatzurteil – Jedenfalls bitter nötig! Besprechung der Sterbehilfeentscheidung des BGH vom 25.6.2010–2 StR 454/09 (Fall Fulda)*, in: *NStZ* 30,12 (2010), 671–676.

Verrel, T., *Rechtliche Aspekte*, in: Deutsches Referenzzentrum für Ethik in den Biowissenschaften (Hg.), *Patientenverfügungen*, Freiburg i. Br. 2010, 13–57.

Verrel, T., *Patientenverfügung, Therapiebegrenzung und Organspende. Anmerkungen zu einem vermeintlichen Widerspruch*, in: *GuP* 2 (2012), 121–126.

Verrel, T., *Vereine und Ärzte helfen nicht, nimm dir selbst den Strick! Anmerkungen zur Diskussion über die Kriminalisierung von Suizidbeihilfe*, in: K.-F. Stuckenberg/K. F. Gärditz (Hg.), *Strafe und Strafprozess im freiheitlichen Rechtsstaat* (Festschrift für H.-U. Paeffgen), Berlin 2015, 331–343.

Vest, H., *Gerechtigkeit für Humanitätsverbrechen? Nationale Strafverfolgung von staatlichen Systemverbrechen mit Hilfe der Radbruchschen Formel*, Tübingen 2006.

Vetter, U./Hoffmann, L. (Hg.), *Leistungsmanagement im Krankenhaus: G-DRGs*, Berlin 2005.

Voelke, A. J., *L'idée de volonté dans le Stoïcisme*, Paris 1973.

Vogt, K. M., *Law Reason, and the Cosmic City. Political Philosophy in the Early Stoa*, Oxford 2008.

Vogt, K. M., *Belief and Truth. A Skeptic Reading of Plato*, Oxford 2012.

Vogt, K. M., *I Shall Do What I Did: Stoic Views on Action*, in: P. Destrée et al. (Hg.), *What is Up to Us? Studies on Agency and Responsibility in Ancient Philosophy* (Studies in Ancient Moral and Political Philosophy 1), Sankt Augustin 2014, 107–120.

Voigt, T., *Individuelle Gesundheitsleistungen (IGeL) im Rechtsverhältnis von Arzt und Patient*, Heidelberg 2013.

Volk, K., *Zur Abgrenzung von Tun und Unterlassen. Dogmatische Probleme und kriminalpolitische Probleme*, in: H.-H. Jeschek/T. Vogler (Hg.), *Festschrift für Herbert Tröndle zum 70. Geburtstag*, Berlin 1989, 219–237.

von der Pfordten, D., *Paternalismus und die Berücksichtigung des Anderen*, in: M. Anderheiden et al. (Hg.), *Paternalismus und Recht*, Tübingen 2006, 93–107.

von Straaten, M., *Menschliche Freiheit in der stoischen Philosophie*, in: *Gymnasium* 84 (1977), 501–518.

von Wright, G. H., *Norm and Action. A Logical Enquiry*, London 1963 (dt. *Norm und Handlung. Eine logische Untersuchung*, Königstein/Ts. 1979).

von Wright, G. H., *Explanation and Understanding*, Ithaca 1971 (dt. *Erklären und Verstehen*, Frankfurt a. M. 1974).

von Wright, G. H., *Explanation and Understanding of Actions*, in: *Revue Internationale de Philosophie* 35 (1981), 127–142.

Vormbaum, M., *Krankenschwester*, in: *JURA* 34,8 (2012), 652–657.

Voßgätter genannt Niermann, I., *Die sozialen Handlungslehren und ihre Beziehung zur Lehre von der objektiven Zurechnung*, Frankfurt a. M. 2004.

Wagenitz, T., *Patientenverfügung im geltenden und künftigen Recht*, in: *FamRZ* 20 (2005), 669–678.

Wallner, J., *Organisationsethik: Methodische Grundlagen für Einrichtungen im Gesundheitswesen*, in: G. Marckmann (Hg.), *Grundlagen ethischer Entscheidungsfindung in der Medizin*, Berlin 2015, 233–243.
Walter, T., *Positive und negative Erfolgsdelikte – Handeln und Unterlassen*, in: ZStW 116,3 (2004), 555–584.
Walter, T., *Sterbehilfe: Teleologische Reduktion des § 216 StGB statt Einwilligung! Oder: Vom Nutzen der Dogmatik. Zugleich Besprechung von BGH, Urt. v. 25.6.2010–2 StR 454/09*, in: ZIS 6,2 (2011), 76–82.
Walther, C., *Ein sanfter, kein grausamer Tod*, in: Zeitschrift für alle Gesundheitsberufe 210 (2014), 36–38.
Watkins, E., Art. *Kant*, in: C. Hitchcock/H. Beebee/P. Menzies (Hg.), *Oxford Handbook of Causation*, New York 2010, 521–527.
Watson, G., *The Stoic Theory of Knowledge*, Belfast 1966.
Weber, H. v., *Bemerkungen zur Lehre vom Handlungsbegriff*, in: P. Bockelmann et al. (Hg.), *Festschrift für Karl Engisch zum 70. Geburtstag*, Frankfurt a.M. 1969, 328–338.
Weber, M. et al., *Ethische Entscheidungen am Ende des Lebens. Ergebnisse einer Ärztebefragung in Rheinland-Pfalz*, in: Dtsch Ärztebl 98,48 (2001), A 3184–3188.
Weidemann, J., *Die finale Handlungslehre und das fahrlässige Delikt*, in: GA 131 (1984), 408–426.
Weigend, T., *Über die Begründung der Straflosigkeit bei Einwilligung des Betroffenen*, in: ZStW 98 (1986), 44–72.
Weigend, T./Hoven, E., *§ 217 StGB – Bemerkungen zur Auslegung eines zweifelhaften Tatbestands*, in: ZIS 11 (2016), 681–691.
Weinberger, O., *Die formal-finalistische Handlungstheorie und das Strafrecht*, in: G. Kohlmann (Hg.), *Festschrift für Ulrich Klug zum 70. Geburtstag*, Bd. 1, Köln 1983, 199–213.
Weißer, B., *Entscheidungsanmerkung: EGMR (Große Kammer), Urteil vom 5.6.2015–46043/14 (Lambert u.a. v. Frankreich)*, in: ZJS 8 (2015), 442–449.
Weißer, B., *Strafrecht am Ende des Lebens – Sterbehilfe und Hilfe zum Suizid im Spiegel der Rechtsvergleichung*, in: ZStW 128 (2016), 106–138.
Welp, J., *Vorangegangenes Tun als Grundlage einer Handlungsäquivalenz der Unterlassung*, Berlin 1968.
Welzel, H., *Das deutsche Strafrecht*, Berlin [11]1969.
Welzel, H., *Zur Dogmatik im Strafrecht*, in: F.-C. Schroeder et al. (Hg.), *Festschrift für Reinhart Maurach zum 70. Geburtstag*, Karlsruhe 1972, 3–8.
Welzel, H., *Abhandlungen zum Strafrecht und zur Rechtsphilosophie*, Berlin 1975.
Welzel, H., *Studien zum System des Strafrechts (1939)*, in: ders., *Abhandlungen zum Strafrecht und zur Rechtsphilosophie*, Berlin 1975, 120–184.
Wessels, J./Beulke, W./Satzger, H., *Strafrecht Allgemeiner Teil. Die Straftat und ihr Aufbau*, Heidelbrg [44]2014 und [46]2016.
Wessels, J./Hettinger, M., *Strafrecht Besonderer Teil*, Bd. 1: *Straftaten gegen Persönlichkeits- und Gemeinschaftswerte*, Heidelberg [38]2014 und [40]2016.
Wieland, J., *Handlungsbedingungen und Handlungsspielräume im institutionellen Rahmen*, in: W. Korff (Hg.), *Handbuch der Wirtschaftsethik*, Bd. 3, Gütersloh 1999, 21–39.
Wienke, A., *Einbecker Empfehlungen der DGMR zu aktuellen Rechtsfragen der Palliativversorgung*, in: MedR 33 (2015), 106–107.

Wiggins, D., *Deliberation and Practical Reason*, in: ders., *Needs, Values, Truth. Essays in the Philosophy of Value*, Oxford ³1998, 215–237.
Wils, J.-P., *Sterben. Zur Ethik der Euthanasie*, Paderborn 1999.
Wilson, G. M., *The Intentionality of Human Action*, Stanford 1989.
Wilson, G. M., *Reasons as Causes for Action*, in: G. Holmström-Hintikka/R. Tuomela (Hg.), *Contemporary Action Theory I. Individual Action*, Dordrecht 1997, 65–82.
Windisch, W. et al., *Nichtinvasive und invasive Beatmung als Therapie der chronischen respiratorischen Insuffizienz*, in: Pneumologie 64 (2010), 207–240.
Wissenschaftliche Dienste des Deutschen Bundestages, *Ausarbeitung WD 3–3000–188/15*, online unter: https://www.bundestag.de/blob/405550/92dd7bcf5c9ca2b2ea34991083e898ce/wd-3-188-15-pdf-data.pdf (Zugriff am 26.10.2016).
Withington, E. T. (Hg./Übers.), *Hippocrates. With an English Translation*, Bd. 3. London/Cambridge/Mass. 1928.
Wittern, R., *Die Unterlassung ärztlicher Hilfeleistung in der griechischen Medizin der klassischen Zeit*, in: Münch Med Wschr 121 (1979), 731–734.
Wittern, R., *Gattungen im Corpus Hippocraticum*, in: W. Kullamnn/J. Althoff/M. Asper (Hg.), *Gattungen wissenschaftlicher Literatur in der Antike*, Tübingen 1998, 17–36.
Wittgenstein, L., *Das Blaue Buch*, Werkausgabe, Bd. 5, Frankfurt a.M. 1984.
Wittmann, M., *Die Ethik des Hl. Thomas von Aquin, in ihrem systematischen Aufbau dargestellt und in ihren geschichtlichen, besonders in den antiken Quellen erforscht*, München 1933 (unveränderter Nachdruck, Frankfurt a.M. 1962).
Wittwer, H., *Über Kants Verbot der Selbsttötung*, in: Kant-Studien 92 (2001), 180–209.
Wörner, L., *Widersprüche im strafrechtlichen Lebensschutz*, Habilitationsschrift, im Erscheinen.
Wohlers, W., *Deliktstypen des Präventionsstrafrechts – zur Dogmatik "moderner" Gefährdungsdelikte*, Berlin 2000.
Wolf, J. C., *Aktive und passive Euthanasie*, in: ARSP 79 (1993), 393–415.
Wolfersdorf, M., *Suizidalität – Begriffsbestimmung und Entwicklungsmodelle suizidalen Verhaltens.*, in: ders./W. P. Kaschka (Hg.), *Suizidalität – die biologische Dimension*, Berlin 1995, 1–16.
Wolff, B., *Organisationsökonomik*, in: W. Korff (Hg.), *Handbuch der Wirtschaftsethik*, Bd. 3, Gütersloh 1999, 111–131.
Wolff, E. A., *Der Handlungsbegriff in der Lehre vom Verbrechen*, Heidelberg 1964.
Wolff, E. A., *Die Kausalität von Tun und Unterlassen*, Heidelberg 1965.
Wolff, E. A., *Das Problem der Handlung im Strafrecht*, in: A. Kaufmann (Hg.), *Gedächtnisschrift für Gustav Radbruch. 21.11.1878–23.11.1949*, Göttingen 1968, 291–301.
Wolfslast, G./Weinrich, C., *Anmerkungen zu BGH, Urt. v. 25.6.2010–2 StR 454/09 (Behandlungsabbruch), BGH Beschl. v. 10.11.2010–2 StR 320/10 (Patientenautonomie) und BGH Urt. v. 7.10.2010–3 StR 168/10 (Tötung auf Verlangen)*, in: StV 31 (2011), 286–290.
Wollersen, H. et al., *Intentional poisoning of two wives by their husband?*, in: Arch Kriminol 234 (2014), 33–42.
Wolter, J. (Hg.), *Systematischer Kommentar zum Strafgesetzbuch*, Bd. IV, Köln [133. Lfg.] 2012.
Woodward, J. F., *Making Things Happen*, Oxford 2003.

Woodward, J. F., *Agency and Interventionist Theories*, in: H. Beebee/C. Hitchcock/P. Menzies (Hg.), *The Oxford Handbook of Causation*, Oxford 2012, 234–262.
Woopen, C., *Der Arzt als Heiler und Manager – zur erforderlichen Integration des scheinbar Unvereinbaren*, in: C. Katzenmeier/K. Bergdolt (Hg.), *Das Bild des Arztes im 21. Jahrhundert*, Berlin 2009, 181–194.
Wunsch, H. et al., *End-of-life decisions: a cohort study of the withdrawal of all active treatment in intensive care units in the United Kingdom*, in: *Intensive Care Med* 31 (2005), 823–831.
Wyllie, R., *Views on Suicide and Freedom in Stoic Philosophy and Some Related Contemporary Points of View*, in: *Prudentia* 5 (1973), 15–32.
Yorker, B. C. et al., *Serial murder by healthcare professionals*, in: *J Forensic Sci* 51 (2006), 362–371.
Zabel, B., *Schuldtypisierung als Begriffsanalyse. Tiefenstrukturen moderner Praxisformen und deren strafrechtliche Transformationen*, Berlin 2007.
Zaczyk, R., *Was ist Strafrechtsdogmatik?* in: M. Hettinger et al. (Hg.), *Festschrift für Wilfried Küper zum 70. Geburtstag*, Heidelberg 2007, 723–732.
Zentralrat der Muslime in Deutschland, *Sterbehilfe bzw. Sterbebegleitung und Palliative Care aus islamischer Sicht – Eine Handreichung des Zentralrates der Muslime in Deutschland (ZMD)*, Köln 2003, online unter: http://islam.de/files/pdf/sterbehilfe_islam_zmd_2013_03.pdf (Zugriff am 04.07.2016).
Zezschwitz, U. von, *Ärztliche Suizidbeihilfe im Straf- und Standesrecht*, Berlin 2016.
Zimmermann, A., *Thomas lesen*, Stuttgart-Bad Cannstatt 2000.
Zimmermann, M., *Praxis und Institutionalisierung von Lebensende-Entscheidungen in der Schweiz. Beobachtungen aus sozialethischer Perspektive*, in: J. Platzer/F. Großschädl (Hg.), *Entscheidungen am Lebensende. Medizinethische und empirische Forschung im Dialog*, Baden-Baden 2016, 119–140.
Zimmermann-Acklin, M., *Euthanasie. Eine theologisch-ethische Untersuchung*, Freiburg i. Ue 1997.
Zoglauer, T., *Tödliche Konflikte. Moralisches Handeln zwischen Leben und Tod*, Stuttgart 2007.
Zwiehoff, G., *Strafrechtliche Aspekte des Organisationsverschuldens*, in: *MedR* 22 (2004), 364–373.

Namenregister

Ach, J. 754
Achenbach, H. 195f., 670
Ackrill, J. L. 22
Adachi, H. 192
Adelung, J. C. 146
Aëtios 47, 57
Ahrens, H.-J. 440
Aigner, G. 636
Albrecht, A. 628f.
Albrecht, E. 628f.
Albrecht, H.-J. 395
Albrecht, P.-A. 196, 211, 681
Alexander von Aphrodisias 47, 49, 54
Alexy, R. 358
Algra, K. 49, 55
Alt-Epping, B. 543f., 547
Althoff, H. 563
Althoff, J. 69
Amelung, K. 221, 438, 673
Amundsen, D. W. 3, 17
Anderheiden, M. 196, 680
Anderson, J. 261, 451
Andresen, C. 53
Androulakis, N. K. 207
Angeletti, L. R. 71
Ankermann, E. 440
Annas, J. 46, 48, 56
Anscombe, G. E. M. 4, 174, 261, 328
Antigone 3
Antipater von Tarsos 64
Antiphon 25
Apicius 64
Apollon 79
Appel, I. 349
Aquinet, L. 545
Arendt, H. 189
Aries, P. 453
Aristophanes 46
Aristoteles 4, 21–41, 46, 50, 77f., 83, 89, 102–104, 106f., 109, 173, 278f., 337, 370
Arn, C. 451f.
Arnold, R. 484
Arzt, G. 706

Asklepios 18f., 73, 79
Asper, M. 69
Ast, S. 40, 195, 670
Atrott, H. H. 270
Auer, A. 241
Augsberg, I. 734f.
Augsberg, S. 683, 725f., 734f., 737f.
Augustinus 52, 89, 102
Augustus 81
Aulbert, E. 507
Azoulay, E. 487

Bach, O. 125
Badura, P. 735
Baker, R. B. 71
Balthasar, H. U. von 126
Baranzke, H. 572
Bardesanes 53
Barnes, J. 53f.
Bartsch, M. 195, 670, 675
Bartscher, T. 456
Baudrillard, J. 455
Bauer, E. J. 680
Baumann, J. 220, 619, 682
Baumann-Hölzle, R. 452
Baumgartner, H. M. 257
Baumgartner, M. 259
Beauchamp, T. L. 257, 312, 593
Becchi, P. 581
Beck, I. S. 145, 264, 306, 309, 423, 608, 725, 728
Beck, M. 423
Becker, G. 437, 448, 686f.
Becker, G. S. 457
Becker, U. 196, 672
Beckert, F. 316f., 319–322
Beckmann, J. P. 309f.
Beckmann, R. 309, 583
Beebee, H. 136, 257f., 261
Behrendt, H. J. 203, 511
Bein, T. 487
Beine, K. H. 559
Bekker, I. 81
Beling, E. 222

Benjamin, M. 312
Bennett, D. 178
Bennett, J. 178, 250
Benzenhöfer, U. 15f.
Bergdolt, K. 571
Bergemann, L. 613
Berghäuser, G. 595, 606, 609f., 613, 701
Berkemann, J. 193
Bernat, J. 532
Berner, A. F. 193
Bernsmann, K. 196, 323, 652, 670
Bertram, G. 447
Beulke, W. 391f., 398, 663, 665, 681
Bickenbach, C. 734, 736f.
Bickhardt, J. 536, 748
Bien, G. 96
Biermann, A. 461f., 635
Binns, M. 211
Birnbacher, D. 39–41, 60, 240, 246, 255, 257, 268–270, 299, 312f., 316, 319–322, 328, 344, 368f., 372f., 378–381, 536f., 679, 711
Bishop, J. 179
Bizer, K. 738
Blome-Drees, F. 458
Bloy, R. 220, 223, 387, 393
Blum, H. E. 370, 377, 437, 448, 694
Blum, P. 370, 377, 694, 738
Bobzien, S. 31, 50, 53–55
Bock, U. 254
Bockelmann, P. 193, 208, 220, 223, 392, 596, 673
Bockenheimer-Lucius, G. 463
Boemke, B. 629
Böse, M. 87, 120, 145, 154, 235, 673
Boethius 54, 104
Bolt, E. 535
Bonelli, J. 539f.
Bonhöffer, A. 51
Boomgaarden, J. 250
Borasio, G. D. 243, 273, 439f., 445, 733, 756, 758
Bormann, F.-J. 8, 21, 39, 242f., 249f., 262, 272f., 281, 307f., 326f., 329, 367, 383, 476, 614, 686, 762
Bosbach, W. 625
Bosch, N. 73, 195, 674f.

Bosslet, G. 485, 746
Botros, S. 53
Bottek, C. 250, 255–258, 260, 267, 269, 367–369, 371–375, 382–384
Boudon-Millot, V. 69, 78
Boudouris, K. J. 48
Bourgey, L. 71
Boyd, K. 419
Boyle, J. 300
Brammsen, J. 197, 393
Brand, M. 58, 246, 252, 564, 702, 726, 732f.
Brandecker, T. 311f.
Brandenstein, B. von 257
Bratu, C. 570
Brauer, D. 437, 443, 448f., 575, 585, 758
Braun, B. 461
Breitbart, W. 493
Brennan, T. 46–51
Brennan, T. A. 562
Bretschneider, H. 553
Brett, A. 472
Breuer, R. 735
Brieskorn, N. 124
Brinkmann, B. 565
Brittain, C. 49
Britz, G. 194, 208
Broad, C. D. 333, 356
Brock, D. W. 312
Brockhaus, R. 275
Brockmöller, A. 276
Brose, J. 728
Brown, B. F. 262, 267
Brüllmann, P. 21, 50
Brugger, W. 348
Brunauer, A. 486
Brunhöber, B. 195
Brunner, O. 456
Brunschwig, J. 47
Bubnoff, E. von 193
Buddensiek, F. 3, 23, 35, 37
Bükki, J. 535
Bung, J. 222
Bunster, A. 215
Burchardi, H. 438, 586
Busche, H. 151
Buyx, A. M. 583

Caemmerer, E. von 734
Campbell, L. 16
Cancik, H. 71, 78
Carnap, R. 377
Carrick, P. 16
Carson, T. 333
Cassell, E. 478, 520
Castañeda, H.-N. 327
Caston, V. 56
Cato Maior 60, 82
Cavanaugh, T. 300
Cellarius, V. 544
Chabot, B. 532, 534 f.
Charbonnier, R. 453, 477, 479
Charles, D. 36
Chatzikostas, K. 681
Cherny, N. 544 f., 549
Childress, J. F. 593
Chochinov, H. M. 493
Chisholm, R. 252
Christakis, N. 523
Chrysipp 47, 50, 54
Cicero 43, 47–50, 53–55, 57, 60 f., 63, 103–105
Clarke, R. 8, 255
Claudius 82
Clemens von Alexandrien 53, 59
Coeppicus, R. 577
Collins, D. 136, 261
Conradi, E. 510 f., 515
Conze, W. 456
Cooper, J. M. 43–45, 60
Coors, M. 577, 686, 694
Corcilius, K. 23 f., 27, 29
Craik, E. M. 68
Culver, C. M. 328, 331, 343
Curtis, J. 487
Cyprianus 132
Czerner, F. 195, 230

Dahs, H. 678
Dalgaard, K. 747
Dancy, J. 326, 331 f., 338, 340–342
Danner Clouser, K. 328, 331, 343
Dansou, R. 463
Danto, A. C. 175 f., 250, 369
Danziger, K. 455

Daube, D. 44 f., 61, 63
Davidson, D. 4, 172, 176–178, 180, 182 f., 185, 252, 328, 369, 371 f.
Dawkins, R. 184
De Gaetano, V. A. 683
Dean, B. 544, 562
Dedes, C. 215
Deichgräber, K. 73, 78
Demko, D. 581
Demmer, K. 96
Dengler, K. 456
Denis, L. 159
Desautels, J. 75
Destrée, P. 50
Dettmeyer, R. 549
Deutsch, E. 439, 445, 579
Di Fabio, U. 727
Diehn, T. 628
Diening, D. 533
Dietz, A. 457
Diezemann, N. 531
Dihle, A. 52 f.
Diller, H. 70, 73 f., 76, 78, 80
Dillon, J. M. 51, 53
Dinello, D. 250
Diogenes Laertios 47 f., 54, 57 f., 61, 63 f.
Distelman, W. 742
Dobbin, R. 51, 53
Dölling, D. 195, 349, 590, 660, 665, 670
Dörner, K. 453, 477, 479
Dörries, A. 424 f., 427, 429, 437
Domeisen, B. F. 527
Dommer, E. 453, 455
Donini, P. L. 53
Dornseifer, G. 195, 207 f., 220
dos Santos, R. 157
Dosa, D. M. 528
Doyle, J. 5
Dreher, E. 103, 395
Drexel, H. 559
Drozdek, A. 48
Druml, C. 538
Dürig, G. 727
Duhot, J. J. 53
Duttge, G. 196, 287, 323, 387, 392, 437, 448, 569, 572, 576–581, 584–591,

609–611, 614, 623, 631, 633, 647, 657f., 665, 670f., 675f., 701, 725

Ebert, T.   23
Eckart, W. U.   196
Eckert, G.   558f.
Eckl, A.   145
Edelstein, L.   78, 80
Ehrhardt, H.   315f.
Eickhoff, C.   471
Eidam, L.   323, 605, 651, 660, 670, 674f., 701
Eigler, G.   10
Eisenmenger, W.   439, 445
Elsbernd, A.   463, 509, 512
Emanuel, E. J.   571
Emanuel, L. L.   571
Emge, C. A.   220
Engisch, K.   202, 208, 218, 220, 223, 391f., 395, 398, 596, 673
Engländer, A.   196, 323, 397, 602, 660, 664, 670
Englert, W.   60
Epiktet   48f., 51f., 57, 60, 62f.
Erasistratos   61
Erb, V.   671, 682
Erler, M.   15
Ermecke, G.   105, 403
Ernst, S.   231, 247, 311f., 409, 415, 760
Erotian   70f.
Eschelbach, R.   728
Eser, A.   192, 241, 287f., 303, 349, 360, 389, 446–448, 597f., 605, 645, 650f., 658, 660, 662, 664, 670, 680, 728
Evenepoel, W.   60
Eychmüller, S.   519

Fagerlin, A.   480
Fahr, U.   286, 459, 480, 761
Fangerau, H.   456
Fartacek, R.   680
Fassier, T.   487
Fateh-Moghadam, B.   196, 600, 669, 679, 681
Feinberg, J.   328, 679
Feindt, P.   514
Festinger, L.   574

Feuerbach, L.   193
Fischer, E.   681
Fischer, J.   310
Fischer, T.   196, 323, 387, 447f., 598, 650, 652, 660, 669f., 673, 676f.
Fischer, S.   589
Flashar, H.   15, 54, 68, 71, 75, 78
Fleckenstein, H.   241
Fleisch, G.   36, 420
Fleischer, U.   70
Foës, A.   70f.
Foot, P.   257, 318, 321f.
Forkl, M.   156, 159
Forschner, M.   14, 48, 50, 53–55, 59
Forschner, S.   192
Forst, R.   514
Fox, E.   519, 521
Frader, J.   472
Frankfurt, H.   176, 179–181
Frede, D.   41, 50
Frede, M.   28, 36, 48–54, 57
Freeland, C.   41
Freund, G.   230, 299, 304, 387, 393, 529f., 671, 676
Frewer, A.   471, 480, 613, 761
Friauf, K. H.   735f.
Friedrich, D. R.   583
Friedrich II.   161, 165
Friedrichsen, G.   645, 678
Fringer, A.   535f.
Frisch, W.   230, 347, 386–388, 671, 681
Frister, H.   682, 720
Fröhlich, J.   562
Fuchs, T.   251, 258, 754
Fuchs, W.   453f.
Führig, M.   738

Gaede, K.   196, 323, 397, 600, 604, 607, 610f., 664, 670, 674, 676, 701, 714f.
Gärditz, K. F.   701
Galen   52, 54, 69, 83
Gallas, W.   193, 202, 208, 223, 356, 395
Gallo, I.   53
Garofalo, I.   61
Gauthier, R. A.   52
Geerds, F.   215, 393
Geilen, G.   441f., 447, 657

Geißendörfer, S. E. 681
Geisler, C. 665
Geissler, A. 461 f.
Gellius, Aulus 57, 62
George, W. 453, 455
Geppert, K. 665
Gert, B. 328, 331, 343
Gescher, S. 443
Gesellensetter, C. 667
Geth, C. 673
Gethmann, C. F. 374
Gettier, E. 176
Geyer, C. 276
Gierhake, K. 399
Gigon, O. 30, 34
Gill, M. L. 54
Gilligan, C. 510 f., 523
Gimbernat Ordeig, E. 207
Gkountis, I. 679
Gloor, E. 668
Godfrey-Smith, P. 261
Goedhart, A. 534
Görler, W. 54
Gössel, K. H. 215, 220
Golder, W. 68
Goldman, A. I. 176, 328
Gómez, L. L. 50
Gordijn, B. 463
Goudinoudis, K. 497
Goulet-Cazé, M.-O. 48
Gourinat, J.-B. 50
Grabenwarter, C. 688
Gramp, F. 532
Graver, M. R. 47, 58
Green, O. H. 256, 262 f., 267, 329
Griffin, M. 60
Griţco, V. 683
Gronemeyer, R. 453
Gropp, W. 196, 221, 392, 395, 657
große Deters, F. 670
Großschädl, F. 463
Grotkopp, J. 620, 623, 627
Gründel, J. 96, 102, 104–107, 115, 118, 120 f.
Gründer, K. 47
Grünewald, A. 605 f., 609, 681, 701, 723
Grünwald, G. 220

Grunert, E. 118
Grunewald, B. 443
Guardasole, A. 78
Gudat, H. 535
Günther, K. 358
Gutmann, T. 168
Gwilliam, B. 527

Haakh, A. F. 81
Haap, M. 483
Haas, V. 281, 293 f.
Habermas, J. 514
Hackethal, J. 598 f., 648, 682
Häberle, P. 387, 735
Häring, B. 360, 404 f., 409, 415
Hahn, J. 82
Hahnen, M. 743, 745
Hajiyev, K. 683
Hall, E. J. 261
Hallich, O. 539
Halm, C. 102
Hamsum, K. 531
Hanke, R. 748
Hankinson, R. J. 49, 53, 55
Hardenberg, N. von 667
Hardwig, W. 208
Hare, R. M. 350
Harrison, T. R. 526
Hart, H. L. A. 268, 271, 320 f., 729
Harter, M. 513
Hartmann, N. 194, 219
Hassemer, W. 219, 350
Hauck, P. 587
Hayek, J. 512
Hecker, B. 607, 614, 701, 720
Hegel, G. W. F. 193
Heger, M. 352, 720
Hegesias 61
Hegselmann, R. 316
Heidelberger, M. 455
Heinrich, M. 196, 290, 655, 660 f., 674, 676
Heintel, P. 451
Heintschel-Heinegg, B. von 608, 725, 728
Held, M. 21, 43
Helgerth, R. 649, 657
Hellenthal, M. von 87
Hellmann, U. 195, 670

Hempels, C. G.   173
Henrich, D.   388
Hensen, P.   461
Hepp, H.   240
Herder, J. G.   136, 145f.
Hermagoras von Temnos   102f.
Hermes, G.   14, 349
Herms, E.   451
Herodikos   18f.
Herzberg, R. D.   196, 203, 207, 217, 222f., 316, 319, 361, 533, 597, 599, 609, 615, 681f.
Herzberg, S.   109
Herzberg, T.   533
Herzog, F., L   196
Hesse, K.   734
Hettinger, M.   192, 386, 389, 393, 397, 447, 649, 661f., 665, 673
Heun, W.   451
Heyers, J.   445
Heyndrickx, B.   559
Hilgendorf, E.   286f., 595, 598, 609–611, 613, 701–710, 717, 719, 721, 754f.
Hillenkamp, T.   192, 196, 444, 701, 715
Hillgruber, C.   447, 588
Hintze, P.   733
Hippokrates   67–71, 73f., 76–80, 83, 85, 469
Hirsch, A. von   360, 587, 679, 682
Hirsch, H. J.   220, 388, 395, 397, 619, 660f., 665, 670, 674
Hirschman, A. O.   456, 463f.
Hirzel, R.   46
Hitchcock, C.   136, 257f., 261
Hober, E.   504
Höffe, O.   32, 159
Höfling, W.   577, 591, 652, 670, 688, 697, 726f.
Höfner, E.   254
Höfner, M.   343
Hoekstra, N. L.   534, 536f., 748
Hoerster, N.   265, 351, 388, 755
Hoffmann, L.   461, 759
Hoffmann, T.   759
Hoffmann-Riem, W.   738
Hohendorf, G.   493–495
Hohenleitner, S.   223
Hohmann, R.   193
Holderegger, A.   312
Hollis, M.   459f.
Holton, R.   52
Holzinger, K.   456
Homann, K.   458f.
Hommel, G.   480
Honoré, A. M.   268, 271
Hooff, A. J. L.   81
Hopp, J.   82, 618
Hoppe, J.-D.   618
Horn, C.   52, 171, 177, 251
Hornblower, S.   13
Horstmanshoff, H. F. J.   73
Horstmanshoff, M.   75
Horty, J. F.   338
Hoßfeld, F. H.   194
Hoven, E.   701, 725
Hoyer, A.   196, 394, 597, 682
Hruschka, J.   215, 277
Hübner, J.   451
Hübner, M.   618
Hüttig, C.   738
Hufen, F.   441, 620
Hui, D.   747
Hume, D.   211, 260, 271, 457
Husebø, S.   583
Huster, S.   737
Hutter, C.   498, 517
Huys, M.   16

Ierodiakonou, K.   49, 53
Ignatius von Loyola   123
Ildefonse, F.   46
Ilkilic, I.   545
in der Schmitten, J.   481, 577, 686, 694, 703
Ingelfinger, R.   316, 319, 364, 447, 649f., 657, 662
Inwood, B.   41, 46–50, 53, 57f.
Ioppolo, A. M.   54
Irigoin, J.   71
Irwin, T. H.   50, 59
Isensee, J.   387, 698, 735

Jacob, N.   688
Jäger, C.   196, 447, 595–599, 602, 605, 613f., 649, 664

Jähnke, B. 645, 647, 649, 662f., 673
Jakobs, G. 203, 217–219, 221, 226, 288, 678f., 681f., 729
James, D. N. 152, 159
Janda, A. 559
Janes, I. 646, 669
Jankélévitch, V. 455
Jaspers, B. 118, 744
Jellinek, G. 729
Jensen, S. J. 114
Jescheck, H.-H. 193, 208, 220, 223, 390, 395, 704, 716f.
Jestaedt, M. 735
Joecks, W. 442, 447, 645, 660, 663f., 669, 671, 673, 675f., 680–682
Joerden, J. C. 196, 254, 275f., 278–281, 283, 388, 391, 476, 661, 675f.
Johannes Paul II. 231–233, 242, 405f., 415, 417
Jone, H. 410
Jones, J. W. 3, 13
Jones, W. H. S. 70, 74, 76f.
Jouanna, J. 68, 71, 74f., 78
Jowett, B. 16
Jox, R. J. 577, 686, 694, 733, 758
Judson, L. 41
Jüngel, E. 455
Jury, M. 532
Jury, D. 532
Just, J. 554

Kämpfer, U. 681
Kahlo, M. 212, 214, 385, 387f., 396, 676
Kahn, C. H. 51f.
Kafka, F. 531
Kaiser, G. 662
Kaiser, H. 534
Kaléko, M. 497
Kamp, G. 374
Kant, I. 135–147, 149–168, 190, 254, 278, 333, 356, 388, 433
Kanzian, C. 97, 121
Kargl, W. 196, 211, 215, 319f., 387, 657, 681
Kariger, É. 684–686
Kaschka, W. 536
Katzenmeier, C. 437–439, 441f., 444, 446, 571, 573

Kauffmann, C. 4
Kaufmann, A. 195, 207f., 210, 212, 220, 288, 392, 596, 673
Kaufmann, A. 212, 215f.
Keil, G. 178–180, 252, 376
Keiser, K. F. 97
Kelker, B. 352
Kelley, A. S. 470, 529
Kelly, G. 175
Kendall, M. 419
Kern, B. R. 438f., 444, 446, 448
Kerschner, F. 635, 637f., 640f., 644
Kettler, D. 569, 572
Kettner, M. 358
Kierkegaard, S. 455
Kimsma, G. 471
Kindhäuser, U. 201f., 211, 215f., 230, 315, 319, 350f., 353, 441, 447, 602, 662, 669, 680–682
Kipke, R. 753, 761
Kirchgässner, G. 457
Kirchhof, P. 387, 698, 735
Kirchmair, W. 559
Kirste, S. 276
Klappstein, V. 278
Klaschik, E. 583
Kleanthes 47, 60–62
Klein, F. 735
Klein, F. C. A. 652, 661
Klein Remane, U. 535f.
Kleomenes 81
Klesczewski, D. 214f., 386, 389, 395–399
Kleywegt, A. J. 53
Klug, U. 220f., 392, 596, 673
Knauer, C. 728
Knaup, M. 759
Koch, A. 408–410, 413
Koch, I. 50
Köck, W. 738
Köhler, M. 212, 214, 388, 398f., 682
König, R. 82, 131
Kösel, J. 132
Kohake, M. 196, 600
Kohlen, H. 510f., 515
Kohlmann, G. 221
Kohlrausch, E. 220
Kollesch, J. 83

Kolmer, P. 251
Korff, W. 264, 306, 309, 452f., 458f.
Koriath, H. 197, 211
Koselleck, R. 456
Krakauer, E. 746
Krapinger, G. 78
Kraz, K. 81
Kreon 3
Kreß, H. 701
Kries, J. von 259
Kröll, W. 420
Kubiciel, M. 399, 657, 670, 680f., 701, 720, 725, 730, 761
Kudlich, H. 710
Kudlien, F. 73, 84
Kühl, K. 207, 313, 319, 352, 657f., 662, 682, 720
Kühn, C. G. 83
Küper, W. 192, 208, 395, 447
Küpper, G. 388, 392, 619
Kuhlen, L. 207
Kuhse, H. 257, 264, 270, 321f.
Kullmann, W. 69
Kumbruck, C. 510f., 515
Kuntz, K. 742
Kutschera, F. von 313, 320
Kutzer, K. 196, 445, 597, 670, 682

Lackner, K. 202, 313, 395, 657f., 662
Lambert, V. 683–690, 692–698
Lampe, E.-J. 207
Landfried, C. 734
Lanzrath, S. 630, 670
Laufhütte, H. W. 645, 647, 649, 662f., 673
Laufs, A. 437–439, 441f., 444–446, 448, 572, 586
Lehmeyer, S. 463
Leimeister, J. M. 453
Leiner, M. 250
Leininger, M. 511
Leipold, D. 386, 681
Leist, A. 257, 315f., 318
Lemmens, C. 448
Lenckner, T. 192
Lenk, H. 193, 453
Lennox, L. G. 54
Lerche, P. 735f.

Lesch, H. H. 193, 216–218, 678
Leven, K.-H. 44, 67–69, 71f., 75f., 81, 83
Lewis, D. 260
Libo Drusus, Marcus Scribonius 63
Lichtenthaeler, C. 78f.
Lindner, J. F. 569, 588, 733
Lipp, V. 424f., 427, 429, 431, 437–449, 572, 574f., 581, 585, 652, 661, 670, 758
Lippert, H. D. 599
LiPuma, S. 545
Liszt, F. von 193, 221f.
Littré, E. 70, 73f., 77
Lloyd, A. C. 48
Löhr, M. 583
Löhrer, G. 176f., 251, 325f.
Löser, C. 499f.
Lötscher, M. 552
Long, A. A. 48, 51, 54, 56f., 767
Lorenz, D. 441
Lorenz, H. 29
Lorenz, K. 454
Losemann, V. 78
Lown, B. 586
Lübbe, W. 259
Lüderssen, K. 582
Lüttger, H. 395

MacFarlane, S. 249
MacIntyre, A. 51, 190
Mackie, J. L. 40, 211, 260, 268
Maeda, H. 557
Magdelaine, C. 78
Magelssen, M. 743
Magnus, D. 606, 701, 759
Maier-Reimer, G. 443
Maihofer, W. 220, 223
Maio, G. 429, 431, 571, 680
Maisch, H. 559, 565
Maiwald, M. 207f., 215, 221, 681
Malibabo, B. 160
Maloney, G. 70, 75
Mandla, C. 670f.
Mangan, J. T. 301f.
Mangoldt, H. von 735
Mansfeld, J. 52
Manzeschke, A. 451, 456f., 512
Marasco, G. 83

Marc Aurel 60, 63
Marcellinus, Tullius 61–63
Marckmann, G. 452, 456, 694, 703, 754
Maring, M. 453
Marten, R. 343
Mason, A. S. 51
Materstvedt, L. 550, 743
Mattern, S. P. 69
Matthäus-Maier, I. 680
Maunz, T. 727
Maurach, R. 221, 355, 602, 681
Mausbach, J. 105, 403 f., 410, 412 f., 422
Mayer, H. 193, 215, 507
Mayr, E. 365
McKeever, S. 342
McCullough, L. B. 71
McInerny, R. 87, 120
McKerr, J. 688
McNeil, M. J. 526
Meggle, G. 250, 281, 350
Meier, C. 538
Mele, A. 176, 178 f.
Memmer, M. 636
Mendelssohn, M. 145
Menzer, P. 136, 147
Menzies, P. 136, 257 f., 261
Merkel, R. 196, 207, 211, 217, 316, 319, 363, 447, 597, 681
Merkelbach, B. H. 403, 407, 410, 413
Mertens, K. 100
Meßerschmidt, K. 736
Messner, J. 193
Meyer, S. S. 32, 54
Meyer-Drawe, K. 455
Mezger, E. 223
Michaelowa, K. 194
Miebach, K. 599, 645, 660, 663 f., 669, 671, 673, 675 f., 680–682
Mieth, D. 680
Migne, J. P. 102
Mill, J. S. 259
Miller, E. R. 22
Misak, C. 746
Missliwetz, J. 559 f.
Mitsch, W. 682
Mittelstraß, J. 454
Modelmog, D. 565

Möller, L. 81
Möller, T. 437, 444, 448 f.
Moers, M. 507–510, 513, 516
Montiel, J. P. 710
Moore, G. E. 331
Moreno, J. 517
Morillo, R. C. 250, 257
Morison, B. 26
Morrison, R. S. 470, 529
Mosbacher, A. 388
Mrongovius, C. C. 136, 146
Müller, A. W. 262
Müller, F. 682
Müller, H. E. 394
Müller-Busch, H. 531, 540, 550
Müller-Dietz, H. 194, 208
Müri, W. 78
Murmann, U. 196, 386 f., 393, 681
Murray, S. 419
Myburgh, J. 485

Nachmanson, E. 70
Nauck, F. 494, 507, 537, 571, 741, 751
Naucke, W. 215
Neitzke, G. 425, 435, 537, 544
Neuenschwander, H. 535
Neuhäuser, C. 327
Neumann, U. 196, 276, 319, 347, 350–353, 356, 359–361, 364, 441, 447, 587, 662, 669, 679–682, 720
Nickel, D. 83
Nida-Rümelin, J. 570
Niese, W. 221
Nindl, A. 680
Nisters, T. 98, 102, 104 f., 107, 109–115, 117–120, 338
Noddings, N. 511, 515
Nohlen, D. 456
Noldin, H. 403, 407–409, 412, 414
Noll, P. 193
Nonnenmacher, G. 668
Norcross, A. 327
Norman, J. N. 71
Nowakowski, F. 222
Nunez Paz, M. A. 196
Nussbaum, M. C. 47
Nutton, V. 68, 71 f., 78

O'Connor, T. 4, 50
Oberbeck, A. von 393
Oderberg, D. S. 168
Odersky, W. 645, 647, 649, 662f., 673
Oduncu, F. S. 489, 493–495
Odzuck, S. 3, 44
Ödipus 16
Oehmichen, M. 549, 559
Oğlakcıoğlu, M. 608, 725
Olzen, D. 577
Ong, T. 538
Origenes 52, 54
Orth, E. W. 456
Ossenbühl, F. 734–736
Ostgathe, C. 494, 741
Otsuka, Y. 75
Otter, K. 220
Otto, H. 196, 209, 363, 386, 619, 663

Paeffgen, H.-U. 207, 211, 215, 315, 319, 350f., 353, 441, 447, 662, 669, 680–682, 701
Palandt, O. 443, 626, 628
Panagiotou, S. 14f.
Parfit, D. 187f.
Paruk, F. 487
Paul, L. A. 178, 261, 405
Paul VI. 231f.
Pawlik, M. 196, 203, 216–219, 226, 394, 667, 672f., 678, 681
Peacocke, C. 176, 179
Pearl, J. 259
Pearson, Giles 29, 35
Pelzl, S. 673
Perron, W. 192, 195, 387, 393
Peters, J. 557
Pfeffer, C. 512
Philippi, K. J. 735
Pichler, E. 637, 642
Pichler, G. 420
Pieper, A. 309
Pindur, A.-M. 593
Pius XII. 231f., 236–240, 245, 412
Platon 3–15, 17–20, 22, 36, 44, 46, 69, 78, 339, 341, 472
Platzer, J. 463
Plessner, H. 508

Plinius Maior 82
Plotin 54
Plutarch 49, 51, 53–55, 58, 60, 63
Pöltner, G. 573
Pohlenz, M. 47, 54
Pohlmeier, H. 270
Polansky, R. 31
Pope, T. 539
Popp, A. 447
Posch, G. 260
Poseidonios 52
Potter, P. 70, 72, 75, 77
Potthoff, T. 81
Prauss, G. 388
Pretty, D. 592
Price, A. W. 49, 55
Puppe, I. 207, 211, 391
Putz, W. 196, 284, 290, 292, 295, 439, 445, 591, 595–597, 599–603, 623f., 652, 655, 660, 667f., 670, 757
Putzke, H. 207f., 361, 681

Quante, M. 319
Quill, T. 537
Quintilian 102

Rachels, J. 257, 327
Radbruch, G. 192, 210, 212, 357, 766
Radbruch, L. 494, 507, 544f., 547, 549, 741f., 745, 751
Ramsey, P. 256, 405
Ransiek, A. 208
Rapp, C. 23f., 27, 29, 32
Rascher, W. 480, 761
Raters, M.-L. 327
Rau, F. 461
Rebhahn R. 628
Reesor, M. E. 54
Rehbock, T. 594
Rehborn, M. 443
Reichenbach, C. B. 318, 322
Reichsgraf zu Dohna, F. E. 163
Reiter-Theil, S. 68
Rengier, R. 302, 306, 308, 675
Rescher, N. 58, 374
Reutlinger, C. 455
Rhonheimer, M. 87, 120, 301

Richards, B. 539
Richter, R. 458
Ricken, F. 87, 159, 251, 264, 267, 306, 318
Ridge, M. 342
Riedel, A. 463
Riemer, M. 701
Riessen, R. 483, 488
Rietjens, J. 545
Rissing-van Saan, R. 195 f., 229, 323, 602, 645, 649, 652, 661, 670, 673, 676
Rist, R. M. 48, 50 f., 57, 60
Ritter, A. M. 53
Rittler, T. 223
Rixen, S. 683, 686, 691, 699, 703, 735–737
Roeder, N. 461
Rönnau, T. 287
Rogall, K. 211, 219
Rose, M. 3
Rosen, R. M. 75, 377
Rosenau, H. 196, 323, 596, 609, 652, 655, 660, 670, 674, 676, 701 f.
Rosenfeld, B. 495
Ross, W. D. 326, 335 f.
Roth, A. S. 176
Roth, M. 176, 196, 672
Rothhaar, M. 753, 759, 761
Roxin, C. 192, 196 f., 208, 215 f., 221, 290, 317, 390, 392–394, 441, 447 f., 590 f., 595 f., 599, 602, 608–610, 612, 614, 647, 650, 655, 657, 663–665, 669, 673 f., 701, 703, 706, 719, 730
Rudolphi, H.-J. 211, 219
Rütten, T. 68, 70 f., 80
Rufener, R. 18
Runggaldier, E. 251 f.

Säcker, F. J. 441, 577
Şahin, L. 691
Sahm, S. 304 f., 343, 469 f., 472 f., 479–481, 621
Sakai, S. 75
Salger, H. 597
Saliger, F. 196, 313, 315–318, 323, 440, 627
Salles, R. 50
Salomon, F. 727

Sambursky, S. 54
Samson, E. 208, 211, 393, 395
Sandis, C. 4, 50
Sandkühler, H. J. 455
Santos, R. dos 157
Sartorio, C. 261
Sass, H.-M. 257
Satzger, H. 391 f., 398, 663, 665, 681
Sauer, T. 463
Savoie, R. 70
Scaltsas, T. 51
Schaede, S. 343
Schätzle, J. 583
Schander, M. 580
Schaupp, W. 403, 420
Scheffler, U. 283
Scheibe, E. 179, 257
Scheinfeld, J. 196, 289
Scheler, M. 455
Schiavo, T. 417
Schick, S. 646, 669
Schild, W. 191, 193, 216, 222, 224, 226, 255
Schildmann, E. 544
Schildmann, J. 544
Schindler, F. 404, 407, 410
Schleiermacher, F. 10, 15
Schlich, T. 73
Schlüchter, E. 196, 392 f., 657
Schlüter, A. 683, 694 f.
Schmid, W. 478
Schmidhäuser, E. 194, 208, 210, 221, 223, 287, 351
Schmidt, E. 193, 208, 223, 391
Schmidt, E. E. 135, 142, 157
Schmidt, P. 556
Schmidt, T. 331, 334 f.
Schmidt-Aßmann, E. 735
Schmitt, A. 151
Schmitt Glaeser, W. 735
Schmitz, D. 81, 508
Schmitz, H. 508
Schmoldt, A. 553
Schneider, C. 196, 480
Schneider, H. 396 f., 442, 447, 645, 660, 663 f., 669, 673, 675 f., 680 f.
Schneider, P. 734
Schneider, W. 512

Schnepp, W. 510
Schnurrer, J. 562
Schockenhoff, E. 241, 297, 299f., 309f., 404f., 407, 411, 415
Schöch, H. 349, 590, 619, 647, 662, 757, 763
Schönberger, C. 349
Schönberger, R. 339
Schöne, W. 32, 208
Schöne-Seifert, B. 197, 312, 583, 754
Schönecker, D. 135, 142, 151, 157
Schönke, A. 287, 314, 389, 446–448, 598, 605, 645, 650f., 658, 660, 662–664, 670, 680, 728
Schöpf, A. 123f., 233, 257, 360
Schöpsdau, K. 11
Schofield, M. 50
Scholz, K. 612
Schonhofer, B. 502f.
Schork, V. 682
Schramm, E. 352
Schreiber, H.-L. 221, 439f., 448, 586, 657
Schröder, C. 670
Schroeder, F.-C. 196, 221, 394, 597, 681f.
Schröder, H. 254, 287, 314, 389, 446–448, 598, 605, 645, 650f., 658, 660, 662–664, 670, 680, 728
Schröder, L. 480
Schröder, S. 54
Schröer, C. 110, 120f.
Schroth, U. 196, 317, 365, 441, 595, 650, 657, 662, 669, 703
Schubert, A. 48
Schuchter, P. 511
Schueler, G. F. 176, 183–185
Schüller, B. 301
Schünemann, B. 192, 208, 215
Schüssler, R. 161
Schütz, R.-O. 456
Schuhr, J. C. 710
Schulz, L. 317
Schulz, M. 553
Schumann, E. 582
Schumann, H. 396
Schumann, K. 670
Schumann, K. H. 197
Schuppe, G. F. 451

Schwab, D. 577
Schwab, M. 441
Schwarz, F. F. 278
Schwarz, J. 535
Scribonius Largus 82–84
Sedley, D. N. 47, 54, 767
Seebode, M. 396
Seelmann, K. 360, 395, 581, 679, 682
Sehon, S. 176, 179, 184–186
Selling, J. A. 97
Sellmaier, S. 365, 679, 681
Seneca 54, 57, 60–64, 161
Sensburg, P. 731
Sensen, O. 165
Sextus Empiricus 47f., 50, 53f., 56–58
Sharples, R. W. 54
Sheikh, A. 419
Shields, C. 48
Shire, K. A. 453
Siegel, A. 547
Šikuta, J. 683
Simon, A. 536, 570f., 573, 575–577, 593, 623, 629, 633, 744, 748
Simon, S. 453, 477, 479
Simplikios 54
Singer, M. 151
Singer, P. 168, 240, 257, 321f., 755
Sinn, A. 696, 673, 676, 681
Sluiter, I. 75
Smets, T. 545
Smith, A. 457
Smith, A. K. 484
Smith, W. D. 73, 533
Sophokles 3
Sorabji, R. 51f., 54, 56
Sosa, E. 261
Sowada, C. 701
Spaemann, R. 493, 754
Speer, A. 32, 100
Spendel, G. 208
Spickhoff, A. 439, 444f., 577, 579, 612, 728
Sporken, P. 404f.
Spranger, T. M. 670, 674
Sprenger, G. 276
Srivastava, R. 527
Stackmann, N. 447
Stade, S. 684

Staden, H. von 75f., 78, 80
Stamatu, M. 69, 76, 83
Stanke, G. 98
Starck, C. 734f.
Steenbreker, T. 577
Steigleder, K. 156
Steinberg, R. 737f.
Steinbock, B. 250, 327
Steinfath, H. 472, 589, 593
Steinkamp, N. 463
Steinmetz, P. 54
Steldinger, B. 623f.
Stern, K. 698
Sternberg-Lieben, D. 287f., 389, 395, 446–448, 598, 605, 645, 650f., 658, 660, 662, 664, 670, 673, 680, 728
Sticht, O. 219
Stiening, G. 125
Stobaios 47f., 50, 52–54, 58
Stock, C. 437, 717f.
Stoecker, R. 327f.
Störring, L. P. 588
Stoffers, K. F. 197, 208, 224
Storr, S. 447
Stove, D. C. 260
Stratenwerth, G. 208, 217–219, 221, 287, 351, 393, 673
Straub, P. W. 526
Stree, W. 208
Streng F. 230, 393, 397, 671
Striker, G. 49f.
Strobach, N. 27f.
Struensee, E. 208
Stuckenberg, K.-F. 701
Stübinger, S. 193
Stünker, J. 628
Suárez, F. 123f., 126–131, 133
Sueton 81
Sullivan, D. F. 300
Suppes, P. 259
Suttorp, N. 526
Sykes, N. 524, 747
Synofzik, M. 501
Szczerbak, S. 683, 725
Szymczak, R. 453, 455

Talanga, J. 54
Taupitz, J. 444f., 447, 733
Temel, J. S. 522, 748
Temkin, O. 84
Ten Have, H. 545
Tenenbaum, S. 5
Terman, S. 535
Theophrast 45f.
Thiele, F. 374
Thöns, M. 715
Thomas, C. J. 4f.
Thomas, G. 343
Thomas von Aquin 87–93, 95–121, 247, 278, 300f., 318, 337–340, 345, 523
Thorns, A. 747
Thurner, M. 110
Timmermann, J. 165
Timmons, M. 165, 333
Toepel, F. 209, 211
Tolmein, O. 613, 668
Tooley, M. 261
Trammel, R. 250
Trampota, A. 165
Tröhler, U. 68
Tröndle, H. 204, 208, 319f.
Truog, R. 472
Tsotsoria, N. 683

Uhlig, C. 275
Ulpian 285
Ulsenheimer, K. 320, 448, 704
Unna, Y. 161
Uzarewicz, C. 507–509

Valerius, B. 705, 707, 717, 719, 721
van den Beld, A. 256, 262–264
van der Heide, A. 470
van Hooff, A. J. L. 45, 60f., 73
van Leuven, E. 471
van Oorschot, B. 744
Varro 62
Verbeke, G. 54
Vermazen, B. 369
Vermeersch, A. 408, 413
Verrel, T. 197, 317f., 323, 442, 445–447, 617, 619, 625, 631–633, 647, 652, 655,

657, 659, 661f., 671, 674, 676, 701, 757, 763
Vest, H. 192
Vetter, U. 461
Voelke, A. J. 52
Vogler, T. 204
Vogt, K. M. 48–50
Voigt, T. 442–444
Volk, K. 82, 165, 204, 208, 427, 437
von der Pfordten, D. 679f.
von Straaten, M. 54
von Wright, G. H. 5, 174f., 201f., 230, 253f., 258, 267, 275, 281, 368f., 374
Vormbaum, M. 197
Voßgätter genannt Niermann, I. 223
Voßkuhle, A. 735
Vossenkuhl, W. 365, 679, 681

Wagenitz, T. 441, 445
Wagner, G. 559
Wahl, R. 349
Wallner, J. 452, 635
Wallusch, P. 109
Walter, T. 208, 229, 323, 398, 660f., 663, 671, 676
Walther, C. 532f., 535
Walton, D. 252
Watkins, E. 136
Watson, G. 49
Watzka, H. 109
Weber, H. von 193, 223
Weber, M. 744
Weber, U. 682, 706
Weidemann, J. 221
Weidenkaff, W. 443
Weigend, T. 390, 395, 587, 619, 701, 704, 716f.
Weinberger, O. 221
Weinrich, C. 397, 650, 660, 671, 674
Weißer, B. 604, 615, 683f., 704
Welby, P. 417
Welie, J. 545
Welp, J. 208
Welzel, H. 193f., 208, 217–221, 287, 347, 349, 351, 391, 393
Wenskus, O. 81

Wessels, J. 208, 386, 389, 391f., 397f., 649, 661–663, 665, 673, 681
Westermann, H. P. 443
Wetzstein, V. 272, 614, 686
White, D. 484, 487
Widmaier, G. 678
Wieland, J. 452
Wienke, A. 563, 727
Wiesemann, C. 73, 472, 511, 570f., 573, 575f., 593
Wiesing, U. 733, 754
Wiggins, D. 34
Wild, C. 257
Wildfeuer, A. G. 251
Will, R. 480
Wils, J.-P. 309
Wilson, G. 176, 181f.
Windisch, W. 502, 504
Withington, E. T. 77
Wittern, R. 69, 75f.
Wittgenstein, L. 171–174
Wittig, H. 612
Wittmann, M. 97
Wittwer, H. 135, 159
Wörner, L. 725
Wohlers, W. 729
Wolf, J. C. 256, 264, 267
Wolfersdorf, M. 536
Wolff, B. 458
Wolff, C. von 145
Wolff, E. A. 209, 212, 214, 395
Wolfslast, G. 397, 650, 660, 671, 674
Wollersen, H. 558
Wolter, J. 669, 673, 676, 681
Woodward, J. F. 258
Woopen, C. 571
Wunsch, H. 470
Wyllie, R. 60

Xenophon 46

Zabel, B. 214f.
Zaczyk, R. 192, 209
Zalta, E. N. 56
Zenon 47, 61
Zezschwitz, U. von 706
Zimmermann, A. 87, 463

Zimmermann-Acklin, M. 257, 263, 299, 304
Zipf, H. 602
Zoglauer, T. 197
Zsifkovits, V. 193
Zwiehoff, G. 562

Autorenverzeichnis

Prof. Dr. Bernd Alt-Epping
Ltd. OA Klinik für Palliativmedizin
Universitätsmedizin Göttingen

Dörte Anderson
Dipl. Gesundheitsökonomin
Projektleitung Market Access und Health Economics

Prof. Dr. Steffen Augsberg
Lehrstuhl für Öffentliches Recht
Universität Gießen

Prof. Dr. Dr. Matthias Beck
Institut für Systematische Theologie
Universität Wien

Dr. Elmar Biermann
Justitiar des Berufsverbandes Deutscher Anästhesisten (BDA)

Prof. Dr. Franz-Josef Bormann, M.A.
Lehrstuhl für Moraltheologie
Universität Tübingen

Dr. Carl Bottek, M.A.
Alfred Krupp Gymnasium Essen

Prof. em. Dr. Norbert Brieskorn S.J.
Hochschule für Philosophie München

PD Dr. Philipp Brüllmann
Akademischer Oberrat am Lehrstuhl für Philosophie III
Universität München

Prof. Dr. Dr. Reinhard Dettmeyer
Institut für Rechtsmedizin
Universität Gießen

Prof. Dr. Gunnar Duttge
Juristische Fakultät – Abteilung für strafrechtliches Medizin- und Biorecht
Universität Göttingen

Prof. Dr. Stephan Ernst
Lehrstuhl für Theologische Ethik – Moraltheologie
Universität Würzburg

Prof. Dr. Steffen Eychmüller
Universitäres Zentrum für Palliative Care
Universitätsspital Bern

Katja Goudinoudis, MAS
Leitung Zentrum für Ambulante PalliativVersorgung
Caritas Dienste Landkreis München

PD Dr. Michael Haap
Oberarzt Internistische Intensivstation
Universitätsklinikum Tübingen

Markus Held
Wissenschaftlicher Mitarbeiter am Lehrstuhl für Moraltheologie
Universität Tübingen

Prof. Dr. Dr. Eric Hilgendorf
Lehrstuhl für Strafrecht, Strafprozessrecht, Rechtstheorie, Informationsrecht und Rechtsinformatik
Universität Würzburg

Prof. Dr. Christoph Horn
Lehrstuhl für Praktische Philosophie und Philosophie der Antike
Universität Bonn

Prof. Dr. Christian Jäger
Lehrstuhl für Strafrecht, Strafprozessrecht, Wirtschafts- und Medizinstrafrecht
Universität Erlangen-Nürnberg

Prof. Dr. Dr. h.c. Jan C. Joerden
Lehrstuhl für Strafrecht, insbesondere Internationales Strafrecht und Strafrechtsvergleichung, Rechtsphilosophie
Universität Frankfurt (Oder)

Prof. Dr. Michael Kahlo
Lehrstuhl für Strafrecht, Strafprozessrecht und Rechtsphilosophie
Universität Leipzig

Dr. Roland Kipke
Wissenschaftlicher Mitarbeiter am Lehrstuhl für Bioethik
Katholische Universität Eichstätt-Ingolstadt

Prof. Dr. Karl-Heinz Leven
Lehrstuhl für Geschichte der Medizin und Direktor des Instituts für Geschichte
und Ethik der Medizin
Universität Erlangen-Nürnberg

Prof. Dr. Dr. h.c. Volker Lipp
Lehrstuhl für Bürgerliches Recht, Zivilprozessrecht, Medizinrecht und Rechtsvergleichung
Universität Göttingen

Prof. Dr. Guido Löhrer
Lehrstuhl für Praktische Philosophie
Universität Erfurt

Dr. Ralf Lutz
Wissenschaftlicher Mitarbeiter am Lehrstuhl für Moraltheologie
Universität Tübingen

Prof. Dr. Arne Manzeschke
Leiter der Fachstelle für Ethik und Anthropologie im Gesundheitswesen
der Ev. Luth. Kirche in Bayern; Professor für Anthropologie und Ethik der Gesundheitsberufe,
Evangelische Hochschule Nürnberg

Prof. Dr. H. Christof Müller-Busch
Ltd. Arzt i.R. Gemeinschaftskrankenhaus Havelhöhe Berlin

Prof. Dr. Dres. h.c. Ulfrid Neumann
Lehrstuhl für Strafrecht, Strafprozessrecht, Rechtsphilosophie und Rechtssoziologie
Universität Frankfurt a. M.

Prof. Dr. Dr. Fuat Oduncu
Bereichsleiter Hämatologie und Onkologie
Klinikum der Universität München

Dr. Sebastian Odzuck
Wissenschaftlicher Mitarbeiter am Institut für Philosophie
Universität Frankfurt a. M.

Prof. Dr. Christoph Ostgathe
Leiter der Palliativmedizinischen Abteilung
Universitätsklinikum Erlangen

Prof. Dr. Dr. h.c. mult. Michael Pawlik, LL.M. (Cambridge)
Institut für Strafrecht und Strafprozessrecht
Universität Freiburg i. Br.

Prof. Dr. Lukas Radbruch
Lehrstuhl für Palliativmedizin
Universität Bonn

Prof. em. Dr. Dr. Friedo Ricken S.J.
Hochschule für Philosophie München

Prof. Dr. Reimer Riessen
Ltd. Oberarzt Internistische Intensivstation
Universitätsklinikum Tübingen

Prof. Dr. Ruth Rissing-van Saan
Vorsitzende Richterin am Bundesgerichtshof (BGH) a.D.
Honorarprofessorin an der Juristischen Fakultät der Universität Bochum

Prof. Dr. Stephan Rixen
Lehrstuhl für Öffentliches Recht, Sozialwirtschaftsrecht und Gesundheitsrecht
Universität Bayreuth

Prof. Dr. Markus Rothhaar
Lehrstuhl für Bioethik
Katholische Universität Eichstätt-Ingolstadt

PD Dr. Stephan Sahm
Klinik für Gastroenterologie/Onkologie/Palliativmedizin, Ketteler Krankenhaus,
und Institut für Geschichte und Ethik der Medizin, Universität Frankfurt

Prof. Dr. Frank Saliger
Lehrstuhl für Strafrecht, Strafprozessrecht, Wirtschaftsstrafrecht und Rechtsphilosophie,
Universität München

Prof. Dr. Dr. Walter Schaupp
Lehrstuhl für Moraltheologie
Universität Graz

Prof. Dr. Wolfgang Schild
Lehrstuhl für Strafrecht, Strafprozessrecht, Strafrechtsgeschichte und Rechtsphilosophie
Universität Bielefeld

Elke Elisabeth Schmidt, M.A.
Wissenschaftliche Mitarbeiterin am Lehrstuhl für Praktische Philosophie
Universität Siegen

Prof. Dr. Eberhard Schockenhoff
Lehrstuhl für Moraltheologie
Universität Freiburg i. Br.

Prof. Dr. Dieter Schönecker
Lehrstuhl für Praktische Philosophie
Universität Siegen

Simone Szczerbak
Wissenschaftliche Mitarbeiterin am Lehrstuhl für Öffentliches Recht
Universität Giessen

Prof. Dr. Torsten Verrel
Fachbereich Rechtswissenschaft – Kriminologisches Seminar
Universität Bonn

www.ingramcontent.com/pod-product-compliance
Lightning Source LLC
Chambersburg PA
CBHW021216300426
44111CB00007B/334